Becker

Marketing-Konzeption

Marketing-Konzeption

Grundlagen des strategischen
Marketing-Managements

von

Prof. Dr. Jochen Becker

3., verbesserte und ergänzte Auflage

Verlag Franz Vahlen München

Die 1. Auflage ist 1983 unter dem Titel „Grundlagen der Marketing-Konzeption. Marketingziele, Marketingstrategien, Marketingmix" erschienen.

CIP-Titelaufnahme der Deutschen Bibliothek

Becker, Jochen:
Marketing-Konzeption : Grundlagen des strategischen Marketing-Managements / von Jochen Becker. - 3., verb. und erg. Aufl. - München : Vahlen, 1990
  ISBN 3-8006-1494-4

ISBN 3 8006 1494 4

© 1990 Verlag Franz Vahlen GmbH, München
Satz und Druck: Appl, Wemding

Vorwort zur 3. Auflage

Die zweite, wesentlich erweiterte Auflage war relativ schnell vergriffen. Die Neubearbeitung hat sich deshalb darauf konzentriert, an verschiedenen Stellen Verbesserungen bzw. Präzisierungen sowie Ergänzungen vorzunehmen. Außerdem wurden viele Beispiele und quantitative Übersichten - soweit notwendig bzw. möglich - aktualisiert. Im Text wie auch im Literaturverzeichnis wurde darüber hinaus die neueste Literatur berücksichtigt.

Aachen, Sommer 1990 *Jochen Becker*

Vorwort zur 2. Auflage

Das vorliegende Buch und sein konzeptioneller Ansatz sind sowohl von der Wissenschaft als auch von der Unternehmenspraxis sehr positiv aufgenommen worden. Dieser Ansatz entspricht einem neuen ganzheitlichen, langfristigen Denken im Marketing, der über die mehr isolierte Betrachtung der klassischen Marketinginstrumente hinausführt. Damit werden auch Fragestellungen der Strategischen Planung bzw. des Strategischen Managements aufgegriffen *und* marketingspezifisch erweitert, vertieft und differenziert, die in der klassischen, instrumentalorientierten Marketinglehre bisher eher vernachlässigt worden sind.

Insoweit kündigt sich ein bestimmter Paradigma-Wechsel nicht nur im Marketing an. Jedenfalls ist augenfällig, daß Marketing- und Unternehmensführungslehre, die sich trotz gemeinsamer entscheidungsorientierter Wurzel ziemlich unabhängig voneinander (weiter)entwickelt haben, sich neuerdings stärker aufeinander zubewegen. Als ein zentraler Berührungspunkt erweisen sich dabei die Markt- und Unternehmensstrategien; die eigentliche Nahtstelle bilden hierbei die Produkt/Markt- oder Marktfeldstrategien, die nach unserem Verständnis die erste Strategieebene eines umfassenden Strategiekonzeptes bilden. Während die Unternehmensführungslehre den strategischen Ansatz mehr formal-generalisierend pflegt, zielt die Marketinglehre - und speziell der konzeptionelle Ansatz - darauf ab, die Marketingtheorie mehr im Sinne einer materiell-differenzierten Strategielehre weiterzuentwickeln. Insoweit ist dieser Ansatz geeignet, die etwas einseitige instrumental-operative Sicht der klassischen Marketinglehre zu überwinden bzw. wesentlich zu erweitern.

Aber auch die Marketingpraxis war und ist in ihrem Handeln immer noch viel zu sehr rein instrumental geprägt, d.h. sie agiert in hohem Maße ohne den notwendigen marketing-konzeptionellen Überbau, der grundlegende Ziele und Strategien festlegt und damit erst den schlüssigen Rahmen für einen konsequenten operativen

Marketinginstrumenteneinsatz liefert. Gleichwohl ist auch die Unternehmenspraxis zunehmend sensibilisiert für eine ganzheitlich und langfristig orientierte Führung des gesamten Unternehmens vom Markt her. Immer mehr Unternehmen versuchen jedenfalls, ihrem Handeln ein schlüssiges Marketing- und Unternehmens-Konzept zugrundezulegen, das zur zentralen Planungsgrundlage (Leitplan) aller Maßnahmen werden kann. Nur auf diese Weise kann die einfache, den heutigen Markt- und Umweltbedingungen *nicht* mehr angemessene Fortschreibung von Zielen wie von instrumentalen Maßnahmen durch eine klare, potentialorientierte Politik des Unternehmens abgelöst werden, die neue, konsequente und abgestufte Instrumenteneinsätze im Interesse mittel- und langfristiger Oberzielerfüllung überhaupt erst ermöglicht.

Das Buch verfolgt in diesem Sinne *zwei* Zielrichtungen. Es will einmal Lehrbuch sein, das sich vor allem an Studenten wendet, die im Hauptstudium das Fach Marketing gewählt haben und bereits über eine ausreichende Kenntnis des klassischen Marketinginstrumentariums verfügen. Der konzeptionelle Ansatz stellt darauf ab, die inhaltlichen und methodischen Fragen der zielorientierten, strategieadäquaten Bündelung der Marketinginstrumente darzustellen, zu problematisieren und zu exemplifizieren sowie Fähigkeiten für die Ableitung konkreter, unternehmens-individueller Marketing-Konzeptionen entwickeln zu helfen. Anliegen des Buches ist es insoweit auch, Beiträge und Anstöße für eine problemadäquate Weiterentwicklung der Marketingtheorie zu liefern, und zwar unter dem Aspekt, daß eine zentrale Aufgabe der Marketingtheorie darin besteht, „das formale Denkgerüst der ‚Bewertung von Alternativen' *materiell* (Hervorhebung J.B.) möglichst allgemeingültig zu interpretieren" (*Meffert*, 1986, S.54). Der gewählte konzeptionelle Ansatz bietet außerdem – nicht zuletzt angesichts zunehmender Spezialisierung und Zersplitterung der Marketinglehre – die Chance, wieder zu einer stärkeren Integration der z.T. verselbständigten Teilgebiete des Informations- und Aktionsinstrumentariums zu gelangen.

Das Buch will darüber hinaus noch stärker als bisher auch Handbuch für die praktische, marktorientierte Unternehmensführung sein. Immer mehr wird auch in der Praxis erkannt, daß Unternehmen angesichts erschwerter Markt- und Umweltbedingungen einen klaren Marktkurs bestimmen müssen, wenn Gewinn und Wachstum des Unternehmens auf Dauer gesichert werden sollen. Ein besonderer Stellenwert kommt dabei der strategischen Orientierung und Festlegung des Unternehmens zu. Nicht zuletzt aus diesem Grunde ist der *Strategie*teil des Buches in der zweiten Auflage – neben notwendigen und sinnvollen Erweiterungen in den Teilen „Ziele" (z.B. Unternehmensphilosophie, Zielwirkungen kombinierter Marketingziele) und „Mix" (u.a. neuere Entwicklungen im Handel und ihre Konsequenzen für den Marketingmix, Ansatzpunkte des Rezessionsmarketings) – *besonders* ausgebaut worden. Gerade bei den strategischen Fragen gibt es zum einen noch erhebliche wissenschaftliche Defizite und zum anderen bestehen auch in der Unternehmenspraxis selbst noch wesentliche Unsicherheiten bezüglich der Frage, über welche strategischen Optionen Unternehmen überhaupt verfügen und was ihre spezifischen Einsatzbedingungen sind. Diese Thematik wird im 2.Kapitel des Buches daher sehr ausführlich behandelt und auch durch eine Vielzahl von Beispiel-Analysen zu konkretisieren versucht (aus diesem Grunde wurde auch ein Verzeichnis der Beispiele im Anhang aufgenommen).

Der starken Strategieorientierung des Buches entspricht auch die Änderung des Titels gegenüber der ersten Auflage („Grundlagen der Marketing-Konzeption. Marketingziele, Marketingstrategien, Marketingmix"); der neue Titel („Marketing-Konzeption. Grundlagen des strategischen Marketing-Managements") soll die besondere Bedeutung der strategischen Fragen bei der Konzeptionsgestaltung zum Ausdruck bringen. Unter diesem Blickwinkel wurden wichtige neue, strategische Problemstellungen aufgegriffen und dafür Lösungsansätze entwickelt, und zwar unter anderem zu Fragen wie: Polarisierung von Märkten und ihre strategischen Zwänge, Möglichkeiten von Premiummarken- bzw. Mehrmarken-Strategien (multibranding), Marktsegmentierungsstrategien und strategische Evolution, Internationales Marketing (einschließlich Global Marketing), Möglichkeiten der Strategiekombination, Identifizierung strategischer Reserven, Formen wettbewerbsstrategischer Vorgehensweise, Bedeutung und Varianten des strategischen Timings, Bestimmung des strategischen Aktivitätsniveaus, typische Markt- und Umweltbedingungen (u.a. Bevölkerungsentwicklung, Wertewandel) und Strategiewahl.

Mit der intensiven Behandlung dieser aktuellen strategischen Problemstellungen soll – unter wissenschaftlichem wie praxisorientiertem Aspekt – deutlich gemacht werden, welche zentrale Funktion („Scharnierfunktion") den Strategien zwischen Zielfestlegung einerseits und Zielerreichung durch Maßnahmenmix andererseits zukommt. Oder anders ausgedrückt: es soll aufgezeigt werden, daß nur über ein differenziertes strategisches Konzept der Einsatz operativer Mittel (Instrumente) planmäßig erfolgen kann.

Die Marketing-Konzeption mit ihren drei grundlegenden Bausteinen (Ziele, Strategien, Mix) im generellen und dem Baustein Strategien im speziellen ist so gesehen die Grundlage (besser: Leitplan) eines systematischen Marketing-Managements. Sie stellt das notwendige System von Handlungsanweisungen für konsequentes marketing- und unternehmenspolitisches Agieren dar. Gerade bei weiter wesentlich erschwerten Markt- und Umweltbedingungen (stagnierende Märkte, Verschärfung des Wettbewerbs, dynamische Umwelt) ist eine schlüssige, strategiegeprägte Marketing-Konzeption mehr denn je zu einer unverzichtbaren Steuerungsgrundlage geworden („Management by conception").

Mein herzlicher Dank gilt meiner Mitarbeiterin, Frau *Ingrid Berndt,* die beim Schreiben der Manuskripte und dem Erstellen von Vorlagen viel Geduld bewies, sowie Herrn Dipl.-Volksw. *Dieter Sobotka,* Lektor des Verlages Franz Vahlen, für die gute Betreuung dieser Neuauflage.

Möge auch die zweite Auflage des Buches für Wissenschaft und Praxis von Nutzen sein.

Aachen, Herbst 1987   *Jochen Becker*

Vorwort zur 1. Auflage

Im Mittelpunkt der Marketinglehre steht bislang vor allem die Auseinandersetzung mit dem Marketinginstrumentarium. Eher vernachlässigt werden dagegen die Grundfragen der zielorientierten, strategieadäquaten Bündelung der Marketinginstrumente zu konsistenten Marketing-Konzeptionen. Zwar wird diese Thematik im Rahmen der traditionellen Diskussion des Marketingmix tangiert – jedoch ohne hinreichende Problematisierung grundlegender Ziel- und Strategiefragen (und damit ohne adäquate gesamtkonzeptionelle Einbindung), sondern vielmehr unter vorrangiger Betonung verfahrens- und rechentechnischer Aspekte.

Hieran knüpft dieses Lehr- und Handbuch an. Es versucht aufzuzeigen, daß die Realisierung der „Marketing-Philosophie" an schlüssig abgeleitete Konzeptionen im Sinne ganzheitlich orientierter Handlungsanweisungen gebunden ist. Derartige Handlungsanweisungen setzen Fixierungen auf drei zentralen Entscheidungsebenen im Marketing voraus: der Ziel-, Strategie- und Mixebene. In dieser Weise durchstrukturierte marketingpolitische Konzepte sind gerade auch angesichts sich zunehmend verschärfender Markt- und Wettbewerbsbedingungen sowie sich gravierend verändernder Umweltkonstellationen von besonderer praxisbezogener Relevanz; denn ohne derartige Fixierungen trägt unternehmerisches Handeln allzu leicht Züge eines improvisierenden Aktionismus mit all seinen Gefahren für die Gewinn-, Wachstums- bzw. Existenzsicherung von Unternehmen.

Das vorliegende Buch faßt die Marketing-Konzeption eines Unternehmens dabei in erster Linie als eine komplexe qualitative Fragestellung auf. Das heißt, es werden die zentralen inhaltlichen Ziel-, Strategie- und Mixfragen der Marketingpolitik bewußt in den Mittelpunkt gerückt (ohne allerdings grundlegende Kalkül- und Verfahrensfragen zu vernachlässigen). Die Überlegungen und Ableitungen werden anhand zahlreicher, aus ganz verschiedenen Marktbereichen stammender Konzeptionsbeispiele verdeutlicht, die zum Teil eigene praktische Erfahrungen – insbesondere aufgrund einer mehrjährigen Tätigkeit in der Unternehmensberatung – widerspiegeln. Auf diese Weise soll der behandelten Thematik jene Anschaulichkeit gegeben werden, die sie aus der Sache heraus verdient. In dieser Praxisorientierung kann zugleich auch ein Ansatz gesehen werden, den notwendigen Dialog (Transfer) zwischen Wissenschaft und Praxis zu fördern.

Die Adressaten dieser Veröffentlichung sind sowohl Studenten der Betriebswirtschaftslehre als auch Praktiker, die für die Erarbeitung von Marketing-Konzeptionen bzw. ihre Realisierung Verantwortung tragen.

Aachen, Frühjahr 1983 *Jochen Becker*

Inhaltsverzeichnis

Vorwort V

Einführung: Problemstellung und Aufbau des Buches 1

1. Teil: Konzeptionsebene der Marketingziele 9
- I. Die unternehmerischen Zielsetzungen als Ausgangspunkt 9
  - 1. Zur Gewinnmaximierungshypothese und ihrer Erweiterung 10
  - 2. Grundfragen der Strukturierung von Zielsystemen 11
    - a) Fragen der Ziel-Kategorisierung 12
    - b) Fragen der Ziel-Konkretisierung 20
  - 3. Die Ableitung des Zielsystems des Unternehmens als Hierarchisierungsproblem 24
    - a) Die Zielbildung als mehrstufiger Prozeß 25
    - b) Die Zielpyramide und ihre Bausteine 27
- II. Marketingziele als grundlegende Bausteine des Zielsystems 47
  - 1. Wesen und Arten von Marketingzielen 48
    - a) Marktökonomische Ziele 48
    - b) Marktpsychologische Ziele 51
  - 2. Marketing-Leitbilder als aggregierte Zielsysteme 52
    - a) Positionsziele Marktanteil und Distribution 53
    - b) Preispositionierungsziel 58
    - c) Image- und Bekanntheitsgrad-Positionen 60
    - d) Beispielhafte Struktur eines Marketing-Leitbildes 66
  - 3. Die Stellung der Marketingziele und Marketing-Leitbilder in der Zielhierarchie . 67
    - a) Modellhafte Darstellung einer (Marketing-)Zielhierarchie 68
    - b) Exemplifizierung eines (Marketing-)Zielsystems 69
    - c) Probleme der Ableitung konkreter Zielsysteme 71
  - 4. Zielbildung und Bedingungslagen unternehmensexterner und -interner Art ... 74
    - a) Schlüsselfaktoren unternehmensexterner Analysen (external analysis) 75
    - b) Eckpunkte unternehmensinterner Analysen (self-analysis) 78
    - c) Zur Verzahnung unternehmensexterner und unternehmensinterner Analysen 79
- III. Grundfragen der Formulierung von Marketingzielen (-zielsystemen) 80
  - 1. Generelle Operationalisierungsfragen von Marketingzielen 82
  - 2. Operationalisierungsprobleme spezieller Art 87
    - a) Typische Zielkonflikte im Marketing 88
    - b) Möglichkeiten (Verfahren) der Zielkonfliktbewältigung 99
  - 3. (Marketing-)Zielsysteme und Zeitablauf 101
    - a) Anspruchsanpassung von Zielen 102
    - b) Prinzip des Leitlinien-Konzepts (Trajektorie-Konzept) 106
  - 4. Zum Stellenwert der Zielfrage und ihren besonderen Beziehungen zur Strategieebene 107

2. Teil: Konzeptionsebene der Marketingstrategien 111
- I. Wesen und Bedeutung von Marketingstrategien 111
  - 1. Zur Relevanz strategie-orientierter Unternehmensführung überhaupt 112
    - a) Kanalisierung des Instrumenteneinsatzes 113
    - b) Verhältnis und Abgrenzung von Strategie und Taktik 114

Inhaltsverzeichnis

2. Besonderheiten des strategischen Marketing-Managements 116
   a) Typische Wirkungsmechanismen im Marketing 116
   b) Zum Planungshorizont im Marketing 118
3. Die Beziehungen zwischen Marketingzielen, Marketingstrategien und Marketingmix 119

II. Arten und Ausprägungen von Marketingstrategien 121

1. Marktfeldstrategien 123
   a) Marktdurchdringungsstrategie 125
   b) Marktentwicklungsstrategie 126
   c) Produktentwicklungsstrategie 130
   d) Diversifikationsstrategie 139
   e) Typische Vorgehensweisen richtungs-strategischen Marketings (alphabetische und analphabetische Strategiemuster) 149
2. Marktstimulierungsstrategien 153
   a) Präferenzstrategie 157
   b) Preis-Mengen-Strategie 190
   c) Vergleichende Betrachtung von Präferenz- und Preis-Mengen-Strategie (einschließlich Formen ihrer Kombination) 203
3. Marktparzellierungsstrategien 214
   a) Massenmarktstrategie 218
   b) Marktsegmentierungsstrategie 222
   c) Zusammenfassende Würdigung von Massenmarkt- und Marktsegmentierungsstrategie (einschließlich Evolutionsformen) 246
4. Marktarealstrategien 256
   a) Teilnationale und nationale Strategien (Domestic Marketing) 258
   b) Übernationale Strategien (International Marketing) 268
   c) Typische Entwicklungsrichtungen marktareal-strategischer Aktionsweisen (unter Berücksichtigung von Global- und Euro-Marketing) 279
5. Strategiekombinationen (Strategieprofile) 290
   a) Zur Kombination marketing-strategischer Bausteine (Design des Strategie-Chips) 291
   b) Vertikale Strategiekombinationen (Bestimmung der strategischen Grundausstattung) 292
   c) Horizontale Strategiekombinationen (Formen der Strategieentwicklung) . . . 295
   d) Zusammenfassung sowie Perspektiven des gesamtstrategischen Handelns . . 303
6. Wettbewerbsstrategien (Strategiestile) 307
   a) Zur Genesis des wettbewerbsstrategischen Ansatzes 307
   b) Einordnung und Relativierung allgemeiner Wettbewerbsstrategien 308
   c) Wettbewerbsstrategische Grundrichtungen und typische Handlungsmuster . 310
   d) Zur Relevanz der zeitlichen Komponente (strategisches Timing) 313
   e) Wettbewerbsstrategische Prinzipien und Verhaltensweisen 319

III. Verfahren und Kalküle zur Strategiebestimmung 326

1. Verfahren der strategischen Diagnostik 326
   a) Lückenanalyse (Gap-Analyse) 327
   b) Portfolio-Analyse 331
2. Verfahren der Strategieselektion 349
   a) Bestimmung des Aktivitätsniveaus 350
   b) Kriterien und Kalküle der Strategiewahl 366
      ba) Allgemeine Strategieanalysen und strategischer Basispfad 367
      bb) Marktfeldstrategische Selektionsfragen 387
      bc) Marktstimulierungsstrategische Selektionsfragen 403
      bd) Marktparzellierungsstrategische Selektionsfragen 413
      be) Marktarealstrategische Selektionsfragen 423
      bf) Zum Strategieselektionsprozeß insgesamt 434

3. Teil: Konzeptionsebene des Marketingmix 439

I. Wesen und Dimensionen des Marketingmix 439
  1. Marketingmix als mehrstufiges Verteilungsproblem 440
  2. Überblick über die Marketinginstrumente 441
     a) Zur Systematik der Instrumentalbereiche 441
     b) Inhalte der Instrumentalbereiche 445
  3. Grundlegende Beziehungsstrukturen zwischen Marketinginstrumenten 450
     a) Funktionale Beziehungen 450
     b) Zeitliche Beziehungen 452
     c) Hierarchische Beziehungen 454

II. Stufen und Orientierungspole des Marketingmix 457
  1. Auflösung des Komplexproblems Marketingmix 457
     a) Intra-instrumentaler Submix 458
     b) Inter-instrumentaler Submix 460
     c) Reihenfolgefragen und Standard-Vorgehensweise 461
  2. Basisdifferenzierungen bei der Gestaltung des Marketingmix 465
     a) Branchenspezifische Differenzierungen 465
     b) Strategiebedingte Differenzierungen 467
     c) Berücksichtigung betriebstypologischer Besonderheiten 470
  3. Konkretisierungsebenen des Marketingmix 472
     a) Produkt-analytischer Ansatz 473
     b) Instrumentalverbund-orientierter Ansatz 480
     c) Marktebenen-spezifischer Ansatz (unter besonderer Berücksichtigung neuerer Entwicklungen im Handel) 484
  4. Phasenbezogene Dimensionen des Marketingmix 513
     a) Lebenszyklus-Orientierung 514
     b) Konjunkturphasen-Orientierung (dargestellt am Problemfall Rezession) ... 527
     c) Marktphasen-Orientierung (zum Problem stagnierender bzw. schrumpfender Märkte) 546
  5. Zwänge und Spielräume der Mixgestaltung 549
     a) Differenzierungszwänge des Marketingmix 551
     b) Taktische Spielräume des Marketingmix 552

III. Modelle und Kalküle zur Marketingmixfestlegung 555
  1. Ermittlungsmodelle 556
     a) Wirkungsanalysen und Wirkungsprognosen 556
     b) Planungs- und Kontrollrechnungen 573
  2. Entscheidungsmodelle 585
     a) Optimierungskalküle 586
     b) Marketing-Informations-(Entscheidungs-)systeme 595

Schluß: Zusammenfassung und Zusammenhänge 603

Anhang: Raster für den Aufbau einer Marketing-Konzeption ... 625

Literaturverzeichnis 631

Verzeichnis der Beispiele 653

Sachverzeichnis 657

Einführung
Problemstellung und Aufbau des Buches

Marketing als die bewußte Führung des ganzen Unternehmens vom Markt her im Sinne einer umfassenden marktorientierten Führungskonzeption – noch bis in die siebziger Jahre teilweise als Modeerscheinung verkannt – ist im Prinzip nichts anderes als eine **rationale Antwort** auf grundlegend veränderte Marktverhältnisse. Diese Änderungen sind, spätestens seit Mitte der sechziger Jahre, durch einen einschneidenden wirtschaftlichen Wandel, nämlich von einer „Knappheitswirtschaft" zu einer „Überflußwirtschaft" (Affluent Society, *Galbraith,* 1959), gekennzeichnet. Es ist nur konsequent, wenn Unternehmen (unter den Marktbedingungen eines grundsätzlich zu großen Angebots) die Nachfrage im Interesse ihrer Unternehmens- und Marketingziele in möglichst hohem Umfang auf das *eigene* Angebot (Produkt/Programm) zu lenken suchen, und zwar dadurch, daß sie sich in der Angebotsgestaltung bzw. im Einsatz des gesamten Marketinginstrumentariums in möglichst *optimaler* Weise den **Wünschen und Erwartungen** der tatsächlichen und potentiellen Abnehmer anpassen (sog. Outside-in-Orientierung). In vielen Märkten – nicht nur des Konsumgüterbereiches – hat sich gezeigt, daß vor allem diejenigen Unternehmen am Markt nachhaltig erfolgreich sind, die vergleichsweise früh und planmäßig in der Orientierung ihrer Markt- und Unternehmenspolitik diesen neuen Marktbedingungen entsprochen, d.h. mit anderen Worten ihrem unternehmerischen Handeln eine **schlüssige Marketing-Konzeption** zugrundegelegt haben.

Neue, das Markthandeln erschwerende Bedingungen

In der Zwischenzeit haben sich die allgemeinen Marktbedingungen weiter verschärft. Während bis zum Ende der sechziger bzw. Anfang der siebziger Jahre für die meisten Märkte noch ein regelmäßiges bzw. ausreichendes Wachstum typisch war, haben sich spätestens seit Mitte der siebziger Jahre viele Märkte – neuerdings auch durch rezessive Entwicklungen in der Gesamtwirtschaft verstärkt – zu *stagnierenden* oder gar rückläufigen Märkten gewandelt. Systembedingte Wachstumszwänge der Unternehmen haben vor diesem wirtschaftlichen bzw. marktlichen Hintergrund zu einer deutlichen Wettbewerbsverschärfung geführt, die sich in vielen Märkten zu einem ausgeprägten **Verdrängungswettbewerb** gesteigert hat. Dazu treten als verstärkende Elemente zum Teil abrupte Konstellationsänderungen (Diskontinuitäten, *Ansoff,* 1976), die ressourcenmäßig, technologisch, gesellschaftlich und/oder gesamtwirtschaftlich bzw. im weitesten Sinne durch Umweltveränderungen bedingt sind.

Auch auf diese neuen Herausforderungen müssen Unternehmen – jedenfalls aus einzelwirtschaftlicher Sicht – vor allem *marktadäquate* Antworten finden. Die Zwänge, Marketing als Führungskonzeption konsequent dem unternehmerischen

Handeln zugrundezulegen, sind damit grundsätzlich *noch* gestiegen. Mehr denn je sind Unternehmen jedenfalls gezwungen, ihrem marktlichen und unternehmerischen Handeln durch schlüssige Marketing-Konzeptionen eine entsprechende Basis zu geben. Marketing als Führungskonzeption ist so gesehen *aktueller* denn je.

Dabei werden spezifische Konstellationen handlungs- und damit konzeptionsbestimmend sein. Was die verschiedenen Marktpartner – nämlich Verbraucher, Unternehmen und Handel – angeht, so wird insbesondere *folgendes* kennzeichnend sein:

- **Kritischere Einstellungen (Umwertungen) beim Verbraucher** (sowie rückläufige Bevölkerungsentwicklung)
- **Weitere Wettbewerbsverschärfung auf der Anbieterseite** (und zwar verstärkt auch international)
- **Fortsetzung der Konzentration im Handel** (einschließlich der Verstärkung handelseigener Marken- und Marketing-Konzepte)

Darüber hinaus werden Verbraucherschutz- wie auch Umweltinteressen zu bestimmten Restriktionen im Marketing, u.a. im produktpolitischen Bereich, führen (müssen). Außerdem wird Marketing als Führungskonzeption sich zunehmend auch auf nicht-kommerzielle Bereiche ausdehnen. In diesem Zusammenhang werden seit einiger Zeit *drei* neuere Marketing-Konzepte diskutiert: „Human Marketing Concept", „Social Marketing Concept" und „Generic Concept of Marketing" (*Kotler/Levy,* 1969; *Raffée,* 1979). Dabei stehen insbesondere Aspekte bzw. Möglichkeiten einer Humanisierung des klassischen Marketings sowie Möglichkeiten eines nicht-kommerziellen Marketings als Gegengewicht zum kommerziellen Marketing im Vordergrund (zu den Auswirkungen bzw. Konsequenzen eines umweltorientierten, qualitativen Wachstums für die Konzeptionen der Unternehmen siehe auch *Kreikebaum,* 1981, S. 151 ff.). So gesehen werden sich die Einsatzbedingungen wie auch die Schwerpunkte des Marketings zwar teilweise verändern; die Marketing-Philosophie wird jedoch weder ihre Notwendigkeit einbüßen noch ihre Faszination verlieren (vgl. hierzu u.a. auch die Thesen von *Meffert* zur künftigen Entwicklung des Marketings, *Meffert,* 1980b, S. 59 ff. bzw. 1987b, S. 16).

Wesen und Aufgabe einer unternehmensindividuellen Marketing-Konzeption

Marketing als marktorientierte Unternehmensführung läßt sich nur konsequent realisieren, wenn dem unternehmerischen Handeln ein abgesichertes, unternehmensindividuelles Konzept oder – wie man es in der Unternehmenspraxis gewöhnlich formuliert – eine entsprechende Marketing-Konzeption zugrundeliegt. Die Markt- und Umweltkonstellationen des Unternehmens sind heute viel zu *komplex* und die Möglichkeiten des Instrumenteneinsatzes zu *vielfältig,* als daß ein ungesteuerter Marketingprozeß noch möglich bzw. ökonomisch sinnvoll wäre.

Unter Marketing-Konzeption wollen wir dabei einen **umfassenden, gedanklichen Entwurf** verstehen, der sich an einer Leitidee bzw. bestimmten Richtgrößen (Zielen) orientiert und grundlegende Handlungsrahmen (Strategien) wie auch die notwendigen operativen Handlungen (Instrumenteneinsatz) zu einem schlüssigen Plan („Policy paper") zusammenfaßt. Er ist das Ergebnis eines systematischen analytischen Vorgehens, das sowohl das Potential des relevanten Marktes sowie speziell die Schwächen der Konkurrenten erfaßt als auch die besonderen Stärken (Potentiale und Vorteile) des eigenen Unternehmens identifiziert. Diese Analysen finden dann in einer optimalen gesamtkonzeptionellen Problemlösung oder einfach: Konzeption ihren sinnfälligen Abschluß. Den generellen Ansatzpunkt für eine bewußte, planmäßige Erarbeitung von Marketing-Konzeptionen bildet dabei die Einsicht, daß Märkte nicht statische Strukturen darstellen, sondern vielmehr *dynamische* Gebilde, die durch gezielte Handlungsweisen der Unternehmen gestaltbar bzw. beeinflußbar sind.

Die Einsicht in die Notwendigkeit konzeptionsorientierter Handlungsweise ist – in Theorie wie Praxis – in den letzten Jahren *stark* gewachsen. Angestoßen bzw. weitergetrieben worden ist diese Entwicklung von der (formalen) Planungslehre. Aus Gründen einer dauerhaften Absicherung von Unternehmen ist im Laufe der Zeit das Interesse über die kurzfristige Planung (operative Planung) hinaus immer mehr in Richtung einer *lang*fristigen Planung (strategischen Planung) gelenkt worden (vgl. auch *Arbeitskreis „Langfristige Unternehmensplanung"*, 1977). Damit haben sich die Akzente von einer mehr finanzorientierten Budgetierung (Hauptaspekt: Budgeteinhaltung) zu einer markt- und umweltgestaltenden Gesamtplanung (Hauptaspekt: *Zukunfts*gestaltung) verschoben. Hierbei können in etwa *folgende* Entwicklungsstufen der Unternehmensplanung unterschieden werden (*Ansoff*, 1981; *Albert*, 1983; *Emans*, 1987, *Hax/Majluf*, 1988):

1. Finanzplanung – 50er Jahre
   (Budgetierung)
2. Langfristplanung – 60er Jahre
3. Strategische Planung – 70er Jahre
4. Strategisches Management – 80er Jahre
   (Strategische Führung)

Die inhaltlichen und methodischen Berührungen zwischen Unternehmensführungslehre einerseits *und* Marketinglehre andererseits haben sich während dieses Entwicklungsprozesses – der sich gerade in den letzten Jahren erkennbar beschleunigt hat – deutlich verstärkt. Insgesamt ist die skizzierte Entwicklung noch stark im Fluß, was schon daraus ersichtlich ist, daß die neueren Veröffentlichungen zur Strategischen Planung (u.a. *Hahn/Taylor*, 1980; *Steinmann*, 1981; *Töpfer/Afheldt*, 1983; *Trux/Müller/Kirsch*, 1984) bzw. zum Strategischen Marketing (etwa *Wieselhuber/Töpfer*, 1984; *Raffée/Wiedmann*, 1985; *Köhler*, 1988) meistens Sammelwerke sind, die nicht nur jeweils unterschiedliche Schwerpunkte setzen, sondern auch sachlich-terminologisch divergieren. Dabei wird nicht nur um Abgrenzungen etwa zur Ziel- und operativen (Maßnahmen-)Planung, sondern auch um die *Dominanz* Strategischer Unternehmens- oder Strategischer Marketingplanung(-skonzepte) „gerungen" (siehe u.a. *Kirsch*, 1982; *Raffée/ Wiedmann*, 1985 (Vorwort); *Rühli/Wehrli*, 1986). Darüber hinaus besteht noch Uneinigkeit darüber, inwieweit ein Vorrang bzw. Nachholbedarf bei den *inhaltlichen* (Sach-)Fragen oder den Verfahrensfragen besteht (vgl. etwa die jüngst von *Engelhardt* in der Zeitschrift *Marketing ZFP* ausgelöste Diskussion (*Engelhardt*, 1985) sowie verschiedene Diskussionsbeiträge in der gleichen Ausgabe). Im übrigen ist auch noch nicht die Gefahr einer „Atomisierung" von Einzelaspekten des Strategischen Managements gebannt (vgl. hierzu den Überblick von *Wiedmann* zu ausgewählten „Leitideen" strategischer Führung bzw. strategischen Marketings, *Wiedmann*, 1985). Eine geschlossene strategische Managementlehre ist jedenfalls noch nicht in Sicht (zur Programmatik einer solchen Lehre siehe z.B. *Schreyögg*, 1984).

Die differenzierte und längst nicht abgeschlossene Entwicklung des Themenkomplexes „Strategische Planung/Management" ist insgesamt dadurch gekennzeichnet, daß sich die Planungsintension immer mehr in einem *zukunfts*gerichteten, *potential*orientierten System von Handlungsanweisungen sowie seiner konsequenten Überprüfung (Audit) bzw. Fortentwicklung (Evolution) niederschlägt. Typisch für eine in diesem Sinne interpretierte(s) strategische(s) Planung bzw. Management ist dabei der dezidierte *Markt- und Umweltbezug* (vgl. *Ansoff*, 1966, S.125 ff.; *Kotler*, 1982, S.283 ff.; *Leontiades*, 1983, S.457 ff.; *Hentze/Brose*, 1985, S.123 ff.), und zwar primär unter dem Aspekt aktiver *Markt*beeinflussung im Sinne eigener Markt- und Unternehmensziele. Insoweit bestimmt die *strategische Marketing-Planung* oder das strategische Marketing-Management zwangsläufig den generellen Unternehmenskurs;

denn der Markt stellt die eigentliche „Front" des Unternehmens dar, auf die letztlich *alle* Unternehmensaktivitäten gerichtet sein müssen, um die gesetzten Ziele zu realisieren. Bei der Erarbeitung des *markt*strategisch orientierten *Generalkurses,* der gleichsam den *entscheidenden* Außenkurs des Unternehmens definiert, müssen Markt- und Unternehmensmöglichkeiten verglichen und auf einen gemeinsamen, unternehmensindividuellen und marktadäquaten Nenner gebracht werden (*Becker,* 1987b, S.556).

Eine Marketing-Konzeption als grundlegender **Leitplan des gesamten Unternehmens** hat in hohem Maße eine koordinierende Funktion in bezug auf alle einschlägigen marktrelevanten Maßnahmen im gesamten Unternehmen, und zwar über alle hierarchischen Stufen hinweg. Diese Funktion kann sie aber nur dann erfüllen, wenn sie schriftlich als ein *konsistentes* Bündel von Handlungsanweisungen niedergelegt, von der Unternehmensleitung als verbindlich erklärt worden und im Prinzip zugleich auch Mitgliedschaftsbedingung im Unternehmen ist (zumindest, was das Top- und Middle-Management angeht).

Charakteristika der Konzeptionsarbeit im Unternehmen

Die Erarbeitung von Marketing-Konzeptionen – das geht aus dem bisher Gesagten bereits hervor – setzt im Prinzip Entscheidungen auf *drei* Ebenen voraus, und zwar auf der Ziel-, Strategie- und (Instrumental-)Mixebene. Wir unterscheiden deshalb folgende drei **Konzeptionsebenen:**

- Konzeptionsebene **Marketingziele**   (bezieht sich auf Ziel*setzungs*entscheidungen)
- Konzeptionsebene **Marketingstrategie** } (beziehen sich auf Ziel*erreichungs*ent-
- Konzeptionsebene **Marketingmix**   } scheidungen)

Die Unterscheidung dieser drei Konzeptionsebenen berücksichtigt die Tatsache, daß Marketing-Konzeptionen nicht uno actu entstehen, sondern das Ergebnis eines *mehrstufigen* Prozesses sind. Die drei genannten Konzeptionsebenen können in dieser Hinsicht auch als drei logisch aufeinanderfolgende, aber dennoch interdependente Teilstufen eines konzeptionellen Gesamtprozesses aufgefaßt werden. Dies entspricht der Vorstellung sog. **Phasentheoreme,** wie sie in der Marketing- und auch der Managementliteratur weit verbreitet sind (u.a. *Kollat/Blackwell/Robeson,* 1972, S.13; *Stern,* 1975, S.33; *Koontz/O'Donnell,* 1976, S.143f.; *Meffert,* 1980, S.477 bzw. *Kreikebaum,* 1981, S.128; *Arbeitskreis „Langfristige Unternehmensplanung der Schmalenbach-Gesellschaft",* 1977, S.24; *Hinterhuber,* 1977, S.36; *Albert,* 1983, S.2-29). Solche Phasenschemata sind bezüglich ihrer Gültigkeit immer wieder angezweifelt bzw. aufgrund spezieller empirischer Untersuchungen in bestimmter Weise falsifiziert worden (*Witte,* 1968, S.625ff. sowie *Hauschildt,* 1977, insbes. 3.und 4.Kap. bzw. zusammenfassende Thesen, S.248). Diese empirischen Untersuchungen beziehen sich jedoch auf einen speziellen Fall komplexer, novativer, multipersonaler Entscheidungen (nämlich Erstbeschaffung einer EDV-Anlage). Sie lassen sich damit *nicht* ohne weiteres auf die marketing-politische Konzeptionierung für ein ganzes Unternehmen übertragen.

Typisch für die Erarbeitung von Marketing-Konzeptionen in der Unternehmenspraxis ist zunächst einmal, daß sie prinzipiell alle drei genannten Konzeptionsebenen umfaßt bzw. umfassen muß, wenn Konzeptionen die **Geschlossenheitsbedingung** erfüllen sollen. Andererseits ist aber empirisch immer wieder zu beobachten, daß der Konzeptionsprozeß nicht zwangsläufig mit der Zielebene beginnen muß, *sondern* daß nicht selten die konzeptionellen Anstöße von bestimmten Strategieansätzen oder zum Teil sogar von bestimmten („bewährten") operationalen Maßnahmen auf der Instrumentalebene ausgehen und daß die Kette zur Zielebene erst danach über entsprechende Rückkoppelungen geschlossen wird.

Insofern kann man sagen, daß grundsätzlich *drei* verschiedene Konzeptionsmuster *(Abb. 1)* unterschieden werden können.

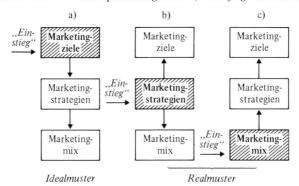

Abb. 1: Alternative Konzeptionierungsmuster (Reihenfolgealternativen)

Konzeptionelle Überlegungen (Ideen) müssen also *nicht* zwangsläufig zuerst an Zielen bzw. Zielvorstellungen anknüpfen, sondern können sich auch an bestimmten **strategischen Grundmustern** entzünden (z. B. Übertragung von Erfahrungen in anderen Branchen, etwa Anwendung des Markenartikelkonzepts auch bei der Vermarktung von Obst, vgl. *Chiquita*-Konzept) oder an ganz konkreten **instrumentalen Maßnahmen** (etwa spezifischen Promotionmaßnahmen, vgl. *Camel*-Kleidung, -Reisen usw., die dann sogar strategisches Gewicht erhalten können, nämlich im Sinne von „Vorsorgemaßnahmen", falls die Zigarettenwerbung verboten werden sollte). Von diesen Initialstufen aus erfolgt jeweils *retrograd* die konzeptionelle Anbindung an die Zielebene. Für Marketing-Konzeptionen ist nämlich zwingend die Zielbindung herzustellen – jedenfalls wenn sie das zentrale Kriterium der Geschlossenheit erfüllen sollen. Im Unternehmen gibt es zwar durchaus partielle Entscheidungsprozesse, die auch ohne Zielplanung auszukommen suchen und deren Abläufe durch ein „Durchwursteln" gekennzeichnet sind (Muddling through, *Lindblom,* 1959 bzw. 1968). Für die Marketing-Konzeption eines ganzen Unternehmens ist jedoch die Zielplanung grundsätzlich *unverzichtbar.* Geschlossene Marketing-Konzeptionen stellen so gesehen auch eine Harmonisierung von Marketingziel-, Marketingstrategie- und Marketingmixentscheidungen dar.

Zum Aufbau des Buches

Intention dieses Buches ist es, den Leser in die Strukturierung wie auch die Ableitung von Marketing-Konzeptionen grundlegend einzuführen, und zwar unter besonderer Berücksichtigung **ganzheitlicher Aspekte**. Dabei werden die grundlegenden konzeptionellen Fragen nicht nur beschrieben, sondern auch problematisiert. Auf der Basis dieses analytischen Vorgehens wird jeweils versucht, auch generalisierende Aussagen zu gewinnen. Dabei zeigt es sich, daß – vor allem, je mehr man auch qualitative Dimensionen der Konzeptionsaufgabe zu berücksichtigen sucht – abzuleitende Grundaussagen entsprechend *differenziert* werden müssen. Das wird durchweg an Konzeptionsbeispielen zu konkretisieren bzw. zu belegen versucht.[1] In einem *abschließenden* Teil werden die wichtigsten Aspekte der Marketing-Konzeption noch einmal zusammenfassend gewürdigt sowie ergänzende Zusammenhänge skizziert.

Die von uns unterschiedenen *drei* Konzeptionsebenen Marketingziele, Marketingstrategien und Marketingmix können auch als **Bausteine** der Marketing-Konzeption insgesamt aufgefaßt werden. Aus analytischen wie didaktischen Gründen werden im folgenden alle drei Bausteine oder – wie wir spezifischer sagen wollen – alle drei Konzeptionsebenen jeweils getrennt behandelt (wobei die jeweils interdependenten Aspekte immer eingangs besonders herausgearbeitet werden). Das Buch ist daher in *drei* große Teile gegliedert. Den Basisaufbau und die jeweiligen **inhaltlichen Schwerpunkte** mit den entsprechenden Seitenangaben macht *Abb. 2* deutlich.

Abb. 2: Aufbau und Inhalte des Buches (mit Seitenangaben)

Konzeptions-ebenen:	Die einzelnen Kapitel:	Die primär behandelte Thematik:	Die jeweiligen Seitenzahlen:
1. Konzeptions-ebene: **Marketingziele**	I. Die unternehmerischen Zielsetzungen als Ausgangspunkt	Begriffliche Fragen und Einführung	9–47
	II. Marketingziele als grundlegende Bausteine des Zielsystems	Materiell-inhaltliche Fragen (Sachfragen)	47–80
	III. Grundfragen der Formulierung von Marketingzielen (-zielsystemen)	Analyse- und Verfahrensfragen	80–110
2. Konzeptions-ebene: **Marketing-strategien**	I. Wesen und Bedeutung von Marketingstrategien	Begriffliche Fragen und Einführung	111–121
	II. Arten und Ausprägungen von Marketingstrategien	Materiell-inhaltliche Fragen (Sachfragen)	121–326
	III. Verfahren und Kalküle zur Strategiebestimmung	Rechen- und Verfahrensfragen	326–437
3. Konzeptions-ebene: **Marketingmix**	I. Wesen und Dimensionen des Marketingmix	Begriffliche Fragen und Einführung	439–457
	II. Stufen und Orientierungspole des Marketingmix	Materiell-inhaltliche Fragen (Sachfragen)	457–555
	III. Modelle und Kalküle zur Marketingmixfestlegung	Rechen- und Verfahrensfragen	555–602

---

[1] Dieser allgemeine Differenzierungszwang wird neuerdings in der Marketinglehre entdeckt. Ein Beleg dafür ist etwa die zunehmende Branchenorientierung des Marketings durch entsprechende Spezialveröffentlichungen. Im Prinzip ist das aber noch ein Differenzierungsansatz, der bei vielen Fragestellungen allein gar nicht ausreicht, sondern der u. a. noch typologisierend weiterzuführen ist. Diesen Feindifferenzierungen gehen wir speziell im 3. Teil (Marketingmix) nach (siehe hierzu S. 465 ff.).

Leseanleitung

Es entspricht der Logik idealen konzeptionellen Vorgehens wie auch dem Aufbau des Buches, die drei Teile „Marketingziele", „Marketingstrategien" und „Marketingmix" in der *vorgegebenen* Reihenfolge zu lesen bzw. durchzuarbeiten. Alle drei Teile sind jedoch inhaltlich und verfahrenstechnisch so abgegrenzt, daß sie *auch* jeweils für sich in gewünschter Reihenfolge gelesen werden können. Zum besseren Verständnis ist es dann aber angezeigt, *vorher* die wichtigsten einführenden bzw. verknüpfenden Abschnitte durchzulesen, und zwar im 1. Teil: „Zum Stellenwert der Zielfrage und ihren besonderen Beziehungen zur Strategieebene" (S. 107-110), im 2. Teil: „Die Beziehungen zwischen Marketingzielen, Marketingstrategien und Marketingmix" (S. 119-121) sowie im 3. Teil: „Wesen und Dimensionen des Marketingmix" (S. 439-441). Auf diese Weise wird unabhängig von der Lesereihenfolge der konzeptionelle Gesamtzusammenhang transparent.

1. Teil
Konzeptionsebene der Marketingziele

Die moderne Betriebswirtschaftslehre ist dadurch gekennzeichnet, daß sie die unternehmerischen **Entscheidungen** zentral in den Vordergrund der Betrachtung gerückt hat. Oder anders ausgedrückt: Sie bemüht sich, ihr Erkenntnisobjekt systematisch in Kategorien des Entscheidungsprozesses zu analysieren. Bei der Analyse und Interpretation des Entscheidungsprozesses hat man - zumindest in der deutschsprachigen Literatur - schon relativ früh deutlich zwischen Ziel*setzungs*entscheidungen einerseits und Ziel*erreichungs*entscheidungen andererseits (bzw. Ziel- und Mittelentscheidungen) zu unterscheiden gesucht (*Koch*, 1962).

Dieser Untersuchungsansatz hat zu einer breiten Zieldiskussion im Rahmen der neueren Betriebswirtschaftslehre geführt (*Bidlingmaier*, 1964 bzw. 1968; *Heinen*, 1966 bzw. 1976; *Schmidt-Sudhoff*, 1967; *Berthel*, 1973; *Hamel*, 1974; *Andrä*, 1975; *Hauschildt*, 1977; *Schneider*, 1978; *Kupsch*, 1979), während in der amerikanischen Managementlehre - als Vorläufer und Vorbild der deutschsprachigen Entscheidungs- bzw. Unternehmensführungslehre - die Zielfrage nicht in dem Maße problematisiert worden ist (siehe etwa *Ansoff*, 1966 oder auch *Koontz/O'Donnell*, 1976). Bei der Behandlung der Zielfrage ist dabei zunächst etwas *einseitig* auf die oberen Unternehmensziele abgestellt worden; erst in jüngerer Zeit werden auch stärker die nachgelagerten Bereichsziele berücksichtigt. In diesem Zusammenhang werden auch die **Marketingziele** näher diskutiert. Ansätze enthalten hierzu neuere deutschsprachige Marketing-Darstellungen (*Bidlingmaier*, 1973; *Nieschlag/Dichtl/Hörschgen*, 1988; *Meffert*, 1986a), während die amerikanische Marketingliteratur - in hohem Maße Vorbild und Muster für die moderne deutschsprachige Marketinglehre - keine differenzierten Einsichten zum Komplex der Marketing- und Unternehmensziele bietet (vgl. etwa *Cundiff/Still*, 1971; *Bell*, 1972; *Kotler*, 1977; *Rosenberg*, 1977; *Cravens*, 1987; *Aaker*, 1984; *Kotler/Armstrong*, 1988).

Die hier zu behandelnde Thematik „Marketing-Konzeption" ist jedoch nur schlüssig aufzurollen, wenn die Marketingziele differenziert herausgearbeitet werden und auf diese Weise auch die **Zusammenhänge** zwischen Marketingzielen, Marketingstrategien und Marketingmix transparent gemacht werden können.

I. Die unternehmerischen Zielsetzungen als Ausgangspunkt

Bevor auf die Komplexität und Differenziertheit von Marketingzielen im einzelnen eingegangen wird, sollen zunächst grundlegende Fragen der unternehmerischen Zielsetzungen insgesamt behandelt werden. Im Rahmen dieser Betrachtung stehen dabei vor allem *zwei* Fragenkreise im Vordergrund:

- **Grundfragen der Zielstrukturierung** (speziell Fragen der Zielbeziehungen bzw. Zielordnung sowie Operationalisierungsfragen),
- **Gestaltung des Zielsystems** (insbesondere Fragen der Hierarchisierung von Zielen).

Damit werden die notwendigen Voraussetzungen geschaffen, um anschließend die Marketingziele zielhierarchisch konsistent einordnen und spezifische Probleme der Zielgestaltung im Marketing behandeln bzw. Ansätze zu ihrer Lösung aufzeigen zu können.

1. Zur Gewinnmaximierungshypothese und ihrer Erweiterung

Ziele („goals" oder „objectives") stellen ganz allgemein Orientierungs- bzw. Richtgrößen für unternehmerisches Handeln dar. Sie sind damit zugleich Aussagen über **angestrebte Zustände,** die aufgrund von unternehmerischen Maßnahmen eintreten sollen (*Kupsch,* 1979, S. 15f.). Angesichts der Tatsache, daß unternehmerisches Agieren sich an künftigen Vorgängen und/oder Zuständen orientiert, kann ein Ziel auch als „eine antizipierte Vorstellung der Wirkung unseres Handelns" (*Bidlingmaier,* 1964, S. 28) aufgefaßt werden.

Die traditionelle Theorie der Unternehmung hat dabei – gleichsam als konsequenteste Ausprägung des sog. erwerbswirtschaftlichen Prinzips, das für unter marktwirtschaftlichen Globalbedingungen operierende Unternehmung gültig ist – das Streben nach **maximalem Gewinn** („Gewinnmaximierung") als Zentralziel unterstellt (*Heinen,* 1974, S. 107). Demgegenüber haben die Befunde der modernen Zielforschung ergeben, daß diese klassische Gewinnmaximierungshypothese in ihrem absoluten Sinn nicht mehr aufrechterhalten werden kann. Jedenfalls bedeutet diese Hypothese eine zu einseitige Fixierung auf den „homo oeconomicus". Die Erklärung unternehmerischen Handelns wird nämlich dann, wenn das Streben nach dem Gewinnmaximum als absolutes Prinzip des Wirtschaftens formal beibehalten wird, im Grunde zur reinen „Entscheidungslogik mit ausgeklammertem Wirklichkeitsbezug" (*Wiswede,* 1974, S. 145) denaturiert.

Wesentliche Einsichten in das Unternehmensverhalten bzw. die unternehmerischen Zielsetzungen selbst sind vor allem der interdisziplinär betriebenen Verhaltensforschung speziell amerikanischer Prägung zu verdanken (*Simon,* 1957; *Katona,* 1960; *Cyert/March,* 1963). Sie hat die einseitige rationale Dimension des Gewinnstrebens jedenfalls um einige wesentliche *psycho-soziale* Aspekte erweitert. Eine grundlegende Einsicht dieser Verhaltensforschung besteht einmal darin, daß Unternehmen offensichtlich nicht nach maximalem, sondern nach **zufriedenstellendem Gewinn** („satisfizing profit") streben. So unbestimmt dieser Begriff zunächst auch ist, so vermag er dennoch Differenzierungen des grundsätzlichen Gewinnstrebens sichtbar zu machen. Zumindest relativiert er das abstrakte Gewinn-(maximierungs-)ziel im Sinne einer „genügsamen Rationalität" (*Bidlingmaier,* 1964, S. 172ff.), wie es die moderne Entscheidungstheorie formuliert hat. Verhaltenswissenschaftliche Untersuchungen haben im übrigen auch deutliche Anhaltspunkte dafür ergeben, daß Unternehmen ihren Entscheidungen vielfach gar nicht oder zumindest nicht in erster Linie Gewinnziele zugrundelegen, sondern vielmehr **Umsatz- bzw. Marktan-**

teilsziele. Das gilt insbesondere dann, wenn bereits ein bestimmter Mindestgewinn erreicht ist. Diese Verhaltensweise ist offensichtlich für oligopolistisch strukturierte Märkte (= einige wenige Anbieter) besonders typisch (*Baumol*, 1959, S. 46f.).

In diesem Zusammenhang müssen jedoch *zwei* grundlegende Aspekte berücksichtigt werden: das Verfolgen jener zuletzt genannten Ziele ist einerseits Kennzeichen einer psycho-sozialen Motivation, die in dem Streben nach Sicherung bzw. Ausbau der Markt- und damit Machtposition ihren Ausdruck findet. Andererseits muß diese Zielorientierung aber gar nicht im Gegensatz zum wie auch immer gearteten Gewinnziel der Unternehmung stehen. Im Gegenteil: vielfach ist die Realisierung bestimmter Umsatz- und Marktanteilsziele als **Voraussetzung** zumindest mittel- und langfristig orientierter Gewinnpolitik überhaupt anzusehen. Wenn man auch längst die Komplexität unternehmerischer Zielsetzungen erkannt und daraus Konsequenzen zu ziehen gesucht hat (= Ablösung des modelltheoretischen monovariablen Zielsystems durch empirisch gestützte *multivariable* Zielsysteme), so sind dennoch eine ganze Reihe von Fragen des unternehmerischen Zielsystems nach wie vor offen. Die Problematik dieses Fragenkreises resultiert im Prinzip daraus, daß ökonomische Ziele mit außer- bzw. *vor*-ökonomischen Zielen (Motiven) auf vielfältige Weise verknüpft sind und die Klärung dieser Zielbeziehungen in der empirischen Zielforschung erhebliche Schwierigkeiten bereitet (*Heinen*, 1976, S. 30 ff.). Offen ist dabei vor allem auch die grundlegende Frage, inwieweit unternehmerische Zielsetzungen selbst als zu determinierende bzw. als abhängige Variablen zu problematisieren sind (*Hauschildt*, 1977, insbes. S. 249 ff.).

2. Grundfragen der Strukturierung von Zielsystemen

Eine zentrale Aussage der empirischen Zielforschung betrifft die Multidimensionalität des Zielsystems der Unternehmung. Diese Multidimensionalität ist dadurch charakterisiert, daß Unternehmen durchweg mehrere Ziele zugleich, d. h. also Zielkombinationen, zu verfolgen suchen. Damit stellt sich zunächst einmal die Frage nach den **Arten** der unternehmerischen Zielsetzungen überhaupt. Wenn Unternehmen – wie empirisch nachgewiesen – stets mehrere, zum Teil sehr heterogene Ziele „simultan" zu realisieren trachten, so stellt sich außerdem die Frage der **Ordnung** der unternehmerischen Ziele insgesamt (*Heinen*, 1976, S. 89 ff.).

Was die Dimensionen von Zielen einerseits und ihre Ordnung untereinander andererseits angeht, so handelt es sich hierbei gleichsam um die *erste* Stufe der Strukturierung des unternehmerischen Zielsystems. Sie kann auch als Stufe der **Kategorisierung** (= Systematisierung hinsichtlich der Arten und Ordnung von Zielen) bezeichnet werden. Die Strukturierung von Zielsystemen, die als Grundlage (Grundorientierung) unternehmerischer Entscheidungen dienen soll, bedarf darüber hinaus einer *zweiten* Stufe, die wir als Stufe der **Konkretisierung** (= Operationalisierung im Sinne eindeutiger Meßvorschriften) charakterisieren wollen. Hierbei geht es im einzelnen um die inhaltliche Präzisierung (= Zielsubstanz), das angestrebte Ausmaß (= Zielausmaß) und den zeitlichen Bezug (= Zielperiode).

Schematisch lassen sich diese beiden Stufen der Strukturierung des unternehmerischen Zielsystems wie in *Abb. 3* verdeutlichen, wobei die vorgenommene Stufung

Abb. 3: Strukturierung des unternehmerischen Zielsystems

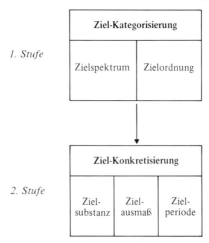

nicht in einem strengen zeitlichen, sondern mehr in einem analytischen Sinne zu verstehen ist.

Mit den folgenden Darlegungen zur Zielkategorisierung einerseits und zur Zielkonkretisierung andererseits sollen zunächst die allgemeinen Grundlagen gelegt werden für eine anschließende spezielle Behandlung der Marketingziele.

a) Fragen der Ziel-Kategorisierung

Im Rahmen dieser Thematik wollen wir zunächst auf die Zielartenfrage (= Zielspektrum) näher eingehen, um daran anschließend die Frage der Zielordnung (= Zielreihenfolge) zu behandeln. In der betriebswirtschaftlichen Literatur findet sich eine Vielzahl von **Zielkatalogen,** die - so heterogen sie zum Teil auch sind - sich durchweg auf empirische Befunde stützen bzw. berufen. Allerdings ist es bislang nicht gelungen, ein umfassendes oder gar vollständiges Beschreibungssystem für unternehmerische Ziele zu entwickeln (*Szyperski,* 1971, S. 648; *Fritz/Förster/Raffée/Silberer,* 1985, S. 390).

Zum Zielspektrum

Aus der Fülle möglicher unternehmerischer Antriebskräfte hat *Heinen* folgende **typischen Unternehmensziele** erkannt (*Heinen,* 1976, S. 59 ff.):

- Gewinnstreben,
- Umsatzstreben,
- Wirtschaftlichkeitsstreben,
- Sicherung des Unternehmenspotentials,
- Sicherung der Liquidität,
- Unabhängigkeits- und Vereinigungsstreben,
- Prestigestreben,
- Machtstreben,

I. Die unternehmerischen Zielsetzungen als Ausgangspunkt 13

- Ethische und soziale Bestrebungen,
- sonstige Zielvorstellungen (z. B. schöpferische Betätigung, Selbstverwirklichung usw.).

Hiermit sind ohne Zweifel **wesentliche Triebfedern** unternehmerischen Handelns eingefangen; allerdings liegen die genannten Zielarten auf sehr unterschiedlichen Ebenen. Wenn auch die Ableitung eines generell gültigen, logisch konsistenten Zielsystems aufgrund der Vielzahl von Zielen im Prinzip unlösbar erscheint, so gibt es immerhin Versuche, einen Zielkatalog zu entwickeln, der z. B. auf bestimmten **Basiskategorien** von Unternehmenszielen fußt (*Ulrich/Fluri,* 1975, S. 80 bzw. 1984, S. 81 f., hier noch um „Marktleistungsziele" (sind u. E. aber Instrumente) erweitert):

(1) **Marktstellungsziele**
 - Marktanteil
 - Umsatz
 - Marktgeltung
 - neue Märkte

(2) **Rentabilitätsziele**
 - Gewinn
 - Umsatzrentabilität
 - Rentabilität des Gesamtkapitals
 - Rentabilität des Eigenkapitals

(3) **Finanzielle Ziele**
 - Kreditwürdigkeit
 - Liquidität
 - Selbstfinanzierungsgrad
 - Kapitalstruktur

(4) **Soziale Ziele** (in bezug auf die Mitarbeiter)
 - Arbeitszufriedenheit
 - Einkommen und soziale Sicherheit
 - Soziale Integration
 - Persönliche Entwicklung

(5) **Macht- und Prestigeziele**
 - Unabhängigkeit
 - Image und Prestige
 - Politischer Einfluß
 - Gesellschaftlicher Einfluß

Dieser Zielkatalog verdeutlicht, daß in das Zielsystem der Unternehmung eine Vielzahl von (Teil-)Zielen eingehen können. Die hier unterschiedenen Zielkategorien liegen dabei auf ganz *verschiedenen* Ebenen. Die Marktstellungsziele bilden für die Erreichung der Rentabilitätsziele **grundlegende Voraussetzungen.** Die finanziellen Ziele andererseits stecken Bedingungen ab, unter denen die Realisierung von Rentabilitäts- bzw. Marktstellungszielen überhaupt erst möglich wird. Die sozialen Ziele sind wesentliche Begleitziele, die unabhängig von ihrer übergeordneten, zum Teil gesetzlich verankerten Relevanz zugleich einen nicht unerheblichen Faktor für die Erreichung rein ökonomischer Ziele (1.-3. Kategorie) darstellen. Macht- und Prestigeziele sind von den Kernzielsetzungen der Unternehmung vielfach am weitesten "entfernt", ohne daß jedoch ihr Rückkopplungseffekt begrenzender wie verstärkter Art in bezug auf die ökonomischen Ziele *unterschätzt* werden darf.

Neben der (empirischen) Erfassung von Zielarten überhaupt, sind immer wieder Versuche unternommen worden, auch Einsichten in das **Prioritätengefüge** von Zielen zu gewinnen, und zwar möglichst differenziert nach Wirtschaftssektoren (siehe etwa *Fritz/Förster/Raffée/Silberer,* 1985). *Abb. 4* gibt die wichtigsten Ergebnisse zur Zielgewichtung wieder.

Bei Berücksichtigung der Schwierigkeit derartiger empirischer Untersuchungen und ihrer nur *relativen* Aussagefähigkeit wird immerhin deutlich, daß das Gewinn- bzw. Rentabilitätsziel von anderen Zielen (wie Sicherheits- und Qualitätsziel) „überlagert" wird bzw. eben *nicht* allein dominierend ist. Die Untersuchungen haben zugleich ergeben, daß die Art der Zielverfolgung bzw. die Zielprioritäten auch von **situativen Komponenten** wie Unternehmensgröße, Konkurrenzintensität oder auch Delegation der Unternehmerfunktion abhängig sind (vgl. *Fritz/Förster/Raffée/Silberer,* 1985, S. 382ff.), ohne daß hierauf näher eingegangen werden soll.

Neben diesen genannten situativen Faktoren nehmen im Laufe der Unternehmensentwicklung immer stärker *gesellschaftsorientierte* Faktoren Einfluß auf die Zielgewichtung, wie *Abb. 5* zu skizzieren versucht (*Ansoff,* 1984; vgl. auch *Meffert,* 1986a, S. 77).

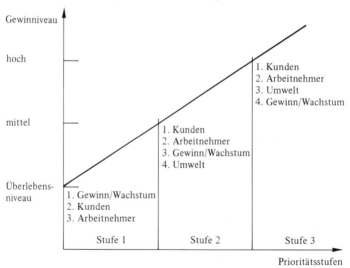

Abb. 5: Gesellschaftsorientierte Änderung der Ziel-Prioritäten

In Abhängigkeit vom jeweiligen **Überlebensniveau** eines konkreten Unternehmens, erlangt – wenn in Stufe 1 ein Mindestniveau in bezug auf Gewinn bzw. Wachstum realisiert ist – in Stufe 2 dann die Kunden- und Abnehmer-Orientierung erste Priorität. In der 3. Stufe rangiert schließlich auch die Umwelt-Orientierung noch vor der klassischen Gewinn-Orientierung. Diese (idealtypische) Zielgewichte-Verlagerung gewinnt nicht zuletzt angesichts der zunehmenden Umweltproblematik ohne Zweifel mehr und mehr empirisch-praktische Relevanz.

I. Die unternehmerischen Zielsetzungen als Ausgangspunkt

Abb. 4: Basisziele in Industrie und Handel und ihre Gewichtung[1]

A. Industrieunternehmen[4]			B. Große Kaufhauskonzerne und Versandhandelsunternehmen			C. Facheinzelhandelsbetriebe		
Zielinhalte	$\bar{x}^2$	SD^3	Zielinhalte	$\bar{x}^2$	SD^3	Zielinhalte	$\bar{x}^2$	SD^3
1. Sicherung des Unternehmensbestandes	4,48	0,43	1. Sicherung des Unternehmensbestandes	5,00	0,00	1. Qualität des Angebots	4,67	0,67
2. Qualität des Angebots	4,72	0,55	2. a) Gewinn	4,92	0,28	2. Rentabilität	4,61	0,73
3. Gewinn	4,65	0,75	b) Rentabilität	4,92	0,28	3. Sicherung des Unternehmensbestandes	4,60	0,85
4. Deckungsbeitrag	4,42	1,03	4. a) Deckungsbeitrag	4,85	0,38	4. Gewinn	4,59	0,72
5. Soziale Verantwortung	4,28	0,88	b) Hohe Lagerumschlagsgeschwindigkeit	4,85	0,38	5. Umsatz	4,50	0,81
6. Ansehen in der Öffentlichkeit	4,26	0,95	6. Qualität des Angebots	4,77	0,44	6. Ansehen in der Öffentlichkeit	4,35	0,86
7. Umsatz	4,19	0,91	7. Wachstum des Unternehmens	4,54	0,66	7. Hohe Lagerumschlagsgeschwindigkeit	4,32	1,01
8. Wachstum des Unternehmens	3,98	0,89	8. Soziale Verantwortung	4,46	0,66	8. Wachstum des Unternehmens	4,11	0,98
9. Verbraucherversorgung	3,74	1,11	9. Ansehen in der Öffentlichkeit	4,31	1,03	9. Verbraucherversorgung	4,09	0,91
10. Marktanteil	3,69	1,24	10. Unabhängigkeit von Lieferanten	4,23	1,36	10. Unabhängigkeit von Lieferanten	4,06	1,00
11. Macht und Einfluß auf den Markt	3,60	1,22	11. Marktanteil	4,15	0,90	11. Soziale Verantwortung	3,94	0,89
12. Umweltfreundlichkeit/Schonung natürlicher Ressourcen	3,37	1,36	12. Umsatz	4,08	0,49	12. Deckungsbeitrag	3,93	1,08
–			13. Macht und Einfluß auf den Markt	3,85	0,90	13. Marktanteil	3,92	1,06
–			14. Verbraucherversorgung	3,77	1,36	14. Umweltfreundlichkeit/Schonung natürlicher Ressourcen	3,74	0,95
			15. Umweltfreundlichkeit/Schonung natürlicher Ressourcen	3,31	0,94	15. Macht und Einfluß auf den Markt	3,66	1,11
N = 43			N = 13			N = 146		

[1] Auf Primärerhebungen in den Jahren 1980/81 beruhend, Industrie (= 18 Hersteller von Vollwaschautomaten und 25 Hersteller von 3-Weg-Kompaktanlagen, N=43, Vollerhebung) und Handel (= 13 Kaufhauskonzerne und Versandhandelsunternehmen, Vollerhebung und 146 Unternehmen des Elektro-Facheinzelhandels, Teilerhebung/Zufallsstichprobe)
[2] $\bar{x}$ = arithmetisches Mittel der Wichtigkeitseinschätzungen; Skala: 1=sehr unwichtig; 2=ziemlich unwichtig; 3=weder/noch; 4=ziemlich wichtig; 5=sehr wichtig
[3] SD = Standardabweichung
[4] Im Industriebereich wurden die Ziele „Rentabilität", „Hohe Lagerumschlagsgeschwindigkeit" und „Unabhängigkeit von Lieferanten" nicht erhoben

Zur Zielordnung

Die bisherigen Überlegungen zu den Zielarten haben gezeigt, daß das Gewinnziel allein - speziell in seiner extremsten Form der Gewinnmaximierung - die Orientierung unternehmerischen Handelns nur unvollständig bzw. nur sehr einseitig zu umschreiben vermag. *Typisch* für unternehmerisches Handeln ist vielmehr das Verfolgen sehr komplexer Zielsetzungen. Die Einsicht in die Komplexität unternehmerischer Zielsetzungen darf allerdings nicht dazu verleiten, den Zwang zur Gewinnorientierung des unternehmerischen Verhaltens zu übersehen. „Die Erzielung eines möglichst hohen Gewinns ist *erklärtes Steuerungsinstrument* eines marktwirtschaftlichen Systems, und von daher hat Gewinnstreben grundsätzlich einen breiten Legitimationsbereich" (*Raffée*, 1974, S. 142, Hervorhebung v. J. B.). Das heißt mit anderen Worten: Das Zielsystem des Unternehmens ist zwar durch ein ganzes Spektrum unterschiedlicher Ziele geprägt, zugleich aber spielt das Gewinnziel darin eine durchaus **zentrale Rolle**. Alle anderen Zielvorstellungen können in dieser Hinsicht auch als Einschränkungen („restrictions") und Begrenzungen („limitations") eben dieses grundlegenden Gewinnziels aufgefaßt werden (*White*, 1960, S. 198). Andererseits gibt es - wie noch im einzelnen zu zeigen sein wird - eine Reihe von Zielen, deren Verfolgung zugleich die Realisierung des Gewinnziels zumindest phasenweise stützt.

Für das Verständnis der Rangstrukturen von Zielen und der damit verbundenen Konsequenzen für die Zielordnung (= Zielrangfolge) ist *zunächst* die Einsicht in die Zielbeziehungen notwendig. Letztlich kann nur auf der Basis dieser Einsichten die für die Strukturierung des Zielsystems der Unternehmung notwendige Abgrenzung der Ziele nach Ober- und Unterzielen bzw. Haupt- und Nebenzielen vorgenommen werden. Was die möglichen Beziehungen der Ziele untereinander betrifft, so können generell folgende **Zielbeziehungstypen** unterschieden werden (*Heinen,* 1974, S. 102 f.; *Kupsch,* 1979, S. 26 ff.; *Scheuch,* 1986, S. 146 f.):

(1) **Komplementäre Beziehungen** (= Ziel-Harmonie)
(2) **Konkurrierende Beziehungen** (= Ziel-Konflikt)
(3) **Indifferente Beziehungen** (= Ziel-Neutralität)

Das soll jeweils an der Beziehung zwischen zwei Zielen näher verdeutlicht werden.

Die Beziehung zwischen zwei Zielen ist dann *komplementär,* wenn die Realisierung des Zieles Z_1 die Realisierung des Zieles Z_2 fördert (z.B.: Gewinn und Rentabilität). Diesen Fall verdeutlicht die Kurve in *Abb. 6a).* Führt dagegen die Verfolgung des Zieles Z_1 zu einem geringeren Erfüllungsgrad des Zieles Z_2, so ist die Zielbeziehung zwischen Z_1 und Z_2 *konkurrierend.* Beide Ziele befinden sich also in einem Konflikt (z.B.: Rentabilität und Liquidität). Diese Konfliktbeziehung bildet die Kurve in *Abb. 6b)* ab. *Indifferente* Zielbeziehungen sind demgegenüber dadurch charakterisiert, daß die Realisierung des Zieles Z_1 auf die Erreichung des Zieles Z_2 keinen (wesentlichen bzw. erkennbaren) Einfluß ausübt; beide Ziele verhalten sich dann neutral zueinander (z.B.: bestimmte soziale Ziele und Marktanteil). Diese Beziehungsart wird durch die Kurven in *Abb. 6c)* repräsentiert. Derartige indifferente Zielbeziehungen bilden jedoch - zumal, wenn das Zielsystem insgesamt berücksichtigt wird und nicht, wie hier modellhaft, nur zwei Ziele isoliert betrachtet

I. Die unternehmerischen Zielsetzungen als Ausgangspunkt

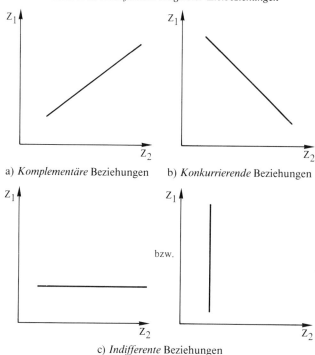

Abb. 6: Drei Basisformen möglicher Zielbeziehungen

a) *Komplementäre* Beziehungen   b) *Konkurrierende* Beziehungen

c) *Indifferente* Beziehungen

werden – in der Realität eher die Ausnahme (= Problem *verdeckter* Zielbeziehungen).

Komplementär- und Konkurrenzbeziehungen wie auch Indifferenzbeziehungen zwischen Zielen können über den gesamten Entscheidungsrahmen hinweg bestehen oder auch nur einen bestimmten Ausschnitt umfassen. Insofern müssen *totale* und *partiale* Zielbeziehungen unterschieden werden. Den Fall einer totalen Zielbeziehung kennzeichnen jeweils die Kurven a), b) und c) in *Abb. 6*. Bei realen Bedingungen ökonomischen Handelns muß in der Regel aber von einem **Wechsel der Beziehungsstrukturen** innerhalb des Entscheidungsrahmens ausgegangen werden (*Heinen*, 1976, S. 100; *Wild*, 1982, S. 62 ff.). Das bedeutet, daß für Zielbeziehungen in der Realität vor allem *partiale* Zielbeziehungsfunktionen typisch sind. Für sie ist zugleich charakteristisch, daß sie sich durchweg als *nicht*-lineare Beziehungen darstellen (vgl. hierzu im einzelnen S. 87 ff.).

Nachdem die möglichen Zielbeziehungsstrukturen skizziert worden sind, soll nunmehr auf die damit verknüpften Fragen der

- **Ober- und Unterziele** einerseits sowie
- **Haupt- und Nebenziele** andererseits

näher eingegangen werden.

Zu Ober- und Unterzielen

Die Frage der Ober- und Unterziele resultiert aus der Mittel-Zweck-Beziehung von Zielen, die dadurch gekennzeichnet ist, daß ein bestimmtes Ziel Mittelcharakter für die Erfüllung eines übergeordneten Zieles besitzt (*Bidlingmaier*, 1964, S.76). Das bedeutet, daß ein Oberziel innerhalb eines bestimmten Entscheidungsbereiches durch das Unterziel substituierbar ist (*Heinen*, 1976, S.103). Eine derartige Relation zwischen Ober- und Unterziel bringt damit zugleich auch eine bestehende „Komplementaritätsbeziehung" *(Heinen)* zum Ausdruck. Folgende schematische Darstellungen *(Abb. 7)* verdeutlichen formal-logisch die Ordnung von Zielen, auf deren Basis eine **Zielhierarchie** entsteht (*Heinen*, 1976, S.104f.).

Abb. 7: Ordnung von Zielen nach Mittel-Zweck-Beziehungen

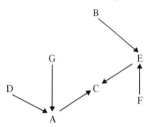

a) Zielverknüpfung zwischen
sieben Zielen

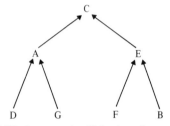

b) Umformung der Zielverknüpfungen
in eine logische *Zielhierarchie*

Aus dieser Darstellung *(Abb. 7)* geht hervor, daß das Ziel C das Oberziel darstellt, während die Ziele D, G, F und B jeweils Unterziele sind. Die Ziele A und E können andererseits – je nach Bezugsgröße – sowohl als Ober- als auch als Unterziel aufgefaßt werden. Teilweise werden derartige Ziele, die in der Zielhierarchie eine solche Mittelstellung einnehmen, auch als „intermediate goals" (= Zwischenziele) bezeichnet (*Jones*, 1957, S.5f.).

Die Kenntnis der Mittel-Zweck-Beziehungen zwischen den einzelnen Zielen des unternehmerischen Zielsystems ist gerade auch für die Lösung *praktischer* Entscheidungsprobleme von erheblicher Bedeutung. Das wird dann einsichtig, wenn man sich vergegenwärtigt, daß es in einer Vielzahl von Entscheidungssituationen nicht möglich ist, unternehmerisches Handeln am Oberziel *direkt* auszurichten. Dann müssen hierfür nachgelagerte Ziele herangezogen werden. Das gilt insbesondere dann, wenn Zwischen- bzw. Unterziele **operationalere Fassungen** als das Oberziel selbst erlauben (*Raffée*, 1974, S.141). Bei der Anwendung von mathematischen Entscheidungsmodellen müssen dann anstelle des Totaloptimums Suboptima gesucht werden. Dieses Vorgehen ist insbesondere für die Lösung von Marketingmix-Problemen typisch (vgl. hierzu S.586ff.).

Die Ausrichtung von Entscheidungen an Zwischen- bzw. Unterzielen ist darüber hinaus für die *mittleren und unteren Instanzen* der Unternehmensorganisation zwingend. Für sie sind Oberziele nicht operational, weil den Entscheidungsträgern die hierfür erforderlichen Informationen fehlen. „Daher müssen ihnen geeignete Unterziele vorgegeben werden, an denen sie ihre Entscheidungen orientieren können. Die Leitungshierarchie wird damit zur Zielhierarchie" (*Heinen*, 1974, S.106; siehe hierzu auch *Korndörfer*, 1976, S.40ff.). Die Orientierung an

Zwischen- bzw. Unterzielen ist dabei gerade auch für marketing-orientierte Organisations- bzw. Delegationsformen charakteristisch.

Das Funktionieren unternehmerischen Handelns auf der Basis oberziel-konformer Zwischen- bzw. Unterzielsetzungen – sei es aus Gründen der Operationalität und/oder der Organisationshierarchie – ist an eine totale Komplementarität der Ziele gebunden. Sie ist jedoch vielfach nur partiell gegeben, d.h. also nur innerhalb bestimmter Entscheidungsabschnitte (z.B. innerhalb bestimmter Absatzmengen). Darüber hinaus besteht ein nicht unerhebliches Problem darin, daß in der Unternehmenspraxis nicht alle Zielbeziehungen transparent sind, d.h. es muß z.B. auch mit *verdeckten* konfliktären Beziehungen gerechnet werden.

Damit ist zugleich die Problematik der konfliktären Zielbeziehungen für das Ordnungsgefüge im Zielsystem des Unternehmens bzw. die Grundfrage der Abgrenzung von Haupt- und Nebenzielen angesprochen.

Zu Haupt- und Nebenzielen

Während bei komplementären Zielbeziehungen quasi eine natürliche Gewichtung im Sinne von Mittel-Zweck-Relationen besteht, müssen bei konfliktären (konkurrierenden) Zielbeziehungen die Entscheidungsträger eine **Zielgewichtung** im Sinne einer Differenzierung nach Haupt- und Nebenzielen vornehmen. Sie müssen mit anderen Worten über die „Vorziehungswürdigkeit der Ziele" (*Heinen*, 1976, S.109) befinden. Die Art und das Ausmaß, nach der ein Ziel gegenüber einem oder gegenüber mehreren anderen Zielen zu präferieren ist, beruht dabei auf einem Bewertungsvorgang.

Wenn auch für Unternehmen, die unter marktwirtschaftlichen Bedingungen operieren, das erwerbswirtschaftliche Prinzip gilt, das seinen Ausdruck im Gewinn- und/ oder Rentabilitätsstreben findet, so muß *nicht in allen* Entscheidungssituationen bzw. Phasen des Unternehmensablaufs das Gewinn- bzw. Rentabilitätsziel dominant sein (*Bidlingmaier*, 1964, S.89ff; *Jain*, 1985, S.370ff.).

Die Formulierung von Haupt- und Nebenzielen ist vor allem beim Einsatz von mathematischen **Entscheidungsmodellen** von Bedeutung. Das Problem besteht darin, daß das Unternehmen bzw. deren Entscheidungsträger bei multidimensionalem Zielsystem nicht mehr jedes Ziel ohne Berücksichtigung der Einflüsse auf andere Ziele als Extremalziel verfolgen kann. Um bei Anwendung von Entscheidungsmodellen dieser Problematik gerecht zu werden, kann das Hauptziel etwa in Form einer Nebenbedingung berücksichtigt werden. Es würde dann beispielsweise ein Mindest-Gewinn formuliert, dessen Niveau mindestens erreicht werden muß (bzw. überschritten werden kann). Dieser Mindestgewinn fungiert dann als Restriktion für die Verfolgung von Nebenzielen wie z.B. dem Streben nach maximalem Umsatz, Marktanteil usw. und ist insoweit Zieldominante (*Hammann*, 1968, S.263 ff.).

Die Entscheidung zwischen alternativen Lösungsmöglichkeiten bei Bestehen konfliktärer Zielbeziehungen kann jedoch auch „manuell" erfolgen. Das geschieht in der Weise, daß sämtliche mögliche Alternativen in der Entscheidungssituation hinsichtlich ihres Zielerfüllungsgrades etwa in bezug auf das Leitziel Gewinn untersucht und entsprechend geordnet werden. Sofern mehrere Alternativen einen gleichen oder ähnlichen Zielerreichungsgrad versprechen, werden dann unter diesen Alternativen jene identifiziert, die für das Zweitziel (z.B. Umsatz oder Marktanteil) die relativ beste Lösung darstellen (*Nieschlag/Dichtl/Hörschgen*, 1972, S.327ff.).

Ein derartiges manuelles Verfahren vermag, wie leicht zu erkennen ist, im Prinzip nur ganz wenige konfliktäre Ziele - im Idealfall nur zwei - zu berücksichtigen, während mathematische Entscheidungsmodelle solche Beschränkungen nicht aufweisen (vgl. hierzu auch die Ausführungen auf S. 585 ff.).

Im Rahmen der Strukturierungsfragen des unternehmerischen Zielsystems haben wir damit zunächst die *erste* Stufe der Zielstrukturierung, nämlich die Ziel-Kategorisierung mit den beiden Teilaspekten Zielspektrum (= Zielarten) und Zielordnung (= Zielrangfolge) behandelt. Wir wollen nunmehr auf die zweite Stufe der Zielstrukturierung, nämlich die Frage der Ziel-Konkretisierung, eingehen.

b) Fragen der Ziel-Konkretisierung

Ziele können nur dann Richtschnur bzw. Maßstab für unternehmerisches Handeln sein, wenn *die* Ziele, die in das Zielsystem des Unternehmens eingehen, eindeutig determiniert sind. Damit ist die **Operationalität** von Zielen angesprochen. Zieloperationalität besagt, „daß eine Meßvorschrift vorliegen muß, mit Hilfe derer die Konsequenzen der Alternativen beurteilt werden können" (*Heinen*, 1976, S. 115) oder wie *March/Simon* formulieren: „By operationality of goals, we mean the extent to which it is possible to observe and test how well goals are being achieved" (*March/Simon*, 1958, S. 42). Der Begriff des Messens wird dabei vielfach in einem weiteren Sinne verstanden; Ziele mit Meßcharakter müssen danach nicht zwingend quantifizierbar, sondern lediglich überprüfbar sein. In diesem Sinne können für operationale Zielformulierungen folgende Skalierungen benutzt werden (*Heinen*, 1976, S. 115 f.; *Hentze/Brose*, 1985, S. 84 ff.):

- **Kardinalskalen** (= Zielerreichungsgrad wird numerisch ausgedrückt);
- **Ordinalskalen** (= Zielerreichungsgrad wird in einer Rangskala ausgedrückt);
- **Nominalskalen** (= schwächste Form: nur Angabe, ob Ziel erreicht ist oder nicht).

Andere Autoren fassen demgegenüber den Begriff operationaler Ziele enger (z. B. *Korndörfer*, 1976, S. 42 f.; *Wild*, 1974, S. 58 f.).

Die Ziel-Konkretisierung im Sinne operationaler Ziele bedingt die Fixierung von **grundlegenden Dimensionen**. Dabei können insgesamt drei Dimensionen der Ziel-Konkretisierung unterschieden werden (*Hamel*, 1974, S. 35; *Kupsch*, 1979, S. 15 f.):

(1) **Zielinhalt** (= Frage: *Was* soll erreicht werden?);
(2) **Zielausmaß** (= Frage: *Wieviel* davon soll erreicht werden?);
(3) **Zielperiode** (= Frage: *Wann* soll es erreicht werden?).

Auf diese Fragen soll im folgenden näher eingegangen werden.

Festlegung des Zielinhalts

Eine Zielaussage ist stets eine präskriptive Aussage, d. h. eine Aussage mit **Vorschriftscharakter**. Das setzt voraus, daß der Zielinhalt präzise und eindeutig formuliert ist. Je exakter Ziele inhaltlich definiert werden, um so eher werden Zielverschiebungen, Zielverwässerungen bzw. Zielmanipulationen vermieden. Außerdem wird damit auch einer „partiellen Immunität" der Organisationsmitglieder gegenüber Zielkontrollen entgegengewirkt (*Schmidt-Sudhoff*, 1967, S. 113 f.).

I. Die unternehmerischen Zielsetzungen als Ausgangspunkt

Zielaussagen müssen daher stark interpretationsfähige Formulierungen, die leicht Leerformel-Charakter annehmen, vermeiden (*Beispiel:* „Wir streben nach überdurchschnittlichem Erfolg"). In dieser Aussage ist *keine* eindeutige Erfolgskategorie benannt, die dahinter zu vermutende Gewinngröße bleibt jedenfalls vage. Im folgenden soll die Frage der Festlegung des Zielinhalts insbesondere an der Substanzierung von Gewinnzielen exemplifiziert werden.

Was **Gewinnziele** betrifft, so müssen zum einen absolute Gewinngrößen und zum anderen relative Gewinngrößen unterschieden werden. Bezüglich der absoluten Gewinngrößen können je nach den berücksichtigten Gewinnkomponenten (Gewinn = Differenz zwischen positiven und negativen Gewinnkomponenten, positive: Einnahmen, Erträge bzw. Leistungen, negative: Ausgaben, Aufwendungen bzw. Kosten) *sehr* unterschiedliche Gewinnkriterien als Zielinhalt zugrundegelegt werden.

Je nachdem, welche der negativen Gewinnkomponenten in Ansatz gebracht wird, ergibt sich eine *kalkulatorische* oder *pagatorische* Gewinngröße. Die Abweichungen beider Gewinngrößen beruhen dabei insbesondere auf der unterschiedlichen Behandlung der Eigenkapitalzinsen. Während sie beim kalkulatorischen Gewinn als gewinnmindernde Kostenbestandteile behandelt werden, geschieht dies beim pagatorischen Gewinn nicht. Bis heute ist im Grunde die Diskussion nicht abgeschlossen, ob *Eigenkapitalzinsen* Kostenbestandteile (und damit gewinnmindernd) sind oder aber als Gewinnbestandteile anzusehen sind. Zum Teil wird sogar die Auffassung vertreten, daß nicht nur die Eigenkapitalzinsen, sondern auch die *Fremdkapitalzinsen* Gewinnbestandteile darstellen (= „Kapitalgewinn"). Diese Zusammenhänge können wie folgt *(Abb. 8)* veranschaulicht werden (*Heinen,* 1976, S.61 f.).

Abb. 8: Vergleich der Gewinnbegriffe

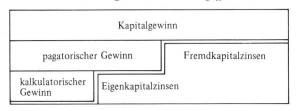

Aus diesen Darlegungen geht deutlich hervor, daß sich hinter dem Gewinnziel sehr unterschiedliche Größen verbergen können. Damit ist evident, daß bei der Strukturierung des unternehmerischen Zielsystems die Präzisierung des Zielinhalts sehr wesentlich ist (zur Problematik der Gewinndefinition bzw. -ermittlung siehe auch *Moxter,* 1964, S.6 ff. bzw. *Schneider,* 1971, S.187 ff. sowie *Baetge,* 1983).

Was die inhaltliche Fixierung von Gewinnzielen angeht, so ist man – zumindest in der Theorie – sehr lange davon ausgegangen, daß Unternehmen bzw. Unternehmer **absolute Gewinngrößen** zu realisieren suchen. Das monetäre Erwerbsstreben, wie es für in marktwirtschaftlichen Systemen operierende Unternehmen typisch ist, findet jedoch eher in *relativen* Gewinngrößen („Rentabilitäten") seine Entsprechung, weil sie den Kapitaleinsatz berücksichtigen (*Pack,* 1961, S.207 ff.; zur Kontroverse absolute Gewinnmaximierung versus Rentabilitätsmaximierung siehe auch *Hax,* 1963, S.340 ff.). Je nachdem, ob lediglich das Eigenkapital oder aber das gesamte eingesetzte Kapital als Bezugsgröße des Gewinns gewählt wird, kann im übrigen zwischen

- Eigenkapitalrentabilität $= \dfrac{\text{Gewinn} \times 100}{\text{Eigenkapital}}$

und

- Gesamtkapital-Rentabilität $= \dfrac{\text{Gewinn} \times 100}{\text{Gesamtkapital}}$

unterschieden werden.

Die Notwendigkeit einer präzisen Benennung der Ziele beschränkt sich dabei nicht nur auf Gewinnziele – wenn auch der Präzisierung gerade in diesem Falle eine besondere Bedeutung zukommt –, sondern sie ist auch für *alle anderen* verfolgten Ziele des Unternehmens zwingend. Als Beispiel eines typischen nicht-monetären Marketingziels kann etwa der **Bekanntheitsgrad** einer Marke genannt werden. Auch hier ist die Präzisierung hinsichtlich des genauen Inhalts notwendig, d.h. es ist festzulegen, ob

- der *ungestützte* Bekanntheitsgrad und/oder
- der *gestützte* Bekanntheitsgrad

als Zielvorgabe gewählt werden soll.

Der ungestützte Bekanntheitsgrad wird auch als *spontane* oder *aktive* Markenbekanntheit bezeichnet. Ihre Feststellung beruht auf Erhebungen, bei denen die Versuchsperson bei produktbezogenen Stimuli von sich aus an den Markennamen denkt und ihn nennt. Eine gestützte Markenbekanntheit liegt dann vor, wenn die Versuchsperson den Markennamen etwa anhand *vorgelegter* Listen einschlägiger Markennamen als bekannt angibt. Aus ungestütztem und gestütztem Bekanntheitsgrad kann auch der *sog. Aktualitätsgrad* bestimmt werden (= ungestützter in Prozent des gestützten Bekanntheitsgrades).

Der Bekanntheitsgrad generell ist – unter psychologischem Aspekt – als eine Gedächtnisgröße mit *prädisponierendem* Inhalt in bezug auf das Kaufverhalten aufzufassen (*Steffenhagen*, 1978, S. 87 ff.). Er stellt zusammen mit anderen psychologischen Größen eine grundlegende *vor-ökonomische* Zielgröße dar.

Im folgenden soll nun noch auf Fragen des Zielausmaßes sowie der Zielperiode näher eingegangen werden.

Festlegung des Zielausmaßes

Ziele als Handlungsanweisungen erfordern neben der inhaltlichen Präzisierung auch die Fixierung des Zielausmaßes (Zielerreichungsgrades). Das gilt für Ziele, bei denen eine Messung und damit auch eine Vorgabe auf der Basis kardinaler oder ordinaler Skalen sinnvoll und möglich ist. Grundsätzlich sind *zwei* Arten der Festlegung des Zielausmaßes denkbar (*Heinen*, 1974, S. 100):

- *begrenzt* definierte Ziele,
- *unbegrenzt* definierte Ziele.

Bei *begrenzt* definierten Zielen können dabei zwei Unterarten unterschieden werden (*Schmidt-Sudhoff*, 1967, S. 130):

- *punktuell* definierte Ziele (*Beispiel:* Umsatzziel = 10 Mio. DM),
- *zonal* definierte Ziele (*Beispiel:* Umsatzziel = zwischen 8 und 12 Mio. DM).

Bei einem *unbegrenzt* definierten Umsatzziel würde demgegenüber der Imperativ etwa so lauten: „Erreiche den größtmöglichen Umsatz".

I. Die unternehmerischen Zielsetzungen als Ausgangspunkt

Die Definitionsart des Zieles in bezug auf den erstrebten Zielerreichungsgrad hat grundlegenden Einfluß auf das **Verhalten der Entscheidungsträger** des Unternehmens. Während bei unbegrenzt definierten Zielen der Entscheidungsträger nach Alternativen sucht, solange er noch Alternativen findet, die einen höheren Zielerreichungsgrad versprechen, bricht er bei begrenzt definierten Zielen die Alternativensuche in der Regel dann ab, wenn dieses begrenzte Ziel erreicht ist.

Begrenzte Ziele definieren so betrachtet einen befriedigenden Zielpunkt (resp. Zielzone). Wie schon erwähnt, glaubt man anhand empirischer Untersuchungen (*March/Simon,* 1958; *Katona,* 1960) nachweisen zu können, daß unternehmerisches Verhalten nicht so sehr an optimalen bzw. extremalen Lösungen, sondern vielmehr an *befriedigenden* ausgerichtet ist. Was als befriedigende Lösung anzusehen ist, hängt davon ab, in welcher Höhe der als befriedigend angesehene Wert eines oder mehrerer zu verfolgender Ziele konkret festgelegt ist. Dieser befriedigende Wert wird auch als **Anspruchsniveau** („level of aspiration") bezeichnet (zur Theorie des Anspruchsniveaus bzw. der Anspruchsanpassung siehe S. 102 ff.).

Das Anspruchsniveau wird einmal von Vergangenheitsgrößen geprägt, zum anderen gehen aber auch entsprechende Zukunftswerte ein, die primär auf subjektiven Wahrscheinlichkeiten beruhen. Das bedeutet, daß aufgrund der unvollkommenen unternehmerischen Voraussicht (unvollkommenen Information, *Wittmann,* 1959) Zielwerte im Prinzip überhaupt nur Wahrscheinlichkeitsgrößen darstellen können (*Schmidt-Sudhoff,* 1967, S. 130). Trotz dieses unauflöslichen Problems sind Ziele immer dann operational, wenn sie als **Meßvorschrift** fungieren können. Das setzt eine möglichst exakte, im Idealfall quantitative Angabe des angestrebten Zielerreichungsgrades voraus, selbst wenn diese Bestimmung angesichts unvollkommener Information auf subjektiven Wahrscheinlichkeiten beruht, ja letztlich beruhen muß.

Festlegung der Zielperiode

Ziele sind nicht schon dann operational im Sinne von Meßgrößen, wenn Zielinhalt und Zielausmaß konkret definiert sind. Eine eindeutige Zielformulierung bedarf auch der Bestimmung der Zeitgröße, in der ein Ziel realisiert werden soll, da sonst *kein* adäquater Soll-Ist-Vergleich möglich ist (mit der bereits erwähnten Gefahr der „partiellen Immunisierung" der Organisationsmitglieder gegen Kontrollen, *Schmidt-Sudhoff,* 1967, S. 113). Darüber hinaus hat die Fristigkeit der Ziele in nicht unerheblichem Maße **Einfluß** auf die Determinierung der zu verfolgenden Strategien. Diese Tatsache wirkt sich damit – wie noch im einzelnen zu zeigen sein wird – ganz entscheidend auf die Marketing-Konzeption insgesamt aus.

Es gibt *zwei* Möglichkeiten, Ziele mit Zeitdimensionen auszustatten, d. h. es können Ziele formuliert werden (*Schmidt-Sudhoff,* 1967, S. 111; *Kupsch,* 1979, S. 17):

(1) die entweder bis zu einem bestimmten **Zeitpunkt** realisiert werden sollen (*Kategorie 1)* oder solche,
(2) die während eines **Zeitraums** ständig erreicht bzw. auf einem bestimmten Niveau gehalten werden sollen *(Kategorie 2).*

Was die *erste* Kategorie der Zielbestimmungen angeht, so sind zwei Unterarten der Fixierung möglich (vgl. auch *Heinen,* 1976, S. 86 f.):

(a) *zeitpunktbezogene* Fixierung (*Beispiel:* „Bis 30.9. 88 soll der Umsatz 50 Mio. DM erreichen");
(b) *zeitabschnittbezogene* Fixierung (*Beispiel:* „Im Jahre 1988 soll der Umsatz um 10% auf 50 Mio. DM steigen").

Was die *zweite* Kategorie der Zeitdimensionierung betrifft, so würde beispielsweise ein Marktanteil wie folgt lauten: „Im Jahre 1988 soll während aller Nielsen-Perioden ein mengenmäßiger Marktanteil von mindestens 28% gehalten werden" (*Erläuterung:* Nielsen-Periode = Periode des Nielsen-Einzelhandelspanels auf der Basis von Zwei-Monatserhebungen).

Zur Bezugszeitfrage von Zielen ist abschließend noch die Verbindung zur Planung (Budgetierung) insoweit herzustellen, als in ihr vorausschauend Ziele unterschiedlicher Fristigkeit konkretisiert werden. In dieser Hinsicht werden in der Regel

- *kurz*fristige Ziele,
- *mittel*fristige Ziele und
- *lang*fristige Ziele

unterschieden. Was das unternehmerische „Leitziel" Gewinn selbst angeht, so ist in Theorie und Praxis immer wieder die Frage gestellt worden, ob und inwieweit die (langfristige) Gewinnmaximierung dem erwerbswirtschaftlichen Prinzip entspricht. Unabhängig von den empirischen Einsichten, daß Unternehmen eher befriedigende als maximale Gewinne anstreben, muß insgesamt konstatiert werden, daß das Ziel langfristiger Gewinnmaximierung aufgrund unvollkommener Information (Voraussicht) im Prinzip nicht operational ist (*Heinen,* 1976, S. 120–122; zur Kritik des Gewinnmaximierungsprinzips siehe auch *Kupsch,* 1979, S. 45 ff.).

Die Ausführungen haben insgesamt deutlich zu machen versucht, daß zur Zielkonkretisierung auch die *zeitliche* Fixierung dringend notwendig ist. Insoweit wird die Zeit selbst zur „Gestaltungsvariablen" bei zielorientierten Entscheidungsprozessen (*Rühli,* 1978, II, S. 214).

Speziell aus Marketingsicht kann im Prinzip die **Raum- bzw. Segmentdimension** quasi als *vierte bzw. fünfte* Dimension der Zielkonkretisierung aufgefaßt werden. Die operationale Formulierung eines entsprechenden Marketingziels könnte beispielhaft wie folgt lauten: „Steigerung des Umsatzes für Produkt A im Gebiet B bei der Käuferschicht C um 10% bis zum Ende des nächsten Jahres" (*Meffert,* 1980, S. 75). Sowohl mit der Absatzgebiete- als auch mit der Käuferschicht-/Segmentfrage werden bereits grundlegende *strategische* Maßnahmen angesprochen, die über die reine Zielfrage weit hinausgehen (siehe hierzu auch die Darlegungen zu den Marktparzellierungs- bzw. Marktarealstrategien auf S. 214 ff. bzw. S. 256 ff.).

3. Die Ableitung des Zielsystems des Unternehmens als Hierarchisierungsproblem

Angesichts der Fülle von Zielarten bzw. -inhalten einerseits und von Zielbeziehungen totaler wie partialer Art andererseits verwundert es nicht, daß in der Unternehmensrealität sehr unterschiedliche Zielkombinationen (Zielsysteme) möglich sind. Im Prinzip gibt es, so muß vermutet werden, tendenziell so viele Zielsysteme wie es Unternehmen gibt. Diese Aussage wird verständlicher, wenn man sich vergegenwärtigt, daß das Zielsystem des Unternehmens keine generelle, einfach übernehmbare

„Standardlösung" darstellt, sondern Ausdruck eines **unternehmerischen Willens** ist. Es kann nicht einfach aus den Bedingungen, Zielen und Wünschen der Umwelt reaktiv abgeleitet werden, sondern das Zielsystem der Unternehmung ist vor allem ein *schöpferisch-kreativer,* also primär aktiver Vorgang. Oder anders ausgedrückt: Das Zielsystem ist stark entscheidungsträger-bedingt, also abhängig vom Management bzw. den Organisationsmitgliedern insgesamt und ihren subjektiven Wertungen und erst in zweiter Linie entscheidungsfeld-bedingt, d.h. also abhängig von der jeweiligen Markt- und Umweltkonstellation (*Szyperski,* 1971, S.639ff.).

Dennoch weisen Zielsysteme von Unternehmen, die unter den Bedingungen marktwirtschaftlicher Systeme operieren, bestimmte gemeinsame „Zielklammern" auf. Eine solche Klammerfunktion kommt dabei in erster Linie dem **Gewinnstreben i.w.S.** zu; es ist jedenfalls – in welcher inhaltlichen Ausprägung auch immer – ein durchgängiges Oberziel (vgl. auch *Raffée,* 1974, S.142; *Korndörfer,* 1976, S.39f.).

Gleichwohl besteht die Problematik eines an Gewinnzielen orientierten Zielsystems darin, daß jene Größen selbst wieder von *unternehmerischen* Entscheidungen in hohem Maße abhängig sind (= Problem der Gewinnermittlung). Seine Ermittlung ist „von subjektiven Erwägungen und insbesondere von den Einstellungen und Motiven der Unternehmensinhaber oder Geschäftsführer abhängig...", „mit anderen Worten: der genaue Betrag des ausgewiesenen Gewinns hängt von Unternehmerentscheidungen ab" (*Katona,* 1960, S.233f.). Betriebswirtschaftlich formuliert handelt es sich hierbei vor allem um das Problem der Periodisierung des Unternehmenserfolges sowie um das Problem der Kapitalerhaltung (*Moxter,* 1964, S.11-15 sowie im einzelnen *Schäfer,* 1974, S.255ff.). Trotz aller damit verbundenen Problematik der Gewinnorientierung kommen Unternehmen jedoch ohne diese Orientierungsgrundlage grundsätzlich nicht aus, zumindest in der langen Sicht nicht.

Unabhängig von diesen gemachten Einschränkungen ist überhaupt die Idealvorstellung eines Zielsystems im Sinne einer in sich **konsistenten Hierarchie** der einzelnen Unternehmens(teil-)ziele schwer zu realisieren, weil es sich hierbei um einen äußerst komplexen Tatbestand handelt. Die Zielsysteme, die z.T. in Unternehmen angewendet werden, sind daher „nur partiell strukturiert, zum Teil ungeordnet, weisen Leerstellen, Widersprüche, Unklarheiten usw. auf ... Solche Mängel beeinträchtigen ohne Zweifel ... die Steuerungseignung von Zielsystemen" (*Wild,* 1974, S.54). Dennoch ist eine generelle Verbesserung der Zielplanung in Unternehmen nicht zu übersehen.

a) Die Zielbildung als mehrstufiger Prozeß

Die Zielbildung im Unternehmen erfolgt in einem *mehrstufigen* Prozeß, der sich ggf. sogar innerhalb einer Periode – vor allem aufgrund von Abweichungen in den geplanten Zielerreichungsgraden – mehrfach wiederholen kann, und zwar infolge

- **interner Datenänderungen** (z.B. Änderungen in den Unternehmenspotentialen wie z.B. in den Fertigungs-, Vertriebskapazitäten oder im technischen, Marketing-Know-how usw.) sowie
- **externer Datenänderungen** (z.B. Konjunkturänderungen, Marktverschiebungen, spezielle Konkurrenzaktivitäten usw.).

Diesen Zielbildungsprozeß kann man daher auch als „iterative Zielbildung mit Lernprozessen" *(Szyperski)* bezeichnen. Damit wird zum Ausdruck gebracht, daß der Zielbildungsprozeß einen Prozeß darstellt, der mit einem erheblichen Aufwand der Informations*beschaffung* wie auch der Informations*verarbeitung* verbunden ist (*Szyperski*, 1971, S. 639 ff. bzw. *Wild*, 1982 sowie *Hentze/Brose*, 1985).

Zielbildungsprozesse werden in der Praxis – insbesondere aufgrund mangelnder methodischer Möglichkeiten bzw. entsprechender Planverfahren – vielfach auf der Basis von empirischen **Suchprozessen** in Gang gesetzt. Das gilt sowohl innerhalb eines gegebenen Zeitabschnittes für das Wechselspiel zwischen Ober-, Zwischen- und Unterzielen in der Zielhierarchie als auch für das Einpendeln der Ziele auf realistische Werte. Insoweit sind für die zielorientierte Steuerung in Unternehmen nicht nur die ursprünglichen Zielansätze, sondern vor allem auch die den Unternehmensablauf begleitenden schrittweisen **Zielkorrekturen** entscheidend. Man kann in diesem Sinne auch von einer *sequentiellen* Zielbildung sprechen, die im Grunde alle Phasen des Unternehmensablaufes begleitet und damit die Unternehmensplanung naturgemäß stark erschwert (siehe u.a. *Gälweiler*, 1974, S. 82 ff. bzw. 110 ff.; *Steiner*, 1971, S. 197 ff.).

Die Anforderungen an das Zielsystem der Unternehmung werden dann am ehesten erfüllt, wenn folgende Prozeßstufen „in logischer bzw. normativer Sicht" dem Zielprozeß zugrundegelegt werden (*Wild*, 1974, S. 57; *Kuhn*, 1982, S. 19 ff.; *Hentze/Brose*, 1985, S. 58 ff.):

(1) Zielsuche
(2) Operationalisierung der Ziele
(3) Zielanalyse und -ordnung
(4) Prüfung auf Realisierbarkeit
(5) Zielentscheidung (Selektion)
(6) Durchsetzung der Ziele
(7) Zielüberprüfung und -revision

Eine solche systematische Zielplanung ist gleichsam eine „conditio sine qua non" für eine funktionierende Unternehmensplanung überhaupt; darin sind sich im Prinzip Fachvertreter wie auch Vertreter der Praxis einig (vgl. etwa *Wild*, 1982; *Hahn*, 1974; *Koch*, 1977 bzw. *Gälweiler*, 1974; *Steiner*, 1971). Gleichwohl gibt es bisher kein umfassendes formal-geschlossenes Konzept, das der Ableitung des unternehmensindividuellen Zielsystems als Grundlage dienen könnte. Und es muß bezweifelt werden, ob es jemals ein solches „Standardmuster" für die Ableitung des unternehmerischen Zielsystems geben kann.

Was die Zielplanung angeht, so werden hierfür in der Literatur verschiedene Muster diskutiert. In dieser Hinsicht wird u.a. zwischen *perspektivischer* und *inkrementaler* Zielplanung unterschieden. Erstere ist dadurch gekennzeichnet, daß Fernzielkonzeptionen durch eine Abfolge von Nahzielkonzeptionen konkretisiert werden. Diese bilden dann die Grundlage für die Ableitung von Zielhierarchien zum Zwecke der Unternehmenssteuerung. Dieses Verfahren ist durch ein hohes Niveau der Informationsverarbeitung charakterisiert. Bei der inkrementalen Zielplanung dagegen wird eine Bindung an langfristige Zielprojektionen (und der entsprechende Planungsaufwand) vermieden; sie beruht vielmehr auf der Auswertung von Kontrollinformationen des internen Informationssystems. Die inkrementale Zielplanung stellt insofern „ein problemorientiertes reaktives Planungsverfahren dar" (*Kupsch*, 1979, S. 99 ff., vgl. in diesem Zusammenhang auch die (analoge) Unterscheidung von synoptischer und inkrementaler Planung bei *Picot/Lange*, 1979, S. 671 oder auch *Staehle*, 1985, S. 385 f.).

Den Aufbau konkreter Zielsysteme kann man sich – aus Gründen der Anschauung, der Systematik wie auch der Operationalisierung – am ehesten noch als eine Art **Pyramide** vorstellen (*Steiner*, 1971, S. 199 ff.; *Hentze/Brose*, 1985, S. 59), wobei die Anzahl der jedem Pyramidenabschnitt zuzuordnenden Zielaussagen von oben nach unten immer größer wird.

b) Die Zielpyramide und ihre Bausteine

Die Spitze eines solchen Systems bilden **übergeordnete Wertvorstellungen** des Unternehmens bzw. seiner Führung. Sie wiederum stellen die Grundlage für die Definition des eigentlichen Unternehmenszwecks (mission) dar. Auf der Basis der **Mission** des Unternehmens sind dann die eigentlichen konkreten Unternehmensziele abzuleiten, die selbst wieder Orientierungsgrößen sind für die nachgelagerten Bereichs- und Aktionsfeld- bzw. Instrumentalziele. Bei der Zielhierarchisierung von oben nach unten findet dabei einmal eine zunehmende Konkretisierung der Ziele statt, zum anderen nimmt die Zahl der Ziele durch die Detaillierung erheblich zu. Dieses beschriebene retrograde Vorgehen kann auch durch Anwendung der Relevanzbaum-Methode unterstützt werden (*Berthel,* 1973, S.135ff.; *Kupsch,* 1979, S.73ff.). Die Ziele stehen insgesamt in einer (strengen) **Mittel-Zweck-Beziehung** zueinander, d.h. das jeweils untergeordnete Ziel stellt zugleich das Mittel für die Verwirklichung des jeweils darüberliegenden Zieles dar. Diese Zusammenhänge können anhand einer Pyramide modellhaft wie folgt *(Abb. 9)* verdeutlicht werden.

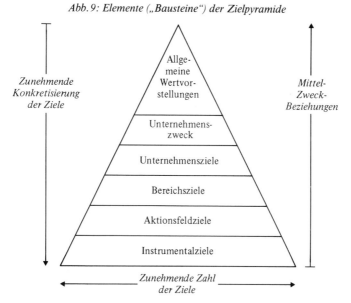

Abb. 9: Elemente („Bausteine") der Zielpyramide

Abb. 9 verdeutlicht, daß es ganz verschiedene Ebenen von Absichten und Zielen bzw. Zielvorstellungen gibt.

Allgemeine Wertvorstellungen (basic beliefs)

Die allgemeinen Wertvorstellungen, Geschäftsgrundsätze im Sinne einer Art Verfassung („Grundgesetz") des Unternehmens, sind ein Ausdruck dafür, daß Unternehmen nicht nur einzelwirtschaftlich orientierte Gebilde sind, sondern daß ihnen auch eine fundamentale *gesamt*wirtschaftliche Aufgabe zukommt. Dieser Aufgabe auch für das Ganze muß sich jedes Unternehmen stellen, das langfristig operieren will. In verbindlichen **Unternehmensgrundsätzen** (siehe hierzu *Ulrich,* 1978, S.51ff. bzw.

S. 91 ff.; *Kreikebaum*, 1981, S. 33 ff. sowie speziell *Bartenstein*, 1978) versuchen heute mehr und mehr Unternehmen – namentlich Großunternehmen wie z. B. *Bertelsmann, Henkel, Siemens* usw. – die Folgerungen aus dieser Gesamtverantwortung für ihre Aktivitäten zu ziehen. Was die allgemeinen Wertvorstellungen von Unternehmen angeht, so beziehen sie sich etwa auf folgende Fragen bzw. entsprechende Festlegungen, die zum Teil *meta*-ökonomischen Charakter haben:

- **Position (Engagement) in bezug auf**
  - Gesellschaftssystem
  - Wirtschaftssystem
  - Wettbewerbsordnung
  - Umwelt (Ökologie)
- **Grundprinzipien (Verhaltensweisen) gegenüber**
  - Mitarbeitern
  - Kunden
  - Lieferanten
  - Konkurrenten
  - Kapitaleignern
  - Banken
  - Öffentlichkeit
- **Führungsgrundsätze in bezug auf**
  - Organe der Führung[5]
  - Aufbau der Führung
  - Führungsverhalten

Damit werden grundlegende Wertaussagen des Unternehmens definiert. Sie markieren gleichsam den kulturellen bzw. zivilisationalen Hintergrund des Unternehmens. Insoweit sind hiermit wichtige Dimensionen der **Unternehmensidentität** (Corporate Identity) insgesamt angesprochen, die – in einem *weit* verstandenen Sinne (z. B. *Birkigt/Stadler*, 1980) – neben Kommunikation und Erscheinungsbild eines Unternehmens (vgl. hierzu S. 449) auch dessen **Verhalten selbst** mit einschließen. Gerade an das Verhalten von Unternehmen aber werden heute vermehrt „neue", *gesellschafts*orientierte Anforderungen gestellt, die vor allem auch das künftige *Marketing*-Management der Unternehmen stark prägen werden, und zwar vom Zielprogramm bis hin zum marketing-instrumentalen Handeln.

Auf der Basis einer klassisch-liberalen Staats- und Wirtschaftsordnung haben sich Unternehmen und Unternehmer bzw. auch Manager lange als mehr oder weniger **autonom handelnde Wirtschaftssubjekte** verstanden. Diese Haltung spiegelt sich – etwas überspitzt – in einem vielzitierten Ausspruch eines ehemaligen Präsidenten von *General Motors*, Detroit (USA), wider: „What is good for *General Motors* is good for the Country" (*Staehle*, 1985, S. 358). Eine solche Auffassung entsprang einer traditionellen Sicht namentlich von Großunternehmen – eine Auffassung, die jedoch in immer stärkerem Maße von einer sozial verantwortlichen Haltung von

---

[5] Hierzu gehört auch die *Unternehmensverfassung* als System gesetzlicher und vertraglicher Regelungen, das die Beteiligung an bzw. die Einflußnahme auf die Unternehmensführung insbesondere für *drei* Gruppen (Anteilseigner, Arbeitnehmer, Management) regelt (*Frese*, 1987, S. 17 f.; *Picot/Michaelis*, 1984, S. 252 ff.).

Unternehmen und ihrer Führung bereits abgelöst worden ist bzw. noch weiterentwickelt werden muß, und zwar im Sinne eines **Ausgleichs** legitimer Ansprüche der verschiedenen Interessengruppen (siehe hierzu u.a. *Walton, 1967; Post, 1978*). Das darf freilich *nicht* zur „Eliminierung" systemkonformen bzw. systemverträglichen Gewinnstrebens führen, wenn die Existenzgrundlage von Unternehmen nicht gefährdet werden soll (was schließlich auch nicht im Interesse der Wahrnehmung ihrer „social responsibility" liegen kann). Bei aller Gefahr der Ideologisierung dieser Fragen und der mangelhaften Operationalisierungsmöglichkeiten dessen, was sozial verantwortlich ist, können *drei* inhaltliche **Schwerpunkte** der gesellschaftlichen Verantwortung des Unternehmens identifiziert werden (*Steinmann, 1973*):

- die Berücksichtigung der **Interessen aller Bezugsgruppen** des Unternehmens bei den unternehmerischen Entscheidungen
- das Herbeiführen eines **Ausgleichs konkurrierender Interessen** durch die Unternehmensführung
- die **Erzielung eines ausreichenden Gewinnes** für die Wahrnehmung sozialer Aktivitäten

Die Wahrnehmung *sozialverantwortlichen* Handelns kann dabei auch bedeuten, daß auf mittel- und langfristige Gewinnaussichten verzichtet wird (*Picot, 1977, S. 27*). Andererseits haben aber empirische Untersuchungen ergeben, daß gesellschaftlich verantwortlich geführte Unternehmen zum Teil höhere Rentabilitäten erzielen als andere Unternehmen, wenn es hierbei auch erhebliche Meßprobleme gibt (*Albach, 1976, S. 742*, zu Fragen der Unternehmensethik siehe *Steinmann/Löhr, 1989*).

Insgesamt hat sich jedenfalls das gesellschaftliche Umfeld, in dem sich heute Unternehmen bewegen, grundlegend geändert. In den westlichen Industrienationen werden insbesondere die großen Wirtschaftsorganisationen für viele Fehlentwicklungen (u.a. Ressourcenvergeudung, Umweltbelastungen, Gesundheitsgefährdungen) verantwortlich gemacht. Die - angesichts zunehmender bzw. zunehmend wahrgenommener Fehlleistungen wie Lebensmittelskandale (z.B. Wein) oder Umweltskandale (z.B. Chemische Industrie) - stärker denn je gefragte **Verantwortung der Unternehmen** gegenüber der Gesellschaft im weitesten Sinne muß und wird sich „freiwillig" (wie auch durch Auflagen erzwungen) in einer Neuorientierung von Unternehmen und ihrer Führung, insbesondere in bezug auf *ökologische* Anforderungen, niederschlagen (*Staehle, 1985, S. 359; Kreikebaum, 1981, S. 147 ff.*), und zwar unter anderem

- in umweltfreundlicheren Beschaffungs-, Produktions- und Vertriebssystemen,
- in Vermeidung sowie Recycling von Abfallprodukten,
- in rechtzeitiger und vor allem auch besserer Information bei „Katastrophen".

Insoweit werden von den Unternehmen bzw. ihrer Führung ganz neue „Management skills" gefordert. Die natürliche Umwelt wird so gesehen zum Gegenstand der Unternehmenspolitik (*Strebel, 1980; Steger, 1988*).

In diesem Sinne hat neuerdings die schweizerische *Migros* in einem **Öko-Leitbild** für das ganze Unternehmen ihre Bemühungen für die Umwelt zusammengefaßt. Sie finden ihren Niederschlag in vier übergreifenden, möglichst zeitgleichen Stufen (mit in der Regel steigenden technischen Anforderungen und Kosten) (Quelle: *Ernährungswirtschaft, 6/1986*):

Stufe 1: *Sparen* = Ökonomischer Ressourceneinsatz,
Stufe 2: *Substituieren* = Einsatz weniger umweltbelastender Lösungen,
Stufe 3: *Reduzieren* = Reduktion von Schadstoff- und Lärmemissionen sowie der Abfälle,
Stufe 4: *Beseitigen* = Gefahrlose Beseitigung nicht wiederverwertbarer Produkte.

Neben die klassischen Verantwortungen von Unternehmen gegenüber Eigentümern und Gläubigern treten also zunehmend solche gesellschaftlicher Art. Das „iron law of responsibility" (vgl. auch *Davis/Blomstrom,* 1971) wird aller Voraussicht nach auch in bezug auf die hier diskutierten Fragestellungen dazu führen, daß die Unternehmen (speziell die großen) die Herausforderung annehmen und notwendige bzw. erwartete Beiträge leisten, ehe andere Institutionen (insbesondere der Staat) hier handeln oder extreme Handlungsweisen per legem durchsetzen (*Staehle,* 1985, S.359f.). Das aber wird nicht ohne Einfluß auf die künftige strategische Orientierung von Unternehmen in Richtung eines mehr *qualitativen* (statt eines rein quantitativen) Wachstums bleiben (*Kreikebaum,* 1981, S.151f.). Damit sind zentrale **gesellschaftsbezogene Aufgaben** des Unternehmens angesprochen, wie sie etwa auch im „Human-Concept of Marketing" aufgegriffen wurden (*Dawson,* 1969). Neue Einsichten in die notwendigen Lebensbedingungen von Menschen wie auch grundlegende Veränderungen der Umwelt haben deutlich gemacht, daß die Verantwortung von Unternehmen über die eigene Gewinn- und Existenzsicherung hinausgeht; „daß das Gewinnstreben durch Nebenbedingungen sozialer Art begrenzt wird bzw. begrenzt werden sollte" (*Meffert,* 1980, S.38). In dieser Hinsicht hält es auch *Kotler* als die Hauptaufgabe eines „gesellschaftsfreundlichen" Marketing, „die Bedürfnisse und Wünsche der Zielmärkte festzustellen und unter Bewahrung oder Verbesserung der Lebensqualität sowohl des einzelnen Konsumenten als auch der Gesellschaft die gewünschten Befriedigungen wirksamer und effizienter zu erreichen" (*Kotler,* 1982, S.37; *Kotler* verwendet hierfür auch den Begriff „societal marketing"). Jedes Unternehmen muß sich - im Sinne konsequenten Handelns - gleichsam eine Art **soziales Profil** geben (vgl. auch *Glueck,* 1980, S.69), und zwar in bezug auf die Frage, mit welchem Engagement (Intensität) die soziale Verantwortung tatsächlich wahrgenommen werden soll *(Abb. 10).*

Abb. 10: Stufen bzw. Intensitäten sozialen Engagements (= soziale Skalenwerte)

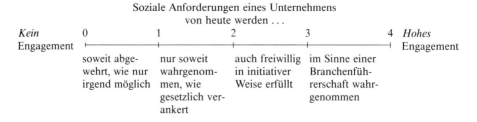

Einige konkrete *Beispiele* sollen dieses Spektrum näher verdeutlichen, gerade auch, was sowohl die Machbarkeit als auch die Realisierungsbarrieren einer so verstandenen Marketing- und Unternehmenspolitik angeht.

Die Hersteller von *Getränken* haben – dem Convenience-Trend des Verbrauchers wie auch Interessen des Handels folgend – in den letzten Jahren *Einweg*flaschen forciert. „Ex-und-hopp-Flaschen" stellen aber gesamtwirtschaftlich gesehen nicht nur eine Verschwendung knapper Rohstoff- bzw. Energie-Ressourcen dar, sondern auch – weil nicht biologisch abbaubar – eine erhebliche Belastung der Umwelt. Versuche bzw. Aufrufe, u.a. auch mit den Großen im Handel zu Übereinkünften zu gelangen, neben Einweggebinden *Mehrweg*gebinde zu forcieren bzw. überhaupt aufzunehmen, werden zum Teil wegen „System-Unverträglichkeit" (weil nämlich zusätzliche Manipulationskosten für das Mehrweg-Handling entstehen) bei den stark kostenorientierten Discountern (hier speziell *Aldi*) bislang noch abgelehnt.

Die Problematik gesellschaftlich verantwortlichen Handelns soll noch an einem anderen Beispiel aufgezeigt werden. Der starke Wettbewerb am *Waschmittelmarkt* wie auch das Streben der Hausfrauen nach immer „weißerer" Wäsche hatte die Anbieter von Waschmitteln veranlaßt, chemische Stoffe wie Phosphate einzusetzen, die jedoch zu starken Belastungen der Umwelt (Verschmutzung, Fischesterben) geführt haben. Noch ehe der Staat entsprechende rechtliche Regelungen (im Extremfall Verbot bestimmter Einsatzstoffe) getroffen hat, ist die Industrie durch *freiwillige* Selbstbeschränkungen dem zum Teil zuvorgekommen (so hat z.B. die Firma *Henkel* unter der Marke *Persil* 1985 das erste Universal-Waschmittel ohne Phosphate angeboten – und zwar parallel zum bisherigen *Persil*-Waschmittel, um den „Verbraucher entscheiden zu lassen"). Diese (noch) wettbewerbsstrategische Absicherung zeigt zugleich, wie schwierig und risikohaft offensichtlich unternehmerische Alleingänge auf diesem Feld sein können. Beide *Persil*-Varianten wurden an den Handel zum gleichen Preis verkauft, um auch preislich den Umstieg beim Handel wie beim Verbraucher – bei entsprechender Preispolitik des Handels – zu erleichtern, obwohl nach Angaben von *Henkel* die Produktionskosten für das *neue* phosphatfreie *Persil* rd. 10% höher waren gegenüber dem herkömmlichen *Persil*. Man rechnete damit, daß beide Varianten 1987 je zur Hälfte zum Gesamtumsatz von *Persil* beitragen werden. 1989 konnte dann ganz auf phosphatfrei umgestellt werden.

Wie notwendig eine umwelt-orientierte Angebots- und Marketingpolitik inzwischen auch aus reinen Markt- bzw. Verbrauchergründen ist, zeigen im übrigen jüngste Marktforschungsergebnisse von *G & I*. Danach sind (Basis: 5000er Haushalt-Panel) 39% der Haushalte inzwischen umweltorientiert, und diese Haushalte kaufen deutlich weniger Reinigungs- und Waschmittel, wie *Abb.11* zeigt.

Abb.11: Im Vergleich zu den nicht-umweltorientierten Haushalten kauften die umweltorientierten Haushalte (in %)

	weniger 1985 (84)	mehr 1985 (84)
WC-Reiniger	28 (8)	
Haarspray	24 (18)	
Universalwaschmittel	19 (14)	
Scheuermittel	12 (7)	
Feinwaschmittel		22 (14)

Quelle: *G & I*.

Wie die zunehmende Umweltorientierung von Staat und Wirtschaft andererseits auch zu Philosophie-*Unschärfen* von Unternehmen führen kann, läßt sich am Beispiel der *Automobilindustrie* aufzeigen. Nachdem der Gesetzgeber einen Zeitplan für die Einführung von abgasgereinigten Automobilen verbunden mit entsprechenden Steuererleichterungen vor allem auch für frühzeitiges „Umsteigen" der Automobilkäufer auf Katalysator-Modelle vorgelegt hat, hat die Automobilindustrie (u.a. *BMW*) immer stärker das Angebot um Katalysator-Varianten komplettiert. Gerade ein Anbieter „sportlich" orientierter Automobile wie *BMW* gerät dabei in Konflikte angesichts bislang nicht vermeidbarer Leistungsverluste bei Motoren mit Katalysator. Während *BMW* bei der Einführung des neuen großen Modells (7er-Reihe) ganz die Katalysator-Modelle werblich und vertrieblich (d.h. auch über entsprechende Anreize für die

BMW-Händler) in den Vordergrund stellt, wurde in etwa zeitgleich bei der Einführung der Promotion-Sonderserie „Shadow line" bei der alten 5er-Reihe (die inzwischen abgelöst worden ist) werblich herausgestellt, daß diese Modelle „selbstverständlich auch ohne Katalysator zu haben sind". Hier wird das strategische Dilemma sichtbar, von dem vor allem Anbieter betroffen sind, deren Produkt- und Firmenpositionierung (z.B. *BMW:* „Freude am Fahren") mit den neuen Abgas-Vorschriften und ihren technischen Konsequenzen nicht voll verträglich sind (zumindest in einer Übergangszeit).

Insgesamt ist anhand dieser Beispiele deutlich geworden, daß in bezug auf übergeordnete gesellschaftliche Fragen jedes Unternehmen seinen *eigenen* Weg suchen muß. Den geschilderten generellen Zwängen kann sich jedenfalls heute im Prinzip kein Unternehmen mehr entziehen. Beziehungen zu den Unternehmenszielen (speziell Gewinnziel) sind dabei unverkennbar. Aber auch rein betriebswirtschaftlich betrachtet darf nicht übersehen werden, daß gegebenenfalls kurzfristige Gewinnverzichte *mittel- und langfristig* aufgrund sensibleren Abnehmerverhaltens durch entsprechende Mehrnachfrage überkompensiert werden können.

Neben diesen mehr nach außen gerichteten Verpflichtungen von Unternehmen, wird zunehmend auch die nach *innen* gerichtete Dimension sozialer Verantwortung erkannt und umzusetzen versucht. Nachdem man relativ lange Zeit in der Theorie wie in der Praxis das Führen von Unternehmen als eine weitgehend rationale, beinahe mechanistische Aufgabe zu verstehen gesucht hat, haben die Realitäten in den Unternehmen – insbesondere auch im Zuge eines neuen Selbstverständnisses der Menschen – die **Grenzen des „rationalen Modells"** (vgl. auch *Peters/Waterman,* 1984, S.53ff.) deutlich gemacht. Es ist nicht zuletzt kennzeichnend für diese neue Sicht, daß gerade auch Beratungsgesellschaften, die bisher einen sehr rational begründeten Verfahrens-Approach (= Dominanz der quantitativen Analyse) pflegten, die menschliche Komponente unternehmerischen Agierens und unternehmerischen Erfolges „entdecken" (siehe in diesem Zusammenhang u.a. auch *Little,* 1986). „Unsere Gesellschaft erkennt immer deutlicher, daß mit den Rezepten der Vergangenheit die Probleme der Gegenwart und Zukunft nicht mehr zu lösen sind. Wertvorstellungen geraten in Bewegung ..." (*Rüttinger,* 1986, S.13). Nach einer 1984 durchgeführten Untersuchung des *Battelle-Instituts* ist folgender Wandel der Wertvorstellungen in den Organisationen erkennbar (vgl. *Abb.12, Rüttinger,* 1986, S.13f.).

Abb.12: Wandel in den betrieblichen Wertvorstellungen

Wertvorstellungen	
bisherige	*neuere*
• *Disziplin* • *Gehorsam* • *Hierarchie* • *Leistung* • *Karriere*	• *Selbstbestimmung* • *Partizipation* • *Team* • *Bedürfnisorientierung* • *Entfaltung der Persönlichkeit*
• *Effizienz* • *Macht* • *Zentralisierung*	• *Kreativität* • *Kompromißfähigkeit* • *Dezentralisierung*

Immer mehr setzt sich jedenfalls die Einsicht durch, daß unternehmerische Erfolge beim **Menschen** beginnen:* bei den *Lieferanten* und *Abnehmern* ebenso wie bei den *eigenen Mitarbeitern*, um nur drei wichtige Bezugsgruppen unternehmerischen Agierens zu nennen. Vor allem ist man sensibler geworden für das innere Wesen eines Unternehmens oder das, was man heute noch nicht ganz griffig **Unternehmenskultur** nennt. Unternehmenskultur heißt, daß das Unternehmen als eine Art Miniaturgesellschaft mit spezifischen Normen, Werten, Symbolen und Ritualen aufgefaßt werden kann (*Heinen*, 1987; *Rüttinger*, 1986; *Matenaar*, 1983; *Deal/Kennedy*, 1982). Sie ist dafür verantwortlich, ob die Arbeit im Unternehmen von Loyalität, Engagement und Identifikation getragen ist (= grundlegende Voraussetzungen für Leistung und Produktivität). „Die Spitzenunternehmen schaffen eine umfassende, beflügelnde, gemeinsam getragene Firmenkultur, ein geschlossenes Ganzes, innerhalb dessen hochmotivierte Mitarbeiter nach dem richtigen Weg suchen. Ihre Fähigkeit, einen sehr großen Mitarbeiterkreis zu außerordentlichen Leistungen zu führen, hängt von der Gabe ab, das Bewußtsein eines lohnenden Zieles zu vermitteln" (*Peters/Waterman*, 1984, S.77). Ungewöhnliche Erfolge so unterschiedlicher Unternehmen wie *IBM* (der Computer-Anbieter schlechthin) und *McDonald's* (die führende Fast-food-Idee) oder *Daimler-Benz* (automobiler Welt-Maßstab) oder *Ikea* (neue Wohnphilosophie) sind - in ihrer jeweils eigenen Art und Ausprägung - auf die Berücksichtigung dieser Einsichten zurückzuführen. **Schlüsselfaktoren** ungewöhnlicher Unternehmensentwicklungen sind in diesem Sinne Begeisterung für und Stolz auf das eigene Unternehmen oder einfach die Schaffung eines von Enthusiasmus und Engagement getragenen Unternehmensklimas („Unternehmensfieber"). Wenn das auch *wenig* operationale Konstrukte sind, so manifestiert sich in diesen Faktoren gleichsam die menschliche *Ur*kraft eines Unternehmens.

Die Entwicklung einer firmenindividuellen Unternehmenskultur, die letztlich erst herausragende Leistungen möglich macht, kann dabei gleichsam als ein **Regelkreis** (vgl. *Abb.13*) aufgefaßt werden (*Rüttinger*, 1986, S.58).

Abb.13: Entstehung und Wirkmechanismen einer Unternehmenskultur

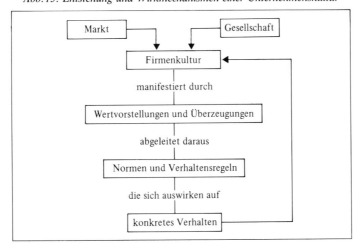

---

* Vgl. hierzu auch die abschließenden Betrachtungen auf S.617ff.

Wesentliche Impulsgeber für die Entwicklung und die positiven Wirkungen von Firmenkulturen sind stets **Pionierunternehmer** oder **charismatische Manager,** die Motivations- und Innovationspotentiale bei den Mitarbeitern durch die Art und Weise ihrer Führung und ihrer unternehmerischen Idee aufschließen.

Damit sind schließlich Grundfragen der Führung bzw. des Führungsverhaltens angesprochen. Die Erfahrung zeigt, daß Unternehmen nicht nur firmenindividuelle Formen der Führung finden müssen, wenn sie erfolgreich sein wollen, sondern diese müssen auch *phasenspezifischen* Zwängen genügen. Diese Zusammenhänge lassen sich wie folgt darstellen (vgl. insbesondere *schraffiertes* Feld in *Abb.14*):

Abb.14: Entwicklungsphasen einer Organisation

	Phase I	Phase II	Phase III	Phase IV	Phase V
Management Fokus	Produktion/ Verkauf	Produktivität	Marktexpansion	Konsolidierung der Organisation	Problemlösung/ Innovation
Organisationsstruktur	informal	zentralisiert/ funktional	dezentralisiert/geographisch	Stab-Linie/ Produktgruppen	Teams in Matrixform
Führungsstil des Top-Managements	individualistisch/autoritär	direkt	delegierend	kontrollierend	partizipativ
Kontrollsystem	Markterfolg	Standards/ Cost Centers	Berichte/ Profit Centers	Pläne/ Investment Centers	Zielvereinbarung
Belohnungssystem	Eigentum	Leistungslohn	Individuelles Bonussystem	Gewinnbeteiligung/ Belegschaftsaktien	Team-Bonussystem

Quelle: Greiner, 1972, S.45, zit. nach *Staehle,* 1985, S.649; schraffierte Hervorhebung durch J.B.

Damit wird noch einmal deutlich, daß Unternehmen sich nicht nur ein „Grundgesetz" geben müssen, sondern daß Unternehmen auch phasenadäquate **Überprüfungen** bzw. entsprechende Modifikationen im Führungssystem vornehmen müssen, wenn die Unternehmensziele (allen voran Gewinnziele) auf Dauer realisiert werden sollen.

Unternehmenszweck (mission)

Unternehmen werden einzel- wie gesamtwirtschaftlichen Aufgaben dadurch gerecht, daß sie eine bestimmte Unternehmenstätigkeit (mission) konsequent verfolgen. „A corporate mission is a long term vision of what the business is or is striving to become. The basic issue is: ‚What is our business and what should it be?'" (*Kollat/Blackwell/Robeson,* 1972, S.14). Die Mission konkretisiert den eigentlichen Unternehmenszweck („klare Absicht", *Kotler/Armstrong,* 1988, S.43f.). Er gibt in diesem Sinne dem Unternehmen – im Rahmen der gebotenen unternehmens- und marktpolitischen Flexibilität – eine bestimmte **Grundrichtung**, und zwar auf der Basis etwa folgender Grundsatzregelungen:

- **Rolle des Unternehmens, und zwar allgemein**
  - im (Produkt-)Markt
  - in der Branche
  - im Wirtschaftssektor

- **Betätigung[6] (bzw. Vision[7]) des Unternehmens hinsichtlich**
  - Art der Leistungen und Kunden[6, 7]
  - Eigenschaften der Leistungen (Kundennutzen)[6, 7]
  - Art der Forschung/Technologie[6]
  - Grundsätzen der Vermarktung[6]
  - Anvisierten Abnehmern[6]
  - Geographischer Ausdehnung[6]

- **Potentiale (bzw. Restriktionen) in bezug auf**
  - Sachmittel
  - Personal
  - Management
  - Spezielles Know-how (in Produktion, Marketing usw.)

- **Eckpunkte der Unternehmenspolitik wie**
  - Unabhängigkeit
  - Marktstellung (Marktposition)
  - Qualitätsmaßstäbe (Qualitätsnormen)
  - Innovationsverhalten (Pionier/Nachahmer)
  - Basisorientierung (Markt, Technik und/oder Rohstoffe)

Durch diese Festlegungen werden zentrale Rahmenbedingungen des Unternehmens *vor*strukturiert.

Spätestens erschwerte Ausgangslagen der Unternehmen (stagnierende Märkte, Verdrängungswettbewerb) haben deutlich gemacht, daß Unternehmen am Markt nicht allein dadurch überleben (können), daß sie ehrgeizige Ziele formulieren, sondern vor allem dadurch, daß sie – neben einer adäquaten Definition und Wahrnehmung ihrer gesellschaftlichen Verantwortung – ihrem Handeln eine schlüssige **Unternehmensphilosophie** zugrundelegen. Das heißt, daß sie Eckpunkte einer schlüssigen Unternehmenspolitik definieren müssen, die überhaupt *erst* die Grundlage der eigentlichen Zielableitung bilden. Jene Eckpunkte stellen gleichsam das unternehmerische Gerüst dar, um Chancen gezielt wahrnehmen und Bedrohungen entsprechend abwenden zu können.

---

[6] Speziell bei diesen Festlegungen handelt es sich bereits um bestimmte marketing-strategische „Vorwegnahmen". Sie können auch als marketing-strategische Basiskonstanten aufgefaßt werden. Vgl. hierzu auch die Definition der „business mission" bei *Aaker*, 1984, S. 36 ff. bzw. *Jain*, 1985, S. 363 ff.

[7] Visionen sind i. e. S. strategische *Zukunftsbilder* von völlig neuen Problemlösungen (z. B. die perfekte Trockenrasur, welche die Naßrasur absolut überflüssig macht). Dieser Vision ist jetzt *Braun* mit einem neuartigen Elektrorasierer (mit Doppelscherfolien-Schwingkopf, welcher der Gesichtskontur folgt) einen deutlichen Schritt nähergekommen.

Ein Eckpunkt der Unternehmensphilosophie bzw. ihre Erfolgsbedingung ist – angesichts von ganz überwiegend ausgeprägten *Käufer*märkten – zunächst einmal die konsequente **Kundenorientierung** (in diesem Sinne sind „Spitzenunternehmen" vor allem durch „besessenes" Qualitäts-, Zuverlässigkeits- und Servicestreben (= **Erfolgsfaktoren**) gekennzeichnet, *Peters/Waterman,* 1984, S. 189 ff.; *Rodgers/ Shook,* 1986, S. 109 ff.). Eine solche konsequente Kundenorientierung findet nicht selten ihren Niederschlag in einer *firmenspezifischen* Philosophie, die häufig auch Kernaussagen der Kommunikationspolitik zugrundeliegt, wie z. B.

- *Avis:* „We try harder." (= besser sein als die Mitbewerber)
- *Mercedes:* „Ihr guter Stern auf allen Straßen." (= Verläßlichkeit durch Qualität)
- *BDF*[8]: „Ideen fürs Leben" (= die kleinen Problemlösungen für das tägliche Leben)

Eine solche Philosophie muß freilich durch entsprechende Leistung verwirklicht und „gelebt" werden, wenn sie nicht zur bloßen Deklamation verkümmern soll. Bei konsequenter, vom Abnehmer nachvollziehbarer Verwirklichung führt sie andererseits zu starker Marken-, Produkt- bzw. Unternehmens*kompetenz,* wie Beispiele immer wieder zeigen.

Wichtige Eckpunkte der Unternehmensmission können andererseits aber auch im **Ausschluß bzw. Verzicht** bestimmter Produktbereiche, bestimmter Anwendungsbereiche und/oder Vertriebsmethoden bestehen (*Gälweiler,* 1976).

Die Mission eines Unternehmens spiegelt sich nicht zuletzt in dem **Spannungsdreieck** Kunde, Produkt, Mitarbeiter wider. Beispielhaft seien hier die *Mövenpick*-Grundsätze genannt (vgl. *Abb. 15*).

Abb. 15: Die zehn Mövenpick-Grundsätze

„1. In der Forderung nach höchster Qualität der Waren, die wir kaufen und verkaufen, sind wir kompromißlos.
2. Unser vielseitiges, wohlausgewogenes Angebot ist Ausdruck echter Lebensfreude.
3. An Sauberkeit und Hygiene stellen wir hohe Ansprüche.
4. Die Atmosphäre in unseren Restaurants ist angenehm und entspannend.
5. Was wir durch unsere gute Organisation einsparen können, soll dem Gast durch Preiswürdigkeit zugute kommen.
6. Auf alles, was wir dem Gast anbieten, wollen wir selbst stolz sein dürfen.
7. Wir wollen unser Geschäft sauber und korrekt führen.
8. Wir wollen unsere Gäste gut und zuvorkommend bedienen.
9. Wir möchten, daß unsere Mitarbeiter wohlgelaunt und liebenswürdig sind und sich durch Kameradschaftlichkeit untereinander auszeichnen.
10. Alles, was wir unternehmen, soll den Stempel tragen: Jung, frisch, gut und freundlich."

Quelle: *Mövenpick AG,* 1981 (zit. nach *Gabele/Kretschmer,* 1985, S. 147).

Eine solche Kundenorientierung insgesamt reicht freilich allein *nicht* aus, um den generellen Kurs des Unternehmens hinreichend zu beschreiben (und zwar nicht nur

---

[8] *BDF-Programme* (Corporate Identity von vier Produktlinien der *Beiersdorf AG,* Hamburg)

nicht für das Management, sondern auch nicht für die gesamte Hierarchie in ihrer ganzen Breite und Tiefe).

Eine schlüssige Unternehmensphilosophie hat bzw. muß haben eine **bereichsübergreifende Dimension,** d.h. sie muß zu einer logischen Verknüpfung grundlegender unternehmerischer Funktionen führen. Wir wollen das am „magischen Dreieck" *dreier* Basisfunktionen darlegen: Forschung & Entwicklung, Fertigung und Marketing, und zwar unter Berücksichtigung typischer **Ablauffolgen** (vgl. *Abb.16,* siehe jeweils Folgen 1 bis 4).

Diese Darstellung macht deutlich, daß eine konsequente Unternehmensphilosophie einer **Harmonisierung** zentraler Unternehmensfunktionen bedarf. Es geht mit anderen Worten also um die *innere* Stimmigkeit von Unternehmensphilosophien; dabei sind sehr differenzierte Verknüpfungen und Interdependenzen zu berücksichtigen. Vielfach kommt es bei der Philosophie-Realisierung zu bestimmten Funktions*dominanzen,* d.h. nicht immer gelingt es, eine völlig ausgewogene, alle drei Basisbereiche übergreifende Philosophie zu wählen und auch durchzusetzen (*magisches* Dreieck-Phänomen).

Die besondere Chance einer sorgfältig abgeleiteten Unternehmensmission liegt dabei in einer bewußten **Gesamtorientierung** (Gesamtausrichtung) der Unternehmenspolitik; solche Festlegungen, und zwar im Sinne einer unternehmenspolitischen „Kurzschrift" (die jedoch so gehalten sein muß, daß sie für alle Mitglieder eines Unternehmens „entschlüsselbar" ist), integrieren und „stärken den Blick fürs Ganze". Sie „verdrängen Insellösungen zugunsten von Verbund- (und damit auch von Synergie-; Anmerk. *J. B.)* effekten" (*Gabele/Kretschmer,* 1985, S.166). Letztlich werden auf diese Weise wichtige Säulen der Identität des Unternehmens nach innen wie nach außen definiert (Corporate Identity i.w.S.).

Die besondere Problematik besteht im übrigen darin, daß eine hohe Markt- und Umweltdynamik auch zu regelmäßigen **Philosophieüberprüfungen** zwingt. In dieser Hinsicht kann - wie herausgearbeitet - zwischen Philosophie-Degeneration und Philosophie-Evolution unterschieden werden. Das soll *beispielhaft* noch näher skizziert werden.

Die Unternehmensphilosophie des japanischen Herstellers *Sony* bestand und besteht - fußend auf Überzeugungen und Idealen der Unternehmensgründer: „Never follow others" - in einem konsequenten Innovationskonzept: Produkte zu erfinden, die neue, eigene Märkte schaffen. Sie sollen nach dem Verständnis von *Sony* acht Kriterien entsprechen: „Funktionalität, Steigerung der Lebensfreude, attraktives Design, kompromißlose Qualität, Originalität auf der Basis modernster Technologie, Serien-Eignung, System-Bezug und Identität mit dem *Sony*-Markenbild"[9]. Typisch ist außerdem das Streben nach „Miniaturisierung".

Die revolutionierenden Produkte von *Sony* reichen von Produkten wie dem ersten Transistorradio der Welt, dem *Walkman,* innovativen Fernsehgeräten, dem *Video-Betamax-System,* dem *Compact-Disc-System* bis hin zur Magnetscheiben-Kamera *Mavica,* dem neuen 8mm-Videosystem *(Camcorder)* und dem rauschfreien DAT-Tonbandsystem *(Digital-Audio-Tape).* Und trotzdem ist *Sony* in Bedrängnis geraten, weil die Konkurrenz mit preiswerteren Nachahmungsprodukten immer *schneller* gleichzieht und *Sony* seinen Forschungs- und Entwicklungsaufwand immer schwieriger kapitalisieren kann. Konnte *Sony* früher mit zwei bis drei Jahren

---

[9] *Sony*-Anzeige in: *FAZ* vom 24.8.1984.

38 1. Teil: Konzeptionsebene der Marketingziele

Abb. 16: *Zum Problem der relativen Optimierung der Unternehmensphilosophie*

a) *Grundmodell*

b) *Evolutionseffekte der Unternehmensphilosophie*

c) *Degenerationseffekte der Unternehmensphilosophie*

Produkt-Vorsprung rechnen, so hat sich der Innovationsvorsprung in den letzten Jahren auf etwa ein halbes bis ein Jahr (und zum Teil noch darunter) verkürzt. Das Hauptproblem besteht vor allem darin, daß die am Markt auftretenden Me-too-Produkte (u.a. von *Matsushita* oder *Hitachi*) bei durchweg annähernd gleichen technischen Leistungen bis zu einem Drittel weniger kosten als die entsprechenden *Sony*-Geräte (sich *Sony* also immer wieder mit „*besseren*" Preis-Leistungs-Verhältnissen der Konkurrenz konfrontiert sieht, die das *Sony*-Potential am Markt deutlich schrumpfen lassen). Zugleich widmet sich die *Sony*-Forschung – offenbar aus Gründen der technologischen Abstandsstrategie – technologischen Spezialitäten, die zur Verbesserung von Basistechnologien nur bedingt beitragen (die „Mission" von *Sony*, nämlich immer vorn zu sein, lenkt offensichtlich zu stark Aktivitäten in „Nebenbahnen"). Dazu kommt noch ein spezifisches strategisches Element, was sich nachteilig für *Sony* auswirkt. Während andere Anbieter (wie *Matsushita, Sharp* u.a.) längst begonnen haben, ihre Entwicklungskosten zu streuen, indem sie eigene Entwicklungen auch anderen Herstellern zugänglich machen, entwickelte *Sony* bislang nur für das eigene Haus. Diese Politik soll jetzt korrigiert werden; man will die eigenen Entwicklungen und die ganze Palette der Bauteile auch anderen Unternehmen zur Verfügung stellen und damit noch besser ökonomisch verwerten (sowohl über Lizenzen als auch über Zulieferungen).

Außerdem liegt ein spezifischer Mangel von *Sony* darin, daß man (bisher) zu sehr auf den Markt der Consumer-Electronics gesetzt hat, während andere Hersteller (wie auch der von *Sony* aus diesem Markt verdrängte amerikanische Hersteller *Motorola*) sich in verbraucherfernere Märkte (Märkte höherer Technologien wie Chip-Entwicklungen, Computer-Komponenten) begeben haben. Auch hier will *Sony* jetzt einen neuen Kurs einschlagen. Bereits bis zum Jahr 1990 soll eine Umsatzverteilung von 50:50 zwischen Unterhaltungselektronik und Geräten des „New Business" (insbesondere Büroautomation, Microcomputer, neue Medien wie Btx u.ä.) realisiert werden. Da sich immer mehr Entwicklungen „rund um den Bildschirm" bewegen, können die geplanten New Business-Aktivitäten auch als *logische* Weiterentwicklung des bisherigen Geschäfts angesehen werden (= Philosophie-Evolution).

Im übrigen hat *Sony* aufgrund seiner streng verfolgten Mission, immer wieder Neuheiten zu schaffen, einen anderen wichtigen Erfolgsfaktor vernachlässigt: konsequentes *Kosten*-Management. Innovationen lassen sich am Markt auf Dauer aber nur durchsetzen (und Nachahmer abhalten), wenn entsprechende Preis-Leistungs-Verhältnisse realisiert werden können (siehe oben).

Mit diesen Darlegungen zur *Sony*-Philosophie und ihren kritischen Punkten ist deutlich geworden, wie wichtig, ja existenziell die Formulierung einer *klaren* **Technologiephilosophie** für die Steuerung und die ökonomische Sicherung eines Unternehmens ist. Die Technologiephilosophie stellt sogesehen einen **Eckpfeiler** der Unternehmensmission insgesamt dar.

Abb. 17 verdeutlicht noch einmal generell die *relevanten* Bezüge bzw. Faktoren des Technologie-Konzepts eines Unternehmens. Damit wird klar, wie vielfältig hier die Anknüpfungspunkte sind bzw. wie es bei der Formulierung der technologie-orientierten Unternehmenspolitik darum geht, eine unternehmens*individuelle* „Philosophie" zu finden (*Specht/Zörgiebel*, 1985, S.171).

Wie unter Berücksichtigung dieser Zusammenhänge **Leitlinien** definiert werden können, zeigt ein Ausschnitt aus den Unternehmensleitlinien der *BASF* (zit. nach *Gabele/Kretschmer,* 1985, S.262):

„Die *BASF* muß im Rahmen der Gesamtentwicklung der chemischen Industrie in der überschaubaren Zukunft mit niedrigeren Wachstumsraten als in der Vergangenheit rechnen und sich den Strukturveränderungen des Weltmarktes anpassen. Die *BASF* orientiert ihre operativen Entscheidungen an *folgenden* Leitlinien:

Abb. 17: Anknüpfungspunkte der Technologie-Philosophie

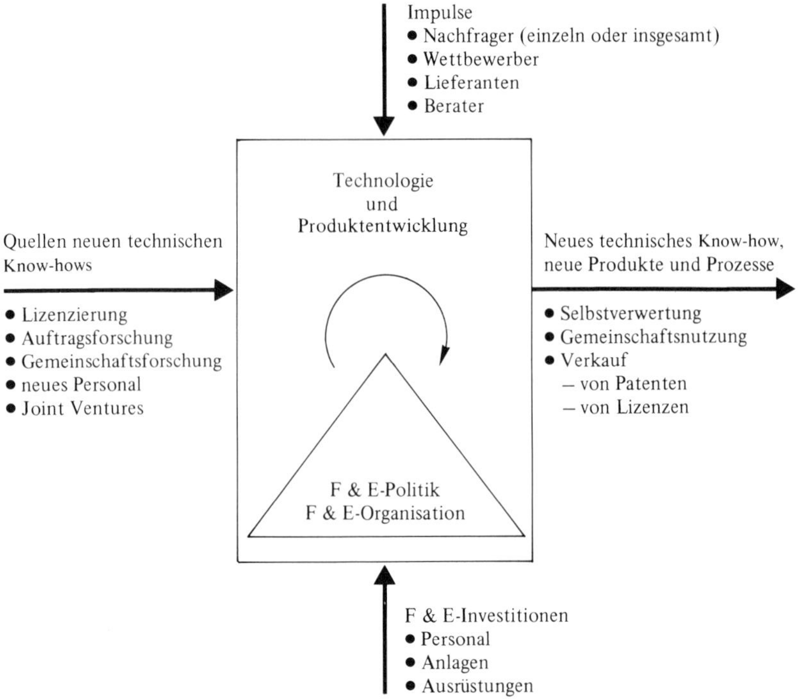

```
                              Impulse
                              • Nachfrager (einzeln oder insgesamt)
                              • Wettbewerber
                              • Lieferanten
                              • Berater
                                    │
                                    ▼
                          ┌─────────────────────┐
                          │     Technologie     │
                          │        und          │
  Quellen neuen technischen│  Produktentwicklung │ Neues technisches Know-how,
  Know-hows               │                     │ neue Produkte und Prozesse
  ──────────────────────► │         ↻           │ ──────────────────────►
  • Lizenzierung          │                     │ • Selbstverwertung
  • Auftragsforschung     │                     │ • Gemeinschaftsnutzung
  • Gemeinschaftsforschung│         △           │ • Verkauf
  • neues Personal        │      F & E-Politik  │   – von Patenten
  • Joint Ventures        │    F & E-Organisation│   – von Lizenzen
                          └─────────────────────┘
                                    ▲
                                    │
                              F & E-Investitionen
                              • Personal
                              • Anlagen
                              • Ausrüstungen
```

1. *Know how-Vorsprung schaffen und erhalten*
   - Konzentrieren auf Arbeitsgebiete, in denen ein Vorsprung in Forschung, Anwendungstechnik, Vertrieb oder Produktion ausgebaut oder erarbeitet werden kann, und Ressourcen entsprechend einsetzen
   - Know how auch durch Lizenznahme und Akquisition von leistungsfähigen Unternehmen mehren
   - Bei der Know how-Vergabe den eigenen Vorsprung nicht gefährden.

2. *Starke Marktstellung aufbauen und verteidigen*
   - Frühzeitig auf Marktbedürfnisse und Veränderungen der Wirtschaftsstrukturen und Rohstoffmärkte sowie der Konkurrenzsituation eingehen und Forschung, Anwendungstechnik, Vertrieb und Produktion darauf ausrichten; wachstumsstarke Abnehmerbranchen und Märkte besonders berücksichtigen
   - Produktentwicklung und Marktbearbeitung stärker auf Branchen ausrichten im Sinne eines branchenorientierten Marketings
   - Schwerpunktmäßige Bearbeitung aussichtsreicher Marktsektoren und Arbeitsgebiete gegenüber breiter Diversifikation bevorzugen
   - Arbeitsgebiete und Märkte aufgeben, in denen mittelfristig mit vertretbaren Mitteln keine angemessene Rendite erzielt werden kann.

3. *Grundproduktebasis sichern*
   - Optimale, nicht maximale Eigenversorgung mit Grundprodukten anstreben, dabei die partielle Eigenversorgung der vollen Eigendeckung vorziehen
   - Zukaufverträge nach Umfang und Dauer staffeln unter Berücksichtigung von Versorgungssicherheit und Rentabilität
   - Neue Projekte im Bereich der Grundprodukte darauf ausrichten, daß vorteilhafte Verbundstrukturen gebildet werden."

I. Die unternehmerischen Zielsetzungen als Ausgangspunkt

Diese etwas ausführlicheren Darstellungen – speziell auch zur *Sony*-Philosophie – sollten deutlich machen, daß die Mission eines Unternehmens nicht allein auf einem „isolierten" technisch-innovativen Anspruch ruhen darf (vor allem bei immer härterem Wettbewerb = Gefahr der Philosophie-Degeneration), sondern daß andere, ggf. auch neue *phasen*-spezifische Elemente hinzutreten müssen, um eine Unternehmensphilosophie auf Dauer tragfähig zu machen und damit das Unternehmen in seiner Existenz zu sichern.

Daß mitunter auch grundlegende *Philosophieänderungen* eines Unternehmens notwendig sind, läßt sich u.a. am Beispiel von *VW* skizzieren. War es zunächst Grundphilosophie von *VW* beim *VW-Käfer,* a) am Grundkonzept (Heckmotor, Luftkühlung, Karosserieaufbau und -form) konsequent festzuhalten und b) permanent dieses Konzept im Detail weiterzuentwickeln (so wurden zwischen 1948 und 1975 78 000 Änderungen an den 30 000 Teilen des *VW-Käfers* vorgenommen!). Spätestens Anfang der 70er Jahre kündigte sich jedoch an, daß das Käfer-Konzept trotz Perfektionierung im Detail technisch wie marktlich *überholt* war. *VW* hat sich deshalb entschließen müssen, das technische Grundkonzept (und damit die bestehende *Käfer*-Philosophie, die jahrzehntelang technisches, betriebs- und marktwirtschaftliches Handeln prägte) total zu ändern. Mit der erfolgreichen Einführung des *VW-Golf* (*völlig* neues Konzept: Frontmotor, Wasserkühlung, modern-zeitlose, selbsttragende Karosserie) im Jahre 1974 ist es jedoch gelungen, nicht nur Anschluß an die Konkurrenz zu finden, sondern in einzelnen automobilen Teilwertungen sogar Bestleistungen zu realisieren. Inzwischen hat *VW* mit Einführung des *Golf II* bewiesen, daß auch das neue Golf-Konzept perfektioniert werden konnte. Der *Golf II* ist ein völlig neu konstruiertes Auto, das dennoch technisch wie optisch das ursprüngliche *Golf*-Konzept konsequent fortsetzt[10].

Entscheidend für eine erfolgreiche Unternehmensphilosophie („mission") ist letztlich aber auch eine entsprechende *betriebswirtschaftliche* Verzahnung, d.h. eine entsprechende Verbindung hin zu nüchternen betriebswirtschaftlichen Zielen, und zwar zunächst zu zentralen Ober- oder Eckzielen des Unternehmens. Das soll noch kurz am Beispiel der Schweizer Erfolgsuhr *Swatch* skizziert werden.

In dem Weltuhrenmarkt von ca. 350 Mio. Uhren (1983) hat die Schweizer *Uhrenindustrie* aufgrund japanischer Innovationen (speziell elektrische Uhr) und weltweiter Marktoffensive ihre führende Marktposition verloren (Marktanteil ursprünglich um die 50 Prozent, heute etwa bei 15%). Während sich die meisten schweizerischen Anbieter auf eine Art Rückzugspolitik festgelegt haben (Kompensation von umsatzmäßigen Marktanteilsverlusten durch eine Hochpreispolitik mit „Spezialitäten"), war das für den führenden schweizerischen Uhrwerk- und Bestandteile-Zulieferanten *Ebauches* keine adäquate Politik. Sein natürlicher Ansatzpunkt mußte im Prinzip eine „intelligente Massenphilosophie" sein, die ganz *neue* Anforderungen sowohl an eine kompromißlose *Technik* (= konsequente Kostensenkung durch Restrukturierung, Redimensionierung und Rationalisierung sowie Schaffung einer innovativen problemlosen Billiguhr) als auch an ein „aggressives" *Marketing* (= attraktive, vielseitig einsetzbare, modisch orientierte „Preiswert-Uhr" mit einem für den traditionellen Uhrenmarkt ungewöhnlichen Vermarktungskonzept) stellte. Das Umdenken in der Mission des Unternehmens – fußend auf neuen organisatorischen Strukturen und gezielter Motivation der Organisationsmitglieder – dokumentiert sich in folgenden *Eckpunkten bzw. -werten:*[11]

- *Hauptmerkmale der neuen Firmen- und Produktphilosophie:*
  - qualitativ hochwertig
  - wasserdicht
  - wartungsfrei

---

[10] Der *VW-Golf* ist nach wie vor das mit Abstand meistverkaufte Auto, nicht nur in der BRD, sondern auch in wichtigen europäischen Ländern.

[11] Vgl. hierzu auch Art. „Produktinnovation. Wir brauchten eine neue Unternehmenskultur...", in: *Management Wissen,* 5/1985.

- nicht reparierbar, nur Batterie auswechselbar
- alle Bauelemente standardisiert
- Materialwahl frei (Metall oder Kunststoff)
- einzige Variationsmöglichkeiten: Farben des Zifferblattes und des Gehäuses
- *Preisziel:*
Entwicklung einer preisgünstigen Quarzanaloguhr mit einem Endverkaufspreis von 40 Franken
- *Herstellkosten:*
Initial weniger als zehn Franken, im dritten Jahr durch Lern- und Mengeneffekt weniger als sechs Franken
- *Mengenziel:*
Minimum 10 Millionen Uhren in den ersten drei Jahren

Diese Darlegungen einschließlich der *Beispiele* sollten insgesamt deutlich machen, daß ein unternehmerisches Erfolgskonzept zunächst einmal an die *schlüssige* Unternehmensphilosophie („mission") gebunden ist. Eine solche Philosophie muß dabei *mehr*dimensional orientiert sein, d. h. sie muß sowohl technologische als auch marktliche (und nicht zuletzt auch finanzielle) Komponenten in abgestimmter Weise (= Harmonie der unternehmensphilosophischen Komponenten) vereinigen. Entscheidend dabei ist aber auch, daß eine Unternehmensphilosophie durchweg *zeit*bezogene Elemente in sich trägt, die regelmäßig überprüft und ggf. modifiziert werden müssen und in Krisen-Situationen u. U. zur totalen Veränderung der Unternehmensphilosophie führen können (müssen). Unternehmens- (und Produkt/Programm-)philosophie können insoweit zentraler Motor als auch unheilvolle Bremse aller unternehmerischen Aktivitäten sein. Und schließlich – das ist ganz entscheidend – darf bei keiner Philosophie-Festlegung die notwendige **Verzahnung** mit der betriebswirtschaftlichen Ebene fehlen. Unternehmens- und Produktphilosophie müssen insoweit stets auch betriebswirtschaftlich sinnvoll umgesetzt werden können; sie müssen mit anderen Worten zentralen **Oberzielen** des Unternehmens (wie des marktwirtschaftlichen Systems) gleichsam standhalten. Damit aber leiten wir über zur Ebene der Unternehmensziele.

Unternehmensziele

„Zur Erfüllung aller gesellschaftlichen Aufgaben ist der Gewinn nicht nur eine notwendige Stabilitätsbedingung für die Unternehmen, sondern auch für den Bestand und den Fortschritt der Gesellschaft selbst..." (*Gälweiler,* 1974, S.114; ähnlich auch *Hinterhuber,* 1977, S.22f.). Wenn man dieser marktwirtschaftlich orientierten Grundauffassung folgt, so bedeutet *das* überhaupt die Notwendigkeit der Verfolgung **monetärer Ziele** im Unternehmen, deren „oberste Spitze" der Gewinn darstellt. In der Vergangenheit ist immer wieder versucht worden – von dem obersten Gewinnziel (in seiner Spannweite vom theoretischen Gewinnmaximum bis zum befriedigenden Gewinn) bzw. der für marktwirtschaftliche Systeme typischen Kapitalrentabilität ausgehend –, **konsistente Ziel- bzw. Planungssysteme** zu entwerfen. Das in dieser Hinsicht wohl bekannteste System *(Abb. 18)* ist das sog. *Dupont-System* (*Staehle,* 1969, S.70 und 1973, S.224; *Perridon/Steiner,* 1977, S.285; *Cravens,* 1982, S.396f.; *Horvath,* 1986, S.513ff.).

Dieses System *(vgl. Abb. 18)* basiert auf dem Return-on-Investment (ROI) als zentraler monetärer Zielgröße des Unternehmens. Das Prinzip besteht dabei darin, die

I. Die unternehmerischen Zielsetzungen als Ausgangspunkt

Abb. 18: Dupont-System (bei Deckungsbeitragsrechnung)

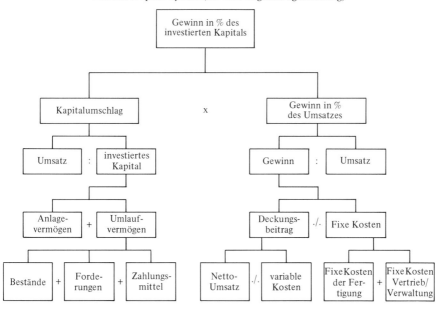

klassische Kapitalrentabilität auf wichtige monetäre Basisgrößen im Aktionsprozeß des Unternehmens zurückzuführen. Neben dem Gewinn und dem Kapital wird hierbei als dritter Rentabilitätsfaktor der Umsatz herangezogen. *Abb. 19* verdeutlicht die Zusammenhänge.

Abb. 19: Entwicklung der ROI-Formel

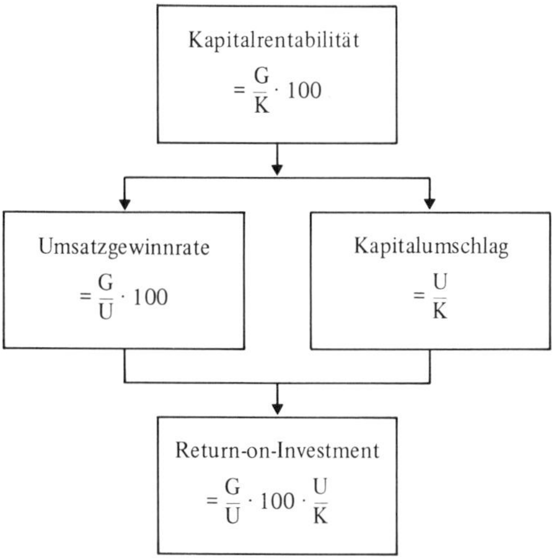

Kapitalrentabilität
$$= \frac{G}{K} \cdot 100$$

Umsatzgewinnrate
$$= \frac{G}{U} \cdot 100$$

Kapitalumschlag
$$= \frac{U}{K}$$

Return-on-Investment
$$= \frac{G}{U} \cdot 100 \cdot \frac{U}{K}$$

Die Auflösung (vgl. *Abb. 19*) der klassischen Rentabilitätsformel in ihre **Komponenten** Umsatzgewinnrate und Kapitalumschlag macht deutlich, daß die Kapitalrentabilität z. B. auch bei sinkender Umsatzgewinnrate (also bei primär umsatzorientierter Absatzpolitik) erhöht werden kann, sofern es gelingt, die negative Wirkung der zurückgehenden Umsatzgewinnrate durch einen entsprechend erhöhten Kapitalumschlag überzukompensieren und umgekehrt (*Hahn*, 1974, S. 90 ff.).

Diese Einsicht in die betriebswirtschaftliche **Mechanik** der Ertragskomponenten kann im Prinzip zu *drei* (ziel-)strategischen Verhaltensweisen führen:

(1) Ertragserzielung via **Umsatzgewinnrate** *und* **Kapitalumschlag**,
(2) Ertragserzielung *primär* über **Umsatzgewinnrate**,
(3) Ertragserzielung *primär* über **Kapitalumschlag**.

In der Realität lassen sich alle drei Verhaltensweisen nachweisen. Verhaltensweise (1) entspricht den Vorstellungen und Absichten vieler Unternehmen; wir wollen sie als „rundes" Ertragskonzept charakterisieren. Verhaltensweisen (2) und (3) dagegen stellen „spitze" Ertragskonzepte dar, d. h. sie zentrieren die Aktivitäten des Unternehmens auf jeweils eine der Ertragskomponenten. *Umsatzgewinnrate*-Orientierung ist dabei typisch für *präferenz*strategische Konzepte (vgl. z. B. die Markenartikelindustrie mit Firmen wie *Nestlé*, *Oetker* u. ä. oder auch den Fachhandel, wie klassischer Schuh- oder Bekleidungsfachhandel), während *Kapitalumschlag*-Orientierung das Kennzeichen *preis-mengen*-strategisch operierender Auch-Marken-Hersteller (z. B. *Trumpf*-Schokolade, *Eder*-Bier) oder auch des Discounthandels (wie *Aldi* oder *Plus*) ist. Damit sind bereits grundlegende **Nahtstellen** zwischen Ziel-(komponenten)-fixierung einerseits und Strategiewahl andererseits deutlich geworden (vgl. hierzu speziell die Darlegungen zur 2. Strategieebene: Marktstimulierungsstrategien, S. 153 ff.).

In seinen einzelnen Verästelungen zeigt das auf dem ROI-Konzept beruhende *Dupont-System* sehr klar die Mittel-Zweck-Beziehungen auf. Der Vorteil dieses Zielsystems – im Beispiel auf der Deckungsbeitragsrechnung fußend – liegt darin, daß es „mathematisch durchgängig zusammenhängend konstruiert" (*Berthel*, 1973, S. 105) und zugleich auch leicht abwandelbar ist, so daß es unternehmens*individuellen* Bedingungen ohne weiteres angepaßt werden kann. Dieses System eignet sich für Planungszwecke (im Sinne von Sollvorgaben) vor allem dann, wenn die Kennzahlen etwa für einen Zeitraum von fünf Jahren rückwirkend ermittelt werden, um auf diese Weise einen ausreichend abgesicherten Zeitvergleich durchführen zu können. Auf der Basis von Vergangenheitswerten lassen sich dann realistische Prognosewerte für zukünftige Perioden ermitteln (*Perridon/Steiner*, 1977, S. 286). Hinsichtlich anderer kennzahlen-orientierter Zielhierarchien – u. a. *ZVEI-System* – wird auf die Überblicke bei *Kupsch* und *Horvath* verwiesen (*Kupsch*, 1979, S. 86–91; *Horvath*, 1986, S. 517–523).

ROI- bzw. *Dupont*-Konzept machen insgesamt die Mechanik der Gewinnbildung im Unternehmen deutlich, indem sie die Komponenten der Gewinnentstehung im einzelnen aufzeigen. Damit aber ist noch *keine* Aussage über die tatsächliche Höhe des in einem Unternehmen angestrebten Gewinnes gemacht. Diese Gewinnhöhe oder, wie wir auch sagen können, die operationale Festlegung des Gewinnziels ist abhängig von den bereits diskutierten „übergeordneten Fixierungen" des Unternehmens, d. h. vor allem in bezug auf allgemeine Wertvorstellungen (Grundgesetz) des Unternehmens wie auch im Hinblick auf den Unternehmenszweck im Sinne einer umfassenden Unternehmensphilosophie (Mission). Beide Festlegungen definieren gleichsam den Rahmen des **Gewinnpotentials** wie auch das generelle Niveau der Gewinnerzielung. Allgemeine Wertvorstellungen, Unternehmensphilosophie und Unternehmensziele stellen insoweit eine zielstrukturierende **Einheit** dar, und zwar mit *wechselseitigen* Abhängigkeiten (Interdependenzen).

Angesichts zunehmend empfundener und auch notwendiger gesellschaftlicher Verantwortung der Unternehmen sind die Unternehmensziele (ökonomische Oberziele, speziell der Gewinn) keine autonomen Ziele (mehr), sondern eingebettet in *übergeordnete* Werte und Wertungen des Unternehmens insgesamt. Gleichwohl darf nicht übersehen werden, daß Unternehmen im marktwirtschaftlichem System *nur* dann auf Dauer existieren können, wenn die Realisierung von monetären Zielen (speziell Gewinnziel) nicht nur als legitim erachtet wird, sondern auch realisierbar ist und bleibt.

Nach der Diskussion grundlegender *Formal*ziele des Unternehmens und ihrer ökonomischen Zusammenhänge, soll nun noch überblickhaft auf wichtige marketingpolitische *Sach*ziele Bezug genommen werden, und zwar auf der Bereichs-, Aktionsfeld- sowie Instrumentalebene.

Bereichsziele

Für die Realisierung der monetären Ziele im Sinne der aufgezeigten Zielhierarchie des *Dupont-Systems* bedarf es der Erfüllung einer Vielzahl *nicht*-monetärer Sach- bzw. Bereichsziele (Sektoralziele, *Berthel*, 1973). Das heißt mit anderen Worten, die monetären Basisziele können nur über zielgerichtete Beiträge der Untersysteme des Unternehmens realisiert werden. Als Untersysteme können zunächst die leistungswirtschaftlichen **Funktionsbereiche** des Unternehmens aufgefaßt werden. In diesem Sinne sind demnach oberziel-orientierte Zwischen- bzw. Unterziele, aus denen dann einzelne zielerreichende Aktivitäten abgeleitet werden können, für *folgende* Bereiche zu erarbeiten:

- **Beschaffungsbereich,**
- **Produktionsbereich,**
- **Absatzbereich.**

Speziell diese *leistungswirtschaftlichen* Funktionen sind für die Erstellung und Verwertung von Produkten (Leistungen) verantwortlich. Ihre Beiträge dienen dazu, aus beschafften Waren und Diensten marktreife Produkte (Leistungen) zu gestalten, die am Absatzmarkt gegen Entgelt vermarktet werden können. Diesem Realgüter- bzw. Dienste-Fluß entspricht ein Nominalgüter- bzw. Finanzmittel-Fluß, der dem Unternehmen jene *finanziellen* Mittel zurückführt (zurückführen soll), die nicht nur die entstandenen Kosten ersetzen, sondern auch einen Überschuß (Gewinn = Oberziel des Unternehmens) ermöglichen sollen (vgl. hierzu auch *Abb. 20*).

Diese Darstellung macht zugleich die **Verzahnung** der Funktionsbereiche des Unternehmens deutlich. Im folgenden Kapitel (und zwar Abschnitt 3, S. 67 ff.) werden die Bereichsziele am *Beispiel* des Absatz-(Marketing-)bereiches noch näher konkretisiert, und zwar auf der Basis grundlegender Eckziele.

Zunächst soll aber erst noch auf die Ebenen der *Aktionsfeld*- sowie der *Instrumental*ziele Bezug genommen werden.

Aktionsfeldziele

Die Aktionsfeldziele bilden nach den Bereichszielen die *nächste* Ebene der unternehmerischen Zielpyramide. Unter Aktionsfeldern werden dabei jene instrumenta-

Abb. 20: Basisfunktionen des Unternehmensprozesses

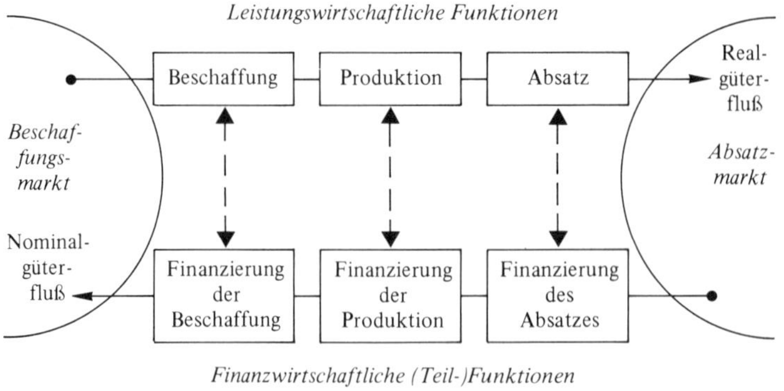

Leistungswirtschaftliche Funktionen

```
                    Beschaffung → Produktion → Absatz → Real-
                         ↕            ↕          ↕      güter-
Beschaf-                                               fluß
fungs-
markt                                                  Absatz-
                                                       markt
Nominal-
güter-         Finanzierung  Finanzierung  Finanzierung
fluß    ←      der           der           des
               Beschaffung   Produktion    Absatzes
```

Finanzwirtschaftliche (Teil-)Funktionen

len **Subsysteme** verstanden, die ganz bestimmte Beiträge zur Aufgabenerfüllung im Rahmen eines spezifischen Funktionsbereiches liefern. Auch diese Zielebene soll am *Beispiel* des Absatz- bzw. Marketingbereiches konkretisiert werden. Je nach Systemansatz unterscheidet man drei *oder* vier homogene Marketingaktionsfelder (vgl. hierzu auch 3. Kapitel „Marketingmix", S. 439 ff.). Wir bevorzugen aus Gründen sachbezogener Abgrenzung folgende *drei* Aktionsfelder:[12]

- **Angebotspolitisches Aktionsfeld**
  (d.h. Formulierung genereller *Produktleistungsziele*),
- **Distributionspolitisches Aktionsfeld**
  (d.h. Formulierung genereller *Präzensleistungsziele*),
- **Kommunikationspolitisches Aktionsfeld**
  (d.h. Formulierung genereller *Profilleistungsziele*).

In diesem Sinne kann demnach zwischen angebotspolitischen, distributionspolitischen und kommunikationspolitischen Zielen abgegrenzt werden.

Im Rahmen der *übrigen* Funktionsbereiche ist es bisher *nicht* (Produktion) bzw. *weniger* (Beschaffung) üblich, derartige entscheidungsorientierte Aktionsfelder (Subsysteme) zu unterscheiden. Bestimmte Ansätze in dieser Richtung sind neuerdings im Rahmen der Beschaffungslehre zu erkennen (z. B. *Harlander/Platz*, 1978; *Berg*, 1981); in der (klassischen) Produktionslehre sind dagegen solche Ansätze nicht recht erkennbar (siehe etwa *Adam*, 1976 oder auch *Jehle/Müller/Michael*, 1983). Solange es vor allem in der Produktions-, aber auch in der Beschaffungslehre noch nicht gelungen ist, spezifische entscheidungsorientierte Aktionsfelder eindeutig abzugrenzen, solange fällt es allerdings auch schwer, *konsistente* Aktionsfeldziele für diese Subsysteme zu konkretisieren.

Instrumentalziele

Die *letzte* Stufe bzw. Ebene der Zielhierarchie bildet schließlich die Instrumentalstufe(-ebene). Sie knüpft an den **Instrumentalvariablen** der bereichsbezogenen Subsysteme (Aktionsfelder) an. Innerhalb jedes Subsystems können wiederum verschie-

---

[12] Zur Systematik der Aktionsfelder siehe auch S. 443 f.

dene Aktionsinstrumente unterschieden werden, mit Hilfe derer übergeordnete Bereichsziele konkretisierbar sind.

Auch diese Instrumentalziele sollen – entsprechend der Aufgabenstellung des Buches – anhand des Marketingbereiches näher dargestellt werden. Der Instrumentenbaukasten des Marketingbereiches liegt bisher am geschlossensten vor. Das ist nicht zuletzt Ergebnis jener Tatsache, daß die Marketinglehre sehr *konsequent* den modernen entscheidungsorientierten Ansatz im Rahmen der Betriebswirtschaftslehre nachvollzogen und umgesetzt hat.

Ausdruck dieser Orientierung speziell im Marketingbereich ist die Unterscheidung *folgender* Instrumente (und zwar auf der Basis der drei Aktionsfelder oder Subsysteme, wie wir sie auf der vorherigen Ziel-Ebene unterschieden haben):[13]

- **Angebotspolitisches Instrumentarium**
  (d.h. Konkretisierung von *Produkt-, Programm-* und *Preiszielen*),
- **Distributionspolitisches Instrumentarium**
  (d.h. Konkretisierung von *Absatzwege-, Absatzorganisations-* und *Warenverteilungszielen*),
- **Kommunikationspolitisches Instrumentarium**
  (d.h. Konkretisierung von *Werbe-, Verkaufsförderungs-* und *Public Relations-Zielen*).

Was den Produktionsbereich angeht, so ist die Unterscheidung derartiger Instrumentalvariablen bisher nicht üblich, wenngleich aber denkbar. Was die Beschaffung(slehre) betrifft, so gibt es allerdings Versuche, auch Instrumentalvariablen zu unterscheiden (*Biergans*, 1986). Erst auf der Basis solcher Instrumentalvariablen ist die Ableitung entsprechend differenzierter Instrumentalziele möglich. Insoweit haben wissenschaftlich erarbeitete Aktionsfeld- wie auch Instrumente-Systematiken auch erhebliche *praktische* Relevanz; denn die Ziel-Konzeptionierungsaufgabe ist zunächst einmal eine Systematisierungsaufgabe.

II. Marketingziele als grundlegende Bausteine des Zielsystems

Wie schon hervorgehoben, hat man sich in der Vergangenheit im Rahmen der Zieldiskussion sehr stark auf die *oberen* Leitziele des Unternehmens konzentriert. Die Bereichsziele des Unternehmens (und damit auch die Marketingziele) sind dagegen eher fragmentarisch behandelt worden. Andererseits spielen gerade sie für die **Unternehmenssteuerung** im Sinne konsequenter Planung und Kontrolle eine grundlegende Rolle. Das gilt in ganz besonderer Weise für die *Marketing*ziele. Gerade dann, wenn sich Unternehmen bewußt marktorientiert verhalten, d.h. mit anderen Worten die Marketing-Philosophie ihren unternehmerischen Aktivitäten zugrundelegen, kommt den Marketingzielen eine wichtige Steuerungs- und Koordinationsfunktion zu. Gleichwohl hat die Vielzahl und die Komplexität der Marketingziele

---

[13] Zur Systematik der Basisinstrumente des Marketings vgl. auch S. 445.

es bisher erschwert, ein vollständiges und schlüssiges System von Marketingzielen zu entwerfen wie auch die Marketingziele zielhierarchisch widerspruchsfrei zu integrieren. Sowohl die marketingbezogene Zielsystematik als auch die marketingorientierte Zielhierarchie wird in der Literatur deshalb durchweg nur ausschnittsweise und mehr beispielhaft dargestellt (vgl. u.a. *Steiner*, 1971; *Hahn*, 1974; *Wild*, 1974 bzw. *Weinhold-Stünzi*, 1974; *Nieschlag/Dichtl/Hörschgen*, 1988; *Meffert*, 1986a sowie auch *Cundiff/Still*, 1971; *Bell*, 1972 und *Kotler*, 1982 bzw. *Kotler/Armstrong*, 1988). Das gilt übrigens auch für in der Unternehmenspraxis entwickelte Zielsysteme, die - soweit bekannt - nicht selten nur „Torsolösungen" darstellen. An dieser Ausgangssituation wollen wir im folgenden anknüpfen.

1. Wesen und Arten von Marketingzielen

Marketingziele determinieren jene angestrebten zukünftigen Sollzustände (Imperative, *Heinen* 1976), die durch den Einsatz der Marketinginstrumente realisiert werden sollen (*Bell* 1972, S. 556; *Meffert*, 1980, S. 71; *Kotler/Armstrong*, 1988, S. 44ff.). Die Marketing-Zielplanung knüpft dabei sowohl an den zukünftigen Marktmöglichkeiten als auch an den vorhandenen Ressourcen des Unternehmens an. Je nachdem, welcher der Orientierungspole *dominant* ist, kann man zwischen

- **offensiver Zielbestimmung** und
- **defensiver Zielbestimmung**

unterscheiden (*Bidlingmaier*, 1973, I, S. 137).

Was die Zahl bzw. Arten möglicher Marketingziele angeht, so ist ihre Fülle kaum zu überblicken. Das ist zunächst einmal Resultat der Tatsache, daß der Inhalt von Marketingzielen, d.h. also ihre Zielsubstanz, äußerst heterogen sein kann. Das aber ist auch Ausdruck dessen, daß viele Marketingziele nicht Ziele eigener Art, sondern lediglich besondere Ausgestaltungsformen übergeordneter Ziele darstellen oder teilweise nur als exaktere Formulierungen anderer Marketingziele aufzufassen sind. Dieses Problem, das man auch als das **Problem vermischter Zielsubstanzen** bezeichnen kann, ist in hohem Maße - wenn auch nicht ausschließlich - für den Marketing-Bereich typisch. Die besondere Schwierigkeit, konsistente *Marketing-Zielsysteme* abzuleiten, ist nicht zuletzt Auswirkung dieses Vermischungsphänomens.

a) Marktökonomische Ziele

Was die Strukturierung der Marketingziele insgesamt betrifft, so muß anknüpfend an die bisherigen zielhierarchischen Überlegungen darauf verwiesen werden, daß die Marketingziele trotz ihrer zentralen Rolle bei marktorientiert operierenden Unternehmen *keine autonomen* Ziele darstellen, sondern vielmehr aus der obersten Unternehmenszielsetzung abzuleitende Ziele sind. Zwischen übergeordneten Unternehmenszielen und den nachgeordneten Marketingzielen gibt es dabei eine ganz zentrale Schnittstelle. Diese Schnittstelle markiert der **Deckungsbeitrag** als marktspezifischer Erfolgsbeitrag (*Meffert*, 1980, S. 72).

Dieser Erfolgsbeitrag läßt sich auch beschreiben als die Antwort auf die Zielfrage,

- **welche Absatzmenge**
- **mit welchen Absatzpreisen** und
- **mit welchen Kosten**

erreicht werden soll. Formal-mathematisch läßt sich dieser Zusammenhang wie folgt *definieren*:

(1) $M \times P = U$ (2) $U - K = DB$

M = Absatzmenge, P = Absatzpreis, U = Umsatzerlöse, K = Kosten („relative Einzelkosten"), DB = Deckungsbeitrag

Der Deckungsbeitrag („Netto-Marktbeitrag") ist eine Residualgröße, die sich aus den die Kosten übersteigenden Umsatzerlösen ergibt. Die Umsatzerlöse können als Output des Marketingprozesses angesehen werden. Für ihre Realisierung ist der Einsatz von Marketinginstrumenten notwendig, der sich in den Marketing-Budgets bzw. den Marketingkosten niederschlägt. Die Marketingkosten können in dieser Hinsicht auch als Input des Marketingprozesses angesehen werden. Was die Marketingziele des Unternehmens betrifft, kann demnach zwischen

- **„Inputzielen"** und
- **„Outputzielen"**

unterschieden werden. Als Inputziele sind dabei jene Instrumentalziele anzusehen, die sich bei ihrer Realisierung als Marketingkosten in der Marketing-Erfolgsrechnung entsprechend niederschlagen. Die Marketingkosten sind also gleichsam ihre monetäre Entsprechung. Outputziele sind demgegenüber Ergebnisziele, die auf die Erfüllung des unternehmerischen Oberzieles (ROI) ausgerichtet sind.

Diese Verknüpfung von Out- und Inputzielen wird am Beispiel der **Marketing-/Vertriebserfolgsrechnung** besonders transparent. Diese Erfolgsrechnung, deren Aussagewert speziell bei marktspezifischer Differenzierung nach Kundengruppen, Produktgruppen, Absatzkanälen und/oder Absatzgebieten zunimmt (*Geist*, 1975), soll hier schematisch *(Abb. 21)* verdeutlicht werden (*Meffert*, 1980, S. 72).

Die Deckungsbeiträge I, II und III (vgl. *Abb. 21*) stellen gleichsam Outputziele auf bestimmten Stufen des Systems dar, während die ihnen zugeordneten Kosten das *monetäre* Spiegelbild instrumentaler Ziele sind, die - wie gesagt - als Input-Ziele angesehen werden können. Diese Input-Ziele unterscheiden sich dabei hinsichtlich ihrer Dispositionsfähigkeit (umsatzvariable bzw. nicht umsatzvariable Kosten) wie auch hinsichtlich ihrer Fristigkeit (kurz-, mittel- bzw. langfristige Kosten).

Was den Zusammenhang zwischen Kosten und Zielen insgesamt angeht, so stehen die Werbekosten beispielsweise als Kosten für die Verfolgung bzw. Erfüllung von Werbezielen oder die Kundendienstkosten für die Realisierung von Servicezielen. Die Instrumentalziele („Inputziele"), von denen es grundsätzlich so viele gibt wie Marketinginstrumente (einschließlich ihrer Differenzierungen), sind letztlich auf die

Abb. 21: Beispiel einer Marketing-/Vertriebskostenrechnung

	Brutto-Umsatz des Teilmarktes
./.	Mehrwertsteuer
./.	Erlösschmälerungen (Rabatte, Skonti)
=	Netto-Umsatz des Teilmarktes
./.	variable Herstellkosten der verkauften Erzeugnisse
./.	umsatzvariable Absatzkosten (Vertreterprovisionen, Versandkosten, Auftragsbearbeitungskosten)
=	Deckungsbeitrag I des Teilmarktes
./.	nicht umsatzvariable Absatzkosten des Teilmarktes (Teilmarktfixkosten wie Werbekosten, teilmarktspezifische Vertriebsgehälter, Kundendienstkosten, Marktforschungskosten)
=	Deckungsbeitrag II des Teilmarktes
∑	aller Deckungsbeiträge II
./.	fixe Marketing- bzw. Vertriebskosten (Gehälter der Vertriebsleitung, Fuhrpark, Anlagenverzinsung)
=	Netto-Marktbeitrag (III)

Erfüllung des *zentralen* Marketingzieles **Umsatz** ausgerichtet. Die Instrumentalziele bzw. die an ihnen orientierten Instrumentalmaßnahmen versuchen im Sinne einer Mittel-Zweck-Beziehung, auf die beiden Basisgrößen

- **Absatzmenge** und
- **Absatzpreis**

einzuwirken, aus deren Multiplikation der Umsatz entsteht.

Der Absatzpreis ist – im Gegensatz zu den anderen Marketinginstrumenten – eine natürliche monetäre Erfolgsgröße *und* Marketinginstrument zugleich. Alle übrigen Instrumente haben dagegen selbst keinen monetären Charakter. Ihr Einsatz, der auf die Beeinflussung der Absatzmenge und/oder des Absatzpreises gerichtet ist, ist allerdings an einen entsprechenden finanziellen Mitteleinsatz (= Marketingkosten) gebunden. Diese Instrumente schlagen sich insoweit als Kostengrößen nieder. Strenggenommen können aber auch bestimmte Preisinstrumente Kostencharakter annehmen (z. B. Erlösschmälerungen wie Sonderrabatte, Jahresrückvergütungen usw.). Man kann sie jedoch auch als „Erlösverzichtsgrößen" auffassen.

Je nach der Wettbewerbsstruktur auf der einen und der verfolgten Marketingstrategie (siehe insbesondere die Darlegungen zu den Marktstimulierungsstrategien, S. 153 ff.) auf der anderen Seite, wird mehr auf die Absatzmenge *oder* auf den Absatzpreis **Einfluß** zu nehmen gesucht. Die Fixierung der Instrumentalziele hängt insgesamt vom angestrebten marktspezifischen Erfolgsbeitrag (DB) zum Return on Investment (ROI) ab. Dabei ist zu berücksichtigen, daß Umsatzziele wie auch Deckungsbeitragsziele als grundlegende Outputziele des Marketings nicht nur von den eigenen Marketingvariablen, sondern auch von den Verhaltensweisen bzw. dem Instrumenteneinsatz der Konkurrenten und Absatzmittler abhängen.

b) Marktpsychologische Ziele

Während die bisher diskutierten marktökonomischen Ziele an *konkreten* Leistungsübergangsprozessen (Absatz bzw. Verkauf) und damit an unmittelbar registrierbaren Marktergebnissen anknüpfen, beziehen sich die im folgenden noch anzusprechenden marktpsychologischen Ziele auf **geistige Verarbeitungsprozesse** der Käufer selbst. Sie berücksichtigen die Tatsache, daß bei den Abnehmern zwischen ihren aktivierenden und kognitiven Prozessen einerseits und ihrem tatsächlichen Kaufverhalten enge Beziehungen bestehen. Marktpsychologische Ziele sind so gesehen auf beabsichtigte, ober-zielkonforme Verhalten*sänderungen* der Abnehmer gerichtet. Diese außer- bzw. vor-ökonomischen Ziele sind für den Marketingbereich besonders typisch. Diese Besonderheit resultiert aus der Tatsache, daß monetär formulierte Marketingziele auf der Instrumental-Ebene (=sog. Inputziele) lediglich Kosten- bzw. Etatgrößen, z. B. den Werbeetat, definieren, während sie die Wirkungsfrage (sog. Marktreaktionsfunktion) weitgehend offenlassen, da die **Werbewirkung** etwa

- nicht nur von der **Etatgröße** (= *quantitativer* Aspekt),
- sondern auch in hohem Maße von der **Werbe(botschafts-)gestaltung** (= *qualitativer* Aspekt)

abhängig ist. Die besondere Bedeutung gerade der qualitativen Seite der Werbewirkung kommt nicht zuletzt in empirischen Erfahrungen zum Ausdruck, daß eine kreative, zielgruppenadäquate Werbegestaltung durchaus Etatgröße *kompensieren* kann, in aller Regel aber nicht umgekehrt die Etatgröße eine zielgruppen*un*spezifische Werbung.

Während man bisher bei Zielfragen sehr stark auf ökonomische Größen (und hier wiederum auf monetäre) abgestellt hat, haben jüngere Einsichten in Marktreaktionsfunktionen dazu geführt, der Zielung des Marketinginstrumenten-Einsatzes *verstärkt* psychologische, d. h. vor-ökonomische Meßkategorien zugrundezulegen (*Steffenhagen*, 1978, S. 87 ff.; *Meffert*, 1980, S. 74 f.). Als grundlegende Ziel- bzw. Wirkgrößen wurden dabei vor allem

- **der Bekanntheitsgrad** (Markenbekanntheit) und
- **das Image** (Markeneinstellungen)

erkannt. Zwar sind diese Marketing-Meßgrößen an sich nicht neu; sie wurden jedoch bisher überwiegend bis ausschließlich für Zwecke der Werbeerfolgskontrolle bzw. -prognose herangezogen. *Neu* ist daher vor allem die Ausdehnung ihres Anwendungsspektrums auf gesamt-konzeptionelle Zielbildungsprozesse.

Das Problem dieser Ziel- bzw. Wirkgrößen besteht jedoch darin, daß sie in aller Regel nicht das Ergebnis jeweils eines Marketinginstrumentes oder wenigstens einer homogenen Instrumentengruppierung sind, sondern letztlich das **Resultat aller Marketinginstrumente**. So ist das Image (Vorstellungsbild im Sinne einer spezifisch wertenden Ansicht oder Haltung) eines Produktes bzw. einer Marke zwar dominant abhängig von kommunikationspolitischen Instrumenten – allem voran von der Werbung –, aber auch die übrigen Marketinginstrumente wie Produktqualität, Preisgestaltung, Absatzweg usw. wirken auf das Produktimage ein (*Müller*, 1971, S. 173 ff.). Analoges gilt im übrigen für den Bekanntheitsgrad. Diese Ziele vor-ökonomischer Art (vor-ökonomisch deshalb, weil ihre psychologische Wirkung der ökonomischen Wirkung etwa in Form von Umsätzen quasi vorgelagert ist) sind daher *nur* auf einer höheren, aggregierteren Zielebene operational, und zwar unabhängig von den meßtechnischen Problemen. Darauf soll im nächsten Abschnitt zu den sog. Marketing-Leitbildern näher eingegangen werden.

Was die meßtechnischen Fragen angeht, so ist die Berücksichtigung dieser vor-ökonomischen Ziele an ein spezielles Meßinstrumentarium gebunden. Während ökonomische Ziele, primär die monetären, im klassischen Rechnungswesen abbildbar bzw. mit ihm meßbar sind, bedürfen die genannten qualitativen Marketingziele spezieller Verfahren der Marketingforschung. Erst mit deren Entwicklung bzw. Verfeinerung ist die Operationalisierung dieser Ziele heute grundsätzlich möglich geworden (siehe hierzu auch die Ausführungen auf S. 84 ff.).

Die Vielfalt von Marketing-Zielen, die wir – wenigstens den Kategorien nach – zu verdeutlichen gesucht haben, ist die Ursache der bereits erwähnten **Marketing-Zielvermischungen**. Das soll am *Beispiel* einer Produktzielsetzung (Entwicklung eines neuen Produktes) verdeutlicht werden. Diese Zielsetzung kann nämlich auf sehr unterschiedliche, jedoch nicht vollständig überschneidungsfreie Weise u.a. wie folgt definiert werden:

(1) Für die Entwicklung der Produktvariante A_3 soll ein Produktentwicklungsbudget von 500 TDM eingesetzt werden = **ökonomisches Etatziel**.
(2) Die Produktvariante A_3 soll durch Ersatz des Rohstoffes X durch Z geschaffen werden = **ökonomisches Maßnahmenziel**.
(3) Die Produktvariante A_3 soll gegenüber der bisherigen Produktlinie A einen um 10% höheren Deckungsbeitrag erzielen = **ökonomisches Ergebnisziel**.
(4) Für die Produktvariante A_3 soll ein attraktives Markenimage aufgebaut werden, das auf Imagequalitäten „Geschmack" und „Gesundheit" fußt = **vor-ökonomisches Ergebnisziel**.

Die Problematik dieser Zielvermischung steht der Ableitung eines konsistenten Marketing-Zielsystems stark entgegen. Ein Ausweg aus diesem Dilemma ist in erster Linie in einer strengen **Hierachisierung** der Marketingziele, d.h. in einer schlüssigen Mittel-Zweck-Beziehungsstruktur, zu sehen. Bevor auf diese spezielle Fragestellung näher eingegangen wird, soll zunächst noch die Bedeutung von Marketing-Leitbildern im Sinne „aggregierter" Zielsysteme herausgearbeitet werden.

2. Marketing-Leitbilder als aggregierte Zielsysteme

Speziell bei marktorientiert operierenden Unternehmen liegen den unternehmerischen Aktionen nicht nur eine Vielzahl detaillierter Marketing-Ziele der bisher diskutierten Art zugrunde, sondern diese Unternehmen basieren ihr Handeln in hohem Maße auf einer Art Überbau, den wir als positionsorientiertes Marketing-Leitbild bezeichnen wollen. Diese Leitbilder beruhen vor allem auf mittel- bis langfristig gestuften **Marktpositionszielen** (Competive Strength Objectives, *Kollat/Blackwell/Robeson*, 1972).

Jene Marketing-Leitbilder versuchen die Überlebens- bzw. Konkurrenzfähigkeit des eigenen Unternehmens und seine spezifische Rolle im Markt, wie sie häufig bereits im Rahmen des Unternehmenszwecks („mission") vorformuliert sind, marktspezifisch zu konkretisieren. Derartige Positionsaussagen stützen sich dabei zunächst einmal auf *zwei* verschiedene Arten von Marktpositionszielen:

- **Marktanteilsziele** (wert-/mengenmäßig), als Unterart: Feldanteilsziele = Maßstäbe für die Marktstellung
- **Distributionsziele** (numerisch/gewichtet) = Maßstäbe für die Marktdurchsetzung

Auf sie soll im folgenden näher eingegangen werden.

a) Positionsziele Marktanteil und Distribution

Der **Marktanteil** ist ein Maßstab für die Marktstellung gegenüber der Konkurrenz bzw. für die Position im Gesamtmarkt. Er ist definiert:[1]

- **wertmäßig:** $\dfrac{\text{unternehmenseigener Umsatz} \cdot 100}{\text{Gesamtumsatz aller Anbieter}}$

- **mengenmäßig:** $\dfrac{\text{unternehmenseigene Absatzmenge} \cdot 100}{\text{Gesamtabsatz aller Anbieter}}$

Der *Feld*anteil kann speziell als Surrogat zur Messung der Marktposition herangezogen werden, wenn Gesamtumsatz- bzw. Gesamtabsatzzahlen weder sekundär- noch primärstatistisch bekannt sind. Er gibt den Anteil der Kunden an der Gesamtzahl der Bedarfsträger an (*Fuchs*, 1974, S.653):

$\dfrac{\text{Zahl der Kunden} \cdot 100}{\text{Gesamtzahl der Bedarfsträger}}$

Für die Beurteilung der Marktposition des Unternehmens wie für die Fixierung einer anzustrebenden Marktposition ist es in der Regel sinnvoll, sowohl den *wert*- als auch *mengen*mäßigen Marktanteil heranzuziehen. So weist etwa ein mengenmäßiger Marktanteil von 25% und ein wertmäßiger von nur 18% darauf hin, daß das Unternehmen unterdurchschnittliche Absatzerlöse realisiert bzw. mit seinen Produkten eher unteren Marktschichten angehört (vgl. hierzu auch folgenden Abschnitt b) Preispositionierungsziel).

Je nach Branche ergeben sich – was die Beurteilung bzw. die Festlegung der Marktposition angeht – ggf. **Differenzierungszwänge**. So ist es z.B. im *Touristik-Marketing* üblich, zwischen Marktanteilen nach Umsatz *und* nach Reiseteilnehmern zu unterscheiden (vgl. *Abb.22*).

Aus dieser Übersicht geht hervor, daß die Marktanteile umsatz- und teilnehmerbezogen bei allen *drei* Veranstaltern divergieren. Sie sind Ausdruck der unterschiedlichen Preise *und/oder* der unterschiedlichen Reisedauer (was für konzeptionelle Überlegungen bzw. Festlegungen – u.a. basierend auf entsprechenden Wettbewerbsanalysen – spezifisch zu untersuchen ist).

---

[1] Siehe hierzu auch die spezifische Positionsbestimmung mit Hilfe sog. *relativer* Marktanteile bei der Portfolio-Analyse auf S.337 bzw. 339.

Abb. 22: Marktanteile der drei größten Reiseveranstalter nach Umsatz und Teilnehmern (Vergleich 1979/80 und 1982/83)

Reise-veranstalter	Marktanteile 1979/80		Marktanteile 1982/83	
	nach *Umsatz*	nach *Teilnehmern*	nach *Umsatz*	nach *Teilnehmern*
TUI	41,3	38,4	42,5	38,5
NUR	22,8	19,9	20,5	18,9
ITS	7,0	8,1	7,6	9,0

Marktpositionsziele müssen ggf. - das gilt es außerdem zu berücksichtigen - nicht nur im Sinne quantitativer Marktanteile definiert sein. Speziell eine angestrebte **Marktführerschaft** eines Unternehmens hat sowohl eine quantitative als auch eine qualitative Dimension. Im Prinzip setzt eine quantitative Marktführerschaft (= größter Marktanteil in einem konkreten Markt) eine *qualitative* Marktführerschaft (= qualitativ und/oder imagemäßig als „beste" eingestufte Marke) *voraus*. Umgekehrt führt das Gewinnen einer qualitativen Marktführerschaft (=beste Marke, Marke der Kenner) *nicht selten* auch zur Erringung der *quantitativen* Marktführerschaft (=gemessen am quantitativen Marktanteil nach Menge und/oder Wert).

So hat beispielsweise die ursprünglich kleine Landbrauerei *Diebels (Diebels Alt)* zunächst durch objektiv überdurchschnittliche, geschmacklich nachvollziehbare Produktqualität *wie* durch konsequente Markenführung im Sinne geplanter Evolution (vom einfachen Landbier zur Altbierspezialität und „Premium-Bier") die qualitative Marktführerschaft errungen (= bestes Altbier, Altbier der Kenner). Diese qualitative Spitzenstellung objektiver und subjektiver Art hat schließlich dazu geführt, daß die Brauerei *Diebels* auch die *quantitative* Marktführerschaft - in Verbindung mit einem klaren Marketing-Konzept - erlangt hat (vgl. hierzu auch die wettbewerbsstrategische Würdigung dieses Beispiels auf S. 322f.).

Die **Distribution** ist demgegenüber ein Kriterium für die Marktdurchdringung des bzw. der Produkte in den Absatzkanälen bzw. für die Dichte der Marktpräsenz. Sie beschreibt differenziert folgendes (*Stern*, 1974, S. 531):

- **numerisch:** Anteil der Handelsbetriebe, die das jeweilige Produkt führen;
- **gewichtet:** Anteil der Handelsbetriebe, die das jeweilige Produkt führen, am Gesamtumsatz der jeweiligen Produktgattung.

Distributionsziele definieren - *speziell* bei Marken-(artikel-)Konzepten - wichtige Marktvoraussetzungen für die erfolgreiche Durchsetzung von Marken am Markt. Die sog. Überallerhältlichkeit (Ubiquität, vgl. hierzu auch die Darlegungen zur Präferenzstrategie auf S. 182f.) stellt jedenfalls einen wesentlichen **Erfolgsfaktor** von Marken dar. Sie kann anhand von Distributionsanalysen auf Basis von Handelspanel-Daten geprüft werden, um daraus dann entsprechende *Soll*vorgaben (=Distributionsziele) abzuleiten. Das soll an einem *Beispiel* aus dem *Biermarkt* verdeutlicht werden (siehe *Abb. 23*).

Der Markterfolg einer Marke - ausgedrückt im Marktanteil - ist neben anderen wichtigen Faktoren in hohem Maße auch ein *Distributions*erfolg, wie sich aus dem Zusammenhang zwischen Distribution und Marktanteil erkennen läßt. Entscheidend ist vor allem die *gewichtete* Distribution; dabei bestehen freilich nicht zwangs-

Abb. 23: Beziehungen zwischen Distributions- und Marktanteilsentwicklung (am Beispiel eines Spezialbiermarktes 1984)

	Perioden						Periodenvergleich	
Distr. num./gew.[2]	J/F	M/A	M/J	J/A	S/O	N/D	Veränderung kurz-/langfristig	
Marke A	49/81	49/77	56/85	53/84	53/84	57/88	+4/+3	+11/+8
Marke B	86/98	83/97	83/97	85/97	89/99	88/98	−1/−1	±0/±0
Marke C	20/44	21/44	19/46	17/49	18/47	17/46	−1/−1	−2/−6
Marke D	11/46	11/44	11/46	11/50	12/46	13/52	+1/+6	+1/+5
Marke E	5/24	5/28	5/20	5/19	8/32	8/36	±0/+4	+2/+12
Marktanteil								
Marke A	26	29	25	29	28	30	+2	+5
Marke B	49	46	50	43	45	44	−1	−3
Marke C	12	12	12	13	13	10	−3	−4
Marke D	5	5	4	9	6	6	±0	±0
Marke E	2	2	1	1	2	2	±0	±0

Quelle: GfK-Handelspanel.

läufig lineare bzw. proportionale Zusammenhänge. Der erreichbare Marktanteil ist eben u.a. *auch* von der Preishöhe, den Promotionsanstrengungen oder auch vom Bekanntheitsgrad der Marke abhängig.

Jene Marktpositionsziele werden dabei – je nach verfolgter Marketingpolitik – für totale oder sektorale Märkte, d.h. also undifferenziert oder differenziert formuliert, wobei *sektorale* Märkte

- **produktbezogen**
- **geographisch**
- **zielgruppenbezogen**
- **absatzwegorientiert**

abgegrenzt werden können.

Hinsichtlich einer solchen sektoralen Differenzierung z.B. des Marktanteils ist es sinnvoll,

- das **Marktprofil** und
- das **Absatzprofil**

als Grundlage der Marketing-Leitbildbestimmung gegenüberzustellen. Das soll anhand des folgenden Beispiels *(Abb. 24)* verdeutlicht werden (*Fuchs*, 1974, S. 652f.).

Der linke Teil der *Abb. 24* zeigt die Anteile der sektoralen Teilmärkte am Gesamtmarkt (= *Markt*profil). So weist etwa der Teilmarkt A einen Anteil von 5% auf, während der Teilmarkt G einen Anteil von 30% besitzt, d.h. die relative Aufnahmefähigkeit des Teilmarktes G ist gegenüber Teilmarkt A sechsmal größer als die des Teilmarktes A. Der rechte Teil der Abbildung gibt die von der Unternehmung in den einzelnen Teilmärkten erzielten Marktanteile (= *Absatz*profil) an. Aus dem Ver-

---

[2] Distribution numerisch/gewichtet.

56 1. Teil: Konzeptionsebene der Marketingziele

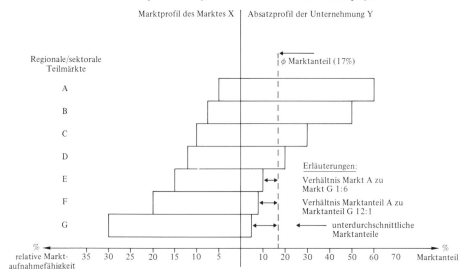

Abb. 24: Beispiel eines asymmetrischen Markt- und Absatzprofils

gleich des Marktprofils einerseits und des Absatzprofils andererseits geht hervor, daß das Absatzprofil des beispielhaften Unternehmens *asymmetrisch* ist: Die Marktposition der Unternehmung ist in den absatzstarken Segmenten unter-, in den absatzschwächeren Segmenten dagegen überrepräsentiert. Die aus diesem Befund abzuleitenden Ziele könnten z. B. auf eine Angleichung der Marktanteile in den einzelnen Teilmärkten bei gleichzeitiger Erhöhung des durchschnittlichen Marktanteils (bisher ∅ 17%) gerichtet sein.

Daß solche **Asymmetrien** in konkreten Märkten *eher* die Regel als die Ausnahme sind, soll am Beispiel des *Kaffee*marktes näher verdeutlicht werden (siehe *Abb. 25*).

Interessant an diesen Analysen ist die Tatsache, daß die *Abpacker* in dem stärksten Segment (Koffeinhaltige Kaffees = 63% Anteil) im Gegensatz zu den Versendern jeweils *nur* mit zwei Produkten vertreten sind, dort aber insgesamt einen *höheren* eigenen Absatzanteil realisieren als es dem Gesamtmarkt entspricht (Jacobs 82,7%, Melitta sogar 84,5%). Die *Versender* liegen dagegen mit ihren Marken in den übrigen Segmenten deutlich *über* dem Anteil des Gesamtmarktes (zusammen 37%); so realisiert *Tschibo* mit zwei Marken in diesem „Restmarkt" einen eigenen Absatzanteil von 54,8% und *Eduscho* mit drei Marken immerhin einen Absatzanteil von 41%. Neben programmstrategischen Gründen sind das auch Auswirkungen der unterschiedlichen *Absatzwege*: Im Lebensmittelhandel dominiert der „normale" koffeinhaltige Kaffee, davon profitieren insgesamt die Abpacker, während beim direkten Absatzweg (Versender) eine differenzierte Absatzpolitik mit jeweils spezieller Verkaufsförderung gerade für Spezialsorten möglich und üblich ist.

Insoweit sind Marktziele wie speziell Marktanteilsziele nicht ohne weiteres beliebig gestaltbar; ihre Fixierung muß jedenfalls - wenn sie realistisch sein soll - an den jeweils gegebenen **Absatzbedingungen** anknüpfen, die vielfach gar nicht (wesentlich) änderbar sind. Gleichwohl haben die aufgeführten Beispiele deutlich gemacht, daß Marktanteilsziele (wie auch Distributionsziele) durchaus *numerisch* festlegbar sind auf der Basis entsprechender Analysedaten.

Abb. 25: *Bedeutung der Marktsegmente im Kaffeemarkt und Anteil der jeweiligen segmentspezifischen Marken am Gesamtabsatz der Unternehmen (Vergleich bedeutender Versender und Abpacker* 1982/83)*

Segmente des Röstkaffee-Marktes	Anteile in %	Versender						Abpacker			
		Tschibo		Eduscho		Jacobs			Melitta	
		Marke	Absatz-anteil in %	Marke	Absatz-anteil in %	Marke	Absatz-anteil in %	Marke	Absatz-anteil in %
Koffeinhaltige Kaffees	63	Beste Bohne Gold Mocca Family	16,2 22,0 7,0	Gala Nr. 1 Mocca Auslese Sonnenernte	35,6 9,4 14,0	Krönung Meisterröstung	62,6 20,1	Auslese Exquisit	61,5 23,0
Naturmilde Kaffees	14	–		Milde Sorte	21,5	–		Milde Sorte	13,6
Behandelte milde Kaffees	10	Feine Milde	30,0	Gala Reizarm	7,3	Wundermild	9,5	–	–
Entkoffeinierte Kaffees	13	Sana	24,8	Schona Spezial	12,2	Nacht + Tag	7,8	Spezial	1,9
Insgesamt	100		100		100		100		100

* Kriterium für die branchenübliche Zuordnung ist die Wahl des Absatzweges. Die Versender wählen den (relativ) direkten Absatzweg (eigene Filialen bzw. Depots bei Bäckereien), während sich die Abpacker des indirekten Absatzweges (speziell Absatz über den Lebensmittelhandel) bedienen.

Quelle: GFM-Haushaltspanel, z. T. Schätzungen.

Trotzdem gibt es nicht wenige Unternehmen, die ihre Marktpositionsziele nur sehr *global* fassen, indem sie für sich Marktpositionen reklamieren, die etwa wie folgt lauten:

- „Wir wollen in den Märkten, in denen wir uns engagieren, mit unseren Produkten jeweils die Position 1 oder zumindest die Position 2 einnehmen".
- „Wir streben die qualitative Marktführerschaft[3] im X-Markt an."

Hierbei handelt es sich nicht um Ziele im eigentlichen Sinne, denn sie sind nur bedingt operational. Diese „Ziele" drücken bestimmte allgemeine unternehmenspolitische Absichten aus. Sie repräsentieren damit *eher* (mehr) qualitative Festlegungen auf der Ebene des **Unternehmenszwecks** bzw. der Mission des Unternehmens (vgl. hierzu auch S. 34 ff.).

b) Preispositionierungsziel

Über die bisher genannten Marktpositionsziele hinaus wird – je nach anvisiertem Konzept – vielfach auch versucht, eine bestimmte Preis-Positionierung zu determinieren. Die meisten Produktmärkte lassen sich in verschiedene **Preisschichten** aufspalten. Für viele Märkte ist dabei zumindest eine Dreiteilung *typisch*:

- **Gehobene Preisklasse** (Markenartikel),
- **Konsumpreisklasse** (Markenware),
- **Billigpreisklasse** („Alle anderen" bzw. sog. Auch-Marken).

Marktorientierte Unternehmen versuchen in dieser Hinsicht, bestimmte Preisschichten zu belegen, um damit zugleich dem gesamten Marketing-Zielsystem bzw. der darauf aufgebauten Marketing-Konzeption eine bestimmte Grundausrichtung zu geben. Welche Rolle diese **Preis-Positionierung** spielt, soll ebenfalls an einem Beispiel skizziert werden.

Zahlreiche Konsumgütermärkte lassen sich, was ihre Preisstruktur angeht, etwa in Form einer „Zwiebel" abbilden (siehe hierzu auch die Ausführungen auf S. 188 f.). Im Biermarkt *(Abb. 26)* ist – bei Vernachlässigung regionaler, sortenmäßiger Differenzierungen – in etwa folgende durchschnittliche Struktur gegeben (Basis: Endverbraucherpreis für 20-er Kasten, 0,5 l Euro-Flasche):

Preisschicht I: (nationale) *Spitzenbiere* („Premiumbiere") = *Oberer* Markt
Preisschicht II: (überregionale) *Markenbiere* = *Mittlerer* Markt
Preisschicht III: (regionale) *Billigbiere* = *Unterer* Markt

Typisch für den Biermarkt wie auch z. T. für andere Märkte ist bisher, daß das *mittlere* Preissegment (II) noch das Segment mit dem größten Mengenabsatz ist. Die extremen Märkte (I bzw. III) sind, insbesondere in den äußersten Bereichen, demgegenüber vergleichsweise klein. Allerdings zeichnen sich hier bestimmte Veränderungen ab (siehe S. 403 ff.).

Daß zur Bestimmung des Marketing-Leitbildes auch die Fixierung der angestrebten Preisschicht gehört, ist nach diesen Ausführungen evident. Jene „Preisbandfixierung" ist jedenfalls eine *zentrale* Orientierungsgröße für den gesamten Marketing-

---

[3] Hier wird nicht die eigentliche quantitative Marktführerschaft in einem Markt angestrebt, sondern man will das qualitativ beste Produkt/Programm in einem Markt repräsentieren (vgl. hierzu auch die Darlegungen auf S. 54).

II. Marketingziele als grundlegende Bausteine des Zielsystems

Abb. 26: Preis- bzw. Marktschichten des Biermarktes

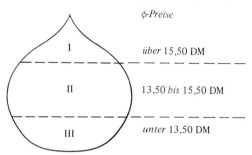

instrumenten-Einsatz. Es werden damit zugleich Weichen gestellt, die mittel- und langfristig bindenden – und damit bereits strategischen – Charakter haben. Die Preisschicht- oder Preispositionsbestimmung stellt so gesehen eine der zentralen Entscheidungen zum Marketing-Leitbild des Unternehmens dar.

Erschwerte Marktbedingungen, wie sie heute aufgrund von Stagnationstendenzen in vielen Märkten (wie z. B. auch dem *Biermarkt*) typisch sind, aber auch eine Vielzahl *unterschiedlicher* Absatzwege mit unterschiedlichen Vermarktungskonzepten, haben heute vielfach dazu geführt, daß auch streng vom Hersteller geführte Marken preispolitisch „fremdgehen", d. h. preislich auch solche Markt- bzw. Preisschichten mit abdecken, für die sie nicht konzipiert worden sind bzw. in denen sie strategisch eigentlich nicht eingesetzt werden sollten. Vor allem aufgrund von Initiativen preisaggressiv agierender Absatzkanäle wie Verbraucher-, Abhol- oder Discountmärkten kommt es zu – nicht selten marken-schädigenden – **Preisüberspannungen,** wie sie etwa aufgrund von Panel-Daten (z. B. *G&I*-Haushalt-Panel) nachweisbar sind (siehe *Abb. 27, Becker,* 1984, S. 16).

Abb. 27: Preishäufigkeitsverteilungen bei zwei konkurrierenden Biermarken (Basis: nur Kastenverkäufe 0,5-l-Euro-Flasche, Einkaufsmenge in Prozent)

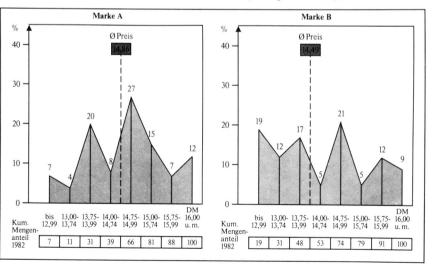

Derartige Preisüberspannungen (preisliche Hypertonien) von Marken stellen erhebliche „Streßfaktoren" dar, welche auf Dauer die **Markensubstanz** beeinträchtigen können. Ein Vergleich der beiden Marken A und B macht zugleich *signifikante* Unterschiede deutlich. Während Marke A ein relativ konzentriertes Preisbild mit einer deutlichen Spitze zeigt (= *gesundes* Bild), weist die Marke B ein ziemlich diffuses Preisbild mit zwei deutlichen Spitzen gerade auch im unteren Preisbereich auf (= *streßgeschädigtes* Bild, *Becker*, 1984, S. 16).

Diese Analyse-Ergebnisse machen *deutlich,* daß
(1) preisliche **Punkt-Positionierungen** heute in vielen Märkten nicht mehr realistisch und
(2) preisliche **Breitband-Positionierungen** andererseits für die Markensubstanz gefährlich sind.

Das Preis-Positionierungsziel des Unternehmens muß deshalb heute vielfach auf einen „gesunden Mittelweg" gerichtet sein, und zwar unter besonderer Berücksichtigung sowohl marktlicher als auch unternehmensspezifischer Bedingungslagen. Gerade Preispositionierungsziele bedürfen - nicht zuletzt aufgrund zunehmender Markt- und Umwelt-Dynamik - *laufender* Überprüfungen und ggf. neuer Justierungen. Auch hier werden bereits wesentliche **Nahtstellen** zur Strategie-Ebene sichtbar (= Grundfrage (ziel-)strategischer Dynamik und ihrer Konsequenzen).

c) Image- und Bekanntheitsgrad-Positionen

Eng verknüpft mit der Preis-Positionierung ist - speziell bei präferenz-orientierten Marketingstrategien - das Image des

- Produktes (= **Produkt-Image**) und/oder
- Unternehmens (= **Unternehmens-Image**).

Durch den Aufbau ganz spezifischer, eigenständiger Imageprofile vermögen Unternehmen Positionen am Markt aufzubauen, die zu **sog. Firmenmärkten** führen können. Das sind solche Märkte, welche das Unternehmen zu steuern und zu „kontrollieren" sowie gegenüber den Konkurrenten abzugrenzen vermag, wobei allerdings unterschiedliche Intensitätsgrade möglich sind. Gerade in

- **Märkten mit starkem Wettbewerb** bzw.
- **gesättigten Märkten**

kommt dieser bewußt von der Konkurrenz abgrenzenden Profilierung von Produkten und/oder Unternehmen eine grundlegende Bedeutung für die Durchsetzung der Oberziele des Unternehmens zu, und zwar dadurch, daß es heute vielfach nur noch auf diese Weise gelingen kann, *ertrags*orientierte Preise am Markt durchzusetzen. In Verbindung mit einem spezifischen Imageprofil wird in der Regel zugleich versucht, einen möglichst hohen **Bekanntheitsgrad** bei der Zielgruppe bzw. generell zu erreichen. Der Bekanntheitsgrad vermag die Imageprofilierung wesentlich zu stützen bzw. ist in gewisser Weise auch eine ihrer Voraussetzungen.

Gleichwohl darf der Bekanntheitsgrad in seiner Bedeutung (Wirkung) *nicht über*schätzt bzw. dürfen auch kontra-produktive Zusammenhänge zwischen Bekannt-

II. Marketingziele als grundlegende Bausteine des Zielsystems 61

heitsgrad und Image *nicht unter*schätzt werden. Wie unterschiedlich vielfach die Bekanntheitsgrade der Marken in einem Markt sind, soll zunächst an einem *Beispiel* dokumentiert werden (vgl. *Abb. 28*).

Abb. 28: Gestützter Bekanntheitsgrad der wichtigsten Marken in einem speziellen Getränkemarkt

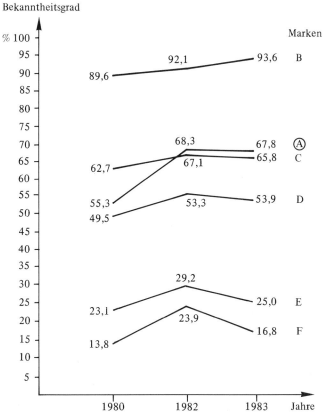

Die im Markt *führende* Marke (d.h. Marke mit dem höchsten Marktanteil und deutlichem Abstand zum Marktzweiten) ist nicht die Marke B mit rd. 94%, sondern die *Marke A* mit rd. 68% Markenbekanntheit. Das heißt mit anderen Worten, daß bestimmte Imagevorteile (einschließlich objektiver Produktvorteile) – wie im konkreten Fall gegeben – durchaus bestimmte Bekanntheitsgrad-Nachteile mehr als ausgleichen können (vgl. *Abb. 29*). Das zeigen übrigens auch Beispiele in anderen Märkten.

Insoweit können **Imageziele** gegenüber Bekanntheitsgradzielen durchaus *Vor*rang haben, und zwar insbesondere dann, wenn Marken-Konzepte mit *differenzierten* Images verfolgt werden. Unter wettbewerbs-strategischem Aspekt stellen jedenfalls Konkurrenz-Marken mit attraktiven, eigenständigen Images nicht selten eine größere Gefahr für die eigene Marke dar als „nur" im Bekanntheitsgrad starke Marken (so auch im erwähnten Beispiel). Von einem (zu) hohen Bekanntheitsgrad einer

Abb. 29: Mengenmäßige Absatzentwicklung bzw. mengenmäßige Marktanteile der zwei wichtigsten Marken in einem speziellen Getränkemarkt

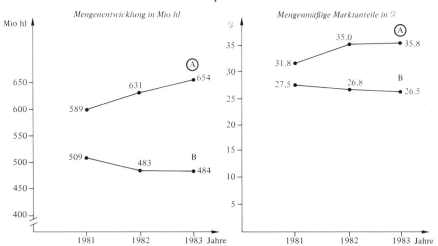

Marke können *umgekehrt* sogar nivellierende und damit Imageniveau abbauende Wirkungen ausgehen, was zu bestimmten Kompetenzverlusten („Massenwaren-Image") und damit zu Absatzverlusten einer Marke führen kann.

Trotzdem kommt dem Bekanntheitsgrad insofern eine bestimmte **Schlüsselfunktion** zu, als ein bestimmtes Bekanntheitsgradniveau einer Marke die Aufnahme bzw. Zuordnung markenspezifischer Inhalte beeinflussen kann. Bereits frühere Untersuchungen u.a. bei Cola-Getränken haben zum Beispiel folgendes gezeigt: „Auf den Namen einer relativ unbekannten Cola-Marke assoziierten viele Vpn (Versuchspersonen, J.B.) die Markennamen bekannter Cola-Getränke, auf die Markennamen der bekannten Cola-Getränke nur wenige die unbekannteren" (*Rosenstiel*, 1979, II, S. 133 f.). Die starke Marke profitiert also offensichtlich von den weniger starken – ein Phänomen, das übrigens auch bei der Gemeinschaftswerbung zweier textiler Marken festgestellt werden konnte (so führte z.B. die Gemeinschaftswerbung für eine relativ unbekannte Stoffmarke und eine sehr bekannte Fasermarke zu entsprechenden Bekanntheitsgrad- und Profil-Vorteilen für die „starke" Fasermarke). Das heißt, es kann insoweit gefolgert werden, daß bei relativ *geringem* Bekanntheitsgrad die Werbeerinnerung (Werbeassoziation) zu einem nicht unerheblichen Teil der bekannteren Marke zugutekommt (siehe hierzu *Abb. 30, Hoffmann,* 1972, S. 54 f. bzw. *Rosenstiel,* 1979, II, S. 133 f.).

Die Gefahr solcher „Fehlleistungen" werblicher Wirkungen wird ganz offensichtlich dann noch erhöht, wenn kleine, weniger bekannte Marken den werblichen Auftritt großer, bekannter Marken nachahmen. Der Bekanntheitsgrad stellt sogesehen durchaus eine Schlüsselgröße dar, zumindest bis zum Erreichen bestimmter **Bekanntheitsgradsschwellen** (ohne deren Höhe bisher generalisieren zu können).

Was diese Zusammenhänge angeht, so sind sie bisher weder wissenschaftlich noch praktisch Gegenstand detaillierter Untersuchungen gewesen. Einen ersten Ansatz, diesen Fragenkomplex etwas aufzuhellen, kann man allerdings in der *Kommunika-*

II. Marketingziele als grundlegende Bausteine des Zielsystems

Abb. 30: Zutreffende minus falsche Assoziationen (in Prozent) in Abhängigkeit von der Markenbekanntheit

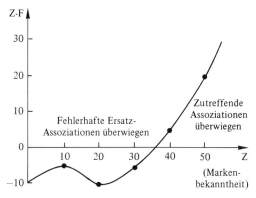

tionsanalyse 1 von *Gruner & Jahr* (1984) sehen. Diese im Zusammenhang mit der inzwischen schon klassischen Markt-Media-Analyse „Frauentypologie"[4] stehende repräsentative Untersuchung stellt eine markenspezifische Analyse dar, bei der es darum geht, **Mechaniken** der Markenbildung transparent zu machen. Zu diesem Zwecke wurde ein Untersuchungsansatz gewählt, der die jeweils gemessene Marken-Verwendung (= spezifisches Kriterium des generellen Absatzziels) auf markenindividuelle Zielerfüllungsgrade im *psychologischen* Vorfeld - nämlich Markenbekanntheit und Markensympathie (= spezifischer Ausdruck der Imagequalität von Marken, vgl. hierzu auch das Polaritätenprofil auf S. 86) - zurückzuführen sucht. Es geht bei diesem Ansatz also um die **Wirkungskette**:

| Markenbekanntheit |[5] → | Markensympathie |[6] →| Markenverwendung |[7]

In der *Kommunikationsanalyse 1* von *Gruner & Jahr* wurden 434 Marken aus 18 Produktfeldern erhoben.

Wenn man auch von der Ableitung allgemeiner „Markengesetze" noch weit entfernt ist (der gewählte Ansatz ist wahrscheinlich noch zu global, außerdem spielen situative Komponenten eine entscheidende Rolle), so sind dennoch interessante Wirkungsmuster erkennbar. Vier *typische* Markenstatus-Situationen mit jeweils unterschiedlichen Interpretationsansätzen kristallisieren sich bisher heraus (vgl. *Abb. 31, Kommunikationsanalyse 1*).

---

[4] Vgl. hierzu auch die Darlegungen zur *Brigitte-Frauen-Typologie* bei der Behandlung der 3. strategischen Ebene: Marktparzellierungsstrategien, und hier der Segmentierungsstrategie auf S. 232 ff.
[5] Als *gestützter* Bekanntheitsgrad anhand vorgelegter Markenlisten erhoben.
[6] In der Befragung wurde die „Markensympathie" wie folgt *definiert:* „Genauso, wie man Menschen sympathisch oder unsympathisch finden kann, kann man auch von Marken sagen, diese Marke ist mir sympathisch oder unsympathisch. Bitte kreuzen Sie an, welche Marke bzw. welche Marken Ihnen sympathisch sind."
[7] Bei der Markenverwendung wurde nach der *persönlichen* Verwendung gefragt.

Abb. 31: Vier typische Markenstatus-Situationen und ihre Interpretionen (20,01 Mio Frauen zwischen 14 und 64 Jahren, Zahl der Interviews: rd. 4000)

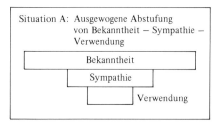

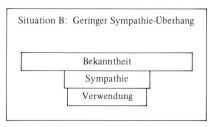

„Kennzeichnend für Situation A ist die Ausgeglichenheit im Marken-Dreiklang. Das Sympathiepotential weist, im Vergleich zum Kenner- und Verwenderpotential, eine mittlere Größenordnung auf."

„Von den 434 in der „KommunikationsAnalyse 1" erhobenen Marken sind 48 Prozent in der Situation A."

„In dieser Situation gibt es zu wenige Sympathisanten, die (noch) nicht Verwender sind. Auf den ersten Blick mag sich dieser Marken-Status als befriedigend darstellen, denn das Sympathisanten-Potential ist durch Verwender ausgeschöpft. Über kurz oder lang kann diese Situation jedoch zu Absatzproblemen führen, da der Verwendernachwuchs fehlt."

„15 Prozent der in der „KommunikationsAnalyse 1" erhobenen Marken befinden sich in der Situation B."

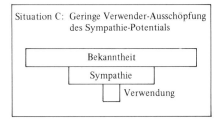

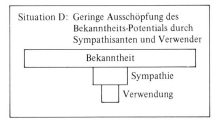

„Kennzeichnend für die Situation C ist ein hoher Sympathie-Grad bei geringem Verwenderanteil. Offensichtlich stehen bei vielen Sympathisanten „äußere Hindernisse" (z.B. hoher Preis, schwere Erhältlichkeit, ausgeprägte Exclusivität) dem Kauf und der Verwendung der als sympathisch empfundenen Marke entgegen."

„Von den erhobenen Marken befinden sich 6 Prozent in der Situation C."

„Charakteristisch für diese Situation ist der – im Vergleich zur Bekanntheit – geringe Sympathisanten- und Verwenderanteil. Dafür können verschiedene Gründe verantwortlich sein: Die Marke ist nicht ausreichend oder mit nicht mehr zeitgemäßen Inhalten „aufgeladen" (Image-Problem); die Marke ist zwar in breiten Verbraucherschichten bekannt, wendet sich mit ihrer Botschaft aber nur an ein kleines Zielgruppensegment."

„Auf 32 Prozent der Marken trifft die Situation D zu."

Im folgenden soll die Wirkungsmechanik von Marken auf der Basis der *drei* Wirkfaktoren Markenbekanntheit, Markensympathie und Markenverwendung am Beispiel des Marktes für Duftwässer, und zwar anhand ausgewählter Marken der Firma *Ferd. Mühlens,* Köln, näher aufgezeigt werden (siehe *Abb. 32*).

Diese Übersichten zum **Markenstatus** zeigen beispielhaft, daß – auf Basis der allgemeinen Interpretationsansätze (siehe im einzelnen *Abb. 31*) – z. B. die Marke A einen geringen Sympathie-Überhang, die Marke C eine ziemlich ausgewogene Abstufung und die Marke E eine noch relativ geringe Sympathie- und Verwendungsausschöpfung aufweist. Hierbei muß beachtet werden, daß A und B sehr alte (klassische) Marken, die auf jüngere Zielgruppen gerichteten Marken wie C, D oder auch E relativ junge Marken sind.

Abb. 32: Markenstatus ausgewählter Marken der Firma Ferd. Mühlens[8] (Zahl der Interviews: rd. 4000, Angaben jeweils in %)

Marken	Verwender	Sympathisanten	Kenner
A	36	42	93
B	22	32	87
C	17	28	66
D	10	16	43
E	8	15	41

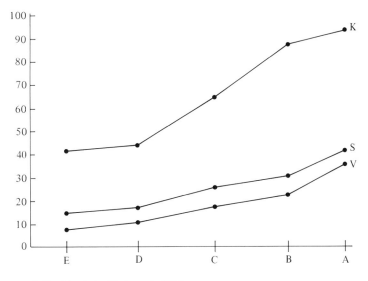

A, B = klassische Marken wie 4711
C, D, E = neuere (Life-style-) Marken wie Janine D. u.a.
K = Kenner   S = Sympathisanten   V = Verwender

Insgesamt ist damit deutlich geworden, daß neben der Markenbekanntheit die **Markensympathie** durchaus einen wichtigen vor-ökonomischen Faktor des (Marken-) Marketings darstellt. Bei der Würdigung der Ergebnisse muß jedoch berücksichtigt werden, daß die Markensympathie nur *eine* typische Einstellungsdimension der Komplexqualität **Image** ist. Im übrigen können derartige Untersuchungen erst dann ihren vollen Wert erschließen, wenn sie *regelmäßig* im Sinne eines „Marken-Panels" fortgesetzt werden (inzwischen liegen vor: *Kommunikationsanalyse* 1, 2, 3 und 4).

So wichtig die skizzierte „Marken-Triade" (= Markenbekanntheit, Markensympathie und Markenverwendung) für die Zielplanung wie für die Zielkontrolle ist, so muß andererseits berücksichtigt werden, daß auch andere **Zielketten** denkbar und sinnvoll sind. Gerade bei neuen Produkten gilt es, spezielle Ziele (i.S. von Bereitschaftsstadien) zu realisieren. Das heißt z.B., daß bei der Zielplanung nicht nur

---

[8] Zum strategischen Konzept dieser ausgewählten Marken siehe auch die Darlegungen zur Massenmarktstrategie auf S. 218 („*4711*" betreffend) und zur Marktsegmentierungsstrategie auf S. 239f. (*Janine D., My Melody* und *Inspiré* betreffend).

Kenntnis der Marke, sondern *auch* Probierkaufrate, Zufriedenheitsgrad und möglichst die Nachkaufrate (ggf. differenziert nach Abnehmergruppen) berücksichtigt werden müssen. *Abb. 33* skizziert die unterschiedlichen Ausgangslagen zweier Marken (*Kotler*, 1982, S. 511).

Abb. 33: Verteilung der Konsumenten eines Marktes über drei Bereitschaftsstadien (Vergleich Marke A und B)

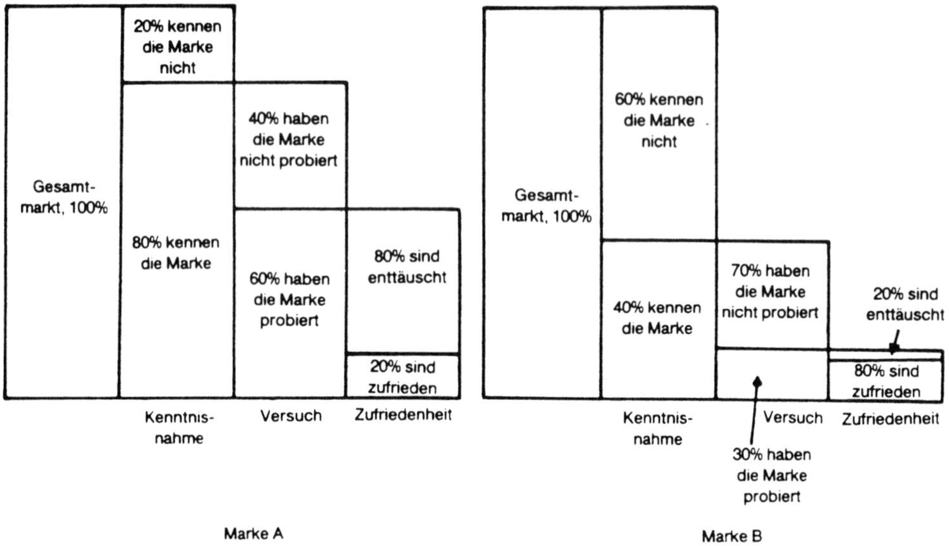

Marke A

Marke B

Der Vergleich der Verteilung der **Bereitschaftsstadien** beider Marken zeigt, daß Marke A zwar gut bekannt (80%) ist, der Zufriedenheitsgrad (nur 20%) aber sehr zu wünschen übrig läßt. Bei Marke B dagegen liegt der Zufriedenheitsgrad recht hoch (80%), das Problem besteht jedoch in einer nicht ausreichenden Bekanntheit (lediglich 40%). Für Marke A und B ergeben sich daraus *unterschiedliche* Konsequenzen für die Ziel- wie für die Strategieableitung.[9]

d) Beispielhafte Struktur eines Marketing-Leitbildes

Die Ausführungen zum Marketing-Leitbild haben insgesamt gezeigt, daß sowohl Marktstellung, Marktdurchsetzung, Preisposition als auch Imageprofil grundlegende Basisziele des Marketingprozesses im Unternehmen darstellen. Sie können in dieser Weise auch als *Oberziele* des *Marketing*bereiches aufgefaßt werden. Ihr Oberzielcharakter wird auch dadurch unterstrichen, daß diese Ziele in aller Regel nicht das Ergebnis einzelner Instrumente sind, sondern Resultat des Marketingmix (=kombinierter Einsatz aller Marketinginstrumente). Das wiederum verdeutlicht den richtungsweisenden Charakter dieser **Marketing-Oberziele.**

---

[9] Dieser Ansatzpunkt liegt zum Teil auch Prognosemodellen, und zwar sog. Mikromodellen, zugrunde (vgl. hierzu auch S. 571 ff.).

II. Marketingziele als grundlegende Bausteine des Zielsystems 67

Abb. 34 soll beispielhaft ein positionsorientiertes Marketing-Leitbild im Sinne einer Art Zielfamilie verdeutlichen.

Abb. 34: Beispiel eines Marketing-Leitbildes

Zentrale Positionsgrößen („Eckwerte") im Marketing	Marketing-Leitbild der Unternehmung X für die Produktgruppe B
Marktanteil	Es wird ein Marktanteil von 25% wertmäßig und 18% mengenmäßig angestrebt.[1]
Distribution	Die Distribution soll sich numerisch/gewichtet auf 60/90 einpendeln.[2]
Preissegment	Die Produktgruppe B soll im Konsummarktenbereich innerhalb des Preisbandes von DM 10,- und 12,- (EVP)[3] angesiedelt werden.
Image	Das Produktprofil soll auf folgenden „Säulen" aufgebaut werden: natürliche Rohstoffe, neue Wirkstoffkombination TS, Unternehmung X ist Spezialist.
Bekanntheitsgrad	Für die Produktgruppe (Marke) B wird ein ungestützter Bekanntheitsgrad von mindestens 50% angestrebt.

[1] Das Unternehmen will sich demnach im höherpreisigen Bereich ansiedeln (vgl. auch Preisschichtung auf S. 58 f.).
[2] Mit einer numerischen Distribution von 60% sollen die umsatzstarken Geschäfte erfaßt werden, die 90% des Umsatz repräsentieren.
[3] Endverbraucherpreis.

Die Leitbild-Komponenten (vgl. *Abb. 34*) haben - wie bereits betont - für den gesamten Marketingprozeß des Unternehmens gleichsam **Grundsatzcharakter,** d.h. mit anderen Worten: sie stellen ein Raster für die Ableitung adäquater Marketingstrategien dar. Die Fixierung dieses Rasters erfolgt dabei auf einem Art „Mittelweg" zwischen perspektivischer und inkrementaler Zielplanung (siehe hierzu auch S. 26).

Solche Marketing-Leitbilder haben aber nicht nur die Funktion, wichtige Basisziele des Marketings festzulegen, sondern ihr Ansatz besteht auch darin, den **Wirkungsverbund** grundlegender Marketingziele zu planen bzw. ihre Wirkungsmechanik im Zeitablauf zu optimieren. Hauptaugenmerk liegt dabei vor allem auf der Erfassung bzw. der optimalen Ausschöpfung *komplementärer* Zielbeziehungen zur Erfüllung der gewinnorientierten Oberziele des Unternehmens (vgl. hierzu auch den interessanten methodischen Ansatz der auf S. 63 ff. skizzierten *Kommunikationsanalyse I*).

3. Stellung der Marketingziele und Marketing-Leitbilder in der Zielhierarchie

Marketingziele sind insgesamt als Handlungsanweisungen nur dann einsetzbar, wenn sie sich konsistent in das Zielsystem der Unternehmung einfügen. Das setzt zunächst eine Zielordnung der Marketingziele selbst voraus, d.h. die Marketingziele müssen in ein System von

- **Ober- und Unterzielen** bzw.
- **Haupt- und Nebenzielen**

gebracht werden. Hierbei müssen die Mittel-Zweck-Relationen, die zwischen Zielen im allgemeinen und Marketingzielen im speziellen bestehen, berücksichtigt werden. Dabei tritt zwar das bereits angesprochene Problem der Vermischung von Zielsubstanzen auf. Diese **Zielvermischung** wird dadurch hervorgerufen, daß die verschiedenen Marketingziele nicht sämtlich „artverschieden" sind, sondern sich zum Teil „lediglich in Umfang und Spezifikationsgrad unterscheiden" (*Koch*, 1977, S. 59). Dieses Problem rechtfertigt u. E. aber *nicht*, Mittel-Zweck-Beziehungen von Zielen grundsätzlich in Frage zu stellen bzw. als nicht gegeben anzusehen, wie etwa *Koch* es tut (*Koch*, 1977, S. 58–60).

Ein weiteres Problem der Zielhierarchisierung besteht darin, daß es im Prinzip keine Hierarchie an sich gibt, sondern die Zielhierarchie stets *engpaßorientiert* definiert werden muß. Das heißt, bei bestehenden Engpässen in einzelnen Marketing-Aktionsfeldern müssen jeweils ganz spezifische Ziele in den Vordergrund gerückt werden, deren Bedeutung im Umfange der Engpaßeliminierung abnimmt (z. B. dominante Werbeziele zur Schaffung eines spezifischen Produktimages – das wiederum Voraussetzung für einen ertragsorientierten Umsatz ist – speziell in der Aufbauphase eines neuen Produktes im Markt).

a) Modellhafte Darstellung einer (Marketing-)Zielhierarchie

In der Marketingliteratur finden sich zahlreiche, in der Stufung voneinander allerdings etwas abweichende Beispiele für Marketing-Zielhierarchien (*Bidlingmaier*, 1973, I, S. 133; *Haedrich*, 1976, S. 33; *Meffert*, 1980, S. 79). Sie stellen Versuche dar, Mittel-Zweck-Beziehungen (Mittel-Zweck-Vermutungen, *Meffert*), welche zwischen Marketingzielen bestehen, zu formalisieren und zugleich das Marketing-Zielsystem in das Zielsystem des Unternehmens insgesamt zu integrieren. Nachstehendes Schema *(Abb. 35),* das am **Zielprogramm** des Unternehmens (= Komplex von Allgemeinen Wertvorstellungen, Unternehmenszweck und obersten Unternehmenszielen; siehe hierzu auch S. 27 ff.) anknüpft, versucht das zunächst in allgemeiner Form zu verdeutlichen.

Das Zielprogramm repräsentiert die *Ober*ziele des Unternehmens insgesamt; ihm untergeordnet im Sinne einer Mittel-Zweck-Beziehung sind zunächst die Bereichsziele, die den Charakter von *Zwischen*zielen besitzen (vgl. *Abb. 35*). Diese Zwischenziele selbst bedürfen – je nach Art und Umfang des Produktprogramms – der gruppen-spezifischen Aufspaltung im Sinne von Produkt- bzw. Produktgruppen-Zielen. Ihrer Erfüllung wiederum dienen die Aktionsfeld- bzw. Instrumentalziele, die den Charakter von *Unter-* bzw. *Ausführungs*zielen haben (*Magyar*, 1969, S. 275 f.; *Berthel*, 1969, S. 98 ff.; *Kupsch*, 1979, S. 91 f.). Es erfolgt insofern sowohl eine horizontale (= Produkte/Produktgruppen) als auch eine vertikale (= Aktionsfelder/Instrumente) Aufschlüsselung insgesamt (*Meffert*, 1980, S. 79). Während die Oberziele der Unternehmung originäre Ziele darstellen, sind alle anderen Ziele, nämlich Zwischen-, Unter- bzw. Ausführungsziele, derivative Ziele.

Abb. 35: Modellhafte Zielhierarchie des Unternehmens (unter besonderer Berücksichtigung des Marketingziel-Subsystems)

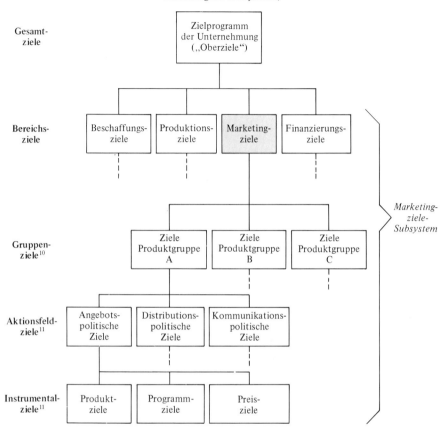

b) Exemplifizierung eines (Marketing-)Zielsystems

Nachdem zunächst die Zielpyramide modellhaft skizziert worden ist, soll das Zielsystem des Unternehmens nunmehr mit einem **integrierten Marketing-Subsystem** beispielhaft konkretisiert werden. Hierbei knüpfen wir an der bereits vorgestellten *fünf*stufigen Zielpyramide an (vgl. hierzu *Abb. 35*). Als oberstes Gliederungskriterium wird dabei die Unterscheidung von *Global*zielen (auf Unternehmensebene) einerseits und *Detail*zielen (auf Bereichsebene) andererseits gewählt. Speziell die Detailziele werden dabei hinsichtlich ihrer möglichen Zielsubstanzen gekennzeichnet *(Abb. 36)*.

---

[10] Zusätzliche Zielebene bei Mehrproduktunternehmen bzw. mehreren strategischen Geschäftsfeldern (*Cravens*, 1982, S. 204 f.). Vgl. hierzu auch die Darlegungen zur strategieorientierten Unternehmensorganisation auf S. 612 ff.

[11] Zur Systematik der Aktionsfelder bzw. Instrumente im Marketing siehe S. 441 ff.

Abb. 36: Muster für die Konkretisierungsmöglichkeiten eines (Marketing-)Ziel-Systems

Zieltyp	Zielstufe	Zielsubstanz	Mittel-Zweck-Beziehungen
I. Globalziele (Gesamtunternehmen)	1a) Zielebene:	Allgemeine Wertvorstellungen ↓	Z
	1b) Zielebene:	Unternehmenszweck („mission") ↓	M – Z
	1c) Zielebene:	Unternehmensziele, speziell Return on Investment (ROI)* ↓	M – Z
II. Detailziele (Marketing-Bereich)	2) Zielebene:	Bereichsziele (Marketingbereich insgesamt): Deckungsbeitrag Umsatz (Menge/Wert) Marketing-Leitbild:** • Marktanteil (mengen-/wertmäßig) • Distribution (numerisch/gewichtet) • Preissegment (oberer/unterer Preis) • Image (konkrete Positionierung) • Bekanntheitsgrad (ungestützt/gestützt) ↓	M – Z
	3) Zielebene:	Gruppenziele (Produktgruppen bzw. Marken A, B, C, ...), z. B. Produktgruppe/Marke A: Deckungsbeitrag Umsatz (Menge/Wert) Marketing-Leitbild: • Marktanteil (mengen-/wertmäßig) • Distribution (numerisch/gewichtet) • Preissegment (oberer/unterer Preis) • Image (konkrete Positionierung) • Bekanntheitsgrad (ungestützt/gestützt) • ggf. Käuferstruktur (intensive/gelegentliche Verwender bzw. Stammverwender/„Wechsler") ↓	M – Z
	4) Zielebene:	Aktionsfeldziele **Angebots-**/Distributions-/Kommunikationspolitik ↓ ↓ ↓ z. B. Sortendifferenzierung ($A_1, A_2, A_3 + A_{4\,(neu)}$) zur Programmabrundung ↓	M – Z
	5) Zielebene:	Instrumentalziele **Angebots-**/Distributions-/Kommunikationspolitische Instrumente ↓ Neue Geschmacksrichtung → Neue Verpackungsgröße → Einführungspreis	M

---

* Der ROI repräsentiert das dominante Unternehmensziel, das in der Regel durch bestimmte Restriktionen (wie Liquiditäts-, Sicherheits-, Sozialziele usw.) begrenzt wird.

** Fixierung nur, wenn globale Formulierung möglich bzw. sinnvoll (sonst erst auf der nächsten Zielebene = Gruppenziele)

Z = Zweck (Ziel), M = Mittel (Maßnahme).

Das aufgezeigte Muster einer Zielhierarchie *(Abb. 36)* verdeutlicht, daß man im Rahmen des Zielsystems des Unternehmens – speziell unter Berücksichtigung des Marketing-Zielsystems – insgesamt fünf Ebenen sinnvoll unterscheiden kann. Dieses hierarchische Stufenschema zeigt zugleich die von oben nach unten zunehmende Konkretisierung bzw. Spezifizierung der Ziele, die in einer prinzipiell konsistenten **Mittel-Zweck-Beziehung** untereinander stehen müssen. Wie aus dem Beispiel weiter hervorgeht, können ein und dieselben Ziele *sowohl* Zweck- *als auch* Mittel-Charakter besitzen. Das heißt, jedes nachgeordnete Ziel stellt zugleich das Mittel für das übergeordnete Ziel dar. Es ist aber selbst wiederum Zweck („Ziel"), welcher aufgrund ihm nachgeordneter Ziele („Mittel") realisiert werden soll (vgl. hierzu die Verknüpfung der Symbole Z und M im dargestellten Beispiel, *Abb. 36*).

Als praktisches Beispiel einer Zielpyramide wird das Marketing-Zielsystem von *Ikea (Abb. 37, Meffert, 1983a, S. 29)* aufgezeigt, das in etwa unserem Grundmuster einer Zielhierarchie *(Abb. 36)* entspricht (zu Zielsystemen von Handelsbetrieben siehe auch *Berekoven, 1990, S. 65)*.

Das *Beispiel* zeigt, daß ein Unternehmen, das multinational[12] tätig ist, auch das Zielsystem differenzieren muß (hier lediglich verdeutlicht am Beispiel der BRD) und daß bei differenziertem Programm bzw. mehreren bedienten Teilmärkten (z. B. Küche/Eßzimmer, Wohnzimmer usw.) auch entsprechende Gruppen- oder Zwischenziele formuliert werden müssen (hier skizziert am Beispiel Wohnzimmer-Sortiment, siehe *Abb. 37)*.

Nur wenn Zielsysteme in dieser Weise hinreichend *differenziert* sind, sind sie als konkrete Steuerungsgrundlage unternehmerischen Handelns geeignet.

c) Probleme der Ableitung konkreter Zielsysteme

Im Gegensatz zum Oberziel des Unternehmens, dem Rentabilitätsgrößen dominant zugrundeliegen, die im ROI-Konzept (speziell im aufgezeigten *Dupont-System)* auf ihre Basiskomponenten im Sinne einer streng mathematischen Mittel-Zweck-Beziehung zurückgeführt werden können, ist eine solche eindeutige Ableitung bei Marketingzielen *nicht* möglich. Zwar läßt sich etwa zwischen Umsatz, Absatzmenge und Absatzpreis ein formal-mathematischer Zusammenhang auf der Basis ökonomischer bzw. monetärer Größen herstellen, der durch Berücksichtigung der Kosten etwa zur Ableitung des Deckungsbeitrages als Ergebnisgröße führt. Derartige Beziehungsstrukturen können jedoch zwischen anderen grundlegenden – speziell *nicht*-monetären – Hebelfaktoren der Marktgestaltung nicht so eindeutig aufgedeckt werden. So bestehen hier oft lediglich bestimmte plausible **„Zweck-Mittel-Vermutungen"** *(Meffert)*, auf denen die Zielplanung in der Marketing-Praxis dann basiert wird. Folgendes Schema *(Abb. 38)* verdeutlicht das exemplarisch.

Eine eindeutige Identifizierung des Ursache-Wirkungszusammenhangs *scheitert* jedoch sowohl an der Isolierung der Wirkkomponenten als auch an den unterschiedlichen Meßkriterien (U = ökonomisch-monetäre Größe, MA und D = ökonomische, nicht-monetäre Größen, B und I = außer- bzw. vor-ökonomische, psychologische Größen). Insofern ist auch kein Austausch von Zwischen- bzw. Unterzielen im Sinne einer partiellen Substitution möglich, wie das etwa für die Beziehungen zwischen den einzelnen Komponenten im bereits dargestellten **ROI-Konzept** gilt.

---

[12] Zur Relevanz und Ansatzpunkten geo-strategischer Entscheidungen siehe auch die 4. strategische Ebene: Marktarealstrategien, S. 256 ff.

1. Teil: Konzeptionsebene der Marketingziele

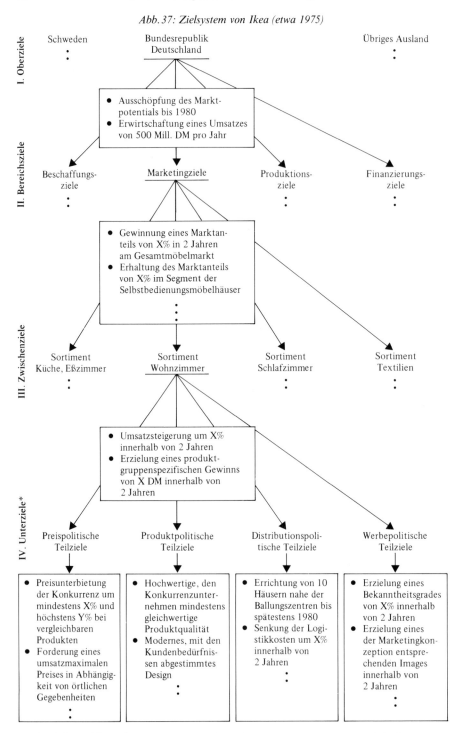

Abb. 37: Zielsystem von Ikea (etwa 1975)

* Hier keine Differenzierung zwischen Aktionsfeldern und Instrumenten, deshalb nur *vier*stufiges Schema (vgl. auch *Abb. 35* bzw. *36*).

II. Marketingziele als grundlegende Bausteine des Zielsystems

Abb. 38: Typische „Zweck-Mittel-Vermutungen" zwischen grundlegenden Marketingzielen

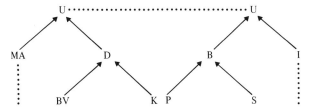

U = Umsatz, MA = Marktanteil, D = Distribution, B = Bekanntheitsgrad, I = Image, BV = Bevorratung, K = Kontaktstrecke (= Auslagenbreite der Ware im Handel), P = Probiereranteil, S = Stammverbraucheranteil.

Das ROI-Konzept, das die Kapitalrentabilität auf die Komponenten („Schlüsselgrößen") Umsatzgewinnrate und Kapitalumschlag in einem strengen mathematischen Zusammenhang zurückführt, eröffnet zugleich *Substitutionsmöglichkeiten* zwischen beiden Zielkomponenten, die sich wie folgt *(Abb. 39)* darstellen lassen (*Hahn,* 1974, S. 98):

Abb. 39: Zusammenhänge zwischen Umsatzgewinnrate und Kapitalumschlag

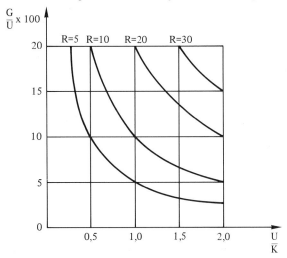

Kapitalrentabilität ($\underline{ROI}$) = $\frac{G}{U} \cdot 100 \cdot \frac{U}{K}$

($\frac{G}{U} \cdot 100$ = Umsatzgewinnrate, $\frac{U}{K}$ = Kapitalumschlag)

Die Linien gleicher Rentabilität (sog. Iso-Rentabilitätskurven) sind „geometrische Orte aller Punkte, für die das Produkt aus Umsatzgewinnrate und Kapitalumschlag konstant ist" (*Hahn,* 1974, S. 99). Aus dem Diagramm (*Abb. 39*) kann beispielsweise abgelesen werden, daß eine Kapitalrentabilität von 20% sowohl mit einer Umsatzgewinnrate von 20% und einem Kapitalumschlag von 1 als auch mit einer Umsatzgewinnrate von 10% und einem Kapitalumschlag von 2 realisiert werden kann.

Derartige Beziehungs- bzw. Substitutionsstrukturen, wie sie für das ROI-Konzept gelten, sind für die meisten Zweck-Mittel-Relationen innerhalb der Marktingzielhierarchie in dieser strengen Form nicht gegeben. Die Operationalisierung von Marketing-Zielsystemen insgesamt ist daher von vornherein *eingeschränkt*. Gleichwohl sind markt- und zielorientierte Unternehmen auf die Ableitung von hierarchischen Marketing-Zielsystemen angewiesen, auch wenn sie teilweise nur auf Mittel-Zweck-Hypothesen aufgrund von Erfahrungswerten beruhen können.

Typisch für den Zielplanungsprozeß des Unternehmens sind deshalb auch **Rückkoppelungen** auf allen Zielebenen. Sie erfolgen in einem Wechselspiel einer Zielplanung „von oben nach unten" (top-to-down), d.h. also von der Unternehmensleitung bzw. dem obersten Zielprogramm ausgehend in der Unternehmenshierarchie nach unten und einer Zielplanung „von unten nach oben" (down-to-top), d.h. also vom Markt bzw. der „Verkaufsfront" zurück zur Unternehmensspitze (siehe auch *Bidlingmaier*, 1973, I, S.26; *Berthel*, 1973, S.79). Dieses Verfahren wird auch als **Gegenstromverfahren** bezeichnet (*Wild*, 1974, S.41 bzw. 191ff.). Derartige Gegenströme sind die grundlegende Voraussetzung dafür, um insgesamt ein realistisches Zielsystem im Sinne erreichbarer Ziele entwerfen zu können.

Was die Ziele in der Zielhierarchie angeht, so sind sie dadurch gekennzeichnet, daß sie „von oben nach unten immer konkreter und spezifischer werden" ... „und immer kurzfristiger sind." (*Magyar*, 1969, S.70, vgl. in diesem Zusammenhang auch den Relevanz-Ansatz, *Berthel*, 1973, S.118ff.). Das Problem besteht andererseits aber darin, daß sich die Detailziele um so *weniger* auf die obersten (Gewinn-)Ziele der Unternehmung zurückführen lassen, je *weiter* sie von ihnen entfernt sind (*Schäfer*, 1974, S.336). Das gilt insbesondere für die letzte Ebene der Instrumentalziele, die nur über ein konsistentes System von Zwischenzielen, etwa in Form **konkreter Marketing-Leitbilder**, in die Oberzielsetzung sinnvoll einordenbar sind. Was die Instrumentalziele betrifft, so gehen auf dieser Ebene bereits *Ziel*entscheidungen und *Mittel*entscheidungen stark ineinander über. Instrumentalziele sind insoweit die konkreteste Form von Zielen überhaupt.

4. Zielbildung und Bedingungslagen unternehmensexterner und -interner Art

Rationale Unternehmensführung und die ihr zugrundeliegenden strategischen und operativen Verhaltensweisen (Handlungen) sind – das soll noch einmal betont werden – untrennbar mit dem **Setzen von Zielen** verbunden. Dabei ist eine bestimmte „Henne-Ei-Problematik" nicht zu übersehen: einerseits dienen jene Handlungen der Zielerreichung, andererseits sind zu setzende Ziele in hohem Maße von strategischen und operativen Möglichkeiten (d.h. also strategischen Potentialen wie operativen Reserveinstrumenten) abhängig.

Jedenfalls ist die Vorstellung, daß die denkbaren bzw. erstrebenswerten Ziele des Unternehmens quasi in einem unternehmerischen Baukasten vorliegen, aus dem man lediglich bestimmte unternehmensadäquate bzw. unternehmensverträgliche Ziele auszuwählen habe, zumindest stark simplifizierend, wenn nicht falsch. Es zählt vielmehr – das zeigen auch immer wieder empirische Einsichten in unternehmerisches Handeln – zu den **schwierigsten Aufgaben** überhaupt, festzustellen, was man „eigentlich will und was man alles wollen könnte" (*Szyperski*, 1971, S.647).

Diese Problematik ist nicht zuletzt Ergebnis der Tatsache, daß vielfach das, was man will, bereits festgeschrieben oder einfach nur unterstellt wird, *bevor* überhaupt detailliert untersucht worden ist, was man alles wollen könnte oder sollte (vgl. auch *Grimm,* 1983, S. 246).

Das, was man alles wollen könnte (oder sollte), hängt dabei in hohem Maße sowohl von unternehmens*externen* als auch unternehmens*internen* Bedingungslagen bzw. Potentialfaktoren und ihrer künftigen Veränderungsneigung nach Art und Richtung ab. Ausgangspunkte realistischer, potentialorientierter Unternehmensführung sind demnach differenzierte und vollständige **Umwelt- und Unternehmensanalysen** (external analysis and self-analysis, *Aaker,* 1984, S. 47 ff. bzw. 113 ff., vgl. auch *Kreilkamp,* 1987, S. 69 ff.). Das soll anhand einer Graphik *(Abb. 40)* näher verdeutlicht werden.

Abb. 40: Beziehungen zwischen Umwelt- und Unternehmensanalysen und Marketing- und Unternehmenskonzeption

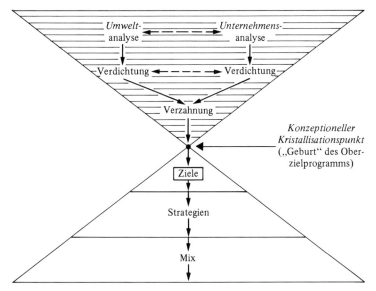

Weite, d. h. umfassend-ausgreifende Umwelt- und Unternehmensanalysen und ihre Daten und Informationen werden zunächst auf Beziehungen untereinander untersucht, dann verdichtet und schließlich so verzahnt, daß am Ende dieses Analysenprozesses – ggf. nach verschiedenen Rückkopplungsstufen – der konzeptionelle **Kristallisationspunkt** erreicht wird. An diesem Punkt höchster Informationsverdichtung wird gleichsam das umwelt- und unternehmens*adäquate* Oberzielprogramm „geboren", das den Ausgangspunkt der gesamten Zielhierarchie bildet und schließlich die Strategiewahl *und* die Mixfixierung (vor-)programmiert.

a) Schlüsselfaktoren unternehmensexterner Analysen (external analysis)

Was die Analyse des externen Feldes angeht, so sind hierfür unterschiedliche **Analyseraster** vorgeschlagen worden, die durchweg *nicht* voll befriedigen, weil sie entweder unvollständig sind oder Mängel der Konsistenz und/oder Abgrenzung aufweisen (vgl. hierzu u.a. *Steiner*, 1971; *Grimm*, 1983; *Kotler*, 1982; *Buchinger*, 1983; *Trux/Müller/Kirsch*, 1984; *Aaker*, 1984; *Jain*, 1985; *Sanderson/Luffman*, 1988).

Am ehesten wird das Systematisierungs- und damit auch das Analyseproblem selbst gelöst, wenn man *zwei* grundlegende Ebenen von Umweltfaktoren (*Schlüssel*faktoren) unterscheidet (*Becker*, 1984), die hier nur grob skizziert werden sollen:

(1) Makro-Umwelt
- Ressourcen   (u.a. Rohstoffverknappungen, starke Preisschwankungen)
- Technologie   (u.a. technologische Schübe, Querschnitt-Technologien)
- Sozio-Ökonomik   (u.a. gesellschaftliche Entwicklungen, Konjunkturverlauf)

(2) Mikro-Umwelt
- Verbraucher   (u.a. neue Verbrauchertrends/Zielgruppen, steigendes Preis-Qualitäts-Bewußtsein)
- Handel   (u.a. Konzentration, Eigenmarken-Konzepte)
- Wettbewerb   (u.a. Wettbewerbsstruktur/-stil, Kapazitätsauslastung)

Die *Makro*-Umwelt definiert marketing-*un*spezifische Bedingungslagen, die gleichwohl für die Zielkonkretisierung des Unternehmens sowohl Chancen eröffnen als auch Restriktionen determinieren können. Grundlegende marketing-*spezifische* Bedingungslagen sind dagegen Ergebnis der *Mikro*-Umwelt.

Verbraucher-, Handels- und Wettbewerbsebene bilden gleichsam das Dreieck für die *Grund*-Orientierung der marketing-konzeptionellen Aufgabe im generellen und damit naturgemäß auch der Zielbildung im speziellen. Entscheidend dabei ist, daß sich der **konzeptionelle Blick** in vielen Unternehmen (und auch in der Wissenschaft) – zum Teil unreflektiert – *wesentlich* gewandelt hat (vgl. *Abb. 41*).

Abb. 41: Veränderungen des strategischen Blicks des Marketing-Managements

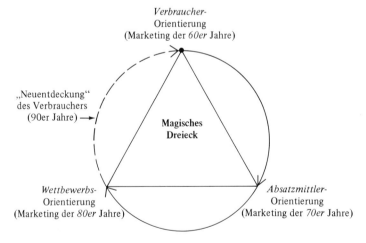

Diese Darstellung soll verdeutlichen, daß es im Prinzip *unmöglich* ist, alle drei **Orientierungspole** gleichrangig zu berücksichtigen („Magisches Dreieck"-Phänomen). Gleichwohl erscheint es jedoch problematisch, daß der zunehmende Verdrängungswettbewerb zu einer *Über*betonung der Wettbewerbs-Orientierung des strategischen Marketings führt bzw. schon geführt hat (vgl. hierzu insbesondere *Porter,* 1980 bzw. 1984 und die Wirkungen seines Ansatzes auch in Teilen der deutschen Marketingwissenschaft). Es kann u. E. aber auf Dauer nicht gutgehen, wenn der Bedürfnisbefriedigungsgedanke (= *Verbraucher*-Orientierung) vom Wettbewerbsverdrängungs- oder gar Wettbewerbsvernichtungsgedanken zu sehr zurückdrängt bzw. völlig überlagert wird. Marketingerfolge sind in erster Linie und werden es bleiben: Erfolge beim **Endabnehmer** (neuerdings auch bei *Porter* stärker berücksichtigt, vgl. *Porter,* 1985 bzw. 1986 oder auch *Wittek,* 1988).[13]

Auch in der *Marketingpraxis* zeigt sich neuerdings ein (wieder) stärkeres Entdecken des Verbrauchers (= Verbraucher-Orientierung). „Listen to the customer" wird neu als Parole ausgegeben. So will sich beispielsweise die *Ford AG* bemühen, künftig „besser auf das hinzuhören, was der Kunde wirklich will" (so Vorstandsvorsitzender *Goeudevert).* Bei einer jetzt anlaufenden Aktion erhält künftig jeder *Ford*-Käufer jeweils zwei Monate und dann noch einmal 24 Monate nach dem Kauf seines Wagens einen Fragebogen mit der Aufforderung, detailliert über alle Erfahrungen sowohl mit seinem Fahrzeug als auch mit dem Kundendienst zu berichten.

Wie deutlich die Verbraucher-Orientierung wieder in den Vordergrund rückt, läßt sich im übrigen auch daran ablesen, daß immer mehr Unternehmen systematisches *Beschwerdemanagement* betreiben. Beschwerden werden nach diesem Konzept nicht mehr als unangenehm und lästig angesehen, sondern als Chance zum *Dialog* mit dem Kunden aufgefaßt und auch entsprechend genutzt (*Bruhn,* 1982). In dieser Absicht hat z.B. *Procter & Gamble* (USA) auf allen Verpackungen seiner Erzeugnisse Telefon-Nummern aufgedruckt, die kostenfrei angewählt werden können. Nach Angaben von *Procter & Gamble* erhält das Unternehmen jährlich ungefähr 200000 Anrufe, in denen Beschwerden und Anregungen vorgetragen werden, die auch wesentliche *Ansatz*punkte für Produktverbesserungen und neue Produkte bieten (*Peters/ Waterman,* 1983). Auch deutsche Unternehmen richten im Sinne eines aktiven Beschwerdenmanagements immer mehr Verbraucherabteilungen ein, die der Koordination sowohl des Kundenservices als auch der Kundeninformation dienen und vielfach eine Art „natürliche Mittlerfunktion" haben zwischen eigenem Unternehmen und reklamierenden Kunden (*Hansen/Schoenheit,* 1985).

Insoweit kann man sagen, daß die **Verbraucher-Orientierung** eher wieder *stärker* entdeckt wird, nicht zuletzt auch unter den Zwängen schwach wachsender oder gar stagnierender Märkte. Trotzdem muß die Grundorientierung des Unternehmens aber *multi*dimensional sein (= markt- und unternehmensindividuelle Ausgewogenheit von Verbraucher-, Absatzmittler- und Wettbewerbsfaktoren, vgl. *Abb.41*).

Das Anknüpfen der Zielbildung an allen drei Ebenen der Mikro-Umwelt dient im übrigen auch dazu, mögliche **Marktwiderstände** (zum Marktwiderstandskonzept vgl. auch *Walters,* 1984) zu antizipieren und im Zielbildungsprozeß des Unternehmens entsprechend zu berücksichtigen. Für eine rationale Unternehmensführung kommt es darauf an, möglichst realistische umwelt- und unternehmensorientierte Ziele zu setzen, anstatt das Schwergewicht des Agierens auf strategische bzw. operationale *Nach*besserungen zu legen (und zwar aufgrund nichtadäquater Zielableitung). Das setzt zugleich ein geplantes **Diskontinuitäten-Management** (*Ansoff,* 1976; *Macharzina,* 1984) auch im Sinne einer prophylaktischen Bewältigung von Strukturbrüchen voraus.

---

[13] Vgl. hierzu auch die Darlegungen zu den Wettbewerbsstrategien, S.307ff.

b) Eckpunkte unternehmensinterner Analysen (self-analysis)

Neben der Umwelt-Orientierung kommt es außerdem auf die *Unternehmens*-Orientierung der Zielbildung an, d.h. Ziele – und gerade Oberziele – müssen an der gegebenen Bedingungslage des Unternehmens selbst und ihrem (positiven) Veränderungspotential ausgerichtet werden. Während die Umweltanalyse angibt, was das Unternehmen tun *könnte*, ist es Zweck der Unternehmensanalyse, abzuleiten, was das Unternehmen tun *kann* (*Hinterhuber*, 1977, S. 45).

Auch bei der Unternehmensanalyse fehlt bisher – ähnlich wie bei der Umweltanalyse – ein *geschlossener* Ansatz für die Vorgehensweise (vgl. die verschiedenen Ansätze u.a. bei *Christensen/Andrews/Bower*, 1973; *Aurich/Schröder*, 1977; *Hinterhuber*, 1977; *Grimm*, 1983; *Aaker*, 1984; *Jain*, 1985). Ist es Aufgabe der Umweltanalyse, primär die Chancen und Risiken von Märkten und ihrem Umfeld aufzudecken, so ist es Sinn der Unternehmensanalyse, zunächst an den *eigenen* Stärken und Schwächen anzuknüpfen. Dabei ist klar, daß diese Stärken-/Schwächen-Analyse vor dem Hintergrund detaillierter Einsichten und Ergebnisse der Umweltanalyse (Makro- und Mikro-Umwelt) erfolgen muß, um auf diese Weise **Schlüsselfaktoren** des Unternehmens zu erkennen, aufgrund derer Chancen konsequent genutzt *und* Risiken gezielt begrenzt werden können.

Eine wesentliche Dimension der Unternehmensanalyse bezieht sich darüber hinaus auf die **Ressourcen** des Unternehmens (siehe auch *Jain*, 1985). Die Ressourcen des Unternehmens müssen dabei in einem weiteren Sinne gesehen und geprüft werden: sachliche Mittel (z.B. Kapazitäten, technischer Standard), finanzielle Mittel (verfügbare bzw. beschaffbare Finanzmittel, Vorhandensein bzw. Höhe einer „Kriegskasse") und personale Mittel (speziell Management oder auch besonderer Facharbeiterstamm, generell vorhandenes Fertigungs- und/oder Markt-Know how).

Eine weitere wesentliche Dimension betrifft schließlich die **Position** des Unternehmens im Vergleich zu dem bzw. den stärksten Konkurrenten, und zwar nicht nur im unmittelbaren Markt, sondern auch in Märkten mit substitutiven Produkten (Leistungen)[14]. Diese Position ist von *wichtigen* Faktoren wie Marktanteil/Marktmacht, der Stückkosten-/Marktpreis-Relation, den Produkt-/Innovationsvorteilen und schließlich der Stellung im Produkt- und Unternehmenszyklus abhängig.

Eine umfassende und differenzierte Unternehmensanalyse umfaßt so gesehen mindestens folgende *drei* Untersuchungsebenen:

(1) Stärken- und Schwächen-Analyse[15]
- Unternehmen generell
- Forschung und Entwicklung
- Marketing
- Fertigung
- Finanzierung
- Beschaffung

---

[14] Zur Abgrenzung des *relevanten* Marktes siehe auch S. 374 ff.
[15] Vgl. hierzu auch die Prinzip-Darstellung auf S. 368.

(2) Ressourcen-Analyse
- Sachliche Mittel
- Finanzielle Mittel
- Personale Mittel

(3) Marktpositions-Analyse
- Marktanteil/Marktmacht
- Stückkosten-Marktpreis-Relation
- Produkt-/Innovationsvorteile
- Phasenstellung im Produkt-, Unternehmens- und Marktlebenszyklus
- (Ist-)Portfolio[16]

Art *und* Differenzierung der Unternehmensanalyse hängt dabei sowohl von markt- bzw. branchenspezifischen als auch unternehmensindividuellen Gegebenheiten (wie Entwicklungstrend, Größe, Organisation usw.) ab (*Kreikebaum/Grimm*, 1983, S. 10 f.; im einzelnen *Grimm*, 1983). Die herausgearbeiteten drei Analyseschritte können sich bei der praktischen Durchführung überschneiden bzw. kann es zu entsprechenden Vor- oder auch Rückgriffen kommen (*Schendel/Hofer*, 1979, S. 153).

c) Zur Verzahnung unternehmensexterner und unternehmensinterner Analysen

Entscheidend für die Zielableitung (wie auch später der adäquaten Selektion zu verfolgender Strategien) ist die schlüssige **Zusammenführung** (Verzahnung) von unternehmensexternen und -internen Daten. Ihr gehen zweckmäßigerweise Verdichtungsschritte voraus, bei denen Interdependenzen zwischen Umwelt einerseits und Unternehmen andererseits zu berücksichtigen sind (vgl. hierzu auch *Abb. 40* auf S. 75).

Auf der Basis der externen wie internen Analysen entsteht eine Art „Informationsbox" über zentrale Faktoren der Umwelt- und Unternehmenslage bzw. ihre Perspektiven (siehe *Abb. 42*).

Abb. 42: Zentrale Umwelt- und Unternehmensfaktoren und zielstrategische Anknüpfungspunkte

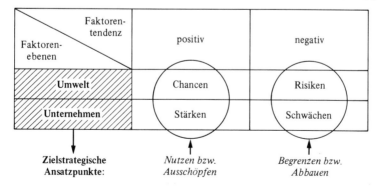

---

[16] Siehe hierzu auch die Behandlung der Portfolio-Analyse im einzelnen auf S. 338 ff.

Auf der Basis dieser Analysen sind zunächst einmal so grundlegende Fragen zu beantworten wie: „Wo stehen wir heute?" bzw. „Wie sind wir hierher gekommen?" (*Hinterhuber*, 1977, S. 45). Aus der Beantwortung dieser Fragestellungen heraus ist dann die Antwort auf die Frage zu geben: *„Wo wollen wir künftig hin?"*. Das ist aber jener umwelt- und unternehmens-analytisch aufbereitete Kristallisationspunkt (vgl. auch *Abb. 40* auf S. 75), der erst eine *potential-orientierte* Zielbildung[17] – ausgehend von den Oberzielen – erlaubt. Nur sie entspricht den heutigen Markt- und Umweltbedingungen und der auf ihnen aufbauenden Konzeptionsarbeit des Unternehmens. Und nur so entstehen adäquate **Steuerungsmechanismen** für das *ganze* Unternehmen.

In welcher Weise sowohl die unternehmensexternen als auch -internen Informationen verarbeitet werden können bzw. wie sie über einen konsequenten gedanklichen **Stufenprozeß** zur Zielplanung führen, verdeutlicht *Abb. 43* (*Kneschaurek*, 1983, S. 318).

Dieses Stufenschema ist „szenario-technisch" aufgebaut (zur Szenario-Technik siehe auch S. 382f.). Dieser Ansatz erlaubt in besonderem Maße eine potentialorientierte Zielplanung.

Im folgenden soll nunmehr auf *spezielle* Analyse- und Verfahrensfragen bei der Bestimmung von Marketingzielen eingegangen werden.

III. Grundfragen der Formulierung von Marketingzielen (-zielsystemen)

Zu Beginn der Zieldiskussion sind wir auf Strukturierungsfragen des unternehmerischen Zielsystems näher eingegangen. Besonderes Gewicht wurde dabei auf Fragen und Probleme der Ziel-Konkretisierung gelegt; sie bestehen darin, Ziele als eindeutige **Meßvorschriften** zu formulieren.

Die Ableitung sog. operationaler Ziele ist – wie schon herausgearbeitet – auf die Fixierung von *drei* grundlegenden Dimensionen gerichtet:

(1) Festlegung des **Zielinhaltes,**
(2) Festlegung des **Zielausmaßes,**
(3) Festlegung der **Zielperiode.**

Was den Marketingbereich betrifft, so bereiten vor allem zwei Dimensionen vielfach besondere Schwierigkeiten, nämlich der Zielinhalt (hier speziell das Problem qualitativer Ziele) und die Zielperiode (hier insbesondere das Problem der Wirkungsfunktionen im Zeitlauf). Darüber hinaus ist das Marketing-Subsystem in hohem Maße durch nur schwer aufhebbare **Zielkonflikte** gekennzeichnet – ein Pro-

---

[17] Davon zu unterscheiden ist eine rein *fortschreibende* Zielbildung, wie sie heute noch in vielen Unternehmen üblich ist, die aber angesichts diskontinuierlicher Markt- und Umweltbedingungen immer weniger angemessen ist.

Abb. 43: Die Integration zukunftsgerichteter Informationen in die Unternehmung

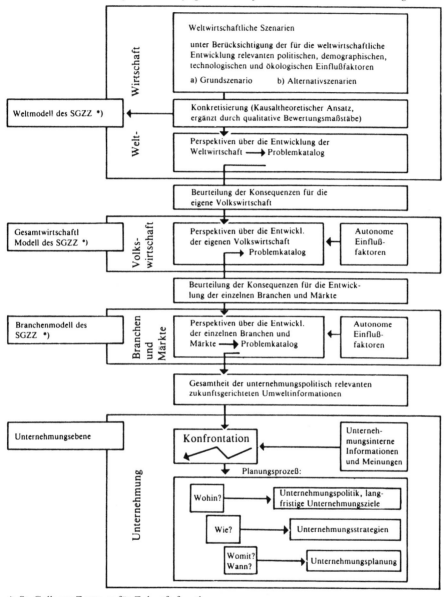

* St. Gallener Zentrum für Zukunftsforschung

blemkreis, den wir allgemein schon im Rahmen der Ordnungsfragen von Zielen angesprochen haben. In diesem Abschnitt soll nun auf diese spezielle Marketing-Problematik näher eingegangen werden.

Marketingziele - und damit das Zielsystem des Unternehmens überhaupt - werden in der Unternehmenspraxis in aller Regel nicht als Extremalziele formuliert, sondern man begnügt sich vielfach mit befriedigenden Zielgrößen. Die ihnen zugrundeliegenden „satisfizierenden" Zielsetzungen müssen jedoch nicht konstant sein. Im Gegenteil: das Zielsystem insgesamt, bestimmte Zielbereiche und/oder einzelne Ziele – das gilt in hohem Maße gerade für die Marketingziele – sind nicht selten wesentlichen **Wandlungen im Zeitablauf** unterworfen.

Aufgrund dieser Bedingungen ergeben sich in der Unternehmenspraxis nicht unerhebliche Probleme der *phasen-adäquaten* Marketingziel-Fixierung. Diese Probleme und ihre Lösungsmöglichkeiten sollen im folgenden diskutiert werden.

1. Generelle Operationalisierungsfragen von Marketingzielen

Bei der Operationalisierung von Zielen handelt es sich um ein Präzisierungsproblem. Die Notwendigkeit der **Zielpräzisierung** resultiert aus dem Erfordernis eines systematischen Unternehmensprozesses. Kernstück dieses Unternehmensprozesses bei marktorientiert operierenden Unternehmen ist die Marketingplanung. Marketingplanung aber ist nur sinnvoll, wenn sie auf einer entsprechenden Zielplanung beruht bzw. zu ihr entsprechende Rückkopplungen bestehen. Die Planung von Zielen wiederum ist nur dann nützlich, wenn sie auch im notwendigem Maße kontrolliert werden. Kontrolle aber setzt voraus, daß die Ziele meßbar sind *und* die notwendigen Meßinstrumente verfügbar sind.

Sowohl die Meßbarkeit als auch die Meßinstrumente bereiten speziell im Marketingbereich zum Teil nicht unerhebliche Probleme. Das gilt speziell für *qualitative* Ziele. Gerade der **Marketing-Bereich** ist aber dadurch gekennzeichnet, daß der Anteil qualitativer Ziele gemessen an den Marketingzielen insgesamt vergleichsweise hoch ist. Zunächst soll jedoch auf die weniger problematischen quantitativen Ziele näher eingegangen werden.

Quantitative Ziele und ihre Operationalisierung

Quantitative Ziele stellen „Leitzahlen" (*Heinen,* 1976, S.114) dar, die entweder in Geld- oder in Mengendimensionen angegeben werden können. Diejenigen Ziele, die in Gelddimensionen ausgedrückt werden können bzw. deren Realisierung sich unmittelbar quantifizierbar im Finanzbereich der Unternehmung widerspiegelt, werden als *monetäre* oder finanzielle Ziele bezeichnet. Typische Ziele dieser Art sind etwa Rentabilitäts-, Gewinn- bzw. Deckungsbeitragsziele sowie Umsatzziele. Für Meß-, Planungs- und Kontrollzwecke dieser Ziele steht das **klassische Rechnungswesen** des Unternehmens zur Verfügung.

Mengenorientierte Ziele werden demgegenüber als *bonitäre* Ziele (*Heinen,* 1976, S.114) bezeichnet. Marketingrelevante Mengengrößen sind vor allem Absatzmengenziele. Auch sie werden im Rahmen des Rechnungswesens i.w.S., speziell in der Absatzstatistik, abgebildet. Quantitative Ziele, und zwar sowohl monetäre als auch bonitäre, bieten meßtechnisch *keine* Operationalisierungsprobleme. Das soll folgendes Beispiel *(Abb.44)* zeigen, das sich auf die Produktgruppe X bezieht, die bereits im Markt eingeführt ist.

III. Grundfragen der Formulierung von Marketingzielen

Abb. 44: Beispielhafte Konkretisierung monetärer Marketingziele

Zielsubstanz	Zielausmaß	Zielperiode
Netto-Marktbeitrag (DB)	Erhöhung um 10%	1989
Netto-Umsatz	Erhöhung um 15%	im 1. Quartal 1989
Absatzmenge	Erhöhung um 10%	im 1. Quartal 1989
.	.	.
.	.	.
.	.	.

Ausgehend von bestimmten Gewinn- bzw. Deckungsbeitragszielen kann die Marketingaufgabe etwa in der Weise formuliert werden, „daß mit einem bestimmten Etat in einem bestimmten Zeitraum eine x-prozentige Umsatzsteigerung (gegenüber einer fixierten Umsatzgröße) zu erzielen ist. In diesen Fällen sind eindeutige, überprüfbare Sollwerte gegeben" (*Bidlingmaier, 1973, I, S. 138*). Diesen Fall repräsentiert das oben aufgeführte Beispiel *(Abb. 44)*. Die Aufgabenstellung kann jedoch auch *umgekehrt* den Marketing-Etat bzw. die einzelnen Etatpositionen betreffen. Die Zielsetzung lautet dann beispielsweise, daß bei gegebener Umsatzhöhe eine y-prozentige Reduktion der Marketingkosten innerhalb einer festgelegten Zielperiode zu erreichen ist.

In der Unternehmenspraxis ist es weitgehend üblich – siehe hierzu auch das Beispiel *(Abb. 44)* –, Ziele *begrenzt* zu formulieren (unbegrenzte, nicht operationale Imperative würden dagegen z. B. lauten: „Weite den Umsatz bis zur maximalen Höhe aus"). Die realistische Fixierung der Zielhöhe bereitet allerdings in der Unternehmenspraxis aufgrund unvollkommener Information – z. B. über das Marktpotential einerseits und über die Wirkungen solcher Variablen, die vom Unternehmen nicht kontrolliert werden (z. B. Marketinginstrumenten-Einsatz der Konkurrenz), andererseits – *erhebliche* Schwierigkeiten. Unternehmen versuchen diesem Problem vielfach dadurch zu begegnen, daß sie **Zielspannen** angeben (z. B. Erhöhung des Umsatzes zwischen 20% und 25%). Aufgrund der im Zeitablauf gewonnenen Erfahrungswerte sowie der tendenziell mit der Erfahrung zunehmenden „Beherrschbarkeit" von Marketingprozessen sind dann häufig in späteren Stadien begrenzte Zielangaben ohne Spannenbereich möglich.

Die Differenzierung bzw. Operationalisierung der Ziele ist im übrigen auch von der Art der angestrebten Marktgestaltung, speziell den angewandten **Marketingstrategien,** abhängig. Unternehmen, die eine differenzierte Marketing-Politik betreiben wollen, die etwa auf bestimmte Teilmärkte gerichtet ist, müssen ihre Ziele im Prinzip um eine bzw. zwei weitere Konkretisierungsstufen, nämlich die Zielraum- und/oder die Zielsegmentebene erweitern. Ein um diese Dimensionen ergänztes Zielbündel könnte beispielsweise für das geplante Produkt Z wie folgt *(Abb. 45)* lauten:

Abb. 45: Beispielhafte Konkretisierung von Marketingzielen (unter besonderer Berücksichtigung von Zielraum und Zielsegment)

Zielsubstanz	Zielausmaß	Zielperiode	Zielraum	Zielsegment
Netto-Umsatz	40 Mio. DM	1989	Nordrhein-Westfalen	Frauen (25-45 Jahren)

Speziell der Marktsegmentbezug ist vor allem für entwickelte Märkte bzw. marketingintensive Unternehmen charakteristisch; insbesondere stagnierende Märkte zwingen zur Ausschöpfung von Marketingsegmenten (siehe hierzu auch die Darlegungen zur Segmentierungsstrategie auf S. 222 ff.).

Qualitative Ziele und ihre Operationalisierung

Über die behandelten quantitativen Ziele hinaus ist für die Marketing-Politik das Verfolgen qualitativer Ziele typisch. Qualitative Ziele sind solche Ziele, die sich nicht bzw. nur schwer im Sinne einer exakten Meßvorschrift operationalisieren lassen. Jenen qualitativen Zielen - zumindest einem Teil von ihnen - kommt jedoch für die Steuerung des Marketingprozesses wie für die Erzielung von Marketingerfolgen erhebliche Bedeutung zu. Man kann sogar sagen, daß bei bestimmten Marketingstrategien (z. B. präferenzorientierten Strategien) qualitative Ziele besondere Hebelansätze determinieren. Das gilt speziell für **Einstellungs- bzw. Imageziele**, auf die wir bereits im Rahmen der Ausführungen zu den Marketing-Leitbildern besonders hingewiesen haben.

Die Bedeutung dieser Ziele wird erst dann richtig einsichtig, wenn man sich verdeutlicht, daß viele Marketingaktivitäten nicht unmittelbar auf monetäre Ziele (wie Gewinn, Deckungsbeitrag, Umsatz) gerichtet sind bzw. gerichtet sein können. Eine Vielzahl von Marketingmaßnahmen versucht vielmehr, „Vorbedingungen" (*Bidlingmaier*, 1973, I, S. 139) für die Realisierung monetärer Ziele zu schaffen, und zwar primär mit mittel- bis langfristiger Ausrichtung. Solche Vorbedingungen werden in *hohem* Maße durch **Kommunikationsprozesse** zwischen Unternehmen und ihrer Umwelt (Verbraucher, Absatzmittler bzw. Öffentlichkeit schlechthin) geschaffen. So besteht etwa die Aufgabe der Werbung u. a. darin, das beworbene Produkt bekannt zu machen und/oder für dieses Produkt ein bestimmtes eigenständiges Image aufzubauen. Das Verfolgen bestimmter strategie-orientierter Imageziele geschieht zwar im Interesse monetärer Ziele des Unternehmens (z. B. Gewinn, Umsatz usw.), dennoch kann die Steuerung jener Imageziele *nicht unmittelbar* über monetäre Ziele erfolgen, sondern hier ist der Rückgriff auf **psychologische Meßkategorien** notwendig. Dieser Rückgriff auf außerökonomische (besser: vor-ökonomische) Kategorien beruht dabei - wie schon an anderer Stelle erwähnt - auf sog. Mittel-Zweck-Vermutungen. Sie unterstellen aufgrund von Hypothesen, Markterfahrungen bzw. empirischen Analysen (*Kroeber-Riel*, 1975, S. 107 f.) einen (engen) Zusammenhang zwischen positivem Produktimage *und* positiver Umsatz- und/oder Deckungsbeitragsentwicklung - allerdings ohne daß dieser Zusammenhang, zumindest in der Marketing-Praxis, eindeutig zu isolieren ist. Absatzerfolge entstehen nämlich grundsätzlich durch das Zusammenwirken *aller* Marketinginstrumente, so daß der Image-

III. Grundfragen der Formulierung von Marketingzielen

beitrag z. B. durch Werbemaßnahmen und seine Wirkung auf monetäre Größen wie z. B. den Gewinn oder den Umsatz generell schwer sezierbar ist (*Müller*, 1971, S. 173 ff.; im einzelnen auch *Linssen*, 1975; *Steffenhagen*, 1978).

Neuere Methoden der *empirischen Sozialforschung*, die in hohem Maße auch von der Marketing-Forschung rezipiert worden sind, haben es trotz der genannten Schwierigkeiten möglich gemacht, Images zu messen, ihre Wirkung zu testen und zu kontrollieren. Mit Methoden der Imagemessung ist es jedenfalls prinzipiell möglich, *Komplementärzonen* zwischen Imagezielen einerseits und monetären Zielen andererseits zu identifizieren. Auf diese Weise kann der Gefahr einer „Verselbständigung" von Imagezielen grundsätzlich begegnet werden, d. h. es können imagegestaltende Maßnahmen nicht nur erfaßt, sondern ggf. auch aufgegeben werden, wenn sie *keine* erkennbaren positiven Vorbedingungen (zumindest nicht zu vertretbaren Kosten) für die Realisierung monetärer Zielgrößen wie etwa den Gewinn schaffen. Imagemessungen können aber auch verhindern, daß Imageziele verfolgt werden, die in konkurrierender Beziehung zu monetären Zielen stehen. Dazu ein *Beispiel:* Aufbau eines zwar positiven, aber extrem einseitigen Produktimages, was etwa dazu führt, daß die für das Produkt in Frage kommende Zielgruppe sehr stark eingeengt wird (= negative Vorbedingung z. B. für die Realisierung von Gewinnzielen dann, wenn diese spezifische Imageprofilierung *nicht* eine überdurchschnittliche Preisstellung ermöglicht, die den zu vermutenden Absatzrückgang (über-)kompensiert).

Im folgenden geben wir **Polaritätenprofile** aus dem Altbiermarkt wieder *(Abb. 46)*, welche die verbraucheranalytisch erfaßten Images zweier Biermarken sowie des „idealen Altbieres" repräsentieren. Imageziele können demnach als Ziele der **Distanzveränderung** zwischen Ist- und Soll-Images aufgefaßt werden, wobei das Sollimage sich – je nach *beabsichtigter* Marketing-Politik – am Ideal-Image orientiert oder sogar mit ihm identisch ist.

Was das Ideal-Image (vgl. „ideales Altbier" in *Abb. 46*) als Orientierungskategorie angeht, so wird z.T. *eingewandt*, daß Ideal-Images im Grunde nicht „wahre" Wünsche enthielten, sondern nur das aufgrund von Konsuminformationen bzw. -erfahrungen „Gelernte" widerspiegelten. Dem ist nicht ohne weiteres zu widersprechen; andererseits aber ist die Lenkungsfunktion des bisher Erlernten für Kaufentscheidungsprozesse unbestreitbar (vgl. in diesem Zusammenhang aber auch *Kroeber-Riel*, der anhand eines Beispiels aus dem Sekt-Markt mit Recht vor *zu* schematischer Orientierung am Ideal-Image warnt, *Kroeber-Riel*, 1980, S. 123 f.; zu Grundfragen der *Präferenz*forschung vgl. auch *Knoblich/Schubert*, 1989).

Die Hebelgröße Image bereitet bei ihrer Operationalisierung im übrigen weniger Probleme hinsichtlich des konkreten Inhaltes bzw. des zu erreichenden Ausmaßes, sondern *eher* bezüglich der Ziel*periode*, da Imagewirkungen in der Regel erst mittelfristig voll eintreten. Dieser **Wirkungsablauf** ist ex ante allerdings schwer zu bestimmen. Gerade was die Zielperiode angeht, bedürfen daher Imageziele vielfach der Überprüfung bzw. Modifizierung im Zeitablauf. Dabei muß jedoch berücksichtigt werden, daß positive Vorbedingungen durch Imagegestaltungsprozesse gerade auch für monetäre (Gewinn-)Ziele speziell dann geschaffen werden, wenn eine einmal als optimal erkannte Imagegrundrichtung über einen *längeren* Zeitraum im wesentlichen beibehalten wird (= systematischer Profilaufbau für die Schaffung entsprechender Marken-Präferenzen).

Neben dem Image als marktpsychologischem Ziel (und Meßkriterium) kann noch ein weiteres *mehr* qualitatives Marktziel unterschieden werden: das der **Kompetenz**. Es bezieht sich dabei weniger auf einzelne (isolierte) Produkte oder Programmteile, sondern auf das Unternehmen bzw. die Institution als Ganzes. Die Unternehmenskompetenz kann in dieser Hinsicht auch als Kerndimension von Unternehmens-

Abb. 46: Polaritätenprofile für zwei Marken sowie das „ideale Produkt" im Altbiermarkt

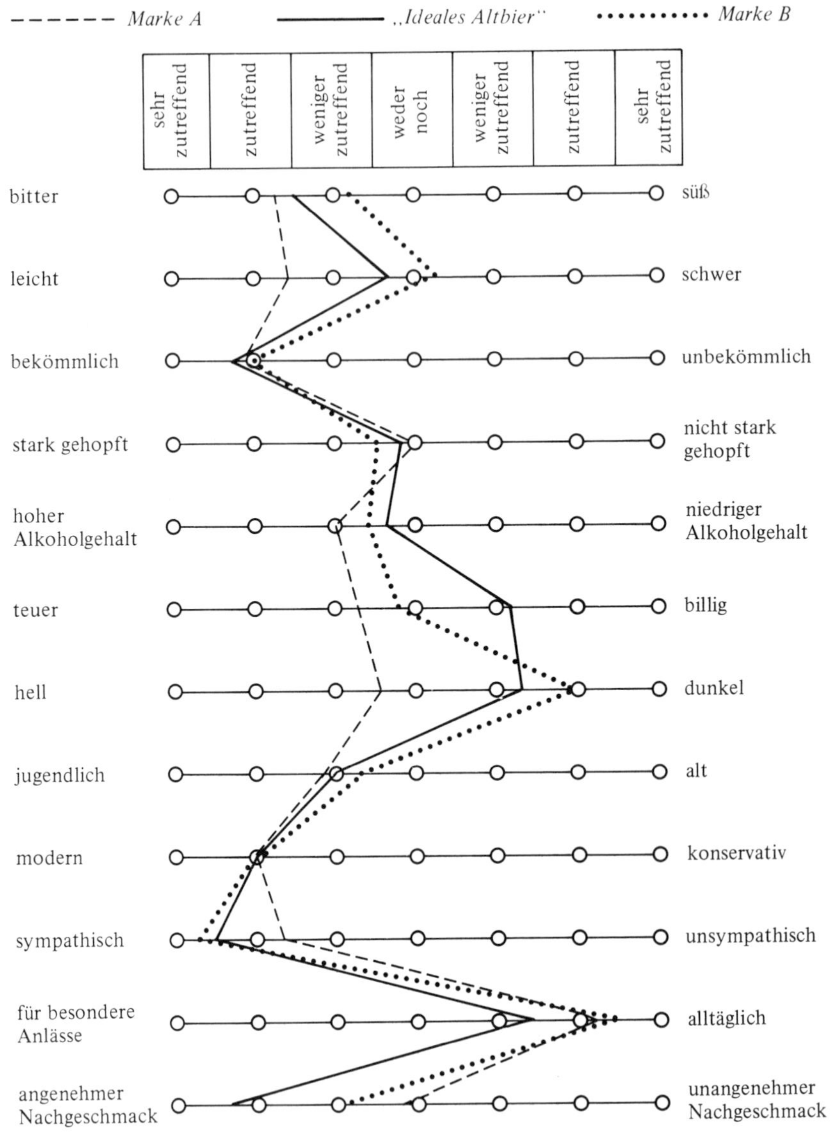

– – – – – Marke A   ——— „Ideales Altbier"   ············ Marke B

	sehr zutreffend	zutreffend	weniger zutreffend	weder noch	weniger zutreffend	zutreffend	sehr zutreffend	
bitter								süß
leicht								schwer
bekömmlich								unbekömmlich
stark gehopft								nicht stark gehopft
hoher Alkoholgehalt								niedriger Alkoholgehalt
teuer								billig
hell								dunkel
jugendlich								alt
modern								konservativ
sympathisch								unsympathisch
für besondere Anlässe								alltäglich
angenehmer Nachgeschmack								unangenehmer Nachgeschmack

images aufgefaßt werden. Die Relevanz von Kompetenzzielen soll an einem *Beispiel* aus dem Handel näher konkretisiert werden (siehe *Abb. 47*).

Die **Bedeutung der Kompetenz** bzw. der Kompetenz-Ziele kann besonders gut an dynamischen Wettbewerbsbeziehungen zwischen Fach- und Nicht-Fachhandel aufgezeigt werden. Die generelle, durch Stagnation bzw. schwaches Marktwachstum gekennzeichnete Marktsituation führt u.a. dazu, daß sich einmal der Nicht-Fachhandel zunehmend klassischer Fachsortimente bemächtigt und zum anderen Spe-

III. Grundfragen der Formulierung von Marketingzielen

Abb. 47: Warengruppenkompetenz von Einzelhandelsgeschäften im Spielwarenbereich (Modelldarstellung auf der Basis von Verbraucher-Befragungen über präferierte Einkaufsstätten)

```
„Alles-              SB-Warenhäuser/
unter-               (große) Verbraucher-         „Fachgeschäft"
einem-               märkte (preiswerte)          im Warenhaus
Dach"-                 • Plastikspiel-
Kompetenz                waren                  Puppen/
                     Kinder- •                  Plüsch-
                     fahrzeuge                  tiere          Klassisches Spiel-
                         Sport- •                  •           warenfachgeschäft
                         Freizeit-
                         artikel              Gesellschafts-
                                              spiele
                               Home-                           • Baukästen
                               Computer   • Video-
                                          Spiele
                                                               elektrische/
                                          • Basteln            • mechanische
                                                               Spiele
                                  elektronische •
                                  Spiele
                                                        Spielwaren-
                                             • Modell-  spezialgeschäfte
                                             baukasten
                                        • pädagogische  • Modell-
                                        Spiele*        eisenbahn
                                                                    Fach-Kompetenz
```

Erläuterung: Die Entfernung der einzelnen Warengruppen vom Ursprung ist Ausdruck der Häufigkeit der Nennung (je entfernter, desto häufiger genannt).
* Inzwischen relativ stark von Kinder-/Babyfachgeschäften besetzt.
Quelle: Handelseigene Image-Studie, 1984

zialgeschäfte bestimmte Teile klassischer Fachsortimente für sich zu „blockieren" suchen.

Diese Entwicklung läßt sich z. B. im *Spielwarenbereich* nachvollziehen. Das *klassische*, voll-sortierte Spielwarenfachgeschäft gerät mehr und mehr in eine zweifache *Kompetenzklemme:* von Selbstbedienungswarenhäusern und Verbrauchermärkten einerseits und Eisenbahn- und Modellbau-Spezialgeschäften andererseits. Das verbleibende Feld muß der klassische Fachhandel im übrigen zunehmend auch mit den klassischen Warenhäusern teilen (Spielwarenfachabteilungen). Es ist einsichtig, daß das klassische Spielwarenfachgeschäft umso mehr in Bedrängnis gerät, je mehr es „links" und „rechts" Sortimentskompetenz *verliert*.

Ein zentrales marktpsychologisches Ziel von Unternehmen besteht demnach darin, ganz bestimmte Kompetenzfelder zu besetzen, besetzt zu halten oder wieder zurückzugewinnen. Ansatzpunkte hierfür bietet eine differenzierte Kompetenzanalyse und das identifizierte positive Veränderungspotential (= Bestimmung des idealen **Kompetenz-Vektors**).

2. Operationalisierungsprobleme spezieller Art

Im Rahmen der Ausführungen zu den allgemeinen Strukturierungsfragen des Zielsystems sind wir bereits grundsätzlich auf den Fall von Zielkonflikten (Zielrivalitäten) eingegangen. Gerade zwischen Unternehmens- und Marketingzielen gibt es zahlreiche derartige **Rivalitäten,** welche den unternehmerischen Entscheidungsprozeß ziemlich stark *belasten*. Bevor auf Möglichkeiten und Notwendigkeiten von

Zielkompromissen im Marketing näher eingegangen wird, sollen zunächst *typische Zielkonflikte* herausgearbeitet werden.

In der Marketingliteratur geschieht das – soweit hierauf überhaupt eingegangen wird – meist auf der Basis von isolierten Einzelbeispielen. Andererseits sind nach den Regeln der Kombinatorik unzählige Zielrivalitäten denkbar und möglich. Untersucht man die Zielkonflikte dem sachlichen Inhalt nach, so kann man ganz bestimmte **Konflikttypen** identifizieren, was jeweils beispielhaft anhand *zweier* rivalisierender Ziele erläutert werden soll:

(1) Zielkonflikte zwischen **monetären Zielgrößen** *(z. B. Gewinn und Umsatz)*
(2) Zielkonflikte zwischen **monetären und nichtmonetären, aber insgesamt quantitativen Zielen** *(z. B. Rentabilität und Marktanteil)*
(3) Zielkonflikte zwischen **ökonomischen und vor-ökonomischen Zielen** *(z. B. Rentabilität und Image)*
(4) Zielkonflikte zwischen **vor-ökonomischen Zielen** *(z. B. Bekanntheitsgrad und Image)*

Bei den ersten beiden Konflikttypen handelt es sich um jeweils ökonomisch-quantitative Zielrivalitäten, die – je nach den zugrundeliegenden Meßkriterien – mit unterschiedlicher Eindeutigkeit operationalisiert werden können. Der dritte Konflikttyp beschreibt den *kompliziertesten* Fall von Zielrivalitäten, nämlich die Rivalität von Zielen, die *nicht* mit identischen Meßkategorien abgebildet werden können. Aber auch der vierte Konflikttyp macht deutlich, daß trotz Ziel-Verwandtschaft erhebliche Rivalitäten auftreten können.

a) Typische Zielkonflikte im Marketing

In der Unternehmensrealität sind Konfliktbeziehungen zwischen Zielsetzungen häufig dadurch gekennzeichnet, daß sie nicht über den gesamten Entscheidungsrahmen hinweg gegeben sind, sondern nur in bestimmten Abschnitten. Gerade für Zielbeziehungen, bei denen Marketing-Ziele tangiert werden, sind derartige **gemischte Zielstrukturen** typisch. Das soll im folgenden anhand der bereits herausgearbeiteten vier Konflikttypen im einzelnen verdeutlicht werden.

Konflikttyp 1: Partielle Zielkonflikte zwischen Umsatz und Gewinn

Unter realen Bedingungen treten vielfältige partielle Konfliktsituationen zwischen Ober- und Unterzielen auf, so auch zwischen Gewinn und Umsatz. Dies läßt sich besonders transparent machen am Beispiel *(Abb. 48)* eines S-förmigen (=ertragsgesetzlichen) Kostenverlaufs und einer linearen Umsatzerlöskurve (vgl. auch *Hansen*, 1976, I, S.139).

Die Betriebswirtschaftslehre hat schon sehr früh begonnen, *Gesetzmäßigkeiten* der betrieblichen Leistungserstellung aufzudecken. Bisher hat man drei Produktionsfunktionen „identifiziert", nämlich die ertragsgesetzliche (Produktionsfunktion vom Typ A), die lineare (Typ B) und quasi als synthetische (=aus Typ A und Typ B) die Produktionsfunktion vom Typ C (*Heinen*, 1970). Allerdings ist es bis heute noch *nicht* gelungen, den befriedigenden empirischen Nachweis für diese Produktionsfunktionen zu erbringen. Nach wie vor kann man aber davon ausgehen, daß die ertragsgesetzliche Produktionsfunktion hohen Plausibilitätscharakter hat (*Schäfer*, 1974, S.189–191).

III. Grundfragen der Formulierung von Marketingzielen

Abb. 48: Konkurrierende und komplementäre Beziehungen zwischen Umsatz und Gewinn

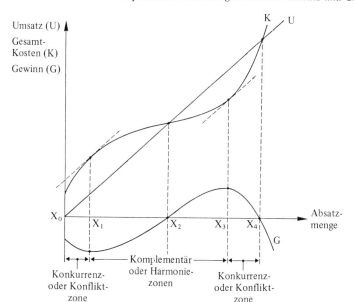

Eine lineare Umsatzerlöskurve besagt andererseits, daß über den gesamten Kapazitätsbereich alle Absatzmengen zum gleichen Preis abgesetzt werden können, d. h. also Marktwiderstände, die preislich „gebrochen" werden müssen, nicht vorhanden sind. Eine nicht-lineare Umsatzerlöskurve ergibt sich andererseits dann, wenn die Absatzmenge von der jeweiligen Preishöhe abhängt.

Unterstellt man - wie im dargestellten Beispiel *(Abb. 48)* - einen ertragsgesetzlichen Kostenverlauf und eine lineare Erlöskurve, so ergeben sich *wechselnde* Konflikt- und Harmoniezonen im Hinblick auf die Realisierung von Umsatz- und Gewinnzielen. Aber auch bei linearem Kostenverlauf, der von Gutenberg speziell für Industriebetriebe als typisch angesehen wird (*Gutenberg*, I, 1975, S. 326 ff.), und nicht-linearer Erlöskurve kommt es zu entsprechenden Zielkonflikten (vgl. hierzu auch *Meffert*, 1980, S. 76 f.).

Lediglich bei linearer Kosten- und linearer Umsatzerlöskurve gibt es zwischen Umsatz und Gewinn *keine* Konkurrenz- oder Rivalitätszonen. Die Maximalwerte beider Ziele werden in diesem Fall durch die Kapazitätsgrenze determiniert (*Hahn*, 1974, S. 104-107).

Die ertragsorientierte Zielbildung in der Unternehmung setzt demnach die *genaue* Kenntnis sowohl des Kosten- als auch des Erlösverlaufs voraus (was in der Unternehmenspraxis jedoch nur bedingt gegeben ist, vor allem was den Erlösverlauf angeht).

An dem oben aufgeführten Beispiel der Beziehungen zwischen Umsatz und Gewinn *(Abb. 48)* läßt sich also anschaulich nachweisen, wie innerhalb des gegebenen Entscheidungsrahmens (= unterschiedliche Absatzmengen) die **Zielbeziehungsstruktur** - also die Komplementarität bzw. Konkurrenz der Ziele an sich sowie ihre jeweilige Stärke - *abschnittweise* wechselt. Die Kurvenverläufe (speziell die Gewinnkurve als Differenzkurve zwischen Umsatz- und Kostenkurve) zeigen, daß es sowohl am Anfang als auch am Ende des Kurvenverlaufs *konfliktäre* Zonen gibt. Zwischen den Kurvenabschnitten X_0 und X_1 bzw. X_3 und X_4 rivalisieren nämlich Umsatz- und Gewinnziel insofern, als in diesen Kurvenabschnitten der Umsatz mit zunehmender Absatzmenge zwar steigt, der Gewinn jedoch aufgrund überproportional steigender Kosten fällt. Demgegenüber repräsentieren die Kurvenabschnitte X_1 bis X_2 bzw. X_2 bis X_3 Harmoniezonen, d.h. in diesen Abschnitten steigt sowohl der Umsatz als auch der Gewinn bzw. im Abschnitt X_1 bis X_2 nimmt genau genommen der Verlust laufend ab. Beide Ziele, nämlich Umsatz und Gewinn, verhalten sich in dem Bereich X_1 bis X_3 demnach *komplementär*.

Die Unternehmung muß daher unterschiedliche Absatzmengen-Entscheidungen treffen, je nachdem welches Ziel sie dominant zu realisieren sucht (*Heinen, 1976*, S.136f.). Würde sie nach dem Gewinnmaximierungsprinzip handeln, müßte sie sich für die Ausbringungs- bzw. Absatzmenge X_3 entscheiden, da in diesem Punkt der Abstand zwischen Erlös- und Kostenkurve am größten ist. Wäre dagegen das primäre Ziel des Unternehmens, den maximalen Umsatzerlös zu realisieren, müßte sie die vollständige Kapazitätsauslastung anstreben (= Ausbringungsmenge X_4).

Aus dem Beispiel *(Abb. 48)* geht andererseits hervor, daß Unternehmen über weite Strecken - d.h. hier über einen großen Absatzmengenbereich - auch dann Gewinnziele mit verfolgen, wenn sie dominant Umsatzziele zu realisieren suchen. Es zeigt sich aber auch umgekehrt, wie *gefährlich* es ist, Umsatz um jeden Preis (= Umsatzmaximum) anzustreben, weil das bei Kurvenverläufen, wie im Beispiel *(Abb. 48)* unterstellt, zwangsläufig zu Gewinn*einbußen* führt.

Konflikttyp 2: Partielle Zielkonflikte zwischen Marktanteil und Rentabilität

Im Rahmen der Ausführungen über Marketing-Leitbilder haben wir darauf hingewiesen, daß Unternehmen positions-orientierte Marktziele verfolgen (müssen). Eines dieser *zentralen* Marktpositionsziele ist der Marktanteil. Auch zwischen Marktanteil und Rentabilität (als relativer Gewinngröße) können sich *erhebliche* Konflikte ergeben. Folgendes Beispiel *(Abb. 49)* hypothetischen, aber durchaus plausiblen Charakters soll verdeutlichen, daß auch diese Konflikte grundsätzlich nur partieller Art sind (*Fuchs, 1974*, S.657).

Abb. 49 beschreibt mit ihrem Kurvenverlauf von P_0 bis P_5/P_6 *fünf* charakteristische Entwicklungsphasen, wie sie bei „logistischem Marktwachstum" (*Fuchs, 1974*), d.h. Wachstum nach dem Lebenszyklusmodell (vgl. hierzu auch die Darlegungen auf S. 515ff.), gegeben sind. Dabei ist der realistische Fall von Mengenexpansionen und gleichzeitiger Marktanteilserhöhung unterstellt. Der Kurvenverlauf zeigt *auch hier* deutlich, daß es zwischen Marktanteil und Rentabilität sowohl Harmonie- oder Komplementär- als auch Konkurrenz- oder Konfliktzonen gibt.

Im Bereich P_0 bis P_1 werden noch Verluste realisiert, und zwar aufgrund von Vorinvestitionen in Produkt und Markt einerseits und den noch zu geringen Absatzmengen, welche die Selbstkosten noch nicht decken, andererseits. Danach wird bei sich langsam verbessernder Marktposition der „kritische" Marktanteil P_1 realisiert, bei dem die **Rentabilitätsschwelle** (Break-even-point) erreicht wird. Das Intervall P_1 bis P_2 repräsentiert die Wachstumsphase. Sie ist gekennzeichnet durch eine „Mengenkonjunktur" (= Erhöhung des Marktanteils) und gleichzeitig durch eine Zunahme der Rentabilität aufgrund mengenkonjunkturbedingter Kostendegressionen.

Mit P_2 wird schließlich der Marktanteil realisiert, bei dem die angenommene Mindestrentabilität erzielt wird. Die Maximierung der Rentabilität ist dann bis zum

III. Grundfragen der Formulierung von Marketingzielen 91

Abb. 49: Komplementäre und konkurrierende Beziehungen zwischen Marktanteil und Rentabilität

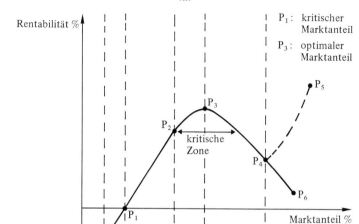

Punkt P_3 eine Folge der Maximierung des Marktanteils, denn „Kapitalumschlag und Umsatzrendite verbessern sich ständig", ... „bis mit zunehmendem Mengenausstoß die Kapazitätsgrenzen der Unternehmung erreicht sind. Neue Investitionen haben größere Dimensionierung der Unternehmung und die meist gewinnträchtige Phase der ‚economies of scale' zur Folge" (*Fuchs*, 1974, S.658). Mit dem Punkt P_3 wird dann schließlich ein optimaler Marktanteil erreicht, bei dem die Kapitalrentabilität ihr Maximum realisiert.

Mit dem Erreichen des Punktes P_3 (vgl. *Abb. 49*) nähert sich das Unternehmen zugleich dem Sättigungsbereich, d.h. die Aufnahmebereitschaft des Marktes nimmt von hier aus mehr und mehr ab. Die Rentabilität kann von jetzt an auf zweifache Weise *negativ* beeinflußt werden: bei Überdimensionierung der Kapazitäten kann einmal der Kapitalumschlag zurückgehen und zum anderen kann wachsender Wettbewerbsdruck zu Preisverfall führen (= Abnahme der Umsatzrendite). „In dieser Marktlage entsteht ein *Zielkonflikt, da Marktanteil* und *Rentabilität* zumindest kurzfristig *nicht mehr gleichläufig,* sondern invers korreliert sind" (*Fuchs,* 1974, S.658, Hervorhebungen im Orig. gesperrt, J.B.). Das heißt, eine Vergrößerung des Marktanteils ist jetzt nur noch bei Inkaufnahme von Rentabilitätseinbußen möglich.

Das Unternehmen sieht sich jetzt somit vor zwei grundlegende **Zielalternativen** gestellt[1]:

---

[1] Zur Problematik der Zieljustierung siehe auch ein Beispiel bei *Jain,* 1985, S.375f.

- *Entweder* es verfolgt weiterhin eine Politik der Marktanteilsmaximierung, trotz der damit verbundenen Rentabilitätseinbußen, *und zwar* unter folgenden Aspekten:

    Das Unternehmen versucht über einen gezielten Ausbau des Marktanteils zu Lasten anderer Anbieter allmählich eine *marktbeherrschende* Stellung zu erhalten, wodurch sich die Gewinnmöglichkeiten wieder erheblich verbessern können (vgl. hierzu etwa typische Verdrängungsstrategien in oligopolistischen Märkten, *Sauermann,* 1964, S. 238 f.; *Jacob,* 1971, S. 213 bzw. 224 f.). In der Graphik ist das mit dem Kurvenverlauf von P_4 nach P_5 gekennzeichnet, d. h. P_5 kann die bisherige Maximalrendite von P_3 *sogar* überschreiten *(Abb. 49).*

- *Oder* das Unternehmen nimmt im kritischen Bereich P_3 eine Zielkorrektur vor, und zwar in der Weise, daß einer angemessenen Rentabilität der Vorrang vor Marktanteilsüberlegungen eingeräumt wird, *das heißt:*

    Das Unternehmen nimmt bewußt *Marktanteilsverluste* hin, solange durch eine selektive Absatzpolitik (= Identifizierung und Ausnutzung gewinnträchtiger Absatzsegmente) eine *bessere* Rendite erzielt werden kann (zum Begriff und Prinzip der selektiven Absatzpolitik siehe *Geist,* 1974). Der Marktanteil fällt dann „im Bereich $P_4-P_3-P_2$ solange, bis er einen neuen kritischen Wert erreicht, der unter der Mindestrentabilität P_2 liegt. Das Ziel Marktanteilsmaximierung würde dann wieder dominieren" *(Fuchs,* 1974, S. 658).

Das Spezifische dieser - in der Realität durchaus anzutreffenden - zweiten Zielalternative besteht darin, daß sich hier permanent Phasen steigender Marktanteile (bei gleichzeitig sich verschlechternder Rentabilität) und Phasen sich kurzfristig erhöhender Gewinne (bei gleichzeitigem Abbau bzw. Aufgabe von Marktanteilen) gleichsam *zyklenförmig* ablösen. Lediglich in der Zone P_1 bis P_3, die den kritischen und den optimalen Marktanteil definiert, befinden sich Marktanteils- und Rentabilitätsstreben in einer Harmoniezone. Die **Veränderungen der Zielbeziehungen** im Zeitablauf versucht nachfolgendes Schema *(Abb. 50)* zu verdeutlichen *(Fuchs,* 1974, S. 657).

Abb. 50: Marktanteils- und Rentabilitätszyklen

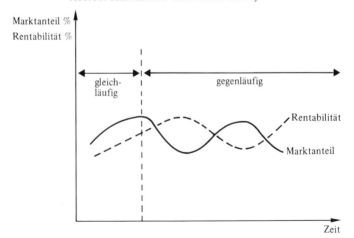

Was die aufgezeigten phasenbezogenen Rivalitäten zwischen Marktanteil und Rentabilität einerseits und zwischen Umsatz und Gewinn (siehe vorigen Abschnitt, insbesondere *Abb. 48*) andererseits angeht, so erscheinen diese modellierten, aber durchaus plausiblen Beziehungsmuster aufgrund der *neueren* Diskussion, die durch die sog. Erfahrungskurve bzw. das *PIMS*-Programm ausgelöst worden ist, in einem *anderen* Licht. Denn bei der gezielten Ausschöpfung latenter Kostensenkungspotentiale erscheint danach ein grundsätzlicher Parallelverlauf von Umsatz und Gewinn bzw. von Marktanteil und Rentabilität zumindest über weite Strecken möglich (hierzu wird speziell auf die Erörterungen auf S. 333 ff. verwiesen).

Konflikttyp 3: Partielle Zielkonflikte zwischen Image und Rentabilität

Das Wesen eines hochentwickelten Marketings besteht darin, den Wettbewerb möglichst auf den **sog. Nicht-Preiswettbewerb** (Qualitätswettbewerb, *Abbott,* 1958) zu verlagern. Das dahinter stehende Ziel ist darauf gerichtet, mittel- und langfristig Präferenzen, d. h. also Allein- bzw. Vorzugsstellungen für das eigene Angebot und/oder Unternehmen aufgrund eigenständiger Imageprofilierung aufzubauen, um so Märkte im Sinne der gewinnorientierten (Ober-)Zielsetzung besser „lenken" zu können.

Da der Präferenzbildungsprozeß – wie bei der Behandlung der Marketingstrategien noch im einzelnen aufzuzeigen sein wird – einen **mittel- bis langfristigen Prozeß** darstellt, ergeben sich somit auch spezifische Rivalitäten zwischen Image- *und* Rentabilitätszielen insofern, als Input und Output beim Präferenzaufbau zeitlich stark *auseinander*fallen können. Die Rivalität zwischen Image und Rentabilität kann jedoch auch dadurch entstehen, daß sich Imageziele quasi *verselbständigen,* und zwar in der Weise, daß Imageziele bis zu einem Grad verfolgt werden, der jenseits der Möglichkeiten liegt, das aufgebaute Imagepotential auch zu kapitalisieren (= Gefahr der Imagebildung als l'art pour l'art). Mit folgendem Schaubild *(Abb. 51)* wollen wir diese Zusammenhänge modellhaft verdeutlichen.

Abb. 51: Konkurrierende und komplementäre Beziehungen zwischen Image und Rentabilität

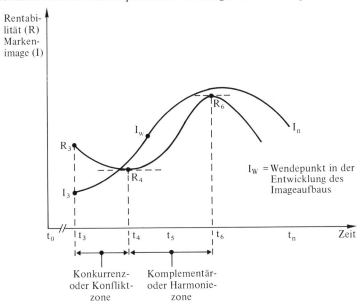

Ausgangspunkt dieses Modellbeispiels ist das Unternehmen X mit seiner Hersteller-(Sortiments-)marke X. In t_3 wird eine Imageüberprüfung der Marke X vorgenommen; dabei zeigt sich noch ein *deutlicher* Abstand zum Ideal- bzw. Soll-Image. Das ist der Ausgangspunkt für die Vornahme weiterer imageunterstützender Marktinvestitionen. Aufgrund der Tatsache, daß es sich bei R und I um *unterschiedliche* Meßkategorien handelt, sind für die Beurteilung der Zielbeziehungen nicht so sehr die jeweiligen absoluten Werte relevant, sondern in erster Linie ihre jeweilige Verlaufs*richtung* zueinander. Das gilt für die Kurvenverläufe in ihrer Gesamtheit.

Die Besonderheit des Zusammenhangs zwischen Image und Rentabilität ist zunächst einmal darin zu sehen, daß es sich hierbei um unterschiedliche Zielkategorien handelt (Rentabilität = ökonomisch-*quantitative* Meßgröße, Image = *vor*-ökonomisch-*qualitative* Meßgröße). Das Rentabilitätsniveau ist dabei im Sinne einer kardinalen Meßgröße zu beschreiben; demgegenüber ist die Operationalisierung von Images nicht ganz so einfach. Das Image soll in dem hier benutzten Modell als *Vorziehungswürdigkeit* eines Produktes, d.h. also im Sinne einer Höherschätzung eben dieses Produktes gegenüber anderen Produkten, aufgefaßt werden. Diese Stärke an Präferenz kann grundsätzlich aber auch kardinal über sog. Präferenzindizes gemessen werden (*Steffenhagen,* 1978, S. 107f.).

Der zweite entscheidende Unterschied zwischen Image und Rentabilität besteht – wie bereits angedeutet – darin, daß Imageziele „Vorlaufcharakter" haben, d.h. ihre positive Wirkung auf die Rentabilität kommt erst verzögert zustande, nachdem ein bestimmtes Imageniveau – man könnte es als *Schwellen-Präferenzpotential* bezeichnen – erreicht ist. Bei den hier betrachteten modellhaften Zusammenhängen muß also speziell die *Zeit*komponente berücksichtigt werden.

Die Modelldarstellung (vgl. *Abb. 51*) geht im Punkt t_3 von einem bestehenden Rentabilitätsniveau R_3 bzw. einem gegebenen, durch Imageanalyse identifizierten Ausgangsimage I_3 aus. Marketingpolitische Absicht ist es, durch Aufbau von **zusätzlichem Präferenzpotential** für das eigene Produkt eine Vorzugsstellung gegenüber den Konkurrenzprodukten zu erreichen, die dann mittel- und langfristig eine vergleichsweise hohe Rentabilität sichert. In der Zone t_3 bis t_4 muß die Unternehmung hierfür Marktinvestitionen u.a. in die Werbung vornehmen, um dafür die entsprechenden Voraussetzungen zu schaffen. Das bedeutet eine *bewußte* Inkaufnahme von Rentabilitäts*einbußen* in dieser Phase, weil sich erst von einem bestimmten Image-Niveau an „monopolistische" Preisspielräume erarbeiten lassen, die für eine überdurchschnittliche Preisstellung am Markt (und damit für eine Überkompensierung der gemachten Marktinvestitionen) genutzt werden können.

In der Zone t_4 bis t_6 kann das Präferenzpotential *preislich* ausgeschöpft werden, außerdem führt die Attraktivität des Produktes dem Unternehmen neue Käuferschichten zu. Verbesserte Deckungsbeiträge und eine „Mengenkonjunktur" führen zu einer deutlichen Verbesserung der Rentabilität. Das Imageziel und das Rentabilitätsziel befinden sich hier in einer Harmoniezone, d.h. beide Ziele verhalten sich *komplementär* zueinander. Punkt I_w markiert jedoch zugleich den Wendepunkt der Imageniveaukurve, deren Anstieg sich von jetzt ab deutlich verlangsamt. Das resultiert daraus, daß imagegestaltende Mittel (wie z.B. die Werbung) jetzt nur noch eine verlangsamte, sich einer bestimmten Grenze nähernde Wirkung aufweisen.

Ab t_6 treten bereits wieder **Rivalisierungen** zwischen Image- und Rentabilitätszielen auf; der Konflikt zwischen beiden Zielen kann dabei *zwei* Ursachen haben:

- *Entweder* zeigt sich bereits ein bestimmter „wear out" des Produktimages, d.h. bestimmte Abnutzungserscheinungen bzw. Veralterungsprozesse speziell im Ver-

gleich zu neueren Konkurrenzprodukten führen allmählich zu einem Preis- und damit Rentabilitätsverfall.
- *Oder* (Über-)Investitionen in den weiteren Aufbau bzw. Ausbau des Images zahlen sich im erzielbaren Absatzpreis nicht mehr entsprechend aus, d.h. Marktinvestitionen in imagegestaltende Maßnahmen werden zu einem aufwendigen „Selbstzweck" und führen insgesamt zu einer rückläufigen Rentabilität.

Dieses modellhaft entwickelte Beispiel sollte verdeutlichen, daß über eine gezielte Präferenzpolitik - und zwar nach den notwendigen Anlaufzeiten - *erhebliche* Rentabilitätsverbesserungen möglich sind, zumal dann, wenn es gelingt, die Harmoniephase t_4 bis t_6 mittel- bis langfristig zu strecken. Das Beispiel zeigt andererseits aber auch, daß das Präferenzniveau über einen bestimmten Zeitraum hinaus - vielfach bedingt durch neue attraktivere Konkurrenzprodukte - nicht mehr zu halten ist bzw. (Über-)Investitionen in den Markt sich dann nicht mehr entsprechend auszahlen. Es ist aber auch - je nach den gegebenen Voraussetzungen - denkbar, durch eine Umprofilierung („Relaunch") erneut einen Prozeß in Gang zu setzen, der wieder in eine Harmoniezone zwischen Image und Rentabilität mündet. Die Marketing-Praxis kann dies mit vielen Beispielen - speziell im klassischen Markenartikelbereich etwa die Seife *Fa,* die Zigarette *Peter Stuyvesant,* die Schokolade *Toblerone* usw. - belegen. So gesehen ist demnach auch bei Image und Rentabilität ein **zyklenartiger Verlauf** der Zielbeziehungen nicht untypisch, so wie wir es bereits bei der Diskussion der Zielbeziehungen zwischen Marktanteil einerseits und Rentabilität andererseits konstatiert haben.

Konflikttyp 4: Partielle Zielkonflikte zwischen Image und Bekanntheitsgrad

Im vorigen Abschnitt zum Konfliktfall 3 haben wir dargelegt, daß Konzepte, die in erster Linie den *Qualitäts*wettbewerb i.w.S. zu realisieren suchen - d.h. also über den Aufbau von Präferenzen den Preiswettbewerb weitgehend zu vermeiden bzw. ihn zumindest zu begrenzen trachten - in ausgeprägtem Maße *marktpsychologische* Ziele (wie Image- und auch Bekanntheitsgradziele) verfolgen müssen.

Bereits im Zusammenhang mit der Diskussion von Marketing-Leitbildern und den dafür zu definierenden Marktpositionen (vgl. hierzu auch die Darlegungen auf S. 60 ff.), haben wir auf **wichtige Beziehungen** zwischen Image *und* Bekanntheitsgrad hingewiesen. Dabei bestehen aber nicht zwangsläufig lineare bzw. proportionale Beziehungen. Zwar wird ein hoher „erlebter" Bekanntheitsgrad von den Abnehmern nicht selten auch in eine hohes Image(-qualität) umgesetzt, andererseits gibt es aber nicht wenige Beispiele dafür, daß Marktführerschaft in erster Linie an ein *überdurchschnittliches* Markenimage und weniger an einen überdurchschnittlich hohen Bekanntheitsgrad gebunden ist. Demnach ist es generell das unternehmerische Bestreben - schon aus marken-sichernden Gründen -, ein ausgewogenes Verhältnis von Markenimage und Bekanntheitsgrad für eine Marke aufzubauen.

Die Erfahrung zeigt, daß das aber in der Regel nicht gleichzeitig möglich ist, sondern daß sich hierbei bestimmte Zwänge ergeben, im Markenlebenszyklus *phasenspezifisch* zu operieren, um konfliktäre Beziehungen zwischen beiden Zielen zu vermeiden bzw. möglichst in **Harmoniezonen** zu bleiben. *Abb. 52* soll das modellierend beschreiben.

Abb. 52: Konkurrierende und komplementäre Beziehungen zwischen Bekanntheitsgrad und Image

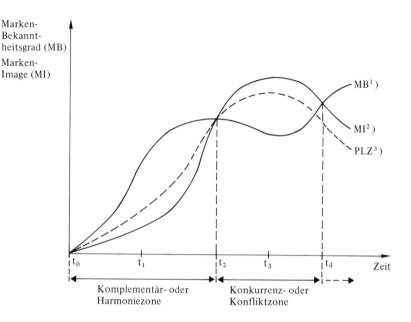

Das Modell verdeutlicht die marktpsychologische **Aufbauarbeit** für eine Marke, ausgehend von der Markteinführung in t_0. Zum besseren Verständnis der Abläufe ist der *idealtypische* Lebenszyklus (vgl. hierzu auch die Darlegungen auf S. 515ff.) integriert. Für die Beurteilung des Modellbeispiels sind dabei nicht so sehr die absoluten Werte der einzelnen Kurvenverläufe relevant – sie basieren auf jeweils unterschiedlichen Meßkriterien –, sondern es kommt vor allem auf ihre Verlaufstypik *zueinander* an.

Die vorstehende *Modell*darstellung skizziert den Markenaufbau, der dadurch gekennzeichnet ist, daß während der Einführungs- (t_0/t_1) und Wachstumsphase (t_1/t_2) vor allem aufgrund entsprechender kommunikationspolitischer Maßnahmen (speziell Werbung und Verkaufsförderung) sowohl Bekanntheitsgrad als auch Imageniveau permanent aufgebaut werden, allerdings mit bestimmten **Asymmetrien.** Vielfach ist es zunächst unmittelbares Ziel, möglichst schnell einen bestimmten Bekanntheitsgrad – auch aus Gründen der Distributionserleichterung im Handel – zu erreichen. Insbesondere spezielle *Vorlauf*kampagnen, die mehr rational-redaktionell konzipiert sind, kommen mehr dem Bekanntheisgrad als dem Image einer Marke zugute. Außerdem vollzieht sich der Imageaufbau, vor allem wenn er auf besondere Einstellungsänderungen bei der anvisierten Zielgruppe ausgerichtet ist, nicht selten mit einem bestimmten time-lag. Gleichwohl verläuft Bekanntheitsgrad- und Imageaufbau bis zum Zeitpunkt t_3 im allgemeinen in einer Harmoniezone, d.h. beide Zielrealisierungen stehen in einem *komplementären* Zusammenhang, wobei speziell der vorlaufende Bekanntheitsgrad den Imageaufbau stützt.

III. Grundfragen der Formulierung von Marketingzielen

Spätestens vom Zeitpunkt t_2 an ergeben sich jedoch bestimmte **Rivalitäten,** d. h. die weitere Zielrealisierung tritt in eine Konfliktzone ein. Das ist sowohl Resultat typischer Lebenszyklus-Mechaniken als auch charakteristischer instrumentaler Wirkungsverläufe. Was den Lebenszyklus-Verlauf betrifft, so tritt spätestens in dieser Phase ein verstärkter Wettbewerb aufgrund von Nachahmer-Produkten ein, die unterstützt mit entsprechenden Werbeaufwendungen, den weiteren Bekanntheitsgradaufbau der eigenen Marke bremsen (oder den erreichten Bekanntheitsgrad sogar abfallen lassen). Was das Imageniveau angeht, so zahlt sich aufgrund von Time-lag-Effekten vielfach *erst jetzt* der Imageaufbau via Kommunikationspolitik und anderer image-unterstützender Maßnahmen (wie Produktverbesserungen oder auch Optimierung des Services) aus. Im übrigen macht sich in dieser Phase ein interessantes Phänomen bemerkbar: während sich Kontinuität in der Werbung (d. h. in Werbebotschaft/-konzeption) imagemäßig auszahlt, führt der Mangel an „spektakulären" Änderungen in der Werbung ggf. zu bestimmten Bekanntheitsgrad-Verlusten.

Insoweit können also bei der Verfolgung von Bekanntheits- *und* Imagezielen in *späteren* Lebenszyklusphasen (etwa ab der Reifephase) deutliche Zielrivalitäten auftreten. Das heißt, bestimmte Maßnahmen (z. B. konzeptionelle Kontinuität in der Werbung) zahlen sich imagemäßig weiterhin aus, während der Bekanntheitsgrad abfällt oder zumindest stagniert.Wenn aus wettbewerbsstrategischen Gründen eine erneute Anhebung des Bekanntheitsgrades angezeigt scheint und deshalb durch neue spektakuläre Werbebotschaften und/oder stärker reichweiten-orientierte Mediawahl eine Erhöhung des Bekanntheitsgrades angestrebt wird, kommt es andererseits nicht selten zu einem Absinken des Imageniveaus (t_3/t_4). Diese Zielrivalität kann dann zukünftig permanent gegeben sein, nämlich dadurch, daß regelmäßig **Phasen** steigenden Bekanntheitsgrades (bei gleichzeitiger Verschlechterung der Imageposition) und steigenden Imageniveaus (unter Inkaufnahme des Abbröckelns des Bekanntheitsgrades) abwechseln. Hierbei sind ähnliche zyklenförmige Verläufe denkbar, wie wir sie zuerst bei der Analyse partieller Zielkonflikte zwischen Rentabilität und Marktanteil aufzeigen konnten (vgl. hierzu *Abb. 50* auf S. 92).

Diese Mechanik läßt sich auch auf folgende Weise noch einmal transparent machen (vgl. *Abb. 53).*

Abb. 53: Phasenbezogene Beziehungen zwischen Marken-Bekanntheit und Marken-Image (schematisierte Niveau-Darstellung)

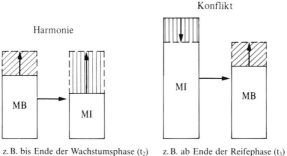

z. B. bis Ende der Wachstumsphase (t_2)   z. B. ab Ende der Reifephase (t_3)
MB = Marken-Bekanntheit
MI = Marken-Image

1. Teil: Konzeptionsebene der Marketingziele

Aus dieser *graphischen* Darstellung geht hervor, daß Bekanntheitsgrad und Imageniveau sich zunächst gegenseitig stärken (Wachstumsphase), um dann später (Reifephase) miteinander zu rivalisieren. Daraus ergeben sich erhebliche *steuerungs*politische Konsequenzen insbesondere für die Kommunikationspolitik (vgl. *Abb. 54*). Damit werden bereits entscheidende Beziehungen zwischen Zielen (1. Konzeptionsebene) *und* instrumentalen Maßnahmen (3. Konzeptionsebene) deutlich. Das soll zum besseren Verständnis graphisch unterstützt diskutiert werden.

Abb. 54: Steuerung von Bekanntheitsgrad und Imageniveau über kommunikationspolitische Maßnahmen

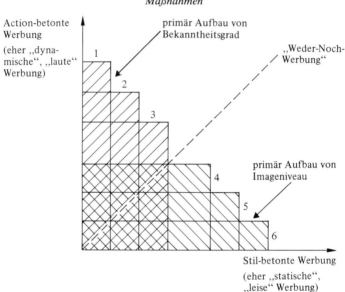

Die entscheidende zielrealisierende Fragestellung besteht demnach darin, ob bzw. inwieweit eher Bekanntheitsgrad schaffende oder mehr Image aufbauende Werbekonzeptionen gewählt werden sollen bzw. welche - respektive in welchem Ausmaß - Modifikationen im Produktlebenszyklus vorgenommen werden sollen. Um möglichst weitgehend komplementäre Realisierungen beider Ziele zu ermöglichen, empfehlen sich *eher* bestimmte Sowohl-als-Auch-Konzepte (etwa Basis-Konzeption 3 mit einer bestimmten Bekanntheitsgrad-Dominanz oder Basis-Konzeption 4 mit einer bestimmten Imageaufbau-Dominanz). Von hier aus sind in der Regel auch eher **Evolutionen** der Werbekonzeption in Richtung 3→4 bzw. 4→3 möglich, um möglichst eine weitgehende Komplementarität zwischen Bekanntheitsgrad- und Imageziel-Realisierung zumindest über weite Strecken des Produktlebenszyklus zu erreichen. Bei gewählten Basis-Konzeptionen des Typs 1 oder 6, die (zunächst) primär an der Erreichung eines der beiden Ziele orientiert sind, sind im Zeitablauf vielfach „revolutionäre" Werbekonzeptionsänderungen (z.B. vom Basis-Konzept 1 zum Basis-Konzept 5) notwendig, was *zwangsläufig* zu Rivalitäten in der Verfolgung beider Ziele (Bekanntheitsgrad und Image) führen muß.

Die Möglichkeiten der **Verfolgung mehrfacher Ziele** - wie sie in aller Regel üblich und auch notwendig ist (speziell bei Strategien *höherer* Ordnung wie Präferenz- oder Segmentierungsstrategie) - werden demnach entscheidend vom gewählten Einstiegskonzept (= Wahl unter den Basis-Konzepten 1 -6) bereits im Zeitpunkt t_0 (= Produkt- bzw. Markeneinführung) geprägt. Man kann insoweit also sagen, daß die Grundfrage der Komplementarität bzw. Konkurrenz (Rivalität) von Zielen nicht (immer) Ergebnis einer gegebenen (also exogen definierten) Situation ist, sondern sich nicht selten als Resultat *eigener* unternehmerischer Entscheidungen (also endogen definiert) darstellt.

Auf diese Weise wird noch einmal erkennbar, wie wesentlich klar definierte Ziele für eine **rationale Unternehmensführung** sind. Vor allem aber wird deutlich, daß erst die Einsichten in *partielle* Zielbeziehungen komplementärer wie konfliktärer Art und in typische Ablöseprozesse der Zielbeziehungen maßgeschneiderte Maßnahmen auf der Instrumentalebene (Marketingmix) ermöglichen. Es gibt insoweit also durchaus auch Möglichkeiten eines *instrumentalen* Ausgleichs von Zielkonflikten.

Im Zusammenhang der zunächst bewußt „isoliert" diskutierten Ziel-Konzeptionierung soll jedoch erst einmal den Möglichkeiten der Zielkonfliktbewältigung auf der Zielebene *selbst* nachgegangen werden. Damit leiten wir über zum nächsten Abschnitt.

b) Möglichkeiten (Verfahren) der Zielkonfliktbewältigung

Die angeführten Beispiele konfliktärer Zielbeziehungen im Marketing haben gezeigt, daß die Konfliktzonen vielfach nur *partielle* Ausschnitte des Entscheidungsrahmens darstellen. Die besondere Brisanz derartiger Zonen konfliktärer Zielbeziehungen liegt allerdings darin, daß sie sich mit erwünschten Komplemantärzonen zum Teil *mehrfach* abwechseln. Diese Tatsache erschwert den notwendigen Zielkompromiß im Marketing in erheblichem Maße, macht ihn aber zugleich zur notwendigen Voraussetzung für ein erfolgreiches oberziel-orientiertes Marketing.

Grundlegende Lösungsansätze

Das Problem derartiger Zielkompromisse besteht darin, daß es sich nicht allgemeingültig lösen läßt. Das durchgängige Prinzip aller Konfliktlösungen besteht vielmehr zunächst darin, **Prioritäten** in der Zielerreichung zu setzen. Auf diese Weise werden Hauptziele und verschiedene Abstufungen von Nebenzielen identifiziert. Als generelle Lösungswege für die Bewältigung von Zielkonflikten werden in der Literatur ganz verschiedene Wege vorgeschlagen (siehe hierzu *Nieschlag/Dichtl/Hörschgen,* 1988, S.832f., ausführlicher 1972, S.330ff.; *Meffert,* 1986a, S.84ff. bzw. *Koch,* 1977, S.23; *Wild,* 1982, S.62ff.; *Bitz,* 1981, S.29 sowie auch *Heinen,* 1976, S.140ff.). Als wichtigste Ansatzpunkte der Zielkonfliktbewältigung können vor allem *folgende* identifiziert werden:

(1) Das als dominant anerkannte Ziel wird unter Vernachlässigung aller anderen Ziele maximiert bzw. minimiert (= **Zieldominanz**).
(2) Das als dominant erkannte Ziel wird unter der Bedingung einer bestimmten

Mindesterfüllung des(r) anderen Ziele(s) zu maximieren bzw. minimieren gesucht (= **Zielrestriktion**).[2]

(3) Von den konkurrierenden Zielen wird je nach Entscheidungssituation (bezogen auf Entscheidungsfeld und/oder -phase) jeweils einem anderen Ziel der Vorrang eingeräumt (= **Zielschisma**).

Der *erste* Lösungsweg ist dann gefährlich bzw. im Hinblick auf die Oberzielsetzung (= Gewinnziele) nicht optimal, wenn aus Konfliktgründen bzw. Gründen der Operationalität z. B. Umsatzziele anstatt Gewinnziele verfolgt werden - wie dies übrigens vielfach in der Praxis geschieht -, ohne daß hierbei der mögliche Wechsel der Zielbeziehungen zwischen Umsatz und Gewinn, d. h. also der Wechsel von Komplementär- und Konfliktzonen, hinreichend berücksichtigt wird.

Der *dritte* Lösungsweg besteht darin, daß für die verschiedenen Entscheidungssituationen festgelegt wird, welches Ziel jeweils maßgebend sein soll. Bezogen auf die einzelne Entscheidungssituation läuft diese Regel wiederum auf eine Zieldominanzlösung hinaus.

Der *zweite* Lösungsansatz ist im Prinzip der gängigste Weg einer Konfliktbewältigung. Er orientiert sich am Hauptziel, versucht aber Nebenbedingungen (Restriktionen) zu berücksichtigen, die für die Verfolgung des Hauptzieles essentiell sind, indem sie nämlich die Generierung und Selektion von Handlungsalternativen (mit-)steuern bzw. begrenzen. Dieser zweite Lösungsansatz ist jedoch zu differenzieren, und zwar u. E. in dreifacher Hinsicht. Die vier im vorigen Abschnitt aufgeführten Zielkonfliktbeispiele haben jedenfalls gezeigt, daß im Grunde *verschiedene* Zielkompromißtypen unterschieden werden können, nämlich:

(1) **der zonale Fall** (z. B. die Zielbeziehung zwischen Umsatz und Gewinn: Das Unternehmen muß im Rahmen der gegebenen Betriebs- wie Marktaufnahme-Kapazitäten die jeweils für sie günstigste Zone bestimmen),

(2) **der zyklische Fall** (z. B. die Zielbeziehung zwischen Marktanteil und Rentabilität: Die Unternehmung „pendelt" im Grunde zwischen beiden Zielen, um auf diese Weise mittel- und langfristig ertragsorientiert operieren zu können),[3]

(3) **der sukzessive Fall** (z. B. die Zielbeziehung zwischen Image und Rentabilität: Die Unternehmung nimmt zunächst bewußt den Zielkonflikt in Kauf, um eine Imageplattform zu schaffen, die mittel- und langfristig eine ertragsorientierte Politik ermöglicht).

Die hier unterschiedenen *drei* Fälle möglichen Kompromißverhaltens machen nicht zuletzt den zeitlichen Aspekt noch einmal besonders deutlich. Das aber heißt, daß im Grunde nur dynamisch definierte Zielsysteme operational und oberzieladäquat

---

[2] In diesem Zusammenhang wird auch hingewiesen auf die Möglichkeiten der *Zielprogrammierung* („Goal programming"). Im einfachsten Fall werden hier lineare Zielfunktionen und lineare Nebenbedingungen unterstellt (*Bednar/Hasenauer*, 1978, S. 352 ff.). Zum Problem des „Multiple Criteria Decision Making" überhaupt siehe u. a. *Thiriez/Zionts*, 1976; *Fandel*, 1972). Darüber hinaus wird auch auf die Möglichkeiten der Nutzwertanalyse (*Zangemeister*, 1976 bzw. siehe Übersicht auf S. 397 f.) sowie auf den Ansatz des Analytic Hierarchy Process (*Saaty*, 1980; *Gussek/Tomczak*, 1988) verwiesen.
[3] Ähnliches gilt auch für Zielbeziehungen zwischen Bekanntheitsgrad und Image (siehe Konflikttyp 4).

sind. Die Definition derartiger Zielsysteme ist – das haben die bisherigen Darlegungen auch zu zeigen versucht – in hohem Maße vom marketingpolitischen Wollen bzw. von den Fristigkeiten der (Ober-)Ziele bzw. ihren Prioritäten abhängig, insbesondere also vom kurzfristigen oder mittel-/langfristigen Gewinnstreben.

Die besondere Bedeutung dieser Einsichten in die sachlich-zeitlichen Zielbeziehungen liegt insgesamt darin, daß sie einer **oberziel-schädigenden Verselbständigung** („Suboptimierung") vordergründig operationaler (z. B. Umsatzziele) oder leicht ins Prestigehafte abgleitender Ziele (z. B. Imageziele) vorbeugen können. Die Identifizierung von Komplementär- und Konfliktzonen vermag jedenfalls die Grenzen *abzustecken,* von denen aus speziell das Verfolgen nicht-monetärer (etwa Marktanteil) oder insbesondere vor-ökonomischer Ziele (etwa Image) mittel- und/oder langfristig zu Lasten der Oberziele erfolgt. Diese Einsichten verdeutlichen andererseits auch, *ob bzw. wann* dies – phasenbezogen bewußt gesteuert – ökonomisch dennoch sinnvoll sein kann.

3. (Marketing-)Zielsysteme und Zeitablauf

Aufgrund der Einsichten, die speziell durch verhaltensorientierte Analysen des unternehmerischen Entscheidungsprozesses gewonnen wurden, hat man heute – wie schon einleitend erwähnt – in der Zielforschung bzw. -theorie die Vorstellung des Unternehmers (bzw. der Unternehmensleitung) als eines „Maximizer's" bzw. „Optimizer's" zugunsten eines **„Satisfizer's"** weitgehend aufgegeben oder zumindest in Frage gestellt. Das gilt im Prinzip nicht nur für die Oberzielsetzung des Unternehmens, sondern auch für die grundlegenden Bereichsziele, wie z. B. Marketingziele. „Most human decision making, whether individual or organisational, is concerned with the discovery and selection of *satisfactory alternatives;* only in exceptional cases is it concerned with the discovery and selection of optimal alternatives" (*March/Simon,* 1958, S. 150f., Hervorhebung von mir, J. B.). Diese Tatsache ist nicht zuletzt auch Ausdruck der unvollkommenen Information – gerade auch über die Zielbeziehungen – und der daraus resultierenden Unsicherheit. Es wird daher davon ausgegangen, daß sich Unternehmer bzw. Unternehmensleiter Ziele setzen, die ein bestimmtes **Anspruchsniveau** („level of aspiration") repräsentieren[4].

Das Anspruchsniveau ist dann realistisch, wenn das angestrebte Zielausmaß auch erreicht werden kann. Es ist abhängig „von Erfahrungen, die man in der Vergangenheit mit ähnlichen Problemen gemacht hat" (*Sauermann/Selten,* 1962, S. 579). Aufgrund bisheriger Einsichten wird angenommen, daß das Anspruchsniveau vor allem von *drei* Faktoren beeinflußt wird (*Kirsch,* 1977, I, S. 51):

- von dem **Streben nach Erfolg,**
- von der **Vermeidung von Mißerfolgen,**
- von der **subjektiven Wahrscheinlichkeit des Erfolges bzw. Mißerfolges.**

---

[4] Bei Anspruchsanpassungsprozessen im Unternehmen können sich im übrigen nicht nur Änderungen in den angestrebten Zielerreichungsgraden, sondern auch in den Ziel*prioritäten* ergeben (*Kupsch,* 1979, S. 112).

Das spezifische Problem besteht nun darin, daß auch unter diesen Vorzeichen entstehende Ziele bzw. Zielsysteme im Zeitablauf *nicht konstant,* sondern variabel sind (und zwar auch unabhängig von jenen zeitlichen Dimensionen, die sich aus den zuletzt behandelten ökonomischen Zwängen bei partiellen Zielkonflikten ergeben). Die generelle **zeitliche Zielkonsistenz** ist insgesamt das Ergebnis sowohl unternehmens*ferner* Umwelteinflüsse wie

- konjunkturelle Lage,
- politische Situation,
- gesellschaftliche Normen,

als auch unternehmens*naher* Umwelteinflüsse wie

- Marktlage,
- Branchensituation,
- Lebenszyklus der Produktgattung.

Die Ziele bzw. das Zielsystem werden dabei um so *häufiger* modifiziert, je *instabiler* die Umweltverhältnisse sind. Zieländerungen sind so gesehen nichts anderes als **Anpassungsprozesse** an die jeweilige Umweltsituation, wie sie durch die Organisationsmitglieder – insbesondere die Zielbildungsgruppe(n) – wahrgenommen werden (*Heinen,* 1976, S.235f.; *Kirsch,* 1977, I, S.107ff.; *Scheuch,* 1986, S.178f.).

a) Anspruchsanpassung von Zielen

Die angesprochenen Zielanpassungsprozesse lassen sich relativ *plausibel* mit der Theorie der sog. Anspruchsanpassung erklären (*March/Simon,* 1958; *Cyert/March* 1963; *Sauermann/Selten,* 1962). Danach lernen Organisationsmitglieder aus **Erfolgen bzw. Mißerfolgen** bei der Realisierung ihrer Ziele, d.h. sie passen ihre Ansprüche entsprechend an. Das Anspruchsniveau wird nach *oben* angepaßt, wenn die Ziele mit aussichtsreichen Maßnahmen leicht realisiert werden können und umgekehrt wird es *gesenkt,* wenn die Ziele mit den vorhandenen Alternativen nicht verwirklicht werden können. „Das Anspruchsniveau der Zielerreichung in einem bestimmten Zeitpunkt hängt somit von den Zielerreichungsgraden früherer Perioden ab" (*Heinen,* 1976, S.240). So werden beispielsweise für die Bestimmung des befriedigenden Gewinns („satisfizing profit") u.a. *folgende* Größen als Orientierungskriterien herangezogen:

- **der Gewinn des Vorjahres,**
- **der durchschnittliche Gewinn (z. B. der letzten fünf Jahre),**
- **der in der Branche als „normal" angesehene Gewinn,**
- **der Gewinn wichtiger (Leit-)Konkurrenten,**
- **der der konjunkturellen Lage angemessene Gewinn,**
- **der für die Unternehmenssicherung „notwendige" Gewinn.**

Der Anspruchsanpassungsprozeß verläuft dabei in der Regel so langsam, daß *zumindest* kurzfristig Diskrepanzen zwischen Anspruchsniveau und Zielerreichung gegeben sein können (*Kirsch,* 1977, I, S.108), zumal der Anpassungsprozeß als ein interpersonaler Prozeß in der Unternehmung zu erheblichen Konflikten führen kann, für die es unterschiedliche Lösungsansätze – u.a. Gewalt- oder auch friedli-

III. Grundfragen der Formulierung von Marketingzielen

che Strategien – gibt (*Bidlingmaier*, 1968, S.123 ff.). Folgendes Schema *(Abb. 55)* verdeutlicht den formalen Revisionsprozeß der Zielsetzung in Abhängigkeit von der Zielerreichung (*Heinen*, 1976, S.36):

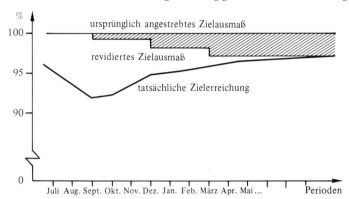

Abb. 55: Die Revision der Zielsetzung in Abhängigkeit von der Zielerreichung

Die Verhaltensweisen, die dieser Anspruchsanpassung (vgl. *Abb. 55*) zugrundeliegen, lassen sich als ein **Lernprozeß** begreifen. Im Laufe der Zeit lernen die Unternehmen bzw. ihre Organisationsmitglieder, ihre Umwelt insgesamt besser zu verstehen. Dafür sind im Prinzip *zwei* Prozesse verantwortlich (*Grochla*, 1972, S.164):

(1) Die organisatorischen Untereinheiten der Unternehmung lernen, die ihnen von der Unternehmensführung vielfach *nur vage* formulierten Bereichsziele so umzuformulieren, „daß sie besser zur Steuerung ihrer spezifischen Leistungen eingesetzt werden können."
(2) Das Unternehmen lernt mit der Zeit diejenigen Bereiche der Umwelt zu identifizieren, die für sie *besonders relevant* sind. Vor allem noch relativ junge Unternehmen erfassen Daten, die für ihre Entscheidungen nicht von Bedeutung sind. So „werden Märkte analysiert, die für die Unternehmung keine Chancen beinhalten, es werden Entwicklungen in Forschungsbetrieben verfolgt, zu deren Verwirklichung die Unternehmung sich nicht besonders eignet, ... usw." Erst im Laufe der Zeit vermag die Unternehmung ihre Entscheidungsprozesse zu rationalisieren.

Darüber hinaus äußert sich das Lernverhalten der Unternehmen auch in einer **Verbesserung ihrer Such- und Problemlösungstechniken**. Folgendes Schema *(Abb. 56)* verdeutlicht modellhaft, wie sich in diesem Lernprozeß die Bestimmung des Anspruchsniveaus bzw. der Anspruchsanpassung vollzieht (*Cyert/March*, 1963; *Grochla*, 1972, S.165).

Die Theorie der Anspruchsanpassung wird – darauf verweist vor allem *Kirsch* – durch **zwei zusätzliche Hypothesen** ergänzt. *Einmal* wird angenommen, daß das Anspruchsniveau auch dann leicht ansteigt, wenn keine Umweltänderungen eintreten. Diese Tatsache kann dann zu einer Diskrepanz zwischen Anspruchsniveau und Zielerreichung führen. *Zum anderen* muß davon ausgegangen werden, daß das Anspruchsniveau auch von sozial-bedingten Einflüssen abhängig ist, d.h. Unternehmen bzw. deren Leiter (sowie ihre Organisationsmitglieder überhaupt) orientieren sich auch an dem, was Konkurrenzunternehmen (sog. Referenzunternehmen) erreicht haben (*Kirsch*, 1977, I, S.108 f.).

Abb. 56: Prozeß des Unternehmensverhaltens und seine Auswirkungen auf die Zielformulierung

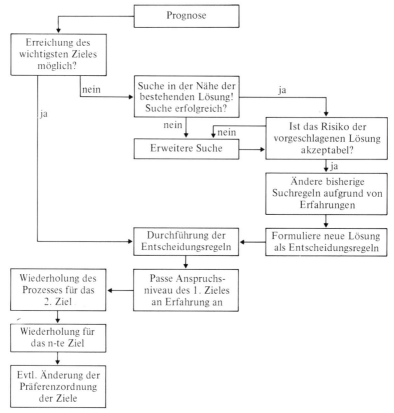

Das Anspruchsniveau speziell in bezug auf die Oberzielsetzung des Unternehmens wird im übrigen entscheidend von dem **Zeitraum** determiniert, innerhalb dessen der Unternehmenszweck („mission") realisiert werden soll. *Je* länger dieser Zeitraum ist, *umso weniger* ist die Unternehmung in der Lage, sich bietende kurzfristige Gewinnmöglichkeiten uneingeschränkt auszuschöpfen, weil das zur Gefährdung des künftigen Absatzpotentials (u. a. Gefährdung der Käuferbindung) führen kann. Das Unternehmen ist daher bei einer *auf Dauer* gerichteten Tätigkeit gezwungen,

- **Fernziel-Konzeptionen** (= langfristiges Zielsystem) und
- **Nahziel-Konzeptionen** (= kurzfristiges Zielsystem)

zu harmonisieren (*Schmidt*, 1969, S. 142 f.; *Berthel*, 1973, S. 92 ff.; *Wild*, 1974, S. 59 f.; *Heinen*, 1976, S. 119 ff.). Wenn auch Fernziel-Konzeptionen a priori nicht für die Gesamtlebensdauer des Unternehmens fixierbar sind, so müssen sie *zumindest* Rahmen abstecken, innerhalb derer Nahziel-Konzeptionen sich bewegen müssen. Wenn es nicht möglich ist, ein operationales Fernziel-Konzept zu erstellen, so muß versucht werden, wenigstens *mittelfristige* Zielvorstellungen operationaler Art zu definieren. Kurz- und mittelfristige Ziele stellen zusammen **Stationen** dar, die zur Erreichung des Langfristziels notwendig sind. Diese Zusammenhänge lassen sich anhand von *Abb. 57* verdeutlichen (*Weinhold-Stünzi*, 1974, S. 107).

III. Grundfragen der Formulierung von Marketingzielen 105

Abb. 57: Beziehungen zwischen kurz-, mittel- und langfristigen Zielen

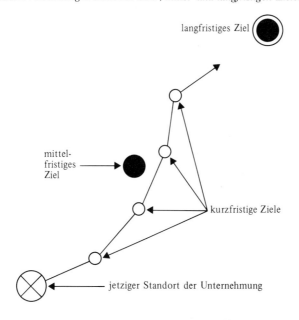

Der Verlauf der Zielabschnitte *(Abb. 57)* soll zum Ausdruck bringen, daß der Endzielzustand der Unternehmung nur dann erreicht werden kann, wenn kurz- und mittelfristige Ziele einen **konsequenten Beitrag** zum Langfristziel beisteuern. Das schließt allerdings nicht aus – wie im Rahmen der Zielkonflikte und -kompromisse im Marketing bereits dargelegt –, daß das Unternehmen kurzfristig Ziele verfolgt (verfolgen muß), die scheinbar im Widerspruch zu Fernzielen stehen. Mit ihrer Erreichung sollen *jedoch* „bessere Voraussetzungen für die Verfolgung der Fernziele geschaffen werden, als dies durch Setzen gleichlautender Nahziele möglich ... wäre" (*Berthel,* 1973, S. 95). Als *typische* Beispiele können hierfür u.a. genannt werden:

- Bewußter Einsatz von (kurzfristigen) **Preisaktionen,** um bestimmte Marktpositionen (Marktanteile) zu realisieren, von deren Plattform aus eine ertragsstabile Marketing-Politik möglich ist.
- Wahl eines aufwendigen **Imageaufbaus,** der in der kurzen Sicht zu Ertragsminderungen führt, mittel- und langfristig aber aufgrund eines überdurchschnittlichen Präferenzniveaus auch eine überdurchschnittliche Preisstellung erlaubt.

Neben den vielfältigen, bereits an anderer Stelle ausführlich diskutierten Zweck-Mittel-Beziehungen zwischen Zielen kommt demnach – quasi als Unterfall – auch den **Zeitraum-Beziehungen** zwischen Nah- und Fernzielen eine besondere Bedeutung zu, und zwar deshalb, weil langfristige Ziele letztlich nur über kurz- bzw. mittelfristige Ziele realisiert werden können. Eine marketing-spezifische Verfeinerung bzw. Operationalisierung dieser Überlegungen kann man im sog. Leitlinien-Konzept (*Crawford,* 1966 bzw. 1972) erblicken. Darauf wollen wir abschließend noch etwas näher eingehen.

b) Prinzip des Leitlinien-Konzepts (Trajektorie-Konzept)

Dieses Konzept geht von der Einsicht aus, daß der Prozeß der Zielerreichung als eine **Abfolge von Zustandsänderungen** im Zeitablauf aufgefaßt werden kann. Insoweit liegt es nahe, den Zeitpfad dieser Zustandsänderungen als Trajektorie - etwa in Analogie zur ballistischen Flugbahn eines ferngelenkten Projektils - darzustellen. „Ein solches Projektil wird auf ein bestimmtes Ziel gerichtet und abgefeuert. Das Bodenpersonal hat ... durch praktische Erfahrung eine Reihe von Zwischenpunkten und -geschwindigkeiten ermittelt, die die Rakete erreichen muß, wenn sie ins Ziel treffen soll. Diese Daten werden ständig kontrolliert. Wenn die Rakete von der Bahn abkommt, können früh genug Flugkorrekturen vorgenommen werden, so daß doch noch ein Treffer erzielt wird." ... „Genau dieselbe Methode kann angewendet werden, um die Entwicklung eines neuen Produktes zu erfassen" (*Crawford*, 1972, S. 254 f.).

Hierfür ist es notwendig, ein System *relevanter* Orientierungsdaten (Variablen) zu schaffen, das zur Ortung des Planzielverlaufs herangezogen werden kann. Analog zur Raumfahrttechnik wird dabei versucht, die Zielortanalyse so weit zu entwickeln, daß aus den festgestellten Abweichungen die **Wirkungen** berechnet werden können. Wenn also z. B. eine Variable zum Zeitpunkt t_1 um 10% vom Planwert abweicht, so könnte dann etwa identifiziert werden, daß die Abweichung im Zeitpunkt t_2 15% betragen wird, falls *keine* korrektiven Maßnahmen ergriffen würden. Folgende Grafik in Anlehnung an *Crawford (Abb. 58)* verdeutlicht diese Zusammenhänge (vgl. *Crawford*, 1972, S. 255).

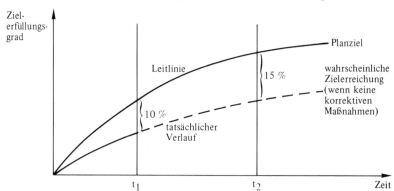

Abb. 58: Zielsteuerung auf der Basis des Leitlinien-Konzepts

Die abgebildete Leitlinie beschreibt also die Abfolge von Zwischenzielen, die schließlich zur Realisation des Planziels führen. Das Prinzip dieses Leitlinien-Konzepts besteht nun darin, solche **Orientierungsdaten** (Variablen) auszuwählen, die als Kontrollwerte im Sinne von Zwischenziel-Prüfungen herangezogen werden können. Werden bei Zwischenzielkontrollen Abweichungen von der jeweiligen Leitlinie festgestellt, so können dann *gezielte* Korrekturen im Instrumenteneinsatz vorgenommen werden, um so die Erreichung des Planziels doch noch sicherzustellen.

Charakteristisch für das Leitlinien-Konzept ist die Heranziehung vor allem spezieller *marketing-relevanter* Kontrollwerte wie Erstkäufe bzw. Folgekäufe eines Produktes, Markenkenntnis sowie Daten der Distribution wie Lagerhaltung oder Auslagen im Handel usw. (*Crawford,* 1972, S.257). Dieses Gerüst unterschiedlich aufeinander aufbauender Variablen, das in hohem Maße aus **Panel-Daten** gespeist werden kann, deckt konkrete Abweichungsursachen auf und gibt damit Hinweise für den Ansatz korrektiver Maßnahmen. Wird z. B. die Leitlinie bezüglich der Markenkenntnis erfüllt, während die Erstkaufrate nicht dem Leitwert entspricht, so könnten das z. B. Hinweise für Mängel in der Distribution (Verfügbarkeit) des Produkts sein.

Das Kennzeichen des Leitlinien-Konzepts von *Crawford* ist so gesehen eine *mehrdimensionale* **Zielstufen-Planung,** die *mehrere* Perioden umfaßt und den erwarteten zeitlichen Zusammenhang zwischen wichtigen Zielgrößen – darunter grundlegenden *nicht-monetären* – transparent zu machen sucht. *Abb. 59* verdeutlicht beispielhaft den dynamischen Zielzusammenhang mit zeitlichen *Teil*erreichungsgraden (z. B. nach ½, 1½ Jahren) für eine Produkt/Markt-Kombination (*Köhler,* 1981, S. 280).

Diesem Ansatz verwandt ist die **sog. Marken-Bilanz** als Konzept für die Bewertung und/oder Steuerung von Marken, und zwar auf der Basis von (bisher) *19 Einzelkriterien:* z. B. von der Größe/Entwicklung des Marktes, Marktanteil, Gewinn-Marktanteil, Distribution über Preissituation, Werbeanteil, Markentreue, Markenkompetenz bis hin zum (räumlichen) Geltungsbereich einer Marke (*Schulz/Brandmeyer,* 1989 und *Brandmeyer/Schulz,* 1990).

Welche Variablen bzw. welche Kombinationen daraus sich letztlich für ein derartiges Leitlinien-Konzept eignen, muß vor allem unternehmens*individuell* festgestellt werden, und zwar im Prinzip auf der Basis von entsprechenden „case histories" vergleichbarer Produkte. Das macht das Leitlinien-Konzept wegen notwendiger Differenzierungen zum einen ziemlich aufwendig, zum anderen schränkt es die Anwendung insofern auf Fälle mit zumindest bestimmten produkt-/unternehmensbezogenen Vorerfahrungen ein. Faszinierend am Leitlinien-(Trajektorie-)Konzept ist insgesamt die marketing-spezifische Struktur des Systems, so daß es von daher für die Ableitung von Marketingzielsystemen sehr adäquat erscheint. Es stellt im Grunde ein **dynamisiertes Marketing-Leitbild** dar.

4. Zum Stellenwert der Zielfrage und ihren besonderen Beziehungen zur Strategieebene

Die Darlegungen zum Zielsystem des Unternehmens im allgemeinen und zu den Marketingzielen im besonderen haben die Bedeutung und die **Komplexität** dieser Konzeptionsebene verdeutlicht. Die Zielfrage stellt so gesehen sowohl unter wissenschaftlichen als auch unternehmenspraktischen Gesichtspunkten einen *ganz zentralen* Problemkreis dar.

Wenn man unternehmerisches Handeln als planmäßiges Handeln auffaßt, dann bedeutet das, daß diesem Handeln ein Plan oder Grundriß (lat. planta = Grundriß eines Gebäudes, Grundfläche) zugrundeliegen muß, der festlegt, wie etwas zu tun oder auszuführen ist (*Kreikebaum,* 1981, S.20). Solche Pläne (Grundrisse) oder – wie wir auch sagen können – Konzeptionen sind aber dann unorientiert und damit

Abb. 59: Beispiel einer Zielbündel-Trajektorie (für eine bestimmte Produkt/Markt-Kombination bei einem Produkt-Bedarfszyklus von ca. ¼ Jahr)

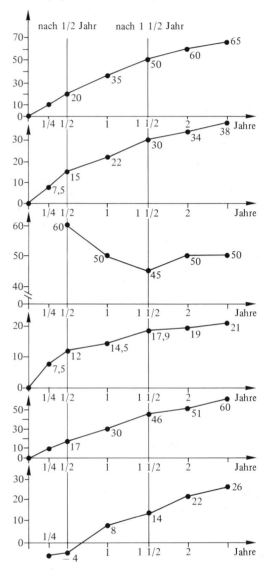

unvollständig, wenn sie sich nicht auf einen Zweck (Zielsystem) und seine Erfüllung beziehen. Die Zielfrage ist insofern ein **grundlegender Angelpunkt** jeglichen unternehmerischen Handelns, und zwar ganz gleich, ob die Ziele bzw. das Zielsystem am Anfang der Planung stehen *oder* erst während eines mehrstufigen Problemlösungsprozesses abgeleitet bzw. entsprechend „abgeschliffen" werden (vgl. hierzu auch die Darlegungen zum Ablauf des Konzeptionsprozesses auf S. 4 f.).

Ziel- *und* Strategiebestimmungsprozesse sind allerdings *enger* miteinander verwoben als das in bezug auf Ziel- bzw. Strategieebene und operativer bzw. taktischer

III. Grundfragen der Formulierung von Marketingzielen

Ebene der Mixgestaltung der Fall ist. Das ist nicht zuletzt Ausdruck der Tatsache, daß die Strategiefrage auch „*zielsuchende*" Elemente (*Trux/Kirsch*, 1979, S.227) in sich trägt. Das heißt mit anderen Worten: Zielfrage und Strategiefrage sind so eng miteinander verzahnt, daß bei ihrer Festlegung **mehrstufige Rückkoppelungsprozesse** sinnvoll sein können. Das bedeutet andererseits aber *nicht,* daß Strategien selbst quasi „qualitative Zielentwürfe" darstellen (vgl. dagegen *Köhler*, 1981, S.277).[5] Abb. 60 versucht diese spezifischen Zusammenhänge zwischen Zielen einerseits und Strategien andererseits zu verdeutlichen.

Abb. 60: Mehrstufiger Problemlösungsprozeß der interdependenten Ziel- und Strategiebestimmung und typische Abläufe

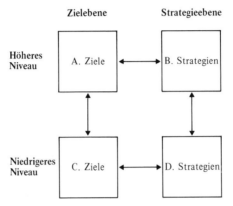

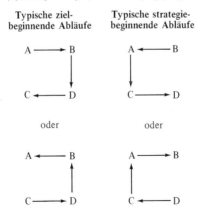

---

[5] Vgl. in diesem Zusammenhang auch die *Vermischung* von Ziel- und Strategieebene in der amerikanischen Literatur (z.B. bei *Jain*, 1985, S.351ff.; *Cravens*, 1982, S.10ff.; *Porter*, 1984, S.16ff. oder auch *Kotler/Armstrong*, 1988, S.42ff.).

1. Teil: Konzeptionsebene der Marketingziele

Es gibt – das soll *Abb. 60* zeigen – zunächst Ziele wie auch Strategien höheren und niederen Niveaus. Bezogen auf die Ziele heißt Niveau hier *Zielerreichungs*niveau und in bezug auf die Strategien bedeutet Niveau das beabsichtigte *Aktivitäts*niveau. Planerisches Denken und Handeln kann dabei sowohl an der Ziel- als auch an der Strategieebene anknüpfen. Kennzeichnend für die Ziel- bzw. Strategieplanung sind ganz verschiedene **Ablaufmuster**, wobei *ziel*-beginnende und *strategie*-beginnende Muster (siehe *Abb. 60*) unterschieden werden können.

Was die aufgezeigten typischen Ablaufmuster *(Abb. 60)* angeht, so sind – das ist auch in der Unternehmenspraxis beobachtbar – durchaus *mehrere* „Umläufe" möglich bzw. ggf. auch notwendig. Am Ende des Problemlösungsprozesses steht dann als Ergebnis in der Regel ein **harmonisiertes Ziel- und Strategie-Paket** vom Typ I oder II:

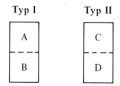

Die Typen I und II beinhalten das jeweils anvisierte Zielniveau und die hierfür adäquate Strategie bzw. die präferierte Strategie und das hiermit realisierbare Zielniveau. Verknüpfungen von Zielen und Strategien jeweils **unterschiedlichen Niveaus** sind im allgemeinen marketingpolitisch *nicht* möglich (z. B. hohes Zielniveau *und* niedriges Aktivitätsniveau) bzw. ökonomisch *nicht* sinnvoll (z. B. niedriges Zielniveau *und* hohes Aktivitätsniveau).

Damit aber ist der *besondere* Zusammenhang zwischen Zielen und Strategien im generellen bzw. der Zusammenhang zwischen Marketingzielen und Marketingstrategien im speziellen hergestellt. Im folgenden Teil wollen wir uns nunmehr mit den Formen und Ausprägungen von Marketingstrategien ausführlich beschäftigen. Bevor die Strategiefrage im einzelnen inhaltlich aufgerollt wird, soll zunächst die Relevanz von Strategien *grundsätzlich* herausgearbeitet werden.

2. Teil
Konzeptionsebene der Marketingstrategien

In der Wissenschaft wie in der Unternehmenspraxis werden inzwischen Strategiefragen relativ breit diskutiert (vgl. hierzu u.a. *Ansoff/Declerck/Hayes*, 1976; *Hinterhuber*, 1977; *King/Cleland*, 1978; *Hahn/Taylor*, 1980; *Steinmann*, 1981; *Porter*, 1980 und 1985; *Aaker*, 1984; *Schreyögg*, 1984; *Raffée/Wiedmann*, 1985; *Jain*, 1985; *Cravens*, 1987; *Köhler*, 1988; *Meffert*, 1988 bzw. *Henderson*, 1974; *Gälweiler*, 1974; *Trux/Kirsch*, 1979; *Töpfer/Afheldt*, 1982; *Albert*, 1983; *Trux/Müller/Kirsch*, 1984; *Wieselhuber/Töpfer*, 1984; *Little*, 1986; *Henzler*, 1988). Wenngleich die Bedeutung der strategie-orientierten Unternehmensführung inzwischen mehr und mehr erkannt wird, so wird unter Strategien[1] noch immer sehr Heterogenes verstanden. Die **inhaltlichen Fragen** von Strategien werden zudem stark überlagert (mitunter sogar zurückgedrängt) von mehr *verfahrens*bezogenen Fragen wie z.B. Erfahrungskurven-Analyse, Portfolio-Methode usw. Typisch für die zunehmende Strategie-Diskussion gerade auch in der Unternehmenspraxis ist darüber hinaus, daß Ziel-, Strategie- und Instrumental-(kombinations-)Fragen stark *vermischt,* wenn nicht verwischt werden. Es erscheint daher einleitend notwendig, zunächst Wesen und Bedeutung des strategischen Marketings bzw. der strategischen Unternehmensführung überhaupt herauszuarbeiten, um auf diese Weise die Grundlagen für eine differenzierte Diskussion der Arten und Ausprägungen von Marketingstrategien zu schaffen.

I. Wesen und Bedeutung von Marketingstrategien

Marketingstrategien werden von uns als ein Bereich **eigener Art** aufgefaßt, und zwar in einem gewissen Gegensatz sowohl zur amerikanischen als auch deutschsprachigen Marketinglehre, in der die Begriffe Marketingstrategie und Marketingmix in hohem Maße *synonym* verwendet werden. Das heißt mit anderen Worten, in der Marketinglehre ist es noch immer üblich, unter Marketingstrategien überwiegend „Instrumentalstrategien" (vgl. hierzu etwa *Hoffmann/Wolff*, 1977; *Steffenhagen*, 1982; *Köhler*, 1985; *Wiedmann*, 1985; *Witt*, 1985 oder auch *Cravens*, 1987; *Guiltinan/Paul*, 1985; *Jain*, 1985) zu verstehen, d.h. also Fragen des Marketinginstru-

---

[1] Der Strategiebegriff ist dem militärischen Sprachgebrauch entlehnt und geht vor allem auf *C.von Clausewitz* zurück (siehe *Kreikebaum*, 1981, S.2f.). Der Strategiebegriff hat heute aber zunehmend auch Eingang sowohl in den politischen als auch ökonomischen Bereich gefunden.

menteneinsatzes bzw. Fragen des kombinierten Einsatzes von Marketinginstrumenten.

Neuerdings ist – vor allem ausgehend von amerikanischen Autoren – eine Tendenz zu beobachten, Analogien zwischen Marketing bzw. strategischem Marketing *und* Kriegführung zu „erkennen" und daraus marketingstrategische Handlungsmuster abzuleiten (etwa *James,* 1984 bzw. 1986; *Ries/Trout,* 1985 bzw. 1986 oder auch *Düro/Sandström,* 1986). Es zeigt sich jedoch bei näherer Betrachtung, daß man hier – jenseits ethischer Vorbehalte – die Parallelen nicht zu weit treiben kann (darf), weil es sich doch jeweils um ganz *unterschiedliche* Entscheidungsfelder handelt. Zudem erweisen sich nicht wenige der Analogien als viel zu formal und inhaltsleer; abgesehen davon, daß u.a. der Bezug auf Lehren *von Clausewitz'* gar nicht mehr dem aktuellen Stand der Militärtheorie entspricht (siehe auch *Vesper,* 1986). Am ehesten lassen sich noch bestimmte Beziehungen hinsichtlich des geographischen Vorgehens bei der Kriegführung und beim strategischen Marketing herstellen; die militärische Theorie handelt vor allem von den strategischen Operationen im Gelände (vgl. hierzu auch die Behandlung der 4. strategischen Ebene: Marktarealstrategien, S. 256 ff.). Ausgangspunkt der Militäranalogien ist ohne Zweifel der in den letzten Jahren – speziell in den USA – gepflegte *wettbewerbs*strategische Ansatz (insbesondere *Porter,* 1980 bzw. 1985). Er erfährt durch die neuen Bezüge jetzt quasi seine „Dramatisierung" (zur Gefahr bzw. Relativierung des wettbewerbsstrategischen Ansatzes siehe im einzelnen auch den Abschnitt über Wettbewerbsstrategien S. 307 bis 310). Zunächst aber wollen wir uns sachlich-inhaltlichen, d.h. ökonomisch bzw. betriebs- und marktwirtschaftlich orientierten Strategiemustern zuwenden.

Bei den im folgenden herausgearbeiteten Marketingstrategien handelt es sich nach unserem Verständnis um ein **Entscheidungsfeld** ganz *spezifischer* Art. Das kann nicht zuletzt daraus abgeleitet werden, daß hier Fragestellungen im Vordergrund stehen, die bisher nicht behandelt oder aber u.E. in *nicht* adäquater Weise mit Fragen des Marketinginstrumentariums vermischt werden. Bevor grundlegende Marketingstrategien inhaltlich herausgearbeitet werden, soll zunächst noch etwas grundsätzlicher auf die Strategiefrage eingegangen werden.

1. Zur Relevanz strategie-orientierter Unternehmensführung überhaupt

Unternehmerisches Handeln ist dem Wesen nach **zweck- oder zielorientiertes Handeln**, d.h. das unternehmerische Verhalten ist auf die Erreichung von Zielen gerichtet. Betrachtet man den Prozeß im Unternehmen oder – wie man auch zu sagen gewohnt ist – den Unternehmensprozeß, so setzt er sich aus einer Vielzahl von Teilstufen bzw. Teilfunktionen zusammen. Sie *alle* müssen einen Teilbeitrag leisten für die Erreichung gesetzter Ziele. Die Problematik der einzelnen funktionalen Leistungsprozesse im Unternehmen besteht darin, daß bereits diese Teilleistungen jeweils das Ergebnis einer **Vielzahl** von Entscheidungen über eine Vielzahl von Instrumenten sind, und zwar sowohl was ihre Art, ihre Intensität als auch ihren zeitlichen und räumlichen Einsatz angeht.

Die Gestaltung des Unternehmensprozesses, in seinen Teilen wie auch als Ganzes, stellt somit eine äußerst *komplexe* Aufgabe dar, die insbesondere darin besteht, eine kaum überblickbare Zahl von Instrumenten zielgerecht einzusetzen. Daraus aber folgt, daß eine **Kanalisierung** aller dieser Entscheidungen bzw. Instrumente auf ein oder mehrere Unternehmensziele hin, ein, wenn nicht überhaupt *das* Zentralproblem der Unternehmensführung schlechthin darstellt.

a) Kanalisierung des Instrumenteneinsatzes

Jede Steuerung des Instrumenteneinsatzes setzt – das ist der entscheidende unternehmenspolitische Ansatzpunkt – die Ableitung und Realisierung von **Strategien** voraus. Insofern kann man auch sagen, daß Strategien ein (Hilfs-)Mittel sind, unternehmerische Entscheidungen bzw. den Mitteleinsatz im Unternehmen zu *kanalisieren*. Ihre Kanalisierungswirkung beruht dabei auf ihrem Richtlinien-Charakter, der in der Vorgabe bestimmter **Handlungsbahnen** besteht. Folgende schematische Abbildungen *(Abb. 61 bis 63)* versuchen diese spezifische Rolle von Strategien zu verdeutlichen. Der Mittelpunkt des Kreises *(Abb. 61)* markiert das Ziel (Zielsystem) des Unternehmens und der Kreis bzw. der ihm zugrundeliegende Radius gibt den Abstand des Unternehmens vom angestrebten Ziel an.

Abb. 61: Die unternehmerische Ausgangslage

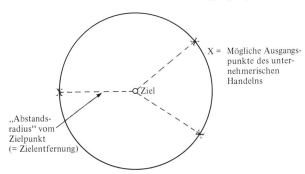

Alle Punkte auf der Kreislinie markieren Ausgangspunkte für die Zielrealisation, d.h. Unternehmen haben in der Regel *mehrere* (viele) unternehmens- und marketingpolitische Ausgangspunkte für das Verfolgen ihrer Ziele. Die Gefahr eines *nicht* strategiegebundenen Vorgehens besteht nun darin, daß ein Unternehmen dann *ohne* strenge Kanalisierung das angestrebte Ziel zu verfolgen sucht. Verzichtet das Unternehmen auf eine bewußte Kanalisierung des unternehmerischen Vorgehens, so führt das in der Regel zu Umwegen, unkoordinierten Mehrfachwegen und/oder auch zum Abbruch von eingeschlagenen und zum anschließenden Betreten neuer Wege, *ohne* daß ein entsprechender **Wirkungstransfer** zwischen mehreren gleichzeitig oder nacheinander eingeschlagenen Wegen erreicht wird *(Abb. 62)*.

Strategie-orientierte Unternehmensführung ist *demgegenüber* dadurch charakterisiert, daß ein Kanal (Route) vorgegeben wird, *in dem* sich der Instrumenteneinsatz im Zeitablauf bis zur endgültigen Zielerreichung schrittweise zu vollziehen hat *(Abb. 63)*.

Abb. 63 soll die **Lenkungsleitung** von Strategien verdeutlichen, die darin besteht, daß Strategien innerhalb eines vorgegebenen Kanals Lösungswege so vorzeichnen, daß ein gesetztes Ziel (Zielsystem) *ohne gravierende* Umwege erreicht wird. Ein derartig definierter Kanal läßt aber zugleich – das zeigt der Verlauf der Strategierealisierung (siehe Pfeil in *Abb. 63*) – auch notwendige *taktische* Spielräume etwa im Hinblick

114   2. Teil: Konzeptionsebene der Marketingsstrategien

Abb. 62: Typische Formen nicht strategie-gebundener Handlungsweisen

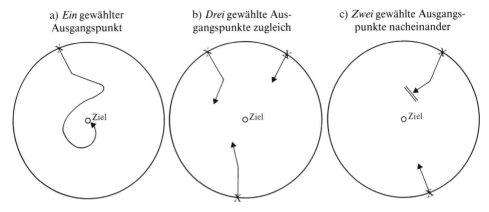

a) *Ein* gewählter Ausgangspunkt

b) *Drei* gewählte Ausgangspunkte zugleich

c) *Zwei* gewählte Ausgangspunkte nacheinander

Die verschiedenen verfolgten Wege markieren:
(a) Umwege („Muddling through")
(b) Unkoordinierte Mehrfachwege
(c) Abbruch und Neubeginn

Abb. 63: Die Lenkungsleistung von Strategien

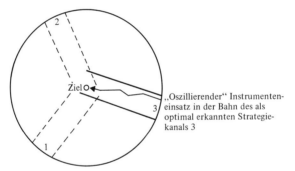

„Oszillierender" Instrumenteneinsatz in der Bahn des als optimal erkannten Strategiekanals 3

Die Ausschnitte 1, 2 und 3 markieren drei verschiedene Strategien, die jeweils innerhalb eines bestimmten strategischen Ausschnittes realisierbar sind, um ein vorgegebenes Ziel zu erreichen.

auf Änderungen der Markt- und/oder Umweltkonstellationen zu, ohne allerdings einen möglichst direkten Weg zum Ziel grundsätzlich zu gefährden. Die Direktheit des Weges steht dabei für eine sowohl schnelle (=zeitlicher Aspekt) als auch wirtschaftliche (=ökonomischer Aspekt) Lösung.

b) Verhältnis und Abgrenzung von Strategie und Taktik

Im vorigen Abschnitt wurde versucht, die spezifische Lenkungsleistung von Strategien herauszuarbeiten. Dabei wurde bereits die taktische Komponente des unternehmerischen Handelns angesprochen. Insofern erscheint es zwingend, im folgen-

I. Wesen und Bedeutung von Marketingstrategien

den Strategie *und* Taktik des Unternehmens näher abzugrenzen. Gerade durch eine **Gegenüberstellung** dieses Begriffspaares kann der Charakter von Strategien differenziert und damit noch deutlicher herausgestellt werden.

Betrachtet man die neuere Marketingliteratur, so gibt es kaum eine Veröffentlichung, die nicht in irgendeinem Zusammenhang auf die Strategiefrage eingeht. Allerdings wird dabei überwiegend nicht oder nur unscharf definiert, was eigentlich unter „Strategie" zu verstehen ist. Der Strategiebegriff ist in der Literatur insbesondere von *Ansoff* im Rahmen der allgemeinen Managementlehre eingeführt worden. Typisch für die Deutung des Strategiebegriffes ist der *Markt- bzw. Umwelt*bezug von Strategien, d.h. Strategien sind speziell auf die Erreichung bestimmter Positionen im Markt gerichtet (*Ansoff,* 1966, S. 125 ff.; *Kotler,* 1977, S. 227 ff. bzw. *Kotler,* 1982, S. 283 ff.; *Hentze/Brose,* 1985, S. 123 ff.). Man kann ihre Funktion insoweit auch darin sehen, Erfolgspotentiale aufzubauen und zu erhalten (*Gälweiler,* 1981, S. 135) bzw. Chancen und Risiken des Unternehmens geplant zu handhaben (*Trux/ Kirsch,* 1979, S. 228). Strategien stellen in diesem Sinne **Grundsatzregelungen** mittel-/ längerfristig geltender Art dar. Strategien sind demnach ihrem Wesen nach „konstante" Vorgaben, Richtlinien oder Leitmaximen, durch welche ein konkreter Aktivitätsrahmen sowie eine bestimmte Stoßrichtung (*Koontz/O'Donnell,* 1976, S. 135 f.; *Hinterhuber,* 1977, S. 24 f.) des unternehmerischen Handelns determiniert wird. Auf diese Weise sind sie ein **zentrales Bindeglied** zwischen den Zielen einerseits und den laufenden operativen Maßnahmen agierender und reagierender Art andererseits.

Jene operativen Maßnahmen stellen zugleich die taktische Seite oder Taktik des unternehmerischen Handelns dar. Die Taktik legt die „Beförderungsmittel" fest, die über die vorgegebene Route (=Strategie) zu den angestrebten Zielen führen sollen (*Kotler,* 1977, S. 367). Sie bestimmt die **laufenden Maßnahmen** innerhalb der kurzen Planperioden (Monat/Jahr) und widmet sich darüber hinaus den täglich auftretenden Problemen. Ein ganz wesentlicher Beitrag des taktischen unternehmerischen Handelns besteht gerade auch in der „Meisterung des Augenblicks" (*Grüneberg,* 1973, S. 74), d.h. also in dem Reagieren auf unerwartete Verhaltensweisen der Konkurrenten, Absatzmittler und/oder Käufer (*Agthe,* 1972, S. 158).

Versucht man, Strategie und Taktik abschließend noch einmal gegenüberzustellen, so können insbesondere *zwei* Unterschiede spezifisch herausgestellt werden, nämlich vor allem sachliche und zeitliche. In der Lehre von der Kriegführung betrifft die Strategie die allgemeine Entwicklungsrichtung eines Heeres, während die Taktik auf das situationsgerechte Verhalten der Truppe auf dem Kampfplatz gerichtet ist (*Kreikebaum,* 1981, S. 22). Überträgt man diese Grundgedanken – soweit sie ganz allgemein systematisches Vorgehen im Hinblick auf die Realisierung von Zielen (Zwecken) schlechthin beschreiben – auf den ökonomischen Bereich (vgl. auch eine entsprechende Adaption in der „Theorie der Spiele", *Neumann/Morgenstern,* 1961), so kann Strategie und Taktik für unsere marketing-analytischen Überlegungen wie folgt *(Abb. 64)* abgegrenzt werden.

Zwischen Strategie und Taktik bestehen jedoch nicht nur grundlegende Beziehungen in der bisher beschriebenen Weise (=Strategie als verbindlicher Handlungsrahmen für laufende operative Entscheidungen), sondern – darauf sei an dieser Stelle

Abb. 64: Vergleich von Strategie und Taktik (auf der Basis grundlegender Merkmale)

Strategie = Grundsatzregelungen (grundlegende Prädispositionen)	**Taktik** = operative Handlungen (laufende Dispositionen)
Merkmale	*Merkmale*
• strukturbestimmend (konstitutiv) • echte (Wahl-)Entscheidungen • mittel-/langfristig orientiert • verzögert bzw. in Stufen wirksam • schwer korrigierbar	• ablaufbestimmend (situativ) • Routineentscheidungen (habituelles Verhalten) • kurzfristig orientiert • „sofort" wirksam • leicht korrigierbar

lediglich hingewiesen – auch **Wechselbeziehungen** in der Weise, daß durch taktische Maßnahmen Strategien nicht nur verfolgt, sondern auch beeinträchtigt, verändert, ja sogar aufgehoben werden können (siehe hierzu auch S. 552 ff.).

2. Besonderheiten des strategischen Marketing-Managements

Der Strategiebegriff wird nicht nur im Marketingbereich, sondern auch in anderen Unternehmensbereichen verwendet. So spricht man u. a. auch von Beschaffungs-, Personal-, Finanzstrategien. Dennoch kann nicht übersehen werden, daß die grundlegenden Unternehmensstrategien („Leitstrategien") in *erster* Linie **Marketingstrategien** sind. Alle anderen Strategien sind in dieser Hinsicht durchweg mehr Folge- bzw. Begleitstrategien.

Wenn man Marketing als die konsequente marktorientierte Führung des gesamten Unternehmens auffaßt – nämlich als eine das Unternehmen als Ganzes erfassende Führungskonzeption – so ist ohne weiteres einsichtig, daß Unternehmensstrategien bei Anwendung dieses Konzepts in erster Linie Marketingstrategien sind oder anders ausgedrückt: Der Marketingsektor im Unternehmen hat, zumindest im „long-run", **Dominanzcharakter**. Im „short-run" gilt andererseits das, was *Gutenberg* mit dem sog. Ausgleichsgesetz der Planung umschreibt, d.h. in der kurzen Sicht hat jener Unternehmensbereich Priorität, der den jeweiligen Engpaß darstellt (*Gutenberg*, I, 1975, S. 163 f.).

Das bedeutet insgesamt, daß die (Absatz-)Marktseite des Unternehmens zwar nicht in jeder kurzfristigen Entscheidungssituation primär das Unternehmensgeschehen bestimmen muß, daß aber Unternehmen, wenn sie auf Dauer existieren wollen – gerade auch angesichts verschärfter Markt- und Wettbewerbsverhältnisse –, das Markthandeln und seine zielgerichtete und konsequente Steuerung in den **Mittelpunkt** ihrer Unternehmenspolitik rücken müssen.

a) Typische Wirkungsmechanismen im Marketing

Die spezifische Bedeutung von Marketingstrategien ist jedoch nicht allein durch die beschriebenen Tatbestände bestimmt, sondern vor allem auch dadurch, daß marketing-strategische Mittel- und Langfristprogramme und ihre konsequente Verfolgung deshalb von besonderer Relevanz sind, weil bestimmte Markt*wirkungen* – wie etwa die Schaffung von Präferenzen über den Aufbau von Image und/oder Bekanntheitsgrad – in der Regel nur über einen *mehrperiodigen* Stufenprozeß (er entspricht den notwendigen Lernprozessen bei den jeweiligen Zielgruppen) realisiert werden können. Der **Strategiefaktor Kontinuität** hat daher im Marketing ganz besonderes Gewicht. Marketingstrategien stellen insofern Leitlinien für den Instrumenteneinsatz (Marketingmix) dar, die dem Grundsatz nach für den *gesamten* Lebenszyklus von Produkten, Programmen und/oder Unternehmen – je nach zugrundeliegender Markenpolitik bzw. gewähltem Markentyp[2] – Gültigkeit haben oder besser gesagt haben müssen.

Gerade Marketingstrategien kommt daher der Charakter ausgesprochener „**Dauerfestlegungen**" zu; ihr *struktur*bestimmender (konstitutiver) Charakter ist damit evident. Es liegt auf der Hand, daß Marketingstrategien aus diesem Grunde *äußerst* sorgfältig und abgesichert erarbeitet werden müssen, wenn sie die notwendige Kanalisierung der eingesetzten Mittel bzw. Instrumente im zielorientierten Unternehmensprozeß auch tatsächlich leisten sollen.

Damit sind bereits grundlegende Probleme der **Strategieableitung** bzw. der Bewertung von Strategien angesprochen. Der langfristige Charakter von Strategien wirft dabei zunächst die Grundsatzfragen von Daten- bzw. Entwicklungsprognosen sowie von Wirkungsprognosen für Strategiealternativen auf. Darüber hinaus ist die eigentliche Bewertung von Strategien nicht allein eine quantitativ-verfahrensmäßige Spezialfrage, sondern vor allem auch eine *qualitative, ganzheitlich* zu orientierende Basisfrage des gesamten Unternehmens. Die Grenze der Rechenhaftigkeit derartiger Problemstellungen wird damit bereits hier sichtbar. Trotz dieser grundsätzlichen Problematik des **strategischen Marketing-Managements** kann kein Zweifel darüber bestehen, daß Unternehmen unter heutigen Markt- und Umweltbedingungen erfolgreich nur noch über eine *konsequente* Strategie-Orientierung geführt werden können.

Das heißt mit anderen Worten, ein entscheidender Erfolgsfaktor der Unternehmen wird mehr und mehr eine ausreichend *mittel-/langfristige* Orientierung des Handelns sein, und zwar nicht zuletzt deshalb, weil Unternehmen nur so eine entsprechende Kompetenz am Markt für sich und ihre Leistungen (Problemlösungen) auf- bzw. ausbauen können (vgl. hierzu auch die Darlegungen zur Strategieevolution auf S.199ff. bzw. S.251ff.). So versuchen z.B. *Hayes* und *Abernathy* nachzuweisen, daß die z.T. deutliche Abnahme der Wettbewerbsfähigkeit amerikanischer Unternehmen gegenüber japanischen und z.T. europäischen Unternehmen ihre Ursache vor allem in einer zu kurzfristigen Marketing- und Unternehmensorientierung ohne ausreichende innovative Technologie-Konzepte hat (*Hayes/Abernathy*, 1980).

Aber auch die Wissenschaft (hier speziell die Marketinglehre) hat immer noch Probleme, sich von einer *einseitig* instrumentalen und damit taktisch-operativen Sicht und Analyse zu lösen. So wird sie in den konzeptionell-strategischen Grundfragen solange nicht richtig vorankommen, solange sie ihre Bereitschaft zur wissenschaftlichen Analyse und Durchdringung in erster Linie *davon abhängig* macht, ob und inwieweit die strategischen Problemstellungen auch

---

[2] Grundsätzliche Markentypalternativen sind: Produkt-(„Mono-")marke, Programm-(„Range-")marke und Programm-(„Company"-)marke. Siehe hierzu im einzelnen auch die Darlegungen zur Markenpolitik auf S.177.

quantifizierbar bzw. sogar über Optimierungsrechnungen lösbar sind. Die Wissenschaft muß u. E. zunächst einmal bereit sein, sich voll der *inhaltlichen Analyse* marketing-strategischer Fragestellungen zu widmen, ehe überhaupt vernünftige (und das heißt vor allem auch praxis-relevante) quantitative Verfahren und Modelle gefunden bzw. abgeleitet werden können (vgl. hierzu auch die noch immer kontroverse wissenschaftliche Diskussion, u. a. *Engelhardt,* 1985; *Wiedmann,* 1985; *Brockhoff,* 1985; *Köhler,* 1985; *Becker,* 1986b oder auch *Simon,* 1986).

Im folgenden sollen nun noch zentrale Fragen der Fristigkeit von Marketingstrategien und ihre Konsequenzen problematisiert werden.

b) Zum Planungshorizont im Marketing

Ein besonderes Problem – gerade auch für Marketingstrategien – stellt der, wie wir es bezeichnen wollen, **Strategiehorizont** dar. Das Problem besteht in der Frage, welchen Bindungszeitraum Strategiefestlegungen überhaupt zu umspannen vermögen.

Ganz allgemein kann der Grundsatz gelten, daß Strategien *nur* Festlegungen für den Zeitraum formulieren können (bzw. sollten), der hinsichtlich der notwendigen Markt- und Umweltinformationen wie auch hinsichtlich der zu erwartenden Strategie-Wirkungen „ausreichend" überblickbar ist (*Koontz/O'Donnell* 1959, S. 87 ff.). Was hierbei als ausreichend zu betrachten ist, kann nicht generell konkretisiert werden, sondern diese grundlegende Frage muß in Abhängigkeit von den *jeweiligen* Marktbedingungen einerseits und den allgemeinen, das Unternehmen bzw. den Markt tangierenden Umweltkonstellationen andererseits gesehen werden.

Generell kann man lediglich sagen, daß Strategiefestlegungen zumindest die nächste, wenn nicht auch die übernächste **Produkt/Markt-Generation** umfassen müssen, wenn Bestand und Wachstum eines Unternehmens langfristig gesichert werden sollen. Besonders deutlich wird der Zwang zu einem solchen Strategiehorizont etwa am Beispiel der Automobilindustrie, für die Entwicklungszeiten für eine neue Modellreihe von vier bis sechs Jahren typisch sind. Der Strategiehorizont würde demnach bei Berücksichtigung der übernächsten Produktgeneration bereits acht bis zwölf Jahre umfassen. Damit werden zugleich auch die **Grenzen** strategischer Bindungen – vor allem auch angesichts unsicherer gesamtwirtschaftlicher Konstellationen (z. B. Konjunktur, Energieversorgung, Umwelt) – deutlich sichtbar.

Gelegentlich wird – gerade auch von Seiten der Unternehmenspraxis – eingewandt, daß Strategiefestlegungen in dem verstandenen Sinne (insbesondere bei weitem Strategiehorizont) Flexibilität und Kreativität im Unternehmen in unvertretbarer Weise beeinträchtigen bzw. einengen. Dazu kann jedoch *folgendes* konstatiert werden:

(1) **Flexibilität und Strategie** sind an sich *keine* Gegensätze. Strategien stecken nämlich Suchfelder („Kanäle") ab, in denen sinnvolle Alternativen auch für situatives Handeln des Unternehmens gefunden werden können, und zwar in der Regel *schneller* als ohne Suchfeldabgrenzung. Strategien erleichtern damit im Gegenteil die Flexibilität des Unternehmens.

(2) Auch **Kreativität und Strategie** sind an sich *keine* Gegensätze. Strategien ermöglichen „gelenkte" Kreativität, deren Vorteil darin besteht, daß die gefundenen kreativen Lösungen auch ziel-strategisch sinnvoll bzw. im Unternehmensrah-

men überhaupt *realisierbar* sind. Kreativität bzw. die durch sie gefundenen Problemlösungen haben – das zeigen viele Beispiele in der Praxis – vor allem dann die größten Erfolgschancen, wenn sie strategisch kanalisiert sind.

Strategien haben insoweit nicht den restriktiv-einengenden Charakter, der ihnen häufig unterstellt wird, sondern sie ermöglichen vielmehr erst vernünftige, innovative Rasterungen des unternehmerischen Handelns. „The conditions of most businesses change so fast that strategic management is the only way to anticipate future problems and opportunities (*Glueck,* 1980, S. 16). Klare, zukunftsorientierte Strategien auf der Basis entsprechender Potentialanalysen und Prognosen[3] erlauben, in einem *frühen* Stadium sich abzeichnender Markt- und Umweltveränderungen die **Weichen** für ein effektives Marketing- und Unternehmensmanagement zu stellen. *Glueck* führt in diesem Zusammenhang elf empirische Studien an (u.a. die *Ansoff*-Studie, die *Hegarty*-Analyse, das *PIMS*-Projekt), die – wenn auch auf unterschiedliche Weise – nachweisen, „that businesses which perform strategic management are more effective than those which do not, and their employees are more satisfied" (*Glueck,* 1980, S. 17).

3. Die Beziehungen zwischen Marketingzielen, Marketingstrategien und Marketingmix

In den vorangegangen einleitenden Ausführungen kam es uns vor allem darauf an, das **Wesen** strategie-orientierten Marketings näher herauszuarbeiten. Strategien wurden dabei ganz allgemein als Grundsatzregelungen erkannt, durch die ein konkreter Aktivitätsrahmen (Kanal) sowie eine bestimmte Ausrichtung des unternehmerischen Handelns definiert wird.

Hier sollen nun noch die grundlegenden Beziehungen zwischen Marketingzielen, Marketingstrategien und Marketingmix skizziert werden. Während Ziele quasi **Wunschorte** bzw. Zustände beschreiben (*Ansoff,* 1966, S. 47 ff.) und damit die Frage des „Was" bzw. „Wohin" konkretisieren (*Kotler,* 1977, S. 367), determinieren Strategien die Frage des „Wie" im Sinne der einzuschlagenden **Route** (*Kotler,* 1977, S. 227 bzw. S. 367), des „roten Fadens" (*Ansoff,* 1966, S. 126) oder der „großen Linie" (*Nieschlag/Dichtl/Hörschgen,* 1972, S. 72). Der Mix legt andererseits die „**Beförderungsmittel**" (*Kotler,* 1977, S. 367) fest, die über die fixierte Route zum „Zielort" (i. S. von gewünschten Stadien oder Zuständen) führen. Während Strategien den Handlungsrahmen strukturieren, legt der Mix den eigentlichen Handlungsprozeß fest. Der Marketingmix kann insoweit auch als die taktische Komponente der Strategie aufgefaßt werden (*Kotler,* 1982, S. 261) bzw. deren operative Umsetzung.

Konzeptionelles Vorgehen im Marketing ist also dadurch gekennzeichnet, daß auf **drei grundlegenden Ebenen** interdependente Festlegungen getroffen werden müssen. Das soll anhand von *Abb. 65* verdeutlicht werden.

---

[3] Vgl. hierzu auch die Darlegungen zur strategischen Diagnose bzw. zu Potentialanalysen und Prognosen auf S. 326 ff. bzw. S. 378 ff.

2. Teil: Konzeptionsebene der Marketingsstrategien

Abb. 65: Inhalte und Charakteristika von Marketing-Konzeptionen

Konzeptionsebenen	„Bildliche Entsprechung"
1. Marketingziele →	Wunschort(e)
2. Marketingstrategien →	Route
3. Marketingmix →	Beförderungsmittel
	Fahrplan im Sinne von schlüssigen Handlungsanweisungen (= *Marketing-Konzeption*)

Damit ist noch einmal die – wie wir sie im bildlichen Sinne kennzeichnen wollen – **Fahrplanfunktion** der Marketing-Konzeption für das unternehmerische Handeln insgesamt herausgearbeitet. Zugleich ist aber auch die *zentrale* Lenkungs- oder Kanalisierungsfunktion von Strategien nochmals erkennbar. Wir können in diesem Sinne auch von einer grundlegenden **Scharnierfunktion** der Strategien im Rahmen marketing-konzeptionellen Vorgehens sprechen. Das wird besonders sichtbar, wenn wir die Pyramidendarstellung aus dem 1. Teil des Buches zur Konzeptionsebene der Marketingziele aufgreifen (siehe hierzu S. 27). Der Aufbau von Marketing-Konzeptionen stellt sich dann wie folgt dar *(Abb. 66).*

Abb. 66: Aufbau und Schichtung von Marketing-Konzeptionen

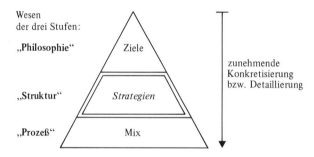

Während die Ziele als übergeordnete „Philosophie" des Unternehmens aufgefaßt werden können, stellen die Strategien strukturierende Maßnahmen (Kanalisierungen) dar, innerhalb derer sich der Mix als laufender, operativer Prozeß abspielt.

In der allgemeinen *Planungsliteratur* werden z.T. *drei* Ebenen der Planung unterschieden, nämlich (*Wild,* 1974, S. 166 ff.): die strategische Planung (langfristig), die taktische Planung (mittelfristig) und die operative Planung (kurzfristig). Ähnlich gliedert auch *Koch* das Planungssystem; er bezeichnet allerdings die mittelfristige Planung als operativ und die kurzfristige als taktisch (*Koch,* 1977, S. 47 ff.).

Dieser differenzierende Aufbau der Unternehmensplanung unterstellt dabei vor allem Großunternehmen mit verselbständigten Divisions (Geschäftsbereichen), für die eine derartige Abstufung der Planung sinnvoll sein kann, wenngleich die Abgrenzung der drei Stufen *nicht* eindeutig ist (*Koch,* 1977, S. 48 ff.). Sie wird daher auch als *eine* Möglichkeit der mehrstufigen Planung, nicht jedoch als verbindliches Planungsmuster erklärt (*Wild,* 1974, S. 170).

Die *besondere* Bedeutung von Strategien im Rahmen von umfassenden Handlungsanweisungen oder Konzeptionen wird auch daraus deutlich, daß die Unternehmen in der Praxis die Zielebene vielfach nicht hinreichend operationalisieren (können), so daß dann Strategien zum Teil als „**Zielersatz**" fungieren. Man orientiert sich dabei an Strategien bzw. legt solche fest, von denen man glaubt, daß sie in den „Hof" prinzipiell angestrebter Ziele münden (*ohne,* daß die genaue Position oder Stelle im Zielhof fixiert ist, vgl. hierzu auch *Abb. 67*).

Abb. 67: Strategien als Zielersatz bei nicht operationalisierten Absichten

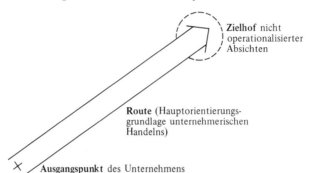

Es hat den Anschein, als ob in der Realität *viel mehr* Unternehmen Strategien als Zielersatz verwenden als gemeinhin angenommen. Jedenfalls ist es immer wieder frappierend, bei vielen Unternehmen zu entdecken, daß sie keine operationalen Ziele definiert haben (außer der Forderung bzw. dem Anspruch, etwa einen Gewinn wie bisher und/oder einen um x%höheren Umsatz als im Vorjahr zu erzielen).

Damit soll *nicht* zum Ausdruck gebracht werden, daß eine operationale Zielbildung bzw. eine geschlossene Zielhierarchie als wesentliches Koordinations- und Kontrollinstrument im Unternehmen *verzichtbar* ist, sondern es soll lediglich festgestellt werden, daß Strategien eine bestimmte Ersatzfunktion für Ziele übernehmen können, weil auf diese Weise zumindest eine **bestimmte Kanalisierung** der laufenden operativen Maßnahmen („Taktik") sichergestellt werden kann.

II. Arten und Ausprägungen von Marketingstrategien

Nachdem Wesen und Notwendigkeit eines strategischen Marketing-Managements herausgearbeitet worden sind, soll nun den konkreten Erscheinungsformen von Strategien im einzelnen nachgegangen werden. Ein gravierendes Problem besteht dabei in der **Vielfalt strategischer Formen** (Optionen), so daß es schwerfällt, ein möglichst in sich geschlossenes System von Marketingstrategien zu entwickeln. Soweit wir sehen, gibt es bisher keine voll befriedigende Lösung dieses Systematisierungsproblems (vgl. Ansätze etwa bei *Hesse,* 1976, S. 109 f.; *Hoffmann/Wolff,* 1977, S. 166 ff.; *Hofer/Schendel,* 1978, S. 159 f.; *Porter,* 1980, S. 34 ff.; *Kotler,* 1982, S. 283 ff.; *Aaker,* 1984, S. 209 ff.; *Hax/Majluf,* 1988, S. 39 ff.).

In der Literatur hat man bislang durchweg sehr „einfache" Wege gewählt, um dieses Systematisierungsproblem zu lösen: *entweder* werden (Marketing-)Strategien als reine Globalstrategien in stark formalistischer Weise beschrieben (typisch sind hierfür etwa Beiträge zur Unternehmens- bzw. Marketingplanung, z. B. *Koch,* 1977, S. 68 ff.; *Pümpin,* 1970, S. 76 ff.) *oder* aber Marketingstrategien werden hauptsächlich im Sinne von Instrumentalstrategien für einzelne Ausschnitte des Marketinginstrumentariums (damit aber Vermischung von Marketingstrategie(n) und Marketingmix!) beschrieben, wie es vor allem für die amerikanische Marketingliteratur typisch ist (vgl. hierzu etwa *Bell,* 1972, S. 611 ff.; *Kollat/Blackwell/Robeson,* 1972, S. 82 ff.; *Boyd/Massy,* 1972, S. 271 ff.; *Cundiff/Still,* 1971, S. 229 ff. sowie *Cravens,* 1987; *Jain,* 1985; *Guiltinan/Paul,* 1985). In der deutschsprachigen Marketingliteratur hat der Strategieaspekt bisher noch nicht ausreichend Berücksichtigung gefunden (spezielle Aspekte finden sich etwa bei *Tietz,* 1978, S. 319 ff., ansonsten wird meistens bei den *Ansoff*'schen Strategierichtungen angeknüpft, z. B. *Sabel,* 1974, Sp. 80; *Hesse,* 1976, S. 109 ff.; *Meffert,* 1980, S. 36 f. oder es wird neuerdings stärker auch auf strategische Unterscheidungen *Porters* (*Porter* 1980 bzw. 1985) zurückgegriffen (siehe etwa *Meffert,* 1986 a, S. 105 ff.), ohne daß diese (wettbewerbs-)strategischen Ansätze wissenschaftlich voll befriedigen (*Simon,* 1986, S. 209)). Differenziertere Strategieansätze wählen neuerdings *Ahlert,* 1988 bzw. *Haedrich/Tomczak,* 1990.

Ziel der folgenden Überlegungen und Schlußfolgerungen ist es deshalb, den Strategieansatz im Marketing zum einen möglichst eindeutig *vom* Marketingmix als der grundsätzlich nachgelagerten Prozeßstufe zu trennen *und* zum anderen die Strategieformen möglichst *differenziert* herauszuarbeiten. Ausgangspunkt ist dabei, daß angestrebte Marktwirkungen in der Regel nicht das Ergebnis einzelner Marketinginstrumente, sondern Resultat einer strategie-orientierten und damit kanalisierten Kombination *mehrerer* (vieler) Instrumente sind. Der **Strategieansatz** bestimmt dabei Art, Richtung, Intensität sowie Gewichtung des Instrumenteneinsatzes.

Ausgehend von diesen Überlegungen bzw. der bisherigen, eher fragmentarischen Behandlung dieser Thematik werden im folgenden **vier grundlegende Arten** (Optionen) von Marketingstrategien herausgearbeitet, problematisiert und weitgehend exemplifiziert, und zwar:

(1) **Marktfeldstrategien,**
(2) **Marktstimulierungsstrategien,**
(3) **Marktparzellierungsstrategien,**
(4) **Marktarealstrategien.**

Während Marktfeldstrategien in erster Linie die Strategierichtung in bezug auf alternative Produkt/Markt-Kombinationen (Marktfelder) eines Unternehmens determinieren, legen Marktstimulierungsstrategien die Art und Weise der Einwirkung auf den Markt fest. Marktparzellierungsstrategien andererseits definieren Art bzw. Grad der Differenzierung der Marktbearbeitung, während Marktarealstrategien auf die Festlegung des Markt- bzw. Absatzraumes gerichtet sind. *Abb. 68* macht dieses **strategische Grundraster** noch einmal transparent.

II. Arten und Ausprägungen von Marketingstrategien 123

Abb. 68: Marketingstrategisches Grundraster

Vier Strategieebenen	Art der strategischen Festlegung
Marktfeldstrategien:	Fixierung der Produkt/Markt-Kombination(en)
Marktstimulierungsstrategien:	Bestimmung der Art und Weise der Marktbeeinflussung
Marktparzellierungsstrategien:	Festlegung von Art bzw. Grad der Differenzierung der Marktbearbeitung
Marktarealstrategien:	Bestimmung des Markt- bzw. Absatzraumes

Jede dieser einzelnen Strategieebenen ist jeweils durch verschiedene **Ausprägungsformen** charakterisiert, auf die im einzelnen eingegangen wird. Auf diese Weise glauben wir, die Facetten marketing-strategischen Operierens adäquat einfangen zu können, zumindest was *materiell-inhaltliche* Fragen angeht. Im Anschluß an die mehr isolierende Behandlungsweise der vier grundlegenden Strategieebenen (strategischen Optionen) wird außerdem dargelegt, wie aus einzelnen strategischen Komponenten ein umfassendes marketing-strategisches Gesamtkonzept entsteht (= gesamtstrategische Konfiguration).

1. Marktfeldstrategien

Während Ziele Aussagen darüber machen, was Unternehmen im Sinne erstrebter Zustände erreichen wollen, stellen Strategien – das soll zum besseren Verständnis noch einmal vorausgeschickt werden – umfassende Entwürfe der zur Zielerreichung notwendigen Basisschritte bzw. des hierfür notwendigen „roten Fadens" dar (*Kotler,* 1977, S.227 bzw. *Ansoff,* 1966, S.126f.). Was die jeweiligen strategischen Anknüpfungspunkte für die Zielerreichung des Unternehmens angeht, so gibt es, wie herausgearbeitet, insgesamt vier grundlegende marketing-politische Ansatzebenen. Eine zentrale Ansatzebene des Unternehmens besteht dabei zunächst in der **Fixierung des Leistungsprogramms**[1] bzw. seiner konkreten Ausrichtungsdimension(en).

Die hier generell möglichen Strategierichtungen lassen sich durch vier grundlegende **Produkt/Markt-Kombinationen** (Marktfelder) beschreiben *(Abb. 69).* Jedes Unternehmen muß dabei eine Entscheidung über die Wahl einer oder mehrerer dieser auch als Wachstumsvektoren (*Ansoff,* 1966, S.132) bezeichneten Basiskombinationen treffen (siehe hierzu auch *Hentze/Brose,* 1985, S.140ff.).

Kein Unternehmen kommt um eine prinzipielle Entscheidung hinsichtlich des oder der zu wählenden Marktfelder herum (vgl. Abb.69); denn *alle anderen* strategischen Festlegungen bzw. strategischen Alternativen knüpfen an diesen Produkt/Markt-Entscheidungen an, *setzen* sie mit anderen Worten also *voraus*.

---

[1] Dieser zentrale Programm-Ansatz bei der Strategiewahl entspricht übrigens dem *produkt*analytischen Vorgehen bei der Mixgestaltung (= 3. Konzeptionsebene, siehe hierzu auch S.473ff.).

Abb. 69: *Die vier grundlegenden marktfeld-strategischen Optionen des Unternehmens*

Produkte \ Märkte	gegenwärtig	neu
gegenwärtig	Marktdurchdringung*	Marktentwicklung
neu	Produktentwicklung	Diversifikation

* = marketing-strategische Urzelle jedes Unternehmens

Typisch für die Produkt/Markt-Entscheidung ist, daß sowohl einzelne oder auch mehrere dieser Marktfelder besetzt werden können, und zwar sowohl gleichzeitig als auch in einer bestimmten Abfolge. Viele Unternehmen - zumal in wettbewerbsintensiven Märkten - entscheiden sich für mehrere der aufgezeigten Produkt/Markt-Kombinationen (Marktfelder). Grundsätzlich kann gesagt werden, daß, je *älter* ein Unternehmen ist, es umso *stärker* dazu tendiert bzw. aufgrund der Ausschöpfung bestehender Marktpotentiale dazu gezwungen ist, mehrere dieser Felder zu besetzen:

(1) **Marktdurchdringung** = gegenwärtiges Produkt im gegenwärtigen Markt,
(2) **Marktentwicklung** = gegenwärtiges Produkt in einem neuen Markt,
(3) **Produktentwicklung** = neues Produkt in gegenwärtigem Markt,
(4) **Diversifikation** = neues Produkt in einem neuen Markt.

Während bei den ersten drei Produkt/Markt-Kombinationen die **strategischen Gemeinsamkeiten** noch deutlich erkennbar sind - denn bei ihnen sind gemeinsame Vertriebsmethoden und/oder Herstellprozesse gegeben - ist bei der vierten strategischen Alternative (= Diversifikation) die „gemeinsame Linie" *weniger* deutlich und „in der Regel schwächer als bei den ersten drei Alternativen" *(Ansoff,* 1966, S. 132).

Ansoff und die Adopter seiner strategischen Überlegungen haben das *marktfeld-strategische Vorgehen* (= Bestimmung der Produkt/Markt-Kombinationen) durchweg unter dem Aspekt wachstumspolitischen Agierens gesehen. Jene Produkt/Markt-Alternativen besitzen jedoch auch analoge Relevanz bei *schrumpfendem* Absatz *(Hahn,* 1981, S. 1085 ff.). Diesen Ansatz wollen wir hier zwar im einzelnen nicht weiterverfolgen, verweisen jedoch auf eine grundsätzlich verwandte Thematik - nämlich Marketing in der Rezession -, auf die wir bei der Behandlung des Marketingmix detailliert eingehen (siehe hierzu S. 527 ff.). Das dargestellte *Ansoff*-Schema *(Abb. 69),* dem vier grundlegende Marktfelder zugrundeliegen, hat in der Literatur zum Teil *Modifikationen* erfahren im Sinne einer weitergehenden Differenzierung möglicher Produkt/Markt-Kombinationen *(Kollat/Blackwell/Robeson,* 1972, S. 21 f.; *Scheuing,* 1972, S. 29 f.; *Cundiff/Still,* 1971, S. 229 f.; *Hinterhuber,* 1977, S. 221). Diese Modifikationen beruhen in erster Linie auf einer feineren Abstufung der Produktebene. So werden hier beispielsweise statt der üblichen zwei Ebenen *(Ansoff,* 1966) *vier* verschiedene unterschieden *(Kollat/Blackwell/Robeson,* 1972, S. 21 f.): gegenwärtige Produkte, Verbesserungen gegenwärtiger Produkte, neue Produkte mit verwandter Technologie (hierbei wiederum zwei Unterfälle) und neue Produkte mit nicht verwandter Technologie. Aufgrund der erheblichen Abgrenzungsprobleme bei dieser vierfachen Differenzierung knüpfen wir deshalb im folgenden *bewußt* an dem „einfachen" Basisschema von *Ansoff* an.

Neuerdings hat *Abell* einen interessanten Ansatz zur strategischen Ausrichtung des Unternehmens vorgelegt. Er unterscheidet dabei *drei Betrachtungsebenen (Abell,* 1980, S. 17, S. 29 ff. bzw. 169 ff.):

- Anvisierte Abnehmergruppe,
- Arten der Funktionserfüllung,
- eingesetzte Technologien.

Dieser Ansatz zielt jedoch bereits auf einen strategischen Bereich *„höherer Ordnung"*, nämlich auf die marketing-politischen Möglichkeiten der Segmentierung bzw. Positionierung (siehe hierzu die Darlegungen auf S. 242 f.)

Die strategischen Inhalte der *vier* unterschiedenen Marktfelder im Sinne *Ansoffs* sollen nun im folgenden näher charakterisiert und problematisiert werden.

a) Marktdurchdringungsstrategie

Die Strategie der Marktdurchdringung („Marktpenetration") ist dadurch gekennzeichnet (vgl. *Abb. 69*), daß ein erhöhter Einsatz gegenwärtiger Produkte auf gegenwärtigen Märkten angestrebt wird. Sie ist die **„natürlichste" Strategierichtung** des Unternehmens; denn sie knüpft am noch *latenten* Potential des oder der bisherigen Produkte bzw. des bisherigen Marktes an. Auch das weniger strategiebewußte Unternehmen wird versuchen, aus dem bestehenden Produkt im bestehenden Markt noch mehr zu machen. Dieses „Mehr" zielt auf Erhöhung der Absatzmengen und/oder Marktanteile und damit verbundene Ertragsverbesserungen. Die mit dieser Strategie erstrebten bzw. vielfach auch realisierten Ertragsverbesserungen beruhen dabei im wesentlichen auf **zwei Effekten:**

- Mit steigendem Marktanteil wächst der Einfluß auf die **Preisbildung,** und zwar in bezug auf die Preishöhe sowie die Preisstabilität.
- Mit steigendem Marktanteil bzw. steigender Absatzmenge sinken die **Stückkosten** im Sinne der sog. Erfahrungskurve (siehe hierzu auch S. 335 ff.).

Die Ausschöpfung des gegenwärtigen Marktes mit gegenwärtigen Produkten kann dabei auf *folgende* Weise erreicht werden (siehe hierzu auch *Kotler,* 1982, S. 76 f.; *Aaker,* 1984, S. 231 ff.):

(1) Erhöhung (Intensivierung) der Produktverwendung bei **bestehenden Kunden,** u. a. durch
  - Konsumsteigerung durch Verbesserung des Produktes (Produktmodifikation, z. B. mildere Waschsubstanzen für „Jeden-Tag-Haarshampoos"),
  - Beschleunigung des Ersatzbedarfs (etwa durch künstliche Obsoleszenz, z. B. Mode bei Oberbekleidung),
  - Vergrößerung der Verkaufseinheit (z. B. Familienflasche bei alkoholfreien Erfrischungsgetränken),
  - Erhöhung der Distribution (Schließen von Distributionslücken und/oder Erhöhung der Bevorratung im Handel),
  - Verstärkung von Werbung und/oder Verkaufsförderung (Promotions).

(2) Gewinnung neuer Kunden für das bestehende Produkt durch Abwerbung von Kunden der Konkurrenz, u. a. durch
  - Verbesserung des Produkts (Angleichung an präferierte Konkurrenzprodukte bzw. „Einbau" von Zusatznutzen),
  - Modifikation der Produktauslobung (z. B. zusätzliche Informationen/Argumente),

- Konkurrenzorientierte Preisstellung (entsprechende Preisreduktion oder -anhebung).

(3) Gewinnung bisheriger Nichtverwender der Produktgattung, u. a. durch
- Degustation bzw. Produktproben-Verteilung,
- Einschaltung neuer bzw. Verstärkung bisher vernachlässigter Absatzkanäle,
- Berücksichtigung von Preisschwellen (evtl. Schaffung eines Einstiegsprodukts und/oder Anwendung der Preisdifferenzierung).

Diese Beispiele einzelner strategischer Ansatzpunkte zeigen, daß Unternehmen **latente Potentiale** für bestehende Produkte in bestehenden Märkten grundsätzlich auf drei verschiedenen Basiswegen ausschöpfen können:

- **Intensivierung des Konsums bei Stammverbrauchern,**
- **Abwerbung von Kunden der Konkurrenz,**
- **Gewinnung von Nicht-Verwendern.**

Marketing-strategisch können Unternehmen an den genannten Ansatzpunkten isoliert anknüpfen (z. B. Wahl einer der strategischen Varianten) oder aber diese Varianten auch bewußt *kombiniert* einsetzen. Das kombinative Vorgehen ist dabei umsomehr angezeigt, je mehr das Potential eines Marktes bereits ausgeschöpft ist. Im übrigen lassen sich viele marketing-politische Maßnahmen gar nicht so eindeutig auf eine Ansatzebene zentrieren. Viele der gewählten Maßnahmen haben in diesem Sinne – gewollt oder auch ungewollt – **flächigen Charakter**, d. h. sie sind z. B. geeignet, sowohl Stammverbraucher im Konsum zu bestätigen bzw. sie zu einem Mehrkonsum zu aktivieren als auch bisherige Nicht-Verwender zu gewinnen.

Das soll an einem Beispiel näher verdeutlicht werden. Wenn etwa *Pfanni* – als Pionier von Kartoffel-Convenienceprodukten – für die „Feinen Klöße" die zentrale Botschaft wählte

„Die Feinen Klöße schmecken wie frisch gerieben.
Ist das nicht Pfanni."

und mit dem Abbinder abschließt

„Aus Liebe zum Essen. *Pfanni"* (mit Markenlogo),

so wenden sich diese Aussagen zum einen an bisherige *Nicht-Verwender* (hier Abbau von Vorurteilen wie „schmeckt nicht so gut wie selbst gemacht"). Zum anderen enthalten sie aber auch wichtige Elemente zur Konsumintensivierung bei *Stammverbrauchern*. Der kompetente Auftritt in Aussage und Optik ist darüber hinaus aber auch darauf gerichtet, (unzufriedene) Verwender von Konkurrenzprodukten, also *Kunden der Konkurrenz,* abzuwerben.

In dieser Hinsicht lassen sich viele Beispiele kombinativer Werbeansprachen in der Marketingpraxis nachweisen. Analoge Effekte können im übrigen auch von anderen Marketingmaßnahmen (wie etwa distributiver Art, z. B. Erweiterungen in der Absatzmittler-Selektion) ausgehen. Es gibt sogesehen ein *vielfältiges* Instrumentarium, das strategisch im Sinne der Marktdurchdringungsstrategie eingesetzt werden kann.

b) Marktentwicklungsstrategie

Die Strategie der Marktentwicklung fußt auf dem Prinzip, für bereits existierende Produkte einen oder mehrere *neue* Märkte zu finden bzw. zu entwickeln (vgl.

Abb. 69, S. 124). Sie ist insofern eine **naheliegende Strategie,** als hier versucht wird, die bisherigen Marktgrenzen für ein oder mehrere bestehende Produkte aufzubrechen.

Die Strategie besteht im Grunde darin, ein bestehendes Produkt auch in anderen, bisher nicht genutzten Märkten zu „melken". Vielfach handelt es sich hierbei um bisher nicht gesehene bzw. nicht bearbeitete **Arrondierungsmärkte** eines Gesamtmarktes.

Die Vermarktung bestehender Produkte in neuen Märkten kann dabei auf verschiedene Art und Weise realisiert werden (ähnlich *Kotler,* 1982, S. 77; *Scheuing,* 1972, S. 34 f.). Insgesamt sind *drei* Anknüpfungsfelder typisch für eine Strategie der Marktentwicklung:

(1) **Erschließung zusätzlicher Markträume** (= gebietliche Arrondierungsmärkte),
   - regionale Arrondierung,
   - überregionale Arrondierung,
   - nationale Arrondierung.

(2) **Eindringen in Zusatzmärkte** (= gezielte „Funktionserweiterungen" für bestehende Produkte),
   - Erweiterung der Produkteignung (etwa neben Selbstverzehrs- auch Geschenkeignung oder umgekehrt, z. B. bei Pralinen),
   - Schaffung neuer Anwendungsbereiche (z. B. gezielte Suche zusätzlicher Einsatzfelder für ein Produkt[2]),
   - Ermöglichung neuer Einsatzfelder (u. a. durch spezielle Service- und/oder Garantieleistungen für bestehende Produkte).

(3) **Erschließung neuer Teilmärkte** (= neue Abnehmer, die sich von den bisherigen Kunden in bestimmten Merkmalen unterscheiden),
   - Schaffung differenzierter, abnehmer-spezifischer Produkte etwa über geeignete Produktvariation[3] (ggf. auch Packungsvariation),
   - Einschaltung abnehmer-spezifischer Absatzwege (z. B. sog. Nachbarschaftsläden für Klein- oder Cash-und-Carry-Betriebe für Großverbraucher),
   - Werbung in abnehmer-spezifischen Medien (bzw. geeignete Ansprachformen im Sinne „psychologischer" Produktdifferenzierung).

Die aufgezeigten Anknüpfungspunkte verdeutlichen, daß Unternehmen für bestehende Produkte **zusätzliche Potentiale** in neuen (Teil-)Märkten bzw. Marktabschnitten mobilisieren können, und zwar über *folgende* Ansatzpunkte:

- **Marktraum-Ansatzpunkt,**
- **Zusatzmarkt-Ansatzpunkt,**
- **Teilmarkt-Ansatzpunkt.**

Bei diesen drei grundsätzlichen Ansatzpunkten handelt es sich um ergänzende bzw. besser: *arrondierende,* sich nach wie vor hauptsächlich auf die Marktdurchdringung (= strategische Urzelle!) stützende Strategie. Bei den drei angeführten Grundmu-

---

[2] Vgl. hierzu etwa die Weiterentwicklung eines saisonalen Schokoladen-Ostereis zum ganzjährigen „Überraschungsei" *(Ferrero).*
[3] Siehe z. B. die Variation von Erlebnisreisen zu „Belohnungsreisen" für erfolgreiche Mitarbeiter einer Vertriebsorganisation (Incentive-Reisen von Reiseveranstaltern).

stern einer so verstandenen Ergänzungsstrategie werden bereits bestimmte Bezüge (Nahtstellen) zu Strategien eigener Art wie Marktparzellierungsstrategien oder auch Marktarealstrategien sichtbar. Während der marktentwicklungs-strategische Ansatz im Rahmen der 1. Strategieebene also mehr den Charakter eines **strategischen Zusatznutzens** („Mitnahmestrategie") hat, sind Marktparzellierungs- und Marktarealstrategien (=3. und 4. Strategieebene, vgl. S. 214 ff. bzw. S. 256 ff.) zentrale Basisstrategien mit eigenständigen, differenzierten Handlungsmustern. Die Erschließung zusätzlicher räumlicher Märkte (1) wie auch die Erschließung neuer Teilmärkte (3) stellen insoweit aber bereits bestimmte „primitive" Vorstufen der Marktareal- bzw. Marktparzellierungs- (speziell Segmentierungs-)strategien dar.

Diese Strategieansätze sind vor allem für solche Unternehmen *geboten*, die auf dem traditionellen Markt eine nicht mehr ausbaufähige Marktposition erreicht haben und/oder mit Nachfragerückgängen aufgrund eines fortgeschrittenen Produktlebenszyklus rechnen müssen (*Zahn*, 1971, S. 56).

Was die Realisierungsformen von Strategien der Marktentwicklung angeht, so gibt es hier eine ganze Reihe von Möglichkeiten. Sie laufen alle auf ein **„Market stretching"** (*Kollat/Blackwell/Robeson*, 1972, S. 219 f.) hinaus, und zwar insbesondere über *zwei* Operationsebenen:

New uses (= neue *Verwendungszwecke* für bestehende Produkte, also bestimmte Funktionserweiterungen), vgl. auch Zusatzmarkt-Ansatzpunkt;

New users (= neue *Verwender* für bestehende Produkte, also bestimmte Abnehmererweiterungen), vgl. auch Teilmarkt-Ansatzpunkt.

Für den Ansatz *Finden neuer Verwendungszwecke* („new uses") kann etwa das Beispiel des Fruchtsaftherstellers *Granini* aufgeführt werden. Nachdem *Granini* seine Nektare im Markt erfolgreich und nachhaltig eingeführt hatte (ursprünglich *Granini* „Trink-Frucht", später „Trink-Genuß" = Umpositionierung), traten allmählich Sättigungserscheinungen auf. *Granini* hat seinerzeit versucht, das Marktpotential für Nektare durch Auslobung *neuer Anwendungsbereiche* zu erweitern, z. B. die Verwendung als Fruchtsoße oder auch als „Backhilfsmittel". Diese propagierte Anwendungserweiterung erfolgte dabei auf der Basis eines *unveränderten* Produkts.

Neue Anwendungsbereiche haben beispielsweise auch *Papierwarenhersteller* für ein klassisches Produkt, nämlich das Papiertaschentuch, zu finden gesucht. Auf der Basis dieses Produkts (bzw. bestimmter Varianten in differenzierten Verpackungen) hat man ein ganzes Bündel von neuen Anwendungsbereichen erschlossen: Kosmetik-, Allzweck- oder auch Babybereich (z. B. *Kimberley-Clark*). Freilich werden bei diesem zuletzt genannten Beispiel bereits bestimmte *Übergänge* auch zur Produktentwicklung erkennbar.

Was das *Finden neuer Verwender* („new users") angeht, so gibt es auch hierfür vielfältige Beispiele. So haben etwa die *Allgäuer Alpenmilchwerke* mit der Schaffung der Kleindose bei Dosenmilch neue Konsumentengruppen für dieses Produkt erschlossen (u. a. Berufstätige am Arbeitsplatz, die dort über keine Kühlungsmöglichkeiten verfügen, und in der Regel nicht bereit sind, eine Normaldose für ihren Arbeitsplatz zu kaufen, weil eine geöffnete Dose nur sehr begrenzt haltbar ist). Darüber hinaus hat man mit diesem Gebinde Ein-Personen-Haushalte spezifischer angesprochen. Die Tatsache, daß durch eine *Packungsgrößenvariation* neue Verbrauchergruppen erschlossen wurden, ist nicht zuletzt daraus ablesbar, daß nach und nach alle wichtigen Konkurrenten auf dem Dosenmilchmarkt dem Beispiel von *„Bärenmarke" (Allgäuer Alpenmilchwerke)* gefolgt sind.

Ein weiteres interessantes Beispiel für das Erschließen neuer Abnehmer bietet der Markt für *Elektrowerkzeuge* (Bohr-, Schleifmaschinen usw.). Dieser Markt, der von der Firma *Fein*, Stutt-

II. Arten und Ausprägungen von Marketingstrategien

gart, entdeckt und gestaltet worden ist, war usprünglich ein reiner Profi-Markt (d. h. als Zielgruppen wurden ausschließlich gewerbliche Verwender erkannt). Im Zuge der Entwicklung des Hobby-Marktes haben dann die großen Elektrogerätehersteller wie *AEG* und *Bosch* oder auch der große amerikanische Anbieter *Black & Decker* spezielle (d. h. vereinfachte, preiswertere) Elektrowerkzeuge für den Hobbymarkt entwickelt. Dieser Markt hat sich zunehmend ausgeweitet; er umfaßt heute mehr als die Hälfte des Gesamtmarktes. Inzwischen sind die Hersteller von „Hobby-Elektrowerkzeugen" verstärkt dazu übergegangen, auch in den *Profi-Markt* einzudringen und damit für sie neue Abnehmer zu erschließen, während dem speziellen Anbieter von „Profi-Geräten" (*Fein*, Stuttgart) der Weg umgekehrt in den Hobbymarkt – aufgrund des Konstruktions- bzw. Qualitätsstandards und dadurch bedingten überdurchschnittlichen Preisen – weitgehend verwehrt ist (zumindest mit dem bestehenden Programm). Das Beispiel zeigt also, daß eine Marktentwicklung im Sinne der Gewinnung neuer Verwender *nicht* immer von allen *Marktausgangspunkten* möglich ist. *Abb. 70* verdeutlicht diese Zusammenhänge.

Abb. 70: Markt der Elektrowerkzeuge und seine Veränderungen

Ausgangspunkt: Profi-Markt (Markt der gewerblichen Verwender)

| Pionier: insb. *Fein* | *Fein* war lange Zeit eine Art Monopolist |

Neuere Entwicklung: Neben Profi-Markt Etablierung des Hobby-Marktes

Profi-Markt	Hobby-Markt
Fein	←–*Black&Decker*
Metabo	←–*AEG*
	←–*Bosch*

Auftreten neuer Anbieter im Hobby-Markt und ihr Versuch des Eindringens auch in den Profi-Markt

Neueste Entwicklung: Ausweitung des Hobby-Marktes (ca. 60% des Gesamtmarktes)

Profi-Markt	Hobby-Markt
Fein	←– *Black&Decker*
Metabo – – –	–→*AEG*
	←– *Bosch*

Zugleich verstärktes Vordringen der Anbieter von Hobby-Geräten in den Profi-Markt (günstiges Preis/Leistungs-Verhältnis). Gegenläufige Strategie von *Metabo*. Konstruktions- bzw. herstellungsbedingte „Gefangenheit" von *Fein* im Profi-Markt.

Die Identifizierung derartiger Entwicklungen ist zugleich ein wesentlicher Ansatzpunkt für die *Strategieselektion* insgesamt (vgl. hierzu auch S. 369 ff.).

Analog zur Strategie der Marktdurchdringung ist im übrigen auch bei der hier behandelten Marktentwicklungsstrategie ein *kombinatives* Vorgehen typisch, d. h. man versucht vielfach, sowohl neue Verwendungszwecke als auch neue Verwender für ein bestehendes Produkt zu finden. Das wird auch als **„Multiple market stretching"*** bezeichnet (*Kollat/Blackwell/Robeson*, 1972, S. 220).

---

* Dieser strategische Ansatz ist jedoch *nicht* identisch mit dem, was man heute unter Marktsegmentierung zu verstehen gewohnt ist (vgl. hierzu S. 222 ff.).

c) Produktentwicklungsstrategie

Der Ansatzpunkt der Strategie der Produktentwicklung besteht darin, für bestehende Märkte *neue* Produkte zu entwickeln (vgl. *Abb. 69,* S.124). Gerade heutige Marktkonstellationen haben dieser Strategierichtung zu einem ganz **neuen Stellenwert** verholfen: *nämlich* viele stagnierende Märkte und dadurch ausgelöster Verdrängungswettbewerb mit der Folge einer „Neuprodukt-Inflation" und daraus wiederum resultierender Beschleunigung der Veralterung von bestehenden Produkten (= Verkürzung des Produktlebenszyklus).

Diese neuen Wettbewerbsbedingungen erzwingen heute in den meisten Märkten eine systematische **Innovationspolitik** (im Sinne echter Marktneuheiten bzw. Unternehmensneuheiten). Sie ist heute geradezu zu einem zentralen Ansatzpunkt der Gewinn- und Existenzsicherung von Unternehmen geworden (so erzielt z.B. *Siemens* nach eigenen Angaben heute 50% seines Umsatzes mit Produkten, die in den letzten fünf Jahren entwickelt wurden).

Bei der Entwicklung neuer Produkte (Problemlösungen) handelt es sich um einen **Aufgabenkomplex,** der sowohl die Schaffung von „Neuheiten" wie die grundlegende Verbesserung bestehender Produkte als auch die gezielte Erweiterung sowie die notwendige Eliminierung vorhandener Programme/Produkte umfaßt. Der für viele Unternehmen bzw. Märkte typische *permanente* Produktentwicklungsprozeß führt zu ständigen Aufnahmen verbesserter und/oder neuer Produkte; zugleich besteht aber ein ständiger Zwang zur systematischen Eliminierung degenerierter Produkte (speziell zur Eliminierungsproblematik vgl. *Majer,* 1969).

In der Literatur wie in der Praxis wird heute die Produktentwicklung des Unternehmens vielfach mit dem Begriff der *Produktinnovation* belegt. Der Innovationsbegriff wird dabei insofern mißbraucht, als damit nicht nur die Schaffung originärer Produkte, sondern auch Produktverbesserungen und implizit sogar reine Nachahmungsprodukte gemeint sind. Im Interesse einer angemessenen Abgrenzung unterscheiden wir - bezogen auf den Neuigkeitsgrad gegenüber dem Markt - deshalb *folgende* Arten neuer Produkte:

- **Echte Innovationen** (d.h. *originäre* Produkte, die es ursprünglich überhaupt nicht gab, z.B. Deo-Produkte, Sofortbild-Kamera, Taschenrechner, (digitale) Quarzuhr;[4]
- **Quasi-neue Produkte** (d.h. *neuartige* Produkte, die aber an bestehenden Produkten/Produktleistungen anknüpfen, z.B. Diätmargarine, Ölschaumbäder, Filzschreiber, Klappfahrrad);
- **Me-too-Produkte** (d.h. *nachempfundene* bzw. *nachgeahmte* Produkte, die sich vom Original weniger in der Produktsubstanz, sondern mehr im Produktäußeren (ggf. Preis) unterscheiden, z.B. die x-te Nuß-Nougat-Creme, das x-te Spülmittel, das x-te Vollwaschmittel, die x-te Kaffeemühle, der x-te Haartrockner).[5]

Es ist klar, daß der echten Innovation ein sehr komplexer Produktentwicklungsprozeß zugrundeliegt, den Me-too-Produkten dagegen nur ein wesentlich „verarmter" Entwicklungsprozeß. Dafür stehen den Innovationen deutlich *höhere* Erfolgs-(Gewinn-)chancen gegenüber als den reinen Nachahmungsprodukten (Me-too-Produkten).

---

[4] Zu unterschiedlichen Typen von Innovationen siehe auch *Trommsdorff,* 1990, S.3f.
[5] Eine spezielle Form der Nachahmung besteht in der Adaption von Neuerungen für *andere* Produktbereiche (=adaptive Nachahmung). Diese „intelligente" Imitation knüpft an *Trendkomponenten* in anderen Produktbereichen an und versucht sie zu übertragen (vgl. z.B. zuerst Multi-Vitamine (Pharmazeutika, OTC z.B. *Merck)* →Multi-Vitamin-Bonbons *(Nimm 2, Storck)* →Multi-Vitamin-Saft *(Dr. Koch's)* →Multi-Vitamin-Buttermilch *(Müller)).*

Produktentwicklungsprozeß und Timing-Probleme

Was die systematische Entwicklung neuer Produkte angeht, so ist für sie etwa ein Drei-Stufen-Prozeß *(Abb. 71)* typisch, der *folgende* Stufen umfaßt (*Schmitt-Grohé*, 1972, S.53; *Siegwart*, 1974, S.78; *Thom*, 1980, S.53; *Trommsdorff*, 1990, S.8ff.):

Abb. 71: Allgemeines Phasen-Modell der Produktentwicklung

Phasen	Aktivitäten/Instrumente
Ideengewinnung (Ideengenerierung) ↓	Suchfeldbestimmung, Nutzung externer/interner Ideenquellen, inkl. Kreativprozessen.
Ideenbewertung (Ideenakzeptierung) ↓	Anwendung von Grob- und Feinauswahlverfahren, inkl. Wirtschaftlichkeitsanalysen.
Ideenverwirklichung (Ideenrealisation)	Forschung und Entwicklung, Produkt- und/oder Markttests, Einführung und Kontrolle im Markt.

Neben den verfahrensbezogenen Grundfragen der Produktentwicklung *(Abb. 71)* ist vor allem das richtige **Timing** der Produktentwicklung entscheidend, und zwar nicht zuletzt unter dem Gesichtspunkt einer Verstetigung der Unternehmensgewinne. Aufgrund der *disparaten* Entwicklung von Umsatz (Absatz) und Gewinn im Produktlebenszyklus (siehe hierzu auch S.515f.), reicht es heute in der Regel nicht mehr aus, ein neues Produkt im marktlichen Höhepunkt des alten Produktes einzuführen, weil dann bereits starke Ertragseinbrüche eintreten würden. Folgende beiden Grafiken *(Abb. 72 und 73)* verdeutlichen diese Zusammenhänge (Darstellung in Anlehnung an *von Stritzky*, 1974, S.286f.).

Während in dem einen Modellfall *(Abb. 72)* durch zu späte Produktentwicklungen bzw. Neueinführungen erhebliche phasenbezogene Ertragslücken entstehen, zeigt demgegenüber der andere Modellfall *(Abb. 73)*, daß durch rechtzeitiges Disponieren in bezug auf die Neuprodukteinführung eine weitgehende Ertragsglättung erreicht werden kann.

Beide Darstellungen verdeutlichen somit, daß der **Entwicklungsprozeß** für das neue Produkt so rechtzeitig in Gang gesetzt werden muß, daß es gegen Ende der Wachstumsphase des alten Produktes marktreif bzw. bereits verfügbar ist. Das bedeutet je nach Entwicklungsdauer für ein neues Produkt, daß es ggf. schon entwickelt werden muß, bevor das „alte" Produkt überhaupt im Markt eingeführt ist.

Gestaltungselemente der Produktentwicklung

Was die Entwicklung bzw. Gestaltung neuer Produkte betrifft, so können hierbei verschiedene Gestaltungselemente identifiziert werden. Folgende Übersicht *(Abb. 74)* versucht, den produkt-politischen Baukasten, der für die Entwicklung neuer Produkte zur Verfügung steht, transparent zu machen.

132 2. Teil: Konzeptionsebene der Marketingsstrategien

Abb. 72: Zu späte Neuprodukteinführung und dadurch entstehende Ertragslücken

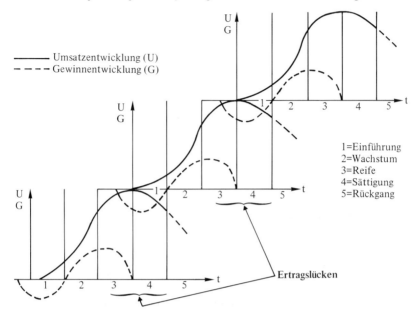

Abb. 73: Rechtzeitige Neuprodukteinführung und dadurch erreichte Ertragsglättung

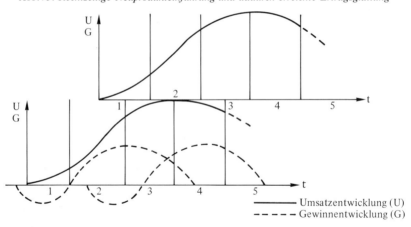

Abb. 74: Der produktpolitische Baukasten (Produktgestaltungsbereiche und -instrumente)

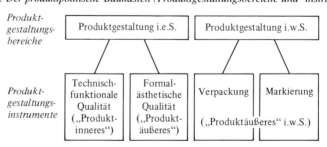

II. Arten und Ausprägungen von Marketingstrategien

Die Marktwirkung von Produkten ist grundsätzlich um so höher, je ausgeprägter an allen vier Bausteinen angeknüpft wird. In vielen Märkten hat heute inzwischen eine so starke **Angleichung** der Produkte hinsichtlich ihrer technisch-funktionalen Qualität („Verbrauchs- bzw. Gebrauchstauglichkeit") stattgefunden, so daß zunehmend *die anderen* Gestaltungselemente an Bedeutung gewinnen. Das gilt einmal bezüglich des Produktäußeren von Gebrauchsgütern (Design als Mittel der formal-ästhetischen Qualitätsgestaltung). Was andererseits gestaltlose Verbrauchsgüter angeht, so ist hier vor allem die Verpackung Design- bzw. Stilträger. Darüber hinaus kommt der Markierung als Mittel der Kennzeichnung bzw. Identifizierung von Produkten – je nach Lenkungsabsicht der *gewählten* Marketingstrategie (vgl. hierzu speziell die Marktstimulierungsstrategien) – eine wesentliche Rolle im Rahmen der Produktgestaltung zu (= Voraussetzung für Wiederholungskäufe der Konsumenten im Sinne von Markentreue).

Der Einsatz der vier Gestaltungselemente der Produktpolitik, und zwar sowohl der Art, des Umfangs als auch der Kombination nach, definieren die Nutzenstruktur eines Produkts. Die **Nutzenstruktur** eines Produkts ist dabei von zwei grundlegenden Nutzenkategorien geprägt (*Vershofen*, 1940, I, S. 69 ff.): *Grund*nutzen (= stofflich-technischer Nutzen) und *Zusatz*nutzen (= seelisch-geistiger Nutzen). Für den Grundnutzen ist *primär* das Produktinnere, d.h. die Funktionsleistung eines Produkts entscheidend, während für den Zusatznutzen *primär* das Produktäußere, d.h. die Formgestaltung i.w.S., verantwortlich ist. Zusatznutzen-Komponenten liefern heute darüber hinaus – wie bereits erwähnt – die Verpackung (u.a. Informations-, Anmutungs- und/oder Verwendungsleistungen) sowie die Marke als eigentlicher Imageträger.

Die Produktgestaltung unter *nutzen-spezifischem Aspekt*, die heute aufgrund der Wettbewerbsverhältnisse zunehmend an Bedeutung gewinnt, muß dabei an der typischen *Nutzenhierarchie* einer Produktkategorie anknüpfen. Derartige Einsichten, die u.a. aufgrund psychologischer Grundlagen-Untersuchungen gewonnen werden können, eröffnen gezielte *strategische* Ansatzpunkte. Das soll anhand *zweier* Beispiele modellhaft *(Abb. 75)* aufgezeigt werden (vgl. hierzu auch die nutzenspezifischen Überlegungen zum Rezessionsmarketing auf S. 543 f.).

Entscheidend für den Erfolg neuer Produkte ist jedoch nicht nur die Nutzenoptimierung in bezug auf den Verbraucher, sondern auch – speziell bei indirektem Absatzweg (= Einschaltung selbständiger Absatzmittler bzw. Handelsbetriebe) – die Erfüllung grundlegender **Aufnahmekriterien des Handels.** Nicht zuletzt aufgrund der Erstarkung des Handels (Konzentrationsprozesse) wird in zunehmendem Maße auch das Akzeptanzverhalten des Handels hinsichtlich neuer Produkte problematisiert bzw. empirisch untersucht (*Meffert/Pfeiffer*, 1980, S. 229 ff. bzw. im einzelnen *Bauer*, 1980; *Pfeiffer* 1981), um sich darauf strategisch wie instrumental besser einstellen zu können.

Programmpolitische Zusammenhänge der Produktentwicklung

Produktpolitische Entscheidungen müssen insgesamt auch unter dem Aspekt einer *optimalen* Programmgestaltung getroffen werden. Durch sie wird letztlich das **akquisitorische Potential** eines Unternehmens (*Gutenberg*, 1976, II, S. 243) determiniert. Dabei sind im wesentlichen *zwei* strategische Entscheidungen zu treffen (*Kotler*, 1977, S. 431 f.; *Meffert*, 1980, S. 371 f.; *Jain*, 1985, S. 652 ff.):

134   *2. Teil: Konzeptionsebene der Marketingsstrategien*

Abb. 75: Typische Nutzenstruktur (Nutzenanteile) bei zwei verschiedenen Produktkategorien und Ansatzpunkte einer strategischen Korrektur

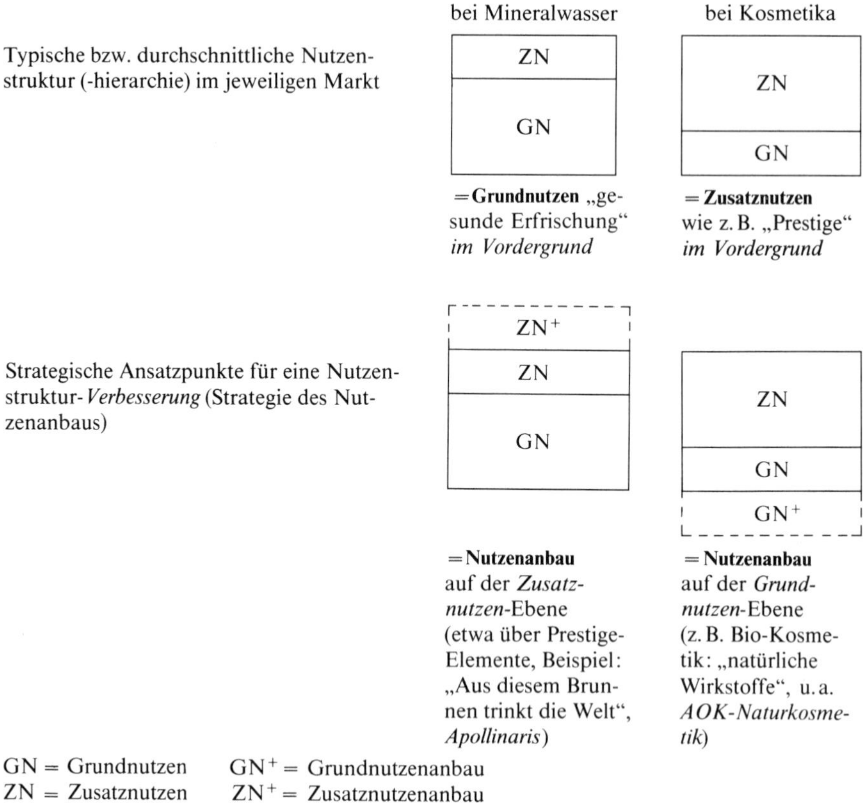

	bei Mineralwasser	bei Kosmetika
Typische bzw. durchschnittliche Nutzenstruktur (-hierarchie) im jeweiligen Markt	ZN / GN	ZN / GN
	=**Grundnutzen** „gesunde Erfrischung" *im Vordergrund*	=**Zusatznutzen** wie z. B. „Prestige" *im Vordergrund*
Strategische Ansatzpunkte für eine Nutzenstruktur-*Verbesserung* (Strategie des Nutzenanbaus)	ZN⁺ / ZN / GN	ZN / GN / GN⁺
	=**Nutzenanbau** auf der *Zusatznutzen*-Ebene (etwa über Prestige-Elemente, Beispiel: „Aus diesem Brunnen trinkt die Welt", *Apollinaris*)	=**Nutzenanbau** auf der *Grundnutzen*-Ebene (z. B. Bio-Kosmetik: „natürliche Wirkstoffe", u. a. *AOK-Naturkosmetik*)

GN = Grundnutzen   GN⁺ = Grundnutzenanbau
ZN = Zusatznutzen   ZN⁺ = Zusatznutzenanbau

(1) Fixierung des Programminhalts (= Festlegung der Produktart(en) bzw. Produktlinien, ggf. Produktsysteme);
(2) Fixierung des Programmumfangs (= Festlegung von Programmbreite und Programmtiefe).

Anhand eines Modellbeispiels *(Abb. 76)* sollen die *strategischen* Strukturentscheidungen in bezug auf die Produkt- und Programmpolitik des Unternehmens verdeutlicht werden.

Das Programm des Beispiel-Unternehmens *(Abb. 76)* umfaßt vier Produktarten; davon wurden drei Produktarten zu Produktlinien weiterentwickelt (A_1-A_3, B_1-B_4, C_1-C_2). Bei der Produktlinie A wurde das bisherige Produkt A_3 durch $A_{3\text{ neu}}$ ersetzt (= *Produktmodifikation*, z. B. Weinbrandbohnen jetzt ohne Zuckerkruste), während die bisherige Produktlinie B_1-B_2 um die Varianten B_3 und B_4 ergänzt wurde (= *Produktvariation* z. B. neben klassischer jetzt auch gefüllte Schokolade).

Jedes Unternehmen steht dabei vor dem Problem, die richtige **Programm- oder Sortimentsgeometrie** zu bestimmen, und zwar im Sinne eines *optimalen* Verhältnisses von Programm- oder Sortimentsbreite und -tiefe. Daß die adäquate Geometrie in

II. Arten und Ausprägungen von Marketingstrategien 135

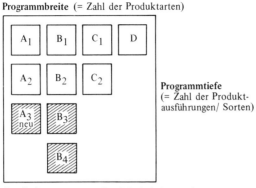

Abb. 76: *Programm eines Süßwarenherstellers*

hohem Maße die **Kompetenz** eines Unternehmens definiert, kann man auch am Beispiel des Handels demonstrieren. Im folgenden soll das am Beispiel von Spielwarenfachgeschäften näher skizziert werden.

Der Spielwarenmarkt und damit auch der Markt der Spielwarenfachgeschäfte ist durch geburtsschwache Jahrgänge wie auch durch die sich abzeichnende rückläufige Bevölkerungsentwicklung in Bedrängnis geraten. Die Spielwarengeschäfte versuchen deshalb z.T. an mehreren Seiten strategisch anzuknüpfen, u.a. Auf- bzw. Ausbau des Hobby-Geschäfts, Aufnahme bzw. Verstärkung des Sportartikelgeschäfts. Dafür wird z.B. ein bestimmter Abbau der Sortimentstiefe etwa bei Modelleisenbahnen und/oder technischem Spielzeug vorgenommen. Wenn Spielwarenfachgeschäfte aber nicht ihre klassische *Kompetenz*[6] gefährden wollen, so dürfen sie sich weder zu sehr in „fremde" Märkte wie z.B. Sportartikel (= unvollkommene Rivalisierung mit Sportartikelgeschäften und Warenhäusern) begeben, noch dürfen sie zu stark klassische Angebotsfelder (z.B. Modelleisenbahnen/technisches Spielzeug) verlassen (= Entstehen von zusätzlichen „Lücken" u.a. für Eisenbahn-Spezialgeschäfte). Die Sortimentsveränderungsspielräume des klassischen Spielwarengeschäfts sind also begrenzt (vgl. hierzu *Abb. 77*).

Das heißt mit anderen Worten, Sortiments- (im Handel) bzw. Programm*spielräume* (in der Industrie) sind in der Regel nicht unbegrenzt gegeben, sondern es müssen jeweils die kompetenzsichernden Grenzen beachtet werden.

Entscheidend für Attraktivität und Erfolg eines Programms ist darüber hinaus der ziel- und strategie-adäquate Produkt-Mix, d.h. die optimale Mischung der Programmvarianten. Hierbei ist vor allem die **Programmhierarchie** zu beachten.

Das kann etwa am Fall der Automobilindustrie exemplifiziert werden. So hat beispielsweise *Daimler-Benz* mit der Einführung des „kleinen Mercedes" *(190er/Serie 201)* nicht nur sehr erfolgreich das Programm nach unten ergänzt (Erleichterung eines früheren Einstiegs potentieller Abnehmer in das *Mercedes*-Programm), sondern zugleich umgekehrt streng darauf geachtet, ein Abgleiten der Käufer der „mittleren Klasse" *(124er Serie)* nach unten (= Umsteigen auf den „kleinen Mercedes") weitgehend auszuschließen. Strategischer Ansatzpunkt war hier eine klare Programmhierarchie mit *mehr*dimensionaler Abgrenzung (u.a. Größe des Fahrgastraumes, Motorisierung bzw. Leistung bis hin zu äußeren Kennzeichen wie zwei bzw.

---

[6] Vgl. auch die Darlegungen auf S. 85–87.

Abb. 77: *Grundmodell zu den sortimentsgeometrischen Spielräumen des Spielwarenfachhandels*

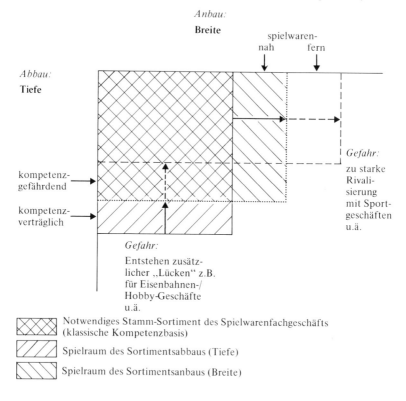

drei Chromleisten im Kühlergrill als optisches Klassenunterscheidungsmerkmal). Die in vielen Testberichten bemängelte Größe bzw. Enge des Fahrgastraumes beim „kleinen Mercedes" hat sich sogesehen als strategisch richtige hierarchische Abgrenzung erwiesen. Vom neuen Modell der „mittleren Klasse" werden inzwischen deutlich mehr Wagen abgesetzt als von der „kleinen Klasse" (ein nicht erstrebenswerter Umsteigeprozeß vom mittleren zum kleineren Modell hat also nicht stattgefunden = Ergebnis einer *erfolgreichen* Hierarchisierung des Programms).

Innerhalb eines Produktprogramms können darüber hinaus ggf. **Produktsysteme** geschaffen werden, und zwar

- **horizontale** Produktsysteme und/oder
- **vertikale** Produktsysteme.

Unter Produktsystemen verstehen wir inhaltliche, verbraucher-orientierte Verklammerungen von Produkten zu einem *offenen* oder *geschlossenen* Verbund, z.B.:

- **Offenes vertikales Produktsystem** (verschiedene Modellbaukästen einer Grundart (=Produktlinie) sind untereinander vielfältig kombinierbar, z.B. Auf- und Ausbau-Modellkästen oder auch das *Lego*-Bausteine- bzw. das *Playmobil*-Figuren-System)
- **Geschlossenes horizontales Produktsystem** (bestimmte Haarpflegemittel aus verschiedenen Produktlinien werden im Hinblick auf ein spezifisches Haarproblem,

z. B. „fettiges Haar", rezeptur- und anwendungsmäßig verknüpft, etwa Shampoo, Kur und Festiger)

Eine spezielle strategische Form programmpolitischen Agierens stellt die Strategie der **Programmsysteme** dar. Solche Systeme sind *komplexe* Programmstrukturen, die ein ganzes Bedarfsfeld vollständig abzudecken versuchen (vgl. z. B. *Wolf*-Gartenbedarfs-System, angefangen von handbetriebenen bis hin zu motorbetriebenen Garten- und Rasenpflegegeräten (= hardware) inklusive entsprechender Samen und Düngemittel (= software)). Auch in Investitionsgütermärkten gewinnen solche Systemprogramme (*Full-line*-Strategie) zunehmend an Bedeutung, um in schwieriger gewordenen Märkten individuellen bzw. speziellen Wünschen der Abnehmer gerecht werden zu können. Zum Teil erfolgt das auf dem Wege von **Kooperationen** oder **Zusammenschlüssen** (z. B. im LKW-Bereich u. a. *Iveco* oder im Landmaschinenbereich *Deutz (KHD)* bzw. der französische Landtechnik-Konzern *Case International*). Derartige Systeme schöpfen auf diese Weise einen bestimmten Grundmarkt nicht nur optimal aus, sondern sie bieten außerdem gute Profilierungsmöglichkeiten im Sinne einer kompetenten Systemmarke.[7]

In vielen Produktbereichen ist demnach der strategische Ansatz erfolgreicher Programmpolitik in der Schaffung *umfassender* Programmsysteme zu sehen, die über die Kombination verschiedener Produktvarianten (Produktsysteme) deutlich hinausgehen. Diese Programmsysteme knüpfen an *zwei* Grundanforderungen erfolgreichen Marketings speziell bei Gebrauchs- und hier vor allem bei Investitionsgütern an: a) Angebot **komplementärer Produkte** und b) Bieten angemessener (speziell After-sale-)**Serviceleistungen**. So bieten z. B. große EDV-Hersteller (u. a. *IBM, Nixdorf*) nicht nur Maschinen-Hardware, Operatingsysteme und Software-Pakete, sondern auch Wartung, Notdienst-Reparaturen und Beratungs- und Anwendungsservices. Den Systemgedanken versucht *IBM* neuerdings noch dadurch weiterzuentwickeln, daß für die verschiedenen Computersysteme (Personal-Computer, Mittel- und Großsysteme) eine neue System-Anwendungs-Architektur *(Standard SAA)* eingeführt wird, so daß Parallel-Verwendungen wie auch Umsteigeprozesse bei *IBM*-Geräten u. a. durch einheitliche Tastaturen, gleichen Bildschirmaufbau erleichtert werden.

Die Marktattraktivität von Produkten bzw. Produktbündeln kann auf diese Weise erheblich gesteigert werden. Die Entscheidungen zum Produkt- bzw. Leistungsprogramm haben für Unternehmen insoweit *existentielle* Bedeutung. Gerade auch unter den erschwerten Marktbedingungen heutiger Märkte (Stagnation/Verdrängungswettbewerb) ist eine permanente **Anpassung** der Programme an veränderte Markt- und Wettbewerbsverhältnisse notwendig. Was die Realisierung dieser Anpassungen angeht, so stehen dem Unternehmen grundsätzlich verschiedene Optionen des **Make or buy** (= Selbst entwickeln und herstellen oder Entwicklungen bzw. Produkte zukaufen) offen. Das heißt mit anderen Worten (siehe *Abb. 78*), die Programmgestaltung des Unternehmens muß *nicht* zwangsläufig die Grenze bei den eigenen Möglichkeiten der Forschung und Entwicklung bzw. der eigenen Produktion finden (vgl. hierzu auch *Bantleon/Wendler/Wolff*, 1976, S. 88).

---

[7] Vgl. hierzu auch die Darlegungen zur Markenpolitik auf S. 177 ff.

Abb. 78: Programmstrategische Optionen des Unternehmens

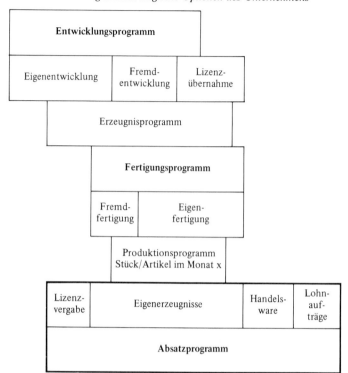

Das Unternehmen verfügt demnach speziell im Hinblick auf das Entwicklungs-, Fertigungs- und Absatzprogramm über **strategische Spielräume,** die Anpassungen an Marktveränderungen erleichtern können. Hierdurch ist es etwa möglich, das Absatzprogramm um Randprogramme oder auch um „Einsteiger"- und/oder „Aufsteiger"-Modelle zu komplettieren, um so insgesamt eine *vollständige* Produkt- und Leistungshierarchie am Markt anbieten zu können. Aus Gründen rationeller Fertigung (und damit Ausschöpfung von Kostenreserven) wird heute vielfach auch der Weg der Kooperation zwischen sich ergänzenden Unternehmen gewählt, und zwar zum Zwecke des gegenseitigen Programmaustausches bzw. zum Austausch von Bauteilen (Komponenten). Beispiele finden sich wie erwähnt in der Automobilindustrie (speziell LKW) und auch im Unterhaltungselektronikbereich.

Damit sollen die Darlegungen zur Strategie der Produktentwicklung abgeschlossen werden. Wir halten abschließend fest: Die strategischen Entscheidungen der Produktentwicklung betreffen insgesamt grundlegende Dispositionen horizontaler und/oder vertikaler Grob- bzw. Feinstrukturierung von Programmen. *Innerhalb* der Strategierichtung „Produktentwicklung" können so gesehen wiederum *unterschiedliche* Gestaltungsrichtungen identifiziert werden.

II. Arten und Ausprägungen von Marketingstrategien

d) Diversifikationsstrategie

Stagnierende Märkte, Verstärkung des Wettbewerbs (in Richtung Verdrängungswettbewerb) sowie der inflationsbedingte Zwang zum **Wachstum,** weil Kostensteigerungen aufgrund der Wettbewerbsverhältnisse nur noch bedingt in den Abgabepreisen weitergegeben werden können, veranlassen immer mehr Unternehmen zu diversifizieren. Zugleich wird die Diversifikationsstrategie als ein Mittel der **Risikostreuung** angesehen. Empirische Untersuchungen weisen im übrigen nach, daß der Antrieb zu Diversifikationsmaßnahmen vor allem auch dem **Gewinn- und/oder Machtstreben** sowie dem Vorhandensein von „Überschüssen" entspringt (*Böhnke,* 1976, S. 42 ff.; *Jain* 1985, S. 676 ff.).

Wesen und Arten der Diversifikation

Diversifikation ist dadurch charakterisiert, daß Unternehmen bei Anwendung dieser Strategie aus dem Rahmen ihrer traditionellen Branche (Markt) in benachbarte oder auch weitabliegende Aktivitätsfelder „ausbrechen" (*Borschberg,* 1974, Sp. 480 bzw. im einzelnen *Borschberg,* 1969). Im Sinne des von uns verwendeten *Ansoff*-Schemas (vgl. *Abb. 69,* S. 124) kann Diversifikation einfach als die Ausrichtung des unternehmerischen Handelns auf für das Unternehmen neue Produkte *und* neue Bedürfnisse bzw. Märkte verstanden werden (*Ansoff,* 1966, S. 132).

Im Prinzip kann Diversifikation somit als das Ergebnis *zweier* strategischer Entwicklungslinien aufgefaßt werden, nämlich der Produktentwicklung einerseits und der Marktentwicklung andererseits. Die Produktentwicklung führt also am Ende zu einer für das Unternehmen neuen Technologie und die Marktentwicklung schließlich in einen neuen Markt. *Abb. 79* verdeutlicht diese Zusammenhänge (*Johnson/Jones,* 1957, zit. nach *Borschberg,* 1974, Sp. 481; vgl. auch *Kotler,* 1977, S. 235 ff.; *Hentze/Brose,* 1985, S. 140 ff.):

Abb. 79: Stadien auf dem Weg zur Diversifikation

In Anlehnung an *Ansoff* (*Ansoff,* 1966, S. 152) werden heute überwiegend sowohl in der Marketinglehre (u. a. *Meffert,* 1980, S. 337) als auch in der Marketingpraxis (u. a. *Liertz,* 1974, S. 442 f.) *drei* Arten der Diversifikation unterschieden:

(1) **Horizontale Diversifikation** (= Erweiterung des bisherigen Produktprogramms um verwandte Produkte für tendenziell die gleiche Abnehmerschaft);
Beispiel: Knorr erweitert(e) das Programm aus Soßen, Würzen, Suppen und Fertiggerichten um Kartoffel-Convenienceprodukte wie Püree, rohe Klöße, Knödel usw.

(2) **Vertikale Diversifikation** (= Aufnahme von Produkten, die den bisherigen Produkten (Programm) vor- oder nachgeschaltet sind);
Beispiele:
- Vorstufen-Diversifikation: Ein DOB-Konfektionär (Hersteller von Damen-Oberbekleidung) gliedert sich eine eigene Stoffweberei an.
- Nachstufen-Diversifikation: Ein DOB-Konfektionär gliedert sich eine eigene Ladenkette mit DOB-Fachgeschäften an.

(3) **Laterale Diversifikation** (Konzentrische Diversifikation, *Ansoff*) (= Vorstoß in völlig neue Produktbereiche, so daß die neuen Produkte mit den bisherigen in keinerlei sachlichem Zusammenhang mehr stehen);
Beispiel: Ein Zigarettenhersteller engagiert sich im Getränkemarkt oder ein Automobilhersteller übernimmt ein Computerunternehmen).

Es besteht kein Zweifel darüber, daß diese *drei* Arten der Diversifikation zwar sinnfällige Unterscheidungen darstellen; ihre Abgrenzung ist jedoch *nicht* in jedem Falle eindeutig. Überhaupt besteht bisher keine Einigkeit darüber, „wie wenig verwandt bzw. wie fern" ein neues Produkt bezogen auf das bisherige Programm sein muß, um überhaupt von einer (echten) Diversifikation sprechen zu können.

In der *amerikanischen* Literatur werden die Diversifikationsarten z. T. anders abgegrenzt: (1) konzentrische (technologische und/oder marketingmäßige Ähnlichkeit mit der bestehenden Produktlinie), (2) horizontale (neue Produkte, die nicht technologisch verwandt sind mit vorhandenen, sich aber an vorhandene Kunden wenden und (3) konglomerative (neue Produktgruppen für neue Kundengruppen). Siehe hierzu etwa *Kotler,* 1982, S. 79 oder auch *Aaker,* 1984, S. 251 ff., der in Anlehnung an *Rumelt* zwischen verbundener (mit dem bisherigen Geschäft) und unverbundener (mit dem bisherigen Geschäft nicht verbundener) Diversifikation unterscheidet (siehe auch *Rumelt,* 1974).

Offensichtlich sind die diversifikationsstrategischen Anknüpfungspunkte *so vielfältig,* daß eine eindeutige Systematisierung kaum möglich erscheint. Sowohl firmenindividuelle als auch situative Komponenten erlauben daher auch *keine* generelle Ableitung von Norm-Strategien.

Die Wahl der jeweiligen Diversifikationsart ist nicht zuletzt für das Zustandekommen eines erwünschten Synergismus zwischen bestehenden Aktivitäten und neuen Produkt/Markt-Kombinationen entscheidend. *Synergismus* oder auch Synergie kann als der sog. „2+2=5"-Effekt gekennzeichnet werden (*Ansoff,* 1966, S. 97). Damit soll ausgedrückt werden, daß durch das sinnfällige Zusammenwirken ursprünglich getrennter Elemente (hier Produktbereiche bzw. Unternehmen) in einer neuen Einheit eine größere Wirkung realisiert wird als mit den einzelnen Elementen in getrenntem Zustand (d. h., das Ganze ist mehr als die Summe seiner Teile). Das Synergismus-Konzept beruht letztlich auf dem Konzept der „economies of scale" sowie der Annahme partieller Überkapazitäten (*Böhnke,* 1976, S. 53). Der „2+2=5"-Effekt tritt dabei keineswegs automatisch ein, sondern er hängt von entsprechenden unternehmerischen Dispositionen ab (s. u.). Es gibt andererseits auch Beispiele für einen „2+2=3"-Effekt, z. B. Engagement eines großen Zigarettenherstellers im Biermarkt, das aufgrund von Marketingstrategie- und Managementfehlern zu negativen Entwicklungen sowohl im Zigaretten- als auch im Bierbereich führte (z. B. Reemtsma-Gruppe).

Ansoff unterscheidet unter anderem folgende *Synergie-Potentiale* bei diversifizierten Unternehmen (*Ansoff*, 1966, S. 101):

- *Verkaufs-Synergie* (besser Marketing-Synergie: z. B. können neue Produkte mit der gleichen Vertriebsorganisation in den gleichen Absatzkanälen abgesetzt werden; durch Nutzung vorhandener Marken können sie ggf. auch an der bisherigen Werbung und dem von ihr aufgebauten Markenimage partizipieren).
  Eine speziell marketing- bzw. *marken*induzierte Diversifikation resultiert nicht selten aus Zwängen der markenrechtlichen Absicherung. Bei einer erfolgreichen Marke besteht vielfach die Tendenz, sich die Verwendung dieser Marke auch in bisher nicht genutzten Produktfeldern zu sichern (=markenrechtliche Absicherung in der Warenzeichenrolle beim Bundespatentamt). Hieraus folgt aber immer ein Benutzungszwang innerhalb von *fünf* Jahren. Schon vor oder spätestens mit Ablauf dieser Frist entstehen dann „automatisch" diversifikationspolitische *Zugzwänge* (so hat beispielsweise der erfolgreiche Herrenkonfektionär *Boss* seine Marke u. a. auch für Strickwaren und Kosmetika schützen lassen; inzwischen wird die Marke *Boss* auch für diese Produktlinien eingesetzt, *Boss* hat hier aber den Weg der Lizenzvergabe gewählt. So produzieren und vermarkten die Firma *Falke* Strickwaren und die Firma *Betrix* Kosmetika unter der Marke *Boss*).
- *Produktions-Synergie* (neue Produkte können beispielsweise vorhandene Produktionsmittel besser ausnutzen; ein gemeinsamer Einkauf wichtiger Rohstoffe führt zu höheren Einkaufsmengen mit entsprechenden Rabatten).

Schwerpunkte der Diversifikation in der Praxis

Von den verschiedenen Möglichkeiten der Diversifikation wird in der Realität in unterschiedlicher Weise Gebrauch gemacht. Die am häufigsten praktizierte Diversifikation ist die *horizontaler* Art. Das bestätigte auch eine Analyse *(Abb. 80)* der realisierten Diversifikationen in der BRD in den Jahren 1976–1980 (*Peschen,* 1981, S. 95 ff.):

Abb. 80: Art der in den Jahren 1976 bis 1980 realisierten Diversifikationen

Diversifikationsart	Diversifikationen*	
	absolut	%
Horizontal	121	64
Vertikal	18	10
Lateral	50	26
	189	100

* *Basis:* Auswertung wichtiger Wirtschaftszeitungen bzw. Wirtschaftszeitschriften der Jahrgänge 1976–1980.

Wenn die *horizontale* Diversifikation auch die mit Abstand am meisten realisierte Diversifikationsart ist, so ist sie jedoch *keineswegs* problemfrei. Mißerfolge haben hier vielfach ihre Ursache darin, daß die angenommene Identität der potentiellen Abnehmer des neuen Produktes mit der Abnehmerschaft der bestehenden Produkte sich nachträglich als falsch oder nur bedingt richtig herausstellt und damit einkalkulierte vertriebs- bzw. marketing-synergistische Effekte ausbleiben.

Relativ unbedeutend ist dagegen die *vertikale* Diversifikation. Die Problematik dieser Diversifikationsart besteht einmal darin, daß z. B. bei Nachstufen-Diversifikation die Aufnahme von Folgeprodukten zu Konflikten mit den eigenen Abnehmern führen kann. *Beispiel:* Ein Chemiekonzern, der unter anderem Lackrohstoffe an verschiedene Lackhersteller liefert, gliedert sich selbst eine Lackfabrik an. Zum anderen findet hier kein Risikoausgleich zwischen den einzelnen Unternehmensaktivitäten statt, da alle im gleichen Branchenstrang angesiedelt sind.

Was die *laterale* Diversifikation angeht, so rangiert sie an zweiter Stelle. Mit ihr sind grundsätzlich sowohl die größten Chancen als auch die größten Risiken verbunden. Das gilt insbesondere für die typische Form der sog. Conglomerate-Strategie (=Mischkonzern-Strategie). Die in der Regel durch Ankauf einer Vielzahl von Unternehmen mit jeweils sachlich *nicht verwandten* Märkten entstehenden Conglomerates – die ihren Ausgangspunkt in den USA in den 60er Jahren genommen haben – weisen vor allem deshalb spezifische Risiken auf, weil die Konzernleitung bei der sehr heterogenen Branchenstruktur einer solchen Gruppe meist nicht genügend die branchen-typischen Eigenarten und Mechanismen kennt. Solche Conglomerates degenerieren nicht selten zu reinen „Portfolio-Konzernen" mit allen ihren Gefahren. Jedenfalls hat sich in den USA gezeigt, daß die Rentabilität der meisten Conglomerates durchweg *nicht höher* ist als die gut geführter (Groß-)Unternehmen (vgl. *Liertz,* 1974, S.443). Im übrigen sind in den letzten Jahren häufiger derartige „unnatürliche", sich gegenseitig nicht oder nur wenig befruchtende Unternehmensverbindungen wieder gelöst worden. Die laterale Diversifikation wird heute insgesamt nach spektakulären Problemfällen wie etwa bei der *Volkswagen AG*[8] oder der *Pelikan AG*[9] etwas zurückhaltender in ihren strategischen Möglichkeiten bzw. Chancen beurteilt – vor allem dann, wenn ihr kein ausreichend abgesichertes Konzept zugrundeliegt.

Selbst auf der Basis eines *geplanten* Konzepts erweisen sich **Conglomerate-Strategien** nicht selten als problematisch, und zwar insbesondere dann, wenn spezifische Marktentwicklungen nicht richtig vorhergesehen werden. Ein Beispiel dafür bietet u.a. auch die Beteiligungsholding *Batig* (früher *Interversa*) der deutschen *BAT*-Tabak- und Zigarettengruppe.

Diese conglomerative Diversifikationsstrategie wurde *ausgelöst* durch die sich immer stärker abzeichnenden Risiken des Tabak- und Zigarettengeschäfts (Gesundheitsproblematik, drohende Werbeverbote, Erhöhungen der Zigarettensteuer) und orientierte sich an der Diversifi-

---

[8] *VW* hatte seinerzeit die *Triumph-Adler AG (TA)* übernommen, um sich mit dem Einstieg in die Bürokommunikation ein „zweites Bein" zu schaffen. Nach hohen Verlusten bei *TA* hat *VW* sich wieder von seinem Diversifikationsobjekt getrennt (Übernahme durch die fachkompetente *Olivetti*-Gruppe). Während *Triumph-Adler* unter *VW* primär Computer-Hersteller sein bzw. werden wollte, soll sich *Triumph-Adler* unter *Olivetti* wieder stärker zur Schreibmaschine bekennen (*Triumph-Adler* ist hier einer der größten Anbieter). Zukunftschancen werden hier vor allem an den Schnittstellen zur Daten- und Fernmeldetechnik gesehen. Bei *Triumph-Adler* findet insofern jetzt ein „Redefining" der Geschäftstätigkeit statt.

[9] *Pelikan* ist mit verschiedenen Diversifikationsprojekten (u.a. Spielwaren) gescheitert und wurde nach Verlusten von der *Metro*-Gruppe übernommen. Inzwischen konnte *Pelikan* von den neuen Eigentümern durch Konzentration auf das Stamm-Geschäft wieder konsolidiert werden. Auch hier war demnach der Erfolgsansatz ein „Redefining" der Unternehmenspolitik.

kationspolitik der Muttergesellschaft *BAT Industries*, London. Sie begann im Jahre 1970 mit der Eröffnung des ersten *Weinkrüger-Restaurants* und wurde später um den Weinhandel „*Jacques' Wein-Depot*" erweitert (Diversifikationsschiene Wein), 1971 wurde zunächst eine Schachtelbeteiligung am Warenhausunternehmen *Horten AG* erworben (Diversifikationsschiene Handel) und 1978 wurde die Mehrheit bei der *Pegulan-Werke AG* sowie die *Hüppe GmbH* erworben und im Laufe der Zeit um andere Unternehmen aus dem Bereich Teppiche/ Möbelstoffe, Deko-Keramik, Badmöbel u.ä. ergänzt (=Diversifikationsschiene Heimausstattung). Das Weingeschäft – als Entsprechung etwa zur Diversifikation im Bierbereich durch den Konkurrenten *Reemtsma* – hat sich als schwierig und insgesamt wenig lukrativ erwiesen; es wurde inzwischen aufgegeben. Aber auch die Heimausstattung erwies sich als problematischer Markt mit einer Reihe unterschiedlicher Teilmärkte. Hinzu kamen schwer zu lösende Managementprobleme. Auch von *Pegulan* und *Hüppe* hat man sich inzwischen getrennt (obwohl diese Gruppe bereits einen Umsatz von über 1 Mrd. DM erreicht hatte). Lediglich die *Pegu-Form Werke* (Kunststoffteile für die Automobilindustrie) werden weiterbetrieben und sollen europaweit ausgebaut werden. Die seit Jahren anvisierte Diversifikationsschiene „finanzielle Dienstleistungen" hat bisher nicht realisiert werden können, und zwar aufgrund nicht zustandegekommener Übernahmen z.B. im Sektor Versicherungen. Insoweit hat sich die bisherige „Buy-and-sell-Politik" als wenig überzeugend erwiesen. Es zeigt sich jedenfalls, daß das Handling conglomerativer Gebilde sowohl *erhebliche* marktlich-konzeptionelle als auch organisatorisch-management-bezogene Probleme aufwirft.

Das Grundproblem conglomerativer Diversifikation besteht insgesamt darin, daß mit ihr häufig *zentrifugale* **Kräfte** verbunden sind, die letztlich das Ergebnis von Unverträglichkeiten im gesamten Diversifikationskomplex sind. Ihr fehlt im Prinzip eine einheitliche, alles verbindende zentrale Idee. Eine in dieser Hinsicht neue Form konsequenter Diversifikationspolitik stellt die – wie wir sie bezeichnen wollen – **system-orientierte Diversifikation** dar. Ihr liegt im Gegensatz zur klassischen Conglomerate-Strategie eine zentrale Grundidee zugrunde. Auf zwei spezifische Varianten soll hier näher Bezug genommen werden: das diversifizierte **Technologie-System** und das diversifizierte **Dienstleistungssystem**.

Als Beispiel eines überzeugenden Technologie-Systems kann die jüngste Diversifikationspolitik von *Daimler-Benz*[10] angeführt werden. *Daimler-Benz* hat nicht – wie seinerzeit die *Volkswagen AG* mit der Übernahme von *Triumph-Adler* (Bürokommunikation) – einfach ein neues, vom Automobilbau relativ weit entferntes Diversifikationsobjekt übernommen, sondern ein ganzes Diversifikationsprogramm realisiert, daß der Zukunftssicherung des Automobilgeschäfts durch Zukauf von „neuen Technologien" (High Technology, u.a. Elektronik) dient und damit ausgeprägte synergistische Effekte verspricht. Die Übernahme von *MTU* (Triebwerkhersteller), *Dornier* (Luft- und Raumfahrt), *AEG* (Elektrounternehmen) und zuletzt von *MBB* (Luft- und Raumfahrt) schafft Zugang zu den modernsten Techniken, die das Auto von morgen bzw. seine Wettbewerbsfähigkeit bestimmen werden. Aber auch umgekehrt werden die übernommenen Konzernglieder vom hohen Stand der Entwicklung und Fertigung in der Automobilindustrie (und speziell bei *Daimler-Benz*) profitieren können.

Was diversifizierte Dienstleistungssysteme betrifft, so kann hier generell die Entwicklung im Bankgewerbe herangezogen werden. Im Sinne einer markt- bzw. marketingorientierten Diversifikationspolitik haben sich Banken quasi als „universale Problemlöser" oder „Allfinanz-Kaufhäuser" (für den Privatkunden) bzw. „Financial Engeneer" (für die Firmenkunden) weiterzuentwickeln versucht (*Ferstl*, 1977, S.154ff.). Ausgangspunkt dieser Entwicklung ist zunächst die Weiterentwicklung der Spezialbanken (z.B. reine Hypothekenbanken oder Außenhandelsbanken) zu

---

[10] Parallelen gibt es etwa bei *General Motors*, USA; in dieser Hinsicht haben traditionell auch japanische Automobilhersteller System-Konzepte realisiert (z.B. *Mitsubishi-Gruppe*)

Universalbanken, die sich in den letzten Jahrzehnten in breitem Maße vollzogen hat. „Wenn auch vielfach an bestimmten geschäftlichen Schwerpunkten festgehalten wurde, bieten doch heute sämtliche Sparkassen, Kreditgenossenschaften und Kreditbanken mit Ausnahme weniger Privatbankiers einem heterogenen Kundenkreis die Leistungen des Depositen-, Kredit-, Effektenemissions-, -kommissions- und -depotgeschäfts an und erfüllen damit die allgemein gebräuchliche Universalbankdefinition" (*Ferstl*, 1977, S. 164). Inzwischen ist die Entwicklung weitergegangen in Richtung umfassender **Finanz- und Dienstleistungsunternehmen** (u.a. Angebot bzw. Vermittlung von Versicherungen, Bausparen, Leasing, Factoring, Vermögensberatung bzw. -verwaltung bis hin zur Unternehmensberatung oder auch Immobilienberatung, vgl. in diesem Zusammenhang die Übernahme eines großen Beratungsunternehmens sowie eines bedeutenden Immobilienmakler-Unternehmens durch die *Deutsche Bank AG*). Wettbewerbsbedingt wie auch aus Gründen der Bindung bestehender wie auch des Gewinnens neuer Kunden dringen Banken also mehr und mehr in den allgemeinen Dienstleistungssektor vor, der *nicht mehr* bankenspezifisch geprägt ist, wie Reise-, Immobilienvermittlungsgeschäft, spezielle EDV-Serviceleistungen (z.B. Datenbank-Systeme), Unternehmensberatung. Insoweit sind bestimmte Stufen der Diversifikation im Bankgewerbe (vgl. *Abb. 81*) erkennbar (*Becker*, 1978, S. 143).

Abb. 81: Stufen des Diversifikationsprozesses bei Banken

Die angedeutete Diversifikationsgrenze ist dabei nicht als Endlinie der diversifikationspolitischen Entwicklung im Bankensektor anzusehen, sondern es sind durchaus Entwicklungen denkbar, daß sich Bankbetriebe zu allgemeinen Dienstleistungsunternehmen weiterentwickeln, welche das „Bankgeschäft" nur noch als eine von zahlreichen gleichberechtigten Leistungssparten betreiben (*Ferstl*, 1977, S. 165).

II. Arten und Ausprägungen von Marketingstrategien

In diesem Zusammenhang ist interessant, daß nicht nur Diversifikationsaktivitäten vom Bankensektor in Richtung Handel- und Dienstleistungsbereich denkbar und möglich sind, sondern daß *umgekehrt* auch der Handels- und Dienstleistungsbereich in Richtung Bank- und Finanzleistungen vordringt (z.B. Schaffen handelseigener Kreditkarten, Gewähren von Krediten durch den Handel selbst, Angebot von Versicherungsleistungen bis hin zum Wertpapiergeschäft, vgl. z.B. die rd. 1000 Finanzzentren in den Warenhäusern von *Sears, Roebuck & Co.*, USA oder auch die *Metro*-Finanz-Centers in der BRD).

Ein anderes Beispiel eines erfolgreichen diversifizierten Dienstleistungs- bzw. Handelssystems ist die *Hussel-Holding AG* (seit 1990 *Douglas Holding AG*).

Diese Gesellschaft hat sich von einem Universal-Warenhaus systematisch zu einem differenzierten, inzwischen eine Reihe verschiedener Branchen umfassenden Filialsystems des Einzel- und Fachhandels entwickelt (vgl. *Abb. 82*).

Abb. 82: Struktur der Hussel-Gruppe (1985/86)

	1985	1986	Veränd. in %
Brutto-Umsatz (Mill. DM)	1327	1478	+ 11,4
davon:			
Parfümerien (Douglas, Brixner Er + Sie)	469	553	+ 17,9
Drogerien (Fuchs, Drospa-Korvett)	369	378	+ 2,4
Bücher, Zeitschriften (Stilke, Montanus)	193	197	+ 2,0
Süßwaren (Hussel, Feller)	127	134	+ 5,5
Schuhe/Sportartikel (Voswinkel)	111	129	+ 16,2
Schmuck/Uhren (Weiß)	58	86	+48,2
Anzahl der Verkaufsstellen (31. Dezember)	812	847	+ 4,3
Anzahl der Beschäftigten (31. Dezember)	6775	7725	+14
Eigenkapital (Mill. DM)	206,3	252,7	+22,5
Bilanzsumme	448,3	589,0	+31
Hussel Holding AG			
Grundkapital (Mill. DM)	80,0	91,0	+11,7
Jahresüberschuß n. Steuern	26,3	34,1	+29,6
Dividende (DM)	8,50	9,00	+ 8,5
Ergebnis je Aktie (in DM nach DVFA)	17	21,25	+25

Quelle: FAZ.

Diese Übersicht dokumentiert auch den betriebswirtschaftlichen Erfolg des *Hussel*-Konzepts. *Hussel* hat insgesamt den Nachweis angetreten, daß auch schwierige Sortimente filialisierungsfähig sind. *Erfolgsfaktoren* dieser Handelsgruppe sind im wesentlichen folgende vier:

(1) Strenge Kundenorientierung (Servicesystem)
(2) Starke Profilierung der einzelnen Linien (Corporate Identity)
(3) Bieten spezieller Einkaufserlebnisse (Life-Style-Segmentierung)
(4) Autonomie der einzelnen Vertriebssysteme (Dezentralisierung)

Dazu kommt – und das ist Voraussetzung für ein funktionierendes „Mischkonzern-Konzept" – die konsequente *Erfolgsorientierung,* die dann den Rückzug aus den besetzten Marktfeldern auslöst, wenn die geplanten Ziele nicht erreicht werden.

Typische Realisierungsformen von Diversifikationen

Im Zusammenhang mit den Conglomerates und der für sie typischen Aufkauf-Strategie ist bereits die Frage der Realisierungsformen von Diversifikationen angesprochen worden. Als wichtigste Formen der Realisierung von Diversifikationen überhaupt können *folgende (Abb. 83)* identifiziert werden:

Abb. 83: Die wichtigsten Realisierungsformen der Diversifikation

Realisierungsformen (= Art der eigentlichen Konkretisierung)	Charakteristik (= interne oder externe Diversifikation)
(1) Eigene Forschung und Entwicklung (Eigenaufbau)	intern i. e. S.
(2) Übernahme von Lizenzen (= Know-how-Kauf)	intern i. w. S.
(3) Aufnahme von Handelsware (= Produkt-Kauf)	intern i. w. S.
(4) Kooperation in Form von Joint Ventures (= „Partner-Kauf")	extern i. e. S.
(5) Unternehmens-Beteiligung/-Zusammenschluß (= Unternehmens-Kauf)	extern i. w. S.

Unter dem Aspekt wichtiger Auswahlkriterien können diese Alternativen der Diversifikationsrealisierung tendenziell wie folgt *(Abb. 84)* charakterisiert werden (zu den Realisierungsformen 1, 2, und 5 vgl. auch *Borschberg*, 1974, S. 483):

Abb. 84: Vergleich der Diversifikations-Realisierungsformen bezüglich Zeitaufwand, Kosten, Organisationsproblematik und Risiko sowie ihr Anteil an den Diversifikationen in der BRD in den Jahren 1976–1980

Diversifikations-Realisierungsformen / Auswahlkriterien	Eigene Forschung und Entwicklung (Eigenaufbau)	Lizenzenübernahme (= Know-how-Kauf)	Aufnahme von Handelsware (= Produkt-Kauf)	Kooperation in Form von Joint Ventures (= „Partner-Kauf")	Unternehmens-Beteiligung/-Zusammenschluß (= Unternehmens-Kauf)
Zeitfaktor	langsam	schnell	schnell	ziemlich schnell	ziemlich schnell
Kosten	hoch	ziemlich niedrig	ziemlich niedrig	niedrig	niedrig
Organisationsprobleme	wenige	praktisch keine	praktisch keine	wenige	zahlreiche
Risiko	groß	klein	klein	relativ groß	relativ groß
Anteil in %*	48	5	9	4	34

* *Peschen*, 1981, S. 98.

Aus *Abb. 84* geht hervor, daß der Eigenaufbau (48%) einerseits und der Unternehmenskauf (34%) andererseits die mit Abstand *bevorzugten* Realisierungsformen der Diversifikationsstrategie sind. Speziell die Strategie des **Unternehmenskaufs** („Acqui-

II. Arten und Ausprägungen von Marketingstrategien

sitions and Mergers", vgl. auch *Aaker,* 1984, S. 267 ff.) hat in den letzten Jahren deutlich zugenommen.[11] Vor allem im Konsumgüterbereich ziehen es immer mehr Unternehmen (insbesondere Großunternehmen) vor, etablierte Marken (Unternehmen) zu kaufen, anstatt sie selbst neu aufzubauen. Das wird von vielen Unternehmen nicht nur als der schnellere Weg zu mehr Wachstum angesehen, sondern auch als das *weniger* risikobehaftete Konzept.

Spektakuläre Aufkaufbeispiele sind etwa der *Philip Morris-Konzern,* der die *General Foods Corporation* erwarb, um sich damit von der einseitigen Abhängigkeit von der Zigarette zu lösen. Die *General Foods Corporation* mit ihrem breiten Produktprogramm und gut im Markt etablierten Marken (u.a. *Maxwell-Kaffee, Jell-O-Pudding, Birds-Eye-Tiefkühlkost*) trug auf Anhieb immerhin rd. ein Drittel zum Konzerngewinn von *Philip Morris* bei. Oder die Schweizerische *Nestlé-Gruppe,* die durch Erwerb der amerikanischen *Carnation-Gruppe* (Nahrungsmittel und Tierfutter) ihr Nordamerika-Geschäft sprunghaft ausdehnte (*Nestlé-Chef Maucher:* „Dort kauften wir uns eine Marktposition, zu deren Aufbau wir aus eigener Kraft 20 bis 25 Jahre gebraucht hätten")[12]. Ziel ist es, interessante Teile des Programms weltweit zu vermarkten (so z.B. die Tierfuttermarke *Friskies*). **Groß-Diversifikationen** über Aufkaufstrategien haben insoweit nicht selten eine geo-strategische Dimension (vgl. hierzu auch die 4. strategische Ebene: Marktarealstrategien, insbesondere Internationale Strategien, S. 268 ff.).

Hinter der Aufkaufstrategie von *Nestlé* – und das gilt mutatis mutandis für viele andere, namentlich große Unternehmen auch – steckt eine *klare* Strategie, die letztlich in einer spezifischen *Nestlé*-Unternehmensphilosophie verankert ist (vgl. hierzu auch die Darlegungen zur Zielebene, speziell zur Rolle und Ableitung von Unternehmensphilosophien auf S. 34 ff.). Hier soll kurz der Bezug zur *Nestlé*-Philosophie hergestellt werden, die der Delegierte des Verwaltungsrates der *Nestlé-AG, Vevey, Helmut Maucher,* u.a. wie folgt formuliert hat: „Oberste Aufgabe der Unternehmensführung ist es, den Bestand des Unternehmens langfristig zu sichern, dafür zu sorgen, daß Umsätze, Erträge und Arbeitsplätze auch in Zukunft gewährleistet sind. Für *Nestlé* hat dabei die Festigung und Weiterentwicklung des bestehenden Geschäfts absoluten Vorrang. Gerade unser Erfolg in den angestammten Bereichen versetzt uns aber auch in die Lage, Möglichkeiten des Zukaufs oder der Beteiligung zu nutzen, wenn sich dadurch bestehende Positionen verstärken oder neue Märkte erschließen lassen.

Tatsächlich hat *Nestlé* in ihrer über hundertjährigen Geschichte auch diesen zweiten Weg zur Zukunftssicherung und Wachstum immer wieder beschritten. Zweifellos war es die geschickte und erfolgreiche Kombination beider Strategien – konsequente Eigenentwicklung und Akquisition –, die entscheidend zur heutigen internationalen Bedeutung von *Nestlé* beigetragen und das Unternehmen zum größten Nahrungsmittelhersteller der Welt gemacht hat. Der Erfolg ermutigt uns zur Fortsetzung dieser Doppelstrategie, wie unsere in jüngster Zeit getätigten Akquisitionen und Beteiligungen belegen" (*Maucher,* 1985, S. 6).

„Akquisitionen oder Beteiligungen erwägen wir vor allem dann, wenn dadurch
- bestehende Sortimente und Marktpositionen sinnvoll abgerundet und ergänzt werden können;
- der Eintritt in interessante zusätzliche Lebensmittelmärkte ermöglicht wird, so in jüngster Zeit in den Röstkaffeemarkt durch Firmenkäufe in den USA und ein „Joint venture' mit der deutschen Firma *Dallmayr* sowie in den Markt für Fleisch- und Wurstwaren durch eine Beteiligung an der *Herta AG;*
- eine bessere geografische Ausgeglichenheit unseres weltweiten Geschäfts erzielbar ist; so diente unsere bislang größte Akquisition, der Erwerb von *Carnation,* vornehmlich der Verstärkung unserer Position in Nordamerika" (*Maucher,* 1985, S. 7).

Wie konsequent *Nestlé* in diesem Sinne gerade auch in jüngster Zeit vorgegangen ist, zeigen die Neuerwerbungen allein im Jahre 1986 (siehe *Abb. 85*).

---

[11] Zur wettbewerbsrechtlichen Dimension des Unternehmensaufkaufs (Fusionsstrategie) siehe auch S. 374 ff.
[12] Zit. nach Manager-Magazin 1/1986, S. 114.

2. Teil: Konzeptionsebene der Marketingsstrategien

Abb. 85: Wichtigste Neuerwerbungen der Nestlé-Gruppe im Jahre 1986*

Unternehmen	Programm	Jahresumsatz sfr Mio.
Herta, Deutschland und Filialen in anderen Ländern (von 26 zu 51%)	Wurstwaren	930
La Roche aux Fees/Rousset Frankreich (75%)	Gekühlte Produkte	360
Life Savers, Australien (Saldo 60%)	Schokolade Süßwaren	150
Granja Castello Spanien (50%)	Milchprodukte	120
Dr. Ballard's Petfoods Kanada	Haustiernahrung	85
Zoegas, Schweden (91%)	Bohnenkaffee	80
L. J. Minor Vereinigte Staaten	Erzeugnisse für Großverbraucher	60
Heimbs, Deutschland (erworben durch Dallmayr)	Bohnenkaffee für Restaurants	40
Dany, Deutschland	Gekühlte Snack-Artikel	35
Pasta & Cheese Vereinigte Staaten	Teigwaren, Saucen und gekühlte Produkte	30
Sharpoint Vereinigte Staaten	Nadeln, Faden für Operationszwecke	25

* Der konsolidierte Konzernumsatz der *Nestlé-Gruppe* betrug 1985 42,2 Mia. Sfr.
Quelle: Lebensmittel-Zeitung

Wie sich die Akquisitionen strategisch einordnen, zeigt die Aufteilung des Umsatzes nach den wichtigsten Produktgruppen (siehe *Abb. 86*).

Abb. 86: Struktur des Nestlé-Umsatzes 1985 nach Produktgruppen

Getränke	30,0%
Milchprodukte	21,0%
Kulinarische Produkte	12,1%
Tiefkühlprodukte und Glace	10,5%
Schokolade und Süßwaren	7,6%
Kindernährmittel und diätetische Produkte	6,1%
Haustiernahrung	4,2%
Gekühlte Produkte	3,3%
Pharmazeutische und kosmetische Produkte	2,3%
Verschiedene Produkte/Aktivitäten	1,5%
Hotelgewerbe	1,4%
	100%

Quelle: Nestlé-Geschäftsbericht 1985

Inzwischen hat *Nestlé* neue internationale Großakquisitionen vorgenommen: *Rowntree*, Großbritannien (Stärkung der Süßwarenbasis) und *Buitoni*, Italien (Einstieg bei Teigwaren). Außerdem ist eine strategische Allianz via Joint Venture mit *General Mills*, USA (Aufbrechen des von *Kellogg's* beherrschten Cerealien-Markts) geplant.

Neuerdings haben auch *kooperative* Formen der Diversifikation an Bedeutung gewonnen, und zwar speziell in der Form eines **Joint Venture** (*Benci/Seibert*, 1979). Hierbei handelt es sich um eine Gemeinschaftsgründung einer neuen Gesellschaft durch mindestens zwei Partner (Unternehmen). Spezielle synergistische Effekte können hier durch eine gezielte Rollenverteilung zwischen den Partnern realisiert werden (z. B. ein Partner bringt sein entwicklungs- bzw. verfahrenstechnisches Know-how, der andere sein Marketing- und Vertriebskonzept ein).

Die Darlegungen zur Diversifikation haben gezeigt, daß diversifikations-strategische Entscheidungen sehr *komplex* sind, und zwar sowohl was ihre Arten als auch ihre Realisierungsformen – nicht zuletzt auch unter der Berücksichtigung von Synergie-Effekten – angeht. Es ist zugleich deutlich geworden, daß innerhalb des Strategiefeldes Diversifikation *spezifische* Ausrichtungen mit unterschiedlicher „Entfernung" vom bisherigen Geschäftszweck (Programm) möglich sind.

e) Typische Vorgehensweisen richtungs-strategischen Marketings
  (alphabetische und analphabetische Strategiemuster)

Die Produkt/Markt-Kombinationen des Unternehmens legen seine richtungs-strategischen Aktivitäten fest. Diese Kombinationen stellen den **eigentlichen Kern** (Ausgangsbasis) der strategischen Marketing- und Unternehmenspolitik insgesamt dar. Alle anderen Entscheidungen strategischer Art finden hier jedenfalls ihren zentralen Bezugspunkt.

Die *vier* grundsätzlichen Strategierichtungen

- **Marktdurchdringung,**
- **Marktentwicklung,**
- **Produktentwicklung,**
- **Diversifikation,**

sind zwar – projiziert auf reale Unternehmens- und Marktverhältnisse – vielfach *nicht eindeutig* abgrenzbar, d.h. es bestehen zwischen den vier Produkt/Markt-Wahlmöglichkeiten auch gewisse fließende Übergänge. *Dennoch:* Kein Unternehmen kann eine langfristig orientierte, auf Gewinn- und Wachstumssicherung angelegte Politik betreiben, wenn es sich nicht für seine ziel-adäquaten, strategischen Marktfelder entscheidet.

Damit ist zugleich gesagt, daß die Wahl zwischen diesen Marktfeldern weniger alternativ im Sinne eines „Entweder-Oder" als vielmehr kombinativ im Sinne eines „Sowohl-als-Auch" anzusehen ist. Entscheidend dabei ist, daß sie sich nicht nur ergänzen (*Ansoff*, 1966, S.135), sonden daß es hierbei eine Reihe sinnfälliger („typischer") **Kombinationsmöglichkeiten** gibt. Trotzdem ist es für viele Unternehmen von Vorteil, sich vor allem auf eine der vier Hauptstrategien (Strategierichtungen) zu stützen (*Kotler*, 1977, S.239). Die einzelnen Strategiekomponenten können sich andererseits in unterschiedlicher Weise sinnvoll ergänzen, d.h. z.B. mit verschiedenen Schwerpunkten sich insgesamt gegenseitig verstärken. Derartige Strategiekombinationen können aber auch ungewollt Substitutionseffekte zwischen neuen und alten Produkten hervorrufen (*Zahn*, 1971, S.59).

Aus diesen grundsätzlichen Überlegungen zu den Produkt/Markt-Kombinationen (Marktfeldstrategien) folgt, daß die Entscheidungen für die zu wählende(n) Strategierichtung(en) *unternehmensindividuell* geplant und entsprechend abgesichert getroffen werden müssen, und zwar nicht zuletzt deshalb, weil diese Entscheidungen – wie bereits hervorgehoben – einen zentralen Angelpunkt des gesamten strategischen Agierens des Unternehmens bilden.

Was die **Reihenfolge bzw. die Kombination** der verschiedenen richtungs-strategischen Felder angeht, so können trotzdem einige generalisierende Aussagen gemacht werden, was anhand von *Abb. 87* näher verdeutlicht werden soll.

Abb. 87: Die vier potentiellen Produkt/Markt-Kombinationen des Unternehmens und ihre Charakteristik

A. *Marktdurchdringung* Kennzeichen: Produkt alt, Markt alt *Natürlichste* Strategie (Minimum-Strategie)	**B.** *Marktentwicklung* Kennzeichen: Produkt alt, Markt neu = *Naheliegende* Strategie (Arrondierungs-Strategie)
C. *Produktentwicklung* Kennzeichen: Produkt neu, Markt alt = *Wettbewerbsinduzierte* Strategie (Innovationsstrategie)	**D.** *Diversifikation* Kennzeichen: Produkt neu, Markt neu = *Marktpotentialinduzierte* Strategie (Absicherungsstrategie)

Die *Strategie A* (Marktdurchdringung) ist die natürlichste Strategie des Unternehmens, d.h. die Ausschöpfung des Potentials bestehender Produkte in bestehenden Märkten ist gleichsam die **Plattform,** von der aus alle anderen strategischen Maßnahmen ihren Ausgangspunkt nehmen (sie stellt zugleich die Minimum-Strategie des Unternehmens dar, d.h. kein Unternehmen ist auf Dauer überlebensfähig, wenn es nicht mindestens systematische Marktdurchdringung betreibt).

Die *Strategie B* (Marktentwicklung) ist insofern eine naheliegende Strategie, als sie **verborgene Marktmöglichkeiten** für ein bestehendes Produkt aufzudecken und zu nutzen sucht (sie ist insofern eine Arrondierungs-Strategie, als sie bestehende Produkte auch in anderen Märkten zur Erzielung zusätzlicher Erträge einzusetzen trachtet).

Die *Strategie C* (Produktentwicklung) ist speziell aufgrund des deutlichen Überangebotes, zumindest in den meisten Konsumgütermärkten, eine wettbewerbsinduzierte Strategie (sie ist inhaltlich eine gezielte **Innovationsstrategie,** die darauf ausgerichtet ist, sich Wettbewerbsvorteile gegenüber der Konkurrenz zu verschaffen oder zumindest Wettbewerbsvorteile von Konkurrenten zu egalisieren).

Die *Strategie D* (Diversifikation) ist eine marktpotentialinduzierte Strategie insofern, als Wachstumsgrenzen in angestammten Märkten des Unternehmens dazu zwingen, sich in **Ersatzmärkten** zu engagieren, die zugleich gegenüber den bisherigen Märkten einen Risikoausgleich darstellen (sie ist insofern eine umfassende Absicherungsstrategie des Unternehmens im Sinne von Gewinn- und Existenzsicherung).

II. Arten und Ausprägungen von Marketingstrategien

Aufgrund dieser marketingpolitischen Überlegungen ergeben sich bestimmte typische Reihenfolgen bei der Wahl der Strategien A bis D, und zwar bezogen auf ihre stufenweise Berücksichtigung im Produkt/Markt-Konzept des Unternehmens. Jedenfalls kann man in dieser Hinsicht von folgenden typischen konzeptionsrelevanten **Strategiepfaden** *(Abb. 88)* ausgehen:

Abb. 88: Typische Strategiefolgen (Strategiepfade)

	Variante I	Variante II	Variante III
Strategie A	1	1	1
Strategie B	2	–	–
Strategie C	3	2	2
Strategie D	4	3	–

Was typische Strategiefolgen bzw. Strategiepfade angeht, so haben wir vor allem *drei* relevante Varianten erkannt, die zugleich unterschiedliche Strategiekombinationen darstellen (= zwei-, drei- oder vierfache Produkt/Marktkombinationen, vgl. Varianten III, II und I in *Abb. 88*). Die Unterschiede im strategischen Vorgehen wie auch in der tatsächlichen strategischen Kombination lassen sich dabei am besten noch einmal *grafisch* verdeutlichen *(Abb. 89)*.

Die strategische *Variante I* weist dabei das insgesamt chancenreichste, aber auch risikostärkste Strategiekonzept auf. Sie impliziert zugleich sehr komplexe Planungs- und Realisierungsprobleme. *Variante III* ist demgegenüber der vergleichsweise strategisch einfachste Fall, wobei allerdings die Möglichkeiten und Grenzen der Produktentwicklung jeweils vom konkreten Markt und seiner Wettbewerbs- sowie Innovationsstruktur abhängen. Die *Variante II* weist so gesehen eine „mittlere" strategische Qualität auf; sie ist allerdings entscheidend abhängig von dem konkreten strategischen Beitrag der Diversifikation.

Abb. 89: Alphabetische Strategiemuster

Variante I	Variante II	Variante III
A ⟶ B ↘ C ⟶ D	A B ↓ C ⟶ D	A B ↓ C D
= Z-Strategie	= L-Strategie	= I-Strategie

Alle in *Abb. 89* dargestellten Strategiemuster stellen *alphabetische* (= logisch-professionelle) Stufenfolgen dar, weil sie jeweils im Sinne naheliegender Strategierichtungen voranschreiten *(Becker, 1986b, S. 190)*.

Aus diesen Einsichten kann insgesamt abgeleitet werden, daß es sowohl Unternehmen gibt, die alle Strategiefelder nacheinander durchlaufen, als auch solche, die bestimmte Felder auslassen. Der **strategische Idealweg** entspricht dabei aber grundsätzlich einer „natürlichen" Reihenfolge aller Marktfeldstrategien (=Z-Strategie als stufen-logische „Ideal-Strategie", siehe *Abb. 89, 88* sowie auch *87*). Es ist allerdings – je nach unternehmensindividuellen bzw. marktindividuellen Verhältnissen – auch eine davon stärker *abweichende* strategische Reihenfolge (vgl. *Abb. 90*) denkbar bzw. auch in der Unternehmenspraxis nachweisbar.

Abb. 90: Beispiele „nicht-typischer" Strategiefolgen (Strategiepfade)

	Variante IV	Variante V	Variante VI
Strategie A	1	1	1
Strategie B	2	2	–
Strategie C	–	–	–
Strategie D	–	3	2

Diese von uns als „nicht-typisch" bezeichneten strategischen Reihenfolgen markieren entweder eine einseitige Betonung der Diversifikationsstrategie (Marktfeld D) oder eine gravierende Lücke in der Produktentwicklung (Marktfeld C). Diese „nicht-typischen" Strategiefolgen in bezug auf das Produkt/Markt-Konzept scheinen heute allerdings *tendenziell zuzunehmen* (sie sind nicht selten Ausdruck von Versäumnissen in den Strategiefeldern B oder C bzw. Ausdruck plötzlich auftretender unternehmens- bzw. marktspezifischer Probleme im Ausgangsfeld A; diese kombinativen Strategiemuster haben damit einen bestimmten „analphabetischen" (*nicht*-professionellen) Charakter (vgl. *Abb. 91*). Wir bezeichnen sie deshalb auch als analphabetische Strategiemuster).

Abb. 91: Analphabetische Strategiemuster

Variante IV   Variante V   Variante VI

A ───▶ B	A ───▶ B	A ╲ B
C D	C ▼ D	C ╲▶ D

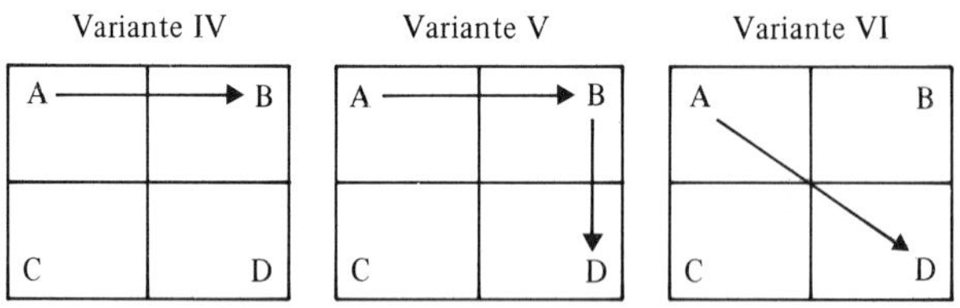

Hinweis: Diese Muster ergeben alle keinen Buchstaben (vgl. dagegen *Abb. 89*).

Inzwischen allerdings veraltete Untersuchungen von *Gutmann* in den USA scheinen die wesentlichen von uns gemachten Aussagen zu bestätigen. Danach basierte jedenfalls das Wachstum der am schnellsten wachsenden Unternehmen vor allem auf der Strategie A (=Marktdurchdringung) und der Strategie C (=Produktentwicklung). Die Ergebnisse im einzelnen zeigt die folgende Übersicht *(Abb. 92,* Ergebnisse zit. nach *Haberlandt,* 1970, S. 385).

Die insgesamt deutlich über 100% liegenden Nennungen (vgl. *Abb. 92*) weisen auf **Strategiekombinationen** hin, und zwar insbesondere auf die Strategiekombinationen A, C bzw. A, C, D (=I-Strategie und L-Strategie).

Abb. 92: Wachstumsrichtungen der 53 am schnellsten wachsenden Unternehmungen in den USA in der Zeit von 1954-1958

Anteil der Unternehmungen	Art des Produktes	Art des Marktes	Wachstumsrichtung	Strategiesymbol
98%	alt	alt	Expansion (= Marktdurchdringung)	A
6%	alt	neu	Extension (= Marktentwicklung)	B
80%	neu	alt	Suppletion (= Produktentwicklung)	C
40%	neu	neu	Diversifikation	D

Was die Diversifikation angeht, so hat sie inzwischen ihren *Anteil* am Wachstum von Unternehmen deutlich erhöht. In den USA wird bereits der Anteil diversifizierter Unternehmen - gemessen an den 500 größten Industrieunternehmen („Fortune 500") - auf ca. 80-85% geschätzt. Der Anteil diversifizierter Unternehmen in der BRD wird auf der Basis der 100 größten Industrieunternehmen („FAZ 100") mit immerhin etwa 60-70% angenommen (*Wittek*, 1980, S. 55 bzw. 57).

Damit wollen wir die Diskussion des richtungs-strategischen Marketings bzw. die Frage der strategischen Marktfeldbesetzung abschließen und uns nunmehr der zweiten großen Strategieebene - nämlich den Marktstimulierungsstrategien - zuwenden.

2. Marktstimulierungsstrategien

Neben den richtungs-strategischen Entscheidungen (= Bestimmung des oder der zu besetzenden Produkt/Markt-Felder) sind jene strategischen Entscheidungen von zentraler Bedeutung, welche die **Art und Weise der Marktbeeinflussung** (oder besser: der Marktstimulierung) determinieren.

Märkte sind in einzelwirtschaftlicher, speziell marketingpolitischer Hinsicht keine „festen Größen", sondern *dynamische* Gebilde, die ein hohes Änderungspotential (Aktions- und Reaktionskräfte) in sich tragen, das diejenigen Unternehmen, die strategisch operieren, gezielt auszuschöpfen trachten. Ihr Bemühen ist insoweit darauf gerichtet, Märkte zu gestalten, zu ändern und im Sinne eigener Zielsetzungen zu beeinflussen (*Hill*, 1972, I, S. 31 ff.).

Die **Mechanismen** der Beeinflussung bzw. Steuerung von Märkten haben sich im Laufe der wirtschaftlichen Entwicklung *entscheidend* geändert. Verantwortlich dafür sind grundlegende Änderungen in den generellen Marktstrukturen, speziell was die Angebots- und Nachfrageseite angeht. Betrachtet man die wirtschaftliche Entwicklung seit Beginn der Industrialisierung, so lassen sich im wesentlichen drei verschiedene Phasen der unternehmerischen Orientierung unterscheiden (*Kotler*, 1977, S. 14-27; *Meffert*, 1980, S. 33 f.; *Kotler/Armstrong*, 1988, S. 18 ff.):

(1) **Produktionsorientierung** (im Vordergrund stand die (Massen-)Produktion, charakteristisch waren sog. Verkäufermärkte, d.h. die Nachfrage (N) überstieg das Angebot (A), d.h.: N > A);
(2) **Verkaufsorientierung** (im Vordergrund standen verkaufsunterstützende Maßnahmen aufgrund sich abzeichnender Sättigungserscheinungen bzw. zunehmender Substitutionskonkurrenz, Angebot und Nachfrage befanden sich in etwa im Ausgleich: N ≅ A, aber mit der Tendenz zum Überangebot);
(3) **Marketingorientierung** (für hochentwickelte Volkswirtschaften heute typisch; hier besteht ein Zwang zur abnehmerorientierten Ausrichtung des Unternehmensprogramms aufgrund der vorherrschenden sog. Käufermärkte, d.h. die Nachfrage ist (deutlich) kleiner als das Angebot: N < A).

Mit der grundlegenden Wandlung der Märkte von Phase 1 (= *sog. Verkäufermarkt*) zu Phase 3 (= *sog. Käufermarkt*) haben sich naturgemäß auch die Bedingungen bzw. die Zwänge zur „Marktlenkung" entscheidend geändert. Dies hat sich in der Tatsache niedergeschlagen, daß heute der Preiswettbewerb (price-competition) in gewissem Maße vom **Qualitätswettbewerb** (non-price-competition) abgelöst bzw. überlagert worden ist (*Rosenberg,* 1977, S.139f.; *Rosenstiel/Ewald,* I, 1979, S.154; *Kotler,* 1982, S.657; *Aaker,* 1984, S.213f.).

Diesen Wandel hat auch die Mikroökonomie (hier *speziell* die Preistheorie) in ihren Aussagen zu berücksichtigen gesucht. Während die klassische Preistheorie im Prinzip vom reinen Preiswettbewerb (= „Preis-Mengen-Mechanik" auf der Basis sog. vollkommener Märkte) ausging, hat die moderne Preistheorie auch stärker den sog. Qualitätswettbewerb in ihre Modelle einzubeziehen gesucht (= Berücksichtigung von Präferenzen oder Vorzugsstellungen, Unterscheidung sog. unvollkommener Märkte). Der sog. Qualitätswettbewerb ist in der neueren Preistheorie allerdings nur modellhaft im Sinne von „Pauschalpräferenzen" eingeführt worden (vgl. hierzu etwa die Modellierung bei *Gutenberg* 1976, Bd. II, S.238ff.).

Marketingstrategisch können somit unter dem Aspekt der Marktstimulierung oder Marktlenkung zwei grundlegende Ansatzmöglichkeiten unterschieden werden (*Berger,* 1975, S.604f., *Becker,* 1972, S.247ff. bzw. 693ff.):

(1) **Präferenzstrategie,**
(2) **Preis-Mengen-Strategie.**

Wenn bereits gesagt worden ist, daß der Qualitätswettbewerb den Preiswettbewerb z.T. abgelöst oder zumindest stark überlagert hat, so heißt das allerdings nicht, daß dem Preiswettbewerb heute keine (große) Bedeutung mehr zukommt.[13] Die gemachten Aussagen müssen in dieser Hinsicht etwas differenziert werden, und zwar in bezug auf die Marktstruktur realer Märkte. Es zeigt sich dabei nämlich durchweg eine bestimmte **Schichtenstruktur** speziell in Konsumgütermärkten. Für die einzelnen Marktschichten sind jeweils unterschiedliche Abnehmergruppen typisch und daraus wiederum resultiert eine bestimmte Tendenz zu jeweils adäquaten Strategieformen marktstimulierender Art. Folgende Darstellung (*Abb. 93)* versucht diese Zusammenhänge transparent zu machen.

---

[13] Zur strategischen Dimension der Preispolitik siehe auch *Cravens,* 1982, S.291ff. sowie *Simon,* 1982, S.253ff. bzw. *Diller,* 1985, S.184ff.

Abb. 93: Idealtypische Markt-, Preis- und Abnehmerschichten und adäquater marktstimulierender Strategietyp (differenzierter Ansatz)

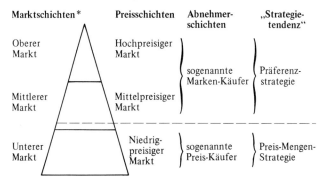

* Modellhafte Darstellung, welche die unterschiedliche Größe (Marktvolumen) der einzelnen Schichten grundsätzlich zu berücksichtigen sucht (zur *realtypischen* Schichtung von Märkten und ihren Veränderungstendenzen siehe die Abbildungen und Darlegungen auf S. 188 bzw. 403 ff.).

Abb. 93 verdeutlicht, daß für die beiden *oberen* Märkte der sog. Marken-Käufer typisch ist, der primär über präferenz-strategische Konzepte zu mobilisieren ist, während im *unteren* Markt (und *unteren* Teil des mittleren Marktes) der sog. Preis-Käufer dominiert, der nur über preis-mengen-orientierte Strategien zu gewinnen ist.

Welche grundsätzlichen strategischen Optionen den Unternehmen für eine **Positionsbestimmung** hinsichtlich der Haupt-Dimensionen Qualität und Preis grundsätzlich zur Verfügung stehen, läßt sich in Anlehnung an und weiterer Differenzierung der „*Kotler-Matrix*" (*Kotler*, 1982, S. 90) wie folgt kennzeichnen (siehe *Abb. 94*).

Abb. 94: Strategische Positionsbestimmung in bezug auf Qualität und Preis

Dimension Qualität \ Dimension Preis	niedrig	mittel	hoch
hoch	Aktionsstrategien		Reine Präferenzstrategie
mittel	Nicht-reine Preis-Mengen-Strategie	Mittellagen-Strategie	Nicht-reine Präferenz-Strategie
niedrig	Reine Preis-Mengen-Strategie	Raubbau-Strategien	

↑ typische Strategietendenzen bzw. Strategiezwänge

Diese Matrix macht deutlich, daß die *reine* Präferenz- wie auch die *reine* Preis-Mengen-Strategie *symmetrische* Extremstrategien darstellen. Zwischen beiden Positionen bestehen jedoch insoweit charakteristische Unterschiede, als die nicht-reine

156   *2. Teil: Konzeptionsebene der Marketingsstrategien*

Präferenzstrategie zur reinen Präferenzstrategie tendiert bzw. in sie übergeführt werden muß (=Zwang zur Symmetrie), wenn die Präferenzstellung auf Dauer gesichert werden soll, während bei der reinen Preis-Mengen-Strategie vielfach eine Tendenz erkennbar ist, die Attraktivität des Angebots durch eine überproportionale Qualität zu erhöhen (=Zwang zur Asymmetrie). Die Zwänge bzw. die Stärke der Positionsveränderungen hängen dabei von markt-spezifischen Strukturen (insbesondere dem Wettbewerb) wie auch unternehmens-spezifischen Faktoren (u.a. Stellung im Produktlebenszyklus, situativen Komponenten) ab.

Die **Mittellagen-Strategie** ist eine symmetrische Kompromiß-Strategie, die angesichts heutiger Marktstrukturen (siehe hierzu auch die Darlegungen zur Marktschichten-Strukturveränderung auf S. 403 ff.) immer *problematischer* wird (vgl. auch Gefahr der „Zwischen-den-Stühlen-Strategie", *Porter*, 1986, S. 38 f.).

Was die **Aktionsstrategien** angeht, so sind sie durch besonders *attraktive* Preis-Leistungs-(Qualitäts-)Verhältnisse gekennzeichnet; sie stellen auf Gelegenheiten bzw. Supergelegenheiten ab, wie sie etwa im Rahmen von zeitbezogenen Verkaufsförderungsaktionen (oder auch bei permanenter Discount-Vermarktung) üblich sind. Die **Raubbau-Strategien** stellen demgegenüber aus der Sicht der Abnehmer unattraktive Angebote dar, die sich im Markt in der Regel nur *kurz* halten können (=Kurzfrist- oder „Verbrannte Erde"-Politik).

Die Diskussion der *positions*-strategischen Neun-Felder-Matrix (vgl. *Abb. 94*) zeigt insgesamt, daß Unternehmen im Prinzip nur über *zwei* klare positions-strategische Optionen im Markt verfügen (siehe *Abb. 95, Becker*, 1987 a).

Abb. 95: Zwei grundlegende positions-strategische Optionen im Markt

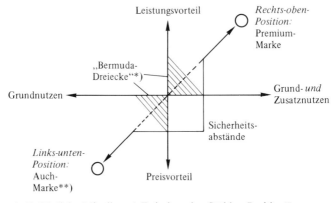

* Gefährliche Mittellage („Zwischen-den-Stühlen-Position")
** No-Names, Handelsmarken, Drittmarken der Hersteller

Die Präferenzstrategie stellt sich demnach als eine Rechts-oben-Position dar (**Premiummarken-Strategie** = Extremstrategie auf der Basis eines klaren *Leistungs*vorteils aufgrund von Grund- *und* Zusatznutzenleistungen), während die Preis-Mengen-Strategie durch eine extreme Links-unten-Position gekennzeichnet ist (**Auch-Marken-Strategie** auf der Basis eines eindeutigen *Preis*vorteils, und zwar aufgrund in der

Regel reiner Grundnutzenleistungen).[14] Den beiden marktstimulierungspolitischen Handlungsmustern liegen insoweit zwei verschiedene **strategische Hebel** zugrunde (*Becker*, 1986a, S.79), nämlich

- entweder immer *besser* zu sein als die anderen Anbieter (=**Leistungsvorteil-Marketing** via Präferenzstrategie)
- oder immer *billiger* zu sein als die anderen Anbieter (=**Preisvorteil-Marketing** via Preis-Mengen-Strategie).

Hinter den beiden grundlegenden Optionen der Marktbeeinflussung bzw. -steuerung stehen damit jeweils ganz bestimmte Mechaniken, die im Grunde bereits bei der Festlegung der **Philosophie** des gesamten Unternehmens (vgl. hierzu auch die Ausführungen zur Zielebene, insbesondere S. 34ff.) *vor*formuliert werden (müssen).

Auf beide marktstimulierenden Strategieformen – ihre Ansatzpunkte, Wirkmechanismen und Einsatzmöglichkeiten – soll im folgenden näher eingegangen werden.

a) Präferenzstrategie

Präferenzstrategisches Agieren von Unternehmen hat in dem Maße zugenommen, in dem sich immer mehr Märkte von Verkäufer- zu Käufermärkten gewandelt haben. Märkte, in denen das Angebot die Nachfrage (z.T. erheblich) übersteigt, sind generell durch einen **intensivierten Wettbewerb** (Verdrängungswettbewerb) gekennzeichnet. Er kommt dadurch zustande, daß Unternehmen nicht mehr „automatisch" ihr gesamtes Angebot absetzen können, und sie sich daher bemühen müssen, marktgerechte, d.h. vor allem abnehmergerechte Produkte bzw. Leistungen anzubieten.

Markt- bzw. abnehmergerechte Produkte bzw. Leistungen heißt aber nichts anderes, als *spezifischen* Wünschen und Erwartungen der Abnehmer entgegenzukommen. Da Märkte, in denen die Nachfrage stagniert oder nur noch schwach wächst, Märkte sind, die durch einen hohen **Sättigungsgrad von Grundbedürfnissen** der Abnehmer charakterisiert sind, *suchen* die Unternehmen in solchen Märkten konsequent nach der Befriedigung von *Zusatz*bedürfnissen (z.B. Differenzierungs- bzw. Prestigebedürfnissen), zumal die frei-verfügbare Kaufkraft in den letzten Jahren ständig zugenommen hat. Der Schwerpunkt des unternehmerischen Agierens hat sich daher in vielen Märkten – und zwar insbesondere in den jeweils mittleren und gehobenen Marktschichten – auf den Einsatz *solcher* Instrumente verlagert, die **Präferenzen** oder Vorzugsstellungen aufzubauen vermögen: z.B. Produkt-/Qualitätsinnovation, Markenname, Stil/Design, Verpackung, Abnehmerselektion, Service usw.

Zur Abgrenzung der Präferenzstrategie

Ausgehend vor allem von Untersuchungen bzw. Überlegungen *Abbotts* (*Abbott*, 1958) ist überhaupt versucht worden, das absatzwirtschaftliche Instrumentarium nach *zwei* großen Aktionsbereichen zu trennen (*Banse*, 1961, Sp.5989 f.):

---

[14] Zur Frage der Nutzenstruktur von Produkten siehe auch die Ausführungen auf S.133 f.

- **Preiswettbewerb** (= alle preisbestimmenden Entscheidungen),
- **Qualitätswettbewerb** (= alle *nicht*-preisbestimmenden Entscheidungen, d.h. alle qualitätsbestimmenden Entscheidungen i.w.S.).

Gegen diese Abgrenzung absatzstrategischer Handlungsweisen ist eingewendet worden, daß sich auch aufgrund von preispolitischen Maßnahmen (z.B. einer gezielten Niedrigpreispolitik) Präferenzen oder Vorzugsstellungen schaffen lassen (*Raffée*, 1974, S.183). Darüber hinaus ist darauf hingewiesen worden, daß in allen den Fällen, in denen die (Produkt-)Qualität für den Abnehmer intransparent ist, der Preis quasi zum Qualitätsmaßstab wird und somit selbst Teil der Qualitätspolitik ist (*Engelhardt*, 1974, Sp.1801f.). Insofern erweist sich in der Tat die Unterscheidung von Preiswettbewerb und Nicht-Preiswettbewerb (= Einsatz aller nicht-preislichen Aktionsparameter) zunächst als nicht völlig eindeutig. Präferenzstrategie – Gegenstand dieses Abschnittes – und Preis-Mengen-Strategie, die im nächsten Abschnitt behandelt wird, sollen daher im Hinblick auf unsere stimulierungs-strategischen Überlegungen wie folgt gegeneinander *abgegrenzt* werden.

(1) **Präferenz-Strategie** (= *primär* Einsatz aller *nicht*-preislichen Aktionsparameter; der Einsatz aller wesentlichen präferenz-orientierten Marketinginstrumente soll einen überdurchschnittlich *hohen* Abgabepreis ermöglichen, wie umgekehrt ein überdurchschnittlicher Preis auch ein wichtiges präferenzbildendes Mittel ist, das heißt:
Diese Strategie führt zu einer *mehr*-dimensionalen Präferenzbildung, die wir als echte Präferenzbildung bezeichnen, weil auf diese Weise profilierte Marken (relativ) schwer austauschbar sind.)

(2) **Preis-Mengen-Strategie** (= *primär* „aggressiver" Einsatz *preis*- und konditionenpolitischer Mittel; der Einsatz der übrigen Aktionsparameter erfolgt nur soweit, als er für das Zustandekommen einer Marktleistung zwingend notwendig ist, z.B. *minimale* Distributions- und Kommunikationsmaßnahmen, das heißt:
Diese Strategie führt im Prinzip lediglich zu einer *ein*-dimensionalen Präferenzbildung, die wir auch als *un*echte Präferenzbildung bezeichnen, weil reine Preispräferenzen instabil sind. Hauptsächlich preisaktiv vermarktete Produkte sind nämlich in der Regel immer dann stark austauschgefährdet, wenn am Markt eine noch billigere Alternative auftritt.)

In der Tat handelt es sich demnach bei der Präferenzstrategie einerseits und bei der Preis-Mengen-Strategie andererseits um *zwei* völlig unterschiedliche „Qualitäten" von Präferenzen, die durch sie jeweils aufgebaut werden (können). Der entscheidende Ansatz der Präferenzstrategie besteht vor allem darin, für Produkte Vorzugsstellungen auf der Basis einer Vielzahl i.w.S. produkt-differenzierender Marketinginstrumente aufzubauen. Aufgrund ausgeprägter technischer Homogenität der Produkte in vielen Märkten – Ergebnis eines hohen durchgängigen technischen Reifegrades – ist das Ziel präferenz-strategischer Maßnahmen heute vielfach darauf gerichtet, technisch homogene Güter durch **„künstliche" Heterogenisierung** über das Produktäußere (vom Design bzw. Stil des Produktes bis hin zum absatzwirtschaftlichen Einsatz der Verpackung) zu *individualisieren,* um auf diese Weise marktwirksame Vorzugsstellungen aufzubauen. Über die Produktpolitik hinaus wird heute außerdem konsequent versucht, sowohl die Distributions- als auch die Kommunikationspolitik in den Dienst der Präferenzbildung zu stellen. Hauptansatzpunkt bildet dabei insgesamt eine gezielte, eigenständige *Image*profilierung.

Diese eigenständige Profilierung von Unternehmen bzw. ihren Produkten (Leistungen) zielt insgesamt auf die Erlangung einer spezifischen **Kompetenz**. Sie ist stets das Ergebnis einer systematischen, nicht ohne weiteres nachahmbaren Position im Markt. Die Präferenzwirkung ist dabei umso größer, je vollständiger und schlüssiger **strategische Erfolgspositionen** besetzt werden (*Pümpin,* 1982; *Peters/Waterman,* 1984; *Nagel,* 1986). Das gilt nicht nur für Hersteller-, sondern auch für Handels- oder für Bankbetriebe, die präferenz-strategisch agieren wollen (siehe hierzu u.a. *Meffert/Patt,* 1987, S.40ff. bzw. *Bernhardt,* 1984, S.552ff.).

Psycho-soziale Grundlagen der Präferenzbildung

Im Laufe der wirtschaftlichen Entwicklung, speziell seit dem Wandel vieler Verkäufermärkte in Käufermärkte, hat man in Theorie und Praxis erkannt, daß die Präferenzbildung in hohem Maße psycho-soziale Dimensionen hat. Das heißt, Vorzugsstellungen hängen nicht nur von objektiven Produktgegebenheiten, sondern in hohem Maße auch von *subjektiven* Vorstellungen des Verbrauchers ab. Dieses Phänomen hat seinen Ursprung darin, daß Verbraucher sich bei ihrem Verhalten an der Umwelt orientieren, bestimmte Arten von Informationen aufnehmen bzw. verarbeiten und ihre Ergebnisse zu Vorstellungen bzw. Einstellungen verdichten, die dann für ihr Verhalten **sog. Prädispositionen** darstellen[15]. Sie sind insoweit wertende Haltungen bzw. Überzeugungen, die für das Verhalten der Abnehmer quasi Richtliniencharakter haben, und zwar *ganz gleich,* ob diese Vorstellungen mit der Realität ganz, teilweise oder überhaupt nicht übereinstimmen (*Gutjahr,* I, 1972, S.62). Der Verbraucher richtet so gesehen sein Verhalten gegenüber einem Meinungsgegenstand (Produkt) „nicht danach, wie dieser *ist,* sondern danach, wie er *glaubt,* daß dieser *sei...*" *Spiegel/Nowak,* 1974, S.966 bzw. *Spiegel,* 1961; *Wiswede,* 1973).

Insgesamt kann man Einstellungen – und das ist gerade marketing-strategisch relevant – als eine gelenkte und relativ stabile **Bereitschaft** von Menschen auffassen, „auf bestimmte Reizkonstellationen der Umwelt (und damit vor allem auch auf Marketingmaßnahmen, Erg. *J.B.*) konsistent positiv oder negativ zu reagieren" (*Trommsdorff/Schuster,* 1981, S.721). Art und Intensität von Verhaltens- bzw. Kaufreaktionen ist dabei naturgemäß abhängig von *güter*spezifischen Merkmalen. Vor allem in solchen Produktbereichen, wo Zusatznutzen („added values") eine bestimmte Rolle spielen (und das gilt heute in sehr vielen Bereichen), kommt den Einstellungen bzw. ihrer verhaltensprägenden Wirkung ganz offensichtlich eine erhebliche Bedeutung zu. Was die marketingstrategischen Anknüpfungspunkte betrifft, so kommen dabei *zwei* grundlegende in Betracht, um eigene Marketing- und Unternehmensziele zu realisieren:

---

[15] Vgl. in diesem Zusammenhang auch die zentrale Bedeutung der Einstellung als prädispositivem Lernkonstrukt im differenzierten Prozeß-Modell des Kaufverhaltens von *Howard* und *Sheth (Howard/Sheth,* 1969). Die Einstellung wird bei *Howard* und *Sheth* allerdings spezifisch interpretiert, worauf hier nicht näher eingegangen werden kann (vgl. hierzu auch *Bänsch,* 1985, S.151 bzw. *Müller-Hagedorn,* 1986, S.85ff.)

(1) **Strategie der Anpassung** an bestehende Einstellungen (u.a. Bio-Orientierung von neuen Nahrungsmittelangeboten, um Marktchancen durch Anpassung an inzwischen stark verfestigte Wertmuster zu erhöhen, vgl. z.B. Korn-Riegel von *Mars,* Korn-Joghurt von *Bauer* oder auch Korn-Müsli von *Kellogg's*);

(2) **Strategie der Veränderung** bestehender Einstellungen (z.B. Durchsetzung von Tiefkühlkost in einem jahre- bzw. jahrzehntelangen Prozeß, in dem die Abnehmer aufgeklärt wurden, daß Tiefkühlung keine „Konservierung", sondern die natürlichste Form der Frischhaltung ist, oder Einstellungsveränderungen dahingehend, daß Eiskrem auch als ein gutes Dessert im Winter gilt (= Eiskrem als Ganzjahresprodukt)).

Generell läßt sich sagen, daß die Strategie der Anpassung an vorhandene Einstellungen durchweg *leichter* ist, weil sie nicht einstellungsbezogene Marktwiderstände überwinden muß. Die Strategie der Einstellungsveränderung muß dagegen solche z.T. *massiven* Widerstände (im psychologischen Sinne = Vorurteile) „brechen". Das gelingt in der Regel nicht einem Unternehmen allein, sondern hier muß meistens eine ganze Branche gleichgerichtet agieren.

Im Falle der Tiefkühlkost hat hier zunächst der Marktführer *Langnese-Iglo* Pionierarbeit (d.h. vor allem Aufklärungsarbeit) geleistet; später haben aber auch *Oetker, Schöller* u.a. (nicht zu vergessen auch das *Deutsche Tiefkühlinstitut*) wesentlich daran mitgewirkt. Insbesondere im letzten Jahrzehnt haben dann die Heimdienste, allen voran *Bofrost* und *Eismann,* mit der Hausbelieferung und mit attraktiven, differenzierten Sortimenten die Kaufbereitschaft der Verbraucher stark erhöht, d.h. einstellungsbezogene Widerstände konnten abgebaut bzw. ein entsprechendes *positives* „Tiefkühlbewußtsein" (im Sinne einer grundlegenden Einstellungsveränderung) geschaffen werden. Der Markt für Tiefkühlkost gehört inzwischen zu den etablierten und noch wenigen wachstumsträchtigen Nahrungsmittelmärkten überhaupt.

Diese Einsichten in das Verbraucherverhalten und die Entdeckung der zentralen Rolle von Vorstellungen und Einstellungen hat sich in den letzten Jahren in einer umfassenden **Image-Theorie** niedergeschlagen. Sie ist zugleich zu einem Eckpfeiler der modernen Marktpsychologie geworden und hat von da ihren Eingang in die Marketinglehre wie auch Marketingpraxis gefunden. Daß die Imageforschung heute vielleicht etwas *zu* einseitig im Vordergrund steht, hat vor allem *zwei Gründe* (*Gutjahr,* 1972, S.64f.; *Kroeber-Riel,* 1980, S.172ff.; *Hammann/Erichson,* 1978, S.121ff.; *Böhler,* 1985, S.103ff.):

- Bisher *un*befriedigende Einsichten u.a. in **tiefen- bzw. motivationspsychologische Faktoren** des Verbraucherverhaltens (inkl. entsprechender meßtechnischer Probleme);
- dafür differenziertere Einblicke in die **Rolle von Einstellungen (Images)**[16] und die Verfügbarkeit entsprechender Meßverfahren, z.B. das Polaritäten-Profil oder auch andere Verfeinerungen mehrdimensionaler Skalierung (= *kompositioneller* Ansatz, siehe u.a. *Trommsdorff,* 1975). Neuerdings versucht man auch das Con-

---

[16] Die Begriffe Einstellung und Image werden vielfach synonym verwendet oder ohne spezielle Abgrenzung nebeneinander verwendet. Wir fassen Image als umfassendes Vorstellungsbild von einem Meinungsgegenstand auf (= „Komplexqualität"), die auf einer Vielzahl von Einstellungen im Sinne objektiver und subjektiver Wertungen beruht. Images haben insoweit einen mehrdimensionalen Charakter.

joint-Measurement als spezielles Analyse- und Meßverfahren anzuwenden, das die relativen Beiträge einzelner Merkmale (Attribute) für die Gesamtpräferenz eines Produktes (Marke) erfassen soll (= *dekompositioneller* Ansatz, vgl. hierzu auch *Green/Wind,* 1973 sowie *Schweikl,* 1985).

Im übrigen geht man davon aus, daß eine **Konsistenz** zwischen motivationalen, einstellungs- und verhaltensbezogenen Komponenten besteht. Man hält es daher für prinzipiell möglich, daß über die Einstellungsmessung auch Verhaltensaussagen ableitbar sind (*Kroeber-Riel,* 1980, S.173), ohne daß hier auf die inhaltlichen Zusammenhänge wie auch auf verfahrenstechnische Einzelheiten näher eingegangen werden kann (u.a. Erfassungsprobleme bzw. -möglichkeiten der Verhaltens*tendenz,* siehe hierzu *Muncy/Hunt,* 1984 sowie *Antil,* 1984).

Aufgrund neuerer Erkenntnisse glaubt *Kroeber-Riel,* die **E-V-Hypothese** (= Einstellungen bestimmen Verhalten-Hypothese) inzwischen stärker relativieren zu müssen. So hänge ihre Brauchbarkeit zunächst einmal von der **Art** der gemessenen Einstellung ab (*Kroeber-Riel,* 1984, S.166):

(a) spezifische vs. unspezifische Einstellungen,
(b) durch Erfahrung gelernte vs. durch Kommunikation gelernte Einstellungen,
(c) stabile vs. instabile Einstellungen.

Seine durch Untersuchungen gestützten **Thesen** lauten etwa: Für die Voraussage des Verhaltens müssen sich Spezifikation von Einstellungen und Verhalten entsprechen, durch Erfahrung gebildete Einstellungen sind im allgemeinen verhaltensstärker, (echte) Einstellungen sind ihrem Wesen nach stabil (flüchtige Eindrücke u.a. kommen dagegen als Prädikatoren des Verhaltens nicht in Betracht). Entscheidend sei im übrigen das **Involvement** (= Ich-Beteiligung oder Engagement) einer Person. Es sei anzunehmen, daß die E-V-Hypothese „nur für stark involviertes Verhalten gilt" (*Kroeber-Riel,* 1984, S.168). Daraus folgert *Kroeber-Riel,* daß etwa bei Low-interestproducts wie Zahncreme oder Kosmetiktüchern das stark gewohnheitsmäßige Verhalten ohne (wesentliche) Steuerung durch Einstellungen abläuft. Gerade bei typischen Massenprodukten des täglichen Bedarfs wie Bier, Zigaretten u.ä., die produktmäßig in hohem Maße homogen sind, ist es aber durch Einstellungsbildung bzw. Ausbildung spezifischer Images gelungen, solche Produkte bzw. die dahinter stehenden Marken zu *heterogenisieren* und damit einzelne Marken vorzugswürdiger als andere zu profilieren, was sich an dem Markterfolg (Marktanteil) auch ablesen läßt (vgl. z.B. *Warsteiner, König* oder auch *Marlboro, Camel*). Über das Verbraucherverhalten bzw. die psychologischen Vorgänge, die ihm vorgelagert sind, gibt es verschiedene *Modell*vorstellungen partieller und totaler Art, die nach wie vor stark auf Hypothesen beruhen. Das gilt vor allem für Totalmodelle, welche die unterschiedlichen Faktoren (Elemente) des Verbraucherverhaltens als **psychologischen Ablaufprozeß** darzustellen versuchen. Einen solchen Versuch stellt auch das vereinfachte Stufenmodell der Prozeßphasen der Werbewirkung dar (*Abb. 96, Meffert,* 1980, S.423; im einzelnen *Kroeber-Riel,* 1984; *Engel/Blackwell,* 1982).

Dieses Prozeßmodell zeigt die exponierte Stellung der Einstellungen in Verbindung mit der **Imagebildung** (= Komplexqualität von Einstellungen, *mehr*dimensional) und der Ausbildung von Markenpräferenzen.

2. Teil: Konzeptionsebene der Marketingsstrategien

Abb. 96: Einfaches werbepsychologisches Prozeßmodell

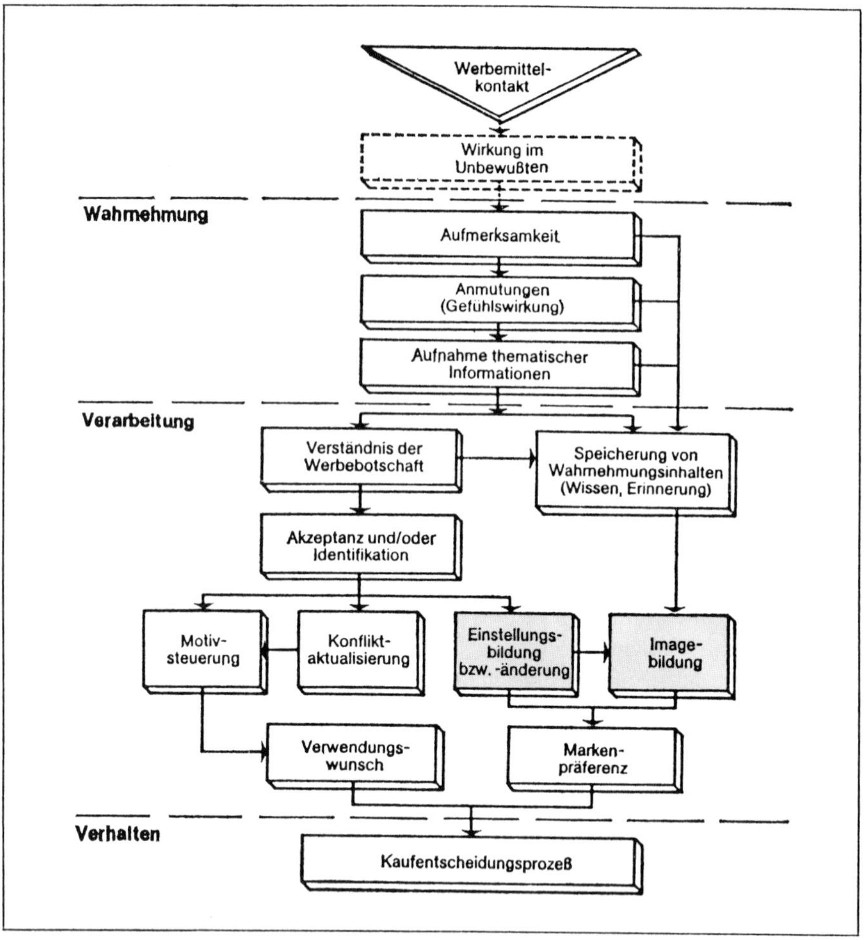

```
                            Werbemittel-
                              kontakt
                                 ↓
                          Wirkung im
                          Unbewußten
                                 ↓
Wahrnehmung              Aufmerksamkeit
                                 ↓
                          Anmutungen
                        (Gefühlswirkung)
                                 ↓
                       Aufnahme thematischer
                           Informationen
                                 ↓
Verarbeitung      Verständnis der  →  Speicherung von
                  Werbebotschaft       Wahrnehmungsinhalten
                       ↓               (Wissen, Erinnerung)
                  Akzeptanz und/oder
                   Identifikation
                       ↓
         Motiv-    Konflikt-    Einstellungs-    Image-
       steuerung  aktualisierung  bildung         bildung
                                bzw. -änderung
                       ↓                 ↓
                  Verwendungs-        Marken-
                    wunsch           präferenz

Verhalten              Kaufentscheidungsprozeß
```

Die Bedeutung des **Marken- und/oder Firmenimages** speziell für Unternehmen, die unter Bedingungen sog. Käufermärkte (= Überangebot) operieren, kann insgesamt *zweifach* gesehen werden (*Johannsen*, 1974, Sp. 816 bzw. im einzelnen *Johannsen*, 1971; *Bergler*, 1963; *Spiegel*, 1961):

(1) Aus der Sicht der **Verbraucher** ist es ein Mittel
  • der Umweltbewältigung und Orientierung sowie
  • der emotionalen (Bedürfnis-)Befriedigung.

(2) Aus der Sicht der **Hersteller** ist es ein Mittel
  • zur Beseitigung von Anonymität und zur Gewinnung von Vertrauen sowie
  • zur Differenzierung und zur Individualisierung des eigenen Angebots und damit insgesamt zur Absatzförderung.

II. Arten und Ausprägungen von Marketingstrategien

Die Anwendung der Präferenzstrategie dient somit der bewußten, zielorientierten Imagegestaltung für das Angebot (Produkt/Produktprogramm) des Unternehmens. Aufgrund des bereits erwähnten durchgängig hohen Entwicklungsstandes der Anbieter in vielen Märkten zielt diese Strategie heute *vor allem* ab auf die Differenzierung bzw. Individualisierung technologisch verwandter oder sogar technologisch-funktional gleicher Produkte (vgl. diese Situation etwa bei Waschmitteln, Zigaretten, Bügeleisen, Kühlschränken usw.). Auf diese Weise sollen attraktive **Produktpersönlichkeiten** geschaffen werden, die geeignet sind, die knappe Nachfrage in hohem Maße auf sich zu lenken bei *gleichzeitiger* Ausschöpfung von Preisspielräumen („monopolistischer Bereich"). Die konsequenteste Umsetzung dieser Strategie ist im sog. **Markenartikel-Konzept** zu erblicken.

Zu den Wirkungen präferenz-strategischen Agierens am Markt

Wenn sich in den letzten Jahren auch der Preiskampf in vielen Märkten verschärft hat, so ist es dennoch erstaunlich, in welchem Maße immer noch Marken (Markenartikel) mit **Qualität** assoziiert werden. In einer Marktuntersuchung wurden 1978 rd. 8000 männliche und weibliche Versuchspersonen befragt. Auf der Basis einer nichtverbalen Sechser-Skala wurde bezogen auf das Statement: „Und wenn man bekannte Markenartikel kauft, kann man sicher sein, daß man gute Qualität bekommt" folgendes Ergebnis *(Abb. 97)* ermittelt.

Abb. 97: Untersuchungsergebnisse, in welchem Maße Markenartikel mit „guter Qualität" assoziiert werden

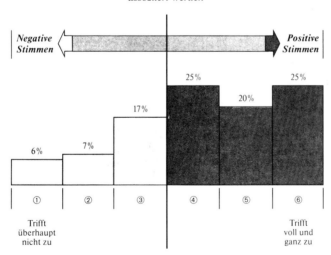

Quelle: Burda-Verlag (Hrsg.), Typologie der Wünsche, 1978 (zit. nach *Stern,* 1980, S. 84).

Die Auswertung zeigt, daß 25% der Versuchspersonen diese Aussage voll und ganz akzeptieren, während nur 6% sie absolut ablehnen. Trennt man insgesamt zwischen negativen und positiven Stimmen, so zeigt sich, daß insgesamt 30% der Befragten eine negative Haltung, aber *immerhin 70%* eine positive Haltung gegenüber der Aussage „Marke = Qualität" haben. Ein wichtiger Hinweis darauf, ob bzw. inwieweit beim Kauf eindeutig die Marke (Markenimage) und nicht der Preis das entscheidende Kriterium ist, läßt sich an einer entsprechend *hohen*

Markentreue (Markenloyalität)[17] ablesen. Bei 34 untersuchten Warengruppen waren 1977/78 im Durchschnitt 47% und 1978/79 im Durchschnitt 55% der befragten Personen markentreu.

Folgende Übersicht *(Abb. 98)* zeigt im einzelnen die „Markentreue-Kurve" bei verschiedenen Warengruppen (die Untersuchungen basieren auf einer repräsentativen mündlichen Befragung von rd. 10500 bzw. 9000 Personen zwischen 14 und 69 Jahren).

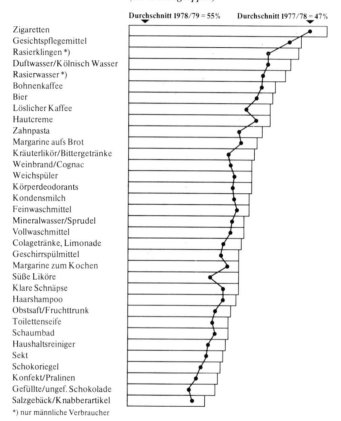

Abb. 98: *Prozentanteil der Markentreuen am Gesamtverbraucher-Verhalten 1977-1979 (34 Warengruppen)*

Quelle: Axel-Springer-Verlag (Hrsg.), Entscheidung, Verbrauch, Anschaffung (EVA), 1978 und 1979 (zit. nach *Stern,* 1980, S.86).

---

[17] Ein wesentliches Ziel marketing-orientierter Unternehmen besteht darin, einen erworbenen Kundenstamm möglichst *auf Dauer* an das Unternehmen zu binden. In der Regel ist es nämlich wesentlich leichter, für eine Marke „Treueverhältnisse" aufzubauen, als ständig neue Kunden an- bzw. abzuwerben. Insofern kommt der *Markentreue* eine ganz entscheidende Bedeutung zu (*Rosenstiel/Ewald,* II, 1979, S.103). Auf der Basis empirischer Einsichten in das Existieren von Markenloyalitäten - wie sie auch in nachstehenden Untersuchungsergebnissen zum Ausdruck kommen - hat man auf verschiedenen methodischen Wegen Modelle zu entwickeln versucht, um Prognosen zur Markenwahl von Abnehmern ableiten zu können, und zwar auf der Basis des Einflusses, den frühere Käufe derselben Marke auf die Wiederkaufwahrscheinlichkeit haben (siehe im einzelnen *Nolte,* 1976; *Weinberg,* 1977). Die Praxisrelevanz der bisher vorgelegten Modelle ist allerdings dadurch *eingeschränkt,* daß sie warendifferenzierte sowie situative Komponenten nicht berücksichtigen (*Leitherer,* 1978, II, S.81f.).

II. Arten und Ausprägungen von Marketingstrategien

Die Übersicht *(Abb. 98)* zeigt, daß der Grad der Markentreue stark von der *Warengruppe* abhängig ist (höchste Markenloyalität bei Zigaretten = rd. 90% und niedrigste bei Salzgebäck/Knabberartikeln = rd. 32,5%). Insgesamt ist hierbei zu beachten, daß selbstverständlich hinter der generellen Markenloyalität je Produktgattung unterschiedliche Loyalitäten bezogen auf *einzelne* Marken stehen, wie sie etwa Verbraucher-Panels zu entnehmen sind.

Eine Spezialauswertung *(Abb. 99)* verdeutlicht im übrigen die *Anteile* marken- und preisbewußten Kaufs bei den genannten 34 Warengruppen, und zwar differenziert nach jeweils absoluter und überwiegender Orientierung.

In *Abb. 99* ist zunächst einmal der zuvor aufgezeigte kurvenmäßige Verlauf *markentreuen* Kaufverhaltens (Markenloyalität) im Gewicht der markenbewußten Kaufanteile wiederzuerkennen. Die gestrichelte Trennlinie markiert den Übergang vom überwiegenden Markenkauf zum überwiegenden „Preiskauf". Auffallend ist vor allem der hohe absolut markenbewußte Kauf bei Zigaretten (= die Hälfte der Käufer), bei Rasierklingen (= rund ein Drittel der Käufer) und bei Gesichtspflegemitteln, Duftwasser und Rasierwasser (= rund ein Viertel der Käufer). Bei diesen sehr persönlichen Produkten bestehen offensichtlich die stärksten *emotionalen Markenbindungen*. Überraschend sind andererseits die sehr geringen Anteile absolut markenbewußten Kaufs bei den untersuchten Süßwaren (= jeweils unter 10% der Käufer). Trotz hohen Marken- und Werbewettbewerbs auch bei dieser Produktkategorie haben ein stagnierender Markt und freie Kapazitäten der Hersteller hier zu einem ausgeprägten Preiskampf geführt, der die Verbraucher in diesem Produktbereich zu sog. Preis-Käufern, und zwar im Sinne - wie wir es bezeichnen wollen - „*vagabundierender Markenkäufer"* erzogen hat. Das heißt, aufgrund der ständigen preisaktiven Verkaufsförderungsaktionen im Handel kauft die überwiegende Mehrzahl der Verbraucher vielfach das jeweils preisgünstigste (Marken-)Angebot.

Mit diesen ausgewählten Untersuchungsergebnissen ist deutlich geworden, was Marken im Hinblick auf die „Steuerung" des Konsumentenverhaltens grundsätzlich zu leisten vermögen; zugleich ist aber auch erkennbar, daß ihre **Steuerungsleistung** immer dann versagt (versagen muß), wenn keine klare, in sich abgestimmte Präferenzstrategie verfolgt wird, sondern z.B. taktisch-orientierte Preisaktionen bestehende Markenpräferenzen in einem Produktbereich insgesamt wie auch bei den einzelnen Marken selbst schwächen bzw. ihren Aufbau von vornherein verhindern.

Die im einzelnen dargelegten präferenz-strategischen Wirkmechanismen - dargestellt an Untersuchungsergebnissen aus den Jahren 1978 und 1979 - beruhen insoweit nicht auf einer „Automatik", sondern müssen durch konsequentes **Marken-Management** erarbeitet werden. Das spiegelt sich in sehr unterschiedlichen Markt- und Markenerfolgen der einzelnen Anbieter in einem Markt (Markenabstände durch Marketing-Managementabstände!) wider. Gleichwohl sind verschiedene Faktoren eingetreten bzw. verstärkt wirksam geworden, die Marken-Marketing heute erschweren. Ein Schlüsselfaktor dieser Entwicklung ist ohne Zweifel das Phänomen schwach wachsender oder gar stagnierender Märkte, das nicht nur auf Hersteller-, sondern auch auf Handelsebene zu Wettbewerbsverschärfungen führt. Eine speziell im Handel stark um sich greifende Discount-Politik hat die Verbraucher heute preislich stark sensibilisiert bzw. latente preisbewußte Verbraucherneigungen *aktiviert,* so daß generell eine bestimmte **Abnahme der Markenbereitschaft** (zumindest auf Basis des Normalpreis-Niveaus) festzustellen ist. Das verdeutlicht - wenn auch ohne dramatische Veränderungen (bis auf die Warengruppe Fertignahrung/Konserven = hoher Anteil des Discountkaufs) - die Erfassung der Markenbereitschaft im Zeitvergleich (siehe *Abb. 100*).

2. Teil: Konzeptionsebene der Marketingsstrategien

Abb. 99: Marken- und Preisbewußtsein (in Prozent)

Produkte	Markenbewußt		Preisbewußt	
	absolut ①	über- wiegend ②	über- wiegend ③	absolut ④
Zigaretten	51	38	9	2
Rasierklingen*	32	45	18	5
Gesichtspflegemittel	27	51	19	3
Duftwasser/Kölnisch Wasser	25	48	23	4
Rasierwasser*	23	47	24	6
Bier	21	44	27	8
Bohnenkaffee	18	48	27	7
Löslicher Kaffee	18	45	26	11
Zahnpasta	17	43	30	10
Hautcreme	16	46	31	7
Margarine aufs Brot	14	44	32	10
Kräuterlikör/Bittergetränk	14	43	36	7
Körperdeodorants	13	42	36	9
Kondensmilch	13	41	32	14
Mineralwasser/Sprudel	13	39	32	16
Weinbrand/Cognac	12	44	37	7
Weichspüler	12	44	34	10
Feinwaschmittel	11	43	36	10
Vollwaschmittel	11	41	36	12
Colagetränke/Limonade	11	40	37	12
Geschirrspülmittel	11	39	36	14
Margarine zum Kochen	11	39	36	14
Süße Liköre	10	40	41	9
Klare Schnäpse	10	40	40	10
Obstsaft/Fruchttrunk	10	36	40	14
Haarshampoo	9	39	36	16
Toilettenseife	9	36	37	18
Schaumbad	9	36	40	15
Schokoriegel	8	34	45	13
Haushaltsreiniger	7	37	42	14
Sekt	7	36	43	14
Konfekt/Pralinen	7	34	47	12
Gefüllte/ungefüllte Schokolade	6	34	47	13
Salzgebäck/Knabberartikel	4	31	45	20

* nur männliche Verbraucher

①, ②, ③, ④ = Antworten zu folgenden Statements:

① „Bei diesem Produkt wäre ich sehr enttäuscht, wenn es meine Lieblingsmarke einmal nicht mehr gäbe oder ich diese nicht bekommen könnte."
② „Bei diesem Produkt bevorzuge ich meist eine ganz bestimmte Marke, die ich fast immer nehme."
③ „Bei diesem Produkt wechsle ich unter den guten und bekannten Marken, weil ich meist die nehme, die an diesem Tag besonders günstig angeboten wird."
④ „Bei diesem Produkt ist es quasi gleich, was man nimmt, weil ohnedies alles ziemlich das gleiche ist. Da ist das Billigste das Beste, weil ich finde, daß man da wirklich sparen kann."

Quelle: Axel-Springer-Verlag (Hrsg.), Entscheidung, Verbrauch, Anschaffung (EVA), 1978 und 1979 (zit. nach *Stern,* 1980, S. 87).

II. *Arten und Ausprägungen von Marketingstrategien* 167

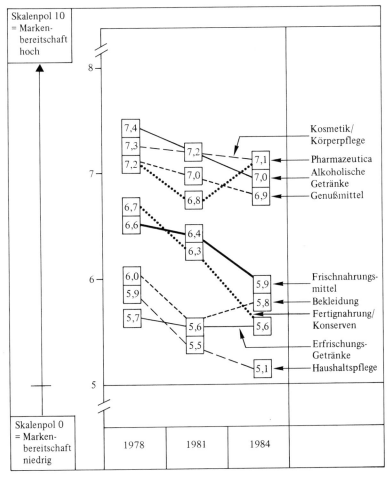

Abb. 100: *Markenbereitschaft im Zeitvergleich 1978/1981/1984*
(Angabe in Mittelwerten)

Quelle: Ires-Produktimage-Atlas.

Die Analyse zeigt aber auch bestimmte *Gegen*bewegungen, d.h. Zunahmen der Markenbereitschaft z. B. bei (frei-verkäuflichen)[18] Pharmazeutika oder auch Bekleidung.

Interessant ist, daß **markentreues Verhalten** innerhalb einzelner Produktbereiche durchaus *differenziert* sein kann. So ist z. B. das Markentreue-Verhalten innerhalb des komplexen Bereichs Kosmetika recht unterschiedlich, wie *Abb. 101* dokumentiert.

Aus diesen Ergebnissen wird deutlich, daß die Markentreue vor allem bei pflegender Kosmetik wie Tages- und Nachtcreme stark ausgeprägt ist (Streben nach Sicher-

---

[18] Sog. OTC-Produkte, d.h. rezeptfreier Verkauf „over the counter".

Abb. 101: Markenbindungsgrad bei ausgewählten Warengruppen der pflegenden und dekorativen Kosmetik sowie bei Parfüm/Duftwasser (in % der Antwortenden)

Warengruppen	n =	ausschl. diese Marke(n)	andere Marken in gewissem Umfang	andere Marken in starkem Umfang	Gesamt
Tagescreme	1681	60%	31%	9%	100%
Nachtcreme	1352	55%	34%	11%	100%
Reinigungsmilch	1291	41%	45%	14%	100%
Spezialcreme gegen Probleme	988	44%	38%	18%	100%
Make-up	1305	36%	49%	15%	100%
Augen-Make-up	1367	32%	51%	17%	100%
Lippenstift	1474	31%	50%	19%	100%
Nagellack	1441	28%	52%	20%	100%
Parfum/Duftwasser	1809	46%	42%	12%	100%

Quelle: BBE, Kosmetikstudie, 1985.

heit), schon deutlich weniger bei Parfum/Duftwasser (Streben nach Abwechslung) und am wenigsten stark bei dekorativer Kosmetik wie Augen-make-up, Lippenstift und Nagellack (Orientierung an Modefarben).

Wie *stark* Markenpräferenzen insgesamt auch heute noch sein können bzw. welches Käuferpotential hinter gut profilierten Marken steht, wird daran deutlich, daß die „Markenpiraterie" (= betrügerische Nachahmung geschützter Markenprodukte) sehr zunimmt. Opfer dieses Markenmißbrauchs sind immer wieder *renommierte* Marken der verschiedensten Produktbereiche (u. a. *Adidas, Aigner, Boss, Cartier, Lacoste, Rolex*). Schätzungen gehen davon aus, daß Markenpiraten heute bereits zwischen 5% und 10% des gesamten Welthandels kontrollieren.

Das präferenzpolitische Instrumentarium

Die Einsicht in die möglichen Wirkungen präferenz-strategischer Marken- und Marketingpolitik wirft nicht zuletzt die Frage nach der Art und Weise eines hierfür *adäquaten* Marketinginstrumenten-Einsatzes auf. Hierauf wollen wir nunmehr näher eingehen, um damit zugleich auch die enge **Verknüpfung** der Präferenzstrategie mit der 3. Konzeptionsebene (= Marketingmix, siehe S. 439 ff.) aufzuzeigen.

Grundsätzlich muß davon ausgegangen werden, daß *alle* Marketinginstrumente image-wirksam sind, d.h. von allen eingesetzten Instrumenten gehen gewollt (zum Teil auch ungewollt) Imageeinflüsse auf Produkt und Marke aus. Es ist daher verschiedentlich versucht worden, das Marketinginstrumentarium unter dem Aspekt der Imagebildung *rang*-orientiert zu systematisieren. Hier ist etwa die Unterscheidung zentraler, peripherer und informierender Instrumente zu nennen (*Müller*, 1971, 172):

(1) Zentrale Instrumente
 (a) Produkt (i.e.S.)
 (b) Preis
 (c) Markierung
 (d) Verpackung

II. Arten und Ausprägungen von Marketingstrategien

(2) Periphere Instrumente
  (a) Absatzmethode
  (b) Sortiment
  (c) Firma
  (d) sonstige periphere Instrumente (Kundendienst, Garantieleistungen, Lieferungs- und Zahlungsbedingungen, Rabatte etc.)

(3) Informierende Instrumente
  (a) Werbung
  (b) Verkaufsförderung
  (c) Public Relations

Gegen diesen Versuch einer rang-orientierten Systematik der Instrumente im Hinblick auf Präferenz- bzw. Imagebildungsprozesse lassen sich allerdings Einwendungen erheben, und zwar *formale* (die drei Gruppen liegen nämlich auf verschiedenen Ebenen: Begriffe „zentral" und „peripher" = Bedeutungsaussage, Begriff „informierend" = Wirkungsaussage) wie auch *materielle* Einwendungen (der Rang der Instrumente hängt stark sowohl von der konkreten Produktart sowie der verwendeten Marke als auch von der jeweiligen Lebenszyklusstellung ab). Weitgehend generalisieren läßt sich aber zumindest, daß die **angebotspolitischen Instrumente** wie Produkt, Preis, Marke und Verpackung grundlegende Faktoren der Imagegestaltung darstellen (zur Systematik der Marketinginstrumente siehe im einzelnen S. 441 ff.).

Welches Spektrum an image-relevanter Profilierung für die **Attraktivierung** von Produkten (Marken) grundsätzlich möglich ist, zeigt ein Blick in die Marktrealitäten. *Abb. 102* charakterisiert jeweils den *dominierenden* Profilierungsansatz bei ausgewählten Produkten/Marken (= **Wettbewerbsvorteile**, siehe auch S. 307 ff.).

Abb. 102: Profilierungsschwerpunkte bei ausgewählten Produkten/Marken

Produkte bzw. Marken	Dominierender Profilierungsansatz
Polaroid-Sofortbildkamera	Innovation (Produktkern)
Volkswagen – seinerzeit speziell der „Käfer"	Problemloses, langlebiges Auto (Produktkern)
Braun-Elektrogeräte	Design (Produktform)
van Laack-Hemden	Mode/Stil (Produktäußeres)
Livio-Speiseöl	Spezielle Dose(nform) mit Wiederverschließbarkeit (Verpackung)
Thera-med-Zahncreme	Neuartiger Spender (Verpackung)
Avon-Kosmetik	Beratung und Verkauf im Haus des Abnehmers (Vertriebssystem)
Bo-frost-Tiefkühlkost	Eiskrem und Tiefkühlkost in geschlossener Kühlkette direkt ins Haus (Vertriebssystem)
Diebels-Alt	Altbierspezialisten-Konzept (Werbung)
Camel-Zigaretten	Marke mit „Weltanschauungscharakter" (Werbung)

Betrachtet man die Beispiele noch einmal zusammenfassend, so wird deutlich, daß mehr *objektive* Profilierungen vor allem bei innovativen bzw. heterogenen Produkten möglich sind (d.h. im Idealfall Anknüpfung am Produktkern selbst, vgl. *Polaroid*). Für nicht-innovative bzw. tendenziell homogene Produkte sind dagegen mehr *subjektive* Profilierungen speziell über die Werbung typisch bzw. im Extremfall allein möglich (vgl. *Camel*). Zwischen den beiden aufgezeigten extremen Ansatzpunkten der Profilierung gibt es quasi **mittlere Profilierungslagen,** bei denen immerhin bestimmte objektiv gestützte Auslobungsmöglichkeiten gegeben sind (vgl. z.B. *Thera-med:* ohne den neuartigen Spender (Verpackungsinnovation) wäre unseres Erachtens der erfolgreiche Eintritt von *Henkel* in den bereits besetzten und verteilten Zahncreme-Markt nicht möglich gewesen, wenn auch geschickt vermieden wurde und wird, ausschließlich die Verpackung herauszustellen und den eigentlichen Produktnutzen zu vernachlässigen).

Wie sich Profilierungsansatz bzw. präferenzbildende Voraussetzungen in der Preispolitik (Preisposition) niederschlagen, kann u.a. am Zahncrememarkt verdeutlicht werden. Eine Betrachtung der Entwicklung von 1974 bis 1982 zeigt, daß sich ein spezifisches Präferenzpotential bei *Blendamed* (medizinische Auslobung bzw. Positionierung) und bei *Theramed* (Verpackungsinnovation in Verbindung mit „medizinischer Assoziation") preislich ausschöpfen läßt (vgl. *Abb. 103, Jacob,* 1985, S.155)

Diese Darstellung verdeutlicht vor allem auch die mittel- und langfristigen **Ertragspotentiale** präferenzstrategischer Konzeptionen.

Bei der Würdigung der Ergebnisse ist insgesamt folgendes zu berücksichtigen (siehe im einzelnen auch *Jacob,* 1985, S.152ff.):

- Aufgrund des schwach wachsenden Marktes (ab 1975 durchschnittlich nur noch knapp 2% pro Jahr, in den sechziger Jahren noch zweistellige Zuwachsraten) ist auch der Preis ein wichtiges Wettbewerbsmittel geworden (beachte außerdem: 1973 Aufhebung der Preisbindung der zweiten Hand).
- Die Hersteller versuchen allerdings durch Nutzung des Instruments der unverbindlichen Preisempfehlung, „bei deren Festlegung angemessene Handelsspannen berücksichtigt werden, und durch das Absprechen von Preisaktionen mit den Abnehmern, bei der Bestimmung der Endverbraucherpreise mitzuwirken" (*Jacob,* 1985, S.152).
- Wenn auch *Blendamed* über viele Jahre hinweg und *Theramed* seit dem Zeitpunkt seiner Einführung quasi einen oberen Markt (allein) abdecken konnten, so verwischen sich die Preisabstände zu den mittleren Marken spätestens seit 1981.
- Die 1975 eingeführte Marke „*Antibelag" (Blendax)* wurde preislich etwas unstet am unteren Rand des am stärksten besetzten Preisbandes geführt, mit zum Teil deutlichen Ausschlägen nach unten (bestimmte preis-mengen-strategische Züge der Marke).
- Die Marke *Pepsodent (Elida)* erweist sich als ausgesprochen preis-mengen-strategisch vermarktete Marke, die offensichtlich bewußt einen jeweils klaren Preisabstand zu den anderen Marken hält (während *Mentadent,* ebenfalls von *Elida,* präferenz-strategisch vermarktet wird; zur Politik des kombiniert strategischen Vorgehens vgl. auch die Darlegungen auf S.207ff.).
- Der allgemeine Preisanstieg im Jahre 1982 war die Reaktion auf die zwischenzeitlich stark gesunkenen Gewinnspannen (das Absinken des Durchschnittspreises im Markt über mehrere Jahre hinweg konnte nicht durch Rationalisierung aufgefangen werden, zumal auch Kostensteigerungen zu verkraften waren).

Insgesamt haben die Untersuchungen ergeben, daß preispolitische Maßnahmen relativ *wenig* geeignet sind, eigene Marktanteile zu erhöhen. Diese Tatsache konnte auch in zahlreichen neueren angelsächsischen Untersuchungen (u.a. auch den

II. Arten und Ausprägungen von Marketingstrategien 171

Abb. 103: *Preisentwicklung* für Zahncremes in der Verpackungsgröße „Riesentube"*

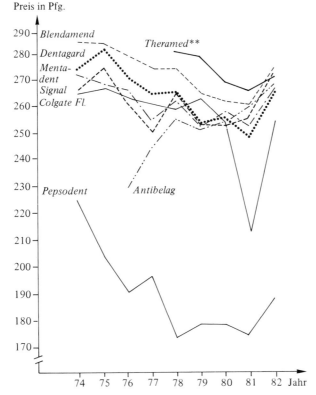

* *Basis:* Endverbraucherpreise. „Der jeweils angegebene Jahrespreis stellt das arithmetische Mittel der durch Haushaltspanel ermittelten Quartalspreise dar" (*Jacob,* 1985, S. 152).
** Einführung im Markt 1978.

PIMS-Studien, vgl. hierzu auch S. 333 ff.) nachgewiesen werden (*Meffert,* 1987, S. 437). Für den Erfolg bestehender wie auch gerade neuer Produkte sind vor allem die *produkt- und markenpolitischen* Bedingungen entscheidend. Sie determinieren in hohem Maße das Präferenzpotential, das durch spezifische instrumentale Maßnahmen (Marketingmix) ausgeschöpft werden kann.

Präferenz*höhe* (-niveau) wie auch Präferenz*festigkeit* sind dabei von einer Reihe jeweils grundlegender Voraussetzungen image-gestaltender Aktivitäten abhängig. Folgende Erfolgskriterien(-faktoren) sollen hier *besonders* herausgestellt werden:

- **Produkt-/Unternehmensadäquanz,**
- **Glaubhaftigkeit,**
- **Prägnanz (Unverwechselbarkeit),**
- **Attraktivität,**
- **Kommunizierbarkeit.**

Insgesamt ist die Präferenzstrategie – das darf nicht übersehen werden – eine Strategie, deren Wirkung vor allem auf dem *kombinierten* Einsatz aller *nicht*-preisorientierten Wettbewerbsmittel beruht. Die Präferenz eines Produkts erwächst gleichsam aus einem Gefüge von Faktoren, die zu einer **Ganzheit** verschmelzen müssen (*Wiswede, 1973, S.139ff.; Müller, 1971, S.211ff.*). Entscheidend für das Zustandekommen von Präferenzen (Vorzugsstellungen) ist dabei die **Artverträglichkeit** der eingesetzten präferenzpolitischen Mittel, d.h. mit anderen Worten ihre Komplementarität bzw. ihre Niveaueinheit. Ein typisches Beispiel soll das näher verdeutlichen.

Der Auf- bzw. Ausbau einer *Depot-Kosmetikmarke* mit überdurchschnittlicher Vorzugsstellung bei einer anvisierten gehobenen weiblichen Zielgruppe setzt mindestens *folgende* „niveauorientierte" Präferenzpolitik voraus:

- *Produkt:* überdurchschnittliche Qualität,
- *Verpackung:* hohe Wertanmutung,
- *Markenname:* kosmetische Assoziation bzw. Kompetenz,
- *Absatzweg:* Fachhandel[19],
- *Abnehmerwahl:* selektiv bzw. exklusiv[19],
- *Absatzmethode:* persönlicher Verkauf und Beratung,
- *Werbung:* image-betont (z.B. Prestige und/oder Wirkung).

Um instrumental-bedingte Profilierungskonflikte zu vermeiden, wären im angenommenen, aber durchaus realen Beispiel u.a. eine rein funktional-nüchterne Verpackung, eine Massendistribution etwa bis hin zu Nicht-Fachhandelskanälen oder eine in erster Linie verkaufsfördernde (promotion-orientierte) Kommunikationspolitik inadäquat. Die jeweils optimale präferenz-strategische Instrumentalkombination im Hinblick auf eine möglichst hohe *Anspruchsbefriedigung* bei der anvisierten Zielgruppe ist dabei vor allem auch abhängig von den individuellen

- Produkt-,
- Marken-,
- Unternehmens-,
- Markt- und
- Konkurrenzgegebenheiten.

Erfolgsprogrammierte Standard-Kombinationen gibt es in dieser Hinsicht also *nicht* und wird es in einem marktwirtschaftlichem System auch nicht geben können. Darin liegt der Reiz, aber zugleich auch die Problematik präferenzpolitischen Agierens.

Mechanismen der Markenführung (Schaffung von „Markenpersönlichkeiten")

Entscheidend für präferenzpolitische Konzepte ist es, daß es gelingt, **Markenpersönlichkeiten** auf- und möglichst auszubauen bzw. (zumindest) zu erhalten. Dabei können *drei* zentrale **Bausteine** des Markenkörpers (Markenpersönlichkeit) unterschieden werden (siehe *Abb.104, Becker, 1984, S.17 bzw. 1987, S.6*).

Im Idealfalle (Situation a)) stellt sich die Markenpersönlichkeit als ein *ausgewogenes* Verhältnis von Markenanatomie (=marktgerechte Produktqualität bzw. Problemlösung), Markenerziehung (=produktspezifisches Markenimage bzw. Markenprofil) und Markenmilieu (=markt- und produktadäquate Distribution bzw. Handelsszene) dar. Aufgrund der hoch konzentrierten wie hoch kompetitiven Situation im Handel werden heute viele Marken – entgegen konzeptioneller Vorstellungen der Markenhersteller – *aggressiv* (d.h. in hohem Maße über den Preis) vermark-

---

[19] Auf diese Weise soll vor allem sichergestellt werden, daß das *Absatzstätten*-Image mit dem Produkt-/Markenimage harmoniert.

II. Arten und Ausprägungen von Marketingstrategien 173

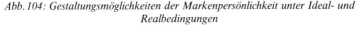

Abb. 104: Gestaltungsmöglichkeiten der Markenpersönlichkeit unter Ideal- und Realbedingungen

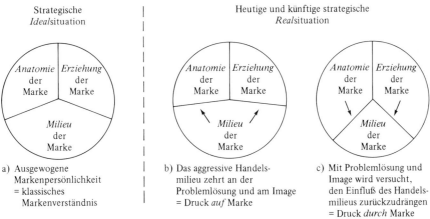

tet. Eher schwache Marken verlieren auf diese Weise leicht von ihrer Problemlösungskompetenz (speziell bei higher-interest-products: Preis = Qualitätsindikator) wie auch von ihrem Markenprofil (durch Preisaggressivität Nivellierungstendenz). Deshalb sind Marken heute mehr denn je darauf angewiesen, durch starke Erbanlage (Markenanatomie via spezifischer Problemlösung) wie durch eine konsequente Erziehung (Markenprofil via eines eigenständigen Markenimages) eine bestimmte **Resistenz** gegenüber aggressiver Vermarktung im Handel aufzubauen. Die generelle Markt- und Vermarktungssituation von heute und morgen läßt sich insoweit wie folgt charakterisieren (vgl. auch *Abb. 104*):[20]

(1) Entweder **Druck durch Marke** (Situation c), d.h. mit marktgerechter Problemlösung und produktspezifischem Markenimage wird versucht, den Einfluß des Handelsmilieus zurückzudrängen. Strategischer *Ansatz:* Schaffen von Muß-Marken durch hohe Produktinnovations- *und* Marktinvestitionskraft, an denen der Handel nicht vorbeikommt und bei denen Hersteller deshalb ihr Markenkonzept im Handel eher „durchsetzen" können.

(2) Oder **Druck auf Marke** (Situation b), d.h. das aggressive Handelsmilieu bzw. die aggressive Markenvermarktung zehrt an der Problemlösung wie am Markenimage. Strategisches *Problem:* Schwache oder geschwächte Marken verstricken sich leicht im Rabattwettbewerb, was dann zur Auszehrung von Marken führt, und zwar durch Umleitung von Mitteln aus dem Kommunikations- bzw. Profilierungsetat in die Konditionenkasse (welche die aggressive Vermarktung nur noch weiter anheizt, speziell „Konditionenspreizung" zugunsten der Großen im Handel).

Es kommt demnach heute (und vor allem auch künftig) darauf an, daß Marken alle markttechnischen Spielräume in bezug auf Markenanatomie wie auch Marken-

---

[20] Vgl. hierzu auch die Darlegungen zur Handelsszene und ihren Veränderungen (dargestellt am Beispiel des Lebensmittelhandels) im 3. Teil: Marketingmix, speziell marktebenenspezifischen Ansatz, S. 484 ff.

174   2. Teil: Konzeptionsebene der Marketingsstrategien

erziehung konsequent *ausschöpfen*, um so das aggressive Handelsmilieu im Sinne eigener Marketing- und Markenkonzepte „disziplinieren" zu können.

Was Marken – und hier speziell Profilierungsleistungen der Marken (= Markenimages) – zu leisten vermögen, läßt sich durch *Image*-Untersuchungen immer wieder nachweisen, und zwar durch einen entsprechenden differenzierten Untersuchungsansatz (vgl. *Abb. 105*).

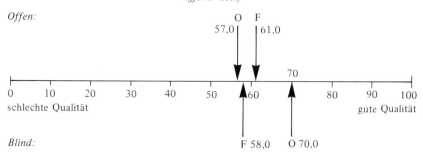

Abb. 105: Qualitätsbeurteilung zweier Erfrischungsgetränkemarken (kombinierter blinder und offener Test)

O = „kleine", noch wenig bekannte und profilierte Marke
F = „große", über hohen Bekanntheitsgrad und spezifisches Markenimage verfügende Marke
Quelle: Herstellereigener Produkt-Test, 1972

Das vorstehende Untersuchungsergebnis zeigt, daß im Blindtest (d. h. Versuchspersonen wissen zunächst nicht, welche Marke sie jeweils trinken) die Marke O qualitativ deutlich höher beurteilt wird als die Marke F. Im offenen Test *dagegen* (d. h. Versuchspersonen wissen jetzt, welche Marke sie jeweils trinken) schlägt die Markenpräferenz der bekannten, imageträchtigen Marke F durch, d.h. sie wird nun qualitativ höher als die Marke O „erlebt". Auf der Basis dieses Untersuchungsansatzes läßt sich also der Markeneinfluß *isolieren;* er führt im konkreten Fall der Marken O und F aufgrund der jeweils unterschiedlichen Markenpräferenz zu einer Umkehrung der Qualitätseinstufung.

Diese Grundmechanik des **Markeneinflusses** ist jedoch so nicht durchgängig gegeben bzw. die Intensität oder Ausprägung des Markeneinflusses ist abhängig von der Art und der Rangordnung der Einkaufskriterien. *Abb. 106* verdeutlicht das an den Entscheidungskriterien bei unterschiedlichen Getränkearten.

Die Ergebnisse zeigen, daß bei Fruchtsäften die (objektive) Produktqualität deutlich im Vordergrund steht, während sie bei Limonaden als weniger ausschlaggebend beurteilt wird. Was die Wichtigkeit der Marke betrifft, so wird ihr bei beiden Getränkearten eine mittlere Bedeutung als Auswahlkriterium zugeordnet. Bei den Cola-Getränken dagegen kehrt sich die Bedeutung von Qualität und Marke um, d.h. die Konsumenten haben aufgrund der hohen Werbeaufwendungen für Cola-Getränke (speziell *Coca-Cola* und *Pepsi-Cola*) „gelernt", vorrangig auf die Marke zu achten. Bei den Bittergetränken schließlich – eine Getränkekategorie, die noch nicht etabliert ist, wie die anderen Getränke – halten sich die Konsumenten gleichsam an Marke und Qualität zugleich fest. Damit wird deutlich, daß die Markenprofilierung sich jeweils auch am *Gattungsgefüge* einer Getränkeart (hier den Einkaufskriterien und ihrer Rangordnung) zu orientieren hat.

Abb. 106: Entscheidungskriterien bei ausgewählten alkoholfreien Getränken (Entscheidungssituation: Kauf für den häuslichen Konsum)*

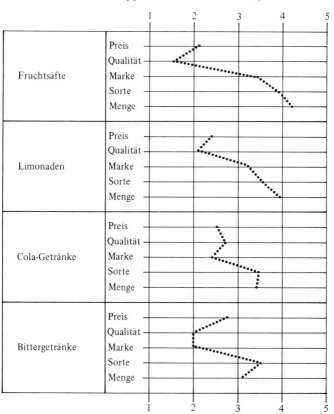

* Bewertung nach Rangordnung (d.h. 1 = sehr wichtig, 5 nicht so wichtig)
Quelle: Getränke-Analyse, 1973 (*rb*-Gemeinschaftsuntersuchung).

Weiter oben wurde gesagt, daß Marken umso besser dem aggressiven Wettbewerb im Handel widerstehen können, je stärker sie den Charakter von **Muß-Marken** haben, auf die weder der Verbraucher noch – daraus folgend – der Handel zu verzichten bereit ist, und zwar auch dann, wenn für diese Marken überdurchschnittliche Preise am Markt durchzusetzen versucht werden. Daß es nach wie vor solche Muß-Marken gibt, zeigen *Beispiele* aus den verschiedenen Produkt- und Markenbereichen (z.B. *Deutsche Union Lebensmittelwerke:* u.a. *Sanella* (speziell 500g-Pakkung); *Jacobs/Suchard:* speziell *Jacobs Krönung; Henkel:* u.a. *Persil,* inzwischen sicher auch *Theramed; Ferrero:* u.a. *Mon Cheri, Nutella,* inzwischen auch *Rocher; Effem:* mehrere Tiernahrungsmarken wie *Whiskas, Pal, Trill* u.a.; *Kellogg's:* u.a. *Cornflakes, Smacks; Pfanni:* vor allem Kartoffelspezialitäten wie Knödel, Klöße, Reibekuchen u.ä.; *Oetker:* u.a. Backmischungen und Backhilfsmittel sowie Süßspeisenmittel; *Beiersdorf:* vor allem *Nivea-* wie auch *Tesa-*Linie. Analoges gilt auch für Beispiele aus Gebrauchsgütermärkten (u.a. *Miele-*Haushaltsgeräte, *Braun-*Elektrokleingeräte, *Bosch-*Elektrowerkzeuge, *WMF-*Haushaltswaren, *Rosenthal-*Porzellan).

Eine Untersuchung des *Roland-Berger*-Forschungsinstituts (1983) hat in diesem Zusammenhang ergeben, daß der Handel (hier: Einkaufsleiter in Zentralen des Lebensmittelhandels) die Listung einer Marke als „zwingend" ansehen, *wenn* diese Marke über folgendes verfügt:

- eine *hohe Distribution* (ab 60% numerisch bzw. ab 60% gewichtet),
- einen *hohen Bekanntheitsgrad* (ab 70%) und
- einen *hohen Marktanteil* (ab 30%)

Erwähnt sei hier auch die *jährliche* Top-Hit-Erhebung der *Lebensmittel-Praxis*.

Kennzeichnend für die oben genannten Muß-Marken-Anbieter ist, daß sie konsequent Markenpersönlichkeiten auf- und ausgebaut haben, und zwar unter Ausschöpfung aller **produktpolitischen Reserven** (vgl. hierzu auch die Darlegungen zum produktpolitischen Baukasten auf S. 131 f.). Das heißt mit anderen Worten, daß erfolgreiche Unternehmen und ihre Marken dadurch charakterisiert sind, daß sie ausgehend von einer überzeugenden und laufend weiter verbesserten „technisch-funktionalen" Qualität auch alle übrigen produktpolitischen Ansatzpunkte konsequent ausschöpfen, nämlich Verpackung (in bezug auf Informations-, Verkaufs- und Verwendungsleistung) wie auch – speziell bei Gebrauchsgütern – die Möglichkeiten eines eigenständigen Designs, um somit eine möglichst stabile **Markenanatomie** zu schaffen.

Was die **Erziehung** von Marken angeht, so zeichnen sich hier in jüngster Zeit verschiedene strategische Grundrichtungen ab. Während früher eher Grundnutzen-Leistungen von Produkten (=technisch-funktionale Qualität) im Vordergrund der Profilierungsbemühungen standen, hat die Situation zunehmend gesättigter Märkte in vielen Produktbereichen dazu beigetragen, stärker *Zusatznutzen*-Leistungen von Produkten zu betonen (=mehr „psychische" Qualität). Das hat dazu geführt, Marken vermehrt *erlebnis*-orientiert auszuloben (vgl. hierzu auch diesbezügliche „Empfehlungen" von Seiten der Wissenschaft, u.a. *Kroeber-Riel*, 1985, S.84ff.). Inzwischen scheint die Erlebnis-Werbung in ihrer Wirkung z.T. überschätzt zu werden. Sie ist eine grundsätzlich mehr *indirekte* Werbung, die primär Lebensphilosophie bzw. Lebensstile zu schaffen bzw. latent vorhandene zu dramatisieren versucht, um diesen dann das adäquate Produkt (=die eigene Marke) quasi als selbstverständlich zuzuordnen (vgl. z.B. dieses Profilierungsgrundmuster bei den „Lebensanschauungs-Zigaretten" wie *Marlboro* oder *Camel*). Zu berücksichtigen ist hierbei aber, daß ein Grundnutzen bei Zigaretten nur schwer zu finden bzw. zu kommunizieren ist und daß bei Zigaretten sehr hohe Werbeaufwendungen branchenweit üblich (und einkalkuliert) sind. Diese Voraussetzungen sind aber *nicht* durchgängig gegeben.

Im übrigen besteht die Gefahr einer generell **emotionalisierten Werbung** darin, daß sie ggf. auch *nivellierend* wirkt bzw. es auch bei dieser „neuen" Art von Werbung zu nicht erwünschten Überschneidungen in der Markenpositionierung bzw. zur Austauschbarkeit von Lebensphilosophien und Wunsch-Welten bei ganz verschiedenen Produkten wie Zigaretten, Kosmetika, Getränken u.ä. kommt. Ihr Ansatz war bzw. ist aber gerade, gegenüber einer zu einseitig klassisch-produkthaften Werbung zu konstrastieren (*Konert*, 1986; *Kroeber-Riel*, 1988). Damit wird letztlich erkennbar, daß neue Aussageformen bzw. Kommunikationsrichtungen in ihren Wirkungen häufig dann Einbußen hinnehmen müssen, wenn sie von allen oder zumindest von

II. Arten und Ausprägungen von Marketingstrategien

(zu) *vielen* Marken bzw. Märkten okkuptiert werden. Im übrigen hängt eine erfolgreiche Markenerziehung stets davon ab, inwieweit es gelingt, produkt-, marken- und vor allem situations- oder phasenspezifische Profilierungslösungen zu finden und geplant umzusetzen. Gerade bei der Profilierung von Marken muß jedenfalls vor vordergründigen *Patent*lösungen gewarnt werden.

Andererseits wird es künftig für den Erfolg vor allem von neuen Produkten bzw. Produktsystemen entscheidend sein, über die Kommunikationspolitik eine trendgerechte **Produktphilosophie** mitzuliefern (vgl. z.B. das *„Du darfst-Konzept"* mit dem Slogan „Ich will so bleiben wie ich bin" und dem Reason why „Du darfst. Keine Kalorie zuviel"). Ein anderer Ansatz besteht insbesondere für bestehende Produkte darin, die **Kompetenz** einer Marke zu verstärken (siehe hierzu etwa das neue *Oetker*-Profilierungs-Konzept mit dem Slogan „Man nehme: *Dr. Oetker*" und dem Reason why „*Dr. Oetker*. Qualität ist das beste Rezept"). Gerade bei Sortimentsmarken mit vielfältigen Produktangeboten unter einem Markendach gibt es vielfach Kompetenz*gefälle* (bei *Oetker* z.B. von den Backmitteln zur Tiefkühlkost), die es im Sinne einer durchgängigen Markenpräferenz auch durch systematische Markenerziehung via Kommunikationspolitik auszugleichen gilt.

Markenerziehung bzw. Markenprofilierung ist aber nicht nur Ergebnis der Profilierungsart- bzw. -richtung, sondern – das wird nicht selten übersehen – Resultat einer konsequenten Markenpolitik, und zwar im Sinne einer schlüssigen **Markentypwahl** bzw. ggf. ihrer systematischen Weiterentwicklung. *Folgende* wichtigen Markentypen kommen strategisch in Betracht (*Becker,* 1984, S.22f.):

(1) **Produkt-Marken** (Mono-Marken-Konzept: z.B. *Persil* (ein Vollwaschmittel))
(2) **Produktgruppen-Marken** (Range-Marken-Konzept: z.B. *Tesa* (ganze Klebebandlinie))
(3) **Programm-Marken** (Company-Marken-Konzept: z.B. *Sarotti* (umfassendes Schokoladen-/Pralinen-/Süßwarenprogramm))

Die Produkt-Marke hat den großen Vorteil, daß hier eine Marke nur von einem Produkt getragen wird; sie kann damit sehr klar und spezifisch („spitz") profiliert werden. Der Nachteil dieses Markentyps besteht allerdings darin, daß ein einziges Produkt auch alle Markenaufwendungen tragen muß. Bei der Programm-Marke als anderem Extremtyp besteht der Vorteil umgekehrt darin, daß alle Produkte eines Unternehmens einen einheitlichen Markennamen tragen und den für ihn notwendigen Profilierungsaufwand gemeinsam finanzieren. Demgegenüber besteht der grundsätzliche Nachteil einer solchen Dachmarke darin, daß sie nicht so spezifisch und damit weniger spitz und klar (nur „rund") profiliert werden kann. Einen markenmäßigen Kompromiß stellt in diesem Sinne die Produktgruppen-Marke dar, die eine ganze Familie oder Range verwandter Produkte zusammenfaßt. Jedes Unternehmen steht damit vor der grundlegenden strategischen Frage, den produkt- bzw. markt*adäquaten* wie unternehmens- bzw. konzeptions*spezifischen* Markentyp zu wählen. Damit aber sind die markentechnischen Möglichkeiten nicht erschöpft. Es gibt vielmehr interessante Entwicklungsformen, von denen immer mehr Unternehmen Gebrauch zu machen versuchen, und zwar im Sinne einer Markenstärkung.

Was nun die Möglichkeiten einer **strategischen Markenentwicklung** angeht, so können *drei* spezifische Ansätze identifiziert werden. Zunächst einmal kann die Strategie darin bestehen, im Hinblick auf die Markentypwahl *kombinativ* vorzugehen, d. h. also entweder die Produkt-Marke oder auch die Produktgruppen-Marke mit einer Programm- bzw. Firmenmarke zu kombinieren (=Kombinations-Konzept, z.B. *Persil* von *Henkel, Tesa*-Klebebänder von *Beiersdorf/BDF*). Insbesondere wenn auch das Unternehmen (Firmenmarke) etwa über spezifische PR-Maßnahmen gezielt profiliert wird, können auf diese Weise markenstärkende **Kumulationseffekte** entstehen (z.B. „*Persil* ist auch deshalb gut, weil es aus dem internationalen, forschungsintensiven Unternehmen *Henkel* kommt"). Was das Range-Marken-Konzept betrifft, so muß unterschieden werden zwischen Produktfamilien, die von *vornherein* unter einer Produktgruppen-Marke subsumiert und profiliert werden (=ursprüngliche Markenfamilie), und solchen Produktfamilien, die *nachträglich* gebildet werden, und zwar durch Übertragung einer bestehenden Produkt- oder Mono-Marke auf ein ganzes Bündel *imageverträglicher* Zusatzprodukte (=abgeleitete Markenfamilie). Gerade die Bildung solcher abgeleiteten Markenfamilien durch „Adoption" weiterer Produkte ist - je nach den gegebenen Voraussetzungen - eine interessante Variante, Marken weiterzuentwickeln und damit zu stärken.

Ein klassisches Beispiel hierfür bildet etwa der *Nivea*-Fall. Hier ist es in einem strategisch erstrebten **Zweifach-Effekt** gelungen, einmal das hohe Imagepotential der Marke *Nivea* (ausgehend von der *Nivea*-Creme und später -Milk) auf eine Reihe verwandter pflegepositionierter Produkte wie Pflege-Seife, Cremebad, Pflege-Duschbad, Sonnenpflege usw. zu übertragen (=„Markenmelken" durch Imagetransfer auf neue Produkte) und - das ist nicht weniger entscheidend - zugleich eine notwendige Verjüngung des Basisimages der „Muttermarke" *Nivea* insgesamt zu erreichen (*Becker*, 1984, S.24).[21] Das *Beiersdorf/Nivea*-Beispiel ist zugleich ein erfolgreiches Beispiel dafür, wie es gelingen kann, ausgehend von einer starken Muttermarke *satellitenartig* „Markenkinder" zu gruppieren, um auf diese Weise gezielt zusätzliche Märkte aus dem Bereich der Körperpflege (neben pflegender Kosmetik auch Sonnenpflege, Haarpflege bis hin zur allgemeinen Körperpflege) auszuschöpfen.

Auf diese Weise entstand - und wird noch laufend weiter ausgebaut - ein satellitenartiges Markengebilde mit wechselseitigen **Imagetransferleistungen** (siehe *Abb. 107*).

Diese graphische Darstellung berücksichtigt im übrigen die Tatsache, daß die einzelnen Markensatelliten unterschiedlich *weit* vom Mutterimage der Ursprungsmarke *Nivea*-Creme entfernt sind. Damit soll zugleich deutlich gemacht werden, daß neue Satelliten nicht zu weit von der ursprünglichen Bezugsmarke (und zwar funktional wie auch psychologisch) entfernt sein dürfen, damit das sorgfältig vernetzte Markengeflecht *nicht* durch *Imagebrüche* (d.h. durch Hinzufügen nicht imageverträglicher Produkte) reißt. Gerade bei solchen erfolgreichen Rangemarken liegt die Gefahr der Marken*überdehnung* sehr nahe, vor allem aufgrund kurzfristig orientierter Umsatz- und Ertragsziele. Deshalb ist hierbei notwendig, die Belastbarkeit bzw. Tragfähigkeit durch entsprechende Image- und Markenanalysen ständig abzutasten, um falsche oder vorschnelle Erweiterungen in der Range zu vermeiden.

Die Strategie des geplanten **Imagetransfers** ist auch stärker Gegenstand der marketing-wissenschaftlichen Behandlung geworden (vgl. u.a. *Mazanec/Schweiger*, 1981; *Simon*, 1985; *Hätty*, 1989), weil man aus praktischer wie theoretischer Sicht immer

---

[21] Hiervon zu unterscheiden ist der Fall markentechnischer „Leihmütter" (z. B. Verwendung des Markennamens *Mövenpick* (Schweizer Gastronomiegruppe) u.a. durch *Schöller* für ein Premiumeis-Programm (hochpreisiges, stückiges Eis)=Imagetransfer von einer Lizenzmarke). Zur *Premium*strategie vergleiche auch die Darlegungen auf S.211f.

Abb. 107: Von der Mono- zur Range-Marke (Beispiel Nivea)

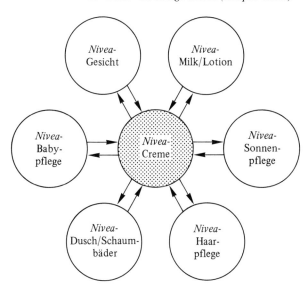

deutlicher erkennt, daß ein geplanter, auf entsprechenden Voraussetzungen fußender Imagetransfer nicht nur getätigte Markenaufwendungen (z.T. über Jahre hinweg oder gar Jahrzehnte, vgl. *Nivea*-Beispiel) zu kapitalisieren vermag („Markenmelken"), sondern vor allem auch **Wettbewerbsvorteile** realisieren kann aufgrund nicht oder nur schwer einholbarer *zeitlicher* Vorsprünge (strategisches Timing).

Was die ökonomische Wirkung des Image- bzw. Markentransfers auf den **Goodwill** einer Marke oder eines Unternehmens angeht, so läßt sie sich wie folgt modellieren (*Simon*, 1985, S. 36).

Abb. 108: Idealtypische Entwicklung von Goodwill und Marketingaufwand pro Absatzeinheit

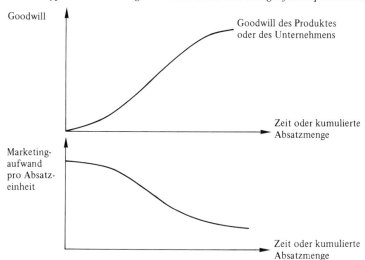

Diese Zusammenhänge lassen sich auch als markentransfer-strategische „Erfahrungskurven" interpretieren, *ohne* daß jedoch - zumindest bisher - ein streng gesetzmäßiger Zusammenhang (etwa im Sinne einer mathematischen Funktion) erkennbar ist (zu bisherigen empirischen Befunden, u.a. differenziert nach Verbrauchs- und Gebrauchsgütern, siehe *Simon,* 1985, S.45ff.).

Dem strategischen Ansatz eines positiven Imagetransfers (Goodwill-Übertragung), der eine Marke nicht zuletzt auch überlebensfähig machen kann über den Produktlebenszyklus des Ursprungsprodukts hinaus (und damit die Dauerhaftigkeit getätigter Markt- und Werbeinvestitionen sicherstellt = Grundproblem bei Mono-Marken!), steht andererseits - das darf nicht übersehen werden - die Gefahr eines *negativen* Imagetransfers gegenüber (*Badwill*-Übertragung). Transferstrategien bedürfen insoweit stets der marktanalytischen Absicherung, um nicht gewollte, weil negativ-wirkende, Imageübertragungen zu vermeiden. In dieser Hinsicht können gerade in jüngster Zeit Beispiele aus der Automobilindustrie angeführt werden.

Strategischer Ausgangspunkt war und ist etwa bei *Ford* oder auch *Opel* die Tatsache, daß die Corporate- oder Dachmarken immer noch bestimmte Imageschwächen wie „konservativ", „wenig sportlich", „Jedermann-Auto", „technisch nicht auf neuesten Stand" aufweisen, obwohl bereits die letzte Generation etwa des *Opel-Rekord* oder auch des *Ford-Granada* (jeweils Mittelklasse-Modelle) technisch wie design-mäßig gegenüber prestige- oder sportlich orientierten Marken wie *Daimler-Benz* oder *BMW* aufgeholt hatten. *Ford* wie *Opel* haben sich deshalb bei der Neueinführung ihrer *jüngsten Generation* von Mittelklassewagen 1985 bzw. 1986 entschieden, einen automatischen Imagetransfer (im Sinne eines „Badwill") markentechnisch insoweit auszuschließen, als diese beiden neuen Modelle *nicht* unter den alten, seit Jahren bzw. Jahrzehnten eingeführten, sehr bekannten Modellnamen *Granada* bzw. *Rekord* einzuführen, sondern jeweils unter zwei *neuen* Namen, nämlich *Scorpio (Ford)* bzw. *Omega (Opel).* Transferstrategisch läßt sich diese Markenpolitik wie folgt kennzeichnen (vgl. *Abb.109).*

Die spiegelbildliche Darstellung vernachlässigt bewußt - aufgrund nicht vergleichbarer Untersuchungsdaten - die Tatsache, daß sich *Ford* in den letzten Jahren imagemäßig bereits etwas weiter hin zum Imagepol „modern" (speziell mit dem *Sierra*) entwickelt hatte, während jetzt umgekehrt *Opel* die Chance besitzt, aufgrund bestimmter technischer Vorteile (u.a. selbstkorrigierendes Fahrwerk beim *Omega*) ein größeres Stück in Richtung „Imagemodernisierung" voranzukommen als *Ford* mit dem technisch eher noch konservativen *Scorpio.* Die modellierte Darstellung in *Abb.109* soll lediglich die Grundmechanik der Imageänderung skizzieren, und zwar einschließlich des Imageverbunds (d.h. einmal den *Vorwärts*effekt für die beiden Firmenmarken aufgrund der Einführung der attraktiven neuen Modelle unter neuem Namen und zum anderen den *Rückwärts*effekt aufgrund der Tatsache, daß die neuen attraktiven Modelle mit neuen eigenständigen Namen jeweils die „alte" Firmenmarke *Ford* bzw. *Opel* tragen). Es ist jedoch zu erwarten, daß der Vorwärtseffekt im Zeitablauf größer sein wird als der Rückwärtseffekt (nicht zuletzt aufgrund der objektiv-technischen Voraussetzungen der neuen Modelle).

Ein *spezifischer* marken-strategischer Ansatzpunkt - darauf soll abschließend noch kurz eingegangen werden - besteht in der Schaffung ganzer **Markensysteme.** Das heißt, jenseits satellitenartiger Marken- bzw. Produktergänzungsmöglichkeiten (siehe den weiter oben skizzierten *Nivea*-Fall/ *Beiersdorf)* wird bei solchen Markensystemen branchenübergreifend „diversifiziert". Typisch für solche Systeme ist, daß dann nur ein vergleichsweise kleiner Teil des gesamten Programms selbst hergestellt wird, während die Komplettierung des Systems über Lohnfertigungsaufträge an entsprechende Lieferanten erfolgt oder entsprechende Lizenzen zur Fremdnutzung erteilt werden.

Abb. 109: Imagetransfer-Schnitte bei Ford und Opel bei den neuen Mittelklasse-Modelle

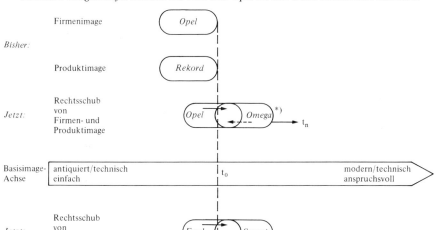

* Nicht ganz konsequent erscheint hierbei, daß *Opel* für das Flaggschiff der neuen Modellreihe wiederum den Namen *Senator* verwendet (denn dieses Modell und dieser Name hat sich gegenüber der Konkurrenz in der Oberklasse nicht richtig durchsetzen können).

Als Beispiel kann hier die Firma *Etienne Aigner* angeführt werden, die sogar dadurch gekennzeichnet ist, daß sie überhaupt keine eigene Produktion besitzt. Ausgangspunkt der Marke *Aigner* waren exklusive Lederwaren (wie Handtaschen, Gürtel, später auch Schuhe), die vornehmlich über ausgesuchte Boutiquen abgesetzt wurden. Die *Etienne Aigner*-Produkte haben sich – nicht zuletzt aufgrund ihrer Exklusivität in Produkt und Vertrieb – als Ausdrucksform eines besonderen *Lebensstils* entwickelt. Es lag daher strategisch nahe, diese spezifische Lebensstil-Kompetenz auch auf andere Produktbereiche zu übertragen (siehe *Abb. 110*).

Abb. 110: Von der lebensstil-orientierten Lederwarenmarke zur umfassenden Systemmarke (Beispiel Etienne Aigner)

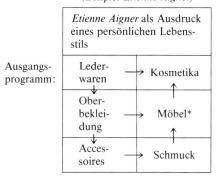

* Wegen Besonderheiten dieses Marktes inzwischen wieder aufgegeben.

Aus dieser Darstellung geht hervor, daß sich *Aigner* von einer Lebensstil-Marke in einem Produktbereich zu einer umfassenden System-Marke produktbereichs-*übergreifender* Art mit wechselseitigem Image-Transfer entwickelt hat. Allerdings hat sich gezeigt, daß eine markenadäquate Übertragung von *Aigner* auf so divergente Produktbereiche nicht unproblematisch ist, zumal sich auch die Vermarktungs- und Vertriebskonzepte in den einzelnen Teilmärkten *erheblich* voneinander unterscheiden (Möbel wurden deshalb wieder aufgegeben).

Trotzdem gibt es in jüngster Zeit *zahlreiche* Beispiele solcher **Markensysteme** bzw. entsprechende Versuche, sie aufzubauen (z. B. *Dunhill* oder *Davidoff* = Ausgangspunkt Zigaretten und Tabakwaren, *Jil Sander* oder *Boss* = Ausgangspunkt Mode).[22] Ihr Erfolg ist in hohem Maße davon abhängig, ob und inwieweit es gelingt, ein möglichst *durchgängiges* lebensstil-orientiertes Imageprofil produkt- *und* kommunikationspolitisch aufzubauen bzw. durchzuhalten.

Präferenzorientiertes **Systemmarketing** gibt es auch im *Investitionsgüter*bereich (hier i. S. v. komplexen Anlagen-Dienstleistungsbündeln). Zu den Besonderheiten siehe *Engelhardt/Günter,* 1981, S. 94 ff. sowie *Backhaus,* 1982, S. 96 ff.

Das Markenartikel-Konzept als konsequenteste Umsetzung der Präferenzstrategie

Die konsequenteste Umsetzung präferenz-strategischen Handelns ist ohne Zweifel das sog. Markenartikel-Konzept, das auch als umfassendes **Absatzsystem** verstanden werden kann (*Berekoven,* 1978 b, S. 42 f.). Das Markenartikel-Konzept, das im Laufe der Entwicklung Wandlungen durchgemacht hat, war *ursprünglich* durch sieben grundlegende Kriterien charakterisiert (*Mellerowicz,* 1963, S. 7 f.):

- *markierte* Fertigware,
- *gleichbleibende* Qualität,
- *gleichbleibende* Menge,
- *gleichbleibende* Aufmachung,
- *größerer* Absatzraum,
- *starke* Verbraucherwerbung,
- *hohe* Anerkennung im Markt.

Darüber hinaus ist lange – zumindest, solange die Preisbindung der zweiten Hand zulässig war – ein *einheitlicher,* relativ konstanter Endverkaufspreis als Wesensmerkmal des Markenartikels angesehen worden.

Diese Kennzeichnung bzw. Merkmalsbestimmung des **klassichen Markenartikels** ist zum einen – jedenfalls für heutige Marktbedingungen – zu statisch angelegt, zum anderen haben ganz *bestimmte* Schwerpunktverschiebungen im Markenartikel-Konzept stattgefunden. Qualität, Menge und Aufmachung sind heute in vielen Märkten *nur noch* in einem relativem Sinne gleichbleibend, und zwar aufgrund des technischen Fortschritts, des Wandels der Bedürfnisse sowie des verstärkten Wettbewerbs.

In *rechtlicher* Sicht ist der Markenartikel im übrigen nicht eng, sondern relativ weit im Sinne von Markenware definiert. Im § 38 a (2) des Gesetzes gegen Wettbewerbs-

---

[22] Häufig über den Weg des Lizenzmarkenkonzepts (vgl. Lizenzvergabe des Markennamens *Boss* an *Betrix* (für Kosmetika) und an *Falke* (für Strickwaren).

II. Arten und Ausprägungen von Marketingstrategien

beschränkungen (GWB) wird lediglich auf *zwei* Merkmale von Markenware abgestellt: nämlich auf die die Herkunft kennzeichnende Markierung einerseits und die Lieferung in gleichbleibender oder verbesserter Güte andererseits. In der Marketinglehre wie der Marketingpraxis wird heute der Markenartikel als ein **spezielles Vermarktungssystem** aufgefaßt, das trotz verschiedener Wandlungen mindestens *drei konstitutive* Merkmale aufweist (*Dichtl*, 1978, S. 19 ff.):

(1) **Produktkennzeichnung und Qualitätssicherung,**
(2) **Image und Verkehrsgeltung,**
(3) **Ubiquität (= Überallerhältlichkeit).**

Das *erste* Merkmal entspricht in etwa dem, was der Gesetzgeber in bezug auf Markenwaren definiert hat. Es knüpft im Grunde ausschließlich an dem angebotspolitischen Instrumentarium an. Die *beiden anderen* Merkmale kennzeichnen die Tatsache, daß der Markenartikel letztlich das Ergebnis eines geschlossenen Absatzsystems darstellt, das neben angebotspolitischen Instrumenten bzw. Konzepten *vor allem* auch kommunikationspolitische Mittel (siehe zweites Merkmal: Aufbau von Image bzw. Verkehrsgeltung mit Mitteln der Endverbraucher- oder sog. Sprungwerbung) und distributionspolitische Konzepte (siehe drittes Merkmal: Erreichung von Ubiquität über entsprechende Vertriebskonzepte) umfaßt.

Die strategische Entscheidung für eine Präferenzstrategie (und vor allem für ihre konsequenteste Umsetzung, nämlich die Markenartikel-Strategie) ist eine klare Entscheidung für die Kennzeichnung des Angebots mit einer **Marke**. Mit ihr sollen ganz bestimmte *marktsteuerungs*-strategische Funktionen gleichzeitig erfüllt werden (*Meffert*, 1980, S. 379 f.; *Gries*, 1987, S. 412 f.):

(1) **Individualisierungsfunktion** (Heraushebung eines Angebots aus der Fülle vergleichbarer Angebote);
(2) **Identifizierungsfunktion** (Schaffen der Wiedererkennungsmöglichkeit und Ermöglichen von Wiederkauf/Markentreue);
(3) **Garantiefunktion** (Bekenntnis des Markenanbieters zur Qualität und sein Einstehen dafür).

Der *Markenverband e. V.*, Wiesbaden, als Zusammenschluß und Interessenvertretung der Markenartikel-Hersteller hat folgende Funktionen („Selbstverständnis") des Markenartikels bzw. Markenartikelgedankens formuliert (*Gries*, 1987, S. 412):

1. Der Markenartikel gibt dem Verwender Sicherheit beim Einkauf; er ist nicht anonym.
2. Der Markenartikel ist langfristig konzipiert. Er hat ein eigenständiges Produktprofil. In bezug auf Qualität, Preis und Service hat er in seiner Gruppe eine Leitfunktion. Durch Leistung und kontinuierlichen Markenauftritt schafft er Vertrauen bei den Verwendern.
3. Der Markenartikel geht mit der Zeit. Denn Produktion und Forschung haben höchstes Niveau und können veränderte Verbraucherbedürfnisse jederzeit berücksichtigen. Der Markenartikel hat dadurch langfristigen Markterfolg und hohe Bekanntheit.
4. Der Markenartikel wird über ein produktadäquates Vertriebssystem distribuiert. Das garantiert gleichbleibende, überregionale Versorgung, bequemen Einkauf und fachkundigen Service.
5. Der Markenartikel fördert den Wettbewerb und dadurch Produktinnovationen. Er ist das beste Mittel gegen ein eintöniges Warenangebot. Markenartikel sprechen große Verbrauchergruppen an und garantieren durch rationale Fertigung einen angemessenen Preis.
6. Der Markenartikel verhindert Produkttäuschungen. Durch seine hohe Produktqualität verschafft er dem Käufer positive Erfahrungen und verdient sich dadurch höchste Wert-

184   2. Teil: Konzeptionsebene der Marketingsstrategien

schätzung. Durch Markenwerbung und Verkaufsförderung informiert der Hersteller Handel und Verbraucher.
7. Markenartikel setzen Maßstäbe für wirtschaftlichen und technischen Fortschritt. Durch die Innovationskraft und Produktkompetenz der Hersteller prägen sie im hohen Maße die modernen Konsumgütermärkte.

Betrachtet man die Entwicklung des *Markenartikels* seit den 60er Jahren, so fällt einerseits auf, daß die Bedeutung des Markenartikels umsatzmäßig ständig gewachsen ist, andererseits ist aber nicht zu übersehen, daß sein Anteil am Einzelhandelsumsatz ziemlichen Schwankungen unterlag (siehe *Abb. 111*).

Abb. 111: Umsatzentwicklung der Markenartikelindustrie in der Bundesrepublik Deutschland (1960-1977)

	Inlandsumsatz der		Anteil des Markenwarenumsatzes	
	Marken-artikel-Industrie	deutschen Industrie mit Konsumgütern insgesamt	am gesamten Verbrauchsgüterabsatz der Industrie	der deutschen Industrie am Einzelhandelsumsatz
Jahr	in Mrd. DM	in Mrd. DM	in %	in %
1960	34,4	107,9	31,9	48,2
1961	37,3	109,5	34,1	47,8
1962	40,6	127,0	32,0	45,7
1963	43,3	133,1	32,5 32,6	45,8 46,5
1964	47,0	145,2	32,4	46,5
1965	50,7	149,1	31,9	46,8
1966	52,8	163,7	32,3	46,2
1967	52,6	162,0	32,5	44,8
1968	55,1	169,8	32,4 32,8	49,6 48,9
1969	63,1	188,1	33,5	52,5
1970	69,0	206,3	33,4	51,3
1971	71,8	221,4	32,4	48,5
1972	75,3	237,5	31,7	46,7
1973	78,7	259,5	30,3 30,5	46,3 45,3
1974	78,9	271,6	29,1	44,0
1975	79,4	275,8	28,8	41,0
1976	86,9	299,4	29,0	42,9
1977	98,8	314,9	31,4	45,7

Quelle: Ermittlungen des *Markenverbandes e. V.* (Wiesbaden) sowie Berechnungen und Schätzungen des *Ifo-Instituts* anhand amtlicher und nicht-amtlicher statistischer Unterlagen.

Aus *Abb. 111* geht hervor, daß der Markenartikelanteil am Einzelhandelsumsatz 1969 und 1970 mit 52,5 bzw. 51,3% einen absoluten Höhepunkt hatte. Bis 1975 sank der Anteil relativ stark auf 41%, was neben konjunkturellen Einflüssen vor allem auf ein relativ starkes Vordringen der *Handelsmarken* zurückzuführen ist, die vom Handel teilweise bewußt als Konkurrenz zu den Herstellermarken (klassische Markenartikel) gefördert wurden. Während 1960 der Anteil der Handelsmarken am Einzelhandelsumsatz nach Schätzungen des *Ifo-Instituts* erst rd. 10% ausmachte, stieg ihr Anteil 1974 immerhin auf rd. 24%. Seit 1975/76 kann man jedoch insofern von einer gewissen Tendenzwende sprechen, als die Handelsmarken seither nicht mehr (wesentlich) stärker als die Herstellermarken wachsen. Nicht zuletzt aus Ertragsgründen war der Handel wieder stärker an der Herstellermarke interessiert. Zwar wird erwartet, daß die Bedeutung der Handelsmarke *weiter* zunehmen wird; man geht aber davon aus, daß sie ihr Expansionsfeld stärker im Bereich der anonymen Ware als in der Konfrontation mit den Herstellermarken (Markenartikel) suchen wird (*Batzer,* 1978, S. 192f.). Neueste Entwicklungen bestätigen das aber nur teilweise (vgl. hierzu auch die Darlegungen auf S. 194ff.).

Im übrigen weist der Anteil des Markenartikels ausgeprägte *Branchenunterschiede* auf. Die Entwicklungsrichtung entspricht zwar durchweg dem bereits aufgezeigten durchschnittlichen Verlauf; dennoch variierte die Veränderungsquote je nach Branche teilweise ziemlich stark (siehe *Abb. 112*).

Abb. 112: Höhe und Entwicklung des Markenartikelanteils am Umsatz ausgewählter Einzelhandelsfachzweige in der Bundesrepublik Deutschland 1954 bis 1977 (in %)

Fachzweig	Befragung von Fachverbänden			Befragung von Einzelhandelsfirmen			
	1954	1958	1960	1956	1960	1967	1977
Nahrungs- und Genußmittel	31	35	40	30	41	34	44
darunter: Lebensmittel	25	25	30	–	–	–	–
Tabakwaren	85	90	90	–	–	–	–
Drogerieartikel	70	70	80				
Farben und Anstrichbedarf	8	8	10	63	60	66	70
Seifen	35	60	60				
Parfümerien	80	80	80	–	–	–	–
Textilien	10	10	6	17	28	31	35
Schuhe	35	30	35	40	43	46	50
Leder- und Galanteriewaren	15	15	15	14	15	20	25
Beleuchtungs- und Elektrogeräte	50	50	50				
Rundfunk-, Fernseh- und Phonogeräte	80	85	75	75	77	66	70
Glas-, Porzellan-, Keramikart.	5	5	10	–	–	–	60
Eisenwaren und Hausrat	25	25	25	27	38	36	40
Papier- und Schreibwaren, Bürobedarf	60	60	60	42	37	37	50
Büromaschinen, Büromöbel, Organisationsmittel	75	75	90	66	66	66	70
Nähmaschinen	95	90	80	84	90	81	75
Fahrräder	60	65	65	–	–	–	80
Musikinstrumente	90	90	90	–	–	–	85
Fotoartikel	80	70	80	78	74	66	68
Chirurgieinstrumente, Sanitätsbedarf	50	60	60	–	–	–	–
Uhren, Gold- und Silberwaren	14	15	33	50	31	32	40
Möbel	0	0	0	8	10	15	35
Apothekenwaren	90	90	90	–	–	–	–
Kraftfahrzeuge, Kfz-Ersatzteile und -Zubehör	–	–	–	69	84	82	85
Bücher	–	–	–	80	84	87	80
Sport- und Campingbedarf	–	–	–	–	33	38	68
Spielwaren	–	–	–	–	–	–	60
Brennstoffe	–	–	–	–	53	62	75

Quelle: Batzer, 1978, S. 198.

Nach Auskunft des *Markenverbandes* gibt es für die letzten Jahre keine Daten, die es erlauben, sowohl die Angaben aus *Abb. 111* als auch die aus *Abb. 112* fortzuschreiben. Für die Entwicklung seit 1976 ist lediglich eine Aufstellung der Markenwaren*produktion* der Jahre 1976 bis 1989 verfügbar (vgl. *Abb. 113*).

Abb. 113: Markenwarenproduktion (1976-1989)

	Gesamtproduktion an Markenwaren Mrd. DM	davon Inlandsabsatz Mrd. DM	davon Export Mrd. DM
1976	134	87	47
1977	152	99	53
1978	161	105	56
1979	177	117	60
1980	191	125	66
1981	208	132	76
1982	222	138	84
1983	241	145	96
1984	260	150	110
1985	283	158	125
1986	300	170	130
1987	310	177	133
1988	327	187	140
1989	356	199	157

Quelle: Markenverband e. V.

Das *klassische* Feld der Markenartikel (siehe hierzu auch Kriterien des Markenartikels auf S. 182f.) sind *Verbrauchs*güter des Konsumgüterbereichs. Das Markenartikelangebot umfaßt in dieser Hinsicht zunächst einmal die wichtigsten Güter des täglichen Bedarfs, d.h. insbesondere also industriell hergestellte bzw. verarbeitete Nahrungs- und Genußmittel, Wasch- und Reinigungsmittel, Körperpflegemittel, pharmazeutische Produkte.

Das Markenartikelangebot erstreckt sich aber *auch* auf „Elektrogeräte für den Haushalt, Unterhaltungselektronik, Fotoartikel, Optik, Kraftfahrzeuge usw.; auf weiteren Märkten, so bei Textilien, Schuhen, Möbeln, gewinnen Markenartikel ständig an Bedeutung" *(Markenverband)*. *Abb. 114* zeigt speziell die Anteile der Markenware an der industriellen Produktion im nicht-klassischen (Gebrauchsgüter-) Markenartikel-Bereich (*Meffert/Bruhn*, 1984, S. 37).

Damit ist das breite **Spektrum** der Anwendung der Markenartikelstrategie (als konsequentester Form der Präferenzstrategie) umrissen. Gleichwohl gibt es auch in klassischen Produktbereichen des Markenartikels spezifische Bedingungen, welche die Anwendung des Markenartikel-Konzepts *einschränken* können.

Beispielsweise im Bereich der *landwirtschaftlichen* Produkte (hier etwa bei Obst und Gemüse) gibt es Begrenzungsfaktoren, die in der erschwerten Beherrschbarkeit der Qualität u. a. aufgrund von Witterungseinflüssen (z. B. Äpfel) oder auch in der zeitlich begrenzten Verfügbarkeit (z. B. Erdbeeren) liegen können. Durch eine konsequente Sortenpolitik, systematischen Anbau und streng gesteuerte Reifung (inkl. Transport) ist es andererseits gelungen, Bananen markenartikelfähig zu machen (vgl. *Chiquita*-Konzept). Ähnliches gilt auch für Citrusfrüchte (z. B. *Jaffa* oder *Outspan*), und analoge Ansätze gibt es auch bei Gemüse.

Abb. 114: Anteile der Markenware an der industriellen Produktion

Warenbereich	Anteil in %
Humanpharmazeutika	100
Photochemische Erzeugnisse	100
Wasch-, Putz- und Pflegemittel	65
Füllhalter, Bleistifte usw.	80
Chemischer Bürobedarf	70
Büromaschinen und EDV-Einrichtungen	90
Fahrräder	45
Motorräder und -roller	100
Mopeds	100
Automobile	100
Bereifungen	95
Elektromotorische Wirtschaftsgeräte	80
Kühlmöbel	80
Fernseh-, Rundfunk-, Phonogeräte usw.	80
Elektrowärmegeräte	80
Glüh- und Entladungslampen	100
Brillenfassungen, Brillengläser, Ferngläser	50
Photoerzeugnisse	80
Uhren	70
Hausrat- und Zierporzellan	50
Schuhe	55
Maschinenwaren	33
Mieder und Leibbinden	65
Nahrungs- und Genußmittel (ca. 18 Warengruppen des Trockensortiments)	70
Tabakwaren	95

Quelle: Schätzung des *Markenverbandes* aufgrund von Angaben seiner Mitgliedsfirmen; Selbstbedienung in Zahlen, 1982.

Begrenzungsfaktoren können auch in der Regionalität eines Produktes liegen (z. B. lokale bzw. regionale Spezialitäten, wie etwa das Kölsch- oder das Altbier). Durch systematischen Aufbau einer nationalen Distribution – wenn auch noch mit relativ kleinem Absatzanteil vor allem südlich der Main-Linie –, ist es trotzdem gelungen, insbesondere Altbiere der großen Anbieter wie *Diebels* und *Hannen* zu Markenartikeln zu entwickeln (unterstützt auch durch entsprechende Endverbraucher-Werbung in den Massenmedien).

Insoweit kann man sagen, daß es zwar erschwerende Bedingungen für den Einsatz des Markenartikel-Konzepts in einzelnen Produktbereichen geben kann, daß es umgekehrt in vielen aber möglich ist, durch entsprechende Maßnahmen (siehe Beispiele) die notwendigen Voraussetzungen – ggf. auch stufenweise – zu schaffen. Der *Anwendungsbereich* des Markenartikel-Konzepts läßt sich somit grundsätzlich *noch* ausbauen.

Entscheidend für ein erfolgreiches präferenz-strategisches Konzept im generellen und Markenartikel-Konzept im speziellen ist, daß es mit vertretbarem (d.h. kalkulierbarem) Aufwand gelingt,

- ein markenadäquates Präferenz*niveau,*
- eine hinreichende Präferenz*stabilität* und
- eine zielgruppengerechte Präferenz*struktur*[23]

---

[23] Vgl. hierzu u. a. auch die Darlegungen zur Nutzenstruktur von Produkten auf S. 133 f.

188 2. Teil: Konzeptionsebene der Marketingsstrategien

nicht nur aufzubauen, sondern auch zu erhalten und damit entsprechende „monopolistische" **Spielräume** für die Preispolitik zu schaffen.

Die Gesamtzahl der inländischen Marken betrug im Jahre 1985 nach Informationen des *Deutschen Patentamts* insgesamt 287334. Darüber hinaus genießen rd. 111000 ausländische, international registrierte Marken entsprechenden Schutz in der BRD. Insgesamt bestanden 1985 somit beinahe **400000 Marken** bzw. Markenschutzrechte. Damit wird nicht zuletzt deutlich, *welche* Bedeutung der Präferenzstrategie (Markenartikelstrategie bzw. markenartikelähnlichen Konzepten) heute insgesamt zukommt.

Zum Markt- und Markenspektrum insgesamt

Märkte bestehen jedoch – darauf haben wir bereits hingewiesen – nicht nur aus „oberen" Märkten (obere Marktschichten), in denen die präferenzorientierten Marken und insbesondere die Markenartikel angesiedelt sind, sondern sie umfassen in der Regel *auch* „mittlere" und „untere" Märkte (mittlere und untere Marktschichten), in denen mit anderen Marken bzw. Auch-Marken agiert wird (vgl. hierzu *Abb.115, Becker,* 1986a, S.80).

Abb.115: Rollenverteilung von Markenartikel bzw. Markenware (Herstellermarken) und Eigenmarken des Handels (Handelsmarke bzw. No-names)

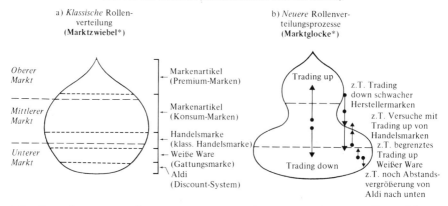

* Zur Frage der generellen Änderung der Marktschichten-Struktur siehe auch die Ausführungen auf S.403f.

Diese Darstellung macht deutlich, daß es sowohl von den Herstellern als auch vom Handel jeweils beanspruchte **Markt- und Markenzonen** gibt, und daß es hier – insbesondere angesichts des Verlust-in-der-Mitte-Phänomens (=Abnahme des Marktvolumens in der mittleren Schicht) – Ansätze zu bestimmten Positions*veränderungen* gibt. Das läßt sich auch auf andere Weise skizzieren (siehe *Abb.116*).

Das heißt mit anderen Worten, daß Märkte – speziell *Konsum*gütermärkte – heute durch eine hohe **Wettbewerbsdynamik** gekennzeichnet sind, die sich in versuchten und zum Teil gelungenen Positionsveränderungen im Markt- bzw. Markenpositionsgefüge niederschlägt.

II. Arten und Ausprägungen von Marketingstrategien

Abb. 116: *Zur Grundpositionierung von Hersteller- und Handelsmarken und Ansätze von Positionsveränderungen*

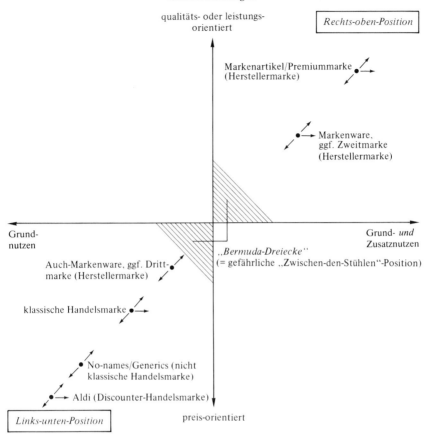

Dieser Marken-Dynamik entspricht im übrigen eine analoge **Betriebsformen-Dynamik** im Handel, wie *Abb. 117* am Beispiel des Bekleidungsmarktes zu verdeutlichen sucht.

Diese **analogen Entwicklungen** auf der Herstellerstufe (vgl. *Abb. 116*) und auf der Handelsstufe (vgl. *Abb. 117*) führen dazu, daß bisher eingenommene Positionen im Markt *laufend* in Frage gestellt werden (und zwar sowohl aufgrund eigener Initiativen der Hersteller bzw. des Handels als auch aufgrund von jeweiligen Konkurrenzaktivitäten). Jedes marken- und marketingstrategische Konzept bedarf insoweit einer ständigen **Überprüfung** und ggf. einer neuen **Justierung**.

Nach der Diskussion des **Markenspektrums** überhaupt und den dynamischen *Veränderungs*prozessen sollen nun noch abschließend die wichtigsten diskutierten Marken mit Hilfe wichtiger Trennkriterien abgegrenzt werden (vgl. *Abb. 118, Meffert/ Bruhn,* 1984, S. 3).

Nachdem wir in den vorangegangenen Abschnitten zunächst die präferenz-strategischen Ansatzpunkte diskutiert und problematisiert haben, sollen – nach diesem

190   2. Teil: Konzeptionsebene der Marketingsstrategien

Abb. 117: *Zur Grundpositionierung der Betriebsformen des Handels (am Beispiel des Bekleidungsmarktes) und Ansätze von Positionsveränderungen*

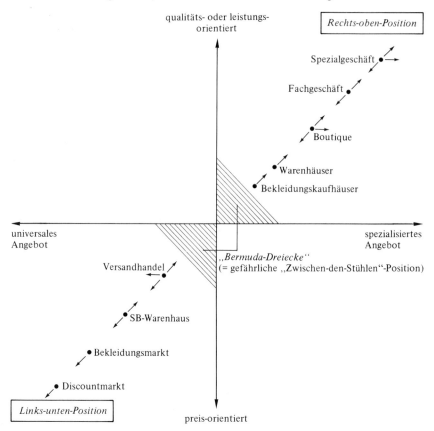

Überblick des *gesamten* Markenspektrums – nun auch die *preis-mengen*-strategischen „Mechaniken" grundsätzlich herausgearbeitet und jeweils spezifisch exemplifiziert werden.

b) *Preis-Mengen-Strategie*

Während die Präferenzstrategie in ihrer konsequentesten Umsetzung als Markenartikelstrategie über einen ausgeprägten mehrdimensionalen Qualitätswettbewerb „monopolistische" Preisspielräume zu erarbeiten trachtet, ist die Preis-Mengen-Strategie *umgekehrt* auf einen einseitigen „aggressiven" **Preiswettbewerb** ausgerichtet, und zwar unter weitestgehendem Verzicht auf sonstige präferenzpolitische Maßnahmen. Das akquisitorische Potential preis-mengen-strategisch agierender Unternehmen beruht daher in seiner strengsten Form nahezu *ausschließlich* auf einem niedrigen Angebotspreis (= *ein*dimensionale Präferenz bzw. *un*echte Präferenzbildung).

Die unternehmenspolitische Bedeutung einer Entscheidung für die Preis-Mengen-Strategie liegt darin begründet, daß sich mit ihr das Unternehmen primär für die

Abb. 118: Zur Abgrenzung von Markenartikel, klassischer Handelsmarke und Gattungsmarke (No-names oder Generics)

Merkmale	Markenartikel	klassische Handelsmarke	Gattungsmarke
Markierung	vom Hersteller	vom Handel	vom Handel
Distribution	breit (Ubiquität)	begrenzt (nur Handelsgruppe)	begrenzt (nur Handelsgruppe)
Qualitätsniveau	für das Preissegment hohes Qualitätsniveau	mittleres Qualitätsniveau	Mindest-/Standardqualität
Qualitätsgarantie	vom Hersteller	vom Handel	vom Handel
Verkaufspreis	hohes und mittleres Segment	mittleres Segment	niedriges (Discount-) Segment
Preiskonstanz	variierender Verkaufspreis (Lockvogel)	einheitlicher Verkaufspreis	einheitlicher Verkaufspreis (Orientierung am Discountpreis)
Werbung	Produktwerbung	Werbung für Einkaufsstätte	Preiswerbung und Werbung für Einkaufsstätte
Verpackung/ Aufmachung	hohes Anspruchsniveau	mittleres Anspruchsniveau	bewußt reduziertes Anspruchsniveau
Packungsgestaltung	Produkterlebnis	Produkterlebnis	Produktbeschreibung
Produktnutzen	Grund- und Zusatznutzen	Grundnutzen und teilweise Zusatznutzen	nur Grundnutzen
Verkehrsgeltung/ Durchsetzung im Markt	breit	begrenzt	stark begrenzt (austauschbar)
Marktfunktion	Innovation, Bedarfsweckung, Marktaufbau	me - too, Bedarfsdeckung, begrenztes Produktangebot	Imitation, Bedarfsdeckung, stark begrenztes Produktangebot, reife Märkte

Zielgruppe der sog. Preis-Käufer entscheidet. Wie zu Beginn dieses Abschnitts bereits ausgeführt, können bei den allermeisten Märkten verschiedene Marktschichten identifiziert werden, und zwar in der Regel drei, nämlich der obere, der mittlere und der untere Markt. Grundsätzlich weist damit also beinahe jeder Markt *auch ein* Betätigungsfeld für ausgesprochene Preis-Mengen-Strategien auf. Der Anteil der **sog. Preis-Käufer** (das sind absolut preisbewußte Käufer, die sich jeweils für das billige bzw. billigste Produkt einer Warengruppe entscheiden) ist in den einzelnen Märkten bzw. Produktgruppen allerdings unterschiedlich. Nach Verbraucheruntersuchungen - auf die wir bereits bei der Behandlung der Präferenzstrategie zurückgegriffen haben - verhalten sich *beispielsweise*

- bei **Salzgebäck/Knabberartikel** jeder fünfte Verbraucher,
- bei **Toilettenseife** beinahe jeder fünfte Verbraucher und
- bei **Mineralwasser/Sprudel** oder **Shampoo** nahezu jeder sechste Verbraucher

absolut *preisbewußt* in oben definierten Sinne (*Stern*, 1980, S.91).

Gerade auch bei *Gebrauchs*gütern hat das Preisbewußtsein deutlich zugenommen, wie *Abb. 119* belegt.

Abb. 119: Qualitäts- und Preisbewußtsein bei ausgewählten Gebrauchsgütern

	Auto	Phonogeräte/ Hifi-Anlagen	Videogeräte	Optische Geräte	Armbanduhren
Bei Neuanschaffungen trifft für mich zu ...		in Prozent*			
• Das Beste ist gerade gut genug	12	12	8	12	10
• Ich achte mehr auf die Qualität als auf den Preis	26	28	21	25	28
• Ich achte immer besonders auf den Preis	15	12	9	10	19
• Ich suche vernünftige Qualität zu einem günstigen Preis	71	60	47	54	59
• Produkt interessiert mich nicht/Keine Angabe	7	13	33	21	0

* Mehrfachnennungen.
Quelle: Gruner + Jahr-Verlag (Hrsg.), Die Stellung der Deutschen zu ausländischen Unternehmen und Produkten, 1982.

Die Tendenz, diese Produkte eher preisorientiert zu kaufen, hat sich in den letzten Jahren *verstärkt*. So ging z.B. beim Kauf von Phonogeräten/Hifi-Anlagen der Anteil derjenigen, die beim Kauf die Qualität vor den Preis setzen, innerhalb von zwei Jahren (1980→1982) von 34 auf 28% zurück. Gleichzeitig stieg der Anteil derjenigen, die vernünftige Qualität zu einem günstigen Preis suchen, von 54 auf 60% an. Diese Entwicklung hat sich – nach allgemeinen Marktbeobachtungen – noch weiter fortgesetzt. Die Berechtigung wie auch die Chancen für gezielte Preis-Mengen-Strategien sind damit evident.

Die Anwendung der Preis-Mengen-Strategie bedeutet dabei nicht den Verzicht auf jegliche Markierung des Angebots: typisch für diese Strategie ist lediglich der primäre bis ausschließliche Einsatz des Preises als Wettbewerbsmittel ohne spezifische Auslobung bzw. Profilierung der verwendeten („Auch"-)Marke. Insoweit sprechen wir bei dieser Strategie auch von einer Strategie mit einseitiger „Preis-Präferenz".

Ortung des preis-mengen-strategischen Ansatzes überhaupt

Betrachtet man die Anwendung der Preis-Mengen-Strategie in der Unternehmenspraxis, so zeigt sich, daß es *die* Preis-Mengen-Strategie schlechthin nicht gibt, son-

II. Arten und Ausprägungen von Marketingstrategien

dern daß sie uns vielmehr in **verschiedenen Ausprägungsformen** begegnet. Am besten wird diese Tatsache deutlich, wenn man das Spektrum der strategischen Alternativen hinsichtlich der Art und Weise der Marktstimulierung grafisch darzustellen versucht. Folgende Darstellung *(Abb. 120)* geht zunächst von Reinformen der Marktstimulierungsstrategie aus, nämlich dem reinen Qualitätswettbewerb auf der Ordinate und dem reinen Preiswettbewerb auf der Abzisse:

Abb. 120: Formalisierte Darstellung des Strategiespektrums im Hinblick auf die Art der Marktstimulierung (Basislenkung)

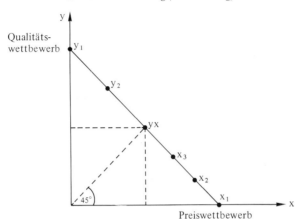

Die Gerade, die y-und x-Achse verbindet, kann als **strategische Kennlinie** aufgefaßt werden, die in ihren Extrempunkten y_1 und x_1 die *Rein*strategien beschreibt, nämlich in Punkt y_1 die absolute Präferenzstrategie (Qualitätswettbewerb ohne jeglichen Preiswettbewerb) und in Punkt x_1 die absolute Preis-Mengen-Strategie (Preiswettbewerb ohne jeglichen Qualitätswettbewerb). Diese absoluten Reinformen haben jedoch *mehr theoretischen* Charakter.

Präferenzstrategien bewegen sich meist in dem Abschnitt zwischen y_1 und y_2 der strategischen Kennlinie, d.h. trotz grundsätzlich verfolgter Präferenzstrategie ist vielfach aus Konkurrenzgründen ein bestimmtes *Mindest*maß an Preiswettbewerb notwendig und/oder vom Handel induzierte Preisaktionen auch für eine präferenzorientierte Marke können nicht oder nur unvollkommen abgewehrt werden. Gerade Marken mit hohem Präferenzpotential sind – zumindest phasenbezogen – durch derartige Preisaktionen gekennzeichnet. Typisch ist das vor allem für „beliebte" Marken mit überdurchschnittlichem Marktanteil, *beispielsweise* im

- **Spirituosen-Markt** (u.a. *Mariacron, Jägermeister*),
- **Bier-Markt** (u.a. *König, Bitburger*),
- **Waschmittel-Markt** (u.a. *Persil, Ariel*).

Erstaunlicherweise haben derartige Preisaktionen im Sinne eines zeitlich befristeten Preiswettbewerbs vielen präferenz-orientierten Marken keinen (nachhaltigen) Imageschaden zufügen können.

Die *Markenloyalität* beim Verbraucher leidet meist dann nicht *(Abb. 121)*, wenn Preisaktionen befristet sind und vor allem auch *bestimmte* Schwellenwerte nach unten *nicht* unterschritten werden (*Gutjahr*, 1981, S. 82):

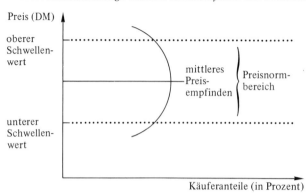

Abb. 121: Zusammenhänge zwischen Markenloyalität und Preishöhe

Interessant ist dabei auch die allgemeine Erfahrung (siehe *Abb. 121*), daß der Preisnormbereich sich im Laufe der Zeit durch neue Preiserfahrungen der Verbraucher durchaus verändern kann (Assimilationseffekt, *Diller*, 1970, S. 10). Verschiedene Untersuchungen haben im übrigen immer wieder gezeigt, daß der Verbraucher den Preis als Indikator der Produktqualität betrachtet, und zwar bei *solchen* Produkten, bei denen Qualitätsunterschiede zwar erlebt werden, andererseits eine ausreichende Markttransparenz über bestehende Qualitätsunterschiede aber nicht gegeben ist (*Rosenstiel/Ewald*, 1979, II, S. 67 ff.). Insoweit spielt das jeweilige „Preisbild" der eigenen Marke am Markt (etwa auf Einzelhandelsebene) im Vergleich zu bedeutenden Konkurrenzmarken eine durchaus wichtige Rolle; denn die Treue gegenüber einer Marke ist dann besonders ausgeprägt, wenn deren Qualität besonders hoch eingeschätzt wird. Diese Einschätzung entsteht beim Verbraucher vor allem – unter den oben genannten Bedingungen – über einen entsprechend hohen Preis (*Weinberg*, 1977, S. 45 f.; *Kroeber-Riel*, 1984, S. 301–303).

Die im folgenden noch näher zu charakterisierende **Preis-Mengen-Strategie** ist demgegenüber dadurch gekennzeichnet, daß sie ganz bewußt und gezielt – und das mehr oder weniger ausschließlich und vor allem *auf Dauer* – den „aggressiven" Preiswettbewerb sucht. Die Formen des Preiswettbewerbs sind dabei vielfältiger, als zunächst aufgrund des *ein*dimensionalen Konzeptionsansatzes zu vermuten ist.

Typische Ausprägungsformen der Preis-Mengen-Strategie

Im folgenden soll erst einmal auf typische Ausprägungsformen der Preis-Mengen-Strategie im einzelnen eingegangen werden. Wir beginnen zunächst mit Preis-Mengen-Strategien „extremer" Art, um daran anschließend „mildere" Formen zu diskutieren.

Am Extrempol des reinen Preiswettbewerbs (Position x_1, vgl. *Abb. 120* auf S. 193) operieren strategisch vor allem bestimmte **preisaggressive Handelsformen.** Sie werden auch als Discounter bezeichnet. Das Spektrum dieser Betriebe reicht etwa vom klassischen Discountgeschäft (speziell in der Elektro- und Lebensmittel-Branche) bis hin zu Verbrauchermärkten und Selbstbedienungswarenhäusern. Am überzeugendsten – und auf stark expansivem Kurs – hat bisher vor allem *Aldi* eine extreme

II. Arten und Ausprägungen von Marketingstrategien

Preis-Mengen-(Discount-)Strategie betrieben, die über den Preis hinaus auf jegliche präferenzbildenden Maßnahmen konsequent verzichtet, so daß eine *durchgängige preisaggressive Politik* auch durchgehalten werden kann.

Vor allem *Aldi* hat von der Tatsache profitiert, daß bereits 1984 rd. 92% aller Haushalte bei Discountern kauften und zumindest bestimmte Bedarfe dort deckten. Umgekehrt hat sicher speziell *Aldi* das Einkaufen beim Lebensmittel-Discounter „hoffähig" gemacht, und zwar in erster Linie durch überzeugende Produktqualität bei niedrigstem Preis. Im Jahre 1984 haben die Discounter zusammen am *gesamten* Lebensmitteleinzelhandelsumsatz einen Anteil von etwas über 19% gehabt und *Aldi* allein von etwas über 10%. Welche marktliche Potenz *Aldi* inzwischen bei *einzelnen* Produktgruppen aufbauen konnte, zeigt *Abb. 122*.

Abb. 122: Wertmäßige Marktanteile von Aldi bei ausgewählten Warengruppen (Angaben in Prozent/ Jahre 1980 und 1984)

	1980	1984
Non-Food-Bereich		
Zahncreme	4,0	4,5
Seifen	8,3	5,7
Badezusätze	6,6	9,2
Haushaltreiniger	8,3	7,1
Universalwaschmittel	17,5	14,0
Feinwaschmittel	15,5	14,5
Food-Bereich		
Bohnenkaffee (Röstware)	12,0	15,5
Schokolade	15,0	14,5
Pralinen	19,0	17,5
Margarine	13,1	18,3
Speiseöl	16,7	19,9
Dosenmilch	28,8	30,7
Gemüsekonserven	32,0	34,0
Fleisch-/Wurstwaren (verpackt)	22,5	35,5

Quelle: Panel-Daten/Herstellerangaben

Diese Übersicht zeigt, daß *Aldi* zwar im Körperpflegesortiment (z. B. Zahncreme, Seifen) noch unterrepräsentiert ist (Marktanteile zwischen 4% und 6%), daß *Aldi* umgekehrt aber in wichtigen Food-Bereichen (u. a. Nahrungsfette, Konserven und verpackte Fleisch-/Wurstwaren) marktdominierend ist (Marktanteile zwischen 18% und 36%). Das verdeutlicht zugleich, wie *groß* die *unteren* Marktschichten („unterer Markt") bei einzelnen Produktgruppen heute bereits sind (zur Marktschichtung und ihren Veränderungen siehe auch S. 403 ff.).

Am unteren Abschnitt zwischen x_1 und x_2 *(Abb. 120)* bewegen sich dagegen die **sog. No-names** („Weiße Ware", Gattungsmarken oder Generics), wie sie inzwischen von fast allen großen Handelsorganisationen – Filialisten, Einkaufsgenossenschaften bzw. Freiwilligen Ketten – angeboten werden. Neuerdings sind aus *Differenzierungs*gründen u. a. auch einheitlich gelbe Aufmachungen erschienen, so daß es eigentlich angemessen wäre, von „Uni-Ware" oder „Unifarbener Ware" zu sprechen. Jene an amerikanischen (u. a. *Jewel Food*) und französischen (speziell *Carrefour*) Beispielen orientierten No-name-Programme umfassen dabei vorwiegend oder ausschließlich Artikel des *täglichen* Bedarfs. Überwiegend weiß bzw. uni-farben verpackt – lediglich mit der Produktbezeichnung (z. B. Kaffee, Vollwaschmittel, Nuß-Nougat-Creme usw.) und ggf. einigen notwendigen Erläuterungen, jedoch ohne spezielle Markierung – werden sie zu niedrigen Preisen angeboten. Diese entsprechen meist denen des „unteren Marktes", d.h. die Preise liegen zwischen etwa 20% und zum Teil mehr als 50% unter denen vergleichbarer Markenartikel. Diese No-names verfügen trotz des ausgeprägten Preiswettbewerbes und des Fehlens einer (speziellen) Marke durchweg auch über ein *bestimmtes* qualitatives Präferenzpotential, nämlich aufgrund des Image-Transfers vom Firmenimage der jeweiligen Handelsorganisation auf die durch sie angebotenen No-names.

Die Entwicklung der No-names setzte in der BRD im Jahre 1982 relativ *massiv* ein, so daß z.T. ein relativ starkes Einbrechen in die Domäne der Markenhersteller („„mittlerer" und „oberer" Markt) befürchtet wurde. Die von den No-names errungenen Marktanteile in den Jahren 1983/84 hielten sich jedoch in Grenzen (siehe *Abb. 123*).

Abb. 123: Wertmäßige Marktanteile der No-Names (Generics)* an einem typischen Warenkorb** (Jahresdurchschnittswerte in Prozent, Jahre 1982-1985)

Jahr	Wertmäßige Marktanteile (Jahresdurchschnitt)
1982	2,6
1983	3,1
1984	3,0
1985	2,7

* u.a. A&P (Tengelmann), Extra (Schaper), Gut und billig (Gedelfi), Ja (Rewe), Sparsamen (Spar). Zur strategischen Einordnung von A & P siehe auch S. 197.
** = Bohnenkaffee (Röstware), Dosenmilch, Instant-Kakao, Margarine, Speiseöl, Filterpapier, Feinwaschmittel, Handgeschirrspülmittel, Haushaltsreiniger, Scheuermittel, Universalwaschmittel.
Quelle: G & I / Absatzwirtschaft

Diese Übersicht zeigt, daß die No-names (Generics) - gemessen an einem *typischen* Warenkorb - im Schnitt nicht viel mehr als 3% Marktanteil erreicht haben.[24] Im Jahre 1985/86 war dann die Entwicklung bereits wieder rückläufig (seit 1986 liegen jedoch keine allgemein veröffentlichten Zahlen mehr vor). Offensichtlich hat die „Monotonie" der No-names (Generics) die Verbraucher nicht auf Dauer befriedigt; vor allem haben die No-names den „Preiskrieg" gegenüber *Aldi* nicht gewinnen können, weil *Aldi* streng darauf geachtet hat, immer billiger zu sein (vgl. z.B. massive Preissenkungen u.a. bei Kaffee, Nahrungsfetten, Dosenmilch).

Von den No-names sind andererseits die eigentlichen **Handelsmarken** der Absatzmittler (Handelsbetriebe) zu unterscheiden. Sie suchen - je nach handelsspezifischem Konzept - ihren Markt eher im unteren Teil des „mittleren Marktes" und verstehen sich primär als preiswürdige Alternative zu den Herstellermarken (Markenartikeln). Insofern beruht das Handelsmarken-Konzept ebenfalls auf der Preis-

---

[24] Bei einzelnen Warengruppen wie Knabberartikeln (Erdnußflips/Kartoffelchips) oder auch Hygienepapieren (Papiertaschentücher/Küchentücher) haben die No-names *vorübergehend* immerhin mengenmäßige Marktanteile von 10-30% erreichen können.

Mengen-Strategie, allerdings unter Berücksichtigung bestimmter *qualitativer* Wettbewerbselemente. Dabei gibt es jedoch wiederum verschiedene Abstufungen, z. B.:

- *Tengelmann*-Gruppe: *A & P*-Programm,
- *Kaufhof AG: Elite*-Programm,
- *Schlecker KG:* u. a. *Ychabelle, Chacaresse, AS.*

Handelsmarken können zunächst ganz allgemein definiert werden als Fertigerzeugnisse des Konsumgüterbereiches, die eine Handelsorganisation mit einer *eigenen* geschützten Marke ausstattet und ausschließlich in eigenen oder angeschlossenen Einzelhandelsgeschäften vertreibt (*Huber*, 1969, S.11). Diesen Tatbestand erfüllen die drei genannten Beispiele von Handelsmarken; dennoch bestehen zwischen diesen *erhebliche* Unterschiede. Während das *A & P*-Programm – trotz spezieller Marke („A & P – die starke Marke") – nämlich von der Warenausstattung (= „weiße Ware") wie von der Preisstellung (= preisaktive Vermarktung) mehr die Verwandtschaft zu den sog. No-names verrät, stellt das *Elite*-Programm eher eine gehobene Handelsmarke dar, für die die *Kaufhof AG* über Endverbraucherwerbung sogar *mehr*dimensionale Präferenzen aufzubauen sucht (= ansatzweiser *Qualitäts*wettbewerb[25]) und bei der demgegenüber der eigentliche Preiswettbewerb nicht so ausgeprägt erscheint wie bei anderen vergleichbaren Handelsmarken-Konzepten. Relativ *differenziert* stellt sich andererseits die Handelsmarkenpolitik der *Schlecker KG* (größte Drogerie-Märkte-Gruppe der BRD) dar, die für verschiedene Sortimentsteile *gesonderte* Handelsmarken geschaffen hat, die – soweit erkennbar – preislich unterschiedlich angesiedelt sind (neben den oben genannten Marken auch noch *Commodore* und *Roland von Bremen*), die 1987 bereits einen Umsatzanteil von 7% erreichten bei einem Gesamtumsatz von rd. 1,7 Mrd. DM.

Handelsmarken im zuletzt aufgezeigten Sinne beruhen zwar auch auf preis-orientierter Aktionsweise (Preis-Mengen-Strategie); je nach handelsorganisations-individuellem Konzept können Handelsmarkenpolitiken aber bereits auch **Ansätze eines Qualitätswettbewerbs** umfassen (im Sinne einer partiellen Präferenz-Strategie). Es sind somit spezielle Preis-Mengen-Strategien, die durch den Abschnitt x_2 und x_3 der strategischen Kennlinie charakterisiert sind (vgl. *Abb. 120* auf S.193). Beispiele hierfür sind etwa das Eigenmarkensortiment „M" von *Rewe/Leibbrand* (Einführung 1984/85) sowie die 1990 von *Asko* eingeführte (europäische) „Premium"-Handelsmarke „*O'Lacy's*" (Preislage rd. 10–20% unter den gehobenen Markenartikeln).

Was die Handelsmarken[26] und ihre Marktbedeutung generell betrifft, so liegen hierüber *keine* allgemein zugänglichen, aktuellen Daten vor. Nach einer *Nielsen*-Untersuchung im Zeitraum Oktober 1978 bis Mai 1979 ergaben sich bei ausgewählten Warengruppen folgende mengenmäßige Marktanteile von Handelsmarken (*Meffert/Bruhn*, 1984, S.48).

---

[25] Eine wesentliche Begrenzung für eine Weiterentwicklung der Handelsmarke *Elite* etwa in Richtung einer Art Markenartikel stellt einmal das *Sortimentsmarken*-Konzept für ein sehr *heterogenes* Food- und Non-food-Programm und zum anderen die nicht erfüllte und auch *nicht erfüllbare Ubiquität* (Überallerhältlichkeit) dieser *Kaufhof*-Marke dar. Trotzdem ist erstaunlich, daß die *Kaufhof-AG* mit ihrer Handelsmarke *Elite* in einzelnen Produktbereichen Absatzanteile von über 10% erreichen konnte.

[26] Zur generellen Funktion bzw. Konzeption der Handelsmarke siehe auch *Angehrn*, 1969 bzw. *Berekoven/Bernkopf*, 1981; *Berekoven*, 1990, S.131 ff.

Abb. 124: *Mengenmäßige Marktanteile* ausgewählter Handelsmarken am Lebensmitteleinzelhandelsabsatz (10/78-5/79)*

Food-Bereich		Non-Food-Bereich	
Schokoriegel	0,1	Feinseifen	0,4
Mayonnaise	1,3	Haushaltsreiniger	1,0
Reis	1,5	Haarspray	1,4
Teigwaren	1,6	Deomittel	1,5
Margarine	2,5	Scheuermittel	2,8
Marmelade	3,2	Haarwaschmittel	3,3
Löslicher Kaffee	3,9	Vollwaschmittel	4,1
Tafelschokolade	5,6	Weichspülmittel	4,2
Bohnenkaffee	10,8	Geschirrspülmittel	5,5
		Badezusätze	8,8

* Angaben in Prozent.

Auch hier zeigen sich erhebliche Unterschiede je nach Warengruppe (0,1% bei Schokoladenriegeln, aber immerhin 10,8% bei Kaffee). Zu berücksichtigen ist dabei allerdings, daß hierin nicht die jeweiligen *Aldi-*(Handels-)Marken enthalten sind. Würde man sie hinzuzählen, würde sich das Bild natürlich völlig ändern (vgl. hierzu die Übersicht über die *Aldi-*Anteile und ihre Entwicklung auf S. 195).

Insgesamt läßt sich - auch ohne Berücksichtigung von *Aldi* - sagen, daß die Handelsmarken, gerade auch in jüngster Zeit, *wieder* eine deutlich *größere* Rolle als die No-names (Gattungsmarken/Generics) spielen. Sie haben sich offensichtlich als das bessere **Profilierungsinstrument** des Handels erwiesen, zumal - wie schon betont - der Lebensmittelhandel den „Preiskrieg" mit *Aldi* über die Einführung von No-names nicht gewinnen konnte (und damit auch das Hauptziel, Marktanteile vom Discounter (speziell *Aldi*) zurückzugewinnen, nicht realisiert werden konnte). Außerdem sind echte Handelsmarken *nicht* so einem Imitationswettbewerb ausgesetzt, wie das bei den uniformen No-names (Gattungsmarken) der Fall war (= automatischer Profilverlust der No-names), was schließlich auch zu einem Rückgang ihrer Marktanteile führen mußte. Ursprünglich war man davon ausgegangen, daß Gattungsmarken gegenüber klassischen Handelsmarken *spezielle* Vorteile dadurch haben werden, daß sie als geschlossene Sortimentssysteme auftreten (vgl. auch *Rogge/Goeke/Heisig,* 1984, S. 142f.). Diese uniformen, leicht nachahmbaren Sortimentssysteme haben diese Erwartungen insgesamt aber nicht erfüllen können. Hinzukommt, daß Gattungsmarken ihr ursprüngliches niedriges Preis-Niveau aufgrund der Kostensituation nicht durchhalten konnten bzw. dort, wo nicht (mehr) auskömmliche Preise für No-names realisiert werden konnten, sind die No-names vom Handel nicht mehr so stark in den Vordergrund gerückt worden wie zu Beginn ihrer Entwicklung (siehe hierzu auch *Meffert/Bruhn,* 1984, S. 73).

Strategien, die mit dem Kurvenabschnitt x_2 und x_3 *(Abb. 120)* identisch sind, d. h. also Preis-Mengen-Strategien mit bestimmten Ansätzen eines Qualitätswettbewerbs, sind im übrigen nicht nur für Handelsmarken typisch, sondern *auch* für *Herstellermarken*. Hier handelt es sich dann nicht um klassische Markenartikel, sondern um preisaktiv vermarktete Markenware auf vergleichsweise niedrigem Präferenzniveau. Beispiele für diese strategische Aktionsweise, die durchweg auf den sog. unteren

II. Arten und Ausprägungen von Marketingstrategien

Markt (oder untere „Abschnitte" des mittleren Marktes) gerichtet ist, finden sich u. a. in *folgenden* Branchen:

- im **Spirituosenmarkt** (meist mittlere Anbieter liefern im großen Umfang oder ausschließlich Handels- und/oder Fantasiemarken für Großabnehmer: u. a. *Pabst & Richartz KG, Elsfleth*, nach der *Eckes*- und *Asbach-Scharlachberg*-Gruppe drittgrößter Spirituosenanbieter);
- im **Fahrradmarkt** (sogar große Hersteller liefern im erheblichen Umfang Handels- bzw. Sondermarken für Großabnehmer: u. a. *Kynast GmbH & Co. KG*, Quakenbrück, größter deutscher Anbieter am Fahrradmarkt);
- im **Süßwarenmarkt** (kleine und große Anbieter vermarkten ausschließlich oder mit hohen Anteilen Handels- und Sondermarken für Großabnehmer: u. a. die *Trumpf*-Gruppe innerhalb der *Monheim*-Gruppe,[27] speziell mit den Marken *Mauxion* und *Regent*);
- im **Pharmamarkt** (zahlreiche Hersteller, die sich auf die Erzeugung sog. Generica (=Arzneimittel, deren Patentschutz abgelaufen ist) konzentrieren und diese Nachahmerprodukte zu niedrigen Preisen anbieten);
- im **Zeitschriftenmarkt** (neben dem *Bauer*-Verlag agiert neuerdings auch der *Springer*-Verlag im Markt der Billigzeitschriften u. a. mit „*Auto-Bild*", „*Sport-Bild*"= sog. Zeitungsillustrierte).

Diese Beispiele zeigen insgesamt, wie *facettenreich* preis-mengen-strategisches Agieren ist. Zugleich ist deutlich geworden, daß sich auch die Bedingungen für preis-mengen-strategische Optionen z. T. *verschlechtert* haben (z. B. für die No-names oder Gattungsmarken). Wir wollen nun noch auf weitere interessante marktstimulierungs-strategische Muster eingehen.

Misch- bzw. Durchgangsstrategien

In *Abb. 120* auf S. 193 ist auf der strategischen Kennlinie ein mittlerer „Bereich" mit yx markiert, der eine Mischstrategie beschreibt, die dadurch gekennzeichnet ist, daß bei ihrer Anwendung sowohl Qualitätswettbewerb als auch Preiswettbewerb gleichsam auf mittlerem *Niveau* betrieben wird. Eine solche Strategie des „Sowohl als auch" ist nicht nur eine theoretische Fiktion, sondern läßt sich durchaus in der Unternehmenspraxis nachweisen. Diese **Misch- oder Kompromißstrategie** – wie man sie auch bezeichnen kann – ist jedoch *nicht* unproblematisch, da sie unter Umständen

- **weder** sog. *Marken*-Käufer (Marke/Qualität rangiert vor Preis)
- **noch** sog. *Preis*-Käufer (Preis rangiert vor Marke/Qualität)

zu mobilisieren vermag, und es daher in dieser Position häufig zu strategischen Inkonsistenzen kommt. Diese strategische Gefahr ist besonders in *den* Märkten gegeben, die sich stark *polarisiert* haben, nämlich: auf der einen Seite ein zunehmender Markt der hochpreisigen Markenware und auf der anderen Seite ein gewachsener preisaktiver Auch-Marken-Markt, während der mittlere Markt stark

---

[27] Nach Übernahme des Auslandsgeschäfts der *Monheim-Gruppe* durch *Jacobs/Suchard* jetzt Restgruppe *Ludwig Schokolade GmbH*.

an Bedeutung verliert bzw. bereits verloren hat („Verlust der Mitte"; diese Entwicklung ist inzwischen in einer ganzen Reihe von Märkten gegeben, siehe hierzu auch die Darlegungen zu Änderungen in der Marktschichten-Struktur auf S. 403 ff.)

Der strategische Punkt („Bereich") yx (siehe *Abb. 120*) repräsentiert im übrigen häufig gar nicht die anvisierte strategische Positionierung, sondern stellt eher eine Art **strategische Durchgangsstation**[28] dar, und zwar

- **entweder** ausgehend von der Preis-Mengen-Strategie in Richtung Präferenzstrategie
- **oder umgekehrt** von der Präferenzstrategie hin zur Preis-Mengen-Strategie.

Die erste strategische Entwicklungsrichtung markiert eine in der Realität immer wieder anzutreffende Politik des **sog. Trading-up,** während die zweite genannte Entwicklungsrichtung auf ein **sog. Trading-down** hinausläuft.

Das Phänomen des *Trading-up* läßt sich vor allem bei Handelsbetrieben nachweisen (= Dynamik der Betriebsformen, *Nieschlag/Kuhn,* 1980, S. 85 ff.). Charakteristische Beispiele für eine solche Strategie sind etwa die großen Warenhäuser, wie z.B. die *Kaufhof AG,* die *Karstadt AG* oder auch die *Horten AG,* deren Warenhäuser sich ausgehend von einer ursprünglich *unterhalb* der „strategischen Mitte" angesiedelten Position zu einer *stark* präferenz-orientierten Betriebsform entwickelt haben (= Betriebsform mit *Fachhandels*-Niveau u.a. durch konsequente qualitätsorientierte Sortiments- und Preispolitik, zum Teil in Verbindung mit dem Shop-in-the Shop-Konzept). Das Prinzip der Trading-up-Strategie besteht also darin, die ursprünglich über eine Niedrigpreispolitik gewonnenen Kunden durch qualitativ bessere Angebote und Leistungen stärker an das Unternehmen zu binden und (allmählich) zugleich in den *nächst höheren* Markt vorzustoßen, um auf diese Weise auch neue Kunden zu gewinnen.

Derartige Trading-up-Strategien lassen sich aber auch im *Hersteller*marketing immer wieder nachweisen. Insbesondere (Pionier-)Unternehmen, die ursprünglich mit aggressiver Preispolitik am Markt Fuß zu fassen gesucht haben, ändern ihre **Ziele und strategischen Konzepte,** wenn sie glauben, im Markt ein *ausreichendes* Operationsfeld gewonnen zu haben. Sie versuchen dann, stärker präferenz-orientiert zu agieren, bei gleichzeitigem Abbau ertragsmäßig unbefriedigender Teile des Absatzes. Beispiele hierfür bietet u.a. der Biermarkt.

Viele *Brauereien,* die – ursprünglich dem reinen „Hektoliter-Denken" verfallen – auch an bestimmten Sortentrends, z.B. den Pilstrend, über aggressive Preise zu partizipieren suchten („Pilsbier zum Exportbierpreis"), haben nach einer durchgängigen Etablierung der Sorte Pils im Markt ihre Politik grundlegend geändert, um auch das *Ertragspotential* der Sorte Pils auszuschöpfen. Hierbei werden (wurden) im wesentlichen *zwei* strategische Alternativen verfolgt:

(1) *Sortimentsführerschaft* der Sorte Pils bei Sortimentsbrauereien (= *gehobene* Marken-Pilsbiere),
(2) *Spezialisierung* auf die Sorte Pils (= *hochpreisige* Premium-Biere).

---

[28] Teilweise wird diese Positionierung auch als Strategie der „goldenen Mitte" o.ä. bezeichnet, ohne daß jedoch damit die strategische Orientierung eindeutig definiert ist (vgl. hierzu etwa o.V., Katag hält es mit der „goldenen Mitte", in FAZ, 21.7.81)

II. Arten und Ausprägungen von Marketingstrategien

Dabei hat sich gezeigt – und das ist typisch für einen relativ stark besetzten Markt (rd. 1300 Brauereien in der BRD) –, daß solche Trading-up-Strategien vor allem zu einer Zeit erfolgversprechend waren, *bevor* die Masse der Anbieter strategisch „umrüstete" in Richtung präferenz-orientierter Konzepte (*Timing*-Aspekt!).

Trading-up-Strategien erfassen nicht selten auch *ganze* Branchen, meist unter der Führerschaft des oder der Großen in einem Markt.

So haben beispielsweise die Hersteller von *Heizkesseln/-technik* in der Vergangenheit in hohem Maße preis-mengen-orientierte Strategien verfolgt; insbesondere im Neubaugeschäft haben sie sich gegenseitig preislich stark unterboten. In dem Maße, in dem das Neubaugeschäft zurückging und das *Renovierungs*geschäft in seiner Bedeutung stieg, hat die Branche insgesamt gelernt (lernen müssen), Nachfrage zu schaffen. Damit setzte in der ganzen Branche ein noch vor einem Jahrzehnt völlig unbekannter *innovativer* Wettbewerb ein. Das schlug sich nieder in einem stark erhöhten Forschungsaufwand, der ursprünglich primär auf hohen Wirkungsgrad und saubere Verbrennung gerichtet war (hinzu tritt verstärkt die *Systemtechnik* = in sich abgestimmte Anlagen, die in kurzer Zeit installiert werden können, vgl. *Buderus* und *Viessmann*). Insofern hat sich der Wettbewerb in der ganzen Branche verändert, indem sich die Anbieter heute viel weniger in den Preisen zu unterbieten, sondern vielmehr mit Neuerungen, d.h. mit anderen Worten also *präferenz*-strategisch, zu überbieten versuchen.

Analoge Trading-up-Prozesse im Rahmen einer ganzen Branche (zumindest weite Teile umfassend) sind auch im Markt der *Heimtextilien* (speziell textile Fußbodenbeläge) zu finden. Hier hat ebenfalls die starke Verschiebung vom Neubedarf (nur noch etwa 10%) hin zum Ersatzbedarf (rd. 90%) zu einer (partiellen) Strategieveränderung beigetragen. Während beim Neubedarf vor allem die billigen Erzeugnisse gefragt sind (wovon speziell die Massenproduzenten profitieren), sind die Kunden beim *Ersatz*bedarf („Zweitkäufer") in der Regel anspruchsvoller in bezug auf Qualität und Dessin. Daraus ergeben sich Chancen für bestimmte Trading-up-Prozesse, wofür vor allem *modisch* orientierte Anbieter Voraussetzungen mitbringen.

Diese beiden Beispiele belegen, daß Trading-up-Prozesse nicht selten das Ergebnis von **Marktspaltungen** (z.B. Erstausrüstung/Ersatzbedarf) bzw. von grundlegenden Veränderungen innerhalb der Marktspaltung (speziell Bedeutungszunahme des „anspruchsvolleren" Ersatzbedarfsmarktes) sind.

Das sog. *Trading-down* ist demgegenüber differenzierter zu sehen, und zwar insofern, als Trading-down einerseits Ausdruck eines unternehmerischen Wollens sein kann; andererseits gibt es aber auch zahlreiche Beispiele dafür, daß ein Trading-down nicht erklärte Marketingpolitik, sondern vielmehr das Ergebnis von Verfallserscheinungen ursprünglich präferenz-orientierter Marken (Markenartikel) ist. Insofern sind *zwei* Formen des Trading-down zu unterscheiden:

(1) Trading-down als **bewußte Politik,** die meist phasenbezogenen **Zielen** dient,
(2) Trading-down als **Ergebnis** nicht aufgehaltener oder nicht aufhaltbarer **Verfallserscheinungen** einer Marke.

Trading-down als erklärte Politik dient durchweg der Verteidigung oder Rückgewinnung von Marktanteilen, zum Teil mit der strategischen Absicht, eine mehr preisaggressive Politik abzulösen, sobald eine ausreichende Marktposition („Marktmacht") wieder aufgebaut werden konnte. Gerade diese geplante Umkehr stellt allerdings den *kritischsten* Punkt einer solchen phasenbezogenen (zyklischen) Gesamtstrategie dar, und zwar aufgrund der Gefahr einer gleichgerichteten Entwicklung zwischen gewolltem „Preisverfall" und dadurch induziertem, aber nicht gewolltem Imageverfall.

Als mißlungenes Beispiel einer geplanten Trading-down-Politik kann hier etwa die Politik der Firma *Sprengel* angesehen werden, nachdem sie in amerikanische Hände übergegangen war. Die neuen Eigentümer (*Nabisco*-Gruppe) hatten zunächst versucht, verlorengegangene Marktanteile speziell im Tafelwarenbereich über eine *bewußt* preisaggressive Absatzpolitik zurückzugewinnen, um dann in einer zweiten Phase von einer verbesserten Marktposition aus wieder eine stärker präferenz-orientierte Politik betreiben zu können. Offensichtlich haben aber *weder* Handel *noch* Verbraucher diese erste Phase der *Sprengel*-Politik „honoriert", so daß die angestrebten Marktanteilsvoraussetzungen für die zweite Phase des strategischen Konzepts im Grunde gar nicht eintraten. Inzwischen gehört *Sprengel* zur *Imhoff*-Gruppe (u.a. *Stollwerck*).

Das Trading-down einer Marke ist andererseits – wie bereits herausgearbeitet – häufig nicht Ausdruck einer bewußten Politik, sondern es ist vielmehr das Ergebnis von Verfallserscheinungen, die ihre Ursache im *abnehmenden* Präferenzpotential einer Marke haben. Die Ursachen hierfür sind meist vielfältig. Ganz generell unterliegt jedoch jede Marke einem **natürlichem Image- und damit auch Preisverschleiß** im Zeitablauf, wie *Abb. 124a* zu verdeutlichen sucht.

Abb. 124a: Natürlicher Image- und Preisverfall von Marken, d.h. ohne gezielt korrigierende Marketingmaßnahmen

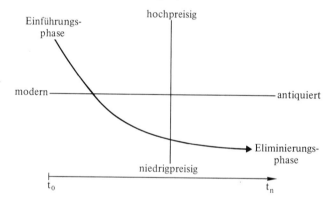

Präferenz-strategisch orientierte Unternehmen versuchen diesem natürlichen Verfall von Produkten (Marken) durch gezielte Maßnahmen entgegenzuwirken, etwa durch *umprofilierende* Maßnahmen der Werbung, durch entsprechende Produktverbesserungen wie auch vertriebsselektive Korrekturen etwa in Verbindung mit preispflegenden Maßnahmen usw. Man spricht in diesem Zusammenhang auch vom **Relaunch** einer Marke (vgl. hierzu auch die Darlegungen zum phasen-bezogenen Marketingmix auf S. 522 f.).

Im übrigen ist eine *zeitweise* preisaktive Vermarktung eines Markenartikels seitens des Handels vielfach gerade auch Ausdruck der Präferenz*stärke* einer Marke (**Strategisches Paradoxon**), d.h. sie ist aus der Sicht des Handels so attraktiv, daß er seine Leistungsfähigkeit über Sonderangebote gerade mit dieser Marke zu dokumentieren sucht. Für den Markenartikelhersteller ist das zunächst eine bestimmte Art von **Anerkennung** im Wiederverkäufer-Markt, die er jedoch in ihren preis- und imagepolitischen Auswirkungen zu „steuern" (besser: zu begrenzen) trachten muß.

So wie es ganze Branchen gibt, die durch einen generellen Trading-up-Prozeß gekennzeichnet sind – siehe hierzu die weiter oben genannten Beispiele: Markt für

II. Arten und Ausprägungen von Marketingstrategien

Heizkessel und textile Fußbodenbeläge –, so gibt es andererseits *ganze* Branchen, für die ein kaum aufhaltbarer *Trading-down*-Prozeß kennzeichnend ist.

In dieser Hinsicht kann etwa der *Tafelschokoladen*-Markt angeführt werden. Von Trading-down-Prozessen sind hier im Prinzip alle großen Markenhersteller mehr oder weniger betroffen (wie *Suchard/Tobler, Ritter, Sarotti, Stollwerck* u.a.). Sie äußern sich vor allem darin, daß es der Branche in den letzten Jahren nie nachhaltig gelungen ist, den Endverbraucherpreis für 100g-Tafeln deutlich über die 1,- DM-Grenze zu heben (was aufgrund gestiegener Kosten betriebswirtschaftlich geboten wäre).[29] In hohem Maße austauschbar gewordene Marken (= Präferenzverluste), Mangel an objektiven Produktdifferenzierungsmöglichkeiten wie auch hohe Überkapazitäten aufgrund stagnierender Nachfrage haben die Bedingungen für eine Trading-down-*Automatik* (via Promotions/Daueraktionspreise[30]) geschaffen, die einzelne Anbieter (selbst solche mit noch bestimmten Präferenzpotentialen wie etwa *Suchard/Tobler* oder *Ritter*) kaum noch durchbrechen können.

Ein ganz anderer Markt, in dem gleichsam alle (wichtigen) Anbieter von Trading-down-Prozessen erfaßt werden, ist der Markt der *Autovermieter*. In diesem Markt, der im wesentlichen von sechs großen Anbietern beherrscht wird *(Inter-Rent, Avis, Autohansa, Hertz, Sixt* und *Europcar),* ist ein ausgeprägter Verdrängungswettbewerb entbrannt, der – angesichts begrenzter anderer Differenzierungsmöglichkeiten – primär seit etwa 1983 über den Preis ausgetragen wird und der sowohl das Privat- als auch das Firmengeschäft voll erfaßt hat. Die Marktspaltung hat sich hier nicht präferenzstabilisierend auswirken können, weil die Anbieter, wie kaum in einer anderen Branche, voll *austauschbar* sind. Das ursprünglich lukrative „Unfallgeschäft" verlor stark an Bedeutung, nachdem die Versicherungsunternehmen dazu übergegangen waren, den Autofahrern einen Entschädigungsbeitrag für den Fall zu zahlen, daß sie bei einem unverschuldeten Unfall keinen Mietwagen in Anspruch nehmen.

Diese unternehmens- und brancheninduzierten Gründe für Preis-Mengen-Strategien haben gezeigt, daß es *die* Preis-Mengen-Strategien schlechthin nicht gibt, sondern daß in der Realität vielmehr ganz verschiedene **Ausprägungsformen** auftreten, und zwar sowohl als Ergebnis eines gezielten unternehmerischen Wollens als auch als Resultat eines nicht schlüssigen marketingpolitischen Handelns (etwa auch im Sinne unternehmerischer Versäumnisse) bzw. nicht mehr aufhaltbarer Verfallserscheinungen von Produkten (= Lebenszyklus-Automatik bzw. Kapazitätsdruck).

c) Vergleichende Betrachtung von Präferenz- und Preis-Mengen-Strategie (einschließlich Formen ihrer Kombination)

Im Rahmen des vergangenen Abschnittes wurden alternative Strategien zur Beeinflussung des Marktes – von uns als **Marktstimulierungsstrategien** bezeichnet – analysiert und problematisiert. *Zwei* grundlegende Basisstrategien wurden dabei unterschieden:

- **Präferenzstrategie** („Marken(artikel)strategie") einerseits,
- **Preis-Mengen-Strategie** („Discountstrategie") andererseits.

Beide Strategiealternativen sollen abschließend noch einmal *vergleichend* gewürdigt werden (siehe *Abb. 125* und *126*).

---

[29] Der für eine 100g-Tafel übliche Markenpreis war bis 1973 (Wegfall der Preisbindung) DM 1,30.
[30] Tafelschokolade steht inzwischen an der Spitze der Aktionshäufigkeit im Lebensmittelhandel.

2. Teil: Konzeptionsebene der Marketingstrategien

Primär qualitativer Vergleich

Nachdem beide Strategien in ihren typischen Aktionsmustern aufgezeigt worden sind, soll hier die prinzipielle „Markt-Mechanik" der Präferenzstrategie einerseits und die der Preis-Mengen-Strategie andererseits – und zwar in ihrer jeweiligen Reinform – zunächst hinsichtlich der qualitativ-inhaltlichen Dimensionen gegenübergestellt werden. Unsere Übersichten *(Abb.125* und *126)* enthalten jeweils die wichtigsten Aspekte beider Basisstrategien.

Abb.125: Grundlegende Merkmale der Präferenz-Strategie

Prinzip:	*Qualitätswettbewerb* (mehrdimensional) → Markenartikel-Konzept, multi-instrumental
Ziel:	Gewinn *vor* Umsatz/Marktanteil (*Focus:* Umsatzgewinnrate)
Charakteristik:	*Hochpreis-Konzept* → über den Aufbau von Präferenzen (Vorzugsstellungen) → Erarbeitung eines „monopolistischen Bereiches"
	Kundenfindung/-bindung durch ein klares Markenimage (Sensibilisierung der Abnehmer für spezielle Grund- und/oder Zusatznutzen, Herausstellung einer tragenden Idee/USP (unique selling proposition) = einzigartiger Verkaufsvorteil bzw. spezifische Kompetenz, dadurch eigenständige Positionierung zur „Immunisierung" gegenüber Konkurrenzmarken) → insgesamt sehr differenzierter präferenz-orientierter Marketingmix
Hauptzielgruppe:	*sog. Marken-Käufer* (bei ihnen rangiert die Marke/Qualität vor dem Preis)
Wirkungsweise:	*„Langsam-Strategie"* (d.h. ein Aufbau der Markenpräferenz im Sinne einer Produktpersönlichkeit (im Idealfall als „Mono-Marke") bedarf in der Regel eines mehrjährigen gezielten Profilierungsprozesses)
	dafür aber: Chancen dauerhafter Wirkung
Dominanter Bereich:	*Marketingbereich* → Ertragsorientierung, Dominanz des (Marketing-)Kaufmanns
Typischer Marketing-Mix:	• überdurchschnittliche Produktqualität
	• attraktive Verpackung („hohe Anmutungsleistung")
	• image-orientierte Markenprofilierung
	• starke Media-Werbung (sog. Sprungwerbung → Endverbraucherwerbung)
	• starker persönlicher Verkauf/Service
	• hoher (überdurchschnittlicher) Preis → als Ziel bzw. Ergebnis und Voraussetzung zugleich
Prinzipielle Vorteile:	Chance des Aufbaus einer *eigenständigen* Marktposition („Firmenmarkt")
	Zumindest mittel- und langfristig hohe Ertragschancen
Prinzipielle Nachteile:	Hoher Mitteleinsatz, vor allem auch hohe Vorinvestitionen in den Markenaufbau bzw. in die innovative Produktentwicklung
	Bei ungenügenden Management-, Marktinformations- und/oder Marketing-Know-how-Voraussetzungen *relativ* hohes Marktrisiko

Die unterschiedlichen *marketing-konzeptionellen* Ansatzpunkte von Präferenz- und Preis-Mengen-Strategie sind damit noch einmal deutlich geworden.

Abb. 126: Grundlegende Merkmale der Preis-Mengen-Strategie

Prinzip:	*Preiswettbewerb* (eindimensional) → „Discount"-Konzept, mono-instrumental
Ziel:	Umsatz/Marktanteil *vor* Gewinn (*Focus:* Kapitalumschlag)
Charakteristik:	*Niedrigpreis-Konzept* → Verzicht auf den Aufbau echter Präferenzen → kein Aufbau von (echten) Marken Kundenfindung/-bindung allein über eine aggressive Preispolitik (eine „Präferenz" gegenüber Konkurrenzangeboten, speziell den Markenwaren bzw. Markenartikeln, wird ausschließlich über den Preis angestrebt = „billige Alternative") → verarmter (ausgedünnter) Einsatz des Marketinginstrumentariums (Minimum-Marketingmix)
Hauptzielgruppe:	*sog. Preis-Käufer* (bei ihnen rangiert der Preis vor Marke/Qualität)
Wirkungsweise:	*„Schnell-Strategie"* (d.h. ein angestrebtes „Preisimage" speziell für die preis-sensiblen Nicht-Markenkäufer kann durch eine aggressive Preispolitik relativ schnell geschaffen werden) dafür aber: Gefahr schnellen Verschleißes
Dominanter Bereich:	*Produktionsbereich* → Kostenorientierung, Dominanz des Technikers
Typischer Marketing-Mix:	• durchschnittliche Produktqualität • rationelle Verpackung (Zweckmäßigkeit dominiert) • keine oder „Auch-Marke" • keine oder schwache Kommunikation (primär Verkaufsförderung → Handelsorientierung) • kein oder schwacher persönlicher Verkauf (vielfach „Telefongeschäft" bzw. „Waggongeschäft") • niedriger (unterdurchschnittlicher) Preis → als Ziel bzw. Ergebnis und Voraussetzung zugleich
Prinzipielle Vorteile:	Verzicht auf den sonst *üblichen* Mitteleinsatz in Marketing und Vertrieb (vor allem bei Mediawerbung und Außendienstorganisation) Ertragschancen bei kostenoptimaler Fertigungsstruktur (Degressionseffekte) und rationeller Logistik
Prinzipielle Nachteile:	Aufgrund eines einseitigen Preiswettbewerbs Verzicht auf einen Aufbau echter Präferenzen Gefahr, aufgrund des Konkurrenzdrucks allmählich bis zur *Preisuntergrenze* (evtl. sogar darunter) anbieten zu müssen (hohes Existenz-Risiko)

Primär quantitativer Vergleich

Neben dem mehr qualitativ-strategischen Vergleich von Präferenzstrategie und Preis-Mengen-Strategie (vgl. *Abb. 125* und *126*) wollen wir nun noch eine mehr quantitativ-betriebswirtschaftliche Abgrenzung beider Basisstrategien vornehmen, und zwar einmal hinsichtlich der jeweils typischen Preis-Absatz-Funktion (preistheoretischer Ansatz = *statische* Sicht) und zum anderen in bezug auf die Entwicklung von Preis- und Kostenkurve im Zeitablauf (Erfahrungskurven-Ansatz = *dynamische* Betrachtung). Diese Überlegungen werden zunächst anhand von *Abb. 127* grafisch umgesetzt.

Der **preistheoretische Ansatz** verdeutlicht, daß bei der Präferenzstrategie ein *monopolistischer* Preisspielraum besteht, d.h. ein Unternehmen, das für sein Produkt

Abb. 127: *Quantitativ-betriebswirtschaftlicher Vergleich von Präferenz- und Preis-Mengen-Strategie*

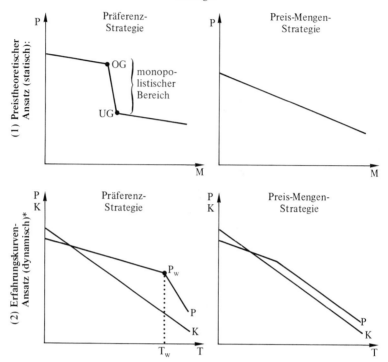

P = Absatzpreis
M = Absatzmenge
K = Gesamtkosten
T = Zeitablauf (kumulierte Menge)
OG = oberer Grenzpreis
UG = unterer Grenzpreis
P_w = preisstrategischer Wendepunkt

* Darstellungen auf der Basis eines doppelt logarithmisch eingeteilten Ordinatenkreuzes (vgl. auch *Henderson*, 1974, S. 21 und 28 f. sowie die Darlegungen zum Erfahrungskurven-Phänomen auf S. 335 ff.).

(Marke) eine entsprechende Präferenz aufgebaut hat, läuft nicht Gefahr, wesentliche Absatzmengen zu verlieren, wenn es statt des unteren Grenzpreises den oberen Grenzpreis ansetzt (*Gutenberg*, II, 1976, S. 238 ff.). Das auf Basis der Preis-Mengen-Strategie operierende Unternehmen hat *dagegen* nur die Wahl, einen möglichst niedrigen Abgabepreis anzusetzen, wenn entsprechende Absatzmengen erreicht werden sollen, oder aber bei jeder Anhebung des Preises sofort deutliche Absatzrückgänge in Kauf zu nehmen.

Der **Erfahrungskurven-Ansatz** demonstriert die Möglichkeit, bei Präferenzstrategie die Abgabepreise über einen bestimmten Zeitraum relativ unabhängig von der Entwicklung der Kostenkurve (d.h. potentieller 10-30prozentiger Kostenreduktion bei Verdoppelung der Absatzmenge) zu setzen und in dieser Phase *überdurchschnittliche* Erträge zu erwirtschaften, die u.a. auch für die Erhaltung bzw. Stärkung der Präferenz der Marke eingesetzt werden können. Aufgrund überdurchschnittlicher Gewinnspannen werden allerdings häufig Konkurrenten angelockt. Das führt dann zu verstärktem Wettbewerb (vgl. P_w im Zeitpunkt T_w), der sich in schließlich sinkenden Preisen niederschlägt (*Henderson*, 1974, S. 28 ff.). Bei der Preis-Mengen-Strategie *dagegen* zwingt das Fehlen von echten Präferenzen (Vorzugsstellungen) die Unternehmen dazu, die Abgabepreise stark an den Kosten, d. h. den eigenen wie denen der Branche, zu orientieren und sich mit vergleichsweise geringen Gewinnspannen zu begnügen. Damit werden in der Regel auch nicht *die* Mittel erwirtschaftet, die den Wechsel von der Preis-Mengen-Strategie zur Präferenzstrategie grundsätzlich ermöglichen würden.

Zusammenfassende Abwägungen

Nach den qualitativen und quantitativen Vergleichen der Präferenzstrategie einerseits und der Preis-Mengen-Strategie andererseits soll versucht werden, beide Strategien abschließend noch einmal gegeneinander abzuwägen. In dieser Hinsicht kann etwa folgendes *generalisiert* werden:

(1) Die **Preis-Mengen-Strategie** ist primär an bestimmte kostenmäßige Voraussetzungen gebunden, und zwar setzt sie einmal entsprechende Kostenstrukturen im Fertigungsbereich (Größendegression, Vermeidung bzw. Einschränkung von Sortenwechselkosten durch begrenzte Programme) voraus. Zum anderen ist ein weitestgehender Verzicht auf Marketing- und Vertriebs-overhead-costs notwendig.

(2) Selbst wenn diese Voraussetzungen gegeben sind oder geschaffen werden können, ergeben sich bei Anwendung der **Preis-Mengen-Strategie** zumindest im long-run erhebliche Risiken. Aufgrund der Tatsache, daß der Preis der einzige (oder zumindest stark dominierende) Aktionsparameter ist, wächst im Zeitablauf – insbesondere bei entsprechendem Wettbewerb – allmählich der Zwang, bis zur Preisuntergrenze anzubieten, da ein präferenzorientiertes Markenimage fehlt.

(3) Die **Präferenzstrategie** ermöglicht demgegenüber mit einem präferenz-orientierten Marketingmix den Aufbau von entsprechenden Markenimages. Ein in dieser Weise betriebener Qualitätswettbewerb vermag den Preiswettbewerb weitgehend zu ersetzen. Hierfür genügt jedoch nicht ein einmaliger Präferenzaufbau, sondern während des gesamten Lebenszyklus muß die Markenführung ständig aktualisiert werden, um ein ausreichendes Präferenzniveau zu erhalten.

(4) Die **Präferenzstrategie** ist ihrerseits auch an bestimmte Voraussetzungen gebunden. Hierzu zählen einmal ausreichende finanzielle Mittel über mehrere Jahre hinweg für den Aufbau der Präferenzen (u.a. Investitionen in die Werbung bzw. Kommunikationspolitik insgesamt). Darüber hinaus müssen entsprechende Management-, Markeninformations- und Marketing-Know-how-Voraussetzungen erfüllt sein, um eine konsequente, mittel- und langfristig orientierte Präferenzstrategie überhaupt realisieren zu können.

(5) *Abschließende Würdigung:* Die **Präferenzstrategie** ist bei entsprechenden Voraussetzungen sowie bei konsequenter, abgesicherter Anwendung im Prinzip als die „bessere" Strategie anzusehen; das gilt insbesondere in mittel- und langfristiger Sicht.

Damit sind die diskutierten Strategiealternativen jeweils für sich hinreichend charakterisiert. Es soll nun noch auf die Frage von Strategie*kombinationen* eingegangen werden.

Doppelstrategien (Zwänge und Ansatzpunkte)

Zahlreiche Unternehmen versuchen heute kombinativ-strategisch vorzugehen. Entscheidender Ansatzpunkt ist dabei die Tatsache, daß die meisten Märkte aus verschiedenen Teilmärkten bestehen, hinter denen jeweils unterschiedliche Käufertypen stehen:

- im *oberen* und *mittleren* Markt: primär die sog. **Marken-Käufer,**
- im *unteren* Markt: primär die sog. **Preis-Käufer.**

Im Laufe der wirtschaftlichen Entwicklung (neuerdings auch durch das Phänomen permanenter Rezession verstärkt) hat generell das preisbewußte Kaufverhalten der Verbraucher in vielen Märkten (stark) zugenommen. Außerdem haben in vielen Branchen zunehmend gesättigte Märkte und dadurch bedingte Überkapazitäten bei den Herstellern zu einer stark *aktionspreis*-orientierten Marketingpolitik insgesamt geführt. Auf diese Weise sind in bestimmten Märkten, so z. B. im Tafel-Schokoladenmarkt, die Käufer im hohen Maße preisorientiert „erzogen" worden, mit der Folge, daß Markenbindungen in diesem Markt generell stark abgenommen haben. Viele Käufer haben sich zu „vagabundierenden" Marken-Käufern entwickelt, d. h. sie kaufen jeweils die Marke, die gerade am preisgünstigsten, speziell im Rahmen von Aktionen, angeboten wird.

Aufgrund solcher Entwicklungen hat in zahlreichen Märkten eine **Polarisierung**[31] in der Weise stattgefunden, daß vor allem die Unternehmen erfolgreich sind, die entweder im oberen Markt oder im unteren Markt angesiedelt sind, während Standardmarken in der Mitte zum Teil erhebliche Absatzeinbrüche verzeichnen. In dieser Hinsicht zeigt z. B. der *Möbelmarkt* folgendes Bild:

- oberer Markt (z. B. *Interlübke*→sehr erfolgreich);
- mittlerer Markt (*„Standardmarken"*→rückläufig);
- unterer Markt (z. B. *Ikea*→sehr erfolgreich).

Ähnliche markt-polarisierende Prozesse sind beispielsweise auch im Nahrungs- (z. B. Nudeln) sowie Genußmittelmarkt (z. B. Sekt) oder auch im Zeitschriftenmarkt (z. B. Teilmarkt Programmzeitschriften) zu beobachten.

Insbesondere in schwach wachsenden oder gar stagnierenden Märkten beginnen deshalb mehr und mehr Unternehmen, strategisch *zweigleisig* (oder sogar drei- und mehrgleisig) zu operieren. Sie versuchen über eine kombinierte Präferenz- *und* Preis-Mengen-Strategie mehrere Marktfelder zugleich abzudecken, um auf diese Weise den jeweiligen Gesamtmarkt und sein Potential stärker ausschöpfen zu können. Die konsequenteste Form einer solchen kombinierten Strategie ist ein **Mehrmarken-Konzept,** d. h. je nach Zahl der bearbeiteten Marktfelder (Preisschichten) werden in der Regel zwei oder drei Marken angeboten:

A-Marke		A-Marke,
und	oder	B-Marke,
B-Marke		und
		C-Marke

Damit werden die bearbeiteten Marktebenen (Marktschichten) markenmäßig getrennt, so daß *keine* gegenseitigen Störungen auftreten. Auf diese Weise können vor allem Imageschäden bei präferenz-orientierten Marken dadurch abgewendet werden, daß sie nicht in der preisaktiven Marktschicht - repräsentiert durch verschiedene Discountformen des Handels - vermarktet werden.

---

[31] Vgl. hierzu auch S. 403 ff.

II. Arten und Ausprägungen von Marketingstrategien

Insgesamt hat eine solche kombinierte Strategie im beschriebenen Sinne meist eine *zweifache* Funktion, nämlich:

(1) als **Abschott-Strategie** (d.h. das Vorhandensein einer preiswerten Alternative (B- und/oder C-Marke) schützt die Marken(artikel)ware (A-Marke) vor preisaktiver Vermarktung);

(2) als **Package-Strategie** (d.h. das akquisitorische Potential eines Herstellers wird gegenüber dem Handel dadurch erhöht, daß der Handel ein größeres, mehrere Marktfelder abdeckendes Programm aus einer Hand kaufen kann).

Die Mehrmarken-Konzeption (multi-branding) ist vor allem für *präferenz*-orientierte Unternehmen typisch, die einerseits ihre(n) Markenartikel vor Preis-Käufern im unteren Markt schützen, zugleich aber am unteren Markt aus Marktabdeckungs- bzw. Marktausschöpfungsgründen partizipieren wollen.

Charakteristische Beispiele hierfür finden sich in vielen Märkten, so z.B. im *Sektmarkt* (in Klammern Zahl der 1975/1980/1985 abgesetzten Flaschen (0,75 l) in Mio. Stück):

		Söhnlein:[32]	*Henkell:*[33]
Herstellermarken:	A-Marke	„Fürst von Metternich" (1,9/5,0/6,5)	„Henkell Royal" (./././) „Henkell Trocken" (15,0/11,2/12,9)
	B-Marke	„Söhnlein Rheingold" (1,5/1,4/1,2)	„Carstens SC" (7,0/8,0/7,4)
	C-Marke	„Söhnlein Brillant" (28,0/30,0/17,8)	„Rüttgers Club" (32,0/30,0/16,2)
Handelsmarke:		„Schloß Königstein" (Handelsmarke für *Edeka*) (./././)	

Aus dem *Söhnlein*-Beispiel geht zunächst hervor, daß Markenhersteller auch vor die Frage gestellt sein können, ob sie Handelsmarken für den Handel fertigen oder nicht. Die Entscheidung für die Produktion von Handelsmarken basiert dabei durchweg auf Kapazitätsauslastungs- bzw. Grenzkostenüberlegungen; auf der anderen Seite ist es notwendig, auch mögliche *Rivalitäten* zwischen den eigenen Marken und der Handelsmarke ins Kalkül zu ziehen. Trotz derartiger Konflikte können jedoch heute große Handelsgruppen meistens schon unter den namhaften Herstellern wählen. Beispiele hierfür finden sich u.a. im Nahrungsmittel-, Körper-

---

[32] Das *Söhnlein*-Programm umfaßt außerdem noch die Marke „Schloß Rheinberg" (1985: 10 Mio. Flaschen) und die Regionalmarke (hauptsächlich Berlin) „Lutter & Wegner"(1985: 2,5 Mio. Flaschen).
Seit 1986 gehört zur *Oetker*-Gruppe *(Söhnlein)* auch die Sektkellerei *Henkell*. Beide Markenprogramme sollen weiterhin getrennt vermarktet werden.

[33] Neue Spezialitäten wie „Adam" (extraherber Sekt) und „Kardinal" (roter Sekt) stellen ebenfalls A-Marken dar, allerdings mit starker *segment*-spezifischer Ausrichtung. Nach bestimmten Rückschlägen am Markt (Marktanteilsverluste etwa seit 1979) ist die neue *Henkell*-Absatzpolitik allerdings wieder auf eine stärkere *Konzentration* auf die Top-Marke *Henkell Royal* und die Konsum-Marke *Rüttgers Club* gerichtet. Das Viel-Marken-Konzept hat sich im vertriebspolitischen Handling offenbar als nicht unproblematisch erwiesen.
Inzwischen wurde noch ein weinhaltiges, mit Kohlensäure versetztes Getränk *(„Caprice")* eingeführt (im Einführungsjahr 1984: 4,1; 1985: nur noch 3,1 Mio. Flaschen). Dieses Produkt leidet unter den preisaggressiven Angeboten von Billigsekten (insbesondere *Faber*) ebenso wie die C-Marke „Rüttgers Club" bzw. analog auch „Söhnlein Brillant" (vgl. Absatzentwicklung 1980/85).

pflege-, Wasch- und Reinigungsmittel- sowie auch im Foto-, Elektrogeräte- und Bekleidungsmarkt.

Was den Vergleich zwischen dem *Söhnlein-* und *Henkell-*Konzept betrifft, so zeigt die Markenübersicht, daß *Söhnlein* seine A-, B- und C-Marken unter dem Marken-Dach „*Söhnlein*" anbietet und somit ein gegenseitiger Imagetransfer stattfindet (der von „oben nach unten" positive Wirkungen, von „unten nach oben" jedoch eher negative Wirkungen haben kann). Die Mehrmarken-Politik des Hauses *Henkell* beruht demgegenüber auf einer strikten Trennung aller Marken, so daß - zumindest auf Endverbraucherebene - unerwünschte negative Imageauswirkungen von den Billig- bzw. Konsummarken auf die gehobenen Marken vermieden werden; im Handel sind diese Markenzusammenhänge natürlich bekannt. Inzwischen hat auch Söhnlein die A-Marke „Fürst Metternich" aus der Markenklammer „Söhnlein" gelöst.

Die bisher diskutierte **Strategiekombination** ist - wie bereits hervorgehoben - vor allem für präferenz-orientierte Unternehmen charakteristisch, die aus Gründen der Preis- und Imagepflege für ihre Stamm-Marke(n) *und/oder* aus Marktausschöpfungsgründen ihr Programm nach unten ausbauen und auf diese Weise additiv-strategisch operieren. Folgende Übersicht *(Abb. 128)* skizziert das strategische Muster.

Abb. 128: Strategisches Muster von Mehrmarken-Konzepten

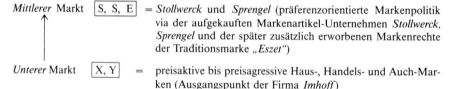

Oberer Markt	A-Marke	= Stamm-Marke (vielfach als Ausgangspunkt, „*hochpreisig*")
Mittlerer Markt	B-Marke	= Zweit-Marke *(„preisaktiv")*
Unterer Markt	C-Marke	= Dritt-Marke *(„preisaggressiv")*

Der umgekehrte Weg, d.h. ausgehend von einer preisaggressiven Marke (Produkt/Programm) zu einem echtem Markenkonzept (Präferenzstrategie via Qualitätswettbewerb) zu finden, ist aufgrund der spezifischen Voraussetzungen bzw. Bedingungen, die für die Anwendung der Preis-Mengen-Strategie typisch sind, nur schwer möglich. Meist gelingt eine solche Strategiekombination „von unten nach oben" nur über eine entsprechende Aufkauf-Strategie.

Dafür gibt es in der Marketingpraxis eine Reihe von Belegen.

Illustrativ ist hier das Beispiel *Imhoff* im Schokoladenmarkt:

| *Mittlerer* Markt | S, S, E | = *Stollwerck* und *Sprengel* (präferenzorientierte Markenpolitik via der aufgekauften Markenartikel-Unternehmen *Stollwerck, Sprengel* und der später zusätzlich erworbenen Markenrechte der Traditionsmarke „*Eszet*") |
| *Unterer* Markt | X, Y | = preisaktive bis preisaggressive Haus-, Handels- und Auch-Marken (Ausgangspunkt der Firma *Imhoff*) |

Das heißt, *Imhoff* hat sich über den Aufkauf von *Stollwerck* und *Sprengel* Zugang auch zum mittleren Markt (Konsummarken-Markt) verschafft.

Ein **Sonderfall** der Strategiekombination von „unten nach oben" stellt eine Art *Übermarken-*Politik dar, wie sie neuerdings von einer Reihe von Firmen in Angriff genommen wird. Insbesondere angesichts der zunehmenden **Polarisierung** von Märkten und der damit verbundenen Zunahme auch *oberer* Marktschichten („oberer Märkte"), wird immer mehr versucht, Premiummarken-Konzepte zu verwirkli-

II. Arten und Ausprägungen von Marketingstrategien 211

chen. **Premiummarken** stellen Top-Marken mit starkem *Zusatz*nutzen (u.a. Geschmack, Stil, Prestige) dar, die die oberen Preisspielräume bzw. oberen Preis-Leistungs-Verhältnisse eines Marktes gezielt ausschöpfen wollen.

Dabei wird versucht, neben (produkt-)qualitativen Ansatzpunkten vor allem *marken*technische Differenzierungen auf Basis folgender **Grundmuster** zu nutzen:

(1) Schaffung von eigenen neuen Premiummarken,
(2) Bildung von Premiummarken durch Personifizierung bestehender Marken,
(3) Entwicklung von Premiumlinien auf der Basis von bestehenden Marken,
(4) Kauf bzw. Lizenz premium-geeigneter Marken.

Abb. 129 zeigt für die premium-strategischen Alternativen jeweils zwei Beispiele.

Abb. 129: Markentechnischer Modellbaukasten für Premiummarken-Konzepte

Markentechnische Varianten	Beispiel		Markt	Unternehmen
	Ausgangs-marke	→ Premium-marke		
(1) Schaffung neuer Marken	(a) *Whiskas/ Kitekat*	→ *Sheba*	Tiernahrung	*Effem*
	(b) *Iglo*	→ *Bistro*	Fertiggerichte	*Langnese-Iglo*
(2) Personifizierung bestehender Marken	(a) *Suchard*	→ *Philippe Suchard*	Schokolade/ Pralinen	*Jacobs/Suchard*
	Jacobs	→ *Johann Jacobs*	Kaffee	
	(b) *Henninger*	→ *Christian Henninger**	Bier	*Henninger*
(3) Entwicklung neuer Linien	(a) *Siemens*	→ *Top Line*	Haushaltselektrogeräte	*Siemens*
	(b) *Betrix*	→ *Exklusiv Line*	Kosmetik	*Betrix*
(4) Kauf bzw. Lizenz	(a) *Ford*	→ *Ghia*	Automobile	*Ford*
	(b) *Schöller*	→ *Mövenpick*	Eiskrem	*Schöller*

* Aus Gründen mangelnder Akzeptanz soll als „Leitmarke" jetzt wieder die Traditionsmarke „*Henninger Kaiser Pilsner Privat*" neu eingeführt, das bisherige „*Christian Henninger*" als „*Henninger Premium*" weitergeführt werden (*FAZ*, 6.10. 89).

Diese Übersicht markentechnischer Varianten zeigt, daß es ganz verschiedene Alternativen der **Premiummarken-Bildung** gibt. Daraus lassen sich allerdings kaum generalisierende Aussagen ableiten; die Wahl der jeweils optimalen Variante ist in hohem Maße firmen- und markt*individuell* zu treffen. Alle Varianten sind aber im Prinzip dadurch gekennzeichnet, daß zur Ursprungs- oder Ausgangsmarke jeweils ein mehr oder weniger ausgeprägter Bezug hergestellt wird. Die häufige Verwendung des Markenlogos der Stammarke soll quasi das **Basisimage** mitliefern, um dann auf diesem Fundament das Premium-Image der neuen Marken aufbauen zu können. Zur Unterstützung dieses Imageaufbaus werden nicht selten spezielle *Vertriebs*- bzw. *Distributions*konzepte verfolgt (z.B. selektiver Vertrieb wie etwa bei *Siemens* und *Henninger* oder ein eigener Verkaufsständer (Shop-in-the-Shop) wie etwa bei *Philippe Suchard* bzw. *Johann Jacobs).* Je weniger bei der Premiummarke auf die Ursprungsmarke Bezug genommen wird, um so mehr besteht andererseits die Chance für die Bildung völlig *eigenständiger* Images. Das aber setzt eine hohe Bewerbung voraus (vgl. z. B. die *Effem*-Strategie bei *Sheba* = Hochpreismarke für Katzenfutter bzw. analog bei *Cesar* = Hochpreismarke bei Hundefutter).

Einen **Spezialfall** funktionierender Strategiekombination mit nur *einer* Marke stellt z. B. die Reifenindustrie dar. Im Reifenmarkt gibt es *zwei* Teilmärkte, den Erstausrüstungsmarkt und den Ersatzmarkt. Das Erstausrüstungsgeschäft, das im Direktgeschäft mit der Automobilindustrie abgewickelt wird, stellt ein reines *Preis-Mengen*-Geschäft dar, bei dem beim Stückpreis mit dem Pfennig kalkuliert wird. Das Ersatzgeschäft dagegen wird indirekt, d.h. über die Einschaltung des einschlägigen Reifenfachhandels i.w.S., getätigt. Hier versuchen die Reifenhersteller - u.a. über Spezialreifen wie Breitreifen, Winterreifen - mit Erfolg *präferenz*-strategisch vorzugehen, um entsprechend höhere Marktpreise zu erzielen. Das preis-mengen-orientierte Erstausrüstungsgeschäft und das präferenz-strategisch ausgerichtete Ersatzgeschäft wird dabei jeweils unter der gleichen Marke (z.B. *Continental*) betrieben. Soweit Reifenhersteller über weitere Marken verfügen (z.B. *Continental* über die aufgekauften Marken *Uniroyal* und *Semperit*) ist in der Regel auch bei diesen Marken jeweils die charakterisierte Strategiekombination gegeben. Das Verfolgen zweier grundsätzlich alternativer Marktstrategien mit ein und derselben Marke funktioniert im Reifenmarkt nur deshalb konfliktfrei, weil Erstausrüstungs- und Ersatzgeschäft über *unterschiedliche* Absatzwege abgewickelt werden. Analoges gilt übrigens auch für den Autobatteriemarkt und ähnliche Zulieferprodukte.

Wie anhand mehrerer Beispiele dargestellt, gibt es im Prinzip also eine Reihe von **Möglichkeiten,** Präferenz- und Preis-Mengen-Strategie im Sinne einer ein-(=Ausnahme!), zwei- oder mehrgleisigen Markenpolitik zu kombinieren. Diese Frage soll im folgenden noch etwas problematisiert werden.

Zur Rollenverteilungsproblematik bei Strategiekombinationen

Entscheidend für das Funktionieren solcher strategischen Kombinationen ist - wie schon dargelegt - in aller Regel ein *Mehr*marken-Konzept. Ein Mehrmarken-Konzept allein reicht jedoch für eine saubere Markentrennung bzw. ihre Führung nicht aus, sondern es muß neben der strategischen Markt- und Markendifferenzierung grundsätzlich auch der eigentliche **Marketingmix** - also der kombinierte Instrumenteneinsatz - in bezug auf die einzelnen anvisierten Marktebenen hinreichend abgegrenzt werden. Das soll an einem verallgemeinerten, aber an einem realen Beispiel orientierten Fall aus dem Biermarkt näher verdeutlicht werden.

Eine *Brauerei-Gruppe* verfügte u.a. durch Aufkauf über vier Marken. Im Zuge einer Neuordnung der mittel- und langfristig orientierten Unternehmens- und Marketingpolitik ergaben entsprechende Marktanalysen und -projektionen, daß *drei* Marken (X, Y und Z) über ein ausreichendes, spezifisch nutzbares Markt- und Präferenzpotential verfügten, so daß für diese drei Marken (eine Marke wurde aus Rationalisierungsgründen im Produktions- und Marketingbereich eliminiert) ein neues Rollenverteilungskonzept gesucht und gefunden wurde, das in seinen Grundlinien wie folgt *(Abb. 130)* aussah.

Dieses Beispiel *(Abb. 130)* verdeutlicht, daß es generell jeweils eine ganze Reihe von Marketinginstrumenten gibt, mit deren Hilfe funktionierende *Marktabgrenzungen* bei Mehrmarken-Konzepten erreicht werden können. Diese Marktabgrenzungen, die je nach den Produkt- bzw.

Abb. 130: Rollenverteilungskonzept für drei gewachsene Biermarken

Rollenverteilungskonzept für drei Marken in bezug auf Marktschicht und Strategie	**Marke X**	**Marke Y**	**Marke Z**
	Oberer Markt	Mittlerer Markt	Unterer Markt
	Präferenz-Strategie	Präferenz-Strategie	Preis-Mengen-Strategie
Marktpositionierung	Premiumbier (Prestige)	Markenkonsumbier (Tradition)	Billigbier („Auch-Marke")
Marketinginstrumenten-Einsatz (Basisinstrumente):			
• *Produktqualität*	Spitzenbier (u.a. hochwertiger Hopfen)	überdurchschnittliche Qualität (Mindestlagerdauer)	durchschnittliche Qualität
• *Programm*	Pils (und übergangsweise noch Exportbier)	Vollsortiment	Pils und Export (begrenztes Sortiment)
• *Gebinde*	Einzelgebinde* (Mehrwegflasche, 0,5 l Euro + 0,33 l Vichy, 0,33 l Dose = restriktiv vermarktet) + Faßbier	Einzelgebinde* und Mehrstückgebinde 0,5 l Euro (Mehrweg) + Faßbier	nur Mehrstückgebinde (Einweg 0,5 l + 0,33 l)
• *Preis (Endverbraucher)*	hochpreisig	wie vergleichbare Markenkonsumbiere (mittelpreisig)	preisaktive Vermarktung
• *Absatzgebiet*	(teil-)national	regional	regional
• *Absatzwege*	indirekt (primär über Fachgroßhandel)	indirekt (sowohl über Fach- als auch Lebensmittelgroßhandel)	primär Direktgeschäft mit Verbrauchermärkten, Getränkeshops usw.
• *Absatzmittlerselektion*	selektiv (Gastronomie und Lebensmittelhandel)	intensiv (Lebensmittelhandel und Gastronomie)	selektiv („Discountformen" des Handels)
• *Kommunikationspolitik*	primär Media-Werbung	Media-Werbung, insbes. aber Verkaufsförderung	begrenzte Verkaufshilfen

* D.h. aber auch als Kastenangebot (20er bzw. 24er Kasten).

Marktgegebenheiten bei einzelnen Instrumenten *sehr feine* Differenzierungen zulassen (vgl. z.B. bei Bier die Gebindefrage), sind notwendig, um „Kannibalismus-Effekte" zwischen den einzelnen Marken (Produkten) eines Unternehmens möglichst weitgehend auszuschließen. Unter Marken-Kannibalismus wird das Phänomen verstanden, daß ohne entsprechende marketing-politische Vorsorge im Unternehmen Marktgewinne der einen Marke zu Lasten einer anderen gehen können („die eine Marke frißt die andere auf"). Dieser Effekt beruht auf der Tatsache, daß differenzierte Produktangebote vom Verbraucher häufig als substanziell identische Angebote erlebt werden, die sich dann im gleichen Teilmarkt gegenseitig Konkurrenz machen (vgl. auch *Luck,* 1972, S.66).

Die zusammenfassenden Darlegungen zur Präferenz- und Preis-Mengen-Strategie haben nochmals die **vielfältigen Einsatzmöglichkeiten** dieser beiden grundlegenden Strategien (einschließlich ihrer Differenzierungen) aufgezeigt. Dabei wurden auch die grundsätzlichen Möglichkeiten einer Kombination beider Strategien und die zugrundeliegenden marketing-politischen Überlegungen diskutiert. Die aufgeführten Beispiele haben zugleich verdeutlicht, daß es sich hinsichtlich dieser strategischen Entscheidungen um *ganz zentrale* konzeptionelle Fragen des Unternehmens handelt.

3. Marktparzellierungsstrategien

Eine dritte wesentliche strategische Entscheidung betrifft die Art und Weise der **Differenzierung bzw. Abdeckung** des Marktes, in dem ein Unternehmen tätig werden will. Hierbei sind einige grundlegende Alternativen der Markteinteilung oder Marktparzellierung zu diskutieren.

In unmittelbarer Anlehnung an die Unterscheidung strategischer Alternativen, wie sie *Kotler* im Zusammenhang mit der Behandlung der Marktsegmentierung trifft – nämlich undifferenziertes, differenziertes und konzentriertes Marketing (*Kotler*, 1977, S. 181 ff. bzw. 1982, S. 215 ff.; *Kotler/Armstrong*, 1988, S. 311 ff.) –, unterscheiden auch deutsche Autoren (u. a. *Meffert*, 1980, S. 223 f.; *Scheuch*, 1986, S. 262):

(1) *undifferenzierte* (Marktbearbeitungs-)Strategie;
(2) *konzentrierte* (Marktbearbeitungs-)Strategie;
(3) *differenzierte* (Marktbearbeitungs-)Strategie.

Die Unterscheidung von *Kotler* erscheint jedoch nicht ausreichend präzise, und zwar speziell was die Abgrenzung der konzentrierten Marketingstrategie angeht. Das zeigt sich auch darin, daß die konzentrierte Strategie teilweise implizit als Variante der undifferenzierten Strategie (*Meffert*, 1980, S. 224 f. bzw. 1986a, S. 110 ff., hier *mehr*dimensionaler Ansatz) oder explizit als Variante der differenzierten Strategie (i. S. von Marktsegmentierung) aufgefaßt wird (*Rosenberg*, 1977, S. 164).[34]

Die Problematik der auf *Kotler* zurückgehenden grundlegenden Unterscheidungen liegt letztlich darin, daß er zwei verschiedene Aspekte strategischer Marketing- und Marktwahl *vermischt*: Marktbearbeitung einerseits und Marktabdeckung andererseits. Auf diese Weise gelangt er nur zu drei strategischen Alternativen, obwohl im Prinzip *vier* Alternativen unterschieden werden können (müssen). Zu ähnlichen Schlußfolgerungen gelangen im übrigen auch *Gröne* und *Freter*, indem sie die beiden Dimensionen **Differenzierung der Marktbearbeitung** (Marketingprogramm) und **Abdeckung des Marktes** (Selektion der Abnehmer) in einer Matrix-Darstellung *(Abb. 131)* verknüpfen (*Gröne*, 1977, S. 38 bzw. in analoger Weise *Freter*, 1980b, S. 457).

---

[34] Vgl. in diesem Zusammenhang auch die nicht überschneidungsfreie Abgrenzung von fünf „Served Market Alternatives" bei *Jain:* 1. Product/market concentration, 2. Product specialization, 3. Market specialization, 4. Selective specialization und 5. Full coverage (*Jain*, 1985, S. 220).

II. Arten und Ausprägungen von Marketingstrategien

Abb. 131: Die vier Basisalternativen der Marktparzellierung

Differenzierung des Marketingprogramms \ Abdeckung des Marktes	vollständig (total)	teilweise (partial)
undifferenziert	undifferenziertes Marketing	konzentriertes Marketing
differenziert	differenziertes Marketing	selektiv-differenziertes Marketing

Deutlich und verständlich werden diese Abgrenzungen allerdings erst, wenn hierfür *Beispiele* angeführt werden. Dafür wählen wir auch eine entsprechende grafische Darstellung *(Abb. 132),* welche die Unterschiede wie auch die Gemeinsamkeiten der vier strategischen Alternativen näher charakterisieren soll.

In der Unternehmenspraxis läuft der marketingpolitische Entscheidungsprozeß vielfach so ab, daß im Hinblick auf den strategischen Entscheidungskomplex „Marktparzellierung", der sowohl die Art der Marktbearbeitung als auch die der Marktabdeckung umfaßt, die Unternehmen *zunächst* einmal eine Entscheidung bezüglich der beiden grundlegenden **Marktbearbeitungsalternativen**[35] anstreben, nämlich:

- **Massenmarketing** (undifferenziertes Marketing) einerseits und
- **Marktsegmentierung** (differenziertes Marketing) andererseits.

Eine strategische Entscheidung wird also zunächst darüber zu treffen gesucht (vgl. *Abb. 132),* ob ein Unternehmen Massenmarketing oder – wie man es auch bezeichnen kann – Unifizierung (*Bauer*, 1976, S. 93) betreiben will, und zwar in der Weise, daß dem Markt Standardprodukte angeboten werden, welche die durchschnittlichen Bedürfnisse von jedermann zu befriedigen vermögen (= *allgemeine* Bedürfnisbefriedigung), oder ob die Strategie der Segmentierung verfolgt werden soll, die danach trachtet, spezielle Käufergruppen (Segmente) zu identifizieren, die mit jeweils besonders auf sie zugeschnittenen Produkten bedient werden (= *spezielle* Bedürfnisbefriedigung).

Die zweite grundlegende Entscheidung aus dem Entscheidungskomplex „Marktparzellierung" betrifft die eigentliche **Marktabdeckung.** Mit ihr wird fixiert, ob das Unternehmen – unifizierend oder segmentierend – jeweils den gesamten *oder* nur einen Marktausschnitt abdecken soll. Im Gegensatz zur Betrachtungsweise *Kotlers* wird auf diese Weise deutlich, daß *partiale* Marktabdeckung sowohl bei Massenmarketing als auch bei Marktsegmentierung möglich ist.

---

[35] Diese Entscheidungsfolge hängt vor allem damit zusammen, daß beide Alternativen der Marktbearbeitung an jeweils unterschiedliche *Voraussetzungen* des Marketing-Know-how sowie der Marketing-Organisation gebunden sind.

Abb. 132: Die vier grundlegenden strategischen Alternativen der Marktparzellierung (exemplifiziert an Marken der pflegenden Kosmetik)

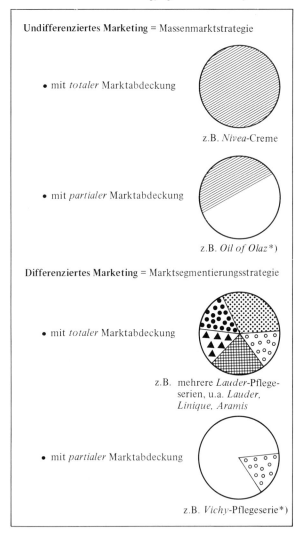

* Was die jeweilige strategische Zuordnung von *Oil of Olaz* einerseits und *Vichy* andererseits angeht, so ist folgendes zur Abgrenzung zu sagen: *Oil of Olaz* ist ein für die Frau ab 30 Jahre konzipiertes *unspezifisches* Pflegeprodukt, das grundsätzlich alle Frauen, die über bestimmte „Alterserfahrungen" verfügen, erreichen soll (= *Massen*produkt); *Vichy* ist dagegen ein spezifisches, *medizinisch* orientiertes Pflegeprodukt für Frauen einer(s) bestimmten Altersgruppe, Bildungsniveaus, Einkommenshöhe, die medizinisch geprägte Einstellungen haben und Fachberatung (im Idealfalle in der Apotheke) wünschen (= *Segment*produkt).

Bei der Segmentierungsstrategie kann je nach Art bzw. Umfang der Marktabdeckung auch von **Multiple-Segment-Strategie** (= Segmentierungsstrategie mit totaler Marktabdeckung, vgl. Beispiel *Lauder*) und **Single-Segment-Strategie** (= Segmentierungsstrategie mit partialer Marktabdeckung, vgl. Beispiel *Vichy*) gesprochen werden (vgl. auch Multiple-niche- und Single-niche-Strategy bei *Cravens,* 1982, S. 168 ff.). Eine partial-orientierte Marktsegmentierungsstrategie kann allerdings auch in der Form verfolgt werden, daß zwar nicht alle Marktsegmente, aber *mehr als nur ein Marktsegment* bedient wird. Die Segmentierungsstrategie bietet so gesehen gegenüber der Massenmarktstrategie grundsätzlich einen breiteren **Selektionsfächer** für marktstrategisches Agieren.

Überblick über alternative Marktparzellierungsstrategien (Beispiele)

Der gesamte Entscheidungskomplex und seine strategische Bedeutung bzw. Auswirkungen sollen – zum besseren Verständnis – zunächst an Beispielen aus dem Kosmetik-Markt, und zwar dem Markt der pflegenden Kosmetik, im einzelnen belegt werden (siehe auch *Abb. 132*). Alle *vier* unterschiedenen strategischen Varianten der Marktparzellierung können an diesem Teilmarkt demonstriert werden.

Im Markt der pflegenden Kosmetik gibt es sog. Universalcremes. Der typischste Vertreter dieser Kategorie ist ohne Zweifel die *Nivea-Creme* bzw. in ihrer moderneren Form die *Nivea-Milk* = klassische Konsummarkenartikel für jedermann (Kinder, Frauen, Männer) und jeden Zweck (Schutz, Pflege, für Tag und Nacht, jedes Wetter usw.). Sie haben damit total marktabdeckenden Charakter. Mit ähnlichem Anspruch ist seinerzeit auch *Creme 21 (Henkel)* am Markt aufgetreten (lediglich jünger und dynamischer positioniert). Was die Universalcremes angeht, so gibt es andererseits auch Angebote, die zwar ebenfalls einen undifferenzierten Charakter haben, aber in Anwendung, Zielgruppe und Verwendungszweck enger angelegt sind, die den Markt der Universalcremes mit anderen Worten also nur partial abdecken. Hier kann etwa *Oil of Olaz* genannt werden, ein Angebot, das sich primär an Frauen wendet (Gesichtspflege), aber im Vergleich zur System-Kosmetik universell und anwendungsvereinfacht konzipiert ist (d. h. eine einzige Anbietungsform für alle Hauttypen sowohl als Tages- als auch als Nachtcreme). Ähnlich angelegt – zumindest ursprünglich – waren etwa auch *Pond's* oder *Mouson-Creme*.

Von diesen universellen Angeboten pflegender Kosmetik mit totaler bzw. partialer Marktabdeckung sind deutlich zu unterscheiden marktdifferenzierte, segment-spezifische System-Pflegeserien, wie sie insbesondere für die Depot-Kosmetik typisch sind. So deckt beispielsweise das Programm des amerikanischen Kosmetikanbieters *Lauder* verschiedene Pflege-Segmente ab: u. a. *Lauder* (= traditionell orientiert) und *Linique* (= medizinisch orientiert) für Frauen und *Aramis* für Männer[36]. Insoweit kann man sagen, daß *Lauder* mit seinen differenzierten Kosmetikserien im Prinzip den gesamten segmentierten Kosmetikmarkt abdeckt. Darin unterscheidet sich etwa das Angebot von *Vichy (Vichy Pharma Kosmetik),* das zwar auch segmentiert ist, aber nur ein Segment des Gesamtmarktes abdeckt (= Segmentierung mit partialer Marktabdeckung: pflegende System-Kosmetik für Frauen mit stark medizinischem Anspruch, vgl. speziell den Vertrieb über Apotheken). Ein anderes Beispiel für eine segmentierte pflegende System-Kosmetik im partialen Sinne ist etwa *Babor* oder auch *AOK* (Positionierung: Naturkosmetik).

Nachdem der Strategiekomplex „Marktparzellierung" bzw. seine vier Strategieraster exemplifiziert wurden, soll nunmehr in gesonderten Abschnitten auf die Massenmarktstrategie einerseits und die Marktsegmentierungsstrategie andererseits im einzelnen eingegangen werden, und zwar sowohl was ihre **Prinzipien** als auch **Marktmechanismen** angeht. Der Segmentierungsstrategie wird dabei – wie noch zu

---

[36] Daß alle Serien – insbesondere die für Frauen – zugleich auch die dekorative Kosmetik bis zur allgemeinen Kosmetik (z. B. Badezusätze) enthalten, wird hier vernachlässigt, weil der Vergleich aller vier Marktparzellierungsstrategien lediglich am Beispiel pflegender Kosmetik aufgezeigt werden soll.

begründen sein wird – besondere Aufmerksamkeit geschenkt. Zunächst soll aber auf die Massenmarktstrategie Bezug genommen werden.

a) Massenmarktstrategie

Diese Strategie ist eine *klassische* Marketingstrategie, wie sie von vielen Unternehmen in vielen Märkten angewandt wird. Die Strategie des sog. Massenmarketings – also jene Strategie, die auf die Abdeckung von Massenmärkten zielt – ist dabei nicht etwa an preis-mengen-orientierte Aktionsweisen gebunden, sondern sie ist vielmehr in hohem Maße Standardstrategie der klassischen *präferenz*-orientierten **Markenartikel-Konzeption.** Das heißt, insbesondere auch präferenz-politisch orientierte Unternehmen bewegen sich – oder besser: bewegten sich – mit Vorliebe gerade auf solchen Massenmärkten. Einige klassische Markenartikel, die es zum Teil bereits seit der Jahrhundertwende gibt, mögen das verdeutlichen:

- *Odol* (Mundwasser)
- *Nivea* (Hautcreme)
- *Persil* (Waschmittel)
- *„4711"* (Kölnisch Wasser)
- *Maggi* (Würze/Suppen)
- *Asbach Uralt* (Weinbrand)

Diese Marken sind zugleich Beleg dafür, daß das Markenartikel-Konzept mit seiner – zumindest in der Vergangenheit – primären Massenmarkt-Orientierung in den unterschiedlichsten Märkten (Branchen) zu finden ist.

Worin besteht nun das eigentliche Prinzip dieser klassischen Unifizierungs- oder Massenmarktstrategie? In den einführenden Darlegungen zu diesem Abschnitt ist aus Abgrenzungsgründen darauf bereits näher eingegangen worden. Hier soll diese Thematik nun noch speziell vertieft werden, und zwar *differenziert* nach dem Grad der Marktabdeckung.

Massenmarktstrategien mit speziell totaler Marktabdeckung

Das Prinzip der Unifizierungsstrategie (Strategie des Massenmarketings) besteht insgesamt darin, *nicht* die Unterschiede in den Bedürfnisstrukturen und den Verhaltensweisen der Abnehmer in spezieller Weise zu beachten oder – wie man auch markttheoretisch sagen kann – nicht ihre unterschiedlichen Nachfragekurven zu berücksichtigen. Der Markt wird demnach bewußt nicht in seinen Teilen gewürdigt, sondern als Aggregat behandelt, d.h. man konzentriert sich bei der Gestaltung des eigenen Angebots für den Markt nicht auf das, worin sich die Abnehmer unterscheiden, sondern vielmehr auf *das,* was sie verbindet. In diesem Sinne versuchen daher massenmarkt-strategisch operierende Unternehmen, den Produkt- wie auch den Marketingmix insgesamt so auszurichten, daß damit grundsätzlich die *größtmögliche* Zahl von Abnehmern angesprochen wird.

Rosenberg bezeichnet diese Strategie auch als „Market Integration", die dadurch möglich wird, daß mit Methoden der Marketingforschung gezielt nach Abnehmercharakteristika gesucht wird, „that are basic to widely different market groups" (*Rosenberg,* 1977, S.163). Typisch für die Massenmarktstrategie ist dabei der Einsatz von Massenabsatzwegen und Massenwerbemedien (*Kotler,* 1977, S.181). Im Interesse der Gewinnung einer möglichst breiten Abnehmerschaft werden die Produkte i.d.R. universal-thematisch ausgelobt. Als Beispiel kann hierfür etwa die Auslobung des *Mars*-Schokoladenriegels angeführt werden: „*Mars* macht mobil bei Arbeit, Sport und Spiel". *Mars* wird auf diese Weise in Richtung „für jedermann für jeden Zweck" profiliert. Art und Wiederholung der Werbung sorgen darüber hinaus für einen hohen Bekanntheitsgrad, der die Marke für die verschiedenen Bedarfsanlässe aktualisieren und bei den Abnehmern entsprechende Markenbindungen schaffen soll.

Ein ähnliches Konzept liegt z. B. auch dem Marketing von *Jägermeister* zugrunde. Über eine spezielle Unikat-Werbekampagne (Prinzip: jedes Anzeigensujet wird nur einmal in jeweils einem Medium geschaltet) wird die Spirituose *Jägermeister* als für jeden Menschen und jede Gelegenheit bzw. Situation geeignet profiliert.

Vergleichbare, vielseitig verwendbare Produkte, wie das am Beispiel von *Mars* oder auch *Jägermeister* demonstriert werden kann, haben damit in hohem Maße den Charakter von Standard- bzw. Universalangeboten, die in der Regel primär der Befriedigung von *Grund*bedürfnissen dienen. Sie sind „flächig" konzipiert; die ihnen zugrundeliegende Strategie des Massenmarketings kann insoweit auch als **sog. Schrotflinten-Konzept** bezeichnet werden.

Der diesem Konzept entsprechende Markt kann als ein Grundmarkt (*Kalmar,* 1971, S. 105, *Hesse,* 1973, S. 8 f.) aufgefaßt werden. Er ist dadurch definiert, daß vom theoretischen Gesamtmarkt (= Summe aller in Betracht kommenden Abnehmer, z. B. alle Einwohner oder Haushalte eines Landes) lediglich die Abnehmer eliminiert werden, die aufgrund „einfacher Deduktionen" für die Verwendung eines Produkts oder Leistung nicht in Betracht kommen, z. B. Kinder für Rauchwaren, Nicht-Autobesitzer für Autorechtsschutzversicherungen.

Die Strategie des Massenmarketings ist darüber hinaus grundsätzlich darauf angelegt, Produkte bzw. deren Verwendung so zu *entproblematisieren,* daß sie im Prinzip für jedes Grundmarkt-Subjekt geeignet sind. In dieser Art und Weise war beispielsweise auch das Weinprogramm „Goldener Oktober" (*Allgäuer Alpenmilch AG,* München bzw. deren Tochterunternehmen *St. Ursula,* Bingen) konzipiert, wobei mit einem kompakten Angebot (ursprünglich zwei Weißweine verschiedener Lagen und ein Rotwein) die Probleme der Weinauswahl speziell für Nicht-Weinkenner entscheidend reduziert wurden. Aufgrund eines durchschnittlichen Preisniveaus wurde dieses Angebot außerdem so breitenfähig, daß als Zielgruppe im Grunde lediglich totale Ablehner des Weinkonsums (etwa aus medizinischen oder auch bedürfnisspezifischen Gründen) sowie die ausgesprochen anspruchsvollen Weinkenner ausfielen (vgl. auch das ähnliche Konzept von *Amselfelder* bei Rotwein).

Derartige Massenmarkt-Strategien lassen sich in *vielen* Märkten nachweisen, so u. a. im Körperpflegemarkt. Er ist aber zugleich auch ein Beispiel dafür, daß insbesondere Massenmärkte bzw. ihre Marken relativ stark in einen **Preiswettbewerb** geraten (können). Dieser Preiswettbewerb, der sich vor allem in einem ausgeprägten Aktionswettbewerb (preisorientierte Verkaufsförderungsaktionen) niederschlägt, trifft dabei vor allem die jeweiligen Marktführer, weil ihre Marken sich naturgemäß *besonders* gut für den Handel eignen, die eigene Leistungsfähigkeit durch entsprechende (Preis-)Angebote zu dokumentieren (vgl. entsprechende Probleme z. B. bei den führenden Haarkosmetik-Marken *Schauma* (Shampoo) und *Taft* (Haarspray) von *Schwarzkopf,* die das Unternehmen gezwungen haben, neue, höherpreisige Marken zu etablieren (wie z.B. *News* und *Topas*).[37]

Massenmarktstrategien werden in hohem Maße auch im *Investitionsgüter*bereich verfolgt, und zwar speziell bei massenhaften Roh(=Ursprungs-) und Einsatzstoffen (=verarbeitete Rohstoffe). Sie sind meistens mit speziellen Vermarktungsinstitutionen bzw. Marktveranstaltungen wie Auktionen und Börsen verknüpft (siehe hierzu auch *Engelhardt/Günter,* 1981, S.199ff.).

Beispiele für Massenmarktstrategien mit tendenziell totaler Marktabdeckung gibt es auch im *Dienstleistungs*bereich. So versuchen z.B. die Hotelketten *Novotel* oder auch *Ibis* ganz bewußt durch ein attraktives Preis-Leistungs-Verhältnis den Durchschnittsreisenden anzusprechen (im Gegensatz zu vielen Top- bzw. spezialisierten (z.B. Tagungs-)Hotels).

Typische Massenmarktstrategien verfolgen zudem – ihrem Versorgungsauftrag entsprechend – *öffentliche* Versorgungsunternehmen für Elektrizität und Gas. Aber auch die Post – z.B. im Fernmeldewesen – verfolgt eine klare Massenmarktstrategie (=Massenkommunikationsmittel). Das gilt im Prinzip auch für ein Massenbeförderungsmittel wie die Bahn bzw. das dahinter stehende Unternehmen Bundesbahn.

Die Massenmarktstrategie mit *totaler* Marktabdeckung stellt sich somit als eine in vielen Branchen bzw. Wirtschaftssektoren praktizierte **Standard-Strategie** dar.

Massenmarktstrategien mit primär partialer Marktabdeckung

Von Massenmarktstrategien mit im Prinzip total marktabdeckendem Charakter sind solche Unifizierungsstrategien zu unterscheiden, die zwar ebenfalls massenhaft („flächig") angelegt sind, sich aber auf *bestimmte* Globalabschnitte eines Marktes konzentrieren: Massenmarktstrategie mit partialer Marktabdeckung.

Das Prinzip besteht auch bei dieser Strategievariante darin, bewußt Massenmärkte zu bedienen, die jedoch *enger* gefaßt sind als die oben beschriebenen sog. Grundmärkte. Hier kommen bereits **globale Abgrenzungsmerkmale** ins Spiel, die *generelle* Bedarfsunterschiede berücksichtigen oder solche ggf. erst schaffen. Diese strategischen Möglichkeiten werden am besten anhand entsprechender Beispiele *(Abb. 133)* transparent.

Um die Mechanik von Massenmarktstrategien mit partialer Marktabdeckung deutlich zu machen, greifen wir auf Beispiele sowohl aus dem Waschmittel- als auch aus dem Mineralwassermarkt zurück:

Was den *Waschmittelmarkt* angeht, so gibt es beispielsweise Vollwaschmittel, die den gesamten Grundmarkt (alle Wäschearten/alle Waschmethoden) abdecken. Ein klassisches Beispiel für ein erfolgreiches Markenartikel-Konzept auf diesem Markt ist etwa *Persil.* Ebenfalls massenhaft konzipiert ist das Spezialwaschmittel *Dixan,* das speziell für den Einsatz in der Waschmaschine („mit gebremsten Schaum") entwickelt wurde. Auch dieses Waschmittel kommt grundsätzlich für alle Wäschearten in Betracht, jedoch primär (ausschließlich) für Waschen in der Waschmaschine. Dieses Waschmittel, das 1957 als erstes Spezialwaschmittel für die Waschmaschine auf den Markt kam, deckte damals numerisch weniger als die Hälfte des Grundmarktes ab (Marktversorgung der Privathaushalte mit Waschmaschinen damals noch

---

[37] Vgl. hierzu auch die Darlegungen zu speziellen *Premium*-Marken-Konzepten auf S.211f.

Abb. 133: Typische Beispiele für Massenmarketing mit totaler und speziell partialer Marktabdeckung

	im Waschmittelmarkt	im Mineralwassermarkt
mit totaler Marktabdeckung	*Persil*	*Blaue Quellen*
mit **partialer** Marktabdeckung	*Dixan*	*Apollinaris*

unter 50%). Inzwischen ist dieses Waschmittel in einen potentiellen[38] (Spezial-)Massenmarkt von nahezu 100% des Grundmarktes hineingewachsen, denn der Versorgungsgrad der privaten Haushalte mit Waschmaschinen liegt heute bei 99%.

Was den *Mineralwassermarkt* – bezogen auf das gewählte Beispiel – betrifft, so decken die meisten Marken den Massenmarkt (Grundmarkt) ab, wenn auch mit bestimmten preislichen Abstufungen. Als Beispiel hierfür können die *Blauen Quellen* gelten, die durch den Markenverbund von vier Brunnen den gesamten nationalen Markt abdecken. Als besonderes (Massen-)Angebot auf diesem Markt kann dagegen etwa die Marke *Apollinaris* („Aus diesem Brunnen trinkt die Welt") gelten, die aufgrund ihrer Marken-Profilierung wie ihres Distributionsschwerpunktes in der Gastronomie zwar ein höheres Preisband als normale Konsummarken besetzt hat, aber trotzdem auch einen flächigen Marktabschnitt abdeckt. Insoweit kann man die Strategie von *Apollinaris* durchaus als Massenmarktstrategie mit partialer Marktabdeckung kennzeichnen.

Vergleicht man beide aufgeführten Beispiele bzw. Märkte, so wird deutlich, daß die jeweilige globale strategische Abgrenzung zwischen den massenhaften Universalmärkten einerseits und den flächigen „Spezialmärkten" andererseits auf jeweils unterschiedliche Weise geschaffen worden ist, nämlich

- bei dem Spezialwaschmittel *Dixan* über eine *objektive* technologische Produktcharakteristik („mit gebremstem Schaum");
- bei dem prestige-betonten Mineralwasser *Apollinaris* dagegen über eine spezifische *subjektive* werbliche Auslobung einer im Prinzip mit anderen Markenmineralwassern vergleichbaren Produktqualität (Slogan: „Aus diesem Brunnen trinkt die Welt").

Massenmarktstrategien mit partialer Marktabdeckung können also grundsätzlich auf *objektivem* Wege (Produktspezifika) oder auf *subjektivem* Wege („Auslobungsspezifika") realisiert werden. Die subjektive Marktverankerung eines Angebots ist dabei grundsätzlich als die schwierigere konzeptionelle Aufgabe anzusehen; das gilt zumindest für stark besetzte Märkte (hier tritt das Problem der sog. Motivenge auf[39]).

Mit diesen Darlegungen wollen wir die strategischen Überlegungen zu Massenmarkt-Konzepten insgesamt abschließen und nunmehr auf segment-strategische Konzepte näher eingehen.

---

[38] Potentiell deshalb, weil viele Haushalte heute nach wie vor mit Universal-Waschmitteln in der Waschmaschine waschen.
[39] Dieses Problem resultiert daraus, daß es in den meisten Märkten nur einige *wenige* zugkräftige Auslobungsmöglichkeiten gibt, die naturgemäß um so weniger „funktionieren", je häufiger sie auch von Konkurrenten benutzt werden.

b) Marktsegmentierungsstrategie

Die Marktsegmentierung gehört mit Abstand zu den strategischen Themen, die in den letzten Jahren – sowohl in der Praxis als auch in der Wissenschaft – mit am meisten und ausgeprägtesten diskutiert worden sind. Einen literarischen Eckpfeiler dieser Diskussion bildet zweifellos der Beitrag von *Smith* (*Smith*, 1956, S. 3 ff.). Als Klassiker der Marktsegmentierung – im Sinne einer ersten umfassenden Darstellung der Marktsegmentierung überhaupt – ist im übrigen die Veröffentlichung von *Frank/Massy/Wind* zu nennen (*Frank/Massy/Wind*, 1972). Diese amerikanischen Arbeiten (in Verbindung mit anderen) sind Auslöser einer ganzen Reihe einschlägiger deutscher Veröffentlichungen gewesen (u.a. *Bauer*, 1976 bzw. 1977; *Gröne*, 1977, *Böhler*, 1977b); *Kaiser* 1978; *Freter*, 1983).

Diese Diskussion, die in der Marketingpraxis bereits seit Anfang der siebziger Jahre intensiv geführt wird, und die seither zu einer bewußten, strategie-orientierten Segmentierung vieler Märkte beigetragen hat, ist vor allem durch folgende **Marktentwicklungen** ausgelöst worden:

- Viele Märkte zeigen insbesondere seit dem Ende der sechziger Jahre quantitative *Sättigungs*erscheinungen.
- Ergebnis dieser Sättigungserscheinungen ist ein verschärfter Wettbewerb (*Verdrängungs*wettbewerb) mit damit verbundenen – zum Teil ruinösen – Preiskämpfen.
- Unternehmen, die diesen ertrags- und existenz-bedrohlichen Marktentwicklungen ausweichen wollen, müssen verstärkt auf *qualitatives* Wachstum setzen.
- Qualitatives Wachstum aber setzt voraus, daß dem Markt Produkte und Leistungen angeboten werden, die für den Verbraucher einen *höheren* Grad an Bedürfnisentsprechung als vergleichbare Massenprodukte aufweisen.
- Bei einem heute generell hohen Sättigungsgrad bei Grundbedürfnissen bedeutet das konkret den Zwang, stärker und differenzierter *Zusatz*bedürfnisse zu befriedigen.
- Zusatzbedürfnisse sind jedoch individueller ausgeprägt als Grundbedürfnisse. Unternehmen, die im Interesse eines qualitativen Wachstums verstärkt Zusatzbedürfnisse mit ihrem Angebot befriedigen wollen, müssen daher Märkte stärker zu *individualisieren* suchen, und zwar im Sinne mehrerer spezifischer, in sich homogener Teilmärkte. Das aber heißt nichts anderes als die **Segmentierung von Märkten.**

Die skizzierte wirtschaftliche Entwicklung, die vor allem für zahlreiche Konsumgütermärkte (aber nicht nur diese) typisch ist, hat in vielen Bereichen die Grenzen eines sog. Massenmarketings, selbst in Form des traditionellen präferenz-orientierten Markenartikel-Konzepts, deutlich werden lassen. Insofern hat in der Marketing-Praxis in den letzten Jahren ein tiefgreifendes Umdenken stattgefunden, und zwar hin zu einem *differenzierteren* Marketing, dessen konsequenteste Übersetzung letztlich in einer jeweils marktadäquaten Marktsegmentierung mündet.

Nach semantischen Regeln der deutschen Sprache kennzeichnet das Wort Segmentierung die „Vornahme einer Handlung, die Bildung von Segmenten (Segment (lat.) = Abschnitt). Marktsegmentierung heißt formal also Aufteilung oder Zerlegung eines Marktes in Teilmärkte" (*Kaiser*, 1978, S. 11). Im marketing-strategischen Sinne kann Marktsegmentierung insoweit präzisiert werden, daß mit ihr die Aufteilung eines Marktes in *homogene* Untergruppen von Verbrauchern (Abnehmern) angestrebt wird, und zwar in der Weise, daß jede von ihnen „als Zielmarkt angesehen werden kann, der mit einem bestimmten Marketing-Mix erreicht werden soll" (*Kotler*, 1982, S. 202). Im Prinzip stellen sich die meisten Märkte (Grundmärkte) als ein **Konglomerat von Segmenten** dar, die es - gerade angesichts verschärfter Markt- und Wettbewerbsbedingungen - verstärkt zu identifizieren gilt. Die Strategie der Marktsegmentierung versucht im Rahmen der Produkt-, Preis-, Vertriebs- wie auch der Werbepolitik, selektierten Segmenten bzw. dahinterstehenden Abnehmergruppen mit ihren jeweiligen Bedürfnisstrukturen und Erwartungshaltungen möglichst optimal zu entsprechen. Die Marktsegmentierung kann in dieser Hinsicht auch als sog. **Scharfschützen-Konzept** charakterisiert werden (im Gegensatz zur Strategie des Massenmarketings, die man als sog. Schrotflinten-Konzept kennzeichnen kann).

Um eine solche segmentspezifische Marktbearbeitung sicherstellen zu können, wird an jedes Segment die Forderung gestellt, daß es in sich betrachtet möglichst ähnlich oder gleichartig (homogen), im Vergleich zu anderen Segmenten dagegen möglichst unähnlich oder ungleichartig (heterogen) ist. Jedes **Segment** soll in dieser Hinsicht

- *intern* homogen und
- *extern* heterogen

sein (*Meffert,* 1980, S.213; *Scheuch,* 1986, S.261f.). Das Hauptziel dieser Segmentierungspolitik besteht immer darin, ein möglichst hohes Maß an **Identität** (Identifizierungsmöglichkeit) zwischen einer bestimmten Art und Zahl von Käufern bzw. Zielgruppe einerseits und dem angebotenen Produkt einschließlich seines Vermarktungskonzepts andererseits zu realisieren.

Zur Abgrenzung segment-ähnlicher Konzepte

Bevor auf die Realisierungsformen und -möglichkeiten der Marktsegmentierung im einzelnen eingegangen wird, soll zuvor noch kurz auf einige andere Konzepte hingewiesen werden, die mit der Marktsegmentierung verwandt sind bzw. im Interesse einer Präzisierung der Marktsegmentierung von dieser *abgegrenzt* werden müssen. Hierzu zählen insbesondere

- die **Produktdifferenzierung,**
- die **Selektive Absatzpolitik,**
- die **Marktschichtung,**
- die **Produktpositionierung.**

Strategien differenzierter Marktbearbeitung sind an sich kein Novum; solche Strategien entsprechen vielmehr der bewußten Marktorientierung unternehmerischen Handelns oder - wie wir einfach sagen können - der Marketing-Philosophie. Marktentwicklungen und Marktzwänge, wie wir sie bereits skizziert haben, erfordern jedoch heute vielfach *feinere* Methoden der Differenzierung und ihre konsequente „Übersetzung" im Sinne echter, d.h. sauber abgegrenzter Teilmärkte. Auf dem Wege zu dieser Entwicklung stehen einige Konzepte, die hier kurz gewürdigt werden sollen.

Produktdifferenzierung

Die Produktdifferenzierung ist als das Prinzip anzusehen, von einem bestimmten Produkt *Varianten* (Produktvarianten) im Markt einzuführen, die sich in Form und/oder Qualität von eigenen und/oder Konkurrenzprodukten unterscheiden (*Kaiser,* 1978, S.19). Produktdifferenzierung wird dabei primär vom Produkt selbst bzw. seinen Produktionsmöglichkeiten her gedacht (natürlich auch unter Berücksichtigung ihrer „nachträglichen" Marktgängigkeit). Der entscheidende Unterschied zur Marktsegmentierung besteht darin, daß dieses Konzept dagegen bewußt vom Verbraucher bzw. Markt her aufgebaut ist. *Bauer* spitzt diese gravierenden Unterschiede auf die Aussage zu, daß die Produktdifferenzierung „nicht nach Produkten für Bedürfnisse (wie für die Marktsegmentierung typisch, Ergänzung von mir, J.B.), sondern nach Bedürfnissen für Produkte" suche (*Bauer*, 1977, S.31).

Charakteristisch für Produktdifferenzierung ist im übrigen, daß man hierbei ein Produkt mit Varianten anbietet, diese Produktvarianten aber vielfach mit einem *einzigen* Marketingprogramm (Marketingmix) vermarktet. Das spezifische Kennzeichen der Marktsegmentierung dagegen ist, daß die für die einzelnen Marktsegmente „maßgeschneiderten" Produkte mit jeweils spezifischen Marketingprogrammen am Markt penetriert werden. Angesichts eines allgemeinen hohen technischen Wissensstandes ist es andererseits in vielen Märkten heute gar nicht mehr möglich, in den einzelnen Segmenten technologisch differenzierte Produkte anzubieten. Die Segmentierung erfolgt bei dieser Ausgangssituation dann überwiegend bis ausschließlich über verschiedene Marketingprogramme in den einzelnen Teilmärkten (u.a. über unterschiedliche Marken- und Werbekonzeptionen für technologisch mehr oder weniger identische Produkte, wie es heute etwa für den Zigaretten- oder auch Waschmittelmarkt kennzeichnend ist). Marktsegmentierung ist in solchen Märkten also gerade dadurch gekennzeichnet, daß sie auch *ohne* echte Produktunterschiede (Produktdifferenzierungen) – speziell was den Produktkern angeht – auskommen muß.

Selektive Absatzpolitik

Das der selektiven Absatzpolitik zugrundeliegende Prinzip läßt sich allgemein als Grundsatz definieren, „den Absatz und die Absatzbemühungen (Vertriebskosten) planmäßig und bewußt nur auf gewinnbringende Abnehmer, Absatzgebiete, Auftragsgrößen, Produktgruppen und Absatzmethoden zu beschränken" (*Geist*, 1974, S.5). Die methodischen Grundlagen für ein solches Vorgehen bildet die *sog. Absatzsegmentrechnung,* eine verfeinerte (Marketing-)Vertriebskostenrechnung mit Kosten- und Erlösaufspaltung (*Hasenauer/Scheuch*, 1974, S.87).

Der entscheidende Unterschied zwischen selektiver Absatzpolitik im skizzierten Sinne einerseits und Marktsegmentierung andererseits besteht darin, daß die der selektiven Absatzpolitik zugrundeliegende Absatzsegmentrechnung *nur* Aussagen über das Verhalten *bisheriger* Kunden und seine ökonomischen Auswirkungen macht. Die Marktsegmentierung bzw. die ihr zugrundeliegenden Erhebungs- und Meßverfahren knüpfen dagegen an Informationen sowohl über belieferte als auch nicht belieferte Segmente, also „Kunden und Nichtkunden" an (*Kaiser*, 1978, S.21f.).

Versucht man abschließend die selektive Absatzpolitik und die Marktsegmentierung zu charakterisieren, so kann man sagen, daß die selektive Absatzpolitik (via Absatzsegmentrechnung) mehr ein Instrument der Absatzrationalisierung darstellt, während die Marktsegmentierung mehr als ein Instrumentarium zur strategischen Absatzsicherung bzw. -expansion anzusehen ist. Überspitzt kann man die Absatzsegmentrechnung auch als eindimensionales Kontrollkonzept, die Marktsegmentierung dagegen als ein *mehr*dimensionales Planungskonzept auffassen.

Marktschichtung

Die (Markt-)Soziologie begreift die Art und Weise menschlichen Marktverhaltens als Korrelat der soziologischen Struktur. Ein typisches Beispiel dieses Ansatzes ist das Konstrukt der *sozialen Klasse* (Schicht). Gewöhnlich werden drei soziale Schichten unterschieden: Oberschicht, Mittelschicht und Unterschicht[40]. Basis dieser Schichtbildung sind Meßgrößen wie das Einkommen, Quellen des Einkommens, Bildungsniveau, Beruf, Wohngegend u.ä. (*Bergler*, 1974, S.808; im einzelnen *Geiger*, 1967; *Haller*, 1983; *Bolte*, 1984).

---

[40] Bei einer Grobstrukturierung westlicher Industriegesellschaften in diese drei Schichten zeigt sich folgende *typische* Schichtverteilung im Sinne sog. Mittelklassegesellschaften (*Kroeber-Riel*, 1980, S.513): Oberschicht=15%, Mittelschicht=65% und Unterschicht=20% der Bevölkerung.

II. Arten und Ausprägungen von Marketingstrategien

Man hat ursprünglich den Schichtungsansatz als ein sehr geeignetes Konzept einer differenzierten Markterfassung und Marktbearbeitung angesehen (*Schäfer*, 1954; *Eitel*, 1966); man geht jedoch heute allgemein davon aus, daß die Schichtenbetrachtung allein nicht (mehr) ausreichend verhaltensrelevant ist. Das wird einmal damit begründet, daß inzwischen eine starke Angleichung der schichtenspezifischen Verhaltensweisen stattgefunden hat (*Rich/Jain*, 1976, S. 148 f.; *Boyd/Massy*, 1972, S. 102). Zum anderen kann generell gesagt werden, daß die Schichtenzugehörigkeit mehr für den Konsumstil, weniger jedoch für den Kauf bestimmter (speziell täglicher) Konsumgüter entscheidend ist (*Gutjahr*, 1972, II, S. 101 f.).

Die Marktschichtung kann insoweit als eine (sehr) „indirekte" Marktsegmentierung aufgefaßt werden, die deutliche Grenzen in bezug auf echte Verhaltensbestimmungen aufgrund ihrer eindimensionalen Orientierung (nämlich nur Schichtenzugehörigkeit) aufweist. Um zu operationalen, verhaltensrelevanten Aussagen zu kommen, ist die zusätzliche Berücksichtigung „objektiver und psychologischer Bedarfsfaktoren" (*Bergler*, 1974, S. 808) notwendig. Auf der Basis solcher mehrdimensionaler Indikatoren gelangt man letztlich zu Konsumententypologien (*Hermann*, 1969, S. 32 bzw. 34) bzw. zur direkten Marktsegmentierung auf der Basis psychischer, sozialer und soziodemografischer Merkmale, mit deren Hilfe sich das segmentspezifische Konsumentenverhalten in bezug auf Verbrauchsgüter des täglichen Bedarfs wie auch auf oft gekaufte Gebrauchsgüter erfassen läßt (*Kroeber-Riel*, 1980, S. 517 f.).

Abschließend kann somit gesagt werden, daß der Marktschichtung der Versuch einer „indirekten Marktsegmentierung" zugrundeliegt, und sie insoweit eine der Vorläufer direkter Marktsegmentierungen darstellt, so wie wir sie heute kennen.

Produktpositionierung

Die Produktpositionierung beschreibt die Position der verschiedenen miteinander im Wettbewerb stehenden Produkte (Marken) in einem sog. *Eigenschaftsraum*. Aus Vereinfachungs- bzw. Darstellungsgründen wird hierfür meist ein zweidimensionales Positionierungsmodell verwendet. Bausteine eines solchen Positionierungsmodells sind die wahrgenommenen bzw. erlebten relevanten Produkteigenschaften, die von den Konsumenten den Produkten (Marken) unterschiedlich zugeordnet werden bzw. auf die sie unterschiedlich reagieren im Hinblick auf ihre Produkt- bzw. Markenwahl (*Freter*, 1980b; *Rehorn*, 1976; *Ries/Trout*, 1986).

Zentrale *konzeptionelle* Fragen, die in Verbindung mit derartigen Positionierungsmodellen beantwortet werden können, lauten (*Kotler*, 1977, S. 417):

(1) Auf welche Produkteigenschaften reagieren die Käufer unterschiedlich? (Produkteigenschaften)
(2) Wie sind die Konkurrenzprodukte im Produktfeld plaziert? (Produktpositionen)
(3) Welche Plazierung im Produktfeld eignet sich für das vorliegende Produkt? (Produktkonzept)

Ausgangspunkt der Produktpositionierung ist die Tatsache, daß Konsumenten durchweg die Produkte auswählen, deren Eigenschaften (und zwar subjektiver und objektiver Art) ihren Vorstellungen möglichst in *hohem* Maße entsprechen. Marketing ist deshalb generell darauf konzentriert, jene *kauf*bestimmenden Eigenschaften zu identifizieren und bestehende Produkte (einschließlich vorhandener eigener) im marktrelevanten Eigenschaftsraum einzuordnen bzw. entsprechende Lücken (Positionierungslücken) für neue Produkte zu identifizieren. Konzeptionelles Ziel ist es letztlich, für das eigene Produkt eine „unique selling proposition" (abgekürzt: USP, *Reeves*, 1961), d. h. einen *einzigartigen* Verkaufsvorteil zu besetzen, der es erlaubt, dieses Produkt ganz spezifisch und möglichst nicht nachahmbar zu profilieren. Der Ausgangspunkt der Überlegungen von *Reeves* war dabei, einen möglichst originellen Ansatz für die werbliche Auslobung von Produkten zu finden. Die spezifische Position(ierung) von Produkten kann jedoch niemals mono-instrumental, sondern stets nur *multi*-instrumental besetzt bzw. gehalten werden. Das Positionierungsmodell ist insofern eine zentrale *Steuerungsgrundlage* für die Art und Weise des Einsatzes *aller* Marketinginstrumente (vgl. hierzu den 3. Teil Marketingmix, insbesondere S. 441 ff.). *Magyar* spricht deshalb auch zutreffender von „Unique Marketing Proposition" (*Magyar*, 1985, S. 267 ff.).

Für die Definition des Eigenschaftsraums gibt es dabei die *verschiedensten* Ansatzpunkte. Prinzipiell können einzelne oder auch kombinierte (hypothetische) Konstrukte der Kaufverhaltenstheorie, und zwar aktivierender[41] wie kognitiver[42] Art (zur Abgrenzung dieser psychologischen Konstrukte vgl. auch *Kroeber-Riel*, 1984, S. 43 ff.), herangezogen werden (*Mazanec/Wiegele*, 1977, S. 46 ff.; *Freter*, 1983, S. 33 ff.). Sie müssen so ausgewählt werden, daß sie zwischen den Produkten eines Marktes diskriminieren (*Brockhoff/Rehder*, 1978, S. 327 f.).

Bei der Diskussion der Produktpositionierung (und ihren methodischen Ansätzen, insbesondere *multivariate* Datentechnik, und zwar im Sinne meßtechnischer Erklärungs- oder auch Entscheidungsmodelle) wird dabei meist explizit, zumindest aber implizit der Segmentierungsfall zugrundegelegt. Positionierungsmodelle bzw. -ansätze können jedoch ganz allgemein als grundsätzliche Möglichkeit der Markt- bzw. Produktplazierung aufgefaßt werden, und zwar *unabhängig* davon, ob diesem Plazierungsmodell (vgl. auch *Kotler*, 1982, S. 88 f. sowie *Robertson/Wind*, 1983, 12-15) nun eine Massenmarkt- *oder* eine Segmentierungsstrategie zugrundeliegt.

Es wird häufig übersehen, daß auch in Massenmärkten bestimmte *Grob*positionen („Makro-Segmentierung") unterschieden werden können, die nicht das Kriterium von Segmenten im klassischen Sinne erfüllen, weil ihnen keine eindeutigen, mehrdimensional definierten Zielgruppen zugeordnet werden (können). Dennoch werden mit solchen Grobpositionen bestimmte Marktfelder definiert, die sich durch generelle Merkmale von anderen unterscheiden (vgl. *Abb. 134*, in Anlehnung an *Schmeißer*, 1984, S. 354; zur Definition solcher Grobsegmente vgl. auch *Porter*, 1986, S. 309 ff.; zur Strategieplanung auch *Müller*, 1986).

Abb. 134: Grundpositionierungen im Bekleidungsmarkt (Modell-Darstellung)*

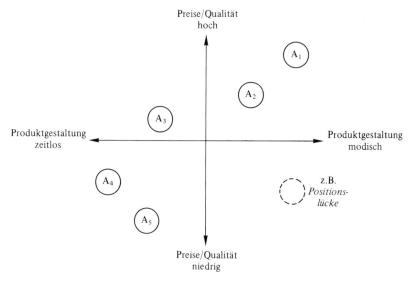

$A_1 - A_5$ = Anbieter 1 – 5

---

* Hierbei handelt es sich *nicht* um Segmente, sondern um bestimmte Marktfelder des Bekleidungsmarktes, die ggf. noch nach Oberbekleidungsarten und speziellen Zielgruppen wie nach Geschlecht, Alter, Einkommen bzw. nach Einstellungen, Konsumstilen usw. (mikro)-segmentiert werden können.

---

[41] = Emotionen, Bedürfnisse (Motivationen), Einstellungen.
[42] = Wahrnehmen, Denken, Lernen.

Eine Positionierung nach diesem Grundmodell wird aber auch gewählt als *methodischer* Ansatz für die Beschreibung bzw. Definition von Marktsegmenten, und zwar speziell für die typische *Nutzen-Segmentierung* (benefit segmentation, *Haley,* 1970, S.30ff.; *Bauer,* 1977, S.89ff.), die als eine Sonderform der Segmentierung aufgefaßt werden kann. Verschiedene inzwischen kommerziell durchgeführte segmentspezifische Produktpositionierungs-Analysen belegen, daß es in mehreren unterschiedlichen Produktmärkten möglich ist, Marktsegmente zu ermitteln, die in sich bedürfnishomogen und untereinander bedürfnisheterogen (=Grundbedingung von Marktsegmenten) sind.

Allerdings ist es bisher nicht voll gelungen, die nutzen-orientierten Marktsegmente mit Hilfe etwa von demografischen, sozio-ökonomischen u.ä. Merkmalen „operational zu identifizieren" (*Bauer,* 1977, S.95; zu den methodischen Problemen im einzelnen siehe *Rehder,* 1975, S.225ff. bzw. 263ff. sowie auch *Brockhoff/Rheder,* 1978 und *Mazanec/Wiegele,* 1977).

Nach diesen notwendigen Abgrenzungen von Produktdifferenzierung, selektiver Absatzpolitik, Marktschichtung und Produktpositionierung gegenüber der Marktsegmentierung, soll nun der Marktsegmentierung im einzelnen Aufmerksamkeit geschenkt werden, und zwar *speziell* in bezug auf:

- das **Repertoire** an Segmentierungskriterien (=Überblick über die wichtigsten Abgrenzungsmöglichkeiten von Marktsegmenten) und
- die **Lokalisierung** von Marktsegmenten (=Hinweise zu methodischen Problemen der Aufbereitung von sog. Merkmalsräumen).

Zur Systematik der Segmentierungskriterien

Was die Identifizierung von Marktsegmenten angeht, so kann für diese Aufgabe eine große Zahl verschiedenartiger **Trennvariablen** (Meßkriterien) herangezogen werden, und zwar solche, die kaufverhaltens-relevante Tatbestände i.w.S. abgreifen. In der Theorie wie auch in der Praxis sind inzwischen eine ganze Reihe solcher Variablen (zum Teil auch als Indikatoren bezeichnet) konzipiert und vielfach auch schon erprobt worden. Erhebliche Schwierigkeiten bereitet allerdings immer noch die Systematik dieser Segmentierungsvariablen; jedenfalls werden sowohl in der allgemeinen Marketingliteratur als auch in den speziellen Darstellungen zur Marktsegmentierung die unterschiedlichsten Einteilungen angeboten. Wir wollen uns hier unter marketing-strategischen Aspekten auf die wichtigsten Merkmalsebenen und ihre Ausprägungsformen konzentrieren. Bevor wir das tun, erscheint es aus Gründen der Vergleichbarkeit sinnvoll, die systematischen Muster der Segmentierungskriterien in der Literatur *überblickhaft (Abb. 135)* aufzuzeigen.

Abb. 135 verdeutlicht, daß die in der allgemeinen und speziellen Marketingliteratur anzutreffenden Segmentierungskriterien zwar sehr heterogen dargeboten werden, sie sich jedoch im Prinzip auf jeweils *einige wenige* gut übersehbare, inhaltlich einigermaßen sauber abgrenzbare Merkmalsebenen reduzieren lassen. Für unsere strategie-orientierte Würdigung der Marktsegmentierung knüpfen wir dabei an der Unterscheidung von *zwei* großen Segmentierungsarten an (*Schwartz,* 1977, S.82ff.; *Meffert,* 1980, S.215ff.; siehe hierzu auch den Überblick von *Beane/Ennis,* 1987, S.20ff.)[43]:

---

[43] Diese Einteilung vermeidet *problematische* Abgrenzungen zwischen psychographischen und verhaltensorientierten Segmentierungskriterien, die in der Literatur unterschiedlich vorgenommen werden (vgl. u.a. *Bauer,* 1977, S.55ff.).

Abb. 135: Systematik der Segmentierungskriterien nach Hauptgruppen (Literaturübersicht*)

1. Nicht-Systematik (*Bell*, 1972, S. 187 ff.; *Kollat/Blackwell/Robeson*, 1972, S. 188 ff.; *Kaiser*, 1978, S. 35 ff.; *Jain*, 1985, S. 222 ff.; *Scheuch*, 1986, S. 274 f.)
Meist Unterscheidung folgender Segmentierungsarten: • geographische • demographische • psychologische, „individual behavior" bzw. psychographische (Abgrenzungsprobleme!)
Darüber hinaus jeweils konglomerative Aufzählung übriger, meist verhaltensorientierter Segmentierungsmöglichkeiten, u.a. nach „usage" (Kauf-/Konsumrate), „benefit" (Nutzen), „loyalty" (Markentreue), Reaktionsweisen auf Marketinginstrumente.
2. Systematische Grundmuster** und ihre Beziehungen untereinander***
Ausgangspunkt: „gewachsene" Systematik (= 4er-Systematik), daraus „Entwicklung" der 3er und 2er-Systematik
4er-Systematik (im Prinzip Aufzählung der Basis-Kriterien in der Reihenfolge ihrer Entdeckung bzw. Verwendung):
• geographische Segmentierung ⎫ • demographische/soziöökonomische Segmentierung ⎬ • demographische Segmentierung   *2er*-Systematik (1) aufgrund totaler Zusammenfassung (*Schwartz*, 1977, S. 82 ff., *Meffert* 1980, S. 215 ff.): • psychographische Segmentierung ⎫ • verhaltensorientierte Segmentierung ⎬ • psychographische Segmentierung
3er-Systematik aufgrund partialer Zusammenfassung (*Nieschlag/Dichtl/Hörschgen*, 1976, S. 82 ff.; *Berekoven/Eckert/Ellenrieder*, 1986, S. 230 ff.; *Freter*, 1983, S. 45 ff.): • demographische Segmentierung • psychographische Segmentierung • verhaltensorientierte Segmentierung
2er-Systematik (2), aufgrund zweifacher partialer Zusammenfassung (*Rosenberg*, 1977, S. 154 ff.; *Böhler*, 1977b, S. 64 ff. bzw. S. 115 ff.): • „Consumer's Personal Characteristics" (Segmentierung aufgrund persönlicher Merkmale) • „Consumer's Response to Product" (Segmentierung aufgrund des Reaktionsverhaltens)

* Basis: grundlegende allgemeine Marketingdarstellungen sowie monographische Arbeiten zur Marktsegmentierung

** Der Versuch einer differenzierten Gliederung nahezu aller relevanten Segmentierungsmerkmale bei *Frank/Massy/Wind* hat sich – soweit wir sehen – u.a. aufgrund von Abgrenzungsschwierigkeiten nicht durchsetzen können. Auf eine entsprechende Darlegung wird daher verzichtet (*Frank/Massy/Wind*, 1972, S. 26 ff.). Vgl. hierzu auch die Darstellung bei *Bauer* bzw. seine eigenen Entwürfe (*Bauer*, 1977, S. 57 bzw. 58–61).

*** Diese Darstellung zielt ab auf sachlich-materielle Verknüpfungen; sie sind jedoch nicht als genetische Entwicklung zu verstehen (mißzuverstehen). Was die 2er Systematik angeht, so können zwei Varianten ((1) und (2)) unterschieden werden.

(1) Segmentierung auf der Basis **demographischer Kriterien** („demographische Segmentierung"),

(2) Segmentierung auf der Basis **psychographischer Kriterien** („psychographische Segmentierung").

Im folgenden sollen beide Segmentierungsarten näher beschrieben, problematisiert und ihre Einsatzbedingungen aufgezeigt werden.

Demographische Segmentierung

Die Segmentierung nach demographischen Merkmalen ist die *klassische* Marktsegmentierung, d.h. sie ist die älteste Art segmentspezifischen Vorgehens (*Meffert,* 1980, S.215) und zugleich auch ihre einfachste Anwendung (*Berekoven/ Eckert/Ellenrieder,* 1986, S.230). Diese Art, Märkte zu unterscheiden („segmentieren"), war – zumindest ansatzweise – bereits Vertretern der klassischen Wettbewerbstheorie geläufig (*Nieschlag/Dichtl/Hörschgen,* 1976, S.83).

Unter dem Begriff demographische Segmentierungskriterien wird heute eine *Vielfalt* von Kriterien geographischer, „biologischer" und sozioökonomischer Art erfaßt (*Böhler,* 1977b, S.68; *Freter,* 1983, S.45f.; *Scheuch,* 1986, S.275ff.):

Teilweise wird darüber hinaus versucht, (die) Kriterien der Gruppe I zum Konstrukt „Familien-Lebenszyklus" zu verbinden (zum Einfluß des Familien-Lebenszyklus – bei dem Zahl und Alter der Kinder eine zentrale Rolle spielen – auf das Kaufverhalten siehe u.a. *Wells/Gubar,* 1966). Oder es wird auch versucht, aufgrund der Kombination von Kriterien der Gruppe II zur „sozialen Schicht" als kaufverhaltensrelevantem Konstrukt zu gelangen (zur Frage der Marktschichtung siehe auch die Abgrenzung auf S.224f.).

Wenn auch die Konstrukte „Familien-Lebenszyklus" und „soziale Schicht" nicht unproblematisch sind, so hat sich doch die Erkenntnis durchgesetzt, daß bereits einfachere **Kombinationen** von demographischen Kriterien vielfach sinnvoller sind als die isolierte Heranziehung eines einzelnen Merkmals. Ein Beispiel *(Abb. 136)* für eine solche Kombination stellt die Verknüpfung von Einkommen, Familiengröße und Alter dar (*Meffert,* 1980, S.217; *Kotler,* 1977, S.168 bzw. 1982, S.208).

Aus dieser Kombination dreier Merkmale resultieren insgesamt 36 Marktsegmente (3 × 3 × 4). In einem zweiten Schritt ist es dann möglich, **Absatz- bzw. Gewinnpotentiale** dieser Segmente abzugreifen, und zwar über Ermittlungen hinsichtlich ihrer quantitativen Besetzung, der durchschnittlichen Kaufrate sowie der Konkurrenzintensität (*Kotler,* 1982, S.207). Hierfür können unter anderem auch Paneldaten herangezogen werden.

Insgesamt muß allerdings gesagt werden, daß die demographische Segmentierung eine vergleichsweise *begrenzte* Trennschärfe aufweist bezüglich des Kauf- und Konsumentenverhaltens derart erfaßter Marktsegmente bzw. Zielgruppen. Auf der Basis demographischer Segmentierung ist es jedenfalls aller Erfahrung nach nur *selten* möglich, eindeutig abzugrenzen, welche Marken von wem gekauft werden. Andererseits ist es in der Regel aber immerhin realistisch, Aussagen über Kauf oder

Abb. 136: Beispiele einer Marktsegmentierung nach drei demographischen Merkmalen

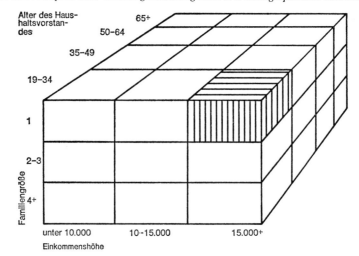

Nichtkauf eines Produktes (Produktkategorie) zu machen, wenn demographische Merkmale in einem *un*mittelbaren Zusammenhang zum Kauf bzw. Konsum stehen (vgl. z. B. Babynahrung, Altenkost). Das gilt aber nur dann, wenn persönlichkeitsbedingte Haltungen – etwa bei „low interest products" – vernachlässigt werden können. Im übrigen gibt es aufgrund empirischer Untersuchungen auch Anhaltspunkte dafür, daß demographische Merkmale geeignet sind, „eine Vielzahl unterschiedlicher Verhaltensaspekte zu erklären, wenn es sich um hochwertige Gebrauchsgüter (wie PKW's oder Fernsehgeräte, Ergänzung von mir, J. B.) handelt" (*Böhler,* 1977b, S. 73).

Abschließend soll noch einmal betont werden, daß eine formal-statistische „Gleichheit" von Zielpersonen *keineswegs* zu einem gleichgerichteten **Kauf- und Konsumverhalten** führen muß. Das soll an einem realistischen *Beispiel* verdeutlicht werden:

Zwei Frauen (beide regelmäßige Raucherinnen) – und zwar beide 25 Jahre alt, ledig, mit Mittelschulabschluß, in der gleichen Stadt wohnend, die eine Facharbeiterin in einem Produktionsunternehmen, die andere als Grafikerin in einer Werbeagentur arbeitend, beide jedoch mit annähernd gleichem Einkommen – entwickeln u. a. aufgrund der „Umwelt", in der sie leben, unterschiedliche Konsumpräferenzen, die sich bezogen auf das Rauchen etwa darin niederschlagen, daß die eine typische Frauen-Zigaretten (wie z. B. *Kim, Eve* usw.) ablehnt, während die andere sie ausschließlich konsumiert.

Derartige Konsumpräferenzen lassen sich mit demographischen Kriterien allein also nicht eindeutig einfangen. Hier bedarf es zusätzlicher, nämlich psychographischer Kriterien.

Psychographische Segmentierung

Es hat sich immer wieder gezeigt (siehe auch unser oben aufgeführtes Beispiel), daß allein demographisch definierte Konsumentengruppen ein sehr unterschiedliches qualitatives Konsumentenverhalten aufweisen können (*Bergler,* 1972, S. 11). Die vielfach festgestellte mangelhafte Trennschärfe demographischer Kriterien hat

II. Arten und Ausprägungen von Marketingstrategien

schließlich dazu geführt, für eine eindeutige, d.h. primär kaufverhaltens-orientierte **Identifizierung von Marktsegmenten** sog. psychographische Merkmale heranzuziehen. Sie kann als die „moderne" Marktsegmentierung charakterisiert werden.

Während es über Art und Umfang demographischer Segmentierungskriterien kaum Kontroversen gibt, ist man bezüglich der psychographischen Kriterien allerdings von einer einheitlichen Grundauffassung noch weit entfernt, und zwar sowohl was ihre Art bzw. Abgrenzung als auch ihren relevanten Umfang angeht. Diese Tatsache ist letztlich dafür verantwortlich, daß eine voll befriedigende Systematisierung aller geeigneten Kriterien für Marktsegmentierungen bislang noch nicht vorliegt (siehe hierzu auch *Abb. 135* auf S. 228).

Im Rahmen unseres strategie-orientierten Überblickes wollen wir uns hier auf die *wichtigsten* Arten psychographischer Segmentierung beschränken (*Bergler,* 1972, S. 11 ff.; *Böhler,* 1977b, S. 84 ff.; *Freter,* 1983, S. 46):

- **Allgemeine Persönlichkeitsmerkmale,**
- **Einstellungen und Nutzen-Erwartungen** („benefits"),
- **Lebensstil** bzw. **Lebensgewohnheiten** („life style").

Was die Eignung allgemeiner Persönlichkeitsmerkmale für Segmentierungszwecke angeht, so wird diese Frage ziemlich unterschiedlich eingeschätzt. Immerhin haben aber eine Reihe empirischer Untersuchungen **Korrelationen** zwischen untersuchten Persönlichkeitszügen und dem Konsum ausgewählter Produkte aufzeigen können. Eine der bekanntesten Untersuchungen dieser Art ist die von *Tucker* und *Painter* (1961), die korrelierenden Beziehungen zwischen vier Persönlichkeitsmerkmalen (Machtstreben, Verantwortungsgefühl, emotionale Stabilität und Geselligkeit) und der Menge sowie Frequenz des Konsums ausgewählter Produkte (u.a. Kopfschmerztabletten, Vitaminpräparaten, Zigaretten, Mundwasser) nachweisen konnte (siehe auch *Bergler,* 1972, S. 28 f.).

Unter dem Aspekt kaufrelevanter psychologischer Kriterien drängen sich eigentlich die Motive als die eigentlichen Antriebskräfte der Bedürfnisbefriedigung für Zwecke der Segmentierung auf. Bisher nicht bewältigte Erfassungs- und Meßprobleme hinsichtlich menschlicher Motive haben jedoch dazu geführt, stattdessen **Einstellungen** als kaufrelevantes Kriterium zu nutzen (vgl. hierzu auch die Darlegungen auf S. 159 f.). Einstellungen können dabei „als ein im Zeitablauf erlerntes, relativ dauerhaftes System psychischer Prädispositionen gegenüber Objekten" aufgefaßt werden (*Böhler,* 1977b, S. 91). Die besondere Eignung von Einstellungen für Marktsegmentierungszwecke wird zum Teil auch damit begründet, daß im Grunde *drei* Einstellungskomponenten unterschieden werden können, nämlich (vgl. *Freter,* 1983, 1983, S. 64; *Trommsdorff/Schuster,* 1981, S. 722 ff.; *Kroeber-Riel,* 1984, S. 182 ff.):

(1) eine **kognitive** (= Wissen über das Objekt),
(2) eine **affektive** (= Wertungen in bezug auf das Objekt),
(3) eine **konative** (= Dispositionen in bezug auf das Objekt).

Die Hypothesen, die der sog. Drei-Komponenten-Theorie zugrundeliegen, konnten bisher empirisch weder widerlegt noch bestätigt werden (*Böhler,* 1977b, S. 91 sowie 111).

In der neueren Einstellungsforschung hat sich deshalb *eher* die Zwei-Komponenten-Theorie (duale Theorie) durchgesetzt, „die auf die Einbeziehung der Handlungskomponente verzichtet" ... „Zu einem solchen dualen Absatz kann die ganze Klasse der **mehrdimensionalen Ermittlungsmodelle** gerechnet werden" (*Freter*, 1983, S.64; vgl. hierzu auch die Darlegung zur mehrdimensionalen Einstellungsmessung auf S.160f.).

Es liegt auf der Hand, daß die Marktpsychologie - die dazu beigetragen hat, daß die Einstellungen im Marketing heute überhaupt eine zentrale Stellung einnehmen - bisher an der These von „Verhaltenstendenzen" (= Kaufabsichten), die in Einstellungen quasi implizit enthalten sind, noch festzuhalten sucht (*Kroeber-Riel*, 1980, S.173 ff.), zumal bei der Einstellungsforschung auch motivationale Aspekte indirekt mit erfaßt werden (*Freter*, 1983, S.64). Unter segmentierungs-strategischen Aspekten ist vor allem die *produktfeld*bezogene Einstellungsmessung relevant. Einstellungsobjekte sind hierbei die innerhalb einer Produktgattung bestehenden konkreten Produkte (Marken) und - unter Positionierungsgesichtspunkten für neue Produkte bzw. mögliche Umpositionierungen für alte Produkte - das **sog. ideale Produkt** (*Böhler*, 1977b, S.100ff.). Im Prinzip läuft das auf ein Positionierungs-Modell hinaus, wie wir es bereits an anderer Stelle mit einem Beispiel (*Abb. 134* auf S.226) beschrieben haben.

Die allgemeine Einsicht, daß Einstellungen in hohem Maße auch *persönlichkeitsbezogen* sind, hat andererseits dazu geführt, über empirische Untersuchungen (u.a. auf der Basis von *Cluster*analysen) **Verbrauchertypologien** zu entwickeln, die zur Erklärung bzw. Beeinflussung konkreten Kauf- und Verwendungsverhalten eingesetzt werden können. In dieser Hinsicht haben in den letzten 15 Jahren vor allem die großen Verlage in jeweils mehreren Untersuchungen generelle und produktartenspezifische Verbrauchertypologien zu erstellen versucht (z.B. *Brigitte-Frauentypologie* von *Gruner & Jahr* oder *Typologie der Wünsche* von *Burda*). Diese Verlags-Typologien beruhen auf dem Untersuchungsansatz, die Nutzer ausgewählter Print-Medien auf der Basis genereller wie spezieller Einstellungsmerkmale zu typisieren (und zwar als Ergänzung zu den regelmäßig erhobenen sozio-demographischen Merkmalen). Bei der Erfassung dieser Einstellungsmerkmale werden auch wichtige motivationale und verhaltensspezifische Dimensionen mit erhoben. Das soll an allgemeinen und speziellen **Frauentypen** aufgezeigt werden, wie sie von *Gruner & Jahr* (= *Brigitte-Typologie*) inzwischen in verschiedenen Untersuchungsstufen repräsentativ identifiziert wurden. *Abb. 137* zeigt zunächst den Baukasten der erhobenen Marktdaten (ab *Brigitte-Typologie 2*, 1975).

Im folgenden werden nun *ausschnittweise* die repräsentativ erhobenen Datenstrukturen der *Brigitte-Typologie*, und zwar anhand der allgemeinen Persönlichkeits- wie auch anhand der speziellen Modetypen, wiedergegeben (siehe *Abb. 138* auf S.234 und 235).

Aufschlußreich sind insgesamt die **Typenüberschneidungen**, die deutlich machen, daß Verbrauchertypen letztlich nur *mehr*dimensional definiert werden können oder anders ausgedrückt: bei der Beurteilung von typenspezifischen Segmenten müssen durchgängige Einstellungen und Verhaltensweisen berücksichtigt werden (zur Würdigung solcher Typologien, wie sie speziell von den großen Verlagen vorgelegt worden sind, siehe im einzelnen auch *Böhler*, 1977a, S.447ff.).

II. Arten und Ausprägungen von Marketingstrategien 233

Abb. 137: Zielgruppen-spezifische Marktdaten der Brigitte-Typologie 2

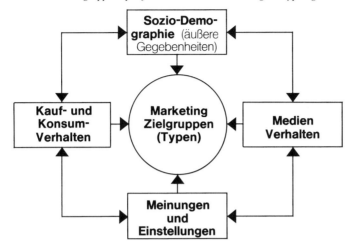

Benefit-Segmentation als Spezialansatz

Ein speziell in der amerikanischen Marketingliteratur immer wieder herausgestellter Segmentierungsansatz, der inzwischen auch in deutschen monographischen Darstellungen zur Segmentierung stärker aufgegriffen wird (*Bauer,* 1977, S.88ff.; *Böhler,* 1977b, S.103ff.), ist die sog. Nutzen-Segmentierung („benefit segmentation"). Dieser Ansatz, der auf *Yankelovich* zurückgeht (*Yankelovich,* 1964), beruht auf dem Gedanken, daß die **Nutzenerwartungen,** die Konsumenten hinsichtlich des Kaufs bzw. Konsums eines bestimmten Produkts hegen, das künftige Kauf- und Konsumverhalten determinieren und damit die *entscheidende* Ursache für die Existenz von „true market segments" bilden (*Haley,* 1968; *Frank/Massy/Wind,* 1972).

Die marketing-strategische Relevanz gerade der Nutzen-Segmentierung soll im einzelnen an einem *Beispiel (Abb. 139)* aus dem Kosmetik-Bereich näher *demonstriert* werden (siehe S.236).

Abb. 139 zeigt zunächst den gesamten Komplex des Kosmetikmarktes, unterteilt nach den wichtigsten Grob- und Feinstrukturen. Für den Teilmarkt *Feinseifen* ist die Nutzen-Segmentierung der wichtigsten Anbieter bzw. Angebote (Marken) dargestellt, und zwar auf der Basis *vier* dominanter Nutzenerwartungen der Konsumenten, wie sie für diesen Markt aufgrund von Verbraucher-Untersuchungen ermittelt wurden:

- Pflege,
- traditioneller Duft,
- Deo-Wirkung,
- natürliche Frische.

Auf ein zweidimensionales *Marktmodell* übertragen, entstehen so vier Quadranten von Nutzenkombinationen, in denen die einzelnen Marken angesiedelt (positioniert) sind.

Das klassische Feinseifensegment stellt das Pflege-/Traditioneller Duft-Segment dar, hier sind u.a. die klassischen Markenartikel *Palmolive* und *Lux* angesiedelt. In den 60er bzw. 70er Jahren ist dann das „Deo-Segment" (zunächst mit *Rexona,* später mit *Banner)* bzw. das Segment „Natürliche Frische" (zuerst mit *Fa,* später mit *Atlantic)* geschaffen bzw. belegt worden.

Abb. 138: Ausgewählte Ergebnisse der Brigitte Typologie 3 (1977) (Grundgesamtheit: 19,46 Mio. Frauen zwischen 14 und 64 Jahren, Zahl der Interviews: rd. 4000)

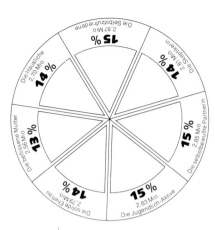

Persönlichkeits-Typen

Grundgesamtheit: 19,46 Mio. Frauen zwischen 14 und 64 Jahren

- Die Selbstzufriedene — 15 % — 2,87 Mio
- Die Skeptikerin — 14 % — 2,81 Mio
- Die selbstbewußte Partnerin — 15 % — 2,85 Mio
- Die Jugendlich-Aktive — 15 % — 2,83 Mio
- Die solide Ehefrau — 14 % — 2,70 Mio
- Die Bellissima Mutter — 13 % — 2,56 Mio
- Die Häusliche — 14 % — 2,70 Mio

Persönlichkeits-Typ: Die Jugendlich-Aktive

Soziodemographie
überdurchschnittliche Anteile

Anteil des Typs an der weiblichen Bevölkerung von 14 bis 64 Jahren
15 % = 2,83 Mio.

Typenbildende aktive Merkmale

In ihren Ansichten über die soziale Rolle der Frau gleicht DIE JUGENDLICH-AKTIVE der „Skeptikerin". Sie engagiert sich für die Verwirklichung der Chancengleichheit von Mann und Frau und für die Verwirklichung der Frau auch außerhalb der Familie, im Beruf. Dabei tritt sie jedoch fordernder, aktiver für die eigenen Meinung selten zurück. Sie ist nicht von Selbstzweifeln geplagt, sondern von sich selbst und ihren Möglichkeiten überzeugt. Sie ist der Prototyp der selbstbewußten, modernen Frau unserer Gesellschaft, ausgestattet mit den Eigenschaften, die im Rahmen der Konsum- und Leistungsnormen Erfolg signalisieren und versprechen: Kontaktfreudig, aktiv, selbstsicher, kritisch, vielseitig interessiert, großzügig, modebewußt, sportlich und ehrgeizig. Erfolg, Anerkennung im sozialen wie beruflichen Bereich sind für sie wichtig.

Erklärende passive Merkmale

Gemäß ihrer Persönlichkeitsstruktur hat DIE JUGENDLICH-AKTIVE nicht den Ehrgeiz, durch hausfrauliche Qualitäten zu glänzen. Im Gegenteil, sie empfindet eine ausgesprochene Abneigung gegenüber sämtlichen Hausfrauentätigkeiten. Hausarbeit ist für sie ein notwendiges Übel, für das so wenig Zeit wie möglich geopfert werden soll. Arbeitserleichternde, zeitsparende Geräte und Produkte sind ihr deshalb sehr willkommen. Ohne technischen Komfort wäre die Haushaltsführung für sie fast undenkbar. Wenn sie überhaupt mal kocht, dann lieber mit Fertiggerichten oder nach neuen Rezepten, anstatt Altbewährtes „aufzuwärmen".

Grundsätzlich aufgeschlossen für alles Neue, Moderne, erweist sie sich auch in ihrem Konsumverhalten als sehr pionierfreudig. Dabei läßt sie sich leicht von spontanen Entschlüssen leiten und reagiert entsprechend stark auf den Reiz des Angebots. Sonst kauft sie häufiger Dinge, die sie nicht unbedingt braucht. Ohne Restriktionen zu konsumieren, sich des öfteren ein paar schicke Sachen zu kaufen, ist für sie ein selbstverständliches Mittel, den Lebensgenuß zu erhöhen. Dank ihrer sehr guten finanziellen Verhältnisse kann sie es sich leisten, großzügig zu sein und nicht auf den Preis, wohl aber auf die Marke zu achten.

Alter 14–29 Jahre
Schulbildung Mittelschule und mehr
Familienstand ledig
Berufstätigkeit berufstätig in Ausbildung
Haushaltsnettoeinkommen DM 2.500,– und mehr
Persönliches Einkommen DM 1.000,– und mehr

Typenüberschneidungen
überdurchschnittliche Anteile

Haushalt
DIE BIEDERE, GUTE HAUSFRAU
Kosmetik
DIE HAAR-KOSMETIKERIN
DER KONSERVATIVE KOSMETIK-TYP
Kosmetik-Kauf
DIE ALLZWECKCREME-KÄUFERIN
DIE LUXUS-KÄUFERIN
NICHT-KÄUFER
Mode
DIE UNAUFFÄLLIG KORREKTE
DIE ANSPRUCHSLOS ZWECKMÄSSIG GEKLEIDETE
DIE ALTMODISCH-UNSCHEINBARE

Mediennutzung
überdurchschnittliche Reichweiten

BRIGITTE
FREUNDIN
FÜR SIE
BURDA MODEN
ELTERN
ESSEN & TRINKEN
PETRA
STERN
HÖRZU
DER SPIEGEL
DAS BESTE
SCHÖNER WOHNEN
BRAVO

NEUE POST

Fernseher pro Tag

Persönlichkeits-Typ: Die Häusliche

Soziodemographie
überdurchschnittliche Anteile

Anteil des Typs an der weiblichen Bevölkerung von 14 bis 64 Jahren
14 % = 2,70 Mio.

Typenbildende aktive Merkmale

Frauen dieses Typs, deren Bedürfnis- und Interessenspektrum kaum über Heim und Herd hinausgeht, ist zu fast 100 Prozent ein ausgesprochener Hang zur Häuslichkeit und Sparsamkeit gemeinsam, ihre grundlegende Einstellung zum Leben ist durch Bescheidenheit und Anerkennung konservativer Normen gekennzeichnet. In ihren persönlichen Ansprüchen zurückhaltend und genügsam, weiß sie es gewohnt, sich nach den Wünschen anderer, vornehmlich des Mannes, zu richten. Dahinter steht mehr als bei allen anderen Frauen die Überzeugung, daß der Mann in der Familie den Ton anzugeben habe, und daß es das Natürlichste für eine Frau sei, für Familie und Haushalt zu sorgen.

Erklärende passive Merkmale

Auch in ihrer Einstellung zum Haushalt und zum Konsum verhalten sie sich konservativ und bezogen das, was sich bewährt hat. Sie sind gewohnt und auf moderne technischen Komfort, auf Convenience-Geräte und -Produkte können sie eher verzichten als andere Frauen. Auch oder gerade ohne derartige Arbeitserleichterungen fühlen sie sich als versierte Hausfrauen. Hausarbeit ist für sie kein notwendiges Übel, sondern der Tätigkeitsbereich, in dem sie am ehesten Anerkennung finden. Sie legen großen Wert auf peinliche Ordnung und kochen sehr gern, dabei am liebsten nach altbewährten Rezepten. Die Angst vorm Experiment ist auch im Konsumverhalten wiederzufinden. Marktneuheiten probieren sie nur im Ausnahmefällen gleich aus; sie kaufen lieber das, was ihnen vertraut ist, was sie gewohnt sind. Auf ihren dauerhaft erwiesen hat. Dabei achten sie generell mehr auf den Preis als auf die Marke. Sicher ist dieses insgesamt wenig flexible Verhalten sowie auch die sehr seltenen Spontankäufe mit auf ihre angespannte finanzielle Lage zurückzuführen, die ihnen nur wenig Spielraum für Ausgefallene, außerhalb des Geplanten liegende Wünsche übrig läßt. Sie haben sich aber mit dieser Situation abgefunden und sind nicht unglücklich über den notwendigen Konsumverzicht.

Alter 50–64 Jahre
Schulbildung Volksschule ohne Lehre
Familienstand verheiratet
Berufstätigkeit nicht berufstätig
Haushaltsnettoeinkommen bis DM 1.499
Haushaltsgröße 1–2 Personen
Kinder im Haushalt keine Kinder unter 14 Jahren im Haushalt

Typenüberschneidungen
unterdurchschnittliche Anteile

Haushalt
DIE BIEDERE, GUTE HAUSFRAU
DIE RÜCKSTÄNDIG-GLEICHGÜLTIGE HAUSFRAU
DIE ANTI-HAUSFRAU
Kosmetik
DER MINDEST-PFLEGE-TYP
Kosmetik-Kauf
DIE SCHÖNHEITS-EXPERTIN
DIE PREISBEWUSSTE MARKENKÄUFERIN
Mode
DIE JUGENDLICH-MODEBEWUSSTE
DIE MODISCH-ELEGANTE FRAU
DIE MODISCH-LEGERE
DIE UNAUFFÄLLIG KORREKTE

Mediennutzung
unterdurchschnittliche Reichweiten

fast alle Zeitschriften
Fernseher pro Tag

Mode-Typen

Grundgesamtheit: 19,46 Mio. Frauen zwischen 14 und 64 Jahren

- Die Jugendlich-Modebewußte — 4,01 Mio. — 21%
- Die modisch-elegante Frau — 3,05 Mio. — 16%
- Die Unauffällig-Korrekte — 2,79 Mio. — 14%
- Die anspruchslos-zweckmäßig Gekleidete — 3,23 Mio. — 17%
- Die Modisch-Legere — 3,08 Mio. — 16%
- Die Altmodisch-Unscheinbare — 3,28 Mio. — 17%

Mode-Typ: Die Altmodisch-Unscheinbare

Anteil des Typs an der weiblichen Bevölkerung von 14 bis 64 Jahren
17 % = 3,28 Mio.

Typenbildende aktive Merkmale

Für Frauen dieses Typs ist Kleidung, geschweige denn Mode, kein Thema. Von allen Frauen legen sie bei ihrer Garderobe am wenigsten Wert auf modische Attribute. Was modern ist, geht sie nichts an, darüber informieren sie sich auch kaum. Sie haben ihren eigenen Stil. Dieser ist praktisch und günstig, oder preiswert, bequem, korrekt. Sie haben immer genaue Vorstellungen von dem, was sie kaufen wollen, wobei sie nur wenig auf den Hersteller, dafür um so mehr auf Sonderangebote achten.

Erklärende passive Merkmale

Ihre Kleidungsgewohnheiten sind auf den Hausgebrauch abgestimmt. Abgesehen vom Spitzenverbrauch an Kitteln/Schürzen und vom Normalbedarf an Strumpfen/Strumpfhosen, kaufen sie sämtliche Textilien und Artikel für die persönliche Ausstattung sehr viel seltener als andere Frauen. Ihre Kaufzurückhaltung sowie ihr Desinteresse an modischen Entwicklungen sind mitbedingt durch die wirtschaftliche Situation. Sie verfügen nur über ein relativ geringes Haushaltsnettoeinkommen und können sich Extravaganzen nicht leisten. Außerdem dürfte das Kleidungsangebot für Konfektionsgrößen ab 44 im allgemeinen nicht dafür geeignet sein, Modebewußtsein zu fördern.

Wie im Kleidungssektor, so achten sie auch bei anderen Konsumartikeln grundsätzlich darauf, nur das unbedingt Notwendige zu kaufen. Ausschlaggebende Entscheidungskriterien sind günstiger Preis, Solidität, Dauerhaftigkeit und Vertrautheit mit den Produkten. Ihre Bedürfnisse und Interessen gelten solider Haushaltsführung. Diese erledigen sie nach altbewährten Regeln. Experimente, Neuerungen werden weitestgehend ausgeklammert. Sie halten sich für perfekte erfahrene Hausfrauen, die auch ohne technische Erleichterungen vorzügliche Arbeit leisten.

Außerhalb von Haushalt und Familie engagieren sie sich kaum. Sie akzeptieren die tradierten Rollen von Mann und Frau, zweifeln die Dominanz des Mannes nur wenig an und sehen ihre Aufgabe und Erfüllung in der Sorge für die Familie. Anspruchslosigkeit und Ausharrsamkeit sind die Merkmale, die diese Frauen fast ausnahmslos charakterisieren.

Soziodemographie

überdurchschnittliche Anteile
- Alter: 50–64 Jahre
- Schulbildung: Volksschule ohne Lehre
- Familienstand: verwitwet/geschieden
- Berufstätigkeit: nicht berufstätig
- Haushalts-Nettoeinkommen: bis DM 1.499
- Haushaltsgröße: 1–2 Personen
- Kinder im Haushalt: keine Kinder unter 14 Jahren im Haushalt

unterdurchschnittliche Anteile
- Personlichkeit: DIE SELBSTBEWUSSTE PARTNERIN, DIE JUGENDLICH-AKTIVE, DIE SOLIDE EHEFRAU

Typenüberschneidungen

überdurchschnittliche Anteile
- Personlichkeit: DIE HÄUSLICHE, DIE SOLIDE EHEFRAU
- Haushalt: DIE RÜCKSTÄNDIG-GLEICH-GÜLTIGE HAUSFRAU, DIE BIEDERE, GUTE HAUSFRAU
- Kosmetik: DIE EXPERIMENTIERFREUDIGE HOBBY-KÖCHIN, DIE ANTI-HAUSFRAU
- Kosmetik-Kauf: DER MINDESTPFLEGE-TYP, Kosmetik-Kauf: NICHT-KÄUFER

unterdurchschnittliche Anteile
- Kosmetik: DIE SCHÖNHEITS-EXPERTIN
- Kosmetik-Kauf: DIE HOCHPREIS-KÄUFERIN, DIE PREISBEWUSSTE MARKENKÄUFERIN, DIE LUXUS-KÄUFERIN

Mediennutzung

überdurchschnittliche Reichweiten
kein Titel

unterdurchschnittliche Reichweiten
BRIGITTE, FREUNDIN, FÜR SIE, BURDA MODEN, ELTERN, ESSEN & TRINKEN, NEUE MODE, PETRA, PRALINE, STERN, DER SPIEGEL, HÖRZU, DAS BESTE, SCHÖNER WOHNEN, BRAVO

Mode-Typ: Die Jugendlich-Modebewußte

Anteil des Typs an der weiblichen Bevölkerung von 14 bis 64 Jahren
21 % = 4,01 Mio.

Typenbildende aktive Merkmale

Frauen dieses Typs sind nicht nur außerordentlich modebewußt, sondern betrachten sich auch häufiger als Modepioniere. Dabei sind sie auf keinen einheitlichen Stil – ob sportlich, romantisch oder poppig – festgelegt. Es muß nur modisch sein, zur persönlichen individuellen Note passen und jugendlich wirken. Sie legen Wert darauf, daß ihre gute Figur (Konfektionsgröße 36 bis 38) zur Geltung gebracht wird. Ein Hauch von „sexy" ist ihnen durchaus willkommen. Denn Kleidung bedeutet für sie nicht, die Reize zu verbergen, sondern sie zu unterstreichen. Mode und Kleidung sind derart wichtig für sie, daß sie viel Geld dafür ausgeben, am meisten von allen Frauen. Es ist keine Seltenheit, daß sie spontan etwas kaufen und teurere Sachen erstehen, als sie eigentlich wollten, doch bereitet es ihnen auch Vergnügen, hübsche Kleidung für möglichst wenig Geld aufzuspüren. Um sich über die Entwicklung der Mode zu informieren, sind Zeitschriften für sie fast genau so wichtig wie Geschäfte.

Erklärende passive Merkmale

Im Vergleich zu allen anderen Frauen ist DIE JUGENDLICH-MODEBEWUSSTE die entfragte Modekonsumentin, und zwar in allen Modebereichen: Unter-, Oberbekleidung, Lederwaren, Accessoires, Badeartikel. Lediglich Kittel/Schürzen kauft sie seltener als die Normalverbraucherin. Kombinationen aus Pullover oder Bluse und Rock, Hose oder Jeans zieht sie Kleidern vor. Aber auch Kleider kauft sie überdurchschnittlich häufig. Nicht nur im Modesektor, sondern generell ist sie sehr konsumfreudig und kauft häufiger Dinge für den persönlichen Bedarf, die ihr spontan gefallen oder sie aufgrund des Neuigkeitswertes reizen, auch wenn sie sie nicht unbedingt benötigt. Auf Abwechslung und Vielfalt Wert legend, sind Qualitätskriterien wie Solidität, Dauerhaftigkeit keine kaufentscheidenden Argumente für sie.

Zum Haushalt hat sie ein sehr distanziertes Verhältnis. Er ist lädige Pflicht. Conveniencegeräte und -produkte stellen folglich sinnvolle Erleichterungen für sie dar. Insgesamt ist sie darauf bedacht, sich als moderne, selbstbewußte Frau zu präsentieren, deren Interessen und Erfolge außerhalb von Familie und Heim liegen.

Soziodemographie

überdurchschnittliche Anteile
- Alter: 14–29 Jahre
- Schulbildung: Mittlere Reife, Handelsschule, Oberschule ohne Abitur
- Familienstand: ledig
- Tätigkeit: berufstätig/in Ausbildung

unterdurchschnittliche Anteile
- Personlichkeit: DIE HÄUSLICHE, DIE SOLIDE EHEFRAU

Typenüberschneidungen

überdurchschnittliche Anteile
- Personlichkeit: DIE JUGENDLICH-AKTIVE
- Haushalt: DIE ANTI-HAUSFRAU
- Kosmetik: DIE SCHÖNHEITS-EXPERTIN
- Kosmetik-Kauf: DIE HOCHPREIS-KÄUFERIN, DIE PREISBEWUSSTE MARKENKÄUFERIN

unterdurchschnittliche Anteile
- Personlichkeit: DIE HÄUSLICHE, DIE ANTI-HAUSFRAU
- Haushalt: DIE RÜCKSTÄNDIG-GLEICH-GÜLTIGE HAUSFRAU, DIE BIEDERE, GUTE HAUSFRAU
- Kosmetik: DER KONSERVATIVE KOSMETIK-TYP, DER MINDESTPFLEGE-TYP, DIE ALLZWECKCREME-KÄUFERIN, NICHT-KÄUFER

Mediennutzung

überdurchschnittliche Reichweiten
BRIGITTE, FREUNDIN, FÜR SIE, PETRA, PRALINE, JASMIN, STERN, DER SPIEGEL, HÖRZU, SCHÖNER WOHNEN, BRAVO

unterdurchschnittliche Reichweiten
kein Titel — Fernsehen pro Tag

Quelle: Gruner & Jahr (Hrsg.), Brigitte-Typologie 3, 1977.

236   2. Teil: Konzeptionsebene der Marketingstrategien

Abb. 139: *Struktur des Kosmetikmarktes unter besonderer Berücksichtigung einer Nutzen-Segmentierung des Feinseifen-Marktes (1975)*

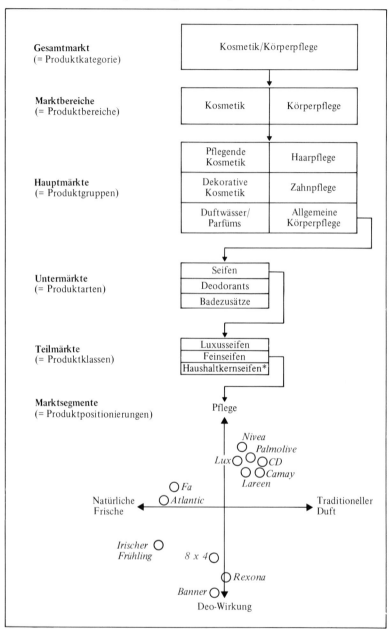

* Inzwischen spielen die Haushaltkernseifen keine große Rolle mehr, dafür haben sich aber andere interessante Teilmärkte (medizinische sowie flüssige Seifen) herausgebildet.

II. Arten und Ausprägungen von Marketingstrategien

Die Marktentwicklung im Sinne einer segmentspezifischen *Aufspaltung* des Feinseifenmarktes vollzog sich demnach vom ursprünglichen Stammsegment „Pflege/Traditioneller Duft" in *zwei* Richtungen (vgl. *Abb.140*), nämlich in Richtung „Deo-Wirkung" einerseits und „Natürliche Frische" andererseits.

Abb. 140: Segmentspezifische Entwicklungsrichtungen des Feinseifen-Marktes

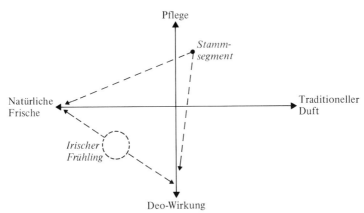

Colgate-Palmolive hat (vgl. *Abb.140*), nachdem das „Deo-Segment" durch *Rexona* und die eigene Marke *Banner* besetzt und auch das „Frische-Segment" durch *Fa*[44] und *Atlantic* belegt war, eine Marktlücke (Nische) *zwischen* diesen beiden Segmenten erkannt und für die eigene Seife *Irischer Frühling* konsequent ein eigenständiges Profil seit 1975/76 aufzubauen gesucht (ursprünglich war diese Seife marktpsychologisch mehr am „Deo-Pol" angesiedelt worden). Im Jahr 1985 erfuhr die Marke einen *Relaunch,* der sie noch stärker in Richtung „natürliche, sanfte Frische" positionierte.

Folgendes Chart *(Abb.141)* zeigt abschließend die Marktanteilsentwicklung der drei zentralen Nutzensegmente mit den in ihnen jeweils angesiedelten Marken in den Jahren 1973 bis 1975 und 1983 bis 1985.

Die ausgeprägten Segmentierungsbemühungen im Feinseifen-Markt sind vor allem auch vor dem Hintergrund *verschärfter* Wettbewerbsbedingungen zu sehen:
- Der Seifenmarkt hat keine wesentlichen Wachstumsreserven mehr.
- Schaumbäder und Duschmittel substituieren teilweise die Seife.
- Der verschärfte Wettbewerb hat zu einem verstärkten Preiskampf bei Seifen geführt.
- Der Preisverfall bei Seifen hat sich bereits in einem „Verfall" der Markentreue niedergeschlagen („vagabundierender Markenkauf", vgl. auch S.165).

Welche Dynamik zwischen den Segmenten selbst besteht, zeigt der Verlauf der jeweiligen Marktanteile (Gewinner bzw. Wiedergewinner: die Segmente „Pflege/ Kosmetik" und „Frische", Verlierer dagegen: das Segment „Deo").

Die aufgezeigte Segmentierung im Seifen-Markt hat insgesamt stark *exemplarischen* Charakter für zahlreiche Märkte im allgemeinen und viele Konsumgütermärkte im speziellen. Solche Segmentierungen waren und sind auch als Versuch zu werten, wenigstens tendenziell **sog. Firmenmärkte** zu schaffen, die nicht nur ein zusätzliches

---

[44] Diese Seife wurde 1954 bereits eingeführt und dann ab 1968 als *„frische Fa"* umpositioniert.

Abb. 141: Entwicklung der Marktanteile im Feinseifen-Markt (1973-1975 und 1983-1985)

Marktanteilsentwicklung nach Segmenten* Basis: Einkaufsmenge	1973	1974	1975	1983	1984	1985
I. Pflege/Kosmetik *Palmolive* *Lux* *CD* *Lareen* *Camay* *Nivea*	33,4	32,8	30,2	35,8	38,6	38,3
II. Deo *Banner* *Rexona* *8 × 4*	18,3	17,1	16,3	13,4	10,5	10,3
III. Frische *Irischer* *Frühling* *Fa* *Atlantik*	14,1	15,8	18,3	15,2	17,4	16,2

* Die Differenz der Marktanteile insgesamt in den angegebenen sechs Jahren zu 100% machen jeweils den Marktanteil der sonstigen Seifen aus.
Quelle: G & I-Panel, Herstellerangaben

Marktpotential eröffnen, sondern auch geeignet sind, präferenz-orientierte Preise am Markt zu realisieren.

Möglichkeiten des sog. Life-style-Konzepts

Hinsichtlich der verschiedenen methodischen Möglichkeiten, Marktsegmente zu identifizieren, soll abschließend noch kurz auf das sog. Life-style-Konzept eingegangen werden. Dieses Konzept, das im allgemeinen auf *Lazer* zurückgeführt wird (*Lazer,* 1964), knüpft an der Erkenntnis an, daß die Verwendung psychographischer Merkmale in isolierter Form nur zu beschränkten Aussagen über kaufrelevante Marktsegmente führt. Das Life-style-Konzept, das am **Lebensstil** bzw. an Lebensgewohnheiten der Konsumenten ansetzt, berücksichtigt die Tatsache, daß Menschen nach etablierten **Einstellungs- und Verhaltensmustern** leben, die identifiziert und gemessen werden können, und zwar gerade auch in ihrer Auswirkung auf produkt- und markenspezifisches *Kauf*verhalten (*Lazer,* 1964, S. 130 ff.; *Kaiser,* 1978, S. 128). Besondere Bedeutung hat daher *der* Life-style-Ansatz gefunden, der produkt- bzw. markenspezifische Life-style-Segmente durch *drei* bzw. *vier* grundlegende Konstrukte zu erfassen sucht (*Böhler,* 1977 b, S. 112):

- „<u>a</u>ctivities", „<u>i</u>nterests", „<u>o</u>pinions"
 (= **AIO-Approach**),
- „<u>a</u>ctivities", „<u>i</u>nterests", „<u>o</u>pinions", „<u>v</u>alues"
 (= **AIOV-Approach**).

Das daraus abgeleitete Rahmenkonzept zur Erfassung des „Life-style" kann wie folgt *(Abb. 142)* skizziert werden (*Wind,* 1972, S.303; *Kaiser,* 1978, S.130; *Freter,* 1983, S.82ff.):

Abb. 142: Rahmenkonzept zur Erfassung des „Life-style" (AIO-Kriterien)

Aktivitäten		Individuums		Freizeit außer Haus/im Haus		Allgemeinen Verhaltens
Interessen	des/der		bezüg- lich		hin- sicht- lich	
Meinungen (Einstellungen)		Sozialen Gruppe		Arbeit im Be- ruf/im Haus		Kauf- und Konsum- verhaltens

In der Praxis besonders bekannt geworden ist das Life-style-Verfahren der Werbeagentur *Leo Burnett* (USA/BRD), das auf *Wells/Tigert* zurückgeht bzw. an deren Untersuchungen anknüpft (*Wells/Tigert,* 1971). Hierbei werden zunächst Fragen allgemeiner Art erhoben, welche die Selbsteinschätzung der Befragten, Einstellungen zu verschiedenen Lebensbereichen und das Verhalten im sozialen Umfeld betreffen. Darüber hinaus werden die Kauf- und Verwendungsgewohnheiten von Produktarten bzw. Marken sowie das Mediaverhalten erfaßt.

Dieses Konzept, das nicht unumstritten ist, hat man u.a. bei Produkten anzuwenden versucht, die in ihrer Zusammensetzung wie bezüglich ihres Nutzens (Grundnutzen) weitgehend gleichwertig sind (= objektive Homogenität), so daß eine markenspezifische Differenzierung im Prinzip dann *nur* über Zusatznutzen (= subjektive Heterogenität) möglich ist. So hat beispielsweise die Firma *Ferd. Mühlens* neben ihren klassischen Markenartikeln *„4711"* und *Tosca* mehrere nach „Lifestyle" segmentierte Produkte im Markt erfolgreich eingeführt (u.a. *Janine D., Inspiré* und *My Melody,* vgl. hierzu die Darlegung auf S.64f.).

Neben grundlegenden Problemen der Operationalisierung von Life-style-Segmenten (*Kaiser,* 1978, S.133f.) und ihrer „Übertragbarkeit" auf konkret zu entwickelnde Produkte, liegen offensichtlich generelle Probleme auch darin begründet, daß Lifestyle-definierte Segmente *nicht* (immer) die erwünschte Stabilität haben. So hat eines der oben genannten Life-style-Produkte der Firma *Ferd. Mühlens* zwar einen überdurchschnittlichen Erfolg in den ersten zwei vollen Jahren gehabt, danach traten jedoch bereits erhebliche Absatzrückgänge auf (vgl. *Abb. 143*).

Es muß hierbei allerdings auch gesagt werden, daß derartige Absatzverläufe nicht nur für segmentierte, sondern *auch* für unifizierte Produkte (Massenprodukte) aufgrund der in vielen Märkten verschärften Wettbewerbsbedingungen – insbesondere schwaches Wachstum bzw. Stagnation und dadurch ausgelöster Verdrängungswettbewerb – heute für viele Produkte nicht untypisch sind.

Insgesamt wird die Segmentierungsstrategie – wie auch unsere Beispiele zeigen – überwiegend am Fall der Herstellerunternehmen (speziell Konsumgüterindustrie) diskutiert und exemplifiziert. Dabei wird leicht übersehen, daß Marktsegmentie-

Abb. 143: *Absatzentwicklung eines duft-kosmetischen Life-style-Produktes (Basis: Absatzmenge, Absatz 1976 = 100)*

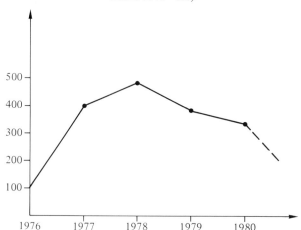

rungsstrategien auch im *Dienstleistungs*bereich i. w. S. möglich und sinnvoll sein können. Das gilt z. B. sowohl für das Banken- als auch das Versicherungsmarketing, ohne daß hier näher darauf Bezug genommen (vgl. aber S. 253 f.) werden soll.[45]

Ansatzpunkte für Segmentierungsstrategien gibt es darüber hinaus aber auch im *Investitions*güterbereich. Hierauf soll im folgenden eingegangen werden.

Exkurs: Marktsegmentierung bei Produktivgütern

Die bisher beschriebenen Segmentierungsmöglichkeiten gelten – obwohl das expressis verbis nur selten zum Ausdruck gebracht wird – in *erster* Linie bis ausschließlich für Konsumgütermärkte. Bei Produktivgütermärkten können zwar im Grunde auch zwei große Kategorien von Segmentierungsmerkmalen unterschieden werden, die jedoch hier einen ganz spezifischen Inhalt haben. Dabei sind zunächst einmal unternehmensbezogene „demographische" Kriterien, wie Kundengröße, Branchenzugehörigkeit, Standort usw. zu nennen. Andererseits gibt es – was den industriellen Einkauf angeht – vielschichtige Verhaltenskomponenten, die für Segmentierungszwecke herangezogen werden können. Sie sind u. a. Folge eines komplexen Einkaufsentscheidungsprozesses (z. B. Kollektiv-Entscheidungen, Buying Centers) in Unternehmen.

Insoweit können unter segmentierungs-strategischen Gesichtspunkten Abnehmer*charakteristika* einerseits und das tatsächliche Abnehmer*verhalten* andererseits bzw. beide auch kombiniert herangezogen werden (*Böhler*, 1977b, S.63). Auf der Basis eines **mehrstufigen Modells** des industriellen Einkaufsverhaltens *(Abb. 144)* gelangt *Gröne* bei Investitionsgütern zu folgenden relevanten Segmentierungskriterien insgesamt (*Gröne*, 1977, S.34; vgl. auch *Webster/Wind*, 1972; *Backhaus*, 1982).

---

[45] Siehe hierzu aber auch die Darlegungen zum kombinierten massenmarkt- und segmentstrategischen Vorgehen auf S. 251 ff. sowie *Scheuch*, 1982, S. 156-158.

II. Arten und Ausprägungen von Marketingstrategien 241

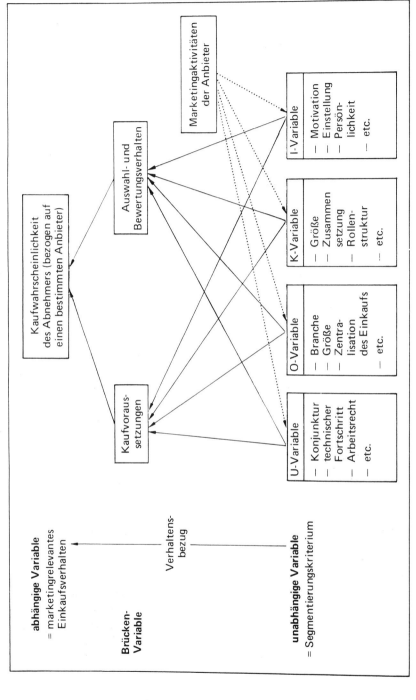

Abb. 144: Analyse der Verhaltensrelevanz von Segmentierungskriterien

Für Segmentierungen im Investitionsgüterbereich (vgl. *Abb. 144*) sind dabei speziell die *O-, K- und I-Merkmale* von besonderem Interesse (vgl. hierzu auch die jeweiligen synoptischen Zusammenfassungen zur Eignung dieser drei Segmentierungsebenen: Organisationale, Kollektive und Individuale Merkmale, *Gröne*, 1977, S. 75, 116 und 169). Die U-Variable (Umwelt-Merkmale) hat in erster Linie für multi- bzw. international operierende Unternehmen Bedeutung. Insgesamt kann jedoch gesagt werden, daß die (prozeßorientierte) Marktsegmentierung im Investitionsgüterbereich *noch* am Anfang steht (*Gröne*, 1977, S. 189 f.).

Einen speziellen strategischen Ansatz zur **Geschäftsfeldbestimmung** des Unternehmens („Defining the business") hat *Abell* vorgelegt (*Abell*, 1980). Diesen Ansatz kann man zugleich auch als einen speziellen Analyseansatz zur Marktsegmentierung auffassen, und zwar in erster Linie zur segmentspezifischen Geschäftsfelddefinition im *Investitionsgüter*bereich[46]. Das geschäftsfeldstrategische Positionsmodell von *Abell* fußt dabei auf *drei* grundlegenden Dimensionen (*Abell*, 1980, S. 14 ff. bzw. S. 169 ff. sowie auch *Abell/Hammond*, 1979, S. 391 ff.):

(1) Anvisierte bzw. bediente **Abnehmergruppen** („Who is being served")
(2) Arten der erfüllten **Funktionen** („What need is being satisfied")
(3) Eingesetzte **Technologien** („How customer functions are being served")

Das von *Abell* bzw. *Abell/Hammond* vorgelegte segment-strategische Modell erlaubt gerade bei Investitionsgütern sehr *feine* Rasterungen des jeweiligen Marktes, weil neben der Ebene der Abnehmer – die nach den verschiedenen Segmentierungskriterien (u.a. geographische, demographische und/oder Einkaufsverhaltensmerkmale) differenziert werden kann – nicht nur die Arten der Funktionsleistung, sondern auch noch die jeweils eingesetzten Technologien berücksichtigt werden, was speziell im Investitionsgüterbereich vielfach sinnvoll, wenn nicht notwendig ist. Folgendes Beispiel *(Abb. 145)* verdeutlicht diesen Ansatz (*Abell*, 1980, S. 112).

Das Beispiel *(Abb. 145)* zeigt zum Untersuchungszeitpunkt, daß *EMI* Kopf- und Ganzkörper-Scanner der zweiten Generation vermarktet, die in erster Linie den Anforderungen der größeren Abnehmer genügen, während *Ohio Nuclear* ebenfalls Kopf- und Ganzkörper-Scanner der zweiten Generation anbietet, sich dabei aber bewußt auf Geräte für mittelgroße Krankenhäuser („mittleren Markt") konzentriert. *GE* andererseits bietet Kopf- und Ganzkörper-Scanner bereits der dritten Generation an, und zwar speziell für die großen (Lehr-)Krankenhäuser und *Pfizer* schließlich vermarktet bisher lediglich Ganzkörper-Scanner der ersten Generation (Geräte der zweiten Generation sind in Vorbereitung), diese Geräte decken jedoch alle Abnehmergruppen ab (*Abell*, 1980, S. 111–113).

Mit dem vorgestellten Modell ist der **strategische Aktivitätenraum** eines Marktes *mehr*dimensional beschreib- und definierbar, und zwar in einer recht eindeutigen Weise. Der strategische Aktivitätenraum ist, wie die Darstellung *(Abb. 145)* zeigt, jeweils durch Aktivitäten des eigenen Unternehmens wie durch solche der Konkurrenzunternehmen belegt bzw. belegbar. Es entstehen insoweit – wie wir es bezeichnen wollen – **strategische Kästen**, welche die Art bzw. die Möglichkeiten der Marktbelegung transparent machen für Zwecke sowohl der Bestimmung („Defining") als auch der Neubestimmung („Redefining") des eigenen Geschäftsfeldes. Nach den bewußt breiter angelegten Darlegungen zur Frage der Abgrenzung von Marktsegmenten im *engeren* Sinne (demographische und psychographische sowie Nutzen-

---

[46] Daß dieser strategische Ansatz sich speziell für Investitionsgüter eignet, belegen auch die von *Abell* gewählten vier Fallbeispiele (*Abell*, 1980, S. 29 ff.).

II. Arten und Ausprägungen von Marketingstrategien 243

Abb. 145: *Die vier größeren Anbieter auf dem Markt der computergesteuerten Röntgengeräte (CT-Scanner) und die strategische Position ihres jeweiligen Programms (USA, 1976)*

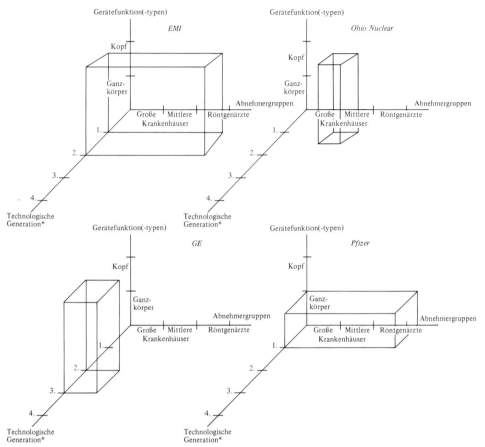

* Im Jahre 1980 gab es bereits vier technologische Entwicklungsstufen der Computerized Tomography (CT = Röntgenschichtverfahren), vgl. hierzu *Abell*, 1980, S. 89 bzw. S. 98 f.

Segmentierung) und im *weiteren* Sinne (speziell der segmentspezifische Ansatz der Geschäftsfeldfixierung nach *Abell*) soll nun noch auf einige Methodenfragen hinsichtlich der Identifizierung bzw. Lokalisierung von Marktsegmenten Bezug genommen werden.

Zur Lokalisierung von Marktsegmenten

Die bisherigen Ausführungen über wichtige Segmentierungskriterien waren vor allem auf ihre grundsätzliche Eignung für das segment-strategische Bearbeiten von Märkten – illustriert anhand einer Reihe von Beispielen – gerichtet. Die Behandlung der segment-strategischen Thematik wäre jedoch unvollständig, wenn nicht noch einige grundlegende Hinweise zu den *methodischen* Fragen und Problemen der eigentlichen Lokalisierung von Marktsegmenten gegeben würden.

Die bisherige Diskussion wichtiger Segmentierungsmerkmale (Segmentierung im engeren Sinne) hat zunächst gezeigt, daß die meisten der genannten Kriterien für sich isoliert gesehen in der Regel nur eine **begrenzte Trennschärfe** besitzen. Im Interesse einer vollständigen Marktsegmentierung – speziell in Konsumgütermärkten – wird daher prinzipiell versucht, möglichst *alle* relevanten Beziehungen zwischen Kauf-/Konsumverhalten, Einstellungen, Persönlichkeitsmerkmalen und (allgemeinen) Verhaltensweisen zu erfassen. Dazu treten als Basiselemente die demographischen Segmentierungsmerkmale.

Das methodische Problem bei der Lokalisierung von konkreten Marktsegmenten besteht dabei hauptsächlich darin, daß man bei einem segmentspezifischen Vorgehen, das auf eine möglichst *vollständige* Erfassung jeweils aller kaufrelevanten Segmentierungskriterien abzielt – und zwar über die verschiedensten Formen primärstatistischer Erhebungen, in erster Linie Befragungen –, umfangreiche Datensätze erhält, die adäquat *nur* noch über EDV-Einsatz und die Anwendung **multivariater Analyseverfahren** ausgewertet werden können (vgl. auch den Überblick auf S. 416 ff.).

Ohne die Hilfe komplexer Datenanalyse-Methoden können wichtige kaufrelevante Segmentierungsmerkmale zunächst einmal nicht zuverlässig gemessen werden. Darüber hinaus wird mit Hilfe einiger dieser Verfahren im jeweiligen konkreten Falle die Suche nach angemessenen Merkmalen unterstützt. Außerdem helfen die Verfahren, die Vielzahl der ursprünglichen Variablen auf einige grundlegende Indikatoren zu *verdichten* und ermöglichen so insgesamt die Identifikation und Beschreibung von Marktsegmenten im „mehrdimensionalen Merkmalsraum" (*Böhler,* 1977b, S. 150 ff.).

Multivariate Analyse-Verfahren stellen mathematisch-statistische Methoden dar, die an einem Objekt mehrere Variablen messen und diese Größen insgesamt für eine Reihe von Objekten in der statistischen Analyse uno actu betrachten und auswerten. Erklärtes Ziel dabei ist, anstelle einer nur schwer isolierbaren und kaum übersehbaren Fülle von Einzelbeziehungen zwischen Variablen einige wenige *charakteristische* Größen zu setzen, welche „die im Datenmaterial vorherrschenden Grundbeziehungen beschreiben und transparent machen" (*Böhler,* 1977b, S. 151).

Die wichtigsten multivariaten Methoden lassen sich nach einer auf *Kendall* zurückgehenden Einteilung in *zwei* Gruppen einteilen (*Kendall,* 1957), und zwar in Methoden zur Analyse von Abhängigkeiten („Dependance") und solchen zur Analyse von gegenseitigen Beziehungen („Interdependence"). Was die Verfahren angeht, welche die sog. Dependenzbeziehungen analysieren, so sind hier insbesondere die multiple Regressions-, die einfache Diskriminanzsowie die multiple Varianzanalyse zu nennen. Bezüglich der Verfahren, die Interdependenzen analysieren, stehen u.a. die Faktoren- und die Clusteranalyse im Vordergrund (*Freter,* 1980b, S. 456 sowie im einzelnen *Frank/Massy/Wind,* 1972, S. 137 ff.; *Böhler,* 1977b, S. 151 ff.).

Zur Illustration des Einsatzes multivariater Verfahren für Zwecke der Identifikation von Marktsegmenten bzw. der Position von Marken soll hier kurz ein *Beispiel* zur Diskriminanzanalyse vorgestellt werden, und zwar dargestellt am einfachen Zwei-Klassen/Zwei-Variablen-Fall (*Nieschlag/Dichtl/Hörschgen,* 1976, S. 150 ff., analoges Beispiel auch bei *Böhler,* 1977b, S. 174 ff.). Unterstellt wird dabei der Fall, daß ein Unternehmen herausfinden will, warum bestimmte Verbraucher die Marke A und andere wiederum die Marke B präferieren (Zwei-Klassen-Fall). Die *Trennung* beider Käufergruppen soll auf der Basis zweier Merkmale, z.B. Alter (x_1) und Einkommen (x_2), versucht werden (Zwei-Variablen-Fall). Das nachstehende Beispiel *(Abb. 146)* verdeutlicht zunächst, daß weder das Merkmal Alter noch das Merkmal Einkommen eine exakte Trennung der Käufergruppe erlaubt. Das mathematisch zu lösende Problem besteht demnach darin, die Merkmalswerte (x_{ji}) der Elemente (i) so zu verknüpfen, daß auf der Basis einer sog. Trenngeraden eine hinreichende Trennung beider Käufergruppen möglich wird. Folgendes Schaubild *(Abb. 146)* erläutert die Aufgabenstellung und Lösung auf *graphische* Weise *(Nieschlag/Dichtl/Hörschgen,* 1976, S.151; vgl. auch *Green/Tull,* 1982, S.356ff.; *Backhaus/Erichson/Plinke et al.,* 1987, S.161ff.).

Abb. 146: Graphische Darstellung des Diskriminanzproblems im Zwei-Klassen/ Zwei-Variablen-Fall

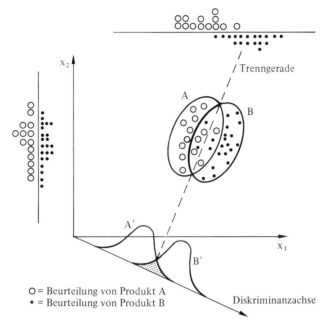

O = Beurteilung von Produkt A
• = Beurteilung von Produkt B

Im Rahmen der diskriminanz-analytischen Untersuchung interessiert dabei vor allem die sog. Diskriminanzachse (vgl. *Abb. 146).* „Auf der *Diskriminanzachse* soll, bildhaft gesprochen, der Abstand zwischen den Gruppenmittelwerten möglichst groß werden, während die Gruppenelemente so wenig wie möglich streuen dürfen" *(Nieschlag/Dichtl/Hörschgen,* 1976, S.151). Zu den methodischen Fragen und Problemen im einzelnen (u.a. Bestimmung der sog. Diskriminanzfunktion) wird auf die einschlägige Literatur verwiesen *(Böhler,* 1977b, S.174ff. bzw. *Hüttner,* 1979, sowie die dort angegebenen Quellen).

Unter marketing-strategischem Aspekt sind neben der Frage der Lokalisierung von Marktsegmenten vor allem *zwei* Fragestellungen relevant, die auch unter dem Begriff der **optimalen Marktsegmentierung** neuerdings verstärkt diskutiert werden:

(1) Festlegung der **optimalen Zahl** der zu bearbeitenden Marktsegmente (Mono- oder Multisegment-Strategie);
(2) Fixierung der **optimalen Gestaltung** der Marketinginstrumente im Hinblick auf die selektierten Marktsegmente (segmentspezifischer Marketing-Mix).

Was die Frage der auszuwählenden Marktsegmente angeht, so kann generell gesagt werden, daß die meisten differenzierten Märkte aus *mehreren* Marktsegmenten bestehen. Charakteristisch dabei ist, daß diese Segmente durchweg unterschiedlich groß sind und ihre Größe (Anteil) am Gesamtmarkt sich im Laufe der Entwicklung meistens verändert. Die Frage einer partiellen oder totalen Marktabdeckung ist daher in hohem Maße auch von der *erwarteten* Entwicklung hinsichtlich der einzelnen Teilmärkte abhängig. Die ökonomische Bewertung von Teilmärkten erweist sich in der Praxis als äußerst schwierig, weil der Erfolg einer segment-orientierten Marketingpolitik zum einen stark davon abhängt, ob und inwieweit eine maßgeschneiderte Positionierung für das eigene Angebot bzw. den gesamten Marketingmix gelingt. Zum anderen wirken sich die tatsächlichen wie auch die zu erwartenden Aktionen bzw. Reaktionen der Wettbewerber in anvisierten Teilmärkten entsprechend aus. Damit wird überhaupt die generelle Problematik der **Bewertung und Auswahl** von Strategien angesprochen – eine Problemstellung, auf die in einem gesonderten Kapitel noch eingegangen wird (vgl. hierzu S. 422f.).

Was die optimale Allokation der Marketinginstrumente auf das bzw. die ausgewählte(n) Marktsegment(e) betrifft, so gibt es auch hier bislang mehr ungelöste als gelöste Fragen, und zwar sowohl was die Praxis als auch die Theorie angeht. Gleichwohl ist der *maßgeschneiderte* Marketingmix für jedes der selektierten Marktsegmente einer der entscheidendsten Erfolgsfaktoren jeder Segmentierungspolitik. Die ohnehin bestehende generelle Problematik des Marketingmix wird aufgrund des segment-spezifischen Ansatzes noch wesentlich *kompliziert*. Auf die Grundfragen des Marketingmix, d. h. auf die Fragen der ziel- und strategie-orientierten Kombination der Marketinginstrumente wird in einem gesonderten Teil (3. Teil) detailliert eingegangen, so daß auf eine nähere Diskussion dieser Thematik hier bewußt verzichtet wird.

c) Zusammenfassende Würdigung von Massenmarkt- und Marktsegmentierungsstrategie (einschließlich Evolutionsformen)

Was die Art und Weise der Differenzierung wie auch der Abdeckung von Märkten betrifft, so gibt es – wie wir zu Beginn dieses Abschnitts im einzelnen dargelegt haben – zunächst *zwei* grundlegende Strategiealternativen, nämlich

(1) die **Massenmarktstrategie** *("Massenmarketing")* einerseits und
(2) die **Marktsegmentierungsstrategie** *("Differenzierungsmarketing")* andererseits.

Beide Basisstrategien können nach dem jeweiligen Grad der Marktabdeckung wiederum *zweifach* unterteilt werden:

- **Massenmarktstrategie** mit
  totaler Marktabdeckung oder
  partialer Marktabdeckung
- **Marktsegmentierungsstrategie** mit
  totaler Marktabdeckung oder
  partialer Marktabdeckung

Wir haben bereits anhand von Beispielen gesehen, daß die Massenmarkt- oder Unifizierungsstrategie von vielen **Markenartikelunternehmen** mit großen Marken z. T. seit Jahrzehnten, in Einzelfällen schon seit der Jahrhundertwende erfolgreich angewendet worden ist und weiter angewendet wird. Neben solchen Massenmarken, die im Sinne *universaler* Angebote den gesamten jeweiligen (Produkt-)Markt abzudecken suchen, gibt es auch viele Marken, welche in bewußter Spezialisierung *lediglich*

II. Arten und Ausprägungen von Marketingstrategien

einen Teil des Gesamtmarktes abdecken, diesen aber bewußt „flächig" oder massenhaft. Eine Reihe von Beispielen, die wir aufgeführt haben, belegen auch diese marketingstrategische Variante.

Vergleichsweise neu ist demgegenüber die bewußte und konsequente Marktsegmentierung im Sinne einer gezielten differenzierten Marktbearbeitung. Wir haben zu zeigen versucht, daß Marktsegmentierung über das, was bisher unter Produktdifferenzierung verstanden wird, *weit* hinausgeht (nämlich nicht nur bezüglich einer segment-spezifischen Produktgestaltung, sondern auch hinsichtlich eines segmentspezifischen Marketingmixes insgesamt). Letzteres entspricht dem, was man heute unter *echter* Marktsegmentierung zu verstehen gewohnt ist.

Dabei ist deutlich geworden, daß es *die* Marktsegmentierung schlechthin nicht gibt, sondern daß sehr verschiedene Formen (Vorgehensweisen) im Hinblick auf eine Segmentierung von Märkten möglich sind. Um das zu konkretisieren, haben wir die wichtigsten, speziell *kaufrelevanten* Marktsegmentierungskriterien und ihre jeweilige Eignung analysiert und anhand von Beispielen ihre Anwendung dargestellt. Darüber hinaus wurden die zentralen Fragen der Lokalisierung von Marktsegmenten angesprochen, und zwar vor allem, was spezielle Methodenfragen angeht, während die Fragen der optimalen Auswahl von Segmenten sowie Fragen der Allokation der Marketingmittel im Hinblick auf die ausgewählten Marktsegmente zunächst noch ausgeklammert worden sind.

Allein schon die Diskussion der Segmentierungskriterien wie auch die grundsätzlichen Anmerkungen zur Lokalisierung von Marktsegmenten haben *auch* die methodischen Probleme der Marktsegmentierung bzw. ihrer Anwendung in der Praxis deutlich werden lassen, zumindest was die unmittelbare Übertragbarkeit der Segmentierungstheorie angeht.

Andererseits gibt es viele *praktische* Beispiele erfolgreicher Marktsegmentierungen in der Unternehmens- bzw. Marktrealität, wobei man sich allerdings vielfach mit „guten" Lösungen begnügt hat, die nicht so sehr das Ergebnis eines streng methodisch abgesicherten Vorgehens sind, sondern in hohem Maße *kreative* Interpretationen bzw. Übersetzungen von psychologischen Grundlagen-Untersuchungen darstellen. Typisch hierfür ist die Heranziehung „einfacher" Positionierungsmodelle.

Wenn auch die Marktsegmentierung speziell im letzten Jahrzehnt erheblich an praktischer Bedeutung gewonnen hat, so kann man andererseits *keineswegs* sagen, daß die Strategie der Zukunft in erster Linie die Segmentierungsstrategie ist und umgekehrt die Bedeutung der Massenmarktstrategie generell abnimmt. Die Verhältnisse liegen differenzierter; darauf soll im folgenden näher eingegangen werden.

Faktoren, die Massenmarkt- bzw. Segmentierungsstrategien begünstigen

Es gibt in der Tat sowohl Entwicklungen, welche die Homogenisierung von Märkten begünstigen, als auch solche, die ihre Heterogenisierung fördern. Folgende Übersicht *(Abb. 147)* versucht, die jeweils wichtigsten Faktoren zu kennzeichnen. Die dargestellten Faktoren, die von *Schwartz* vor allem auf den amerikanischen Markt bezogen werden (*Schwartz,* 1977, S. 90ff.), gelten im Prinzip auch für die BRD.

Abb. 147: Faktoren, die jeweils für eine Homogenisierungs- bzw. Heterogenisierungstendenz verantwortlich sind

Faktoren die dazu beitragen, Märkte zu homogenisieren (→ Massenmarketing)	Faktoren, die dafür verantwortlich sind, daß Märkte stärker heterogen werden (→ Marktsegmentierung)
• moderne Kommunikationssysteme • gestiegene Mobilität • bessere Sprachkenntnisse* • standardisierte Einkaufsstätten und Produkte** • Verstädterung (Urbanisierung) • staatliche Regelungen (Gesetze)	• zunehmende Liberalisierung • Wissensexplosion • höherer Sättigungsgrad von Grundbedürfnissen („Überfluß") • verstärktes Differenzierungsstreben ⎫ • steigende freie Kaufkraft ⎬ **** • zunehmende Kreativität*** ⎭

    * Verstärkte Verständigungsmöglichkeiten auch über Grenzen hinweg.
  ** Standardisierte Produkte sind beides: der Grund und das Ergebnis einer Homogenisierung.
 *** In Produktion und Konsum.
**** Diese Faktoren sind bei *Schwartz* nicht genannt, sie stammen vom Verfasser (J.B.).

Jedes Unternehmen, das marketing-strategisch operieren will, muß sich daher fragen, an welchen Entwicklungsfaktoren es sich primär orientieren will und welche Gewichtungen vorgenommen werden sollen. Diese Fragen können dabei nicht generell beantwortet werden, sondern müssen vor allem markt- und/oder unternehmensindividuell deduziert werden. Die besondere Problematik besteht darin, daß die **Verbraucher** – wenn auch mit produktgruppen-spezifischen Unterschieden – im Prinzip *ambivalent* strukturiert sind, nämlich in bezug auf ihr:

- **Streben nach Gemeinsamkeit** („Uniformität") auf der einen Seite und zugleich
- **Streben nach Differenzierung** („Individualität") auf der anderen Seite.

Mit diesen Widersprüchen, die im Verbraucherverhalten eher *zu-* als abnehmen, müssen sich Unternehmen heute verstärkt auseinandersetzen und versuchen, konzeptionell ihren eigenen, d.h. jeweils ziel- und strategie-orientierten Weg zu gehen.

Vor- und Nachteile von Massenmarkt- und Marktsegmentierungsstrategie

Nach diesen grundsätzlichen Ausführungen zu den parzellierungs-strategischen Alternativen Massenmarktstrategie einerseits und Segmentierungsstrategie andererseits sowie zum gesellschaftlichen und ökonomischen Hintergrund (Umsystem), der hierbei jeweils berücksichtigt werden muß, soll *zusammenfassend* versucht werden, in *Abb. 148* die generellen Vor- und Nachteile beider Strategiealternativen gegenüberzustellen.

Abschließend kann man zu diesem Vergleich *(Abb. 148)* sagen, daß – gerade angesichts der zunehmenden Marktzwänge: stagnierende Märkte und dadurch ausgelöster verschärfter Wettbewerb (Verdrängungswettbewerb) – **Segmentierungsstrategien** insofern bedeutsam sind, als sie den Wettbewerb von der reinen Preisebene auf die Qualitätsebene zu verlagern imstande sind. Insofern kann man an dieser Stelle sagen, daß heute die Anwendung der Präferenzstrategie speziell in Märkten mit Stagnationstendenz vielfach den segment-strategischen Ansatz voraussetzt. Segmentierungsstrategien bedürfen dabei allerdings in weit höherem Maße als Massenmarkt-

Abb. 148: Vergleichende Darstellung der Vor- und Nachteile von Massenmarkt- und Segmentierungsstrategie

Grundsätzliche Vor- und Nachteile	der **Massenmarktstrategie** („Schrotflinten-Konzept")	der **Segmentierungsstrategie** („Scharfschützen-Konzept")
Vorteile	• Kostenvorteile durch Massenproduktion • Abdeckung des gesamten Grundmarktes (Potentialausschöpfung) • vereinfachter, durchschnittsorientierter, weniger aufwendiger Marketingmix • geringerer marketing-organisatorischer Aufwand	• hohe Bedarfsentsprechung (Erfüllung differenzierter Käuferwünsche) • Erarbeitung überdurchschnittlicher Preisspielräume • gute „Lenkungsmöglichkeiten" des Marktes • Möglichkeit, Preiswettbewerb durch Qualitätswettbewerb weitgehend zu ersetzen (zu überlagern)
Nachteile	• je nach Marktstruktur nicht volle Entsprechung von Käuferwünschen • begrenzte Preisspielräume („monopolistischer Bereich" relativ klein) • eingeschränkte Möglichkeiten der Marktsteuerung • eher Gefahr eines Preiswettbewerbs	• Komplizierungen (Verteuerungen) im Einsatz des Marketing-Instrumentariums • vielfach Verzicht auf Massenproduktion (und entsprechende Kostenvorteile) • teilweise eingeschränkte Stabilität von Marktsegmenten • hoher Marketing-Know-how-Bedarf (bzw. entsprechende Marketingorganisation)

Anmerkung: Von Unterschieden im Hinblick auf jeweils totale bzw. partiale Marktabdeckung wird hier bewußt abstrahiert, weil sich hier nur schwer generalisierende Aussagen machen lassen.

strategien einer sorgfältigen Planung, Realisation und Kontrolle. Das aber heißt nichts anderes, als daß konsequente Segmentierungsstrategien auch an eine bestimmte **Marketing-Infrastruktur** im Unternehmen gebunden sind. Darin ist kein Nachteil der Segmentierungsstrategie an sich zu sehen, sondern vielmehr eine *notwendige* Voraussetzung ihrer sinnvollen Anwendung. Das wird im folgenden noch etwas vertieft werden.

Spezielle Voraussetzungen bzw. Gefahren der Segmentierungsstrategie

Die Segmentierungsstrategie soll – nachdem ihre grundsätzlichen Möglichkeiten aufgezeigt worden sind – nun noch etwas *problematisiert* werden, was sowohl notwendige Voraussetzungen als auch spezielle Gefahren angeht. Diesbezügliche Aussagen speziell in der amerikanischen Marketingliteratur (vgl. *Abb. 149*) konzentrieren sich dabei auf die aufgeführten Gesichtspunkte (*Kotler*, 1977, S. 164f.; *Rosenberg*, 1977, S. 153f.; *Kollat/Blackwell/Robeson*, 1972, S. 200f.; vgl. aber auch *Freter*, 1983, S. 73 ff.).

Abb. 149: Wichtigste Kriterien (Voraussetzungen) für eine erfolgreiche Marktsegmentierung

Meßbarkeit	(Möglichkeit, die speziellen Käufereigenschaften des oder der Marktsegmente(s) hinreichend zu erfassen)
Tragfähigkeit	(Möglichkeit, Größe und Potential des bzw. der Marktsegmente(s) zu ermitteln)
Erreichbarkeit	(Möglichkeit einer wirksamen Zielung spezieller Marketingprogramme auf das oder die Marktsegment(e))
Profitabilität	(Möglichkeit, den erhöhten Produktions-, Marketing- und/oder Verwaltungsaufwand in den Abgabepreisen entsprechend weitergeben zu können)
Stabilität	(Aussichten darauf, daß das bzw. die gefundenen Marktsegment(e) eine ökonomische Mindestzeit tragfähig sind)

Im übrigen sollen an dieser Stelle auch zwei *typische* Gefahren genannt werden, die bei nicht genügend abgesicherten Segmentierungsstrategien auftreten können (*Rosenberg,* 1977, S. 167):

(1) Oversegmentation
= Gefahr, daß Märkte „künstlich" zu stark aufgespalten werden. *Beispiel:* Man hat in den USA versucht, spezielle Deodorants(-Marken) für Männer und solche für Frauen zu konzipieren. Es hat sich jedoch gezeigt, daß im Haushalt meist *ein* Deodorant von allen Mitgliedern gleich welchen Geschlechts benutzt wird. Aus dieser Erkenntnis wurde das „Familien-Deodorant" geboren (vgl. in diesem Zusammenhang auch die neue Positionierung von *Bac* als „Familien-Deodorant" in der BRD).

(2) Overconcentration
= Gefahr, sich zu stark auf ein Segment zu konzentrieren. *Beispiel:* In den USA ist Bier lange Zeit als das typische Getränk für junge Leute ausgelobt worden, mit dem Effekt, daß die ältere Zielgruppe zum Teil von diesem Produkt abgewandert ist (vgl. in diesem Zusammenhang auch die stark männliche Auslobung von Bier in der BRD, die dazu geführt hat, daß die Frauen bisher nicht so ausgeprägt an das Produkt Bier gebunden werden konnten wie etwa die Männer. Neuerdings wird das zu korrigieren versucht).

Was im Grunde für jede Strategie gilt, nämlich die Notwendigkeit ihrer ständigen Überprüfung, um gegebenenfalls modifizierend eingreifen zu können, gilt in noch viel stärkerem Maße für die Segmentierungsstrategie. Insbesondere auf *psychologischer* Basis beruhende Segmentierungen – speziell Nutzen- oder auch Life-style-Segmentierungen – sind häufig schon nach vergleichsweise kurzer Zeit vom **Einstellungs- und Verhaltenswandel** bedroht (*Berekoven/Eckert/Ellenrieder,* 1986, S. 233 f.). Typisch für solche Entwicklungen ist dann eine notwendige Umpositionierung von segmentspezifischen Produkten (Marken). *Bell* spricht in diesem Zusammenhang auch von der Notwendigkeit einer *dynamischen* Segmentierung im Sinne einer permanten Positionierungs- bzw. Repositionierungsaufgabe (*Bell,* 1972, S. 208).

Abschließend muß gesagt werden, daß die einzelnen Segmentierungskriterien (Segmentierungsansätze), wie wir sie in den vorigen Abschnitten behandelt haben, **unterschiedliche Eignungen** aufweisen. Versucht man diese Ansätze unter verschiedenen Gesichtspunkten zu überprüfen, so zeigt sich insgesamt ein sehr differenziertes Bild (vgl. *Abb. 150, Freter,* 1983, S. 97).

Diese Übersicht macht deutlich, daß alle Segmentierungskriterien *jeweils* spezifische Vor- aber auch Nachteile aufweisen (vgl. z. B. sozio-ökonomische Kriterien

Abb. 150: Vergleichende Würdigung der wichtigsten Segmentierungskriterien

Kriteriengruppe \ Anforderung	Kaufverhaltensrelevanz	Aussagefähigkeit Instrumenteneinsatz	Meßbarkeit	Zugänglichkeit	zeitliche Stabilität	Wirtschaftlichkeit
Reaktionsparameter	hoch	mittel/hoch	niedrig	niedrig	mittel	niedrig
Sozio-ökonomische Kriterien	niedrig	niedrig	hoch	mittel/hoch	hoch	hoch
Psychographische Kriterien – persönlichkeitsbezogen	niedrig	niedrig	niedrig	niedrig	hoch	niedrig/mittel
– produktbezogen	mittel/hoch	mittel	niedrig	niedrig	mittel	niedrig
Kriterien des beobachtbaren Konsumentenverhaltens	mittel/hoch	mittel	mittel/hoch	mittel	mittel	mittel/hoch

versus produktbezogene psychographische Kriterien). Vielfach ist deshalb auch ein *kombinierter* Einsatz der Kriterien sinnvoll.

Außerdem zeichnen sich Tendenzen ab, daß Konsumenten mehrere **Konsumstile** *zugleich* pflegen. Empirische Markt-Untersuchungen haben z. B. ergeben, daß sich hinsichtlich der Ernährung vor allem *drei* Ernährungsstile stark durchsetzen werden, nämlich die Fertig-, die Fein- bzw. Genußkost und die Fitneßkost. Und es zeigt sich mehr und mehr, daß diese Ernährungsstile von den Konsumenten parallel realisiert werden. Das aber *bedeutet,* daß klassische Zielgruppen-Definitionen nicht mehr ohne weiteres Gültigkeit haben (*Nestlé-Studie* (1985), Mensch und Ernährung 2000).

Zur Kombination von Massenmarkt- und Segmentierungsstrategie

Die bisherigen Darlegungen speziell zur Segmentierungsstrategie zeigen, daß diese Strategie hohe Chancen in sich trägt, daß sie andererseits aber auch mit nicht unbeträchtlichen **Risiken** verbunden sein kann. Diese Tatsache hat nicht zuletzt dazu geführt, daß mehr und mehr Unternehmen *kombinierte* Strategien zu realisieren trachten, d. h. bezogen auf die hier behandelte Thematik die Kombination von Massenmarkt- *und* Segmentierungsstrategie. Dabei lassen sich verschiedene unternehmerische Verhaltensmuster in der Praxis nachweisen, gerade auch was die jeweilige Marktabdeckung angeht. Was die Kombination beider Basisstrategien betrifft, so können zunächst einmal bestimmte Reihenfolgen bzw. Schwerpunkte unterschieden werden, die wir mit Strategie-Typ I und Strategie-Typ II kennzeichnen wollen.

Der **Strategie-Typ I** ist dadurch charakterisiert, daß Unternehmen in der Vergangenheit, zum Teil über Jahrzehnte hinweg, Massenmarketing betrieben haben, um dann aufgrund veränderter Marktverhältnisse stärker auch „Segmentmarketing" anzuwenden. Wichtiges Standbein solcher Unternehmen ist dann zwar meist nach wie vor das Halten bzw. das noch weitere Ausbauen wichtiger Marktpositionen in Massenmärkten. Im Sinne einer *satelliten-artigen* zusätzlichen Absicherung bzw. zusätzlichen Ausschöpfung von Marktpotentialen engagieren sich diese Unternehmen aber häufig zusätzlich in speziellen Teilmärkten oder Segmenten (z.T. mit unterschiedlicher Marktabdeckung). Während bei marktstimulierungsstrategischen Kombinationen (vgl. S.207ff.) i.d.R. **Mehrmarkenkonzepte** zwingend sind, liegen die Verhältnisse bei marktparzellierungsstrategischen Verknüpfungen *differenzierter* (siehe *Beiersdorf*-Beispiel).

Beispiel: Beiersdorf AG
Dieses Unternehmen hat sich im Laufe der Entwicklung von einem stark massen-strategisch operierenden Unternehmen zu einem immer „filigraner" agierenden Unternehmen entwickelt, und zwar auf jeweils unterschiedlichen Märkten, u.a. auf dem Markt der *Hautpflege* und auf dem Markt der *Verbandmittel (Abb.151):*

Abb.151: Von der reinen Massenmarkt- zur additiven Segmentierungsstrategie

Ausgangspunkt	⎯⎯⎯ Weiterentwicklungsformen ⎯⎯→		
*Massenmarkt*strategie mit *totaler* Marktabdeckung:	*Massenmarkt*strategie mit *partialer* Marktabdeckung:	*Segmentierungs*strategie mit *totaler* Marktabdeckung:	*Segmentierungs*strategie mit *partialer* Marktabdeckung:
Hautpflege *Nivea* (Universalcreme)	*Atrix* (Handcreme)	*Nivea* Gesicht (Gesichtspflege)	*Lian* (Hautpflege für junge Frauen)
Verbandmittel *Hansaplast* (endlos)	*Hansaplast*-Strips (fertige Pflaster)	*Hansaplast* für Kinder	*Hansaplast*-Sprühpflaster (Spezialprodukt)

In der skizzierten Weise (vgl. *Abb. 151*) haben im übrigen sehr *viele* Markenartikelunternehmen im Laufe ihrer Entwicklung ihr strategisches Vorgehen differenziert und komplettiert, und zwar im Interesse einer mittel- und langfristigen **Ertrags- und Wachstumssicherung**.

Auf der anderen Seite gibt es den **Strategie-Typ II**, der sich dadurch auszeichnet, daß ausgehend von einer segment-orientierten Marketing- und Unternehmenspolitik eine Übertragung segmentspezifischer Differenzierungsmittel auf Massenmärkte aufgrund von Marktwandlungen möglich und sinnvoll wird. In dieser Hinsicht werden spezifische Präferenzfaktoren (wie z.B. ein besonderes, unverwechselbares Design) auf andere, eher massenhaft strukturierte Märkte transferiert, und zwar häufig über einen entsprechenden **Imagetransfer** von einer stark präferenzgeladenen Marke (zu den Grundfragen des Image*transfers* siehe auch die Darlegungen auf S. 178ff.).

Beispiel: Braun AG
Diese Firma hat sich ursprünglich auf ein spezielles Design-Segment („Nutzensegment") des *Phonomarktes* konzentriert bzw. ein Segment eigener Art überhaupt erst geschaffen (Phono-Geräte mit funktionalem Design seit den 50er Jahren). Später hat sich gezeigt, daß dieses Nut-

zensegment des Marktes viel größer war als ursprünglich angenommen. Man hat daher systematisch die typische *Braun*-Design-Komponente auf eine *Reihe* eher massenhaft orientierter Märkte zu übertragen gesucht *(Abb. 152):*

Abb. 152: *Von der reinen Segmentierungs- zur additiven Massenmarktstrategie*

Ausgangspunkt	Weiterentwicklung
*Segmentierungs*strategie mit *partialer* Marktabdeckung:	*Massenmarkt*strategie mit *partialer* Marktabdeckung:
Phonogeräte (im strengen *Braun*-Design)	Adaption des *Braun*-Stils auf Massengeräte wie **Haushaltskleingeräte** (Entsafter, Küchenmaschine, Fön usw.)

Daß *Braun* im Haushaltskleingeräte-Bereich nicht so erfolgreich war wie in anderen spezialisierten, strenger segmentierten Märkten, liegt ganz offensichtlich auch daran, daß der Design- und Imagetransfer *nicht voll* gelungen ist bzw. vom Markt nicht entsprechend honoriert wird. Offensichtlich ist der von der Segmentierung her in Richtung Massenmarketing führende bzw. ergänzende Weg (Strategietyp II) konzeptionell auch schwieriger als der umgekehrte (= Strategie-Typ I), insbesondere was Nivellierungs- bzw. Glaubwürdigkeitsprobleme angeht.

Die beiden betrachteten Beispiele unterscheiden sich im übrigen durch die realisierte **Markenpolitik.** Während *Beiersdorf* zumindest im Hautpflege-Bereich auch gesonderte segmentspezifische Marken geschaffen hat (z. B. *Atrix* und *Lian*), was vielfach notwendig ist, um spezielle Segmente wirklich zielgruppen-adäquat ausfüllen zu können, so ist *umgekehrt* für Konzepte, die von einer Segmentierungsstrategie zu einer kombinativen Segmentierungs- *und* Massenmarktstrategie führen sollen, die Verwendung der Ursprungs- bzw. Segmentmarke typisch (= Markentransfer, aber mit Nivellierungsgefahr wie bereits angesprochen; diese Gefahr wäre z. B. dann *besonders* groß, wenn *Braun* unter seiner Marke etwa auch Großgeräte wie Kühlschränke u. ä. herstellen bzw. anbieten würde, ohne hier spezifische Vorteile (Besonderheiten) bieten zu können).[47]

Neben der Kombination massenmarkt- *und* segment-strategischen Vorgehens – wie wir es anhand des *Beiersdorf-* und *Braun*-Beispiels aufgezeigt haben – gibt es Handlungsmuster, die von einem Strategietyp zum anderen überleiten, *ohne* daß der ursprüngliche Strategietyp weiterverfolgt wird (= **strategische Ablöseprozesse**).

So war beispielsweise im *Banken*-Sektor für das Marketing der 1. Generation das klassische und undifferenzierte Marketing typisch, während das Marketing der 2. Generation im Universalbankensektor durchweg durch ein *segment*-spezifisches Vorgehen gekennzeichnet ist. Nicht nur das Leistungsprogramm der Banken, sondern vor allem *auch* Beratungs- und Servicekonzepte sind heute nicht nur bei den Großbanken, sondern auch bei Volksbanken und Sparkassen kundenspezifisch

---

[47] Zu den grundlegenden markentechnischen Fragestellungen siehe auch die Darlegungen auf S. 177 f.

254   2. Teil: Konzeptionsebene der Marketingstrategien

orientiert („Die Kundenstruktur bestimmt das Produktmix", *Bernhardt*, 1985, S. 556). Man hat erkannt, daß die Bedürfnisse und Erwartungen typischer Kundengruppen sehr divergent sind. Aus diesem Grunde hat man Zielgruppen gebildet, für die sinnvolle Bankenleistungen bzw. Bankleistungsbündel konzipierbar sind. Als wesentlichen **Segmentierungsansatz** hat man *drei* wichtige Kategorien von Bankkunden erkannt (siehe u.a. *Feldbausch*, 1974, S. 25 ff.; *Becker*, 1978, S. 133 ff.): 1. normale Privatkunden, insbesondere private Haushalte (= Mengengeschäft), 2. Privatkunden mit überdurchschnittlichem Einkommen und/oder Vermögen (= Individualgeschäft) und 3. Unternehmer/Gewerbetreibende als Bankkunden (= Firmengeschäft). Je nach Größe und Konzept (speziell Art der Marktausschöpfung) des Bankenunternehmens kann es jedoch sinnvoll sein, noch stärker *zielgruppenspezifisch* zu differenzieren (vgl. Abb. 153, *Bernhardt*, 1985, S. 556 f.; *Schott*, 1987, S. 591 f.).

Abb. 153: Abhängigkeiten zwischen Kunden- und Leistungsprogramm-Struktur bei Banken

Kundengruppe \ Produkt	Langfristige Finanzierungen	Betriebsmittelkredit	Außenhandelsgeschäft	Datenträgeraustausch	Vermögensverwaltung	Wertpapiergeschäft	Festgeld, Termingeld	Ratenkredit	Sparbuch	Sparbrief	Scheck	Geldausgabeautomaten	Kreditkarten	Baufinanzierungen
Institutionelle Kunden														
Großfirmen	O	O	O											
Mittelständige Firmen	O	O	O		O									
Privatkunden					O	O	O				O	O	O	O
Aktivlastiges Mengengeschäft								O	O		O			O
Passivlastiges Mengengeschäft									O	O	O			
Internationale Kunden			O			O	O							

Insoweit kann man sagen, daß im Universalbanken-Sektor die massenstrategische Handlungsweise in hohem Maße von einer segmentspezifischen *abgelöst* worden ist.

Zu Grundformen der Strategieevolution

Während die Strategie-Typen I und II dadurch gekennzeichnet sind, daß hierbei Massenmarkt- und Segmentierungsstrategien in unterschiedlicher *Reihenfolge* über verschiedene Produkte in zum Teil völlig anderen Märkten kombiniert (oder ggf. auch voneinander abgelöst) werden, gibt es auch *zwei* besondere „Kombinationen" bzw. Verknüpfungen auf der Basis eines *einzigen* Produkts (Programms) und einer einheitlichen Marke. Wir wollen sie als Strategie-Typ III und Strategie-Typ IV bezeichnen.

Der **Strategie-Typ III** hat seinen Ausgangspunkt in einer Segmentierungsstrategie, und zwar ausgehend von einer überdurchschnittlich hohen Produkt- bzw. Imagean-

II. Arten und Ausprägungen von Marketingstrategien 255

siedlung. In einer zweiten Phase wird im Sinne einer *Demokratisierung* versucht, das ursprünglich streng segmentierte Produkt bzw. seine Marke zugleich auch in Massenmärkten zu verankern.

Beispiel: Schweppes
Unter der Marke *Schweppes* wurde ursprünglich eine hochpreisige neuartige, chininhaltige *Limonade* (Tonic) in einer 0,25 l Flasche eingeführt, und zwar ausschließlich über die gehobene *Gastronomie* als sog. Mix-Getränk (speziell zum Mischen mit Gin: „Gin tonic"). Später hat man im Sinne einer generellen Popularisierung des Produkts das Absatzpotential für dieses Produkt systematisch zu erweitern versucht, und zwar durch ein differenziertes Angebot größerer Gebindeeinheiten (0,5 l-, 0,7 l- und Tests mit 1 l-Flaschen). Speziell über den Absatzweg *Lebensmittelhandel* hat man damit auch am klassischen Limonaden-Markt (= „Pur-Getränke") - vor allem im Haushaltsbereich (Heimkonsum) - zu partizipieren gesucht *(Abb. 154):*

Abb.154: Beispiel einer Popularisierungsstrategie

	Ausgangspunkt: Schweppes-Bittergetränk(e)*	
Oberer Markt	Elitäres, hochpreisiges (Mix-)Getränk in der gehobenen Gastronomie = *Segmentierungs*strategie mit *partialer* Marktabdeckung	Strategiekombination via „Popularisierung"
Mittlerer Markt	Später dazu *Parallel-Angebot* von *Schweppes-*„Bitterlimonaden"* im Lebensmittelhandel zu limonaden-orientierten Preisen = *Massenmarkt*strategie mit *partialer* Marktabdeckung	

* jeweils gleiche Produktqualitäten

Auch bei *Schweppes* hat sich allerdings gezeigt, daß es erst nach längerem Anlauf möglich ist, segmentierte Produkte auch *massenhaft* zu vermarkten. Zwischendurch hatte man versucht, *Schweppes* offensichtlich wieder als spezielles hochpreisiges (Pur-)Getränk zu *re*positionieren. Nach Untersuchungen von *Schweppes* werden *Schweppes*-Bittergetränke inzwischen zu rd. 80% in den Haushalten getrunken, *nur noch* 20% entfallen auf die Gastronomie.

Was schließlich den **Strategie-Typ IV** angeht, so findet auch hier im Grunde eine Strategiekombination mit ein und demselben Produkt (Marke) statt, aber gegenüber Strategie-Typ III in umgekehrter Richtung: Ausgangspunkt ist hier eine Massenstrategie, die - stufenweise abgesichert - in eine *segmentähnliche* Spezialstrategie übergeführt wird.

Beispiel: Lindt
Die Marke *Lindt* war ursprünglich eine gehobene Marke des mittleren Marktes neben anderen renommierten Pralinen- und Schokoladenmarken. Über einen jahrelang konsequent betriebenen Präferenzaufbau konnte allmählich eine Image*sonderstellung* für die Marke *Lindt* erarbeitet werden („Es ist Ihr Recht, von *Lindt* Besonderes zu erwarten"). Diese Imagesonderstellung beruht auf *drei* wichtigen Säulen: der *Lindt*-Qualität (bzw. entsprechenden USP-Produkten[48]), dem unverwechselbaren *Lindt*-Stil (insbesondere in Produktausstattung und Werbung) und dem spezifischen Vertriebssystem (Direktbelieferung des Einzelhandels, neuerdings auch des C+C-Großhandels: Frische und Service). Die Marke *Lindt* hat auf diese Weise spe-

---

[48] Siehe hierzu die Erläuterungen auf S. 204

256   2. Teil: Konzeptionsebene der Marketingstrategien

ziell über den Fachhandel systematisch den *oberen* Markt besetzt und mitgestaltet (siehe *Abb.155*). Zugleich ist diese Marke über den Vertriebsweg Lebensmittelhandel (inzwischen bis hin zu Verbrauchermärkten und C+C-Handel) - zumindest mit Teilen des Programms - *auch* in Massendistributionskanälen präsent.

Abb.155: Beispiel einer Elitarisierungsstrategie

Oberer Markt	Systematische (zusätzliche) Erarbeitung des hochpreisigen, oberen Marktsegments aufgrund eines realisierten *Imageabstandes* gegenüber vergleichbaren Konkurrenzmarken = „*Segmentierungs*strategie" mit *totaler* Marktabdeckung
Mittlerer Markt	*Ausgangspunkt: Lindt*-Schokoladen und -Pralinen in gehobener Konsummarken-Qualität = *Massenmarkt*strategie mit *totaler* Marktabdeckung

Strategiekombination via „Elitarisierung"

Die *Lindt*-Strategie hat insgesamt bewiesen, daß die konsequente Profilierung einer Marke zu einem positiven Imageabstand gegenüber *wichtigen* Konkurrenzmarken führen kann. Andererseits ergeben sich aus der Zielsetzung, sowohl gehobene Zielgruppen vor allem über den Fachhandel als auch „Massenzielgruppen" speziell über eine ausgeprägte Distribution im Lebensmittelhandel möglichst voll abzudecken, bestimmte strategische Inkonsistenzen. Oder anders ausgedrückt: es bestehen bei *Lindt* konzeptionell bedingte schwierige *Tarierungsprobleme* zwischen „Massenendistribution" einerseits und „Produkt- bzw. Markenexklusivität" andererseits.

Diese markt-strategischen Darlegungen mit spezifischen Beispielen *(Abb.151 bis 155)* haben verdeutlicht, daß Massenmarktstrategie auf der einen Seite und Segmentierungsstrategie auf der anderen Seite *keineswegs* nur isoliert einsetzbare Strategien sind, sondern daß - auch in Verbindung mit unterschiedlichen Formen der jeweiligen Marktabdeckung - vielfältige Möglichkeiten der **Strategiekombination bzw. Strategieevolution** gegeben sind. Gerade erfolgreiche Unternehmen sind häufig dadurch charakterisiert, daß sie bewußt derartige Strategiekombinationen bzw. -evolutionen zu realisieren trachten.

4. Marktarealstrategien

In diesem letzten Abschnitt strategischer Basisalternativen soll auf *gebiete*-strategische Fragestellungen näher eingegangen werden - eine Thematik, die erstaunlicherweise in der allgemeinen Marketingliteratur stark vernachlässigt, teilweise sogar völlig ausgeklammert wird.

Die Frage der **absatzgebiete-politischen Entscheidungen** im Sinne eines echten strategischen Problemkreises wird jedenfalls durchweg *nur* am Rande anderer Fragenkreise problematisiert, so z.B.:

- bei der Diskussion der *Standortwahl* (*Nieschlag/Dichtl/Hörschgen,* 1985, S.368ff. bzw. 833f., S.280ff.; *Tietz,* 1978, S.186ff.):

II. Arten und Ausprägungen von Marketingstrategien

Die Standortfrage hat im Grunde nur bei Handels- und Dienstleistungsbetrieben ausgeprägte absatzpolitische Dimensionen, während bei Herstellerbetrieben die Standortfrage primär technisch orientiert ist. Absatzgebietliche Fragen werden insoweit nur teilweise bei Standortfragen berührt.

- bei der *Marktsegmentierung* (*Kotler*, 1977, S. 166ff. bzw. 1982, S. 206f.; *Böhler*, 1977b, S. 64ff.):
Die sog. geographische Segmentierung ist die älteste Form einer Segmentierung, nach der (Hersteller-)Unternehmen verschiedene geographische Gebiete nach ihren jeweiligen Absatzbedingungen untersuchen und segmentspezifisch zu belegen suchen. Strategische Gebieteüberlegungen sind aber auch unabhängig von Segmentierungsstrategien sinnvoll und notwendig.
- bei der Behandlung *marketing-logistischer Fragen* (*Meffert*, 1986a, S. 439; *Scheuch*, 1986, S. 357ff.):
Hier wird die Abhängigkeit der zeitlichen Lieferfähigkeit von der Zahl und der Verteilung von Auslieferungslägern angesprochen. Damit wird aber primär die Service-Komponente und nicht so sehr das gebietliche Absatzpotential angesprochen.
- bei der Diskussion des *Internationalen Marketing* (*Nieschlag/Dichtl/Hörschgen*, 1985, S. 97 bzw. 376; *Kotler*, 1982, S. 693ff.):
Hier werden die systematische Erweiterung des Absatzgebietes und ihre verschiedenen Realisierungsformen diskutiert. Die gebietspolitische Diskussion unter absatzwirtschaftlichem Aspekt – und zwar im strategischen Sinne – setzt hier aber erst bei übernationalem Absatz ein, während inländische Gebieteüberlegungen weitgehend ausgeklammert werden.

Dieser Überblick zeigt, daß gebiete-strategische Fragen – wenn überhaupt – allenfalls im Zusammenhang anderer Fragestellungen referiert werden. Das hängt ohne Zweifel damit zusammen, daß die **strategische Komponente** „Marktarealentscheidungen" – und zwar nicht nur in der Lehre, sondern auch in der Praxis – vielfach *unterschätzt* oder gar nicht recht gesehen wird. Das ist umso erstaunlicher, als gebiete- oder arealpolitische Entscheidungen bzw. auch „autonome" gebietliche Entwicklungen des Absatzes (d.h. hier formt sich das Absatzgebiet eines Unternehmens quasi ungesteuert aus der Nachfrage heraus) **strukturelle Gegebenheiten** bzw. Zwänge für viele Marketingbereiche schaffen, so z.B. bezüglich der Absatzorganisation, der Produkt- und Programmwahl, der Markierung, der Werbung usw. In dieser Hinsicht werden also häufig mittel- und langfristig bindende Tatbestände geschaffen, *ohne* daß dem ein entsprechend abgesichertes und geplantes marktareal-strategisches Konzept zugrundeliegt. Diese Fragestellung soll an einem Beispiel näher problematisiert werden.

Ein *Nahrungsmittelhersteller* konzipiert eine neue Linie von Fertiggerichten. Nach der Einführung dieses Programms zeigt sich, daß das Absatzpotential im inländischen Markt wesentlich überschätzt wurde. Deshalb versucht man *jetzt*, in ausländischen Märkten diese Produkte – für die eine neue rationelle Fabrikation mit hohem Ausstoß errichtet wurde – zu vermarkten. Dabei zeigt sich, daß bei der Produkt- und Programmentwicklung lediglich inländische Bedürfnisse wie auch Nahrungsmittel-Vorschriften berücksichtigt wurden und daß außerdem ein Markenname gewählt wurde, der in den meisten benachbarten Märkten nicht schutzfähig, teilweise aber auch sprachlich („Fehlassoziationen") nicht einsetzbar ist. Darüber hinaus sind Produktion und logistisches System so konzipiert, daß im Inland eine dreimonatige Haltbarkeit der Produkte ausreicht. Für ein übernationales Geschäft schon in unmittelbar benachbarte ausländische Märkte reicht diese Haltbarkeitsfrist aber keineswegs aus.

Fazit: Aufgrund nicht erfolgter gebiete-strategischer Vorausplanung ist ein Unternehmens- und Marketingkonzept realisiert worden, das nur schwer oder u.U. gar nicht mit den Notwendigkeiten bzw. Möglichkeiten eines multinationalen Marketings vereinbar ist.

Dieses Beispiel hat deutlich werden lassen, daß auch die Art und Weise marktarealstrategischen Vorgehens einer umfassenden Fundierung bzw. Vorausplanung bedarf. Dabei können *zwei* große geo-politische **Entscheidungsfelder** unterschieden werden, nämlich (ähnlich siehe neuerdings auch *Jain*, 1985, S. 601 ff.):

(1) **Nationale Gebietestrategien,**
(2) **Übernationale Gebietestrategien.**

Beide grundsätzlichen Strategiealternativen lassen sich dabei weiter *aufrastern:*

- **Nationale** Strategien mit
  - lokaler Markterschließung,
  - regionaler Markterschließung,
  - überregionaler Markterschließung,
  - (vollständig) nationaler Markterschließung.
- **Übernationale** Strategien mit
  - multinationaler Markterschließung,
  - internationaler Markterschließung,
  - Weltmarkterschließung.

Im folgenden sollen grundlegende gebiete-strategische Überlegungen bzw. Konzeptionen im einzelnen diskutiert werden. Dabei wird – nach einleitenden Betrachtungen – primär auf die bewußte, geplante Gebieteselektion abgestellt.

a) Teilnationale und nationale Strategien (Domestic Marketing)

Betrachtet man die absatz-geographische Entwicklung von Unternehmen, d.h. also die Entwicklung und Formung ihres Absatzgebietes, so fällt immer wieder auf, daß bei vielen Unternehmen das Absatzgebiet stufenmäßige **Stadien** durchläuft. Diese Stadien können sowohl geplant als auch ungeplant sein (im Sinne einer sich selbststeuernden Veränderung).

Ausgangspunkt bei vielen Unternehmen bildet zunächst ein *lokales*, unmittelbar um den eigenen Schornstein gelegenes Absatzgebiet. Das gilt vor allem für klein- bis mittelbetrieblich organisierte Branchen. Als typische Beispiele können hierfür etwa folgende Branchen genannt werden: Brauereien, Fruchtsafthersteller, Mineralbrunnen, Backwarenindustrie oder auch Konservenindustrie.

Genetisch betrachtet haben sich viele Unternehmen der genannten Branchen im Laufe der Zeit von lokalen zu *regionalen* Anbietern weiterentwickelt, und zwar häufig im Sinne eines rollenden Schneeballs. Folgende grafische Darstellung *(Abb. 156)* verdeutlicht das.

Abb. 156: Schneeball-artiges Gebietewachstum ausgehend vom „Schornsteingebiet"

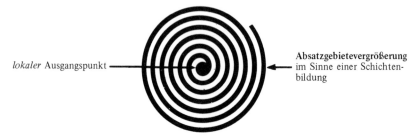

II. Arten und Ausprägungen von Marketingstrategien

Dieser Schneeball-Effekt kann von lokalen Absatzmärkten ausgehend über regionale Absatzmärkte bis hin zu einer *nationalen* Abdeckung und Verdichtung führen. Eine der entscheidenden Wurzeln für derartige, häufig automatische **Gebieteentwicklungsprozesse** ist u.a. die sog. zweistufige Kommunikation via „Mundpropaganda". Sie verhilft zu einer Absatzgebieteausdehnung in Richtung bisher nicht oder nicht systematisch bearbeiteter Randzonen des bisherigen Marktareals.

Absatzgebiete können somit durch einen primär kommunikativ induzierten Prozeß grundsätzlich *folgende* Abdeckungsstufen durchlaufen:

- **lokale** Marktabdeckung (d.h. Heimatmarkt um den „Schornstein"),
- **regionale** Marktabdeckung (z.B. ein Bundesland oder ein *Nielsen*-Gebiet),
- **überregionale** Marktabdeckung (z.B. mehrere Bundesländer oder mehrere *Nielsen*-Gebiete),
- **nationale** Marktabdeckung (d.h. die ganze Bundesrepublik bzw. nahezu ihre vollständige Abdeckung).

Derartige Prozesse vollziehen sich teilweise über *mehrere* Jahrzehnte und bleiben teilweise auch auf einer der genannten Stufen schließlich mehr oder weniger „arretiert" stehen. Eine solche Situation tritt *meist* dann ein, wenn stark konkurrierende Wettbewerbszonen mit entsprechenden dahinter stehenden Anbietern aufeinanderstoßen und keine speziellen Maßnahmen zur Überwindung solcher Zonengrenzen ergriffen werden (können) oder das nur mit unverhältnismäßig hohen Marketingaufwendungen möglich ist („Kampfstrategie").

Grundsätzliche Varianten marktareal-strategischen Vorgehens

Während wir bisher unsere Aufmerksamkeit mehr auf passive („automatische') Absatzareal-Entwicklungen gelegt haben, wollen wir sie nunmehr auf *aktive,* strategieorientierte Entwicklungen bzw. Konzepte lenken. Dabei sind wiederum *zwei* wichtige Alternativkonzeptionen zu unterscheiden:

(1) **Nicht spezifisch markengestützte** Gebietsausdehnungskonzepte,
(2) **markengestützte** Gebietsausdehnungskonzepte.

Was nicht spezifisch markengestützte Konzepte angeht, so können hierfür z.B. eine ganze Reihe von Brauereien angeführt werden, die bei einer „gewachsenen" lokalen Markenpräferenz das Absatzgebiet in erster Linie *distributiv* auszudehnen trachten. Sie verfolgen dieses Ziel dabei nicht über eine überregional angelegte, zeitlich vorlaufende Marken-(Kommunikations-)Politik, sondern hauptsächlich über vertriebs- und/oder preispolitische Mittel. Zwischen Kernabsatzgebiet und erweitertem Absatzgebiet besteht dann häufig ein ausgeprägtes Marken(präferenz)-, Preis- und damit auch Ertrags*gefälle* oder ausgedrückt in Kategorien der Kostenrechnung bzw. -deckung:

- Während das **lokale** Kernabsatzgebiet *Voll*kostendeckung ermöglicht,
- bietet das **erweiterte, regionale** Absatzgebiet lediglich *Teil*kostenersatz (nicht zuletzt auch aufgrund ansteigender Logistikkosten im Zuge einer Absatzgebieteausdehnung vor allem bei gewichtsintensiven Produkten, wie das z.B. bei Bier bzw. Getränken überhaupt der Fall ist).

Markengestützte Gebieteausdehnungskonzepte sind *demgegenüber* von einem entsprechendem Marketingmix begleitet, der auf den **gezielten Markenaufbau** auch in neu zu erschließenden Absatzgebieten gerichtet ist. Das bedeutet vielfach auch entsprechende *präferenz*-orientierte Marktinvestitionen (z. B. in die Werbung) vor der eigentlichen Vertriebserschließung neuer Gebiete. Das ökonomische Ziel eines solchen gebiete-strategischen Konzepts besteht darin, grundsätzlich in *allen* Absatzgebieten das Produkt (Programm) zu gleichen Preisen und/oder Konditionen *oder* in neuen Gebieten sogar zu höheren[49] zu vermarkten, um grundsätzlich durchgängig in allen Absatzgebieten – zumindest auf Dauer – eine *Voll*kostendeckung zu realisieren. Nachdem zunächst grundlegende Zusammenhänge zwischen Marken- bzw. Marktstimulierungsstrategie und Marktarealstrategie aufgezeigt sind, soll nunmehr auf spezifische marktareal-strategische Basistypen näher eingegangen werden.

Marktareal-strategische Basistypen

Aktives absatzgebiete-politisches Vorgehen unterscheidet sich gegenüber einem mehr passiven („automatischen") Gebietegewinn durch bestimmte, systematische gebieteerweiternde Konzepte. Dabei können *folgende* strategische Grundtypen abgegrenzt werden:

(1) **Konzentrische** Gebieteausdehnung,
(2) **Selektive** Gebieteausdehnung,
(3) **Inselförmige** Gebieteausdehnung.

Typisch für die *konzentrische* Gebieteausdehnung ist, daß sie quasi *ringförmig* erfolgt, und zwar in dem Sinne, daß man dem jeweils bestehenden Absatzgebiet *voraus*eilende Aktivitäten bzw. entsprechende Abstrahlungen (z. B. nicht vermeidbare Werbeüberstreuungen über das eigentliche Absatzgebiet hinaus) gezielt nutzt, um das Marktareal systematisch auszudehnen *(Abb. 157):*

Abb. 157: Konzentrische Gebieteausdehnung

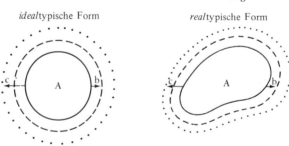

A = Ausgangsabsatzgebiet (Kernabsatzgebiet);
b = Überlappungen z. B. durch Einschaltung von Großhändlern, die auch Gebiete außerhalb des Gebietes A beliefern (= *distributiv* induzierte Gebieteausdehnung);
c = Abstrahlungen, die z. B. durch nicht vermeidbare Überstreuung der Werbung über das Gebiet A hinaus entstehen (= *kommunikativ* induzierte Gebieteausdehnung).

---

[49] U. a. auch aus Gründen des Transportkostenersatzes (sog. Versandbiere sind aus diesem Grunde im Versandgebiet „automatisch" teurer als in ihrem Heimatabsatzgebiet, vgl. z. B. *König Pilsner* außerhalb des Stammgebietes Groß-Duisburg).

II. Arten und Ausprägungen von Marketingstrategien

Auf der Basis dieser Faktoren und ihrer gezielten Nutzung kann ein Absatzgebiet systematisch aufgestockt und verdichtet werden, d. h. strategisch geworfene „Steine" führen zu einer entsprechenden Ringbildung.

Eine konzentrische Gebieteausdehnung führt nicht selten zu sehr *stabilen* Absatzmärkten („Absatzburgen"), von denen aus eine gesunde gebietliche Weiterentwicklung möglich ist. Sie führt in der Regel aber auch zu einer vergleichsweise *langsamen* überregionalen oder nationalen Gebieteabdeckung. Das soll an *zwei* Beispielen verdeutlicht werden.

Bei der systematischen Gebieteausdehnung hat die marktführende Brauerei *Diebels* ausgehend vom klassischen Altbiergebiet (Niederrhein) zunächst versucht, die Marke *Diebels Alt* im Altbierkerngebiet stark zu penetrieren (extrem hohe Marktanteile u. a. über stark überdurchschnittliche Distribution, hohe Werbeabdeckung), um dann von dieser stark abgesicherten Absatzbastion ausgehend den nationalen Markt über eine *selektive* Gebietepolitik (siehe weiter unten) zu erschließen. Das hat zu einer wesentlich erfolgreicheren Marken- und Marktposition geführt als die Politik des ursprünglichen Marktführers *Hannen*, der ohne ausreichende Zementierung des Heimatmarktes zu früh eine kräftezehrende, mittel-bindende, expansive *nationale* Politik zu treiben versucht hatte (vgl. die wettbewerbsstrategische Würdigung des Beispiels auch auf S. 322f.).

Ähnlich ist beispielsweise auch *Bofrost* als der heute marktführende Tiefkühlheimdienst vorgegangen. Ausgehend von einer starken Absatzbasis am Niederrhein (später ausgebaut zu einer dominanten Marktstellung in Nordrhein-Westfalen) hat auch *Bofrost* den nationalen Markt erst richtig angegangen, nachdem eine starke und gefestigte lokal-regionale Marktposition erreicht war. Der ursprüngliche Marktführer *Eismann* hat demgegenüber sehr schnell im Sinne eines Schneeballsystems über das Franchisesystem (Fahrverkäufer als Einzelfranchise-Nehmer) den nationalen Markt zu erobern gesucht, ohne dabei eine ausreichende Festigung zu erreichen. Die zu schnell realisierte Expansion hat außerdem zu einer ursprünglich zu *grossen* Teilgebiet-Vergabe an die einzelnen Franchisenehmer geführt; im Laufe der Zeit mußten deshalb im Sinne einer Gebieteverdichtung mehrfach gebietliche *Zellteilungen* in der Weise vorgenommen werden, daß Franchisenehmer Teile ihres Gebietes wieder abgeben mußten, um Raum und Aktionsfeld für neue Franchise-Nehmer zu schaffen (was zwangsläufig zu einer starken Verunsicherung und Demotivation der Mannschaft geführt hat).

Insofern wird also auch deutlich, daß nicht nur die Art bzw. Stufung, sondern auch das **Timing** des gebiete-strategischen Vorgehens eine entscheidende Rolle spielt (zu Grundfragen des Timings siehe auch die Darlegungen auf S. 313ff.).

Gebietestrategische Ausdehnungskonzepte sind im übrigen nicht selten an bestimmte *produkt*- bzw. *programm*strategische Entscheidungen gebunden. So müssen zum Teil Produktvarianten entwickelt werden, um gebietestrategisch expandieren zu können. Im Falle der Tiefkühlprodukte-Industrie hat sicher auch die *regionale* (landsmannschaftliche) Differenzierung des Programms die nationale Expansion unterstützt. Mitunter sind bestimmte Differenzierungen aber sogar zwingend. In dieser Hinsicht hatte sich z. B. gezeigt, daß die Gebieteausdehnung der klassischen *Aachener Printe* (= Hartprinte) aufgrund des gelernten Konsumverhaltens bzw. typischer Konsumerwartungen relativ begrenzt war[50]. Erst das Angebot einer

---

[50] Absatzversuche in neue Gebiete führten – aufgrund begrenzter kommunikativer Möglichkeiten der mittelständischen Anbieter – immer wieder dazu, daß die Konsumenten die Hartprinte als zu alt bzw. überlagert reklamierten, in Unkenntnis der Tatsache, daß die klassische Hartprinte aufgrund ihrer Zusammensetzung (u. a. Zuckergehalt) bewußt „hart" hergestellt wird.

262   *2. Teil: Konzeptionsebene der Marketingstrategien*

Alternative in Form der Weichprinte hatte die Voraussetzungen geschaffen, *neue regionale Märkte zu erschließen*, um später dann auch die Hartprinte abgestuft nachzuziehen (z. B. *Lambertz*).

Regionale bzw. nationale Gebietestrategien erzwingen so gesehen nicht selten einen *regional*-differenzierten **Produkt- bzw. Programm-Mix** (nach Arten, Sorten, Geschmacksrichtung usw.), was besonders typisch für viele Nahrungsmittelbereiche wie Nudelerzeugnisse, Wurstwaren, Feinkostsalate u. ä. ist.

Wie regional differenziert Märkte in dieser Hinsicht tatsächlich sein können, läßt sich am Senfmarkt aufzeigen (siehe *Abb. 157a*).

Abb. 157a: Sortenanteile bei Senf national und Bayern (1985), Angaben in %

Sorten \ Gebiete	BRD	Bayern
Delikateß-/Tafelsenf (mittelscharf)	70%	60%
Scharfer Senf	17%	6%
Süßer Senf	11%	33%

Quelle: FAZ.

Alle bedeutenden, ursprünglichen Senfanbieter haben sich aus regionalen Absatzschwerpunktgebieten heraus entwickelt. Obwohl sie inzwischen *alle* national tätig sind, haben sie aufgrund ihrer regionalen und Sorten-Ausgangspunkte auch heute noch regionale Absatzschwerpunkte (z. B. *Appel & Frenzel*, Düsseldorf, mit dem scharfen „Löwensenf" in Westdeutschland oder *Develey*, München, mit dem süßen Senf in Bayern). Lediglich die *Thomy GmbH (Nestlé-Gruppe)* hat sich von Anfang an um den nationalen Markt bemüht und das durch eine eigenständige Darbietungsform (Senf in Tuben) zu unterstützen versucht (*Thomy* ist heute Marktführer).

Damit ist insgesamt die **Verzahnung** zwischen Produkt-/Programmpolitik *und* Marktarealstrategie deutlich geworden. Nach der Diskussion der konzentrischen Gebieteausdehnung sollen nun noch die beiden anderen Grundtypen der Gebietepolitik herausgearbeitet werden.

Was die Strategie *selektiver* Gebieteausdehnungen betrifft, so erstrebt sie nicht einen streng ring- oder schichten-förmigen Gebietegewinn, sondern sie geht vielmehr von dem Kerngebiet aus differenzierend-selektierend vor. Das heißt, es werden – meist phasenversetzt – *zusätzliche* Aufbau- und Verdichtungsgebiete geschaffen, und zwar in der Weise, daß Lücken zwischen diesen neuen Gebieten und dem Kernabsatzgebiet *bewußt* in Kauf genommen werden. Diese Lücken sind meist das Resultat bestimmter lokaler oder regionaler **Marktwiderstände**, die es ratsam erscheinen lassen, zunächst bestimmte nur schwer einnehmbare „Absatzfestungen" der Konkurrenz nicht anzugehen, sondern sie gleichsam zu umzingeln (vgl. *Abb. 158*), um dann in einer späteren Phase gleichzeitig von mehreren Seiten aus mit besseren Aussichten und/oder geringerem Mitteleinsatz in sie eindringen zu können.

Abb. 158: Selektive Gebietsausdehnung (mit darauffolgender Ringschließung und Verdichtung)

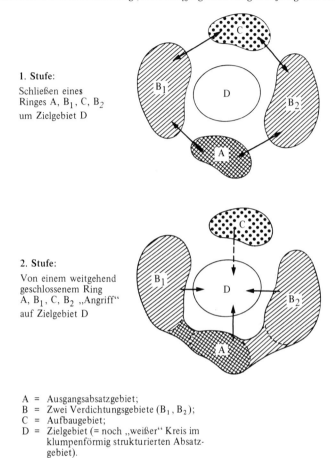

1. Stufe:
Schließen eines
Ringes A, B_1, C, B_2
um Zielgebiet D

2. Stufe:
Von einem weitgehend
geschlossenem Ring
A, B_1, C, B_2 „Angriff"
auf Zielgebiet D

A = Ausgangsabsatzgebiet;
B = Zwei Verdichtungsgebiete (B_1, B_2);
C = Aufbaugebiet;
D = Zielgebiet (= noch „weißer" Kreis im klumpenförmig strukturierten Absatzgebiet).

Charakteristisch für diese selektive Gebieteausdehnung ist, daß – im Interesse der Schaffung eines vertriebs- und (werbe-)mediapolitisch möglichst geschlossenen Absatzgebietes als Endziel – häufig in der aufgezeigten differenzierend-selektivierenden Weise vorgegangen wird (*Becker*, 1972, S. 321). Auf diese Weise können unterschiedliche Marktwiderstände in einzelnen Teilgebieten *adäquat* berücksichtigt werden. Im Interesse eines ökonomisch vertretbaren Mitteleinsatzes entsteht so ein geschlossenes Zielabsatzgebiet in der Regel erst in einem **mehrstufigen Ausdehnungsprozeß**. Die modellhafte Darstellung *(Abb. 158)* anhand zweier Phasen sollte dabei nur das Prinzip skizzieren; in der Realität sind für die Gewinnung geschlossener Zielabsatzgebiete häufig weit *mehr* als zwei Stufen notwendig.

Neue Möglichkeiten eines gebietlich-*selektiven* Vorgehens zeichnen sich übrigens verstärkt durch *neue* elektronische Medienmöglichkeiten (speziell City-TV) ab, die nicht zuletzt auch dem Handel neue (mediengestützte) gebiete-strategische Perspektiven eröffnen.

Folgendes reales Beispiel marktareal-strategischer Politik *(Abb. 159)* zeigt, wie man zunächst *zonenweise* ein nationales Absatzgebiet abzudecken versuchen kann, um dann von den geschaffenen „Marktbastionen" aus das *nationale* Gebiet vollständig zu schließen.

Abb. 159: *Gebiete-strategisches Gesamtkonzept eines Getränkeherstellers zur nationalen Marktabdeckung*

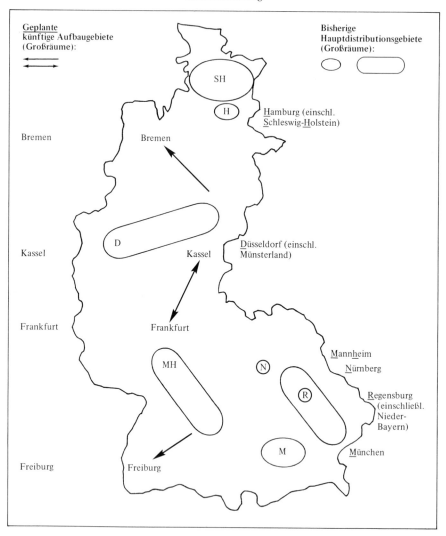

Für das Schließen eines nationalen Absatzgebietes gibt es dabei ganz **verschiedene Realisierungsmöglichkeiten,** angefangen von eigenen Konzepten bis hin zu kooperativen Lösungen oder auch Lizenzmarken- bzw. vollständigen Franchise-Konzepten. Dafür sollen einige Beispiele angeführt werden, speziell was kooperative Konzepte angeht.

So haben sich beispielsweise 1981 fünf (inzwischen sind es sieben) große regionale *Molkereien* zusammengeschlossen, um unter der gemeinsamen Marke *Tiffany* flächendeckend über das gesamte Bundesgebiet hinweg eine gemeinsame Palette von Frischmilch-Desserts anzubieten.

II. Arten und Ausprägungen von Marketingstrategien

Das ursprüngliche Nischen-Konzept wurde später verlassen zugunsten eines breiteren Angebots, das arbeitsteilig produziert wird (Übergang vom Spezialisierungs- zum Rationalisierungskartell).

Ähnliche Konzepte gibt es auch auf anderen Märkten, so zum Beispiel auf dem *Fruchtsaftmarkt*, wo sich vier regionale Fruchtsafthersteller 1974/75 auf ein gemeinsames Saft- bzw. Saftgetränkeprogramm unter der einheitlichen nationalen Marke *Junita* verständigt haben. Ein analoges Konzept gibt es auch im *Markt industrieller Backwaren*, wo sich eine Reihe von Herstellern zum Aufbau und Vertrieb einer nationalen Toast-Marke *(Golden Toast)* zusammengefunden haben.

Insgesamt stellen diese Kooperationen auch eine Reaktion auf die Konzentration im Handel dar. Der gemeinsame und damit gestärkte Auftritt (vor allem über eine gemeinsame nationale Marke) gegenüber dem Handel ist zugleich eine wichtige Klammer solcher Kooperationen, die z.T. auch recht unterschiedliche Partner[51] wie im *Junita*-Verbund (noch) zusammenhält.

Die zuletzt genannte dritte Strategie der *inselförmigen* Gebieteausdehnung kann auch als *Sonderfall* der selektiven Gebieteausdehnung aufgefaßt werden. Typisch für sie ist, daß hier u.U. nur einige wenige **Großstadtzentren** als Ausgangspunkt für einen nationalen Vertriebsaufbau herangezogen werden, und zwar in der Regel Zentren mit Leitcharakter. So hat z.B. *Schweppes* (ursprünglich über eine Importfirma, nämlich *Hosie, Hamburg*) in einer ersten Stufe versucht, den deutschen Markt insbesondere von *drei* Konsum-Inseln aus aufzurollen *(Abb. 160)*.

Abb. 160: Inselförmige Gebietestrategie auf der Basis von drei Großstadtzentren (schematisiert)

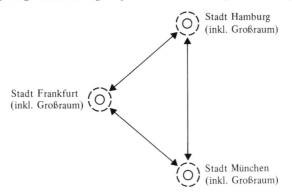

Erst in einer späteren Phase hat man dann systematisch die drei Ausgangsabsatzgebiete untereinander zu *vernetzen* gesucht.

Ein solches insel-orientiertes Gebietskonzept (vgl. *Abb. 160*), wie es gezielt von *Schweppes* ursprünglich verfolgt wurde, beruhte auf der Tatsache, daß die in Großbritannien bekannte und etablierte Produktkategorie *Bittergetränke* in der BRD seinerzeit völlig neu war. Man entschloß sich daher, dieses Produkt „von oben" über Konsumpioniere in den Markt einzuführen, die man am besten in weitläufigen Großstadtzentren ansprechen konnte, und zwar in diesem Falle primär in der gehobenen Gastronomie. Von diesen *Konsumnestern* aus hat man dann über ein gezieltes Demokratisierungskonzept (Bittergetränke nicht nur als gehobenes Mixgetränk, sondern auch als besondere Pur-Limonade) *Schweppes* national distribuiert. Der Alleinstellungscharakter des Produkts und eine sehr eigenwillige, kreative Werbekonzeption haben diesen gebietlichen Marktausdehnungsprozeß dabei begünstigt (vgl. auch S. 255).

---

[51] u.a. in bezug auf Größe, Know-how, Investitionskraft und auch Unternehmenspersönlichkeiten.

Das Streben nach *nationaler* Marktabdeckung, und zwar sowohl aus Marken- als auch Marktbelegungsgründen, wird darüber hinaus nicht selten *additiv* zu realisieren versucht (vgl. z. B. Tiefkühlheimdienst- oder Schnellrestaurant-Unternehmen). Unternehmen dieser Art verdichten nicht selten das nationale Gebiet gezielt sowohl über eigene Niederlassungen als auch über franchisierte Niederlassungen bzw. Beteiligungsgesellschaften. Auf diese oder ähnliche Weise ist eine *vollständige* nationale Gebietsabdeckung vielfach schneller und ggf. auch leichter sowie besser (durch zusätzliches „Unternehmerpotential" von außen) möglich als über einen ausschließlich eigenen Auf- bzw. Ausbau.

Auf dieser kombinierten geo-strategischen Basis hat es z. B. der in der BRD führende Tiefkühlheimdienst *Bo-frost* inzwischen geschafft – unterstützt durch eine konsequente Qualitäts- und Servicephilosophie – nicht nur nationale Marke zu werden, sondern bereits die zweite Stelle im Markt hinter dem Marktführer *Langnese/ Iglo* einzunehmen.

Damit wollen wir die Behandlung marktareal-strategischer Konzepte nationaler Art abschließen. Es soll nun noch auf einige Tendenzen aufmerksam gemacht werden.

Tendenzen inländischer Absatzgebietepolitik

Die drei unterschiedenen marktareal-strategischen Konzepte (konzentrische, selektive und inselförmige Gebieteausdehnung) und ihre marketingpolitischen Charakteristika haben zugleich deutlich gemacht, daß die Absatzgebietepolitik heute sehr stark in Richtung **nationaler Marktabdeckung** orientiert ist, sei es über eigene Konzepte oder auch – wie beispielhaft skizziert – über kooperative bzw. additive Lösungen. Dafür sind eine Reihe von Gründen („Zwängen") verantwortlich, nämlich insbesondere:

- **Stagnierende regionale Märkte** (Suche nach Ersatzpotential im überregionalen Marktbereich);
- **Unvermeidbare Werbefehlstreuungen** bei (zu starker) Regionalisierung von Märkten;
- **Ubiquität** (= nationale „Überallerhältlichkeit") als Voraussetzung für die Bildung und Durchsetzung von Marken(artikeln);
- **Konzentration im Handel** (denn große nationale Handelsorganisationen präferieren grundsätzlich Marken mit nationaler Verbreitung).

Vor allem der vierte Faktor wird in immer stärkerem Maße Herstellerunternehmen – speziell im Konsumgüterbereich – zu einer national orientierten Absatzpolitik drängen (wenn nicht zwingen). Insofern ist auch von dieser Seite aus die Frage der Gebietepolitik zu einer **strategischen Grundfrage** geworden, die nur lösbar ist über ein jeweils unternehmensindividuelles und marktspezifisch abgeleitetes Gebieteausbau-Konzept.

Sonderfrage: Gebietspolitische Aktionsweisen von Dienstleistungsunternehmen

Die Grundfrage gebiete-strategischen Agierens stellt sich nicht nur Herstellerunternehmen, sondern auch *Dienstleistungs*unternehmen i. w. S. Darauf soll abschließend noch kurz eingegangen werden.

II. Arten und Ausprägungen von Marketingstrategien 267

Was den Handel oder auch Banken betrifft, so stellt sich die Gebietepolitik zunächst einmal als ein **Standortproblem** dar. Während Herstellerunternehmen - speziell solche, die für den anonymen Markt produzieren (und das ist die Regel im Konsumgüterbereich) - ihre Standorte eher produktions- oder ggf. rohstoff-orientiert wählen, stehen Dienstleistungsunternehmen unter dem generellen Zwang, ihren Standort in erster Linie *abnehmer-orientiert* zu bestimmen. Neben der jeweiligen optimalen Standortbestimmung für das einzelne Outlet gilt es jedoch auch, die **Outlet-Verteilung** bzw. **-Abdeckung** insgesamt zu bestimmen. Sie hängt sehr stark ab vom regionalen oder nationalem Konzept des Unternehmens (wie am Beispiel der Banken aufgezeigt werden kann).

Mit der Entscheidung des Bundesverwaltungsgerichts (1958), daß die Bedürfnisprüfung dem Grundgesetz (Art. 12, Abs. 1) widerspricht, war es den Kreditinstituten möglich, eine *expansive* Zweigstellenpolitik zu betreiben. Sie hat „die bankbetriebliche Faustregel bestätigt, daß ein Ausbau des Zweigstellennetzes zu besserem Einlagengeschäft, besserer Kundenstruktur und intensiviertem Dienstleistungsgeschäft mit entsprechendem ‚Bodensatz' führt" (*Geigant*, 1984, S. 560), speziell im Hinblick auf das Individualkunden-(=Mengen-)geschäft. *Abb. 161* zeigt die Entwicklung der Kreditinstitute und ihrer Zweigstellen.

Abb. 161: Zahl und Entwicklung der Bankstellen (Vergleich 1957/1987)

Bankengruppe	1957		1987	
	Kredit-institute	Zweig-stellen	Kredit-institute	Zweig-stellen
Kreditbanken, davon	364	1917	311	6291
• Großbanken	8	787	6	3120
• Regionalbanken und sonstige Kreditbanken	96	1020	157	2814
• Zweigstellen ausländischer Banken	15	6	59	31
• Privatbankiers	245	104	89	326
Girozentralen	14	191	12	231
Sparkassen	871	8192	586	17307
Genossenschaftliche Zentralbanken	19	89	6	36
Kreditgenossenschaften	11795	2305	3476	15910
Realkreditinstitute, davon	44	19	38	32
• Private Hypothekenbanken	25	8	27	26
• Öffentlich-rechtliche Grundkreditanstalten	19	11	11	6
Teilzahlungskreditinstitute	194	225	.	.
Kreditinstitute mit Sonderaufgaben	16	34	16	84
Insgesamt	13317	12972	4445	39891

Quelle: Deutsche Bundesbank

Unter marketing-orientierten Aspekten lassen sich *drei* grundlegende **Typen** von Zweigstellen unterscheiden, die durch einen unterschiedlichen Funktionsinhalt charakterisiert sind (*Kahn*, 1975, S. 111 f.):

- **Zahlstellen** (für die Abwicklung von Zahl- und „Einfach"-Geschäften),
- **Vollsortiments-Zweigstellen** (Angebot des gesamten Leistungsspektrums, primär bezogen auf die Individualkundschaft),
- **Beratungszentren** (keine Zahlgeschäfte, lediglich Finanzierungs- bzw. Geldanlage-Beratung).

Lange ist primär der *quantitative* Aspekt des Zweigstellen-Konzepts berücksichtigt worden, d.h. man sah zunächst allein in der **Schaffung von Kundennähe** ein ausreichendes präferenzpolitisches Instrument. Erst später hat man erkannt – und dieser Prozeß ist noch längst nicht abgeschlossen –, daß der Erfolg des Banken-Marketings entscheidend auch von der *qualitativen* Struktur des Absatzsystems abhängt, z.B.

- kundenfreundlicher Gestaltung der Schalterräume,
- Anhebung des Beratungsniveaus der Bankangestellten.

Das Banken-Marketing hat hier im Grunde – vielfach auch erst ansatzweise – das *nachvollzogen,* was andere Wirtschaftsbereiche schon wesentlich früher realisiert haben (etwa der Handel mit firmenspezifischer, kundenorientierter und kaufanregender Gestaltung der Ladenlokale einerseits und die Markenartikel-Industrie insbesondere mit einem zielgerichteten, produkt- und abnehmerorientierten Training der Außendienstmitarbeiter andererseits).

Inzwischen ist der Höhepunkt der **Zweigstellen-Expansion** (nicht zuletzt aus Kostengründen) überschritten. Diese Entwicklung ist aber auch Ausdruck einer vom Markt (Wettbewerb) erzwungenen Strategieänderung im Massengeschäft, nämlich vom Preiswettbewerb (Preis-Mengen-Strategie) hin zum **Qualitätswettbewerb** (*Präferenz*strategie, vgl. auch *Geigant,* 1984, S.561). Damit wird deutlich, daß geo-strategische Entscheidungen mit anderen Entscheidungen, z.B. mit marktstimulierungsstrategischen Entscheidungen, *verknüpft* sind. Nach diesem Exkurs wollen wir nunmehr auf Strategien des übernationalen Marketings eingehen.

b) Übernationale Strategien (International Marketing)

Marketing- und Unternehmensstrategien, die über das inländische Absatzgebiet (Marktareal) hinausgehen, stellen eine *neue(re)* Dimension marktareal-strategischen Handelns dar. Sie greifen im Grunde über rein gebietliche Aspekte weit hinaus; das heißt, sie haben in der Regel wesentlich stärker **strukturierende Wirkungen** für das gesamte Unternehmen als etwa rein inländische Gebiete-Konzepte.

Übernationale Strategien haben dabei insgesamt eine **Vielzahl von Ausgangspunkten.** Neben nicht zu unterschätzenden Prestige-Aspekten (z.B. das Bestreben, es wichtigen Leitkonkurrenten gleich zu tun) und Image-Motiven (z.B. auch als kompetentes internationales Unternehmen/Marke zu gelten), geht eine *entscheidende* Motivation zu multi- oder gar internationalem Marketing von stagnierenden oder zumindest schwach wachsenden inländischen Märkten aus, wie sie heute für viele Branchen typisch sind. Für bereits im Auslandsgeschäft tätige Unternehmen besteht andererseits vielfach der Zwang, das übernationale Geschäft zu forcieren, um möglichst an – am Weltmaßstab gemessen – Mindestabsatzmengen heranzukommen, die den Einsatz modernster Fertigungstechniken erlauben, um auf diese Weise entsprechend niedrige Produktionskosten zu realisieren (**„Economies of scale")**, welche die Unternehmen am Weltmarkt auf Dauer überhaupt erst überlebensfähig machen.

Übernationale Strategien entspringen somit zunächst einmal in hohem Maße dem Bemühen nach ausreichender Absatz- bzw. Wachstumssicherung (*Übleis*, o.J., S.10)

II. Arten und Ausprägungen von Marketingstrategien

und damit nicht zuletzt dem Streben nach mittel- und langfristiger Gewinnsicherung (*Miracle/Albaum*, 1970, S. 52 ff.). Diesen eher defensiven Motiven stehen ausgeprägte *offensive* Motive gegenüber, die primär an höheren Gewinnerwartungen in Auslandsmärkten anknüpfen[52]. „Defensive Motive führen zu einer Internationalisierung, welcher etwas Reaktives, eher Zufälliges anhaftet". . . . „Offensive Motive haben ein Verhalten zur Folge, das unter Ausnutzung der ‚economies of scale' weltweit nach Chancen sucht und im eigentlichen Sinn als *strategisch* (kursive Heraushebung v. Verf., J.B.) zu bezeichnen ist" (*Perridon/Rössler*, 1980, S. 258).

Wie *vielschichtig* die Motivation der Unternehmen für eine internationale Betätigung insgesamt sein kann, verdeutlicht Abb. 162 (*Meffert/Althans*, 1982, S. 25).

Abb. 162: Ziele bzw. Anlässe internationaler Betätigung

- Der Inlandsmarkt ist relativ gesättigt und expandiert nur noch langsam, so daß Aktivitäten im Ausland gewinnversprechender erscheinen
- Man will die Krisenfestigkeit des Unternehmens sichern, indem man durch zusätzliche Märkte und Kundengruppen das unternehmerische Risiko streut
- Vorhandene Fertigungskapazitäten können durch die Erschließung neuer Märkte ausgenutzt werden
- Durch Produktion im Ausland werden Kostenvorteile (niedrigere Löhne, geringere Material- und Transportkosten usw.) erzielt und staatliche Vergünstigungen (Subventionen, Kredite) in Anspruch genommen
- Ausländische Niederlassungen und Tochtergesellschaften können durch ihre größere Marktnähe die Absatzerfolge gegenüber dem reinen Export wesentlich steigern
- Produktionsverlagerungen wichtiger Abnehmer ins Ausland machen es oft notwendig, diesen zu folgen, um eine weitere Zusammenarbeit zu sichern und zu intensivieren (dies gilt insbesondere für Banken und Versicherungen und sonstige Dienstleister)
- Kaufkraft- und Wechselkursverschiebungen zwingen zu einer Internationalisierung des Geschäfts
- Die Konkurrenz ist bereits erfolgreich im Auslandsmarkt tätig
- Es besteht die Möglichkeit des Abschlusses attraktiver Gegengeschäfte
- Der Eintritt in den Auslandsmarkt verschafft den Zutritt zu bestimmtem Know-how

Diese Aufstellung wichtiger Gesichtspunkte für eine **Internationalisierung** von Unternehmen macht zugleich deutlich, daß die Ziele und Anlässe *nicht* auf den Marketingbereich allein beschränkt sein müssen (= **unternehmens**konzeptionelle Komponente).

Grundlegende gebiete-strategische Realisierungsformen Internationalen Marketings

Was die Realisierungsformen des Internationalen Marketings betrifft, so lassen sich *genetisch* verschiedene Entwicklungsstufen identifizieren, die auch als verschiedene **Intensitätsgrade** eines länderüberschreitenden Marketingkonzepts aufgefaßt werden

---

[52] Eine Studie der englischen *Economists Advisory Group* hat u.a. gezeigt, daß ein bestimmter *Zusammenhang* zwischen der Höhe des Auslandsanteils der Produktion einerseits und dem Wachstum sowie dem Gewinn von Großunternehmen (Konzernen) andererseits besteht. Für die Jahre 1962–1972 wurde die höchste Umsatzrendite für Unternehmen festgestellt, die einen Umsatzanteil an Auslandstätigkeit zwischen 42 und 52 Prozent realisierten (vgl. o.V., Sind die Multinationalen besonders rentabel?, in FAZ vom 12.6.75, S.9)

können. In der Literatur werden hierbei zwar sehr unterschiedliche Abgrenzungen vorgenommen (*Miracle/Albaum*, 1970, S.320; *Cateora/Hess*, 1975, S.7f. bzw. *Cateora*, 1983; *Kahmann*, 1972, S.17ff.; *Berekoven*, 1978a, S.38ff.), im Prinzip lassen sie sich aber auf *drei* Stadien reduzieren (vgl. auch *Tajima*, 1974, Sp.900f.):

(1) Exportunternehmung,
(2) Multinationale Unternehmung,
(3) Weltunternehmung.

Charakteristisch für das Exportunternehmen ist, daß etwa aufgrund von inländischen Marktsättigungserscheinungen versucht wird, für rückläufigen inländischen Absatz einen Ausgleich im Auslandsabsatz zu suchen. Der Auslandsabsatz hat in diesem Sinne *akzessorischen* Charakter, d.h. er stellt im Prinzip (nur) eine Ergänzung des inländischen Marketings („domestic marketing") dar. Was das Exportgeschäft im einzelnen angeht, so sind hierbei *zwei* Grundformen (vgl. *Abb.163*) zu unterscheiden, nämlich der indirekte und der direkte Export.

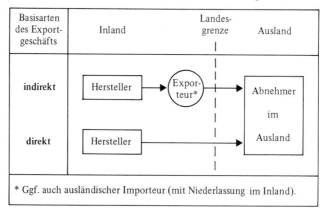

Abb.163: Vergleich indirekter und direkter Export

Die *historisch* ältere („klassische") Form des Exportgeschäftes ist der sog. *indirekte* Export, für den die Einschaltung eines Exportorgans im Inland kennzeichnend ist (vgl. *Abb.163*). Bei stärkerem Wachstum des Auslandsgeschäftes und damit vielfach verbundener Verstetigung dieses Geschäftes, nimmt die Neigung der Hersteller zum Direktexport aus Gründen der besseren **Zugriffs- und Steuerungsmöglichkeiten** in der Regel zu (*Kotler*, 1982, S.700 sowie im einzelnen *Walldorf*, 1987, S.29ff.).

Nach einer bestimmten Anlauf- bzw. Einstiegsphase des *direkten* Exportgeschäfts genügen vielfach Umfang und/oder Qualität der Marktbearbeitung durch die in der ersten Stufe meist nicht optimal selektierten Absatzpartner *nicht mehr* den absatzstrategischen Anforderungen. In einer solchen Entwicklungsphase wird dann etwa versucht, Vertragshändler- oder sogar Franchise-Konzepte im Ausland zu realisieren, um eigene Zielvorstellungen besser durchsetzen zu können (*Berekoven*, 1978a, S.41).

Der Direktexport hat sich vor allem bei Gebrauchsgütern speziell des Investitionsgüterbereichs (z.B. komplexen Maschinen) durchgesetzt. Hierbei ist es vielfach notwendig, auch eigene Operationsbasen im Ausland zu installieren, und zwar vor allem eigene Niederlassungen, die Ersatzteile in Kundennähe bereithalten und schnell und fachmännisch den notwendigen Reparatur- bzw. Wartungsservice erbringen.

Das *multinationale* Unternehmen ist demgegenüber dadurch gekennzeichnet, daß bei ihm die „Home-country orientation" (=Heimatland-Orientierung) *zugunsten* einer umfassenden „Host-country orientation" (=Gastland-Orientierung) aufgegeben wird. An dem Übergang vom Exportmarketing zum Multinationalen Marketing steht dabei in der Regel die Aufnahme der **Produktion im Ausland** selbst. Diese Produktionsniederlassungen im Ausland werden in der Regel von einem jeweils nationalen Management geführt, wobei *auch* die Marketingaktivitäten heute überwiegend auf einer „country-by-country basis" geplant und gesteuert werden (*Rosenberg*, 1977, S.619f.; *Stahr*, 1979, II S.20ff.). Das heißt bezogen auf den Marketingbereich nichts anderes, als daß das Marketingprogramm (Marketingmix) vielfach länderspezifisch differenziert wird, und zwar entweder total oder zumindest partial.

Ein multinationales Unternehmen bzw. seine Operationsstruktur läßt sich modellhaft etwa wie folgt *(Abb. 164)* darstellen.

Abb. 164: *Realtypische Struktur eines multinationalen Unternehmens*

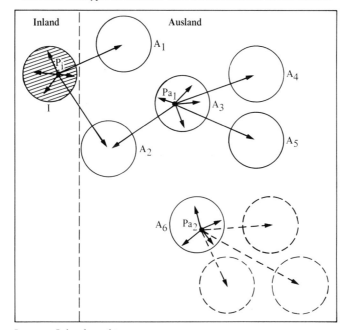

I = Inlandsmarkt,
A_1–A_6 = Auslandsmärkte,
P_i = inländische Produktion (Mutterfirma),
$Pa_{1,2}$ = ausländische Produktionsstätten (Tochterfirmen).

Aus *Abb. 164* geht hervor, daß ein multinationales Konzept sehr *differenziert* sein kann.

In unserem *realtypischen Beispiel* werden etwa die unmittelbar benachbarten Auslandsmärkte A_1 und A_2 von der inländischen Produktionsstätte P_1 beliefert. Für den Auslandsmarkt A_3 wurde aus Kapazitäts-, Kosten- und spezifischen Produktqualitätsgründen eine eigene Pro-

272   2. Teil: Konzeptionsebene der Marketingstrategien

duktionsstätte Pa_1 geschaffen, die auch die noch im Aufbau befindlichen Auslandsmärkte A_4 und A_5 bedient; ein spezielles Produkt wird von der Produktionsstätte Pa_1 auch an den Nachbarmarkt A_2 geliefert. Die Produktionsstätte Pa_2 im Auslandsmarkt A_6 wurde im Hinblick auf die Erschließung neuer Teilmärkte in einem anderen Kontinent geschaffen (Langfrist-Konzept).

Das multinationale Konzept sieht bisher eine weitgehende Selbständigkeit der Produktionsunternehmen im Hinblick auf von ihnen zu beliefernde Märkte vor. Die Mutterfirma P_1 behält sich jedoch bestimmte strategische *Basisentscheidungen* z. B. hinsichtlich der Markenführung - speziell Kommunikationspolitik für die in allen Auslandsmärkten eingesetzte und geschützte Marke X - sowie hinsichtlich der Programmbreite und -tiefe vor. Außerdem gibt es durchgän-

Abb. 165: Die multinationale Struktur der Nestlé-Gruppe

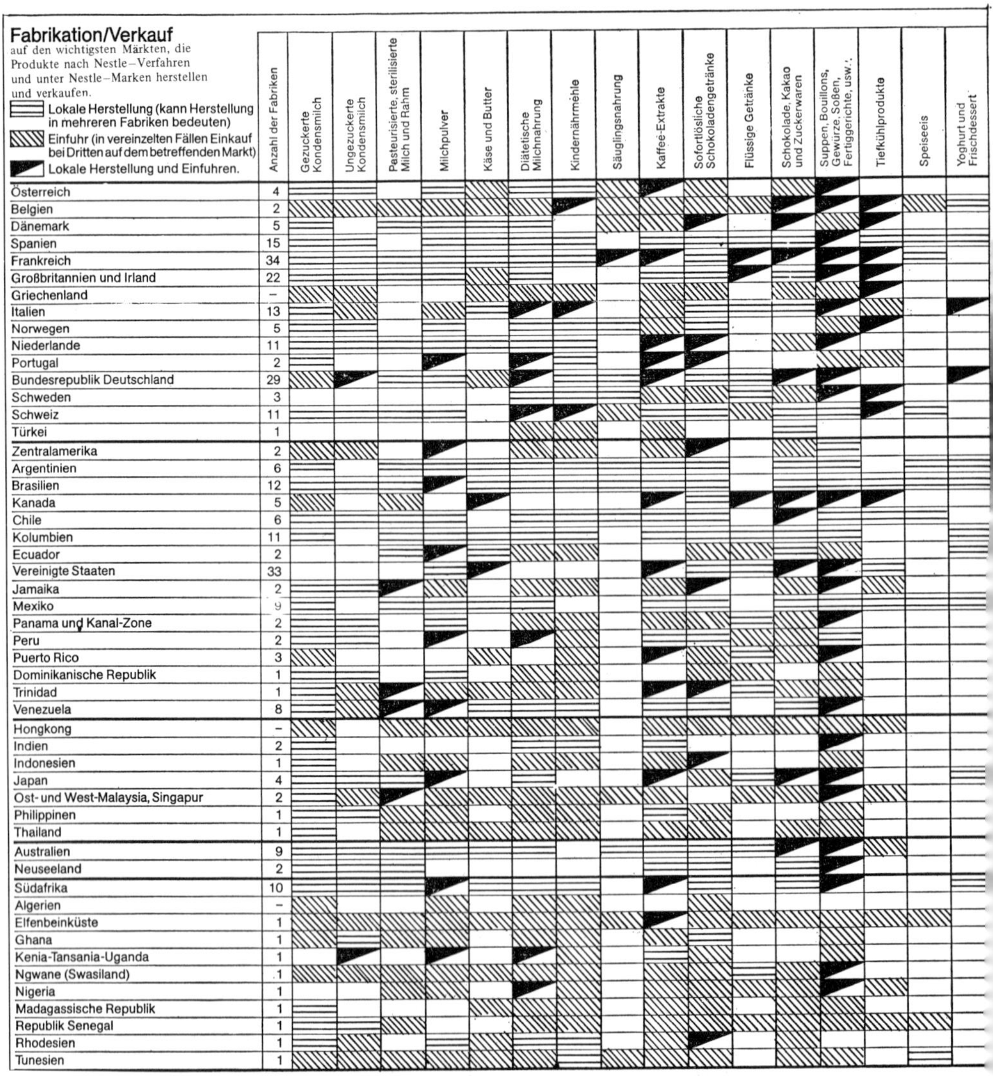

Quelle: Prospekt für die Ausgabe von *Nestlé*-Inhaberaktien, in FAZ, vom 18.12.75, S.20.

II. Arten und Ausprägungen von Marketingstrategien 273

gige, essentielle Organisationsrichtlinien, die vor allem die regelmäßige Kontrolle des Auslandsgeschäfts durch die Stammfirma P_1 ermöglichen sollen.

Diese an konkreten Beispielen orientierte Struktur eines multinationalen Unternehmens verdeutlicht einmal die **Autonomie** einzelner Märkte (speziell mit eigenen Produktionsstätten), markiert aber auch die Möglichkeiten und Zwänge einer **Gleichrichtung** bei ausgewählten funktionalen Aufgabenbereichen bzw. beim Instrumenteneinsatz im Rahmen dieser Bereiche. Die multinationale Unternehmung erscheint so gesehen auch als Durchgangsstufe zu einem streng strukturierten Weltunternehmen (vgl. verschiedene Beispiele auch bei *Buzzell/Quelch,* 1988).

Wie *filigran* multinationale Aktivitäten in bezug auf Fabrikation und Verkauf in einer Vielzahl von Märkten verteilt sein können, zeigt das Beispiel *(Abb. 165)* der *Nestlé-Gruppe.*

Abb. 166 verdeutlicht dazu noch die multinationale Struktur der *Siemens-Gruppe* (als Beispiel der Gebrauchs- bzw. Investitionsgüterindustrie), und zwar differenziert nach Vertriebs- und Fertigungsgesellschaften.

Abb. 166: Multinationale Struktur der Siemensgruppe

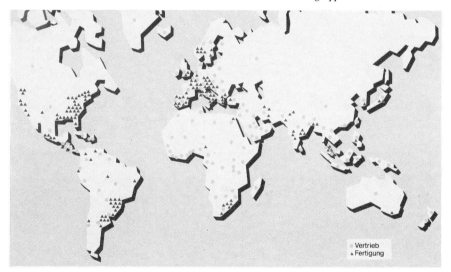

Quelle: Geschäftsbericht *Siemens AG,* 1985.

Diese Karte veranschaulicht die Struktur der **internationalen Präsenz** von *Siemens. Abb. 167* zeigt zudem die Umsatzverteilung nach Regionen. Diese Übersicht läßt erkennen, daß *Siemens* immerhin knapp die Hälfte des Umsatzes (47%) im Ausland tätigt.

Anhand der Übersicht *(Abb. 167)* wird zugleich deutlich, daß auch einer *internationalen* Marketing- und Unternehmenspolitik in der Regel *nicht* eine gleichmäßige Länder- bzw. Regionenabdeckung, sondern eine geplante **Schwerpunktbildung** zugrundeliegt, bei der es allerdings im Zeitablauf zu wesentlichen *Um*schichtungen

2. Teil: Konzeptionsebene der Marketingstrategien

Abb. 167: Umsatz der Siemensgruppe nach Regionen (1984/85)

1984/85	Mrd. DM	Prozent
Afrika	2,3	4
Asien und Australien	4,5	8
Lateinamerika	2,1	4
Nordamerika	5,5	10
Europa ohne Bundesrepublik Deutschland	11,1	21
Bundesrepublik Deutschland einschl. Berlin (West)	29,1	53
Gesamt	54,6	100

Quelle: Geschäftsbericht Siemens AG, 1985.

kommen kann (u. a. auch aus politischen Gründen), wie das aus folgender Übersicht zur Weltumsatzverteilung z. B. von *Bayer (Abb. 168)* hervorgeht. Diese Aufstellung für die Jahre 1977 und 1986 zeigt im übrigen nicht nur die starke Umsatzausweitung (beinahe Verdoppelung in den letzten 10 Jahren), sondern sie dokumentiert vor allem auch die zielstrebige **Internationalisierung** von *Bayer*.

Abb. 168: Bayer-Weltumsatz nach Regionen (1977/86)

Umsatz Bayer-Welt nach Regionen	1986		1977	
	Mrd. DM	%	Mrd. DM	%
Bundesrepublik Deutschland	8,6	21	6,7	31
Europäische Gemeinschaft (ohne Bundesrepublik Deutschland)	11,1	27	5,4	25
übriges Europa	4,1	10	2,3	11
Europa	**23,8**	**58**	**14,4**	**67**
Nordamerika	8,4	21	2,8	13
Mittel- und Südamerika	2,8	7	1,8	8
Fernost	3,8	9	1,4	7
Nah- und Mittelost	1,0	3	0,4	2
Afrika	0,9	2	0,6	3
übriges Ausland	**16,9**	**42**	**7,0**	**33**
Gesamt	**40,7**	**100**	**21,4**	**100**

Quelle: Geschäftsbericht Bayer, 1986.

Während die BRD 1977 noch einen Umsatzanteil von 31% aufwies, sank er bis zum Jahre 1986 auf 21%. Aufschlußreich ist vor allem der stark gewachsene Anteil des *außer*europäischen Geschäfts, das vor allem vom Nordamerika-Geschäft getragen wird (1986: Anteil 21%).

Was die *Welt*unternehmung betrifft, so ist ihre eindeutige Abgrenzung zur multinationalen Unternehmung *nicht* ohne weiteres möglich. Hierbei gibt es vielfältige **Zwi-**

II. Arten und Ausprägungen von Marketingstrategien

schenstufen, die nicht zweifelsfrei zugeordnet werden können. Als ausschlaggebend für eine Zuordnung muß dabei jeweils auch die *unternehmens- und marktindividuelle* Gesamtstruktur herangezogen werden.

Versucht man die Weltunternehmung generell abzugrenzen, so kann insbesondere von folgenden *grundlegenden* Merkmalen ausgegangen werden (*Tajima,* 1974, Sp.902f.; vgl. auch *Buzzell/Quelch,* 1988, S.9ff.; *Kreutzer,* 1989, S.60ff.):

- Weltweite Operationsbasis,
- Filialen und Tochtergesellschaften auf der ganzen Welt,
- Produktion im Ausland,[53]
- internationale Kapitalaufbringung,
- weite Streuung von Programmen (Sortimenten) und Tätigkeitsbereichen,
- Firmenleitungen verschiedener Nationalität,
- Autonomie der ausländischen Marketing- und Produktionseinheiten,
- Stammhaus als Holdinggesellschaft (mit bestimmter „Richtlinien-Kompetenz", Erg. v. Verf., J.B.).

Sieber spricht dann von einer Weltunternehmung, wenn über 50% ihrer Gesamtinvestitionen im Ausland getätigt werden (*Sieber,* 1970). Diese Abgrenzung gegenüber der multinationalen Unternehmung ist allerdings zu pauschal und zu formal zugleich. Eine *angemessene* Zuordnung kann u.E. – wie bereits betont – letztlich nur auf der Basis spezifischer, fallbezogener Kriterien vorgenommen werden (vgl. hierzu auch *Meffert/Althans,* 1982, S.24; *Segler,* 1986, S.22ff.).

Zur Abrundung dieser Fragestellung soll abschließend eine spezifische stadienorientierte Betrachtungsweise eingeführt werden.

Zur Stadienbetrachtung des Internationalen Marketings

Auf spezifische Wesensmerkmale der verschiedenen Stufen oder Stadien des Internationalen Marketings stellt insbesondere *Perlmutter* ab, der analog zu der von uns zugrundegelegten Systematik *drei* Entwicklungsphasen unterscheidet (*Perlmutter,* o.J., zit. nach *Kahmann,* 1972, S.18f.; siehe auch *Kreutzer,* 1989, S.12ff.):

1. Stufe: **Die ethnozentrische Unternehmung**
   Sie hat ihren Absatzschwerpunkt in ihrem Heimatmarkt und beurteilt bzw. steuert aus dieser Perspektive ihre ausländischen Aktivitäten. Diese Handlungsweise entspricht in hohem Maße dem Exportmarketing (→Exportunternehmung).

2. Stufe: **Die polyzentrische Unternehmung**
   Sie differenziert ihre Aktivitäten nach den Besonderheiten der ausländischen Absatzmärkte. Die Tochtergesellschaften im Ausland besitzen eine relativ große Entscheidungsfreiheit; ein straffer, für alle bearbeiteten Auslandsmärkte einheitlicher Gestaltungsrahmen ist in der Regel nicht gegeben (→multinationale Unternehmung).

---

[53] Die Forcierung der Produktion im Ausland ist vor allem bei vielen japanischen Unternehmen bzw. ganzen Branchen erkennbar, und zwar speziell in den USA und in Europa. Abgesehen davon, daß die Produktion in wichtigen Absatzmärkten wesentliche Marketingvorteile aufgrund der Marktnähe bietet, dient diese Strategie vor allem der Vorsorge für *protektionistische* Maßnahmen, die den freien Zugang zu wichtigen Abnehmermärkten erschweren könn(t)en (vgl. entsprechende Maßnahmen der japanischen Automobil- oder auch Unterhaltungselektronik-Industrie).

3. Stufe: **Die geozentrische Unternehmung**
Sie besitzt eine weltweit komplexe Unternehmens- und Marketingstruktur und wird durch ein internationales Management auf der Basis einheitlicher Ziele und Strategien geführt (→Weltunternehmung).

Die Weltunternehmung ist demnach vor allem durch *weltumspannende* Aktivitäten einerseits und eine straffe, in Basisfragen *zentral-orientierte* Führungsstruktur andererseits gekennzeichnet. Unternehmens- und Führungsstruktur der Weltunternehmung lassen sich modellhaft etwa wie folgt *(Abb. 169)* skizzieren.

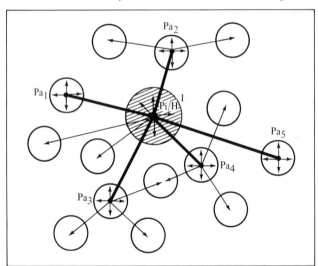

Abb. 169: *Modellhafte Struktur einer Weltunternehmung*

Die Grundstruktur wie auch die Symbolik entspricht der auch in *Abb. 164* (=multinationale Unternehmung) verwendeten.
P_1/H = Stammunternehmen mit Holding
── = Spezielle Steuerungslinien der Zentrale (Holding) zu den Tochterfirmen in Grundsatzfragen („strategische Richtlinien-Kompetenz").

Diese Darstellung *(Abb. 169)* illustriert vom Stammunternehmen ausgehend die **weltumspannenden Aktivitäten** mit zahlreichen verselbständigten (Produktions-)Gesellschaften im Ausland, die wiederum jeweils mehrere Auslandsmärkte beliefern. Die Grafik markiert aber auch die notwendigen „Steuerungslinien" in Grundsatzfragen von der Zentrale (Holding) aus zu den Produktions- bzw. Tochterunternehmen im Ausland, während die ausländischen Gesellschaften wiederum ihrerseits dafür verantwortlich sind, daß diese Richtlinien der Zentrale auch in von ihnen belieferten, wiederum grenzüberschreitenden Absatzgebieten umgesetzt werden.

Die drei unterschiedenen Typen des Internationalen Marketings – nämlich Exportunternehmung, multinationale Unternehmung und Weltunternehmung, die sich auch in *Perlmutters* Unterscheidungen wiederfinden – repräsentieren insgesamt Basisstrategien, die in der Realität *vielfältige,* meist unternehmens- und marktindividuell bedingte Ausprägungsformen aufweisen (können). Typisch ist, daß auf dem

II. Arten und Ausprägungen von Marketingstrategien

Weg zur Weltunternehmung die beiden „Vorstufen" durchweg nicht übersprungen werden können.

Betrachtet man den Komplex des Internationalen Marketings abschließend, so kann man sagen, daß die Exportunternehmung aufgrund der ökonomischen Entwicklung in vielen Bereichen inzwischen von der **multinationalen Unternehmung** abgelöst worden ist; das gilt jeweils vor allem für die Marktführer in einem Markt. Andererseits ist die Weltunternehmung im aufgezeigten umfassenden Sinne immer noch eher die Ausnahme und wird sie wohl auch bleiben (müssen)*. Als deutsche Beispiele für Unternehmen mit dem Charakter von Weltunternehmungen können etwa *VW, Siemens* oder auch *BASF* und *Bayer* genannt werden.

Die verschiedenen Stadien übernationalen Marketings sind dabei nicht nur für Herstellerunternehmen relevant, sondern erfassen auch *Dienstleistungs*betriebe i.w.S. (vgl. auch *Meffert/Althans,* 1982, S.229f.). In dieser Hinsicht entstehen – auf Branchenebene – gleichsam **internationale Verkettungen** zwischen Herstellerunternehmen und Handel, Banken, Versicherungen sowie speziellen Dienstleistungsunternehmen wie Marktforschungsinstituten, Werbeagenturen oder auch Unternehmensberatern.

So streben z.B. viele Unternehmen, die übernational tätig sind, danach, daß sie im Ausland nicht nur von ihrer Hausbank, sondern etwa auch von ihrer Hausagentur betreut werden. Die Internationalisierung, die vielfach von Herstellerunternehmen ausgeht, erfaßt somit viele „arrondierende" Wirtschaftsbereiche. Bei den Banken sind inzwischen bereits 35 deutsche Institute mit über 300 Stützpunkten an wichtigen Finanz- und Handelsplätzen in der ganzen Welt präsent (*Meffert/Althans,* 1982, S.229). Auch bei den Auslandsaktivitäten (= Internationales Marketing) der Banken lassen sich dabei verschiedene **Grundformen** (Stufen) des Auslandsengagements unterscheiden (vgl. *Feldbausch,* 1974, S.322f.; *Becker,* 1978, S.146f.):

- Schaffung von **Repräsentanzen** (Beratung und Betreuung der Kunden im Ausland, die Abwicklung der Geschäfte erfolgt über inländische Korrespondenzbanken);
- Errichtung eigener **Filialen** (wenn der jeweilige Geschäftsumfang das rechtfertigt, wird vielfach mit solchen Filialen auch der Grundstein gelegt für Geschäftsverbindungen mit Unternehmen im Ausland, die ihrerseits Auslandsgeschäfte mit der BRD betreiben);
- **Beteiligung** an ausländischen Banken (als ein ggf. risikoärmerer Weg; derartige Beteiligungen konzentrieren sich vielfach auf Spezialinstitute, Euro-Geld- bzw. Euro-Kapitalmarkt-Institute sowie auf Handels- und Entwicklungsbanken in Entwicklungsländern);
- Gründung von **Tochterinstituten** für spezielle Aufgaben (insbesondere in Ländern, in denen das aufgrund der Bankengesetzgebung – wie z.B. in den USA – zweckmäßig erscheint);
- Multinationale **Kooperationen** von Banken (hierbei können im wesentlichen zwei Arten unterschieden werden: Konsortialbanken und multinationale Partnerschaften, die den Kunden aller Partnerbanken normierte Leistungen anbieten).

---

* Auf die gesamtwirtschaftlichen bzw. weltwirtschaftlichen Aspekte dieser Thematik kann hier nicht näher eingegangen werden.

Die Auslandsaktivitäten speziell der Großbanken stellen inzwischen – ähnlich wie im Hersteller-Sektor – einen wesentlichen Geschäfts- und Erfolgsfaktor dar (jeweils zwischen 25% und 33% am Gesamtgeschäft bzw. Gesamtertrag).

Sonderformen des Internationalen Marketings

Neben den dargestellten Basisstufen oder -stadien des Internationalen Marketings, soll noch kurz auf **Sonderformen** internationaler Betätigung eingegangen werden. Sie können auch als *bestimmte* Zwischen- oder Begleitformen des Internationalen Marketings aufgefaßt werden. Folgende Formen sind im wesentlichen zu nennen (*Meffert/Althans,* 1982, S. 26 ff.; *Aaker,* 1984, S. 285 ff.):

1. **Lizenzvergabe,**
2. **Franchising,**
3. **Joint Venture.**

Diese speziellen Formen Internationalen Marketings lassen sich *in* die bereits diskutierten Basisformen bzw. Basisstufen wie folgt *einordnen* (vgl. Abb. 170, Meissner/Gerber, 1980, S. 224; siehe hierzu auch *Walldorf,* 1987, S. 29 ff.).

Die Lizenzvergabe ist auf die internationale Vermarktung des eigenen Know-hows (u. a. Produkte, Produktion, ggf. Marke) gegen eine entsprechende Gebühr gerich-

Abb. 170: Internationalisierungsstufen und ihre Struktur von Kapital- und Managementleistungen (Stamm-/Gastland)

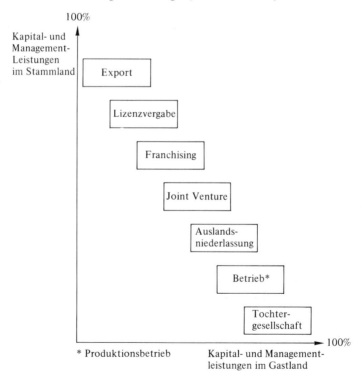

tet. Sie hat gerade auch im Geschäft mit den Staatshandelsländern (Ostblock)[54] eine bestimmte Bedeutung erlangt (vgl. z. B. *Salamander*-Schuhe). Das Franchising als „Vertragsvertrieb" auf der Basis einer in der Regel einmaligen und dann weiterhin laufenden Franchisegebühr ist weltweit vor allem über die amerikanischen Fastfood-Ketten (z. B. *Mc Donalds*) allgemein bekannt geworden. Eine zunehmende Bedeutung - insbesondere im Internationalen Marketing - spielen neuerdings sog. Joint Ventures (Gründung von Gemeinschaftsunternehmen international selbständiger Partner, z. B. beabsichtigter Aufbau des in der Welt größten Unternehmens für Medizinal-Elektronik durch den britischen Elektrokonzern *General Electric* und den holländischen *Philips-Konzern* oder ein geplantes Gemeinschaftsunternehmen von *Corning* (USA) und *Siemens* (BRD) zur Herstellung von Glasfasern).

Allen diesen Sonderformen sind neben bestimmten betriebswirtschaftlichen Vorteilen (Expansion mit Hilfe von Partnern, Loslösung bzw. Teilloslösung von den eigenen finanziellen Möglichkeiten) vor allem ein bestimmtes **Beschleunigungspotential** gemeinsam, das es jedoch nicht immer auszuschöpfen gelingt (insbesondere bei Joint Ventures). Speziell bei Joint Ventures kommt hinzu, daß sich im Zeitablauf die strategischen Bedingungen eines Partners *so grundlegend* ändern können, daß das gemeinsame Interesse der Partner am Gemeinschaftsunternehmen stark leidet bzw. es zu Konflikten hinsichtlich der weiteren Geschäftspolitik wie auch der Gewinnverteilung bzw. -verwendung kommen kann (vgl. auch *Seibert, 1981*).

c) Typische Entwicklungsrichtungen marktareal-strategischer Aktionsweisen (unter Berücksichtigung von Global- und Euro-Marketing)

Die Diskussion gebiete-politischer Alternativen hat gezeigt, daß diese Frage - speziell unter mittel- und langfristigem Aspekt - für Unternehmen von grundlegender Bedeutung ist. Je *früher* und *gezielter* gebiete-politische Entscheidungen im Sinne einer bewußt zu gestaltenden Aktionsfrage (und nicht lediglich als Reaktionsfrage oder Frage einer bestimmten „Automatik") behandelt werden, um so besser können alle übrigen marketing- und unternehmenspolitischen Entscheidungen *systematisch* darauf ausgerichtet werden. Das gilt in hohem Maße für die angebotspolitischen Maßnahmen wie etwa Produkt und Programm sowie Verpackung und Marke wie auch für grundlegende kommunikationspolitische Maßnahmen (speziell Werbung).

Was die gebiete-politischen Handlungsweisen insgesamt angeht, so kann man - um es noch einmal zusammenfassend zu wiederholen - folgende strategischen Alternativen unterscheiden *(Abb. 171)*. Sie können auch als **marktareal-strategische Abstufungen** aufgefaßt werden.

Der angesprochene Stufengedanke soll dabei die Tatsache widerspiegeln, daß im Prinzip eine **Tendenz der Unternehmen** besteht, sich unbewußt oder auch bewußt gebiete-politisch allmählich „von oben nach unten" (d.h. also im Sinne der aufgezeigten Stufenfolge) zu bewegen[55]. Die typischen strategischen Grundmuster, nach

---

[54] Im Ostgeschäft werden insgesamt - auch nach den politischen Veränderungen - wegen nicht konvertierbarer Währungen noch längere Zeit Gegengeschäfte *(Countertrade)* notwendig sein (*Reichardt*, 1990).
[55] Bei speziellen Schrumpfungskonzepten verläuft die Stufung umgekehrt.

Abb. 171: Stufungen gebiete-politischen Vorgehens

A	• lokale Gebietepolitik • regionale Gebietepolitik • überregionale Gebietepolitik • nationale Gebietepolitik	**Nationales Gebieteraster**
↓ E	• multinationale Gebietepolitik • internationale Gebietepolitik • weltumspannende Gebietepolitik	**Übernationales Gebieteraster**

A = Ausgangspunkt, E = Endpunkt.

denen sich solche Gebieteerweiterungen vollziehen, sind speziell im Rahmen der teilnationalen bzw. nationalen Gebietepolitik skizziert worden; sie liegen *implizit* auch den drei unterschiedenen Typen (Stufen) übernational tätiger Unternehmen zugrunde.

Gebiete-politische Basisrichtungen

Mit den vorangegangenen Darlegungen ist die Grundfrage der Entwicklungsrichtungen in der Marktarealpolitik insgesamt angesprochen worden. Betrachtet man die grundsätzlichen Möglichkeiten, so können hierbei zunächst *zwei* Basisrichtungen identifiziert werden *(Abb. 172).*

Betrachtet man das reale gebietepolitische Handeln der Unternehmen, so ist es – wie bereits erkannt – in nicht unerheblichem Maße eher passiv ausgerichtet. Andererseits sind heute **zwei Basismotivationen** erkennbar, die verstärkt zu einer bewußten, aktiven Marktarealstrategie im Sinne einer Gebiete*ausweitung* führen, und zwar im Hinblick auf

- eine offensive **nationale** Gebietepolitik vor allem die Tatsache einer ausgeprägten nationalen Organisierung des Handels bzw. im Hinblick auf
- eine offensive **übernationale** Gebietepolitik vor allem das schwache Wachstum (oder sogar die Stagnation) des Inlandmarktes.

Was die Gebiete*schrumpfung* demgegenüber angeht, und zwar die *bewußt* gesteuerte, so kann sie vielfältige Gründe haben. Neben finanziell-organisatorischen Aspekten bzw. Zwängen sind es häufig marketing-strategische Aspekte. So ist z. B. denkbar, daß ein Unternehmen im Sinne eines „Redefining the business" sich wieder auf die Bedürfnisse eines überschaubaren Marktes und damit die **Festigung** („Zementierung") der Marktposition in einem *kleineren* Marktareal konzentriert. Das könnte etwa heißen: Aufgabe einer Position unter „ferner liefen" in einem multinationalen Feld, dafür Anstreben einer bestimmten Marktführerschaft im nationalen Markt sowie einer führenden Marktposition in den deutschsprachigen Nachbarländern.

Eine solche bewußte gebietliche Konzentrationsstrategie kann auch als „Konzentration nach innen" charakterisiert werden. Unter Umständen ist eine solche bewußte Konzentrationsstrategie geeignet, zugleich die marktpolitischen Vorausset-

II. Arten und Ausprägungen von Marketingstrategien 281

Abb. 172: Gebiete-strategische Basisrichtungen

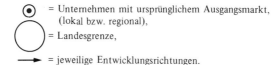

zungen für eine *erneute* gebietliche Marktexpansion in einer nächsten Phase zu schaffen *(Abb. 173).*

Damit ist angedeutet, daß gebiete-strategisches Agieren nicht (immer) zwangsläufig nur in einer Richtung – nämlich expansiv – erfolgen muß, sondern daß es hierbei durchaus zu einem gebiete-politischen **Strategiewechsel** kommen kann.

Beispiele für ein derartiges Vorgehen gebiete-strategischer Art lassen sich u. a. im *Biermarkt* nachweisen, in dem lokale Präferenzen einer Marke häufig die Voraussetzung für eine Expansion der Marke in den regionalen bzw. überregionalen Markt bilden. Der strategische Ansatz für eine *präferenz*-orientierte regionale oder überregionale Absatzpolitik wurde dabei nicht selten in einer bewußten „*Relokalisierung*" der Marke in einer ersten Konzeptionsstufe erkannt. Die Bedeutung wie auch die Faktoren der (Re-)Lokalisierung von Biermarken verdeutlicht folgendes Schema in *Abb. 174 (Becker,* 1972, S.248).

Ausgehend von einer wieder gestärkten lokalen Basis einer Marke ist es vielfach leichter, zusätzliche regionale bzw. überregionale Absatzgebiete *erneut* zu gewinnen.

Auch *international* agierende Unternehmen, wie z.B. die amerikanische Automobilindustrie, haben über mehrere Jahre hinweg sich speziell aus Europa und hier vor allem aus der BRD *zurückgezogen,* und zwar einmal aufgrund des bis 1985/86 stark gestiegenen Dollar-Kurses,

282   2. Teil: Konzeptionsebene der Marketingstrategien

Abb.173: *Von der Gebiete-Kontraktion zur erneuten Gebiete-Expansion*

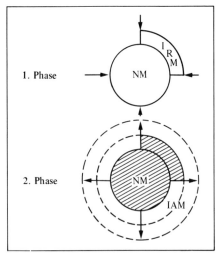

NM = Nationaler Markt
IRM = Internationaler Restmarkt
IAM = Internationale Aus- bzw. Aufbaumärkte

Abb.174: *Elemente der „Festung" Lokale Brauerei*

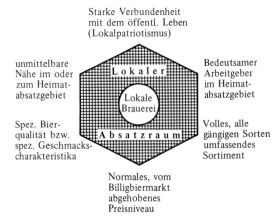

der amerikanische Autos immer weniger attraktiv machte, zum anderen, weil sie europäischen und speziell deutschen Vorstellungen von technischem Standard und qualitativer Verarbeitung immer weniger entsprachen. Neben den Großen wie *General Motors* und *Ford* hatte sich auch *Chrysler* vor etwa sechs Jahren speziell aus der BRD zurückgezogen. Im Zuge der Wiedererstarkung gerade der Marke *Chrysler* durch entsprechende Produkt- und Programmpolitik, die europäischen Vorstellungen wieder näherkommt - verbunden mit einem starken Kursverfall des Dollars - beginnt jetzt *Chrysler* erneut mit speziell europa-geeigneten Fahrzeugen (einem Kombi „Minivan", einer Limousine, einem Coupé und einem attraktiven Cabrio), ursprünglich aufgegebene europäische Märkte *wieder* zu gewinnen. Ein neues Styling, verbesserte Verarbeitungsqualität, kleinere Hubraumklassen (2,2 l) und trotzdem adäquate Leistung (Turbo-Motoren) bieten dafür völlig neue, erfolgversprechende Voraussetzungen.

II. Arten und Ausprägungen von Marketingstrategien

Auch was die **Stufung** gebietepolitischen Vorgehens im *internationalen* Bereich insgesamt angeht, so gibt es hier ebenfalls differenzierte Handlungsmuster. Das soll anhand *ausgewählter* Beispiele etwas näher verdeutlicht werden (vgl. hierzu auch die Parallelen zur *selektiven* Gebietsausdehnung im inländischen Geo-Marketing, S. 262 ff.).

So verzichten beispielsweise sehr große, weltweit auftretende Unternehmen u.U. bewußt auf den Eintritt in *einzelne* Märkte, weil z.B. einzelne Ländermärkte zu stark unter inländischen Anbietern verteilt sind oder eine Reihe von Marken hohe Präferenzvorsprünge besitzen, die einen Eintritt stark erschweren. Neben diesen **Markteintrittsbarrieren** gibt es noch andere wie schwerer Zugang zu den Absatzkanälen, verlangsamtes Branchenwachstum, bestehende Überkapazitäten (vgl. im einzelnen *Porter,* 1984, S. 29 ff. sowie 422 ff. bzw. auch *Walters,* 1984, S. 86 ff.). Selbst *allergrößte* Unternehmen einer Branche scheuen aus solchen Gründen den Eintritt in bestimmte Märkte, so z.B. große international tätige Brauereien wie *Anheuser-Busch* (USA) oder auch *Heineken* (Holland) den Eintritt in den deutschen Markt, denn: in diesem Markt gibt es sehr starke Marken, in ihm sind speziell die klassischen Vertriebskanäle – insbesondere die Gastronomie – stark gebunden und aufgrund des schwachen Marktwachstums besteht ein hoher (Verdrängungs-)Wettbewerb. Außerdem droht aufgrund bestehender Überkapazitäten bei Zutritt neuer großer Konkurrenten ein **Preisverfall**. Selbst nach Wegfall der deutschen Reinheitsgebots-Barriere (EWG-Entscheidung) sieht es nicht so aus, als daß ausländische Biermarken auf dem deutschen Markt massiv auftreten werden.

Eine interessante Alternative Internationalen Marketings besteht andererseits darin, schwierige Märkte *zunächst auszusparen* und die gesamte Entwicklung eines Unternehmens (ggf. einer ganzen Branche) darauf auszurichten, bestehende Eintrittsbarrieren im **Zeitablauf** überwinden zu können.

So hat z.B. die *japanische* Automobilindustrie sich zunächst durch protektionistische Maßnahmen im japanischen Markt gut entwickeln können. Nachdem ein großer Ausstoß von Personenkraftwagen auf dem Inlandsmarkt abgesetzt werden konnte (und so auch die Produktion und die Qualität der Autos ausgereift werden konnte), begann in größerem Stile die Belieferung des (nord-)amerikanischen Marktes (Mitte 60er Jahre). Die stark an amerikanischen Bedürfnissen und Erwartungen ausgerichteten Modelle (speziell im Karosserie-Design) waren zunächst nur schwer in europäischen Märkten verkäuflich. In einer *zweiten Stufe* (70er Jahre) begannen sich die japanischen Automobilhersteller – auch aufgrund von Rückgängen im US-Absatz – stärker an den europäischen Erfordernissen zu orientieren und erreichten zunächst Einführungserfolge in bestimmten europäischen Ländern, während die *BRD* (als technologisch anspruchsvollster PKW-Markt) noch bewußt ausgespart wurde. *Erst* als die japanischen Autos sich in den wichtigsten Märkten um die BRD herum durchgesetzt hatten (Entwicklungsstrategie), begannen die Japaner damit, auch den deutschen Markt zu erschließen (Ende der 70er Jahre/Anfang der 80er Jahre, vgl. auch *Abb. 175*).

In dem Maße, in dem die japanischen Automobile technisch immer europäischer und damit technisch immer anspruchsvoller wurden, konnten die Japaner speziell in der kleinen und unteren Mittelklasse Marktanteile auf dem deutschen Markt zwischen 10% und 15% erringen. Mit *technischen* Innovationen wie Allrad-Antrieb, Mehrventil-Technik, Allrad-Lenkung und anspruchsvollem Karosserie-Design sie inzwischen soviel *Präferenz*potential („High-Tech-Image") aufgebaut, daß sie nunmehr auch den Eintritt in die gehobene Mittel- bis Oberklasse planen. Sie haben insoweit auch Voraussetzungen geschaffen, ihre ursprünglich preisorientierte Absatzstrategie mehr und mehr durch eine präferenz-orientierte Hochpreispolitik abzulösen. Damit aber haben die Japaner angesichts zunehmender Importrestriktionen in

Abb. 175: Marktanteil japanischer Automobile in ausgewählten europäischen Ländern (in %) für 1973/1977

Land	Marktanteil in %	
	1973	1977
Norwegen	16,0	25,0
Finnland	21,5	22,0
Niederlande	11,0	19,9
Belgien	12,2	19,5
Dänemark	8,6	17,0
Schweiz	10,0	12,0
Großbritannien	5,6	10,6
Schweden	4,5	10,4
Frankreich	0,7	2,6
BRD	1,2	2,5

Quelle: Die Zeit.

Anmerkung: 1973 setzten die Japaner in Westeuropa rd. 320000 Fahrzeuge, im Jahre 1977 bereits rd. 600000 ab.

Europa zugleich Möglichkeiten, quantitatives Wachstum durch mehr *qualitatives* Wachstum (höhere Umsatzerlöse und Gewinne pro Wagen) zu ersetzen.

Die Politik der japanischen Automobilindustrie läßt insofern eine konsequente *langfrist*-orientierte Marktareal-Strategie (verbunden mit einem evolutionären Technik-Konzept) erkennen.

Verknüpfungen von marktareal-strategischen und marketing-instrumentalen Entscheidungen

Was die gebiete-strategischen Möglichkeiten insgesamt angeht, so betreiben Unternehmen häufig eine **kombinierte Gebietepolitik** („Misch- bzw. Doppelstrategie") in der Weise, daß sie produkt- bzw. programmpolitisch in einzelnen Gebieten (Absatzzonen) *unterschiedlich* operieren. Ein typisches strategisches Verhaltensmuster z.B. von Brauereien kann in dieser Hinsicht wie folgt *(Abb. 176)* dargestellt werden (*Bekker*, 1972, S. 693).

Abb. 176: Beispiel einer Rollenverteilung bei gebiete-politischen „Mischstrategien" von Brauereien

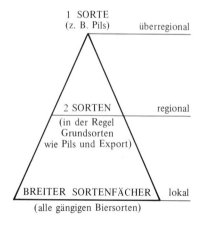

Aus *Abb. 176* geht hervor, daß Brauereien z. B. im lokalen Heimatmarkt die gesamte Palette gängiger Biersorten anbieten, während im überregionalen (nationalen) Markt nur eine Sorte, in der Regel eine Trend- bzw. Hauptsorte, vermarktet wird.

Eine solche Politik im Biermarkt betreibt u.a. die *König-Brauerei* in Duisburg. Sie operiert, und zwar im Sinne einer geplanten und bewußt gesteuerten Politik,

- im *Heimatmarkt* (Lokalbereich) als *Sortimentsmarke,* d.h. es werden alle gängigen Sorten auf Markenbier-Preisniveau-Basis angeboten,
- im *Fernmarkt* (Versandgebiet) dagegen als *Pilsbierspezialist* („König-Pilsener"), wobei dieses Bier in der höchsten Preisklasse als sog. Premiumbier vermarktet wird.

Das *König*-Beispiel ist marketing-strategisch insofern interessant, als hier nicht nur eine gebietliche Programmdifferenzierung, sondern zugleich auch eine gebietliche Marktschichten-Differenzierung (bezogen auf das Preisniveau) realisiert wird. Diese Differenzierung auf zwei Ebenen ist jedoch nicht zwingend.

Das Beispiel der Altbier-Spezialbrauerei *Diebels,* Issum, zeigt andererseits, daß eine Marktschichten-Differenzierung für ein und dasselbe Produkt (hier: *Diebels Alt*) in verschiedenen geographischen Teilmärkten durchaus möglich ist:

- *Diebels Alt* als gehobenes *Marken-Konsumbier* im *Heimatmarkt* (Niederrhein = das Altbier-Stammland),
- *Diebels Alt* als hochpreisiges *Premium-Alt* im *Versandmarkt* (im Sinne einer qualitativ überdurchschnittlichen Spezialität).

Das Beispiel der *Lünebest-Molkerei*[56] verdeutlicht umgekehrt, daß eine regionale Programmdifferenzierung möglich bzw. sinnvoll ist, ohne daß sie mit einer strengen bzw. bewußten Marktschichten-Differenzierung (im Sinne unterschiedlicher Preisklassenabdeckung) einhergehen muß. *Lünebest* tritt im Prinzip niveau-einheitlich auf, und zwar

- überregional (mit Schwerpunkt nördlich der Mainlinie) als führender Anbieter *veredelter Milchprodukte* (Umsatzanteil rd. 90%),
- lokal (Großraum Lüneburg) auch als Anbieter *klassischer Molkereiprodukte* wie Trinkmilch und Butter (Umsatzanteil rd. 10%).

Interessant an diesen Beispielen ist im übrigen, daß sich die produkt- bzw. programm-geographischen Marktkombinationen im Laufe der Entwicklung *umkehren* können, wie vor allem die Entwicklung bei *König* und *Lünebest* zeigt: während ursprünglich der Heimatmarkt und das Heimatprogramm den eindeutigen Absatzschwerpunkt bildeten, haben sich in einem Prozeß von mehr als einem Jahrzehnt beide Unternehmen den nationalen bzw. überregionalen Absatzschwerpunkt mit entsprechenden programmpolitischen Konsequenzen erarbeitet.

Nicht zuletzt die aufgeführten Beispiele haben deutlich gemacht, welche fein- bzw. individualstrategischen Alternativen in bezug auf die Gebietepolitik bestehen und wie sie genutzt werden können. Sie machen aber zugleich auch deutlich, daß marktareal-strategische Konzepte in hohem Maße mit **produkt- bzw. programmpolitischen Fragestellungen** (bzw. dem Marketingmix insgesamt) verknüpft sind. Oder anders ausgedrückt: Marketing-instrumentale Entscheidungen im Unternehmen bedürfen auch einer entsprechenden gebiete-politischen Orientierung, gerade auch was mittel- und langfristige Konzepte angeht. Der marketingstrategische Charakter von gebietepolitischen Entscheidungen ist damit *evident*.

---

[56] Inzwischen gehört *Lünebest* zur *Nestlé*-Gruppe und bildet damit eine zusätzliche Produkt-Range neben den *Nestlé*-Marken *Chambourcy* und *Elite* (früher *Unilever*-Gruppe). Zur Frage der künftigen Gebiete-Strategie tritt daher noch die der marken-spezifischen Programm-Differenzierung (programmpolitischen Rollenverteilung), vgl. hierzu auch das Beispiel aus dem Biermarkt auf S.212f. (Mehrmarken-Konzept).

In besonderer Weise trifft das natürlich auch für das Internationale Marketing zu. Eine übernationale Absatzpolitik – das wird mitunter übersehen – ist also nicht nur die Frage eines **geo-strategischen Willensaktes**, sondern sie ist durchweg an überdurchschnittliche und/oder spezifische Produkte (Leistungen) gebunden. Insbesondere ein Industrieland wie die BRD mit wenig eigenen Rohstoffvorkommen und einem vergleichsweise hohen Lohnkostenniveau hat überwiegend nur Chancen mit Produkten des **gehobenen Standards** (= mittlere und obere Preis-Leistungs-Verhältnisse). Deshalb ist es notwendig, daß Unternehmen bzw. nicht selten ganze Branchen bestimmte strategische **Leistungsschwellen** überschreiten, wenn sie im übernationalen Marketing erfolgreich sein wollen.

So hat beispielsweise die deutsche *Oberbekleidungs*-Industrie, nachdem sie jahrelang unter hohem Importdruck stand, es inzwischen geschafft, *deutsche Mode* (Modedesign) so attraktiv zu machen, daß deutsche Mode heute auch im Ausland und speziell in typischen „Modeländern" wie Italien, Großbritannien oder auch den USA überdurchschnittliche Exporterfolge erzielt. Während die Exportquote 1980 erst 15% betrug, hat sie im Jahre 1985 bereits an die 30% erreicht. Besondere erfolgreiche Anbieter im Auslandsgeschäft, welche die modische *Kompetenz* deutscher Unternehmen bzw. der ganzen Branche mitbegründet haben, sind u.a. *Escada* und *Boss*. Für den Auslandserfolg der deutschen Oberbekleidungsindustrie ist neben der traditionell guten Qualität wie auch der verläßlichen Lieferbereitschaft das spezifisch deutsche Modedesign zum strategischen Schlüsselfaktor geworden.

Auch in der *Werkzeugmaschinen*-Industrie – um ein Beispiel aus dem Investitionsgüterbereich anzuführen – ist der zunehmende Auslandserfolg Ergebnis eines spezifischen strategischen Schlüsselfaktors. Die traditionell leistungsfähige, international agierende Werkzeugmaschinen-Industrie war Mitte der 70er Jahre in eine tiefe Krise geraten, weil sie die neuen mikroelektronischen Möglichkeiten für die Steuerung von Werkzeugmaschinen nicht bzw. nicht konsequent umgesetzt hatte. Inzwischen hat die deutsche Werkzeugmaschinen-Industrie nicht nur technisch aufgeholt, sondern sie gilt heute als *innovativster* Anbieter in der Welt, und zwar deutlich vor Japan wie den USA. Seit 1981 exportiert die BRD wieder mehr computergesteuerte Werkzeugmaschinen als sie einführt. Beteiligt an diesem Erfolg waren dabei so namhafte Anbieter wie *Deckel* und *Maho*. Ausgangspunkt des Erfolges war und ist die konsequente Nutzung der mikroelektronischen Steuerungsmöglichkeiten zur Verbindung von Einzelmaschinen zu hochautomatisierten *Fertigungssystemen* bzw. kompletten *Fertigungszentren,* bei denen ein Werkstück nach den speziellen Kundenwünschen vollautomatisch vom Rohling bis zum Endprodukt bearbeitet wird. Die deutsche Werkzeugmaschinen-Industrie ist somit mehr und mehr zum Systemanbieter geworden; einzelne Unternehmen der Werkzeugmaschinenbranche tätigen schon bis zur *Hälfte* des Umsatzes mit Software- und Systemlösungen, die sie mit ihren Maschinen anbieten. Neben der bewährten mechanischen Qualität und dem anerkannten Service deutscher Werkzeugmaschinenhersteller trat insofern – als neuer strategischer *Schlüsselfaktor* für den Auslandserfolg – das konsequente Angebot von ganzen Fertigungssystemen (Systemorientierung) hinzu.

Nach diesen Beispielen zu den Erfolgsvoraussetzungen für übernationale Strategien überhaupt soll nun noch auf eine *spezielle* Fragestellung eingegangen werden.

Für international operierende Unternehmen stellt sich generell die grundlegende Frage, ob der Marketingmix international standardisiert werden kann *oder* ob es im Hinblick auf spezifische wirtschaftliche, kulturelle und/oder politische Umweltfaktoren in den einzelnen Ländern sinnvoll, wenn nicht notwendig ist, Teile des Marketingmix (d.h. die Angebots-, Distributions- oder Kommunikationspolitik bzw. einzelne Bereiche daraus, vgl. hierzu auch S. 441 ff.) *länderspezifisch* zu gestalten oder sogar eine weitgehende Länderdifferenzierung des gesamten Marketingmix vorzunehmen. Diese Frage ist naturgemäß auch abhängig von der jeweiligen Entwicklungsstufe des übernationalen Marketings. Während klassisches Exportmarketing vom Wesen her mehr zur **Standardisierung** neigt (das Ausland ist hier oft der Abnehmer von „Überschußmengen"), ist für Internationales Marketing bisher durchweg die Wahl unterschiedlicher **Anpassungsstrategien** im Hinblick auf länderspezifische Bedürfnisse typisch (das Ausland wird hier mehr als strategisch aufzubauendes Dauerabsatzgebiet betrachtet).

Daß eine solche länderspezifische Orientierung des übernationalen Marketings aber *nicht* zwangsläufig zu optimalen Konzeptionen führen muß, zeigt in jüngerer Zeit etwa das Beispiel von *Volkswagen (VAG)*. Um in den USA die Absatzchancen der von *VW of America, Westmoreland,* gebauten Modelle des Typs *Rabbit* (in der BRD *Golf*) zu verbessern, wurden diese relativ stark „amerikanisiert", u. a. durch ein weicheres Fahrwerk und üppige Plüschsessel. Die zu Beginn der 80er Jahre relativ starken Absatzverluste wurden – aufgrund von Marktuntersuchungen – neben der allgemeinen wirtschaftlichen Situation und den Strukturveränderungen auf dem Automobilmarkt u. a. darauf zurückgeführt, daß der amerikanische *Rabbit* nicht mehr der Vorstellung des Amerikaners von einem „deutschen" Auto entsprach (Folge: Erwartungsenttäuschungen bzw. Glaubwürdigkeitsprobleme). *Volkswagen* hatte deshalb beschlossen, die Strategie auf dem amerikanischen Markt grundlegend zu ändern, d.h. der *Rabbit* hat u.a. wieder das härtere Fahrwerk des *Golf* sowie dessen sportlicheren Sitze erhalten. Gleichzeitig wurde auch eine sportliche *GTI*-Version im US-Markt eingeführt, der eine wichtige imagestützende Funktion zugedacht ist. Schließlich wurde auch der Name *Rabbit* wieder durch *„Golf"* ersetzt, um dem Auto auch markentechnisch wieder eine deutsche Identität zu verleihen. Inzwischen hat *VW* beschlossen, die amerikanische Produktion in den *USA* ganz *aufzugeben* und den amerikanischen Markt aus der BRD (und aus Brasilien) zu versorgen.

Die unternehmens- und marktadäquate **Differenzierungsart bzw. Differenzierungsintensität** international operierender Unternehmen stellt sich so gesehen als komplexes Entscheidungsproblem dar, das nur vor dem Hintergrund *länderspezifischer,* problemorientierter Marktinformationen gelöst werden kann. Generelle Differenzierungsprinzipien für den Marketinginstrumenten-Einsatz international tätiger Unternehmen lassen sich also – das ist auf diese Weise deutlich geworden – *nicht* formulieren.

Möglichkeiten und Grenzen des Global Marketing

Neuerdings ist die Diskussion über die Grundfrage der Standardisierung bzw. Differenzierung im übernationalen Marketing insgesamt relativ *stark* in Richtung Standardisierung gelenkt worden (*Levitt,* 1983). Insbesondere von Seiten international orientierter Beratungsgesellschaften (speziell *Mc Kinsey,* vgl. auch Veröffentlichung eines *Mc Kinsey*-Beraters: *Ohmae,* 1985) ist versucht worden, nachzuweisen, daß es nicht nur Möglichkeiten, sondern auch Zwänge für ein weltweit einheitliches oder globales Marketing gibt. In den drei wichtigsten Märkten USA, Europa und Japan – *Ohmae* spricht von der **Triade** – werden fast zwei Drittel des Welt-Bruttosozialprodukts erzeugt. Diese Märkte seien die entscheidenden Weltmärkte, die sich aufgrund einer **Homogenisierung** der Bedarfsstrukturen in ihrem Nachfrage- und Konsumverhalten immer mehr anglichen (und wovon zunehmend auch weitere Märkte erfaßt würden). Auf diese Weise sei es möglich, eine große Zahl von Abnehmerländern mit standardisierten (globalen) Marketing-Konzepten – allem voran mit einheitlichen Produkten *und* einheitlicher Kommunikationspolitik – zu bearbeiten. Eine dadurch mögliche „world-scale-production" würde erhebliche Rationalisierungsvorteile bieten (siehe auch *Porter,* 1989; *Kreutzer,* 1989).

Was die **Globalisierungsmöglichkeiten** – im Idealfalle *weltweit* – angeht, so müssen freilich *güter*spezifische Aspekte im allgemeinen wie auch markt- und firmenindividuelle im speziellen berücksichtigt werden. Typische Produkte bzw. Branchen mit starken Globalisierungsmöglichkeiten sind *technische* Produkte (Gebrauchsgüter), wie Unterhaltungselektronik, Computer, Baumaschinen, Roboter, Automobile oder auch Flugzeuge. Das Tempo der Globalisierung hat dabei erheblich zugenommen: „Bei den Baumaschinen dauerte es nach Eintritt in die Reifephase der Industrie noch 30 Jahre bis zur Globalisierung; Roboter wurden noch in der Aufbauphase global, und zwar innerhalb von zehn Jahren; bei Personal-Computern schließlich reichten fünf Jahre für den Weg vom nationalen über das multinationale zum globalen Geschäft, und in weiteren fünf Jahren ging die Branche von der Aufbauphase in die Reifephase über" (*Henzler/Rall*, 1985, S.256). Bei *Verbrauchs*gütern (speziell des täglichen Bedarfs) wie Nahrungsmittel, Getränke, Körperpflegemittel, Kosmetika u.ä. bestehen dagegen noch erhebliche Zwänge für ein *differenziertes* internationales Marketing (= länder- bzw. ländergruppen-spezifische Marketing-Programme). Beispiele von *Coca Cola* oder auch *Mc Donald's* belegen andererseits Globalisierungsmöglichkeiten auch in diesem Bereich. Wenn man versucht, die Internationalisierungsstrategien bzw. die Globalisierungspotentiale beispielhaft nach Branchen zu differenzieren, so läßt sich in etwa folgendes Bild zeichnen (vgl. Abb. 177, Meffert, 1986b, S.693).

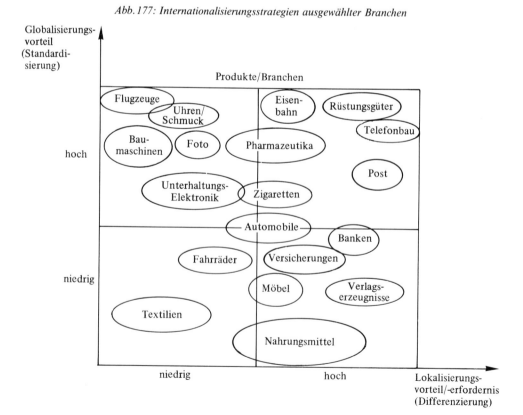

Abb. 177: *Internationalisierungsstrategien ausgewählter Branchen*

II. Arten und Ausprägungen von Marketingstrategien 289

Zum Teil ergeben sich jedoch auch unterschiedliche strategische Ansatzpunkte *innerhalb* einer Produktgruppe. „Farben für Gebäudeanstriche sind zum Beispiel ein überwiegend nationales Geschäft, Farben für industrielle Verwendungen, zum Beispiel in der Automobilindustrie, fallen in die multinationale Kategorie, und Farben für Schiffsanstriche können äußerst erfolgreich als globales Geschäft betrieben werden" (*Henzler/Rall*, 1985, S.258).

Europäischer Binnenmarkt 1992 und Euro-Marketing

Die Marktintegration auf der europäischen Ebene bietet für das „übernationale Marketing" neue Chancen (schafft aber auch bestimmte Risiken). Folgende Darstellung *(Abb.178)* verdeutlicht die **Auswirkungen** des Europäischen Binnenmarktes (vgl. auch *Cecchini*, 1988).

Abb.178: Ökonomische Auswirkungen des Europäischen Binnenmarktes 1992

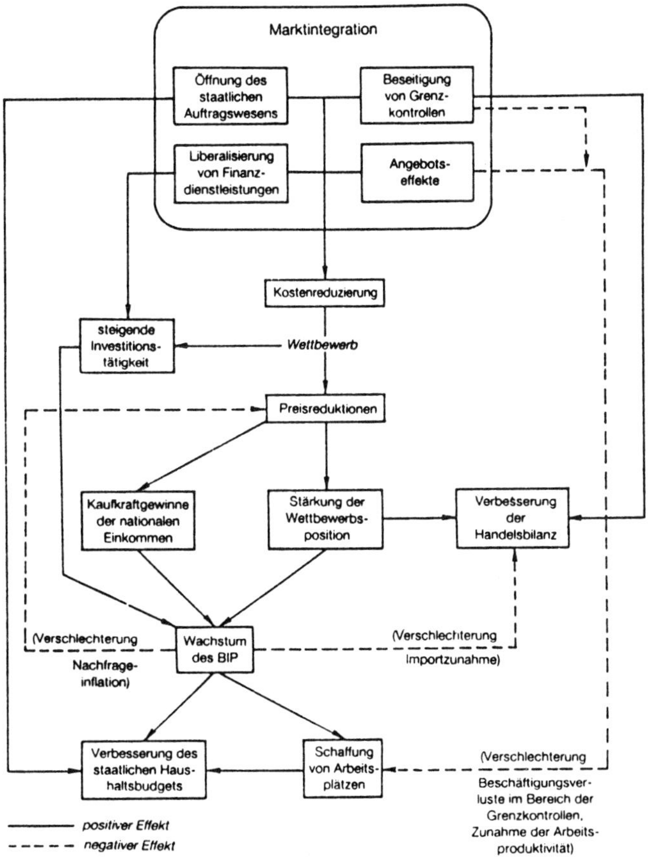

Für die marketing-konzeptionellen Konsequenzen der Unternehmen gibt es verständlicherweise *kein* Patentrezept. Entscheidend ist zunächst einmal die **jeweilige Ausgangslage** (*Kernfrage:* Bestehen schon Aktivitäten in den einzelnen europäischen Ländern und wenn ja, welche Stufe der „Internationalisierung" ist bereits erreicht?).

Inzwischen wirkt sich das Datum 1992/93 stärker auf die Planungen der Unternehmen aus (Mitte 1989 gaben bei einer EG-Umfrage z. B. 82% der befragten Industrieunternehmen in der BRD an, daß die Marktintegration sie zu entsprechenden **Anpassungen** zwinge). Folgende Maßnahmen werden u. a. als wesentlich angesehen (vgl. auch *Meffert/Bolz*, 1989): Verringerung der Produktionsstätten in der EG, aber auch Neuerrichtungen, Ausbau des europäischen Vertriebsnetzes, Unternehmenskauf bzw. Kooperation („strategische Allianzen"), Intensivierung des europäischen Einkaufs (z. B. bei kostengünstigeren Zulieferern).

Für das Marketing i.e.S. ergeben sich Chancen bzw. Konsequenzen insbesondere für eine *einheitliche* Produktgestaltung, Markierung, Preispolitik und Werbung (u. a. *Tietz*, 1989; *Wenner/Köster*, 1989). Insofern bietet der europäische Binnenmarkt Möglichkeiten für ein **Global Marketing im Kleinen** (wenn auch nicht zu übersehen ist, daß die Konsumstrukturen (vgl. z. B. das Getränke- oder auch Ernährungsverhalten) immer noch stark ländergeprägt sind.

5. Strategiekombinationen (Strategieprofile)

Im Vordergrund der bisherigen strategischen Überlegungen und Ableitungen standen die inhaltlichen Fragen marketing-strategischen Vorgehens am Markt, und zwar bewußt auf der Basis einer mehr *isolierenden* Betrachtungsweise verschiedener Strategieebenen (= 1. bis 4. Ebene). Nur auf diese Weise war es möglich, überhaupt einmal den **Facettenreichtum** strategischer Elemente auf den einzelnen Strategieebenen transparent zu machen. Erfolgreiche strategische Konzepte von Unternehmen sind andererseits aber selten das Ergebnis einer optimalen Strategiewahl lediglich auf einer Strategieebene, sondern ganz überwiegend Resultat einer konsequenten Bündelung *mehrerer* strategischer Komponenten (Ebenen) zugleich. Auf die damit verbundenen Grundfragen gesamtstrategischer Konfigurationen im Sinne der Ableitung unternehmensindividueller Strategieprofile oder besser: **Strategie-Chips** (= *gesamt*-strategische *Steuerungs*elemente; zur Lenkungsleistung von Strategien siehe S.112ff.) soll im folgenden nun noch näher eingegangen werden.

Die Herausarbeitung grundlegender Arten und Ausprägungen von Marketingstrategien hat im einzelnen gezeigt, daß es eine ganze Reihe spezifischer Anknüpfungsmöglichkeiten für strategisches Handeln gibt. Wir haben dabei *vier* grundlegende strategische Ansatzebenen unterschieden und insgesamt *siebzehn* strategische Einzelalternativen identifiziert und analysiert. Die vier strategischen Ebenen können gleichsam als das **Grundraster** strategischen Agierens überhaupt aufgefaßt und die siebzehn strategischen Einzelalternativen quasi als die einzelnen strategischen **Bauelemente** für die Konstruktion gesamtstrategischer Gebäude angesehen werden *(Abb.179)*.

Dieses strategische Grundraster erlaubt eine *vollständige* strategische Strukturierung unternehmerischen Handelns. Die Steuerungsleistung strategischer Festlegungen ist dabei umso höher, je *höher* der **Strategiekanal** ist (= Verhinderung taktisch-instrumentaler Ausreißer). Der Strategiekanal ist dann am höchsten, wenn er gemäß des entwickelten Strategierasters *vierschichtig* aufgebaut ist, d.h. insgesamt auf marktfeld-, marktstimulierungs-, marktparzellierungs- und marktarealstrategischen Fixierungen beruht.

II. Arten und Ausprägungen von Marketingstrategien

Abb. 179: Das Strategie-Raster (Box der strategischen Bauelemente)

Strategieebenen	Strategiealternativen						
1. Marktfeld-strategien	Marktdurch-dringungsstra-tegie ○	Marktentwick-lungsstrategie ○		Produktent-wicklungs-strategie ○		Diversifika-tionsstrategie ○	
2. Marktstimulie-rungsstrategien	Präferenz-strategie ○				Preis-Mengen-Strategie ○		
3. Marktparzellie-rungsstrategien	Massenmarktstrategie			Segmentierungsstrategie			
	(totale) ○	(partiale) ○		(totale) ○		(partiale) ○	
4. Marktareal-strategien	Lokale Strat. ○	Regio-nale Strat. ○	Überre-gionale Strat. ○	Natio-nale Strat. ○	Multina-tionale Strat. ○	Interna-tionale Strat. ○	Welt-markt-strat. ○

Das aber heißt, daß die *optimale* marketingstrategische Steuerungsleistung erst durch entsprechende *mehr*dimensionale Strategiefestlegungen (=Strategiekombi-nationen) erreicht wird.

a) Zur Kombination marketing-strategischer Bausteine (Design des Strategie-Chips)

Durch die Verknüpfung strategischer Bausteine verschiedener Ebenen entsteht gleichsam ein unternehmensspezifisches **Steuerungselement** (Strategie-Chip[57]), das das gesamte Markthandeln eindeutig zu steuern vermag. Unternehmen sind unter erschwerten Marktbedingungen mehr denn je auf solche Steuerungsleistungen angewiesen. Was den Aufbau (Design) solcher Strategie-Chips angeht, so gibt es grundsätzlich *zwei* zentrale Ansatzpunkte, nämlich:

(1) die Bestimmung der **strategischen Höhe** (= *vertikale* Strategiekombination),
(2) die Bestimmung der **strategischen Breite** (= *horizontale* Strategiekombination).

Das verdeutlicht *Abb. 180* zunächst allgemein-formal.

Bei der Festlegung der strategischen Höhe geht es dabei zunächst um die **strategi-sche Grundausstattung** des Unternehmens (Strategie-Chip der 1. Generation). Seine Steuerungsleistung ist dabei – wie bereits dargelegt – eine Funktion der jeweiligen strategischen Höhe (im Idealfall *Vierebenen*-Aufbau). Die Bestimmung bzw. Aus-weitung der strategischen Breite zielt demgegenüber in der Regel auf bestimmte Formen der **Strategieentwicklung** (strategische Evolution) ab. Das Ergebnis solcher Fixierungen sind Strategie-Chips nächster Generationen, die sich durchweg durch *verbesserte* Steuerungsleistungen (=stärker integrierte Strategie-Chips) auszeichnen.

---

[57] Zur Einführung dieses Begriffes siehe auch *Becker*, 1985 bzw. 1986b.

Abb. 180: Strategische Kombinationsrichtungen

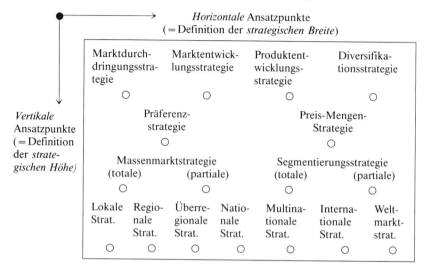

Im folgenden sollen nun die Grundfragen der Gestaltung von **Strategieprogrammen** näher herausgearbeitet werden. Wir beginnen mit den Fragen der *vertikalen* Strategiegestaltung.

b) Vertikale Strategiekombinationen (Bestimmung der strategischen Grundausstattung)

Bei der vertikalen Strategiekombination (= 1. Stufe der Strategie-Kombination) gibt es *verschiedene* Einstiegsmöglichkeiten und Ablauffolgen. Es kann prinzipiell an jeder der vier herausgearbeiteten strategischen Ebenen angeknüpft werden, um von da aus die vertikale Konfiguration zu komplettieren. Wenn es demnach auch keine zwingenden Kombinationspfade gibt, so können trotzdem zwei **typische Pfade** identifiziert werden *(Abb. 181)*.

Der *idealtypische* strategie-kombinierende Pfad knüpft dabei an der Reihenfolge an, wie sie auch der Behandlung der Marketingstrategien in diesem 2. Teil zugrundeliegt. Diese Reihenfolge bzw. die daraus sich ergebende Strategieableitung ist jedoch nicht in jedem Falle zwingend, sondern strategisches Denken und Konzipieren kann grundsätzlich an *jeder* Ebene anknüpfen. Gleichwohl entspricht die von uns gewählte Reihenfolge und ihre prototypische Verwendung für die Strategiekombination bzw. -kettung einer bestimmten **strategischen Logik**. Diese Logik wird auch dadurch gestützt, daß die komplexe Strategiewahl im Sinne einer Abfolge von Strategiefestlegungen auf den Ebenen 1 bis 4 im Grunde auch eine bestimmte marketing-*genetische* Basisentwicklung widerspiegelt. Die Strategieebenen 1 und 2 (Marktfeld- und Marktstimulierungsstrategien) repräsentieren im Prinzip *klassische* strategische Optionen. Ohne Festlegung hinsichtlich dieser Optionen kommt eigentlich kein marktorientiertes Unternehmen aus, das sein Handeln zielgerichtet steuern will. Die Strategieebenen 3 und 4 (Marktparzellierungs- und Marktareal-

II. Arten und Ausprägungen von Marketingstrategien

Abb. 181: *Vertikale Strategiekombination und typische Einstiegsmuster*

Typische Einstiegsmuster		Strategie-charakter	Strategieebenen	
ideal-typisch	real-typisch			
		klassische Strategien	**Marktfeld-strategien**	→ Produkt/Markt-Kombination(en)
			Marktstimu-lierungs-strategien	→ Art und Weise der Markt-beeinflussung
		moderne Strategien	**Marktparzel-lierungs-strategien**	→ Art und Grad der Differenzierung in der Marktbearbeitung
			Marktareal-strategien	→ Art und Stufen des geo-politischen Vorgehens

strategien) spiegeln dagegen in hohem Maße *jüngere* strategische Entwicklungen wider, nämlich insoweit, als aufgrund vieler stagnierender Märkte heute entsprechende strategische Auffächerungen etwa durch Segmentierung und/oder durch Strategieraumerweiterung notwendig geworden sind (nämlich im Sinne einer *kompletten* strategischen Grundausstattung = Strategie-Chip der 1. Generation). Diese strategische Grundausstattung hängt dabei nicht nur von den jeweiligen Voraussetzungen bzw. Potentialen des Unternehmens selbst ab, sondern auch vom jeweiligen Reifegrad des relevanten Marktes (= **situative Komponente** der Strategiewahl).

Der als *realtypisch* bezeichnete strategie-kombinierende Pfad (vgl. *Abb. 181*) knüpft zwar auch an den klassischen strategischen Alternativen an, jedoch nicht an der ersten, sondern an der *zweiten* strategischen Ebene (= marktstimulierungsstrategische Ebene). Ein solcher strategischer Einstieg in den strategischen Kombinationsprozeß kennzeichnet die *besondere* Rolle der marktstimulierungsstrategischen Optionen für das strategische Gesamtkonzept. In der Unternehmenspraxis geht jedenfalls die strategische Festlegung auf dieser Ebene vielfach allen anderen strategischen Entscheidungen voraus. Die marktstimulierungsstrategischen Alternativen können in dieser Hinsicht auch als **Schlüsselstrategien** angesehen werden. Die vorrangige Entscheidung in bezug auf diese Strategien hängt auch mit gravierenden Marktschichten-Veränderungen (*Becker*, 1986a, siehe hierzu auch die Darlegungen auf S. 403f.) zusammen. Das realtypische strategie-kombinierende Vorgehen ist jedoch nur dann zulässig, wenn auch entsprechend nach oben (zur 1. Strategieebene) und nach unten (zur 3. und 4. Strategieebene) „rückgekoppelt" wird, ggf. mit mehrmaligen fein-strategischen Abschleif- und Justierungsfolgen.

Auf der Basis dieser skizzierten vertikalen Strategiefestlegungen (ideal- oder realtypischer Art) entsteht gleichsam das **strategische Profil** eines Unternehmens

(Abb. 182). Für die eigene strategische Justierung ist es dabei in der Regel sinnvoll, wenn nicht notwendig, zumindest für die *wichtigsten* Konkurrenten, entsprechende – aufgrund gezielter Konkurrenzforschung – abbildbare **Konkurrenzprofile** in den Strategieentscheidungsproceß mit einzubeziehen.

Abb. 182: Strategieprofil des eigenen Unternehmens im Vergleich zu einem wichtigen Wettbewerber (Modellbeispiel)

Strategieebenen	*Strategiealternativen*						
1. **Marktfeldstrategien**	Marktdurchdringungsstrategie		Marktentwicklungsstrategie		Produktentwicklungsstrategie		Diversifikationsstrategie
2. **Marktstimulierungsstrategien**		Präferenzstrategie				Preis-Mengen-Strategie	
3. **Marktparzellierungsstrategien**		Massenmarktstrategie			Segmentierungsstrategie		
		(totale)	(partiale)		(totale)	(partiale)	
4. **Marktarealstrategien**	Lokale Strat.	Regionale Strat.	Überregionale Strat.	Nationale Strat.	Multinationale Strat.	Internationale Strat.	Weltmarktstrat.

——— eigenes Unternehmen   – – – – – wichtiger Wettbewerber

Die Ableitung solcher Strategieprofile dient damit – wie leicht zu erkennen ist – zugleich der wettbewerbsorientierten Analyse bzw. der Festlegung eigener *wettbewerbsstrategischer* Optionen[58].

Bei der vertikalen Strategie-Kombination (Strategie-Hierarchie) gibt es sowohl Wahlfreiheiten als auch bestimmte **Wahlzwänge**. Wahlzwänge bestehen immer dann, wenn es quasi *natürliche* Strategiebündelungen zu beachten gilt, deren Durchbrechung zwar nicht unmöglich ist, die jedoch nicht selten zu erheblichen Komplikationen führen kann. Solche natürlichen Strategiebündelungen lassen sich z. B. zwischen marktstimulierungs- *und* marktparzellierungsstrategischer Ebene identifizieren *(Abb. 183)*.

Diese Darstellung macht deutlich, daß die Präferenzstrategie sowohl mit Massenmarkt- als auch Segmentierungsstrategie verknüpfbar ist, während die Preis-Mengen-Strategie im Prinzip nur eine massen-strategische Marktbearbeitung zuläßt.

---

[58] Zur Bedeutung der Wettbewerbsorientierung unternehmerischen Handelns vgl. auch die Darlegungen zu den Wettbewerbsstrategien, S. 308 ff.

II. Arten und Ausprägungen von Marketingstrategien 295

Abb. 183: Natürliche Strategiebündelung (Strategieklumpen)

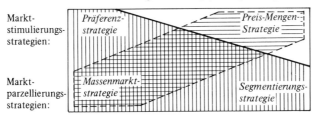

Hierbei bestehen jeweils bestimmte wesensmäßige strategische Entsprechungen bzw. **nutzbare Synergien**.

Was die vertikale Strategie-Kombination (Strategie-Hierarchie) insgesamt betrifft – das soll hier noch einmal betont werden –, so ist sie grundsätzlich nur dann *vollständig*, wenn sie Festlegungen auf allen *vier* Strategieebenen enthält. Fehlen einzelne strategieebenen-spezifische Festlegungen, so ist grundsätzlich die Steuerungsleistung des Strategie-Chips eingeschränkt, und zwar deshalb, weil dann der Strategiekanal nicht eindeutig genug definiert ist. Der **Marketinginstrumenteneinsatz** (= Ebene des Marketingmix) kann dann in der Regel *nicht* schlüssig und zielgerichtet geplant und realisiert werden.

c) Horizontale Strategiekombinationen (Formen der Strategieentwicklung)

Neben den diskutierten Möglichkeiten bzw. Zwängen vertikaler Strategiekombinationen bestehen auch solche *horizontaler* Art, auf die wir bereits bei der Behandlung der basis-strategischen Optionen auf der 1. bis 4. Strategieebene eingegangen sind (wie z. B. Möglichkeiten der Strategiekombination auf der marktstimulierungsstrategischen Ebene über **Mehrmarkenkonzepte** oder auch Formen **strategischer Evolution** auf der marktparzellierungsstrategischen Ebene, etwa Kombinationen von Massenmarkt- und Segmentierungsstrategien). Solche horizontalen Strategiekombinationen sind in der Regel Ausdruck bzw. Konsequenz von spezifischen Markt- und/oder Umwelt*entwicklungen*, auf die Unternehmen nicht nur taktisch, sondern zunächst einmal *strategisch* antworten müssen (in der Praxis steht dagegen das taktische Agieren noch immer stark im Vordergrund, vgl. auch *Meffert, 1984b*).

Die strategische Unternehmensführung ist – im Gegensatz zur taktisch, kurzfristigorientierten Routineführung – dadurch gekennzeichnet, daß sie nicht so sehr auf die Erfüllung kurzfristiger (Teil-)Ziele abstellt, sondern vielmehr auf die *mittel- und langfristige* Ertrags- und Existenzsicherung des Unternehmens ausgerichtet ist. Dazu gehört auch angesichts zunehmender Markt- und Umweltdynamik die Ortung und Nutzung **latenter Erfolgspotentiale**. Es geht insoweit um eine gezielte Strategieentwicklung[59], die an *noch nicht* genutzten strategischen Optionen des stra-

---

[59] Dieses Konzept entspricht – mutatis mutandis – dem Ansatz der *Organisationsentwicklung* im Rahmen der Organisations- und Managementlehre (vgl. etwa *Staehle*, 1985, S. 634 ff.), und zwar *primär* dem Planning-Ansatz (= Veränderung der Organisations- bzw. Strategiestruktur).

tegischen Baukastens (*vgl. Abb. 179*) anknüpft. Gerade bei schwach wachsenden oder gar stagnierenden Märkten geht es dabei primär um *gezielte* strategische Öffnungen im Sinne einer strategischen Weiterentwicklung (Evolution). Eine derartige Strategieevolution im Sinne strategischer An- und Umbauten kann bzw. muß vor allem an jeweiligen *horizontalen* **Strategiereserven** ansetzen.

Bezüglich solcher evolutionärer Weiterentwicklungen des Strategiekonzepts der Unternehmen können *zwei* grundlegende **Varianten** unterschieden werden:

- der strategische **Und-Ansatz** (Sowohl-als-auch-Konzept),
- der strategische **Oder-Ansatz** (Entweder-oder-Konzept).

Beide Grundformen der Strategieentwicklung sollen im folgenden näher aufgezeigt werden.

Der Und-Ansatz der Strategieentwicklung

Welche Bedeutung die Strategieentwicklung für die Existenzsicherung von Unternehmen heute hat, soll beispielhaft an der *zweiten* strategischen Ebene (Marktstimulierungsstrategie) skizziert werden. In bezug auf die grundlegende strategische Unternehmensentscheidung, ob Präferenzstrategie (=Qualitätswettbewerb, d.h. die Strategie des Leistungsvorteils) oder Preis-Mengen-Strategie (=Preiswettbewerb, d.h. die Strategie des Preisvorteils) gewählt werden soll, haben sich in der Vergangenheit viele Unternehmen aus Gründen **strategischer Konsequenz** für *eine* der beiden strategischen Optionen entschieden. Bereits in der Vergangenheit hat ein unklares Konzept bezüglich des marktstimulierungsstrategischen Agierens meistens zu Mißerfolg und Existenzgefährdung geführt (Problematik der Weder-noch-Strategie bzw. der „Zwischen-den-Stühlen-Strategie", *Porter*, 1984, S. 71 ff.).

Strategisch „zwischendrin" operierende Unternehmen verfügen einerseits meist nicht über entsprechend differenziert-innovative Produkte (Leistungen), um gezielt die sog. Markenkäufer zu gewinnen. Andererseits vermögen sie in der Regel auch nicht solche Preisvorteile zu bieten, um die sog. Preiskäufer konsequent an sich zu binden. Insgesamt berücksichtigen sie auch *nicht* grundlegende **Zusammenhänge** zwischen Rentabilität (ROI) und marktstimulierungs-strategischen Alternativen (vgl. hierzu *Abb. 184*, in Anlehnung an *Porter*, 1984, S. 73).

Diese generell vermutete Rentabilitätskurve bzw. **Rentabilitätstendenz** macht deutlich, wie wichtig für Unternehmen gerade im Hinblick auf die marktstimulierungsstrategische Entscheidung eine klare Position bzw. klarer Kurs ist.

Der Zwang zur klaren, eindeutigen Strategiefestlegung bedeutet jedoch andererseits *nicht* – das ist wesentlich –, daß ein Unternehmen entweder nur ein präferenz-strategisches *oder* nur ein preis-mengen-strategisches Konzept realisieren kann. Gerade für bisher rein präferenz-strategisch operierende Unternehmen gibt es heute vielfach Zwänge zu einer **strategischen Korrektur**, und zwar in aller Regel nicht im Sinne eines einfachen strategischen Wechsels zur Preis-Mengen-Strategie, sondern vielmehr im Sinne eines gezielten horizontalen **strategischen Anbaus** (marktinduzierte Strategieentwicklung).

Diese strategischen Zwänge sind das Ergebnis einer *grundlegenden* Veränderung der Marktschichten-Struktur, wie sie sich in vielen Märkten abzeichnet bzw. schon

II. Arten und Ausprägungen von Marketingstrategien

Abb. 184: *Grundlegende Zusammenhänge zwischen Rentabilität (ROI) und marktstimulierungsstrategischen Alternativen*

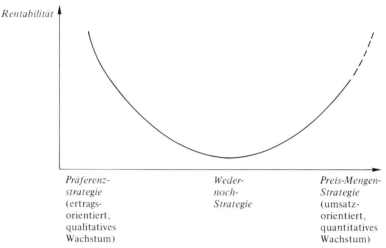

weitgehend vollzogen hat (u.a. im Möbel-, Uhren-, Eiskrem-, Sektmarkt). Folgende *Grafik* versucht die Strukturveränderungen von Märkten zu modellieren (*Abb. 185*, vgl. hierzu auch die Darlegungen auf S.403f. bzw. *Becker*, 1986a, S.80).

Abb. 185: *Änderungen in der Marktschichtenstruktur*

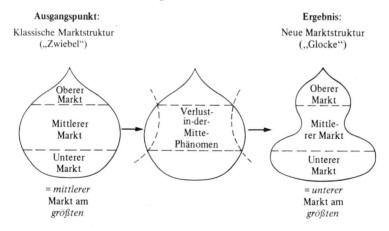

Angesichts solcher gravierender Änderungen in der Marktschichtung muß heute jedes Unternehmen zunächst seine **strategische Grundposition** überprüfen und die notwendigen Konsequenzen ziehen, und zwar *vor* allen entsprechenden *taktisch-operativen* Maßnahmen auf der Mix-Ebene. Viele präferenzstrategisch agierende Unternehmen haben sich – bei entsprechenden Markt- und Markenvoraussetzungen – inzwischen für ein gezieltes **Trading-up** entschieden, nicht selten jedoch, *ohne* seine strategischen Auswirkungen voll zu sehen bzw. zu überprüfen.

Während sich bisher viele präferenz-strategisch handelnde Unternehmen (hier speziell der große Bereich klassischer Markenartikelhersteller auf Massenmärkten) bei noch klassischer Marktschichten-Struktur im *mittleren* Markt etabliert hatten und von dort aus typisches **Mehrzonen-Marketing** betreiben konnten, führen typische strategische Fluchtbewegungen „nach oben" (Trading-up- oder Premiummarken-Strategie) zu Positionen, die aus Gründen der Marktgrößenveränderungen im Prinzip zu einem **Mehrschichten-Marketing** zwingen. Das aber ist in der Regel mit der etablierten *Stamm*-Marke aus Gründen der Marken- und Preispflege nicht mehr möglich (vgl. Abb.186, Becker, 1986a, S.81).

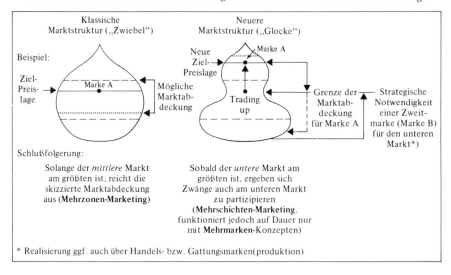

Abb.186: *Klassisches Mehrzonen-Marketing und Grenzen des Mehrschichten-Marketings*

Die skizzierten Marktschichtenveränderungen (Zwiebel → Glocke) bzw. präferenzstrategisch naheliegende Trading-up-Strategien machen deshalb aus **Marktabdeckungsgründen** (d.h. aus Gründen einer ausreichenden Ausschöpfung *neu verteilter* Marktvolumina) speziell im Hinblick auf den heute mengenmäßig vielfach interessanten *unteren* Markt klare **Mehrmarken-Konzepte** notwendig (A- und B-Marken-Konzept; vgl. hierzu auch S.207ff.).

Marketing-strategisch bedeutet das eine Verbreiterung des Konzepts auf der zweiten Strategieebene (Marktstimulierungsstrategie). Ausgehend von der strategischen Grundausstattung (= nur Präferenzstrategie mit *Stamm*-Marke-A) sind Unternehmen angesichts der aufgezeigten Marktschichten-Änderungen vielfach gezwungen, zugleich auch zusätzlich über eine Marke B preis-mengen-strategisch zu operieren (*Und*-Strategie, vgl. *Abb.187*).

In einer solchen **strategischen Verbreiterung** (Strategie-Chip der 2. Generation) dokumentiert sich vielfach eine bestimmte Ausreifung (Evolution) eines strategischen Grundkonzepts. Strategie-Chips der 2. Generation unterscheiden sich von solchen der 1. Generation demnach durch eine *höhere* Integrationsdichte. Ihre zusätzliche

II. Arten und Ausprägungen von Marketingstrategien

Abb. 187: Strategieentwicklung über strategische Verbreiterungen

Strategieebenen	Strategiealternativen			
1. Marktfeld-strategien	Marktdurch-dringungs-strategie	Marktent-wicklungs-strategie	Produktent-wicklungs-strategie	Diversi-fikations-strategie
2. Marktstimulie-rungsstrategien	Präferenz-strategie		Preis-Mengen-Strategie	Und-Strategie
3. Marktparzellie-rungsstrategien	Massenmarktstrategie (totale) (partiale)		Segmentierungsstrategie (totale) (partiale)	
4. Marktareal-strategien	Lokale Strat. / Regionale Strat. / Überregionale Strat. / Nationale Strat.		Multinationale Strat. / Internationale Strat. / Weltmarktstrat.*	

——— ursprünglicher Strategie-Chip *(1. Generation)*
———▶ Weiterentwicklung des Strategie-Chips *(2. Generation)*
typische Trennlinien für *Mehrmarken-Konzepte* auf den einzelnen Strategieebenen
(- - - - Haupttrennlinie, ···· mögliche Zusatztrennlinien)
* keine Trennung bei *Global Marketing*

Leistung besteht dabei vor allem in einer *besseren* Steuerungsleistung (im Beispiel: „Sauberhaltung" der A-Marken-Strategie) unter veränderten Marktstrukturen sowie in der Erschließung zusätzlicher Marktpotentiale (im Beispiel: Partizipation am unteren Markt über eine B-Marken-Strategie).

Das ist *eine* mögliche strategische Antwort auf Veränderungen der Marktschichten-Struktur. Auf eine andere soll nun noch näher eingegangen werden.

Der Oder-Ansatz der Strategieentwicklung

Neben der Möglichkeit des strategischen Anbaus auf der *gleichen* Strategieebene (z. B. marktstimulierungsstrategische Ebene: Ergänzung der Präferenzstrategie um die Preis-Mengen-Strategie via Mehrmarken-Konzept), ist noch der Fall zu berücksichtigen, daß – ausgehend von einer neuen marktlichen Bedingungslage des Unternehmens – strategische Erweiterungsmöglichkeiten *alternativ* auf mehreren Strategieebenen angezeigt sein können. Man kann hier auch vom Ansatz des **strategischen Ausgleichs** (strategischer Substitution) sprechen.

Ausgehend von einem **strategischen Knoten** (= marketing-strategische Basisfestlegung, auf die sich ein Strategie-Konzept primär stützt), bieten sich ggf. auch Alternativen im Hinblick auf die Strategieentwicklung an. So kann etwa bei stark präferenz-strategisch geprägtem Strategie-System geprüft werden, ob auf die neue Situation der Marktschichten-Strukturveränderungen auf der gleichen strategischen

300   *2. Teil: Konzeptionsebene der Marketingstrategien*

Ebene - also marktstimulierungs-strategisch - geantwortet werden soll oder ob eine strategische Lösung eher auf einer *anderen* Strategieebene zu suchen ist. Neben der marktstimulierungsstrategischen Lösung, etwa parallel zur präferenz-strategisch vermarkteten A- oder Stamm-Marke auch ein B- oder Zweitmarken-Konzept zu realisieren, könnte z. B. - unter Berücksichtigung der markt- wie der unternehmensindividuellen Voraussetzungen des Unternehmens - geprüft werden, ob auf der *marktareal*-strategischen Ebene durch gezielte Lebensraumerweiterung (etwa Weiterentwicklung des Unternehmens von einem national zu einem international agierenden) für die A- oder Stamm-Marke zusätzliches Marktpotential im **Ausland** gefunden werden kann (vgl. hierzu auch *Abb. 188*).

Abb. 188: Möglichkeiten des strategischen Ausgleichs (Strategische Substitution)

Strategieebenen	*Strategiealternativen*					
1. Marktfeldstrategien	Marktdurchdringungsstrategie	Marktentwicklungsstrategie	Produktentwicklungsstrategie	Diversifikationsstrategie		
	○	○	○	○		
2. Marktstimulierungsstrategien	Präferenzstrategie		Preis-Mengen-Strategie			
	○		○ Oder-Strategie			
3. Marktparzellierungsstrategien	Massenmarktstrategie (totale)	(partiale)	Segmentierungsstrategie (totale)	(partiale)		
	○	○	○	○		
4. Marktarealstrategien	Lokale Strat.	Regionale Strat.	Überregionale Strat.	Nationale Strat.	Multinationale Strat.	Internationale Strat.	Weltmarktstrat.
	○	○	○	○ Oder-Strategie	○	○	○

────── ursprünglicher Strategie-Chip *(1. Generation)*
‐ ‐ ‐▶ alternative Weiterentwicklungsmöglichkeiten des Strategie-Chips *(2. Generation)*

Hierbei handelt es sich demnach um Oder-Strategien, deren jeweilige **Vorteilhaftigkeit** markt- und unternehmensspezifisch geprüft werden muß, und zwar unter Berücksichtigung *situativer* Komponenten (vgl. hierzu auch die Darlegungen zur Strategie-Selektion auf S. 366 ff.).

Strategische Evolution und strategische Spielräume

Die (horizontale) **Strategieentwicklung** ist insoweit in hohem Maße auf eine Erschließung *zusätzlicher* Marktpotentiale gerichtet. Ein wichtiger strategischer Ansatzpunkt wird dabei *künftig* auch innerhalb der *dritten* Strategieebene (Marktparzellierungsstrategie) liegen. Die strategische Verbreiterung speziell auf dieser Ebene ist gerade auch für *reife* Märkte typisch, in denen durch **zielgruppenspezifische Konzepte** (Segmentierungsstrategien) versucht wird, Marktlücken zu finden bzw. durch entsprechende Angebote zu schließen. Hier kommt es dann nicht selten zu sehr schlüssigen Formen der Strategie-Evolution (Beispiel *Beiersdorf*) (vgl. Abb.189).

Abb.189: Von der reinen Massenmarkt- zur additiven Segmentierungsstrategie am Beispiel der Firma Beiersdorf

Strategieebenen	Strategiealternativen			
1. Marktfeldstrategien	Marktdurchdringungsstrategie	Marktentwicklungsstrategie	Produktentwicklungsstrategie	Diversifikationsstrategie
	○	○	○	○
2. Marktstimulierungsstrategien	Präferenzstrategie		Preis-Mengen-Strategie	
			○	
3. Marktparzellierungsstrategien	Massenmarktstrategie (totale) (partiale)		Segmentierungsstrategie (totale) (partiale)	
4. Marktarealstrategien	Lokale Strat. / Regionale Strat. / Überregionale Strat. / Nationale Strat. / Multinationale Strat. / Internationale Strat. / Weltmarktstrat.			

═══▶ horizontaler Evolutionsstrang auf der 3. strategischen Ebene

Diese Darstellung soll verdeutlichen, daß – ausgehend von einer klaren **strategischen Plattform** (z.B. bewährtes präferenz-strategisches Grundkonzept) – zu einem Massenprodukt mit totaler Marktabdeckung (*Nivea*-Universalcreme) erfolgreich Hautpflegeprodukte strategisch differenzierender Art hinzutreten können, wie z.B. *Atrix*-Handcreme (Massenmarktstrategie mit partialer Marktabdeckung), *Nivea*-Gesicht (Segmentierungsstrategie mit totaler Marktabdeckung) und *Lian*-Hauptpflege (Segmentierungsstrategie mit partialer Marktabdeckung). Analoge strategische Entwicklungen lassen sich auch bei der Verbandmittel-Linie *Hansaplast* identifizieren, allerdings *ohne* Markentrennungen (vgl. Abb.187 bzw. die Analysen auf S.251 f.).

Jedes Unternehmen muß bei derartigen **strategischen Evolutionsprozessen** den jeweils markt- und unternehmensadäquaten Strategie-Chip wählen, der vor allem auch stadien- bzw. phasen-*spezifisch* konzipiert ist. Insgesamt sind reife Unternehmen in reifen Märkten dadurch gekennzeichnet, daß in einem fortgeschrittenen Marktstadium die strategischen Optionen weitgehend *ausgeschöpft* sind, mit anderen Worten die **strategischen Spielräume** allmählich schrumpfen. Das soll am Beispiel der Firma/ Marke *Adidas* näher skizziert werden *(Abb.190)*.

Abb. 190: *Strategischer Ausschöpfungsgrad und restliche strategische Spielräume am Beispiel der Firma Adidas*

Strategieebenen	Strategiealternativen			
1. Marktfeld-strategien	Marktdurch-dringungs-strategie	Marktent-wicklungs-strategie	Produktent-wicklungs-strategie	Diversi-fikations-strategie
2. Marktstimulie-rungsstrategien	Präferenz-strategie		Preis-Mengen-Strategie	
3. Marktparzellie-rungsstrategien	Massenmarktstrategie (totale) (partiale)		Segmentierungsstrategie (totale) (partiale)	
4. Marktareal-strategien	Lokale Strat. / Regionale Strat. / Überregionale Strat. / Nationale Strat. / Multinationale Strat. / Internationale Strat. / Weltmarkt-strat.			

⟹ Realisierte horizontale Evolutionsstränge auf der 1., 3. und 4. strategischen Ebene

Restliche (offensive) strategische Spielräume: ◌ z.T. aber schon „Überdehnung" der Sport-Marke Adidas (z.B. Freizeitmode, wird aufgegeben)

○ noch nicht ausgeschöpft (speziell Segmentierung mit den Life-Style-Marken Le Coq und Arena

Dieser Strategie-Chip der Firma *Adidas* verdeutlicht einen hohen horizontalen **Ausschöpfungsgrad** der strategischen Optionen (= *hochintegrierter* Strategie-Chip). Er verdeutlicht aber auch bestimmte strategische Dominanzen, d.h. unterschiedlich intensive strategische Ausschöpfungen auf den einzelnen Strategieebenen. Besonders hoch ist der Ausschöpfungsgrad vor allem auf der 1. Strategieebene (Marktfeldstrategien). Insoweit kann man im Falle von *Adidas* auch von einem Strategieebene 1-*dominanten* Strategie-Chip sprechen. Die Strategie-Chips der verschiedenen Unternehmen in einem Markt unterscheiden sich vielfach durch solche unterschiedlichen **strategischen Dominanzen**.

Was die Strategieebene 1-Dominanz des *Adidas*-Strategiechips angeht, so spiegelt er zwar eine ziemlich konsequente **Z-Strategie**[60] (*Becker*, 1986b, S. 190f.) wider; der hohe strategische Ausschöpfungsversuch *allein* mit der (Sport-)Marke *Adidas* hat jedoch zu **Kompetenz-/Identitätsverlusten** und damit schließlich zu Preis-/Ertragsverfall geführt (=Zwang zur Korrektur, vgl. auch *Abb. 190*).

Zwei strategische Ansatzpunkte waren bzw. sind bei *Adidas* von besonderer Relevanz: systematische **Marktentwicklung** (Vermarktung von Sportschuhen auch als

---

[60] Siehe hierzu auch die Darlegungen auf S. 151f. sowie *Abb. 191* auf S. 303.

II. Arten und Ausprägungen von Marketingstrategien

Abb. 191: *Die vier grundlegenden marktfeldstrategischen Optionen*

Produkte \ Märkte	*gegenwärtig*	*neu*
gegenwärtig	Markt-durchdringung* →	Markt-entwicklung
neu	Produkt-entwicklung ⫼→	Diversifikation

* marktstrategische Urzelle jedes Unternehmens
= ⫼ typische Markenschnittstellen (vgl. auch Abb. 187, S. 299)

Freizeitschuhe) und gezielte **horizontale Diversifikation** (zu Sportschuhen auch Sportgeräte und Sportkleidung bis hin – strategisch überdehnt – zur Freizeitmode).

Zugleich macht *Abb. 190* (siehe S. 302) zum **Status** des strategischen Ausschöpfungsgrades deutlich, wo für *Adidas* hauptsächlich noch **strategische Reserven** liegen: auf der 2. Strategieebene (*hier:* Preis-Mengen-Strategie), auf der 3. Strategieebene (*hier:* Segmentierungsstrategie) und schließlich auf der 4. Strategieebene (*hier:* Weltmarktstrategie). Das neue *Adidas*-Management hat (zunächst) einen wichtigen **strategischen Knoten** auf der 3. Strategieebene erkannt, d.h. das *Adidas*-Marketing soll künftig stärker *segmentiert* werden (aufgrund starker Konkurrenz *(Nike, Reebok)* sind dabei etwa im Schuhbereich mehr technische Innovationen (z.B. „Torsionsschuh") und mehr modisch orientierte Angebote notwendig).

Mit diesen Beispielen ist insgesamt deutlich geworden, daß es vielfältige strategische Optionen und damit sehr unterschiedliche **Konstruktionsmerkmale** bzw. -möglichkeiten unternehmerischer Strategiekombinationen (Strategie-Chips) gibt. Jedes Unternehmen muß demnach seinen optimalen, unternehmensindividuellen Strategie-Chip wählen. Kennzeichnend ist außerdem, daß Strategie-Chips ständig *weiterentwickelt* werden müssen, um ihre Leistungsfähigkeit neuen Marktbedingungen anzupassen (vgl. hierzu auch das *VW*-Beispiel, *Burmann, 1985*). Strategie-Chips neuerer Generationen sind vor allem durch entsprechende strategische Verbreiterungen (= Funktionserweiterungen auch im Sinne der Erschließung neuer Potentiale) gekennzeichnet. Diese Entwicklung führt zu immer **komplexeren Strategie-Chips** (= Chips mit immer höherer strategischer Integrationsdichte).

d) *Zusammenfassung sowie Perspektiven des gesamtstrategischen Handelns*

Unter den erschwerten Marktbedingungen von heute und morgen werden Unternehmen nur überleben können, wenn sie ihrem Handeln **klare Marketing-Konzeptionen** zugrundelegen. Kernstück bzw. wesentliches Steuerungselement solcher Konzeptionen bilden Marketingstrategien. Dem Unternehmen steht dabei grundsätzlich ein ganzes **System** marketingstrategischer Alternativen zur Verfügung (siehe Box der strategischen Bausteine, vgl. auch *Abb. 179* auf S. 291).

Die angestrebte Steuerungsleistung von Marketingstrategien hängt dabei von ihrer sinnvollen Bündelung ab (*mehrdimensionale* Strategie-Kombination). Hierbei sind Kombinationsansätze sowohl vertikaler als auch horizontaler Art gegeben.

Die *vertikale* Strategie-Kombination (1. Kombinationsstufe) definiert dabei gleichsam die **strategische Grundausstattung** des Unternehmens (Strategie-Chip der *1. Generation*). Veränderte Marktbedingungen – insbesondere Erschwerungen aufgrund stagnierender Märkte – machen heute durchweg auch eine phasengerechte *horizontale* Strategie-Kombination notwendig. Sie stellt eine Form der **Strategieentwicklung** dar (Entwicklung von Strategie-Chips der *nächsten Generation(en)*).

Gerade die Strategieentwicklung ist für die Existenzsicherung von Unternehmen künftig ganz entscheidend, weil sie nicht nur die Steuerungsleistung strategischer Konzepte verbessert, sondern vor allem auch **zusätzliche Marktpotentiale** eröffnet. Die neuen Marktbedingungen aufgrund von Marktstagnation und Marktsättigung führen dabei – jedenfalls bei phasenadäquatem Marketing-Management – zwangsläufig zu immer **komplexeren Strategie-Chips** (=Chip mit immer höherer strategischer Integrationsdichte). Je integrierter der Strategie-Chip ist, um so mehr ergeben sich zugleich Zwänge, im Sinne strategischer Sauberkeit **Mehrmarken-Konzepte** (A-, B- und ggf. C-Marken-Konzepte) zu realisieren (vgl. hierzu auch die Darlegungen zu entsprechenden strategischen Rollenverteilungen auf S. 212 f.). Solche Mehrmarken-Konzepte sind *vor allem* bei voller Ausschöpfung der strategischen Möglichkeiten auf der 2. und 3. Strategieebene, d.h. also bei Nutzung der präferenz- und preis-mengen-strategischen Optionen bzw. der massenmarkt- und segmentierungsstrategischen Möglichkeiten angezeigt. Die zunehmende strategische Breite via horizontaler Strategieentwicklung wird so durch **parallele Markenkonzepte** gleichsam feinkanalisiert.

Eine solche **Feinkanalisierung** kann z.B. bedeuten, daß das A-Markenkonzept präferenzstrategisch und *international* angelegt, während das B-Markenkonzept preis-mengen-strategisch und lediglich *national* orientiert ist. Auch auf der 1. strategischen Ebene (Marktfeld-Strategien) können ggf. Differenzierungen sinnvoll sein: z.B. ein starkes Setzen auf *Produkt*entwicklung beim A-Marken-Konzept, beim B-Marken-Konzept *dagegen* Beschränkung auf Marktdurchdringung und allenfalls Marktentwicklung. Die Differenzierungen von A- und B-Marken-Konzept können sich auch auf die 3. strategische Ebene (Marktparzellierungsstrategien) beziehen. Nicht selten wird aber sowohl für die A- als auch für die B-Marke der *gleiche* parzellierungsstrategische Ansatz gewählt (z.B. durchgängige totale Massenmarktstrategie).

Aufgrund solcher skizzierten **Differenzierungen** bei horizontaler Strategieentwicklung kommt es gleichsam zu strategischen **Funktionsteilungen** innerhalb des Strategie-Chips (vgl. *Abb. 192*).

Auf diese Weise werden die Steuerungsleistungen strategischer Festlegungen speziell bei der Strategieentwicklung verbessert bzw. auch Möglichkeiten einer **organi-**

Abb. 192: Beispiel strategischer Funktionsteilungen bei Strategieentwicklung über ein A- und B-Marken-Konzept

Strategieebenen	Strategiealternativen			
1. Marktfeld-strategien	Marktdurch-dringungs-strategie	Marktent-wicklungs-strategie	Produktent-wicklungs-strategie	Diversi-fikations-strategie
2. Marktstimulie-rungsstrategien	Präferenz-strategie		Preis-Mengen-Strategie	
3. Marktparzellie-rungsstrategien	Massenmarktstrategie (totale) (partiale)		Segmentierungsstrategie (totale) (partiale)	
4. Marktareal-strategien	Lokale Strat. / Regio-nale Strat. / Überre-gionale Strat. / Natio-nale Strat. / Multina-tionale Strat. / Interna-tionale Strat. / Welt-markt-strat.			

———— A-Marken-Konzept   - - - - - B-Marken-Konzept

satorischen Verselbständigung von Teilkonzepten (z. B. Profit-Center) geschaffen, und zwar unter Beachtung strategischer Gesamtzusammenhänge.

Je nach Brancheneigenart und Marktbesetzungsverhältnissen läßt sich u. U. sogar ein **Ideales Strategieprofil** fixieren, dem sich das eigene Unternehmen in bestimmten Stufen strategisch annähern kann. Damit ist zugleich auch die Frage eines gezielten Strategie*wandels* angesprochen. Dieser Wandel vollzieht sich in der Realität vielfach unbeabsichtigt und häufig auch *unkontrolliert*. Durch die strategische Aufrasterung des eigenen wie der wichtigsten Konkurrenz-Konzepte, wie z. B. in *Abb. 182* (S. 294) formal dargestellt, können entsprechende **Planungsgrundlagen** geschaffen werden. Hierfür sind Robustheits- und Adäquanzprüfungen (siehe S. 604 f.) bzw. **Strategie-Fit-Analysen** (*Scholz, 1987, S. 69 ff.*) notwendig.

Die Unternehmen müssen in dieser Hinsicht möglichst früh **strategische Schwellen** (im Sinne neuer „kritischer" Marktstadien) abtasten, um rechtzeitig den jeweils *optimalen* Strategie-Chip der nächsten Generation zur Grundlage ihres marketingpolitischen Handelns wählen bzw. gestalten zu können (strategisches Timing!).

Mit diesen Darlegungen haben wir grundlegende strategische Zusammenhänge transparent zu machen versucht. Damit ist deutlich geworden, daß Unternehmen sich in der Regel nicht darauf beschränken können, eine („die") Strategie zu wählen, sondern daß sie sich durchweg für **phasen-spezifische Strategiekombinationen** (Strategie-Chips) als Steuerungsgrundlage für den *taktisch-operativen* Mittel- bzw. Instrumenteneinsatz im Marketing entscheiden müssen.

Neuerdings wird neben der Frage der von uns in den Vordergrund gestellten Thematik geplanter Strategiekombination auch die Problematik des *Strategiewechsels* diskutiert (*Gilbert/ Strebel*, 1985; *Kleinaltenkamp*, 1987). Die Frage des Strategiewechsels wird dabei vor allem *wettbewerbs*strategisch begründet (Zwänge zur „Outpacing Strategy" bzw. Überholstrategie). Hinter der „Outpacing Strategy" verbirgt sich die Vorstellung, daß auch *präferenz*-strategisch operierende Innovatoren in reiferen, durch immer mehr nachahmende Anbieter gekennzeichneten Märkten ab einer bestimmten Phase *preis-mengen*-strategisch agieren müßten (sollten). Was dabei als möglicher oder notwendiger Strategiewechsel definiert wird, ist im Grunde aber nichts anderes, als eine bestimmte *Preisautomatik* nach unten aufgrund realisierter *Erfahrungskurven-Vorteile*. Es kommt aufgrund dieses Phänomens im Gesamtmarkt in der Regel zu Preisanpassungen nach unten. Diese Preisanpassungen stellen aber *weniger* einen Strategiewechsel von der Präferenz- zur Preis-Mengen-Strategie dar, *sondern mehr* eine auf präferenz-strategischem Hintergrund erfolgende wettbewerbsinduzierte Preisanpassung nach unten (z.B. *Trading-down* eines gesamten Marktes auf ein neues, niedrigeres Preis-Niveau). Dieser wettbewerbs- bzw. erfahrungskurven-induzierten Preisabsenkung des Innovators im Markt bzw. großer Teile der Branche (also auch von Nachahmern) stehen anderseits vielfach entsprechende *Trading-up-Prozesse* gegenüber. Sie sind - durch Bieten *neuer Standards* bzw. Zusatznutzen aufgrund von neuen Innovationen - darauf gerichtet, ursprüngliche Preisniveaus mindestens zu halten oder sie sogar nach oben hin zu verändern. Trading-down und Trading-up können sich sogesehen *überlagern,* zum Teil mehrmals, je nach Innovationsraten in einem Markt. Trading-down führt dabei nicht selten zu einer bestimmten Degeneration von Marken (in Richtung B- oder Zweitmarken), Trading-up ist umgekehrt darauf gerichtet, neue hochpreisige Marken (A-Marken, ggf. unter Nutzung von imagetransfer- sowie segmentierungs-strategischer Möglichkeiten) zu etablieren. Diese skizzierten dynamischen Markt-Prozesse sind nicht selten auch Ergebnis von *Patt-Situationen* (=zu starke Konzentration eines Marktes auf *ganz bestimmte* Preis-Leistungs-Verhältnisse und damit gegenseitige Austauschbarkeit der Angebote), die von einzelnen Wettbewerbern schließlich zu durchbrechen gesucht werden, und zwar entweder über *Leistungs*vorteile (Trading-up) oder durch *Preis*vorteile (Trading-down). Der beschriebene „Strategiewechsel" erfaßt z.T. *ganze* Branchen (vgl. z.B. Trading-up im Heizkessel-/Heiztechnik-Markt aufgrund von Leistungsvorteilen über innovative heiztechnische Lösungen oder auch Trading-down z.B. im Markt der Autovermieter aufgrund mangelnder Leistungsvorteile und ihres Ersatzes durch Preisvorteile, vgl. hierzu auch die nähere strategische Analyse auf S. 201 bzw. 203).

Die Intensität der Marktdynamik wird dabei nicht zuletzt auch durch die jeweils gegebenen *Markteintritts- und Marktaustrittsbarrieren* beeinflußt. Trading-down-Prozesse werden dann gemildert, wenn es vor allem den *innovativen* Unternehmen gelingt, Markteintrittsbarrieren zu schaffen (*Bain,* 1956; *Porter,* 1984). Sie werden insbesondere durch neue Leistungsstandards (innovative differenzierte Produkte mit spezifischen Funktionsansätzen und/oder speziellen symbolischen Eigenschaften wie spezifisches Design oder Produktausstattung) sowie erfahrungskurvenbedingte Größen- bzw. Kostenvorteile gebildet. Umgekehrt werden Trading-down-Prozesse verschärft, wenn in rückläufigen Märkten die Marktaustrittsbarrieren zu hoch sind. Sie werden vor allem durch unwiderbringliche Eintrittskosten (sunk costs) geprägt. Marktspezifische Produktionsanlagen bzw. nicht gegebene Möglichkeiten, sie für andere Produkte und Märkte ökonomisch einzusetzen sowie mangelnde Produkt- und Marktalternativen (auch aufgrund begrenzter Ressourcen), führen vielfach zu *Mobilitätsbarrieren* (*Porter,* 1984; *Harrigan,* 1989) und damit zur *Kapazitätserhaltung* im Ausgangsmarkt. Die dadurch insgesamt zu hohen Kapazitäten in solchen reifen bzw. rückläufigen Märkten äußern sich in starken Preiskämpfen (Trading-down), die dann erst bei systematischen *Vernichtungsstrategien* (exzessiven Preiskämpfen) zur Aufgabe des bzw. der „Grenzanbieter" führen und damit durch Kapazitätsabbau *wieder* Voraussetzungen für Trading-up-Prozesse schaffen.

Mit der Diskussion der zuletzt behandelten Frage des Strategiewechsels (Trading-down/Trading-up; siehe hierzu auch die Analysen und Beispiele auf S.200ff.) und den dahinter stehenden dynamischen Markt-Prozessen haben wir bereits wesentliche *wettbewerbsstrategische* Fragestellungen berührt. Sie sollen im folgenden vertieft werden.

6. Wettbewerbsstrategien (Strategiestile)

Gegenstand der bisherigen Überlegungen (1. bis 4. Abschnitt) waren die **materiell-inhaltlichen Strategien**, die marketing-strategischen Konzepten prinzipiell zugrundeliegen können. Vier grundlegende Strategieebenen wurden dabei identifiziert: 1. Marktfeldstrategien, 2. Marktstimulierungsstrategien, 3. Marktparzellierungsstrategien und 4. Marktarealstrategien. Im 5. Abschnitt haben wir dann aufgezeigt, daß Marketing-Konzeptionen in der Regel auf einem **kombinierten strategischen Fundament** stehen (müssen). Auf diese Weise wird das unternehmensindividuelle Strategieprofil oder - wie wir auch sagen - der Strategie-Chip definiert, der die zentrale Steuerungsaufgabe für den Einsatz der taktisch-operativen Instrumente übernimmt.

Das basis-strategische Vorgehen eines Unternehmens, das im **Strategieprofil** (oder Strategie-Chip) des Unternehmens seinen Niederschlag findet, wird dabei - zumal unter verschärften Wettbewerbsbedingungen (z. B. stagnierende Märkte, Verkürzung des Produktlebenszyklus), wie das heute für viele Marktbereiche typisch ist - in hohem Maße auch von einer spezifischen **Konkurrenzorientierung** geprägt. Das heißt mit anderen Worten, mit der Wahl materieller Marketingstrategien sollen zugleich bestimmte *wettbewerbs*strategische Absichten verfolgt werden; es wird damit also auch der - wie wir es bezeichnen wollen - **Strategiestil** des Unternehmens definiert. Die Fragen des Strategieprofils (bzw. Strategie-Chips) einerseits und des Strategiestils andererseits sind so gesehen *interdependente* marketingkonzeptionelle Grundfragen. Angesichts der heute typischen Wettbewerbssituation in vielen Märkten wird dabei zunehmend der Formulierung des Strategiestils besondere Aufmerksamkeit geschenkt oder anders ausgedrückt: Die Festlegung materieller Marketingstrategien erfolgt verstärkt auch unter dem Aspekt des Wettbewerbs bzw. des Erringens von **Wettbewerbsvorteilen** im relevanten Markt.

a) Zur Genesis des wettbewerbsstrategischen Ansatzes

Das Phänomen Wettbewerb bzw. Konkurrenz ist ein grundlegendes, wenn nicht das entscheidende Element des **marktwirtschaftlichen Systems**. Daß es neuerdings im Marketing stärker in den Mittelpunkt gerückt wird - und zwar sowohl in der Theorie als auch in der Praxis -, ist das Resultat wesentlich veränderter Marktstrukturen speziell aufgrund schwach wachsender bzw. insbesondere stagnierender Märkte. Das Agieren in solchen Märkten nimmt immer mehr Formen eines **Konstant-Nullsummen-Spiels** (im Sinne der Spieltheorie) an. Das heißt nichts anderes, als daß der Gewinn des einen Anbieters zwingend den Verlust des anderen definiert (*Meffert,* 1986a, S. 13). Es liegt auf der Hand, daß eine solche Marktkonstellation die Unternehmen wettbewerbsstrategisch zunehmend *sensibilisiert*. Auf diesem Hintergrund haben wettbewerbsstrategische Arbeiten etwa von *Porter* (*Porter,* 1980 bzw. 1984 und 1985 bzw. 1986) größere Aufmerksamkeit gefunden.

Die Berücksichtigung wettbewerbs- bzw. konkurrenzpolitischer Fragestellungen ist freilich *nicht neu*. Entsprechende Ansätze haben sowohl in der Betriebs- als auch in der Volkswirtschaftslehre Tradition, und zwar in der deutschen wie auch in der amerikanischen. In der Betriebswirtschaftslehre finden sich schon relativ früh Ansätze u.a. in der Lehre von der Absatzpolitik (*Sandig*, 1966), in der Marktforschungslehre (*Schäfer*, 1966) oder auch in verknüpfenden Analysen (z. B. *Hoffmann*, 1979). Im Rahmen der Volkswirtschaftslehre ist die Wettbewerbsanalyse bereits früh in die Theorie der Preisbildung (Preistheorie) eingegangen, und zwar über den Marktformen-Ansatz (u.a. *Möller*, 1941; *Ott*, 1968), bzw. fand sie Niederschlag in einer allgemeinen Markttheorie (*Heuß*, 1965).

In der amerikanischen Wirtschaftswissenschaft, in der es nicht eine so dezidierte Trennung zwischen Volks- und Betriebswirtschaftslehre gibt, hat sich ein *übergreifender* Theorie- und Forschungsansatz unter dem Begriff **Industrial Organization** (Industrial Economics) entwickelt, der auf die empirisch gestützte Erforschung der Organisation und Struktur der Industrie (insbesondere Größe und Größenverteilung) und ihre Auswirkungen auf die Marktkonfiguration bzw. Preisbildung, die Allokation der Ressourcen sowie industrielle Wachstumsprozesse gerichtet ist (siehe hierzu den Übersichtsbeitrag von *Neumann*, 1979, S.645ff. und die dort genannte Literatur). Wesentliche Impulse erhielten diese Arbeiten aufgrund von Problemen der Wettbewerbspolitik (Antitrust-Frage in den USA). In der BRD sind jene wettbewerbstheoretischen Ansätze nur zögernd aufgenommen worden (vgl. vor allem *Böbel*, 1978; *Kaufer*, 1980 oder auch die branchenorientierten Analysen bei *Oberender*, 1984). Speziell die Betriebswirtschaftslehre (und auch die Marketinglehre) hat an diesen Arbeiten bisher nicht näher angeknüpft, mit Ausnahme der Arbeiten von *Porter*, die jedoch weniger der klassischen Industrial Organization zuzurechnen sind, sondern primär unter dem *Management*-Aspekt entdeckte bzw. weitergeführte wettbewerbsstrategische Analysen darstellen (allerdings ohne konsistente theoretische Einbindung, siehe hierzu auch *Simon*, 1986, S.209). Eine deutsche Entsprechung, wenn auch stark von *Porter* entlehnt, stellt die Arbeit von *Hinterhuber* dar (*Hinterhuber*, 1982). Und schließlich enthält auch die Portfolio-Analyse (vgl. hierzu auch die Darlegungen auf S.331ff.) *implizit* wettbewerbsstrategische Dimensionen.

b) Einordnung und Relativierung allgemeiner Wettbewerbsstrategien

Was die wettbewerbsstrategische Analyse und die daraus abgeleiteten wettbewerbsstrategischen Alternativen in der neueren management- bzw. marketing-orientierten Literatur angeht, so zeigt sich relativ schnell, daß der wettbewerbsstrategische Ansatz im Prinzip *kein* eigenständiger, zumindest aber kein isolierter Strategieansatz ist, sondern daß generelle Markt- und Unternehmensstrategien gegenwärtig nur mehr oder weniger auf den wettbewerbsstrategischen Blick *verengt* werden. Speziell die *drei* **wettbewerbsstrategischen Typen** von *Porter* (*Porter*, 1980, S.34ff. bzw. 1984, S.62ff.):

- **Umfassende Kostenführerschaft** } = branchenweit
- **Differenzierung**
- **Konzentration auf Schwerpunkte**   = segmentspezifisch

stellen im Grunde nichts wesentlich anderes dar als die **kunden- bzw. abnehmerorientierten Basisstrategien** von *Kotler* (*Kotler*, 1977, S.180ff. bzw. 1982, S.214ff.):

- **Undifferenziertes Marketing**
- **Differenziertes Marketing**
- **Konzentriertes Marketing**

Beiden strategischen Unterscheidungen ist im übrigen gemeinsam, daß sie Aspekte der Art und Weise der **Marktbeeinflussung** (= 2. strategische Ebene: Marktstimulierungsstrategien, siehe hierzu S. 153 ff.) sowie Art und Grad der **Differenzierung** in der Marktbearbeitung (= 3. strategische Ebene: Marktparzellierungsstrategien, siehe hierzu S. 214 ff.) vermischen bzw. verwischen. Beide strategischen Ebenen stellen u. E. jedoch *zwei selbständige,* nicht von vornherein verknüpfte strategische Optionen dar, die z.T. nur in nicht-symmetrischer Weise kompatibel sind (vgl. hierzu auch die Darlegungen zur Strategiekombination, insbesondere den natürlichen Strategiebündelungen auf S. 294 f.).

Speziell die Sehweise *Porters* erscheint im übrigen zu technokratisch und zu wenig an den differenzierten Bedingungslagen der Abnehmer-(Verbraucher-)ebene orientiert und problematisiert. Das zeigt sich sowohl bei *Porters* Differenzierungsstrategie (*Porter,* 1984, S. 65 f., hier wird zu sehr auf die „technologische" Differenzierung gegenüber den Wettbewerbern und viel zu wenig auf die Ansatzpunkte der markt- und marketingorientierten Präferenzbildung beim Abnehmer abgestellt) als auch bei der Kostenführerschaftsstrategie (*Porter,* 1984, S. 63 ff., hier werden die Überlegungen primär auf den „betriebswirtschaftlichen" Kostenvorteil gegenüber den Konkurrenten abgestellt und weniger auf die marktstrategischen Möglichkeiten und Konsequenzen im Hinblick auf die Gewinnung preisorientierter Abnehmer). Im übrigen übersieht oder zumindest vernachlässigt *Porter* die strategischen Möglichkeiten, differenzierungs- oder präferenzstrategisches Agieren *mit* Kostenführerschaft (vgl. Beispiele aus der Markenartikelindustrie in Massenmärkten, u.a. Waschmittel, Zigaretten und Tiernahrung) zu kombinieren. Analoges gilt auch für *Porters* Sicht von Kostenführerschaft und Massen- bzw. Standardisierungsstrategie. Gerade auch Beispiele aus dem *Investitionsgüter*bereich (z.B. Werkzeugmaschinen oder Automobile) zeigen, daß speziell über konsequente Anwendung des Baukasten-Prinzips Kostenführerschaft *und* „individualisierte", präferenzorientierte Massenprodukte möglich sind (vgl. hierzu auch die Kritik von *Specht/Zörgiebel,* 1985, S. 162). Diese Problematik der *Porter'schen* Wettbewerbsstrategien beruht letztlich darauf, daß ihnen *nicht* ein einheitlicher Aspekt zugrundeliegt: „Kostenführerschaft" definiert speziell betriebswirtschaftliche Voraussetzungen beim Anbieter, „Differenzierung" dagegen spezielle marktwirtschaftliche Ansatzpunkte beim Abnehmer.

Beide Strategien beruhen somit auf **unterschiedlichen Betrachtungsebenen** und stellen somit *nicht zwingend* strategische Alternativen dar.

Jenseits dieser kritischen Anmerkungen soll insgesamt noch einmal darauf hingewiesen werden, daß das, was *Porter* als Wettbewerbsstrategien charakterisiert, *implizit* in den von uns unterschiedenen primär abnehmer-orientierten materiellen Basisstrategien (speziell 2. und 3. Strategieebene) enthalten ist. *Porters* neuestes Buch „Competitive Advantage" (*Porter,* 1985 bzw. 1986), das stärker als sein früheres (*Porter,* 1980 bzw. 1984) über die Wettbewerbsanalyse hinaus mehr an der eigentlichen Konkretisierung und Umsetzung von „Wettbewerbsstrategien" anknüpft, berücksichtigt demgegenüber nicht nur die kombinativen strategischen Möglichkeiten (*Porter*, 1986, S. 31 ff.), sondern auch deutlicher die *abnehmer*-orientierten Aspekte (**Wettbewerbsvorteile** auf Basis spezifischer *Kunden* nutzen, *Porter*, 1986, S. 164 ff.), wenn auch nach wie vor eine technokratische Sicht dominiert.

Es entsteht insoweit die Grundfrage, ob „Wettbewerbsstrategien" eine quasi selbständige strategische Dimension darstellen oder ob hierbei im Grunde mehr die Art und Weise einer spezifischen „Nutzung" abnehmer-orientierter Markt- und Marketingstrategien beschrieben wird. Aufgrund der vorangegangenen Überlegungen neigen wir zu letztgenannter Sehweise (vgl. hierzu auch die Darlegungen zu den Basisorientierungen marketingpolitischen Handelns im Rahmen der Ziel-(philosophie-)diskussion auf S. 34 ff.). Daran wollen wir im folgenden anknüpfen.

c) Wettbewerbsstrategische Grundrichtungen und typische Handlungsmuster

Wettbewerbsstrategisches Agieren kann sich zunächst einmal in der **Grundausrichtung** unternehmerischen Handelns ausdrücken, und zwar *speziell* in marketing- und/oder technologie-politischer Hinsicht als:

- **Anpassung** (an das Markt- bzw. Branchenübliche),
- **Abhebung** (vom Markt- bzw. Branchenüblichen).

Das heißt, konkurrenzorientiertes Agieren kann sich an bewährten Standards („konventionellen Lösungen") in den Bereichen Marketing (Beschaffungs- und Absatzmarketing) und/oder Technologie (Produkt- und Fertigungstechnologie) orientieren *oder* aber in allen oder ausgewählten Dimensionen bewußt kontrastieren. Eine bewußt abhebende oder *un*konventionelle Wettbewerbspolitik ist dabei an entsprechende **Potentiale** des Unternehmens (z. B. spezifische Stärken) wie auch an entsprechende **Bereitschaften** der Unternehmensführung (u. a. Zielfristen, Risikoneigung) gebunden.

Eine zweite wesentliche Dimension betrifft grundlegende **Haltungen** der Unternehmen bzw. ihres Managements, nämlich:

- **Defensive** Haltungen,
- **Offensive** Haltungen.

Defensive Haltungen bzw. daraus resultierende Handlungsmuster (Reaktionsweisen) sind auf das **Bewahren** des strategischen Status quo gerichtet, nämlich die marktliche und technologische Position des Unternehmens insgesamt. Offensive Haltungen bzw. daraus folgende Aktionsweisen sind dagegen gezielt gerichtet auf das (aggressive) Nutzen von eigenen Vorteilen und/oder positiven Veränderungspotentialen zur **Verbesserung** der eigenen Markt- und/oder Technologie-Position.

Was die wettbewerbsstrategischen Grundrichtungen insgesamt angeht, so können sie auch als **Matrix** wettbewerbsstrategischer Vorgehensweisen wie folgt dargestellt werden. Daraus lassen sich bestimmte wettbewerbsstrategische **Grundmuster** ableiten (siehe Abb. 193).

Dabei ist erkennbar, daß es zwischen den vier Feldern wettbewerbsstrategischer Grundrichtungen sowohl symmetrische als auch asymmetrische Beziehungen oder

II. Arten und Ausprägungen von Marketingstrategien

Abb. 193: Matrix wettbewerbsstrategischer Handlungsmuster

Unterschiedlicher Handlungscharakter	Alternative Handlungsrichtungen	
Grad der *Originalität*	konventionell	unkonventionell
Grad der *Aktivität*	defensiv	offensiv

| symmetrische Kombinationen - - - asymmetrische Kombinationen

Kombinationen gibt. **Symmetrische Kombinationen** stellen gleichsam natürliche Bündel dar: a) entweder konventionelles Handeln, d. h. bewußte Anpassung an markt- und branchenübliche Standards aus Gründen defensiver Sicherung der erlangten Position (z. B. Anpassung an technologische Standards bei Produkt und/oder Fertigung und Nutzung branchenbewährter Vermarktungstechniken) oder b) unkonventionelles Agieren, d. h. Abhebung (Kontrastierung) gegenüber Markt und Konkurrenz aus Gründen offensiver Positionsveränderungen zu Gunsten des eigenen Unternehmens (z. B. Nutzen technologischer Schübe für neuartige Produktleistungen (-qualitäten) und/oder kontrastierende Vermarktungskonzepte etwa in bezug auf Absatzpreis oder Absatzgebiete). **Asymmetrische Kombinationen** wettbewerbsstrategischer Handlungsrichtungen stellen demgegenüber „unnatürliche" Verknüpfungen dar, die jedoch durchaus - je nach unternehmens- bzw. marktindividueller Ausgangssituation (*situative* Komponente!) - strategische Sinnfälligkeit besitzen können (z. B. Stützung eines an sich defensiven Markthaltens durch partielle Abhebung in Schlüsselbereichen wie z. B. Qualität oder Einsatzpunkt oder umgekehrt eine bestimmte Kaschierung offensiven Vorgehens durch bewußtes Festhalten an wichtigen Marketingstandards wie **Preis und/oder Qualität**).

Wettbewerbsstrategische Verhaltensweisen in Form konventionellen oder unkonventionellen Vorgehens in Verbindung mit passiv-defensiver oder aktiv-offensiver Handlungsrichtung konkretisiert sich so gesehen *weniger* in differenzierten Strategieunterschieden (bezogen etwa auf die vier von uns unterschiedenen Strategieebenen, vgl. hierzu S. 121 ff.), sondern mehr durch die spezifische Handhabung wettbewerbsrelevanter **Schlüsselfaktoren** wie

- **Leistung,**
- **Preis,**
- **Raum,**
- **Zeit.**

Wettbewerbsstrategien können insofern als *gezielte* Kombinationen dieser Faktoren zur Erlangung von **Wettbewerbsvorteilen** interpretiert werden *(Abb. 194)*.

Jedes Unternehmen verfügt demnach über ein ganzes Bündel **wettbewerbsstrategischer Optionen**, die - auch unter Berücksichtigung spezifischer Konstellationen - verschieden gestuft und gemischt werden können, *solange* generelle strategische Handlungsbahnen (Strategie-Chips, vgl. hierzu im einzelnen S. 290 ff.) *nicht* geschädigt bzw. ihre Steuerungsfunktion nicht außer Kraft gesetzt werden. Das wettbewerborientierte Aktionsmuster erweist sich so gesehen als abhängige „Variable"

Abb. 194: *Wettbewerbsorientierte Handlungsmuster als Kombination (Profil) strategischer Schlüsselfaktoren zur Erlangung von Wettbewerbsvorteilen*

Schlüsselfaktoren	Handlungsansatz gemessen am Markt-/Branchenstandard[1]		
1. Leistung[2]	besser	gleich	geringer
2. Preis[3]	niedriger	gleich	höher
3. Raum[4]	größer	gleich	kleiner
4. Zeit[5]	früher	gleich	später

Wettbewerbsprofile: ——— Unternehmen B   - - - - - Unternehmen C

[1] Maßstab z. B. der oder die ersten drei Marktführer (Leitunternehmen), je nach Marktform bzw. -besetzung
[2] erstrebte Produkt-/Service- bzw. Problemlösungsqualität (aus der Sicht der Endabnehmer)
[3] geplante Preisstellung gegenüber dem Endabnehmer (ggf. gegenüber dem Absatzmittler)
[4] anvisierter Absatzraum
[5] Wahl des strategischen Einsatz-Timings (ein vielfach unterschätzter Schlüsselfaktor!)

des *übergeordneten* verbraucherorientierten Strategieprofils oder Strategie-Chips. Das wettbewerbsorientierte Handlungsmuster muß sich mit anderen Worten also stets innerhalb des gewählten generellen, primär abnehmer- bzw. verbraucherorientierten **Strategiekanals** bewegen.

Was die vier wettbewerbsorientierten Schlüsselfaktoren betrifft, so können auch hier zwei **strategische Klumpen** unterschieden werden (siehe *Abb. 195*).

Abb. 195: *Zwei grundlegende wettbewerbsstrategische Hebel*

Leistung + Preis	definieren	das **Preis-Leistungs-Verhältnis** („richtige Leistung zum richtigen Preis")
		↕ Interdependenzen
Raum + Zeit	definieren	das **Zeit-Raum-Verhältnis** („richtiges Absatzgebiet zur richtigen Zeit")

Die wettbewerbsstrategische Hebelwirkung wird dabei zugleich durch **Interdependenzen** beeinflußt, nämlich dem richtigen Preis im richtigen Absatzgebiet oder der richtigen Leistung zur richtigen Zeit. In der Tat läßt sich erfolgreiches wettbewerbsorientiertes Handeln auf diese **Wirkmechanik** zurückführen. Gerade auch erfolgreiche *japanische* Strategien bei der (gestuften) Eroberung von Weltmärkten (z. B. Kameras, Automobile, (Klein-)Uhren) waren bzw. sind durch schlüssige Konzepte im Sinne dieser komplexen Wirkmechanik gekennzeichnet (u. a. verschiedene Produktgenerationen, mit Einstiegs- und Abschöpfungsstrategien in bezug auf den Preis, zeitlich gestuftes gebietestrategisches Vorgehen, z. B. bei Automobilen zur systematischen „Einkreisung" der BRD durch Gewinnung zunächst von Nachbarmärkten wie Beneluxländer oder auch Österreich/Schweiz, vgl. hierzu auch das japanische Beispiel auf S. 283 f.).

Was die **Preis-Leistungs-Dimension** angeht, so ist die Wirkmechanik dieser Schlüsselfaktoren differenziert bei der Behandlung der 2. und 3. strategischen Ebene (Marktstimulierungs- und Marktparzellierungsstrategien, vgl. S. 153 ff. bzw. S. 214 ff.) herausgearbeitet worden. Was die **Zeit-Raum-Dimension** betrifft, so ist die Raumkomponente Betrachtungsgegenstand im Rahmen der 4. strategischen Ebene (Marktarealstrategien, siehe S. 256 ff.) gewesen. Was bisher fehlt, ist allerdings eine differenzierte Würdigung der (wettbewerbs-)strategischen Zeitkomponente. Auf diese Frage soll nun noch spezifisch eingegangen werden.

d) *Zur Relevanz der zeitlichen Komponente (strategisches Timing)*

Eigentlich ist es erstaunlich, daß die angemessene Berücksichtigung der **zeitlichen Komponente** bisher weitgehend fehlt, und zwar sowohl in der Theorie als auch häufig in der Praxis. Zwar stellen die Modellierung des Produktlebenszyklus wie auch die empirisch nachgewiesenen bzw. ansatzweise präskriptiven Verhaltensweisen hinsichtlich der Steuerung des Produktlebenszyklus auf die **explizite Berücksichtigung** des Zeitfaktors ab, jedoch primär in einem *taktischen* Sinne (d. h. also primär die Konzeptionsebene des Marketingmix betreffend, siehe hierzu auch die Analysen auf S. 514 ff.). Das **strategische Timing** ist dagegen erst *neuerdings* Gegenstand entsprechender Analysen und Modellierung (*Simon*, 1989). Einige Dimensionen des strategischen Timing-Problems sollen im folgenden näher skizziert werden.

Im Hinblick auf technologie-orientiertes Wettbewerbsverhalten kann zwischen technologischer Führer- und Folgeschaftsstrategien unterschieden werden (in Anlehnung an *Ansoff/Stewart*, 1967; *Maidique*, 1980; *Pfeiffer/Metze/Schneider/Amler*, 1982 bzw. *Zörgiebel*, 1983, S. 104 ff. oder auch *Specht/Zörgiebel*, 1985, hier insbesondere S. 161 f.):

- **First-to-Market-Strategie**
- **Second-to-Market- oder Follow-the-Leader-Strategie**
- **Third-to-Market-Strategie**
- **Later-to-Market-Strategie**
- **Latest-to-Market-Strategie**

Man kann diese Stufen auch als anbieter-gesteuerte Stufen der **Innovationsdiffusion** auffassen. Ihnen entsprechen im Prinzip abnehmer-orientierte Adapter-Prozesse (vgl. hierzu auch die Darlegungen zur Diffusion auf S. 516 f.). Was das Innovationspotential bzw. die möglichen Innovationsrichtungen angeht, so kann grundsätzlich folgende **Innovationsmatrix** strukturiert werden (vgl. *Abb. 196*).

Abb. 196: Dimensionen der Innovationsrichtungen (Innovationsmatrix)

Techniken \ Anwendungen	bestehende	neue
bestehende	1 Verbesserungs-innovation	2 Anwendungs-(erweiterungs-)innovation
neue	3 Ablösungs-innovation	4 Durchbruch-(Super-)innovation

Zur Illustrierung bzw. Konkretisierung soll auf das Unternehmen *Bosch* mit seinem breiten Aktivitätsspektrum zurückgegriffen werden, um deutlich zu machen, daß Unternehmen *gleichzeitig* unterschiedliche innovative Ansätze wählen können und insoweit in bezug auf das strategische Timing recht erfolgreich unterschiedliche Vorgehensweisen zugleich realisieren können (vgl. hierzu *Abb. 197*).

Abb. 197: Innovationsrichtungen und Innovationsbeispiele der Fa. Bosch („Innovationsportfolio")

Techniken \ Anwendungen	bestehende	neue
bestehende	1 Verbesserung klassischer Haushaltsgeräte (z. B. energie- und wassersparend)	2 Weiterentwicklung von Hobby-Elektrowerkzeugen für den Profimarkt (erweiterte Anwendung)*
neue	3 Entwicklung der Benzineinspritzung (als Substitutionsprodukt für klassische Vergaser im PKW-Bereich)	4 Antiblockier- oder auch Antischlupfsystem (für grundlegende Verbesserung des Fahrverhaltens von PKWs)

* bzw. auch umgekehrt

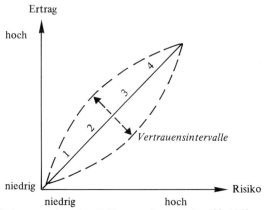

Abb. 198: Zusammenhang zwischen Risiko-/Ertragsniveaus und Innovationstypen

1, 2, 3, 4 entsprechen den Zahlenzuordnungen in *Abb. 196* bzw. *197*.

II. Arten und Ausprägungen von Marketingstrategien

In bezug auf ein solches „Innovationsportfolio" lassen sich unterschiedliche **Risiko- und Ertragsniveaus** - zumindest tendenziell - identifizieren (siehe *Abb. 198*).

Aus dieser Modellierung geht hervor, daß der **Innovationstyp 1** zwar tendenziell das kleinste Risiko bedeutet, aber zugleich auch die geringsten Ertrags(zuwachs-)chancen eröffnet, während umgekehrt der **Innovationstyp 4** grundsätzlich die größten

Abb. 199: Zeitliches Planungsraster marketing-strategischer Innovationspolitik und das Spätreife- bzw. das Frühreifeproblem (Modell-Darstellung)

a) **Spätreifeproblem** (= abwartendes, reagierendes Verhalten)

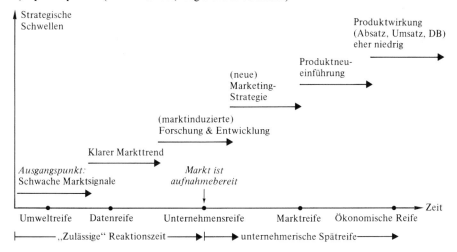

b) **Frühreifeproblem** (= antizipierendes, agierendes Verhalten)

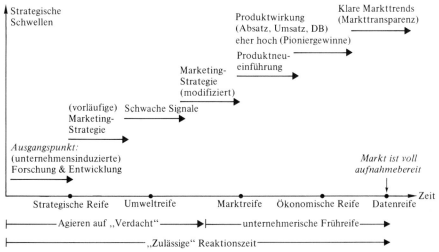

Anmerkung: Aus Vereinfachungsgründen sind jeweils gleiche Phasenlängen und gleiche Überlappungen gewählt (in der Realität gibt es hier wesentliche phasen-spezifische Unterschiede).

Ertragschancen bietet, aber regelmäßig unter Inkaufnahme des größtmöglichen Risikos.

Was das Problem strategischen Timings insgesamt betrifft, so hat es zunächst einmal eine stark technologie-orientierte Dimension; darüber hinaus müssen jedoch noch *andere* Ebenen dieses komplexen Problems gesehen und berücksichtigt werden. *Abb. 199* versucht diese Zusammenhänge transparent zu machen.

Die Grundfrage **zeit-strategischen Verhaltens** besteht demnach darin, sowohl das Spätreifeproblem (hier speziell: marktliche Anschlußproblematik) als auch das Frühreifeproblem (hier speziell: evtl. zu große Marktwiderstände) zu vermeiden oder anders ausgedrückt, eine – je nach Unternehmensphilosophie – möglichst enge zeitliche **Synchronisation** zwischen Markt/Unternehmensreife *und* Aufnahmebereitschaft des Marktes zu erreichen. Hierbei ist freilich auch das Konkurrenzverhalten zu berücksichtigen (vgl. hierzu auch *Abb. 200*).

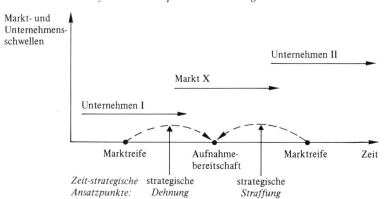

Abb. 200: Synchronisationsprobleme zeitstrategischen Verhaltens

Was die zeit-strategische **Dehnung** und **Straffung** betrifft, so sind hierbei grundlegende Unterschiede in den Realisierungsmöglichkeiten zu beachten. Während bei *Investitions*gütern mit einer Innovation vielfach erhebliche *Vor*investitionen speziell in Forschung und Entwicklung verbunden sind, so daß die erlangte Unternehmensreife auch zu einer möglichst frühen Marktrealisierung drängt, ist bei *Konsum*gütern (speziell Verbrauchsgütern) der Forschungs- und Entwicklungsaufwand im Schnitt deutlich *geringer* und damit auch der Druck geringer im Hinblick auf eine „frühreife" Vermarktung. Letztlich hängt das geplante strategische Vorgehen auch davon ab, ob und inwieweit auf jeden Fall eine Strategie des „First-to-Market" realisiert oder ob eine Strategie des „Second- or third-to-Market" als zulässig bzw. sinnvoll erachtet wird (Unternehmensphilosophie!). Speziell in Konsumgütermärkten gibt es durchaus gute Chancen auch für den **Zweiten** (oder ggf. auch den Dritten im Markt), und zwar aufgrund ausgeprägten Absatzmittlerverhaltens (= Streben nach alternativen Angeboten, Vermeidung von zu starken Lieferantenabhängigkeiten) wie auch aufgrund von Verbraucherverhaltensweisen (Streben nach Differenzierung, „Lust" an der Abwechslung, d. h. vagabundierendes Markenverhalten,

II. Arten und Ausprägungen von Marketingstrategien 317

siehe hierzu auch S. 165). Empirische Untersuchungen mit Hilfe der *PIMS*-Datenbank belegen allerdings, daß primär **Pioniere** (first-to-market) Marktführer werden (ca. 70% der 877 untersuchten Marktführer gaben an, als „einer der Pioniere" in den Markt eingetreten zu sein, *Buzzell/Gale,* 1989, S. 153 ff.).

Beim **zeit-strategischen Handeln** hängt naturgemäß das jeweilige Vorgehen auch von produkt-spezifischen Voraussetzungen bzw. Bedingungen ab. Auf *vier* verschiedene **strategische Konstellationen** soll hier näher eingegangen werden:

- **Fall A:** *Gefährdung* einer First-to-Market-Strategie durch Nutzung von *Markttestverfahren* (speziell bei Verbrauchsgütern)
- **Fall B:** *Versuche* einer mehr psychologischen Absicherung einer First-to-Market-Strategie wegen *langer Entwicklungs- und Testzeiten* (speziell bei Gebrauchsgütern)
- **Fall C:** *Chancen* einer gezielten Second-to-Market-Strategie aufgrund *verkürzter Entwicklungszeiten* (speziell bei Verbrauchsgütern)
- **Fall D:** *Zwang* zur strategischen Teilung einer Innovation mit Konkurrenten im Interesse ihrer *(breiten) Marktdurchsetzung* (speziell bei Gebrauchsgütern)

Zu Fall A: Die heute - vor allem in der Markenartikelindustrie - einer endgültigen Markteinführung üblicherweise vorgeschalteten **Markttests** (= regional begrenzte, probeweise Markteinführung zur Eingrenzung der Marktchancen bzw. Marktvoraussetzungen für eine Produkteinführung unter realen Marktbedingungen) führen zu einer *frühen* Markt- und Innovationskenntnis der Konkurrenz. Das bedeutet, daß Unternehmen, die mit solchen Markttests operieren, das strategische Timing häufig gar *nicht mehr voll* im Griff haben (= Gefährdung einer First-to-Market-Strategie).

Beispiel: Als *Procter & Gamble* (u.a. Marken *Dash, Ariel*) ihre Marktposition im Waschmittel-Markt durch Einführung eines flüssigen Waschmittels (Marke *Vizir*) verbessern wollte, unterzog *Procter & Gamble* dieses neuartige Produkt einem Markttest. Auf diese Weise bekam - neben anderen Konkurrenten auf diesem Markt - auch *Henkel* Kenntnis vom neuen Produkt und vor allem auch von seinem geplanten Vermarktungskonzept. Weniger aus Gründen einer positiven Einschätzung dieses „neuen" Waschmittel-Teilmarktes, sondern *mehr* aus Gründen der *Verteidigung* der erlangten Marktführerschaftsposition entschloß sich *Henkel* auch in diesen Markt mit einem entsprechenden Produkt einzutreten. *Henkel* gelang es sogar, sein analoges Produkt unter der Marke *Liz* noch vor *Procter & Gamble* (Marke *Vizir*) national einzuführen.

Zu Fall B: Im Investitionsgüter- bzw. Gebrauchsgüterbereich sind - trotz der Möglichkeiten EDV-gestützter Entwicklungsverfahren (CAD = Computer aided design) - noch immer *relativ lange* Entwicklungs- und vor allem auch Testzeiten notwendig. Das gilt nicht zuletzt für hoch synthetische Produkte wie z. B. Automobile. In diesem Bereich sind deshalb nicht nur Fehler in der strategischen Ausrichtung einer Produktentwicklung (z. B. Entwicklung einer neuen Modellreihe) schwer zu korrigieren, sondern auch das **Beschleunigen** einer als richtig erkannten Modellpolitik (z. B. Ausbau einer bestehenden Modellreihe) ist nur *begrenzt* möglich. Es wird deshalb neuerdings verstärkt zum Mittel der **(Vor-)Ankündigung** gegriffen (= Versuch einer Absicherung der First-to-Market-Strategie).

Beispiel: Mercedes-Benz hat mit dem *190er Mercedes* („Kleiner *Mercedes*") sehr erfolgreich das Programm nach unten hin abgerundet und somit das Einsteigen in die „*Mercedes*-Hierarchie" für eine breitere Abnehmerschicht erleichtert. *Mercedes-Benz* ist damit zugleich in das Kundenpotential der *3er-Serie* von *BMW* eingedrungen. Das ist umsomehr gelungen, als *Mercedes* die *190er*-Serie attraktiviert hat (u.a. mit dem Vierzylinder 16-Ventiler: 190 – 2.3-16). Da der *BMW*-Goodwill bei der *3-Serie* stark auf den technisch herausragenden *Sechszylinder*-Motoren verschiedener Hubraumklassen beruht, entschloß sich *Mercedes,* den 2,6 Liter-Motor der neuen Motoren-Generation *auch* für den 190er zu übernehmen, um damit die hubraum-stärkste Variante in dieser Klasse zu bieten *(= Image-Führerschaft).* Mercedes zeigte diese Modellvariante für Konkurrenz und Publikum überraschend auf der Internationalen Automobilausstellung (IAA) 1985; real eingeführt wurde dieses Modell aber *erst* rd. 18 Monate später[61].

Zu Fall C: Der technologische Stand ist heute in vielen Branchen so hoch (und zwar produkt- wie auch fertigungstechnologisch), daß die **Nachahmungszeiten** stark *geschrumpft* sind. Auf diese Weise ist es möglich geworden, gezielt eine Strategie zu verfolgen, die zwar Konkurrenten den „Vortritt" bei der Einführung innovativer oder quasi-neuer Produkte überläßt, zugleich aber sicherstellt, zeitlich *unmittelbar* (d.h. z.B. mit Abstand nur einiger weniger Monate) dem Marktinitiatior folgen zu können (= Chancen für eine geplante Second-to-Market-Strategie).

Beispiel: Ein Unternehmen auf dem Feld der Körperpflege (speziell Zahnpflege) und Kosmetik betreibt in seinen *Stammgebieten* eine bewußte *First*-to-Market-Strategie (unterstützt durch entsprechende infrastrukturelle Voraussetzungen, was etwa (Produkt-)Forschung oder Marktforschung angeht), während auf Rand- bzw. *Ergänzungs*gebieten (u.a. Duschmittel) eine gezielte *Second*-to-Market-Strategie verfolgt wird. Das Unternehmen verfügt hierfür über ein spezielles Informationssystem, das frühzeitig Informationen und Produkte (z.B. von Testmärkten anderer einschlägiger Anbieter) beschafft, über ein zeitsparendes chemisch-technologisches „Nachtest-Konzept" sowie ein „gepflegtes" Reserve-System von *Vorratszeichen* für die Markenwahl (einschließlich einer leistungsfähigen Marketingagentur für kreative und zügige Packungs- und Werbekonzepte). Das Unternehmen ist auf diese Weise in der Lage, innerhalb von etwa *drei* Monaten mit einem vergleichbaren und dennoch eigenständigen Produkt dem Innovator zu folgen, wenn Produkt(kategorie) und Markt bestimmte *Erfolgskriterien* erfüllen.

Zu Fall D: In vielen Märkten des Gebrauchsgüter- bzw. Investitionsmarketings übersteigt es häufig die **marktlichen Möglichkeiten** eines *einzelnen* innovativen Unternehmens, eine Produktinnovation (speziell neues Technik-System, neue technologische Generation) *quantitativ* ausreichend im Markt zu plazieren, um hohe Forschungs- und Entwicklungsaufwendungen angemessen und schnell (Veralterungsproblem von Innovationen aufgrund von Markt- und Technologie-Dynamik!) zu amortisieren. Innovative Unternehmen entschließen sich deshalb nicht selten freiwillig oder ggf. auch unter marktspezifischen **Zwängen** für eine Weitergabe der Innovation an andere Unternehmen (= Ansatz für die „Verbreiterung" einer *First-to-Market*-Strategie).

Beispiel: **Continental** hat nahezu serienreif ein neues Reifensystem *(CTS = Conti-Tire-System)* entwickelt, das bei hoher Haltbarkeit des Reifens und hohem Fahrkomfort vor allem *Pannensicherheit* bietet. Bei diesem System sitzt der Reifen nicht mehr wie bisher in der Felge, sondern außen an einem neu konstruierten Felgentyp. Der neue *CTS*-Reifen soll eine „Pannenläufigkeit" von rd. 400 Kilometern ermöglichen. An diesem System werden aller Voraussicht nach sowohl *Goodyear* (als weltgrößter Reifenhersteller) als auch *Michelin* (Marktführer in

---

[61] Neuerdings gibt es (vermehrt) Beispiele der „Vorankündigungsstrategie" auch im *Verbrauchs*güterbereich. So hat z.B. *Bassermann* ein neues Fertigmenue-Programm (Mehrkammer-Technik) bereits im Frühjahr 1986 in den Fachmedien des Lebensmittelhandels (z.B. Lebensmittel-Zeitung) angekündigt, obwohl die Auslieferung erst für Herbst 1986 in Aussicht gestellt wurde. *Bassermann* versuchte auf diese Weise zu verhindern, daß sich der Handel zu früh auf Mitbewerber festlegt, die entsprechende Programme rd. ein halbes Jahr früher einführen konnten. Aber erst im Sommer 1987 hat dann *Bassermann* das neue Programm tatsächlich auf den Markt gebracht.

Europa) über *Lizenzvergabe* partizipieren. *Continental* braucht einfach starke Partner, um dieses System entsprechend *breit* durchsetzen zu können (geschätztes Marktpotential in Europa: rd. 30%). Im übrigen drängt auch die Automobilindustrie (Erstausrüstungsgeschäft) dazu, um sich bei diesem neuen Reifen-System nicht von einem *einzigen* Reifenhersteller abhängig zu machen. Inzwischen hat *Continental* (redaktionelle) PR-Maßnahmen eingeleitet, um die „Vaterschaft" des neuen Systems der Öffentlichkeit *bekannt* zu machen (= *Kompetenz*-Aufbau). Die Einführung des Reifens beginnt mit dem neuen *Mercedes SL*-Sportwagen.

Nach diesen Darlegungen zu den Mechaniken wettbewerbsstrategischer Grundmuster – unter besonderer Berücksichtigung der **Zeitkomponente** – soll nunmehr auf eher verhaltensorientierte Bezüge des wettbewerbsstrategischen Handelns näher eingegangen werden.

e) Wettbewerbsstrategische Prinzipien und Verhaltensweisen

Das Wettbewerbsverhalten von Unternehmen läßt sich im Prinzip auf allgemeine Ursachen menschlicher Konflikte bzw. typische **Verhaltensmuster der Konfliktbewältigung** zurückführen. Diese Fragen stellen so gesehen in hohem Maße sozialpsychologische Grundprobleme dar (*Hoffmann*, 1979, S. 45). Aufgrund einer „große(n) Ähnlichkeit unternehmerischer und militärischer Situationen" (*Kotler*, 1977, S. 249) wird wettbewerbs-strategisches Verhalten von Unternehmen heute vielfach in Kategorien der Lehre von der Kriegsführung beschrieben (vgl. auch *James*, 1984 bzw. 1986; *Ries/Trout*, 1985 bzw. 1986; *Durö/Sandström*, 1986). In der Tat finden sich im unternehmerischen Verhalten (bzw. dem jeweils zugrundeliegenden Konzept) bestimmte Prinzipien wieder, wie sie für die Kriegsführung charakteristisch sind. Damit soll – um möglichen Mißverständnissen vorzubeugen – nicht zum Ausdruck gebracht werden, daß Unternehmensführer sozusagen Militaristen sind, sondern allein darauf abgestellt werden, daß es auch im wirtschaftlichen bzw. unternehmerischen Bereich „Fronten" gibt und die Beteiligten „Waffen" einsetzen, um ökonomisch nutzbare Machtpositionen gegenüber anderen Marktteilnehmern zu gewinnen.

Was derartige **Prinzipien** angeht, so gehören dazu u.a. folgende (*Kotler*, 1977, S. 249 f.):

- Prinzip der **Zielsetzung** (d.h. das Vorgehen am Markt muß an klaren Zielvorgaben orientiert sein);
- Prinzip der **Masse** (d.h. die Mittel des Unternehmens müssen zur richtigen Zeit an der richtigen „Front" konzentriert werden);
- Prinzip der **Offensive** (d.h. es muß die Initiative ergriffen werden, Schwächen der Konkurrenten in richtiger Art und Weise auszunutzen);
- Prinzip der **Überraschung** (d.h. die Erfolgsaussicht des eigenen Handelns ist umso größer, je unerwarteter die nach Zeitpunkt, Ort und Art ergriffenen Maßnahmen die Konkurrenten treffen).

Darüber hinaus wird das Wettbewerbsverhalten in hohem Maße durch allgemeine menschliche Verhaltensweisen definiert. Dies ist nicht zuletzt Ausdruck der Tatsache, daß Menschen Träger und Triebkraft materieller Maßnahmen darstellen. Insofern kann zwischen bestimmten Stilen oder Verhaltensweisen unterschieden werden. Ihre Festlegung erfolgt vielfach bereits im Rahmen der Konzeptionsebene der

Ziele, und zwar auf der *obersten* Zielstufe der sog. Wertvorstellungen („basic beliefs"). Zumindest werden bei der Ableitung des Grundgesetzes des Unternehmens auch solche **Stilprinzipien** determiniert. Das Spektrum *möglicher* Verhaltensstile umfaßt dabei insbesondere folgendes (vgl. hierzu auch *Kotler,* 1977, S. 250f.; *Hinterhuber,* 1982, S. 51 ff.; *Porter,* 1984, S. 126 ff.):

- **Friedlicher** Konkurrenzstil (d.h. dieser Stil steht für wirtschaftsfriedliches Verhalten gegenüber den Konkurrenten);
- **Kooperativer** Konkurrenzstil (d.h. dieser Stil zielt auf Zusammenarbeit mit den Konkurrenten ab, z.B. „strategische Allianzen" bei Forschung/Entwicklung);
- **Aggressiver** Konkurrenzstil (d.h. dieser Stil ist geprägt durch ein offensives Angriffsverhalten gegenüber den Konkurrenten);
- **Konfliktärer** Konkurrenzstil (d.h. bei diesem Stil nimmt man bei der Verfolgung eigener Ziele bewußt Konflikte, z.B. wettbewerbsrechtlicher Art, in Kauf).

Insbesondere aggressive und konfliktäre Konkurrenzstile werden heute vielfach in militärischen Kategorien beschrieben. In dieser Hinsicht werden u.a. *folgende* Angriffsstrategien unterschieden (*o. V.,* 1980, S.22, vgl. auch *Kotler,* 1982, S.283ff., *Hoffmann/Wolff,* 1977, S.168 bzw. *Hoffmann,* 1979, S.47f. sowie *Ries/Trout,* 1986, S.72ff. und *Durö/Sandström,* 1986, S.105ff.):

- **Strategie des Direktangriffs** (d.h. diese Strategie zielt direkt auf Haupt- und Kernproduktbereiche des anvisierten Konkurrenten; z.B. mit neuen oder verbesserten eigenen Produkt(en) oder mit einer Preisreduzierung soll die Marktstellung des Mitbewerbers erschüttert werden);
- **Umzingelungsstrategie** (d.h. diese Strategie versucht, von mehreren Seiten aus die Marktstellung des Konkurrenten aufzuweichen; dem Konkurrenzprodukt wird z.B. nicht nur ein direktes Angebot (Produkt) gegenübergestellt, sondern zusätzlich wird unter einer zweiten Marke eine billige Produktalternative – und ggf. für den oberen Markt noch ein Spitzenprodukt mit überdurchschnittlichem Preis – eingeführt);
- **Strategie des Flankenangriffs** (d.h. diese Strategie versucht, schwache bzw. ungeschützte Stellen des Konkurrenten aufzudecken und entsprechend anzugreifen; mit neuen Packungsgrößen und/oder neuen Sorten z.B. soll in das Marktfeld des Konkurrenten eingebrochen werden);
- **Guerillastrategie** (d.h. diese Strategie ist auf einen Abnutzungskampf mit dem Konkurrenten gerichtet; der Konkurrent soll aufgrund permanenter „Scharmützel", z.B. laufender rechtlicher Streitigkeiten, außer Tritt geraten, d.h. alle wettbewerbsrechtlich relevanten Aktivitäten des Konkurrenten wie Marken-, Werbe-, Verpackungs-, Konditionen- oder auch Vertriebspolitik werden als Anlaß für juristische Schlagabtausche genommen).

Diese Strategien sind verschiedene wettbewerbspolitische Antwortmöglichkeiten des Unternehmens angesichts der Tatsache, daß es sich in der Regel mit einigen wenigen oder sogar mit vielen Mitbewerbern den Markt teilen muß. Dieser Wettbewerb ist vom marktwirtschaftlichen System (=Wettbewerbswirtschaft) grundsätzlich gewollt. Durch stagnierende und/oder rezessive Märkte ist dieser Wettbewerb aber in Richtung Verdrängungswettbewerb *intensiviert* worden. Die einzelnen anbietenden Marktpartner bringen für diesen (Verdrängungs-)Wettbewerb dabei jeweils

II. Arten und Ausprägungen von Marketingstrategien

unterschiedliche **Voraussetzungen** mit. Sie sind in hohem Maße durch die *relative* Größe bzw. Marktposition des Unternehmens (d. h. also im Vergleich zu den Mitbewerbern) definiert. *Kotler* hat versucht, *vier* Grundtypen von Marktteilnehmern auf der Anbieterstufe gegeneinander abzugrenzen, die im Modellfall etwa folgende Marktanteile auf sich vereinigen können (*Kotler*, 1982, S. 283 ff.):

- Marktführer (40%)
- Marktherausforderer (30%)
- Marktmitläufer (20%)
- Marktnischenbearbeiter (10%)

$\left. \right\} (=100\%)$

Diesen vier Anbietertypen eines (gedachten) Marktes ordnet *Kotler* jeweils „spezifische" materielle strategische Konzepte zu. Dabei zeigt sich allerdings, daß sich die jeweils adäquaten Marketingstrategien *nur* schwer generalisieren lassen. Insbesondere aber fallen die *Abgrenzungs*probleme zwischen den Strategien des Marktführers und des Marktherausforderers auf. Daran wird deutlich, daß beide Marktkonkurrenten sich weniger in ihren materiell-strategischen Maßnahmen, sondern mehr in deren **Zielung** (Abwehr bzw. Angriff) unterscheiden.

Im folgenden wollen wir das anhand von *drei* konkreten Beispielen verdeutlichen, bei denen jeweils Marktführer- und Marktherausforderer-Konzept gegenübergestellt und näher skizziert werden. Diese Beispiele stellen gleichsam **Grundmuster** strategischer Operationen mit jeweils unterschiedlichem Ausgang dar:

- **Fall 1:** Der Marktherausforderer wird *abgewehrt*.
- **Fall 2:** Der Marktherausforderer *übernimmt* die Marktführerschaft.
- **Fall 3:** Der Marktherausforderer *zieht sich* aus dem Markt *zurück*.

Diese drei strategischen Grundmuster sollen nun im folgenden belegt und präzisiert werden (dabei sind die einzelnen Abschnitte der drei angeführten Beispiele jeweils in der Reihenfolge a), b), c), d) zu lesen).

Fall 1: Der Marktherausforderer wird abgewehrt (Beispiel *Universal-Hautcreme-Markt*)

Marktführer *Nivea (Beiersdorf)*	Marktherausforderer *Creme 21 (Henkel-Gruppe)*
a) Marktstatus: *Nivea* ist die mit Abstand führende Universalcreme-Marke, und zwar aufgrund: • einer hohen Qualität • eines vernünftigen Preis-Leistungs-Verhältnisses • einer konsequenten Markenführung (Vermeidung von „Moden" im Erscheinungsbild) • einer klaren Positionierung (Schutz und Pflege). Ergebnis daraus ist: • hohes Vertrauen der Käufer • Bonus des Ersten. Andererseits sind bestimmte Veralterungszüge der Marke unverkennbar. Neue Angebotsformen wie *Nivea-Milk* tragen jedoch zur Aktualisierung bei.	**b) Marktangriff:** Die *Henkel-Gruppe* ist bereits im Kosmetikmarkt tätig, u. a. im Haarkosmetik-Markt *(Thera-Chemie)*. Es wird nach neuen aussichtsreichen (Teil-) Märkten gesucht. Man erkennt einen solchen Markt im Universalcreme-Markt, und zwar speziell in einer kontrastierenden Marke (Programm) zu *Nivea*. Ergebnis dieser konzeptionellen Überlegungen ist *Creme 21* mit folgenden strategischen Säulen: • jugendliches, modernes Angebot • differenziertes Pflegeprogramm (u. a. Creme, Milk, Schaum) • hoher Werbeeinsatz • intensive Distribution (speziell im Lebensmittelhandel).

c) **Marktkonter:**
Beiersdorf kann mit *Nivea* den Angriff von *Creme 21* bereits in der ersten Phase stoppen, und zwar hauptsächlich mit
- einer Art Alleinstellungswerbung („*Nivea* – eine bessere gibt es nicht")
- gezielter Argumentation gegenüber dem Handel (*Creme 21* ist „schlechte" Kopie von *Nivea*).

Zu Hilfe kam dabei *Beiersdorf* die Tatsache, daß *Henkel* zum Zeitpunkt der Einführung von *Creme 21* die Produktqualität nicht voll im Griff hatte (Produktenttäuschungen bei Handel und Verbrauchern verschlechterten zusätzlich die Ausgangslage von *Creme 21*).

d) **Marktkampfausgang:**
Nivea schlägt den Angriff auf Dauer über einen gezielten Marketingmix ab:
- Nutzung des Vertrauensvorschusses in Werbung (→Endverbraucher) und Vertrieb (→ Handel)
- Verjüngung der Marke durch spezifische Werbung (neue Zielgruppen)
- aber unter Bewahrung der Stammverbraucher
- gezielte Distributionsausweitung in den SB-Handel.

Dazu tritt im Laufe der Zeit eine satellitenartige Absicherung durch neue, ergänzende *Nivea-Produkte*.
Ergebnis: *Nivea* ist nach wie vor unangefochtener Marktführer.[62]

Fall 2: Der Marktherausforderer übernimmt Marktführerschaft (Beispiel *Altbier-Markt*)

Marktführer
Hannen

a) **Marktstatus:**
Hannen ist mit Abstand die Nr. 1 auf dem Altbiermarkt, und zwar aufgrund:
- eines frühzeitigen Setzens auf die Sorte Alt
- eines hohen Bekanntheitsgrades sowie eines guten Images aufgrund starker Werbung
- einer gezielten Ausdehnung des Absatzgebietes über das traditionelle Altbiergebiet (Niederrhein) hinaus
- einer konsequenten Nutzung der Konzernbrauereien (u.a. *Bavaria*, Hamburg und *Henninger*, Frankfurt) als Distributionshelfer
- eines gezielten Gastronomiekonzepts (Aufbau einer Kette altbiertypischer Gastronomiebetriebe).

Die Einbindung von *Hannen* in einen Konzern *(Reemtsma-Gruppe)* schränkt andererseits die Flexibilität ein; stärkerer Managementwechsel führt außerdem zu Aufweichungen im Grundkonzept.

c) **Marktreaktion:**
Der Marktführer, der ursprünglich den Altbier-Markt stark gestaltet und geprägt hat, nimmt die „kleine Landbrauerei" *Diebels* nicht allzu ernst (sie hatte ursprünglich etwa nur ein Viertel der Größe von *Hannen*). Man vertraut auf den erheblichen Bekanntheits-

Marktherausforderer
Diebels

b) **Marktangriff:**
Die Brauerei *Diebels* (ursprünglich Sortimentsbrauerei) entschloß sich nach umfangreicher Markt- und Unternehmensanalyse zu einem konsequenten Altbierspezialisten-Konzept.
Die wichtigsten Säulen dieses Konzeptes sind:
- gleichbleibende, überdurchschnittliche Produktqualität
- langfristig orientiertes Werbekonzept zum Aufbau qualitativer Marktführerschaft („*Diebels* Alt – das freundliche Alt"/„*Diebels* – die große Altbierspezialität")
- klares, fachhandelorientiertes Vertriebskonzept (Partnerschaft mit dem Getränkefachgroßhandel)
- klare, berechenbare Markt- und Unternehmenspolitik
- gezielte Nutzung der Präferenz einer Privatbrauerei (speziell gegenüber den Absatzmittlern).

d) **Marktkampfausgang:**
Die klare und konsequente Markt- und Unternehmenspolitik von *Diebels* hat sich ausgezahlt. *Diebels* ist inzwischen nicht nur
- qualitativer Marktführer (*Diebels* Alt = „Marke der Kenner"), sondern auch
- quantitativer Marktführer (= höherer Aus-

---

[62] *Nivea* ist im übrigen selbst als Herausforderer auf dem Baby-Pflege-Markt aufgetreten, etwa gegenüber *Penaten* oder auch *Fissan*. Hier hat *Nivea* jedoch nur relativ bescheidenen Erfolg gehabt. Grund: Dieser Markt wird von den Spezialisten beherrscht. Aus der Sicht der Abnehmer („Mutter") haben sie eine größere Kompetenz für Baby-Pflege.

grad- und Image-Vorsprung sowohl im regionalen als auch überregionalen Markt. Als *Hannen* schließlich den permanenten Aufstieg der Marke *Diebels* in qualitativer und quantitativer Hinsicht registriert, reagiert der Marktführer primär taktisch. Beleg dafür sind u. a.:
- häufiger Wechsel der Werbekonzeption
- unstetiger Werbeaufwand
- vielfacher Wechsel in der Vertriebspolitik (die Sonderstellung im Fachhandel wird zugunsten des Lebensmittelhandels aufgegeben, später wird das mehrmals zu korrigieren versucht)
- Häufung von Preisaktionen mit *Hannen* Alt.

Insgesamt wird damit das ursprünglich klare *Hannen*-Konzept stark aufgeweicht.

stoß als *Hannen,* Überschreiten der 1 Mio. hl-Grenze).
Ein nicht ungewichtiger Erfolgsfaktor der Brauerei *Diebels* war nicht zuletzt auch das ruhige, gar nicht spektakuläre Auftreten im Markt, so daß man zumindest in den ersten Spezialisten-Jahren Marke und Markt ziemlich ungestört aufbauen konnte. Der gezielte „Marktangriff" von *Diebels* war jedenfalls für den Konkurrenten zunächst gar nicht als solcher richtig erkennbar.
Durch ein gezieltes „Abstandsmarketing" (= Ausschöpfen strategischer und taktischer Reserven) konnte *Diebels* die Marktführerschaft nicht nur verteidigen, sondern inzwischen noch weiter ausbauen.

Fall 3: Der Marktherausforderer zieht sich aus dem Markt zurück (Beispiel *Reifen-Markt*)

Marktführer
Continental[63]
a) Marktstatus:
Continental war ursprünglich der Marktführer am deutschen Reifen-Markt, und zwar u. a. aufgrund:
- eines sehr breiten Programms
- renommierter Marke
- starken Erstausrüstungsgeschäfts
- hohen Anteils im Handelsgeschäft.

Immer deutlicher zeichnete sich jedoch eine Wettbewerbsverschärfung ab, nicht zuletzt aufgrund des erfolgreichen Eindringens ausländischer Anbieter im Markt.

Marktherausforderer
Phoenix
b) Marktoffensive:
Phoenix war seinerzeit renommierter Anbieter am deutschen Markt, aber mit deutlich geringerer Marktbedeutung als der Marktführer. Mehrere Jahre versuchte *Phoenix* am Markt konsequent seine Stellung auszubauen, und zwar insbesondere über:
- eine gezielte Programmpolitik
- „Innovationen" (Spezialitäten)
- Versuch eines stärkeren Eindringens in das Erstausrüstungsgeschäft (denn: der Nachkauf orientiert sich im Schnitt zu etwa einem Dreiviertel an der Marke der Erstausrüstung).

c) Markt(re)aktion:
Continental versucht, seinen quantitativen (und qualitativen) Vorsprung zu wahren; nach dem Siegeszug des Stahlgürtelreifens *(Michelin)* fällt *Continental* jedoch stark zurück.
Mit einem ehrgeizigen Konzept („Vorwärtsstrategie") versucht *Continental* vor allem eine neue Größenordnung zu erreichen, die eine Behauptung am europäischen Markt insgesamt erlaubt. *Phoenix* wird ein Übernahmeangebot unterbreitet, *Phoenix* lehnt jedoch ab. *Continental* übernimmt schließlich vier europäische Werke von *Uniroyal* (USA) und zuletzt die *Semperit AG* (Österreich).
Auf der Basis einer neuen Größenordnung und entsprechender Neuentwicklungen -

d) Ausgang des Marktringens:
Phoenix erkennt sehr schnell die Grenzen, die vor allem aufgrund der eigenen Größenordnung wie des Programms gesteckt sind. *Phoenix* entscheidet sich schließlich für eine Aufgabe des Reifengeschäfts und zieht sich aus dem Reifen-Markt (bis auf bestimmte Spezialitäten) zurück.
Phoenix konzentriert sich nun ganz auf sein technisches Geschäft wie Formartikel aus Gummi bzw. Karosserieteile aus Kunststoff (= Zulieferprodukte für die Automobilindustrie). Das gezielte Schrumpfungskonzept gelingt.
Phoenix hat sich inzwischen zu einem bedeutenden Zulieferer nahezu aller europäischen Automobilhersteller entwickelt.

---

[63] Situation, ehe *Michelin* über die erfolgreiche Einführung des ersten Stahlgürtelreifens Marktführer auf dem deutschen Markt wurde.

(c) Forts.
verbunden mit einer konsequenten Qualitätspolitik – ist nun *Continental* selbst zum Herausforderer geworden. Inzwischen hat *Continental das Unternehmen General Tire* (USA) übernommen und hat sowohl in Portugal als auch in Japan Gemeinschaftsunternehmen (Joint Ventures) gegründet.

Der **Vergleich** der strategischen Aktionsweisen des Markt*führers* und des Markt*herausforderers* auf der Basis der drei angeführten Beispiele verdeutlicht das, was wir bereits eingangs zu *Kotlers* strategischen Zuordnungen kritisch anmerkten, nämlich: Das marketing-strategische Operieren von Marktführer und Marktherausforderer unterscheidet sich weniger durch eine jeweils spezielle Strategiewahl als vielmehr durch die jeweils konkrete **Ausgestaltung bzw. Komposition** des Marketingmitteleinsatzes. Für den Ausgang des Marktkampfes ist es dabei vor allem entscheidend, ob es dem „Führer" oder aber dem „Herausforderer" gelingt, ein konsequentes, konsistentes Marketing-Konzept am Markt überzeugend *und* nachhaltig durchzusetzen. Für die Marktverteidigung des „Führers" kommt es dabei vor allem darauf an, sich auf die eigenen Stärken zu besinnen und sie gezielt auszuschöpfen (vgl. hierzu das *Nivea*-Beispiel). Für die Gewinnung der Marktführerschaft durch den „Herausforderer" ist es andererseits entscheidend, klar die Schwächen des „Führers" zu identifizieren und sie im eigenen Konzept adäquat zu berücksichtigen, d.h. mit anderen Worten sie bewußt auszunutzen (vgl. hierzu das *Diebels*-Beispiel).

Daß die jeweils optimale Komposition aller marketingpolitischen Maßnahmen letztlich den Erfolg des Marktherausforderers ausmacht, zeigen im übrigen auch die *japanischen* Erfolge auf dem deutschen Markt. Neuerdings wird das besonders augenfällig auf dem Markt der Unterhaltungselektronik. Traditionelle Marktführer auf dem deutschen Markt wie *Grundig* oder *Telefunken* sind inzwischen auf einer Reihe von Teilmärkten in erhebliche Bedrängnis geraten bzw. mußten ihre Selbständigkeit aufgeben. Soweit hier überhaupt Verallgemeinerungen zulässig sind, ist das Marketingverhalten japanischer Anbieter dabei vor allem durch folgende zehn **strategische Komponenten** charakterisiert (vgl. hierzu auch *Rosenbaum, 1982, S. 68f.*):

- Aufbau großer Fertigungskapazitäten für die Belieferung des Weltmarktes (Realisierung des Erfahrungskurven-Effektes);
- sorgfältige und umfassende Vorbereitung für den Angriff auf neue Märkte;
- langfristige Orientierung der Marketingpolitik (Bereitschaft, kurzfristig Verluste hinzunehmen, um Marktanteile zu erringen bzw. zu verteidigen);
- häufig Verfolgung einer Doppelstrategie, das heißt: Angriff in den unteren Teilmärkten mit einer preisaggressiven Politik und gleichzeitig Angebot von imagefördernden „high-end"-Produkten;
- hohe Innovationsgeschwindigkeit, Streben nach technischer Alleinstellung, rigorose Qualitätspolitik;
- Ausrichtung weniger auf neue Märkte, sondern primär Konzentration auf neue Produkte für bestehende Märkte;
- überdurchschnittlich hohe und eher antizyklische Werbung;
- bewußte Anpassung des Marketingmix an die Eigenarten des jeweiligen Marktes;

- flexible Vertriebspolitik (d. h. dort, wo der Fachhandel dominant ist, wird er eingesetzt; man ist jedoch bereit, sich Strukturveränderungen im Handel umgehend anzupassen);
- neuerdings beschleunigter Aufbau von Fertigungskapazitäten in wichtigen Abnehmerländern, um drohenden Importrestriktionen zuvorzukommen.

Wettbewerbsstrategien sind – das zeigen gerade auch die japanischen Beispiele – vor allem dann erfolgversprechend, wenn sie nicht nur auf einem oder einigen wenigen Ansatzpunkten, sondern auf einem ganzen „Bouquet" *abgestimmter* marketingpolitischer Mittel beruhen.

Inzwischen wird der Erfolg *japanischer* Unternehmen beinahe „mystifiziert". Vor allem wird immer wieder übersehen, daß die japanischen Unternehmen nur in einigen *wenigen* Branchen gegenüber der westlichen Konkurrenz *bedeutende* Produktivitätsvorteile haben (z. B. im Kraftfahrzeugbau, in der Unterhaltungselektronik oder in der Stahlerzeugung) und *überdurchschnittliche* Markterfolge (Marktanteile) ebenfalls nur in wenigen Branchen bzw. Teilmärkten erzielen konnten (z. B. bei Videorecordern, Farbfernsehern, Normalpapier-Kopierern, numerisch-gesteuerten Industrieautomaten oder auch bei Chemiefasern). In den meisten anderen Sektoren sind die japanischen Unternehmen gar nicht konkurrenzfähig (*Franko*, 1984). Im übrigen ist die japanische Technologie *weniger* durch echte Innovationen („Durchbruchsinnovationen"), sondern mehr durch – wenn auch systematische – **Weiterentwicklung** bestehender technologischer Konzepte gekennzeichnet, wenn sich auch hier Änderungstendenzen ankündigen, und zwar speziell im Computerbereich (*Mc Millan*, 1984). Neben bestimmten komparativen Vorteilen Japans in der Entwicklung seines politisch-ökonomischen Systems (siehe hierzu u. a. *Morishima*, 1985), liegt andererseits eine der wichtigsten Ursachen des Erfolges japanischer Unternehmen – neben dem Streben nach Kosteneffizienz – in der *konsequenten* Orientierung an den **Kundenproblemen** bzw. Kundenwünschen, verbunden mit einem besessenen Streben nach Qualität. Die konsequente Vorgehensweise zur Realisierung dieser Oberziele kann wie folgt skizziert werden:

- Generell hohes Interesse an neuer Technologie
- Perfekte Fahndungssysteme zum Auffinden neuer Technologien
- Schnelle Integration neuer Technologien in den Produktionsprozeß
- Gezielte Weiterentwicklung importierter Produkttechnologien

Das strategische und damit auch wettbewerbsstrategische Basiskonzept japanischer Unternehmer weist insoweit durchaus *spezifische* Merkmale auf.

Der schlüssige Entwurf der ziel- und marktadäquaten *Wettbewerbs*strategie(n) insgesamt ist – das ist nach dem Gesagten ohne weiteres einsichtig – vor allem auch an die Gewinnung detaillierter **Konkurrenzinformationen** gebunden. Hierbei können *vier* grundlegende Informationsebenen unterschieden werden (*Becker*, 1982a, S. 410f.):

- **Dateninformationen** (Zahl und Art der Konkurrenten, ihre Forschung und Technik, Kosten- und Ertragsstruktur usw.);
- **Instrumentalinformationen** (Art und Intensität der eingesetzten (Marketing-)Instrumente);

- **Strategieinformationen** (Strategisches Konzept und seine Komponenten, Art des Wettbewerbsverhaltens);
- **Managementinformationen** (Organisations- und Leitungsstruktur, Marketing-Management und seine Herkunft).

Was speziell die Managementinformationen angeht, so beziehen sie sich auf den personal-führungsmäßigen Hintergrund der Marketingaktivitäten der Konkurrenz. Dabei stehen gerade auch der oder die Marketing-Manager für einen *bestimmten* marketingpolitischen Verhaltensstil, der vor allem die Art und Weise der **Durchsetzung** ihres materiellen Marketing-Konzepts betrifft („Berechenbarkeit" der Konkurrenz). Managementwechsel führt in dieser Hinsicht vielfach auch zu Verhaltensänderungen, die bei der Wahl eigener strategischer Vorhaben bzw. Antworten entsprechend berücksichtigt werden müssen (*Becker,* 1982a, S.411f.).

Nach diesen abschließenden Betrachtungen materieller Marketingstrategien bzw. der Diskussion gesamtstrategischer Konfigurationen sowie wettbewerbsstrategischer Ansatzpunkte unternehmerischen Verhaltens sollen nun noch grundlegende Fragen und Verfahren der Strategie*planung* aufgegriffen werden. Dabei wird auch auf das Instrumentarium der Strategischen Unternehmensplanung (u.a. die Portfolio-Analyse) näher Bezug genommen.

III. Verfahren und Kalküle zur Strategiebestimmung

Nachdem bisher die Diskussion grundlegender materieller Strategiealternativen (= *inhaltliche* Fragestellung) im Vordergrund stand, soll nunmehr auf Fragen der Strategieanalyse bzw. Strategiebewertung (= *verfahrenstechnische* Fragestellung) näher eingegangen werden. Absicht dieser Darlegungen ist es, methodische Grundlagen für eine **zielorientierte Strategieselektion** zu entwickeln. Die bisherige Darstellung der differenzierten Wirkmechanismen materieller Marketingstrategien hat zunächst das Spektrum strategischer Handlungsalternativen insgesamt offengelegt. Nunmehr kommt es darauf an, Analyse- und Auswahlmuster für die konkrete Strategiewahl vorzustellen. Die Behandlung dieser Verfahrensfragen ist in den letzten Jahren vor allem in Zusammenhang mit der Problematisierung der Strategischen Planung (im Sinne eines umfassenden „corporate planning concept") verstärkt bzw. *verfeinert* worden. Dabei stehen vor allem Verfahren analytischer oder besser diagnostischer Art im Vordergrund (vgl. etwa *Kreilkamp,* 1987; *Wilde,* 1989).

1. Verfahren der strategischen Diagnostik

Was die Methoden strategischer Diagnostik angeht, so handelt es sich hier um methodische Instrumente zur Erarbeitung strategischer **Positionsanalysen,** und zwar zukunftsbezogener Art. Man kann dabei klassische und neuere Instrumente unterscheiden (siehe auch *Picot,* 1981, S.530ff.); die neueren Instrumente können als Verfeinerungen klassischer Instrumente aufgefaßt werden. Verantwortlich für diese

Verfeinerungen sind insgesamt grundlegende Wandlungen in den Rahmenbedingungen der Unternehmensführung (beschleunigter Strukturwandel, Dynamisierung der Marktprozesse).

Im folgenden soll jeweils ein bzw. *der* Prototyp der klassischen und neueren Instrumente vorgestellt werden:

- **Lückenanalyse** (sog. Gap-Analyse) als *klassischer* Typ einerseits und
- **Portfolio-Analyse** (inkl. Erfahrungskurvenansatz) als *neuerer* Typ andererseits.

Im folgenden wollen wir uns zunächst der Lückenanalyse zuwenden.

a) Lückenanalyse (Gap-Analyse)

Die Lückenanalyse stellt ein klassisches Instrument der Strategischen Planung dar. Sie kann als ein Instrument zur **Früherkennung** von strategischen Problemen („Schwachstellenanalyse") interpretiert werden. Der analytische Ansatz besteht darin, die geplante Entwicklung einer (Ober-)Zielgröße – z. B. Gewinn oder Umsatz – mit dem voraussichtlichen Unternehmenserfolg, der aufgrund gegenwärtiger Aktivitäten eintreten wird, zu konfrontieren. Das Prinzip liegt mit anderen Worten also *darin,* für einen planerisch übersehbaren Zeitraum, z. B. einen Planungshorizont von fünf Jahren, eine quantitativ geplante Zielgröße und die erwartete Entwicklung (Zielerreichungsgrad) einander gegenüberzustellen (*Kreikebaum,* 1973, S. 17 ff.; *Trux/Kirsch,* 1979, S. 225 f.). Man spricht dann von einer Ziellücke (Gap), wenn die erwartete Zielrealisierung *unter* der geplanten Zielgröße liegt (vgl. *Abb. 201*).

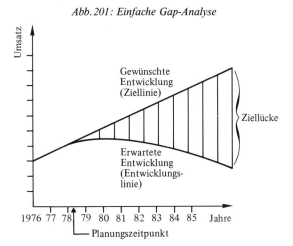

Abb. 201: Einfache Gap-Analyse

Die auf diese Weise identifizierte Lücke deutet – im Sinne einer zukunftsorientierten Schwachstellenanalyse – im *voraus* Änderungen in den Ausgangsbedingungen der ursprünglich gewählten Strategie an und erfüllt somit die Funktion einer „strategischen Anregung". Diese Anregung soll zu *notwendigen* Anpassungen (Modifikationen bzw. Erweiterungen) der Strategie führen.

Verfeinerungen der klassischen Gap-Analyse

Die identifizierte Lücke (Gap) kann dabei in unterschiedlicher Weise interpretiert bzw. geschlossen werden. Auf die wichtigsten Aspekte dieser Fragestellung soll im folgenden näher eingegangen werden. Im Interesse *differenzierterer* Aussagen über die Erfolgsbeiträge der einzelnen Aktivitäten (z. B. verschiedener Produkte bzw. Produktlinien) können auch getrennte Prognosekurven bezüglich Zielgröße und Zielerreichungsgrad jeweils für alt- und neueingeführte Produkte abgeleitet werden (*Picot*, 1981, S. 530). Auf diese Weise wird die unterschiedliche Position von Produkten im **Lebenszyklus** berücksichtigt.

Was die Interpretation bzw. das Schließen der Lücke angeht, so kann man darüber hinaus (siehe *Abb. 202*) zwischen einer *strategischen* und einer *operativen* Lücke (*Kreikebaum*, 1981, S. 58) unterscheiden.

Abb. 202: Differenzierte Gap-Analyse (Trennung von strategischer und operativer Lücke)

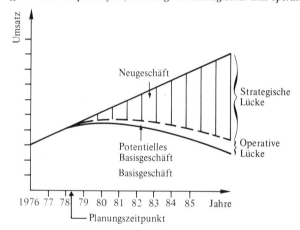

Als Basisgeschäft (siehe *Abb. 202*) wird derjenige Umsatz definiert, der mit bestehenden Produkten auf bestehenden Märkten erzielt wird, und zwar ohne grundlegende Änderungen im Unternehmenskonzept. Das *potentielle* Basisgeschäft stellt andererseits eine Art Erweiterung des eigentlichen Basisgeschäfts dar. Es bezieht sich auf verschiedene unterstützende Maßnahmen wie z. B. Rationalisierung, intensitätsmäßige Anpassung, Motivation der Mitarbeiter (*Kreikebaum*, 1981, S. 59).

Eine weitere Verfeinerung der strategischen Schwachstellenanalyse stellt eine entsprechende Berücksichtigung von **Entwicklungsprojekten** dar. Sie sind gleichsam als strategische Füllobjekte für das Schließen von Ziellücken anzusehen. In unmittelbarer Anlehnung an eine Darstellung von *Trux/Kirsch* (1979, S. 225) läßt sich dieses strategische Vorgehen wie folgt *(Abb. 203)* skizzieren.

Neue Projekte (Produkte) werden dabei gemäß der *angenommenen* Erfolgswahrscheinlichkeit berücksichtigt und somit ihr Lückenschließungspotential mit eingebracht. Der strategische Ansatz zur Schließung von Ziellücken beruht hier bereits auf einer entsprechenden Strategie*erweiterung*, der Entwicklung neuer Produkte:

Abb. 203: Differenzierte Gap-Analyse (Einbeziehung von Projekten unterschiedlicher Entwicklungsphasen)

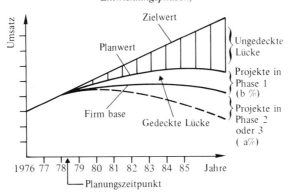

Firm base: Vorhandene Produkte und bereits initiierte Projekte in der Entwicklungsphase 2 (angenommene Erfolgswahrscheinlichkeit a %)
Gedeckte Lücke: Bereits initiierte Projekte in der Entwicklungsphase 1 (angenommene Erfolgswahrscheinlichkeit b %)

Bezüge zwischen Gap-Analyse und Marktfeldstrategie

Mit der Produktentwicklungsfrage ist überhaupt die Frage strategischer Basisalternativen bei Auftreten von Ziellücken angesprochen. Es ist daher nur *konsequent,* wenn die Lückenanalyse mit den vier grundlegenden Produkt/Markt-Kombinationen verknüpft wird. Auf diese Weise werden grundlegende **Strategierichtungen** (Stoßrichtungen) sichtbar gemacht, die Unternehmen zum Schließen von Ziellücken wählen können, und zwar einzeln wie auch in bestimmten Kombinationen (vgl. hierzu auch die Darlegungen auf S. 149 ff.). Als gedankliches Hilfsmittel hierfür dient die sog. *Ansoff*-Matrix (*Ansoff,* 1966, S. 132), wie sie hier *(Abb. 204)* nochmals abgebildet ist:

Abb. 204: Die vier grundlegenden marktfeld-strategischen Kombinationen

Märkte / Produkte	gegenwärtig	neu
gegenwärtig	**Marktdurchdringung**	**Marktentwicklung**
neu	**Produktentwicklung**	**Diversifikation**

Diese Strategie-Matrix stellt gleichermaßen einen ersten groben „Orientierungsrahmen für die umrißhafte Erörterung strategischer Handlungsalternativen dar" (*Köhler,* 1981, S. 268).

Als Heuristik für die Auswahl einer oder mehrerer Alternativen im Sinne der *Ansoff*'schen Produkt/Markt-Strategien kann das „Gesetz" der abnehmenden Synergie herangezogen werden (vgl. *Picot,* 1981, S. 530 f.). Das heißt, man muß – bezogen auf diese vier Produkt/Markt-Strategien (Marktfeldstrategien) – von folgender grundsätzlicher Struktur des „Synergieverfalls" *(Abb. 205)* ausgehen[1]:

Abb. 205: Generelle Struktur des Synergiepotentials bei den vier Marktfeldstrategien

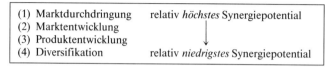

(1) Marktdurchdringung   relativ *höchstes* Synergiepotential
(2) Marktentwicklung
(3) Produktentwicklung   ↓
(4) Diversifikation   relativ *niedrigstes* Synergiepotential

Das strategische Suchverhalten läßt sich dabei allerdings kaum quantitativ stützen, vor allem was entsprechende mathematische Kalküle bzw. Entscheidungsmodelle angeht. Die Bewertung der einzelnen Strategiealternativen hinsichtlich ihrer isolierten oder auch kombinativen Selektion hängt in der Regel maßgeblich von den *subjektiven* Erfahrungen und Einschätzungen der Entscheidungsträger ab. Damit wird deutlich, daß die Auswahl einer Marketingstrategie als heuristischer Vorgang zu sehen ist (*Marr/Picot*, 1976, S.454). Das bereits genannte „Gesetz" der abnehmenden Synergie bezogen auf die vier *Ansoff*'schen Basisstrategien entspricht im übrigen allgemeinen heuristischen Regeln des Suchverhaltens, wie sie vor allem auf *Cyert/March* (1963) zurückgeführt werden:

- „Suche in der Nähe der Problemsymptome!",
- „Suche in der Nähe der gegenwärtigen Verhaltensweisen!".

Übertragen auf die Lückenanalyse würde das Schließen der Ziellücke demnach in folgender genereller „heuristischer" Reihenfolge[2] oder Rangordnung *(Abb. 206)* erfolgen:

Abb. 206: Differenzierte Gap-Analyse (Ausgleich der Ziellücke durch abgestuftes marktfeld-strategisches Vorgehen)

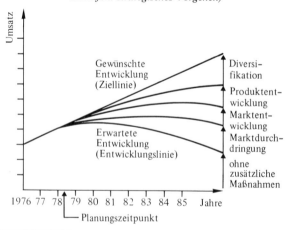

---

[1] Diese Struktur des Synergiepotentials bzw. ihrer tendenziellen Abnahme spiegelt sich nicht zuletzt in *typischen* Reihenfolgen kombinativer Marktfeldstrategien wider (siehe hierzu auch die Darlegungen auf S.151ff.). Im übrigen darf nicht übersehen werden, daß gerade bei Diversifikationsstrategien das relativ niedrige Synergiepotential nicht selten besonders *konsequent* genutzt wird.

[2] Entspricht der marktfeld-orientierten *Z-Strategie* (vgl. hierzu auch S.302f.).

Damit ist bereits eine wichtige **Brücke** zwischen strategischer Diagnose einerseits und materieller Strategiewahl andererseits geschlagen (siehe eine ähnliche Darstellung auch bei *Schöttle*, 1975, S.378); allerdings bezieht sich diese Verknüpfung lediglich auf die *erste* Ebene alternativer Marketingstrategien (= Marktfeldstrategien im Sinne sog. Produkt/Markt-Kombinationen).

Identifizierte strategische Lücken lassen sich jedoch auch über Ansatzpunkte der *anderen drei* strategischen Ebenen (Marktstimulierungs-, Marktparzellierungs- und/ oder Marktarealstrategien) schließen. Was die Strategiewahl im allgemeinen wie das Schließen von strategischen Lücken im speziellen angeht, so sind hier unterschiedliche **strategische Einstiegsmuster** möglich (vgl. hierzu auch die Darlegungen zu Reihenfolge-Mustern bei der Strategie-Kombination auf S.290ff.). Ein zentraler Ansatzpunkt für den Ausgleich von Ziellücken ist vor allem auch in *marktstimulierungs*-strategischen Möglichkeiten zu sehen, und zwar insbesondere in einer systematischen Abdeckung mehrerer Marktschichten, z.B. über ein geplantes **Mehrmarken-Konzept**.

Das Beseitigen von Ziellücken kann andererseits – in einem mehr *passiven,* reagierenden Sinne – auch über **Zielkorrekturen**, d.h. Zielanpassungen nach unten erfolgen (vgl. hierzu auch das Konzept der Anspruchsanpassung auf S.102f.). Jedes mehr aktiv handelnde oder agierende Unternehmen wird freilich versuchen, ursprünglich festgelegte Zielniveaus über *strategische* Lösungen (ggf. kombinierter Art) aufrechtzuerhalten, mit anderen Worten also auf eine identifizierte strategische Lücke nicht zielanpassend, sondern strategisch- bzw. maßnahmen-*agierend* zu antworten.

Die Lückenanalyse (Gap-Analyse) schafft auf diese Weise ein erstes **Analyseraster** für die Strategieselektion, bei dem aber Bewertungsfragen noch weitgehend ausgeklammert bleiben (*Kreikebaum*, 1981, S.61). Schwachpunkte der Lückenanalyse bestehen vor allem darin, daß dieses Analysekonzept sich „zu sehr an einer Extrapolation und prognostischen Verbesserung bestehender Zustände orientiert ... Interne Schwächen und Stärken werden ebensowenig systematisch aufgespürt wie Marktchancen und -risiken" (*Meffert*, 1980a, S.95). Außerdem werden in der Lückenanalyse marketingpolitische *und* finanzwirtschaftliche Verbundeffekte der Aktivitätsfelder des Unternehmens – „besonders die Finanzierung neuer Vorhaben durch Kapitalfreisetzung aus alten Aktivitäten" (*Picot*, 1981, S.531) – *nicht* transparent gemacht. Insoweit stellt die neuerdings etwas im Vordergrund der Strategiediskussion stehende Portfolio-Analyse eine grundlegende Erweiterung der klassischen Lückenanalyse (Gap-Analyse) dar.

b) Portfolio-Analyse

Ausgangspunkt des Portfolio-Konzepts sind finanzwirtschaftliche Überlegungen bei der Zusammenstellung von Wertpapier-Portefeuilles gewesen (*Markowitz*, 1959; siehe auch *Süchting*, 1978, S.274ff.). Hierbei ging bzw. geht es um die *optimale* Mischung von Anlagemöglichkeiten unter den Gesichtspunkten Gewinn und Risiko. Seit den siebziger Jahren hat man diesen Denkansatz verstärkt auf den Bereich der Strategischen Unternehmens- bzw. Marketingplanung zu übertragen gesucht. Eine Fülle einschlägiger Veröffentlichungen ist Beleg dafür (u.a. *Gälweiler*, 1974; *Hinterhuber*, 1977 bzw. 1984; *Nagtegaal*, 1977; *Dunst*, 1978; *Roventa*, 1979; *Wittek*, 1980; *Pfeiffer/Metze/Schneider/Amler*, 1982; *Robens*, 1986).

Angewandt in der Strategischen Planung bedeutet der Portfolio-Ansatz das **oberzielorientierte Mischen** der verschiedenen Aktivitäten bzw. strategischen Geschäftseinheiten eines (diversifizierten) Unternehmens. Es geht mit anderen Worten also darum, ein im Hinblick auf die zukünftige Ertragsentwicklung *ausgewogenes* Produktprogramm zu bestimmen. Das Entscheidende des Portfolio-Ansatzes besteht darin, daß hierbei die Interdependenzen zwischen den verschiedenen Produkten des Programms *explizit* berücksichtigt werden (*Kreikebaum*, 1981, S.71), und zwar sowohl in leistungswirtschaftlicher (=produktions- und absatzwirtschaftliche Fragen) als auch in finanzwirtschaftlicher (=speziell Investitions- und Desinvestitionsüberlegungen) Hinsicht.

Die Einsicht, daß das Potential einer Strategie im Prinzip durch (*Picot*, 1981, S.564):

- eine **Unternehmenskomponente** (Stärken/Schwächen der relevanten Unternehmensstruktur) einerseits und
- eine **Umweltkomponente** (=Chancen/Risiken der relevanten Umweltstruktur) andererseits

definiert werden kann, führte zu einer analytischen Verknüpfung *beider* Komponenten in einer für die Portfolio-Analyse typischen zweidimensionalen Darstellung (sog. Portfolio-Matrix). Da die Unternehmen in der Regel *Mehr*produktunternehmen sind oder – in strategischen Kategorien ausgedrückt – mehrere Produkt/Markt-Kombinationen zugleich realisieren, müssen für Zwecke der portfolio-analytischen Diagnostik sinnvolle **Geschäftsfelder** (sog. Strategische Geschäftsfelder) abgegrenzt werden. Für sie werden die beiden Erfolgskomponenten – nämlich Unternehmens- und Umweltkomponente – erfaßt, um auf der Basis dieser Analysen für jedes Strategische Geschäftsfeld *spezielle* (Norm-)Strategien abzuleiten.

Insoweit stellt sich zunächst die Frage der adäquaten Abgrenzung der Strategischen Geschäftsfelder (SGF)[3]. Eine zu detaillierte Aufgliederung setzt dabei insgesamt die Transparenz herab und vermehrt zugleich den analytischen Aufwand. Eine zu grobe Rasterung der Geschäftsfelder trägt andererseits die Gefahr in sich, daß bei der Unternehmens- und/oder Umweltkomponente günstige und ungünstige Strukturen miteinander vermischt werden („Saldierungseffekt"). Es empfiehlt sich deshalb bei der Ableitung Strategischer Geschäftseinheiten eher ein „mittlerer" Weg. Strategische Geschäftsfelder sind dabei vor allem durch folgende spezifischen **Abgrenzungskriterien** charakterisiert (*Hinterhuber*, 1977, S.210ff.; *Dunst*, 1979, S.56ff.; *Gerl/Roventa*, 1981, S.845ff.):

- ein eindeutig definierbares und dauerhaftes **Kundenproblem** (=spezifische Produkt/Markt-Kombination) als relativ autonome Einheit mit eigenen Chancen, Bedrohungen und Tendenzen;

---

[3] In der einschlägigen Literatur werden zum Teil *andere* Begriffe wie Strategic Business Unit (SBU), Strategic Business Area (SBA) oder auch Strategische Geschäftseinheit (SGE) verwandt. Sie werden jedoch meist mit dem Begriff Strategisches Geschäftsfeld (SGF) synonym verwandt, wobei sich dieser offensichtlich bislang am stärksten durchgesetzt hat.

- diese spezifische Produkt/Markt-Kombination hebt sich klar von **anderen Kombinationen** ab (=intern homogen, extern heterogen), und zwar u. a. in bezug auf Kundenbedürfnisse (z. B. Qualitäts-, Image-, Preis-, Serviceansprüche), Marktverhältnisse (z. B. Größe, Wachstum, Wettbewerbsstruktur), Kostenstruktur (z. B. Forschung und Entwicklung, Produktion, Marketing);
- für diese spezifische Produkt/Markt-Kombination können unabhängig von den Strategien in anderen Geschäftsfeldern **eigene Strategien** geplant und realisiert werden;
- diese spezifische Produkt/Markt-Kombination muß vorhandene **Wettbewerbsvorteile** nutzen bzw. solche aufbauen können (wichtig für die konkurrenzorientierte Formulierung von Strategien).

Angesichts der Komplexität der Abgrenzungsfragen bei der strategischen Geschäftsfeldbildung hat sich in der Praxis ein Vorgehen in *mehreren* Schritten bewährt (*Köhler*, 1981, S. 273). Dabei haben sich ganz bestimmte („Segmentierungs-") Heuristiken herausgebildet, die mit Auswahlgesichtspunkten der Marktsegmentierung zwar verwandt, jedoch *nicht* identisch sind. Die bei der Marktsegmentierung typische Außenbetrachtung (im Sinne von Käufersegmenten) muß jedenfalls bei der Bildung von Strategischen Geschäftsfeldern durch eine „von außen nach innen" gerichtete Betrachtungsweise (=Berücksichtigung u. a. interner Kostenpotentiale) ergänzt werden (*Hinterhuber*, 1977, S. 210f.; *Gerl/Roventa*, 1981, S. 846f.).

Das PIMS-Projekt als Ausgangspunkt

Die eigentliche Portfolio-Analyse beruht im einzelnen auf der Erfassung bzw. Interpretation bestimmter **Schlüsselgrößen,** die für die Erfolgsentstehung im Unternehmen verantwortlich sind. Was derartige Schlüsselgrößen angeht, so knüpfen die verschiedenen Portfolio-Modelle insbesondere an der umfangreichen Datenbasis des *PIMS-Projektes* (*PIMS* = Profit Impact of Market Strategies) des *Strategic Planning Institute, Cambridge/Mass.*, an (*Buzzell/Gale*, 1987 bzw. 1989).

Bei dem *PIMS-Projekt* handelt es sich um die bisher umfassendste systematische Untersuchung zwischen strategischen Variablen des Unternehmens und der Realisierung von Unternehmenszielen. Aufgabe dieses Projektes ist es, mit Hilfe der multiplen Regressionsrechnung *gesetzmäßige* Beziehungen zwischen 37 strategischen Einflußvariablen (darunter speziell Marktanteil, Produktqualität, Ausgaben für Marketing sowie Forschung und Entwicklung, Grad der Diversifizierung) als unabhängigen Variablen und insbesondere der Rentabilität (ROI) und dem Cash Flow als abhängigen Variablen statistisch zu untersuchen. Dabei stehen *zwei* Fragestellungen im Vordergrund (*Bamberger*, 1981, S. 100; *Neubauer*, 1980, S. 136f.):

(1) *Welche* strategischen Variablen sind verantwortlich für Unterschiede in der Rentabilität (ROI) von ganzen Unternehmen bzw. einzelnen Geschäftsbereichen?
(2) *Wie* reagiert die Rentabilität (ROI) auf Strategieänderungen bzw. Änderungen in den Marktbedingungen?

Der *PIMS*-Untersuchung liegen – quer über eine ganze Reihe von Branchen – nach jüngeren Veröffentlichungen rd. 450 Unternehmen mit über 3000 Geschäftsbereichen (Strategischen Geschäftsfeldern) zugrunde (*Buzzell/Gale*, 1989, S. 3).

Unter den genannten Faktoren (unabhängigen Variablen) stellt aufgrund der Untersuchungsergebnisse der *Marktanteil* einer Geschäftseinheit diejenige Größe dar, die am stärksten sowohl mit der Rentabilität als auch dem Cash Flow positiv korreliert. In der Darstellung *(Abb. 207)* wird der Beziehungszusammenhang im Hinblick auf den ROI verdeutlicht (*Neubauer*, 1980, S. 141; im einzelnen *Schoeffler/Buzzell/Heany*, 1974, S. 141ff.; *Buzzell/Gale*, 1989, S. 8ff.):

Abb. 207: Beziehungszusammenhang zwischen absolutem Marktanteil und ROI

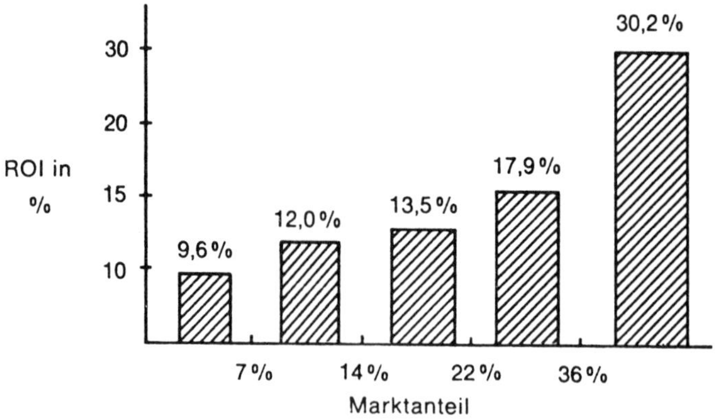

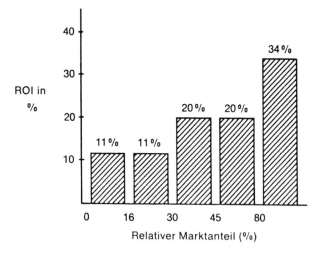

Abb. 208: Beziehungszusammenhang zwischen relativem Marktanteil und ROI

Für den Untersuchungszweck wurden die Geschäftsfelder der Datenbasis auf *fünf* zahlenmäßig etwa gleich große Gruppen verteilt. Die in *Abb. 207* wiedergegebenen Säulen repräsentieren diese fünf Gruppen. Neben dem absoluten Marktanteil kann auch der *relative* Marktanteil herangezogen werden, um den bereits skizzierten Zusammenhang aufzuzeigen. Der relative Marktanteil wird dabei als das prozentuale Verhältnis des Marktanteils eines betrachteten Geschäftsfeldes zur Summe der drei größten Wettbewerber in diesem Geschäftsfeld definiert. Je höher dieser Prozentwert, desto größer ist der Abstand zwischen dem betrachteten Geschäftsfeld und seinen Wettbewerbern. Die vorherige Grafik *(Abb. 208)* zeigt die Beziehungen zwischen relativem Marktanteil und Rentabilität (*Neubauer*, 1980, S. 142).

Diese Darstellung *bestätigt* den Beziehungszusammenhang, wie er bereits für den absoluten Marktanteil und den ROI identifiziert wurde. Inzwischen gibt es aber auch Analysen, die den Zusammenhang zwischen ROI und relativem Marktanteil *teilweise* in Frage stellen. Zum einen gibt es offensichtlich in den verschiedensten Märkten Marktführer, die *nicht zwingend* den höchsten ROI erzielen (*Woo*, 1984). Zum anderen wird aber auch nachzuweisen versucht, daß der Zusammenhang zwischen ROI und relativem Marktanteil überwiegend „rein statistischer" Art sei; in Wirklichkeit (d. h. also kausal) werde dieser Zusammenhang von „dritten Faktoren" bestimmt (*Jacobson/Aaker*, 1985). In diesem Sinne müsse für die Erklärung des Zustandekommens unterschiedlicher ROI-Niveaus überhaupt der *Einfluß mehrerer Faktoren* zugleich berücksichtigt werden, wie eben *auch* Wirkungen des relativen Preises und/oder insbesondere auch der relativen Produktqualität (*Phillips/Chang/Buzzel,* 1983). Insoweit müsse der ROI realistischerweise als von einem ganzen Faktorbündel abhängig gesehen werden (*multi*dimensionale Abhängigkeit, siehe auch *Venohr,* 1988; *Hruschka,* 1989). Trotzdem ist nicht zu übersehen, daß es **Schlüsselfaktoren** gibt, die erkennbar eine bestimmte Sonderrolle spielen.

Eine der zentralen Schlüsselgrößen für die Erfolgsbildung im Unternehmen stellt in diesem Sinne ohne Zweifel der **Marktanteil** dar. Angesichts der zentralen Rolle des Marktanteils für die Rentabilität des Unternehmens entsteht die Frage, warum ein größerer Marktanteil die Rentabilität in der Regel so entscheidend *positiv* beeinflußt. Hierfür gibt es zumindest *drei* verschiedene Interpretationen (*Neubauer,* 1980, S. 143 f.):

(1) Das Wirken der **sog. Economies of Scale** (d.h. dasjenige Unternehmen, das einen höheren Marktanteil realisiert, profitiert in größerem Umfang von sinkenden Kosten bei wachsender Ausbringungsmenge);
(2) die Existenz der **sog. Erfahrungskurve** (d.h. dasjenige Unternehmen, das einen höheren Marktanteil realisiert, profitiert von den bei größeren Produktions- und Absatzmengen gesammelten Erfahrungen, die kostensenkend wirken);
(3) der Effekt der **Marktmacht** (d.h. dasjenige Unternehmen, das einen höheren Marktanteil realisiert, profitiert z.B. von größeren Einkaufsmengen, die zu Preis- bzw. Kostenvorteilen führen).

Das Phänomen der Erfahrungskurve

Da es Anhaltspunkte dafür gibt, daß der Erfahrungskurven-Effekt die beiden anderen Effekte *indirekt* mit einschließt (siehe hierzu auch *Gälweiler,* 1974, S. 241 ff.; *Kreikebaum,* 1981, S. 64 f.; *Abell/Hammond,* 1979, S. 103 ff.), soll hier lediglich auf das Erfahrungskurven-Konzept näher Bezug genommen werden.

Der sog. Erfahrungskurveneffekt wurde gegen Ende der sechziger Jahre aufgrund *empirischer* Untersuchungen der *Boston Consulting Group* über die Preis- und Kostenentwicklungen bei Unternehmen festgestellt. Das Phänomen der Erfahrungskurve basiert zunächst einmal auf schon früher für den Produktionsbereich entdeckten sog. Lernkurven, welche die Tatsache beschreiben, daß mit zunehmender Übung und Erfahrung der Zeitbedarf für einzelne Arbeitsgänge bei der Herstellung von Produkten abnimmt (*Henderson,* 1974, S. 14). Das neuere Erfahrungskurven-Konzept stellt jedoch bezüglich Wirkungsbereich (d.h. nicht nur Produktionsbereich, sondern Gesamtunternehmen), Ursachen sowie Wirkungsmechanik ein wesentlich erweitertes Konzept dar.

Erfahrungskurven kennzeichnen das *Phänomen,* daß die in der Wertschöpfung des Produkts enthaltenen, preisbereinigten Kosten – also ohne Kosten der eingesetzten Materialien – in einer konstanten Quote um 20%–30% abzufallen scheinen, wenn sich im Zeitablauf die kumulierte Produktionsmenge verdoppelt, und zwar bezogen (*Henderson,* 1974, S. 19 f.):
- auf den jeweiligen Industriezweig als Ganzes wie auch
- auf das einzelne Herstellerunternehmen.

Wird der Kostenverlauf in Abhängigkeit von der kumulierten Menge grafisch dargestellt *(Abb. 209),* so ergibt sich bei *linearer* Skaleneinteilung folgendes Kurvenbild (*Henderson,* 1974, S. 21; *Gälweiler,* 1974, S. 243).

Wesentlich deutlicher wird das Phänomen der Erfahrungskurve – auch unter dem Aspekt strategischer Konsequenzen –, wenn man den Beziehungszusammenhang zwischen kumulierten Mengen und Stückkosten in einem *logarithmisch* eingeteilten Ordinatenkreuz *(Abb. 210)* aufträgt (*Henderson,* 1974, S. 21 ff.; *Gälweiler,* 1974, S. 243):

Abb. 209: Die Kosten-Erfahrungskurve bei linear eingeteilten Ordinaten

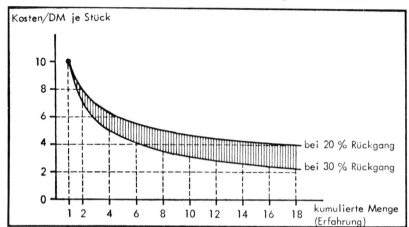

Abb. 210: Die Kosten-Erfahrungskurve bei logarithmisch eingeteilten Ordinaten

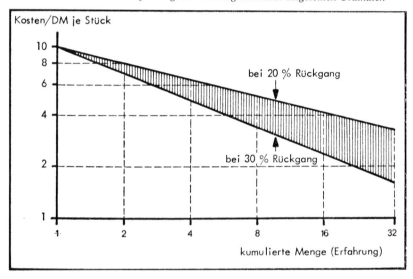

Die in einem logarithmisch gewählten Ordinatensystem eingetragenen Punkte zeigen bei gleichen Abständen *gleiche* prozentuale Veränderungen. Auf diese Weise wird deutlich, daß bei einer bestimmten Veränderung der Produktionsmengen die Änderungsrate der Kosten *konstant* bleibt.

Bei der Würdigung des Erfahrungskurven-Effektes ist allerdings zu berücksichtigen, daß Erfahrungskurven nicht gleichsam gesetzmäßig auftretende Kostenreduktionen beschreiben, sondern lediglich ein sog. Kostensenkungs*potential,* das nur dann ausgeschöpft werden kann, wenn „das jeweilige Management die Fähigkeiten besitzt, die mit der zunehmenden Erfahrung sich eröffnenden Wege und Möglichkeiten zur Kostensenkung zu erkennen und realisieren zu können" (*Henderson*, 1974, S. 19).

Erfahrungskurven wird insgesamt für die Strategische Unternehmens- und Marketingplanung eine große Bedeutung beigemessen. Die Kenntnis der jeweils *geltenden* Erfahrungskurve gestattet u. a. (*Bamberger*, 1981, S. 99 f.):

- die langfristige Prognose der *Kostenentwicklung;*
- die langfristige Prognose der *Preisentwicklung* (wenn unterstellt wird, daß sich zumindest längerfristig die Preise parallel zu den Kosten entwickeln);
- damit die langfristige Prognose von *Gewinnpotentialen;*
- die Prognose der *Kosten- und Gewinnauswirkungen* aufgrund der Veränderung des eigenen Marktanteils;
- die Ermittlung der *Kostensituation* (und damit des preispolitischen Spielraums) der *Konkurrenten,* wenn deren Produktionsmengen und/oder Marktanteile bekannt sind.

Die Zusammenhänge zwischen (relativem) Marktanteil, Marktwachstum und Kostenentwicklung lassen sich wie folgt an einem *Beispiel* verdeutlichen *(Abb. 211).* Es wird ein Produkt mit einer 30%-Kurve unterstellt, d.h. bei jeder Verdopplung des kumulierten Produktions- bzw. Absatzvolumens wird ein 30%iger Kostenrückgang realisiert. Das Produkt wird von drei Hauptanbietern (A, B und C) sowie fünf weiteren kleinen Anbietern hergestellt und vertrieben. „Unter Annahme einer parallelen Entwicklung von kumulierten Produktionsvolumen und jährlicher Absatzmenge bestimmen die Marktanteile die *relative* Kostenposition einzelner Anbieter" *(Dunst,* 1979, S. 76).

Abb. 211: Ertragspotential in Abhängigkeit des relativen Marktanteils (Beispiel)

Anbieter	Kumuliertes Produktionsvolumen (in Stück)	Absatzmenge im Jahr t (in Stück)	Marktanteil (in %)	Relativer Marktanteilsfaktor (RMA)	Stückkosten (in DM)	Gewinnspanne bei einem Marktpreis von 1,20 DM/St
C	4000	400	50	2,0	0,50	0,70
B	2000	200	25	0,5	0,70	0,50
A	1000	100	12,5	0,25	1,00	0,20
5 Kleinere Hersteller	1000	100	12,5	—	—	—
Gesamt	8000	800	100,0	—	—	—

Der relative Marktanteil (RMA) wird hierbei als Quotient aus dem Marktanteil des eigenen Unternehmens und dem Marktanteil des größten Konkurrenten ermittelt. Auf diese Weise ist eine direkte Beziehung zwischen dem relativen Marktanteil (RMA) und der relativen Position auf der Erfahrungskurve gegeben.

Die Bedeutung des Erfahrungskurven-Konzepts besteht insgesamt vor allem darin, daß es die *spezifische* Relevanz von *zwei* Basisgrößen für die Ableitung bzw. Bewertung von strategischen Handlungsalternativen transparent macht, nämlich:

- des **Marktanteils** einerseits und
- des **Marktwachstums** andererseits.

Erfahrungskurven bestätigen bzw. erklären zunächst einmal die *PIMS*-These, daß Marktanteil und Rentabilität *positiv* korrelieren. Sie verdeutlichen damit, daß Unternehmen mit höheren Marktanteilen grundsätzlich ein höheres Kostensenkungspotential aufweisen (zur Kritik bzw. Umkehrung der Kausalität siehe *Alberts,* 1989). Für den Fall, daß sich die Beziehungen zwischen kumulierten Produktionsmengen und Marktanteilen annähernd entsprechen, kann ein Unternehmen mit doppelt so hohem Marktanteil ein um 20% bis 30% niedrigeres Kostenniveau realisieren als ein Konkurrent. Bei einheitlichem Marktpreis steigt demnach mit wachsendem Marktanteil das Gewinnpotential überproportional.

Erfahrungskurven machen darüber hinaus die Relevanz des Marktwachstums für die Wahl bzw. Beurteilung von Strategien deutlich. „Ist das Marktwachstum gering, dauert es (bei konstantem Marktanteil) relativ lange, bis die kumulierten Produktionsmengen verdoppelt und die Kosten entsprechend reduziert werden können. Für Unternehmen, die auf einem langsam wachsenden, stagnierenden oder gar schrumpfenden Markt neu auftreten, ist es sehr schwierig, die Erfahrungen und damit den Kostenvorsprung der bisherigen Marktführer aufzuholen" (*Bamberger,* 1981, S.99).

Das Basismodell der Portfolio-Analyse (sog. 4-Felder-Matrix)

Die Einsicht in die Schlüsselfunktion des Marktanteils (als hochverdichteter Größe der Unternehmensbedingungen) und des Marktwachstums (als hochverdichteter Größe der Umweltbedingungen) hat ihren speziellen Niederschlag in der sog. Portfolio-Analyse gefunden. In ihrer einfachsten Form ist sie als **sog. 4-Felder-Matrix,** in einer etwas differenzierteren Form als **sog. 9-Felder-Matrix** konzipiert. Darüber hinaus gibt es eine Reihe weiterer Spielarten, auf die hier jedoch nicht näher eingegangen werden soll (vgl. hierzu speziell den Überblick bei *Albach,* 1978, S.705–710).

Die sog. 4-Felder-Matrix (=**Marktwachstum-Marktanteil-Portfolio** der *Boston Consulting Group*) entsteht durch die beiden Ordinaten Marktwachstum und Marktanteil sowie eine Unterteilung beider Ordinaten nach „niedrig" und „hoch". Aufgrund der in jedem der vier Matrixfelder zusammentreffenden Kombination von hohem oder niedrigem Marktwachstum mit hohen oder niedrigen Marktanteilen lassen sich für die jeweils darin liegenden Aktivitäten (Produkt/Markt-Kombinationen) grundlegende strategische Charakteristika identifizieren, die zu *ersten* Hinweisen und Ansatzpunkten für die Gestaltung künftiger Strategien führen (*Gälweiler,* 1981, S.133). Für die Positionierung der Produkte/Produktgruppen in der 4-Felder-Matrix sind dabei folgende *drei* Parameter zu ermitteln (*Dunst,* 1979, S.97; *Abell/Hammond,* 1979, S.175f.):

(1) **Umsatz** (oder investiertes Kapital),
(2) **relativer Marktanteil** (RMA) im relevanten geographischen Markt,
(3) **zukünftiges Marktwachstum** (als reale Zuwachsrate, errechnet als Durchschnittsgröße der nächsten fünf Jahre).

Für die Herausarbeitung des Portfolios eines Unternehmens wird von der *Boston Consulting Group* folgende Darstellung *(Abb. 212)* gewählt (*Dunst*, 1979, S. 97; *Wittek*, 1980, S. 139):

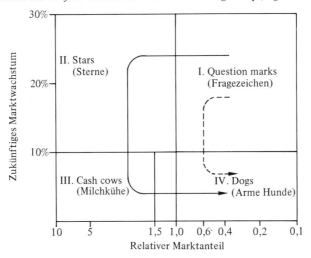

Abb. 212: Schema des Portfolio-Modells der Boston Consulting Group (sog. 4-Felder-Matrix)

Eigene Ergänzung:
→ = Produktlebenszyklus (normaler Verlauf)
--→ = Produktlebenszyklus (bei gescheiterter Neueinführung)

Ausgangspunkt des Portfolio-Konzepts ist die Einsicht, daß unterschiedliche Geschäfte mit unterschiedlichen Wettbewerbsbedingungen bzw. unterschiedlichen Wachstumspotentialen *differenziert* gesteuert werden müssen. Jedes Geschäft muß in diesem Sinne entsprechend seiner strategischen Position und entsprechend seinem unternehmens- und marketingpolitischen Auftrag entweder Finanzmittel (Cash Flow) abwerfen *oder* zugeteilt bekommen. Um die Tätigkeit des Unternehmens als Ganzes zu steuern, muß im Sinne eines strategischen **Rollenverteilungskonzepts** die Rolle jedes einzelnen Geschäfts (Strategischen Geschäftsfeldes) mit den übrigen Geschäften im Unternehmensportfolio abgestimmt werden. Nur auf diese Weise ist *langfristig* der Ausgleich der Geldströme im Unternehmen insgesamt sicherzustellen (*Wittek*, 1980, S. 137; *Dunst*, 1979, S. 99 f.).

Die typischen Merkmale wie auch die anzuwendenden **Normstrategien** bezogen auf die *vier* Portfolio-Felder (Quadranten) lassen sich wie folgt *(Abb. 213)* zusammenfassen (*Picot*, 1981, S. 565; im einzelnen siehe auch *Dunst*, 1979, S. 99 f.; *Wittek*, 1980, S. 139-141; *Abell/Hammond*, 1979, S. 176-180; *Hax/Majluf*, 1988, S. 156 ff.):

Abb. 213: Zusammenfassende Charakteristika der vier Portfolio-Felder

II. Stars (Sterne)	I. Question marks (Fragezeichen)
Merkmale: SGF in der Wachstumsphase, die aufgrund ihrer starken Marktstellung ihren Finanzmittelbedarf selbst erwirtschaften; Netto-Cash-Flow in etwa ausgeglichen	**Merkmale:** SGF in der Einführung bzw. frühen Wachstumsphase des Marktlebenszyklus mit hohem Finanzmittelbedarf; Netto-Cash-Flow (Finanzmittelüberschuß) deutlich negativ
Normstrategie: Marktanteil halten bzw. leicht ausbauen (Wachstumsstrategie)	**Normstrategie:** Entweder Marktanteil deutlich steigern, falls gegenüber Konkurrenten aussichtsreich (Offensivstrategie) oder Marktanteil senken bzw. Verkauf, falls aussichtslose Marktsituation
III. Cash cows (Milchkühe)	**IV. Dogs (Arme Hunde)**
Merkmale: SGF in der späten Wachstums- und Reifephase mit starker Marktstellung; deutliche Finanzmittelüberschüsse („Zahlmeister" des Unternehmens)	**Merkmale:** SGF mit geringem Marktwachstum (z. B. späte Reifephase bzw. Abstiegsphase) und relativ schwacher Marktstellung; Netto-Cash-Flow negativ bis ausgeglichen
Normstrategie: Marktanteil halten bzw. leicht senken (Gewinnstrategie)	**Normstrategie:** Marktanteil stark senken bzw. Verkauf (Desinvestitionsstrategie)

Der *strategische* Wert von Portfolio-Analysen wird daraus bereits hinreichend ersichtlich. Diese Frage soll im folgenden nun noch vertieft werden.

Hauptaufgaben der Portfolio-Analyse

Hauptziel der Portfolio-Analyse ist es vor allem, die **Wachstumsmöglichkeiten** des Unternehmens unter besonderer Berücksichtigung der *vorhandenen* Ressourcen auszuleuchten. Aufgrund der Portfolio-Analyse lassen sich dabei *zwei* grundsätzliche strategische Möglichkeiten identifizieren (*Wittek*, 1980, S. 141):

(a) Die Wachstumssicherung erfolgt *innerhalb* des bestehenden Portfolios. Wichtigster Ansatzpunkt ist dabei, förderungswürdige „Fragezeichen" zu „Sternen" von morgen bzw. zu „Milchkühen" von übermorgen zu machen.

(b) Für den Fall, daß nicht genügend aussichtsreiche „Fragezeichen" zur Verfügung stehen, muß das Wachstum *außerhalb* des bestehenden Portfolios gesichert werden. Hierfür müssen neue aussichtsreiche Tätigkeitsfelder gesucht und die hierfür notwendigen Investitionen getätigt werden (z. B. in Forschung und Entwicklung (F & E) oder in Diversifikation/Akquisition).

Folgende grafischen Darstellungen *(Abb. 214)* verdeutlichen diese beiden strategischen Anknüpfungspunkte (*Wittek*, 1980, S. 142).

Wesentlich ist dabei vor allem die Einsicht, daß je nach Portfolio-Ausgangslage des Unternehmens auch die **Neuprodukt- bzw. Neuaktivitätenplanung** in den strategischen Analyseprozeß mit einbezogen werden muß (*Hahn*, 1980, S. 128 f.; *Köhler*, 1981, S. 272) – ein Aspekt, der in der Portfolio-Diskussion bisher eher etwas untergewichtet wird.

III. Verfahren und Kalküle zur Strategiebestimmung 341

Abb. 214: *Mögliche Wachstumsstrategien im Marktwachstum-Marktanteil-Portfolio*

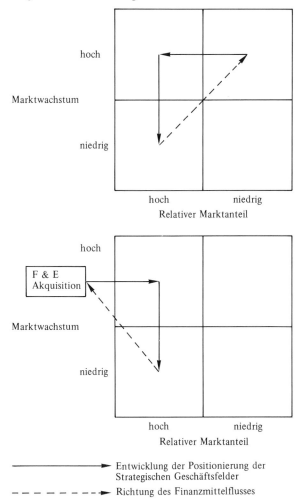

Das Faszinierende der bisher skizzierten 4-Felder-Matrix der *Boston Consulting Group* liegt vor allem darin, daß hier die strategie-beeinflussenden Faktoren in einem Höchstmaß *verdichtet* sind (und zwar die Unternehmenskomponente auf den relativen Marktanteil (= Marktposition) und die Umweltkomponente auf das Marktwachstum). Diese „Einfachheit" ist jedoch ein häufig geäußerter Kritikpunkt des Marktwachstum-Marktanteil-Portfolios; dabei wird allerdings etwas *übersehen,* daß in diesem Analysekonzept trotz höchster Komprimierung die entscheidenden strategischen Faktoren wie die Kostenposition (Erfahrungskurve), die Wettbewerbsposition und indirekt auch die Produktlebensposition integriert sind.

Modifizierung der klassischen Portfolio-Analyse (sog. 9-Felder-Matrix)

Aus der kritischen Auseinandersetzung mit dem Marktwachstum-Marktanteil-Portfolio (4-Felder-Matrix) sind eine Reihe von *Varianten* der Portfolio-Analyse hervorgegangen. Ein interessantes Konzept stellt das **Marktattraktivität-Wettbewerbsvorteil-Portfolio** dar, das von dem Beratungsunternehmen *McKinsey* entwickelt worden ist. Um zusätzliche Einflußgrößen zu berücksichtigen, wurde die Portfolio-Matrix zunächst formal als sog. 9-Felder-Matrix gestaltet (siehe hierzu *Abb. 216* und *217*). Die hierbei vorgesehene *detaillierte* Analyse sowohl der Marktattraktivität als auch der (relativen) Wettbewerbsvorteile trägt der Tatsache Rechnung, daß im Prinzip eine Vielzahl von Faktoren für die Wirksamkeit einer Strategie ausschlaggebend sind (*Kreikebaum*, 1981, S.73; *Abell/Hammond*, 1979, S.211f.). Die Marktattraktivität bzw. Branchenattraktivität wird dabei durch eine ganze Reihe von **Indikatoren** (Indikatorenbündeln) beschrieben, nämlich (*Hinterhuber*, 1977, S.70):

- **Marktwachstum und Marktgröße,**
- **Marktqualität,**
- **Energie- und Rohstoffversorgung,**
- **Umweltsituation.**

Die Position eines Unternehmens im Markt (= relative Wettbewerbsvorteile) wird ebenfalls in Abhängigkeit von mehreren **Schlüsselfaktoren** (Faktorbündeln) definiert. Hierbei werden herangezogen (*Hinterhuber*, 1977, S.74):

- relative **Marktposition,**
- relatives **Produktpotential,**
- relatives **Forschungs- und Entwicklungspotential,**
- relative **Qualifikation der Führungskräfte und Kader.**

Diese jeweiligen Indikator- oder Faktorbündel setzen sich aus einer Vielzahl von Einzelaspekten zusammen, die über umfangreiche interne *und* externe Datenerhebungen gewonnen werden müssen. Dabei sind unternehmens- und/oder marktspe-

Abb. 215: Bewertungsbeispiel für die Erstellung der Portfolio-Matrix

Strategische Geschäftseinheit: A							
Marktattraktivität	Bewertungen						Relative Wettbewerbsvorteile (Stärken)
	niedrig 0–33	mittel 34–66	hoch 67–100	niedrig 0–33	mittel 34–66	hoch 67–100	
1. Marktwachstum und Marktgröße	×				×		*1. Marktposition*
• reales Marktwachstum: 3–4% p.a.	×				×		• relativer Marktanteil: 0,5
• Marktgröße: 5,5 Mia. DM		×		×			• Entwicklung des relativen Marktanteils
						×	• Eigene Stellung gegenüber Wettbewerbern
2. Marktqualität		×			×		• Image der Unternehmung und daraus resultierende Abnehmerbeziehungen
• Wettbewerbssituation: ca. 20 Anbieter: A, B...*		×			×		• Preisvorteile aufgrund von Produktqualität, Service usw.
• Branchenrentabilität (Umsatzrendite: 10–12%)		×				×	• Umsatzrendite

Marktattraktivität	Bewertungen						Relative Wettbewerbsvorteile (Stärken)
	niedrig 0-33	mittel 34-66	hoch 67-100	niedrig 0-33	mittel 34-66	hoch 67-100	
• Kapitalumschlagshäufigkeit: 2,7		×	×				• Kapitalumschlagshäufigkeit
• Cash-flow (in % von Umsatz: ca. 70%)		×		×			• Cash-flow (in % von Umsatz)
• Sicherheit gegen Marktrisiko		×			×		• Synergie
• Sicherheit gegen Rentabilitätsrisiko		×		×			• Preisentwicklung: Kostenzuwachs/Preiszuwachs
• Revidierbarkeit und Höhe des Kapitaleinsatzes		×					
• Spielraum für die Preispolitik (Verdrängungswettbewerb durch Leerkapazitäten)	×						
• Eintrittsbarrieren: 3-5 Mio. DM (= Mindestwerbeaufwand)		×					
3. Energie- und Rohstoffversorgung		×			×		2. Produktionspotential
• Störungsanfälligkeit in der Versorgung von Energie und Rohstoffen		×		×			• Prozeßwirtschaftlichkeit und Kosteneffizienz gegenüber Wettbewerbern
• Beeinträchtigung der Wirtschaftlichkeit der Produktionsprozesse durch Erhöhung der Energie- und Rohstoffpreise		×			×		• Hardware
• u.a.m.						×	• Energie- und Rohstoffversorgung
4. Umweltsituation		×			×		3. Forschungs- und Entwicklungspotential
• Abhängigkeit von der Gesetzgebung		×			×		• Produkt- und Verfahrensinnovationen
• Abhängigkeit von der öffentlichen Einstellung		×		×			• Schutzfähigkeit des technischen Know-how
• Konjunkturabhängigkeit		×				×	4. Qualifikation der Führungskräfte und Kader
• u.a.m.						×	• Professionalität, Einsatz und Kultur der Führungskräfte
						×	• Qualität der Führungssysteme
Gesamt		× (42)**			× (37)**		

* Ein wesentlicher Beurteilungsfaktor, der hier nicht expressis verbis berücksichtigt ist, ist die *Handels-* und/oder *Endabnehmersituation*.
** Angenommene Werte (bezüglich der *formal-mathematischen* Bestimmung der Koordinatenwerte vgl. etwa *Höfner/Winterling*, 1982, S.254ff. oder *Berschin*, 1982, S.23ff.).

zifische Erweiterungen bzw. Verfeinerungen möglich bzw. vielfach sinnvoll. Das Problem besteht jedoch hierbei sowohl in der Erfassung dieses feingliedrigen Datenmaterials als auch in der entsprechenden Verarbeitung (Gewichtung). Aufgeführtes Beispiel *(Abb. 215)* verdeutlicht die Verarbeitung der spezifischen Informationen für das Strategische Geschäftsfeld A (*Hinterhuber,* 1977, S. 81f.).

Dieses Bewertungsbeispiel beruht auf der Anwendung eines *nicht* gewichteten Punktwertverfahrens (sog. einfaches Scoring-Verfahren). Es ist jedoch grundsätzlich auch die Anwendung eines Scoring-Verfahrens möglich, bei dem die Hauptdimensionen der Marktattraktivität wie auch des relativen Wettbewerbsvorteils gewichtet werden (siehe entsprechende Beispiele bei *Hinterhuber,* 1977, S. 85 und 87 bzw. *Abell/Hammond,* 1979, S. 218f.). Aufgrund der ermittelten Einstufung für das Geschäftsfeld A kann dieses nun in der Portfolio-Matrix (vgl. *Abb. 216*) positioniert werden (*Hinterhuber,* 1977, S. 80):

Abb. 216: Beispiel für die Positionierung der Strategischen Geschäftseinheit A in der sog. 9-Felder-Matrix (Daten aus Abb. 215)

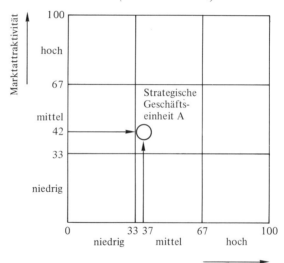

Auf diese Weise werden für alle Strategischen Geschäftsfelder des Unternehmens die entsprechenden **Positionierungen** vorgenommen. Dabei darf allerdings nicht übersehen werden, daß aufgrund des höheren Differenzierungsgrades bei der Erfassung und Verarbeitung der Daten (vgl. *Abb. 215*) die analytische Schärfe *leiden* kann (*Wittek,* 1980, S. 148f.). Vor allem die anschließend notwendige Verdichtung wiederum auf *zwei* Dimensionen (Marktattraktivität und Wettbewerbsvorteil) ist nicht frei von Willkür (*Köhler,* 1981, S. 276), zumindest aber beeinflußt von notwendigen subjektiven Wertungen.

Für die Strategiewahl bei einer Reihe von Strategischen Geschäftsfeldern und der grundsätzlichen Vielfalt strategischer Handlungsalternativen kann die Marktattraktivität-Wettbewerbsvorteil-Matrix (sog. 9-Felder-Matrix) formal in bestimmte *Zonen*

III. Verfahren und Kalküle zur Strategiebestimmung 345

eingeteilt werden (siehe *Abb. 217*), anhand derer die jeweiligen **Normstrategien** im Sinne von strategischen Stoßrichtungen ablesbar sind (*Hinterhuber*, 1977, S. 67f.; *Kreikebaum*, 1981, S. 74f.; *Hax/Majluf*, 1988, S. 197ff.).

Abb. 217: Grundschema der 9-Felder-Matrix und typische Normstrategiebereiche

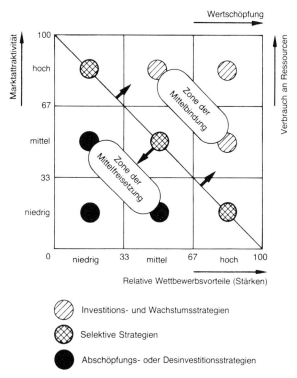

Dieses Schema macht damit noch einmal die strategische Relevanz von Portfolio-Analysen in grundsätzlicher Weise transparent. Im folgenden soll nun ihre eigentliche Anwendung für strategische Zwecke skizziert werden.

Zur Bedeutung und Ableitung von Ziel-Portfolios

Auf der Basis des in *Abb. 217* wiedergegebenen Normschemas kann für ein konkretes Unternehmen – ausgehend vom identifizierten Ist-Portfolio – ein **Soll- oder Ziel-Portfolio** erarbeitet werden, das die wünschenswerten zukünftigen Positionierungen der einzelnen Strategischen Geschäftsfelder im Hinblick auf die (Ober-)Zielerreichung markiert.

Folgende grafischen Darstellungen *(Abb. 218)* verdeutlichen die Beziehungen zwischen Ist- *und* Ziel-Portfolio. Während das Ist-Portfolio die Lage des jeweiligen Strategischen Geschäftsfeldes zum Zeitpunkt der Erhebung bzw. Analyse darstellt, gibt das Ziel-Portfolio die *anzustrebende* Lage der Geschäftsfelder nach Ablauf des Planungszeitraumes wieder. Dieses Ziel-Portfolio wird dabei aus dem Ist-Portfolio unmittelbar abgeleitet (*Höfner/Winterling*, 1982, S. 46–48 sowie ähnlich auch bei *Hinterhuber*, 1977, S. 122f. oder *Abell/Hammond*, 1979, S. 191f.):

Abb. 218: Beispiel für ein Ist- und ein Ziel-Portfolio auf der Basis der sog. 9-Felder-Matrix

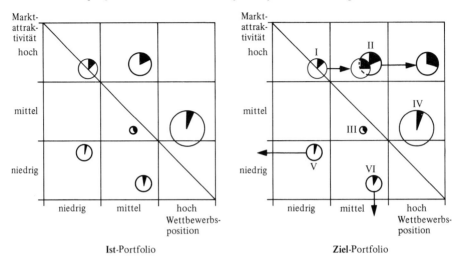

Durch die Größe der Kreise wird gewöhnlich der Umsatz (und/oder der DB bzw. Cash Flow) des jeweiligen Geschäftsfeldes berücksichtigt (*Hinterhuber*, 1977, S. 78 ff.). In dem in *Abb. 218* wiedergegebenem Beispiel ist – abweichend vom allgemein üblichen Prinzip – durch die Größe der Kreise nicht nur das Absatzvolumen, sondern durch die Kreisausschnitte *zusätzlich* noch der Marktanteil des eigenen Unternehmens in dem jeweiligen Geschäftsfeld angegeben. Auf diese Weise wird die strategische Transparenz noch erhöht. Die Position der Geschäftsfelder ist generell umso besser, je mehr sie in einer **„Oben-Rechts-Position"** liegen. Sie vereinigt nämlich eine hohe Marktattraktivität mit einer hohen Wettbewerbsposition.

Unter der Bedingung, daß das Oberziel des Unternehmens in der Erzielung einer Rendite besteht und die Ressourcen begrenzt sind, kann in der Regel nicht für alle Geschäftsfelder eine erfolgreiche Markt- und Wettbewerbsposition geschaffen werden. Aus diesem Grund sind häufig *Des*investitionsstrategien hinsichtlich einzelner Geschäftsfelder notwendig, um so die Finanzmittel für die Positionsverbesserung anderer Geschäftsfelder zu gewinnen.

Dem in *Abb. 218* wiedergegebenen *Ziel*-Portfolio liegen – aufgrund detaillierter Analysen interner und externer Art, die im Idealfalle auch die Erstellung von Portfolios für den oder die wichtigsten *Konkurrenten* umfassen, um ihre wahrscheinlichen Handlungsmuster abzutasten (*Wittek*, 1980, S. 140 f.) – *folgende* strategischen Entscheidungen zugrunde (*Höfner/Winterling*, 1982, S. 48):

- In die Geschäftsfelder I und II wird investiert, um ihre Wettbewerbsposition zu verbessern (= *Weiterentwicklung* in Richtung „idealer Wettbewerbsposition").
- Die hierfür benötigten Mittel werden zumindest teilweise aus den Desinvestitionen aus Geschäftsfeld V und VI gewonnen (= *Rückzug* aus wenig aussichtsreichen Positionen).
- Die Geschäftsfelder III und IV bleiben in ihrer *Position*, d.h. sie werden konsolidiert (der Markt III ist zu klein und die Wettbewerbsposition des Geschäftsfeldes IV könnte nur mit sehr großem Aufwand verbessert werden).

Insgesamt stellt die Portfolio-Analyse – für die es auch Software-Programme (z.B. *MBS*) gibt – ein geeignetes Analyseinstrument dar, den betriebswirtschaftlichen

III. Verfahren und Kalküle zur Strategiebestimmung

und marktwirtschaftlichen **Bedingungsrahmen** in einem Strategischen Geschäftsfeld bzw. einem ganzen Unternehmen aufzudecken. Gefahren einer Fehlanwendung der Portfolio-Analyse können allerdings einmal in der nicht markt- und unternehmens-*adäquaten* Abgrenzung der Strategischen Geschäftsfelder (d.h. ihrer „Segmentierung") und zum anderen in einer zu *mechanistischen* Anwendung liegen, bei der im Prinzip bestehende Zustände lediglich extrapoliert werden, ohne spezifischen Risiken wie auch Chancen der absehbaren Zukunft innerhalb und außerhalb des Unternehmens systematisch nachzugehen. Aufgrund verstärkter turbulenter Umweltsituationen („Diskontinuitäten") wird aber gerade der Zwang zur Wahrnehmung bereits „schwacher Signale" (*Ansoff,* 1976) immer größer, um strategischen Überraschungen vorzubeugen bzw. auf sie vorbereitet zu sein. Angesichts dieser neuen Ausgangslage verändern sich zunehmend auch die Bedingungen für realistische Portfolio-Analysen, was u.a. zur Ablösung von Punktpositionierungen durch **sog. Unschärfepositionierungen** in der Portfolio-Matrix zwingen wird (*Ansoff/Kirsch/ Roventa,* 1981, S.963ff., zur Berücksichtigung von Unsicherheitsbereichen siehe auch *Robens,* 1986, S.327ff.).

Diese neuen Umweltbedingungen machen darüber hinaus eine *regelmäßige* Überprüfung der portfolio-strategischen Diagnose wie auch Therapie(-richtung) notwendig. Portfolio-Management erweist sich so gesehen als *permanente* Aufgabe, und zwar nicht zuletzt angesichts der Tatsache, daß die Portfolio-Analyse – was vielfach übersehen oder auch einfach übergangen wird – „nur" ein *statisches* Analyseverfahren (ohne explizite mehrperiodige Betrachtung) sowie ein *deterministisches* Verfahren (ohne Berücksichtigung von „Faktorenunsicherheiten" bzw. Eintrittswahrscheinlichkeiten, *Robens,* 1986, S.199) ist.

Ein Problem der *klassischen* Portfolio-Analyse, so wie wir sie bisher skizziert haben, besteht außerdem darin, daß sie rein *marktbezogen* ausgelegt ist oder anders ausgedrückt: sie konzentriert sich auf die Vermarktung bekannter, zum Analysezeitpunkt *existierender* Technologien. Angesichts **hoher Technologiedynamik** („technologische Sprünge", vgl. hierzu auch *Zörgiebel,* 1983; *Foster,* 1986) läuft ein Unternehmen, das lediglich die Marktphase ihres bestehenden Produkt- und Verfahrensprogramms berücksichtigt, Gefahr, „beim *Auftreten neuer Technologien* aufgrund der Reaktionszeiten und erforderlich werdender Forschungs- und Entwicklungs-Aktivitäten erhebliche wirtschaftliche Nachteile und den Forschungsvorsprung der Konkurrenz in Kauf zu nehmen" (*Hentze/Brose,* 1985, S.199). Die möglichen **negativen Folgen** sind dabei abhängig von (vgl. auch *Brose/Corsten,* 1983, S.348):

- dem Zeitpunkt der **Kenntniserlangung,**
- dem jeweiligen **Kenntnisumfang,**
- den vorhandenen bzw. den schaffbaren freien **Kapazitäten,**
- der finanziellen **Grundausstattung** (Eigenkapitalbasis),
- dem **Forschungspotential.**

Die klassische marktgerichtete Portfolio-Analyse erscheint insoweit *verbesserungswürdig.* Einen neuen Ansatz, die Technik – und zwar die Produkt- wie auch die Prozeßtechnologie – als wichtigen strategischen Hebel in die Portfolio-Konzeption einzubeziehen, stellt die **Technologie-Portfolio-Analyse** dar (*Pfeifer/Metze/Schneider/ Amler,* 1982). Im Gegensatz zu der Markt-Portfolio-Analyse, die durchweg Pro-

348 2. Teil: Konzeptionsebene der Marketingstrategien

dukte bzw. Produktgruppen (SGF) mit heterogenen Technologien positioniert, werden beim Technologie-Portfolio die hinter einem Produkt oder hinter einem Gesamtproduktionsprozeß stehenden Einzeltechnologien abgebildet, und zwar unter Berücksichtigung *zweier* Bewertungsebenen: der **Technologieattraktivität** und der **Ressourcenstärke.** Die Technologieattraktivität kann vereinfacht als die Summe der wirtschaftlichen und technischen Vorteile aufgefaßt werden, „die durch die Realisierung der in diesem Technologiegebiet noch steckenden strategischen Weiterentwicklungspotentiale noch wirksam werden" (*Pfeiffer/Schneider*, 1985, S.63). Sie stellt damit eine unternehmens*externe*, weitgehend unbeeinflußbare Größe dar. Die Ressourcenstärke ist andererseits „Ausdruck der technischen und wirtschaftlichen Beherrschung dieses Technologiegebietes, insbesondere im Vergleich zur wichtigsten Konkurrenz" (*Pfeiffer/Schneider*, 1985, S.63). Sie ist als unternehmens*interne* Größe beeinflußbar und stellt insoweit den entscheidenden strategisch **steuerbaren Aktionsparameter** dar, der in hohem Maße vom vorhandenen Know-how wie vom Aktivitätsniveau (Budget) abhängig ist. Bei der Anwendung der Technologie-Portfolio-Methode kommt der Transformation der gegenwärtigen Technologieposition in die Zukunft (=Berücksichtigung des **Faktors Zeit**) eine zentrale Bedeutung zu (siehe *Abb.219, Pfeiffer/Schneider*, 1985, S.64 bzw *Pfeiffer/Metze/Schneider/Amler*, 1982, S.92f. bzw. 94).

Abb.219: Beispielhafte Transformation der gegenwärtigen Technologieposition in die Zukunft

1. Technologiebetrachtung zum Zeitpunkt t_0:
   Die verwendete Technologie „mechanisches Bohren" bestimmt die Position des Technologiefeldes „Bohren" für das Unternehmen.

2. Einbeziehung künftig konkurrierender Technologien

3. Relativierung der eigenen Position für die Zukunft anhand der zukunftsträchtigen Technologien

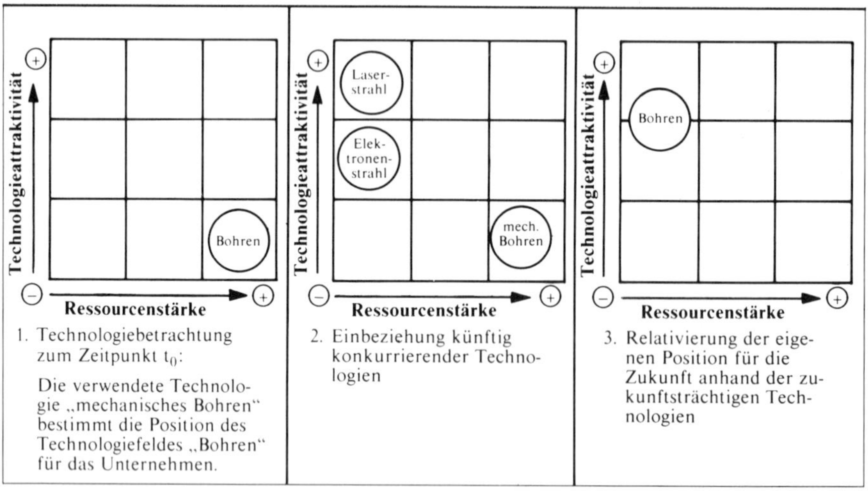

Ziel dieses Portfolio-Ansatzes ist es - analog zum Markt-Portfolio -, die im Unternehmen vorhandenen Ressourcen in den unter mittel- und langfristiger Orientierung **richtigen Bereich** zu lenken. Die technologie-orientierten strategischen Empfehlungen („Normstrategien") werden analog zum Marktattraktivitäts-Wettbewerbsvorteil-Portfolio (9-Felder-Matrix, siehe auch S.345) abgeleitet, wie *Abb.220* zeigt (*Pfeiffer/Schneider*, 1985, S.65 bzw. im einzelnen *Pfeiffer/Metze/Schneider/Amler*, S.98ff.).

Abb. 220: Globale strategische Verhaltensempfehlungen des Technologie-Portfolios

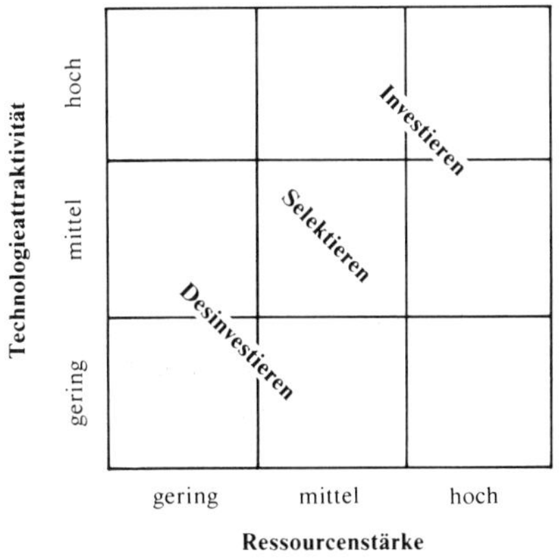

Diese felder-bezogenen **Normstrategien** sind – darauf soll auch hier noch einmal hingewiesen werden – *nicht* als strategisches Dogma aufzufassen. Sie dienen allein der Bestimmung strategischer Grundrichtungen unter dem Aspekt möglichst untereinander ausgewogen abgestimmter Einzelaktivitäten des Unternehmens. Damit leiten wir – nach dem Exkurs zum Technologie-Portfolio – über zur zusammenfassenden Würdigung der Portfolio-Methoden im allgemeinen und des Marktportfolios im speziellen.

Abschließend kann gesagt werden, daß die Portfolio-Analyse ein im Ansatz schlüssiges Analyse-Instrument darstellt. Sie legt bei sachgerechter Anwendung das **Erfolgspotential** des Unternehmens offen und weist grundsätzliche Wege strategischer **Stoßrichtungen,** und zwar mit der Möglichkeit eines *simultanen* Vergleichs aller Aktivitäten (Strategischen Geschäftsfelder) eines Unternehmens (vgl. auch *Abell/Hammond,* 1979, S.377f.). Was die Portfolio-Analyse jedoch nicht leistet und nicht leisten kann – das wird vielfach nicht richtig gesehen oder aber übergangen –, ist die Tatsache, daß sie *keinerlei* materielle Aussagen zum Einsatz funktionaler Maßnahmen, speziell zum Kernbereich Marketing, macht (so gesehen auch von *Abell/Hammond,* 1979, S.379f. bzw. S.385). Demnach stellen sich eigentlich erst im Anschluß an Portfolio-Analysen grundlegende Fragen der *konkreten* Marketingstrategie-*Selektion*. Auf diese spezifischen Fragen, die zugleich zu unseren inhaltlichen marketing-strategischen Überlegungen (im II.Abschnitt) zurückführen, wollen wir nun im folgenden noch näher eingehen. Insofern schließt sich hier der Kreis marketing-strategischer Fragestellungen insgesamt.

2. Verfahren der Strategieselektion

Im vorangegangenen Kapitel haben wir – um es noch einmal kurz zusammenzufassen – mit der Behandlung der Gap-Analyse einerseits und der Portfolio-Analyse andererseits grundlegende Instrumente marketing-strategischer Diagnostik aufgezeigt. Dabei haben wir insbesondere das Leistungsspektrum der in jüngster Zeit stark im Vordergrund stehenden Portfolio-Analyse zu würdigen versucht.

Nach wie vor hat aber auch die klassische Gap-Analyse einen nicht unerheblichen informatorischen Nutzwert, nicht zuletzt auch aufgrund ihrer Nahtstelle zu den Produkt/Markt-Kombinationen (Marktfeldstrategien) als Basisalternativen für die Schließung identifizierter strategischer Lücken. Implizit stecken diese Produkt-/Markt-Kombinationen allerdings auch im Portfolio-Konzept, und zwar primär über den Differenzierungsansatz Strategischer Geschäftsfelder. An der Schwelle dieser basis-konzeptionellen Strategierichtungen bleiben beide Analyseinstrumente aber praktisch stehen. Hier liegt zugleich die **Nahtstelle** zu *materiellen* Marktstrategien „höherer Ordnung", insbesondere zu den herausgearbeiteten Marktstimulierungs- und Marktparzellierungsstrategien.

Im folgenden soll nun auf die Grundfragen der Selektion solcher materieller Marketingstrategien eingegangen werden – eine bisher noch *wenig* problematisierte Fragestellung. Bevor hierzu quantitative und qualitative Aspekte aufgezeigt werden, muß jedoch erst die Frage nach dem Aktivitätsniveau eines Unternehmens gestellt werden.

a) Bestimmung des Aktivitätsniveaus

Die Gap- und die Portfolio-Analyse stellen strategische Diagnoseinstrumente dar, die einmal strategische Lücken und zum anderen Erfolgspotentiale (Wettbewerbspositionen) sowie explizit bzw. implizit reale Produkt/Markt-Kombinationen zu identifizieren helfen. In einer **zweiten Stufe** kommt es nun darauf an, diese identifizierten Positionen strategisch *optimal* zu nutzen bzw. systematisch im Sinne der mittel- und langfristigen Oberzielrealisierung zu verändern. Damit aber sind in erster Linie *materielle* Marketingstrategien der zweiten bis vierten Strategieebene (d.h. also Marktstimulierungs-, Marktparzellierungs- und Marktarealstrategien) angesprochen.

Ausgehend von den Zielsetzungen des Unternehmens ist somit ein geschlossenes Strategiekonzept zu entwickeln. Was die Strategieformulierung angeht, so stehen dafür grundlegende Strategiekomponenten zur Auswahl. Diese Komponenten unterscheiden sich vor allem durch *bestimmte* Niveaus und/oder Intensitäten bzw. Komplexgrade. Sie repräsentieren gleichsam verschiedene **Strategie-Levels.** Zwei strategische Gegenpole lassen sich dabei zunächst wie folgt kennzeichnen:

- **Niedriger Strategie-Level:**
  - relativ wenig Marketing-Input (kleiner Marketingetat),
  - Schlüsselinstrument Preis (d.h. aggressiver Einsatz),
  - Break-even-point (Gewinnschwelle) relativ schnell erreichbar,
  - Umsatzorientierung (Hauptansatzpunkt: Absatzmenge),
  - *insgesamt* eher mäßige Ertragschancen.

- **Hoher Strategie-Level:**
  - relativ hoher Marketing-Input (großer Marketingetat),
  - Schlüsselinstrumentarium „Qualität" bzw. entsprechender Instrumentalverbund,

III. Verfahren und Kalküle zur Strategiebestimmung

- Break-even-point (Gewinnschwelle) relativ spät erreichbar,
- Ertragsorientierung (Hauptansatzpunkt: überdurchschnittliches Preisniveau und Preispflege),
- *insgesamt* eher hohe Ertragschancen.

Zwischen beiden extremen Strategie-Levels besteht grundsätzlich ein ganzes Kontinuum von strategischen Abstufungen bzw. Ausprägungen.

Man kann diese mittel-(ressourcen-)bezogenen Strategievarianten auch als Varianten unterschiedlicher **Aktivitätsniveaus** auffassen. Sie beruhen letztlich auf verschieden hohen Marketingbudgets („Marketing-Anstrengungen", *Kotler*, 1977, S. 44f.), wobei diese Interpretation insofern unbefriedigend ist, als sie primär auf *quantitative* ökonomische (monetäre) Größen abstellt, während qualitative *vor-ökonomische* (sozialpsychologische) „Größen" wie z. B. Bekanntheitsgrad oder Image insoweit vernachlässigt werden, obwohl gerade von diesen zuletzt genannten Faktoren erhebliche oberzielerfüllende Wirkungen ausgehen (vgl. u.a. *Nieschlag/Dichtl/Hörschgen*, 1976, S. 447 bzw. 1988, S. 847 ff.; *Treis*, 1974, S. 135; *Diller*, 1980a, S. 10; im einzelnen auch die Darlegungen auf S. 51 f. bzw. 60 ff.).

Angesichts schwieriger gewordener Märkte – nämlich zunehmender Verdrängungswettbewerb aufgrund stagnierender bzw. schwach wachsender Märkte – hat in vielen Märkten bzw. bei vielen Unternehmen eine **Erhöhung** des Aktivitätsniveaus stattgefunden, nicht selten einhergehend mit einer Verschlechterung der Rentabilität (bzw. anderer Oberzielgrößen). Das ist einmal Ausdruck ausgeprägten *wettbewerbsstrategischen* Verhaltens („Angriffsmarketing"), zum anderen aber auch Ausdruck gestiegener Ansprüche der Abnehmer, und zwar auf *Handels*ebene (z. B. höhere Anforderungen an Lieferbereitschaft und Lieferservice) wie auch auf *Verbraucher*ebene (z. B. höhere Anforderungen im Hinblick auf Produktqualität, Produktdesign, Produktverpackung usw.). Die Tendenz zur Ausweitung der Marketingbudgets hat andererseits – vor allem angesichts in vielen Märkten „eingefrorener" Preise (d. h. Durchsetzungsfähigkeit höherer Preise nimmt vor allem aufgrund hoher Sättigungsgrade deutlich ab) – zu einem deutlichen Zwang zur Rationalisierung (Kostensenkungsprogramme) geführt, die neuerdings aber auch vor dem Marketingbudget *nicht* haltmachen.

Das Marketingbudget umfaßt dabei alle jene Maßnahmen, denen *unmittelbar* Aufwendungen bzw. Kosten gegenüberstehen (*Meffert*, 1980, S. 478). Damit sind alle Sach- oder materiellen Instrumente angesprochen. Den Preisinstrumenten direkter und indirekter Art andererseits stehen in diesem Sinne keine Etats oder Budgets gegenüber[4], sondern Preise stellen vielmehr unmittelbar *erlös*bestimmende Faktoren dar, die allerdings mit den materiellen Maßnahmen in einem Interdependenzgefüge stehen. Unabhängig von diesen spezifischen Interdependenzen sind im Rahmen der Marketingbudgetierung überhaupt die **vielfältigen Beziehungsstrukturen**

---

[4] Das gilt streng genommen nur für die direkte, auf den Endabnehmer gerichtete Preisbildung. Bei der *in*direkten Preisbildung, d.h. der gegenüber dem Handel, sind speziell bei Sonderkonditionen (sog. Erlösschmälerungen) – angesichts ihrer Bedeutung als Wettbewerbsmittel wie auch wegen ihrer heutigen Größenordnungen – schon aus Kontrollgründen inzwischen Etatisierungen üblich (*speziell* in der Markenartikelindustrie).

zwischen allen Marketinginstrumenten – gleichsam als „strategischer Vorgriff" auf das instrumentale Realisierungskonzept (Marketingmix) – zu berücksichtigen, und zwar grundlegende funktionale, zeitliche wie auch hierarchische Instrumentalbeziehungen (vgl. hierzu auch die Darlegungen auf S. 450 ff.).

Was nun die Bestimmung des Aktivitätsniveaus (repräsentiert durch das Marketingbudget des Unternehmens) angeht, so ist diese Frage bisher erstaunlicherweise eigentlich *nur* am Fall des *Werbe*budgets näher diskutiert bzw. problematisiert worden, und damit nur für einen Ausschnitt des Aktivitätsniveaus insgesamt, wenn auch – je nach Strategieansatz – für einen vielfach nicht unwesentlichen. Zunächst soll daher auf Fragen der Werbebudgetierung eingegangen werden.

Möglichkeiten der Werbebudgetierung

Was die Bedeutung des Werbebudgets betrifft, so werden im wesentlichen folgende *heuristischen* Vorgehensweisen diskutiert wie auch in der Realität häufig, zumindest ansatzweise, angewandt:

(1) Werbebudget als bestimmter Prozentsatz des **Umsatzes,**
(2) Werbebudget als bestimmter Prozentsatz des **Gewinns,**
(3) Werbebudget als Summe der für Werbung insgesamt **verfügbaren Mittel** („all you can afford"),
(4) Werbebudget als **konkurrenzorientierte Größe,**
(5) Werbebudget als **zielorientierte Größe.**

Diese in der Marketing-Praxis unterschiedenen Methoden der Etatbestimmung (*Korndörfer*, 1966; *Tietz/Zentes*, 1980 sowie *Rogge*, 1988) sind allerdings zum Teil *nicht* unproblematisch. Das gilt zunächst einmal für die beiden ersten Methoden, denn sie bedeuten im Grunde eine **Umkehrung** des kausalen Zusammenhangs zwischen Werbung und Umsatz bzw. Gewinn. Der funktionale Ansatz der Werbung liegt doch darin, den Umsatz und/oder Gewinn gezielt zu erhöhen – das Instrument Werbung wird aber nicht deshalb eingesetzt, weil es Umsatz und/oder Gewinn erlauben. Insoweit gelten diese geäußerten Bedenken grundsätzlich auch für die dritte Methode, die sog. „All-you-can-afford-Methode". Allen drei Methoden *gemeinsam* ist neben einem fehlenden sachlogischen Zusammenhang zwischen Werbeeinsatz und gewählter Bezugsgröße die Tatsache, daß sie zu einem einseitig *prozyklischen* Werbeeinsatz führen (vgl. hierzu auch die Ausführungen auf S. 534). Der Vorteil der drei genannten Budgetierungsmethoden besteht andererseits darin, daß angesichts in der Realität meist nicht gesicherter (Werbe-)Wirkungsprognosen auf diese Weise zumindest Aspekte des *finanziellen* Gleichgewichts berücksichtigt werden (*Diller*, 1980a, S. 117).

Die Ausrichtung des Werbeetats an den entsprechenden Aufwendungen der (wichtigsten) Konkurrenten oder aber dem *durchschnittlichen* Branchenaufwand (vgl. *Abb. 221* auf S. 353) stellt zwar ein schematisches, relativ leicht handhabbares Verfahren dar, das jedoch *nicht genügend* die produkt- bzw. unternehmensindividuellen wie auch die marktstadienbedingten Konstellationen würdigt. Außerdem wird hier zu sehr auf die quantitative Seite des Werbeeinsatzes und nicht (ausreichend) auf die qualitative Seite – z. B. kreative Umsetzung und ihre Wirkung – abgestellt.

Abb. 221: Werbemargen und absolute Werbeaufwendungen

Werbeinvestitionen in % Marktvolumen ausgewählter Branchen	
Allzweckreiniger	25,6
Bade-Kosmetik	11,5
Bier	3,1
Bohnenkaffee	1,5
Cola-Getränke	2,5
Damen-Oberbekleidung	0,1
Diät-Nahrung	2,0
Feinwaschmittel	13,7
Fenster-Reinigungsmittel	1,9
Frischkäse	2,5
Handcremes	1,3
Haushaltstücher	6,5
Kräuterspirituosen	22,2
Margarine	2,7
Mundwasser	7,6
Parfüm/Duftwasser	3,7
Party-, Salz- und Käsegebäck	1,1
Pralinen	4,9
Schlankheitsmittel	17,2
Schmerzmittel	21,4
Schokolade	3,3
Sekt, Champagner	7,8
Stärkungsmittel	35,0
Universalwaschmittel	6,0
Wein	1,2

Zahl der Marken mit klassischen Werbeinvestitionen		
Werbeinvestitionen	*1974*	*1979*
über 5,0 Mio. DM	123	204
von 2,5 bis 5,0 Mio. DM	263	399
von 1,0 bis 2,5 Mio. DM	610	992

Quelle: Absatzwirtschaft, Sonderheft 10/80, S. 57

Andererseits berücksichtigt dieser Ansatz der Werbebudgetbestimmung aber immerhin grundlegende **Wettbewerbs-Konstellationen** im Markt. Hieraus abgeleitete Heuristiken haben ihren Niederschlag in zwei „Methoden" gefunden: der Paritäts- und der Überkompensations-Methode (d.h. also das Prinzip, mit dem Werbeaufwand der Konkurrenz gleichzuziehen bzw. ihn sogar überzukompensieren).

Die zuletzt genannte Methode der *ziel*orientierten Fixierung des Werbebudgets (Objective and Task-Methode) berücksichtigt schließlich am ehesten die Kausalzusammenhänge zwischen zieladäquater Werbewirksamkeit und Budgethöhe. Diese Form der Etatableitung setzt jedoch eine detaillierte und zumindest mittelfristig orientierte Werbezieldefinition (= *notwendiger* Ziel-/Strategiezusammenhang) voraus. Dieser Ansatz der Werbebudgetbestimmung ist damit nicht wie alle bisher besprochenen Ansätze eher vergangenheits-, sondern mehr *zukunfts*orientiert. Er erlaubt damit sowohl „eine Anpassung an sich verändernde Marktlagen" als auch „eine sofortige Ausnutzung günstiger Marktgelegenheiten" (*Korndörfer*, 1966, S. 59).

Die zielorientierte Werbebudgetierung ist im Grunde eine an den **zielerfüllenden Maßnahmen** orientierte Budgetierung, d. h. es werden zunächst die Maßnahmen präzisiert, welche für die Realisierung der Kommunikationsziele notwendig sind. Anschließend werden dann die Kosten dieser Maßnahmen geschätzt. *Kotler* illustriert das an einem einfachen Beispiel (*Kotler*, 1982, S. 512):

1. Wir wollen 100 000 Menschen dazu bringen, unsere Marke zu probieren.
2. Da nur einer von zehn das Produkt probieren wird, nachdem er davon gehört hat, müssen wir 1 000 000 Personen von unserer Marke in Kenntnis setzen.
3. Wir brauchen folglich 8 000 000 Darbietungen, denn nur einer von acht Darbietungen wird Aufmerksamkeit geschenkt.
4. Tausend Darbietungen an die von uns bevorzugte Empfängergruppe kosten im Durchschnitt $ 6. Wir müssen deshalb für die benötigten 8 000 000 Darbietungen ein Gesamtbudget von ca. $ 48 000 aufbringen.

Das Budget ist bei dieser Methode also die *abhängige* Variable des geplanten Maßnahmenbündels. Die Qualität der Budgetentscheidung ist damit nur so gut wie die Qualität der Maßnahmenplanung (*Rutschmann*, 1976, S. 162).

Bei der konsequenten Anwendung der Methode ziel-orientierter Budgetierung ist außerdem die Gefahr vorhanden, daß Budgets abgeleitet werden, die mit *finanzwirtschaftlichen* Plänen oder Grenzen *nicht* vereinbar sind. Aus diesem Dilemma können im Prinzip nur *zwei* Wege führen (*Rutschmann*, 1976, S. 162 f.):

(1) **Senkung des Anspruchsniveaus** in bezug auf die formulierten Werbeziele[5], was zu reduzierten Maßnahmen und damit zu reduziertem Budget führt oder
(2) **Verbesserung der qualitativen Leistung** der geplanten Werbemaßnahmen, was die Aufrechterhaltung der Werbeziele zuläßt, und zwar bei evtl. gleichzeitiger Reduktion des Budgets.

Der Kausalzusammenhang zwischen Werbeziel(en) einerseits und Werbebudget bzw. Werbemaßnahmen andererseits bleibt allerdings solange mehr formaler Natur, als empirisch genügend abgesicherte Aussagen über **generelle Werbewirkungsverläufe** (sog. Response functions) fehlen (siehe hierzu auch die Darlegungen auf S. 563 ff.). Einsichten in die Werbemargen ausgewählter Branchen sowie die absoluten Werbeaufwendungen von Marken im Sinne einer globalen Konkurrenzorientierung *(Abb. 221)* stellen insofern wenigstens bestimmte *Ersatz*informationen für die Ableitung des(r) eigenen Budgets dar.

Das grundsätzlich gleiche Vorgehen der Etatbestimmung ist auch bezüglich der *Verkaufsförderung* (bzw. der Public Relations) möglich. Besondere Schwierigkeiten ergeben sich hierbei jedoch aufgrund spezifischer Abgrenzungsprobleme der Verkaufsförderung (= „Mischinstrument" mit angebots- und distributionspolitischen Verknüpfungen) sowie generell fehlender Konkurrenzinformationen. Die Verkaufsförderungsaufwendungen werden im Gegensatz zu den Werbeaufwendungen nicht

---

[5] Zur Frage der Anspruchsanpassung bei Zielen vgl. auch S. 102 f.

marktstatistisch erfaßt (wie z.B. über den *Schmidt & Pohlmann-Service*). Die Bestimmung des Verkaufsförderungsetats kann bei bereits abgeleitetem Werbeetat ggf. unter Rückgriff auf bekannte „branchenübliche" Mittelverteilungen zwischen Werbung und Verkaufsförderung bestimmt werden (z.B. Verhältnis 2:1 oder 1:1).

Viele Unternehmen versuchen zunächst, ein **Gesamtbudget** für Kommunikationsaufgaben festzulegen. Bei der Verteilung der Kommunikationsetats (im umfassenden Sinne Werbung, Public Relations, Verkaufsförderung (und persönlicher Verkauf)[6] = Instrumente, die in bestimmten Grenzen untereinander *austauschbar* sind) müssen sowohl Produkteigenarten („Markttypen") als auch Stufen des Kommunikationsprozesses („Kaufbereitschaftsstadien") berücksichtigt werden. Das läßt sich etwa mit *Abb. 222* formalisieren (*Kotler*, 1982, S. 514).

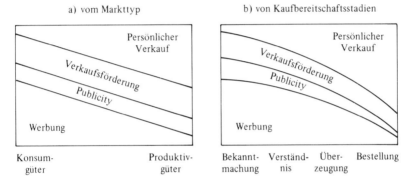

Abb. 222: Abhängigkeiten der Allokation der kommunikationspolitischen Mittel

Diese Modellierung der Mittelallokation soll – im Sinne einer Tendenzaussage – verdeutlichen, daß a) der Werbung bei *Konsum*gütern und dem persönlichen Verkauf bei *Produktiv*gütern eine grundlegende Bedeutung zukommt und b) die Werbung vor allem im *Bekanntmachungs*stadium eine entscheidende Rolle spielt, während beim eigentlichen *Kauf*akt (Bestellung) der persönliche Verkauf hohe Relevanz hat.

Da der Werbung speziell im Konsumgütermarketing – je nach verfolgtem strategischen Konzept – hohes Gewicht zukommt, soll im folgenden ein Überblick über konkrete **werbliche Aktivitätsniveaus** gegeben werden.

Für die Ableitung des Werbebudgets sind dabei nicht nur Werbemargen (*Abb. 221* auf S. 353) relevant, sondern auch **absolute Werbeaufwendungen** (vgl. hierzu speziell *Abb. 223*), weil aufgrund der absoluten Werbeaufwendungen auch **kritische Werbeschwellen**, d.h. Schwellen, ab denen eine deutliche Werbewirkung erst eintritt, „abgetastet" werden können. *Abb. 223* gibt zunächst einen Überblick über die *branchen*bezogenen Brutto-Werbeaufwendungen (d.h. also inkl. Werbemittler-Provision) in einem Zeitvergleich 1979/83 wieder.

---

[6] Vgl. hierzu auch die Darlegungen zum Ansatz des „Distributionsbudgets" auf S. 360f.

Abb. 223: Brutto-Werbeaufwendungen in der BRD (Vergleich der Jahre 1979 und 1983)

	1983 Mio. DM		Rang	1979 Mio. DM		Veränderungsrate %
1. Handelsbetriebe	1.158		1.	1.061		+ 9
2. Automarkt	682		2.	422		+ 62
3. Massen-Medien	375		16.	125		+ 300
4. Banken + Sparkassen	362		4.	245		+ 48
5. Zigaretten	322		8.	184		+ 75
6. Schokolade und Süßwaren	295		6.	210		+ 40
7. Pharmazie Publikumswerbung	281		3.	248		+ 13
8. Kaffee, Tee, Kakao	223		12.	145		+ 54
9. Möbel und Einrichtung	198		7.	190		+ 4
10. Körperschaften	189		9.	167		+ 13
11. Spirituosen	174		5.	211		− 18
12. Schönheitspflege	167		13.	143		+ 17
13. Waschmittel	163		11.	159		+ 3
14. Audio-Videogeräte	150		10.	160		− 6
15. Mundpflege	149		24.	112		+ 33
16. Bier	149		15.	131		+ 14
17. Oberbekleidung	148		19.	119		+ 24
18. Milchprodukte	147		21.	117		+ 26
19. Bausparkassen	142		27.	105		+ 35
20. Konserven, Fleisch, Fisch	141		20.	118		+ 19
21. Putz- und Pflegemittel	140		18.	123		+ 14
22. Haarpflege	136		26.	106		+ 28
23. Bild- und Tonträger	130		23.	114		+ 14
24. Versicherungen	128		25.	106		+ 21
25. Alkoholfreie Getränke	123		14.	132		− 7

Quelle: ZAW.

Danach haben die Handelsbetriebe in den *fünf* betrachteten Jahren ihre Spitzenposition beim Werbeaufwand gehalten, mit deutlichem Abstand folgt die Automobilindustrie. Wichtige Produktgruppen des Konsumgüter-Massenmarktes folgen „erst" an 5. Stelle mit Zigaretten, 6. Stelle mit Schokolade/Süßwaren und 8. Stelle mit Kaffee/Tee/Kakao. Deutlich ablesbar ist – wie schon erwähnt – das fast durchweg *gestiegene* Aktivitätsniveau, und zwar mit extremem Zuwachs bei den Massenmedien (+300%), aber auch deutlichen Zuwächsen in den verschiedenen Konsumgütermärkten (z. B. +75% bei Zigaretten, +54% bei Kaffee/Tee/Kakao, +33% bei Mundpflege und immerhin +26% bei Milchprodukten).

Besonders aufschlußreich für die eigene **Etatbestimmung** ist natürlich die jeweilige Aufteilung auf einzelne *Produkt*gruppen, die hier für die Milchprodukte (18. Stelle) näher aufgezeigt werden soll (vgl. *Abb. 224*).

Danach erweisen sich insbesondere Frischkäse und Weichkäse als in den letzten Jahren besonders *intensiv* umworbene Produktbereiche.

III. Verfahren und Kalküle zur Strategiebestimmung 357

Abb. 224: Brutto-Werbeaufwendungen für Milchprodukte (1982-1984, in Mio DM, nur Produktetats über 50 TDM)

Produktgruppen	1982	1983	1984
1. Frischkäse (einschl. Hüttenkäse u. Quark)	28,5	36,7	39,8
2. Weichkäse	15,5	19,0	20,6
3. Käse-Gemeinschaftswerbung	19,9	21,3	19,9
4. Joghurt	10,3	15,6	12,6
5. Milchkonzentrate	14,1	14,0	12,3
6. Milchprodukte Gemeinschaftswerbung	8,4	9,1	9,8
7. Milch und Milchzubereitungen	3,2	5,0	9,7
8. Schmelzkäse	10,5	10,0	9,4
9. Hart- und Schnittkäse	4,4	4,7	5,9
10. Saure Sahne/Crème Fraîche	3,1	4,2	3,0
11. Käse-Range	2,0	2,7	3,0
12. Milchprodukte-Range	3,4	3,2	2,6
Insgesamt	123,3	145,5*	148,6

* Abweichung gegenüber Bruttoaufwand 1983 in voriger Tabelle aufgrund der Beschränkung auf Etats über 50 TDM.
Quelle: Schmidt & Pohlmann.

Abb. 225 zeigt nun noch die **Etatgrößenklassen-Struktur** am Beispiel der Milchprodukte auf, die ebenfalls eine wichtige Datenbasis für die Ableitung optimaler Werbeetats darstellt.

Abb. 225: Etatgrößenklassen - Verteilung bei Milchprodukten (1982-1984, nur Produktetats über 50 TDM)

Höhe der Streu-Etats (Brutto-Werbeaufwendungen)	Zahl der Etats		
	1982	1983	1984
unter 100 000 DM	22	16	21
100 000 bis u. 500 000 DM	25	28	20
500 000 bis u. 1 Mio. DM	6	7	7
1 Mio. bis u. 2 Mio. DM	14	11	9
2 Mio. bis u. 3 Mio. DM	6	6	5
3 Mio. bis u. 4 Mio. DM	2	5	4
4 Mio. bis u. 5 Mio. DM	1	2	2
5 Mio. DM und mehr	7	8	4
Insgesamt	83	83	72

Quelle: Schmidt & Pohlmann.

Diese Übersicht verdeutlicht, daß rd. 45% der Etats (= 31 von insgesamt 72, Basis 1984) bereits *über* DM 500 000 liegen. Das zeigt, daß es auch bei der Werbung offensichtlich bestimmte **Schwellenwerte** gibt, die *überschritten* werden müssen, wenn ein systematischer Markenauf- und -ausbau erreicht werden soll.

Neben den skizzierten Praxismethoden der Werbebudgetbestimmung gibt es noch (entscheidungs-)*theoretische* Lösungsversuche, unter anderem den

- *marginalanalytischen* Ansatz (= Grenzwertbetrachtung),
- *dynamischen* Ansatz (= Berücksichtigung der Zeitkomponente),
- *investitionsrechnerischen* Ansatz (= Berücksichtigung langfristig kumulierender Werbewirkungen).

Eine praxisrelevante Anwendung scheitert allerdings vielfach an Problemen der Datenbeschaffung, teilweise aber auch an nicht praxisadäquaten Annahmen. Über interessante experimentelle Studien hinaus ist man daher mit diesen Ansätzen in der Regel bisher nicht gelangt (*Rütschi*, 1978, S.102; *Simon*, 1980, S.6ff.; *Diller*, 1980a, S.118f.).

Zu den relativ bekannten und zugleich frühesten Budgetierungsmodellen zählen die *sog. Umsatzreaktions- und Umsatzverfall-Modelle* (= dynamische Modelle). Sie versuchen, eine direkte Beziehung zwischen den Werbeausgaben *und* dem Umsatz herzustellen bzw. zu messen. Ist nämlich der Verlauf der Umsatz/Werbungs-Kurve bekannt, so ist es möglich, den *gewinnmaximalen* Werbeeinsatz zu bestimmen. Was den Verlauf der Kurve angeht, so wird dabei häufig ein S-förmiger Verlauf der Umsatz/Werbungs-Kurve unterstellt (zur Begründung siehe *Kotler*, 1982, S.522f.). Eines der bekanntesten und zugleich besten Modelle der Umsatzreaktion auf den Werbeeinsatz ist von *Vidale/Wolfe* entwickelt worden (*Vidale/Wolfe*, 1957, S.370ff.). Dieses Modell beruht darauf, daß die Veränderung des Umsatzes im Zeitablauf als eine Funktion von *vier Faktoren* aufgefaßt wird: dem Werbebudget, der Umsatzreaktionskonstanten, dem Umsatzsättigungspunkt und der Umsatzverfallskonstanten. Die *Grundgleichung* des Modells von *Vidale/Wolf* ist wie folgt definiert (siehe hierzu die Kurzdarstellung bei *Kotler*, 1982, S.523f. sowie auch *Meffert*, 1980, S.434ff.):

$$\frac{dU}{dt} = rW \frac{S-U}{S} - \lambda U$$

U = Umsatzrate zur Zeit t
$\frac{dU}{dt}$ = Veränderung der Umsatzrate zur Zeit t } Variablen
W = Werbeausgaben zur Zeit t

r = Umsatzreaktionskonstante (definiert als der pro Werbe-DM erzeugte Umsatz, wenn $U=0$)
S = Sättigungspunkt des Umsatzes } Parameter
λ = Umsatzverfallkonstante (definiert als der entgangene Umsatz, wenn $W=0$)

Diese Grundgleichung besagt, daß die Veränderung (Erhöhung) der Umsatzrate *um so höher* ist, je höher die Umsatzreaktionskonstante, je höher die Werbeaufwendungen, je höher das ungenutzte Umsatzpotential bzw. je niedriger die Umsatzverfallkonstante sind. Folgendes einfaches *Beispiel* soll diese Zusammenhänge verdeutlichen (*Kotler*, 1982, S.524):

Es wird unterstellt, daß die Umsatzreaktion auf eingesetzte finanzielle Werbemittel 4 beträgt, der gegenwärtige Umsatz eine Höhe von DM 40000 hat, der Sättigungspunkt des Umsatzes bei DM 100000 liegt und das Unternehmen für den Fall, daß es nichts für die Werbung aufwendet, pro Periode 0,1% des Umsatzes verliert. Unter diesen Bedingungen könnte das Unternehmen durch den Werbeeinsatz von DM 10000 davon ausgehen, seinen Umsatz um DM 20000 zu erhöhen:

$$\frac{dU}{dt} = 4(10000)\frac{100000-40000}{100000} - 0,1(40000) = 20000 \text{ DM}$$

Wenn die Gewinnspanne bei diesem Mehrumsatz von DM 20000 mehr als 50% betragen würde, dann würden sich die für Werbung aufgewendeten DM 10000 auszahlen (*Kotler*, 1982, S.524).

Der *Vorteil* des Modells von *Vidale/Wolfe* besteht insgesamt darin, daß es sich in eine langfristige Gewinngleichung einbetten und zur Schätzung der Auswirkungen verschiedener Werbebudgetstrategien auf den Gewinn benutzen läßt. In diesem dynamischen Ansatz liegt seine besondere Bedeutung begründet. Die *Problematik* des Modells besteht andererseits in der unterstellten direkten Beziehung zwischen Werbeaufwand und erzieltem Umsatz. Diese läßt sich in der Realität so nicht nachweisen, sondern „Verkaufserfolge hängen von dem gemeinsamen Einsatz aller Marketinginstrumente ab" (*Meffert*, 1980, S.437), und zwar nicht nur den eigenen, sondern auch denen der Konkurrenz (*Rutschmann*, 1976, S.157).

Modernere, dafür aber komplexere Werbebudgetierungs-Modelle führen andererseits zu *erheblichen* Problemen und damit auch entsprechenden Kosten der Erhebung wie der Verarbeitung notwendiger Daten. Eine wesentlich einfachere (dafür nur *mono*kausale) Analysemöglichkeit bieten demgegenüber *Regressionsanalysen* auf der Basis von Werbeausgaben und Absatzzahlen vergangener Jahre oder entsprechende Erfahrungswerte (*Sebastian*, 1988).

Die sog. Marketingerfahrungskurve („Werbeerfahrungskurve")

Die *A.C.Nielsen Company* hat aufgrund umfangreicher Analysen (unter anderem durch Nutzung der eigenen Panelforschung) versucht, eine sog. Marketingerfahrungskurve abzuleiten. Diesen Analysen lagen 34 Konsumgüter des *täglichen* Bedarfs in den ersten zwei Jahren ihrer Einführung zugrunde. Die sog. Marketingerfahrungskurve (vgl. *Abb.226*), welche die **Zusammenhänge** zwischen Werbeanteil einerseits und Marktanteil andererseits aufzudecken versucht – insofern ist sie streng genommen lediglich eine Werbeerfahrungskurve –, hat *folgenden* typischen Verlauf (*Peckham*, 1976, S.32):

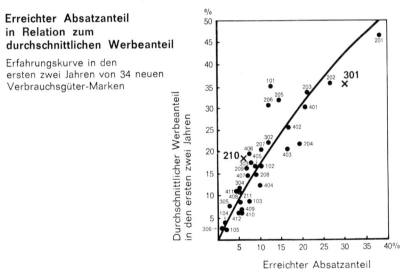

Abb.226: Die sog. Marketingerfahrungskurve nach Nielsen

Diese Kurve *(Abb.226)* verdeutlicht, daß „das Verhältnis zwischen dem den Werbeanteil darstellenden senkrechten Abstand und dem den Absatzanteil darstellenden waagerechten Abstand ... angenähert 1,5 oder 1,6 zu 1" beträgt (*Peckham*, 1976,

S. 31)⁷. Die einzelnen Marken streuen dabei um diesen Wert. Die Marke 301 z. B. (vgl. *Abb. 226*) liegt insoweit relativ günstig, als sie einen Absatz- bzw. Marktanteil von 29,8% mit einem Anteil der Werbeaufwendungen von lediglich 35% realisierte. Gemäß der gefundenen Erfahrungskurve hätte die Marke 301 eigentlich einen Werbeanteil von 45% realisieren müssen, um den tatsächlich erreichten Marktanteil von 29,8% zu erreichen. Die Marke 210 dagegen hat mit einem Werbeanteil von 18% nicht einen Marktanteil von 10%, sondern von nur 6% erreicht. Verantwortlich für diese **„Leistungsunterschiede"** – die sich jeweils auch als Abweichungen von der Erfahrungskurve darstellen – sind dabei offensichtlich Unterschiede in der werblichen Umsetzung (kreative Komponente) wie auch in der spezifischen Produktqualität (Nutzenkomponente). Eine *rein mechanistische* Anwendung der gefundenen Werbeerfahrungskurve reicht insoweit also keineswegs aus. Das heißt mit anderen Worten, es bestehen zwischen quantitativem *und* qualitativem Mitteleinsatz durchaus bestimmte Substitutionszonen (z. B. Substitution bestimmter finanzieller Mittel durch eine besonders kreative Umsetzung der Werbeziele bzw. Werbebotschaft).

Derartige Erfahrungskurven wie in *Abb. 226* aufgezeigt bzw. die zugrundeliegenden Kennziffern (Marktanteil-Werbe-Ratios) lassen sich im Prinzip auch aufgrund entsprechender Beobachtungen und Analysen für den Markt des eigenen Unternehmens ableiten und als Entscheidungsgrundlage nutzen (*Rütschi*, 1978, S. 110 f.). Bei der Bestimmung des Aktivitätsniveaus einer Unternehmung sind jedoch *nicht nur* die marketingpolitischen Anstrengungen in bezug auf die Kommunikationspolitik – speziell Werbung, aber zunehmend auch Verkaufsförderung –, sondern auch diejenigen in bezug auf die *Angebots-* bzw. *Distributions*politik zu berücksichtigen (zur Systematik der Marketinginstrumente siehe S. 441 ff.).

Budgetierungsfragen der Angebots- und Distributionspolitik (sowie der Informationspolitik)

Was zunächst die Distributionspolitik angeht, so sind hier vor allem Aktivitäten auf die *akquisitorische* Distribution (Verkauf) und die *physische* Distribution (Warenverteilung) zu lenken. Dabei kann man sich etwa an bestimmten Umsatzrelationen und/oder branchentypischen Aufwendungen orientieren; aber auch hier gelten die weiter oben im Zusammenhang mit der Werbebudgetierung dargelegten Einwen-

---

⁷ Aufgrund späterer Untersuchungen von *Nielsen* beträgt das Verhältnis inzwischen 1,7 zu 1 (*Peckham*, 1976, S. 34), nach anderen Quellen sogar bis zu 2,0 zu 1 (*Haller*, 1980, S. 121). Die Erfahrungskurven verlaufen dann entsprechend steiler; sie drücken damit aus, daß die Kosten zur Sicherung eines gegebenen Marktanteils für eine neue Marke inzwischen gestiegen sind.
Das kann insbesondere auch an hoch kompetitiven Märkten wie z. B. dem *Bier-* oder *Sektmarkt* nachgewiesen werden. So hatten im Jahre 1985 die sechs größten und erfolgreichsten *Bier*marken (*König, Bitburger, Warsteiner, Diebels, Veltins* und *Krombacher*) einen *Werbe*anteil von zusammen 24,3% (d. h. 43,9 Mio. DM wurden von diesen sechs Marken für klassische Werbung aufgewendet bei einem Gesamtwerbevolumen im Biermarkt von 180,7 Mio. DM) *und* einen *Absatz*anteil von „nur" 11,1% (d. h. 10,3 Mio. Hl setzten diese Brauereien bei einem Bierausstoß von insgesamt 93,3 Mio. Hl ab). Im *Sekt*markt vereinigten 1986 die erfolgreichsten Marken einen Werbeanteil von rd. 65% bei einem Absatzanteil von rd. 32% auf sich. Der „Share of voice" übersteigt heute also auch bei *etablierten* Produkten bzw. Märkten – verglichen mit dem jeweiligen Absatzanteil – durchaus das Verhältnis von 2 zu 1.

dungen. Der strategisch richtige Ansatz des distributionspolitischen Budgets ist vor allem in einer (langfristig) **zielorientierten Fixierung** zu sehen, die bei distributionspolitischen Aktivitäten vor allem *deshalb* angezeigt ist, weil hier in der Regel Strukturen wie Reisendenorganisation oder Auslieferungssystem geschaffen werden, die nicht ohne weiteres jährlich geändert werden können. Eine wichtige zielorientierte Maßgröße für die Allokation ausreichender Mittel im Distributionsbereich ist dabei das zielorientierte und marktadäquate **Serviceniveau** (bei der Reisendenorganisation unter anderem repräsentiert durch den Besuchsrhythmus, und zwar differenziert etwa nach A-, B- und C-Kunden). Der jeweils angemessene Besuchs- bzw. Betreuungsbedarf kann etwa mit Hilfe von Absatzmittler-Untersuchungen – speziell sog. Expertengesprächen – auf Handelsebene erfaßt werden.

Die Budgetierung des Aktivitätsniveaus im angebotspolitischen Bereich ist insofern differenziert zu sehen, als hier grundsätzlich zwischen der Budgetierung für *bestehende* Produkte einerseits und einer solchen für *neue* Produkte andererseits unterschieden werden muß. Während es sich bei bestehenden Produkten überwiegend um einen durchgängigen, wenn auch lebenszyklusabhängigen „**Betreuungsaufwand**" (u. a. Aufwand der Markenführung) handelt, sind neue Produkte durch – teilweise extrem hohe – Einzelaufwendungen gekennzeichnet, und zwar durch einen „**Entstehungsaufwand**" im Sinne sowohl von Forschungs- und Entwicklungsaufwand als auch im Sinne von marktbezogenem Gestaltungsaufwand des Produktinneren wie des Produktäußeren (inklusive entsprechender Marktuntersuchungen bzw. wirkungsanalytischer Tests wie Produkt-, Verpackungs-, Marken-, Preis- und Werbetests bzw. geeigneter kombinierter Tests). Die Anwendung konkurrenz- oder branchenbezogener Kennziffern für die Bestimmung des angebotspolitischen Budgets ist dabei nicht nur problematisch, sondern meist aufgrund fehlender Vergleichsdaten gar nicht möglich. Hier ist das Unternehmen in der Regel *primär* auf den **zielorientierten Ansatz** der Budgetbestimmung angewiesen.

Was die genannten Untersuchungen gezielter Marktinformationsgewinnung betrifft, so ist es je nach Umfang des Informationsbedarfs im Zweifelsfalle sinnvoll, *auch* diesen Aktivitätsbereich informationsbezogener Art zu etatisieren, und zwar nicht nur – wie bereits angedeutet – im Hinblick auf angebots-[8], sondern auch im Hinblick auf distributions- und insbesondere auch kommunikationspolitisch induzierten Informationsbedarf. Auch dieser Informationsbedarf bzw. das analoge Budget ist im Prinzip *nur ziel*orientiert abzuleiten. Eine Konkurrenzorientierung scheidet aufgrund fehlender Daten in der Regel aus.

Interessant ist in dieser Hinsicht, daß zwischen den Werbeaufwendungen *und* der Nachfrage nach Marktforschung in der BRD offensichtlich ein **Zusammenhang** besteht. Diese Ansicht vertritt die GfK (Gesellschaft für Konsum-, Markt- und Absatzforschung, Nürnberg) aufgrund von Analysen für die Jahre 1974–1981 (vgl. *Abb. 227*).

Danach gleichen sich in etwa seit 1975 die Zuwachsraten; 1981 brachte für die beiden Bereiche den stärksten Einbruch seit sechs Jahren.

---

[8] Speziell neue Produkte betreffend.

Abb. 227: *Marktforschungs- und Werbeaufwendungen (Vergleich 1974-1981)*

Jahr	Werbeaufwendungen (lt. ZAW)		Volumen für Marktforschung (lt. GfK-Schätzung)	
	Mrd. DM	Veränd. z. Vj. Prozent	Mio. DM	Veränd. z. Vj. Prozent
1974	6,4		215	
1975	6,7	+ 5	215	0
1976	7,7	+15	250	+16
1977	8,6	+12	285	+14
1978	9,7	+13	325	+14
1979	10,7	+10	360	+11
1980	11,4	+ 7	400	+11
1981	11,5	+ 1	412	+ 3

Quelle: ZAW.

Grundfragen der Marketingbudgetierung insgesamt

Das Marketingbudget setzt sich insgesamt gesehen – das haben die bisherigen Darlegungen zu skizzieren versucht – aus folgenden *vier* Blöcken zusammen:

(1) *Angebots*politischer Etat
(2) *Distributions*politischer Etat   } = **Aktionsinstrumente**
(3) *Kommunikations*politischer Etat
(4) *(Markt-)Informations*politischer Etat   = **Informationsinstrumente**

= **Marketingetat insgesamt**

Für die Bestimmung des Marketingetats ist es zunächst einmal zweckmäßig, **dominante Aktivitätsbereiche** zu identifizieren. Die Erfahrung zeigt, daß es *markt-* wie *unternehmens*spezifische Dominanzen gibt, die quasi die Eckpunkte der Budgetierung bilden. So gibt es Märkte, in denen ein hohes Innovationspotential vorhanden ist, das nicht zuletzt aus Wettbewerbsgründen möglichst konsequent ausgeschöpft werden muß (z. B. *produkt-* bzw. *innovations*politische Dominanz im Süßwarenmarkt). Demgegenüber gibt es Märkte, deren Innovationspotential äußerst begrenzt ist (z. B. Biermarkt mit biersteuer-rechtlich fixierten Grundsorten), in denen – speziell bei präferenzstrategischen Konzepten – der *Kommunikations*politik (Werbung) eine dominante Rolle zufällt, während in anderen Marktbereichen (z. B. Markt der Milch(frisch)produkte wie Joghurt, Quark, Desserts) bestimmte Dominanzen in der *Distributions*politik (u. a. Sicherstellung eines funktionierenden Frischedienstes) bestehen. Daneben werden unternehmensindividuelle Faktoren wirksam (Orientierung an der **Normpolitik** einer Branche *oder* bewußte **Kontrastierung** im Interesse einer eigenständigen Marktpositionierung).

Die Marketingbudgetierung setzt deshalb zweckmäßigerweise am branchen- bzw. unternehmensdefinierten, **dominanten Marketingaktionsfeld** (Aktionsbereich) an (damit werden zugleich bestimmte Basisstrategien und Basismixe „vorprogram-

III. Verfahren und Kalküle zur Strategiebestimmung

miert" = Interdependenzen zwischen Ziel- *und* Maßnahmenentscheidungen strategischer *und* taktischer Art, vgl. *Abb. 228*).

Abb. 228: Aktivitätsdominanzen in ausgewählten Märkten (Modelldarstellung)

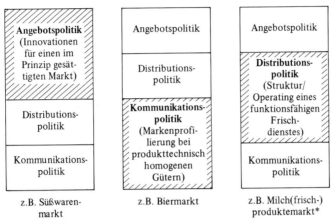

* Inzwischen hat in diesem Markt auch ein ausgeprägter Innovationswettbewerb eingesetzt.

Damit sind zunächst bestimmte Vorstellungen über die **Budgetallokation** bzw. ihre Schwerpunkte (Dominanzbereiche) entwickelt. Von ihnen hängt in der Regel auch das Aktivitätsniveau in bezug auf den *Informations*bereich ab. So sind z. B. angebotspolitisch dominante Aktivitäten (speziell Produktinnovationspolitik) durch einen vergleichsweise *hohen* Informationsbedarf gekennzeichnet. Nach der Definition des jeweiligen Dominanzbereiches geht es darum, die Höhe des *gesamten* Marketingbudgets abzuleiten bzw. einzugrenzen.

Die Festlegung des gesamten Marketingbudgets kann grundsätzlich auf *zwei* Wegen erfolgen:

- aktiv im Sinne einer **Offensivgröße** (primär *strategisch*),
- passiv im Sinne einer **Residualgröße** (primär *taktisch*).

Der passive Ansatz definiert das Marketingbudget im Prinzip als Restgröße, d. h. ausgehend von Marktpreisen wird das für Marketingzwecke zur Verfügung stehende Budget lokalisiert. Der offensive Ansatz knüpft dagegen an Möglichkeiten einer aktiven Marktstimulierung an, die auch das Erarbeiten entsprechender präferenzpolitischer Preisspielräume einschließt. Folgende grafische Darstellung *(Abb. 229)* versucht, die *beiden* Ansatzpunkte der Budgetbestimmung modellhaft zu charakterisieren.

Während beim residualen, d. h. passiv-taktischen Ansatz das Unternehmen sich am üblichen Marktpreis orientiert und das Marketingbudget so bemißt, daß ein definierter Mindestgewinn (Stückgewinn) realisiert wird, setzt der offensive, d. h. aktivstrategische Ansatz an den Beeinflussungsmöglichkeiten des Marktes und den Chancen für die Erarbeitung von Preisspielräumen nach oben an. Dem angestrebten und als realistisch erachteten „**Firmenpreis**" (im Sinne etwa des oberen Grenzpreises im Polypolfall) wird dann das dafür notwendige Budget auf der Basis ent-

Abb. 229: Vergleich der passiven und der aktiven Marketingbudgetierung

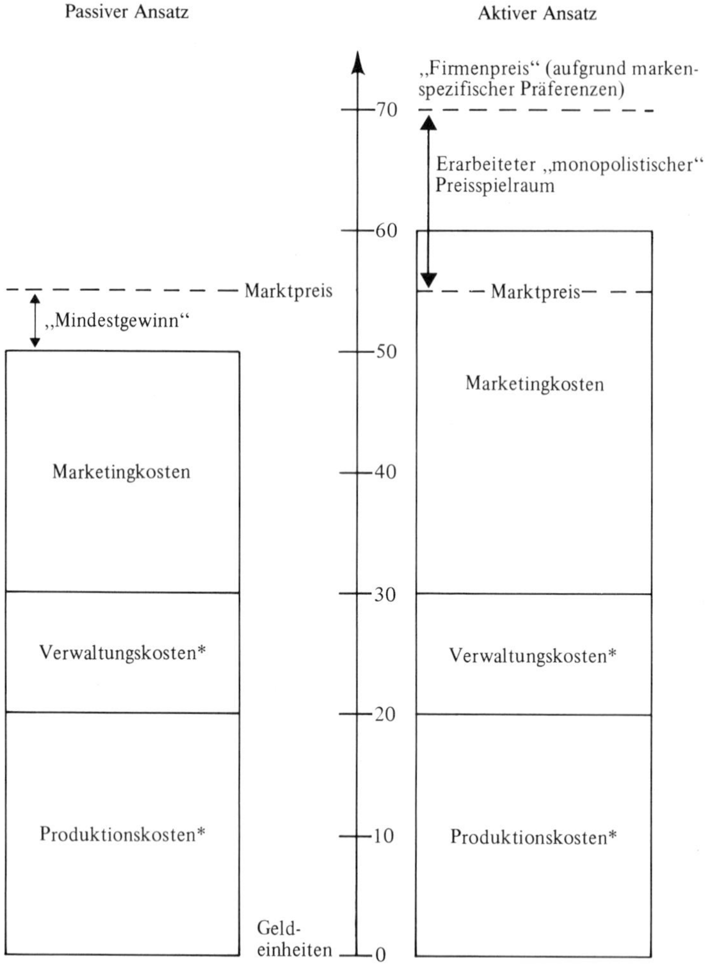

Passiver Ansatz   Aktiver Ansatz

„Firmenpreis" (aufgrund markenspezifischer Präferenzen) — 70

Erarbeiteter „monopolistischer" Preisspielraum

— 60

— — — — — — — Marktpreis   — — Marktpreis — —

„Mindestgewinn"

— 50

Marketingkosten

Marketingkosten   — 40

— 30

Verwaltungskosten*   Verwaltungskosten*

— 20

Produktionskosten*   — 10   Produktionskosten*

Geldeinheiten — 0

* Für Produktions- und Verwaltungskosten gilt hier aus Vereinfachungsgründen die ceteris-paribus-Bedingung.

sprechend ausgearbeiteter präferenzpolitischer Konzepte gegenübergestellt. Solche mit zwar größerem Marktrisiko behaftete, in der Regel deutlich aufwendigere präferenzpolitische Konzepte sind ökonomisch immer dann vorziehenswürdig, wenn ihnen unter Berücksichtigung markt- und firmenindividueller Bedingungslagen *höhere* Gewinnpotentiale realistisch gegenüberstehen. Im formalisierten Beispiel *(Abb. 229)* steht – aus Vereinfachungsgründen hier lediglich Betrachtung auf Stückbasis – einem um ein Drittel erhöhten Marketingbudget beim offensiv-strategischen Ansatz in etwa eine **Verdoppelung** der Gewinnspanne gegenüber.

Bei der endgültigen Beurteilung bzw. Festlegung des Marketingbudgets als Ausdruck des Aktivitätsniveaus des Unternehmens ist natürlich eine **Verfeinerung** der Betrachtungsweise unter anderem um folgende Analyseebenen notwendig:

III. Verfahren und Kalküle zur Strategiebestimmung

- **Erwartete Absatzmengen** (bzw. Marktanteile)[9]
- **Erwartete Preisstabilität** bzw. einkalkulierte Preisverfallverläufe,
- **Break-even-Analyse** (wenn bei offensiver Marktgestaltung die Gewinnschwelle erst in späteren Perioden erreicht wird),[10]
- **Risiko- und Chancenabwägungen** (formalisierter oder nicht formalisierter Art).

Aus diesen Darlegungen geht insgesamt hervor, daß die Marketing-Etatbestimmung eine sehr differenzierte Problemstellung ist, die sowohl unternehmens*externe* (Markt und Wettbewerb) als auch unternehmens*interne* (speziell auch situative Komponenten) Faktoren berücksichtigen muß. Abschließend soll nun noch auf einen *besonderen* Aspekt bei der Gestaltung von Aktivitätsniveaus eingegangen werden.

Sonderfrage: Zum Halten von „Kriegskassen"

Angesichts erschwerter Marktbedingungen sehen sich immer mehr Unternehmen gezwungen, über das Wachstum des eigenen Geschäfts hinaus **Wachstum von außen** zuzukaufen, d.h. also neben dem systematischen Aufbau der bestehenden Geschäftsfelder (= *internes* Wachstum) durch gezielten Aufkauf von Unternehmen (= *externes* Wachstum) eine mittel- und langfristige **Gewinn- und Existenzsicherung** des Basisgeschäfts (Ausgangsunternehmens) zu erreichen. Der behandelten Diversifikationsstrategie liegt dieser Ansatz in hohem Maße zugrunde (vgl. hierzu auch S. 146ff.).

Was nun speziell die **Aufkaufstrategie** angeht, so läuft sie im Prinzip auf das Management strategischer (Aufkauf-)Gelegenheiten hinaus. Eine solche Strategie ist damit weit weniger planbar als das Ausgangs- oder Basisgeschäft eines Unternehmens. Gerade unter dem Aspekt des Aktivitätsniveaus eines Unternehmens entstehen dabei allerdings besondere Zwänge für die „Planung des außerplanmäßigen Geschäfts", nämlich hinsichtlich des Ansammelns bzw. Bereithaltens entsprechender finanzieller Ressourcen („Kriegskassen") für solche **strategischen Übernahmegelegenheiten**. Diese Kriegskassen lassen sich, was ihre Größe betrifft, naturgemäß noch schwerer planen als reguläre, in der Regel jahres-orientierte Marketing-Budgets.

Stark expansiv orientierte Unternehmen unterhalten solche Kriegskassen meist unter relativ großzügiger Bemessung, um Unternehmensübernahmen – bei denen je nach Objekt inzwischen vielfach ein **Übernahmewettbewerb** unter den übernahmewilligen (Groß-)Unternehmen besteht – *schnell* und *erfolgreich* abwickeln zu können.

Die Kriegskassen werden dabei in der Regel *unterschiedlich* gespeist:

---

[9] Die besondere Bedeutung des *Marktanteils* für den Unternehmenserfolg (Rendite) wurde bereits bei der Diskussion der Portfolio-Analyse (siehe S. 331ff.) herausgestellt. Im Zusammenhang mit der Diskussion des Aktivitätsniveaus bzw. der Marketingbudget-Fixierung soll nochmals darauf hingewiesen werden, daß die PIMS-Studie unter anderem nachgewiesen hat, daß sich Marketinginvestitionen in Produktqualität oder auch Forschung und Entwicklung nur dann auszahlen, wenn ein hoher relativer Marktanteil realisiert wird (*Neubauer*, 1980, S. 146 ff.; *Dunst*, 1979, S. 81 ff.).

[10] Vgl. hierzu auch das Beispiel einer marketing-orientierten Break-even-Analyse auf S. 578ff.

- durch **thesaurierte Gewinne** im Unternehmen,
- durch außenfinanzierte **Kapitalerhöhungen** und/oder
- duch Außenfinanzierung mit **Fremdkapital**.

Das Potential, die Mischung der Kapitalqualitäten sowie die Quellen, die zur Finanzierung genutzt werden, sind eine **Resultante** der Ertragskraft des Basis- oder Ausgangsgeschäfts, der Liquiditäts-, Ertragslage und des Standings der übernehmenden Unternehmung *sowie* der Kredit- und Kapitalmarktlage.

Viele spektakuläre Übernahmen von Unternehmen sind das Ergebnis **systematischer Vorratshaltung** finanzieller Ressourcen namentlich bei Großunternehmen wie *Daimler-Benz, Nestlé* oder auch *Continental*. Aber nicht nur auf Herstellerebene werden „Kriegskassen" unterhalten und aufkaufstrategisch genutzt, sondern auch auf Handels- und Dienstleistungsebene (z. B. im Handel: *Tengelmann* und *Douglas* oder auch im Versicherungsbereich: vor allem *Aachener und Münchener* und *Allianz*).

Das Wahrnehmen strategischer (Aufkauf-)Gelegenheiten birgt jedoch auch **erhebliche Gefahren** in sich, weil hier in der Regel relativ *schnelle* Entscheidungen getroffen werden müssen. Diese Gefahren erhöhen sich vor allem dann, wenn solchen Übernahmen nicht mindestens ein Vor-Konzept zugrundeliegt, das eine Beurteilung der künftigen **strategischen Verwendung** des aufgekauften Unternehmens zuläßt. Nicht wenige Übernahmebeispiele zeigen, daß hier bestimmte Versäumnisse vorlagen (so z. B. Übernahme und Wiederverkauf von *Triumph-Adler* durch *VW* (vgl. S. 142) oder die Übernahme von *Neckermann* durch *Karstadt*, wobei es erst nach über einem Jahrzehnt gelang, *Neckermann* aus der Verlustzone herauszuführen).

Insoweit bedarf es – und damit knüpfen wir an das eingangs Gesagte an – auch einer *bestimmten* (Mindest-)Planung des außerplanmäßigen Geschäfts, und zwar sowohl was die Schaffung angemessener „Kriegskassen" als auch die strategische „Rasterfahndung" für aufkaufgeeignete Unternehmen betrifft.

Mit diesen Überlegungen zu Verfahrensfragen der Marketingetat-Bestimmung (einschließlich des Haltens von „Kriegskassen") wollen wir diese Thematik verlassen und uns den Grundfragen der eigentlichen Strategiewahl zuwenden.

b) Kriterien und Kalküle der Strategiewahl

An anderer Stelle haben wir dargelegt, daß die Betriebswirtschaftslehre im allgemeinen wie die Marketinglehre im besonderen noch *erheblichen* Nachholbedarf hinsichtlich der wissenschaftlich reizvollen wie praktisch notwendigen Strategiefragen hat. Die bisher noch unbefriedigende Behandlung strategisch-*inhaltlicher* Probleme und Problemlösungen hat sich nicht zuletzt auch in einer noch unterentwikkelten Behandlung der *verfahrens*orientierten Strategieselektion niedergeschlagen. Hierfür liegt noch nicht einmal ein brauchbares **System** einsetzbarer Methoden und Verfahrenstechniken bereit. Die Zwänge aus der strategischen Unternehmenspraxis heraus, in dieser Frage deutlich weiterzukommen, sind andererseits nicht zu übersehen. Das setzt auf Seiten der Wissenschaft aber erst einmal voraus, die Strategieebene allgemein als Entscheidungsbereich eigener Art mit *artspezifischen* Entscheidungsproblemen (ohne Vermischung/Verwischung mit der Mixebene) zu behandeln. Im folgenden wollen wir - nach generellen methodischen Fragen bzw. Voraussetzungen der Strategiewahl - das von uns gewählte **Strategieraster** (Strategieebene 1. bis 4.: Marktfeld-, Marktstimulierungs-, Marktparzellierungs- und Marktarealstrategien) den Strategieselektionsfragen und -methoden zugrundelegen. Zunächst aber knüpfen wir erst einmal an Grundfragen der generellen Beurteilung strategischer Ausgangslagen an.

Das gewählte Aktivitätsniveau bedeutet im Prinzip bereits eine bestimmte **Vorselektion** materieller Marketingstrategien - speziell, was Marktstimulierungsstrategien angeht -, und zwar insoweit, als ein niedriges (hohes) Aktivitätsniveau eine extensive (intensive) Marktstimulierung impliziert. *Das* heißt, mit einem niedrigen Aktivitätsniveau ist tendenziell eine Preis-Mengen-Strategie verbunden, während ein hohes Aktivitätsniveau normalerweise auf eine Präferenzstrategie hinausläuft. Eine derartige Automatik der Strategieselektion ist jedoch insofern nicht vollständig gegeben, als bei der Strategieentscheidung in hohem Maße auch markt- und unternehmensindividuelle Bedingungslagen - im Sinne eines *situativen* Ansatzes - berücksichtigt werden müssen.

ba) Allgemeine Strategieanalysen und strategischer Basispfad

Basis für die Erarbeitung strategischer Alternativen und einer daran anschließenden Strategieselektion bilden grundlegende Analysen auf *zwei* verschiedenen Ebenen, nämlich (vgl. hierzu auch das Analyseraster für die Zielableitung auf S. 74 ff.):

- **Umweltanalysen**
- **Unternehmensanalysen** } = **Beurteilung der strategischen Ausgangslage**

Gegenstand dieser Analysen ist die möglichst vollständige Erfassung (Beurteilung) der jeweiligen *externen* wie auch der *internen* Potentiale (auch aufgrund strategischer Positionsanalysen, siehe hierzu die speziellen Verfahren der strategischen Diagnostik auf S. 326 ff.). Für die Strategiewahl im einzelnen sind darüber hinaus aber noch bestimmte zusätzliche **Feinanalysen** notwendig. Wir wollen dabei zunächst an der *Unternehmens*analyse anknüpfen.

Es ist einsichtig, daß Strategieentscheidungen nicht nur auf Markt- bzw. Umweltfaktoren basiert werden können, *sondern* daß der Strategieselektionsprozeß in hohem Maße auch unternehmensindividuell strukturiert werden muß. Mit anderen Worten: neben den Marktpotentialen im weiteren Sinne müssen auch die **Unternehmenspotentiale** adäquat berücksichtigt werden. Basis hierfür bildet eine systematische Stärken- und Schwächenanalyse. Sie kann als „Analyse und Bewertung der Ressourcen eines Unternehmens z. B. im Vergleich zu den wichtigsten Konkurrenten verstanden" werden (*Kreikebaum*, 1981, S. 62). Eine strategie-relevante Stärken- und Schwächenanalyse muß dabei allerdings auch die Chancen und Risiken im Hinblick auf *künftige* Markt- und Umweltentwicklungen berücksichtigen (*Bircher*, 1976, S. 319 ff.), wie das etwa mit Hilfe der sog. Szenario-Technik möglich ist (siehe hierzu auch S. 382 ff.).

Bei der **Stärken- und Schwächenanalyse** i. e. S. ist in der Regel eine *funktionsorientierte* Betrachtung sinnvoll, weil hier die Potentiale der einzelnen Unternehmensbereiche spezifisch erfaßt werden können (*Aurich/Schröder*, 1977, S. 231 ff.; *Ulrich*, 1978,

S. 62 ff.; *Stevenson*, 1980, S. 186 ff.; *Aaker*, 1984, S. 121 ff.). Die eigentliche Ermittlung der Stärken und Schwächen kann grundsätzlich entweder auf der Basis subjektiver, d. h. mehr intuitiver Einschätzungen der Planungs- bzw. Entscheidungsträger in einem Unternehmen *oder* aber anhand nachprüfbarer Daten (Werte) vorgenommen werden. Da beide Ermittlungsformen Vor- und Nachteile aufweisen, ist in der Regel eine kombinierte Erfassung der Stärken und Schwächen sinnvoll (*Kreikebaum*, 1981, S. 62 f.). Folgende Übersicht *(Abb. 230)* zeigt *beispielhaft* eine Stärken- und Schwächenanalyse unter Einbeziehung des stärksten Konkurrenzunternehmens (*Hinterhuber*, 1977, S. 47).

Abb. 230: Stärken/Schwächen-Profil einer strategischen Geschäftseinheit (Prinzipdarstellung)

„Der Einfachheit halber werden bei der Darstellung der Ressourcen Felder gleicher Größe gewählt; dies impliziert die in der Praxis nicht immer gerechtfertigte Annahme einer Gleichgewichtigkeit der Ressourcen. Im Bedarfsfall kann über die Breite der Felder (oder die Größe der Kreise) die Fläche der Bedeutung der Ressourcen angepaßt werden" (*Hinterhuber*, 1977, S. 47).

III. Verfahren und Kalküle zur Strategiebestimmung 369

Die Erstellung eines solchen Stärken- und Schwächenprofils *(Abb. 230)* setzt auch eine systematische **Konkurrenzforschung** voraus, die im Grunde laufend und auf der Basis sekundär- wie auch primärstatistischer Erhebungen erfolgen muß *(Becker, 1982a, S. 410-412)*.

Wenn auch das Bewertungsproblem hinsichtlich der Stärken- und Schwächenanalysen bisher *nicht* befriedigend gelöst ist, so ermöglichen derartige Analysen dennoch die Identifizierung von **Handlungsspielräumen,** und zwar sowohl defensiver als auch offensiver Art. Folgende Darstellung *(Abb. 231)* verdeutlicht diese Zusammenhänge *(Kreikebaum, 1981, S. 63)*.

Abb. 231: Verknüpfung der Stärken-/Schwächenanalyse mit der strategischen Unternehmensplanung

	Gegenwart	Zukunft
Stärken	Strategien, die Stärken ausbauen sollen	Strategien, die Chancen wahrnehmen sollen
Schwächen	Strategien, die Schwächen beseitigen sollen	Strategien, die Bedrohungen abwenden sollen

Auf diese Weise werden nicht zuletzt auch die Voraussetzungen des Unternehmens geprüft, ob und inwieweit Marketingstrategien höherer Ordnung (wie etwa Präferenz- und/oder Segmentierungsstrategien) aussichtsreich verfolgt werden können. Sie setzen in der Regel ein bestimmtes **Stärkepotential** des Unternehmens – etwa was Ruf (Image) des Unternehmens, sein Marketing-Know-how usw. angeht – voraus.

Neben diesen Unternehmens-(potential-)analysen gilt es, differenziert Markt- und Umweltpotentiale und -widerstände zu erfassen. Das Spektrum der **Umweltforschung** läßt sich dabei überblickhaft wie in *Abb. 232* skizzieren *(Bidlingmaier, 1973, I, S. 70)*.

Abb. 232: Inhalt der betrieblichen Umweltforschung

Die Erforschung natürlicher Gegebenheiten bezieht sich vor allem auf die Ressourcenfrage, die Erforschung technologischer Tatbestände insbesondere auf sich abzeichnende technologische Umbrüche („Schübe") und die Erforschung gesellschaftlicher Sachverhalte auf die Bevölkerungsentwicklung bzw. Veränderungen ihrer Struktur sowie gesellschaftliche Umwertungen („Wertedynamik") - alles Fragenkomplexe, die für die Marktgestaltung und damit die Strategieselektion sehr entscheidend sein können. Derartige Analysen stellen betriebliche Umweltforschung in einem sehr weiten Sinne dar.

Die verschiedenen Umwelten haben dabei im Zeitablauf wie auch je nach Markt bzw. Marktphase und je nach Unternehmen bzw. Unternehmensphase **unterschiedliches Gewicht**. Für das eigene Unternehmen kommt es deshalb darauf an, die „focal zone" zu bestimmen, d. h. also die **strategische Informationslinse** auf *die* Umweltbereiche auszurichten, die für das strategische Konzept des Unternehmens *besonderes* Gewicht haben (vgl. *Abb. 233, Glueck,* 1980, S. 120).

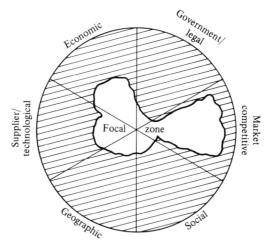

Abb. 233: Focusierung der Umweltbereiche

Diese Abbildung illustriert, daß in einer *konkreten* Ausgangssituation z. B. staatliche Aktivitäten (Gesetzgebung) wie auch sozialer Wandel eher von *kleinem* Gewicht, dafür aber Marktveränderungen bzw. Veränderungen der Wettbewerbssituation wie auch die ökonomischen Bedingungen (etwa Konjunkturverlauf) sowie die Rohstoff- und Technologie-Situation von *gravierendem* Einfluß für das strategische Konzept des Unternehmens sind. Auf diese Weise wird deutlich, daß Unternehmen nicht nur ihr strategisches Konzept focusieren müssen (i. S. einer eindeutigen, spezifischen Strategiewahl bzw. Strategiekombination[11]), sondern daß auch eine **Focusierung** bereits bei der Anlage und Durchführung der *Umwelt*forschung sinnvoll (= Erkennen strategischer Basispfade!) *und* notwendig ist (= Beherrschbarkeit der Datenflut und Kosten-/Zeitgesichtspunkte!).

---

[11] Vgl. hierzu die Grundfragen der Ableitung des Strategie-Chips auf S. 291 ff.

Betriebliche Umweltforschung im *engeren* Sinne bezieht sich dagegen auf die eigentliche Erforschung ökonomischer Tatbestände, und zwar im engsten Sinne auf die unternehmensrelevanten Gesamt- bzw. Teilmärkte (=Betriebliche Marktforschung oder Marketingforschung).

Die **Markt-** bzw. **Marketingforschung** hat – unter dem Aspekt der Strategiebestimmung – vor allem im Hinblick auf *zwei* Untersuchungsebenen eine spezifische Bedeutung, nämlich:

- Erfassung von **Marktpotential, Marktvolumen** und **Marktanteilen** einerseits und
- Erfassung der **Bedarfsgrundlagen** (inkl. Zielgruppendifferenzierungen) andererseits.

Die Klärung beider grundlegenden Fragestellungen dient der Erarbeitung von Entscheidungsgrundlagen *sowohl* in bezug auf die Identifizierung interessanter Märkte *als auch* in bezug auf die jeweils adäquate Marketingstrategie.

Zur Erfassung von Marktpotential, Marktvolumen und Marktanteilen

Die **Zusammenhänge** zwischen Marktpotential, Marktvolumen und Marktanteilen lassen sich *zunächst* wie folgt *(Abb. 234)* charakterisieren.

Abb. 234: Beziehungen zwischen Marktpotential, Marktvolumen und Marktanteilen

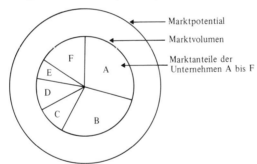

Das Markt*potential* ist dabei definiert als die Gesamtheit möglicher Absatzmengen (Absatzerlöse) eines Marktes für ein bestimmtes Produkt. Es repräsentiert somit die Aufnahmefähigkeit eines Marktes (*Meffert*, 1980, S. 186) bzw. die erwartete höchstmögliche Marktnachfrage (*Kotler*, 1977, S. 197; *Boyd/Massy*, 1972, S. 137), und zwar unter Berücksichtigung aller Abnehmer, die grundsätzlich für eine Produktübernahme in Betracht kommen und dafür mit ausreichender Kaufkraft versorgt sind (*Weinhold-Stünzi*, 1972, S. 46). Das Marktpotential stellt letztlich eine fiktive Größe dar, die allerdings einen wichtigen Orientierungswert besitzt. Es gibt vor allem *drei* Methoden der Marktpotentialschätzung (siehe hierzu *Hammann/Erichson*, 1978, S. 166f.):

- Korrektur des Marktvolumens,
- Kaufanteilsmethode,
- Repräsentativbefragung.

Das Markt*volumen* gibt andererseits die Gesamtheit aller realisierten Absatzmengen (Absatzerlöse) für einen bestimmten Produkt- bzw. Branchenmarkt an, während der Markt*anteil* das Verhältnis des jeweiligen Absatzvolumens der einzelnen Anbieter am gesamten Marktvolumen in Prozent ausdrückt:

372   *2. Teil: Konzeptionsebene der Marketingstrategien*

$$\text{Marktanteil} = \frac{\text{Absatzvolumen des Unternehmens} \times 100}{\text{Gesamtabsatz im Markt}}$$

Alle drei genannten Marktgrößen sind grundsätzlich ausdrückbar in Mengen- und/oder Wertgrößen.

Entscheidend für die Beurteilung von Märkten ist zunächst einmal der Vergleich *(Abb. 235)* von Marktpotential und Marktvolumen.

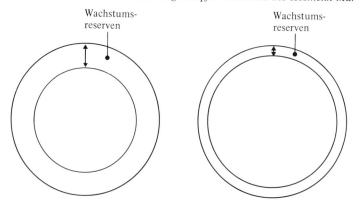

Abb. 235: Beispiel für unterschiedlich ausgeschöpfte Teilmärkte des Kosmetik-Marktes

Noch nicht voll ausgeschöpfter Markt, z. B. **Männerkosmetik-Markt***   Weitgehend ausgeschöpfter Markt, z. B. **Frauenkosmetik-Markt**

* In den allerletzten Jahren ist auch der *Männerkosmetik*-Markt über eine Reihe neuer Serien stärker ausgeschöpft worden. Die verbleibenden Marktreserven in diesem Teilmarkt sind aber immer noch *größer* als die im Frauenkosmetik-Markt.

Für eine hinreichende Beurteilung der Struktur eines Marktes und seiner Zukunftsaussichten ist vor allem auch die **Entwicklung** der genannten Marktgrößen (vgl. hierzu *Abb. 234*) im Zeitablauf entscheidend. Diese Daten, und zwar speziell Marktvolumina und Marktanteile, können sowohl auf sekundär- als auch auf primärstatistischen Wege - hier insbesondere über die *Panel*forschung - gewonnen werden (siehe u.a. das Beispiel bei *Berekoven/Eckert/Ellenrieder*, 1986, S. 270ff.).

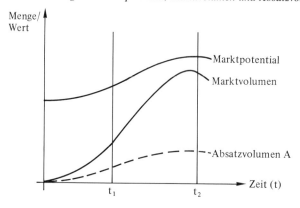

Abb. 236: Entwicklung von Marktpotential, Marktvolumen und Absatzvolumen

III. Verfahren und Kalküle zur Strategiebestimmung 373

Abb. 237: Entwicklung der mengenmäßigen Marktanteile im Markt X
(Basis: Einzelhandelspanel/NLI)
Bundesgebiet und Westberlin

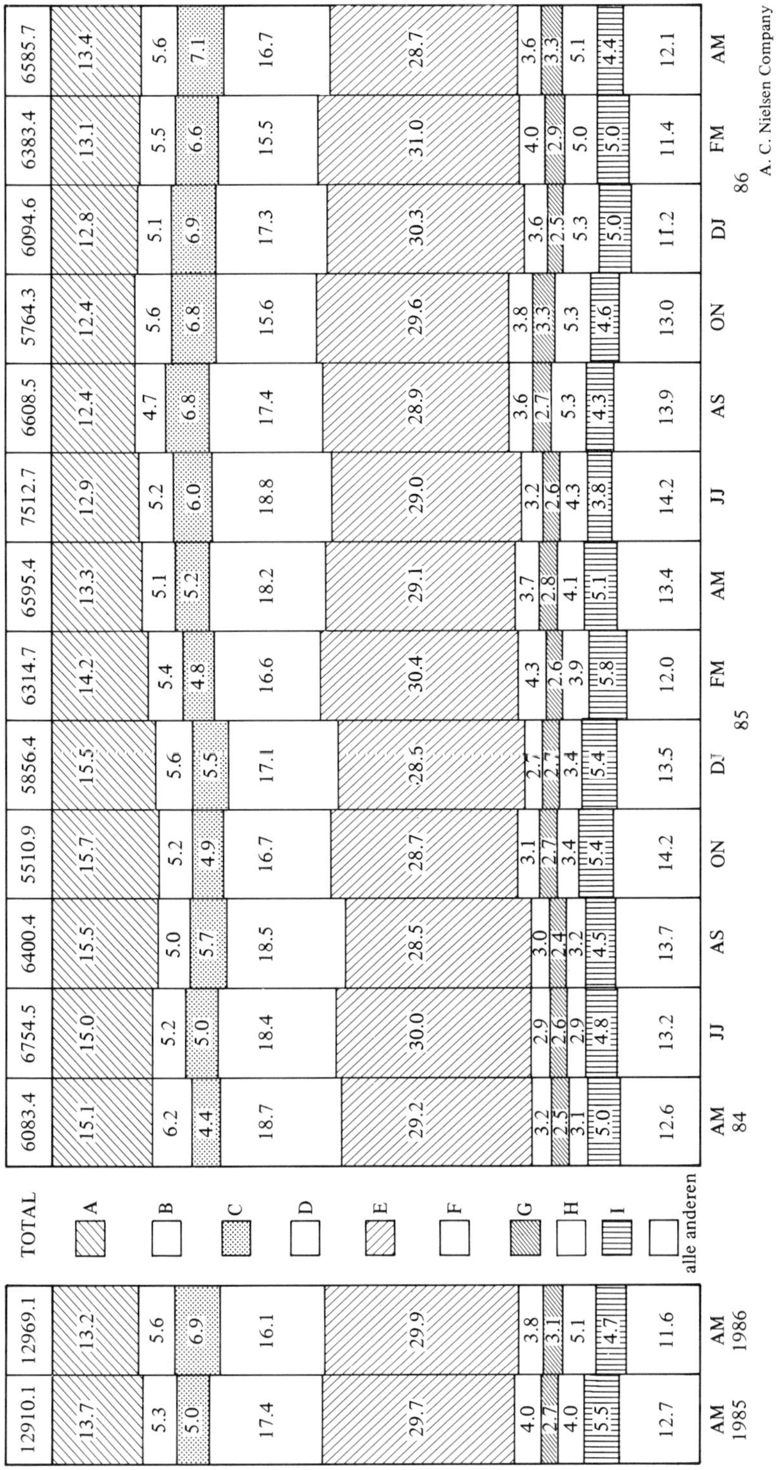

A. C. Nielsen Company

Abb. 236 formalisiert modellhaft die zeitlichen Beziehungen zwischen Marktpotential, Markt- und Absatzvolumen (*Meffert,* 1980, S. 187).

Aus dieser Darstellung *(Abb. 236)* ist indirekt auch der Anteil des Unternehmens am Gesamtmarkt ablesbar (Vergleich von Markt- und Absatzvolumen). Die Entwicklung der Marktanteile *aller* in einem Markt angebotenen Marken im Zeitablauf verdeutlicht ein Chart *(Abb. 237)* der üblichen Panel-Darstellung (Beispiel: *Nielsen*-Einzelhandels-Panel).

In stark *wachsenden* Märkten (vgl. *Abb. 236:* $>t_1$ bzw. $<t_2$) bestehen zwischen Marktpotential und Marktvolumen noch große Differenzen (=Marktreserven). Die Unternehmen können in solchen Märkten auch dann Absatz- bzw. Umsatzzuwächse realisieren, wenn sich die Marktanteile nicht oder nur unwesentlich positiv ändern. Die bestehenden Marktreserven sind im allgemeinen dafür verantwortlich, daß solche Marktphasen durch ein relativ wirtschaftsfriedliches Marktverhalten der Anbieter gekennzeichnet sind. Auf *gesättigten* Märkten (t_2 bzw. $>t_2$) ist das Marktpotential durch die realisierten Absatzmengen bzw. Absatzerlöse weitgehend ausgeschöpft. Für das einzelne Unternehmen sind dann nennenswerte Absatzsteigerungen nur noch über den Einbruch in die Marktanteile der Konkurrenten möglich (=Verdrängungswettbewerb). Das Marktverhalten in solchen Marktphasen ist daher grundsätzlich aggressiver bezogen auf den Einsatz des Marketing-Instrumentariums (vgl. auch *Meffert,* 1980, S. 186f.). Damit sind zugleich strategische Veränderungen verbunden – und zwar bewußter (=gesteuerter) und z.T. auch nicht gesteuerter Art –, was dann meist zu einem bestimmten Strategieverfall (Trading down) führt.

Exkurs: Zur Abgrenzung des relevanten Marktes

Für die Festlegung neuer wie für die Überprüfung bestehender Strategien ist naturgemäß die jeweilige **Definition des Marktes** entscheidend. Die Abgrenzung und Konturierung von Märkten (im Sinne des sog. relevanten Marktes) knüpft dabei jeweils an eine Auswahl von Produkten bzw. Produkteigenschaften an, die untereinander in **Wettbewerbsbeziehungen** stehen, die sich mit anderen Worten also gegenseitig *ersetzen* können (=Substitutionswettbewerb). Dabei entsteht das Problem, wie weit oder wie eng die Ersetzbarkeit auszulegen ist (vgl. *Porter,* 1984; *Bauer,* 1989).

Bei der Betrachtung bzw. Analyse des relevanten Marktes müssen im Grunde *zwei* Aspekte auseinandergehalten werden, nämlich die Definition

(a) im **wettbewerbsrechtlichen Sinne** (*Ziel:* (makro-ökonomische) Erhaltung eines freien Leistungswettbewerbs),
(b) im **wettbewerbsstrategischen Sinne** (*Ziel:* (mikro-ökonomische) Bestimmung der ziel-/ strategie-adäquaten Marktfront).

Für die **marketing-strategische Beurteilung** (b) des relevanten Marktes, die hier im Vordergrund steht, kann jedoch an der wettbewerbsrechtlichen Methodik (a) angeknüpft werden. Die Definition des relevanten Marktes dient im Wettbewerbsrecht zum *juristischen* Nachweis der Marktbeherrschung (und zwar im Zusammenhang mit der Einleitung des sog. Mißbrauchsverfahrens aufgrund des Vermutungstatbestandes einer Marktbeherrschung gem. § 22, Abs. 3, GWB).

Danach wird für ein Unternehmen die Marktbeherrschung dann vermutet, wenn es für eine bestimmte Art von Waren oder Leistungen einen Marktanteil von *mindestens* einem Drittel hat, sofern seine Umsatzerlöse die Grenze von 250 Mio. DM überschreiten. Der juristische Nachweis der Marktbeherrschung erscheint dadurch zunächst erleichtert; weitgehend ungelöst ist jedoch nach wie vor die *empirische* Abgrenzung des relevanten Marktes. Aber erst wenn er „eindeutig" definiert ist, können Aussagen über die Zahl der Anbieter und ihre Marktanteile gewonnen werden. „Je weiter man die Grenzen für einen bestimmten Markt zieht, um so weniger werden einzelne Unternehmen diesen Markt beherrschen. Je enger man die Grenzen zieht, um so mehr marktbeherrschende Unternehmen wird es geben" (*Bunte*, 1980, S.96).

Der Abgrenzung des relevanten Marktes kommt die Aufgabe zu, sowohl die Anbieter und Nachfrager als auch die entsprechenden Güter zu bezeichnen, die in einem konkreten Fall der Mißbrauchsaufsicht einem Markt im Sinne des Gesetzes zuzurechnen sind. Die diagnostischen Ansatzpunkte werden dabei vom Kartellamt zugrundegelegt und so das Untersuchungsfeld abgesteckt. Dabei ergeben sich insgesamt *vier* Ansatzpunkte (*Hoppmann*, 1974, S.31):

(1) „Das (die) als marktbeherrschend vermutete(n) relevante(n) Unternehmen."
(2) „Die relevante Marktseite, d.h. ob das relevante Unternehmen als Anbieter oder als Nachfrager relevant ist."
(3) „Die relevante Gruppe derjenigen Unternehmen, die als Marktgegenseite vermutlich durch das relevante Unternehmen beherrscht wird."
(4) „Die relevante Gruppe der Waren (Leistungen), für die eine Marktbeherrschung unterstellt wird ..."

Was die eigentlichen *Abgrenzungskriterien* des relevanten Marktes angeht, so können drei Gesichtspunkte bzw. Dimensionen unterschieden werden (*Hoppmann*, 1974, 32ff.; siehe auch *Bunte*, 1980, S.96ff.; *Emmerich*, 1982, S.159ff.; *Oberender*, 1975, S.575ff.):

(1) Die *zeitliche* Abgrenzung des Marktes (sie ist bisher ausnahmsweise berücksichtigt worden, Ansatzpunkte bieten hier etwa der zu erwartende Produktlebenszyklus oder auch Patentlaufzeiten).
(2) Die *räumliche* Abgrenzung des Marktes (aufgrund des Geltungsbereichs des GWB geht man zunächst vom Staatsgebiet der BRD als dem räumlich relevanten Markt aus. Bedingt durch spezielle Käufer- bzw. Anbietergewohnheiten, Besonderheiten der Produkte oder Leistungen oder auch durch besondere geographische Verhältnisse, kann der relevante Markt auf einen begrenzten Raum beschränkt sein, vgl. z.B. frachtintensive Güter wie Bausteine, Getränke, hier zum Teil auch historisch bedingt).
(3) Die *sachliche* Abgrenzung des Marktes (bei der gegenständlichen Abgrenzung des relevanten Marktes werden zunächst einmal die gleichen Produkte (Leistungen) anderer Hersteller bzw. Anbieter berücksichtigt, außerdem aber auch alle Produkte (Leistungen), die vom Nachfrager als substituierbar bzw. äquivalent angesehen werden. Vom Standpunkt der Käufer aus gesehen (sog. Verwender- oder *Bedarfsmarktkonzept*) werden dabei verschiedene Aspekte der Substituierbarkeit oder Äquivalenz unterschieden:
- die *physikalisch-technische* Äquivalenz (z.B. gleiche Materialgrundlage, gleiche Herstellverfahren),
- die *funktionale* Äquivalenz (z.B. gleiche Verwendung, gleicher Nutzeffekt) und
- die *reaktive* Äquivalenz (bezieht sich auf subjektive Vorstellungen der Käufer, die z.B. dazu führen können, daß die subjektiv-psychologische Austauschbarkeit kleiner ist als die objektiv-sachliche bzw. auch umgekehrt).

Die **Abgrenzung des relevanten Marktes** unterliegt trotz sachlich begründeter Unterscheidungskriterien einem mehr oder weniger hohen Maß an **Subjektivität**. Auch hierfür eingesetzte Verbrauchertests (vgl. u.a. *Trommsdorf*, 1979) können das Abgrenzungsproblem in aller Regel *nicht* eindeutig lösen. Im *Rama*-Fall (WuW/E OLG 1983 „*Rama*-Mädchen") hat das Kammergericht seinerzeit festgestellt, daß als relevanter Markt der Margarinemarkt *insgesamt* anzusehen ist, weil Margarine aus gesundheitlichen, geschmacklichen wie auch preislichen Gründen mit anderen

Fetten (speziell Butter) *nicht* austauschbar sei. In einer spezifischen Analyse auf der Basis einer multidimensionalen Skalierung und einer Clusteranalyse konnte jedoch nachgewiesen werden (*Backhaus,* 1979), daß es im Prinzip *drei* klar abgrenzbare Teilmärkte des Nahrungsfettmarktes gibt, und zwar den Markt für Diätmargarine, den für „Normalmargarine" sowie den für Butter. Vor allem zwischen den beiden Margarineteilmärkten wurde eine große **Substitutionslücke,** also eine Nicht-Austauschbarkeit, identifiziert (zum Begriff der Substitutionslücke siehe auch *Bartling,* 1980, S.93).

Damit aber wird deutlich, daß der relevante Markt zumindest im wettbewerbs*strategischen* Sinne (=Ableitung der richtigen strategischen Stoßrichtung bzw. Marktfront) sehr *differenziert* bestimmt werden muß. Vor allem sind dynamische Veränderungen von (Teil-)Märkten und ihre Austauschbeziehungen zu beachten, um daraus die jeweils notwendigen markt-strategischen Schlußfolgerungen zu ziehen (**Redefinition** des markt-strategischen „Feindbildes").

Wie markt- und firmenindividuell der relevante Markt unter markt- und wettbewerbsstrategischem Aspekt definiert werden kann (muß), zeigen ausgewählte Beispiele.

So bilden sich innerhalb eines bestimmten Produktmarktes z.B. typische **Preis- und Produktklassen** heraus. Selbst auf einem insgesamt gesehen polypolistisch strukturierten Markt bietet jedes Unternehmen nur in einer bestimmten Preis- und Produktklasse an und sieht sich dann auch innerhalb dieser Klasse im allgemeinen nur einer *beschränkten* Anzahl von Konkurrenten gegenüber (vgl. hierzu auch *Jacob,* 1985, S.181). In diesem Sinne haben sich im Markt für Damenoberbekleidung bestimmte **Genreklassen** etabliert (vgl. *Abb.238, Jacob,* 1985, S.173), innerhalb derer jeweils ein spezifischer Wettbewerb besteht (u.a. unterstützt durch unterschiedliche Handhabung des Marketingmix, z.B. in bezug auf Qualität, Mode, Absatzweg usw.).

Abb.238: Genreklassen im DOB-Markt (Stand: Mitte 1982)

				Einkaufspreise für den Handel	
Klasse	Menge	Qualität	Preis	Pullover (Preisbereiche)	Kleid (Durchschnittl. Preise)
1. Modellgenre	sehr klein	sehr hoch	sehr hoch	150–350 DM	2000 DM
2. Hoher Genre	klein	hoch	hoch	80–140 DM	600 DM
3. Gehobener Genre	mittel	hoch	gehoben	39– 79 DM	290 DM
4. Mittelgenre	groß	mittel	mittel	35– 49 DM	150 DM
5. Stapelgenre	sehr groß	gering	niedrig	19,50–34,50 DM	50 DM

Diese Abgrenzung einzelner Teilmärkte wird außerdem durch unterschiedliche Kostenstrukturen (Erfahrungskurven-Phänomen) beeinflußt (*Sever,* 1985, S.20ff.). Was die Genreklassenbildung angeht, so liegt hier markt- und wettbewerbsstrategisch eine Art von Relevanz*einengung* vor.

Für viele schwach wachsende bzw. stagnierende Märkte ist dagegen eher eine **Ausweitung der Marktfront** typisch. So haben sich z. B. die Altbier-Brauereien (speziell die sechs Spezialisten in NRW) im Altbierstammgebiet ursprünglich mehr oder weniger nur im Wettbewerb untereinander gesehen und so auch wettbewerbsstrategisch agiert. Je mehr jedoch ein ausgeprägter Sortenwechsel stattfindet (von Alt zu Pils und umgekehrt) bzw. die **Parallelverwendung** eher zunimmt (vgl. hierzu Abb. 239), stellen sich aus der Sicht der Altbier-Brauereien auch die Pilsbier-Brauereien als wesentliche Konkurrenten dar (und umgekehrt).

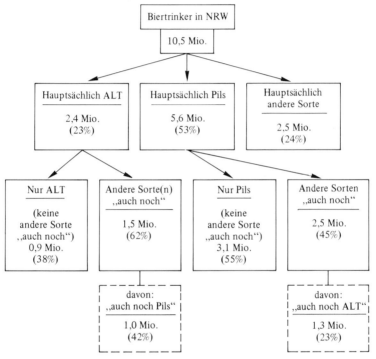

Abb. 239: *Sortenverhalten der Biertrinker in NRW (1985)*

Quelle: Verbraucher-Analyse (VA), 1985.

Da der Sortenwettbewerb außerdem vom *Marken*wettbewerb speziell der großen Premium-Pils-Brauereien zunehmend *überlagert* wird, wenden auch Altbier-Brauereien verstärkt **Premium-Marken-Strategien** an, um den mit hohem Präferenzpotential ausgestatteten Premium-Pils-Marken entsprechende eigene Angebote gegenüberzustellen (und damit den Sortenaustausch des Verbrauchers stärker auch zum Altbier lenken zu können). Insoweit haben wir es hier mit einem Fall von Relevanz*ausweitung* zu tun.

Überhaupt kann man heute generell feststellen, daß Märkte durch eine **Ausweitung der Wettbewerbsfronten** gekennzeichnet sind. Dazu tragen nicht zuletzt auch gezielte Positionierungen von neuen Produkten *zwischen* klassisch-etablierten Märkten bei (vgl. *Abb. 240,* siehe hierzu auch *Michalski*, 1986).

Abb. 240: Beispiele für erfolgreiche Zwischen-Positionierungen

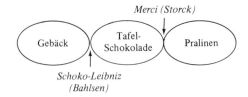

Damit ergeben sich **Vermischungen bzw. Verwischungen** klassischer Märkte wie auch *zunehmende* Austauschbeziehungen von unterschiedlichen Produkten. In diesem Zusammenhang ist interessant, wie sich z.B. die Firma *Bahlsen* heute im Markt sieht: „Wir haben früher immer geglaubt, im Markt der Kekse tätig zu sein. Kekse sind aber gar kein Markt, sondern ein Produkt. Wir sind im Prinzip in dem Markt der Eßwaren tätig, die man nicht auf dem Teller verspeist" (*Bahlsen*, 1987). Insoweit geht die Entwicklung der Märkte heute sehr stark in Richtung einer **totalen Konkurrenz,** wie sie schon *Vershofen* in den 50er Jahren identifiziert hat (*Vershofen*, 1959). Sie kennzeichnet den Fall „praktisch unbegrenzter Substituierbarkeit der Deckungsmöglichkeiten für einen gegebenen Bedarf" (*Schäfer/Knoblich*, 1978, S. 182). Unternehmen können (müssen) sich somit sehr verschiedenen **Markt- und Konkurrenzebenen** als zugehörig einschätzen. Strategisch ist dabei entscheidend, welche Eingriffs- bzw. Zugriffsmöglichkeiten ein Unternehmen auf weit definierte Märkte hat bzw. realisieren will und kann. Ein erfolgreiches Operieren von Unternehmen ist deshalb in hohem Maße an die „richtige" Definition des **„Marketing-Feindbildes"** gebunden, weil erst auf ihrer Grundlage die *adäquate* strategische Stoßrichtung und Strategiewahl (und daraus wiederum die Ableitung des Marketingmix) determiniert werden kann.

Grundfragen der Marktprognose

Für Marketingdispositionen im allgemeinen und markt*strategische* Entscheidungen im besonderen ist nicht nur die Einsicht in die bisherige Entwicklung eines Marktes relevant, sondern vor allem auch ihre **Projektion** in die Zukunft. Damit ist das Prognoseproblem angesprochen. Unter den hier interessierenden Marktprognosen werden empirisch gestützte Vorhersagen des *zukünftigen* Absatzes von bestimmten Produkten (Leistungen) verstanden. Gegenstand dieser Prognosen können dabei sowohl Marktpotential, Marktvolumen als auch Marktanteile sein (zur Thematik insgesamt siehe auch *Rogge*, 1972).

Zunächst müssen *zwei* grundlegende Arten von Prognosen unterschieden werden:

- **Entwicklungsprognosen** einerseits und
- **Wirkungsprognosen** andererseits.

„Entwicklungsprognosen zeigen die zu prognostizierende Größe (z.B. Umsatz, Marktanteil) in Abhängigkeit von Variablen, die die Unternehmungen nicht direkt kontrollieren (z.B. Zeit, Indikatoren)", während bei „Wirkungsprognosen ... die zu prognostizierende Größe durch kausale Variablen bestimmt" wird, „die die Unternehmen direkt kontrollieren (z.B. absatzpolitisches Instrumentarium)" (*Meffert*,

1980, S. 188). Folgende Darstellung *(Abb. 241)* verdeutlicht kombinierte Wirkungs- und Entwicklungsprognosen (*Meffert*, 1980, S. 189).

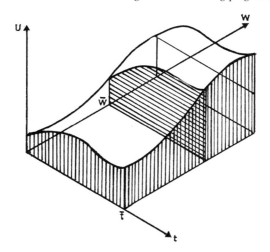

Abb. 241: Kombinierte Wirkungs- und Entwicklungsprognosen

U = Umsatz
t = Zeit
W = absatzpolitisches Instrumentarium

Für die Beurteilung bzw. Selektion von Strategien sind *primär* Entwicklungsprognosen relevant; auf sie soll hier kurz eingegangen werden (auf Wirkungsprognosen wird dagegen im Rahmen des konkreten Einsatzes der Marketinginstrumente Bezug genommen, siehe hierzu S. 561 ff.).

Was die Entwicklungsprognosen betrifft, so haben bisher sehr stark *quantitative* (exakte) Methoden im Vordergrund der Diskussion gestanden. Es sind Prognosen, die auf unterschiedlichen mathematischen Prognoseverfahren beruhen. Dabei kann zwischen Makro- und Mikromodellen unterschieden werden (*Meffert/Steffenhagen*, 1977, S. 61 ff.):

(1) **Makromodelle** (= Prognosen auf der Basis aggregierter Kaufakte)
    (a) Trendmodelle (= einfache Zeitreihenanalysen bis hin zu Verfeinerungen);
    (b) Indikatormodelle (= einfache oder multiple Regressionsanalysen).
(2) **Mikromodelle** (= Prognosen auf der Basis individueller Handlungsakte)
    (a) Markenwahlmodelle;
    (b) Kaufeintrittsmodelle.

Zunächst soll auf die Makromodelle - und hier speziell die Trendmodelle - kurz eingegangen werden. Die generelle Problematik von Trendanalysen liegt in der Mechanik begründet, von der Vergangenheitsentwicklung auf die Zukunftsentwicklung zu schließen. Dabei wird lediglich die Zeit als „erklärende" Variable herangezogen, die nur eine sehr *grobe* Ersatzgröße für einen ganzen Komplex von Wirkungsfaktoren darstellt.

Insgesamt kann man *vier* grundlegende Typen von *Einflußfaktoren* auf eine Zeitreihe unterscheiden (vgl. *Abb. 242, Schobert,* 1980, S. 83 bzw. *Henschel*, 1979, S. 26).

380   2. Teil: Konzeptionsebene der Marketingstrategien

Abb. 242: Zeitreihenzerlegung in Trend-, Zyklus-, Saison- und Zufallskomponente

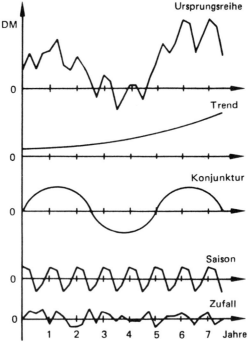

Trendanalysen wie einfache mathematische Trendrechnung, Verfahren der gleitenden Durchschnitte oder die Methode des exponentiellen Glättens (exponential smoothing) stellen Zeitreihenanalysen *ohne explizite* Berücksichtigung von Sättigungsprozessen dar, wobei allerdings bei der exponentiellen Glättung eine Prognoseverbesserung dadurch erreicht werden kann, daß mathematisch den jüngeren Vergangenheitswerten einer Zeitreihe größeres Gewicht für die zukünftige Entwicklung beigemessen wird als den älteren. Angesichts des sich verstärkenden Phänomens schwach wachsender oder stagnierender Märkte ist es jedoch mehr und mehr notwendig, Zeitreihenanalysen auf der Basis von *Sättigungs*funktionen wie logarithmischen, parabolischen oder logistischen Funktionen (und zwar symmetrischen Funktionen wie speziell auch asymmetrischen oder Gompertzfunktionen) durchzuführen.[12] Aber auch diese verbesserten Prognosemethoden weisen eine wesentliche *Schwach*stelle auf: nämlich die Schätzung des (hypothetischen) Sättigungsniveaus (*Schobert*, 1980, S. 84 ff., zu den Verfahren im einzelnen siehe u. a. *Rogge*, 1972; *Brockhoff*, 1977; *Hüttner*, 1979, S. 169 ff. bzw. *Hüttner*, 1982 oder auch *Wheelwright/Makridakis*, 1980).

Die Leistungsfähigkeit speziell von Regressionsanalysen (Indikatormodellen) hängt vor allem davon ab, *inwieweit* es gelingt, für die Prognosevariable(n) eine oder mehrere erklärende, ursächliche Variablen (Indikatoren) zu finden (vgl. hierzu den Überblick bei *Hüttner*, 1982, S. 238 ff. bzw. im einzelnen u. a. *Chatterjee/Price*, 1977).

Was die Verfahren der Vorhersagen im Marketing betrifft, so sind offensichtlich subjektive *Schätz*verfahren immer noch *stärker* verbreitet als formal-rechnerische Prognoseverfahren. Eine empirische Untersuchung (*Köhler/Uebele*, 1977) Ende der siebziger Jahre hatte folgende Ergebnisse erbracht (*o. V.*, 1979, S. 67) (siehe *Abb. 243*).

---

[12] Zur Grundform logarithmischer und (asymmetrischer) logistischer Funktionen (Gompertzfunktion) siehe auch S. 562.

Abb. 243: Verwendung von Prognosemethoden im Marketing

Prognosemethoden	Merkmale	(1) Verwendung in % der 334 Unternehmen	(2) Einschätzung der Zuverlässigkeit	(3) Einsatzhäufigkeit (falls überhaupt verwendet)
(A) Statistisch-mathematische Verfahren*				
1. Trendextrapolationen		73,7	d	h
2. Bildung gleitender Durchschnitte		67,7	d	h
3. Regressionsanalysen		35,9	b	m
4. Exponentielle Glättung		32,9	d	m
5. Simulationsansätze		15,9	g	s
6. Input-Output-Projektionen		14,4	d	s
7. Markoff-Prozesse		4,2	g	s
(B) Eher subjektive Verfahren				
1. Schätzungen von Außendienstmitarbeitern		87,7	d	h
2. Schätzungen des kaufm. und techn. Managements		85,9	b	h
3. Vorhersagen aufgrund von Abnehmerbefragungen		81,7	d	h
4. Erwartungsbildung auf der Grundlage von Produkttests		50,0	d	m
5. Analogverfahren (z. B. historische bzw. geografische Analogie)		46,7	b	h
6. Hochrechnung von Testmarkt-Resultaten		37,7	d	m
7. Gruppen-Schätzungen speziell nach der Delphi-Methode		15,9	d	s

Einschätzung der Zuverlässigkeit: b = besonders gut, d = durchschnittlich, g = gering (ermittelt durch eine Kombination aus Rating-Urteilen und aus Prozentangaben über durchschnittliche Prognose-Ist-Abweichungen)
Einsatzhäufigkeit der verwendeten Methoden: h = häufig, m = manchmal, s = selten (Gruppierung auf der Grundlage von Durchschnittswerten)
* Für EDV-Anwendungen gibt es mehrere Software-Programme (u. a. *MARKET, FORSYS*)

Diese Untersuchungsergebnisse zeigen deutlich den hohen Anteil von Schätzverfahren; hinsichtlich der statistisch-mathematischen Verfahren stehen die *einfachen* Verfahren (Trendextrapolation und Methode der gleitenden Durchschnitte) oben an. Es soll nun noch kurz auf die Mikromodelle Bezug genommen werden.

Mit der Konstruktion von Markenwahlmodellen wird versucht, „die dem *Kaufakt des Individuums* vorgelagerte Auswahl einer Produktmarke aus einem kompetitiven Markenumfeld genauer zu analysieren und möglicherweise zu prognostizieren" (*Meffert/Steffenhagen*, 1977, S. 99). Kaufeintrittsmodelle befassen sich demgegenüber „mit der Teilentscheidung des Konsumenten, zu einem bestimmten *Zeitpunkt* bzw. innerhalb eines gewissen *Zeitraumes* in einer Produktgattung überhaupt einen Kauf zu tätigen" (*Meffert/Steffenhagen*, 1977, S. 134). Sie zielen insbesondere darauf ab, Angaben über die Wahrscheinlichkeitsverteilung des kurzfristigen Marktvolumens zu gewinnen. Die Mikromodelle implizieren insgesamt sowohl einen erheblichen Datenbeschaffungs- als auch Datenverarbeitungsaufwand. Ihre eigentliche Bewährungsprobe in der Unternehmenspraxis steht *bislang* noch aus.

Neben den bisher referierten quantitativen Prognosemodellen haben in den letzten Jahren vor allem bestimmte *qualitative* (inexakte oder intuitive) Prognosemethoden zunehmend Bedeutung erlangt. Bestimmte Enttäuschungen der Unternehmenspraxis bezüglich der Ergebnisse quantitativer Prognosemodelle haben jedenfalls „intuitiven Methoden" zu einer gewissen Popularität verholfen, und zwar speziell (*Gisholt*, 1976, S.111 ff.):

- **Befragungsmethoden** und
- experimentellen bzw. **Problemlösungsmethoden.**

Was die Befragungsmethoden angeht, so hat hier insbesondere die **Delphi-Methode** eine bestimmte Bedeutung erlangt. Es handelt sich hierbei um eine *mehrstufige* Befragungsmethode, die unter Fachexperten schriftlich durchgeführt wird. Das Verfahren basiert auf den individuell-intuitiven Urteilen der Befragten in bezug auf Zukunftsereignisse oder Zukunftstrends, und zwar gewöhnlich in *vier* Durchgängen (*Gisholt*, 1976, S.114 bzw. im einzelnen S.140 ff.). Ab dem zweiten Durchgang werden den befragten Experten die Durchschnittswerte aus dem jeweils vorhergehenden Durchgang bekanntgegeben, so daß die Experten die Möglichkeit zur Korrektur (mit Begründung) haben. Auf diese Weise findet ein reflektiertes Abschleifen der Prognosewerte im Hinblick auf realistische Weise statt.

Was die experimentellen bzw. Problemlösungsmethoden betrifft, so wird neuerdings vor allem die **Szenario-Technik** diskutiert. Diese von dem Zukunftsforscher *Kahn* initiierte und entwickelte Methode kann als eine Art Drehbucharbeit aufgefaßt werden, bei der eine zukünftige Wirklichkeit beschrieben wird. „Dabei beinhalten die Szenario-Aufzeichnungen *mehrere denkbare Zukunftsentwicklungen*" (*Gisholt*, 1976, S.119).

Der Szenario-Technik liegt dabei ein bestimmtes *Denkmodell* zugrunde, das wie folgt charakterisiert werden kann (siehe *Abb. 244, Geschka/Reibnitz*, 1983 bzw. *Reibnitz*, 1987).

Abb. 244: Denkmodell zur Darstellung von Szenarien

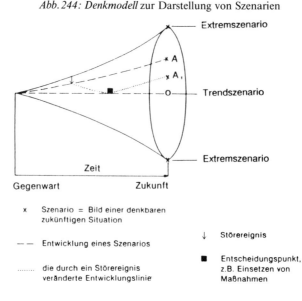

Abb. 245: Basisannahmen und Beschreibung der Szenarien „Evolution" und „Disharmonien"

Zeiträume / Einflußfaktoren	Letztes Jahrzehnt	Mittelfr. Entwicklung 1979–1984	Alternativ-Szenarien 1985–1990–1995–2000	
			I. Evolution	II. Disharmonien
Bevölkerungsentwicklung				
• Konsumenten	zunehmend	abnehmend	abnehmend	abnehmend
• Erwerbspersonen	zunehmend	zunehmend	abnehmend	abnehmend
• Arbeitslose	zunehmend	zunehmend	abnehmend ab 1989	nicht abnehmend
Umweltentwicklung				
• Rohstoff-Angebot	reichlich	reichlich	Verknappung	ausreichend
• Umwelteinflüsse	Umweltverschmutzung	Umweltbewußtsein	Umweltbeinflussung	Umweltbeobachtung
• Städtebau	Bauboom bis 1973	Eigenheimbau, Zersiedelung	Belebung der Städte (Ausbau, Neubau)	Erhaltung
• Technologie	Computer	Mikroprozessoren, Recycling, Telekommunikation	zusätzliche Innovationen	Moratorium
• Industrie	Exportwirtschaft	Importkonkurrenz, Spitzentechnologie	Spitzentechnologie, Dienstleistungen	staatliche Interventionen
Internat. Beziehungen				
• EG	Erweiterung, Protektionismus	Erweiterung	Integration	Föderalismus
• OPEC/Rohstoffkartelle	Konsolidierung, Preispolitik	Preissteigerungen	ausgewogene Preissteigerungen	Konfrontation
• Ost-West	Entspannung, Tauschgeschäfte	China-Handel	Handel	Spannungen
• Nord-Süd	Differenzierung, Technologietransfer	Preissteigerungen, Rohstoffabkommen	Arbeitsteilung	Protektionismus
Politische Entwicklung				
• Sozialpolitik	Bildung	Vermind. Arbeitslosigkeit, Verbess. Grundversorgung	Humanisierung der Arbeit	Verkürzung der Arbeitszeit
• Verteilungspolitik	Vermögensbildung	Steuerreform	Steuerreform	Transfers
• Wirtschaftspolitik	soziale Marktwirtschaft	Reaktiv.d. Marktwirtschaft	Strukturhilfen	Investitionslenkung
• Energiepolitik	Importabhängigkeit	Kohle-Option, rat. Energieeinsatz	Umstrukturierung, rat. Energieeinsatz	Energieeinsparung
Gesellschaftl. Entwicklung				
• Traditionen	abnehmend	verharrend, Minoritäten	abnehmend	zunehmend
• Beeinflussung/ Motivation	Prestige	Mitbestimmung, Abkehr v. Prestige	Mitverantwortung	Selbstverwaltung, Individualismus
• Freizeit	Urlaubsgestaltung	Urlaubsverlängerung, Arbeitszeitverkürzung	flexible Jahresarbeitszeit	Teilzeitarbeit

Bei der Entwicklung derartiger Szenarien ist es notwendig, die unternehmens*internen* Kenntnisse über Markt bzw. Branche mit unternehmens*externem* Wissen über erwartete weltweite Konstellationen zu ergänzen.

Zur Ableitung bzw. Entwicklung alternativer Zukunftsbilder müssen - im Idealfalle - *acht* systematische *Schritte* vollzogen werden (*Geschka/Reibnitz*, 1983, S.130):

1. Schritt: Strukturierung und Definition des Untersuchungsfeldes (Untersuchungsfeldanalyse)
2. Schritt: Identifizierung und Strukturierung der wichtigsten Einflußbereiche auf das Untersuchungsfeld (Umfeldanalyse)
3. Schritt: Ermittlung von Entwicklungstendenzen und kritischer Deskriptoren der Umfelder (Trendprojektionen)
4. Schritt: Bildung und Auswahl alternativer, konsistenter Annahmenbündel (Annahmenbündelung)
5. Schritt: Interpretation der ausgewählten Umfeldszenarien (Szenario-Interpretation)
6. Schritt: Einführung und Auswirkungsanalyse signifikanter Störereignisse (Störfallanalyse)
7. Schritt: Ausarbeiten der Szenarien bzw. Ableiten von Konsequenzen für das Untersuchungsfeld (Auswirkungsanalyse)
8. Schritt: Konzipieren von Maßnahmen und Planungen (Maßnahmenplanung)

Nur auf eine solche systematische Weise kann es gelingen, *verschiedene* Zukunftsbilder zu entwerfen, die aufgrund der Eintrittsspannweite der Einflußfaktoren möglich sind (Bandbreite der „möglichen Zukünfte").

Das Szenario-Writing - wie es auch bezeichnet wird - hat insbesondere Eingang bei Großfirmen gefunden, die systematisch Zukunftsforschung betreiben (u.a. Unternehmen der Mineralölwirtschaft). Angesichts zunehmender Unsicherheiten durch „Diskontinuitäten" (*Ansoff*, 1976) in der politischen, sozialen und gesamtwirtschaftlichen Entwicklung müssen strategische Pläne ein Überleben in *allen* Situationen sicherzustellen suchen. Szenarien können insoweit als alternativ vorstellbare Zukunftszustände aufgefaßt werden. Um die Denk- und Entscheidungskapazität des Managements nicht zu überfordern, hat es sich bewährt, sich dabei auf lediglich zwei bis drei Szenarien zu konzentrieren (*Stümke*, 1981, S.338). Die *Deutsche Shell AG* arbeitet zur Zeit mit den beiden Szenarien „Evolution" und „Disharmonien", die durch *folgende* Variablenstruktur *(Abb.245)* gekennzeichnet sind (*Stümke*, 1981, S.339).

Szenarien können sinnvoll in das heute stark verbreitete *System der rollenden Planung* einbezogen werden (bei diesem System wird die Planung jährlich angepaßt sowie jeweils ein neues Jahr als letztes Planungsjahr angefügt). Dabei wird das jeweils neue Jahr vielfach allein aus der Gegenwart heraus projiziert; gerade bei der Weiterentwicklung der Planung können jedoch Szenarien wesentliche *Impulse* liefern (siehe *Abb.246, Geschka/Reibnitz*, 1983, S.167f.).

Abb.246: Einbindung von Szenarien in das unternehmerische Planungssystem

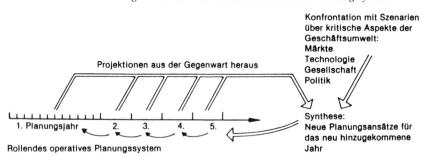

Das heißt, die szenario-technischen *Anregungen* können in die Projektion aus der Gegenwart heraus sinnvoll integriert werden. Die auf diese Weise konzipierten Planungsansätze für das am weitesten in Zukunft reichende Planungsjahr haben naturgemäß Rückwirkungen auch auf die gegenwartsnäheren Jahre bis hin zum laufenden Planungsjahr. Das aber heißt nichts anderes, als daß häufig schon im aktuellen Planungsjahr Maßnahmen vor allem *strategischer Art* ergriffen werden müssen, um rechtzeitig die Justierung des Unternehmens auf spezifische Zukunftsentwicklungen hin *einzuleiten*.

Das strategische Arbeiten mit einem *Leitszenario* setzt andererseits aber auch die systematische Beobachtung der Entwicklung in den relevanten Umfeldern des Unternehmens voraus. Es geht mit anderen Worten darum, die Entwicklung von *Deskriptoren* (= weichenstellende Variablen eines Umfeldes) sowohl *quantitativer* (z.B. Bruttosozialprodukt, Inflationsrate, Arbeitslosenquote) als auch *qualitativer* Art (z.B. Einstellungen zum Staat bzw. seinen Institutionen, Wertewandel in bezug auf Arbeits- und Konsumwelt) zu verfolgen, und zwar was Trendentwicklungen, Trendbrüche, „Störfälle" und Gegenreaktionen auf bestimmte Entwicklungen angeht. Dabei kommt es letztlich darauf an, auch *schwache Signale* (weak signals, *Ansoff*, 1976) zu erkennen. Insoweit werden „Nahtstellen" zwischen der Szenario-Technik, der Cross-Impact-Analyse (*Welters*, 1977) und Systemen der Frühaufklärung erkennbar.

Frühaufklärungssysteme (u.a. *Hahn/Krystek*, 1979; *Buchinger*, 1983; *Gomez*, 1983; *Macharzina*, 1984; *Jain*, 1984; *Muchna*, 1988) haben insgesamt die Aufgabe, *zukünftige* Ereignisse und Entwicklungen (und zwar speziell grundlegende Richtungsänderungen (Strukturbrüche) oder Niveauänderungen (Unstetigkeiten)) aufgrund systematischen Abtastens *schwacher Signale* möglichst *frühzeitig* zu identifizieren, um Reaktionszeiten für Maßnahmen zu verlängern bzw. strategische Richtungsänderungen (z.B. Strategiewechsel bzw. Ausschöpfen neuer Potentiale) wegen ihrer meist mehrperiodischen Wirkungsverläufe *früh genug* vornehmen zu können. Was die Installation und das Betreiben solcher Frühwarn- oder Frühaufklärungssysteme angeht, so sind diese Probleme bisher weder praktisch noch wissenschaftlich befriedigend gelöst. Bisher sind vor allem *fünf* nicht überschneidungsfreie methodische *Ansätze* erkennbar (*Wiedmann*, 1984, S. 313 ff.; *Müller*, 1986, S. 249; vgl. auch den Überblick bei *Kreilkamp*, 1987, S. 245 ff.):

(1) Indikatorenorientierte Ansätze
(2) Modellorientierte Ansätze
(3) Analyseorientierte Ansätze
(4) Informationsquellenorientierte Ansätze
(5) Netzwerkorientierte Ansätze

Insgesamt ist das Problem der Frühaufklärung nicht nur ein mechanistisches System- und Systematisierungs-Problem, sondern vor allem auch ein *Sensibilisierungs*problem einer gesamten Organisation (speziell natürlich des Top- *und* Middle-Managements eines Unternehmens). Es ist darüber hinaus aber auch ein psychologisches Problem, klassische Denk- und Verhaltensweisen, die in hohem Maße an „hard-facts" orientiert sind, so zu öffnen, daß *auch* „soft-facts" bei der strategischen Planung angemessen berücksichtigt werden.

Wenn die qualitativen Prognosemethoden auch wesentliche Erweiterungen des klassischen Prognoseproblems erlauben, so bilden sie dennoch *keinen* Ersatz für quantitative Prognosen, sondern sie sind vielmehr als sinnvolle Ergänzungen aufzufassen. Bei *konsequenter* Anwendung der Szenario-Technik stellen die mehrstufig abgeleiteten, alternativen Szenarien gleichsam „Denkgebäude" dar, innerhalb derer *klassische* Prognosemethoden eingesetzt werden können (müssen). Beide Prognosemethoden ergänzen sich insoweit. Überhaupt ist es für eine systematische Ableitung von Prognosen (Projektionen) kennzeichnend, methodisch *kombinierend* vorzugehen (das gilt im übrigen auch innerhalb der klassischen Prognosemethoden mit ihren jeweiligen spezifischen Vor- und Nachteilen).

Zur Ableitung des strategischen Basispfades

Nachdem bisher wichtige Marktgrößen wie Marktpotential, Marktvolumen und Marktanteile sowie Grundfragen der Marktprognose für die Strategieableitung diskutiert worden sind, soll nunmehr auf die Bedeutung von *Fein*strukturen von Märkten und ihre strategischen Konsequenzen eingegangen werden.

Bevor jedoch über die materiellen Marketingstrategien der vier unterschiedenen Ebenen im einzelnen entschieden werden kann, muß sich das Unternehmen erst einmal für den *ziel- und marktadäquaten* Basispfad insgesamt entscheiden. Er wird durch die relative Wettbewerbsfähigkeit des Unternehmens einerseits und die Rentabilitätsaussichten des Marktes andererseits determiniert. Die sich daraus ergebende **strategische Stoßrichtung** ist letztlich für ein offensives oder ein mehr defensives Agieren des Unternehmens verantwortlich. Folgende strategische Matrix *(Abb. 247)* versucht diese Zusammenhänge zu verdeutlichen (vgl. hierzu auch *Aurich/ Schröder*, 1977, S. 240):

Abb. 247: Matrix der strategischen Grundkonzeptionierung

		Rentabilitätsaussichten des Marktes		
		unattraktiv	mittelmäßig	interessant
Relative Wettbewerbsfähigkeit des Unternehmens in diesem Markt	schwach	Rascher Rückzug	Langsamer Rückzug / Konsolidieren	Nochmaliger Versuch oder Rückzug
	mittelmäßig	Langsamer Rückzug	Konsolidieren / Wachstum	Verstärkte Anstrengungen
	stark	Politik des Abschöpfens	Wachstum / Aufbau beherrschender Marktstellung	Ausbau einer beherrschenden Marktstellung

Das Unternehmen besitzt demnach – je nach Wettbewerbsfähigkeit und Rentabilitätsaussichten – verschiedene basisstrategische Wahlmöglichkeiten auf einem **strategischen Pfad** (vgl. *Abb. 247*), dessen „Stationen" entweder Rückzugs-, Konsolidierungs-, Wachstums- oder ausgeprägte Offensivstrategien markieren.

Bei typischen *Mehrprodukt*-Unternehmen mit unterschiedlichen Marken, Geschäftsfeldern und/oder Divisions ist es wichtig, daß für die einzelnen Aktivitäts- bzw. Geschäftsbereiche des Unternehmens *getrennte* strategische Analysen durchgeführt werden, um so auch **strategisch differenzierte Wege** für diese einzelnen Bereiche sinnvoll ableiten und später auch *gehen* zu können. Angesichts dynamischer Markt- und Umweltveränderungen müssen Unternehmen vor allem strategisch flexibel agieren bzw. reagieren können (z. B. Ausbau des Geschäftsbereichs 1 zu einer beherrschenden Marktstellung, nochmaliger Versuch der erfolgreichen Marktetablierung des Geschäftsbereichs 2, rascher Rückzug aus dem unattraktiven Geschäftsbereich 3, Aufbau einer marktbeherrschenden Stellung über eine gezielte Aufkaufstrategie im Geschäftsbereich 4). Erfolgreiche Unternehmen – insbesondere unter dynamischen Markt- sowie Technologiebedingungen – sind in der Regel sol-

III. Verfahren und Kalküle zur Strategiebestimmung 387

che, die *nicht nur* in der Lage sind, interessante Aktivitäten schnell auf- bzw. auszubauen (vor allem auch über gezielte Unternehmensaufkäufe (mergers und acquisitions), was häufig zu schnellerem Wachstum führt; zu den Gründen und Bedingungen einer Aufkaufstrategie vgl. auch *Glueck*, 1980, S. 212ff.), sondern umgekehrt auch fähig und willens sind, sich von unattraktiven Geschäftsbereichen möglichst schnell zu trennen. Hierbei ergeben sich allerdings immer dann bestimmte **Marktaustrittsprobleme,** wenn der aufzugebende Geschäftsbereich (Division) mit den verbleibenden Geschäftsbereichen etwa produkt-, produktions- und/oder marketing- bzw. vertriebspolitisch verbunden ist (=**strategische Verbundprobleme,** zur Problematik marketingpolitischer Verbundprobleme überhaupt siehe auch S. 480ff.).

Als wichtigster Ansatz bei der strategischen Grundkonzeptierung (vgl. *Abb. 247*) werden dabei heute – beeinflußt durch das bereits angesprochene PIMS-Projekt (=Nachweis eines relativ engen Zusammenhanges zwischen ROI und Marktanteil) wie durch die Einsicht in das schon diskutierte Erfahrungskurvenphänomen (=Kostensenkungspotential von 10%–30% bei Verdoppelung der Produktions- bzw. Absatzmenge, bezogen auf die unternehmenseigene Wertschöpfung) – in hohem Maße die realisierten **Marktanteile** und ihr positives **Veränderungspotential** angesehen, weil über diesen Ansatz am ehesten die Rentabilität des Unternehmens (und damit die *Oberziel*erfüllung) sichergestellt werden kann.

Nach diesen Darlegungen zu Grundfragen der *generellen* Strategieselektion soll nun noch auf **spezifische Auswahlfragen** auf den *einzelnen* Strategieebenen näher eingegangen werden. Wir gehen dabei in derselben Reihenfolge vor, wie wir sie bei der Diskussion der sachlich-inhaltlichen Fragen der Strategien zugrundegelegt haben. Diese Reihenfolge entspricht im übrigen – wie wir im Abschnitt über Strategie-Kombinationen begründet haben – auch dem *ideal*typischen Vorgehensmuster bei der Gestaltung gesamtstrategischer Konfigurationen oder Strategie-Chips (vgl. hierzu auch S. 292f.), nämlich:

(1) *Marktfeld*strategische Selektionsfragen
(2) *Marktstimulierungs*strategische Selektionsfragen
(3) *Marktparzellierungs*strategische Selektionsfragen
(4) *Marktareal*strategische Selektionsfragen

Dabei sollen jeweils spezifische Bedingungslagen wie auch Selektionsmuster für diese vier strategischen Ebenen herausgearbeitet werden.

bb) Marktfeldstrategische Selektionsfragen

Ausgangspunkt jeden strategischen Konzepts (Normalfall: **Rekonzeptionierung** eines bestehenden Unternehmens) ist die Identifizierung von (wende-)strategischen Möglichkeiten bzw. Zwängen (vgl. auch Turnaround Strategies, *Hofer,* 1980b, S.271ff.). Der systembedingte (marktwirtschaftliche) Zwang der Unternehmen zu *permanentem* Wachstum – und zwar zu quantitativem, zumindest aber qualitativem – erfordert zunächst einmal strategische Positionsanalysen im bereits skizzierten Sinne bzw. die Ableitung strategischer Grund- oder Stoßrichtungen. Einen ersten Ansatz hierfür bietet die marktfeld-strategische Ebene, d.h. es geht zunächst einmal darum,

388 2. Teil: Konzeptionsebene der Marketingstrategien

herauszufinden, in welchen *produkt/markt*-strategischen Feldern noch **strategische Reserven** bestehen (von der Marktdurchdringung, über die Marktentwicklung zur Produktentwicklung bis hin zur Diversifikation). Was die Wahl der marktfeldstrategischen Alternative(n) betrifft, so haben wir bereits bei der Diskussion der einzelnen marktfeld-strategischen Optionen darauf hingewiesen, daß unter heutigen (und künftig sich noch verstärkenden) strategischen Marktbedingungen Unternehmen in der Regel gezwungen sind, *mehr* als nur eine der marktfeld-strategischen Möglichkeiten auszuschöpfen. Dabei haben wir auch verschiedene **Reihenfolge-Muster** bei der Besetzung von Produkt/Markt-Kombinationen identifizieren können (vgl. hierzu auch die Analysen auf S. 149 ff.):

- **alphabetische Reihenfolge-Muster** (Strategiepfade),
- **analphabetische Reihenfolge-Muster** (Strategiepfade).

Diese unterschiedlichen Reihenfolge-Muster (Strategiepfade) beschreiben verschiedene Wege der Festlegung des **Leistungsprogramms** des Unternehmens bzw. seine jeweiligen feld-strategischen Dimensionen (siehe hierzu auch *Abb. 248, Becker, 1986b, S. 191*).

Diese Matrix-Darstellung macht deutlich, daß jedes Unternehmen – ausgehend von der **strategischen Urzelle** (= Marktdurchdringung, d. h. Penetration bestehender Produkte in bestehenden Märkten; Ansatzpunkte: Kunden, Nichtkunden und bishe-

Abb. 248: Die vier grundlegenden marktfeld-strategischen Optionen und mögliche Strategiepfade (Strategiemuster)

Märkte Produkte	gegenwärtig	neu
gegenwärtig	A Marktdurchdringung*	B Marktentwicklung
neu	C Produktentwicklung	D Diversifikation

* = strategische Urzelle

Alphabetische Strategiepfade (Strategiemuster)

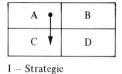

I – Strategie   L – Strategie   Z – Strategie

Analphabetische Strategiepfade (Strategiemuster)

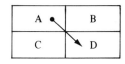

zu wenig   zu lückenhaft   zu unorganisch

rige Nichtverwender) – grundsätzlich noch *drei* zusätzliche Optionen besitzt, nämlich Marktentwicklung (Gewinnung von Arrondierungsmärkten), Produktentwicklung (Schaffung von Produktinnovationen) und Diversifikation („Ausbruch" in neue Betätigungsfelder).

Die Reihenfolge-Muster im unteren Teil der obigen Abbildung machen deutlich, daß Unternehmen in bezug auf die marktfeldstrategischen Optionen nicht nur verschiedene **Kombinationen** wählen können, sondern daß dabei zwei grundlegende Arten von **Strategiepfaden** unterschieden werden können, nämlich alphabetische

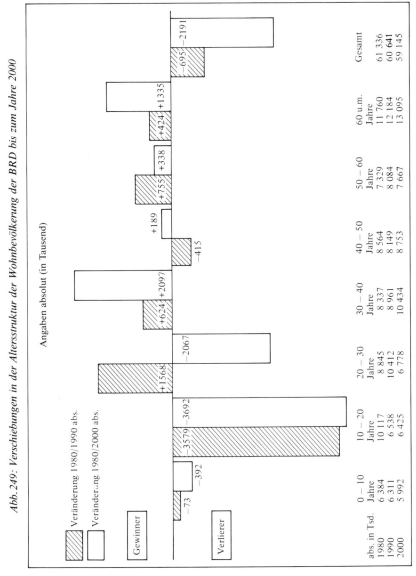

Abb. 249: Verschiebungen in der Altersstruktur der Wohnbevölkerung der BRD bis zum Jahre 2000

Quelle: Statistisches Bundesamt

390 2. Teil: Konzeptionsebene der Marketingstrategien

Strategiepfade („professionell") und analphabetische Strategiepfade („nicht-professionell").

Bei der Wahl des adäquaten Strategiepfades sollte grundsätzlich an den *alphabetischen* Alternativen angeknüpft werden, weil sie einer bestimmten **Strategie-Logik** (stufenmäßig aufbauendes Vorgehen, Nutzung von Synergiepotential) entsprechen. Welcher „Buchstabentyp" dabei gewählt wird, ist märkte- und unternehmens*spezifisch* (situative Komponente!) zu prüfen.

Damit aber sind zunächst die generellen Ausgangslagen der **Markt- und Umweltsituation** von Unternehmen angesprochen. An ihnen muß das strategie-festlegende Unternehmen anknüpfen.

Wichtige allgemeine Strukturdaten für das Marketing stellen in diesem Sinne einmal **Bevölkerungsdaten** dar, und zwar vor allem die zu erwartende Entwicklung etwa bis zum Jahre 2000. Die künftige Bevölkerungsentwicklung determiniert in hohem

Abb. 250: Bevölkerungsentwicklung* nach Altersklassen und ihre Auswirkung auf einzelne Warenbereiche

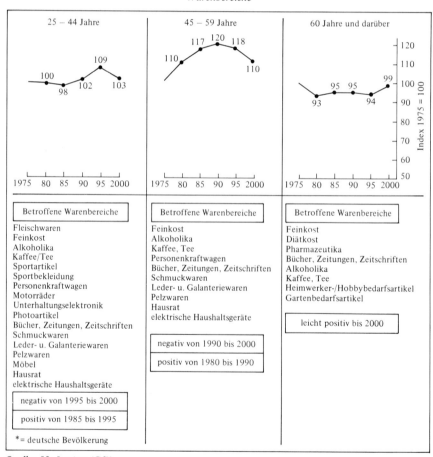

Quelle: Ifo-Institut/GfK

Maße die **quantitativen Rahmenbedingungen** künftigen marktstrategischen Vorgehens (siehe *Abb.249*).

Diese Bevölkerungsprognosen zeigen *dramatische* Abnahmen der 10-20jährigen um rd. 3,7 Mio. und der 20-30jährigen um rd. 2,1 Mio. von 1980 bis 2000. *Lediglich* in den Altersklassen ab 30 Jahren sind im gleichen Zeitraum Zuwachsraten erkennbar, am deutlichsten bei den 30-40jährigen (um rd. 2,1 Mio.) und bei den über 60jährigen (um rd. 1,3 Mio.).

Welche Auswirkungen sich aus dieser Entwicklung der Bevölkerung für den Absatz ganz verschiedener Warengruppen ergeben zeigt *Abb.250*.

Aus dieser Übersicht wird erkennbar, daß die künftige Bevölkerungsentwicklung sich bei den verschiedenen Warengruppen sehr *unterschiedlich* auswirkt. Für viele Märkte (Produktgruppen) wird dabei kennzeichnend sein, daß die Strategie der Marktdurchdringung allein (=strategische Urzelle: bestehende Produkte in bestehenden Märkten) *nicht* mehr ausreichen wird, Gewinn und Existenz von Unternehmen zu sichern, weil Stammzielgruppen (z.B. jüngere Zielgruppen) drastisch abnehmen werden, und zwar je nach Produktkategorie ggf. zeitverschoben. Viele Unternehmen müssen deshalb versuchen, systematisch die strategische **Option der Marktentwicklung** („new uses" und/oder „new users" für bestehende Produkte) zu nutzen. Auch diese Strategie der Schaffung von **Arrondierungsmärkten** (vgl. hierzu auch S.126ff.) durch Finden neuer Verwendungszwecke und/oder neuer Verwender, wird in vielen Märkten allein *nicht* ausreichen.

Als Maßstab für den erreichten Grad der Ausschöpfung der Marktdurchdringungs- wie auch Marktentwicklungsmöglichkeiten können *Käuferreichweite* und *Kaufintensität* - ggf. in Verbindung mit Kaufintensitäten in „Vorläuferländern" (wie z.B. USA, Schweden) - herangezogen werden (vgl. *Abb.251*).

Abb.251: Die Entwicklung von Käuferreichweite und Kaufintensität im Cerealien-Markt (hier speziell Müsli in Faltschachteln, 1982-1985)

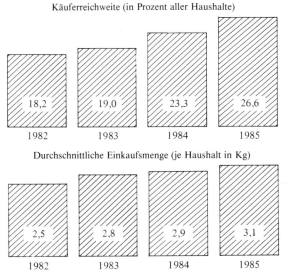

Quelle: Lebensmittel-Praxis

392   *2. Teil: Konzeptionsebene der Marketingstrategien*

Diese Übersicht zeigt, daß sich – bedingt durch steigendes Gesundheitsbewußtsein – ein ursprünglich *kleiner* Sondermarkt nicht nur positiv entwickelt hat, sondern von der Käuferreichweite aus gesehen – und verglichen mit den Pro-Kopf-Zahlen anderer Länder – noch *genügend* Potential für Marktdurchdringung und Marktentwicklung bietet (inzwischen essen auch immer mehr Jugendliche Müsli, ursprünglich war dieses Produkt ein reines Erwachsenenprodukt). In den meisten *anderen* Nahrungsmittelmärkten sind dagegen die Möglichkeiten der Marktdurchdringung wie auch die der Marktentwicklung weitgehend ausgeschöpft, so daß verstärkt Zwänge für eine *innovative* Produktgestaltung (= Produktentwicklungsstrategie) entstanden sind. Welche Mobilisierungen des Konsums über Innovationen heute noch möglich sind, zeigt u.a. der Markt der Milchfrisch- oder auch der Fertigprodukte.

Abb. 252: Änderungen in den Einstellungen der Menschen

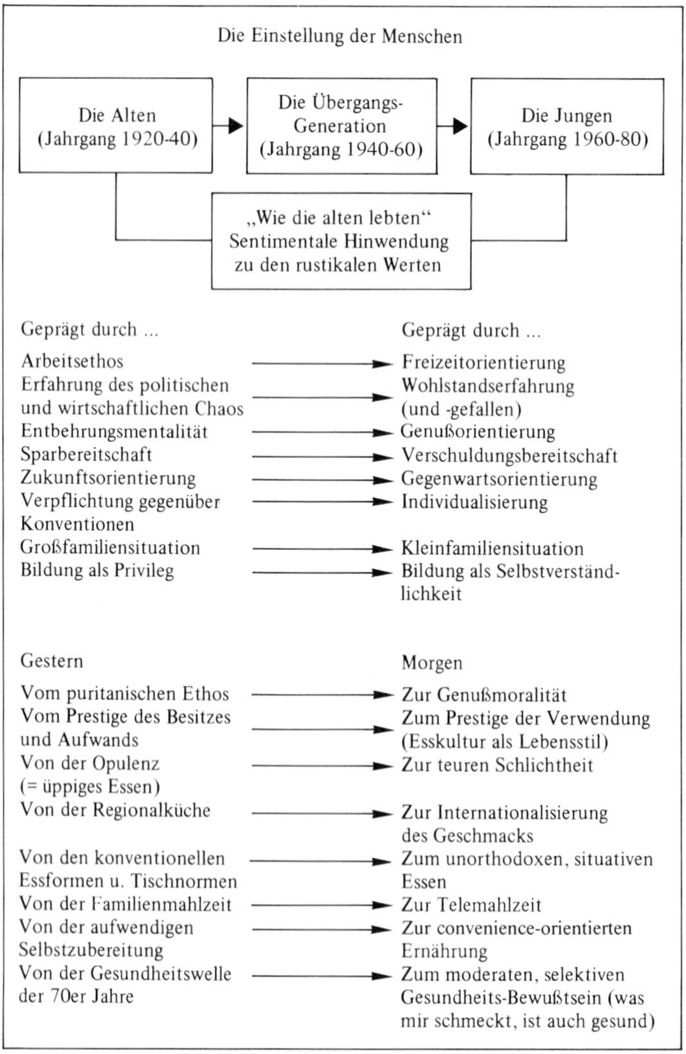

Die Einstellung der Menschen

| Die Alten (Jahrgang 1920-40) | Die Übergangs-Generation (Jahrgang 1940-60) | Die Jungen (Jahrgang 1960-80) |

„Wie die alten lebten" Sentimentale Hinwendung zu den rustikalen Werten

Geprägt durch ...

Geprägt durch ...	Geprägt durch ...
Arbeitsethos	Freizeitorientierung
Erfahrung des politischen und wirtschaftlichen Chaos	Wohlstandserfahrung (und -gefallen)
Entbehrungsmentalität	Genußorientierung
Sparbereitschaft	Verschuldungsbereitschaft
Zukunftsorientierung	Gegenwartsorientierung
Verpflichtung gegenüber Konventionen	Individualisierung
Großfamiliensituation	Kleinfamiliensituation
Bildung als Privileg	Bildung als Selbstverständlichkeit

Gestern	Morgen
Vom puritanischen Ethos	Zur Genußmoralität
Vom Prestige des Besitzes und Aufwands	Zum Prestige der Verwendung (Esskultur als Lebensstil)
Von der Opulenz (= üppiges Essen)	Zur teuren Schlichtheit
Von der Regionalküche	Zur Internationalisierung des Geschmacks
Von den konventionellen Essformen u. Tischnormen	Zum unorthodoxen, situativen Essen
Von der Familienmahlzeit	Zur Telemahlzeit
Von der aufwendigen Selbstzubereitung	Zur convenience-orientierten Ernährung
Von der Gesundheitswelle der 70er Jahre	Zum moderaten, selektiven Gesundheits-Bewußtsein (was mir schmeckt, ist auch gesund)

Quelle: Nestlé-Studie, Der Konsument im Jahr 2000/ Ernährungswirtschaft

III. Verfahren und Kalküle zur Strategiebestimmung

Spezifische Zwänge wie auch Möglichkeiten für eine systematische **Produktentwicklungsstrategie** resultieren nicht nur aus den skizzierten quantitativen Bevölkerungsveränderungen, sondern auch aus den sich mehr und mehr abzeichnenden *qualitativen* Veränderungen. Diese häufig mit dem nicht sehr präzisen Begriff des Wertewandels belegten qualitativen Veränderungen schlagen sich in grundlegenden **Einstellungsveränderungen** nieder, die weitreichende, heute noch gar nicht voll absehbare Konsequenzen für das Marketing haben werden (vgl. *Abb. 252*).

Diese Entwicklung wird (vgl. hierzu auch die Darlegungen zur prädisponierenden Funktion der Einstellungen, S. 159 ff.) vor allem weitreichende Auswirkungen auf die **Art der Produktentwicklung** (= neue Produkte für bestehende Märkte) haben. Das heißt, die quantitativen wie auch die qualitativen Strukturveränderungen werden nicht nur dazu zwingen, *noch* mehr neue Produkte zu entwickeln, sondern sie auf ganz **bestimmte Abnehmergruppen** und ihre Einstellungen zu zielen. Das gilt gerade auch für das klassische Massenmarketing; auch hier wird der Erfolg von Unternehmen stark davon abhängen, inwieweit sie in der Lage sind,

- neben den **Basis-(= Grundnutzen-)Produkten**
- differenzierte **Erlebnis-(= Zusatznutzen-)Produkte**

anzubieten. Typisch für die in Zukunft an Bedeutung gewinnenden Erlebnisprodukte, die stärker preis*unelastisch* nachgefragt werden, wird sein, daß sie in immer größerem Maße im **Konsumschema** fest verankert sind und entsprechende Haushaltsbudgets binden, während sich die Nachfrage nach Basisprodukten am dann noch verfügbarem Budgetrest orientiert (= Umkehrung des klassischen Konsumverhaltens: früher zuerst Deckung des Basisbedarfs, aus Rest Abdeckung des Zusatz- oder Luxusbedarfs). Diese Veränderung der **Konsumprioritäten** gilt vor allem für jüngere Zielgruppen. Neuere soziologische Studien (u.a. *Shell-Studie,* 1985) lassen aber erkennen, daß die ältere Generation mehr und mehr Verhaltensweisen der Jüngeren adaptiert (auch hier Umkehrung der klassischen Leitbildfunktion: die Älteren beeinflußten bisher stark den Lebens- und Konsumstil der Jüngeren).

Die Konsumlandschaft (und damit die Bedingungen für die Produktentwicklung) werden insgesamt von einer (neuen) spezifischen **Milieustruktur** beeinflußt. Soziale Milieus fassen Menschen unter dem Aspekt *ähnlicher* Lebensauffassung und Lebensweise zusammen. *Abb. 253* gibt differenzierte Milieubedingungen in der BRD wieder.

Neue Ansätze und neue Bedingungen für die Produktentwicklung werden vor allem von Mitgliedern des „aufstiegsorientierten Milieus" ausgehen; sie übernehmen in hohem Maße **Leitbildfunktionen** und schaffen damit Voraussetzungen für die Ausbildung *oberer* Märkte (*Premium*-Märkte). Insoweit ergeben sich hier Nahtstellen zwischen den Marktfeldstrategien (hier speziell: Produktentwicklung) *und* den Marktstimulierungsstrategien (hier speziell: Präferenz- bzw. Premium-Strategie, vgl. hierzu auch die weiter unten folgenden Darlegungen zu den marktstimulierungsstrategischen Selektionsfragen).

Die Bedingungen für die marktfeld-strategische Konzeptionierung des Unternehmens werden – das haben die vorangegangenen Ausführungen zu skizzieren versucht – grundsätzlich immer schwieriger, weil die **Einpassungsprobleme** neuer Pro-

394 2. Teil: Konzeptionsebene der Marketingstrategien

Abb. 253: Milieubedingungen in der BRD

a Milieustruktur der deutschen Bevölkerung
Basis: 39,38 Millionen Personen 14 bis 64 Jahre

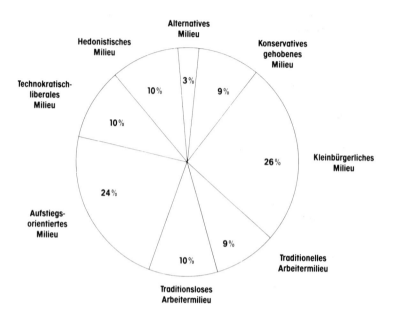

b Soziale Milieus in der Bundesrepublik Deutschland
Soziale Stellung und Grundorientierung

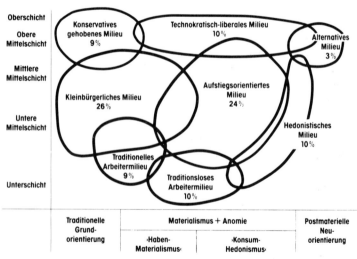

Quelle: Spiegel-Verlag, Outfit, 1986

Abb. 254. Verfahren kreativer Produktideenfindung

Beurteilungs-kriterien / Verfahren	Mechanismen der Ideen-produktion	Reifegrad der produzierten Ideen	Komplexität der möglichen Problem-lösungen bzw. Ideen	Analogie zu bisherigen Produkten	Leistungs-fähigkeit (Rang)	Ausbildungs-dauer	Zeitbedarf der Anwendung	Höhe der Anwendungs-kosten (Rang)
	1	2	3	4	5	6	7	8
1 Fragenkataloge (Checklists)	Assoziations-prinzipien	erste Anregung	nur einfache Probleme	hoch	6	–	gering	6
2 Attribute Listing (Funktions-analysen)	Veränderung bisheriger Eigenschaften/Funktionen	erste Anregung	mittlere Komplexität	hoch	3,5	gering bis mittel	gering bis mittel	3
3 Forced Relationships (Funktions-kombination)	Zusammen-fügung bisher getrennter Funktionen zu Funktionskomplexen	erste Anregung	mittlere Komplexität	hoch	3,5	gering	gering bis mittel	4
4 Brainstorming	freie Assoziations-ketten durch Suspendierung der Kritik	erste Anregung	relativ gering	eher hoch	5	gering	mittel	5
5 Morphologie	totale Kombination aller denkbaren Parameter-alternativen	relativ vollstän-diges gedankliches Modell	auch für tech-nisch hoch-komplizierte Probleme	fehlt bzw. gering	2	mittel	mittel bis groß	2
6 Synektik	Anwendung der 4 Analogietypen zur Verfremdung und Problem-lösung	vollständige, auch physisch-konstruktive Problemlösung bzw. deren gedankliches Modell	auch für tech-nisch hoch-komplizierte Probleme	fehlt bzw. gering	1	lang*	groß*	1

* Anleitung bzw. Durchführung durch Spezialisten

dukte (Leistungen) im Markt immer komplizierter werden. Das aber zwingt zu immer systematischerer und damit auch mehr *formalisierter* Produktentwicklung (angefangen vom gezielten Einsatz von Checklists über Kreativitätstechniken bis hin zu differenzierten Bewertungs- bzw. Scoringverfahren, siehe hierzu *Abb. 254* bis *256*).

Diese Übersicht (nach *Schmitt-Grohé*, 1972, S.73) verdeutlicht auf der Basis wichtiger Auswahl- bzw. Beurteilungskriterien das Spektrum wichtiger **Verfahren der Ideenproduktion**. Die Auswahl des oder der jeweils einzusetzenden Verfahren ist einmal abhängig zu machen von den zu lösenden Problemen und der spezifischen Leistungsfähigkeit der Verfahren (siehe Spalte 1 bis 5) wie auch vom jeweils notwendigen Zeit- und Kostenaufwand (Spalte 6 bis 8).

Was die Bewertung produzierter Produktideen selbst angeht, so kommen hierfür formalisierte **Bewertungs- oder Scoringverfahren** bis hin zu differenzierten Nutzwertanalysen, unter besonderer Berücksichtigung des Problems *mehrfacher* Zielsetzungen, in Betracht (vgl. hierzu u.a. *Bidlingmaier*, 1973, II, S.241 ff.; *Scheuing*, 1972, 116 ff.; *Siegwart*, 1974, S.182 ff.; *Diller*, 1980a, S.44 ff.; *Hentze/Brose*, 1985, S.75 ff. bzw. *Zangemeister*, 1976). Bevor solche Verfahren angewandt werden, ist es vielfach sinnvoll, in einer **Vorauswahlstufe** ineffiziente Alternativen über entsprechende Filterungen auszusondern (vgl. *Abb. 255*, *Siegwart*, 1974, S.181).

Abb. 255: Vorauswahl von Produktideen über einen Filterprozeß

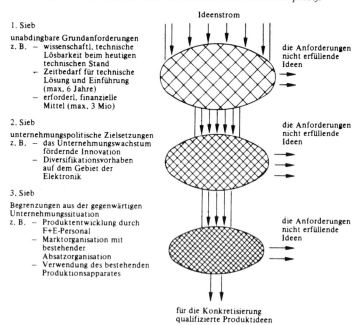

Dieser dargestellte Filterprozeß beruht auf einem System immer *engmaschiger* werdender Filter (Siebe); er ist strukturiert nach unabdingbaren Grundanforderungen, unternehmenspolitischen Zielsetzungen und schließlich Begrenzungsfaktoren der

III. Verfahren und Kalküle zur Strategiebestimmung 397

Unternehmenssituaton. Aufgrund dieser *Vor*filterung soll eine **Eingrenzung des Suchfeldes** erreicht werden. Die Produktideen, die diesen Filterungsprozeß durchlaufen haben (mit anderen Worten also nicht in einem der Filter hängengeblieben sind), werden dann in differenzierteren Auswahlverfahren *weiter* untersucht (siehe *Abb. 256*, Grundmuster nach *Bidlingmaier*, 1973, II, S.242, vgl. hierzu auch *Hinterhuber*, 1977, S.119f.; *Rupp*, 1983, S.210ff.).

Abb. 256: Scoringverfahren auf der Basis gewichteter Einflußbereiche

Einflußbereiche	A Relatives Gewicht	8 Produktwirkungskoeffizienz										A × B Wertzahlen
		0,1	0,2	0,3	0,4	0,5	0,6	0,7	0,8	0,9	1,0	
Eigenart und Ruf des Unternehmens	0,20						×					0,120
Marketing	0,20									×		0,180
Forschung und Entwicklung	0,20							×				0,140
Personal	0,15						×					0,090
Finanzen	0,10									×		0,090
Produktion	0,05								×			0,040
Standort und Ausrüstung	0,05			×								0,015
Einkauf und Belieferung	0,05 1,00									×		0,045 0,720

Bewertungsskala: 0,00 bis 0,40 schlecht
0,41 bis 0,75 mittel
0,76 bis 1,00 gut

Solche Verfahren, die sich weiter differenzieren und damit *verfeinern* bzw. im Hinblick auf den konkreten Untersuchungsfall entsprechend anpassen lassen (siehe u.a. *Scheuing*, 1972, S.116ff.; *Siegwart*, 1974, S.188ff.) beruhen auf dem **generellen Prinzip**, „die Wertschätzung einer Alternative im Hinblick auf alle relevanten Beurteilungskriterien durch inhaltlich nicht interpretierte und damit gegenseitig aufrechenbare Punktwerte zum Ausdruck zu bringen" (*Diller*, 1980a, S.48).

Die strategischen Entscheidungen z.B. im Hinblick auf die Entwicklung *neuer* Produkte (=zentraler marktfeld-strategischer Ansatz von Unternehmen, speziell unter heutigen und künftigen erschwerten Marktbedingungen) sind nicht nur dadurch gekennzeichnet, daß ihnen *mehrere* verfolgungswürdige Alternativen zugrundeliegen und diese im Prinzip *mehrperiodisch* beurteilt werden müssen (investitionsrechnerischer Ansatz), sondern daß ihnen vielfach auch eine **Vielzahl von Zielen** (meist einschließlich konkurrierender) zugrundeliegen. Bei solchen komplex strukturierten Problemen, wie sie durch mehrdimensionale Zielsetzungen gekennzeichnet sind, kann die **Nutzwertanalyse** eingesetzt werden. *Abb. 257* verdeutlicht die allgemeine Logik der Nutzwertanalyse.

Abb. 257: Allgemeine Logik der Nutzwertanalyse

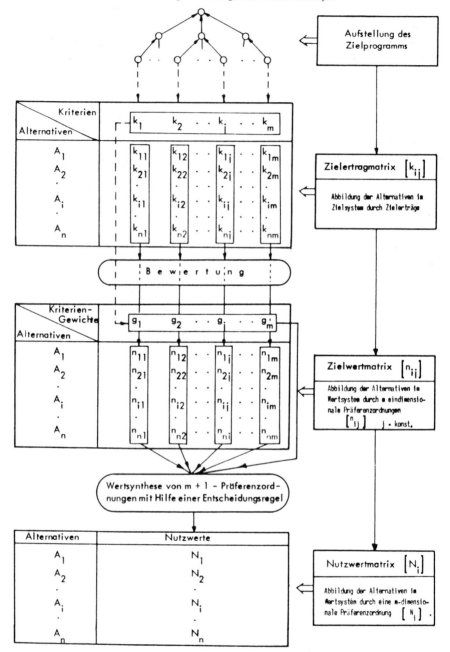

III. Verfahren und Kalküle zur Strategiebestimmung

Was die Anwendung und Verfahrensvarianten der Nutzwertanalyse betrifft, so wird im einzelnen auf *Zangemeister* verwiesen (*Zangemeister,* 1976 bzw. den Überblick bei *Hentze/Brose,* 1985, S. 63 ff.).

Die zunehmende Zahl stagnierender oder sogar schrumpfender Märkte wird darüber hinaus Unternehmen mehr und mehr zwingen, systematisch von der *vierten* marktfeld-strategischen Option Gebrauch zu machen: der **Diversifikation**. Nachdem nicht wenigen spektakulären Diversifikationsprojekten der Erfolg versagt geblieben ist, weil die neuen Betätigungsfelder (= neue Produkte für neue Märkte) *zu weit* vom Stammgeschäft entfernt waren und/oder aufgrund mangelnden spezifischen Markt- und Management-Know-hows latente Potentiale *nicht* richtig ausgeschöpft werden konnten, werden künftig Diversifikationsaktivitäten wohl wieder *mehr* stammgebiets-nah gesucht bzw. realisiert werden. Insoweit kommt hierbei der **Suchfeldbestimmung** eine große Bedeutung im Hinblick auf die Diversifikationsselektion zu. Das soll *beispielhaft* an der Entwicklung wichtiger Produktgruppen des Food- wie des Non-Food-Marktes aufgezeigt werden (vgl. *Abb. 258*).

Aus diesen Übersichten geht hervor, daß sich die einzelnen (Produkt-)Märkte sehr *unterschiedlich* entwickelt haben, und zwar sowohl was ihre mengen- als auch wert-

Abb. 258: Entwicklung ausgewählter Produktgruppen des Food- und Non-Food-Bereiches

a) Die Entwicklung des Food-Marktes (1983–1986)

Durchschnittspreise \ Marktentwicklung	schrumpfend	stagnierend	wachsend
steigend	Wein Klare Schnäpse Dosenmilch Bohnenkaffee-Extrakt Tafelschokolade Zigaretten	Bier Bohnenkaffee-Röstware Teigwaren/Nudeln Schwarztee (abgep.) Kartoffelfertigprodukte	Sekt/Champagner Sherry Eiscreme Tiefkühlkost Süßgebäck Pralinen Cerealien Salatsaucen Ketchup Reis Tierfertignahrung
gleichbleibend	Weinbrand Wermut Limonade Sauerkonserven Backmischungen Fertigkuchen Puddingpulver Schwarztee (Beutel)	Liköre Cola Knabbergebäck Käse Wurst-/Fleischwaren Senf	Mineralwasser Alkoholfreie Getränke (ohne Kohlensäure) Geröst. Cocktailartikel
sinkend	Margarine Mehl Kakao Kaugummi	Butter Gemüsekonserven	Speiseöl Bananen

400 2. Teil: Konzeptionsebene der Marketingstrategien

b) Die Entwicklung des Non-Food-Marktes (1983-1986)

Durchschnittspreise \ Marktentwicklung	schrumpfend	stagnierend	wachsend
steigend	Universalwaschmittel WC-Reiniger	Windeln	Duftwasser Rasierwasser Dekorative Kosmetik Haarspray Shampoo Deomittel Feinwaschmittel Küchenrollen Bespielte Tonträger (inkl. CD)
gleichbleibend	Weichspüler Hand-Geschirrspülmittel Schaumbäder Festiger/Fönlotion Intimpflege Mundwasser	Haushaltsreiniger Seifen Haushaltsfolien	Cremes Sonnenschutzmittel Zahncreme Maschinen-Geschirrspülmittel
sinkend	Fensterreiniger	Haushaltstücher	Duschbäder Bücher

Die jeweiligen quantitativen Daten (wie Absatz, Umsatz, ⌀-Preis) sind als Paneldaten verfügbar.

Quelle: G+I/Absatzwirtschaft

mäßige (= Durchschnittspreise) Entwicklung angeht. Die einzelnen Marktgruppierungen sind dabei wie folgt definiert:

- *wachsend:* über 3%,
- *stagnierend:* −2% bis +2%,
- *schrumpfend:* mehr als −3%.

Interessante Suchfelder stellen dabei die jeweiligen **Rechts-oben-Felder** dar: sie sind durch wachsende Märkte und steigende Durchschnittspreise gekennzeichnet. Höhere Durchschnittspreise sind dabei zum Teil auch das Ergebnis eines *veränderten* Sortimentsmix (z.B. bei der Warengruppe Sekt/Champagner, hier hat eine Umschichtung in Angebot und Nachfrage hin zu teuren Marken stattgefunden, die Preise der meisten angebotenen Sektmarken sind im Vergleichszeitraum eher rückläufig gewesen). Daraus wird erkennbar, wie *differenziert* Suchfeld-Analysen für Diversifikationsaktivitäten angelegt werden müssen, um Fehl-Selektionen möglichst auszuschließen.

Strategische Ansatzpunkte bzw. Anregungen für Diversifikationen bietet die bereits behandelte **Gap-Analyse** (vgl. hierzu S. 327 ff.), indem sie die strategische Lücke aufzeigt, die durch die anderen marktfeld-strategischen Möglichkeiten (insbesondere auch durch Produktverbesserung und/oder Produktentwicklung) *nicht mehr* geschlossen werden kann. Im Sinne einer klaren Diversifikationsstrategie - speziell über den Weg des **Unternehmenskaufs** - ist es notwendig, entsprechende Diversifikationsziele zu definieren, die im Grunde bereits in der Unternehmensphilosophie verankert sein müssen (wie z. B. Wahrung der Selbständigkeit, Mindestumsatzgröße, Mindestrentabilität, Beziehungen bzw. Nicht-Beziehungen zum Stammgebiet, angestrebte Proportionen zum Stammgeschäft insgesamt, Führungs-/Konzernkonzept). Was die Bewertung *alternativer* Diversifikationsprojekte angeht, so können hierfür ebenso **Scoringverfahren** eingesetzt werden, wie sie für die Strategie der Produktentwicklung bereits skizziert worden sind.

Mit den voranstehenden Darlegungen haben wir die jeweiligen spezifischen Fragestellungen bei der Selektion einzelner marktfeld-strategischer Optionen näher herauszuarbeiten gesucht. Bei einer vergleichsweisen großen Zahl von Unternehmen wird jedoch von *mehreren* marktfeld- oder richtungs-strategischen Optionen *zugleich* Gebrauch gemacht. Diesem kombinierten richtungs-strategischen Vorgehen liegen - wie bereits dargelegt - verschiedene **stufen-orientierte Konzepte** (alphabetische und analphabetische Verhaltensmuster) zugrunde. Am „Ende" dieser Stufenprozesse stehen vielfach Diversifikationsentscheidungen (= Produkt/Markt-Kombination: neue Produkte für neue Märkte). Damit ist jedoch *nicht* zwingend der Abschluß der marktfeld- oder richtungs-strategischen Optionen determiniert, sondern beginnend beim realisierten Diversifikationsfeld kann grundsätzlich ein neuer **Produkt/Markt-Kombinationsprozeß** entstehen, der zu einer ganzen Kette marktfeldstrategischer Prozesse führen kann (vgl. *Abb. 259*).

Abb. 259: Marktfeldstrategische Zyklen (dargestellt am Beispiel der Z-Strategie)

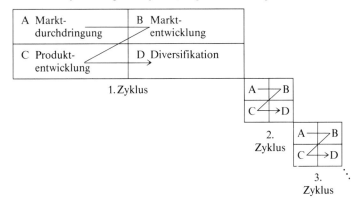

Das heißt, an ein *realisiertes* Diversifikationsprojekt schließen sich wiederum - etwa im Sinne der Z-Strategie (= logisch-konsequente Strategiefolge, vgl. S. 151 f.) - für das etablierte neue Produkt in einem etablierten neuen Markt die **strategischen Phasen** der Marktdurchdringung, Marktentwicklung, Produktentwicklung und Diversifikation an, um von hier aus ggf. *erneut* mit dem „idealen" marktfeldstrategischen Ablauf zu beginnen. Auf diese Weise kommt eine **Wachstumsmechanik** in Gang, die vor allem für *expansive* Großunternehmen wie z. B. der Chemischen oder auch der Elektro-Industrie typisch ist. Bei diesen marktfeldstrategischen Zyklen kann es dabei auch zur Verknüpfung unterschiedlicher Strategiepfade kommen,

402   2. Teil: Konzeptionsebene der Marketingstrategien

d.h. solche Zyklen sind *nicht* zwingend an eine Z-Strategie gebunden. Außerdem liegen solchen Zyklen vielfach **unterschiedliche Rhythmen** in den einzelnen Abfolgen zugrunde. Sie sind im Idealfalle Ergebnis eines bewußten **strategischen Taktens,** das Rücksicht auf notwendige Analyse-, Planungs-, Organisations- und Realisationsprozesse nimmt, die bei den einzelnen Produkt-/Marktkombinationen generell und je nach Stufenabschnitt speziell unterschiedlich *lang* sein können (müssen). Insbesondere bei der Produktentwicklung wie auch bei der Diversifikation entstehen in der Regel *zusätzliche* Zeitbedarfe. Produkt/Markt-kombinatorische Kettenprozesse unterliegen demnach einem unternehmens*intern* wie unternehmens*extern* beeinflußten strategischen Rhythmus („Systemrhythmus") des Unternehmens.

Abb. 260: Grundlegende Veränderungen in der Konfiguration von Märkten (ideal-typische Darstellung* der Markt- und Preisschichten)

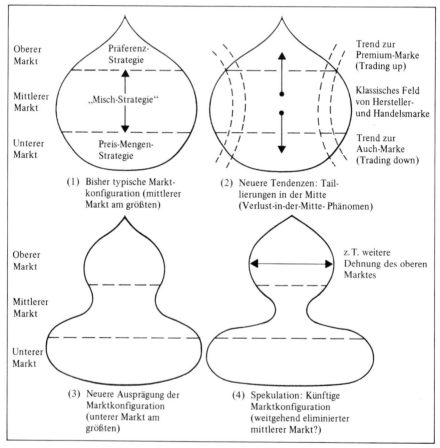

* In realen Märkten kann die Marktschichtung *sehr individuelle* Ausprägungen aufweisen, vor allem was die Proportionen der drei Schichten zueinander angeht. Trotzdem sind die dargestellten idealtypischen Formen (1) und (3) für viele Märkte charakteristisch (ihre Feinstruktur läßt sich etwa anhand von Panel-Daten, u.a. über ∅-Preise bzw. Preisverteilungsanalysen empirisch ableiten, vgl. hierzu auch die folgenden Darlegungen zu den *Premium*-Märkten = obere Marktschicht). Bei manchen Märkten ist inzwischen die obere Marktschicht am *größten*.

bc) Marktstimulierungsstrategische Selektionsfragen

Insbesondere die Marktdynamik der letzten Jahre hat – das ist von *hoher* strategischer Relevanz – zu einer *grundlegenden* Veränderung der **Marktschichten-Konfiguration** geführt. Während bislang viele Märkte eine typische Zwiebelform aufwiesen, d.h. der Markt der Mitte (mittlere Marktschicht) war durchweg am größten, hat ein Großteil der Märkte inzwischen eine *glockenförmige* Konfiguration angenommen. *Abb. 260* versucht, diese Zusammenhänge zu verdeutlichen (*Becker*, 1985a, S.406 bzw. 1986b, S.192).

Die Tatsache, daß sich vermehrt ursprünglich „dicke" Märkte gleichsam zu „schlanken" Märkten entwickeln, zwingt die Unternehmen im Prinzip zu bestimmten **strategischen Fluchtbewegungen,** nämlich:

- entweder zur strategischen **Positionsveränderung nach oben,** d.h. zur Premium-Marke mit überdurchschnittlichem Preis,
- oder zur strategischen **Positionsveränderung nach unten,** d.h. zur preisaggressiven Auch-Marke.

Je nachdem, an welcher Stelle der „Druckpunkt" aufgrund von Nachfragerückgängen im mittleren Markt liegt (vgl. *Abb. 260,* (3) bzw. (4)), nimmt diese Marktschicht mehr zugunsten des *oberen* Marktes (z.B. im Kaffeemarkt) oder mehr zugunsten des *unteren* Marktes (z.B. im Hygienepapier-Markt) ab. Daneben gibt es Märkte, die sich, was Zunahmen im oberen und im unteren Markt zu Lasten des mittleren Marktes angeht, eher *symmetrisch* entwickeln (z.B. der Reifenmarkt). Welche schichten-spezifische Dynamik in den letzten Jahren in den Märkten wirksam war, zeigt sich u.a. an der mengenmäßigen Entwicklung des **Premium-Marktes** (= hochpreisige Marktschicht) bei *ausgewählten* Produkten (siehe *Abb. 261*).

Diese Übersicht macht deutlich, daß in *allen* hier betrachteten Märkten die obere Marktschicht jeweils ihren Marktanteil zum Teil deutlich *ausgeweitet* hat. Darin spiegelt sich ein gesteigertes Qualitäts- (und Prestige-)bewußtsein der Abnehmer wider. Immer mehr Unternehmen versuchen diese (neuen) oberen Märkte gezielt über differenzierte **Premiummarken-Strategien** auszuschöpfen (vgl. hierzu auch die Darlegungen zur Markenpolitik auf S.211f.).

Aus der grundlegenden Veränderung der Marktschichten-Struktur ergeben sich ganz neue Bedingungen für das marktstimulierungs-strategische Agieren am Markt. Klassisches **Breitband-Marketing** (vgl. hierzu auch die Ausführungen zur Strategiekombination auf S.297f.), das ausgehend von einer marktschichten-orientierten Mittellage sowohl am oberen als auch am unteren Markt gleichzeitig zu partizipieren suchte, wird aufgrund dieser Strukturveränderungen *problematisch*. Diese neuen Bedingungen verlangen vielmehr *klare* Positionierungen im oberen *oder* unteren Markt (mit der Möglichkeit, dann auch an den Rändern der noch verbleibenden Mitte des Marktes ggf. zusätzlich zu partizipieren).

Diese beschriebenen Marktschichten-Veränderungen sind das Ergebnis ausgeprägter *Polarisierungserscheinungen* auf allen *drei* Marktstufen (Verbraucher, Handel und Industrie). Ihre ökonomischen Ausgangspunkte liegen *primär* auf der Verbraucherebene, auf der – durch ganz verschiedene Umwelteinflüsse (wie Arbeitslosigkeit, politische Weltlage, ökologische Probleme, Verunsicherung über Lebensperspektiven) – *Umwertungen* (u.a. *Klages,* 1984; *Windhorst,* 1985) stattgefunden haben, die in hohem Maße *konsumrelevant* sind (vgl. *Abb.262*).

Abb. 261: *Absatzentwicklung* des Premium-Marktes bei ausgewählten Produkten (auf Indexbasis)*

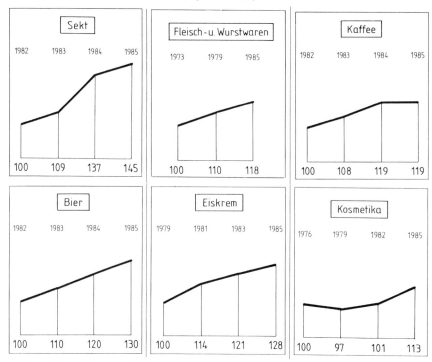

* Hinter dieser Absatzentwicklung verbergen sich inzwischen wichtige Marktanteile der jeweiligen Premium-Märkte (1985 z. B. bei Sekt 16%, bei Fleisch- und Wurstwaren 33%, bei Bier etwa 13% und bei Kaffee immerhin 32%).

Quelle: G & I/Absatzwirtschaft

Abb. 262: *Polarisierungserscheinungen auf allen drei Marktstufen*

Marktstufen	Typische Polarisierungen	
Verbraucher	Prestigeorientierung	↔ Hinwendung zum Einfachen
	Streben nach Convenience	↔ Trend zum Selbermachen
	Genußorientierung	↔ Gesundheitsbewußtsein
Handel	Erlebniskonzept	↔ Versorgungskonzept
	Spezialitätenorientierung	↔ Discountorientierung
	Herstellermarkenforcierung	↔ Eigenmarkenforcierung
Industrie	Qualitätsorientierung	↔ Preisorientierung
	Segmentspezifische Vermarktung	↔ Massenvermarktung
	Echte Markenkonzepte	↔ Auch-Marken-Konzepte

Diese Übersicht zeigt ausschnittweise, wie *ambivalent* die Verhaltensweisen der Verbraucher heute zum Teil sind. Und es gibt Anhaltspunkte dafür, daß sich diese Entwicklungen eher noch verstärken werden. Unternehmen (Handel wie Industrie) müssen darauf strategisch adäquat antworten. Das aber heißt, daß Unternehmen sich heute mehr denn je für *klare* strategische Konzepte entscheiden müssen, wenn sie nicht Gefahr laufen wollen, „Zwischen-den-Stühlen-Positionen" einzunehmen oder aufgrund einfacher „Weiter-so-Strategien" sich in marktlichen Außenseiter-Positionen wiederzufinden.

Je nach Besetzung der einzelnen Marktschichten und ihren Marktpotentialen muß das Unternehmen die spezifische(n) zieladäquate(n) **Marktschicht(en)** für die unternehmerische Betätigung auswählen. Mit der Wahl der Marktschicht ist somit zugleich in hohem Maße die Wahl der angemessenen **Marktstimulierungsstrategie** präjudiziert. Das heißt, bei der Wahl des *oberen* Marktes ist die *Präferenz*-Strategie die Regelstrategie, während bei der Wahl des *unteren* Marktes die *Preis-Mengen*-Strategie die Normstrategie darstellt. Für den *mittleren* Markt sind vielfach bestimmte Mischformen typisch, aber in der Regel mit starker Orientierung eher zur Präferenzstrategie hin (vgl. hierzu auch die Darlegungen auf S. 154f. bzw. S. 207ff.).

Daß aus Marktabdeckungsgründen heute vielfach sogar **Mehrmarken-Konzepte** notwendig sind, um oben *und* unten an den mengenmäßig interessanten Marktschichten zu partizipieren, wird an folgendem Modell-Beispiel deutlich (vgl. *Abb. 263*).

Abb. 263: Marktschichtenstrukturveränderungen und schichtenstrategische Konsequenzen des Unternehmens (Modellbeispiel)

a) Marktschichtenveränderungen des Marktes X in den *nächsten* 3 Jahren (Projektion, Basis: Menge)

	Ausgangslage (t_0)	Veränderungen		
		t_1	t_2	t_3
Oberer Markt	10	20	25	25
Mittlerer Markt	70	50	30	20
Unterer Markt	20	30	45	55
	100	100	100	100

b) Absatzmengenveränderungen des Unternehmens Y auf der Basis eines *(Ausgangs-)Marktanteils von 20%* im mittleren Markt

		t_1	t_2	t_3
Jeweiliger Marktanteil von 20% entspricht	14	10	6	4
Jeweilige Mengenverluste absolut bzw.		− 4	− 8	−10
in % der Ausgangsmenge im *mittleren* Markt (gerundet)		−29	−57	−71
Ausgleich der Mengenverluste durch entsprechenden Marktanteil am *oberen* Markt bzw.		20	32	40
unteren Markt (jeweils in %, gerundet)		13	18	18

Bei der Würdigung dieses Beispiels *(Abb. 263)* ist zu beachten, daß ihm nur eine *mengenmäßige* Betrachtung zugrundeliegt. Bei realen marktschichten-strategischen Entscheidungen sind vor allem auch die *wertmäßigen* Strukturveränderungen zu berücksichtigen (Veränderungen der Umsatzerlöse *und* der Deckungsbeiträge). Es hängt dabei vom jeweiligen Markt wie von der jeweiligen Unternehmenssituation (und zwar den Kosten- wie auch den Marketing- bzw. Markenvoraussetzungen) ab, ob ein **strategischer Ausgleich** für Verluste in der mittleren Schicht im oberen und/ oder im unteren Markt gesucht werden kann (muß). Hierbei sind auch Markt*phasen*veränderungen des relevanten Marktes zu berücksichtigen (vgl. hierzu die Darlegungen auf S. 410ff.).

Die beschriebenen Veränderungen der **Marktkonfiguration** im allgemeinen und die verschiedenen Veränderungsmuster in einzelnen Märkten im speziellen, schlagen sich letztlich nieder in vom Markt akzeptierten **Preis-Leistungs-Verhältnissen.** Markteintritte wie Marktaustritte von Anbietern einerseits und verbraucher- wie handelsinduzierte Verhaltensänderungen andererseits führen jedoch dazu, daß Märkte einem Prozeß *permanenter* Veränderung der Preis-Leistungs-Verhältnisse ausgesetzt sind. Und je mehr Märkte nur noch schwach wachsen oder gar stagnieren, nimmt diese Preis-Leistungs-Dynamik aufgrund zunehmendem Verdrängungswettbewerbs zu. Das bedeutet, daß mehr denn je der Erfolg von Unternehmen (bzw. ihren Marken) von der **optimalen Steuerung**, d.h. vor allem von der permanenten markt- und unternehmensadäquaten Justierung des eigenen Preis-Leistungs-Verhältnisses abhängt. *Abb. 264* soll diese Zusammenhänge verdeutlichen (*Becker,* 1986a, S. 86).

Abb. 264: Mittleres Preis-Leistungs-Verhältnis (klassische Konsummarken) als typischer Ausgangspunkt und grundsätzliche Veränderungspotentiale

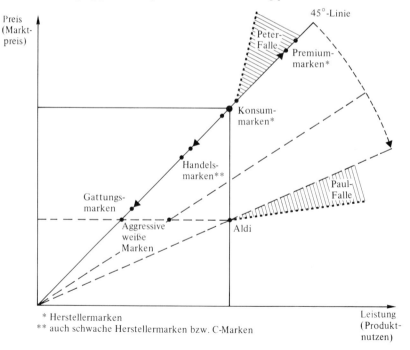

III. Verfahren und Kalküle zur Strategiebestimmung

Viele Märkte im Konsumgüterbereich sind von Marken (Konsummarken) gemacht worden, die – im Sinne klassischer Massenmarktstrategie – dabei die **Mitte des Marktes** gebildet bzw. belegt haben. Von diesem mittleren Preis-Leistungs-Verhältnis ausgehend haben sich dann in der Regel sowohl Marken weiter *oben* (mit oberem Preis-Leistungs-Verhältnis) als auch Marken weiter *unten* (mit unterem Preis-Leistungs-Verhältnis) plaziert bzw. abgesetzt. Gerade solche Aufwärts-(Trading up-) wie auch jene Abwärts- (Trading down-) Bewegungen sind heute für viele Märkte *typisch* geworden. Alle Bewegungen auf der usrpünglichen 45°-Linie stellen dabei – gemessen an der jeweiligen Ausgangs- oder Standardmarke im Markt – jeweils **proportionale Veränderungen** des Preis-Leistungs-Verhältnisses dar. Die Dynamik heutiger Märkte zeigt sich jedoch gerade darin, daß durch Zweit-, Handels- sowie insbesondere durch unechte Gattungsmarken bzw. No-names (vgl. z. B. „A & P- die starke Marke") und noch ausgeprägter durch Discount-(marken-)systeme wie *Aldi* die Preis-Leistungs-Gerade in Richtung $<45°$ *strukturell verändert* wird. Das heißt mit anderen Worten, daß heute (Auch-)Marken vermarktet werden, bei denen die Preisreduktion verglichen mit der Qualitätsreduktion disproportional gestaltet ist. Das bedeutet zum Beispiel, daß die Leistung (Qualität) von aggressiven Weißen oder Aldi-Produkten nicht selten „identisch" ist mit der von Konsummarken, der Preis jedoch oft um 50% und mehr *unter* dem entsprechenden Konsummarkenpreis liegt (siehe auch *Abb. 264*).

Damit wird deutlich, daß **strategische Fluchtbewegungen** nach *oben* speziell auf der ursprünglichen Preis-Leistungs-Kennlinie (45°-Linie) nicht ungefährlich sind, weil dann Marken(artikel) ggf. marktstrategisch überfordert werden, d.h. ihnen wird über den höheren Preis ein „Leistungsdruck" auferlegt, dem sie objektiv (= technisch-funktionale Grundleistung) und/oder subjektiv (= subjektiv-psychologische Zusatzleistung) häufig nicht gewachsen sind. Man könnte hier auch vom **Peter-Phänomen** (in Analogie zu *Peter/Hull*, 1970) bei Marken sprechen, d.h. man zwingt hier Marken bei Fluchtbewegungen nach oben bis zur Stufe ihrer marktlichen *Über*forderung (Inkompetenz). Im Zigaretten- oder auch Kaffeemarkt hat es z.B. solche Überforderungen bereits so ausgeprägt gegeben, daß sie durch Preissenkungen (direkter oder indirekter Art) *korrigiert* werden mußten.

Aber auch bei Fluchtbewegungen nach *unten* drohen Marken(artikeln) Gefahren, nämlich dann, wenn – speziell in den Produktbereichen, in denen beim Verbraucher objektive Beurteilungsmaßstäbe fehlen (z.B. Kosmetika) – der Preis als Qualitätsindikator herangezogen wird. Dann nämlich geraten jene mit Trading down geführten Marken leicht *unterhalb* jene Preisschwelle, von der ab überhaupt eine akzeptable Markenqualität vermutet wird. Hier kommt es mit anderen Worten also zu problematischen „(Preis-)Unterforderungen" von Marken und damit eben auch zu Kompetenzverlusten. Wir wollen das als **Paul-Phänomen** kennzeichnen.

Damit wird also deutlich, welche Schlüsselrolle dem Preis-Leistungs-Verhältnis und seiner Steuerung (d.h. vor allem auch seiner der Marktdynamik entsprechenden Anpassung) im Rahmen des **marktstimulierungs-strategischen Konzepts** zukommt bzw. wie die jeweilige Preis-Leistungs-Struktur eines Marktes und ihre Veränderungspotentiale die Wahl der *richtigen* strategischen Option beeinflussen. Bei der Identifizierung freier, d.h. im Markt noch nicht besetzter Preis-Leistungs-Verhältnisse

(= „Preis-Leistungs-Lücken") ist es zugleich notwendig, sowohl **Peter- als auch Paul-Fallen** (= vom Markt nicht akzeptierte Preis-Leistungs-Verhältnisse) zu meiden.

Entscheidend ist insgesamt, daß das Preis-Leistungs-Verhältnis als *Einheit* jeweils adäquater Preisentscheidungen einerseits und entsprechender „Leistungs"entscheidungen in bezug auf alle nicht-preislichen Instrumente andererseits aufgefaßt bzw. gehandhabt wird. Das Preisinstrument dabei als dominierenden Faktor anzusehen (vgl. etwa *Simon*, 1982, S. 5–7; zur Relativierung der Preispolitik siehe etwa *Meffert*, 1980, S. 230f. bzw. die neueren empirischen Analysen von *Jacob*, 1985), erscheint zumindest unter *strategischem* (und damit mittel- und langfristigem) Aspekt problematisch. Die besondere Wirkung von Preisänderungen (speziell nach unten) beruht vor allem auf der relativ schnellen Marktreaktion. Gerade solche schnellen preisinduzierten Nachfrage-Schübe bauen (zumindest psychologisch) aber vielfach Leistungspotential ab und verändern damit mittel- und langfristig das Preis-Leistungs-Verhältnis allzu leicht in die *falsche* Richtung. Im übrigen ist es einseitig, dem Preisinstrument mehr oder weniger nur die Werbung als primär subjektiv leistungsdefinierendes Instrument gegenüberzustellen. Die Leistungskomponente wird stets geprägt vom Einsatz *aller* nicht-preislichen Marketinginstrumente (wenn auch zum Teil mit – je nach Instrument – unterschiedlichen time-lags in den Wirkungen). Gerade das Ausschöpfen der *produktpolitischen Leistungskomponenten* (von technisch-funktionalen Leistungen des Produktkerns bis hin zu formal-ästhetischen Leistungen des Produktdesigns und/oder -verpackung) ist zunächst der entscheidende leistungsdefinierende Ansatz. Hierbei sind allerdings produkt-(gruppen-) bzw. marktindividuelle Unterschiede zu beachten.[13]

Die Steuerung bzw. Festlegung des Preis-Leistungs-Verhältnisses ist gleichsam die Steuerung des Markt- oder Außenverhältnisses. Die Preis-Leistungs-Relation definiert den angestrebten **Marktwert** einer Leistung und damit die Erlöskomponente. Die Wahl des Preis-Leistungs-Verhältnisses ist jedoch nicht allein eine Marktentscheidung, sondern sie hat zugleich einen wesentlichen *innengerichteten* Bezugspunkt: nämlich das **Kosten-Leistungs-Verhältnis** (vgl. hierzu auch *Albach*, 1984b, S. 1182 ff.). Das heißt mit anderen Worten, die Wahl des jeweiligen Preis-Leistungs-Verhältnisses muß sich an den *Kosten*bedingungen des Unternehmens orientieren (siehe *Abb. 265*).

Es ist klar, daß Unternehmen in der Wahl des Preis-Leistungs-Verhältnisses an die Bedingungen des Kosten-Leistungs-Verhältnisses *gebunden* sind. Viele Unternehmen haben von daher vielfach gar nicht die Wahl von der Gattungsmarken-(herstellungs-) bis hin zur Premiummarkenstrategie, sondern die jeweilige Kostenposition *schränkt* die marken- bzw. marktpositions-strategischen Möglichkeiten ein. Das soll anhand der *Abb. 266* modelliert werden.

---

[13] Was die Analyse der Bewertung von Preis-Leistungs-Verhältnissen durch den Verbraucher angeht (er entscheidet letztlich über deren Marktakzeptanz), so bestehen hier nach wie vor erhebliche *methodische* Probleme. Verbraucher nehmen in der Regel nur einen bestimmten *Ausschnitt* von Preis-Leistungs-Alternativen in Form von Produkt- bzw. Markenalternativen wahr. Hierbei handelt es sich um einen subjektiv wahrgenommenen Ausschnitt aller Produkt- bzw. Markenalternativen („evoked set", *Howard/Sheth*, 1969). Für eine exakte marktstrategische Justierung des optimalen unternehmensindividuellen Preis-Leistungs-Verhältnisses ist im Prinzip eine metrische Skalierung der vom Verbraucher wahrgenommenen bzw. gesuchten Produkteigenschaften und die Identifizierung ihres Wirkungsverhältnisses untereinander notwendig (vgl. auch *Lancester*, 1971 bzw. *Kawlath*, 1969). Wissenschaftlich wie praktisch wird man bei dieser Frage nur durch Einsatz auch *multivariater* Analyseverfahren weiterkommen (zur methodischen Problematik siehe u.a. *Behrens/Schneider/Weinberg*, 1978; *Kaas*, 1978 sowie *Schweikl*, 1985 oder auch *Weber*, 1986).

III. Verfahren und Kalküle zur Strategiebestimmung

Abb. 265: Kosten-Leistungs-Verhältnisse (typische produkt- bzw. produktionstechnische Positionen)

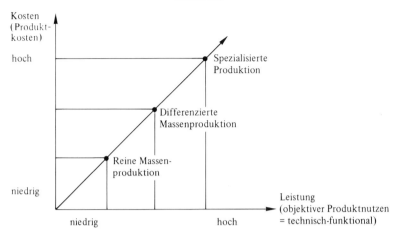

Abb. 266: Beziehungen zwischen Preis-Leistungs-Verhältnis und Kosten-Leistungs-Verhältnis (am Modellbeispiel eines Herstellers differenzierter Massenprodukte)

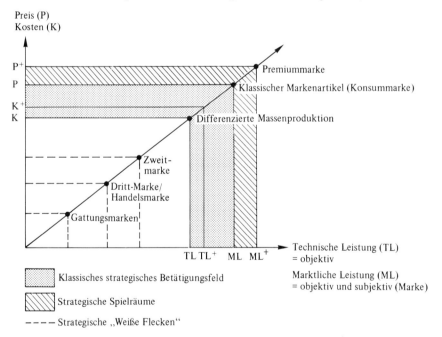

Viele Unternehmen haben sich im Zuge einer *Präferenz*-Strategie **Kostenstrukturen** geschaffen, die es gar *nicht* mehr ohne weiteres erlauben, *Zweit*- oder *Dritt*marken aus Marktabdeckungsgründen herzustellen (vgl. die strategischen „weißen Flecke" in *Abb. 266*). Solchen Unternehmen bleibt dann vielfach nur die Möglichkeit, die klassische Markenartikelstrategie weiterzuführen oder sie ggf. in eine Premiummarken-Strategie (d. h. also in den oberen Markt = P⁺) überzuführen. Das führt in aller Regel auch zur entsprechenden Anhebung des Kosten-Leistungs-Verhältnisses insgesamt (= TL/ML⁺), mit der Gefahr, daß die so erreichte **Rechts-oben-Position** in Kosten und Preis dann problematisch wird, wenn die Abnehmer von Premiummarken *nicht* mehr bereit sein würden, höhere Nutzen (objektive und subjetive) über entsprechende überdurchschnittliche Preise zu honorieren (= Gefahr der strategischen Gefangenheit in einer extremen Rechts-oben-Position).[14] Ist ein Unternehmen aus Marktabdeckungs- bzw. Marktvolumengründen darauf angewiesen, auch an *unteren* Märkten bzw. Preis-Leistungs-Verhältnissen zu partizipieren, dann ist es generell gezwungen, hierfür die spezifischen *Kosten*voraussetzungen zu schaffen (z. B. Aufbau eines auf kostengünstige Massenproduktion angelegten Betriebes oder die Übernahme eines solchen, ggf. im Ausland mit entsprechenden Kosten- bzw. Lohnvoraussetzungen).

Was die Kostenbetrachtung angeht, so darf sie jedoch ebensowenig wie die Preisbetrachtung zeitpunktbezogen sein, sondern sie muß auch die *dynamischen Kostenentwicklungen* berücksichtigen. Dabei sind *zwei* grundlegende Kostenentwicklungen zu unterscheiden: die des „Old Game" und die des „New Game" (siehe hierzu *Abb. 267, Schiefer,* 1982, S. 41).

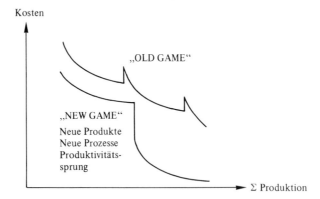

Abb. 267: Kontinuierliche und abrupte Kostensenkungspotentiale

Die Bedingungen des „Old Game" sind durch schrittweise Verbesserungen und Innovationen gekennzeichnet, die „in der Regel nach den bekannten Gesetzmäßigkeiten der Erfahrungskurve" ablaufen. „Bei dem „New Game" dagegen handelt es sich um *sprunghafte* Veränderungen, die ausgelöst werden durch Diskontinuitäten entweder in der Technologie oder im Markt oder auch in der politischen Umwelt" (*Schiefer,* 1982, S. 41).

Die Struktur der **Preis-Leistungs-Verteilung** in einem Markt – darauf wurde bereits hingewiesen – ist ebenfalls einem zunehmend *dynamisch* verlaufenden Veränderungsprozeß unterworfen. Neben nachfrage-induzierten Faktoren beeinflussen darüber hinaus Schlüsselfaktoren der Industrie- wie der Handelsstufe die Preis-Leistungs-Relationen. Neben der *Nachfrage*(kapazität) eines Produkts ist das vor allem die *Angebots*kapazität (= Produktionskapazität) der Industrie und die *Verteilungs*kapazität (= Regalflächenkapazität) des Handels (vgl. *Abb. 268*).

---

[14] Z. B. in einer preis-sensiblen Rezessionsphase (vgl. hierzu auch die Analysen zum Rezessionsmarketing auf S. 535 ff.).

III. Verfahren und Kalküle zur Strategiebestimmung 411

Abb. 268: Phasen der Marktentwicklung und Kapazitätsbedingungen auf den drei Wirtschaftsstufen (idealtypisches Modell)

	I. Marktentstehung und -expansion		II. Marktreife und -sättigung		III. Marktstabilisierung	
	Phase 1	Phase 2	Phase 1	Phase 2	Phase 1	Phase 2
Angebots-kapazität	○	○	○	◎	◎	○
Verteilungs-kapazität	○	○	○	○	○	◎
Nachfrage-kapazität	○	○	◎	○	○	○

○ = niedriges Niveau
○ = mittleres Niveau
◎ = hohes Niveau

Diese idealtypische Modellierung soll verdeutlichen, daß die **Bedingungen** für marktstimulierungs-strategische Optionen in den verschiedenen **Phasen** eines Marktes *wechseln*. Im Zyklus der Marktentstehung und -expansion (I.) erfolgt ein etwa *gleich*gerichteter Aufbau der „Kapazitäten" auf allen drei Wirtschaftsstufen. Im Zyklus der **Marktreife und -sättigung** (II.) treten dann Rückgänge der Nachfrage-(kapazität) aufgrund veränderten Konsumentenverhaltens (z.B. partielle Abwendung von einer bestimmten Produktkategorie) auf. Aufgrund neuerer spezialisierter Produktionsanlagen bzw. -techniken in der Branche (= Ersatzinvestitionen mit entsprechenden Kapazitätserweiterungseffekten!) entsteht andererseits allmählich ein zu großes branchenweites Angebot oder beide Faktoren fallen zusammen (= Nachfragerückgang *und* vorausdisponierter, aufgrund von Fehleinschätzungen erfolgter Kapazitätsausbau, z.B. bei Körperpflegemitteln auf Aerosolbasis). In einer solchen **kritischen Marktphase** sind dann prinzipiell zwei strategische Optionen gegeben (vgl. auch *Jacobs,* 1985, S. 158, der diese Situation sehr anschaulich am Beispiel des Körperpflegemarktes, speziell Haar- und Deospray, schildert):

(1) **Abbau überschüssiger Kapazität** entweder aufgrund der Unterlassung von weiteren Ersatzinvestitionen oder durch relativ kurzfristigen Abbau oder auch eine andere Verwendung der Anlagen (in der Regel räumt jedoch kein einzelnes Unternehmen freiwillig Positionen und Absprachen über einen gemeinsamen Kapazitätsabbau sind langwierig und schwierig).

(2) **Versuch der Auslastung** der vorhandenen Kapazitäten durch Marktanteilsgewinne über ein höheres Aktivitätsniveau des präferenzpolitischen Instrumentariums in der *Phase 1* (innerhalb des Marktzyklus II). Der Markt bzw. die Nachfrage kann darauf etwa wie folgt *antworten:*

„(a) Die wesentlich verstärkten Absatzbemühungen führen zu einer Ausweitung der Gesamtnachfrage. Durch neue Produktvarianten werden zusätzliche Käufergruppen gewonnen. Die Werbung zieht neue Nachfrage an.
(b) Die Wirkung auf die Gesamtnachfrage ist gering. Es kommt jedoch zu einer Umverteilung der Nachfrage zugunsten jener Anbieter, die aufgrund ihrer Stärke in der Lage sind, von den genannten Präferenzinstrumenten intensiver Gebrauch zu machen als ihre Konkurrenten.

(c) Die Anbieter sind relativ gleich stark und verfügen über das gleiche Know-how. Letztlich heben sich die Präferenzanstrengungen gegenseitig auf. Gelingt es nicht, die Gesamtnachfrage befriedigend zu erhöhen, so erweist sich die erste Phase der (präferenz-, J.B.) aggressiven Strategie als wenig erfolgreich" (*Jacob,* 1985, S. 159).

In vielen etablierten Märkten sind heute Reaktionsmuster bzw. Ergebnisse des *Falles (c)* typisch (so auch im Markt der Körperpflege-Aerosole).

In der *Phase 2* (innerhalb des Marktzyklus II) konzentrieren sich dann die Bemühungen zur Absatzausweitung in hohem Maße auf den **Preis** und die Zusammenarbeit mit dem Handel. Es werden dann „in erheblichem Umfange Aktionsrabatte gewährt und gemeinsame Werbeaktionen in den Verkaufsstätten selbst durchgeführt und finanziert" (*Jacob,* 1985, S. 159). Der Preis ist vor allem auch das Instrument, das die Einzelhandelsgruppen angesichts der generellen Ladenflächen-Überkapazitäten als wichtigstes Konkurrenz- bzw. Verdrängungsinstrument einsetzen können. Je nach Preiselastizität des Verbraucherverhaltens kommt es dabei zu Nachfrageverschiebungen zwischen den Marken (= Aufweichung der Markenloyalität). Bei Deo- und Haarspray haben beispielsweise *Unter*schreitungen des Preises bei einer Marke um 20 bis 30 Pfg. genügt, um nennenswerte **Abwanderungen** auszulösen. Damit kommt meistens eine gefährliche Preisspirale nach unten in Gang, die dann die Hersteller und auch der Handel vielfach solange nicht mehr durchbrechen können, bis zumindest mehrere bzw. am Ende u. U. alle Hersteller in die Verlustzone eintauchen (z.T. bis zur Nichtdeckung der variablen Kosten, wie z.B. im Haarspray-Markt).

Da der Markt in diesem Zustand normalerweise nicht verharren kann, gibt es dann in der Regel Zwänge und auch Möglichkeiten in eine **Phase der Marktstabilität** (Marktzyklus III, vgl. *Abb. 268*) einzutreten. *Entweder* ziehen sich einer oder mehrere Anbieter aus dem Markt zurück *und/oder* Ersatzbeschaffungen unterbleiben, so daß der Druck der Angebotskapazität allmählich nachläßt. Bei den verbleibenden Anbietern tritt allmählich ein **Lernprozeß** ein:

„Setzt sich die Erkenntnis durch, daß das bestehende Preisniveau für keinen der Anbieter auf die Dauer erträglich ist, so wächst für den einzelnen die Wahrscheinlichkeit, daß ein Hartbleiben bei Preisverhandlungen dem Handel gegenüber nicht von den Konkurrenten unterlaufen wird. Es wächst ein stillschweigender, nicht durch aktive Kommunikation, sondern aus der Erfahrung heraus gewachsener Konsens, die Preise auf ein befriedigendes Niveau anzuheben. Dies wird in einzelnen, unter Umständen relativ kleinen Schritten geschehen. Der, der vorangeht, wartet auf die Reaktion der Konkurrenten. Gehen sie mit, kann dieser Weg weiterbeschritten werden, wobei dann möglicherweise ein anderer der Anbieter die nächste Preiserhöhungsrunde einleitet" (*Jacobs,* 1985, S. 160).

Dieser Lernprozeß („Marketingerfahrungsprozeß") kann neuerdings auch in der Zigarettenindustrie beobachtet werden. Ein Markt tritt so in ein strategisches **Stadium relativer Ruhe** ein, um dann nicht selten wieder in ein Stadium intensiven Wettbewerbs einzumünden. Die Stabilität eines wie oben beschriebenen Zustandes ruhigeren Wettbewerbs hängt dabei von *vier* wichtigen strategischen Größen ab (*Jacob,* 1985, S. 161):

- der Höhe der erreichten **Deckungsspannen,**
- dem Umfang der **Preiswirkung** auf das Nachfrageniveau,
- der **Reaktionsgeschwindigkeit** der Nachfrager,
- dem **Reaktionsverhalten** der Konkurrenten.

Die Versuchung, wieder stärker *wettbewerbs*strategisch im Sinne einer preisaktiven Marktpositionierung zu handeln, ist dabei umso *größer*, je größer die Deckungsbeiträge sind (und damit die Spielräume für eine verbraucher-attraktive Veränderung von Preis-Leistungs-Verhältnissen nach unten). Auch von einer zunehmenden Preissensibilisierung (Preisbewußtsein) der Konsumenten in vielen Märkten (Aldi-Effekt!) wie auch ihrer hohen promotions-induzierten Reaktionsgeschwindigkeit gehen Anreize zu solchen Handlungsweisen aus. Darüber hinaus ist eine Preissenkung umso verlockender, je geringer die Erwartung entsprechender Gegenreaktionen der Konkurrenz ist. Die Reaktionsweisen der Konkurrenten hängen ihrerseits von den vier genannten Faktoren ab. Die Situation in vielen Märkten löst heute in der Regel *relativ schnell* gleichgerichtete Konkurrenzmaßnahmen aus. Der jeweilige Markt geht dann erneut in den **kritischen Marktzyklus II** – wie oben beschrieben – über.

Auf diese Weise vollziehen sich in etablierten Märkten nicht selten *mehrmals* Wechsel zwischen den beschriebenen Marktzyklen II (Marktreife/-sättigung) *und* III (Marktstabilität). Was die Stabilisierung von Märkten und ihre Kapazitätsbedingungen auf allen drei Marktstufen angeht, so sind hier zwei mögliche Situationen zu unterscheiden (die Situation 1 = stagnierende Märkte und die Situation 2 = rückläufige Märkte). In beiden Situationen „hinkt" die Verteilungskapazität des Handels gleichsam immer hinterher, d.h. die Präsenz von Verkaufsfläche bzw. die Präsenz von Ware ist vielfach *zu groß*, verglichen vor allem mit der Nachfrage(kapazität) der Verbraucher. Von daher gehen auch immer wieder Anreize für autonomes *preisaktives* (-aggressives) Verhalten von Handelsorganisationen aus, um die zu kleine Nachfrage möglichst in hohem Maße in die eigene Organisation zu lenken.

Diese etwas ausführlichere Darstellung der Marktschichtenänderungen, der entsprechenden Veränderungen in den Preis-Leistungs-Verhältnissen wie auch die typische Mechanik sich **abwechselnder Marktphasen** sollte deutlich machen, wie schwierig und komplex heute marktstimulierungs-strategische Entscheidungen sind und welche spezifischen Marktanalysen ihnen notwendigerweise vorausgehen müssen. Marktstimulierungsstrategische Entscheidungen müssen so gesehen konsequent unter **mehrperiodischer Sicht** (also mittel- und langfristig) getroffen werden, weil *kurz*fristige Ausstiege aus dem jeweils gewählten Strategie-Kanal (nicht zuletzt aufgrund hoher Marktinvestitionen speziell bei Präferenzstrategien) *nicht* möglich bzw. ökonomisch nicht sinnvoll sind, was allerdings – wie gezeigt – preisaktive *Zwischen*phasen nicht ausschließt (siehe z.B. Zigaretten- oder Kaffeemarkt).

bd) Marktparzellierungsstrategische Selektionsfragen

Neben der Festlegung hinsichtlich der zu verfolgenden Marktstimulierungsstrategie – Präferenz- oder Preis-Mengen-Strategie bzw. Zwischenformen oder auch Kombinationen – sind Unternehmen grundsätzlich auch vor die Entscheidung gestellt, die **Art der Marktparzellierung** zu fixieren, d.h. also insbesondere festzulegen, ob eine Massenmarkt- oder Segmentierungsstrategie betrieben werden soll. Die Frage der Marktparzellierungsstrategie ist in hohem Maße mit der Marktstimulierungsstrategie *verknüpft*, und zwar speziell die **Marktsegmentierungsstrategie**. Die Entscheidung für ein marktsegment-strategisches Konzept setzt grundsätzlich ein *präferenz*-strategisches Basiskonzept voraus (= strategischer Verbund oder Klumpen, vgl. hierzu S. 294 f.). Nicht jedes präferenz-strategisches Basiskonzept eignet sich jedoch für eine Segmentierungsstrategie, sondern ihre Einsatzvoraussetzungen sind an bestimmte Produktmerkmale gebunden, und zwar speziell, was das jeweilige **Produktinteresse der Abnehmer** angeht (vgl. hierzu *Abb. 269*).

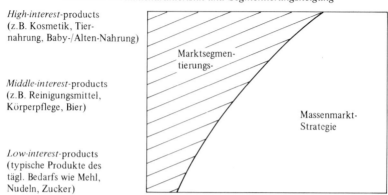

Abb. 269: *Produktcharakteristik und Segmentierungsneigung*

Diese Darstellung verdeutlicht, daß die Massenmarkt-Strategie für Produkte „jeden Interesses" in Betracht kommt bzw. angemessen sein kann. Andererseits kann man sagen: Je *höher* der Grad des Produktinteresses ist, desto *mehr* eignet sich die Segmentierungsstrategie zumindest zur **Ausschöpfung spezifischer Reserven** eines Marktes.

Die strategische Entscheidung über ein (mehr) massenmarkt-orientiertes oder ein (mehr) markt-differenzierendes Agieren ist dabei auf *tiefere* Einsichten in die Bedarfsgrundlagen bzw. Bedarfsbedingungen des jeweils *relevanten* Marktes angewiesen. Was mit der Erfassung von Bedarfsgrundlagen bzw. -bedingungen gemeint ist, verdeutlicht folgende Fragensequenz *(Abb. 270)* zur Körperpflege im allgemeinen und zur Körpersprayverwendung im besonderen, und zwar mit der Intention, auf diese Weise Marktinformationen für die gezielte Entwicklung eines *neuen* Körpersprays zu gewinnen (*Berekoven/Eckert/Ellenrieder*, 1986, S. 290).

Dieses Beispiel *(Abb. 270)* zeigt, daß die Güte von Marktparzellierungsentscheidungen in hohem Maße von den zugrundegelegten Marktinformationen bestimmt wird.

In *hochentwickelten* und vielfach zugleich wachstumsschwachen Märkten ist es zudem in aller Regel notwendig, vor allem auch **zielgruppenspezifischen Differenzierungen** im Markt nachzugehen, um mögliche zusätzliche Marktpotentiale zu identifizieren (zur Bedeutung und zum Ansatz zielgruppenspezifischer Untersuchungen siehe auch das Fallbeispiel bei *Berekoven/Eckert/Ellenrieder*, 1986, S. 283 ff.). Dabei reichen demographische Segmentierungsansätze in der Regel nicht (mehr) aus, sondern **echte Verhaltenssegmente,** auf die spezifische segment-strategische Konzepte gerichtet werden können, lassen sich nur über die Heranziehung *psychographischer* Segmentierungskriterien identifizieren. Damit sind insgesamt die methodischen Fragen der **Lokalisierung** von Marktsegmenten angesprochen. Das Grundproblem

Abb. 270: *Fragensequenz zur Körperpflege im allgemeinen und zur Körpersprayverwendung im besonderen (Beispiel)*

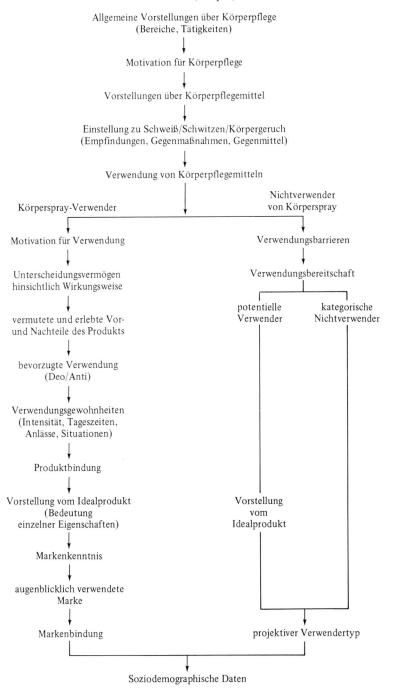

hierbei besteht darin, daß die verschiedenen Segmentierungskriterien für sich allein meist nur eine *begrenzte* Trennschärfe besitzen. Für systematische Segmentierungsstrategien versucht man daher in der Regel möglichst *mehrere* markt- und produktspezifische Trennvariablen zugleich zu berücksichtigen, und zwar auch unter Heranziehung **multivariater Analyseverfahren**. *Abb. 271* faßt die wesentlichen Verfahren und ihre Einsatzmöglichkeiten nochmals zusammen (vgl. *Uebele*, 1982, zur Methodik im einzelnen *Backhaus/Erichson/Plinke et al.*, 1987; *Green/Tull/Albaum*, 1988).

Auf der Basis (vgl. *Abb. 271*) dieser Verfahren ist es möglich, Marktsegmente bzw. Abnehmergruppen *klar* gegeneinander abzugrenzen bzw. zentrale Beurteilungsdimensionen für die Produktpositionierung im Markt zu identifizieren. Das soll im folgenden anhand der **Faktorenanalyse** näher konkretisiert werden, nachdem bereits bei der inhaltlichen Diskussion der segmentierungsstrategischen Möglichkeiten die Grundfrage der Lokalisierung von Marktsegmenten diskriminanz-analytisch formalisiert worden ist.

Die Faktorenanalyse gehört zu den ältesten *multivariaten* Verfahren überhaupt. Die Grundidee dieses Verfahrens, das seinen Ursprung in der Psychologie hat, besteht darin, eine Vielzahl von Größen (Variablen) auf einige wenige „Faktoren" zu reduzieren. Ziel ist damit - wie im Prinzip bei allen multivariaten Analyseverfahren -, zu einer **Datenverdichtung** bei möglichst geringem Informationsverlust zu gelangen (*Hüttner*, 1979, S. 329).

Im einzelnen geht es darum, die zwischen korrelierenden Variablen bestehenden **Zusammenhänge** zu erklären. Grundannahme dabei ist, „daß Variablen deshalb miteinander korrelieren, weil sie partiell das gleiche darstellen, also einen gewissen Anteil einer grundlegenden Dimension repräsentieren. Diese Grunddimensionen (Faktoren) werden von dem mathematischen Verfahren aus der Matrix der Korrelationen der Variablen extrahiert. Die Grunddimensionen bzw. *Faktoren* sind voneinander statistisch unabhängig, d.h. jeder Faktor liefert einen eigenständigen Beitrag zur Erklärung der Korrelationen. Jede Variable hat auf jedem Faktor eine Ladungszahl, die als Korrelation der Variable mit dem Faktor interpretiert werden kann. Die Höhe dieser Ladung (zwischen +1,0 und −1,0) gibt an, in welchem Ausmaß die Variable durch den Faktor repräsentiert wird" (*Freitag*, 1974, S. 948). Das heißt mit anderen Worten, der Faktor kann durch die Variablen mit hohen Ladungen inhaltlich beschrieben (interpretiert) werden.

Das kann an einem Marktforschungsbeispiel aus dem Automobilmarkt verdeutlicht werden. Auf der Basis eines differenzierten Untersuchungsansatzes sollten Gruppen von je 250 Versuchspersonen verschiedene Automobilmarken hinsichtlich folgender Variablen beurteilen:

1. zuverlässig
2. sicher
3. vertrauenswürdig
4. komfortabel
5. modern
6. ruhig

Es sollte also jeweils angegeben werden, in welchem Maße diese *Eigenschaften* auf die einzelnen Automobilmarken zutreffen. Anhand der erhobenen Daten konnte dann *faktorenanalytisch* wie folgt vorgegangen werden: Zunächst wurden zu den erhobenen Variablen die Mittelwerte und daran anschließend - zwischen jeweils zwei Variablen - die Korrelationskoeffizien-

Abb. 271: Charakteristik ausgewählter multivariater Verfahren*

Verfahren	Grundgedanken bzw. Ziel des Verfahrens	Beispiel für den Verfahrenseinsatz	Exemplarische Anwendungsmöglichkeiten
Faktorenanalyse	Analyse wechselseitiger Beziehungen zwischen Variablen; Verdichtung der Variablen zu Faktoren (auf der Grundlage von Korrelationen)	Im Rahmen einer Imageanalyse von Haushaltsreinigern werden verschiedene Beurteilungsgesichtspunkte zu Faktoren komprimiert. Der Faktor Reinigungskraft ergibt sich z. B. aus den Items: reinigt kraftvoll, löst Fett restlos usw.	• Ermittlung von Beurteilungsdimensionen für die Produktpositionierung • Ermittlung kaufentscheidungsrelevanter Faktoren (z. B. im Rahmen einer Marktsegmentierung) • Imageanalyse
Clusteranalyse	Typisierung von Untersuchungsobjekten (z. B. Personen) anhand ihrer Ähnlichkeiten bezüglich bestimmter Merkmale	Auf der Grundlage mehrerer durch die Befragung gewonnener Einstellungen werden Hausfrauentypen gebildet: z. B. die konservative Hausfrau, die Hobby-Köchin	• Abgrenzung und Beschreibung von Marktsegmenten • Typisierung von Zielgruppen, die über bestimmte Medien erreichbar sind (z. B. Typologien von Zeitschriften-Lesern)
nichtmetrische Multidimensionale Skalierung (MDS)	Auf der Grundlage von Ähnlichkeits- bzw. Präferenzurteilen über verschiedene Objekte werden diese in einem möglichst niedrig dimensionierten Beurteilungszeitraum dargestellt	Im Anschluß an eine Verbraucherbefragung ergeben sich über verschiedene Biermarken die Dimensionen hell/dunkel sowie Qualität und Preisklasse	• Produktpositionierung (incl. Idealprodukt und Marktnischen-Diagnose) • Abgrenzung relevanter Märkte • Werbeerfolgskontrollen anhand veränderter Imagepositionen
Diskriminanzanalyse	Eine nominalskalierte abhängige Variable wird durch zwei oder mehrere unabhängige Variablen erklärt	Die Zugehörigkeit zu verschiedenen Gruppen von Pkw-Fahrern wird durch eine Kombination unabhängiger Merkmale (z. B. Alter, Einkommen) erklärt bzw. vorhergesagt	• Identifikation von Zielgruppen bzw. Marktsegmenten aufgrund externer Merkmale • Ermittlung trennscharfer Kriterien, z. B. für Produktpositionierung und selektive absatzpolitische Maßnahmen
mehrfaktorielle Varianzanalyse	Eine metrische Variable wird in ihrer Abhängigkeit von mindestens 2 nominalskalierten Variablen untersucht	Beim Entwurf einer Werbeanzeige wird überprüft, welche Kombination verschiedener Bildentwürfe und Werbeslogans am günstigsten ist (z. B. gemessen an der Betrachtungsdauer durch Testpersonen)	• Wirkungsanalysen verschiedener Marketing-Maßnahmen im Rahmen experimenteller Ansätze • Ermittlung von Verhaltensunterschieden zwischen verschiedenen Segmenten bzw. Zielgruppen

* Für die EDV-gestützte Anwendung gibt es verschiedene Software-Programme (u. a. *SPSS* und *OSIRIS*).

ten ermittelt. Im genannten Beispiel ergab sich dabei folgende *Korrelationsmatrix* der sechs Variablen (*Freitag*, 1974, S. 949 bzw. auch *Bänsch*, 1982, S. 31 f.):

	1	2	3	4	5	6
1	–					
2	0,61	–				
3	0,64	0.77	–			
4	0,21	0,17	0,27	–		
5	0,13	0,02	0,15	0,48	–	
6	0,19	0,15	0,21	0,45	0,56	–

Die Matrix macht deutlich, daß sowohl die Variablen 1, 2 und 3 als auch die Variablen 4, 5 und 6 relativ hoch miteinander korrelieren, während die Korrelation zwischen den beiden „Variablengruppen" relativ gering ist. Insoweit liegt die Vermutung nahe, daß hier *zwei* inhaltlich *unterschiedliche Faktoren* identifiziert wurden.

Die eigentliche Faktoranalyse lieferte im Beispiel – ohne daß hier auf Verfahrensvarianten näher eingegangen werden kann (vgl. hierzu etwa *Hüttner*, 1979, S. 329 ff. bzw. im einzelnen *Überla*, 1977) – folgendes Ergebnis bzw. *Ladungen der Variablen* auf den beiden Faktoren 1 und 2 (*Freitag*, 1974, S. 949 bzw. *Bänsch*, 1982, S. 32):

Variable	Faktor 1	Faktor 2
1. zuverlässig	0,76	0,12
2. sicher	0,72	0,03
3. vertrauenswürdig	0,72	0,07
4. komfortabel	0,08	0,74
5. modern	0,08	0,76
6. ruhig	0,21	0,75

Dieses Ergebnis bestätigt die vermuteten Zusammenhänge. Den sechs unterschiedlichen bzw. erhobenen Variablen liegen die *beiden* Grunddimensionen (Faktoren):

- *Zuverlässigkeit* (repräsentiert durch die Variablen 1, 2 und 3) und
- *Fahrkomfort* (repräsentiert durch die Variablen 4, 5 und 6)

zugrunde. Aufgrund dieser Verdichtung des gesamten Datensatzes können dann *segmentspezifische Positionierungen* von Automobilmarken im Faktorenraum ermittelt werden (vgl. Abb. 271 a, *Freitag*, 1974, S. 955, zur Methodik auch *Backhaus et al.*, 1987, S. 68 ff.).

Diese Positionierung ergibt sich *folgendermaßen:* Für jeden Befragten wird ein Wert auf den bereits bekannten Faktoren Zuverlässigkeit und Fahrkomfort errechnet. Eine sich daran anschließende Mittelwertbildung für jede Befragtengruppe (im Beispiel je 250 Versuchspersonen) ergibt „die Position der Gruppe auf dem Faktor und damit die faktorielle Position des Beurteilungsobjektes" (hier: beurteilte Automobilmarke, J. B., *Freitag*, 1974, S. 954). Bei einer 2-faktoriellen Lösung der Variablen wie im untersuchten Beispiel lassen sich demnach für jede Befragtengruppe und damit für *jede* beurteilte Automobilmarke Positionen auf den beiden Faktoren und damit ihre Lage im *Merkmalsraum* insgesamt ermitteln.

Eine bestimmte Problematik derartiger Faktoranalysen besteht allerdings darin, daß durch die Wahl der jeweiligen **Faktorextraktionsmethode,** die letztlich auch in der Subjektivität des Analysten begründet liegt, das Ergebnis *beeinflußt* werden kann. Darüber hinaus sind Fehler möglich, die aus dem Datensatz herrühren. „Zu derartigen Fehlern gehört beispielsweise der Fall, daß ein relevanter Sachverhalt im

Abb. 271 a: Positionierungen von drei Automobilmarken (A, B und C) im Faktorenraum

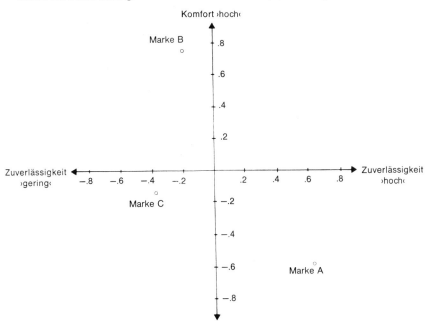

Grundmaterial nur durch eine Variable repräsentiert ist; zeigt diese keine Korrelation zu einer anderen Variablen, erscheint sie nicht als wesentlicher Faktor" (*Bänsch*, 1982, S. 32).

Mit diesen Darlegungen, unterstützt durch ein instruktives Beispiel, sind grundlegende *methodische* Möglichkeiten einer segment- bzw. positionierungsspezifischen Aufschlüsselung von Märkten skizziert worden.

Das **Spektrum** hierauf gerichteter markt-differenzierender Marketingstrategien reicht dabei von verschiedenen Formen der Produktdifferenzierung bis hin zu typischen Ausprägungen der Marktsegmentierung. Folgende Marketing-Matrix *(Abb. 272)*, wie sie in Anlehnung an das sog. Gitternetz (Grid-Konzept; *Blake/Mouton*, 1964 bzw. 1972) von *Moore* konzipiert worden ist (*Moore*, zit. nach *Bauer*, 1976, S. 137), macht das deutlich.

Die Strategie *höchster* Marktentsprechung (Konsumentenorientierung) ist die sog. 9.9-Strategie. Ausgeprägte Formen konsequenter Marktentsprechung repräsentiert insgesamt das *Quadrat* 5.9, 5.5, 9.5 und 9.9; ihm entsprechen selektive Produktdifferenzierungsstrategien und vor allem echte (Produkt-)Segmentierungsstrategien.

Ob in einem konkreten Falle eine Produktdifferenzierungs- oder eine Segmentierungsstrategie marktadäquat und oberzielgerecht ist, hängt dabei von bestimmten Strukturmerkmalen des jeweiligen Marktes ab. Für eine systematische Strategiewahl hat *Kotrba* ein „Strategy Selection Chart" entwickelt (*Kotrba*, 1966, S. 22 ff.)

420   2. Teil: Konzeptionsebene der Marketingstrategien

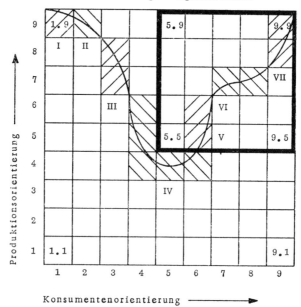

Abb. 272: Marketing-Management-Matrix

I   = Strategie der Markt-Unifizierung
II = Strategie der aggregativen Produkt-Differenzierung
III = Strategie der disaggregativen Produkt-Differenzierung
IV = Strategie der proliferativen Produkt-Differenzierung
V   = Strategie der selektiven Produkt-Differenzierung
VI = Strategie der gestreuten Segmentabdeckung
VII = Strategie der kontrollierten Segmentabdeckung

Diese sog. **Strategieentscheidungstafel** beruht auf einer Auflistung wichtiger Strategiedeterminanten, die bewertet werden und in einer zusammenfassenden Betrachtung eine adäquate Strategiewahl erleichtern können. Folgendes Beispiel *(Abb. 273)* verdeutlicht diese Vorgehensweise (*Kotrba,* 1966, S. 25).

Die in *Abb. 273* verwendeten o Punkte repräsentieren „rockingchairs" (Schaukelstühle), während die ● Punkte „flyswatters" (Fliegenklappen) kennzeichnen. Unabhängig von den von *Kotrba* aus Sicht des US-Marktes gewählten Beispielen zeigt diese dargestellte Strategieentscheidungstafel das grundsätzliche **Prinzip** auf, wie herausgefunden werden kann, ob sich ein Produkt mehr für Produktdifferenzierung oder mehr für Segmentierung eignet. Hierzu dienen Bewertungen in bezug auf *sechs* Schlüsselfaktoren. Aufgrund der vorgenommenen Einordnungen im dargelegten Beispiel spricht das Analyseergebnis bei Schaukelstühlen mehr für eine Segmentierungs- und bei Fliegenklappen mehr für eine Produktdifferenzierungsstrategie. Die Verwendung der Entscheidungstafel führt natürlich nicht immer zu so relativ klaren Entscheidungen wie im aufgeführten Beispiel. Dort, wo es zu Rivalitäten zwischen einzelnen Faktorebenen kommt, könnte das ggf. auch ein Hinweis für eine sinnvolle **Strategie-Kombination** sein.

III. Verfahren und Kalküle zur Strategiebestimmung

Abb. 273: Beispiel für eine Strategieentscheidungstafel (Strategy Selection Chart)*

	Wähle Produktdifferenzierung ⬇	Strategieauswahlfaktoren ⬇	Wähle Marktsegmentierung ⬇
Marktfaktoren	Klein	Größe des Marktes 1 2 3 4 5 6 7 8 9 10	Groß
	Hoch	Abnehmersensibilität in bezug auf Produktunterschiede 1 2 3 4 5 6 7 8 9 10	Niedrig
Produktfaktoren	Einführungsstadium	Stadium des Produktlebenszyklus 1 2 3 4 5 6 7 8 9 10	Sättigungsstadium
	Gebrauchsartikel	Art des Produktes 1 2 3 4 5 6 7 8 9 10	Besondere Artikel
Wettbewerbsfaktoren	Wenige	Zahl der Wettbewerber 1 2 3 4 5 6 7 8 9 10	Viele
	Produktdifferenzierungspolitik	Typische Strategien der Wettbewerber 1 2 3 4 5 6 7 8 9 10	Marktsegmentierungspolitik

* Die jeweiligen „strategischen Profile" für ● und ○ sowie die gestrichelte vertikale „Trennlinie" wurden von uns zusätzlich eingeführt. Das Selection Chart entspricht damit im Prinzip bekannten Punktwertverfahren für die Beurteilung von Produktideen bzw. speziell dem von *Freudenmann* entwickelten *Wertskala*-Verfahren (vgl. auch *Freudenmann*, 1965, S. 151).

Das Verfolgen höherer strategischer Niveaus dient letztlich dem Erreichen höherer Zielerreichungsgrade. So wie die Präferenzstrategie - bei entsprechenden Markt- und Unternehmenskonstellationen - in der Regel einem höheren Zielerreichungsgrad dient als er gewöhnlich mit einer Preis-Mengen-Strategie realisierbar ist, so zielt auch die **Segmentierungsstrategie** grundsätzlich ab auf einen *höheren* Zielerreichungsgrad als reine oder auch modifizierte (z. B. via Produktdifferenzierung) Massenmarktstrategien. Ausschlaggebend für die Wahl einer Segmentierungsstrategie - die in der Regel *zugleich* ein *präferenz*-strategisches Agieren impliziert - ist vor allem (vgl. hierzu auch S. 249 f.):

- das (latente) Existieren **inhomogener Nachfrage** im relevanten Markt;
- ein **intensiver Wettbewerb** (speziell Verdrängungswettbewerb aufgrund einer Stagnation des Gesamtmarktes);
- die Chance, verschiedene Zielgruppen (Segmente) mit **segmentspezifischen Marketinginstrumenten** (Marketing-Mix) entsprechend stimulieren zu können;
- eine **ausreichende Stabilität** der Marktsegmente.

Die Erfüllung dieser Kriterien allein reicht für eine ökonomische, d.h. oberzielorientierte Segmentierungsentscheidung allerdings *noch nicht* aus. Die Segmentierungsentscheidung muß - wie Entscheidungen für andere Strategien höheren Niveaus auch - *davon* abhängig gemacht werden, ob und inwieweit die zu erwartende Preisbereitschaft(en) der anvisierten Zielgruppe(n) es erlauben, die mit der Segmentierungsstrategie verbundenen **Zusatzkosten** *zumindest* zu kompensieren bzw. (ober-)zieladäquat überzukompensieren. Da Strategien eines höheren Niveaus neben höheren Gewinnchancen in der Regel auch *höhere* Risiken beinhalten, ist es im Prinzip ökonomisch sinnvoll, wenn nicht zwingend, daß die Möglichkeit der *Über*kompensation der zusätzlichen Kosten mit zielverträglicher Wahrscheinlichkeit gegeben sein muß. Hierfür ist ein detaillierter Ansatz der segmentspezifischen Zusatzkosten - und zwar *getrennt* nach Einmalzusatzkosten (z.B. Produktentwicklung) und laufenden Zusatzkosten (z.B. Einsatz eines besseren Rohstoffes) - notwendig, und zwar bezogen auf jeweils alle *drei* Marketingbereiche:

- **Angebotspolitik** (z.B. spezifische Produktentwicklung und -gestaltung, zusätzliche Marke);
- **Distributionspolitik** (z.B. spezielle Vertriebsorganisation, zusätzliches Servicekonzept);
- **Kommunikationspolitik** (z.B. spezielle Werbung für neue Marke, besonderes Verkaufsförderungskonzept).

Zugleich ist zu berücksichtigen, ob und in welchem Maße aufgrund differenzierter, segmentspezifischer Produkt-(Programm-)gestaltung **Größendegressionsvorteile** in der Produktion wie im gesamten logistischen Handling - angefangen von der Beschaffung über die Produktion bis hin zum Absatz - *verlorengehen*. Die Segmentierungsstrategie bedingt darüber hinaus vielfach auch eine *höhere*, differenziertere Marketing-Infrastruktur im Unternehmen (z.B. Einführung des Produkt-Managements bzw. dessen Ausbau, verbessertes Marktinformationssystem usw.). Auch diese Zusatzkosten müssen bei der Rentabilitätsprüfung der Segmentierungsstrategie bzw. einzelner Segmente entsprechend berücksichtigt werden.

Insoweit muß also auf der Basis detaillierter interner (Kosten-) und externer (Ertrags-)Analysen der **gewinnoptimale Bereich** jeder speziellen Marktstrategie identifiziert werden. Jene speziellen Marktstrategien sind solche Strategien, die auf einen höheren Zielerreichungsgrad abzielen, und zwar in der Regel über eine Erhöhung der Marktpenetration bzw. Marktabdeckung, ausgedrückt z.B. in der Zahl der in einem Produkt- bzw. Branchenmarkt insgesamt bedienten Marktsegmente. *Abb. 274* versucht, dies *modellhaft* zu verdeutlichen.

Die Darstellung zeigt zunächst den durch Segmentausschöpfung möglichen Umsatzverlauf (U). Er berücksichtigt die Tatsache, daß mit *zunehmender* Zahl der Marktsegmente die zusätzlichen Umsatzchancen in der Regel (deutlich) zurückgehen. In Punkt S_M ist die *maximal* mögliche Segmentzahl erreicht (= Segmentierungsgrenze, zugleich Umsatzgrenze).

Marktsegmente können häufig mit *alternativen* Konzepten ausgeschöpft werden, die meist auch durch unterschiedliche Kosten gekennzeichnet sind (im Beispiel sind *zwei* Konzeptalternativen mit den Kostenverläufen K_1 und K_2 unterstellt). Die Punkte $S_{1/opt.}$ und $S_{2/opt.}$ markieren jeweils den *gewinnoptimalen* Segmentierungsgrad der beiden Konzepte. Der Punkt $S_{2/opt.}$ identifiziert zugleich den gewinn*maximalen* Segmentierungsgrad im angenommenen Beispiel (= größte positive Differenz zwischen U und K). Das Beispiel verdeutlicht damit auch, daß es

III. Verfahren und Kalküle zur Strategiebestimmung

Abb. 274: *Bestimmung des optimalen Segmentierungsgrades*

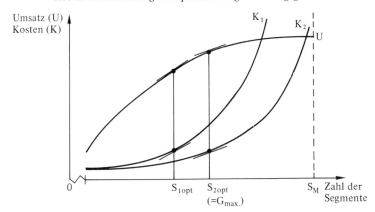

in der Regel ökonomisch *nicht* erstrebenswert ist, einen 100%igen Segmentierungsgrad (S_M) zu realisieren.

Bei Anwendung von Marketingstrategien höherer Ordnung (wie speziell der Segmentierungsstrategie) ist demnach der jeweils ertragsoptimale Anwendungsbereich über entsprechende **Kosten- und Ertragsvergleiche** detailliert zu untersuchen. In der Realität liegt das Optimum dabei in der Regel eher in einem „Mittelfeld" spezieller bzw. differenzierter Marktbearbeitung. Eine *Über*segmentierung z. B. führt jedenfalls erfahrungsgemäß zu einer unverhältnismäßigen Kosten*progression*, wobei die spezifischen Risiken zunächst der filigranen Teilmärkte-Ortung selbst wie auch die der späteren Marktakzeptanz sowie Marktstabilität noch hinzukommen.

be) Marktarealstrategische Selektionsfragen

Nicht zuletzt grundlegende Strukturveränderungen von Märkten (speziell schwach wachsende bzw. stagnierende Märkte) zwingen Unternehmen mehr denn je auch zur systematischen **Ausschöpfung gebietepolitischer Reserven.** Die Nutzung solcher Potentiale setzt jedoch *differenzierte* gebietliche Analysen und darauf gestützte marktareal-strategische Konzepte für die Steuerung und Kontrolle gebietlicher Aktivitäten voraus.

Die konsequente gebietepolitische Rasterung unternehmerischen Handelns erweist sich jedenfalls mehr und mehr als *wichtiger* strategischer Ansatz der Gewinn- und Wachstumssicherung von Unternehmen. Sie wurde bisher in ihrem strategischen Gewicht von der Unternehmenspraxis und in noch größerem Maße von der Lehre vernachlässigt bzw. unterschätzt. Marktarealstrategischen Öffnungen bzw. Weiterentwicklungen der Unternehmen kommt – gerade unter stagnierenden Marktbedingungen – eine Art Ventilfunktion im Sinne gezielter **Lebensraum-Vergrößerungen** zu.

Was die gebiete-strategischen Alternativen betrifft, so können *zwei* große Entscheidungsfelder identifiziert werden (vgl. hierzu auch die Darlegungen auf S. 258 ff.):

- **Nationale Strategien** („Domestic Marketing")
- **Übernationale Strategien** („International Marketing")

Dabei können verschiedene Stufen des marktareal-strategischen Vorgehens innerhalb der beiden großen Entscheidungsfelder unterschieden werden (vgl. Abb. 275, Becker, 1986b, S. 194).

Abb. 275: Geopolitische Entscheidungsfelder und ihre Varianten bzw. Stufen

	Regelweg „Expansion"	Ausnahmeweg „Kontraktion"*
Nationale Strategien („Domestic Marketing") mit • lokaler Markterschließung • regionaler Markterschließung • überregionaler Markterschließung • (vollständig) nationaler Markterschließung		
Übernationale Strategien („International Marketing") mit • multinationaler Markterschließung • internationaler Markterschließung • Weltmarkterschließung		

* z. B. Rückzug auf und Stärkung von Stammgebieten für erneute Expansion (strategische Korrektur).

Was den gebiete-strategischen Auf- bzw. Ausbau angeht, so vollzieht er sich – das zeigen entsprechende Erfahrungen – am besten in **geplanten Stufen**. Dabei können im Inlandsmarketing u. U. auch gebietspolitische *Misch*strategien realisiert werden (siehe z. B. die regional unterschiedlichen Sortimente von Brauereien, Feinkost-Herstellern, vgl. hierzu auch S. 284f. bzw. S. 261f.). Eine solche *gespaltene* areal-strategische Vorgehensweise versucht, sowohl lokal regionalen Verbrauchs-Erwartungen zu entsprechen als auch nationalen Zwängen, wie sie etwa von Handelsorganisationen ausgehen, zu genügen.

Was die gebiet-strategische Grundrichtung betrifft, so ist heute zunächst einmal generell ein Trend bzw. **Zwang zur nationalen Strategie** unverkennbar (insbesondere aufgrund der großen national operierenden Handelsorganisationen, u. a. im Lebensmittelhandel, die weitgehend nationale Partner präferieren).

Wenn auch bestimmte Zwänge eines systematischen Gebietsausbaus (nicht zuletzt in Richtung nationaler Distribution) bestehen und eher noch weiter zunehmen werden, so darf nicht übersehen werden, daß nicht wenige überregional oder national auftretende Unternehmen **gebietliche Lücken** – oder zumindest Schwachstellen – aufweisen. Das kann *verschiedene* Gründe haben: etwa zu starke lokale Bastionen der Konkurrenz, die nur mit unvertretbar hohen Marketing-Mitteln einzunehmen sind oder aber Absatzzellen, die vom Marktpotential her relativ uninteressant sind. Nationale Strategien können (müssen ggf.) also durchaus den Mut zu lokal regionalen Lücken einschließen. Im Laufe der Entwicklung eines Unternehmens und seiner geographischen Ausdehnung wandeln sich zudem häufig **Bedingungen** konkurrenz- und/oder abnehmer-bezogener Art, so daß es sinnvoll sein kann, beim gebiete-politischen Schließen von Gebieten vorbereitende und/oder abwartende Phasen einzulegen (Timing!). Diese Vorgehensweise entspricht in hohem Maße der marktareal-strategischen Option der **selektiven Gebietsausdehnung**.

Für die Planung des marktareal-strategischen Vorgehens gilt es dabei, an entsprechenden regional differenzierten Ausgangsdaten anzuknüpfen. Wesentliche Basisdaten im Rahmen des Konsumgütermarketings stellen hier zunächst *regional* differenzierte Bevölkerungs- und Haushalts-Daten dar, und zwar etwa auf Basis von Bundesländern (bzw. noch *weiter* differenziert nach Regierungsbezirken), wie sie u. a. das *Statistische Bundesamt* veröffentlicht (vgl. *Abb. 276*).

Abb. 276: Fläche, Bevölkerung und Haushalte nach Gebieten (1987)

Gebiete	Fläche km²	Bevölkerung (1000)			Privathaushalte (1000)		
		gesamt	männlich	weiblich	gesamt	Einpers.-Haushalte	Mehrpers.-Haushalte
Berlin (West)	480	2016	938	1078	1110	556	555
Schleswig-Holstein	15728	2555	1229	1326	1147	378	769
Hamburg	755	1594	745	848	866	412	455
Niedersachsen	47439	7162	3455	3707	3121	1030	2091
Bremen	404	660	312	348	333	137	195
Nordrhein-Westfalen	34068	16713	8012	8701	7418	2525	4893
Hessen	21114	5508	2657	2851	2405	765	1640
Rheinland-Pfalz	19848	3632	1748	1884	1551	463	1088
Saarland	2569	1056	506	550	458	144	314
Baden-Württemberg	35751	9291	4491	4800	4060	1419	2641
Bayern	70553	10910	5242	5668	4934	1735	3199
Bundesgebiet*	248709	61096	29336	31760	27403	9563	17840

* DDR (1989): Fläche = 108300 km², Bevölkerung: gesamt 16434, davon männlich 7874, weiblich 8560
Quelle: Statistisches Bundesamt

Marktareal-strategisches Vorgehen hängt – bei indirektem Absatz (= Regelabsatzweg im Konsumgütermarketing) – darüber hinaus von der regionalen Struktur und Umsatz-Verteilung der einschlägigen **Absatzkanäle** ab (siehe hierzu Abb. 277, Beispiel Lebensmitteleinzelhandel).

Abb. 277: Lebensmitteleinzelhandel nach Gebieten

Gebiete	Anzahl der Geschäfte					Umsatz in Mrd. DM				
	1989		90:89	1990		1989		90:89	1990	
	abs.	%	%	abs.	%	Mrd. DM	%	%	Mrd. DM	%
Berlin	1 085	1,6	−2,3	1 060	1,6	4,45	3,2	+4,5	4,65	3,3
Schleswig-Holstein	2 595	3,9	−3,1	2 515	3,9	6,45	4,7	+3,1	6,65	4,7
Hamburg	1 375	2,1	−2,5	1 340	2,1	4,50	3,3	+4,4	4,70	3,3
Niedersachsen	8 330	12,5	−2,9	8 090	12,5	16,20	11,7	+3,4	16,75	11,7
Bremen	555	0,8	−2,7	540	0,8	1,85	1,3	+2,7	1,90	1,3
Nord ohne Berlin	12 855	19,2	−2,9	12 485	19,2	29,00	21,0	+3,4	30,00	21,0
Nordrhein	8 240	12,3	−2,9	8 000	12,3	20,15	14,6	+3,5	20,85	14,6
Westfalen	8 410	12,6	−3,2	8 140	12,6	18,80	13,6	+3,2	19,40	13,6
NRW	16 650	24,9	−3,1	16 140	24,9	38,95	28,2	+3,3	40,25	28,2
Hessen	5 440	8,1	−3,1	5 270	8,1	12,35	9,0	+3,6	12,80	9,0
Rheinland-Pfalz	5 060	7,6	−2,9	4 915	7,6	8,05	5,8	+3,7	8,35	5,9
Saarland	1 340	2,0	−2,6	1 305	2,0	2,70	2,0	+3,7	2,80	2,0
Mitte	11 840	17,7	−3,0	11 490	17,7	23,10	16,8	+3,7	23,95	16,8
Baden-Württemberg	10 490	15,7	−3,0	10 175	15,7	20,45	14,8	+3,4	21,15	14,8
Bayern	13 980	20,9	−3,1	13 550	20,9	21,95	15,9	+3,4	22,70	15,9
Gesamt*	66 900	100,0	−3,0	64 900	100,0	137,90	100,0	+3,5	142,70	100,0

* DDR: Anzahl Geschäfte (1985): 48 183, Umsatz in Mrd. Mark (1988): 50,2 (lt. Nielsen)

Quelle: GfK.

Für entsprechende **Feinplanungen** müssen hierzu etwa noch regional-differenzierte Daten nach Verkaufsflächen-Klassen, Betriebstypen und ggf. Organisationsformen des Handels herangezogen werden (u.a. auf der Basis von *Handelspanel*-Daten: *GfK* bzw. *Nielsen*).

Für die konsequente geo-strategische Ausschöpfung von Märkten ist in der Regel zusätzlich notwendig, **Absatzkennziffern** als Bewertungsmaßstab für die gebietliche Erfolgsträchtigkeit von regionalen Teilmärkten heranzuziehen. Diese Absatzkennziffern stellen **Indikatoren** für die absolute bzw. relative Aufnahmefähigkeit dieser Teilmärkte dar. Sie lassen sich auf der Basis einfacher oder mehrfacher Indikatoren beurteilen. Die Aufnahmefähigkeit der einzelnen Teilmärkte und damit die **marktareal-strategischen Stoßrichtungen** lassen sich dabei umso besser beurteilen bzw. festlegen, je mehr Indikatoren genereller wie spezieller Art herangezogen werden.

Für differenziertes inländisches marktareal-strategisches Vorgehen ist dabei vor allem eine *regionale* Feingliederung von Absatzkennziffern nach Bundesländern (bzw. Stadtstaaten), Regierungs- bzw. Verwaltungsbezirken bis hin zu Stadt- und

Landkreisebenen sinnvoll. *Abb. 278* und *279* verdeutlichen das System regionaler Absatzkennziffern am Beispiel ausgewählter Teile von Nordrhein-Westfalen, wie es jährlich etwa von der GfK erarbeitet wird.

Abb. 278: Gebietestruktur Nordrhein-Westfalen

Quelle: GfK-Basiszahlen 1989

Die **Kaufkraftkennziffer** in Promille gibt das Gewicht der einzelnen Kreise in bezug auf die Einkommen der dort lebenden Bevölkerung an. Die **Umsatzkennziffer** in Promille zeigt die Bedeutung der einzelnen Regionen nach den dort erzielten Umsätzen des Einzelhandels. Jedes Unternehmen muß dabei prüfen, *welche* der beiden Reihen das Absatzpotential für die eigenen Zwecke am besten erklärt. Häufig sind *noch* andere Basiszahlen (wie z. B. Industrieverteilung, Baugenehmigungen oder auch Branchenumsätze im Handel) in die Betrachtung einzubeziehen, um auf dieser Basis *spezielle* Absatzkennziffern zu ermitteln, die möglichst alle Besonderheiten des Produktes/Programms bzw. der Verbraucherverhaltensweisen, die Besonderheiten des Absatzweges bzw. -systems usw. berücksichtigen.

Abb. 279: Flächen- und Bevölkerungsstruktur sowie Kaufkraft- und Umsatzkennziffern für ausgewählte Teile Nordrhein-Westfalens

Schlüssel-zahl	Stadt- bzw. Landkreise	Fläche qkm 31.12.1986	Bevölkerung insgesamt 25.05.1987	Bevölkerung Promille[1]	Bevölkerung Ausländer abs. in 1000 31.12.1987	Bevölkerungs-dichte[2] 25.05.1987	Arbeits-lose März 1988	Kaufkraft-kennziffer je Gebiet in Promille[1]	Kaufkraft-kennziffer je Ein-wohner[3]	Umsatz-kennziffer je Gebiet in Promille[1]	Umsatz-kennziffer je Ein-wohner[3]
	Stadtkreise:										
05111	Düsseldorf	217,09	563 531	9,226	95,1	2596	35 144	11,080	120,1	12,902	139,8
05112	Duisburg	232,81	525 378	8,601	69,1	2257	35 018	7,831	91,0	8,311	96,6
05113	Essen	210,33	623 427	10,206	39,9	2964	36 042	10,095	98,9	12,083	118,4
05114	......	137,50	232 261	3,802	25,2	1689	12 399	3,994	105,0	4,347	114,3
05116	......	170,50	249 587	4,086	20,7	1464	12 171	4,015	98,3	5,431	132,9
05117	......	91,27	176 423	2,888	11,6	1933	9 219	3,109	107,7	3,592	124,4
05119	......	77,03	220 286	3,606	18,1	2860	14 346	3,231	89,6	3,471	96,3
05120	......	74,60	120 132	1,967	17,2	1610	4 449	2,126	108,1	1,823	92,7
05122	......	89,46	159 103	2,605	19,4	1778	7 175	2,745	105,4	2,841	109,1
05124	......	168,37	365 662	5,986	40,0	2172	16 698	6,406	107,0	6,570	109,8
	Kreise:										
05154	Kleve	1231,07	261 032	4,273	16,1	212	9 760	3,921	91,8	4,061	95,0
05158	Mettmann	407,10	479 749	7,854	46,0	1178	18 258	8,550	108,9	6,710	85,4
05162	......	576,35	403 764	6,610	39,2	701	13 376	7,408	112,1	6,597	99,8
05166	......	562,53	261 697	4,285	16,3	465	9 061	4,235	98,8	3,451	80,5
05170	......	1042,01	426 094	6,976	30,8	409	19 058	6,575	94,3	6,389	91,6
	Reg.-Bez. Düsseldorf	5288,02	5 068 126	82,971	504,7	958	252 174	85,321	102,8	88,579	106,8

[1] bezogen auf Gesamtsumme Bundesgebiet einschl. Berlin (West)
[2] Einwohner insgesamt je qkm
[3] bezogen auf den Bundesdurchschnitt von 100,0

Quelle: GfK-Basiszahlen 1989

III. Verfahren und Kalküle zur Strategiebestimmung 429

Die Darlegungen haben insgesamt gezeigt, daß es *verschiedene* Möglichkeiten gibt, die **Aufnahmefähigkeit regionaler Märkte** zu beurteilen, um auf dieser Basis klare geo-strategische Konzepte zu entwickeln im Sinne von geo-strategischen Stufenplänen des Auf- und Ausbaus. Je feiner das Analyseraster ist (neben generellen auch spezielle Indikatoren bis hin zur Berücksichtigung *firmenindividueller* Kriterien), umso mehr kann es gelingen, auch spezifische Absatzreserven kleiner Gebieteeinheiten zu identifizieren, um aus diesen Detaildaten dann ein abgestuftes, ggf. panel-gestütztes Gebieteerschließungskonzept zu entwickeln.

Völlig neue Möglichkeiten *fein*geografischen Agierens werden noch im Aufbau befindliche **mikrogeografische Datenbanken** eröffnen (z. B. *LOCAL*-System von *infas*, Ausgangsbasis: 58 000 Wahl- und Stimmbezirke), die nicht nur auf Orts-, sondern bis auf Ortsteilebene differenzierte **Nachfragepotentiale**, u. a. aufgrund von Wohn- und Handelsumfeldanalysen, enthalten (siehe u. a. *Wilde*, 1986; *Meyer*, 1989).

Was das **übernationale Marketing** betrifft, so ist es auch für die Erschließung von Auslandsmärkten grundsätzlich sinnvoll, solche *potential*-orientierten, regionalen Analysen auf der Basis von Absatzkennziffern durchzuführen. Erst auf der Basis solcher Feinanalysen ist eine systematische, differenzierte Bearbeitung von Auslandsmärkten möglich.

Bevor jedoch solche Feinanalysen im übernationalen Marketing sinnvoll sind, müssen zunächst **strategische Grob-Selektionen** dahingehend vorgenommen werden, wel-

Abb. 280: Basisdaten zur Exportsituation der BRD

a) Die 20 größten *Abnehmerländer* der BRD (Exporte fob)

nach Ausfuhrwerten von 1985[1]	1984		1985	
	Mio. DM	%	Mio. DM	%
1. Frankreich (1)	61 336	12,6	63 998	11,9
2. Verein. Staaten (2)	46 834	9,6	55 540	10,3
3. Niederlande (3)	42 125	8,6	46 255	8,6
4. Großbritannien (4)	40 579	8,3	45 968	8,6
5. Italien (5)	37 663	7,7	41 776	7,8
6. Belgien/Luxemburg (6)	34 018	7,0	36 971	6,9
7. Schweiz (7)	25 872	5,3	28 857	5,4
8. Österreich (8)	24 334	5,0	27 375	5,1
9. Schweden (9)	12 976	2,7	14 733	2,7
10. Dänemark (11)	10 030	2,1	11 810	2,2
11. Sowjetunion (10)	10 767	2,2	10 527	2,0
12. Spanien (12)	8 630	1,8	9 748	1,8
13. Japan (13)	6 918	1,4	7 893	1,5
14. Norwegen (18)	5 484	1,1	6 798	1,3
15. VR China (-)	2 975	0,6	6 431	1,2
16. Jugoslawien (17)	5 513	1,1	6 215	1,2
17. Finnland (20)	4 749	1,0	5 548	1,0
18. Griechenland (19)	4 946	1,0	5 482	1,0
19. Kanada (-)	4 321	0,9	5 475	1,0
20. Saudi-Arabien (16)	6 307	1,3	5 235	1,0
20 größte Kunden	396 377	81,2	442 635	82,4

[1] in Klammern: Rang im Vorjahr
Quelle: Statistisches Bundesamt.

b) Die 15 *größten Exporteure* der BRD im Jahr 1984

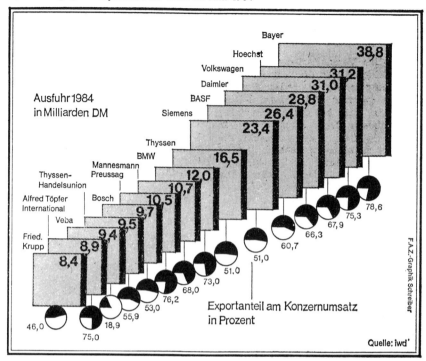

c) Die *bevölkerungsstärksten Länder* im Jahre 2020 (gegenüber 1985)

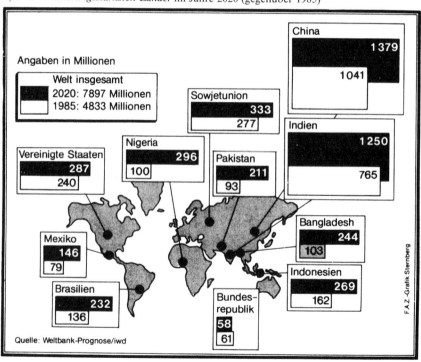

che Länder überhaupt im Rahmen eines übernationalen Marketing-Konzepts berücksichtigt werden sollen. Für erste Vorüberlegungen können dabei bestimmte Grobstrukturen herangezogen werden, wie z. B. die Struktur wichtigster Exportländer, die wichtigsten Exporteure der BRD bzw. die bevölkerungsreichsten Länder (vgl. *Abb. 280*).

Aus diesen Charts *(Abb. 280)* gehen die **Exportschwerpunkte** der BRD hervor, die jedoch aus wirtschaftlichen wie politischen Gründen laufenden Veränderungen unterworfen sind. Was den Überblick über die größten exportierenden Unternehmen betrifft, so fällt vor allem der unterschiedlich hohe **Exportanteil** am Gesamtumsatz auf. Er schwankt bei den hier betrachteten Unternehmen zwischen rd. 19% und knapp 80%. Das heißt, jedes Unternehmen steht vor der grundlegenden Frage, welche Auslandsanteile überhaupt *markt- und unternehmensstrategisch* angestrebt werden sollen. Dabei sind sowohl ertragswirtschaftliche als auch risikopolitische Gesichtspunkte zu berücksichtigen. Vorformulierungen hierzu enthält häufig bereits die festgelegte **Unternehmensphilosophie** des Unternehmens (vgl. hierzu auch den Teil Ziele, S. 34f.). Ein wichtiges allgemeines Beurteilungskriterium für die Beurteilung von Auslandsmärkten stellt andererseits die *künftige* Bevölkerungsentwicklung weltweit dar. Die oben angeführte Darstellung zeigt, daß sich hier in den nächsten Jahrzehnten grundlegende Veränderungen ergeben werden, die zur Überprüfung bestehender übernationaler Marketing-Konzepte zwingen.

Für *das* Unternehmen, das überhaupt erst übernationale Aktivitäten plant, stellt sich naturgemäß erst einmal die Frage, wie eine **optimale Länder-Selektion** vorgenommen werden soll. Angesichts der großen Zahl möglicher Auslandsmärkte und der vielfältigen Auswahlgesichtspunkte bietet sich hierfür das **sequentielle Bewertungsverfahren** an (vgl. *Abb. 281, Henzler*, 1979, S. 122; *Meffert/Althans*, 1982, S. 77).

Abb. 281: Sequentielle Bewertung von Auslandsmärkten (am Beispiel PVC-Bodenbeläge)

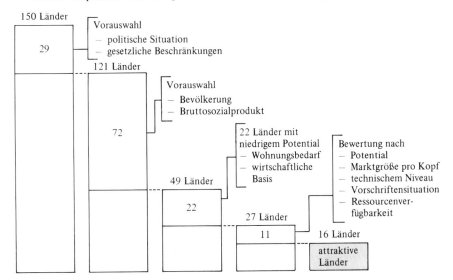

Dieses *stufenförmige* (Punkt-)Bewertungsverfahren des Universums von 150 Ländern unter spezifischen *produkt*-orientierten Kriterien führt am Ende jeder einzelnen Bewertungsstufe zur Beantwortung der Frage, welche der beurteilten Länder für weitergehende Analysen berücksichtigt werden sollen. Dabei wird idealerweise der Kriterienkatalog, der der Bewertung zugrundeliegt, *schrittweise* erweitert. Das heißt mit anderen Worten, die Länder, die in den späteren Bewertungsstufen jeweils noch übrig bleiben, werden immer feineren Analysen unterworfen. Andererseits muß darauf geachtet werden, daß nicht durch eine zu große Zahl der Kriterien (die die Entscheidungsqualität häufig nicht wesentlich verbessern) das Verfahren nicht mehr vernünftig handhabbar ist. Die **Entscheidungsqualität** solcher sequentieller Verfahren hängt in hohem Maße davon ab, ob die Auswahlkriterien einen möglichst *engen* Bezug zum zu vermarktenden Produkt haben und ob sie möglichst objektiv, und das heißt im Auslandsmarketing vor allem sekundärstatistisch, erfaßbar sind (vgl. auch *Meffert/Althans,* 1982, S. 77).

Im übernationalen Marketing spielen darüber hinaus spezielle **Risikoanalysen** eine wesentliche Rolle. Für die Beurteilung und Auswahl der ausländischen Absatzgebiete genügt im allgemeinen nicht eine generelle Analyse der allgemeinen Absatzvoraussetzungen, sondern es sind vor allem auch die *politischen* Risiken der einzelnen Länder zu berücksichtigen. Hierbei treten jedoch erhebliche **Informationsprobleme** auf, vor allem im Hinblick auf Prognosen des Eintretens politischer Ereignisse mit negativen Auswirkungen auf das Exportgeschäft oder auch auf getätigte Investitionen im Ausland. Hierfür werden inzwischen von verschiedenen Institutionen regelmäßig länderspezifische **Risikoindizes** ermittelt. Einer der bekanntesten Services für die Quantifizierung länderspezifischer Risiken ist der *Beri-*Informationsdienst (*Beri-*Geschäftsrisiko-Beurteilung und *Beri-*Kreditrisiko-Beurteilung des *Beri-Instituts*), der dreimal im Jahr erscheint und dessen Daten über ein Experten-Panel für 48 Länder erhoben werden (zu *Beri* und anderen Country ratings siehe *Backhaus/Meyer,* 1987, S. 103 ff.; *Walldorf,* 1987, S. 281 ff.; *Meyer,* 1987).

Als ein spezifischer Ansatz der Marktauswahl, der neben dem politischen Risiko auch die **Attraktivität** der jeweiligen Länder berücksichtigt, kann im übrigen die **Länder-Portfolio-Analyse** angesehen werden. Grundgedanke ist dabei, daß es nicht so sehr darauf ankommt, eine einzelne Länderentscheidung zu optimieren, „sondern diese Optimierung erst durch den Verbund einer großen Zahl von Auslandsentscheidungen zu erzielen" (*Meißner/Gerber,* 1980, S. 222, *Abb. 282* versucht das zu verdeutlichen).

Ziel ist also eine marktareal-strategische **Verteilung des Risikos** (risk diversification). In dem oben dargestellten (Modell-)Beispiel *(Abb. 282)* erscheinen vor allem Länderengagements in den Länderfeldern IV, VII und VIII *interessant,* und zwar durch mittlere/hohe politische Stabilität wie durch mittlere/hohe Attraktivität des Marktes[15]. Engagements in den Länderfeldern II, III und VI sind *dagegen* aufgrund niedriger/mittlerer politischer Stabilität wie durch niedrige/mittlere Marktattraktivität mit vergleichsweise hohem Risiko behaftet. Auslandsengagements in den Länderfeldern I, V und IX (marginal countries im Sinne von *Rumelt/Heeman,*

---

[15] Zur Portfolio-Analyse im allgemeinen und zur Definition der Marktattraktivität im besonderen vgl. auch S. 338 ff. bzw. 342 f.

III. Verfahren und Kalküle zur Strategiebestimmung 433

Abb. 282: Portfolio-orientierte Auslandsmarkt-Wahl

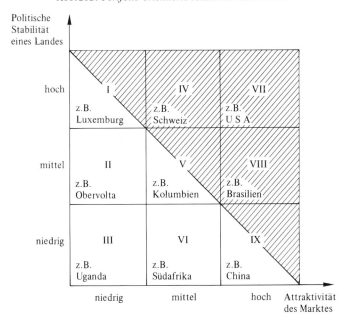

1978) bedürfen besonders *differenzierter* strategischer Abwägung im Hinblick auf Chancen und Risiken. Engagements speziell in diesen Ländern unterliegen „grundsätzlich in starkem Maße der subjektiven Risikoeinschätzung und Risikobereitschaft der Unternehmensleitung" (*Meißner/Gerber,* 1980, S.222). Die marktarealstrategische Länderwahl erweist sich so gesehen als ein Hauptproblem übernationalen Marketings überhaupt.

Was das übernationale strategische Vorgehen insgesamt betrifft, so hat sich inzwischen in vielen Märkten und Branchen klassisches Exportmarketing (= Absatz von Überschußmengen im Ausland über fremde Absatzorgane) *weiterentwickelt* zu modernem übernationalen Marketing (= „International Marketing" als systematische Pflege von Auslandsmärkten mit eigenen Vor-Ort-Aktivitäten produktions- und/oder vertriebsmäßiger Art). Angesichts der ökonomischen wie auch gesellschaftlich-kulturellen Vernetzung von Weltmärkten entstehen neuerdings verstärkt Zwänge wie Möglichkeiten eines **Global Marketing** (das gilt insbesondere für die „Triade" USA, Westeuropa und Japan; vgl. hierzu *Ohmae,* 1985). „Worldproduct-Marketing" wird anderseits auch durch generellen Druck auf die Preise induziert, denn „world-products" eröffnen wesentliche **Kostensenkungspotentiale.** Insoweit greift die Global-Marketing-Diskussion im Prinzip auch klassische *Standardisierungs*strategien für das Auslandsgeschäft wieder auf. Gleichwohl muß erkannt werden, daß sich nicht jeder Markt und nicht jedes Produkt von vornherein für eine Globalisierungsstrategie eignet. Vielmehr sind der jeweilige Reifegrad des Marktes, die Produktcharakteristika und die Globalisierungstendenzen zu berücksichtigen (vgl. hierzu die Beispiele bei *Henzler/Rall,* 1985 sowie unsere Darlegungen auf S.287ff.).

434   *2. Teil: Konzeptionsebene der Marketingstrategien*

In dieser Hinsicht gilt es grundsätzlich, ein ganzes Bündel von **Schlüsselfaktoren** der Entscheidung Global Marketing *versus* klassisches, länder- bzw. ländergruppendifferenziertes übernationales Marketing zugrundezulegen (*Meffert,* 1986b, S. 700ff., vgl. hierzu *Abb. 283*).

Abb. 283: Schlüsselfaktoren zur Entscheidung über Global- oder klassisches übernationales Marketing

Kostendominanz	Strategie-Determinanten (Schlüsselfaktoren)		Erlösdominanz
	homogen — Bedürfnisse —	heterogen	
	homogen — Distributionssysteme —	heterogen	
	ähnlich — Medienszene —	verschieden	
	gleich — Produktstandards —	verschieden	
	weltweit — Hauptwettbewerber —	lokal	
	stagnierend — Marktphase —	wachsend	
	dynamisch — Technologie —	stabil	
	niedrig — Handelsbarrieren —	hoch	
	heterogen — Kulturelle u. rechtl. Normen —	homogen	
	hoch — Kostenvorteile (Standardisierungseffekte) —	gering	
	gering — Erlösvorteile (Differenzierungseffekte) —	hoch	
	gering — Flexibilitätsbedarf —	hoch	
	Risikoneigung (Gewinn/Rendite)		

Aus *Abb. 283* wird noch einmal deutlich, daß die Entscheidung für Global Marketing von einer ganzen Reihe gewichtiger Kriterien abhängig gemacht werden muß, und daß darüber hinaus auch noch *unternehmensspezifische* Voraussetzungen in das Kalkül einbezogen werden müssen.

bf) Zum Strategieselektionsprozeß insgesamt

Zieladäquate Strategiealternativen werden – das haben die bisherigen Darlegungen zu verdeutlichen gesucht – sowohl auf der Basis von Markt- und Umweltanalysen als auch aufgrund von Unternehmens-(potential-)analysen gewonnen. Ihre Selektion erfolgt dabei grundsätzlich auf der Grundlage von *monetären* Oberzielkriterien. Im Prinzip ist deshalb, je nach Komplexgrad der Entscheidungssituation, ein *mehrstufiges* Selektionsverfahren notwendig, wie es folgende Grafik *(Abb. 284)* zu formalisieren sucht (*Aurich/Schröder,* 1977, S. 255).

Die *erste* Selektionsstufe (Zulässigkeitsprüfung) beinhaltet dabei zunächst eine generelle Zielverträglichkeitsprüfung (Konsistenztest), während die *zweite* Stufe (Nutzwertanalyse) sich auf eine einengende Prüfung unter Zieldominanz-Gesichts-

III. Verfahren und Kalküle zur Strategiebestimmung 435

Abb. 284: Mehrstufiges Selektionsverfahren für Strategien

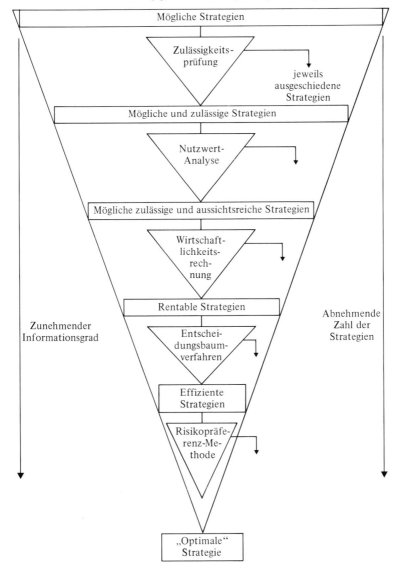

punkten bzw. unter Verschmelzung von Mehrfachzielen zu sog. Nutzenfunktionen (*Heinen,* 1976, S. 147 ff.; *Zangemeister,* 1976) konzentriert. Eine *dritte* Stufe einengender und weiter konkretisierender Analysen erfolgt dann etwa auf der Basis von Investitionsrechnungen (*Blohm/Lüder,* 1983; *Kern,* 1974b; *Schwarz,* 1967).

Für den Fall, daß mehrere Strategiealternativen (ober-)zieladäquat sind, kann für eine weiter einengende Strategieselektion (*vierte* Stufe) das sog. Entscheidungsbaumverfahren herangezogen werden (siehe hierzu allerdings die Ausführungen auf S. 592). In einer *fünften* Stufe kann dann schließlich die unternehmensindividuell optimale Strategie unter Berücksichtigung von **Risikoüberlegungen** identifiziert werden.

Zwei verschiedene Vorgehensweisen (Teilstufen) können hierbei unterschieden werden:

(a) Berücksichtigung des **Risikos** von Investitionsprojekten an sich,
(b) zusätzliche Berücksichtigung der **Risikobereitschaft** (Risikopräferenzen) der Entscheidungsträger.

Die erste Teilstufe berücksichtigt die Rendite- und Risikoaspekte von Investitionsprojekten, was an folgendem *vereinfachten* Beispiel (*Süchting*, 1978, S. 268 f.) demonstriert werden kann.

Es stehen *fünf* strategische Alternativen zur Wahl, welche Marktinvestitionen von DM 10 000 erfordern und im Entscheidungskalkül der Unternehmensführung durch folgende Rendite/Risiko-Kombinationen gekennzeichnet sind:

Investitions-alternativen	Erwartungswert der Renditen % (μ)	Risiko % (σ)
A	10	10
B	15	15
C	10	20
D	15	30
E	20	30

Hinsichtlich ihrer *Rendite/Risiko-Positionen* lassen sich die angenommenen Investitionsalternativen grafisch wie folgt *(Abb. 285)* darstellen.

Abb. 285: Auswahl von Investitionsalternativen mit Hilfe des Dominanzprinzips

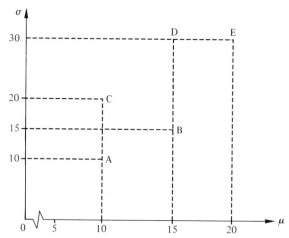

Bei derart strukturierten Entscheidungskonstellationen beruht eine ökonomisch rationale Entscheidung auch auf der Anerkennung des *sog. Dominanzprinzips.* Daraus lassen sich folgende Entscheidungsregeln ableiten:

„• Unter mehreren Investitionsalternativen mit gleichem Risiko ist diejenige mit der höchsten Rendite (dem höchsten Erwartungswert der Renditen) vorzuziehen.

- Unter mehreren Investitionsalternativen mit der gleichen Rendite ist diejenige mit dem geringsten Risiko vorzuziehen."

Auf der Basis dieser Regeln werden sowohl C (weil bei gleicher Rendite höheres Risiko als A) als auch D (weil bei gleicher Rendite höheres Risiko als B bzw. bei gleichem Risiko geringere Rendite als E) „als inferiore Alternativen diskriminiert, d.h. eindeutig von der weiteren Planung ausgeschlossen" (*Süchting*, 1978, S.269).

Die eigentliche Risikopräferenz-Analyse berücksichtigt nur noch die in der Planung verbliebenen Investitionsalternativen A, B und E, die aufgrund des Dominanzprinzips *nicht* weiter selektiert werden können. Basis hierfür bilden die *subjektiven* Präferenzen (Risikobereitschaften)[16] der Entscheidungsträger. Sie werden theoretisch etwa über sog. Indifferenzkurven erfaßt (siehe im einzelnen *Süchting*, 1978, S.269 ff.; zur formalen Entscheidungstheorie überhaupt siehe u.a. auch *Bamberg/Coenenberg*, 1981; *Bitz*, 1981; *Hanf*, 1986).

Die Strategieselektion stellt – unabhängig von den grundsätzlich hierfür einsetzbaren konkreten Analyse- und Entscheidungskalkülen – stets auch einen *situativ* geprägten **unternehmensindividuellen Akt** dar, der in hohem Maße von den Neigungen, Wertungen, Einsichten sowie der Professionalität der Entscheidungsträger geprägt ist. Typisch für diese Entscheidungssituation ist vor allem (*Hinterhuber*, 1977, S.121):

(1) der **Kompromiß** zwischen Maximierung der Möglichkeiten und Minimierung der Risiken,
(2) die **Wahl** zwischen risikoreicher Innovationspolitik mit überdurchschnittlichen und risikoarmer Innovationspolitik mit unterdurchschnittlichen Gewinnpotentialen,
(3) die **Antizipation** der potentiellen Aktionen und Reaktionen wichtiger Konkurrenten auf die eigenen strategischen Handlungen.

Von grundlegender Bedeutung ist darüber hinaus das richtige **Timing** der strategischen Handlungsmuster (*Rühli*, 1978, II, S.214ff.), wobei zwischen Kann- *und* Mußzeitpunkten unterschieden werden kann. So gibt es etwa zeitlich begrenzte Phasen, in denen das Potential eines Unternehmens und die speziellen Anforderungen (Bedingungen) eines Marktes sich optimal entsprechen. In einer solchen Phase, in der quasi das „**Strategische Fenster**" (*Abell/Hammond*, 1979, S.63) offensteht, muß das Unternehmen seine gesamte strategische Kraft einsetzen, um die besondere „Gunst der Stunde" zu nutzen (vgl. z.B. die wesentlich frühere und konsequentere Nutzung der Elektronik durch große japanische Uhrenhersteller wie *Seiko* oder *Citizen* als etwa von führenden schweizerischen und deutschen Uhrenanbietern, was den japanischen Herstellern einen nachhaltigen, nur schwer aufholbaren Wettbewerbsvorsprung verschafft hat; zum strategischen Timing siehe auch S.313 ff.).

---

[16] Vielfach enthält auch die Zielfunktion bzw. das Grundgesetz des Unternehmens (= 1. Konzeptionsebene) bereits Aussagen zur *generellen* Risikobereitschaft, auf die hier ggf. zurückgegriffen werden kann.

3. Teil
Konzeptionsebene des Marketingmix

In der Marketingliteratur steht bislang die *isolierte* Behandlung der einzelnen Marketinginstrumente eindeutig im Vordergrund. Im Laufe der Entwicklung hat man dabei das System des insgesamt zur Verfügung stehenden Marketinginstrumentariums weitgehend perfektioniert, d.h. es gibt heute kaum noch wesentliche wissenschaftliche Lücken, was die Behandlung aller Marketinginstrumente (= *allgemeine* Marketingliteratur) oder die Vertiefung einzelner Marketinginstrumente (= *spezielle* Marketingliteratur) angeht. Was aber immer noch vergleichsweise zu kurz kommt, ist die **integrative Betrachtung** bzw. Analyse des Marketinginstrumentariums im Sinne optimaler Mittelkombination.

Soweit dieser Problemkreis Gegenstand wissenschaftlicher Auseinandersetzung ist, so ist hierbei vor allem eine *formalisierend-rechenhafte* Behandlung („Approach") typisch. Was demgegenüber aber bisher eher vernachlässigt worden ist, sind die mehr **materiellen Fragestellungen** (Sachfragen) dieses Kombinations- bzw. Allokationsproblems. Auf diese Thematik wollen wir daher den **Schwerpunkt** der folgenden Betrachtungen legen. Bevor wir dies im einzelnen tun können, erscheint aber zunächst eine Einführung in das Wesen und die Dimensionen des Marketingmix überhaupt notwendig.

I. Wesen und Dimensionen des Marketingmix

Der Marketingmix stellt gewissermaßen das *letzte* Glied in der marketing-konzeptionellen Kette dar. Nachdem – einem „logischen Ablauf"[1] folgend – die Marketingziele fixiert und auf ihnen aufbauend die Marketingstrategien formuliert sind, ist jene Stufe des Marketingmix notwendig, welche die **eigentliche Umsetzung** von Zielen und Strategien im Markt bewirkt. Der Marketingmix kann insoweit auch als „taktische Komponente der Strategie" (o.V., 1977, S.37) aufgefaßt werden, d.h. er stellt die eigentliche *operative* Seite der Marketing-Konzeption bzw. die konkrete, maßnahmen-orientierte Umsetzung strategischer Vorgaben dar.

Der Begriff „Marketingmix" bzw. seine Ausdeutung geht auf *Borden* zurück (*Borden,* 1964 bzw. 1966), der damit das Phänomen umschreibt, daß Marketingziele bzw. Marktleistungen am Markt erst dann realisiert werden können, wenn eine Reihe (Vielzahl) von Marketinginstrumenten *koordiniert* eingesetzt wird. Es ist jene

---

[1] Zur generellen Gültigkeit sog. Phasentheoreme bzw. zu alternativen Konzeptionsmustern siehe auch die einführenden Darlegungen auf S.4f.

Aufgabe, die *Gutenberg* als das Problem der „optimalen Kombination der absatzpolitischen Instrumente" kennzeichnet (*Gutenberg*, II, 1976, S.612ff.). *Kotler* und *Bell* charakterisieren dieses Problem bzw. seine Lösung auch als die Erarbeitung des „Marketingprogramms" eines Unternehmens (*Kotler*, 1977, S.390ff.; *Bell*, 1972, S.904 bzw. auch *Kotler/Armstrong*, 1988, S.331ff.).

Im Sinne *Bordens* kann derjenige im Unternehmen, der für die Erstellung (und die Realisation) der Marketing-Konzeption verantwortlich ist, auch als „mixer of ingredients" bezeichnet werden. Damit wird zum Ausdruck gebracht, daß Marktleistungen erst dann entstehen, wenn Marketinginstrumente gezielt eingesetzt werden, und zwar im Sinne eines kombinierten Einsatzes. Der Marketingmix, der heute durchweg ganz allgemein als Kombination des Marketinginstrumentariums gekennzeichnet wird, kann dabei im Sinne unserer **Stufenbetrachtung** der Marketing-Konzeption (=Ziele, Strategien, Mix) als die *zielorientierte, strategieadäquate* Kombination der Marketinginstrumente präzisiert werden.

1. Marketingmix als mehrstufiges Verteilungsproblem

Angesichts der Vielzahl von Marketinginstrumenten bzw. ihrer *mannigfachen* Differenzierungs- und Modifikationsmöglichkeiten handelt es sich bei dem Marketingmix um eine *sehr* komplexe Aufgabe. Die Gestaltung des Marketingmix stellt in diesem Sinne die Unternehmensführung vor eine der grundlegendsten **Koordinationsaufgaben** des Unternehmens überhaupt. Sie ist darüber hinaus angesichts der zunehmenden Dynamik der Märkte *quasi* zu einer Daueraufgabe geworden.

Diese permanente Koordinationsaufgabe kann auch als ein äußerst komplexes Verteilungs- oder Allokationsproblem aufgefaßt werden, und zwar in der Weise, daß bei ihrer Bewältigung das **Marketingbudget** auf die verschiedenen ziel- und strategieadäquaten Marketinginstrumente aufgeteilt werden muß. Dabei müssen die *vielfältigen* Interdependenzen, die zwischen diesen Instrumenten bestehen, berücksichtigt werden. Das so gekennzeichnete Verteilungsproblem kann - das ist aufgrund des Gesagten nachvollziehbar - im Prinzip *nur* in Stufen gelöst werden. Es umfaßt dabei im einzelnen *folgende* Entscheidungsebenen in bezug auf die Marketinginstrumenten-Wahl:

- Welche Marketinginstrumente stehen in einer konkreten, unternehmensindividuellen Entscheidungssituation überhaupt zur Verfügung (=**universaler** Aspekt)?
- Welche Instrumente des verfügbaren Marketinginstrumentariums sollen eingesetzt werden (=**selektiver** Aspekt)?
- Wie sollen die einzusetzenden Instrumente gehandhabt werden (=**qualitativer** Aspekt)?
- In welchem Umfang sollen die einzusetzenden Instrumente angewandt werden (=**quantitativer** Aspekt)?
- In welcher zeitlichen Reihenfolge sollen die einzelnen Instrumente eingesetzt werden (=**zeitlicher** Aspekt)?
- In welcher Kombination zueinander sollen die einzelnen Marketinginstrumente wirksam werden (=**kombinativer** Aspekt)?

Diese sechs Entscheidungsebenen, die im Rahmen des Marketingmix-Prozesses unterschieden werden können, machen die Komplexität dieser Marketingaufgabe mehr als deutlich. Sie basiert dabei im Grunde auf *zwei* unterschiedlichen Komponenten, nämlich:

- einer **kreativ-intuitiven** Komponente und
- einer **kalkülisierend-verfahrensorientierten** Komponente.

In der jüngeren Diskussion des Marketingmix steht *insbesondere* die Kalkül-Komponente – wie schon einleitend hervorgehoben – deutlich und damit etwas *einseitig* im Vordergrund. Es war sicher geradezu verführerisch, *quantitative* Entscheidungstechniken (insbesondere OR-Modelle) für die Lösung des komplexen Mix-Problems heranzuziehen, wenngleich in dieser Frage inzwischen eine gewisse Ernüchterung oder zumindest Besinnung eingetreten ist (*Müller-Merbach,* 1977, S.17ff.; *Scheuch,* 1986, S.65ff.). Die bisher etwas einseitige Ausrichtung der Marketingmix-Thematik auf die Rechen- bzw. Verfahrensfragen hat jedenfalls dazu geführt, daß **materiell-inhaltliche Grundfragen** des Marketingmix u.E. *zu stark* in den Hintergrund gedrängt worden sind. Hieran wollen wir im folgenden zunächst anknüpfen.

2. Überblick über die Marketinginstrumente

Die zielorientierte, strategieadäquate Kombination der Marketinginstrumente (Marketingmix) setzt die Kenntnis der insgesamt *verfügbaren* Marketinginstrumente voraus. Unter Marketinginstrumenten werden dabei jene Aktionsinstrumente (Parameter) verstanden, mit denen am Markt agiert und auch reagiert werden kann, um gesetzte Ziele und daraus abgeleitete Strategien zu realisieren.

Auf die insgesamt verfügbaren Marketinginstrumente wollen wir im folgenden *nur* überblickhaft eingehen. Wir knüpfen deshalb an grundlegenden Systematisierungsfragen an, und zwar, um einmal die Variationsbreite des marketingpolitischen Instrumentariums zu skizzieren und zum anderen, um die typischen **Wirkungsfelder bzw. Wirkungsansätze** der Instrumente bzw. Instrumentengruppen zu kennzeichnen. Wir orientieren uns dabei an der wichtigsten deutschen wie auch amerikanischen allgemeinen Marketingliteratur. Ausgangspunkt der Überlegungen bildet dabei vor allem die Entwicklung der deutschen Absatz- bzw. Marketinglehre.

a) Zur Systematik der Instrumentalbereiche

So vielfältig und „bunt" wie die Marketingpraxis sich darstellt, so vielfältig und differenziert sind auch die **Instrumentalvariablen,** die ihr zur Verfügung stehen bzw. die sie einsetzen kann. In der Literatur gibt es eine Vielzahl von Systematisierungsversuchen in bezug auf die Marketinginstrumente. Sie lassen sich im wesentlichen auf eine **4er- bzw. 3er-Systematik** zurückführen, d.h. es werden entweder vier oder drei Marketing-Instrumentalbereiche (Marketing-Aktionsfelder) unterschieden, denen dann die einzelnen Instrumente – in ihren verschiedenen Ausprägungsformen und Varianten – *zugeordnet* werden können.

Das klassische 4er-System der Marketinginstrumente

In der deutschsprachigen Marketingliteratur hat sich vor allem die von *Gutenberg* vorgelegte 4er-Systematik des „absatzpolitischen Instrumentariums" weitgehend durchgesetzt (*Gutenberg*, II, 1976). Jedenfalls liegt sie vielen deutschen Werken der allgemeinen Marketinglehre (etwa *Nieschlag/Dichtl/Hörschgen*, 1976 bzw. 1988; *Meffert*, 1980 bzw. 1986a; *Scheuch*, 1989) zugrunde; sie läßt sich aber auch in der amerikanischen Marketingliteratur nachweisen (u.a. bei *Mc Carthy*, 1960; *Cundiff/ Still*, 1971; *Rosenberg*, 1977; *Cravens*, 1987; *Jain*, 1986; *Kotler/Armstrong*, 1988). Folgende Übersicht *(Abb. 286)* verdeutlicht diesen systematischen Ansatz.

Abb. 286: 4er-Systematik des Marketinginstrumentariums

Gutenberg	Nieschlag/Dichtl/ Hörschgen	Meffert	Mc Carthy*
• Absatzmethode (3)	• Produkt- und Programmpolitik (1)	• Kontrahierungspolitik (2)	• Produkt (1)
• Preispolitik (2)	• Entgeltpolitik (2)	• Produkt- und Sortimentspolitik (1)	• Preis (2)
• Werbung (4)	• Distributionspolitik (3)	• Distributionspolitik (3)	• Platz (3)
• Produktgestaltung (1)	• Kommunikationspolitik (4)	• Kommunikationspolitik (4)	• Promotion (4)

Die Instrumente (Instrumentalbereiche) mit der jeweils gleichen Zahl entsprechen sich (weitgehend); die Zahlen 1 bis 4 markieren dabei die „natürliche" Reihenfolge der Instrumente.

* Diese Systematik von *Mc Carthy* ist auch bekannt als die vier P's des Marketing (Product, Price, Place, Promotion), siehe ähnliche Abgrenzungen u.a. auch bei *Cundiff/Still* 1971; *Rosenberg*, 1977; *Kotler/Armstrong*, 1988.

Während noch bei *Gutenberg* die Preispolitik eindeutig im Vordergrund des Interesses steht (= Ausdruck seiner starken Orientierung an der Theorie der Unternehmung, hier speziell der Preistheorie), haben die vier Instrumentalbereiche bei den anderen genannten Autoren grundsätzlich *gleiches* Gewicht. Auffallend ist allenfalls die unterschiedliche Reihenfolge der vier unterschiedenen Instrumentalbereiche, *ohne* daß jedoch hierin eine Gewichtung oder gar Rangordnung zu vermuten ist.

Praxisorientierte 3er-Systematik des Marketinginstrumentariums

Neben dieser aufgezeigten 4er-Systematik hat sich auch eine 3er-Systematik stärker durchgesetzt, wenn auch weniger in der Marketingliteratur, sondern vor allem in der Marketingpraxis. Aber auch in der Literatur spiegelt sich die 3er-Systematik des Marketinginstrumentariums wider (*Stern*, 1975; *Lazer*, 1971; *Berger*, 1974; *Numrich*, 1979). Folgende Übersicht *(Abb. 287)* zeigt die entsprechenden Abgrenzungen.

Neben der dargestellten 4er- bzw. 3er-Systematik des Marketinginstrumentariums ist im übrigen auch eine *Zweiteilung* des gesamten Instrumentariums vorgeschlagen worden (*Frey*, 1961; ähnlich auch *Batelle-Institut*, 1968). *Frey* unterscheidet dabei folgende zwei großen Instrumentalbereiche:

I. Wesen und Dimensionen des Marketingmix

Abb. 287: 3er-Systematik des Marketinginstrumentariums

Stern*	Lazer*	Berger	Numrich**
• Produktsubmix (1)	• Produkt- und Servicemix (1)	• Leistungs- oder Angebotspolitik (1)	• Produktpolitik (1)
• Kommunikationssubmix (3)	• Distributionsmix (2)	• Vertriebs- und Strukturpolitik (2)	• Distributionspolitik (2)
• Distributionsmix (2)	• Kommunikationsmix (3)	• Kommunikationspolitik (3)	• Kommunikationspolitik (3)

Die Instrumente (Instrumentalbereiche) mit der jeweils gleichen Zahl entsprechen sich (weitgehend), die Zahlen 1 bis 3 markieren dabei die „natürliche" Reihenfolge der Instrumente.

* Der Begriff (Sub-)Mix wird in der Literatur durchweg als Kombination von Marketinginstrumenten verstanden; hier handelt es sich jedoch nur – unter dem Aspekt der Systematisierung – um eine sachliche Bündelung von Instrumenten im Sinne von Instrumentalbereichen. Die Verwendung des Begriffes Mix ist hier also zumindest mißverständlich.

** *Numrich* bezieht sich bei dieser Abgrenzung auch auf eine entsprechende Systematik bei *Böcker (Böcker,* 1972, S. 26 f.); auch andere deutsche Autoren wählen eine ähnliche Abgrenzung des Marketinginstrumentariums (u. a. *Marr/Picot,* 1976, S. 457 ff.; *Pfohl,* 1972, S. 43 f.).

- *Offering* (= product, packaging, brand, price, service),
- *Methods and Tools* (= distribution, channels, personal selling, advertising, sales promotion, publicity).

Auf diese Weise wird das, was wir im folgenden *Angebotspolitik* nennen (nämlich Produktgestaltung, Verpackung, Marke und Preis) abgegrenzt gegenüber einem Sammelbereich „Methoden und Werkzeuge", der das umfaßt, was ziemlich durchgängig als Distributionspolitik einerseits *und* Kommunikationspolitik andererseits definiert wird. Beide zuletzt genannten marketingpolitischen Bereiche verkörpern jedoch zwei sehr eigenständige, gut abgrenzbare Instrumentalbereiche, so daß ihre Zusammenfassung – zumal unter primär „verfahrensbezogenen" Aspekten – u. E. *inadäquat* erscheint.

Im folgenden sollen die vorgestellten Systematisierungsmöglichkeiten des Marketinginstrumentariums abschließend beurteilt werden.

Zusammenfassende Würdigung der beiden Instrumentalsysteme

Die Entscheidung für die 4er- oder 3er-Systematik der Marketinginstrumente ist eine **Zweckmäßigkeitsfrage.** Unseres Erachtens hat die zuletzt dargestellte *3er-*Systematik gegenüber der klassischen 4er-Systematik zwei entscheidende *Vorteile:*

(1) Sie *vermeidet* eine zu pointierte, zumindest aber isolierte **Heraushebung** der Preispolitik als quasi eigenständigen Instrumentalbereich (sie stellt u. E. inzwischen eine Überpointierung dar, da der Preiswettbewerb heute in *hohem* Maße von einem vielfältigen Qualitätswettbewerb „überlagert" wird).

2) Sie *berücksichtigt* den **Zusammenhang** zwischen den Instrumenten Produktgestaltung einerseits und Preisgestaltung andererseits durch ihre Bündelung zum Instrumentalbereich Produkt- bzw. Angebotspolitik (aus der Sicht der Abnehmer beruht die Beurteilung der Produkt- bzw. Angebotsleistung einer Unternehmung stets auf einem Preis-Leistungs-Vergleich: beide Komponenten sind daher instrumental im Prinzip *gar nicht* voneinander zu trennen).

Aus den dargelegten Gründen heraus präferieren wir die dargestellte **3er-Systematik** des Marketinginstrumentariums. Sie erlaubt es u. E., *drei* sachlich klar abgrenzbare Marketinginstrumentalbereiche zu unterscheiden, die jeweils für eine ganz **spezifische Teilleistung** am Markt verantwortlich sind. *Abb. 288* verdeutlicht diese Zusammenhänge (*Becker*, 1978, S. 109).

Abb. 288: Die drei Instrumentalbereiche des Marketing und ihre spezifischen Teilleistungen am Markt

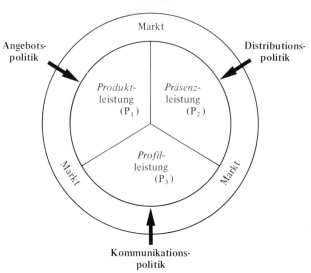

Die vermarktungsfähige Leistung des Unternehmens ist so gesehen die Resultante *dreier* spezifischer Teilleistungen (vgl. *Abb. 288*), für die jeweils drei eigenständige Instrumentalbereiche verantwortlich sind:

- **Produktleistung** (P_1) → Angebotspolitik,
- **Präsenzleistung** (P_2) → Distributionspolitik,
- **Profilleistung** (P_3) → Kommunikationspolitik.

Das heißt *im einzelnen:*

- Die **Angebotspolitik** schafft zunächst einmal ein *marktfähiges* Produkt („Problemlösung") überhaupt.
- Die **Distributionspolitik** sorgt für die Präsenz und damit die *ausreichende* Verfügbarkeit des Produkts am Markt.
- Die **Kommunikationspolitik** erarbeitet für das angebotene Produkt ein *marktadäquates* Profil.

In diesem Sinne kann die **Marktleistung** (M) eines Unternehmens auch als Funktion der Produkt-, Präsenz- und Profilleistung aufgefaßt werden:

$M = f (P_1, P_2, P_3)$

Den drei unterschiedenen Instrumentalbereichen oder Marketing-Aktionsfeldern können dabei wiederum *jeweils drei* grundlegende Instrumente oder **Basisinstrumente** zugeordnet werden (vgl. *Abb. 289*).

I. Wesen und Dimensionen des Marketingmix

Abb. 289: *Basisinstrumente der drei Instrumentalbereiche (Marketing-Aktionsfelder)*

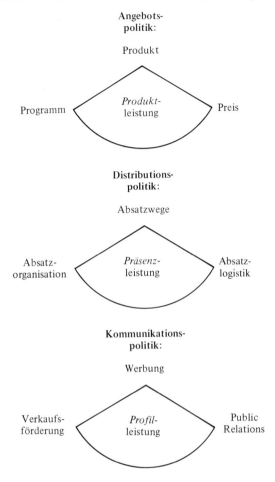

Damit ist zunächst ein Überblick über das System des Marketinginstrumentariums gegeben. Im folgenden sollen nun die wichtigsten instrumentalen Inhalte skizziert werden.

b) Inhalte der Instrumentalbereiche

Den innerhalb der drei Instrumentalbereiche (Marketing-Aktionsfelder) jeweils unterschiedenen **drei Basisinstrumenten** können wiederum eine *ganze* Reihe von (Detail-)Instrumenten zugeordnet werden. Vielfach handelt es sich bei diesen „Detailinstrumenten" um **Ausprägungen bzw. Modifikationen** des jeweiligen Basisinstruments. Eine enumerative Aufstellung aller dieser Varianten ist im Grunde nicht möglich. Auch allgemeine Marketingdarstellungen - die sich meist auf die Darstellung des Marketinginstrumentariums konzentrieren - bieten *keine* vollständige Erfassung aller nur denkbaren Instrumente bzw. instrumentalen Varianten.

3. Teil: Konzeptionsebene des Marketingmix

Im Interesse eines besseren Einstiegs in die Thematik des Marketingmix soll im folgenden *primär* die **Aufgaben- bzw. Wirkungsstruktur** der drei Instrumentalbereiche

- Angebotspolitik (= „*Herz*" des Marketings),
- Distributionspolitik (= „*Pipeline*" des Marketings),
- Kommunikationspolitik (= „*Sprachrohr*" des Marketings),

skizziert werden. Auf eine detaillierte Darstellung der einzelnen Marketinginstrumente selbst wird dagegen bewußt verzichtet. Sie sind – wie bereits einleitend hervorgehoben – *zentraler* Gegenstand der *allgemeinen* Marketingliteratur, auf die hier im einzelnen verwiesen wird (u.a. *Nieschlag/Dichtl/Hörschgen*, 1988; *Meffert*, 1986a; *Leitherer*, 1988; *Tietz*, 1978; *Hill*, 1982; *Bidlingmaier*, 1983 bzw. 1982; *Scheuch*, 1989 sowie *Cundiff/Still*, 1971; *Cundiff*, 1985; *Bell*, 1972; *Boyd/Massy*, 1972; *Kollat/Blackwell/Robeson*, 1972; *Kotler*, 1982 bzw. 1988; *Rosenberg*, 1977; *Cravens*, 1987; *Jain*, 1985; *Assael*, 1985; *Kotler/Armstrong*, 1988).

Zur Angebotspolitik

Das *Kern*instrument der Angebotspolitik stellt zunächst die **Produktgestaltung** (*Brockhoff*, 1981; *Hansen/Leitherer*, 1984; *Hüttel*, 1988) dar, die primär für die Produkteigenschaften(-leistung) verantwortlich ist. Sie bezieht sich einmal auf das Produkt*innere* (Produktkern) und zum anderen auf das Produkt*äußere* (Produktdesign); beide Elemente der Produktgestaltung determinieren in entscheidendem Maße den marktrelevanten Nutzen eines Produkts (Produktleistung bzw. Problemlösung). Daneben spielen die Verpackung – heute speziell unter *absatz*- und *umwelt*orientierten Gesichtspunkten – sowie die Markierung (auch als Bezugspunkt für die Kommunikationspolitik) eine wichtige image- bzw. nutzengestaltende Rolle.

Die meisten Unternehmen sind heute *Mehr*produktunternehmen, d.h. bei ihnen stehen mehrere oder auch viele Produkte in einem Programmverbund zur Abdeckung von ganzen Bedarfskomplexen (vgl. hierzu auch S. 133 ff.). Der instrumentale Ansatz liegt hier in einer geplanten, „evolutorischen" **Programmgestaltung,** welche sowohl die Neuprodukt-Einführung als auch die Altprodukt-Renovierung bzw. -Eliminierung umfaßt. Wichtige marketingpolitische Entscheidungen hinsichtlich der Breite *und* Tiefe eines Programms sowie der Anteilsstruktur der einzelnen Produkte müssen dabei ziel- und strategieorientiert getroffen werden. *Je* nach Produktart treten zum Produkt („Hardware") noch spezifische Anwendungs- bzw. Serviceleistungen („Software"). Teilweise konzentriert sich heute der Wettbewerb sehr stark auf diese kaufmännischen und/oder technischen Zusatzleistungen (*Meffert;* 1982; *Konrad*, 1974; *Albrecht/Zemke*, 1987).

Im Rahmen der Produkt- bzw. Programmpolitik haben bisher – sowohl in der Lehre als auch in der Praxis – die *Neu*produktentscheidungen im Vordergrund gestanden. Ein Beleg dafür ist nicht nur eine Vielzahl einschlägiger Literatur zur *Produktinnovation*, sondern auch eine Fülle von neuen Produkten. So wird der Lebensmittelhandel heute jährlich mit 1000 neuen Produkten und mehr konfrontiert, d.h. er muß im Prinzip (arbeits-)täglich über drei bis vier neu aufzunehmende Produkte entscheiden (siehe hierzu auch S. 491 f. bzw. *Abb. 314*).

Der Handel ist damit kapazitiv wie auch dispositiv *zunehmend* überfordert. Diese Entwicklung zwingt ihn zugleich verstärkt zu schwierigen Eliminierungsentscheidungen von alten Produkten (Marken) zugunsten neuer attraktiver Produkte (Marken). Das Eliminierungsverhalten des Handels *wirkt* demgemäß entsprechend auf die Herstellerunternehmen *zurück*. Strategisch

I. Wesen und Dimensionen des Marketingmix

orientierte Anbieter versuchen in dieser Hinsicht jedoch nicht nur entsprechend zu reagieren, sondern im angemessenen Maße auch zu agieren. Das heißt, sie stellen sich selbst verstärkt auch der schwierigen Aufgabe einer markt-, unternehmens- und *vor allem* auch handelsorientierten Eliminierungspolitik.

Ansatzpunkte für eine gezielte Eliminierungspolitik bieten zunächst entsprechende *ABC-Analysen* (= Erstellung eines Umsatzprofils auf der Basis der Verteilung des Gesamtumsatzes eines Unternehmens auf die einzelnen angebotenen Produkte). Diese Zusammenhänge verdeutlicht *Abb. 290*.

Abb. 290: Beispiel einer ABC-Analyse (auf der Basis der sog. Lorenzkurve)

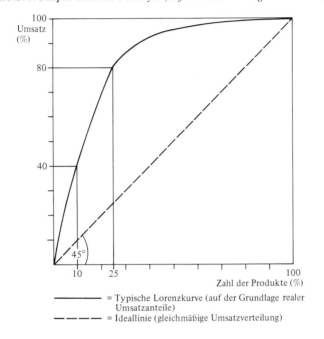

——— = Typische Lorenzkurve (auf der Grundlage realer Umsatzanteile)
– – – – – = Ideallinie (gleichmäßige Umsatzverteilung)

Der entscheidende - vom reinen *Umsatz*denken wegführende - Ansatz im Sinne gewinnorientierter Oberziele ist jedoch vor allem in einer artikelbezogenen Erfolgsanalyse auf *Deckungsbeitragsbasis* zu erblicken (*Majer*, 1969; *Reinöhl*, 1981). Die Grundfrage der Eliminierung von Produkten stellt sich im übrigen auch im Zusammenhang mit dem heute stark diskutierten, im 2. Teil bereits behandelten Portfolio-Management (vgl. hierzu S. 338 ff.).

Der Bereich **preispolitischer Instrumente** (*Simon*, 1982; *Böcker*, 1982; *Diller*, 1985) umfaßt sowohl die Instrumente der sog. *direkten* Preispolitik (= Preispolitik gegenüber dem Endverbraucher; Fixierung des Preisniveaus oder auch Form der Preisforderung, z.B. unverbindliche Preisempfehlung) als auch Instrumente der sog. *indirekten* Preispolitik (= Preispolitik gegenüber den Absatzmittlern in Form von Preisnachlässen (Rabatten) für bestimmte Absatzleistungen). Gerade die indirekte Preispolitik hat in den letzten Jahren eine *zunehmende* Bedeutung erlangt, nicht zuletzt aufgrund der Konzentration im Handel und den dadurch ausgelösten Rabattkämpfen. Diese Wettbewerbssituation hat zu einem erheblichen „Rabattwirrwar" geführt (zum Teil bereits wettbewerbsrechtliche Grenzen überschreitend). Preispolitische Instrumente i.w.S. stellen *darüber hinaus* Lieferungs- und Zahlungsbedingungen sowie die Gewährung von Absatzkrediten (*Ahlert*, 1972) dar.

Zur Distributionspolitik

Die zentrale Aufgabe der Distributionspolitik besteht darin, dafür zu sorgen, daß die für den Markt bestimmten Produkte (Leistungen) des Unternehmens auch den Markt erreichen bzw. auf ihm *präsent* und verfügbar sind. Instrumentale Ansatzpunkte eröffnen hierbei zunächst einmal alternative **Absatzwegemöglichkeiten** (*Bökker*, 1972; *Ahlert*, 1985; *Specht*, 1988): *direkter* Absatzweg = direkte Absatzbeziehung zwischen Hersteller und Endverbraucher, *indirekter* Absatzweg = Einschaltung selbständiger Absatzmittler zwischen Hersteller und Endverbraucher. In diesem Zusammenhang ist auch darüber zu entscheiden, welche Art der Abnehmer*selektion* vorgenommen werden soll, d.h. entweder Berücksichtigung aller in Frage kommenden Abnehmer (= intensive Distribution) *oder* nur eine nach bestimmten Kriterien vorgenommenen Auswahl (= selektive oder exklusive Distribution).

Einen weiteren Bereich distributionspolitischer Entscheidungen stellt die **Absatz-(Vertriebs-)organisation** (*Goehrmann*, 1984; *Weis*, 1988), und zwar insbesondere die Außendienst-Organisation, dar. Sie bezieht sich *vor allem* auf Art und Umfang des Einsatzes von Reisenden/Handelsvertretern (*Becker*, 1982).

Dieser Fragenkreis ist in der allgemeinen Marketingliteratur bisher vergleichsweise stiefmütterlich behandelt worden, obgleich heute gerade unter den allgemein verschärften Wettbewerbsbedingungen die Vertriebsorganisation einen wesentlichen *Erfolgsfaktor* im Marketingmix darstellt. Bisher wurde dieser Fragenkreis - zumindest in der deutschsprachigen Literatur - aufgrund des organisatorischen Zusammenhangs im Rahmen der *Distributions*politik, und zwar in Verbindung mit der Bestimmung der Absatzwege thematisiert (u.a. *Nieschlag/Dichtl/Hörschgen*, 1976, S. 292 ff.; *Leitherer*, 1985, S. 167 ff.). In der amerikanischen Marketingliteratur wird bezüglich der Vertriebsorganisation primär auf die *kommunikative* Komponente („persönlicher Verkauf") abgestellt. Aus dieser Sicht wird daher dieser Problem- bzw. Instrumentalkomplex im Rahmen der Kommunikationspolitik („Absatzförderungsmix" bzw. „Promotion Strategy") behandelt (unter anderem *Kotler*, 1977, S. 613 ff.; *Cravens*, 1982, S. 340 ff.; *Jain*, 1985, S. 862 ff.).

Die Ansiedlung des Fragenkreises Vertrieb (im Sinne von „persönlicher Verkauf") innerhalb der Kommunikationspolitik wird neuerdings auch von *Meffert* vorgenommen (*Meffert*, 1986a, S. 481 ff.). Dabei wird primär auf den eigentlichen Verkaufsprozeß und die während seines Verlaufes sich abspielenden *psycho-sozialen* Kommunikationsstufen abgestellt. In diesem Zusammenhang hat heute auch die *Verkäuferschulung* sowohl in der Praxis als auch - zumindest in Ansätzen - in der wissenschaftlichen Diskussion eine besondere Bedeutung erlangt (*Schoch*, 1969; *Blake/Mouton*, 1972; *Bänsch*, 1988 bzw. überblickhaft *Becker*, 1982b).

Außerdem sind Führungsfragen des Vertriebes (Aufbau, Steuerung und Kontrolle) relevant (*Kemna*, 1979; *Zentes*, 1980; *Unger*, 1985). Zu den neuen Möglichkeiten des *Computer Aided Selling* (CAS) siehe auch *Hermanns/Prieß*, 1987.

Was den instrumentalen Bereich der **Absatz- oder Marketinglogistik** (i.S.v. physischer Distribution, *Pfohl*, 1972; *Krulis-Randa*, 1977; *Ihde*, 1978) betrifft, so ist er verantwortlich für die *physisch-konkrete* Auslieferung der erstellten Produkte (Leistungen) an die Kunden des Unternehmens: das richtige Produkt in der richtigen Menge zur richtigen Zeit an den richtigen Ort. Mit Dispositionen dieser Art wird das Lieferservice-Niveau eines Unternehmens determiniert. Während dieser Funktionsbereich ursprünglich in erster Linie transporttechnisch gesehen wurde und daher organisatorisch häufig dem Bereich Technik zugeordnet war, hat man inzwischen die *präferenz*politische Dimension dieser Frage erkannt. In marketing-orientierten Konsumgüterunternehmen ist die Absatzlogistik daher organisatorisch heute bereits in *hohem* Maße in den Marketing-/Vertriebsbereich integriert (zu neuen Tendenzen siehe auch S. 513).

Zur Kommunikationspolitik

Das primär für die Angebotsprofilierung verantwortliche Basisinstrument stellt die **Werbung** (*Haedrich*, 1976; *Tietz/Zentes*, 1980; *Rogge*, 1988) dar. Sie zielt auf eine ziel- und marktadäquate Verhaltenssteuerung tatsächlicher und potentieller Abnehmer speziell über sog. Massenkommunikationsmittel (Streumedien). Ihre Hauptaufgabe besteht darin, für die Produkte (Leistungen) des Unternehmens am Markt einen möglichst hohen Bekanntheitsgrad *sowie* - je nach gewählter Marketingstrategie - ein möglichst unverwechselbares Image aufzubauen.

In den letzten Jahren hat die **Verkaufsförderung** (*Hänel*, 1974; *Döppner*, 1977; *Kellner*, 1982; *Bürger*, 1987) an Bedeutung gewonnen. Ihre Aufgabe besteht in einer *un*mittelbaren, d.h. am Verkaufsort („Point of sale") wirksamen Verkaufshilfe in Form von Promotion- bzw. Merchandisingmaßnahmen. Dieser Aufgabe dienen sowohl die an den eigenen Außendienst, die Absatzmittler als auch an die Endverbraucher gerichteten spezifischen Appelle, Incentives bzw. Verkaufshilfen.

Als drittes Instrument bzw. Instrumentalbündel der Kommunikationspolitik sind die **Public Relations** (*Oeckl*, 1976; *Neske*, 1977; *Haedrich/Barthenheier/Kleinert*, 1982) zu nennen. Während Werbung und Verkaufsförderung auf die Auslobung der Produkte (Leistungen) eines Unternehmens abzielen, sind die Aktivitäten der Öffentlichkeitsarbeit auf die Gestaltung positiver Beziehungen des Unternehmens zu seiner Umwelt gerichtet (= Vertrauenswerbung).

Neuerdings wird im etwas erweiterten Rahmen der Kommunikationspolitik (und zwar primär in der Marketingpraxis, in Ansätzen aber bereits auch in der Marketingliteratur) ein spezieller Problemkomplex thematisiert, der meist mit dem Begriff *Corporate Identity* umschrieben wird. Die im Sinne der Marketingziele anzustrebende *Identität* des Unternehmens wird dabei unterschiedlich *weit* gefaßt. Im weitesten Sinne wird hierunter die „Unternehmenspersönlichkeit" verstanden, die sich in Verhalten, Kommunikation und Erscheinungsbild des Unternehmens ausdrückt (*Birkigt/Stadler*, 1988, S. 20ff.). In einem engeren, gleichwohl konkreteren Sinne wird Corporate Identity als eine Aufgabe des Corporate-*Design* interpretiert, die alle *visuell-stilistischen* Ausdrucksformen des Unternehmens umfaßt, und zwar speziell hinsichtlich der eingesetzten Schriften, Symbole und Farben (= grafisches System des Unternehmens). Als Ziel dieser Aufgabe wird dabei angesehen - angefangen von der Verpackung bis zur Fahrzeugbeschriftung, von der Personal- bis zur Werbeanzeige, vom Rechnungsformular bis zum Briefbogen, - stets das *gleiche* Bild vom Unternehmen zu vermitteln, um auf diese Weise in einem kumulativen Prozeß „(ein)prägende Wirkungen" in bezug auf Bekanntheitsgrad, Firmenimage und Firmenstil zu entfalten. Wesentliche Impulse für das Problembewußtsein hinsichtlich Corporate Identity bzw. Corporate Design sind insbesondere von der Imageforschung ausgegangen (in der BRD speziell *Spiegel*, 1961; *Bergler*, 1963 sowie *Johannsen*, 1971). Grafiker und Designer (u.a. *Henrion*, London) haben den Problemkreis „unvollkommener Identitäten" aufgegriffen und konkrete grafische bzw. Designleistungen für eine Reihe von Firmen (insbesondere Großfirmen) gesucht. Beispiele für derartige Konzepte bilden u.a. das *Beiersdorf*-Konzept *(BDF-Programme ...)* oder auch das *Volkswagen*-Konzept *(V·A·G)*, vgl. die Darstellung verschiedener Konzepte bei *Birkigt/Stadler*, 1988 bzw. *Olins*, 1990.

Relativ neue, inzwischen stärker eingesetzte (Werbe-)Kommunikationsinstrumente sind das *Direct-Marketing* (*Dallmer/Thedens*, 1981; *Rapp/Collins*, 1987) und das *Sponsoring* (*Bruhn*, 1987; *Hermanns*, 1989).

3. Grundlegende Beziehungsstrukturen zwischen Marketinginstrumenten

Die Marketinglehre hat – wie schon betont – in der Vergangenheit in hohem Maße auf die isolierte Betrachtung der Marketinginstrumente im Sinne einzelner Elemente abgestellt. Erst in *jüngerer* Zeit, vor allem im Zusammenhang spezieller Auseinandersetzungen mit der Problematik des Marketingmix, hat man auch stärker die Bedeutung der **Beziehungsgeflechte** erkannt, die zwischen Instrumenten bestehen bzw. bestehen können. Dieser Problemkreis ist u.a. unter dem Stichwort „Interdependenzen im absatzpolitischen Instrumentarium" thematisiert worden (*Linssen*, 1975). Aufgrund dieser Diskussion ist überhaupt die inhaltliche Analyse der Instrumentenwirkungen einschließlich der Grundfragen bzw. Grundprobleme ihrer Messung neuerdings *intensiviert* worden (vgl. hierzu auch *Steffenhagen*, 1978).

Hier soll zunächst auf die *sachlich-inhaltlichen* Grundfragen der Instrumentalbeziehungen näher eingegangen werden (zur Frage der Instrumentenwirkungen und ihrer Messung siehe S. 561 ff.). Dabei sollen *drei* Ebenen der Instrumentalbeziehungen unterschieden und behandelt werden, nämlich:

(1) **funktionale** Beziehungen,
(2) **zeitliche** Beziehungen,
(3) **hierarchische** Beziehungen.

Diese drei Betrachtungsebenen stellen gleichsam drei verschiedene „Schnitte" durch das natürliche Beziehungsgefüge von Marketinginstrumenten dar, *und zwar* unter sachlichen, temporalen und Rangordnungsaspekten. Jene unterschiedlichen Beziehungsmuster sollen jeweils an typischen Beispielen verdeutlicht werden.

a) Funktionale Beziehungen

Die Untersuchung funktionaler Beziehungen ist auf die Analyse **inhaltlicher Wirkungsverbunde** gerichtet, die zwischen Marketinginstrumenten grundsätzlich bestehen können. In diesem Sinne können folgende grundlegenden Beziehungen *(Abb. 291)* unterschieden werden.

Abb. 291: Funktionale Beziehungen zwischen Marketinginstrumenten

Beziehungstyp	Allgemeine Charakterisierung	Symbolische Kennzeichnung*
Konkurrierend	Rivalisierend, sich gegenseitig störend	
Substituierend	Austauschbar, sich gegenseitig ersetzend	
Komplementär	Ergänzend, sich gegenseitig stützend	
Konditional	Bedingend, das eine setzt das andere voraus	
Indifferent	Keine (erkennbaren) Beziehungen	

* Jeweilige Betrachtungsbasis: Zwei Marketinginstrumente.

$\xrightarrow[A \quad Z]{I}$ A = Ausgangslage, I = Instrument (bzw. Instrumentenwirkung), Z = Ziel.

I. Wesen und Dimensionen des Marketingmix

Konkurrierende Beziehungen zwischen Marketinginstrumenten sind demnach dadurch gekennzeichnet, daß sich die von ihnen ausgehenden Wirkungen gegenseitig beeinträchtigen. *Typisches Beispiel:* Durch aggressiven Einsatz des Instrumentes Preis wird der werbliche Aufbau eines Prestigeimages „gestört".

Charakteristisch für *substituierende* Beziehungen zwischen Marketinginstrumenten ist der Fall, daß eine beabsichtigte Wirkung dadurch erreicht wird, daß ein (bisher) eingesetztes Instrument durch ein anderes ersetzt wird. *Typisches Beispiel:* Durch vereinfachte Konstruktion eines Produkts, also mit dem Instrument der Produktgestaltung, entfällt die (bisherige) Notwendigkeit einer persönlichen Anwendungsberatung, d. h. also das Instrument Beratungsservice wird ersetzt.

Was *komplementäre* Beziehungen zwischen Marketinginstrumenten angeht, so sind sie dadurch gekennzeichnet, daß sich die von ihnen ausgehenden Wirkungen ergänzen bzw. gegenseitig stützen. *Typisches Beispiel:* Die Attraktivität eines Produktes wird dadurch wesentlich gesteigert, daß neben einer entsprechenden Gestaltung des Produktinneren (Funktionsleistung) auch das Produktäußere (Designleistung) spezifisch gestaltet wird, so daß auch ein ästhetischer Zusatznutzen entsteht.

Für *konditionale* Beziehungen ist charakteristisch, daß hier die Wirkung eines Instrumentes an die Mitwirkung eines anderen Instrumentes gleichsam gebunden ist bzw. sie voraussetzt. *Typisches Beispiel:* Echte Marken mit überdurchschnittlichem Präferenzpotential entstehen nicht allein durch Markierung von Produkten, sondern in aller Regel nur in Verbindung mit einem entsprechenden „Werbedruck" speziell auf den Endverbraucher, d. h. mit sog. Sprungwerbung.

Beziehungen *indifferenter* Art sind schließlich solche, die dadurch gekennzeichnet sind, daß zwischen zwei Instrumenten keinerlei (erkennbarer) Wirkungsverbund besteht. *Typisches Beispiel:* Zwischen der Entscheidung für den zu wählenden Markentyp (z. B. Produkt- oder Firmenmarke) und der Entscheidung für das Absatzlogistiksystem (z. B. zentrale oder dezentrale Lagerhaltung) bestehen keine unmittelbar erkennbaren Verknüpfungen. Trotzdem können jedoch versteckte Beziehungen gegeben sein, unter Umständen über eine „Brücke" anderer Instrumente, so daß der Fall echter indifferenter Wirkungsbeziehungen zwischen Marketinginstrumenten in der Tat äußerst *selten* sein dürfte.

Was die beschriebenen Beziehungsstrukturen zwischen Marketinginstrumenten insgesamt angeht (vgl. *Abb. 291*), so lassen sich diese **Beziehungstypen** jeweils danach unterscheiden, ob sie während des gesamten instrumentalen Einsatzspektrums gültig sind *oder* nur innerhalb bestimmter „Ausschnitte" des quantitativen und/oder qualitativen Einsatzes. Insoweit kann generell zwischen *totalen* und *partialen* Beziehungsgefügen unterschieden werden. Neben diesen allgemeinen Beziehungsmustern können noch *weitere* Differenzierungen identifiziert werden, welche das Beziehungsgefüge – und damit schließlich den Marketingmix – *zusätzlich* komplizieren, gerade auch was die Allokation der finanziellen Mittel (Marketingbudgets) auf die einzelnen Marketinginstrumente betrifft.

So lassen sich einmal unterschiedliche *Intensitäten* in den Beziehungen (starke oder schwache Ausprägungen) nachweisen (*Meffert*, 1980, S. 484). Diese Intensitäten können dabei durchgängigen oder wechselnden Charakter haben (*Tietz*, 1978, S. 321). Was derartige instrumentale

Beziehungen überhaupt angeht, so sind auch zwei verschiedene *prozessuale* Beziehungsmuster zu unterscheiden, nämlich einmal ein quasi auslaufendes bzw. abklingendes und zum anderen ein gleichsam kettenreaktionsartiges Wirkungsmuster (*Linssen*, 1975, S.125f.). Darüber hinaus ist das Beziehungsgefüge zwischen Instrumenten in hohem Maße auch durch das jeweilige *Aktivitätsniveau* der Marketingaktivitäten determiniert (*Steffenhagen*, 1978, S.189), d.h. die Wirkungsstruktur zwischen zwei Instrumenten ist auch entscheidend abhängig von dem Grad ihrer niveaumäßigen Kongruenz, und zwar sowohl im quantitativen als auch im qualitativen Sinne.

Im Hinblick auf den zu gestaltenden Marketingmix ist darüber hinaus von Relevanz, sowohl das Feld als auch die Richtung des Wirkungsverbundes von Instrumenten zu identifizieren bzw. ziel- und strategieadäquat zu steuern. In dieser Hinsicht kann zwischen einer sog. *internen* Wirkungsinterdependenz (Beziehungen zwischen Maßnahmen ein und desselben Unternehmens) und einer sog. *externen* Wirkungsinterdependenz (und zwar Maßnahmenbeziehungen sowohl horizontaler Art: Hersteller-Hersteller-Ebene als auch vertikaler Art: Hersteller-Handels-Ebene) unterschieden werden (*Steffenhagen*, 1978, S.187). Die Komplexität instrumentaler Beziehungsstrukturen und die Probleme ihrer Erfassung (und damit auch ihrer Kalkülisierung) sowie ihrer Steuerung werden damit besonders deutlich.

Ein spezifisches Problem besteht im übrigen darin, daß es *kaum* generelle, für alle Wirtschafts-, Markt- und Lebenszyklusphasen gültige instrumentale Beziehungsmuster gibt, sondern daß solche Beziehungen aufgrund von **spezifischen Einflüssen** unternehmensexterner wie auch -interner Art jeweils auch als *situativ* definiert anzusehen sind. Das heißt, an sich „bewährte" positive Beziehungsmuster zwischen Marketinginstrumenten können aufgrund unternehmensinterner und/oder -externer Maßnahmen (z.B. der Konkurrenten) verschleißen (*typisches Beispiel*: die grundsätzlich komplementäre Wirkung von Werbung und Verkaufsförderung *degeneriert* aufgrund „mißbräuchlichen" Gebrauchs der Verkaufsförderung – etwa im Sinne permanenter aggressiver *Preis*aktionen – in eine konkurrierende Wirkung. Das bedeutet etwa, daß die Verfolgung kurzfristiger Umsatzziele mit Hilfe preisaggressiver Promotions z.B. die Realisierung übergeordneter Ziele des Markenimageaufbaus bzw. Markenimageerhaltung stark unterminieren kann).

Die (unternehmens-/markt-)individuelle Charakteristik von Wirkungsbeziehungen zwischen Marketinginstrumenten im Sinne vielfältiger „Beziehungsvariationen" ist damit evident, die Konsequenzen für einen maßgeschneiderten, d.h. *nicht rezeptartigen* Marketingmix aber ebenso deutlich. Damit wird zugleich auch deutlich, wie wesentlich eine entsprechende **Sensibilität** der Planungsinstanzen im Marketing für eine konsequente Realisierung von Marketing-Konzeptionen ist.

b) Zeitliche Beziehungen

Neben den dargestellten und problematisierten Beziehungen (Interdependenzen) inhaltlicher Art bestehen zwischen Marketinginstrumenten auch grundlegende Beziehungen *zeitlicher* Dimension. Auch sie spielen bei der Allokation der Marketingmittel auf die einzelnen Marketinginstrumente eine *wichtige* Rolle. Folgende zeitlichen Beziehungsmuster sollen hier *(Abb.292)* unterschieden werden.

Während es sich bei den funktionalen Beziehungen zwischen Instrumenten sowohl um „natürliche" (gegebene) als auch gestaltete Beziehungsmuster handelt, sind zeitliche Beziehungen zwischen Instrumenten primär das Ergebnis *bewußter* dispositiver Handlungen. Zum Teil bestehen aber auch hier zeitliche Gegebenheiten, die

I. Wesen und Dimensionen des Marketingmix

Abb. 292: Zeitliche Beziehungen zwischen Marketinginstrumenten

Beziehungstyp	Allgemeine Charakterisierung	Symbolische Kennzeichnung*
Parallel	Gleichzeitiger Einsatz	
Sukzessiv	Zeitlich versetzter Einsatz	
Intermittierend	Zeitlich unterbrochener Einsatz	
Ablösend	Zeitlich sich ablösender Einsatz	

* Vgl. hierzu die entsprechenden Anmerkungen zu *Abb. 291*.

ihren Ursprung in bestimmten konditionalen (und damit funktionalen) Beziehungen haben, und zwar dort, wo der **Vorlauf** eines bestimmten Marketinginstruments die Bedingung für einen erfolgversprechenden Einsatz eines anderen Instruments ist. Auf diese Weise können demnach *gleichzeitig* funktionale und zeitliche Verknüpfungen zwischen Instrumenten wirksam sein. Sie stellen eigentlich den typischen Fall instrumentaler Beziehungen dar.

Was nun die zeitlichen *Parallel*beziehungen zwischen Marketinginstrumenten angeht, so handelt es sich hier um den häufig gegebenen Fall des gleichzeitigen Einsatzes mehrerer Marketinginstrumente. *Typisches Beispiel:* Die Vermarktung eines bestimmten Produktes ist nur dann möglich, wenn nicht nur die Produktgestaltung i.e.S. (Produktinneres und Produktäußeres), sondern auch die Verpackungsfrage nicht zuletzt unter absatzwirtschaftlichen Aspekt gelöst ist.

Für *sukzessive* (gestufte) Beziehungen zwischen Marketinginstrumenten ist demgegenüber charakteristisch, daß ein Instrument zeitlich vorausläuft, um auf diese Weise gleichsam den Boden vorzubereiten für den gezielten Einsatz eines anderen Instruments. *Typisches Beispiel:* So kann es je nach Markt und seinen Ausgangsvoraussetzungen notwendig sein, erst eine bestimmte Mindestdistribution (numerisch/gewichtet) für ein neues Produkt aufzubauen, ehe es möglich bzw. sinnvoll ist, für das neue Produkt Mediawerbung (Massenkommunikation) zu betreiben. Gegebenenfalls kann aber auch die umgekehrte Reihenfolge des Instrumenteneinsatzes angezeigt sein. Hierbei handelt es sich im übrigen um ein *klassisches* „Henne-Ei-Problem" im Marketing.

Intermittierende Beziehungen zwischen Marketinginstrumenten sind dadurch gekennzeichnet, daß ein Instrument durchlaufend genutzt, während das andere nur phasenweise, d.h. also mit zeitlichen Unterbrechungen, herangezogen wird. *Typisches Beispiel:* Das Instrument Werbung wird vielfach als durchlaufendes Kommunikationsmittel eingesetzt, das unterstützende Instrument der Verkaufsförderung häufig jedoch nur phasenweise, u.a. lebenszyklus-bedingt bzw. aufgrund spezifischer Kurzfrist-Aufgaben.

Zeitliche Beziehungen sich *ablösender* Art sind dann gegeben, wenn im Laufe der Zeit ein Instrument das andere ablöst. *Typisches Beispiel:* Bei einer Produktentwicklung steht zunächst die Gestaltung des Produktkerns (Produktinneres) im Vordergrund; nachdem die technisch-funktionalen Möglichkeiten eines neuen Produktes ausgeschöpft sind, verlagert sich die Produktgestaltung vielfach auf Differenzierungsmöglichkeiten im Produktäußeren (Design) beziehungsweise bei der Verpackung.

Was zeitliche Beziehungsmuster zwischen Marketinginstrumenten insgesamt betrifft (vgl. *Abb. 292*), so beruhen sie zum Teil auf natürlichen Gegebenheiten (Instrumentencharakteristika); vor allem aber sind sie auch Ausdruck einer jeweils *spezifischen* Marketingpolitik. Ihre ziel- und strategieadäquate Verknüpfung mit funktionalen Beziehungsstrukturen der Marketinginstrumente ist dabei eines der **zentralen Probleme** des Marketingmix. Ein *sinnfälliges* Ordnungsprinzip bei diesen Verknüpfungen ist vor allem in einer bestimmten Rangordnung der Marketinginstrumente zu sehen. Auf diese Frage soll im folgenden näher eingegangen werden.

c) Hierarchische Beziehungen

Marketinginstrumente sind nicht nur durch funktionale *und* zeitliche Beziehungen (Interdependenzen) gekennzeichnet, sondern sie stehen zugleich – und das ist für den Marketingmix von besonderer Relevanz – in einer bestimmten hierarchischen Ordnung oder **Rangordnung** zueinander. Das heißt, es gibt Instrumente, die einen gleichsam höheren Rang besitzen als andere, und insoweit Prioritätscharakter haben.

In der Marketinglehre hat man sich mit diesen Rangfragen unter *verschiedenen* Aspekten auseinandergesetzt, und zwar vor allem unter dem Aspekt

- der **zwingenden Komplementarität** von Marketinginstrumenten (*Linssen*, 1975, S. 130 ff.) bzw.
- der **strategischen und taktischen Komponenten** von Marketinginstrumenten (*Meffert*, 1980, S. 82 ff. bzw. 1986 a, S. 115 f.).

Es wird also einmal danach gefragt, welche Marketinginstrumente *überhaupt* eingesetzt werden müssen, damit eine Marktleistung entsteht. In dieser Hinsicht kann zwischen konstitutiven *und* akzessorischen Instrumenten unterschieden werden. *Konstitutive* Instrumente sind dabei diejenigen Instrumente, die „physisch" zwingend sind. Hierzu zählt *Linssen* Produktgestaltung („das Produkt muß irgendwie gestaltet sein"), Preis („in einem marktwirtschaftlichen System sind Geschenke nicht systemkonform"), Distributionskanal („dieser kann zwar minimal sein, ist aber immer existent") und mit Einschränkungen die Werbung („hier ist das Kriterium nicht die technische Notwendigkeit, sondern die Unentbehrlichkeit im Hinblick auf die Erzielung eines bestimmten Umsatzerfolges", *Linssen*, 1975, S. 130). Im Sinne unserer Terminologie können wir auch sagen, daß die **Marktleistung** eines Unternehmens zwingend an bestimmte zu erbringende

- **Produkt**leistungen (via Produkt/Preis),
- **Präsenz**leistungen (via Absatzweg/Absatzorganisation) und
- **Profil**leistungen (via Werbung/ggf. Public Relations)

gebunden ist. Eine Marktleistung entsteht so gesehen *erst* auf der Basis eines bestimmten „Minimalmix", der jeweils stark *strategie-differenzierte* Züge aufweist.

I. Wesen und Dimensionen des Marketingmix

Insbesondere Strategien *höherer* Ordnung (wie z. B. Präferenz- oder auch Segmentierungsstrategie) sind darüber hinaus dadurch gekennzeichnet, daß bei ihnen *akzessorische* Instrumente eine wichtige abstützende Funktion haben (so z. B. im Rahmen der Angebotspolitik das Produktdesign oder innerhalb der Kommunikationspolitik etwa das Corporate Design, vgl. hierzu auch die Darlegungen auf S. 449).

Was andererseits die strategischen bzw. taktischen Komponenten der einzelnen Marketinginstrumente angeht, so wird hier im Prinzip auf den **Bindungsgrad** der Marketinginstrumente bzw. der durch sie ausgelösten Festlegungen abgestellt. Das heißt mit anderen Worten, es gibt einerseits *mehr* strategische Instrumente, die strukturellen, d. h. also *mittel- bis langfristig* bindenden Charakter besitzen und andererseits *mehr* taktische Instrumente, deren Einsatzdomäne primär der *kurzfristige* Handlungsbereich des Unternehmens ist. Die Problematik besteht jedoch – wie schon in der Formulierung angedeutet – darin, daß hinsichtlich der einzelnen Marketinginstrumente jeweils *keine* eindeutigen Zuordnungen möglich sind. Jedes Instrument enthält im Prinzip vielmehr sowohl strategische als auch taktische Komponenten; es sind deshalb in einem generalisierenden Sinne lediglich bestimmte Tendenzaussagen darüber möglich, welche der beiden Komponenten bei welchem Instrument jeweils *dominiert*.

Meffert hat versucht, solche Tendenzaussagen auf der Basis einer schematischen Darstellung *(Abb. 293)* zu machen (*Meffert*, 1980, S. 82 bzw. 1986a, S. 115):

Abb. 293: *Strategische und taktische Komponenten (Schwerpunkte) der einzelnen Marketinginstrumente*

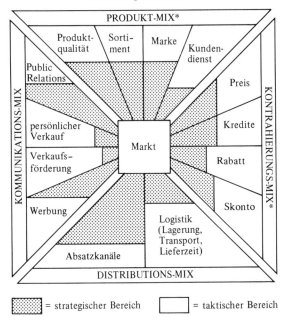

* Produkt-Mix *und* Kontrahierungs-Mix bei *Meffert* entspricht dem, was wir unter Angebotspolitik bzw. angebotspolitischem Submix verstehen.

Diese Charakterisierung der Marketinginstrumente hinsichtlich ihrer strategischen und taktischen „Bestandteile", die *Meffert* allerdings nicht näher problematisiert, erscheint im Prinzip generalisierbar, wenn auch die Akzentuierung bei einzelnen Instrumenten nicht unanfechtbar ist. So wird u.E. etwa die strategisch-strukturelle Dimension des Marketinginstrumentes Logistik gegenüber der taktisch-laufenden Komponente untergewichtet.

Auf der Basis derartiger Überlegungen läßt sich immerhin eine Art **Strategie- bzw. Strukturgefälle** der Marketinginstrumente ableiten. Bezogen auf die von uns gewählte Systematik von *drei* Marketingbereichen und der ihnen jeweils zugeordneten *drei* Basisinstrumente läßt sich das Gefälle in der strategischen Struktur bei den von uns insgesamt neun unterschiedenen Marketinginstrumenten in etwa wie folgt *(Abb. 294)* formalisieren:

Abb. 294: Anteilsstruktur strategischer und taktischer Komponenten bei Marketinginstrumenten (dargestellt anhand von neun Basisinstrumenten)

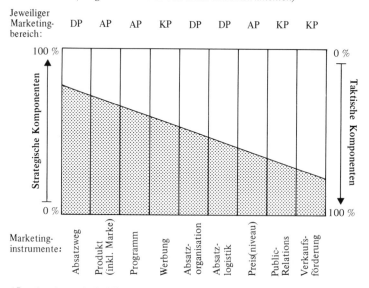

AP = Angebotspolitik, DP = Distributionspolitik, KP = Kommunikationspolitik

Dem jeweiligen Gefälle strategischer Komponenten entspricht dabei *umgekehrt* ein Ansteigen der taktischen Komponenten (vgl. *Abb. 294*). Abschließend sei allerdings noch einmal darauf hingewiesen, daß eine derartige Formalisierung nicht unproblematisch ist. Sie soll und kann allenfalls Tendenzen der **instrumentalen Schichtung** aufzeigen. Im übrigen ist der jeweilige strategische (= strukturbestimmende) und taktische (= ablaufbestimmende) Anteil eines Instrumentes - wie schon betont - u.a. auch entscheidend abhängig von der *gewählten* Strategie. So kommt etwa dem Preisinstrument bei Anwendung der Präferenzstrategie eine *wesentlich* höhere strategisch-strukturbestimmende Rolle (im Sinne einer präferenz-orientierten Niveaufestlegung) zu als beim Verfolgen der Preis-Mengen-Strategie (hier macht die notwendige Preisflexibilität nach unten das Preisinstrument in hohem Maße zu einem taktisch-ablaufbestimmenden Instrument).

Andererseits zeigt *Abb. 294* aber auch, daß es in *allen* drei Marketingbereichen jeweils Instrumente mit *struktur*bestimmender und solche mit *ablauf*bestimmender Dominanz gibt. Diese Einsichten haben für die **Mixgestaltung** bzw. speziell die Submix-Bildung hohe *praktische* Relevanz (vgl. hierzu die spezifische Herausarbeitung des von uns so bezeichneten *inter*-instrumentalen Submix auf S. 460 ff.).

Insgesamt sind die abgeleiteten Tendenzaussagen zum eigentlichen Charakter der Marketinginstrumente insofern von allgemeiner Bedeutung, als sie zugleich *bestimmte* Aussagen zur **Rangordnung von Instrumenten** darstellen. In diesem Zusammenhang wird im übrigen deutlich, daß jene als *zwingend komplementär* charakterisierten Instrumente wie Produkt, Preis, Absatzweg und Werbung (*Linssen,* 1975) durchweg mit den Instrumenten, die eine primär *strategisch-strukturelle* Typik aufweisen (*Meffert,* 1980), identisch sind.

Das aber heißt nichts anderes, als daß die „Mußinstrumente", die für spezifische Teilleistungen am Markt verantwortlich sind, nämlich:

- **Produkt**/Preis für die **Produktleistung,**
- **Absatzweg**/Absatzorganisation für die **Präsenzleistung** und
- **Werbung**/ggf. Public Relations für die **Profilleistung,**

jene Kerninstrumente mit strukturellem Charakter darstellen, über die entschieden werden muß, ehe sinnvoll *akzessorische* Instrumente primär taktischer Art disponiert werden können. Jene Kerninstrumente bzw. ihr ziel- und strategieadäquater Einsatz stehen demnach am Anfang des Marketingmix-Entscheidungsprozesses; sie haben insofern **Vorrangcharakter** gegenüber den Instrumenten primär taktischer Art.

Mit diesen Einsichten sind nunmehr die Voraussetzungen dafür geschaffen, unmittelbar in die Diskussion und Problematisierung des Marketingmix selbst einzutreten.

II. Stufen und Orientierungspole des Marketingmix

Nachdem zunächst das Wesen und grundlegende Dimensionen des Marketingmix herausgearbeitet worden sind – und zwar speziell, was das Beziehungsgefüge zwischen Marketinginstrumenten (sog. Interdependenzen) angeht –, sollen nunmehr im Sinne einer *weiteren* Konkretisierung wichtige (Teil-)Stufen des eigentlichen Marketingmix sowie grundlegende Orientierungspole für seine konkrete Gestaltung herausgearbeitet werden. Am Anfang dieser Überlegungen steht dabei die Grundfrage der „Auflösung" des Totalmix in mehrere **Submixe,** um das Komplexproblem Marketingmix auf diese Weise überhaupt beherrschbar bzw. gestaltbar zu machen.

1. Auflösung des Komplexproblems Marketingmix

Der Marketingmix stellt insofern ein Komplexproblem dar, als es sich hier um einen **kombinativen Auswahlprozeß** aus einer Vielzahl von Instrumenten in jeweils mannigfaltigen Ausprägungsformen bzw. Variationsmöglichkeiten handelt.

Unterstellt man lediglich drei Instrumente und jeweils drei Ausprägungsformen, z.B. die drei von uns unterschiedenen Instrumentalbereiche und ihre jeweiligen drei Basisinstrumente im Sinne von Ausprägungen, so bedeutet das bereits

$3^3 = 27$ Kombinationsmöglichkeiten.

Geht man jedoch *realistischer* von den von uns insgesamt neun abgegrenzten Basisinstrumenten aus - von denen es jeweils in der Marketingpraxis eine *kaum* übersehbare Vielzahl von Variationsmöglichkeiten gibt - und setzt im Durchschnitt nur fünf Ausprägungsformen an, so führt das bereits zu

$5^9 = 1953125$ Kombinationsalternativen.

Die Zahl von beinahe 2 Mio. Kombinationsmöglichkeiten macht damit zugleich auch **Grenzen der Planbarkeit** bzw. vor allem der Rechenhaftigkeit des Marketingmix deutlich. Zudem wird hier aber auch erkennbar, wie wichtig und notwendig *Ziel*- und *Strategie*festlegungen - also konkrete Entscheidungen auf der ersten und zweiten Konzeptionsebene (siehe 1. und 2. Teil des Buches) - sind, um das **Suchfeld** für die Kombination der Marketinginstrumente bzw. ihre jeweiligen Ausprägungen entsprechend einzugrenzen. Trotz dieser das Mixproblem einengenden basis-konzeptionellen Fixierungen kann in der Regel die noch verbleibende Kombinationsproblematik im Prinzip nur über eine Auflösung des Gesamtproblems (= Marketingmix insgesamt) in Teilprobleme (= Marketing*sub*mixe) beherrschbar und damit gestaltbar gemacht werden.

Dabei müssen - diese Überlegungen knüpfen dabei unmittelbar an den bereits gewonnenen Einsichten speziell in die *rangordnungs*bezogenen Beziehungen zwischen Marketinginstrumenten an - grundsätzlich **zwei Submix-Ebenen** unterschieden werden, die wir wie folgt charakterisieren:

(1) **intra-instrumentaler** Submix (= instrumentalbereichs-*bezogener* Submix),
(2) **inter-instrumentaler** Submix (= instrumentalbereichs-*übergreifender* Submix).

In der Marketingliteratur wird durchweg - und zwar meist explizit, zum Teil aber auch nur implizit - lediglich auf den von uns so bezeichneten *intra*-instrumentalen Submix Bezug genommen. Die folgende Darstellung knüpft daher zunächst an diesem Submix-Typ an.

a) Intra-instrumentaler Submix

Der intra-instrumentale, d.h. *bereichs*bezogene Submix berücksichtigt die Tatsache, daß sich - nach der von uns vorgenommenen Abgrenzung - drei große Instrumentalbereiche (Marketing-Aktionsfelder) unterscheiden lassen, die jeweils ganz spezifische **Teilleistungen** am Markt erbringen. Der intra-instrumentale Submix-Ansatz geht deshalb davon aus, daß es sinnvoll ist, das Gesamtmix-Problem quasi in drei inhaltlich gesonderte Submixe, nämlich den

(1) **angebots**politischen Submix,
(2) **distributions**politischen Submix und
(3) **kommunikations**politischen Submix

aufzulösen. *Abb. 295* verdeutlicht diese Zusammenhänge.

II. Stufen und Orientierungspole des Marketingmix

Abb. 295: Dimensionen des intra-instrumentalen Marketingmix

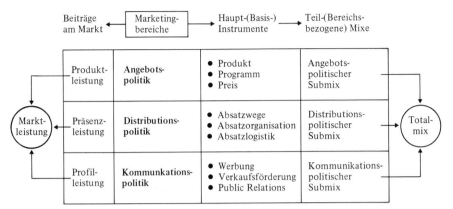

Das heißt, bei der Lösung des Marketingmix-Problems insgesamt (=**Totalmix**) kann - nach dieser Vorstellung (vgl. Abb.295) - zunächst eine *erste* Stufe (=**Vorstufe**) in der Weise realisiert werden, daß jeweils *für sich* die Marketinginstrumente der Angebotspolitik zum sog. Angebotsmix, die der Distributionspolitik zum sog. Distributionsmix und schließlich die der Kommunikationspolitik zum sog. Kommunikationsmix gebündelt werden. Das Vorgehen in dieser Stufung entspricht zugleich der „natürlichen" Reihenfolge des Instrumenteneinsatzes insgesamt.

Der gesamte Marketingmix (=Totalmix) ist dann die Resultante der ziel- und strategieadäquaten **Integration** von Angebots-, Distributions- und Kommunikationsmix. Er vollzieht sich in einer anschließenden *zweiten* Stufe (=**Hauptstufe**).

Diese phasenmäßige Fraktionierung des Mix-Problems in Vorstufe und Hauptstufe entspricht einem in der Unternehmenspraxis häufig anzutreffenden Vorgehen. Es ist nicht zuletzt auch Ausdruck der differenzierten **Kompetenzzuteilungen** in marketing-orientierten Unternehmen, z.B.

- **Produkt-Manager** (→Kompetenz primär für die *Angebots*politik, insbesondere für Produktgestaltung, Verpackungsgestaltung und Markenpolitik);
- **Verkaufsleiter** (→Kompetenz primär für die *Distributions*politik, vor allem für Vertriebsorganisation und Lieferservice);
- **Werbeleiter** (→Kompetenz primär für die *Kommunikations*politik, speziell für Werbung und Public Relations).

Das damit in einer Unternehmensorganisation „eingebaute" Ressort-Denken *induziert* vielfach das skizzierte intra-instrumentale Submix-Vorgehen, d.h. jeder Kompetenzträger (Instanz) tendiert zunächst dazu, die Instrumente des eigenen Bereichs *vor*zubündeln.

Die Problematik dieses Vorgehens besteht jedoch *darin,* daß hierdurch die Realisierung des **optimalen Totalmix** verfehlt werden kann (*Berger*, 1974, S.609). Dieses Phänomen resultiert aus der Tatsache, daß zwischen den Marketinginstrumenten der drei Instrumentalbereiche vielfältige Beziehungen bzw. Interdependenzen bestehen, die bei einer reinen *Intra*-Betrachtung (also weitgehend isolierten Abstimmung nur innerhalb *eines* Marketingbereichs) unberücksichtigt bleiben.

Im übrigen besteht eine große Gefahr darin, daß selbst in der *zweiten* Stufe (Hauptstufe) bestimmte Beziehungsgefüge zwischen Instrumenten mehrerer Instrumentalbereiche – auch wenn sie hier dann erkannt werden, etwa aufgrund der koordinierenden Funktion des Marketing-(Absatz-)leiters – u. U. gar nicht mehr berücksichtigt werden können aufgrund von nicht mehr oder nur mit erheblichen Kosten zu revidierenden *Vorweg*dispositionen der ersten Stufe in den einzelnen Marketingbereichen (Marketing-Aktionsfeldern).

b) Inter-instrumentaler Submix

An der im vorigen Abschnitt geschilderten Problematik des sog. intra-instrumentalen Submix knüpfen die im folgenden zu entwickelnden Überlegungen zum *inter*-instrumentalen Submix an.

Er wird von uns deshalb als inter-instrumentaler Submix bezeichnet, weil er instrumental an *mehreren* Marketingbereichen (Marketing-Aktionsfeldern) zugleich anknüpft, um auf diese Weise „Blockaden" für *gesamt*optimale Lösungen des Marketingmix zu vermeiden. Dieser inter-instrumentale Submix setzt dabei an der Tatsache an, daß es eine bestimmte **Hierarchie der Marketinginstrumente** (nämlich im Sinne einer Rangordnung) gibt. In dieser Hinsicht kann – unter Bezugnahme auf bereits diskutierte Instrumentalfragen – zwischen

(1) mehr **strukturbestimmenden** (strategischen) Instrumenten einerseits und
(2) mehr **ablaufbestimmenden** (taktischen) Instrumenten andererseits

unterschieden werden. Wie bereits herausgearbeitet, gibt es im Prinzip keine „reinrassigen" Instrumente, sondern nur solche mit jeweils unterschiedlicher schwerpunktmäßiger Ausprägung. Insoweit können grundsätzlich Marketinginstrumente mit *struktur*bestimmender und solche mit *ablauf*bestimmender **Dominanz** unterschieden werden. Die Marketinginstrumente mit strukturbestimmender Dominanz stellen dabei quasi Instrumente *höherer* Ordnung dar, während die Marketinginstrumente mit ablaufbestimmender Dominanz entsprechend als Instrumente *niederer* Ordnung charakterisiert werden können.

Die Marketinginstrumente mit strukturbestimmender Dominanz sind diejenigen Instrumente, die strukturelle (strategische) Gegebenheiten marketingbezogener Art im Unternehmen schaffen. Es sind Gegebenheiten, für die **mittel- bis langfristige Bindungen** typisch sind, so z. B. Festlegungen bezüglich

- der Produktart (bzw. des Produktprogramms),
- des Markennamens (inkl. Markentyp),
- der Absatz-(Vertriebs-)organisation bzw. Absatzwege und
- der Werbung (u. a. imagebezogene Basisaussage bzw. Positionierung).

Derartige marketingmäßige Festlegungen stellen gleichsam die **Fundamente** für Auf- bzw. Ausbau des gesamten Marketingmix dar. Sie sind *Prä*dispositionen, an denen sich die Marketinginstrumente niederer Ordnung – also solche mit ablaufbestimmender Dominanz – orientieren müssen, so z. B. „laufende" Maßnahmen etwa der

- Konditionengestaltung,
- Selektion von Absatzmittlern,
- Verkäuferschulung und
- Verkaufsförderung.

Diese Entscheidungen mit ablaufbestimmender Dominanz müssen dabei Bezug nehmen auf die vorweggenommenen Strukturentscheidungen im Marketing *insgesamt*, und zwar unabhängig davon, in welchem Marketingbereich sie jeweils zu treffen sind. Insoweit kommt dem inter-instrumentalen Submix, also jenem Submix, der bereichsübergreifend wirkt, vorrangige Bedeutung zu. Das ist die *entscheidende* Schlußfolgerung aus den bisherigen Überlegungen.

Unter diesem Aspekt der hierarchischen Zwänge bzw. Rangfolgefragen von Marketinginstrumenten ist demnach die Frage der Auflösung des Totalmix in Submixe völlig *neu* zu durchdenken.

c) Reihenfolgefragen und Standard-Vorgehensweise

Wenn gilt, daß Marketinginstrumente mit strukturbestimmender Dominanz Gegebenheiten mit *mittel- bis langfristiger* Bindung schaffen und diese zugleich Prädispositionen für den Einsatz von Marketinginstrumenten mit ablaufbestimmender Dominanz darstellen, so kann bezüglich der Reihenfolge des Marketinginstrumenten-Einsatzes gesagt werden, daß strukturbestimmende Instrumente sowohl in sachlicher als auch zeitlicher Hinsicht *vor* den ablaufbestimmenden Instrumenten stehen (müssen).

Wenn außerdem evident ist, daß innerhalb aller Marketingbereiche (Marketing-Aktionsfelder) strukturbestimmende Entscheidungen zu treffen bzw. jeweils bereits getroffen sind, dann kann weiterhin formuliert werden, daß alle ablaufbestimmenden Folgeentscheidungen (Folgeinstrumente) an den marketingmäßigen **Strukturgegebenheiten insgesamt** orientiert werden müssen. So gesehen bedarf es also zunächst einer Prüfung und Abstimmung der Strukturentscheidungen bzw. -gegebenheiten selbst. Der inter-instrumentale, d.h. also der bereichsübergreifende Submix im Sinne einer Vorwegprüfung bzw. -abstimmung hat somit *Vorrang*charakter vor den jeweils intra-instrumentalen, d.h. bereichsbezogenen Submixen.

Typische Stufen bei der Gestaltung des Marketingmix

Aus diesen Überlegungen ergibt sich demnach folgende **Standard-Vorgehensweise** in bezug auf die Auflösung des Totalmix in sog. Submixe bzw. Submix-Ebenen oder -Stufen:

(1) **Grobabstimmungsstufe:** *inter*-instrumentaler Submix (auf Instrumente bzw. Gegebenheiten primär strukturbestimmender Art gerichtet, und zwar grundsätzlich in allen Marketingbereichen)→Vereinbarkeitsprüfungen im Sinne eines schlüssigen ziel- und strategieorientierten Mix-Fundaments;

(2) **Feinabstimmungsstufe:** *intra*-instrumentaler Submix (auf die Abstimmung sowohl der strukturbestimmenden Instrumente als auch der ablaufbestimmenden

Instrumente eines Marketingbereiches gerichtet)→am Mix-Fundament orientierte Teiloptimierungsstufe;

(3) **Feinstabstimmungsstufe:** abschließende *Integration* von inter-instrumentalen Submix und intra-instrumentalen Submixen insgesamt→Abschleifungs- und Autarierungsstufe zur Bestimmung des Totaloptimums.

Die verschiedenen Abstimmungsstufen des in Teilabschnitte aufgelösten Marketingmix lassen sich grafisch wie folgt *(Abb. 296)* skizzieren.

Illustration des stufenmäßigen Vorgehens an einem Beispiel

Diese zunächst mehr abstrakt-formal diskutierten Zusammenhänge zwischen den unterschiedlichen Mix-Ebenen sollen nun noch zum *besseren* Verständnis anhand eines Beispiels skizziert und plausibel gemacht werden.

Ein *Nahrungsmittel-Hersteller* mit bekannter Marke, der bisher ausschließlich im Trockensortiment tätig ist, hält nach neuen Märkten Ausschau, um Wachstumsgrenzen im angestammten Markt überwinden zu können. Als wachstumsstarker „neuer" Markt wird aufgrund einschlägiger Analysen der Joghurt- und Dessert-Markt erkannt. Da der Eintritt in diesen Markt erfolgversprechend erscheint und die finanziellen Mittel für den Aufbau einer entsprechenden Produktion vorhanden, einschlägige Lieferanten entsprechender Anlagen bekannt sowie auch das notwendige technische Know-how beschaffbar sind, wird in der Geschäftsleitung eine Vorentscheidung getroffen, in den Joghurt- und Dessert-Markt einzutreten. Die Marketingleitung wird beauftragt, die *marketingmäßigen* Voraussetzungen des eigenen Unternehmens im einzelnen zu prüfen und ein realisierbares Marketingkonzept für dieses neue Geschäftsfeld (=horizontale Diversifikation) zu entwickeln.

Die erste Stufe der Marketingplanung besteht zunächst darin, die marketing-strukturellen Gegebenheiten (Voraussetzungen) zu prüfen. Entscheidende *Ansatzpunkte* sind hierfür u.a.:

(a) Kann die bisher verwendete *Marke* auch für das geplante Joghurt- und Dessertprogramm eingesetzt werden?
(b) Ist die bestehende *Vertriebsorganisation* in der Lage, auch das neue Programm mit zu verkaufen?
(c) Besteht die Möglichkeit, das bisher praktizierte *Preis- und Konditionensystem* grundsätzlich zu übernehmen?
(d) Kann bei der Vermarktung des neuen Programms auch auf das bestehende *absatzlogistische System* zurückgegriffen werden?
(e) Ist es möglich, aufgrund des geplanten neuen Programms die bisherige *Corporate Identity* (speziell das Corporate Design) zu bewahren?

Aus diesen Fragestellungen wird ersichtlich, daß es hierbei um eine grundsätzliche *Verträglichkeitsprüfung* mit dem bisherigen marketing-konzeptionellen Strukturgefüge des Unternehmens geht, und zwar auf *inter*-instrumentaler (bereichsübergreifender) Basis (=1. Stufe), denn:

- Die Fragen (a) und (c) beziehen sich auf die *Angebots*politik.
- Die Fragen (b) und (d) betreffen die *Distributions*politik.
- Die Frage (e) hat primär Bezüge zur *Kommunikations*politik i.w.S.

Die für die Klärung dieser Fragen notwendigen Untersuchungen ergeben, daß im Prinzip sowohl eine angebotspolitische als auch kommunikationspolitische Verträglichkeit gegeben ist (d.h. Marke, Preis- und Konditionssystem können - im letzteren Fall mit marktspezifischen Ergänzungen - übernommen werden; das bisherige Corporate Design (speziell Hausfarben, Marken-Logo und Markensymbol) kann ebenfalls adaptiert werden). Für beide Marketingbereiche sind somit die Voraussetzungen für die *2. Stufe* der Marketingplanung - nämlich für die intra-instrumentale Abstimmung im einzelnen - grundsätzlich gegeben.

Für den Instrumentalbereich *Distributionspolitik* ergeben sich dagegen *spezifische* Probleme („Zwänge"):

II. Stufen und Orientierungspole des Marketingmix

Abb. 296: *Auflösung des Marketingmix-Problems in drei Abstimmungsstufen (unter Zugrundelegung von drei Instrumentalbereichen mit jeweils drei Basisinstrumenten)*

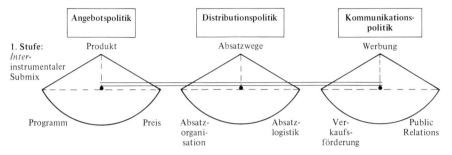

1. **Stufe:** *Inter*-instrumentaler Submix

═══ Horizontale, bereichsübergreifende Abstimmungs- bzw. Kombinationspfade
----- Jeweils mögliche bereichsbezogene Instrumentalbezüge

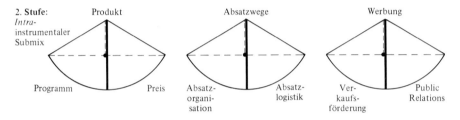

2. **Stufe:** *Intra*-instrumentaler Submix

▬▬▬ Vertikale, bereichsbezogene Abstimmungs- bzw. Kombinationspfade
----- Jeweilige bereichsbezogene (interne) Instrumentalkombination

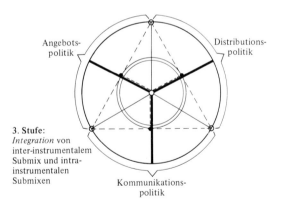

3. **Stufe:** *Integration* von inter-instrumentalem Submix und intra-instrumentalen Submixen

═══ Horizontale, bereichsübergreifende Abstimmungs- bzw. Kombinationspfade
▬▬▬ Vertikale, bereichsbezogene Abstimmungs- bzw. Kombinationspfade
----- Jeweils mögliche Instrumentalbezüge
○ Instrumentale Knotenpunkte der Integrationsstufe (hierbei sind die angrenzenden Instrumentalbereiche als in jeder Richtung „drehbar" aufzufassen, so daß jedes Instrument mit jedem der übrigen Instrumente spezifische Verknüpfungen bilden kann)

(1) Die *bisherige* Vertriebsorganisation kann für die Vermarktung des geplanten Joghurt- und Dessert-Programms aus Kapazitäts- bzw. Auslastungsgründen *nicht* eingesetzt werden. Darüber hinaus steht dem entgegen, daß im Handel die Einkäufer für das Trockensortiment einerseits und das Frischsortiment andererseits (u.a. Joghurts und Desserts) vielfach nicht identisch sind.

(2) Das *bisherige* absatzlogistische System ist für die Auslieferung des geplanten Frischsortiments *nicht* geeignet. Das System umfaßt keine Kühlfahrzeuge und der bisherige Belieferungsrhythmus von durchschnittlich 14 Tagen ist zu lang.

Auf diese Weise entstehen ursprünglich nicht bzw. nicht vollständig berücksichtigte zusätzliche Investitionen für das geplante neue Geschäftsfeld. Es gelingt jedoch schließlich ein *vorläufiges* Vertriebs- und Verteilungskonzept zu finden, das kostenmäßig tragfähig erscheint. Die Voraussetzungen für den (intra-instrumentalen) Distributions-Submix im einzelnen sind damit grundsätzlich geschaffen.

Nachdem der Angebots- und Kommunikations-Submix sowie ein *speziell* entwickelter, „übergangsweiser" Distributions-Submix vorliegen, sind die Voraussetzungen für die *3. Stufe* des Marketing-Planungsprozesses geschaffen, nämlich die sog. Integrationsphase im Sinne des Totalmix.

Während des Planungsprozesses eingetretene Wettbewerbsverschärfungen auf dem Joghurt- und Dessertmarkt und damit einsetzender *Preisverfall* zwingen allerdings zu einer erneuten Überprüfung des Gesamtkonzepts. Aufgrund der verschlechterten Ertragssituation müssen an *zwei* Submix-Konzepten Korrekturen vorgenommen werden:

(1) Der geplante Aufbau einer eigenständigen Vertriebsorganisation für das Joghurt- und Dessert-Programm kann nicht wie vorgesehen sofort und voll realisiert werden. In der *Einführungsphase* – die zumal durch hohe Einführungswerbung belastet ist – sollen für die Schaffung der Erstdistribution im Handel in bestimmten regionalen Teilmärkten (ZbV-) Reisende und Akquisiteure der Trockensortiment-Vertriebsorganisation eingesetzt werden. In anderen Gebieten sollen zunächst Leasing-Reisende herangezogen werden. Notwendige Degustationen im Handel sollen ebenfalls Leasing-Propagandistinnen übertragen werden.

(2) Die neue Marktsituation im Joghurt- und Dessertmarkt – Preisverfall speziell bei Standardprodukten – zwingt außerdem dazu, das geplante Programm stärker in Richtung höherpreisiger *Spezialitäten* auszubauen. Das inzwischen einführungsreife Standardprogramm soll möglichst schnell um eine „Luxuslinie" mit innovativen Produkten ergänzt werden. Daraus sich eventuell ergebende Konsequenzen für die Absatzkanäle (speziell die Abnehmerselektion) sollen erst nach gewonnenen Markterfahrungen mit dem Luxusprogramm näher geprüft werden.

(3) Bezüglich der Absatzlogistik wurde ein entsprechender *Auslieferungsvertrag* mit einer nationalen Frischdienst-Organisation geschlossen. Zugleich wurde eine Option darauf erworben, sich nach zweijähriger Erfahrung an dieser Organisation zu beteiligen.

Was die Abstimmungsstufen 1, 2 und 3 angeht (vgl. auch *Abb. 296*), so sind hierbei – *je* nach unternehmens- und marktindividuellen Gegebenheiten, wie auch das dargestellte Beispiel zeigt, – häufig mehrere **operative Korrekturen** notwendig, bei denen schrittweise

- entweder **neue Instrumente**
- und/oder **neue Ausprägungen** bereits berücksichtigter Instrumente

in den Marketingmixplanungsprozeß eingeführt werden (= Perfektionierung des Marketingmix). Hierbei handelt es sich aufgrund gerade im Marketingbereich häufig gegebener Kalkülisierungsgrenzen nicht selten um *mehrperiodige*, quantitative und/oder qualitative Abwägungsstufen bzw. gezielte Probierphasen („trial and error"). Vielfach wird daher der Marketingmix erst allmählich im Zeitablauf der Marktrealisierung komplettiert. Zentrale Orientierungsrahmen für diesen marketingpolitischen Komplettierungsprozeß stellen dabei **Strategien** mit ihrer „Kanalisierungsfunktion" für den konkreten instrumentalen Mitteleinsatz dar.

Insoweit ist für die Marketingpraxis - speziell, was den Marketingmix betrifft - eine laufende stufenmäßige, im Idealfall strategie-orientierte Perfektionierung kennzeichnend. Der Marketingmix weist so gesehen eine **mosaikartige Konfiguration** auf, und zwar auf der Grundlage *vielfältiger* funktionaler, zeitlicher und hierarchischer Beziehungen. Dieser Vielfalt soll im folgenden durch eine noch differenziertere Betrachtungsweise entsprochen werden.

2. Basisdifferenzierungen bei der Gestaltung des Marketingmix

In der Betriebswirtschaftslehre wie auch im Rahmen der Marketinglehre ist lange - vor allem im Interesse möglichst geschlossener Theoriebildung - von Produkt-, Markt- und/oder Unternehmens-(Betriebs-)differenzierungen abstrahiert worden. In dem Maße, in dem sich in der Marketinglehre *anwendungs*orientierte Intentionen verstärkten, nahm jedoch auch die Bereitschaft der Disziplin zu, typischen Differenzierungen in der Realität nachzugehen und sie in den Aussagesystemen zu berücksichtigen. Typisch hierfür ist der neuerdings verstärkte Ansatz zum **Branchenmarketing.** Neben der Konsumgüterindustrie - dem natürlichen Schwerpunkt im Entwicklungsprozeß der Marketinglehre - bemüht sich die Marketinglehre zunehmend, die Investitionsgüterindustrie (u.a. *Kirsch/Kutschker,* 1978; *Scheuch,* 1975; *Engelhardt/Günter,* 1981; *Backhaus,* 1990) und den Dienstleistungssektor i.w.S. (u.a. *Hansen,* 1976; *Wolff,* 1978; *Scheuch,* 1982; *Meyer,* 1983; *Haedrich,* 1983; *Regli,* 1985; *Hilke,* 1989) in ihren Analysen und Ableitungen zu berücksichtigen.

Darüber hinaus stecken weiterführende Differenzierungsansätze für die Marketingmix-Thematik vor allem auch in grundlegenden **Strategiealternativen,** wie sie im zweiten Teil dieses Buches herausgearbeitet wurden. Dieser von uns gewählte Strategieansatz ist vergleichsweise neu. Aus diesem Grunde soll neben den branchenbezogenen Aspekten des Marketingmix vor allem auf die strategie-differenzierten Implikationen des Marketingmix näher eingegangen werden. Im Anschluß daran werden die differenzierenden Betrachtungen zum Marketingmix durch spezifische **betriebstypologische Vergleiche** abgerundet. *Zunächst* aber wollen wir das Interesse auf branchenspezifische Fragen des Marketingmix lenken.

a) Branchenspezifische Differenzierungen

Was den Marketingmix angeht, so steht das Unternehmen bei dieser Frage - wie bereits eingangs aufgezeigt - vor einem äußerst *komplexen* Problem der Auswahl einzusetzender Instrumente sowohl in qualitativer als auch in quantitativer Hinsicht. Dabei lassen sich in der Realität immer wieder **Standard-Auswahlprinzipien** nachweisen, die in hohem Maße Tradition bzw. Erfahrung sowie allgemeine Branchenusancen reflektieren. Es ist daher versucht worden, einzelnen Branchen (Wirtschaftssektoren) *typische* Marketinginstrumente zuzuordnen, und zwar unter einem zweifachen Aspekt (*Nieschlag/Dichtl/Hörschgen,* 1976, S.447f.):

- Es gibt einerseits Instrumente, die durchgängig **in allen Wirtschaftszweigen** einsetzbar sind und andererseits solche, die **nur speziellen Zweigen** vorbehalten sind.
- Es gibt Instrumente, die sich **für einzelne Branchen** als besonders geeignet bzw. besonders wirksam erwiesen haben.

Nachstehende Übersicht *(Abb. 297)* gibt einen Überblick über die jeweils *branchentypischen* „Standardinstrumente" bzw. den branchenspezifischen „Standardmix" (*Nieschlag/Dichtl/Hörschgen*, 1976 bzw. modifiziert 1985, S. 834):

Abb. 297: Anwendungsschwerpunkte der absatzpolitischen Instrumente

Instrumente	„Wirtschaftsbereiche"				
	Rohstoffe	Invest.-güter	Markenartikel	Handel	Dienstl.-gewerbe
Produktpolitik	x	x	x	(x)	x
Programmpolitik		(x)	(x)	x	x
Garantieleistung		x	x	x	
Kundendienst	x	x	(x)	x	x
Preispolitik	(x)	x	x	x	x
Rabattpolitik	x		x	x	
Lieferungs- und Zahlungsbedingungen			x	(x)	
Kreditgewährung	x	x		(x)	
Standort				x	x
Absatzweg	x	(x)	x	(x)	
Betriebs- und Lieferbereitschaft		x		x	x
Persönlicher Verkauf	x	x	x	x	x
Werbung	x	x	x	x	x
Verkaufsförderung	x		x	x	(x)
Public Relations	x	(x)	x		(x)

Anmerkung: Die Gliederung der Marketinginstrumente entspricht der sog. 4er-Systematik (vgl. hierzu auch S. 442).
x = besondere Bedeutung.
(x) = bedingte Bedeutung.

Ähnliche branchenspezifische Differenzierungen sind auch von anderen Autoren herauszuarbeiten versucht worden (*Bantleon/Wendler/Wolf*, 1976, S. 224; *Berger*, 1974, S. 605; *Böcker/Thomas*, 1981, S. 283 f.). Bei der Würdigung dieser branchenspezifischen Aussagen zum Marketinginstrumenten-Einsatz bzw. Marketingmix muß jedoch berücksichtigt werden, daß es sich hierbei um bestimmte Vereinfachungen handelt, die im Einzelfall „unter Umständen sogar widerlegt werden können" (*Nieschlag/Dichtl/Hörschgen*, 1976, S. 449). Andererseits muß sogar gesehen werden, daß in der Unternehmenspraxis sich *nicht selten* „gerade ‚Anti-Strategien' zu den branchentypischen Formen des Marketing-Mix als erfolgreich erweisen können" (*Berger*, 1974, S. 604).

Im Prinzip sind derartige global-differenzierende Branchenaussagen, wie sie der aufgezeigten Übersicht entsprechen, also noch zu grob. So umfaßt z. B. der große Wirtschaftsbereich „Markenartikel" sowohl Food- als auch Non-food-Bereiche mit sehr *unterschiedlichen* Märkte- und

Nachfragestrukturen. Selbst wenn man die Betrachtung auf den Food-Bereich einengt, so gibt es noch *ausgeprägte* Differenzierungen, was verschiedene Produktkategorien u. a. nach Bearbeitungsstufen angeht (vgl. *Strecker/Reichert/Pottebaum*, 1990, S. 337 f.). Zumindest könnten derartige märkte-differenzierenden Aussagen stärker typologisch abgestützt werden (zur Märktetypologie siehe *Weber*, 1969). Darüber hinaus stellt sich die Frage, ob und inwieweit zusätzlich noch *warentypologisch* differenziert werden müßte, um zu noch spezifischeren Aussagen der Marketingmix-Typik zu gelangen (zum warentypologischem Ansatz siehe etwa *Knoblich*, 1969). Schließlich könnten derartig differenzierte Aussagen noch dadurch verbessert werden, daß grundlegende *betriebstypologische* Besonderheiten Berücksichtigung finden, um auf diese Weise vor allem auch bestimmte „Zwänge" des Marketingmix zu erkennen, die ihre Ursache in bestimmten fertigungstechnologischen Strukturbedingungen der Unternehmen haben (siehe hierzu speziell *Schäfer*, 1971, II, insbes. S. 360 ff.).

Diese hier aufgeworfenen Grundfragen sollen im folgenden noch etwas vertieft werden. Zunächst aber sollen strategie-orientierte Differenzierungen des Marketingmix herausgearbeitet werden.

b) Strategiebedingte Differenzierungen

Die branchenmäßigen Besonderheiten des Marketingmix, in die eine Unternehmung bei Eintritt in einen Markt quasi hineingeboren wird, legen *zunächst* einmal ein allgemeines, für die Branche typisches Marketingmix-Muster „fest". Weit stärker wird das Unternehmen jedoch gebunden durch den Wahlakt für eine *bestimmte* Marketingstrategie oder Marketingstrategie-Kombination. Sie stellen weitreichende *Vor*formulierungen (Prädispositionen) des Marketingmix dar. Wenn wir zu Beginn dieses Abschnitts den Marketingmix als die zielorientierte und strategieadäquate Kombination der Marketinginstrumente definiert haben, so haben wir diese spezifische Konfiguration des Marketingmix gedanklich bereits vorweggenommen.

Was die Basisarten („Typen") von Strategien angeht, so haben wir insgesamt *vier* Strategieebenen abgegrenzt:

(1) **Marktfeldstrategien,**
(2) **Marktstimulierungsstrategien,**
(3) **Marktparzellierungsstrategien,**
(4) **Marktarealstrategien.**

Stellvertretend für die generelle Steuerung bzw. Strukturierung des Marketingmix durch prädisponierte Strategien soll diese Gestaltungswirkung im folgenden anhand der Marktstimulierungsstrategien näher demonstriert werden.

Präferenzstrategie und Marketingmix

Zwei Grundmuster der Marktstimulierung können – wie im 2. Teil herausgearbeitet – grundsätzlich unterschieden werden:

- **die Präferenzstrategie** einerseits und
- **die Preis-Mengen-Strategie** andererseits.

Die Präferenzstrategie – in ihrer konsequentesten Form: die *Markenartikel*strategie – ist durch einen gezielten **Qualitätswettbewerb** unter weitestgehender Zurückdrängung eines Preiswettbewerbs gekennzeichnet. Ihr Ziel ist es, *dominante* Vorzugsstellungen (Präferenzen) für das eigene Produkt/Programm am Markt - und zwar sowohl gegenüber dem Verbraucher als auch gegenüber dem Handel - aufzubauen. Zumindest *drei* **konstitutive Merkmale** sind für diese Vermarktungsstrategie kennzeichnend (*Dichtl*, 1978, S. 19 ff.):

(1) Produktkennzeichnung und Qualitätssicherung,
(2) Image und Verkehrsgeltung,
(3) Ubiquität.

Die Entscheidung für diese Strategie setzt demnach folgende **strategische Säulen** (= Marketinginstrumente mit *struktur*bestimmender Dominanz) voraus:

- **überdurchschnittliches Produkt-/Programmniveau** (inkl. hohes Innovationspotential),
- **konsequenter Einsatz der Markierung** (in ihrer strengsten Form die Erzeugnismarke = sog. Mono-Marke),
- **hohe Werbung** (und zwar überwiegend auf den Endverbraucher gerichtete = sog. Sprungwerbung),
- **hohe Distribution** (im Sinne einer Überallerhältlichkeit der Produkte).

Damit ist im Prinzip nicht nur der dominierende Einsatz ganz bestimmter strategisch-struktureller Instrumente, sondern auch ihr *hohes, überdurchschnittliches* qualitatives Niveau angesprochen. Dieses Aktivitätsniveau ist zugleich prägender Gradmesser für den Einsatz *aller* Folgeinstrumente mit ablaufbestimmender Dominanz (z. B. taktischer Einsatz von preis- bzw. konditionenpolitischen oder auch verkaufsfördernden Maßnahmen).

Entscheidend ist, daß ein konsequentes und damit auf Dauer erfolgreiches präferenz-strategisches Konzept nicht nur voraussetzt, daß sämtliche Aktionen des Unternehmens an den marketing-strukturellen Säulen der skizzierten Art orientiert bzw. justiert werden. Auch reaktive Handlungsweisen, wie sie dem Unternehmen häufig von außen aufgezwungen werden, müssen stets auf ihre **Verträglichkeit** mit dem konstitutiven Bereich des präferenz-strategischen Konzepts hin überprüft werden. Gerade präferenz-orientierte Konzepte erweisen sich als ziemlich empfindlich gegenüber präferenz-unverträglichen Aktions- bzw. Reaktionsweisen. Hierzu gehören u. a. (zu häufige) Sonderpreisaktionen für eine Marke. Solche Maßnahmen stören bzw. zerstören die für den Erfolg *notwendige* Niveau- und Prinzipieneinheit der Marketinginstrumente.

Preis-Mengen-Strategie und Marketingmix

Als wesentlich *unempfindlicher* erweist sich demgegenüber das preis-mengen-strategische Konzept. Es lebt in hohem Maße *geradezu* von Maßnahmen, welche die Realisierung oder auch nur Erhaltung von Präferenzen grundlegend in Frage stellen würden. Die Preis-Mengen-Strategie, die in ihrer konsequentesten Form den **reinen Preiswettbewerb** bewußt in den Mittelpunkt der Marktgestaltung rückt, beruht andererseits auf dem gezielten Weglassen - oder zumindest der konsequenten „Verarmung" - solcher Marketinginstrumente, welche ein preisaggressives Vorgehen am Markt verhindern oder auch nur gefährden können.

Das bedeutet, daß bei Anwendung der Preis-Mengen-Strategie vor allem auf *aufwendige* Marketinginstrumente verzichtet werden muß. Das sind insbesondere

Instrumente mit strukturbestimmender Dominanz, wie z. B. überdurchschnittliche Produktqualität, stark ausgebaute Absatzorganisation oder auch intensive, imageprägende Werbung. Das aber bedeutet letztlich die **Reduktion** des Marketinginstrumenten-Einsatzes auf einen „Minimum-Mix", und zwar sowohl in quantitativer als auch qualitativer Hinsicht. Die Stärke eines preis-mengen-orientierten Marketingkonzepts erweist sich so gesehen weniger im Einsatz, als vielmehr im *geplanten* Weglassen von Marketinginstrumenten. Insoweit stellt dieses Konzept auch eine prinzipielle **Vereinfachung** des Komplexproblems Marketingmix dar.

Trotzdem darf die Problematik des Marketingmix bei Anwendung der Preis-Mengen-Strategie *nicht* unterschätzt werden. Während der qualitative Einsatz des Marketinginstrumentariums bei der Präferenzstrategie primär *ertrags*orientiert (d.h. „hochpreis-unterstützend") erfolgt, ist das Funktionieren der Preis-Mengen-Strategie umgekehrt an den *kosten*orientierten (d.h. „niedrigpreis-unterstützenden") Instrumenteneinsatz gebunden.

Die Preis-Mengen-Strategie birgt insofern gerade bei in dieser Hinsicht *in*konsequentem Marketinginstrumenten-Einsatz große Gefahren für den Bestand eines Unternehmens in sich, da bei weder rein kosten- noch rein ertragsorientiertem Konzept (= „Zwischendrin-Konzept") einerseits keine ausreichenden Markenpräferenzen aufgebaut werden können, andererseits einem preisaggressiven Wettbewerb aber *nicht* adäquate, d.h. in diesem Falle zu hohe Marketingaufwendungen, entgegenstehen. Die Unternehmenspraxis zeigt gerade in jüngster Zeit häufig Beispiele dafür, wie Unternehmen auf diese Weise gleichsam „zwischen den Fronten" *zerrieben* werden können (u.a. im Nahrungsmittel-, Getränke- und Textil- bzw. Bekleidungsmarkt).

Die Anwendung der Preis-Mengen-Strategie im Sinne eines nicht existenzgefährdenden Einsatzes ist deshalb – neben kostengünstigen Produktions- und Logistikvoraussetzungen – vor allem an die **konsequente Vermeidung** aufwendiger Marketingstrukturen gebunden. Das heißt, bei Realisierung des preis-mengen-strategischen Konzepts kommt es ganz entschieden darauf an, speziell Instrumente mit *struktur*bestimmender Dominanz auf ein Mindestmaß („Minimum") zu reduzieren. Bezogen auf die *drei* Marketing-Aktionsfelder bedeutet das im Hinblick auf

- **Angebot:** im allgemeinen zwar an Markenartikeln orientierte, aber regelmäßig objektiv und/oder subjektiv *darunter* liegende Qualität (vor allem keine eigenständige Produktentwicklung; das Prinzip der Nachahmung ist vorherrschend)→„Minimum-Qualität";
- **Vertrieb:** kleine, nicht aufwendige Vertriebsorganisation (vor allem *Vermeidung* einer kostenintensiven Außenorganisation; der Telefonverkauf und das sog. Waggon-Geschäft dominieren)→„Minimum-Vertrieb";
- **Kommunikation:** keine Profilierung des bzw. der Produkte(s) über präferenzbildende Kommunikationsmittel (Verzicht auf Imagewerbung i.e.S.; „Profilierung" erfolgt im Prinzip ausschließlich über das Herausstellen einer *aggressiven* Preisstellung)→„Minimum-Kommunikation".

Am Beispiel der alternativen Marktstimulierungsstrategien konnte somit exemplifiziert werden, in welchem *hohen Maße* der Instrumenteneinsatz im Unternehmen letztlich von übergeordneten Strategien abhängig ist. Die Relevanz strategie-orientierter Gestaltung des Marketingmix ist damit evident.

c) Berücksichtigung betriebstypologischer Besonderheiten

Was die Basisdifferenzierungen der Marketingmix-Gestaltung insgesamt betrifft, so haben wir uns diesem Problem der **Differenzierungsbedürftigkeit** des Marketingmix quasi in Stufen genähert.

Die erste, noch vergleichsweise allgemeine Stufe war zunächst die der *branchen*mäßigen Differenzierung, welche mehr formale märktespezifische Instrumentalgegebenheiten zu skizzieren suchte. Ihr folgte gleichsam als zweite (gedankliche) Stufe die Analyse *strategie*-orientierter Instrumentaldifferenzierung, dargestellt am besonders relevanten Fall der Marktstimulierungsstrategien.

Die gedanklich letzte Stufe in diesem Zusammenhang ist schließlich die der unternehmens- bzw. betriebs*typologischen* Differenzierung. Hier wird mit anderen Worten also die Frage gestellt, inwieweit „typische" unternehmens- bzw. betriebsbezogene **Gegebenheiten und Strukturen** Einfluß nehmen auf Gestaltung bzw. Ausrichtung des Marketingmix (bzw. Einfluß nehmen müssen).

Der typologisierenden Differenzierung des Marketinginstrumenten-Einsatzes können ganz verschiedene Anknüpfungspunkte zugrundeliegen. In der Hauptsache sind es Gegebenheiten bzw. Zwänge aller oder einzelner Unternehmensbereiche. Was die Relevanz der verschiedenen Unternehmensbereiche für die Marketinggestaltung angeht, so muß konstatiert werden, daß neben der Absatzfunktion auch von *allen* übrigen Grundfunktionen des Unternehmens (Beschaffung, Produktion, Finanzierung) grundlegende wechselseitige Einflüsse ausgehen. Es bestehen mit anderen Worten gegenseitige Abhängigkeiten, die wie folgt gesehen werden können:

- Bestimmte Konstellationen im Beschaffungs-, Produktions- und/oder Finanzbereich stellen **Daten** dar, an denen sich die Marketinggestaltung orientieren muß.
- Bestimmte Marktgestaltungskonzepte (bzw. entsprechende dahinterstehende Marketingstrategien) setzen andererseits die Schaffung bestimmter **Voraussetzungen** im Beschaffungs-, Produktions- und/oder Finanzbereich voraus.

Diese Zusammenhänge lassen sich besonders an Interdependenzen exemplifizieren, die zwischen Produktions- *und* Absatzbereich im Unternehmen bestehen (können).

Spezifische Betriebstypen und ihre Konsequenzen für den Marketingmix

Was die zuerst angesprochene Beziehungsstruktur betrifft, so gibt es je nach Betriebstyp technologisch definierte Gegebenheiten bzw. Zwänge, auf welche die Marketinggestaltung adäquat Rücksicht nehmen muß. Es gibt insoweit bestimmte *technologische* Vorformulierungen des Marketingmix. Das wird besonders deutlich, wenn man (vgl. *Abb. 298*) etwa die beiden **Betriebstypen** „Maschinenfabrik" (Typ M) und „Prozeßbetrieb" (Typ P) gegenüberstellt (*Schäfer*, 1971, II, S. 314–321).

II. Stufen und Orientierungspole des Marketingmix

Abb. 298: Basismerkmale der Betriebstypen M und P (nach Schäfer*)

Betriebstyp M („Maschinenfabrik")	Betriebstyp P („Prozeßbetrieb")
• synthetische Stoffverwertung • mechanische Technologie • Einzel- und Serienfertigung • Mehrzweckanlagen • multiplikative Größengestaltung*** • breites, vielseitiges Fertigungsrepertoire	• typisch**: analytische Stoffverwertung • typisch**: chemische Technologie • Massenfertigung • Einzweckanlagen • dimensionierende Größengestaltung*** • begrenztes Fertigungsprogramm
z. B. Apparatebau	z. B. chemische Grundstoffbetriebe

* Zusammenstellung in Anlehnung an *Schäfer,* 1971, II, S. 315 und 320.
** Prozeßbetriebe treten auch als Betriebe mit synthetischer Stoffverwertung und mechanischer Technologie auf (z. B. Zigarettenherstellung), ihre prozeßbetriebliche Typik ist aber nicht so signifikant.
*** Siehe zu diesen Unterscheidungen auch *Schäfer,* 1974, S. 200.

Der *Apparatebau* (charakteristisches Beispiel des Betriebstyps M) ist u. a. dadurch gekennzeichnet *(Abb. 298),* daß auf der Basis von Mehrzweckanlagen dem Markt in der Regel ein breites Programm (z. B. Serienprodukte für den anonymen Markt) bis hin zu individuell gefertigten Produkten (spezifizierte Produkte nach Auftrag) angeboten werden können. Diese Unternehmen können aufgrund ihrer Fertigungsstruktur ihr Programm relativ stark variieren. Sie haben somit eine relativ starke marktliche *Flexibilität,* was auch darin zum Ausdruck kommt, daß bei diesen Betrieben grundsätzlich gute Voraussetzungen dafür gegeben sind, einem einseitigen Preiswettbewerb durch *Qualitäts*wettbewerb i. w. S. auszuweichen. Die marktliche Flexibilität dieser Betriebe wird zudem noch dadurch unterstützt, daß die strukturellen Fertigungskapazitäten aufgrund multiplikativer Größengestaltung in relativ kleinen Stufen auf- bzw. abgebaut werden können.

Chemische Grundstoffbetriebe (als charakteristisches Beispiel des Betriebstyps P) sind demgegenüber dadurch gekennzeichnet, daß diese Betriebe über eine (ggf. mehrere) stark bzw. völlig integrierte Fertigungsanlagen verfügen, für die bezogen auf Anlagenstruktur und Fertigungsablauf „eine ausgeprägte Starrheit und Zwangsläufigkeit" (*Schäfer,* 1971, II, S. 319) typisch ist. Die betriebliche wie auch die marktliche Flexibilität dieser Unternehmen insofern stark *eingeschränkt,* und zwar einmal aufgrund der dimensionierenden Größengestaltung (= strukturelle Kapazitätsveränderungen sind nur in relativ großen Sprüngen möglich) sowie des technologisch „vorbestimmten" Produktionsprogramms nach Art und Zusammensetzung. Für Betriebe mit analytischer Stoffverwertung ist darüber hinaus der zwanghafte Anfall von - meist nicht gewollten - *Kuppelprodukten* charakteristisch. Sie werfen *spezifische* Vermarktungsprobleme auf, zumal dann, wenn sie in gesonderten Märkten mit gesonderten Marketingmixen vermarktet werden müssen. Aufgrund dieser gegebenen Fertigungsverhältnisse sind solche Prozeßbetriebe (insbesondere aber die sog. Kuppelproduktionsbetriebe) grundsätzlich viel eher gezwungen *preis*-orientierte Konzepte zu realisieren als etwa Betriebe vom Typ M.

Der Marketing-Konzeptionist findet sogesehen im Unternehmen, für das er ein (neues) Marketingkonzept erarbeitet und das den Einsatz bestimmter Marketinginstrumente grundsätzlich vorsieht, gerade im Fertigungsbereich vielfältige **Restriktionen** vor, die er beim Design eines optimalen firmenindividuellen Konzepts berücksichtigen muß.

Zur Umkehrung der Fragestellung

Die bisher diskutierte Fragestellung läßt sich andererseits in der Weise umkehren, daß danach gefragt wird, ob und inwieweit bestimmte **Voraussetzungen** im Produktionsbereich geschaffen werden können (müssen), um *bestimmte* Marketingstrategien und einen darauf gegründeten Marketingmix überhaupt realisieren zu können. In der Regel wird es nicht – oder nur unter völliger Neudefinierung des Unternehmens bzw. des Unternehmenszweckes mit allen Konsequenzen investitionspolitischer Natur – möglich sein, unter dem Aspekt des Marketings grundlegende Veränderungen des Betriebstyps (sprich: des Produktionssystems insgesamt) vorzunehmen. Typisch sind hier vielmehr **Variationen** innerhalb eines Produktionssystems, die ohne Aufgabe grundlegender Betriebscharakteristika allenfalls partiell die Betriebsstruktur in marketinggerechter Weise verändern.

Als Beispiel kann hier etwa eine marketingorientierte *Brauerei* (die auch als Prozeßbetrieb i.w.S. aufgefaßt werden kann) aufgeführt werden, die bisher ihren Absatzschwerpunkt im traditionellen Absatzkanal (Gastronomie) hat und die im Interesse einer *Verbesserung* ihrer Absatzposition im Lebensmittelhandel ihre Abfüllanlage so variiert bzw. erweitert, daß etwa neben den klassischen Mehrweggebinden (0,5 l-Euro- und 0,33 l-Vichy-Flasche) auch *Einweggebinde* abgefüllt werden können, und zwar sowohl Einwegflaschen als auch Dosen. Im Hinblick auf eine verstärkte Einbeziehung von Großbetriebsformen des Einzelhandels werden zusätzlich auch die Voraussetzungen dafür geschaffen, neben den traditionellen 24er bzw. 20er Kästen auch sog. Mehrstückgebinde (etwa 6er Träger/0,33 l Einweg sowie 10er Karton/0,33 l Dose) zu konfektionieren.

Marketing-konzeptionelle Aspekte können jedoch auch für Eingriffe in die Produktion selbst verantwortlich sein (z.B. die Umstellung der offenen Gärweise in eine geschlossene), um etwa die Gefahr von biologischen Infektionen des Bieres zu minimieren, und zwar im Interesse einer überdurchschnittlichen *und* gleichbleibenden Produktqualität für ein markenartikelähnliches Vermarktungskonzept.

Die aufgeführten Beispiele haben deutlich werden lassen, daß Marketing-Konzeptionen mit den Produktionsgegebenheiten des Unternehmens unmittelbar verknüpft sind bzw. als verknüpft angesehen werden müssen. Hieraus resultieren *unternehmensindividuelle* Dominanzen in der Gestaltung des Marketingmix. Daß ähnliche Einflüsse auch von anderen Unternehmensbereichen (z.B. Beschaffung und Finanzierung) auf den Marketingbereich ausgehen können bzw. auch umgekehrt soll hier der Vollständigkeit halber ausdrücklich betont werden. Marketing-Konzeptionen stellen so gesehen – nämlich in einem ganzheitlichen Sinne – zugleich auch **Unternehmenskonzeptionen** dar.

3. Konkretisierungsebenen des Marketingmix

Die bisherigen Betrachtungen zum Marketingmix haben deutlich gemacht, daß es sich hierbei nicht um ein formales Kombinationsproblem handelt, sondern daß hier in hohem Maße auf **materielle Differenzierungen** Rücksicht genommen werden muß, und zwar auf solche branchen-, strategie- und schließlich unternehmens- bzw. betriebstypologischer Art.

Der Marketingmix erweist sich so gesehen auch als ein ausgeprägtes *qualitatives* Prüfproblem, dessen Rechenhaftigkeit bislang stark überschätzt worden ist (zumindest in der Literatur). Nach den geschilderten Abwägungsprozessen differenzierender Art entsteht nun die Frage des konkreten Vorgehens bei der Bestimmung des Marketingmix im einzelnen. Wir unterscheiden hierbei drei grundlegende **Konkretisierungsebenen** oder -ansätze, und zwar

- den produkt-analytischen Ansatz,
- den instrumentalverbund-orientierten Ansatz und
- den marktebenen-spezifischen Ansatz.

Typisch für die Konkretisierung des Marketingmix ist dabei zunächst der *produktanalytische* Ansatz.

a) Produkt-analytischer Ansatz

Die Produktpolitik – auch als „Herz" des Marketings bezeichnet – kann gleichsam als Urfunktion des wirtschaftlichen Handelns (*Leitherer*, 1985, S. 91) aufgefaßt werden. Sie determiniert in ganz entscheidendem Maße die (Nutzen-)Faktoren, die letztlich den Markterfolg eines Unternehmens ausmachen.

Unter Produktpolitik bzw. Produktgestaltung i.w.S. verstehen wir dabei im einzelnen *vier* Gestaltungsbereiche, nämlich:

(1) **Technisch-funktionale Qualität** („Produktinneres"),
(2) **formal-ästhetische Qualität** („Produktäußeres"),
(3) **Verpackung**,
(4) **Markierung**.

Im folgenden soll nun dargelegt werden, in welchem *entscheidenden* Maße produktpolitische Maßnahmen „Vorformulierungen" für den Einsatz der übrigen Marketinginstrumente darstellen.

Grundlagen des produkt-analytischen Ansatzes

Die Produktpolitik repräsentiert im „Regel-Marketing" gleichsam den *originären* Marketingbereich, während sich die übrigen Marketinginstrumente bzw. Marketingbereiche in hohem Umfang als *derivate* Bereiche darstellen. Dies läßt sich am besten aufzeigen, wenn man das produktdifferenzierende Aufrollen des Marketingmix-Prozesses exemplifiziert, und zwar auf der Basis spezifischer **Warentypen.**

Dieses Vorgehen entspricht im Prinzip einem *klassischen* Ansatz der Absatzlehre, nämlich dem sog. waren-analytischen Ansatz (commodity approach), der vor allem in den USA entwickelt und gepflegt worden ist (*Copeland*, 1924; *Aspinwall*, 1962; *Miracle*, 1965), der aber auch in der deutschen Absatzlehre Tradition hat (*Schäfer*, 1950; *Knoblich*, 1969 und 1974; *Koppelmann* 1969 bzw. auch 1974 und 1978). Dieser Ansatz berücksichtigt die Tatsache, daß die Marktgestaltung insgesamt in entscheidendem Maße von **Produkteigenarten** geprägt wird.

Das soll zunächst anhand *zweier* Warentypen *(Abb. 299)*, nämlich Warentyp I „Markenartikel" einerseits und Warentyp II „Anlage-Investitionsgut" andererseits aufgezeigt werden, „die sich durch folgende charakteristische Kombination von Merkmalsausprägungen auszeichnen" (*Knoblich*, 1974, Sp. 178).

Bei diesen beiden betrachteten Warentypen (vgl. *Abb. 300*) „wird sich häufig ... die folgende *Kombination* der absatzpolitischen Aktionsbereiche als zweckmäßig erweisen" (*Knoblich*, 1974, Sp. 178).

Abb. 299: *Merkmalsstruktur zweier ausgewählter Warentypen*

Warentyp I „Markenartikel"	Warentyp II „Anlage-Investitionsgut"
• Konsumgut • Verbrauchsgut • laufender Bedarf (hohe Kaufhäufigkeit) • niedrigpreisige Ware • problemlose Ware • Sachmarke • Massenerzeugnis	• Produktivgut • Gebrauchsgut • gelegentlicher Bedarf (geringe Kaufhäufigkeit) • hochpreisige Ware • erklärungsbedürftige Ware • Firmenmarke • Individualerzeugnis

Abb. 300: *Charakteristische Marketingmixe bei zwei ausgewählten Warentypen*

Aktionsbereich	Alternative bei **Typ I***	Alternative bei **Typ II***
Distributions- politik:	• indirekter Absatzweg • totale Markterfassung	• direkter Absatzweg • selektive Markt- erfassung
Produktpolitik:	• wenig Gestaltungs- möglichkeiten • u. U. Verpackungs- gestaltung wichtig • geringe Sortenvielfalt	• viele Gestaltungs- möglichkeiten • stärkere Sorten- (Typen-)vielfalt
Akquisitions- politik:	• direkte (und dominan- te) Verbraucher- werbung	• persönliche Akquisi- tion im Vordergrund
Preispolitik:	• geringe Bedeutung	• erhebliche Bedeutung

* Vgl. *Abb. 299*

Bereits auf der Basis dieser noch relativ groben Warenstrukturierung wird bereits deutlich, daß je nach Warentyp bestimmte „Mixzwänge" bestehen können oder zumindest ein bestimmter **Grundmix** naheliegt.

Konsistenter – zumindest, was den Normbereich angeht – werden produkt-orientierte Marketingmix-Aussagen dann, wenn man *noch* spezifischere Warentypisierungen vornimmt. In dieser Hinsicht hat *Miracle* ein ziemlich differenziertes **Produktklassen-Konzept** vorgelegt, das auf einer relativen Gewichtung grundlegender Produktcharakteristika beruht (*Miracle,* 1965, S. 18 ff.). Er hat hierfür insgesamt *neun* Produktcharakteristika definiert, die seiner Meinung nach für die Wahl des Marketingmix („marketing strategy") entscheidend sind. Insgesamt unterteilt er dabei die Produkte in fünf Gruppen, deren Abgrenzung allerdings ähnlich eigenwillig ist, wie die der drei „colour goods groups" von *Aspinwall* („red goods", „orange goods" and „yellow goods", *Aspinwall,* 1962, S. 635). Für die Definition seiner fünf Produktgruppen zieht *Miracle* deshalb jeweils mehrere typische Beispiele heran. Folgende Übersichten (*Abb. 301* und *302*) verdeutlichen dieses produkt-differenzie-

II. Stufen und Orientierungspole des Marketingmix 475

*Abb. 301: Produktcharakteristika für fünf Produktgruppen**

Produkt-Charakteristika	Gruppe I	Gruppe II	Gruppe III	Gruppe IV	Gruppe V
Wert der Produkteinheit	sehr gering	gering	mittel bis hoch	hoch	sehr hoch
Bedeutung jedes einzelnen Kaufs für den Verbraucher	sehr gering	gering	mittel	hoch	sehr hoch
Für den Kauf aufgewendete Zeit und Mühe	sehr gering	gering	mittel	hoch	sehr hoch
Rate der technischen und modischen Änderungen	sehr gering	gering	mittel	hoch	sehr hoch
Technische Komplexität	sehr gering	gering	mittel bis hoch	hoch	sehr hoch
Servicebedürftigkeit	sehr gering	gering	mittel	hoch	sehr hoch
Kaufhäufigkeit	sehr hoch	mittel bis hoch	gering	gering	sehr gering
Schnelligkeit des Ver(Ge-)brauches	sehr hoch	mittel bis hoch	gering	gering	sehr gering
Ausdehnung der Nutzung	sehr hoch	hoch	mittel bis hoch	gering bis mittel	sehr gering

* Vgl. *Miracle*, 1965, S. 20.

*Abb. 302: Produkt-Beispiele für die fünf Produktgruppen**

Gruppe I	Gruppe II	Gruppe III	Gruppe IV	Gruppe V
Zigaretten	Lebensmittel (Trockensortiment)	Radio- und Fernsehgeräte	Qualitätskameras	Elektronische Büromaschinen
Süßwaren-Riegel	Arzneimittel	Haushaltgroßgeräte	Landmaschinen	Elektrische Generatoren
Rasierklingen	Haushaltswaren	Damenbekleidung	Personenkraftwagen	Dampfturbinen
Alkoholfreie Erfrischungsgetränke	Industrielle Betriebsstoffe	Reifen und Schläuche Sportausrüstungen	Qualitätsmöbel	Spezialwerkzeuge

* Vgl. *Miracle*, 1965, S. 20.

rende **System**, das in neueren Marketingdarstellungen bei der Diskussion des Marketingmix bzw. dahinterstehenden marketing-strategischen Überlegungen gezielt herangezogen wird (*Rosenberg*, 1980, S. 313 ff.; *Meffert*, 1980, S. 487 ff.). Man kann darin im übrigen auch eine *gewisse* Renaissance des klassischen waren-analytischen Ansatzes (commodity approach) erblicken.

Die entsprechenden Analysen (vgl. *Abb. 301*) der Eigenschaften von Produkten (product characteristics) führen – wie in *Abb. 302* dargestellt – zu Produktgruppen mit ähnlichen Marketingnotwendigkeiten. Auf diese Weise ist grundsätzlich die Vorhersage oder zumindest der „Check" angemessener Marketingmaßnahmen (*Rosenberg*, 1977, S. 318) im Sinne einer qualitativen Auswahlheuristik (*Meffert*, 1980, S. 487 bzw. 1986 a, S. 524 f.) möglich.

Das kann am besten anhand der *beiden* „Extremgruppen" I und V verdeutlicht werden. Produkte der *Gruppe I* sind dadurch gekennzeichnet, daß sie vergleichsweise geringe Investitionen in bezug auf die Produktentwicklung erfordern, vor allem soweit Massenprodukte eines bestimmten Standards für eine breite Zielgruppe akzeptabel sind. Besondere Anstrengungen werden hier vor allem hinsichtlich der Ausweitung der Distribution unternommen mit dem Ziel der „Überallerhältlichkeit". Typisch ist für sie darüber hinaus eine starke Endverbraucherwerbung als Mittel des Vorverkaufs (sog. Sprungwerbung). Produkte der *Gruppe V* sind demgegenüber gekennzeichnet durch eine starke Betonung des persönlichen Verkaufs. Weil es sich hier primär um kundenspezifische (Individual-)Produkte handelt, dominiert der direkte Vertriebsweg. Die Preispolitik spielt bei diesen Produkten insofern eine erhebliche Rolle, als hier individuell ausgehandelte Preise charakteristisch sind. Produkte, die unter die Produktgruppen-Kategorien II, III und IV fallen, „are governed by modifications of the two extremes" (*Rosenberg*, 1977, S. 314).

Produkt-analytischer Ansatz und Marketingmix

Der produkt-analytische Ansatz bei der Vorauswahl bzw. Ableitung des Normmix ist – ausgehend von den grundlegenden Überlegungen sowohl *Aspinwalls* als auch *Miracles* – später dann von *Lipson/Darling/Reynolds* komplettiert worden. Diese Autoren haben versucht, die waren-analytische **Analogiemethode** bei der Ableitung des Marketingmix über grundlegende Beziehungen zwischen Produkt und Absatzweg bzw. Produkt und Kommunikationstyp (persönlicher/unpersönlicher Verkauf) hinaus auf das *gesamte* Marketinginstrumentarium – die sog. vier P's (= „Product", „Price", „Place", „Promotion") - auszudehnen. Auf diese Weise ist eine Art Matrix (vgl. *Abb. 303*) für die **Vorauswahl** des produkt-spezifischen Marketingmixes entstanden (*Lipson/Darling/Reynolds*, 1970, S. 40 bzw. *Lipson/Darling*, 1971, S. 612 f.).

Die *konkrete* Vorauswahl des Marketingmix auf der Basis dieser Matrix, welche die generellen Beziehungen (Beziehungsmuster) zwischen den verschiedensten Marketinginstrumenten bzw. ihren jeweiligen Ausprägungen berücksichtigt, erfolgt dabei in *drei* Basisschritten:

(1) **Charakterisierung des Produktes,**
(2) **Einordnung des Produkts auf der Basis seiner Merkmale,**
(3) **Vorauswahl des Normmix.**

Die Charakterisierung des Produkts im Sinne einer merkmalsartigen Beschreibung erfolgt *zunächst* anhand der von *Miracle* unterschiedenen fünf Produktgruppen. In Anlehnung an das Vorgehen von *Aspinwall* (Einführung einer diagonalen Punkte-

II. Stufen und Orientierungspole des Marketingmix 477

Abb. 303: Vorauswahl des Marketingmix mit Hilfe der waren-spezifischen Analogienmethode*

[Figure: Vorauswahl des Marketingmix mit Hilfe der waren-spezifischen Analogienmethode, with axes "PRODUCT", "PRICE", "PLACE", "PROMOTION" and diagonal scale 0–100]

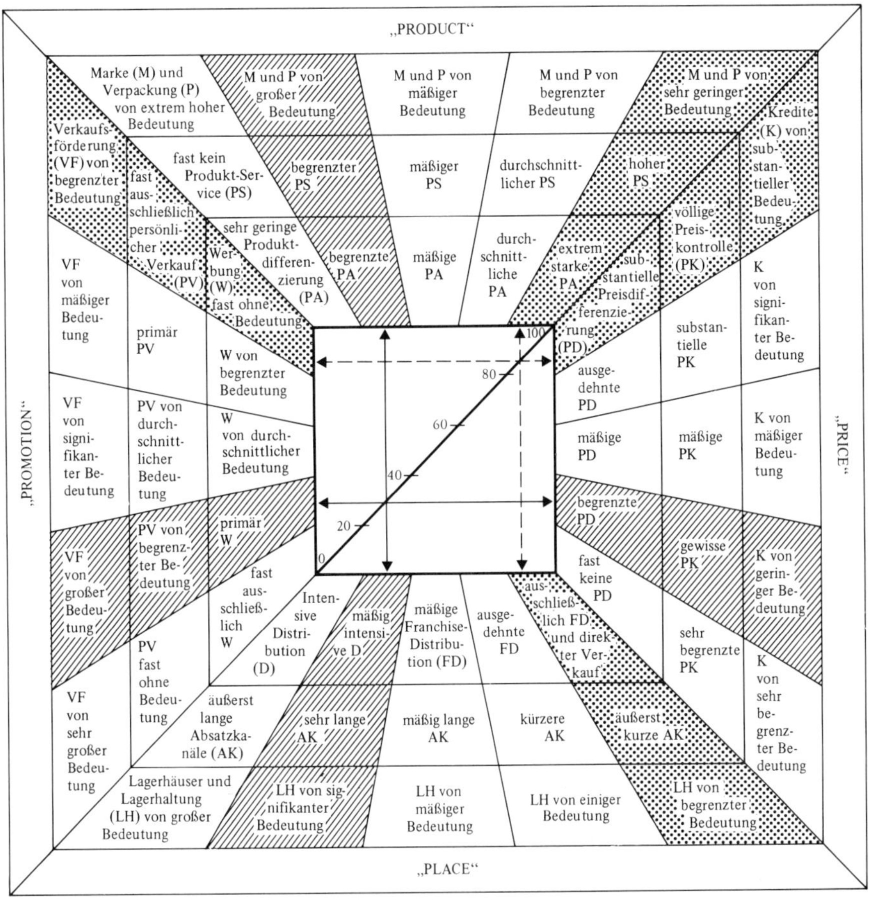

* Darstellung in weitgehender Anlehnung an jene von *Meffert,* 1975b), S. 273 bzw. *Meffert,* 1980, S. 491.

skala von 0 bis 100, *Aspinwall,* 1962, S. 635) wird dann im *zweiten* Schritt die **Skalaposition** des Produktes ermittelt (siehe die stark gezogene Diagonale mit den Werten 0 bis 100 in *Abb. 303*). Von der Skalaposition aus wird schließlich im *dritten* Schritt projizierend auf die vier Instrumentenfelder „Product", „Price", „Place" und „Promotion" der **sog. Normmix** abgelesen.

Illustration des Vorgehens anhand zweier Beispiele

Anhand *zweier* Beispiele soll das skizzierte Verfahren konkretisiert werden. Es werden dafür zwei konstrastierende Fälle gewählt, um Möglichkeiten wie auch Grenzen des produkt-analytischen Marketingmix-Ansatzes illustrieren zu können.

Beispiel 1: **Körperpflege** (z. B. Seife, Haarshampoo, Deo-Spray)
Aufgrund einer Durchprüfung der neun Produktcharakteristika, wie sie *Miracle* wählt (vgl. *Abb. 301*), nehmen die genannten Produkte ungefähr eine *mittlere* Position in der Gruppe II

ein (etwa „zwischen" Nahrungs- und Arzneimitteln). Bei fünf Produktgruppen und einer Gesamtpunktzahl von 100 sind die *Punkteklassen* wie folgt definiert (vgl. auch *Abb. 303*):

- *Gruppe I:*   0– 20 Punkte,
- *Gruppe II:*   21– 40 Punkte,
- *Gruppe III:*   41– 60 Punkte,
- *Gruppe IV:*   61– 80 Punkte,
- *Gruppe V:*   81–100 Punkte.

Eine *mittlere* Position in der Gruppe II bedeutet demnach einen Skalawert von etwa 30 Punkten. Von diesem Skalawert aus projiziert auf die vier Instrumentenfelder (4 P's) ergibt sich demnach folgender Normmix (siehe dünn gezogene Linien und schraffierte Felder):

- *„Product":*
  - begrenzte Produktdifferenzierung (technisch stark homogene Güter!),
  - begrenzter Produktservice (z. B. kaum Beratung),
  - große Bedeutung von Marke und Verpackung (Differenzierungsersatz!).
- *„Price":*
  - begrenzte Preisdifferenzierung („Massengüter"),
  - gewisse Preiskontrolle (z. B. bei unverbindl. Preisempfehlung),
  - Kreditkarte von begrenzter Bedeutung (geringer Wert der Produkte).
- *„Place":*
  - mäßig intensive Distribution („nur" Fach- und Lebensmittelhandel),
  - sehr lange Absatzkanäle (ggf. Einschaltung Fach- und Sortimentsgroßhandel),
  - Lagerhäuser und Lagerhaltung von signifikanter Bedeutung (Lieferbereitschaft!).
- *„Promotion":*
  - primär Werbung (sog. Sprungwerbung),
  - persönlicher Verkauf von begrenzter Bedeutung (primär „Listungsgespräche" beim Großhandel),
  - Verkaufsförderung von großer Bedeutung (Impulskäufe!).

Beispiel 2: Fertighäuser
Legt man auch hier die Produktcharakteristika von Miracle zugrunde (vgl. *Abb. 301*), so wird deutlich, wie grundlegend sich Fertighäuser in ihren produktspezifischen Merkmalen z. B. von Körperpflegemitteln unterscheiden. Sie gehören ohne Zweifel zur Produktgruppe V und nehmen dort eine *„mittlere"* Position ein. Sie repräsentieren so gesehen einen Skalawert von ungefähr 90 Punkten. Auf der Basis dieses Skalawertes läßt sich folgender Normmix identifizieren (siehe gestrichelte Linien und gepunktete Felder):

- *„Product":*
  - (extrem) starke Produktdifferenzierung (durch Baukastenprinzip gefördert),
  - hoher Produkt-Service (sowohl kaufmännischer als auch technischer Service),
  - Marke und Verpackung von sehr geringer Bedeutung (allenfalls Firmenmarke und „Transportverpackung" relevant).
- *„Price":*
  - substantielle Preisdifferenzierung (u. a. räumliche Preisdifferenzierung),
  - völlige Preiskontrolle („Verhandlungspreise"!),
  - Kredite von substantieller Bedeutung (Absatzfinanzierung!).
- *„Place":*
  - ausschließlich Franchise-Distribution und direkter Verkauf (direkte Kommunikation notwendig),
  - äußerst kurze Absatzkanäle (s. o.),
  - Lagerhäuser und Lagerhaltung von begrenzter Bedeutung („Baustellenfertigung"!).
- *„Promotion":*
  - Werbung fast ohne Bedeutung (jedenfalls klassische (Sprung-)Werbung),
  - fast ausschließlich persönlicher Verkauf („Repräsentanten" im Direktverkauf!),
  - Verkaufsförderung von begrenzter Bedeutung (außer Musterhaus-Ausstellungen z. B.).

II. Stufen und Orientierungspole des Marketingmix

Diese beiden – auf der Basis der in *Abb. 303* wiedergegebenen Selektionsmatrix – beispielhaft abgeleiteten **Normmixe** für Körperpflegemittel und Fertighäuser entsprechen weitgehend allgemeinen *empirischen* Beobachtungen und Erfahrungen. Der in dieser Matrix steckende Vorrat an **heuristischen Prinzipien** vermag dennoch *nicht* das gesamte Warenspektrum instrumental adäquat abzugreifen. Jedenfalls lassen sich Beispiele finden, für die der mit Hilfe der Selektionsmatrix abgeleitete Normmix nicht voll plausibel ist bzw. mit Erfahrungen in der Realität nicht übereinzustimmen scheint (*Beispiel:* Qualitätskameras mit einem Skalawert von ca. 70 Punkten wären danach durch eine begrenzte Bedeutung der Marke sowie der Werbung charakterisiert!).

Solche Mängel bzw. Lücken ließen sich jedoch z.T. noch beseitigen bzw. schließen, wobei vielleicht *eher* am Konzept der Produktgruppenbildung von *Miracle* als an der Matrix von *Lipson/Darling/Reynolds* anzuknüpfen wäre, und zwar im Sinne der Überprüfung konkreter Produktzuordnungen (siehe S. 275 bzw. S. 277).

Aber auch solche *Fein*arbeit würde nicht über das hinausführen können, was wir bisher als „Normmix" bezeichnet haben. Mit anderen Worten, derartige *heuristische* Vorauswahlkonzepte sind von ihrer Konstruktion her eher auf den *durchschnittlichen* Standard-Marketingmix fixiert. Die durch sie gewährte erste Hilfsstellung bei der Bewältigung des komplexen Marketingmix-Problems ist dabei allerdings nicht zu unterschätzen.

Andererseits muß an dieser Stelle aber auch gesagt werden, daß Marketingmixe nicht selten dadurch eine *besonders* positive Wirkung entfalten, daß sie *bewußt* von gegebenen Produkt- und Branchennormen abweichen, und zwar im Sinne einer bewußten partiellen oder sogar totalen **Kontrastpolitik**. Eine solche bewußt kontrastierende Absatzpolitik setzt jedoch zunächst einmal die Kenntnis des branchenüblichen Normmix voraus. An ihm muß sich gleichsam der *innovative* Ansatz der Mixgestaltung entzünden.

So hat beispielsweise die *Margarine-Union* (heute *Union Deutsche Lebensmittelwerke*) Ende der fünfziger Jahre bei der Konzipierung des ersten echten Markenartikels auf dem Speiseölmarkt (Marke *Livio*) bewußt ein Kontrastkonzept gegenüber dem Markt bzw. den Mitbewerbern gewählt. Mit einem maßgeschneidertem Produkt („Delikateßöl", „100% reines Pflanzenöl"), einer eigenständigen, display-starken Dosenverpackung (mit Wiederverschließbarkeit) und einem prägnantem Markennamen („Olivenöl-Assoziation") hat man im Sinne einer konsequenten Präferenzstrategie *das* Markenöl für die gesundheits- und qualitätsbewußten Speiseölverbraucher geschaffen. Diese Zielgruppe war bereit, gegenüber bis dahin üblichen Billigölen einen *deutlich* höheren Preis zu akzeptieren (Basis 375 ccm/1959: durchschnittlicher Marktpreis für Nichtmarkenöle etwa DM 0,85, Preis für *Livio* DM 1,40). Der überdurchschnittliche Preis für *Livio* war nicht nur marketing-ökonomisches Ziel, sondern zugleich eine wesentliche Image*stütze* für den stetigen Präferenzaufbau. *Livio* ist auch heute noch Marktführer mit nach wie vor deutlich über dem Marktdurchschnitt liegenden Preisen.

Das *Livio*-Beispiel ist im übrigen nicht nur ein anschauliches Beispiel für erfolgreiches *Kontrastmarketing*, sondern auch dafür, daß eine solche Marke auch über Jahre bzw. Jahrzehnte hinweg – trotz inzwischen aufgetretener Konkurrenz-Markenöle – eine Spitzenstellung im Markt aufrechterhalten kann (= „Stärke des Ersten"). Damit ist erneut die bereits diskutierte Grundfrage des richtigen *Timing* marketingpolitischer Aktionsweisen angesprochen (vgl. hierzu auch S. 313 ff.).

Abweichungen von produkt-orientierten Normkonzepten entspringen vielfach aber auch **Zwängen** außerhalb des Marketingbereiches (so z.B. solchen *finanzieller* oder –

wie schon bei den betriebstypologischen Überlegungen dargestellt – *produktions-technischer* Art). Darüber hinaus sind sie nicht selten auch das Ergebnis *phasen*spezifischer Bedingungen (Konjunkturzyklus sowie Lebenszyklus, siehe hierzu auch die Darlegungen auf S. 527 ff. bzw. 514 ff.).

Abweichungen vom Norm- oder Standardmix können also *zwei* Ursachen haben bzw. in *zwei* Varianten auftreten, nämlich als

(a) **freies Differenzieren** (= Dispositions*freiheiten*),
(b) **erzwungenes Differenzieren** (= Dispositions*zwänge*).

Damit wollen wir die produkt-analytischen Überlegungen abschließen und uns einem weiteren mix-relevanten Ansatz zuwenden.

b) Instrumentalverbund-orientierter Ansatz

Über die bisher gemachten Einwände bzw. Ergänzungen zur waren-analytischen Differenzierung des Marketingmix hinaus müssen vor allem auch marketinginstrumentale **Verbundfragen** bei der Mixableitung erkannt und berücksichtigt werden. Diese notwendige Erweiterung des produkt-spezifischen Ansatzes fehlt eigentlich bisher[1]. Sie soll deshalb hier in ihren wichtigsten Dimensionen herausgearbeitet werden.

Ausgangspunkt unserer Überlegungen bildet dabei die Tatsache, daß in der Marketingrealität sog. *Mehr*produktunternehmen überwiegen, d.h. Unternehmen bieten in der Regel dem Markt ein ganzes Produktprogramm (Palette) an, und zwar überwiegend in einer mehr oder weniger stark ausgeprägten **Bedarfsbündelung**. Folgende Übersicht *(Abb. 304)* verdeutlicht das an ausgewählten Beispielen.

Abb. 304: Typische Beispiele der angebotspolitischen Bedarfsbündelung

- Die Firma *Agfa* bietet ein differenziertes Programm von Fotoapparaten*, Filmkameras*, Filmen und Fotozubehör an.
- Die Firma *Trumpf* führt in ihrem umfassenden Programm neben Tafelschokoladen und Pralinen noch Schokoladenriegel, Bonbons, Gebäckwaren sowie verschiedene Saisonartikel.
- Das Programm der Firma *Melitta* umfaßt etwa Kaffeefilter, Filterpapier, Kaffee sowie Küchenfolien (-papiere).
- Die Firma *Oetker* bietet neben Puddingpulver, Desserts und Backfertigmischungen sowie Backhilfsmitteln noch Eiskrem und Tiefkühlkost an.

* Nach Aufgabe der eigenen Fertigung dieser Geräte soll künftig ein bestimmtes Teilprogramm über Lohnfertigung, und zwar unter der Marke *Agfa,* beibehalten werden (= Abstützung des nach wie vor interessanten Filmgeschäfts).

Bei der Vermarktung solcher Programme (vgl. *Abb. 304*) ergeben sich erhebliche **Verbundeffekte** oder anders ausgedrückt: Es bestehen grundlegende Interdependen-

---

[1] Vgl. hierzu allerdings den Überblick über Verbundprobleme absatzwirtschaftlicher Art (Angebots- und Nachfrageverbunde) überhaupt. Der hier diskutierte Ansatz stellt insoweit einen *Angebotsverbund* dar, und zwar speziell einen Vertriebs- oder besser Marketingverbund (siehe *Engelhardt,* 1976, S. 78 ff.)

II. Stufen und Orientierungspole des Marketingmix 481

zen, die bei der Gestaltung des Marketingmix zu berücksichtigen sind. Dabei können *verschiedene* Muster von Instrumentalverknüpfungen bezogen auf die Programmbestandteile der Unternehmen identifiziert werden. Nachfolgend sollen hierzu einige typische Konfigurationen herausgearbeitet werden. Dabei zeigt sich, daß der *jeweils* gewählte **Markentyp** (Basisalternativen: Erzeugnis-Marke einerseits und Sortiments-/Firmenmarke andererseits) in hohem Maße Art und Weise der instrumentalen Verknüpfungen determiniert. Die Markentypwahl erweist sich so gesehen als stark *struktur*gestaltende Entscheidung mit hohem Bindungsgrad.

Die Basiskonfigurationen Nicht-Verbund und Vollverbund

Die vielfältigen Konfigurationen des programm- und/oder markenpolitisch induzierten Instrumentalverbundes bewegen sich zwischen zwei **Extremformen,** nämlich dem *Nicht*-Verbund auf der einen Seite und dem *Voll*-Verbund auf der anderen Seite *(Abb. 305).*

Abb. 305: Nicht-Verbund und Voll-Verbund von Marketinginstrumenten (am Modellbeispiel eines Unternehmens mit drei Produktlinien)

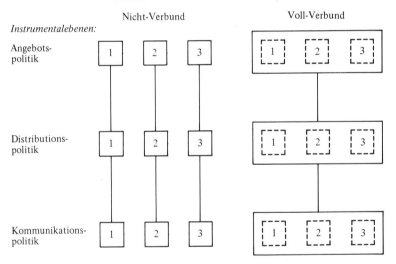

Beim **Nicht-Verbund** bestehen völlige oder zumindest weitgehende *Un*abhängigkeiten im Instrumentaleinsatz bzw. im gesamten Marketingmix. Der völlige Nicht-Verbund dürfte in der Unternehmenspraxis allerdings eher die Ausnahme sein.

Beispiel: Die Firma *Beiersdorf* bietet am Markt verschiedene Linien wie die Kosmetik-Linie (u.a. *Nivea, 8×4*), die *Tesa*-Linie und die Pharma-Linie an. Alle Linien werden im Prinzip unabhängig voneinander entwickelt, gestaltet und vermarktet: u.a. jeweils eigene Produktbzw. Produktgruppen-Marken, jeweils eigener Vertrieb sowie jeweils eigene Kommunikationspolitik. Die verschiedenen Linien haben in der Vergangenheit eine so starke (speziell auch kommunikative) *Eigenständigkeit* bzw. Unabhängigkeit erlangt – insbesondere auch aus der Sicht des Verbrauchers –, daß *Beiersdorf* neuerdings über ein spezifisches Corporate Identity-Konzept *(BDF-Programme ...)* eine alle Produktlinien umfassende Firmenidentität aufzubauen versucht.

Beim **Voll-Verbund** (vgl. *Abb. 305*) dagegen bilden alle Produkte einen strengen Marketingverbund in der Weise, daß der Instrumenteneinsatz für *alle* angebotenen Produkte weitestgehend *durchgängig* ist.

Beispiel: Die Firma *Tobler** bietet ein differenziertes Programm von Schokoladen, Pralinen und Riegeln an. Bis auf produktgruppen- bzw. produktmäßige Differenzierungen der einzelnen Artikel tragen alle Artikel die gleiche Sortimentsmarke (*Tobler,* zum Teil in „Spielarten" wie *Toblerone*), werden über ein weitgehend einheitliches Preis- und Konditionensystem vermarktet, laufen mehr oder weniger über die gleichen Absatzkanäle und werden über ein im Prinzip durchgängiges kommunikatives Konzept profiliert.

Während also bei Nicht-Verbund produktdifferenzierende *Freiheiten* im Marketinginstrumenten-Einsatz bestehen, ist der Voll-Verbund (Total-Verbund) dadurch gekennzeichnet, daß sich die verschiedenen Produkte quasi in vorgegebenem *Rahmen* bewegen, ihr Marketingmix demnach in hohem Maße bereits *vor*gezeichnet ist. Gravierende Änderungen im Instrumenteneinsatz beim Voll-Verbund stellen dann so gesehen bereits *System*änderungen im Sinne struktureller Eingriffe dar. Solche Änderungen im Marketingmix nehmen dann bereits den Charakter von **Strategieänderungen** an.

Typische Partialverbunde

Zwischen den beiden Extremformen instrumental-bezogener Verknüpfungen bzw. Nichtverknüpfungen weist die Realität unterschiedliche Interdependenz-Muster (-Konfigurationen) auf. Sie können auch als bestimmte **Abstufungen** zwischen beiden Basisformen interpretiert werden. Das soll im folgenden *(Abb. 306)* näher präzisiert werden.

Abb. 306: Typische Partialverbunde von Marketinginstrumenten (am Beispiel von drei Produktlinien)

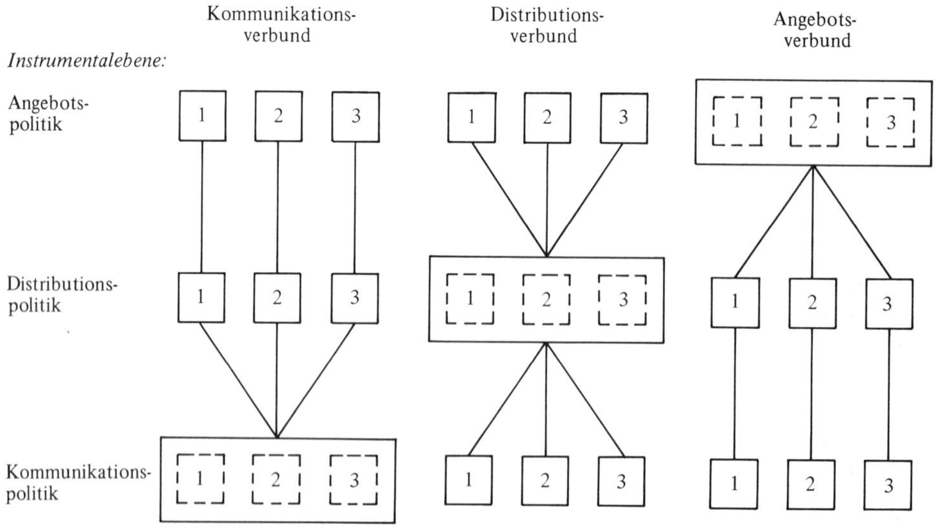

---

* Vor der Übernahme durch *Suchard* bzw. der Gruppenbildung *Jacobs/Suchard.*

II. Stufen und Orientierungspole des Marketingmix

Partialverbunde sind gegenüber dem Voll- oder Totalverbund instrumentale Verbundsysteme, welche sich lediglich auf *eine* Instrumentalebene beziehen (vgl. *Abb. 306*). Insoweit unterscheiden wir zwischen *Kommunikations-, Distributions-* und schließlich *Angebots*verbund. In „Reinform" können diese Partialverbunde realitätsbezogen etwa wie folgt *(Abb. 307)* exemplifiziert werden.

Abb. 307: Beispiele für die drei unterschiedlichen Partialverbunde

- *Kommunikations*verbund: z. B. *Oetker*
  (= Vermarktung sehr unterschiedlicher Produkte (u. a. Puddingpulver, Backhilfsmittel, Eiskrem bzw. Tiefkühlkost) über unterschiedliche, sich jedoch auch überschneidende Absatzkanäle sowie über verschiedene Verkaufs- bzw. Auslieferungssysteme, aber über eine *einheitliche* Sortiments- bzw. Firmenmarke *„Oetker")*;
- *Distributions*verbund: z. B. *Henkell*
  (Vermarktung verschiedener Markensekte (= ausgerichtet auf verschiedene Preisklassen bzw. Marktschichten) über grundsätzlich *gleiche* Verkaufs- und Auslieferungssysteme, allerdings mit verschiedenen Produktmarken wie *Henkell, Rüttgers Club* und *Carstens SC)*;
- *Angebots*verbund: z. B. *Pirelli*
  (Beschränkung auf ein *homogenes* Programm von Gürtelreifen (und zwar vor allem Breit- und Hochgeschwindigkeitsreifen), das über verschiedene Absatz- und Verteilungssysteme (Erstausrüstung im Direktgeschäft, Ersatzbedarf im indirekten Vertrieb über den einschlägigen Fachhandel) vertrieben und je nach Absatzweg primär über persönlichen Verkauf (→ Automobilindustrie) bzw. unpersönlichen Verkauf (→ Endverbraucher) vermarktet bzw. profiliert wird).

Partialverbunde der skizzierten Art sind demnach dadurch gekennzeichnet, daß hier im Prinzip jeweils nur auf *einer* Marketingbereichsebene grundlegende Interdependenzen bestehen, während die übrigen Aktionsbereiche grundsätzlich unabhängig sind, also in ihrem Rahmen jeweils (relativ) *autonom* Marketinginstrumente eingesetzt werden können. Manchmal bestehen hier jedoch nur **Quasi-Autonomien**, weil auch in den sog. freien Instrumentalbereichen bestimmte übergeordnete unternehmensspezifische Rücksichten genommen werden müssen und insoweit *bestimmte* Restriktionen definiert sein können. *Beispiel:* Bei einem Kommunikationsverbund (etwa bei *einheitlicher* Marke) werden angebotspolitische Restriktionen formuliert, die etwa auf einen bewußten Verzicht reiner *Nachahmungs*produkte („Me-too-Produkte") hinauslaufen, um so ein aufgebautes Markenimage (z. B. „innovative Produkte von überdurchschnittlicher Qualität") nicht zu gefährden. Partialverbunde können so gesehen in Reinform wie auch in modifizierter Form auftreten.

Insgesamt kann man solche partialen Instrumentalverbunde auch als spezifische **Gruppen-Submixe** auffassen, weil sie jeweils eine Bündelung von Instrumenten auf einer Instrumentalebene darstellen. Eine besondere Problematik solcher Verbundsysteme kann zugleich darin liegen, daß hierbei **Prioritätenprobleme** auftreten können, die in der Regel nicht dem jeweiligen Teilsystem überlassen werden können, sondern die *übergeordnet* gesteuert werden müssen im Interesse einer Optimierung des Gesamtsystems unter Abwägung kurz- *und* langfristiger Aspekte (Mehrperiodenproblematik!).

*Beispiel: Beim Distributions*verbund, d. h. einem einheitlichen Vertriebs- und Verteilungssystem für eine breite Programmpalette, kommt es vor allem bei Neueinführungen regelmäßig zu *Allokations*problemen: *1. Alternative:* besondere Verkaufsanstrengungen für das neue Produkt, und zwar zu Lasten der Verkaufszeit für das bestehende Programm. *2. Alternative:* normale Verkaufsanstrengungen für das neue Produkt, jedenfalls keine Vernachlässigung bestehender Produkte.

Unter *kurz*fristigem Aspekt spricht – zumindest vordergründig – viel für Alternative 2, denn bestehende Produkte realisieren in der Regel deutlich höhere Umsätze/Deckungsbeiträge als neue Produkte. *Mittel-* und *lang*fristig gesehen ist allerdings die Handlungsalternative 1 von besonderer Bedeutung, denn die heute in Umsatz und Deckungsbeitrag noch bescheidenen neuen Produkte („question marks") sind die potentiellen Stützen des Geschäfts von morgen ("cash cows"). Zu diesen Portfolio-Überlegungen vgl. auch die Darlegungen auf S. 338ff.

Prioritäten können demnach jeweils nur auf der Basis entsprechender Portfolio-Analysen gesetzt werden, und zwar unter besonderer Berücksichtigung von Tragfähigkeit, Verträglichkeit sowie Belastungsgrenzen der jeweiligen partialen Marketing-Verbundsysteme.

c) *Marktebenen-spezifischer Ansatz (unter besonderer Berücksichtigung neuerer Entwicklungen im Handel)*

Im Rahmen der bisherigen Darlegungen zu den verschiedenen Konkretisierungsebenen des Marketingmix haben wir zunächst die *produkt*politischen Bezüge (= produkt-analytischer Ansatz) aufgezeigt, die neuerdings wieder stärker in den Vordergrund gerückt werden. Darüber hinaus haben wir bis jetzt vernachlässigte, gleichwohl grundlegende *Verbund*fragen (= instrumentalverbund-orientierter Ansatz) im Konzept des Marketingmix skizziert. Abschließend soll nun noch auf mögliche Abhängigkeiten des Marketingmix von den verschiedenen Marktebenen, auf die er gerichtet ist, eingegangen werden. Hierbei handelt es sich um einen Fragenkomplex, der – jedenfalls bezogen auf den Marketingmix – noch nicht hinreichend problematisiert worden ist.

Unter dem Aspekt des Marketingmix ist dabei zu berücksichtigen, daß es – zumindest im Konsumgütermarketing, bei dem der *indirekte* Absatzweg typisch ist – im Prinzip zwei **Adressaten** (Marktebenen) aus der Sicht von Herstellerunternehmen gibt:

(1) **die Endverbraucher,**
(2) **die Absatzmittler** (speziell der Handel).

Der Handel – als *notwendige* Durchgangsstation für Produkte mit der spezifischen Rolle des Schleusenwärters („gate-keeper", *Lewin,* 1963) – wird zwar immer stärker als entscheidendes Bindeglied zum Verbraucher angesehen, was nicht zuletzt auch seinen literarischen Niederschlag zum Thema „Vertikales Marketing" gefunden hat (*Hansen,* 1972; *Dingeldey,* 1975; *Steffenhagen,* 1975; *Thies,* 1976; *Kunkel,* 1977). Trotzdem sind bisher hieraus die spezifischen Konsequenzen für die *konkrete* Gestaltung des Marketingmix u. E. *nicht* ausreichend gezogen worden. Speziell in den beiden zuletzt genannten Arbeiten wird zwar bereits die Vielfältigkeit des *kooperativen* Marketinginstrumenten-Einsatzes aufgezeigt, ohne allerdings typische Muster der Instrumentenbündelung zu einem Hersteller-/Handelsmix darzustellen bzw. zu problematisieren (siehe neue Ansätze bei *Irrgang,* 1989).

II. Stufen und Orientierungspole des Marketingmix

Bevor auf diese Fragen näher eingegangen wird, soll zunächst – der marktebenenspezifischen Betrachtungsweise entsprechend – untersucht werden, wo und warum sich überhaupt das Herstellermarketing an der **Handelsstufe** bzw. am **Handelsmarketing** „reibt", und zwar in *zunehmendem* Maße.

Generelle Ausgangspunkte

Wenn man Marketing als die Antwort auf grundlegende Veränderungen der Märkte (nämlich von sog. Verkäufermärkten zu sog. Käufermärkten) begreift, so ist es nur natürlich, daß das Marketingkonzept ursprünglich ein reines „Verbraucherentsprechungs-Konzept" gewesen ist. Bewußte Marktorientierung wurde in diesem Sinne vor allem als konsequente Orientierung des unternehmerischen Handelns an den Bedürfnissen und Erwartungen der **Verbraucher** (Endabnehmer) verstanden. Alle Marketinginstrumente wurden in ihrem Einsatz gleichsam auf den Verbraucher und die Befriedigung seiner Wünsche zentriert. In dieser Hinsicht wurde Marketing als eine *bewußte* Pflege von Hersteller-Verbraucherbeziehungen betrachtet. Die notwendige Einbeziehung von Absatzmittlern in das Marketing-Konzept wurde dabei ausschließlich oder zumindest überwiegend *instrumental-mechanisch* – man könnte auch sagen „faktor-analytisch" – vorgenommen. Spätestens aber mit der zunehmenden Erstarkung des Handels, ausgelöst speziell durch ausgeprägte Konzentrationsprozesse, und dem daraus gewachsenen Anspruch des Handels, nicht nur Adopter herstellervorgefertigten Marketings, sondern selbst **Initiator und Akteur** der Marktgestaltung zu sein, haben sich die Bedingungen des klassischen industriellen Marketingmix *grundlegend* gewandelt bzw. wandeln müssen.

Das hat – ausgehend von veränderten Sehweisen speziell in der amerikanischen Marketinglehre – zu einer stärker *verhaltens*orientierten Behandlung der Distributionspolitik geführt, d.h. der Handel wird nicht mehr nur als Distributionsinstrument (Faktor) begriffen, sondern zunehmend auch als **Marketing-Partner** mit eigenen Zielsetzungen und Konzepten. Neben den klassischen Hersteller-Verbraucherbeziehungen werden daher verstärkt auch die *Hersteller-Handels*beziehungen als ein spezielles soziales Verhaltenssystem problematisiert, und zwar in der Weise, daß der Handel zunehmend als eigenständige Marktebene, und zwar unter besonderer Berücksichtigung seiner Mittlerfunktion zum Verbraucher hin, betrachtet wird (*Hansen*, 1972, S.34f.; *Gill/Stern*, 1969, S.22ff.; *Ahlert*, 1985a, S.86ff.).

Diese spezielle Sehweise läßt sich sehr gut an zwei *typischen* Problemkreisen dokumentieren, und zwar einmal am generellen Problem des **Regalplatz-Wettbewerbs** und zum anderen am spezifischen Problem der **Aufnahme neuer Produkte** im Handel. Auf diese beiden zentralen Fragestellungen soll zunächst eingegangen werden, bevor wichtige quantitative und qualitative Entwicklungen im Handel und ihre Konsequenzen für das Hersteller-Marketing diskutiert werden.

Zum Problem des Regalplatz-Wettbewerbs im Handel generell

Das Problem des Wettbewerbs um den Regalplatz ist in der allgemeinen Marketingliteratur bisher wenig gewürdigt worden. Neuerdings hat *Ahlert* diesen Fragenkreis wieder aufgegriffen und in den absatzpolitischen Zusammenhang gerückt (*Ahlert*, 1985a, S.139ff.). Dieser Problemansatz knüpft dabei zunächst – in etwas enger

Auslegung – an der Tatsache eines sich *verstärkenden* Wettbewerbs der Hersteller um den Regalplatz im Handel an. Das Konzept vom Regalplatz-Wettbewerb geht auf Überlegungen von *Cairns* zurück (*Cairns*, 1962). Es ist insbesondere auch in seiner Rezeption durch die deutschsprachige Marketingliteratur erweitert worden auf das *gesamte* Leistungsbündel des Handels im Zusammenhang mit der Vermarktung von Produkten (*Hansen*, 1972; *Dingeldey*, 1975).

Der Regalplatz als **zentraler Bezugspunkt** aller distributionspolitischen Entscheidungen kann dabei definiert werden als „Form der Konfrontation potentieller Käufer mit dem Produkt bzw. Programm des Herstellers" (*Ahlert*, 1985a, S.143f.), wobei bestimmte Komponenten bzw. Dimensionen der Konfrontations-/Präsentationsform unterschieden werden können (vgl. auch *Abb.308*).

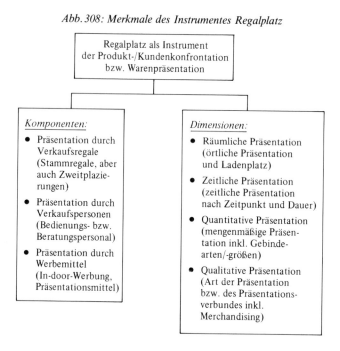

Abb. 308: Merkmale des Instrumentes Regalplatz

Die **Verkaufsleistung** durch Warenpräsentation hängt mit anderen Worten sowohl von den Komponenten als auch den Dimensionen der gewählten Präsentationsart ab. In aller Regel geht es dabei um eine waren- bzw. strategie- und schließlich absatzkanal-spezifische **Kombination**. Gerade auch die Situation schwach wachsender bzw. sogar stagnierender Märkte zwingt die Hersteller immer mehr zur Ausschöpfung der Regalplatz- bzw. Warenpräsentationsreserven.

Gleichwohl kommt es hier aufgrund des Wettbewerbs und der dadurch ausgelösten Flut neuer bzw. quasi-neuer Produkte zu typischen **Regalplatz-Engpässen**. Jedenfalls hat sich in vielen Warenbereichen – und zwar *nicht nur* bei Lebensmitteln bzw. im Lebensmittelhandel, wenn auch hier besonders deutlich – die Warendistribution als „Nadelöhr" des Marketing entwickelt. Diese Nadelöhr-Situation ist dabei weniger das Ergebnis nicht ausreichender Regal- bzw. Verkaufsflächen - sie sind trotz der Konzentration im Handel in den letzten Jahren noch erheblich gestiegen (vgl. hierzu auch die Übersicht auf S.495) -, sondern mehr Ausdruck *schwach* wachsender Märkte und dem dadurch ausgelösten kritischen, stark am Einkaufspreis (Konditionen) orientierten Einkauf im Handel.

Insgesamt können auf **allen Marktebenen** Gründe identifiziert werden, die zum Phänomen „Regalplatzknappheit" beitragen. Abb. 309 versucht das zu verdeutlichen (*Ahlert*, 1985a, S.149, siehe im einzelnen auch *Hansen*, 1978, S.95ff.).

Abb. 309: Wichtige Determinanten der „Regalplatzknappheit" auf den einzelnen Marktebenen (nach Ahlert)

Knappheitsfaktoren aus dem Konsumentenbereich
- Zunehmende Bedürfnisdifferenzierung
  →zunehmende Angebotsdifferenzierung und damit verstärkte Nachfrage nach Regalplatz
- Wandlungen im Einkaufsverhalten
  - Bequemlichkeitsstreben (Forderung nach Überallerhältlichkeit von Gütern des täglichen Bedarfs, „one stop buying", Impulskaufneigung)
  →Ausweitung der Handelssortimente
  →Verstärktes Bemühen der Lieferanten um hohe und auffällige Präsenz ihrer Waren
  →Überfüllung der Verkaufsflächen im Handel
  - Streben nach Annehmlichkeiten des Einkaufsvorganges (insbes. Zusatzleistungen)
  →Verknappung der für die Waren freien Regalplätze

Knappheitsfaktoren aus dem Herstellerbereich
- zunehmende Warenvielfalt
  - zunehmende Anzahl von Anbietern, insbes. bedingt durch ausländische Konkurrenten
  - Ausweitung des Warenangebots durch Innovationen, Diversifizierung, Produktdifferenzierung und Markenspaltung
- Streben nach hoher Distributionsdichte
- wachsende Verkaufsflächenbeanspruchung für das einzelne Produkt
  - Bemühungen um eine Vergrößerung der Ausstellungsfläche je Plazierung („Facing" eines Artikels)
  - Bemühungen um Mehrfachplazierungen
  →verstärkte Nachfrage nach Regalplatz

Knappheitsfaktoren aus dem Händlerbereich
- Grenzen der Vermehrbarkeit von Regalplatz
  - hohe Kosten von Fläche und Personal
  - geringer werdende Zahl interessanter Standorte
- Konzentration der Regalplatzvergabe (gewandelte Größenstruktur, Gruppenbildung, Konzentration der Auftragserteilung, Einsatz von Sachverständigen bei der Regalplatzzuteilung)
  →Vergabe von vergleichsweise viel Verkaufsfläche für weniger Marken oder Lieferanten
- Konkurrenz der Handelsmarken
  - steigende Zahl der Handelsmarken (einschließlich „Weißer Produkte")
  - Tendenz zur Bevorzugung der Handelsmarken bei der Regalplatzvergabe
  →Vergrößerter Eigenbedarf der Händler an Regalplatz

Diese einführenden Betrachtungen kennzeichnen zunächst einmal Bedeutung bzw. „Komplikationen" der Handelsebene für das (Hersteller-)Marketing überhaupt. Nach der Diskussion des Regalplatz-Problems im generellen soll diese Thematik am Beispiel der Aufnahmebereitschaft neuer Produkte im Handel weiter *vertieft* und spezifiziert werden.

Die Aufnahme neuer Produkte im Handel als spezifische Regalplatz-Problematik

Das Problem „Regalplatzknappheit" wird besonders deutlich an der zunehmenden Schwierigkeit, *neue* Produkte der Hersteller im Handel zu plazieren. Insoweit soll hier zumindest überblickhaft auf Charakteristika bzw. (neue) Tendenzen im **Innovationsverhalten des Handels** eingegangen werden. Die in den letzten Jahren zugenommene „Neu-Artikel-Flut" (vgl. Abb.310) hat sowohl objektiv (Betriebsgröße bzw. Verkaufsfläche) als auch subjektiv (organisations- bzw. personenbezogene Faktoren) zu einem bestimmten *restriktiven* Aufnahmeverhalten geführt (vgl. auch *Pfeiffer,* 1981, S.69ff. und *Bauer,* 1980, S.51ff.).

Abb.310: Zahl der im Lebensmittelhandel eingeführten bzw. angebotenen Neuheiten

Jahr	Neue Produkte	Neue Größen	Veränderte Produkte
1970	755	39	75
1971	858	52	76
1972	703	72	142
1973	710	46	85
1974	769	83	275
1975	893	66	229
1976	812	62	249
1977	1034	96	315
1978	1011	101	291
1979	1300	142	360
1980	1128	142	237
1981	1051	120	328
1982	1347	132	506
1983	1605	86	456
1984	1263	59	326

Quelle: Lebensmittel-Zeitung.

Wenn auch der Höhepunkt der Innovationsflut überschritten scheint, so drängen immerhin *mehr* als 1000 neue Produkte jährlich in den Lebensmittelhandel. *Dazu* kommen noch veränderte Produkte sowie neue Packungsgrößen. Bei weitgehend ausgelasteten Regalflächen kann deshalb die Aufnahme jedes neuen Produktes im Prinzip nur durch **Herausnahme** eines bestehenden Produktes „erkauft" werden. Nach Erhebungen der *Lebensmittel-Zeitung* probieren im Durchschnitt die Geschäfte ca. 100 neue Produkte aus, wobei gleichzeitig in etwa 100 alte Produkte ausgemustert werden. Auf dem Hintergrund der jährlich auf den Markt drängenden neuen Produkte wird damit das Phänomen Regalplatzknappheit besonders deutlich, und zwar umso mehr, wenn man sich gleichzeitig die **durchschnittliche Artikelzahl** wichtiger Betriebsformen im Lebensmittelhandel (Food/Non-food) vergegenwärtigt:

- **Discounter** 1000–1500,
- **Supermärkte** 5000–7000,
- **Verbrauchermärkte** 10000–15000.

Abb.311 zeigt die typische Sortimentsstruktur von SB-Geschäften und Supermärkten, in die sich Hersteller mit einschlägigen Programmen entsprechend „einpassen" müssen.

Abb.311: Artikelzahlen und Umsatzanteile in SB-Geschäften und Supermärkten 1985 (zusammengefaßt nach Artikelgruppen)

Artikelgruppe	Durchschnittl. Artikelzahlen	Artikel-Anteile in %	Umsatz-anteile in %
I. Frischwaren			
Frische Wurst, Fleisch, Wild, Geflügel, Fisch gesamt	317	5,5	21,8
Obst und Gemüse gesamt	120	2,1	10,6
Brot und Backwaren gesamt	279	4,8	4,2
Molkereiprodukte gesamt	551	9,6	15,9
Frischwaren gesamt	1267	22,0	52,5
II. Sonstige Lebensmittel			
Tiefkühlkost gesamt	269	4,7	4,0
Konserven gesamt	447	7,8	3,7
Getränke und Genußmittel gesamt	757	13,1	18,5
Übrige Nahrungs- und Genußmittel gesamt*	1430	24,8	10,7
Nahrungs- und Genußmittel gesamt (ohne Frischwaren)	2903	50,4	36,9
Summe I + II	4170	72,4	89,4
III. Konsumgüter			
Wasch-, Putz, Reinigungs-mittel gesamt	189	3,3	2,5
Hygiene, Körperpflegemittel, Kosmetika gesamt	389	6,8	2,9
Übrige Konsumgüter**	1010	17,5	5,2
Konsumgüter insgesamt	1588	27,6	10,6
Gesamtes Sortiment	5758	100,0	100,0

Quelle: ISB, Sortimentsbreitenerhebung 1985.
* u.a. Nährmittel, Suppen/Soßen, Süßwaren
** u.a. Tiernahrung, Blumen/Pflanzen, Haushaltswaren

Diese Übersicht verdeutlicht, daß Frischwaren mit einem Artikelanteil von 22% einen Umsatzanteil von immerhin fast 53% auf sich vereinigen, während die sonstigen Nahrungs- und Genußmittel mit rd. 50% der Artikel einen Umsatzanteil von rd. 37% besitzen. Die sonstigen Konsumgüter (non-food) halten einen Artikelanteil von immerhin rd. 28% bei einem Umsatzanteil von „nur" rd. 11%.

Die Diffusion (Durchsetzung) neuer Produkte im Handel ist insgesamt dadurch *kompliziert,* daß die Marktebene des Handels wiederum auf bestimmten „internen" Ebenen ruht, die Marktebene Handel mit anderen Worten also *mehrgliedrig* ist. Es können dabei zwei- bis viergliedrige **Diffusionsketten** unterschieden werden, d. h. neue Produkte müssen bis zu drei **Entscheidungsinstanzen** im Handel durchlaufen (vgl. *Abb. 312*), bevor ihnen Platz im Regal des Einzelhandels eingeräumt wird (vgl. auch *Bauer,* 1980, S. 66).

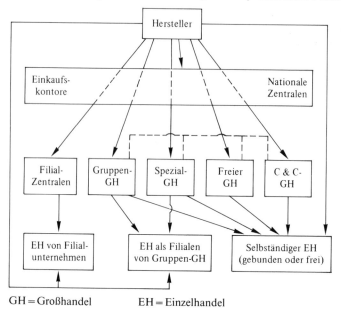

Abb. 312: Entscheidungsinstanzen im Handel für die Aufnahme neuer Produkte

Die unterschiedlichen Ebenen von Neuprodukt-Entscheidungen (Listungs- und Regalentscheidungen) und ihre Abhängigkeit von jeweiligen **Organisationsmerkmalen** macht *Abb. 313* deutlich (*Bauer,* 1980, S. 67).

Damit werden vor allem auch *qualitative* Dimensionen des Regalplatzproblems sichtbar.

In diesem Zusammenhang sind natürlich überhaupt die relevanten **Einkaufskriterien des Handels** von Interesse, die er speziell seinen Neu-Produktaufnahme-Entscheidungen zugrundelegt. Hierzu gibt es eine Fülle *empirischer* Untersuchungen mit unterschiedlichen methodischen Ansätzen wie auch Stichproben (vgl. im einzelnen etwa *Bauer,* 1980, S. 283 ff.). Versucht man dabei aus der Fülle der Ergebnisse die „Knackpunkte" für den Entscheidungsprozeß im Handel herauszufiltern, so bleiben insbesondere folgende *vier* hängen:

(1) Erwartetes **Marktpotential** des neuen Produktes („Marktlücke")
(2) Voraussichtliche erzielbare **Umschlagshäufigkeit**

II. Stufen und Orientierungspole des Marketingmix

Abb. 313: Instanzen und Entscheidungstypen im Handel für die Aufnahme neuer Produkte

Instanzen	Unternehmens- oder Betriebs- merkmale		Entscheidungstypen
1. Ebene: Einkaufsvereinigungen, nationale Gruppenzentralen, Zentralen einstufiger Handelsunternehmen			(Rahmen-)Entscheidung und Listungsentscheidung nach freier Verhandlung mit Herstellern
2. Ebene: Regionale Gruppenzentralen, Großhandelsbetriebe	organisiert:		Listungsentscheidung nach durch Rahmenentscheidung beschränkter Verhandlung mit Herstellern
	frei:		Listungsentscheidung nach freier Verhandlung mit Herstellern
3. Ebene: Einzelhandel	filialisiert	groß:	Regalentscheidung nach beschränkter Verhandlung mit Herstellern und nach Ordersatz
		klein:	Regalentscheidung nach Ordersatz
	selbständig	groß:	Regalentscheidung nach freier Verhandlung mit Herstellern
		klein:	Regalentscheidung nach Ordersatz oder C & C-Großhandelssortiment oder Hersteller-Angebot

(3) Mögliche **Handelsspanne**
(4) Beabsichtigte **Marken- bzw. Marktinvestitionen** (in Werbung/Verkaufsförderung)

Daß die Aufnahme neuer Artikel im Handel und ihre möglichst dauerhafte Vermarktung mit zu den *schwierigsten* Kapiteln der Hersteller-Handels-Beziehungen gehört, wird nicht zuletzt an Untersuchungsergebnissen, und zwar auf der Basis entsprechender **Ordersatzanalysen**, deutlich, die aufzeigen, daß durchschnittlich 85% aller im Lebensmittelhandel 1980 eingeführten Produkte im Jahre 1984 *nicht mehr* im Sortiment waren (*Lebensmittel-Zeitung*, 1985). Das heißt mit anderen Worten, daß die sog. **Floprate** für neue Produkte – über den ganzen Warenkorb des Lebensmittelhandels hinweg – durchschnittlich 85% beträgt oder anders ausgedrückt: *nur* 15% der Produkte zu einem nachhaltigen Erfolg werden (siehe *Abb. 314*).

Bei der Betrachtung dieser Ergebnisse fällt insbesondere folgendes auf:

(1) Die **durchschnittliche Floprate von 85%** bewegt sich in etwa auf dem Niveau einer vielzitierten amerikanischen Studie (*Booz, Allen & Hamilton*, 1968).

Abb. 314: *Erfolgs- bzw. Mißerfolgsuntersuchung neuer Produkte auf der Basis von Ordersatzanalysen im Lebensmittelhandel*

Warengruppe	Neue Produkte 1980	davon 1984 nicht mehr im Ordersatz	Flop-Rate
	(A n z a h l)		
Alkoholfreie Getränke	34	30	88%
Backmischungen	7	4	57%
Bier	5	4	80%
Brot- und Backwaren	41	39	95%
Brotaufstrich (süß)	15	14	93%
Diätetische Nahrungs-/Genußmittel	59	53	90%
Fertiggerichte	51	46	90%
Gewürze, Saucen	101	81	81%
Haushaltsartikel	81	71	88%
Hygiene-/Kinderpflege-Artikel	7	6	86%
Käse	26	17	65%
Kosmetika/Körperpflege	43	33	77%
Konserven (O+G)	32	31	97%
Konserven (Fleisch, Wurst)	44	43	98%
Milchprodukte	94	76	81%
Nährmittel	66	55	83%
Pflanzen-, Gartenpflege	4	3	75%
Sekt und Champagner	9	8	89%
Speiseeis	33	19	58%
Speisefette, Mayonnaise	5	4	80%
Spirituosen	56	53	95%
Süßwaren, Dauerbackwaren	56	49	88%
Suppen in Dosen	48	42	88%
Tabakwaren	4	3	75%
Tee	43	42	98%
Tiefkühlkost	42	32	76%
Tiernahrung/Tierbedarf	11	7	64%
Wasch-/Putz-/Reinigungsmittel	12	8	67%
Wein/weinhaltige Getränke	56	53	95%
Wurst- und Fleischwaren	49	39	80%
Gesamt	1134	965	85%

Quelle: Lebensmittel-Zeitung.

(2) Die **Floprate variiert relativ stark** bei den einzelnen Warengruppen (57% bei Backmischungen und 97/98% bei Konserven).[2]

Schuld an der im Durchschnitt viel zu hohen Floprate neuer Produkte ist – aus der Sicht des Handels – vor allem die **Me-too-Problematik**, d.h. es fehlt den meisten neuen Produkten eine innovative Idee. Nach einer jüngsten Studie hält der Handel der Industrie überhaupt eine ganze Reihe gravierender **Fehler** im Marketing-Mix vor (siehe *Abb. 315*).

---

[2] In diesen stark unterschiedlichen Ergebnissen spiegelt sich nicht zuletzt auch die Anbieter-Struktur in den einzelnen Märkten wider (z.B. bei Backmischungen große, professionelle Markenartikel-Unternehmen, bei Konserven eine Vielzahl mittelständischer Betriebe ohne entsprechende „Marketing-Infrastruktur").

Abb. 315: Kardinalfehler im Marketing-Mix der Hersteller aus Sicht des Lebensmittelhandels (in % der Nennungen)

Instrumentalbereiche	Prozent
Produkt und Sortiment	
1. Nur Me-too-Produkte	58
2. Zu starke Sortimentsbreite	50
3. Überschätzte Marktchancen	33
4. Zu viele Neuproduktvorstellungen	25
5. Unrealistische Abverkaufsvorstellungen	23
6. Produkte ohne Verbraucherbedürfnis	23
Preis und Konditionen	
1. Zu hoher Endverbraucherpreis	18
2. Zu schlechte Spanne	10
3. Zu wenige Konzessionen beim Konditionengespräch	8
Verkaufsförderung	
1. Unbefriedigende Konditionen	33
2. Aktionitis	30
3. Einfallslosigkeit	25
4. Keine Exklusivität	23
5. Keine vorherige Abstimmung	20
6. Mangel am Display-Material	18
7. Schlechtes Timing	15
Werbung	
1. Keine Abstimmung mit dem Handel	40
2. Übertriebener und unglaubwürdiger Auftritt	35
3. Primitives Niveau	30
4. Keine Harmonie mit Partnerschaftswerbung und Verkaufsförderung	28
5. Zu wenige Informationen	23
6. Fehlende Eigenständigkeit	20
7. Verkaufsunwirksamer Auftritt	18
8. Zu wenig Quantität	15
9. Langweilig und einfallslos	10
10. Keine Alleinstellung	10

Quelle: HSR & S-Studie, 1985

Der „Dissenz" über den *markt-adäquaten* Marketing-Mix bezieht sich *(Abb. 315)*:

- sowohl auf die **Angebotspolitik** (Produkt/Programm/Preise/Konditionen)
- als auch auf die **Kommunikationspolitik** (Werbung/Verkaufsförderung).

Diese Darlegungen machen deutlich, daß die Einführung neuer Produkte im Handel eine schwierige, äußerst *komplexe* (und auch in der Praxis nicht selten unterschätzte) Aufgabe des Herstellermarketings darstellt.

Selbst wenn ein neues Produkt schließlich die skizzierte(n) Hürde(n) im Handel genommen, sich Regalplatz erkämpft hat, so ist das im Prinzip noch kein Markterfolg, sondern im Grunde *erst* die grundlegende Erfolgs*voraussetzung*. Neben dem akquisitorischen Potential eines neuen Produktes, das ihm der Hersteller speziell via Angebots- und Kommunikationspolitik mitgegeben hat, kommt es dann vor allem auch auf die **akquisitorische Ausstattung** des neuen Produktes *im* Handel an und das heißt vor allem *optimale* Voraussetzungen in bezug auf:

- **Regalstandort** (produktadäquat, günstig im Kunden-Strom),
- **Kontaktstrecke** (lang genug, auch im Vergleich zu eingesessenen Konkurrenzprodukten),
- **Plazierung** (auf Dauer ein Stammregal, ggf. zeitweise in Zweitplazierung),
- **Merchandising** (mit entsprechender POP-Werbung, Regalpflege, sonstigen Verkaufshilfen).

Hinzu kommt die *preispolitische* Handhabung des neuen Produktes im Handel. Der **Spannrahmen** – den Lebenszyklus des neuen Produktes stark beeinflussend – reicht hier *von* Normalpreiseinführung mit Promotions über Einführungspreis-Vermarktung zur Aktionsvermarktung in größeren oder kleineren zeitlichen Abständen *bis* hin zur Vermarktung im Dauer-Niedrigpreisangebot. Die zuletzt genannten preispolitischen Maßnahmen *entfernen* sich im allgemeinen immer mehr von den Vermarktungsvorstellungen der Hersteller, zumindest soweit sie Marken-(artikel-)Konzepte verfolgen. Damit wird bereits die im folgenden noch zu diskutierende Problematik einer **Harmonisierung** von Hersteller- und Handelsmix, d.h. also die Koordination der Marketingpolitik zweier verschiedener Marktebenen (Hersteller – Handel), deutlich. Diese Problematik muß dabei vor allem *auch* auf dem Hintergrund quantitativer und qualitativer Veränderungen im Handel gesehen werden. Hieran wollen wir zunächst anknüpfen.

Zu den quantitativen und qualitativen Entwicklungen im Handel und ihren Konsequenzen

Betrachtet man zunächst das Universum des Lebensmittelhandels* generell, so sind ganz bestimmte *gegenläufige* Strukturentwicklungen ablesbar *(Abb. 316)*.

Danach hat sich die **Zahl der Geschäfte** zwischen 1970 und 1985 mehr als halbiert (Indexwert = 46), während sich der **Gesamtumsatz** in der gleichen Zeit mehr als verdoppelt hat (Indexwert = 206). Insgesamt hat jedoch die Schließungsrate der Geschäfte in den letzten Jahren abgenommen und umgekehrt sind die Umsatzzuwächse geringer geworden. Im übrigen ist die **Verkaufsflächenzahl** regelmäßig gewachsen (zwischen 1970 und 1985 um beinahe 50%), die Verkaufsfläche pro Geschäft ist in der gleichen Zeit noch deutlicher angestiegen (über 300%).

Insoweit muß die Entwicklung im Handel sehr *differenziert* gesehen werden. Während von den Schließungen im Handel vor allem die kleinen Geschäfte bis 200 qm betroffen waren, hat die Zahl der Geschäfte im Bereich **Verbrauchermärkte** und **Discounter** deutlich zugenommen. In diesem Zusammenhang ist vor allem die bisherige Entwicklung wie auch die **Projektion** der Marktanteilsstruktur bis zum Jahre 1990 interessant (siehe *Abb. 317*).

---

* Der Lebensmittelhandel und seine Entwicklung wurden bewußt als ein *typisches* Beispiel des Handels mit weitreichenden (neuen) Konsequenzen für das Herstellermarketing gewählt, zumal der Lebensmittelhandel – hier speziell große Organisationen – durch zunehmende Diversifikation in *Non-food*-Bereiche (u.a. Übernahme bzw. Aufbau von Schuh-, Elektrogeräte-, Sportartikel-, Spielwaren-Filialisten) immer stärker *auch* das Handelsgeschehen in diesen Branchen prägt.

Abb. 316: *Entwicklung wichtiger Strukturzahlen im Handel (auf Index-Basis, 1970 = 100)*

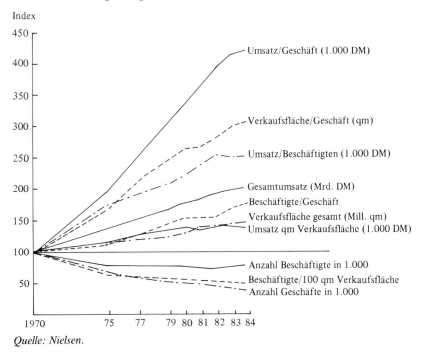

Quelle: Nielsen.

Abb. 317: *Entwicklung der Geschäftstypen im Lebensmittelhandel (1980-1990)*

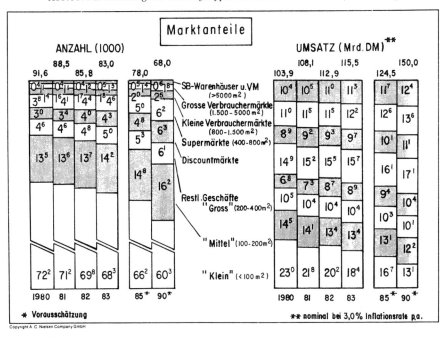

Quelle: Nielsen.

Danach prägen bereits heute die SB-Warenhäuser und Verbrauchermärkte einerseits und die Discounter andererseits ganz entscheidend die Handelsszene. Das wird auch in Zukunft so bleiben bzw. sich eher *noch* verstärken.

Während die SB-Warenhäuser und die Verbrauchermärkte 1983 mit einem Anteil von 3,6% an der Gesamtzahl aller Geschäfte (rd. 3000 von insgesamt 83 000 Geschäften) bereits 33,2% des Umsatzes machten, geht *Nielsen* davon aus, daß sich der Anteil der SB-Warenhäuser und der Verbrauchermärkte im Jahre 1990 auf 4,9% erhöhen wird (rd. 3350 von dann wahrscheinlich nur noch 68 000 Geschäften insgesamt). Gleichzeitig wird der Umsatzanteil den Projektionen nach auf 37,1% steigen.

Die Discounter, die 1983 zahlenmäßig mit 4,3% und umsatzmäßig mit 8,9% beteiligt waren, werden 1990 zahlenmäßig auf einen Anteil von 6,3% kommen und ihren Umsatzanteil auf 10,4% ausbauen. Berücksichtigt man, daß *Nielsen* die *Aldi-Gruppe* nicht erfaßt, so muß im Prinzip noch folgende Korrektur „nach oben" angebracht werden:

Ausgangsdaten (Schätzungen der *GfK*-Handelsforschung)
Aldi-Filialen 1983: rd. 1800
Aldi-Umsätze 1983: rd. 14,5 Mrd. DM

Korrekturrechnung
Discountgeschäfte insgesamt 1983: rd. 3570 + rd.1800 = 5370
Discounter-Umsätze insgesamt 1983: rd. 10,3 + 14,5 = 24,8 Mrd. DM
Zahl aller Geschäfte (inkl. *Aldi*): 83 000 + 1800 = 84 800
Umsätze aller Geschäfte (inkl. *Aldi*): 115,5 + 14,5 = 130 Mrd. DM
Zahlenmäßiger Anteil der Discounter (inkl. *Aldi*): 6,3%
Umsatzmäßiger Anteil der Discounter (inkl. *Aldi*): 19,1%

Auf der Basis dieser korrigierten Rechnung für die Discountanteile im Jahre 1983 wird deutlich, daß der Umsatzanteil der **Discounter** im Jahre 1990 mit großer Wahrscheinlichkeit die *20%*-Grenze nennenswert überschreiten wird.

Die Handelslandschaft im Lebensmittelhandel ist somit bereits heute stark vom Discount-Konzept, also preisaggressiven Vermarktungsformen, geprägt. Diese Tendenz wird sich weiter fortsetzen. Insoweit werden hier gravierende marktebenenspezifische Konsequenzen für das **Herstellermarketing** sichtbar.

Pointierend kann man sagen, daß die Hersteller im Lebensmittelbereich eher *präferenz*-orientierte Markenkonzepte verfolgen, während im Handel das *preis-mengen*-strategische Operieren stark zugenommen hat. Insofern stellt sich überhaupt die entscheidende Frage einer grundsätzlichen **Vereinbarkeit** von Hersteller- und Handelskonzepten. *Abb.318* versucht das transparent zu machen.

Diese graphische Darstellung macht deutlich, daß im Markt auf der einen Seite Herstellermarken ihr jeweils schichten- bzw. preisadäquates Handelsfeld finden (= strategischer *Ausgleich*), auf der anderen Seite aber auch ein nicht unerheblicher Teil von Herstellermarken ihren **schichtenspezifischen Anspruch** in der vorhandenen, oben skizzierten Handelsszene *nicht* (mehr) realisieren können. Diese Marken geraten vielfach in einen strategisch nicht gewünschten Discount-Sog (= strategischer *Konflikt*). Aus diesem Konflikt erwächst aufgrund verschobener Machtverhältnisse,

Abb. 318: Tendenzielle strategische Diskrepanzen zwischen Industrie und Handel sowie typische Bereiche des Ausgleichs und des Konflikts

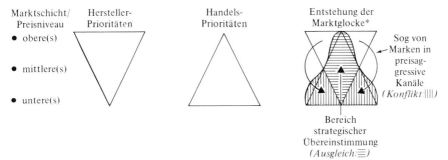

* = Ausdruck polarisierender Marktentwicklungen (vgl. hierzu auch S. 403 ff.).

nämlich einer starken **Einkaufsmacht** des konzentrierten Handels, die Gefahr und Realität der **Degeneration** von Herstellermarken.

Es wäre allerdings *einseitig,* hierfür allein den Handel verantwortlich zu machen. Die strategische Ausgangslage ist viel komplexer:

(1) Das **Hersteller-Denken** und -Marketing orientiert sich vielfach *zu einseitig* am präferenz-strategischen Konzept, und zwar auch dann, wenn hierfür gar nicht die unternehmensspezifischen (z.B. fehlende Innovationen, Alleinstellungen) wie auch marktlichen Voraussetzungen (z.B. Überbesetzung des oberen Marktes, Anzeichen strategischer Auslese) gegeben sind.

(2) Der **Handel** ist nicht (nur) autonomer Erfinder des Discountgedankens, sondern hat damit in hohem Maße auch *latenten* Verbrauchererwartungen (aufgrund von Einkommenszwängen wie auch Wertewandel) entsprochen.

(3) Der **Wettbewerb** hat sich aufgrund vieler stagnierender bzw. schwach wachsender Märkte stark *verschärft.* Der ausgeprägte Preiswettbewerb im Handel ist – wenn auch strategisch etwas einseitig – Ausdruck dieser Wettbewerbssituation.

Auswirkung dieser Situation ist gleichwohl ein eher zunehmender **strategischer Konflikt** zwischen Hersteller- und Handelsseite. Die (Marken-)Herstellersituation[3] läßt sich in diesem Sinne wie folgt charakterisieren (siehe *Abb. 319*).

Damit wird letztlich deutlich, daß die Hersteller den **Marketing-Mix** nur dann im Griff haben, wenn sie *klare* Markenkonzepte verfolgen. Gelingt es den Herstellern nicht, starke Marken im Markt aufzubauen, so wird ihnen die Marketing-*Initiative* (und damit die Kontrolle des Marketing-Mix) stark *entzogen.* Diese Situation ist nicht zuletzt Ergebnis eines durch Konzentration erstarkten Handels. Gründe der Konzentration und die marketingpolitischen Auswirkungen („Rollenverteilungskämpfe") sollen im folgenden skizziert werden.

Konzentration und Polarisierung im Handel

Die neuen, d.h. vor allem erschwerten Bedingungen für das Herstellermarketing – wie sie in den vorangehenden Abschnitten näher dargelegt worden sind – haben

---

[3] Siehe hierzu auch die Darlegungen zur Markenpolitik auf S. 172 f.

Abb. 319: Kennzeichen der (Marken-)Herstellersituation und marketingpolitische Alternativen

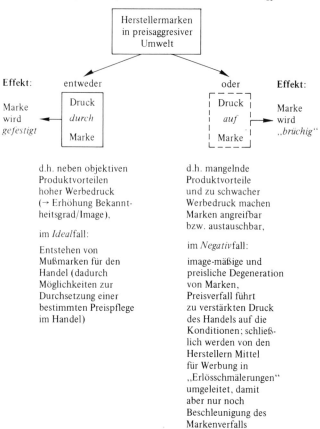

ihre zentrale Ursache in der Konzentration im Handel und der daraus resultierenden **Erstarkung des Handels** („Handelsmacht"). Diese konzentrative Entwicklung ist besonders für den Lebensmittelhandel typisch; sie hat inzwischen aber auch andere Wirtschaftsbereiche erfaßt (etwa den Möbel-, den Phono- oder auch den Fotomarkt). Die folgenden Überlegungen beziehen sich jedoch primär auf den *Lebensmittel*handel, weil sich hier Verhaltensformen zwischen Industrie und Handel entwickelt haben, die gleichsam zu **Handlungsmustern** auch in anderen Bereichen geworden sind bzw. werden können.

Die Konzentration hat insgesamt vielfältige Ursachen und sowohl betriebs- bzw. marktwirtschaftliche als auch gesamtwirtschaftliche Implikationen. Dabei treten nicht nur Probleme der Messung auf, sondern auch *schwer* ableitbare wie auch realisierbare Konsequenzen. Auf diesen Komplex an sich soll und kann hier nicht näher eingegangen werden (siehe hierzu etwa die ausführliche Analyse von *Schenk/ Tenbrink/Zündorf,* 1984). Auch auf die durch das Sondergutachten der Monopolkommission zur Konzentration im Lebensmittelhandel breit ausgelöste Diskussion kann hier nicht im einzelnen Bezug genommen werden (siehe etwa *Ahlert,* 1985b oder auch *Arndt,* 1985).

Die Diskussion dreht sich dabei um die Kernfrage, ob angesichts der (Markt-)Konzentration im Handel die Regelungen des *Kartellgesetzes* ausreichen (so wie es die Monopolkommission sieht) oder ob es sinnvoll und notwendig ist, eine Art *freiwillige Selbstbeschränkung* im Preiswettbewerb zu erreichen (so die Initiative des Kartellamtes, sog. Berliner Gelöbnis zwischen den „Großen" in Handel und Industrie) oder ob bestimmte *gesetzliche Regelungen* zur Schaffung von mehr Startgleichheit im Wettbewerb angezeigt sind (u. a. Verbot des Verkaufs unter Einstandspreis, Maßnahmen gegen die machtbedingte Konditionenspreizung, so etwa der Verband des Lebensmittel-Großhandels).

Was die Ursachen der Konzentration im Handel betrifft, so muß man erkennen, daß die industrielle Entwicklung hin zur *Massenproduktion* (Large scale production), nämlich um auf diese Weise Größenvorteile via Kostendegression zu realisieren, gleichsam zwangsläufig eine adäquate *Massendistribution* (Large scale distribution) nach sich ziehen mußte. „Massendistribution ist somit zunächst einmal Voraussetzung zur Realisierung der Größenersparnisse in der Produktion..." (*Schenk/Tenbrink/Zündorf*, 1984, S.92). Insoweit gab und gibt es natürliche Zwänge bzw. „Lücken" für das Vordringen moderner Großbetriebsformen im Handel. Diese Großbetriebsformen realisieren aufgrund ihres Einkaufsvolumens aber Einkaufs*vorteile,* die sie in einen Preiswettbewerb einbringen, um so ihre Marktanteile zu verbessern (oder ihre Anteile angesichts schwach wachsender Märkte zumindest zu halten). Hinzu kommt die Tatsache, daß auch die Handelsunternehmen von den „Economies of scale" profitieren, d.h. Großbetriebe bzw. Verbundgruppen im Handel nützen Rationalisierungsreserven tendenziell umso besser, je *größer* sie sind. Die Konzentration im Handel löst aber bereits bestimmte gegenkonzentrative Effekte in der Industrie aus (vgl. hierzu etwa gezielte Aufkaufstrategien von *Nestlé, Jacobs/Suchard* u.a.), was im Sinne der *Galbraithschen* These als ein Stück *Gegenmacht-Konzept* „in der zweiten Runde" interpretiert werden kann (vgl. hierzu auch *Schenk/Tenbrink/Zündorf,* 1984, S.232). Wenn diese Gegenentwicklung auch nicht - schon aus kartellrechtli-

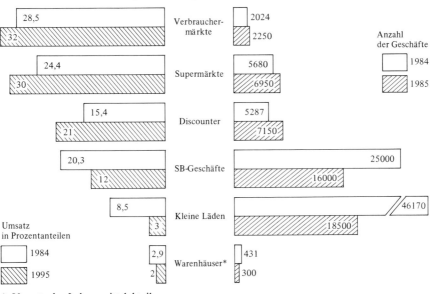

Abb. 320: Entwicklung der Betriebsformen im Lebensmittelhandel (1984/1995)[4]

* Umsatz der Lebensmittelabteilungen
Quelle: Glendinning & Lehning.

---

[4] Dieser Prognose liegt eine etwas andere Abgrenzung der Betriebsformen zugrunde als der in *Abb.317* auf S.495 wiedergegebenen (außerdem reicht sie bis 1995).

500   3. Teil: Konzeptionsebene des Marketingmix

chen Gründen bzw. Grenzen nicht – die Einkaufsmacht des Handels wird „brechen" können, so zeigen sich hier dennoch bestimmte *eigen-dynamische* Wettbewerbsentwicklungen auch auf der Angebotsseite (vgl. hierzu auch die Darlegungen zur Diversifikations-Strategie im allgemeinen und zur Aufkaufstrategie im speziellen auf S. 146 ff.).

Welchen **Blöcken im Handel** die Industrie heute gegenübersteht bzw. in Zukunft gegenüberstehen wird, zeigt ein Blick in bestehende und prognostizierte *Betriebsformen*-Entwicklungen des Lebensmittelhandels (siehe *Abb. 320*).

Den **Projektionen** für 1995 nach werden die Verbrauchermärkte ihre Marktposition noch wesentlich ausbauen können (Erhöhung des Umsatzanteils auf etwa 32%). Aber auch die großflächigen Supermärkte (über 800 qm) werden noch deutlich

Abb. 321: Die „Top Twenty" im Lebensmittelhandel (1988)

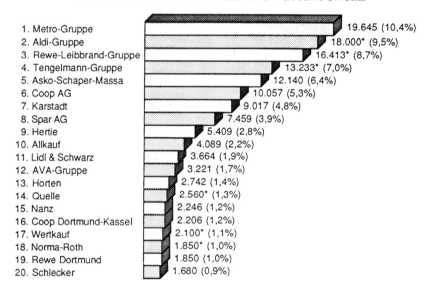

dazugewinnen (Erhöhung des Umsatzanteils auf etwa 30%) ebenso wie die Discounter (relativ höchste Zunahme des Umsatzanteils auf etwa 21%).[5] Das bedeutet, daß dann rund 16000 Geschäfte dieser **drei Vertriebsformen** über *80%* des gesamten Einzelhandelumsatzes auf sich vereinigen werden.

Welche **Einkaufskonzentration** hinter dieser Betriebsformen-Entwicklung steht, verdeutlicht *Abb. 321*. Sie zeigt Umsatz und Umsatzanteile der *zwanzig* größten Unternehmen bzw. Gruppen im Lebensmittelhandel im Jahr 1988.

Danach entfällt auf die zwanzig Größten im Lebensmittelhandel immerhin ein **Umsatzanteil** von rd. 74%. Auch diese Einkaufskonzentration wird weiter voranschreiten – mit weitreichenden Konsequenzen für das *Hersteller*-Marketing.

Dies wird deutlich, wenn man sich vor Augen hält, daß heute bereits einzelne Großunternehmen bzw. Gruppen im Lebensmittelhandel Anteile am Gesamtumsatz selbst großer (Markenartikel-)Hersteller *zwischen* 10 und 20% aufweisen, während umgekehrt der Umsatzanteil solcher Hersteller am Gesamtumsatz von Großunternehmen des Handels *allenfalls* 1 bis 2% ausmacht (vgl. *Ahlert*, 1985, S. 116f.). Diese Größenverhältnisse sind nachvollziehbar, wenn man sich die Größenordnung wichtiger Lieferanten des Lebensmittelhandels ansieht (vgl. *Abb. 322*).

Abb. 322: Wichtige Lieferanten des Lebensmittelhandels

Firma	Umsatz in Mio. DM (1987)	Hauptprodukte für den Lebensmittelhandel
Nestlé-Gruppe (BRD)	4836	Kaffee, Babykost, Suppen, Fleisch, Süßwaren, Getränke
Procter & Gamble-Gruppe	3300*	Wasch- und Reinigungsmittel, Körper- und Zahnpflege, Windeln, Säfte
Coca-Cola-Organisation	3200**	Erfrischungsgetränke
Oetker-Gruppe	2914***	Tiefkühlkost/Eis, Backmittel, Desserts, Honig
Jacobs Suchard (BRD)	2516	Kaffee, Süßwaren
Melitta-Gruppe	2003	Kaffee, Folien, Säfte, Filter
Bahlsen-Gruppe	1568	Dauerbackwaren, Schokolade, Knabberartikel
Effem GmbH	1418	Tiernahrung
Kraft GmbH	1132	Käse, Feinkost, Backmischungen
Knorr-Maizena	1119****	Stärke, Suppen, Soßen
Eckes-Gruppe	1006	Spirituosen, alkoholfreie Getränke
Ferrero	1005	Süßwaren
Schöller-Gruppe	876	Eis, Süßwaren

* Geschäftsjahr 30.6.   ** Umsatz der Konzessionäre   *** ohne Bier und Sekt
**** Geschäftsjahr 30.9.
Quelle: Lebensmittel-Zeitung.

---

[5] Prognosen von *G & I* rechnen inzwischen sogar mit einem Marktanteil der Discounter von etwa 23% bereits im Jahre 1990.

Die **veränderten Marktmachtverhältnisse** zwischen Industrie und Handel (und zwar generell zugunsten des Handels) haben dazu geführt, daß der Handel heute *relativ* stark das marketing-konzeptionelle Vorgehen prägt: vor allem in Richtung *preisaktiver* (-aggressiver) Vermarktung, nicht zuletzt als Ausdruck verschärfter Wettbewerbsbedingungen auf der eigenen Stufe.

Die künftige Entwicklung des Lebensmittelhandels wird jedoch nicht allein von einer weiteren Durchsetzung des Discounting geprägt sein. Immer stärker deuten sich **Kontrast-Konzepte** im Handel an, die von einem *einseitigen* Preiswettbewerb wegführen sollen. Hier sind etwa die neuen **Frischemärkte** (Markthallen-Konzepte) zu nennen, wie sie zur Zeit von verschiedenen Handelsorganisationen u.a. nach amerikanischen Vorbildern getestet werden (vgl. z.B. *Tengelmann*-Frische-Grosso, München). Dieses Konzept fußt auf einem spezifischen **Laden- und Sortimentsdesign**: in der „Innenzone" klassischer Supermarkt, in der „Außenzone" Angebot eines Wochenmarktes (= Handelstypen-Innovationen). Hier deutet sich eine **Polarisierung im Handel** an, die der an anderer Stelle diskutierten generellen Polarisierung von Märkten (im Sinne von Verbrauchernachfrage bzw. Marktschichten, vgl. hierzu S. 403 ff.) entspricht (siehe auch *Abb. 323*).

Abb. 323: Zunehmende Polarisierung der Betriebsformen im Handel

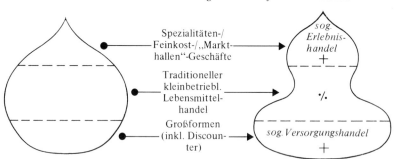

Der *qualitäts*orientierte Erlebnishandel – das ist einsichtig – entspricht grundsätzlich *präferenz*orientierten Konzepten der Hersteller weit stärker als der preisorientierte Versorgungshandel. Auch wenn der Handel (zumindest große Organisationen) deutlich bemüht ist, den „Erlebnishandel" zu forcieren, so werden trotzdem auch in Zukunft die preisaktiven bis preisaggressiven Formen des Handels überwiegen.[6] Die weitere Entwicklung des **preisorientierten Versorgungshandels** wird dabei auch davon abhängen, wie stark sich neue Kommunikationstechniken und damit rationellere Formen des Einkaufs wie *Btx* oder *Teleshopping* (siehe hierzu auch *Meffert*, 1985; *Herrmanns*, 1986) durchsetzen werden. Die damit steigende **Preistransparenz** wird ohne Zweifel preisaktive bzw. preisaggressive Vermarktungskonzepte fördern (= *erschwerte* Bedingungen für *präferenz*orientierte Marketingkonzepte).

---

[6] Vgl. hierzu auch die weiter oben wiedergegebenen Prognosen (S. 495 bzw. 499).

Damit zeichnet sich ein **Szenario** ab, bei dem typische **Inadäquanzen** (Unverträglichkeiten) in der Vermarktungskette Hersteller – Handel – Verbraucher sich noch verstärken werden (siehe *Abb. 324, Becker,* 1985 a, S. 408).

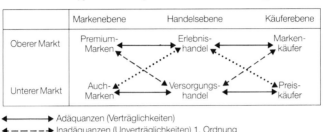

Abb. 324: *Typische Inadäquanzen in der Vermarktungskette*

Aufgrund der zunehmenden Marken-, Betriebsformen- und der dahinter stehenden Käufer*polarisierung* könnten sich theoretisch zwar *zwei* jeweils relativ störungsfreie Marktfelder ergeben; in der Realität kommt es jedoch zu vielfältigen, nicht kontrollierbaren **Überlappungen** mit ihren nicht unerheblichen Gefahren zumindest für präferenzschwache Marken(artikel), wie die obige Abbildung verdeutlicht. Daraus geht hervor, daß Marken bzw. Markenartikel zunächst einmal unter den bestehenden Inadäquanzen *1. Ordnung* leiden (= Discount-Vermarktung von Marken(artikeln) im discount-orientierten Versorgungshandel bei gleichzeitigem Abzug von Markenkäufern aus dem Erlebnishandel) und außerdem von den Inadäquanzen *2. Ordnung* beeinträchtigt werden (= Erlebnishandel „saugt" aus Wettbewerbsgründen auch preisaggressive Auch-Marken und damit Preiskäufer an, was zu Irritationen der Markenkäufer und Aufweichungen ihres qualitätsorientierten Kaufverhaltens führt) (*Becker,* 1985a, S. 408).

Das heißt mit anderen Worten, die **Hersteller** sind heute vielfach *nicht mehr* in der Lage, ihre Produkte bzw. Marken im Sinne der von ihnen gewählten Konzepte distributions- und vermarktungspolitisch *konsequent* zu führen. Das hat seinen Grund darin, daß der Handel immer stärker die Hersteller-Konzepte durch eigene durchkreuzt (*typisches* Beispiel: „Marken-Discounting", d. h. die Hersteller versuchen Markenpräferenzen aufzubauen, der Handel baut sie durch preisaktive Vermarktung wieder ab). Damit aber ist das **neue Rollenverständnis** des Handels angesprochen.

Rollenveränderungen zwischen Industrie und Handel

Aufgrund der skizzierten quantitativen *und* qualitativen Entwicklungen hat der **Handel** ein neues Selbstverständnis entwickelt. Er sieht sich nicht mehr als bloßer Verteilungsapparat der Industrie, sondern er beansprucht für sich zunehmend **marktgestalterische Funktionen.** Insofern hat eine grundlegende *Neu*orientierung des Rollenverständnisses im Handel stattgefunden, die nicht ohne Wirkung auf die der Industrie „zugebilligte" Rolle bleiben wird.

504   *3. Teil: Konzeptionsebene des Marketingmix*

Die Wandlungen im Rollenverständnis zwischen Industrie und Handel - aus der Sicht der großen Handelsgruppen - können dabei *pointierend* wie folgt *(Abb. 325)* charakterisiert werden:

Abb. 325: Wandlungen (Verschiebungen) im Rollenverständnis zwischen Industrie und Handel - aus der Sicht der großen Handelsgruppen

Zeitlicher Bezug	Rollen im Sinne von Funktionsschwerpunkten	
	Hersteller	*Handel*
Gestern	Marktgestalter x→o	Verteiler
Heute	Marktgestalter $_o^x \leftrightarrow _x^o$	Verteiler (und Marktgestalter)
Morgen(?)	Lieferant o←x	Marktgestalter (und Verteiler)

x = dominierende Marktseite („Marketingführerschaft")
o = abhängige Marktseite
→ = einpolige Wirkungsrichtung (d.h. jeweils eine Seite dominiert)
↔ = zweipolige Wirkungsrichtung (führt entweder zu Konflikt oder Kooperation)

Diese Übersicht *(Abb. 325)* soll deutlich machen, daß „gestern" (d.h. in den 50er und 60er Jahren) die Industrie der *dominierende* Marktgestalter insbesondere durch das Produktmarketing war und der Handel vor allem den Verteilungsapparat stellte. „Heute" (etwa seit Mitte der 70er Jahre) *beansprucht* der Handel zunehmend marktgestaltende Aktivitäten (u.a. über eine gezielte Handelsmarken-Politik). Daraus ergeben sich erhebliche Aufgaben- bzw. Gestaltungsüberlappungen zwischen Industrie und Handel, die sich entweder in Dauerkonflikten niederschlagen oder zu Kooperationsformen führen (müssen). Wenn kooperative Formen der Zusammenarbeit zwischen Industrie und Handel nicht zu einer bestimmten **Stabilisierung** ausgehandelter Rollen führen, besteht zumindest die Gefahr einer (gewissen) Umkehrung der Rollen von „gestern". Aufgrund des Verdrängungswettbewerbs gerade auch im Handel und unter Berücksichtigung tendenziell abnehmender Marken- und zum Teil auch Geschäftsloyalitäten der Endverbraucher würde das jedoch mit ziemlicher Sicherheit zu Lasten *beider* Marktseiten gehen. Eine Strategie des Handels in Richtung einer völligen Umkehrung der klassischen Rollenverteilung dürfte daher gar nicht im Interesse des Handels selbst liegen.

Alle Bestrebungen richten sich deshalb primär - und das ist für die Gestaltung des **Marketingmix** ganz entscheidend - auf die Realisierung von *kooperativen* Formen der Zusammenarbeit zwischen Industrie und Handel. Die Kooperation wird dabei allerdings erheblich erschwert durch gravierende strukturelle oder besser: systemimmanente **Zieldivergenzen.** Folgende Übersicht *(Abb. 326)* versucht das zu verdeutlichen (siehe hierzu auch *Steffenhagen,* 1975, S.75; *Thies,* 1976, S.41 und *Kunkel,* 1977, S.107).

Das Hauptkonfliktfeld zwischen Industrie und Handel liegt dabei primär im *A-Marken*-Bereich (= konsequent geführten Markenartikeln). Hier wird es vor allem darauf ankommen, die übliche **Markenaufbau-Markenabbau-Mechanik** zu durchbre-

Abb. 326: *Wichtige Zieldivergenzen zwischen Hersteller und Handel*

Zielbereiche	Herstellerziele*	Handelsziele
Angebotspolitik	• Aufbau von Produkt- bzw. Markenimage • Hohe Produktinnovation • Forcierung der Herstellermarke • Eher hochpreisige Politik • Abbau überhöhter Spannen	• Aufbau von Sortiments- bzw. Ladenimage • Möglichst Produktkonstanz • Forcierung der Handelsmarke • Eher niedrigpreisige Politik • Durchsetzung zusätzlicher Konditionen
Distributionspolitik	• Große Bestellmengen • Hohe (optimale) Distributionsdichte • Günstige Plazierung der eigenen Ware • Hohe Lieferbereitschaft • Möglichst viel Beratung und Service	• Schnelle Auslieferung auch kleiner Bestellmengen • Selektive Distribution (bzw. Alleinvertretungsansprüche) • Optimale Plazierung der Produktlinie • Niedrige Lagerhaltung • Möglichst wenig Beratung und Service
Kommunikationspolitik	• Produktwerbung • Aufbau von Markenpräferenzen • Bevorzugte Markenplazierung • Herstellerorientierte Verkaufsförderung • Erhöhung der Markentreue	• Firmenwerbung • Aufbau von Präferenzen für den Laden • Sortimentsgerechte Plazierung • Handelsorientierte Verkaufsförderung • Erhöhung der Ladentreue

* speziell bei präferenz-orientierten Marken-Konzepten.

chen. Dafür gibt es bestimmte *entlastende* Ansatzpunkte (*Abb. 327, Becker*, 1986a, S. 84).

Damit lassen sich die grundlegenden Zieldivergenzen zwischen Industrie und Handel freilich *nicht* beseitigen, andererseits ihre negativen Auswirkungen aber wenigstens mildern.

Hinter diesen zum Teil sehr gravierenden Abweichungen (siehe *Abb. 326* und *327*) in grundlegenden Zielsetzungen von Industrie und Handel verbirgt sich nicht zuletzt ein *unterschiedlicher* Einsatz des Marketinginstrumentariums überhaupt, und zwar sowohl was die Art als auch den Umfang des Einsatzes angeht. Die besondere Problematik wie auch die **Notwendigkeit** eines *mehrstufig* orientierten Marketingmixes auf der Ebene der Hersteller,

- nämlich **handels**-orientierter Mix (Trade Marketing)
- und **verbraucher**-orientierter Mix (Consumer Marketing),

ist damit evident.

Grundfragen eines mehrstufig orientierten Marketingmixes

Die besonderen Anforderungen, die heute an einen mehrstufig orientierten Marketingmix gestellt sind, werden dabei besonders transparent vor dem Hintergrund der verschiedenen **Entwicklungsstufen** des (Hersteller-)Marketingmixes. Auf der Basis

Abb. 327: Strategischer Hauptkonflikt und mögliche Korrekturen

Stark verbreitete Markenaufbau-/ Markenabbau-Mechanik		Ansatzpunkte für strategische Korrekturen	
Hersteller	Handel	Hersteller	Handel
↓	↓	↓	
bauen A-Marken auf (hoher Bekanntheitsgrad/hohes Image/ überdurchschnittliche(r) Preis(empfehlung))	baut A-Marken systematisch ab (hohe Eignung für (permanente) Aktionsvermarktung im Interesse des eigenen Leistungsbeweises)	Angebot geeigneter Packungsgrößen für preisaggressive Handelsformen (eigenständige Preis-/Leistungsverhältnisse) Ansätze zum Beispiel bei Süßwaren-Spezialitäten und Cerealien („aldi-native Angebotsformen")*	Aufbau starker klassischer Handelsmarken bzw. Dauer- „Niedrigpreis"-Programme (aus schwachen Herstellermarken bzw. B- oder C-Marken-Programmen), Ansätze zum Beispiel bei Nahrungsfetten und Waschmitteln ↑
▶ Ausgangspunkt des Konflikts	„Bewußte" Zerstörung von Präferenzpotential (Markendiscounting)	Kanalspezifische Differenzierung von A-Marken	Suche nach alternativem Profilierungspotential

* Über solche spezifischen Preis-Leistungs-Verhältnisse versuchen offenbar immer mehr Anbieter (u.a. *Mackintosh-Rowntree, Kellogg's, Storck*) A-Marken „konfliktfrei" auch bei den Discountern (allen voran auch *Aldi*) zu vermarkten.

einer solchen *genetischen* Betrachtung lassen sich im Grunde *drei* verschiedene Konzepte identifizieren, nämlich Pull-, Push- und Kooperations-Konzept.

(1) Das **Pull-Konzept** (=klassisches Markenartikelkonzept)
Das Prinzip besteht hierbei darin, durch eine starke Endverbraucherwerbung (sog. Sprungwerbung) den Verbraucher so zu mobilisieren, daß er durch seine aktive Nachfrage gleichsam einen *Sog* in Gang setzt, der das Produkt in die Absatzkanäle „hineinsaugt" (vgl. *Abb. 328*).

Abb. 328: Wirkungsmechanik des Pull-Konzepts

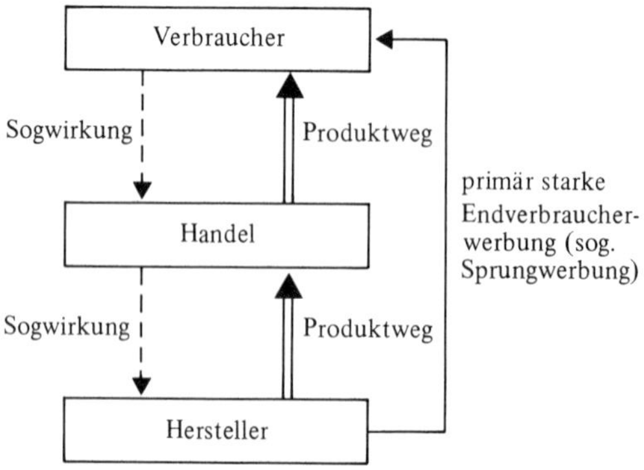

```
                    ┌─────────────┐
                    │ Verbraucher │◄──────┐
                    └─────────────┘       │
                       │        ▲         │
           Sogwirkung  │        │ Produktweg
                       ▼        │         │   primär starke
                    ┌─────────────┐       │   Endverbraucher-
                    │   Handel    │       │   werbung (sog.
                    └─────────────┘       │   Sprungwerbung)
                       │        ▲         │
           Sogwirkung  │        │ Produktweg
                       ▼        │         │
                    ┌─────────────┐       │
                    │ Hersteller  │───────┘
                    └─────────────┘
```

Aufgrund des starken Wettbewerbs (Verdrängungswettbewerbs) in vielen Märkten und des dadurch beeinträchtigten Präferenzaufbaus bei gleichzeitig tendenziell abnehmender Markentreue reicht dieses Konzept (vgl. *Abb. 328*) heute alleine in aller Regel *nicht* mehr aus.

(2) Das **Push-Konzept** (= Ergänzungskonzept)
Dieses Konzept kann als Ergänzung des Pull-Konzepts in der Weise aufgefaßt werden, daß der Handel verstärkt durch „*Hinein*verkaufsmaßnahmen" wie intensiven persönlichen Verkauf, Displays mit Zweitnutzen, Regalpflege, Preisausschreiben für die Angestellten des Handels usw. für die Aufnahme der Produkte gewonnen wird. Dazu treten heute durchweg gezielte „*Heraus*verkaufsmaßnahmen" wie Ladenwerbemittel (z. B. Deckenhänger, Fensterstreifen, Regalwipper), Degustationen, Probierpackungen, Sonderangebote usw., die den Verbraucher zum Kauf (speziell Impulskauf) stimulieren sollen (siehe *Abb. 329*).

Abb. 329: Wirkungsmechanik des Push-Konzepts

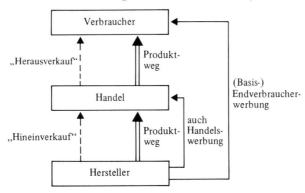

Auch das Push-Konzept (meist in Verbindung mit dem Pull-Konzept) reicht heute *nicht* mehr aus, weil es im ganzen eher ein „Druck-Konzept" ist (vgl. *Abb. 329*), dem noch stark die Vorstellung vom Handel als dem bloßen Verteiler zugrundeliegt. Allenfalls sog. Mußartikel, auf die der Handel aufgrund ihrer Marktbedeutung nicht verzichten kann (z. B. bestimmte Getränke- oder auch Waschmittelmarken), könn(t)en noch so vermarktet werden.

(3) Das **Kooperations-Konzept** (= Konzept einer Neuorientierung)
Dieses Konzept beruht auf der - in den letzten Jahren - gewachsenen Überzeugung von Industrie und Handel, daß die jeweiligen (Marketing-)Ziele über *kooperative* Handlungsweisen *eher* realisiert werden können als über ein egoistisches Agieren der einzelnen Marktstufen. Wie schwierig es dabei ist, über reine Absichtserklärungen beider Marktseiten hinauszukommen, zeigt allerdings ein nochmaliger Blick auf die grundlegenden Zieldivergenzen zwischen Hersteller- und Handelsseite (siehe hierzu *Abb. 326* auf S. 505). Trotzdem verstärken sich kooperative Formen der Zusammenarbeit. Schematisch läßt sich das etwa wie folgt *(Abb. 330)* kennzeichnen.

Abb. 330: Wirkungsmechanik des Kooperations-Konzepts

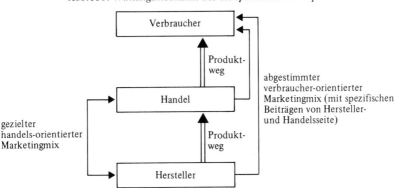

Wenngleich diese Darstellung (vgl. Abb. 330) eines mehrstufig orientierten Marketingmixes auch gewisse *Zukunftsvisionen* enthält, so sind im Prinzip Hersteller- wie Handelsseite heute mehr denn je überzeugt, daß nur das *Mit*einander – und nicht das Gegeneinander – beiden Marktpartnern Gewinn und Existenz sichern kann. Das soll an ausgewählten Beispielen noch näher verdeutlicht werden (siehe Konflikttypen A und B weiter unten).

Wenn der **Handel** als eigenständiger Marktpartner angesehen wird, der *eigene* Ziele mit *eigenen* Konzeptionen am Markt durchzusetzen trachtet, so bedeutet das – wie schon angedeutet – letztlich, daß Herstellerunternehmen eine *zweifache* Marketing-mix-Aufgabe haben, die sich niederschlägt bzw. niederschlagen muß in:

(1) einem auf den Handel gerichteten Instrumenteneinsatz (= **handels-orientierter Marketingmix**),
(2) einem auf den Verbraucher gerichteten Instrumenteneinsatz (= **verbraucher-orientierter Marketingmix**).

Zwar kommt dem verbraucher-orientierten Marketingmix insofern nach wie vor *dominante* Bedeutung zu, weil er im Hinblick auf den Endverbraucherabsatz auch im ureigensten Interesse des Handels selbst liegt. Aber es tritt als wesentliches Element die *gezielte* Berücksichtigung elementarer Handelsinteressen hinzu (= handels-orientierter Marketingmix, vgl. auch *Diller*, 1989 bzw. *Zentes*, 1989).

Beim handels-orientierten und beim verbraucher-orientierten Marketingmix handelt es sich allerdings *nicht* um gleichsam zwei völlig abgegrenzte, parallele Marketingmixe, sondern sie sind durch vielfältige Verknüpfungen, zumindest aber **Überlappungen** gekennzeichnet. Herstellerunternehmen sind in dieser Hinsicht also zumindest unter dem Kooperations-Konzept „gezwungen", die **Verträglichkeit** des Instrumenteneinsatzes sowohl unter Handels- als auch unter Verbraucher-Aspekten zu überprüfen und soweit wie möglich sicherzustellen.

Es gibt jedoch *auch* spezifische Instrumente, die primär oder ausschließlich auf den Handel gerichtet sind. Den Verbraucher erreichen dann allenfalls bestimmte indirekte Wirkungen, die durch handelsspezifische Marketinginstrumente ausgelöst werden. Die Mehrzahl der Marketinginstrumente sind aber – wie wir es bezeichnen wollen – *durchlaufende* Instrumente, d.h. sie tangieren sowohl den Handel als auch den Verbraucher unmittelbar. Speziell der Einsatz der so bezeichneten durchlaufenden Instrumente muß – dem Kooperations-Konzept entsprechend – unter den Aspekten (*Dingeldey*, 1975, S. 115)

- **handelskonformer** (= mit Handelsinteressen übereinstimmend),
- **handelsneutraler** (= Handelsinteressen nicht berührend) bzw.
- **handelsdivergierender** (= Handelsinteressen entgegenstehend)

Maßnahmen bzw. Wirkungen geprüft werden.

Relevante Konflikttypen und ihre Charakteristik

Das Interdependenzgefüge zwischen verbraucher- und handelsorientiertem Marketinginstrumenten-Einsatz (Marketingmix) stellt sich so gesehen differenziert dar. Problemvolle **Schnittstellen** zwischen Hersteller- und Handelsseite werden vor allem am Fall handelsdivergierender, d.h. den Handelsinteressen entgegenstehender Marketingmaßnahmen der Hersteller besonders sichtbar. In diesem Zusammenhang

II. Stufen und Orientierungspole des Marketingmix 509

lassen sich *zwei* grundsätzliche Konfliktgruppierungen identifizieren, die wir als **Konflikttyp A** und **Konflikttyp B** bezeichnen wollen. Der Konflikttyp A bezieht sich auf rein auf den Handel gerichtete Maßnahmen (mit zum Teil indirekten Auswirkungen auf den Verbraucher), der Konflikttyp B dagegen auf Herstellermaßnahmen, die sowohl Handel als auch Verbraucher zum Adressaten haben. Auf beide Konflikttypen wollen wir im folgenden *näher* eingehen, und zwar auf der Basis von spezifischen Übersichten. Zunächst wollen wir uns dem Konflikttyp A *(Abb. 331)* zuwenden.

Abb. 331: Charakteristische Probleme des Konflikttyps A und ihre grundsätzlichen Lösungsmöglichkeiten

Herstellerseite:	Handels- und Verbraucherseite:	Konfliktstoff bzw. Konfliktlösung:
Hersteller- marketing als Ausgangspunkt →	Speziell *auf den Handel gerichtete Marketinginstrumente* (Auswirkungen auf den Verbraucher indirekt)	Ursache möglicher Konflikte ist hier die Tatsache, daß bestimmte Marketingmaßnahmen Hersteller und Handel unmittelbar berühren, und zwar im Sinne *unterschiedlicher* Interessenlagen.
	Beispiele: • Herstellerreisende („Verkäufer") • Merchandiser („Regalpfleger") • Warenverteilungssystem (Lieferservice) • Rabattpolitik (Funktions- und Sonderrabatte) • Umverpackungen (inkl. Palettisierung) • Verkaufsförderung (speziell „Hineinverkaufsmaßnahmen")	*Situation:* Konfliktlösung relativ einfach durch Berücksichtigung gegenseitiger Wünsche bzw. Interessen, z. B. *Lieferservice:* Industrie und Handel vereinbaren einen neuen Lieferrhythmus, der zwar bestimmte Tages- und Zeitwünsche des Handels berücksichtigt, den Hersteller andererseits aber kostenmäßig entlastet; für kurzfristig disponierte Kleinmengen wird ein Aufschlag vereinbart.

Ehe dieser Konflikttyp A abschließend gewürdigt wird, soll zunächst noch der Konflikttyp B *(Abb. 332)* in analoger Weise charakterisiert werden.

Es gibt insgesamt gesehen also einen Marketingmix, der quasi beim Handel stehenbleibt (vgl. *Abb. 331*) und zum anderen einen Marketingmix, der durch den Handel hindurch bis zum Verbraucher unmittelbar durchschlägt (vgl. *Abb. 332*). Grafisch können diese Zusammenhänge wie folgt *(Abb. 333)* verdeutlicht werden.

Abb. 333 macht nochmals deutlich, daß es im Prinzip *zwei* vom Hersteller ausgehende Marketingmixe gibt: einen, der gleichsam auf der Handelsstufe verharrt, und einen, der bis zum Endverbraucher durchläuft. Die Darstellung zeigt außerdem, daß vom Handel selbst ein *zusätzlicher* eigener Mix – zumindest partialer Art – gestaltet wird, der den verbraucherorientierten Herstellermix gleichsam überlagert

Abb. 332: *Charakteristische Probleme des Konflikttyps B und ihre grundsätzlichen Lösungsmöglichkeiten*

Herstellerseite:	**Handels- und Verbraucherseite:**	**Konfliktstoff bzw. Konfliktlösung:**
Herstellermarketing als Ausgangspunkt ⟶	*Durchlaufende Marketinginstrumente,* die sowohl Handel als auch Verbraucher unmittelbar tangieren	Ursache von Konflikten ist bei diesen Marketingmaßnahmen stets eine unterschiedliche *Sicht* von Hersteller und Handel im Hinblick auf das auf den Verbraucher gerichtete marketingpolitische Vorgehen.
	Beispiele: • Produkt („Produktinneres" und „Produktäußeres") • Produktverpackung (speziell endverbraucher-orientierte Gestaltung) • Marke (Markenname/-typ) • Endverbraucherpreis (z. B. unverb. empfohlene Preise) • Werbung (insbesondere Endverbraucherwerbung) • Verkaufsförderung (speziell „Herausverkaufsmaßnahmen")	*Situation:* Konfliktlösung in diesem Falle relativ schwer, meist Zwang zu vielfach beide Seiten nicht (voll) befriedigenden Kompromissen, z. B. *Produktverpackung:* Eine Brauerei (mit profilierter Marke) setzt ein neues Mehrweggebinde mit Aufreißverschluß in einem neuen Bierkasten zur Profilierung eines Spezialbiertyps ein. Verbrauchertests haben bestätigt, daß dieses neue Produkt (inkl. der Produktausstattung) von der anvisierten Zielgruppe akzeptiert wird. Der Handel verweigert trotz überdurchschnittlicher Bewerbung des Produktes die Aufnahme. Begründung: Dieses neue Angebot verkompliziere die Warenmanipulation (insbesondere Gebinderücklauf und Sortierung). Aufgrund massiven „Boykotts" der Handelsseite stellt die Brauerei das neue Angebot auf Einwegflaschen im vom Handel favorisierten 6er-Träger um. Es zeigt sich bald, daß dieses Gebinde – wie andere Einweggebinde auch – meist preisaggressiv vermarktet wird. Die ursprünglich anvisierte Zielgruppe wendet sich daher zunehmend von diesem Angebot ab. Die jetzigen Abnehmer, die vor allem aufgrund der Preisattraktivität kaufen, kaufen jedoch kaum nach, weil dieses spezielle Bier nicht ihren Geschmackserwartungen entspricht. Der Absatz geht deshalb bald massiv zurück. Wichtige Handelsgruppen listen das Produkt bereits wieder aus.

II. Stufen und Orientierungspole des Marketingmix

Abb. 333: *Charakteristische Konfigurationen des Marketingmixes von der Hersteller-, über die Handels- bis zur Verbraucherstufe*

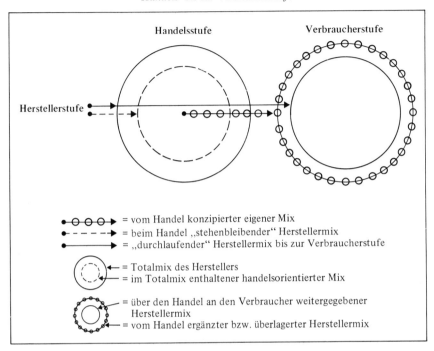

und ihn auf diese Weise zugleich auch modifiziert (was zu Problemen speziell des Konflikttyps B führen kann).

Weiterführende Konsequenzen der bisherigen Überlegungen

Aufgrund des immer stärker geäußerten und vermehrt auch realisierten Anspruches des Handels, *eigene* Konzepte am Markt gegenüber dem Verbraucher durchzusetzen, ist heute zunehmend die Tatsache zu beobachten, daß der Herstellermix und damit die vom Hersteller konzipierte Marketingpolitik bzw. wesentliche Teile von ihr *gar nicht mehr* voll bis zum Endverbraucher gelangen. Hierzu haben nicht zuletzt auch – aus übergeordneten gesamtwirtschaftlichen Interessen heraus – verbotene bzw. stark erschwerte Zugriffsinstrumente (wie Preisbindung der zweiten Hand bzw. Vertriebsbindung) beigetragen.

Angesichts verschärfter Wettbewerbsbedingungen bemühen sich andererseits Hersteller und Handel verstärkt um die Realisierung vielfältiger Formen sog. **vertraglicher Vertriebssysteme** (*Ahlert*, 1981 bzw. als Überblick ders., 1982, S. 69 ff.):[7]

---

[7] Vgl. in diesem Zusammenhang auch das *Telefunken*-Agentur- bzw. das gescheiterte *Grundig*-Depotvertriebssystem (= Umgehung des Preisbindungsverbots?). Inzwischen hat der Bundesgerichtshof (Kartellsenat) entschieden, daß – entgegen den Bewertungen des Bundeskartellamtes – das Telefunken-System nicht gegen *§ 15 GWB* verstößt.
Die genannten Formen des selektiven Vertriebs sind insgesamt rechtlich zulässig; sie unterliegen jedoch der kartellbehördlichen Mißbrauchsaufsicht *(§ 18 GWB)* und können ggf. Einschränkungen durch das Diskriminierungsverbot *(§ 26 Abs. 2 GWB)* erfahren.

- Vertriebsbindungssystem,
- Alleinvertriebssystem,
- Vertragshändlersystem,
- Franchisesystem.

Diese auch unter dem Schlagwort „Kontraktmarketing" subsumierten Vertriebssysteme stellen grundlegende Möglichkeiten der Kooperation zwischen Industrie und Handel dar (vgl. auch *Tietz*, 1985a, S.254ff.; *Irrgang*, 1989, S.119ff.).

Daß kooperative Zusammenarbeit zwischen Industrie und Handel allerdings nicht allein auf *distributions*spezifische Fragestellungen beschränkt bleiben kann, haben die Darlegungen zu den typischen Zieldivergenzen zwischen Industrie und Handel (*Abb.326*, S.505) gezeigt. Das Interesse bzw. die Notwendigkeit der Kooperation zwischen Industrie und Handel erstreckt sich in zunehmendem Maße jedenfalls *auch* auf angebotspolitische Fragestellungen (Produktmarketing i. w. S.) - ursprünglich die Domäne der Hersteller. Was hier an Abstimmung möglich ist bzw. wo hier besondere Probleme liegen können, haben die Darlegungen zu den *durchlaufenden* Marketinginstrumenten beispielhaft aufgezeigt. Zumindest kommt heute dem Handel - gerade auch angesichts hoher ‚Flopraten' zwischen 80% und 90% bei der Einführung neuer Produkte (vgl. hierzu auch die Analysen auf S.491 f.) - eine bestimmte **Filterfunktion** im Rahmen des Innovationsprozesses zu, und zwar angefangen vom gemeinsamen Auffinden geeigneter Innovationsansätze sowie deren Analyse und Prüfung über gemeinsame Store-Tests bis hin zu gemeinsamer Betreuung speziell in der Einführungs- und Durchsetzungsphase (*Thies*, 1976, S.63 und 70).

Neuerdings wird in diesem Zusammenhang speziell der Fragenkomplex untersucht, welche akzeptanzbestimmenden Faktoren für die *Aufnahme von neuen Produkten* (Herstellermarken) im Handel verantwortlich sind (*Bauer*, 1980; *Pfeiffer*, 1981). Diese Frage muß vor allem auch vor dem Hintergrund verstärkter Anstrengungen des Handels in bezug auf Handelsmarken gesehen werden. Jüngste Untersuchungen (u. a. *Nestlé*) zeigen zwar, daß der Markenartikel beim (Lebensmittel-)Handel nach wie vor einen hohen Stellenwert hat. „Die Mehrheit hält ihn sogar für unbedingt erforderlich." Andererseits ist aber bei der Mehrheit im Handel „die Lust... immer noch da, verstärkt Handels- resp. Eigenmarken im Sortiment auf- bzw. auszubauen, ... Einige streben bis zu 20% Marktanteil an, die Masse liegt unter 10%" (*Lebensmittel-Zeitung*, 10.4. 87). Dabei wird vor allem die *mittlere* Preisschicht angestrebt. An den Nonames (Generics) hat der Handel dagegen das Interesse sehr stark verloren (siehe hierzu auch S. 195f.).

Welche Konsequenzen sich überhaupt aus der veränderten Grundorientierung des Herstellermarketings (weg von einem *einseitigen* Verbraucher- und hin zu einem stärkeren Handelsmarketing) auch für die Vertriebsorganisation - speziell die Außenorganisation - ergeben, zeigt im übrigen die zunehmende Diskussion und Realisierung des sog. Kunden-Managements (Key Account Management, vgl. *Kemna*, 1979; *Sandler*, 1980; *Zentes*, 1986; *Ebert/Lauer*, 1988).

Eine **neue Dimension** in der Zusammenarbeit zwischen Industrie und Handel bahnt sich aufgrund der Möglichkeiten des **Scanning** (codegesteuerte Kassenanlagen) an. Wenn auch hier die Entwicklung bisher noch *zögernd* verläuft (1989 gab es bundesweit erst 3434 Geschäfte mit Scannerkassen), wird sich dieses System aufgrund seiner Vorteile sehr wahrscheinlich *breit* durchsetzen. Der Handel wird aufgrund der Scanner-Technik künftig über wesentlich **bessere Informationen** in bezug auf artikelwie auch filialbezogene Umsätze, Spannen, Rohertäge, Umschlagshäufigkeiten, Abverkäufe und Lagerbestände verfügen, was eine aktuelle *Fein*steuerung des Sortiments und der Lieferanten ermöglicht. Insbesondere werden damit auch die **Wirkungen** spezieller Maßnahmen (einschließlich der Beiträge der Hersteller dazu) transparenter, und zwar vor allem dann, wenn Wirkungsanalysen etwa in bezug auf

Preisvariationen, Sonderangebote, Plazierungsänderungen oder Werbeaktivitäten durchgeführt werden. Die Zusammenarbeit zwischen Industrie und Handel wird dadurch stärker „objektiviert", was aber auch zu einer Verschlechterung der Herstellerposition führen dürfte (Druck des *Erfolgs*nachweises nimmt zu).

Die Scanner-Kassentechnik – in Verbindung mit Telekommunikation (u.a. Btx) und neuen EDV-Technologien (u.a. Microcomputer) – wird darüber hinaus zu einem starken Verbund von Handel und Industrie führen, und zwar über neue sog. *integrierte Warenwirtschaftssysteme* (vgl. hierzu im einzelnen *Kirchner/Zentes*, 1984 oder auch den Überblick bei *Tietz*, 1985a, S. 1170ff.). Warenwirtschaftssysteme beruhen auf computer-unterstützten Verfahren zur rationellen Abwicklung warenbewegungs-begleitender Datenerfassung wie auch Datenverarbeitung. Der Einsatz von Warenwirtschaftssystemen zielt dabei insgesamt auf *Ergebnisverbesserungen* aufgrund erhöhter Roherträge und verminderter Kosten.

Warenwirtschaftssysteme beinhalten im wesentlichen *folgende* Aufgabenbereiche (*Tietz*, 1985):

- Sortimentsverwaltung
- Dispositionsverfahren
- Auftragsbearbeitung-/verwaltung
- Umsatzerfassung/-bearbeitung
- Wareneingangsverarbeitung
- Rechnungsprüfung
- Inventurerfassung/-verarbeitung

Warenwirtschaftssysteme ermöglichen bei EDV-Einsatz die Transparenz der *kleinsten*, handelsspezifischen Informationseinheiten: nämlich *Artikel bzw. Verkaufseinheit*. Die bisher üblichen Verfahren ermöglichen zwar beim Wareneingang eine artikelgenaue Erfassung und Verarbeitung, bei der Erfassung der Verkaufsdaten dagegen beschränken sie sich noch auf „Verdichtungen" wie Warengruppen oder Abteilungen. Durch Einsatz der modernen Datenkassen (speziell Scanner-Kassen) ist zum ersten Mal auch eine exakte Erfassung von Einzelartikeldaten am Verkaufspunkt (POS) möglich. Bei Integration sowohl des eingangsbezogenen als auch des ausgangsbezogenen Teilwarenwirtschaftssystems entsteht somit das *geschlossene Warenwirtschaftssystem*. Solche Warenwirtschaftssysteme sind nicht nur wichtige Mittel im Wettbewerbskampf des Handels untereinander, *sondern* haben – das ist entscheidend – auch entsprechende Auswirkungen auf das Herstellermarketing durch eine generelle *Erhöhung der Transparenz*. Darauf muß sich die Herstellerseite rechtzeitig einstellen.

Der marktebenen- bzw. marktstufen-orientierte Marketingmix erweist sich so gesehen als das wohl *komplizierteste* Problem ziel- und trendgerechter Marktgestaltung überhaupt.

4. Phasenbezogene Dimensionen des Marketingmix

Im vorhergehenden Abschnitt sind die verschiedenen Konkretisierungsebenen – ausgehend vom produktspezifischen Ansatz – herausgearbeitet worden. Die Behandlung des Marketingmix und seiner Gestaltungsprobleme bleibt jedoch *un*vollständig, wenn nicht auch phasenspezifische Aspekte berücksichtigt und grundlegende Lösungsansätze phasenspezifischen Marketings aufgerastert werden. Für die Marketingtheorie wie auch für die Marketingpraxis ergibt sich jedenfalls aufgrund der zunehmenden **Dynamik** von Märkten, der typischen gesamtwirtschaftlichen **Schwankungen** wie auch der **Strukturveränderungen** von Märkten mehr denn je die Notwendigkeit, eine spezifische *phasen*-differenzierte Betrachtungsweise bei der Marketing-Analyse wie bei dem Marketing-Maßnahmeneinsatz zu berücksichtigen.

514   *3. Teil: Konzeptionsebene des Marketingmix*

Was die Dynamik von Märkten angeht, so ist sie in hohem Maße Ausdruck eines zunehmenden (Verdrängungs-)Wettbewerbs aufgrund stagnierender oder nur noch schwach wachsender Märkte, speziell in zahlreichen Konsumgütermärkten und mit (in)direkten Auswirkungen auch auf entsprechende Investitionsgütermärkte. Dies führt zu einer tendenziellen Verkürzung des Produktlebenszyklus; lebenszyklusorientiertes Marketing erhält damit einen ganz *neuen* Stellenwert. Sättigungserscheinungen in vielen Märkten haben außerdem zu deutlichen Verflachungen oder sogar „Abbrüchen" von – in der Unternehmenspraxis bisher einfach fortgeschriebenen – Wachstumstrends geführt. Konjunkturschwankungen (vor allem rezessive Phasen) schlagen deshalb heute *stärker* denn je im Absatzbereich der Unternehmen durch. Die Unternehmen wie die Wissenschaft sind daher mehr als bisher gefordert, auf diese neue Situation neue Antworten marketingpolitischer Art zu finden.

Der Marketingmix der Unternehmung soll daher im folgenden unter einer *dreifachen* Phasenbetrachtung beleuchtet werden, nämlich unter einer

- **Lebenszyklus-Phasenbetrachtung**
- **Konjunktur-Phasenbetrachtung** (speziell Rezessionsfall)
- **Markt-Phasenbetrachtung** (speziell stagnierende Märkte)

Die beiden ersten Betrachtungsweisen haben in der Betriebswirtschaftslehre im allgemeinen wie in der Absatz- bzw. Marketinglehre im speziellen eine bestimmte Tradition. Neuere Entwicklungen in den Märkten bzw. in der Gesamtwirtschaft rücken die dritte Betrachtungsweise verstärkt in den Vordergrund.

a) Lebenszyklus-Orientierung

Der Lebenszyklus (im Sinne von Produktlebenszyklus) kann als allgemeines **Modell der Umsatz- bzw. Absatzentwicklung** von Produkten im Zeitablauf (phasen-orientiertes Marktreaktionsmodell) aufgefaßt werden. Dieses Modell beruht auf der Überlegung, daß es zwischen dem Leben biologischer Organismen und dem „ökonomischen Leben" von Produkten *bestimmte* Parallelen gibt. In Analogie zum „Gesetz des Werdens und Vergehens" im biologischen Bereich wurde die Hypothese einer (quasi) gesetzmäßigen Absatzentwicklung von Produkten abgeleitet (*Freudenmann*, 1965, S.7). Danach werden Produkte entwickelt, in den Markt eingeführt, finden dort Akzeptanz und Absatz, um dann in einer bestimmten Ablauffolge wieder vom Markt verdrängt zu werden.

Das Phänomen des Lebenszyklus von Produkten ist in der amerikanischen wie deutschen Literatur vergleichsweise *breit* – und zum Teil ziemlich kontrovers – diskutiert worden (*Penrose*, 1952; *Mickwitz*, 1959; *Ellinger*, 1961; *Levitt*, 1965; *Freudenmann*, 1965; *Cox*, 1967; *Polli/Cook*, 1969; *Dichtl*, 1970; *Hoffmann*, 1972; *Meffert*, 1974a; *Bischof*, 1976 sowie auch *Kotler*, 1982, S.299ff.; *Kreilkamp*, 1987, S.133ff.). Die **Kritik** des Lebenszyklus-Konzepts bezieht sich dabei vor allem auf:

- die grundsätzliche Problematik der **Übertragung** biologischer Gesetze auf ökonomische bzw. psycho-soziale Marktphänomene,

II. Stufen und Orientierungspole des Marketingmix 515

- den bisher nicht befriedigenden empirischen **Nachweis** des oder der typischen Lebenszyklen,
- die mangelnde **Abgrenzung** der Produkte bzw. Produktkategorien (Marke, Produktgruppe, Produktklasse, Branche),
- die Bestimmung bzw. Adaption des angemessenen **Kurventyps** (einfache oder logarithmische Normalverteilungen bzw. links- oder rechtssteile Polynome),
- die **Zahl** und adäquate Abgrenzung der einzelnen Lebenszyklus-Phasen und
- die Einwirkung vielfältiger, im Grunde nicht isolierbarer **Faktoren** auf den Lebenszyklus (wie Gesamtmarkt, Produktmarkt, Konkurrenz, Absatzmittler, Abnehmer sowie der eigene Instrumenteneinsatz).

Trotz aller berechtigten Kritik des Lebenszyklus-Konzeptes, ist es immer wieder neu aufgegriffen worden und hat heute durchgängig in der Marketingliteratur seinen Platz gefunden – es hat damit also *selbst* eine große „Lebensdauer" bewiesen. Im Rahmen der Marketinglehre wird dabei vor allem auf die *entscheidungs-* und *prognose*-orientierten Aspekte dieses Konzepts abgestellt. Das Lebenszyklus-Konzept wird in dieser Weise zumindest als **Konstrukt** gewürdigt, das Hilfestellung zu geben vermag für einen *phasen*gerechten Entwurf der Marketinginstrumenten-Gestaltung bzw. des Marketingmix insgesamt. Im Sinne einer solchen Orientierungshilfe soll der Lebenszyklus im folgenden diskutiert werden. Hierfür ist es zunächst notwendig, das Lebenszyklus-Modell im einzelnen vorzustellen.

Der idealtypische Produktlebenszyklus

Dem sog. idealtypischen Produktlebenszyklus wird meistens ein glockenförmiger Umsatzverlauf zugrundegelegt. Außerdem wird vielfach eine typische Gewinn-(Ergebnis-)Kurve berücksichtigt. Üblich ist darüber hinaus die Wahl eines *vier-* oder *fünf*stufigen Phasenschemas, was folgende Übersicht *(Abb. 334)* verdeutlicht.

Abb. 334: Übliche Phasenschemata des Produktlebenszyklus-Modells

4er-Schema	5er-Schema
(1) Einführungsphase (introduction stage)	(1) Einführungsphase (introduction stage)
(2) Wachstumsphase (market growth)	(2) Wachstumsphase (market growth)
(3) Reifephase (market maturity)	(3) Reifephase (market maturity)
(4) Rückgangsphase (sales decline)	(4) Sättigungsphase (saturation stage)
	(5) Rückgangsphase (sales decline)

Das 5er-Schema unterscheidet sich vom 4er-Schema eigentlich nur dadurch, daß in diesem fünfphasigen Schema die etwas globale Reifephase in eine (Aus-)Reifephase i.e.S. und eine eigentliche Sättigungsphase *getrennt* ist. Aus Gründen einer differenzierten Betrachtung phasenbezogener Marktgestaltung wird deshalb im *folgenden* auf das sog. 5er-Schema Bezug genommen. Zur Illustration wählen wir dabei eine Darstellung *(Abb. 335)* von Scheuing *(Scheuing,* 1972, S. 203, eine analoge Darstellung siehe auch bei *Bidlingmaier,* 1973, II, S. 259 ff.).

516   *3. Teil: Konzeptionsebene des Marketingmix*

Neben dem Umsatz als Basismaßstab sind in dieser Darstellung noch zwei *Komplementär*größen eingeführt: die Veränderungsrate des Umsatzes und die Gewinn- bzw. Verlustkurve. Auf diese Weise ist eine etwas *bessere* Abgrenzung der einzelnen Phasen möglich (zur **Phasenabgrenzung** auf Basis von Umsatzveränderungsraten siehe *Polli/Cook,* 1969, S.385 ff., zur phasenspezifischen Kosten-/Ertragssituation auf Basis der *PIMS*-Datenbank *Buzzell/Gale,* 1987, S.165 ff.).

In der Praxis lassen sich nun durchaus Lebenszyklen in der Form solcher **Normalverteilungen** *(Abb.335)* nachweisen bzw. „nachempfinden" (etwa über entsprechende Product histories); andererseits zeigen reale Produktlebenszyklen aber auch äußerst bizarre Konfigurationen (*Hoffmann,* 1972, S.51 ff.). Trotzdem besitzen normalverteilte Lebenszyklen insgesamt eine bestimmte Plausibilität, die auch durch *diffusionstheoretische* Untersuchungen entsprechend gestützt wird.

Abb.335: Umsatz- und Ergebnisentwicklung eines Produktes

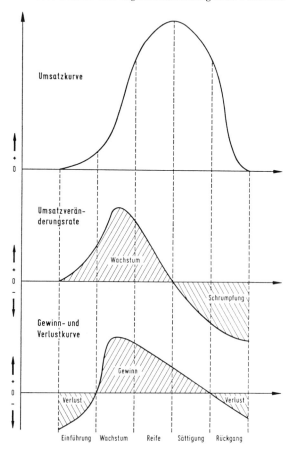

Gegenstand der *Diffusionsforschung* ist die Analyse der Ausbreitung von Innovationen (Produkten/Ideen). Den Hauptansatzpunkt bilden hierbei *sozio-psychologische* Verhaltensmerkmale der Konsumenten, die für die Erklärung der sog. Innovationsbereitschaft herangezogen

II. Stufen und Orientierungspole des Marketingmix

werden, und zwar – hier liegt zugleich die Verwandtschaft zum Lebenszyklus-Konzept begründet – im Sinne einer *zeitraum*bezogenen Deutung des Diffusionsvorganges (*Rogers*, 1962; *Robertson*, 1971; *Bodenstein*, 1972; *Kaas*, 1973). Als Maß für die Innovationsbereitschaft des Konsumenten wird die Zeitspanne zugrundegelegt, die vom Zeitpunkt der Produkteinführung bis zum ersten Kauf durch ihn vergeht. Auf der Basis der unterschiedlichen zeitlichen Reaktionsstrukturen der Konsumenten (und der sich dahinter verbergenden Einstellungen) hat man in der Diffusionstheorie die Konsumenten in verschiedene *Adopterkategorien* aufgeschlüsselt, nämlich:

(1) Innovatoren (Innovators),
(2) frühe Übernehmer (early Adopters),
(3) frühe Mehrheit (early Majority),
(4) späte Mehrheit (late Majority),
(5) Nachzügler (Laggards).

Abb.336 verdeutlicht die *idealtypische* Übernahmeverteilung (*Kaas*, 1974, Sp.465 bzw. im einzelnen *Kaas*, 1973 sowie *Bodenstein*, 1988).

Abb.336: Adoptergruppen und ihre relativen Übernahmezeiten von Innovationen

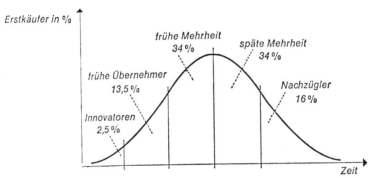

Analog zum Lebenszyklus-Modell wird demnach auch beim Diffusionsmodell von einer Übernahmeverteilung in Form einer *Normalverteilung* ausgegangen. Empirische Untersuchungen bei einer Reihe von Konsumgütern haben für eine solche Verteilung entsprechende Anhaltspunkte geliefert.

Das idealtypische **Lebenszyklus-Modell**, das durch solche diffusionstheoretische Untersuchungen prinzipiell gestützt wird, umfaßt – wie schon dargelegt – verschiedene Phasen mit jeweils *spezifischer* Charakteristik. Auf der Basis des sog. 5er-Schemas sollen im folgenden zunächst die fünf Phasenabschnitte hinsichtlich ihrer markt- und betriebswirtschaftlichen Besonderheiten skizziert werden, bevor auf die Grundproblematik eines lebenszyklus-adäquaten Marketinginstrumenten-Einsatzes näher eingegangen wird.

Charakteristika der Einführungsphase

Die Einführungsphase ist die Phase des *eigentlichen* Lebensbeginns eines neuen Produkts im Markt und damit auch die Phase, in der sich entscheidet, *ob* es vom Markt zieladäquat aufgenommen und akzeptiert wird. Je höher der Grad der Neuigkeit ist (echte Innovation, quasi-neues Produkt oder lediglich me-too-Produkt)[8],

---

[8] Zur Unterscheidung der Arten neuer Produkte siehe im einzelnen S.130.

um so eher hat das Unternehmen die Chance, sich am Markt einen Wettbewerbsvorteil im Sinne eines Monopols oder zumindest einer monopolähnlichen Sonderstellung zu verschaffen. Die Erfahrungen in vielen Märkten zeigen allerdings, daß die Nachahmungszeiten immer mehr abnehmen. Sie sind in der Markenartikelindustrie heute vielfach bis auf *sechs* Monate und darunter geschrumpft - es sei denn, es gelingt, patent- oder wettbewerbsrechtliche Absicherungen gegenüber Nachahmern aufzubauen.

Andere Formen der Absicherung gegenüber Nachahmern sind die Bindung oder „Abschottung" von Lieferanten: So hat beispielsweise *Henkel* für den Eintritt in den Zahncreme-Markt mit dem Produkt *Thera-med* einen speziellen Spender eines amerikanischen Herstellers gewählt und hierfür bestimmte Ausschließlichkeitsrechte erworben oder die *Eckes-Gruppe* hat seinerzeit für eine neuartige Blockpackung für Fruchtsäfte alle in einem bestimmten Zeitraum lieferbaren Abfüllmaschinen eines darauf spezialisierten Herstellers erworben und auf diese Weise sich eine längere Alleinstellung am Markt erkauft.

Einen *anderen* Weg - der aber auf denselben Effekt hinausläuft - ist das Pionierunternehmen *Wöhlk* auf dem Markt der Kontaktlinsen gegangen. Dieses Unternehmen hat von Anfang an die zur Herstellung von Kontaktlinsen notwendigen Maschinen selbst konstruiert und gebaut. Auf diese Weise hat das Unternehmen sich ein grundlegendes Know-how im Werkzeugmaschinenbau verschafft, das dem Unternehmen stets einen deutlichen Wettbewerbsvorsprung gesichert hat (Marktanteil heute in der BRD rd. 50%). Ein ähnliches Prinzip haben sehr erfolgreich auch die *Hauni-Werke* als Spezialanbieter von Zigarettenmaschinen praktiziert.

Die Einführungsphase ist zugleich die Phase des größten **Marktwiderstandes,** der bei me-too-Produkten in der Regel weniger, bei echten Innovationen dafür umso stärker ausgeprägt ist. Die Phase der Nachfrageschaffung kann sich dabei erstrecken auf einige Monate (z.B. „neues" Waschmittel) bis hin zu mehreren Jahren (z.B. Kaffeefilter) oder gar mehreren Jahrzehnten (z.B. Tiefkühlkost). Der Erfolg eines neuen Produktes bzw. seine Übernahmedauer ist dabei vor allem von *folgenden* Faktoren abhängig (*Levitt,* 1965, S.82f.):

- Neuigkeitsgrad des Produkts (Problemlösung),
- Übereinstimmung mit Konsumentenbedürfnissen (und entsprechende Preisbereitschaften),
- Existenz bzw. Art und Umfang substitutiver Produkte.

Die Umsätze sind in dieser Phase gewöhnlich gering und wachsen eher *langsam,* d.h. „die Wachstumsrate erhöht sich schneller als der Umsatz selbst, da der letztere sehr niedrig ist..." (*Scheuing,* 1972, S.202). Die zum Teil beträchtlichen **Verluste** in dieser Phase haben in der Regel *zwei* Ursachen: Vor der Einführung eines neuen Produktes entstehen einmal je nach Neuigkeitsgrad des Produkts entsprechende Aufwendungen für Forschung und Entwicklung sowie ggf. die Beschaffung spezieller Produktionsmittel und zum anderen - vor allem bei präferenz-orientierten Marketingstrategien - zur Zeit der Einführung selbst hohe Einführungsinvestitionen in den Markt (z.B. Endverbraucherwerbung). Im Idealfall erreicht das Unternehmen zum Ende der Einführungsphase den **Break-even-point,** bei dem sich Erlöse und Kosten entsprechen. Aufgrund der sich tendenziell verkürzenden Lebenszyklen von Produkten - auf die wir bereits hingewiesen haben - entstehen jedenfalls *zusätzliche* Zwänge, den Break-even-point möglichst früh zu realisieren.

Charakteristika der Wachstumsphase

Die Wachstumsphase ist diejenige eines generellen, sich *beschleunigenden* Ausbreitungsprozesses für das neue Produkt („Take-off Stage", *Levitt,* 1965, S. 82). Dieser Prozeß ist nicht zuletzt auch das Ergebnis von Ausstrahlungseffekten der Einführungsphase; so wirken z. B. Werbemaßnahmen vielfach erst mit einem bestimmten **Time-lag.** Die Absatz- bzw. Umsatzentwicklung vollzieht sich dabei *häufig* in Schüben, und zwar aufgrund eines kaum steuerbaren Wechselspiels von Absatz*impulsen* und Absatz*hemmnissen* (*Hoffmann,* 1972, S. 55). *Staudt/Taylor* sprechen in diesem Zusammenhang auch von einem „Turbulenzstadium" (*Staudt/Taylor,* 1970), das vor allem durch das Auftreten von neuen Konkurrenten (Nachahmern) wie auch vom Aufnahmeverhalten des Handels geprägt ist.

Das Eindringen von Konkurrenten in den Markt – insbesondere bei Innovationen oder zumindest quasi-neuen Produkten – führt vielfach zu einem beschleunigten Marktwachstum auf der Basis zunehmender **Produktakzeptanz,** die nicht zuletzt auch durch das Vorhandensein von Alternativen gefördert wird. Mit dem Auftreten *neuer* Konkurrenten ist in der Regel *zweierlei* verbunden: vielfach der Verlust der monopolartigen Sonderstellung des Pionierunternehmens sowie gezielte Preissenkungen bzw. der Beginn eines „markt-automatischen" Preisverfalls. Gezielte Preissenkungen der Hersteller beruhen zum Teil auf Kostendegressionen (u. a. Erfahrungskurven-Effekt, vgl. hierzu S. 335 ff.), werden aber *vor allem* von den **Nachahmern** als das bewährte Mittel angesehen, sich in einem neuen Markt am ehesten Zutritt zu verschaffen. Der „automatische" Preisverfall ist darüber hinaus häufig auch Ausdruck des Wettbewerbs auf der *Handels*ebene, den die Hersteller heute in vielen Märkten nicht mehr (gegen-)steuern können.

Die *Mechanik,* die generell der Nachahmung von Produkten speziell auf Herstellerseite zugrundeliegt, soll auf folgende Weise *(Abb. 337)* präzisiert werden.

Die von uns gewählte Modellierung des Nachahmungsverhaltens *(Abb. 337)* verdeutlicht – ausgehend von dem Pionierprodukt A, das ein unterstelltes bzw. am Markt abgetastetes optimales Preis-Leistungs-Verhältnis realisiert –, daß das *imitative* Vorgehen der in den neuen Markt drängenden Konkurrenten auf unterschiedlichen *Verhaltensmustern* aufgebaut sein kann:

- bei *Konkurrenzprodukt B* = Realisierung eines neuen marktadäquaten Preis-Leistungs-Verhältnisses auf niedrigerer Ebene, und zwar über eine gleichgerichtete Reduktion von Qualität und Preis,
- bei *Konkurrenzprodukt C* = Anbieten einer dem Pioniermarkt A vergleichbaren Produktqualität, aber zu einem niedrigeren Preis als A,
- bei *Konkurrenzprodukt D* = Anbieten einer dem Pionierprodukt A überlegenen Produktqualität, jedoch zum gleichen Preis wie A,
- bei *Konkurrenzprodukt E* = Realisierung eines neuen (optimalen) Preis-Leistungs-Verhältnisses auf höherer Ebene, und zwar über eine gleichgerichtete Erhöhung von Qualität und Preis (Elitarisierung der Produktkategorie),
- bei *Konkurrenzprodukt F* = Schaffen eines völlig neuen Preis-Leistungs-Verhältnisses für einen noch zu entwickelnden mittleren bzw. unteren Markt (Demokratisierung der Produktkategorie).

Das in der Darstellung *schraffierte* Feld (vgl. *Abb. 337*) beschreibt insgesamt das realistische Nachahmungs- oder Imitationsterritorium, das um das Pionierprodukt *herum* bestehen kann, und zwar mit jeweils unterschiedlichen Preis- und/oder Qualitätsabständen. *Typische* Reaktionsmuster von Imitatoren beschreiben vor allem die Konfigurationen der Produkte B, C und F, während die Konfigurationen D und E eher die Ausnahme bilden. Spiegelbildlich zum

Abb. 337: *Nachahmungsmechanik in neuen Märkten (Orientierungspole und Territorium der Nachahmung)*

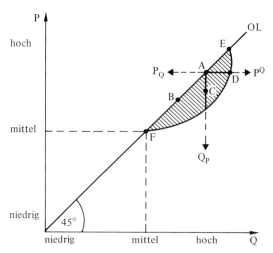

P = Preis (im Sinne von Abgabepreis gegenüber dem Handel bzw. Verbraucher, z. B. unverbindliche Preisempfehlung)
Q = Produktqualität (primär objektive)
OL = Optimale Linie der Nachahmung (im Sinne von jeweils theoretisch optimal abgestuften Preis-Leistungs-Verhältnissen = 45° Linie)
A = Ausgangspunkt des Pioniers A
B–F = Nachahmungsprodukte der Konkurrenz
P_Q = (Theoretische) Nachahmungslinie gleichen Preises und niedrigerer Qualität
P^Q = Nachahmungslinie gleichen Preises und höherer Qualität
Q_P = Nachahmungslinie gleicher Qualität und niedrigeren Preises
⟨⟨⟨ = Realistisches Nachahmungsterritorium insgesamt

dargestellten Nachahmungsterritorium gedachte Imitationszonen beschreiben dagegen durchweg einseitig schlechtere Preis-Leistungs-Verhältnisse und sind daher normalerweise *nicht* erfolgversprechend.

Die konkrete Wahl der optimalen Nachahmungs- oder Imitationsvariante bzw. -zone hängt naturgemäß von einer ganzen Reihe von Faktoren ab, u. a. von der Preis- und Qualitätsempfindlichkeit der Nachfrager, den objektiven Prüfmöglichkeiten der Produktqualität, der Zahl der Nachahmer bzw. dem Zeitpunkt ihres jeweiligen Marktzutritts sowie der bis dahin bereits belegten Konfigurationen. Eine gezielte, wettbewerbsstrategisch orientierte Marketingpolitik beruht insoweit auf echten Wahlentscheidungen. Das gilt gerade auch für Nachahmungsverhalten, das in marktwirtschaftlichen Systemen eine typische *wettbewerbsorientierte* Aktionsweise darstellt. Dafür haben wir wichtige Ansatzpunkte zu erarbeiten gesucht.

Die Wachstumsphase ist insgesamt durch *über*durchschnittliche Umsatzwachstumsraten gekennzeichnet; sie erreichen aber *bereits* in der Mitte dieser Phase konkurrenzbedingt ihren Gipfelpunkt, d. h. die Grenzumsatzkurve erreicht hier ihr Maximum. Es wird generell angenommen, daß an dieser Wendemarke auch die *höchste* Umsatz*rendite* realisiert wird (*Meffert*, 1974a), S.94). Diese Situation ist das Ergebnis mehrerer Faktoren: Der „Umsatzboom" löst einmal Stückkostensenkungen (Erfahrungskurven-Effekt) aus, zum anderen sind Absatzwiderstände inzwischen stark abgebaut, nicht zuletzt auch aufgrund positiver Wirkungen der **sog. Mund-zu-Mund-Werbung** („Mouth-to-Mouth-Advertising"). Die Dauer der Wachstumsphase entscheidet schließlich auch darüber, *ob* die Entwicklungs- und Einführungskosten in dieser Phase mit abgedeckt werden können.

Charakteristika der Reifephase

Die Reifephase kann auch als Phase des *relativen* Wachstums gekennzeichnet werden; sie ist vor allem die Phase einer gezielten **Marktpflege**, um Sättigungs- oder gar Rückgangstendenzen aufzuhalten bzw. hinauszuschieben. Das Ende der Reifephase ist formal *dann* erreicht, wenn der absolute Umsatzzuwachs aufgehört hat. Diese Grenze ist heute aber vielfach schwer zu identifizieren, weil konjunkturbedingte Absatzeinbußen (etwa rezessionsinduzierte) den „natürlichen" Produktlebenszyklus stören und ggf. Sättigungserscheinungen signalisieren, die an sich nicht gegeben sind. Typisch für die Reifephase ist das Entstehen eines sog. *sekundären* Marktwiderstandes, der seine Ursache in einer zunehmenden **Habitualisierung** des Kaufverhaltens der Verbraucher hat. Das heißt mit anderen Worten, seine zunehmende Markentreue bzw. sein dahinter stehendes gewohnheitsmäßiges Kaufverhalten machen ihn tendenziell immobil. Der Kampf um Marktanteile in einem jetzt deutlich langsamer wachsenden Markt (=typischer Verdrängungswettbewerb) führt in der Regel zu einem *weiteren* Druck auf die Preise. Überdurchschnittliche Preisverfallraten in dieser Phase signalisieren, daß die Marktkapazitäts*grenze* allmählich erreicht ist.

Der für diese Phase typische Preisverfall führt zum Ende hin vielfach wieder zu einer Aufweichung der Markentreue, d.h. aggressive Marktpreise „erziehen" nicht unerhebliche Teile der Marken-Käufer zu *vagabundierenden* (das jeweils *preis*günstigste Marken-Angebot wählenden) „Preis-Käufern" - eine Situation, die heute in vielen reifen Märkten das **Durchhalten** präferenz-strategischer Konzepte sehr erschwert.

Diese dritte Phase im Lebenszyklus ist insgesamt zwar noch durch eine weitere absolute Absatzausdehnung, zugleich aber auch durch ein deutliches Absinken der Umsatzzuwachsraten gekennzeichnet. Die allgemeine Wettbewerbsverschärfung führt regelmäßig zu einem *deutlichen* Absinken der Umsatzrendite. An dieser Entwicklung sind nicht selten auch jetzt erst - also in einem bereits voll etablierten Markt - aufkommende **Handelsmarken** bzw. sog. No-names schuld (*Boyd/Massy*, 1972, S.323, zum Markenwettbewerb im einzelnen siehe auch *Meffert/Bruhn*, 1984).

Charakteristika der Sättigungsphase

Die Sättigungsphase beginnt formal dort, wo die Umsatzkurve ihr Maximum erreicht hat. Sie ist die Phase der Marktsättigung, die dadurch charakterisiert ist, daß die Umsatzkurve fällt und die Grenzumsätze *negativ* werden. Auch die dritte Kurve zeigt einen negativen Trend: Gewinne werden zwar in der Regel noch erzielt, *sinken* aber weiter, um am Phasenende die „Gewinnschwelle in negativer Richtung zu passieren und in Verluste überzugehen" (*Scheuing*, 1972, S.204).

Dieser modellhaft beschriebene Absatzrückgang in dieser Phase ist freilich nicht ein Naturgesetz. Die Unternehmen versuchen vielmehr **Verlängerungsstrategien** anzuwenden, um nicht nur Umsatz- bzw. Absatzrückgänge zu überwinden, sondern nach Möglichkeit sogar ein erneutes Umsatz- bzw. Absatzwachstum zu realisieren (*Hoffmann*, 1972, S. 43). Das heißt, durch *gezielte* marketingpolitische Maßnahmen, z. B. gezielte Produktverbesserungen, und zwar objektiv und/oder subjektiv und ihre entsprechende Kommunikation, kann das erreicht werden, was zahlreiche Unternehmen bzw. Produkte in vielen Märkten erreicht haben, und zwar zum Teil über Jahrzehnte hinweg: nämlich „life extension" (*Levitt*, 1965, S. 87). Viele klassische Markenartikel wie *Odol, Asbach Uralt, Nivea, Persil*, um nur einige zu nennen, sind überzeugender Beleg dafür.

Die Beispiele großer klassischer Markenartikel und ihre im Grunde mehr atypischen Lebenszyklusverläufe (nämlich „Dauerstabilisierung" auf einem bestimmten Reifeniveau, allerdings mit bestimmten oszillierenden Schwankungen) dürfen *nicht* darüber hinwegtäuschen, daß die am häufigsten auftretende Form des Produktlebenszyklus (vgl. *Abb. 338*) offensichtlich die mit einem *zweiten* „Höcker" ist (*Cox*, 1967, S. 381):

Abb. 338: Zyklus-Neuzyklus-Produktlebenskurve nach Cox

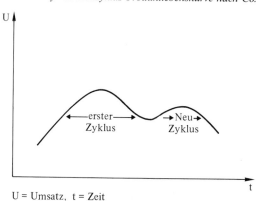

U = Umsatz, t = Zeit

Der in *Abb. 338* skizzierte zweite „Höcker" ist das Ergebnis insbesondere für die Sättigungsphase typischer *absatzfördernder* Sondermaßnahmen im weiteren Sinne.

Nicht zu verwechseln ist diese Kurvenstruktur mit charakteristischen Zyklusverläufen bei *langlebigen* Gebrauchsgütern wie Kühlschränken, Waschmaschinen, Staubsaugern u. ä. Der zweite „Höcker" (vgl. *Abb. 339*) entsteht hier dann, „wenn sich ein gewisser Ersatzbedarf nach Ablauf der durchschnittlichen Gebrauchsdauer anhäuft" (*Weinhold-Stünzi*, 1972, S. 64).

Abb. 339: Lebenszykluskurve für ein langlebiges Gebrauchsgut

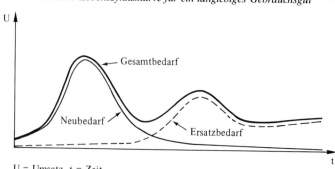

U = Umsatz, t = Zeit

Diese Kurve *(Abb. 339)* ist in der Literatur auch als sog. Kamel-Höcker-Kurve geläufig.

Eine Ausdehnung des Produktlebenszyklus ist freilich *nicht* in jedem Falle möglich. Sie ist vor allem dann in aller Regel nicht mehr ökonomisch, wenn der (Image-) Verfall eines Produkts schon *zu stark* vorangeschritten ist. Die Möglichkeiten eines **sog. Produkt-Relaunch** können daher nur unternehmens- bzw. produkt*individuell* über entsprechende Kosten-, Ertrags- und Imageanalysen ausgeleuchtet werden. Die Erfahrungen in vielen Märkten zeigen jedoch insgesamt, daß es *oft* leichter und auch ökonomisch sinnvoller ist, anstatt einer aufwendigen Umpositionierung eines alten Produktes besser ein neues Produkt (Marke) im Markt zu placieren.

Vom Produkt-Relaunch zu unterscheiden ist das **Produkt-Facelifting** (z. B. bei Automobilen), das durch bestimmte äußerliche Retouchen (Designveränderungen etwa an Bug und/oder Heck) die Zeitspanne bis zur Einführung des neuen Modells *absatzstabilisierend* überbrücken soll.

Während also der Produkt-Relaunch in der Regel auf *dauerhafte* Verankerung eines bestehenden Produkts im Markt angelegt ist, besteht der Ansatz des Produkt-Facelifting primär in einer *Überbrückungs*funktion (= Absatzstabilisierung während der Restlaufzeit eines Modells). Auch die Bedingungen des Facelifting sind natürlich jeweils unternehmens- und marktindividuell zu prüfen (vgl. hierzu auch *Schlegel,* 1979, S. 194 ff.).

Charakteristika der Rückgangsphase

Eine gezielte „Life extension" kann dazu führen – wie auch die bereits genannten Beispiele belegen –, daß die Sättigungsphase sehr lange andauert. Schließlich tritt dann aber eine Phase ein, in der der **Verfall eines Produktes** *nicht mehr* aufgehalten werden kann. Die Festlegung (Abgrenzung) der Rückgangsphase ist dabei, verglichen mit anderen Phasen, ziemlich willkürlich. Man hat versucht, aufgrund von Erfahrungen in der Panelforschung (speziell mit Hilfe des Einzelhandels-Panels), eine Grenze zu markieren, von der ab die Rückgangsphase beginnt. *Nielsen* geht hierbei von einem Absatzrückgang von 20% aus (*Hoffmann,* 1972, S. 52). Dieses formale Kriterium abstrahiert aber u. E. zu sehr von produkt- und markt*individuellen* Strukturen und erscheint somit zu pauschal.

Die Rückgangsphase – auch als Degenerationsphase bezeichnet – ist dadurch gekennzeichnet, daß das Bedürfnis, für dessen Befriedigung das Produkt ursprünglich geschaffen wurde, inzwischen besser und/oder billiger von **neuen Produkten** (Problemlösungen) befriedigt wird (*Freudenmann,* 1965, S. 12; *Dichtl,* 1970, S. 67 f.). Vielfach haben sich auch die Motive, Einstellungen bzw. Erwartungen der Abnehmer *so* gewandelt, daß das „alte" Produkt als nicht mehr adäquat empfunden wird. Für grundlegende Änderungen des Produkts bzw. seiner Positionierung ist es in der Rückgangsphase allerdings meistens zu spät. Echte Wiederbelebungen, **sog. Revivals,** gelingen in dieser Phase vergleichsweise selten.

Die Rückgangsphase ist insgesamt dadurch gekennzeichnet, daß die Kosten die Erlöse übersteigen, es entstehen mit anderen Worten also Verluste. Trotz dieser *negativen* ökonomischen Situation verbleiben manche Produkte oft noch lange – wenn auch in der Regel auf ziemlich niedrigem Absatzniveau – im Markt. Sie bilden damit eine Art **Rumpfmarkt**. Diese Tatsache ist meistens auf „Verbundwirkungen des Produkts im Absatzprogramm und ein relativ hohes Maß an emotionaler Verwenderloyalität" zurückzuführen (*Meffert*, 1974a, S.95f.). Die Produkte in solchen Rumpfmärkten sterben dann allmählich mit ihren Stammverbrauchern aus, wenn nicht vorher ökonomische Zwänge die gesteuerte Eliminierung dieser Produkte erforderlich machen.

Damit wollen wir die Charakterisierung der einzelnen Lebenszyklus-Phasen abschließen und uns daraus ergebenden Konsequenzen für die Gestaltung des Marketingmix zuwenden.

Produktlebenszyklus und Marketingmix

Es ist immer wieder versucht worden, zwischen dem Einsatz des Marketinginstrumentariums und den einzelnen Lebenszyklus-Phasen einen **Zusammenhang** herzustellen. Dieses Bemühen beruht auf der Einsicht, daß ein Marketingmix, der für die Einführung eines Produktes gewählt wird, nicht allen Bedingungen der folgenden Phasen gerecht wird. Jene Bedingungen werden in hohem Maße determiniert durch sich *verändernde* Verhaltensweisen der Verbraucher, der Absatzmittler wie auch der Konkurrenten. Der zeitlichen Dimension des Instrumenteneinsatzes kommt somit eine *besondere* Bedeutung zu. Anknüpfend an diese Überlegungen hat *Mickwitz* einen interessanten Versuch unternommen - aufgrund theoretischer Überlegungen wie auch aufgrund bestimmter empirischer Einsichten -, *phasen*spezifische Aussagen sowohl zum jeweils typischen Instrumenteneinsatz als auch zur jeweiligen Instrumentenwirkung abzuleiten (*Mickwitz*, 1959). Als Maßstab wird dabei die **Elastizität der Nachfrage** in bezug auf einen variierten Marketinginstrumenten-Einsatz gewählt, wobei *fünf* Instrumente unterschieden werden (vgl. *Abb. 340*).

Die Kurven in den einzelnen Phasen repräsentieren die **Reaktion des Absatzes** auf eine Veränderung des Budgets für jedes der untersuchten Instrumente. Je flacher (steiler) die Kurve verläuft, desto stärker (schwächer) reagiert der Absatz auf eine Änderung des Aufwandes für das jeweilige Marketinginstrument. Bezogen auf die einzelnen Phasen des Lebenszyklus heißt das im einzelnen (*Mickwitz*, 1959, S.87ff.; siehe auch *Meffert*, 1974a, S.109f.; *Kotler/Armstrong*, 1988, S.393ff.):

- In der **Einführungsphase** – in der Phase des größten Marktwiderstandes – zeigt die Produktqualität wie auch die Werbung die relativ größte Wirkung; Service und Preis besitzen demgegenüber eine (noch) relativ geringe Bedeutung.
- In der **Wachstumsphase** – der Phase des eigentlichen Diffusionsprozesses – hat die Werbung die höchste Wirkung und damit höchste Priorität.
- In der **Reifephase** – der Phase des Verdrängungswettbewerbs – dominiert vor allem der aggressive Einsatz des Preises (für das Preisinstrument ist der Reziprokwert 1/P angegeben, denn der Erhöhung des Aktivitätsniveaus bei diesem Instrument entspricht die Preissenkung!).
- In der **Sättigungsphase** – der Phase der Ermüdungserscheinungen – läßt sich der Absatzrückgang nicht mehr allein mit preislichen Mitteln aufhalten. Am wirksamsten sind hier vor allem Aufmachungsänderungen des Produkts (speziell Verpackung) bzw. Produktdifferenzierungen überhaupt.
- In der **Rückgangsphase** – der eigentlichen Sterbephase des Produkts – läßt die

II. Stufen und Orientierungspole des Marketingmix

Abb. 340: *Die Nachfrageelastizitäten grundlegender Marketinginstrumente in den Lebenszyklus-Phasen**

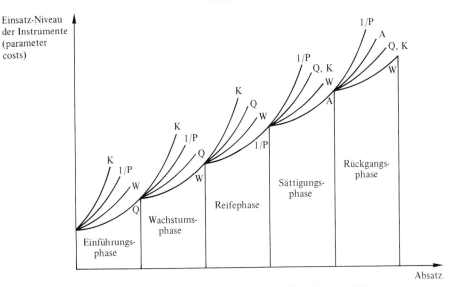

* *Darstellung nach Mickwitz,* 1959, S. 88; vgl. auch *Topritzhofer,* 1974, Sp. 1262.

Q = Produktqualität
W = Werbung
1/P = Preis
K = Kundendienst
A = Aufmachung

Wirkung aller Instrumente nach. Werbeaktivitäten führen angesichts dieser Situation noch zu den stärksten Absatzreaktionen.

Würdigung phasenspezifischer Aussagen zum Marketingmix

So faszinierend der Ansatz von *Mickwitz* zunächst erscheint, so ist doch die Einseitigkeit mancher Aussagen nicht zu übersehen. Das Hauptproblem liegt vor allem darin, daß z.B. *keinerlei* Produkt- bzw. Strategiedifferenzierungen berücksichtigt werden. Das soll am Beispiel der *Einführungs*phase näher verdeutlicht werden.

Was die Prioritäten der Marketinginstrumente in dieser Phase bzw. ihre Wirkungsfunktion betrifft, so muß zunächst einmal zwischen echten Innovationen einerseits und quasi-neuen bzw. me-too-Produkten andererseits *unterschieden* werden. **Innovationen** stellen völlig neue Problemlösungen dar, für die es zum Zeitpunkt der Einführung noch keinerlei Erfahrungen gibt. Die Bereitschaft, solche noch mit „Risiko" behafteten Produkte zu kaufen, ist daher noch wenig ausgeprägt; für *diese* Art neuer Produkte kommen daher in der Einführungsphase in erster Linie innovationsfreudige Abnehmer (Innovatoren) in Betracht. Ihre Reaktion z. B. auf Werbung ist *elastisch,* weil sie an Informationen für das neue Produkt sehr interessiert sind. Ihr Informationsverhalten (sowohl was die Medien als auch die Aufnahme von Botschaften angeht) unterscheidet sich dabei deutlich vom potentiellen Durchschnittskäufer. Die hohe Werbeelastizität, die speziell für das Verhalten von Innovatoren typisch ist, umfaßt somit nur einen kleinen Marktausschnitt. Was die Reaktion der Innovatoren auf den Preis betrifft, so ist sie umgekehrt *unelastisch*. Bei echten Neuheiten (Innovationen) wird deshalb meist eine **Hochpreispolitik** („skimming price") gewählt, die den Prestigeerwartungen der innovationsfreudigen Abnehmer (Innovatoren) in hohem Maße entspricht. Außerdem fehlt es – das ist hierbei ausschlaggebend – bei Innovationen in der Regel an objektiven Vergleichsmaßstäben in bezug auf das Preis-Leistungs-Verhältnis.

Bei quasi-neuen oder gar **me-too-Produkten** stellt sich demgegenüber die Situation *völlig* anders dar. Sie wenden sich vielfach von vornherein an große Zielgruppen (Massenmärkte). Die Reaktion dieser Zielgruppen auf die Werbung ist zwar ebenfalls *elastisch, wenn* ihr typisches Media- bzw. Kommunikationsverhalten berücksichtigt wird. Was jedoch den Preis angeht, so reagieren hier die Zielgruppen – im Gegensatz zu den Innovatoren – auf dieses Instrument in der Regel äußerst *elastisch*. Bei den quasi-neuen Produkten und vor allem bei den me-too-Produkten wird daher häufig eine **Niedrigpreispolitik** („penetration price") gewählt. Auf diese Weise werden von vornherein auch die Konsumenten erreicht, die nicht bereit sind, für ein neues Produkt, für das es allerdings bereits vergleichbare Alternativen gibt, einen höheren Preis zu zahlen.

Die Mechanik der *Skimming*-(=Abschöpfungs-)Strategie und die der *Penetration*-(=Durchdringungs-)Strategie kann insgesamt wie folgt (vgl. *Abb. 341*) modelliert werden (*Diller*, 1985, S. 192; siehe hierzu auch *Simon*, 1982, S. 254 ff.).

Abb. 341: Idealtypische Muster der Skimming- und Penetration-Strategie

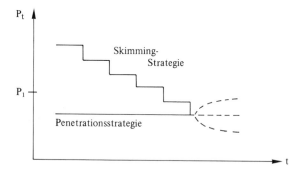

Bei der Skimming- oder Abschöpfungs-Strategie wird der Preis deutlich *oberhalb* des kurzfristig optimalen Preises (P_1) angesetzt und von da aus dann stufenweise gesenkt, während bei der Penetration- oder Durchdringungs-Strategie der Preis *unterhalb* P_1 festgelegt wird. Der Preisverlauf in späteren Phasen ist dann in hohem Maße von spezifischen **Markt- und Umweltbedingungen** abhängig, insbesondere auch den Wettbewerbsverhältnissen (Phänomen der Reaktionsverbundenheit). Er kann deshalb *verschiedene* Formen annehmen (siehe gestrichelte Verläufe in *Abb. 341*).

Im Rahmen der elastizitäts-spezifischen Aussagen von *Mickwitz* fällt andererseits auf, daß hierbei *distributions*politische Instrumente (Aktivitäten) nicht näher berücksichtigt werden. Sie stellen jedoch zentrale „Hebelfaktoren" während des *gesamten* Produktlebenszyklus dar. Auch bei dieser Frage muß jedoch deutlich zwischen Innovationen und quasi-neuen bzw. me-too-Produkten unterschieden werden. Während bei Innovationen aufgrund der kleinen Abnehmerschaft in der Einführungsphase in der Regel eine exklusive Distribution angezeigt ist (nicht zuletzt auch aufgrund des Prestigebedürfnisses der Innovatoren), ist für quasi-neue bzw. me-too-Produkte die selektive oder sogar schon die intensive Distribution bereits in dieser Phase typisch.

Die Darlegungen zum Produktlebenszyklus haben insgesamt gezeigt, daß der phasen-spezifische Ansatz des Marketingmixes ein *sehr* problemadäquater Ansatz ist. Seine Relevanz hängt jedoch in entscheidendem Maße davon ab, *ob* bzw. inwieweit auch produkt- bzw. strategiedifferenzierende Charakteristika berücksichtigt werden. Damit wollen wir die Diskussion des lebenszyklus-spezifischen Marketingmixes abschließen und uns nun noch grundlegenden Fragen der Konjunkturphasen-Orientierung des Marketingmixes zuwenden.

b) Konjunkturphasen-Orientierung (dargestellt am Problemfall Rezession)

Die Dynamik der Unternehmen ist nicht nur geprägt vom Phänomen des Produktlebenszyklus, sondern in hohem Maße - gerade in den letzten Jahren - auch durch das Phänomen des **Konjunkturablaufs**. Ähnlich wie beim Produktlebenszyklus besteht auch beim Konjunkturablauf das Problem zunächst in einer verallgemeinerungsfähigen Abbildung dieser gesamtwirtschaftlichen Erscheinung. Trotz jeweils historischer Einmaligkeiten gibt es dennoch bestimmte *wiederkehrende* Merkmale, die eine quasi-typische Abbildung des Konjunkturablaufs zulassen. Sie wird im allgemeinen auf der Basis von *vier* Phasen (vgl. Abb.342) in folgender stark vereinfachter, „stilisierter" Form vorgenommen (*Woll*, 1978, S.402):

Abb.342: Stilisierter Konjunkturablauf

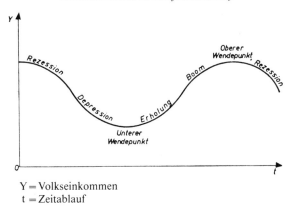

Y = Volkseinkommen
t = Zeitablauf

Diese gesamtwirtschaftliche Instabilität läßt sich durch Indikatoren beschreiben. Solche **Konjunkturindikatoren** sind Maßgrößen, die den *zeitlichen* Verlauf von

Depression und Boom erfassen. Hierfür eignen sich insbesondere bestimmte Zeitreihen, dabei dominieren zwei Konzepte (vgl. hierzu *Abb. 343, Woll*, 1984, S. 152 f.).

Abb. 343: Konjunkturindikatoren als Meßgrößen gesamtwirtschaftlicher Instabilität

a) Das *traditionelle* Zyklenmuster der Indikatoren

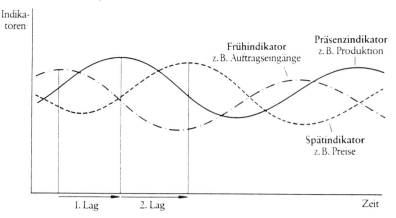

b) Das *moderne* Schema der Kapazitätsauslastung

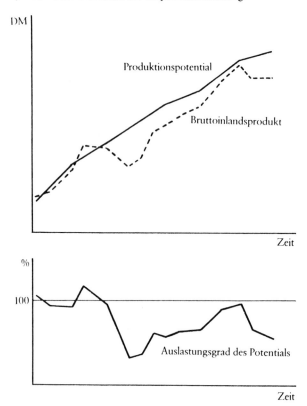

Beim Zyklenmuster werden gewöhnlich **Früh-, Präsenz- und Spätindikatoren** von Konjunkturen unterschieden. Als wichtigste *Früh*indikatoren sind etwa Auftragseingänge und Baugenehmigungen anzusehen, die *präsente* Konjunkturlage wird insbesondere durch Indikatoren der Produktion und des Arbeitsmarktes (Arbeitslose, offene Stellen, Kurzarbeiter), durch die Einzelhandelsumsätze wie auch den Saldo der Ein- und Ausfuhren (Handelsbilanz) beschrieben. Zu den *Spät*indikatoren gehören dagegen Preise, und zwar vor allem die Löhne und die Preise für Güter der Lebenshaltung, „weil sich die Massenkaufkraft und damit die Konsumgüternachfrage im Konjunkturverlauf ziemlich spät anpassen" (*Woll*, 1984, S.152, vgl. auch *Abb.343*a)). Beim moderneren Kapazitätsauslastungsschema wird das Produktionspotential (=errechnete Größe) dem Bruttoinlandsprodukt (=gemessene Größe) gegenübergestellt. Der Auslastungsgrad ergibt sich danach als *prozentualer* Anteil des Bruttoinlandsprodukts am Produktionspotential. Dieses Konzept ist insoweit eine Erweiterung der Präsenzindikatoren um die Bezugsgröße Kapazitätsauslastung. „Beide Indikatorenschemata sind nur bei verständiger Interpretation eine Hilfe, andernfalls eher eine Gefahr von Mißdeutungen" (*Woll*, 1984, S.153). Neben diesen objektiven Indikatoren kann man auch Indikatoren der allgemeinen **Stimmungen und Erwartungen** heranziehen. Diese mehr *subjektiven* Indikatoren beruhen auf der Annahme, daß der Konjunkturverlauf auch psychologisch begründet ist. Das Problem besteht hier in der Wahl *geeigneter* Meß- und Erhebungsverfahren. Ein Beispiel für diese Art der Konjunkturanalyse ist der *Ifo-Konjunkturtest* (siehe *Oppenländer/Poser*, 1989), bei dem monatlich rd. 12000 Unternehmen der Industrie, des Handels und des Baugewerbes schriftlich danach befragt werden, wie sie die gegenwärtige Lage hinsichtlich ihres Produktes (Leistung) einschätzen. Ihre Angaben werden zu **sog. Tendenzaussagen** verdichtet. Darüber hinaus ist noch auf den *GfK-Index* des Konsumklimas zu verweisen, der seit 1980 auf Grundlage einer monatlichen Befragung bei 2000 Personen berechnet wird (vgl. hierzu auch die Übersichten auf S.530f., zur psychologischen Dimension des Konjunkturphänomens siehe u.a. *Katona*, 1960; *Schmölders*, 1972; *Haarland*, 1985).

Die einzelnen gesamtwirtschaftlichen Phasen – heute generell mit unterschiedlicher Phasenlänge ablaufend (sog. aperiodische Zyklen) – determinieren den jeweiligen **gesamtwirtschaftlichen Bedingungsrahmen** für unternehmerisches Handeln und damit in entscheidender Weise gerade auch für den Marketinginstrumenten-Einsatz bzw. den gesamten Marketingmix.

Für die Dispositionen der Unternehmen sind dabei vor allem *zwei* grundlegende Phasen relevant, die sich seit den fünfziger Jahren „zyklisch" abzuwechseln scheinen (vgl. auch *Rohlmann*, 1977, S.30ff.):

- der **Konjunkturabschwung** (Rezession), jeweils 2–3 Jahre
- der **Konjunkturaufschwung** (Expansion bzw. Boom), jeweils 3–4 Jahre

In der BRD lassen sich seit 1950 folgende Zyklen *(Abb. 344)* empirisch nachweisen (*Uphues*, 1979, S.27, korrigiert und ergänzt J.B.):

Was die beiden kritischen Phasen der Konjunktur betrifft, so sind sie allgemein wie folgt zu *beschreiben:*

Der Konjunktur*abschwung* ist dadurch gekennzeichnet, daß das Volkseinkommen unter das Vollbeschäftigungseinkommen sinkt mit der Folge, daß die verfügbaren gesamtwirtschaftli-

Abb. 344: Konjunkturzyklen in der BRD

Zyklus Phase	1. Zyklus	2. Zyklus	3. Zyklus	4. Zyklus	5. Zyklus	6. Zyklus	7.* Zyklus	8.* Zyklus
Aufschwung	1950	1954	1958	1963	1968	1972	1976	1983
	1951	1955	1959	1964	1969	1973	1977	1984
	1952	1956	1960	1965	1970		1978	1985
				1961			1979	1986**
↓							1980	
Rezession	1953	1957	1962	1966	1971	1974	1981	
				1967		1975	1982	

* Eigene Ergänzungen.   ** 1990 ist bereits das 8. Jahr „Hochkonjunktur" erreicht.

chen Produktionskapazitäten durch die realisierte Gesamtnachfrage nicht mehr ausgelastet sind. Die einzelnen Unternehmen sind auf diese Weise – je nach Konjunkturanfälligkeit – durch unterschiedlich starke Absatzrückgänge betroffen. Für den Konjunktur*aufschwung* dagegen ist die Steigerung der Gesamtnachfrage typisch – u.a. durch konjunkturpolitische Maßnahmen –, mit der Folge verbesserter Beschäftigung (Kapazitätsauslastung) und erhöhten Volkseinkommens zur (weiteren) Belebung der Nachfrage.

Beide Basisphasen des Wirtschaftsablaufs stellen „Problemphasen" der Unternehmung dar, wobei ohne Zweifel die *Rezession* die wesentlich differenziertere Phase darstellt. Das beruht nicht zuletzt auf der Tatsache, daß Unternehmen in Rezessionsphasen *nicht nur* mit zum Teil erheblichen Absatzrückgängen, sondern *vor allem* mit einem veränderten, nach Warengattungen sehr unterschiedlich strukturierten *Konsumentenverhalten* konfrontiert sind.

Der *8. Konjunktur-Zyklus* (siehe *Abb. 344*) weicht von den bisherigen dadurch ab, daß der Konjunkturaufschwung verlangsamter in Gang kam, er aber dafür auch deutlich länger anhält. Das zunächst eher verhaltene Wirtschaftswachstum (verglichen mit den 60er und 70er Jahren) beschleunigt sich seit 1988 *(Abb. 345).*

Abb. 345: Wirtschaftswachstum in der BRD (Basis: Bruttosozialprodukt, real; jeweils in Prozent gegenüber Vorjahr)

Jahre	Wachstum
1980	1,5
1981	±0
1982	−1,0
1983	1,9
1984	3,3
1985	1,9
1986*	2,3
1987*	1,8
1988*	3,4

Quelle: Statistisches Bundesamt.
* vorläufige Werte

Dem entspricht in etwa auch die Entwicklung des privaten Verbrauchs, wobei allerdings bestimmte *kauf- bzw. konsumpsychologische* Zurückhaltungen erkennbar sind, die vom Wirtschaftswachstum nicht „gedeckt" sind (siehe *Abb. 346*).

Das heißt, erst 1986 hat sich der private Verbrauch wieder deutlich positiv entwickelt. Daß daran auch kauf- bzw. konsumpsychologische Faktoren einen *wesentlichen* Anteil haben, zeigt *Abb. 347* zum allgemeinen Konsumklima.

Abb. 346: Entwicklung des privaten Verbrauchs (real, jeweils in Prozent gegenüber Vorjahr)

Jahre	Verbrauch
1980	1,2
1981	−0,5
1982	−1,3
1983	1,7
1984	1,5
1985	1,4
1986*	3,4
1987*	3,6
1988*	2,5

Quelle: Statistisches Bundesamt.
* vorläufige Werte

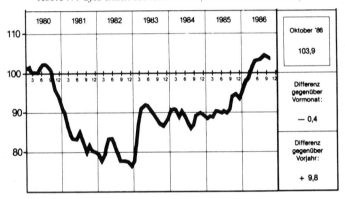

Abb. 347: GfK-Index Konsumklima (Indexwert 1980 = 100)

Quelle: GfK/ZAW.

Die Tatsache konsumklima-abhängigen Verbrauchs hat naturgemäß für ein aktives Rezessionsmarketing eine *besondere* Bedeutung.

Die für die Rezession typischen Absatzrückgänge sind insgesamt das Ergebnis der Kaufzurückhaltung von Konsumenten. Insofern stellt das Kaufverhalten angesichts rezessiver Marktbedingungen sowohl den **Schlüssel** für das Verständnis rezessiver Abläufe (Wirkungen) als auch für die Ableitung eines rezessionsadäquaten Marketinginstrumenten-Einsatzes dar. Die rezessionsbedingten Nachfrage*anpassungen* der Konsumenten haben – das ist entscheidend – vornehmlich „Interimscharakter"[9]. Sie beziehen sich dabei auf den Grad der angestrebten Bedürfnisbefriedigung und/oder auf eine Änderung in der Rangfolge befriedigungswürdiger Bedürfnisse. Differenziert man nach typischen Nachfrageanpassungen in bezug auf Verbrauchsgüter einerseits und Gebrauchsgüter andererseits, so können etwa *folgende* „Verhaltensmuster" identifiziert werden (*Becker*, 1981, S. 41):

- **Verbrauchsgüter:** Hier finden deutlich *weniger* ausgeprägt negative mengenmäßige Nachfrageänderungen statt, als dies etwa bei Gebrauchsgütern der Fall ist. Was

---

[9] Das entspricht allgemeinen bisherigen Erfahrungen. Inwieweit dauer-rezessive Phasen auch zu dauerhaften Verhaltensänderungen führen können, ist heute noch nicht absehbar.

qualitative Nachfrageänderungen angeht, so ist in vielen Verbrauchsgüterbereichen (speziell „convenience goods", wie etwa Grundnahrungsmittel) das Ausweichen auf *preiswerte* Angebote wie Zweit- und Handelsmarken typisch (*allgemeine Tendenz:* eher Preisbewußtsein).

- **Gebrauchsgüter:** Diese Güter sind im allgemeinen deutlich *konjunkturempfindlicher* als Verbrauchsgüter. In der Rezession ist ihr Kauf aufschiebbar, weil die Nutzungsdauer vorhandener Produkte vielfach noch verlängerbar ist. Bei diesen Gütern sind also zum Teil deutliche Kaufzurückhaltungen charakteristisch. Andererseits sind qualitative Nachfrageänderungen in der Weise zu beobachten, daß – wenn diese Güter in der Rezession gekauft werden – vielfach das qualitativ bessere und damit preislich *höhere* Markenprodukt gekauft wird, etwa bei Möbeln, elektrischen Großgeräten oder beim Automobil (*allgemeine Tendenz:* eher Qualitätsbewußtsein).

Im übrigen zeigen bisherige Beobachtungen, daß solche noch relativ globalen Unterscheidungen bei weitem *nicht* ausreichen, sondern daß für die Ableitung maßgeschneiderter rezessionsorientierter Marketingmaßnahmen noch viel stärker *warentypologisch* differenziert werden muß, und zwar auf der Basis entsprechender empirischer Analysen. So zeigt sich gerade auch in Rezessionsphasen eine ausgeprägte *Polarisierung* des Konsumverhaltens (bei bestimmten Produktbereichen Konsumbeschränkung bzw. sogar Konsumverzicht, bei anderen dagegen Konsumstabilität oder sogar Konsumintensivierung).

Außerdem ist zu berücksichtigen, daß die in der Rezession einem Einkommensverlust ausgesetzten Konsumenten eine Reihe typischer *Anpassungsstadien* an die neuen wirtschaftlichen Gegebenheiten durchlaufen (*Kotler,* 1982, S.731):

„1. Anfangs werden die alten Kaufgewohnheiten beibehalten; der Konsument weigert sich, die Reduzierung des Realeinkommens ernst zu nehmen.
2. Bei Verschlimmerung der Lage wird auf einige Artikel verzichtet und eine Suche nach billigeren Gütern setzt ein.
3. Bei einer weiteren Verschlechterung entsteht starker Unwillen, und der Konsument beschimpft die großen Unternehmen, die Gewerkschaften oder die Regierung, die seiner Meinung nach für die Rezession verantwortlich sind.
4. Wiederum später setzen die ersten Anzeichen von Verzweiflung ein, weil sich die Situation weiterhin verschlimmert und offenbar niemand etwas dagegen tun kann.
5. Schließlich beginnt der Konsument, sich an seiner neuen Situation realistisch zu orientieren und ein neues Wertsystem zu entwickeln, das seiner wirtschaftlichen Lage besser entspricht."

Wenn auch nicht alle Konsumenten diese Phasen zwingend durchschreiten, so finden dennoch durchweg bestimmte Anpassungsvorgänge in der skizzierten Art und Weise statt. Insoweit wird deutlich, daß nicht zuletzt auch die *Dauer* einer Rezessionsphase *erheblichen* Einfluß auf die Intensität konjunktur- bzw. rezessionsbewußten Verhaltens hat.

Auch in *Produktionsgüter*märkten bzw. bei gewerblichen Einkäufen/Einkäufern stellen sich durchaus *analoge* Verhaltensweisen ein. Zunächst werden häufig noch habituelle (gewohnte) Verhaltensweisen beibehalten, dann aber setzen etwa folgende Maßnahmen ein (*Kotler,* 1982, S.732):

(1) Suche nach zusätzlichen Lieferanten
(2) Suche nach besseren Geschäftsbedingungen
(3) Überprüfung der Möglichkeiten der Selbstherstellung („make" statt „buy")
(4) Suche nach billigeren Materialien
(5) Suche nach Möglichkeiten der Produktvereinfachung

Auch die Anbieter von Produktionsgütern müssen sich demnach auf *veränderte* Kaufverhaltensweisen ihrer Abnehmer einstellen.

Diese Einsichten verdeutlichen, daß es notwendig ist, gerade auch beim rezessionsorientierten Marketingansatz **waren-differenzierende Faktoren** zu berücksichtigen. In der Unternehmenspraxis wie auch in der Marketinglehre ist man jedenfalls bisher *viel zu sehr* von generalisierenden Überlegungen ausgegangen, die dann häufig in pauschalen Preis-(re-)aktionen (= Preissenkungen zur Bekämpfung von rezessionsbedingten Nachfragerückgängen) ihren Niederschlag finden. Preissenkungen stellen jedenfalls – *entgegen* einer weitverbreiteten Ansicht auch in der Marketingpraxis – keine „Patentlösung" des Rezessionsmarketings dar, sondern sind nur *ein* mögliches Reaktionsmuster unter vielen, das zudem vielfach gar nicht markt- bzw. produktadäquat ist.

Soweit man sich bisher in der Marketinglehre mit dem Rezessionsfall überhaupt auseinandersetzt, so stehen hier durchweg *nur* bestimmte Ausschnitte des Marketinginstrumentariums im Blickpunkt. Was bisher jedoch fehlt, ist die **Zusammenschau** aller geeigneten rezessions-orientierten Reaktions- und Aktionsweisen, einschließlich prophylaktischer Strategien im Sinne vorbeugender Mittel- und Langfrist-Konzepte – ein Ansatz, der in der Diskussion bisher eigentlich noch *gar nicht* berücksichtigt wird.

Versucht man, den Komplex möglicher Handlungsalternativen in Rezessionsphasen insgesamt zu systematisieren, so können im Prinzip *drei* Reaktions-/Aktionsebenen herausgearbeitet werden (*Becker*, 1981, S. 42f.):

(1) **Spar- und Durchhaltepolitik**
 = die auf eine gegenwärtige Rezession reagierende Anspruchsanpassung (z.B. Zielkorrekturen nach unten etwa bei den Rentabilitäts-, Umsatz-, Marktanteilszielen usw.), Verzicht auf einen speziellen Instrumenteneinsatz (*Charakteristik:* ziel-reagierend, gegenwartsbezogen);

(2) **Rezessionstherapie**
 = die auf eine gegenwärtige Rezession reagierenden Maßnahmen unspezifischer Art (z.B. undifferenzierte Preissenkungen) oder spezifischer Art (z.B. differenzierte Produktvariation) (*Charakteristik:* maßnahmen-reagierend, gegenwartsbezogen);

(3) **Rezessionsprophylaxe**
 = auf künftig zu erwartende Rezessionen gerichtete aktive, vorbeugende Strukturmaßnahmen aktionsfeld-bezogener Art, z.B. Absatzwegeerweiterung, oder übergeordneter strategischer Art, z.B. Diversifikation (*Charakteristik:* maßnahmen-agierend, zukunftgerichtet).

Im folgenden sollen die jeweils spezifischen Ansatzpunkte dieser drei grundlegenden Verhaltensmuster und ihre Konsequenzen für den Einsatz des Marketinginstrumentariums näher skizziert und problematisiert werden.

Ziel-reagierende Handlungsweisen (Spar- und Durchhaltepolitik)

Es gilt heute – wie bereits im 1. Teil dargelegt – als gesicherte Erkenntnis der Zielforschung, daß Unternehmen nicht ein Ziel, sondern jeweils ein *ganzes* Bündel von Zielen (Zielfunktion) verfolgen. Darüber hinaus haben empirische Untersuchungen aber auch gezeigt, daß das jeweilige unternehmerische Zielbündel nicht „Konstanz-

Charakter" hat, sondern gerade auch von sich ändernden Umweltbedingungen (z. B. Konjunkturschwankungen) *wesentlich* beeinflußt wird bzw. beeinflußt werden kann. Diese Zieländerungen können auch als **sog. Anspruchsanpassungen** (*March/ Simon*, 1958) aufgefaßt werden (siehe hierzu auch S. 102 ff.).

Empirisch gestützte Untersuchungen haben in diesem Sinne etwa eine Abhängigkeit der von Unternehmen als angemessen erachteten Kapitalrentabilität von *zeitlich* wechselnden Umweltbedingungen identifizieren können (*Kaplan/Dirlan/Lanzilotti*, 1958, S. 313 ff. bzw. auch ansatzweise *Katona*, 1960). Außerdem konnte nachgewiesen werden, daß die **Rangordnung** der jeweils im Unternehmen verfolgten Ziele von Konjunkturschwankungen beeinflußt wird (*Czeranowski/Strutz*, 1970, S. 121 ff.). In dieser Hinsicht gibt es vor allem Hinweise dafür, daß in Problemphasen der Unternehmen wie etwa Rezessionsphasen das Gewinnziel vom *Sicherheitsziel* deutlich überlagert wird.

Das Sicherheitsziel kann vereinfacht auch als Liquiditätsziel interpretiert werden (*Uphues*, 1979, S. 85). Jenes verstärkte Streben nach Liquidität dürfte nicht zuletzt dafür (mit-)verantwortlich sein, daß Unternehmen in Rezessionsphasen vielfach **Ausgabenkürzungen** vornehmen. Leicht realisierbare Einsparmöglichkeiten werden dabei nicht selten speziell im *Marketing*bereich identifiziert, und zwar wird hierbei durchweg die Werbung bzw. der Werbeetat entsprechend herangezogen (denn hier muß in aller Regel keine „Apparatur" abgebaut werden, wie das etwa im Bereich der Vertriebsorganisation notwendig wäre). Einsparungen im Marketing- bzw. speziell im Werbebereich lassen sich somit – zumindest vordergründig – viel leichter und komplikationsloser realisieren als etwa strukturelle Eingriffe im Produktionsbereich, die unter anderem mit Gefahren der Kosten- bzw. Ausgabenremanenz belastet sind.

Aus dieser Sicht wird verständlich oder besser gesagt: nachvollziehbar, daß **zyklisches Werbeverhalten** der Unternehmen (= hoher Werbeaufwand bei hohem Absatz im Aufschwung/Boom, dagegen niedriger Werbeaufwand bei niedrigem Absatz in der Rezession und damit völlige Umkehrung des Ursache-Wirkungsverhältnisses zwischen Werbung und Absatz!) bestimmten betriebswirtschaftlichen wie auch „stimmungspsychologischen" Zwängen entstammt.

Was bei einer derartigen Verhaltensweise *durchweg* übersehen oder zumindest übergangen wird, ist die Tatsache, daß Einsparungen in der Werbung zwar den kurzfristig erstrebten betriebswirtschaftlichen Zweck einer Erhöhung der Liquidität (Sicherheitsziel!) erfüllen können, dafür aber je nach Markt- und Konkurrenzkonstellation mittel- bis langfristig nicht unerhebliche **Markenschädigungen** auftreten können (sog. Spätschäden). Letztlich hängt es damit also auch von der Fristigkeit unternehmerischen Denkens ab, ob und inwieweit Unternehmen in der Rezession primär Anspruchsanpassungen vornehmen bzw. ob und inwieweit sie primär maßnahmenorientiert, d. h. also instrumental gegenüber der Rezession reagieren bzw. agieren. Grundsätzlich kann gesagt werden, daß Unternehmen immer *weniger* dann ausschließlich mit Anspruchsanpassungen auf Rezessionen antworten können, je *länger* derartige Rezessionen dauern bzw. je intensiver sie verlaufen. Gerade diese Rezessionsstruktur zeichnet sich jedoch immer deutlicher ab; der Zwang zu *instrumentalen* Handlungsweisen in der Rezession verstärkt sich insofern.

II. Stufen und Orientierungspole des Marketingmix

Maßnahmen-reagierende Handlungsweisen (Rezessionstherapie)

Im Prinzip – das ist die *entscheidende* Einsicht aus dem bisher Gesagten – dürfen sich Unternehmen mit der Rezession *nicht* bzw. nicht nur abfinden etwa im Sinne der oben skizzierten Anspruchsanpassung, sondern sie müssen, wenn sie Konjunkturzyklen überleben wollen, auf die „Krankheitssymptome" der Rezession mit allgemeinen und/oder spezifischen instrumentalen Maßnahmen antworten. Unternehmen können dabei – um im medizinischen Bild zu bleiben – zunächst einmal **Rezessionstherapie** betreiben (= bisher einseitig vorherrschende Betrachtungsebene des Rezessionsmarketings).

Hierbei handelt es sich um *taktisch-reagierende* Antworten auf rezessionsinduzierte Absatzrückgänge des Unternehmens. Vor allem diejenigen Unternehmen müssen marketing-taktisch reagieren, die sich *nicht* um eine prophylaktische **(Teil-)Immunisierung** gegenüber rezessiven Auswirkungen bemüht haben bzw. denen sie nicht gelungen ist. Das Ziel solcher marketing-taktischen Maßnahmen besteht deshalb darin, mit *kurzfristig* einsatzfähigen Instrumenten möglichst schnell eine Erhöhung der Marktnachfrage in der Rezession zu erreichen oder – bei nicht abwendbaren Absatzrückgängen – zumindest das Absatzvolumen (und natürlich auch das Ertragsniveau) auf einer höheren Stufe zu stabilisieren, als es ohne diese taktischen Maßnahmen erreichbar wäre.

Was solche marketing-taktischen Maßnahmen im Sinne einer kurzfristigen Rezessionstherapie angeht, so gibt es hier ein vergleichsweise **breites Spektrum,** das aber sowohl in der Marketingpraxis als auch in der Marketinglehre *nicht* hinreichend differenziert wird. Es wird zu wenig berücksichtigt, daß es beim Rezessionsmarketing noch *viel weniger* möglich ist, mit einem *Norm*-Mix zu operieren, als das z.T. beim „Schönwetter-Marketing" (Aufschwungmarketing) denkbar und machbar ist (vgl. hierzu auch die Darlegungen auf S. 476 ff.). Im Grunde müssen nämlich *zwei* grundlegende „Behandlungsweisen" unterschieden werden (vgl. im einzelnen *Becker,* 1981, S. 46 ff.), nämlich:

- **unspezifischer Instrumenteneinsatz** einerseits,
- **spezifischer Instrumenteneinsatz** andererseits.

Auf diese beiden Varianten rezessionsorientierten Handelns soll im folgenden konkret eingegangen werden.

- **Unspezifische instrumentale Maßnahmen:**

Unspezifische Maßnahmen sind solche instrumentalen Maßnahmen, von deren Einsatz angenommen wird, daß sie – *trotz* ungenauer Kenntnis etwa der Rezessionsintensität und/oder ohne einer Prognose der Rezessionsdauer – allgemein *geeignet* sind, **Rezessionsschäden** für das Unternehmen abzuwenden oder zu mildern.

Eine typische Reaktionsweise der Unternehmen in der Rezession ist z.B. – das kann empirisch immer wieder beobachtet werden – der *routinemäßige* Einsatz preis- und konditionspolitischer Aktionsparameter. Geht man von dem für den Konsumgüterbereich charakteristischen indirekten Absatzweg (mindestens zweistufige Absatzkette) aus, so kann hier sowohl auf der Handelsstufe als auch auf der Endverbraucherstufe preispolitisch entsprechend reagiert werden (**typisches Verhaltensmuster:** Preissenkung bzw. Konditionenverbesserung).

Was Preissenkungen in der Rezession angeht, so sind sie jedoch der Verbrauchermotivation zum Teil *gar nicht* angemessen, wie wir bereits am Fall (Beispielen) der Gebrauchsgüter aufgezeigt haben. Und was die rezessions-orientierte Konditionenverbesserung gegenüber dem Handel betrifft, so liegen hier die Gefahren vor allem darin begründet, daß sie vielfach nicht mehr reversibel sind bis in Aufschwungphasen hinein.

Unspezifisches preispolitisches Reagieren in der Rezession ist so gesehen als „Patentrezept" *äußerst* problematisch, die Wirkungen vielfach zweifelhaft und die mittel- und langfristigen Folgewirkungen eher negativ.

- **Spezifische instrumentale Maßnahmen:**

Spezifische instrumentale Maßnahmen in der Rezession sind dagegen solche Maßnahmen, die isoliert oder kombiniert möglichst *gezielt* und abgesichert negative Auswirkungen (in der Regel Absatzrückgänge) nach ihrem Auftreten bekämpfen sollen. Sie setzen – das ist entscheidend – bereits einen **ausreichenden Informationsstand** hinsichtlich der Rezessionsintensität (Diagnose) und der Rezessionsdauer (Prognose) voraus.

Was die kurzfristigen, also taktischen Reaktionsweisen auf rezessive Bedingungen im Sinne einer Rezessionstherapie angeht, so gibt es hierfür ein *ganzes* Bündel von spezifischen *aktivierenden* Maßnahmen. Im folgenden sollen die *drei* Marketingaktionsfelder und die in ihrem Kompetenzrahmen liegenden instrumentalen Therapiemöglichkeiten exemplifiziert werden:

- *Angebots*politische Kurzfristmaßnahmen (Taktik),
- *distributions*politische Kurzfristmaßnahmen (Taktik),
- *kommunikations*politische Kurzfristmaßnahmen (Taktik).

Angebotspolitische Maßnahmen determinieren die Produktleistung eines Unternehmens. Der rezessionstherapeutische Ansatz dieser Maßnahmen besteht darin, rezessionsadäquat die Produktleistung zu *verbessern*. Als taktische, d.h. kurzfristige Maßnahmen kommen hier weniger Produktinnovationen in Betracht, weil sie in aller Regel entsprechender Vorbereitungszeiten bedürfen. Als kurzfristig reagierende Maßnahmen in der Rezession bieten sich deshalb vor allem produkt*modifizierende* Maßnahmen an. Unter Produktmodifikation wird die gezielte Verbesserung solcher Produkte verstanden, welche die Unternehmung bereits am Markt anbietet (*Priemer,* 1970). Das Prinzip rezessionsadäquater Produktmodifikation kann dabei in einer Verbesserung des objektiven und/oder subjektiven **Preis-Leistungs-Verhältnisses** bestehen (*Berger,* 1971, S.426).

Als *Beispiele* hierfür können etwa folgende angeführt werden: die Erhöhung des Vitaminanteils bei einem Kinderprodukt oder der Einbau eines Sparprogramms in eine Haushaltspülmaschine, ohne daß damit Preiserhöhungen verbunden sind oder die Preisanhebungen zumindest so angesetzt sind, daß aus der Sicht der Abnehmer insgesamt eine *Verbesserung* des Preis-Leistungs-Verhältnisses eintritt.

Eine *spezielle* Variante dieser angebotspolitischen Maßnahmen ist die Erhöhung der bisherigen Produktmenge ohne entsprechende Preiserhöhung, wie es neuerdings z.B. Hersteller von Süßwaren vorgenommen haben („Jetzt 20% mehr"). Diese Handlungsweise stellt im Prinzip eine *indirekte* Preissenkung dar. Von ihr wird aber zunehmend auch in Aufschwungphasen Gebrauch gemacht (sie ist dann primär wettbewerbsorientiert gewählt).

Im weiteren Sinne gehören zu typischen angebotspolitischen Maßnahmen in der Rezession auch die „Bigpacks" (Großpackungen) bzw. „Multipacks" (Mehrstückpackungen) mit ihren jeweiligen Preisanreizen (die jedoch wiederum nicht nur in Rezessionsphasen eingesetzt werden).

Günstige Preis-Leistungs-Verhältnisse von solchen Produkt- bzw. Programmalternativen haben auch insoweit marketing-politische Relevanz, als sie ggf. einer *zu sparsamen* Produktverwendung oder gar einer Unterdosierung bei der Verwendung vorbeugen können. Das ist vor allem bei solchen Produkten wichtig, bei denen aufgrund von Unterdosierungen *Qualitätseinbußen* (z. B. bei Waschmitteln) erlebt werden, die dann leicht dem Produkt (Marke) „angelastet" werden (= Gefahr für *Markentreue*-Verhalten).

Eine kurzfristige angebotspolitische Reaktion auf Rezessionsphasen kann auch in einer **Programmbereinigung** bestehen. Sie drängt sich umso mehr auf, je ausgeprägter Redundanz und Unwirtschaftlichkeit bei Programmteilen auftreten (*Meffert,* 1980, S.56). Das ist in aller Regel bei den Unternehmen der Fall, die über „aufgeblähte" Programme verfügen.

Distributionspolitische Maßnahmen sind für die Präsenzleistung eines Unternehmens verantwortlich, d. h. sie sorgen für die Verfügbarkeit der Produktleistungen am Markt. Der rezessionstherapeutische Ansatz distributionspolitischer Maßnahmen zielt dabei auf die Verbesserung der Distribution, also der **verbesserten Präsenz** der Produkte am Markt. Als taktische, d. h. kurzfristige Maßnahmen kommen hierbei *weniger* strukturelle Eingriffe in die Absatzwegestruktur – etwa Wahl völlig neuer Absatzkanäle, z. B. neben dem Fach- jetzt auch Einsatz des Lebensmittelhandels – und damit verbundene Strukturänderungen der Vertriebsorganisation in Betracht, sondern in der Regel „nur" Modifikationen im Rahmen bestehender Strukturen.

In dieser Hinsicht ist für rezessive Phasen vielfach eine **Lockerung der Abnehmerselektion** typisch, d.h. bisher strenge Auswahlgesichtspunkte bezüglich der bislang eingeschalteten Absatzmittler werden aufgegeben (z. B. neben A- und B-Geschäften werden jetzt auch bestimmte C-Geschäfte, d. h. Geschäfte mit geringerem Umsatz, in die Absatzkette einbezogen). Auf diese Weise soll möglichst eine **Überallerhältlichkeit** des eigenen Produkts (Programms) erreicht und so rezessiven Absatzrückgängen vorgebeugt werden. In eine ähnliche Richtung zielen Bemühungen, etwa eine bisherige selektive Distribution in eine intensive Distribution überzuführen, z. B. neben dem klassischen Lebensmittelhandel (verstärkt) auch *neuere* Betriebsformen wie Verbrauchermärkte und Selbstbedienungswarenhäuser (ggf. auch Discounter, am besten über spezielle Angebotsformen bzw. Preis-Leistungsverhältnisse, vgl. hierzu auch S.505f.) in die Absatzkette einzubeziehen. Auf diese Weise soll vor allem Käufer*wanderungen* gefolgt werden; denn empirische Erfahrungen bestätigen, daß in Rezessionsphasen Konsumenten – je nach Warentyp – stärker auf preisaktive Absatzmittler der oben genannten Art ausweichen.

Vor allem die zuletzt skizzierten Maßnahmen sind allerdings insofern nicht unproblematisch, als sie nachhaltige, *negative* Auswirkungen für das Preisniveau der Produkte haben können, die dann auch in Aufschwungphasen nicht mehr ohne weiteres reversibel sind.

Als rezessionsorientierte Maßnahmen i.w.S. können auch solche Maßnahmen angesehen werden, die zu einer Intensivierung von **Serviceleistungen** (Zusatz- und

Folgeleistungen) führen. Bei servicebedürftigen Produkten kann eine solche Politik dem eigenen Angebot (Marke) zu *erhöhter* Präferenz verhelfen, da in der Rezession das Sicherheitsdenken der Abnehmer grundsätzlich zunimmt (vgl. hierzu auch die empirischen Befunde von *Rohlmann,* 1977, S.128ff. sowie des *Emnid-Instituts,* 1980, S.118f.).

Kommunikationspolitische Maßnahmen bewirken andererseits das, was wir als Profilleistung bezeichnen: eine Leistung, die vor allem in Bekanntheitsgrad und Image (Präferenz) ihren Niederschlag findet. Der rezessionstherapeutische Ansatz kommunikationspolitischer Maßnahmen besteht vor allem in einer Aktualisierung des Angebots einerseits und einer Präferenzverstärkung andererseits.

Als taktische, d.h. kurzfristig wirksame Maßnahme kommt hier weniger oder gar nicht der Aufbau neuer Marken in Betracht, sondern hier steht die rezessionsadäquate **Attraktivierung** bestehender Marken eindeutig im Vordergrund. Selbst sog. Zweit-Markenkonzepte können meist *nicht* kurzfristig realisiert werden, wenn nicht zu große Risiken ihrer Durchsetzung in Kauf genommen werden sollen.

Typisch für kommunikative Maßnahmen in der Rezession ist die Forcierung verkaufsfördernder Aktivitäten auf *allen* Ebenen der Absatzkette, d.h. sowohl auf der Stufe der eigenen Vertriebsorganisation, der Absatzmittler- als auch der Endverbraucherstufe. Speziell den **Endverbraucher-Promotions** kommt am „point of purchase" (POP) insoweit eine besondere Bedeutung zu, als sie entsprechende *Impulskäufe* und damit auch Zusatzkäufe zu stimulieren vermögen. Ob und inwieweit derartige Maßnahmen mit Preisvergünstigungen gekoppelt werden sollen, kann nicht pauschal beantwortet werden. Die Herausverkaufsleistung solcher Promotions ist jedoch *vielfach* an bestimmte „Preis-Incentives" gebunden (entsprechende Erwartungshaltung der Konsumenten, aber auch des Handels!). Ansonsten gilt das, was zum *un*spezifischen Einsatz des Preisinstruments in der Rezession bereits gesagt wurde.

Rezessionstherapeutische Aufgaben der Werbung bestehen *vor* dem Kauf primär darin, der Zielgruppe die objektive (und subjektive) Produktqualität zu vermitteln. Neuerdings ist darüber hinaus die Einsicht gewachsen, daß der Werbung auch *nach* dem Kauf – speziell bei höherwertigen Gebrauchsgütern, aber nicht nur dort – insoweit eine wesentliche Rolle zukommt, als sie Konsumenten auch *nachträglich* im getätigten Kauf bestärken muß.

Diese *sog. Nachkaufwerbung* dient somit einer laufenden Zufriedenheit der Konsumenten während des Gebrauchs (bzw. Verbrauchs), indem sie Dissonanzerlebnisse, also den Widerstreit kognitiver Elemente (und zwar aufgrund des Bewußtseins auch der Vorteile des *nicht* gekauften Produkts X und der Nachteile des tatsächlich gekauften Produkts Y) *abzubauen* hilft – nämlich durch werbliche Bestätigung der Vorteile des gekauften Produkts Y. Die Einsicht in dieses Phänomen geht auf *Festingers* Theorie der kognitiven Dissonanz zurück (*Festinger,* 1957). Daß der Nachkaufwerbung gerade auch in der Rezession spezifische Bedeutung zukommt, ist ohne weiteres einsichtig, wenn man berücksichtigt, daß Zeiten der Rezession für den Konsumenten ohnehin Zeiten einer allgemeinen *Verunsicherung* darstellen.

Rezessionsadäquate Werbepolitik ist im übrigen dadurch gekennzeichnet, daß sie die Tatsache berücksichtigt, daß in Rezessionsphasen Konsumenten ihre Kaufentscheide stark an Basismotiven orientieren und somit der **Grundnutzen der Produkte** wieder einen höheren Stellenwert besitzt (vgl. auch *Rohlmann,* 1977, S.54). Diese

Tatsache läßt sich grundsätzlich in einer Modifikation der Werbeaussage berücksichtigen, und zwar in der Weise, daß in der Rezession der *thematischen* Information (d. h. der sachbezogenen Information) der Vorrang vor der *un*thematischen (d. h. der mehr subjektiv-emotionalen Information) eingeräumt wird.

Ein *typisches* Beispiel hierfür ist die Rücknahme der „Freude am Fahren-Positionierung" der *BMW*-Werbung speziell in der *Rezessionsphase* des 6. Konjunkturzyklus und die Betonung der *Sparsam- und Verläßlichkeit,* u. a. durch Verwendung der Elektronik. Seit der *Aufschwungphase* des 8. Konjunkturzyklus, insbesondere ab 1986, stellt *BMW wieder* sehr stark die *Freude-am-Fahren*-Philosophie in den Vordergrund ihrer werblichen Aussage in Copy und Art.

Eine Sonderfrage zur Begegnung rezessionsbedingter Absatzrückgänge stellt die Frage *antizyklischer Werbepolitik* dar (u. a. *Glauz,* 1973). Der grundsätzliche Vorteil antizyklischer Werbung (= gegenläufiger Einsatz zur Nachfrageentwicklung) besteht darin, daß das Unternehmen sich durch überproportionale Werbeinvestitionen in der Rezession - einer Phase, in der viele Unternehmen ihren Werbeeinsatz *eher* zurücknehmen - deutlich *verbesserte* Marktpositionen verschaffen kann, mit entsprechenden Umsatz- und Ertragsfolgen bereits in und nicht zuletzt auch nach der Rezession.

Damit wollen wir die Diskussion rezessions*therapeutischer* Möglichkeiten abschließen und nun noch einen *dritten* Typ rezessionsorientierten Handelns berücksichtigen.

Maßnahmen-agierende Handlungsweisen (Rezessionsprophylaxe)

Maßnahmen-reagierende Verhaltensweisen im Sinne einer Rezessionstherapie - wie sie im vorigen Abschnitt in ihrer Vielfältigkeit und zum Teil auch Problematik skizziert wurden - dürften den Erfahrungen nach die am *häufigsten* angewandten Maßnahmen gegenüber Rezessionswirkungen darstellen. Was jedoch bis heute in der Praxis durchweg noch fehlt (und auch von wissenschaftlicher Seite bisher vernachlässigt wird), ist eine planmäßige, strategie-orientierte Rezessionsprophylaxe. Maßnahmen dieser Kategorie sind dadurch charakterisiert, daß sie nicht erst bei Auftreten von „Rezessionsbeschwerden" eingesetzt werden, sondern bereits vorsorglich, d. h. also prophylaktisch zur Stärkung der allgemeinen **Abwehrkraft** des Unternehmens gegenüber Rezessionswirkungen. Diese spezifischen strategie-orientierten Maßnahmen sind mit anderen Worten auf eine Art **Immunisierung** des Unternehmens gegenüber rezessionsbedingten Nachfrageänderungen gerichtet (*Becker,* 1981, S. 55).

Was solche strategischen Maßnahmen der Konjunkturvorsorge betrifft, so müssen grundsätzlich *zwei* prophylaktische Ansatzebenen unterschieden werden (*Becker,* 1981, S. 56ff.):

- **Marketingaktionsfeld-bezogene** Strukturmaßnahmen
- **Übergeordnete strategische** Markt- und Unternehmenskonzepte

Auf diese spezifischen strukturellen bzw. strategischen Ansätze, die über die rein taktische Ebene des Marketingmix also *bereits* hinausgreifen, soll im folgenden näher eingegangen werden.

- **Marketingaktionsfeld-bezogene Strukturmaßnahmen:**

Unter marketingaktionsfeld-bezogenen Strukturmaßnahmen werden dabei solche Maßnahmen verstanden, die sich zwar auch „nur" auf bestimmte Marketingbereiche (Instrumentalausschnitte) beziehen, deren Unterschied zu rein rezessionstherapeutischen Maßnahmen aber darin liegt, daß sie nicht taktisch, also kurzfristig, sondern *strategisch-strukturverbessernd* im Hinblick auf künftig zu erwartende Rezessionen (und damit eben prophylaktisch) angelegt sind. Das Verhaltensmuster solcher Aktionsweisen entspricht einer **echten Problemlösung,** wobei allerdings bei instrumentalbezogenen Maßnahmen, wie sie zunächst diskutiert werden sollen, der Entscheidungsrahmen noch vergleichsweise leichter zu überblicken ist als bei den später zu behandelnden übergeordneten Marketing- und Unternehmensstrategien.

Was die Ansatzpunkte aktionsfeldbezogener Strukturmaßnahmen angeht, so werden hier - analog zur Betrachtung der rezessionstherapeutischen Maßnahmen - wiederum *drei* Marketingaktionsfelder unterschieden:

- *Angebots*politische Strukturmaßnahmen,
- *distributions*politische Strukturmaßnahmen,
- *kommunikations*politische Strukturmaßnahmen.

Ansatzpunkte *angebotspolitischer* Strukturverbesserung im Hinblick auf zu erwartende Rezessionsphasen können - je nach Konjunkturempfindlichkeit der Programmbestandteile eines Unternehmens - zunächst darin liegen, das Programm in der Weise systematisch zu erweitern, daß von einem(r) Produkt(-art) mehrere **Qualitäts- und/oder Preisstufen** angeboten werden, um in der Rezession etwa Kundenfluktuationen in Richtung billigerer Produktalternativen auf *eigene* Angebote lenken zu können (vgl. auch *Jacob,* o.J., S.56).

Wichtigster Anknüpfungspunkt für eine solche Angebots*fächerung* ist die **Preisklassenstruktur** eines Marktes und ihre Veränderung im Konjunkturablauf. Modellhaft wird - soweit hierzu überhaupt Aussagen gemacht werden - von einer pyramidenförmigen Preisklassenbesetzung ausgegangen, d.h. der Markt für hochpreisige Produkte ist am kleinsten und der für die preiswürdigsten am größten. Zieht man jedoch *konkrete* Märkte heran, so zeigt sich, daß die Preisklassenstruktur im Aufschwung eher die Form einer „Zwiebel" und im Abschwung eher die Form einer „Glocke" besitzt. In *Abb.348* werden diese **Zusammenhänge** grafisch verdeutlicht.

Abb.348: Rezessionsbedingte Änderungen der Preisklassenbesetzung eines Marktes

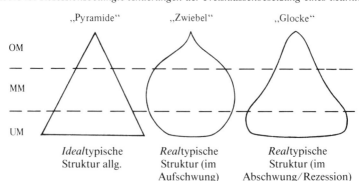

OM = Oberer Markt (hochpreisig)
MM = Mittlerer Markt (mittelpreisig)
UM = Unterer Markt (niedrigpreisig)

Die Flächengröße der drei Marktschichten repräsentiert die jeweilige Marktgröße.

Diese schematisierte Veränderung der Preisklassenbesetzung im Konjunkturablauf (vgl. *Abb. 348*) - die in dieser „Tendenz" *empirisch* etwa im Markt für alkoholfreie Erfrischungsgetränke, im Süßwarenmarkt, im Kosmetikmarkt sowie auch im Uhrenmarkt beobachtet werden konnte - macht zunächst deutlich, daß rezessionsbedingte Absatzrückgänge besonders den *mittleren* Markt (mittlere Produktqualitäten) treffen können (= Phänomen des „Verlustes in der Mitte"). Folgende *Abb. 349* kennzeichnet dieses Phänomen noch einmal grafisch, und zwar durch Übereinanderlegen von „Zwiebel"- und „Glocken"-Form (vgl. hierzu auch *Abb. 348*).

Abb. 349: Typische Absatzverluste und Absatzgewinne in der Rezession (differenziert nach Markt- bzw. Preisebenen)

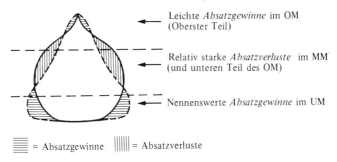

Eine rezessions-strategische Programmpolitik kann unter diesen zu erwartenden Bedingungen sinnvoll darauf gerichtet sein, neben höherpreisigen Qualitäten gezielt *auch* niedrigpreisige Qualitäten dem Markt anzubieten. Interessant ist in diesem Zusammenhang andererseits die Einsicht (siehe *Abb. 349*), daß in Rezessionszeiten u. a. aus Gründen der „Selbstbelohnungsmotivation" des Verbrauchers der Anteil hochpreisiger Produkte (Marken) durchaus *sogar* noch steigen kann.

Inzwischen hat sich überhaupt eine starke *Polarisierung von Märkten* gezeigt, und zwar weitgehend *unabhängig* von den Konjunkturphasen. Das heißt mit anderen Worten, daß heute auch in *Aufschwung*phasen solche Marktschichtenveränderungen von ursprünglich zwiebel-förmigen zu eher *glocken*-förmigen Märkten in vielen Branchen *typisch* geworden sind (vgl. hierzu auch die Analysen auf S. 403 ff.).

Was eine programmpolitische Absicherung des Unternehmens für Rezessionsphasen insgesamt angeht, so bedarf es jeweils entsprechend im voraus geplanter Maßnahmen, die in aller Regel nicht kurzfristig-therapeutisch gewählt werden können, sondern mittel- und langfristig (strategisch) angelegt und vorbereitet werden müssen. Hierzu gehören etwa folgende programm-strategischen Ansatzpunkte:

- Suche nach **differenzierbaren Produktqualitäten**,
- „**Abtasten**" **marktadäquater Preisklassen**,
- Wahl zusätzlicher **markenpolitischer Alternativen** (Zweit- bzw. Drittmarken-Konzepte, ggf. auch Handelsmarken-Produktion).

Auf diese Weise realisiert das Unternehmen in den einzelnen Konjunkturphasen (speziell Auf- und Abschwung) einen unterschiedlichen **Produkt- bzw. Markenmix**, wie *Abb. 350* modelltypisch zeigt.

Dabei muß es im Prinzip gelingen, den Absatz der B-Marke im Abschwung (Rezession) *überproportional* zu steigern, um sowohl den Umsatz als auch den Ertrag trotz des preisgünstigeren Angebots der B-Marke zumindest zu *halten*.

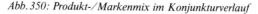

Abb. 350: Produkt-/Markenmix im Konjunkturverlauf

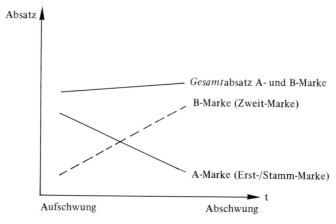

Eine bestimmte Trennung des Programms quasi in höherpreisige „*Aufschwung*-Marken" einerseits und niedrigpreisige „*Abschwung*-Marken" andererseits ist insofern bedeutsam, als in der Rezession bei Hochpreis-Marken vorgenommene Preismanipulationen nach unten – also der Versuch, mit einer Marke mehrere Preisbänder oder gar mehrere Preis- oder Marktschichten gleichzeitig abzudecken – in den meisten Fällen *irreversibel* sind. Das heißt, eine preisaktive Vermarktung einer Marke in der Rezession erlaubt aufgrund dadurch erlittener Imageschäden bei den sog. Marken-Käufern später nicht mehr oder nur noch partiell eine preisliche Wiederanhebung auf das ursprüngliche Niveau der vorangegangenen Aufschwungphase.

Insofern stellt sich tatsächlich die Frage, ob Unternehmen überhaupt mit ein- und denselben Produkten/Marken in Zukunft *allen* Konjunkturphasen gewachsen sein können oder ob nicht – zumindest ansatzweise – eine **konjunkturphasen-bezogene Angebotsdifferenzierung** (im Sinne einer Art Baukasten- bzw. Kompensationsstrategie) angestrebt werden muß, wenn Unternehmen *lang*fristig überleben wollen (siehe auch *Becker*, 1984, S. 18 f.).

Unter rezessions-*prophylaktischen* Aspekten haben u.a. solche Unternehmen spezifische Vorteile, die im Rahmen ihres Programms auch Produkte führen, die dem in Rezessionszeiten *verstärkten* Verhalten der Verbraucher in Richtung „Selbermachen statt Kaufen" entgegenkommen. So hatte etwa die Firma *Oetker* während der jüngsten Rezessionsphase überdurchschnittliche Umsatzzuwächse bei Backpulver, Einmachhilfen sowie Back- und Kochbüchern zu verzeichnen, die einen (gewissen) Ausgleich für Umsatzrückgänge in anderen Produktbereichen darstellten.

Ein *spezifischer* produkt-politischer Ansatz prophylaktischen Rezessionsmarketings kann man in dieser Hinsicht auch darin sehen, ein Programm von *semi-finished products* zu entwickeln und anzubieten (z.B. Spielwaren, Geräte, Möbel zum Zusammenbau i.S.v. Fertigstellung *durch* den Verbraucher).

Rezessionsspezifische Ansatzpunkte *distributionspolitischer Art* im prophylaktisch-strategischen Sinne beziehen sich im Kern auf eine Markt- und Distributionsexpansion. Das heißt, sie beziehen sich auf strukturverbessernde Maßnahmen im Hinblick auf eine Erweiterung der Marktmöglichkeiten für bestehende Produkte (Programme). Solche Maßnahmen richten sich u.a. auf geplante, strategisch abgesicherte **Erweiterungen** bestehender Absatzwege, Absatzmittler und/oder Absatzgebiete (und die sich daraus ergebenden Konsequenzen für die Vertriebsorganisation einschließlich des logistischen Systems). Eine solche Strategie der **Marktstreuung** (*Jacob,* o.J., S.56f.) berücksichtigt die Tatsache, daß in der Rezession nicht alle Distributionsbereiche in gleicher Art und Weise betroffen werden. Sie ist mit anderen Worten darauf gerichtet, Marktbereiche zu finden, die nach bisherigen Erfahrungen wie auch aufgrund von Projektionen in Rezessionsphasen *weniger* intensiv mit Absatzrückgängen reagieren.

Was die Absatzwege bzw. die Vertriebspolitik insgesamt betrifft, so zeigen empirische Erfahrungen, daß in Rezessionszeiten Unternehmen mit einem schlagkräftigen *Direkt*vertrieb - als Beispiele können hier etwa *Vorwerk* (Bodenpflegegeräte), *Avon* (Kosmetika und Acessoires) oder auch *Bofrost* (Tiefkühlheimdienst) genannt werden - weniger mit Absatzrückgängen rechnen müssen als vergleichbare Unternehmen mit indirektem Vertrieb (= Einschaltung des Handels). Offensichtlich wirkt sich der direkte Zugriff zum Endverbraucher bei Direktvertriebsunternehmen auch in Rezessionsphasen *positiv* aus. Insoweit kann ein strategischer Ansatzpunkt grundsätzlich darin bestehen, zu prüfen, *ob* und inwieweit etwa neben dem indirekten Vertrieb auch ein **Direktvertriebssystem** (z.B. mit gesondertem Programm und/oder gesonderter Marke) installiert werden kann (zu den Möglichkeiten und Formen des Direktvertriebs vgl. auch *Tietz,* 1985b; *Engelhardt/Kleinaltenkamp/Rieger,* 1984 sowie *Backhaus,* 1974).

Die vertrieblich-strukturellen Überlegungen können nicht zuletzt darauf gerichtet sein, *neue* Absatzmittlergruppen zu erschließen. Ein Getränkehersteller, der z.B. bisher primär oder sogar ausschließlich über klassische Absatzkanäle (= Gastronomie, Großverbraucher, Kioske, usw.) vertreibt, müßte etwa prüfen, ob und inwieweit der *zusätzliche,* systematische Vertrieb über den Lebensmittelhandel zu einem Ausbau und vor allem zu einer **Verstetigung** des Absatzes im Konjunkturverlauf führen könnte (etwa aufgrund einer zu beobachtenden Erhöhung des Heimkonsums in der Rezession, für den primär im Lebensmittelhandel eingekauft wird).

Der Beitrag der *Kommunikationspolitik* - das wurde bereits ausgeführt - besteht in der Profilleistung, d.h. sie ist für den Auf- und Ausbau von Bekanntheitsgrad und Image eines Markenangebots verantwortlich. Das erstrebte Ergebnis kommunikationspolitischen Einsatzes ist dabei vor allem ein unverwechselbares, markenspezifisches Produktimage, das sowohl durch objektive als auch subjektive „Qualitäten" geprägt ist. Im Hinblick auf eine spezifische Rezessionsprophylaxe ergeben sich bei dieser Frage der Produktimage-Gestaltung besondere Konsequenzen. Auf sie soll im folgenden näher eingegangen werden.

Da in Zeiten rezessiver Phasen in vielen Produktbereichen - wie bereits hervorgehoben - die *Grundnutzen*-Orientierung der Konsumenten tendenziell zunimmt, muß die Kommunikationspolitik in ihren Aussagen wie in ihrem Medieneinsatz versuchen, diesen sich verändernden **Nutzenprioritäten** Rechnung zu tragen. Da Produktimages in der Regel von erheblicher Stabilität sind, stellt sich insofern das Problem, ob und inwieweit Markenimages in Rezessionszeiten überhaupt *sinnvoll* „umgewertet" werden können. Diese Zusammenhänge sollen anhand von *Abb. 351* näher verdeutlicht werden.

Abb. 351: Nutzen-Strukturen* von drei Marken im AfG-Markt** (Beispiel Mineralwasser)

	Marke I	Marke II	Marke III
PS hoch ↑ niedrig	ZN / GN	ZN / GN	ZN / GN
	Objektive Produktargumentation (Zusammensetzung bzw. Wirkung) überwiegt = primäre Präferenzstütze	Kombinierte Argumentation ohne einen Schwerpunkt (führt häufig zu eher schwacher Präferenz)	Subjektive, unthematische Argumentation (z.B. Leitbilder bzw. Prestige) überwiegt = primäre Präferenzstütze

GN = jeweils realisierte *Grundnutzen*anteile,
ZN = jeweils realisierte *Zusatznutzen*anteile,
PS = am Markt jeweils realisierte *Präferenz*spanne (Präferenzniveau) insgesamt.
* Basis der Messung: Aufschwungphase.
** AfG-Markt = Markt für alkoholfreie Erfrischungsgetränke.

Mit diesem durchaus realitätsbezogenen, wenn auch etwas formalisiertem *Beispiel (Abb. 351)* soll vor allem folgendes skizziert werden:

- Markenimages haben in der Regel *sowohl* objektive *als auch* subjektive Stützen.
- *Beide* Stützen zusammen determinieren das Präferenzniveau insgesamt.
- In der *Aufschwungphase* verfügt die *Marke III* über die höchste Präferenzspanne: die Prestige-Positionierung trifft in hohem Maße die Erwartungshaltung einer großen Zielgruppe und übertrifft damit deutlich die Präferenzstärke der Marke I mit ihrer hauptsächlich wirkungsbezogen angelegten Positionierung. Die Marke II, die keinen eindeutigen Profilierungsschwerpunkt hat, weist - eine häufig gemachte Erfahrung - insgesamt die geringste Präferenzspanne auf.
- In der „grundnutzen-orientierten" *Rezessionsphase* jedoch besitzt nicht mehr die Marke III, sondern die *Marke I* aufgrund einer Einstellungsänderung der Konsumenten ein stärkeres, jetzt deutlich durchschlagendes Grundnutzenprofil. Auf diese Weise hat sich die Ausgangsstellung der Marke I in der Rezession quasi automatisch verbessert.

Zumindest dort aber, wo die Präferenz einer Marke bisher überwiegend auf subjektiven Elementen beruht, wird andererseits eine an sich anzustrebende Umpositionierung mehr in Richtung Grundnutzen schwierig bzw. vielfach nicht ohne weiteres möglich sein. Insoweit steht jedes Unternehmen, das rezessions-prophylaktisch operieren will, vor der *grundlegenden* Frage, ob es gegenüber Konjunkturschwankungen nicht mit wenigstens *zwei* Marken agieren muß: einer hochpreisigen, entsprechend ausgelobten Aufschwungmarke (A-Marke) und einer niedrigpreisigen, rezessionsgeeignet profilierten Zweitmarke (B-Marke).

Das entscheidende Problem besteht allerdings darin, daß Marken im Grunde *durchgängig* aufgebaut und gepflegt werden müssen, und zwar unabhängig von der jeweiligen Konjunkturkonstellation. Insofern müßte eine solche Zwei-Marken-Strategie darauf gerichtet sein, zwar je nach **Konjunkturphase** entweder die A- oder die B-Marke zu forcieren, beide Marken aber auf jeden Fall immer *parallel* am Markt anzubieten. Insgesamt ist bei einem solchen rezessions-prophylaktischen Marken-/ Programm-Konzept jedoch zu berücksichtigen, daß sich bei B-Marken speziell in Rezessionsphasen *vielfach* das Problem stellt, daß sie dann gar nicht – jedenfalls betriebswirtschaftlich vertretbar – so preiswert angeboten werden können wie ausgesprochen preis-mengen-orientierte Billigstangebote (sog. Auch-Marken).

Alle marken- und kommunikationspolitischen Aktivitäten des Unternehmens müssen gerade auch in der Rezession – das ist das Fazit unserer Überlegungen – auf die **Bestätigung** bestehender Zielgruppen einerseits (= Verstetigung von markentreuen Routinekäufern) und die **Gewinnung** „marken-heimatloser" Konsumenten aufgrund rezessionsbedingter Verunsicherung andererseits gerichtet sein. Besondere Bedeutung im Sinne des Bietens einer echten Markenheimat kommt dabei auch prophylaktischen PR-Maßnahmen bzw. Maßnahmen zur Schaffung einer klaren Corporate Identity des Unternehmens zu.

- **Übergeordnete Marketing- und Unternehmensstrategien:**

Übergeordnete Marketingstrategien gehen in ihrem rezessions-strategischen Ansatz über den eigentlichen Marketingbereich bereits hinaus. Sie implizieren in einem noch weit höheren Maße als alle bisher angesprochenen Rezessionsreaktionen bzw. -aktionen auch Entscheidungen und Konsequenzen in den *übrigen* Unternehmensbereichen. Solche Strategien komplizieren somit gravierend den Entscheidungsrahmen und damit auch die Entscheidungssituation selbst. Für Entscheidungen dieser Art gibt es – das ist charakteristisch – in der Regel *keine* entsprechenden „Vorerfahrungen" des Unternehmens; insoweit entspricht das Verhaltensmuster solcher Aktionsweisen weitgehend der **innovativen Problemlösung**. Das heißt nicht zuletzt, Entscheidungen dieser Kategorie bieten alle Chancen, aber auch alle Risiken, wie sie für originäre Lösungen im Unternehmen typisch sind.

Was derartige übergeordnete, rezessionsorientierte Strategien angeht, so wollen wir uns hier speziell auf *zwei* Hauptanknüpfungspunkte konzentrieren:

- **Diversifikationsstrategien** einerseits und
- **multinationale (internationale) Strategien** andererseits.

Was die möglichen Produkt/Markt-Kombinationen (Marktfeldstrategien) des Unternehmens betrifft (vgl. hierzu auch S. 123 ff.), so bestehen grundsätzlich *vier* verschiedene Möglichkeiten. Sie determinieren jeweils bestimmte Strategierichtungen. Betrachtet man diese vier Strategierichtungen oder Wachstumsvektoren unter der Eignung der Rezessionsprophylaxe, so wird deutlich, daß vor allem die **Diversifikation** die Möglichkeit bietet, Produkt/Markt-Kombinationen zu wählen, die sich in ihren konjunkturbedingten Absatzschwankungen möglichst *gegenläufig* verhalten (zumindest aber ein anderes Schwankungsprofil aufweisen), so daß in der Rezession die Absatzrückgänge im traditionellen Produkt/Markt-Feld des Unternehmens (teil-)-*kompensiert* werden durch entsprechende Absatzzunahmen im (in) neuen diversifizierten Produkt/Markt-Feld(ern). Echte gegenläufige und damit sich gegenseitig ausgleichende Absatzverläufe sind dabei im Prinzip nur von der *lateralen* Diversifikation zu erwarten.

Der rezessions-strategische Ansatz besteht mit anderen Worten darin, das Programm eines Unternehmens konjunktur-orientiert so zu diversifizieren, daß *nicht alle* Programmteile (Geschäftszweige) *gleichzeitig* vom Abschwung erfaßt sind. So hat die *Thyssen AG* beispielsweise auch unter diesem Aspekt neben dem Stahlgeschäft, das konjunkturell besonders sensibel ist, das *Maschinenbau*geschäft und das *Handels- und Dienstleistungs*geschäft forciert.

Conglomerative Strategien (vgl. hierzu auch die Darlegungen auf S. 142 f.) bestehen unter diesem Bezug dann in erster Linie darin, eine Vielzahl verschiedenartiger Operations- bzw. Marktfelder in einem Unternehmen (Holding) zu bündeln, um damit vielfache Ausgleichsmöglichkeiten zu realisieren.

Rezessionsorientierte Marketingstrategien können aber auch darin bestehen, sich von den konjunkturellen Eigenarten des Heimat- oder Stamm-Marktes *unabhängiger* zu machen. **Multi- oder internationales Marketing** ist in dieser Hinsicht dann etwa darauf gerichtet, zusätzliche unternehmerische Aktivitäten in Ländern mit möglichst anders gearteten Konjunkturschwankungen – sowohl was die Dauer einzelner Phasen als auch ihre Intensität betrifft – zu entfalten.

Übernationale Strategien haben – wie bereits im 2. Teil herausgearbeitet – eine Vielzahl von Ausgangspunkten. Sie sind vor allem für Unternehmen angezeigt, die sich in ihrem nationalen Stammgebiet einem nur noch schwach wachsenden oder gar gesättigten Markt gegenübersehen. Übernationale Strategien entspringen somit in hohem Maße dem Streben nach *weiterem* Wachstum und damit auch der Gewinnsicherung. *Relativ neu* sind jedoch auch Gesichtspunkte des **Konjunkturausgleichs,** wenngleich in allerjüngster Zeit die „Internationalisierung" der Konjunkturschwankungen, z. B. Rezessionsphasen zur gleichen Zeit in allen wichtigen westlichen Ländern, die Möglichkeiten dieser Art der Rezessionsprophylaxe *eingeschränkt* haben.

Insoweit bedürfen heute multi- oder internationale Strategien unter dem Gesichtspunkt des Konjunkturausgleichs einer besonderen Prüfung, weil eine „Automatik" dieses Ausgleichs angesichts weltwirtschaftlicher Strukturveränderungen für absehbare Zeit beeinträchtigt scheint.

Was die Aktivitäten der Rezessionsprophylaxe in ihrer Gesamtheit betrifft, so greifen sie bereits über die Ebene des Marketingmix – d. h. also über den primär taktischen Bereich – deutlich hinaus. Sie führen gleichsam auf die Ebene der Marketingstrategien zurück; so gesehen ergeben sich hierbei entsprechende **Rückkoppelungseffekte.** Das gilt in ganz besonderem Maße für solche übergeordneten, strukturellen Maßnahmen wie Diversifikation oder multi- bzw. internationales Marketing.

c) Marktphasen-Orientierung (zum Problem stagnierender bzw. schrumpfender Märkte)

Die Diskussion der Möglichkeiten des Rezessionsmarketings hat zuletzt auch die **strategische Dimension** dieses Fragenkomplexes offengelegt. Abschließend soll hier nun noch auf Grundfragen des Marketings bei stagnierenden bzw. schrumpfenden Märkten eingegangen werden, deren Behandlung aufgrund entsprechender Entwicklungen in vielen Märkten immer *wichtiger* wird und wobei sich ebenfalls wesentliche, bereits bekannte strategische Dimensionen zeigen.

Inzwischen wird dieses **Problem stagnierender Märkte** auch in der Literatur zunehmend thematisiert (vgl. u. a. *Hamermesh/Silk,* 1979 bzw. 1980; *Hahn,* 1981; *Meffert,*

II. Stufen und Orientierungspole des Marketingmix

1983b, 1984a und b; *Meffert/Walters*, 1984; *Bauer*, 1988). Insbesondere in den USA hat man sich - gestützt durch empirische Untersuchungen - diesem Fragenkreis zugewandt (*Harrigan/Porter*, 1983 bzw. 1987 sowie *Harrigan*, 1988 bzw. 1989).

Dabei ist das Problem stagnierender Märkte zunächst durchaus mit dem Problem rezessiver Märkte insoweit *verwandt*, als es auch hier um Märkte mit **Wachstumsschwierigkeiten** geht. Der Fall stagnierender Märkte unterscheidet sich vom Fall rezessiver Märkte aber dadurch, daß bei stagnierenden Märkten *nicht* die gesamte Volkswirtschaft (wie bei der Rezession) von Nachfragerückgängen gekennzeichnet ist und damit Ausstiegs- wie Umorientierungsstrategien *weniger* erschwert sind (*Scholz*, 1987, S.238). Insgesamt können Stagnation einerseits und Rezession bzw. Depression andererseits wie folgt abgegrenzt werden (siehe *Abb.352*, *Scholz*, 1984, S.17).

Abb.352: Grundcharakteristik von Stagnation, Rezession und Depression

Stagnation	Rezession	Depression
• Kurzfristiges und/oder • auf einzelne Segmente beschränktes • Nullwachstum	• Mittelfristiger und • wesentliche Branchen betreffender • Geschäftsrückgang	• Langfristiger und • die gesamte Volkswirtschaft betreffender • Marktzusammenbruch

Der gewichtige Unterschied zwischen Stagnation und Rezession besteht insoweit darin, daß sich bei **Stagnation** im Prinzip *zwei* Basisstrategien anbieten:

- **Ausstiegsstrategie** (= *Trennung* vom betroffenen Bereich durch dessen Verkauf),
- **Umorientierungsstrategie** (= *Verbleiben* im betroffenen Bereich durch gezieltes Redefining).

In *Rezessions*phasen sind beide Strategien dagegen stark *erschwert*, weil es aufgrund der schwachen Konjunktur sowohl wenige Interessenten für abzugebende Geschäftsbereiche (Unternehmen) als auch wenig Aufnahmebereitschaften für neue, differenzierte Angebote des Unternehmens gibt (es sei denn, sie sind spezifisch rezessionsorientiert, vgl. hierzu auch die Darlegungen speziell zur Rezessions*prophylaxe* auf S. 540f.).

Die Möglichkeiten einer Ausstiegsstrategie bei *stagnierenden* Märkten sind in hohem Maße abhängig von den **Austrittsbarrieren** eines Marktes. Dabei können sechs zentrale Barrieren unterschieden werden (*Porter*, 1984, S.327ff.; *Scholz*, 1987, S.107f. bzw. im einzelnen *Harrigan*, 1989, S.100ff.):

(1) **Wechselseitige Abhängigkeit** (Verlust von Verbundeffekten bei Rückzug aus einer(m) Geschäftseinheit/Markt)
(2) **Vorhandene Spezialanlagen** (Aussicht auf nur geringe Liquidationserlöse, weil Interessentenkreis zu klein)
(3) **Verschlechterung des Kapitalmarktzuganges** (Kreditwürdigkeit des Unternehmens leidet, wenn aufzugebender Bereich gemessen am Gesamtumsatz zu groß)

(4) **Höhe der Austrittskosten** (wenn z.B. Konventionalstrafen aufgrund langfristiger Verträge, Sozialplan- oder auch Garantieleistungen auf Produkte zu hoch)
(5) **Soziopolitische Barrieren** (wenn politischer Druck zur Erhaltung der Geschäftseinheit zu hoch oder verlangte Zugeständnisse inakzeptabel)
(6) **Emotionale Barrieren** (Weigerung zum Eingeständnis des Mißerfolgs, persönliche Identifikation mit aufzugebendem Bereich)

Was die Austrittsbarrieren angeht, so können solche hoher und niedriger Art unterschieden werden. Dabei ergeben sich auch Beziehungen zu den (ursprünglichen) **Eintrittsbarrieren** (siehe *Abb. 353, Scholz,* 1987, S. 130 f.).

Abb. 353: Konstellationen von Marktbarrieren

		Austrittsbarrieren	
		niedrig	hoch
Eintritts-barrieren	niedrig	I „Flohmarkt"	II „Mausefalle"
	hoch	III „Goldgrube"	IV „Goldener Käfig"

Was die **Eigenschaften** dieser *vier* Konstellationen betrifft, so sind sie wie folgt gekennzeichnet:

- *Konstellation I* („Flohmarkt"): niedrige Eintrittsbarrieren und niedrige Austrittsbarrieren bieten hohen Anreiz für den Markteintritt und führen damit zu eher niedrigen Gewinnchancen.
- *Konstellation II* („Mausefalle"): niedrige Eintrittsbarrieren lassen ebenfalls nur geringe Gewinne realisieren, der Rückzug aber ist erschwert.
- *Konstellation III* („Goldgrube"): für den, der die hohen Eintrittsbarrieren überwindet, bieten sich hohe Gewinnchancen, und zwar ohne Rückzugsrisiko.
- *Konstellation IV* („Goldener Käfig"): auch hier bieten sich vergleichsweise hohe Gewinnchancen, allerdings mit dem Nachteil hoher Austrittsbarrieren.

Es zeigt sich somit, daß die Austrittsmöglichkeiten und -zwänge aus einem Markt jeweils von den **Ursprungsbedingungen** mit abhängen. Je niedriger nämlich die Eintrittsbarrieren (ursprünglich) waren, umso mehr Anbieter gehören in der Regel später einem Markt an. Je mehr Anbieter in einem Markt aber tätig sind, umso *schwieriger* ist die Realisierung einer mehr passiven „Strategie der letzten Überlebenden", weil erst zu viele andere den Markt verlassen müssen bzw. sich neue Aktivitäten suchen müssen, ehe der Markt wirksam zu Gunsten des eigenen Verbleibens *entlastet* wird.

Insoweit sind Unternehmen in stagnierenden Märkten angesichts vielfach bestehender relativ *hoher* Austrittsbarrieren und/oder mangelnder anderer Aktivitäten gezwungen, strategisch-offensive **Weiterführungsstrategien** zu verfolgen. Das aber bedeutet die konsequente Ausschöpfung strategischer und instrumentaler **Reserven** im engeren Sinne wie das Finden neuer Wachstumssegmente (bzw. Ausdehnung des *relevanten* Marktes, vgl. auch S. 374 ff.) in Verbindung mit einer *hoch*-innovativen Produkt-/Programmpolitik bei gleichzeitiger Effizienzsteigerung etwa im Produktionsbereich bzw. entsprechender Kostensenkungsprogramme (siehe hierzu auch *Winterling*, 1984, S.320f.). Darüber hinaus besteht ein entscheidender Ansatz in der Ausschöpfung aller *strategischer* Reserven im weiteren Sinne, d.h. konsequente Ausschöpfung aller sinnvollen, markt- und phasenadäquaten strategischen Optionen (vgl. hierzu auch die Analysen zur horizontalen Strategieentwicklung auf S.295ff.).

Insofern kann man sagen, daß das – vor allem strategische – Marketing in stagnierenden Märkten im Grunde *kein* Marketing (völlig) *eigener* Art ist, sondern daß es hierbei darauf ankommt, die strategischen Reserven des Unternehmens vor allem einschließlich der Möglichkeiten **systematischer Strategieentwicklung** konsequent zu nutzen. Das strategische Grundkonzept der *vier* unterschiedenen Strategieebenen (1. Marktfeld-, 2. Marktstimulierungs-, 3. Marktparzellierungs- und 4. Marktarealstrategien) enthält also bereits *implizit* den „Sonderfall" stagnierender Märkte (bzw. rückläufiger oder schwach wachsender Märkte als „umgebende Fälle"). Das zeigt sich auch bei den für diesen Fall vorgeschlagenen Strategieansätzen von *Winterling* (*Winterling*, 1984, S.323ff.) und wird besonders deutlich anhand typischer Strategien bzw. ihres entsprechenden Marketinginstrumenten-Einsatzes, wie das etwa *Meffert/Walters* entworfen haben (vgl. hierzu *Abb.354, Meffert/Walters*, 1984, S.158; siehe auch *Ohlsen*, 1985; *Belz*, 1989, S.213ff.).

Jenseits dieses präskriptiven, strategie-differenzierten Marketinginstrumenteneinsatzes (vgl. *Abb.354*) hat sich damit zugleich gezeigt, daß das von uns gewählte **Strategieraster** (und seine strategisch-inhaltlichen Grundmuster sowie Evolutionsformen) nicht nur den *wettbewerbs*strategischen Ansatz (vgl. hierzu auch die Begründungen im Rahmen der wettbewerbsstrategischen Analysen auf S.308ff.), sondern auch den *stagnations*strategischen Ansatz enthält. Im übrigen ist es kein Zufall, daß gerade stagnationsorientierte Strategien *primär* an der marktstimulierungsstrategischen Ebene (= Art und Weise der **Beeinflussung von Märkten**) anknüpfen (vgl. S.153ff.).

Mit diesen Darlegungen wollen wir die grundlegenden *inhaltlichen* Fragen und Ansatzpunkte des Marketingmix (einschließlich ihrer strategischen Bezüge) soweit abschließen. Im folgenden Abschnitt sollen allerdings noch einmal die wichtigsten Ergebnisse und Einsichten zusammenfassend gewürdigt werden.

5. Zwänge und Spielräume der Mixgestaltung

Das Problem des Marketingmix wird bislang sowohl in der allgemeinen Marketingliteratur als auch insbesondere in speziellen Veröffentlichungen *eher* formal diskutiert, d.h. es wird dort primär als quantitativ zu begreifendes bzw. als verfahrenstechnisch zu lösendes Kombinationsproblem (OR-Problem) behandelt. Qualitative Gesichtspunkte dieser Fragestellung bleiben dagegen bisher vielfach unberücksichtigt bzw. gehen doch zumindest stark unter. Gerade hier haben wir bei der Behandlung des Marketingmix anzuknüpfen versucht und die **inhaltliche Problematisierung** bewußt in den Vordergrund gerückt. Damit sollten keineswegs die quantitativen Dimensionen des Mixproblems negiert oder auch nur untergewichtet werden (vgl. hierzu auch die noch folgenden Darlegungen zu den Modellen und Kalkülen der

Abb. 354: Typischer Strategien- und Marketinginstrumenten-Ansatz in stagnierenden Märkten

Marketinginstrumente		*Kostenführerschaft** (auf dem Gesamtmarkt oder in der Nische)	*Differenzierung*** (Qualitätsführerschaft auf dem Gesamtmarkt oder in der Nische)
Produkt- und Sortimentspolitik	Sortiment	Produktrationalisierung durch Wertanalyse; Programmbereinigung durch Produkteliminierung	Produktdifferenzierung und Sortimentsabrundung
	Innovation	vorwiegend Prozessinnovationen	vorwiegend Produktinnovationen; Schaffung von Angebotsinnovationen
	Kundendienst	Minimierung von Kundendienstleistungen durch Entwicklung von Produkten mit geringem oder keinem Servicebedarf (z. B. Wegwerfprodukte)	Verstärkung der kundendienstpolitischen Aktivitäten
	Markierung	Konzentration auf eine oder wenige starke Einzelmarken	Verwendung von Dachmarkenstrategien
Preispolitik		Preisreduzierungen entsprechend den mengen- und rationalisierungsbedingten Kostensenkungen	Ausnutzung der Preisbereitschaft der Konsumenten durch eine Hochpreispolitik sowie durch Preisdifferenzierung
Kommunikationspolitik		Umsetzung des Strategieschwerpunkts „Preisgünstigkeit" durch standardisierte Zielgruppenansprache über Massenmedien (in Zukunft verstärkt über Satellitenfernsehen)	Umsetzung des Strategieschwerpunkts „Qualität" durch differenzierte Zielgruppenansprache über zielgruppenadäquate Medien sowie über Direktwerbung (in Zukunft verstärkt über Bildschirmtext)
Distributionspolitik	Distributionskonzept	intensive oder selektive Distribution (Selektionskriterium: Abnahmemengen)	exklusive oder selektive Distribution (Selektionskriterium: Einkaufsstättenimage)
	Kooperation mit dem Handel	in erster Linie zur Reduzierung von Distributionskosten	enge, umfassende Kooperation auf der Basis vertraglicher Vertriebssysteme; insbesondere über Franchisesysteme
	Direktvertrieb	wegen der Notwendigkeit einer breiten Distribution durch eigene Verkaufsstellen der Hersteller kaum finanzierbar. Vertrieb über Versandaktivitäten (in Verbindung mit BTX) erwägenswert.	bei exklusiven und erklärungsbedürftigen Produkten durch eigene Verkaufs- und Beratungsstellen der Hersteller zweckmäßig

* Entspricht im Prinzip der *Preis-Mengen*-Strategie ⎫ = 2. Strategieebene:
** Ist im Prinzip identisch mit der *Präferenz*-Strategie ⎭ Marktstimulierungsstrategien

Marketingmix-Bestimmung). Es kam uns lediglich darauf an, bisher vernachlässigte materiell-differenzierende Aspekte besonders transparent zu machen, die im übrigen gerade *auch* für den „Modellbauer" von Entscheidungsmodellen (OR-Modellen) relevant sind, wenn praxisrelevante Modellkonstruktionen entworfen werden sollen.

a) *Differenzierungszwänge des Marketingmix*

Was die in den Vordergrund der Darstellung gerückte inhaltliche Seite des Marketingmix betrifft, so wurde besondere Aufmerksamkeit vor allem den *verschiedenen* Differenzierungs- und Konkretisierungsebenen dieser marketingpolitischen Gestaltungsaufgabe gewidmet. In dieser Hinsicht haben wir zunächst einmal die Vorstellungen der **Submix-Bildung** zu erweitern gesucht, und zwar durch die Unterscheidung eines *intra*-instrumentalen und *inter*-instrumentalen Submix. Dabei wurde vor allem die spezifische Rolle des inter-instrumentalen (d.h. bereichsübergreifenden) Submix herausgearbeitet und zugleich die zentrale Bedeutung *struktur*-bestimmender Marketinginstrumente erkannt.

Darüber hinaus wurden wichtige **Basisdifferenzierungen** der Mixgestaltung herausgearbeitet, und zwar über bisherige allgemeine Branchendifferenzierungen hinaus spezifische strategiebedingte wie auch betriebstypologisch verursachte Differenzierungsnotwendigkeiten des Marketingmix. In diesem Zusammenhang wurde vor allem noch einmal die tragende **Rolle von Marketingstrategien** für die Determinierung konsistenter Marketing-Konzeptionen insgesamt deutlich.

Was die eigentliche Konkretisierung des Marketingmix angeht, so wurde zunächst am *produkt-analytischen* Ansatz – der auch als eine bestimmte Renaissance des waren-typologischen Ansatzes der klassischen Absatzlehre aufgefaßt werden kann[10] – angeknüpft. Dabei wurde erkannt, daß die jeweiligen **Produktcharakteristika** die Instrumentalwahl im Rahmen des Marketingmix stark „vorstrukturieren". Darüber hinaus wurde herausgearbeitet, daß die Gestaltung des Marketingmix auch unter dem Aspekt des Instrumentalverbundes (speziell bei Mehrproduktunternehmen) erfolgen muß, d.h. bisherige Festlegungen des Marketingmix für bereits bestehende Produkte eröffnen Chancen oder determinieren ggf. auch Restriktionen bei der Mixgestaltung für neue Produkte. Und schließlich haben wir die Determinierung des Marketingmix auch unter dem Gesichtspunkt der beiden grundlegenden **Marktebenen** (= Verbraucher und Absatzmittler) diskutiert und problematisiert. Dieser Marktebenen-Ansatz – und zwar *speziell* bezogen auf die Absatzmittler – hat vor allem angesichts der veränderten Absatzmittlerseite (starke Konzentration, Bemühen um die Verwirklichung eigener (Marken-)Konzepte) neuerdings ein ganz besonderes Gewicht im Rahmen der Marketingmix-Gestaltung erhalten. Der Marketingmix erweist sich so gesehen als ein äußerst *filigranes* Kombinationsproblem.

Ein entscheidender Mangel der bisherigen Diskussion des Marketingmix besteht im übrigen darin, daß bislang **zeitliche Dimensionen** (Phasenaspekte) nicht genügend

---

[10] Vgl. in diesem Zusammenhang u.a. auch die Wahl dieses Ansatzes im Investitionsgüter-Marketing bei *Engelhardt/Günter*, 1981.

berücksichtigt worden sind. Zwar wird heute generell das Lebenszyklusproblem im Rahmen der Produktpolitik behandelt; die Lebenszyklusfrage wird aber noch *nicht* hinreichend unter dem Aspekt des gesamten Marketingmix thematisiert. Hier haben wir zunächst anzuknüpfen gesucht und typische lebenszyklus-bezogene Phasenzwänge des Marketingmix herausgearbeitet. In diesem Zusammenhang wurde auch die „Nachahmungsmechanik" am Markt zu präzisieren versucht. Darüber hinaus haben wir einen *zweiten* wichtigen Ansatz phasenspezifischer Betrachtungsweise in die Diskussion des Marketingmix einzuführen versucht, nämlich die *Konjunkturphasen*-Orientierung des Marketingmix, und zwar dargestellt am heute besonders relevanten Fall der Rezession, für den drei grundlegende Maßnahmenmuster identifiziert wurden.

Neben der Darstellung der verschiedenen Differenzierungsansätze bei der Marketingmix-Gestaltung – die auch als unterschiedliche „Mixebenen" des Komplexproblems Marketingmix aufgefaßt werden können – soll nun noch abschließend auf eine spezielle Problematik des Marketingmix näher eingegangen werden, nämlich auf die Grundfrage taktischer Spielräume und ihrer Grenzen.

b) Taktische Spielräume des Marketingmix

Der Marketingmix bzw. der dahinter stehende Marketinginstrumenteneinsatz kann nach *Kotler* auch als die „taktische Komponente der Strategie" (o.V., 1977, S.36) aufgefaßt werden. Marketinginstrumente stellen insoweit jene Maßnahmen bzw. Mittel dar, mit deren Hilfe Strategien überhaupt erst *realisiert* werden können; sie sind mit anderen Worten jene konkreten Gestaltungsmöglichkeiten („Exekutivmittel", o.V., 1980, S.20), die dem eigentlichen Agieren bzw. Reagieren des Unternehmens am Markt zugrundeliegen.

Strategien strukturieren hierfür zugleich notwendige unternehmenspolitische Leitlinien, auf denen konsequenter Marketinginstrumenten-Einsatz aufbaut. Sie markieren quasi die „Kanäle", innerhalb derer ziel- und strategieadäquates Operieren am Markt allein sinnvoll bzw. möglich ist. Insoweit bestehen ausgeprägte Beziehungen, ja sogar *wechselseitige* Abhängigkeiten (Interdependenzen), zwischen den Marketingstrategien einerseits und dem Marketingmix andererseits.

Durch jene strategische Kanalisierung des Marketinginstrumenten-Einsatzes wird gleichsam auch der **Spielraum** marketingpolitischen Handelns determiniert. Das heißt mit anderen Worten, *innerhalb* vorgegebener Rahmenrichtlinien kann zunächst marketing-taktisch frei operiert werden (=marketing-taktischer Spielraum).

Die Problematik des taktischen Spielraums (und seiner Grenzen) beginnt andererseits dort, *wo* wichtige Säulen des strategischen Fundaments gefährdet werden. Das ist meistens dann der Fall, wenn taktische Spielräume *quantitativ* überstrapaziert werden (z.B. bei präferenz-strategischem Konzept eine zu starke Häufung von Verkaufsförderungsaktionen insgesamt) oder *qualitativ* einseitig umgedeutet werden (z.B. bei präferenz-strategischem Konzept die Verlagerung des Verkaufsförderungskonzepts primär auf reine Preisaktionen). Auf diese Weise können sich die strategischen Säulen bzw. ihre Wirkmechanismen auf Dauer grundlegend ändern (im gewählten präferenz-strategischen Beispiel etwa **Erosionserscheinungen** bei der Markenpräferenz (Markenimage) und damit bei der Ausschöpfung „monopolistischer" Preisspielräume). Das heißt mit anderen Worten, es besteht dann die Gefahr des Abrutschens in ein an sich *nicht* gewolltes preis-mengen-orientiertes Konzept, mit der Folge seiner Irreversibilität aufgrund nicht wieder zu „reparierender" Markenschäden.

Insoweit ist der Marketinginstrumenten-Einsatz stets auf seine jeweilige **Strategieverträglichkeit** hin zu prüfen, und zwar im Prinzip unter *drei* Aspekten:

- Verträglichkeit **des Instrumentes an sich,**
- Verträglichkeit **spezifischer Ausprägungen des Instrumentes,**
- Verträglichkeit **der Häufigkeit des Instrumenteneinsatzes** (genereller bzw. spezifischer Ausprägung).

Angesichts des verstärkten Wettbewerbs in vielen Märkten bestehen heute vielfach **Zwänge**, alle nur denkbaren Marketinginstrumente (also auch bisher nicht eingesetzte „Reserveinstrumente") zu nutzen. Auch konsequente *präferenz*-strategische Konzepte kommen heute z. B. ohne gezielte **Verkaufsförderungsaktionen** nicht mehr aus (und Verkaufsförderungsaktionen sind heute mit präferenz-strategischen Konzepten durchaus verträglich). Andererseits kommen für solche Konzepte nicht alle Formen bzw. Ausprägungen von Verkaufsförderungsinstrumenten in Betracht. Als kritisch sind nach wie vor solche Verkaufsförderungsaktionen anzusehen, die mit starken Preisanreizen operieren (= preisorientierte Promotions), weil sie allzu leicht das präferenz-orientierte **Preisniveau** gefährden können. Inzwischen können sich aber selbst Mußmarken aufgrund der Markt- und Einkaufsmacht des Handels Forderungen nach preisorientierten Promotions *nicht völlig* entziehen. Demnach setzt eine systematische Markenpflege zumindest eine **strenge Begrenzung** solcher Preis-Promotions innerhalb eines Verkaufsjahres voraus (im Idealfalle nicht mehr als vier bis sechs solcher Promotions pro Jahr, was bei entsprechender zeitlicher Mischung dieser Aktionen bei den einzelnen Handelsorganisationen durchaus zu über das *ganze* Jahr verteilten Preis-Promotions führen kann).

Beim Instrumenteneinsatz sind deshalb jeweils drei verschiedene **Verträglichkeitsstufen** zu prüfen bzw. zu berücksichtigen (vgl. *Abb. 355*).

Diese Darstellung *(Abb. 355)* verdeutlicht *modellhaft*, daß preisorientierte Verkaufsförderungsaktionen zwar grundsätzlich präferenz-strategie-verträglich sind, aber nur bis z. B. maximal sechs solcher Promotions pro Jahr. Die Strategieverträglichkeit kann dabei *phasenweise* unterschiedlich sein bzw. differenziert betrachtet werden. So wird z. B. die Strategieverträglichkeit von Preis-Promotions in der Phase t_2-t_3 etwa wettbewerbsbedingt als *höher* eingeschätzt als in der Phase davor. Im Produktlebenszyklus einer Marke kann sich insoweit – phasen- und wettbewerbs-spezifisch – die Strategieverträglichkeit einzelner Instrumente, ihrer Ausprägungen und/oder ihrer Einsatzhäufigkeit *ändern* (= situative Komponente strategieverträglichen Instrumenten-Einsatzes). Damit sind wichtige *restriktive* Fragen des taktischen Marketinginstrumenten-Einsatzes angesprochen.

Umgekehrt können aus taktischen Maßnahmen bzw. ihren Wirkungen aber auch Anstöße für bestimmte *positive* Strategieänderungen ausgehen, die zwar ursprüng-

Abb. 355: *Strategieverträglichkeit und Strategieunverträglichkeit von Marketinginstrumenten (einschließlich Ausprägung und Häufigkeit des Einsatzes)*

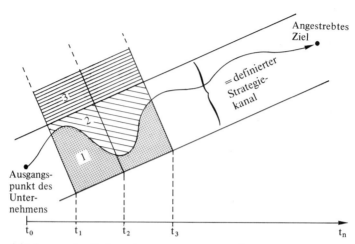

1 = Verkaufsförderung *ohne* Preisanreize
2 = Verkaufsförderung *mit* Preisanreizen *bis* zu 6 × pro Jahr } = innerhalb des Strategiekanals
3 = Verkaufsförderung *mit* Preisanreizen *mehr* als 6 × pro Jahr = außerhalb des Strategiekanals

lich so nicht beabsichtigt waren, sich aber nachträglich dennoch als besonders zielkonform erweisen können. Damit sind etwa bestimmte **Evolutionsformen** strategischer Grundkonzepte angesprochen, und zwar aufgrund bestimmter Entwicklungen im Zeitablauf. Diese „strategische" Dimension bestimmter taktischer Maßnahmen ist beispielsweise bei der Diskussion rezessionsorientierter Marketingaktivitäten offenkundig geworden (vgl. hierzu auch die Darlegungen auf S. 535 ff.). Speziell anhand rezessionsprophylaktischer Maßnahmen konnte aufgezeigt werden, daß sie bereits *strukturierende,* künftiges Marketinghandeln stark bindende Konfigurationen darstellen. Sie können auch als bestimmte Veränderungen (Ergänzungen) des ursprünglichen Marketing-Konzepts angesehen werden (z. B. Entwicklung eines speziellen rezessionsadäquaten Produktprogramms nach Art und Preisstellung unter einer neuen Marke, ggf. mit einer Vermarktung über spezielle Absatzkanäle sowie einer spezifischen rezessionsorientierten kommunikativen Auslobung = *zusätzliches* „Abschwung-Marketingkonzept"). Dieses zusätzliche Konzept bedarf jedoch einer entsprechenden Absicherung und sinnvollen Einfügung in das *bisher* verfolgte Konzept.

Das Problem taktischer Spielräume des Marketingmix kann insofern unter *zwei* verschiedenen Gesichtspunkten gesehen bzw. gewürdigt werden. In dieser Hinsicht kann generell folgendes herausgestellt werden:

(1) die **Notwendigkeit** klarer strategischer Vorgaben, die zwar taktisches Marketinghandeln zulassen, es aber zugleich auch eindeutig abstecken, um Strategie*erosionen* zu vermeiden,

(2) die **Zulässigkeit** „strategischer" Anregungen aus dem marketing-taktischen Bereich, um Strategie*evolutionen* zu ermöglichen.

Taktische Spielräume im Marketingmix sind so gesehen ein steuerungsbedürftiges, zugleich aber *unverzichtbares* Element der unternehmerischen Marketingpolitik. Sie ermöglichen vor allem auch eine „flexible response" auf situative Momente des Marktgeschehens.

Alle aufgezeigten Dimensionen (Facetten) des Marketingmix verdeutlichen, daß die Mixgestaltung nicht in erster Linie ein formal-rechenhaftes, *sondern* zunächst einmal ein äußerst differenziertes inhaltliches Problem darstellt. Diese Einsichten sind – wie bereits eingangs betont – nicht zuletzt sowohl für die Konstruktion als auch die Wahl angemessener Verfahren und Kalküle zur „Optimierung" des Marketingmix von *ganz* entscheidender Bedeutung.

Damit aber ist die Überleitung zum nächsten Abschnitt hergestellt, der einen Überblick über einschlägige Ermittlungs- und Entscheidungsmodelle sowie die Möglichkeiten und auch Grenzen ihres Einsatzes gibt. Dabei wird auch auf neuere Tendenzen bzw. Entwicklungen (u. a. Marketinginformationssysteme) näher Bezug genommen.

III. Modelle und Kalküle zur Marketingmixfestlegung

Im Rahmen der bisherigen Überlegungen standen die materiellen Grundfragen des Marketingmix im Vordergrund. Nachdem die *sach*ökonomischen Bezüge des Mixproblems nach den verschiedenen Dimensionen hin ausgeleuchtet worden sind, soll nunmehr auf grundlegende Verfahren und Kalküle zur Ableitung des Marketingmix eingegangen werden. Hierbei geht es um **verfahrens- und rechentechnische Fragen** der Bestimmung von Marketingaktivitäten zum Zwecke der Ziel- bzw. Strategierealisierung. Dafür steht grundsätzlich eine kaum übersehbare Fülle von Analyse- und Entscheidungsmethoden zur Verfügung (siehe auch *Porzelt*, 1982; *Rau*, 1985). Über diese Methoden kann und soll hier lediglich ein Überblick gegeben werden. Dabei entstehen allerdings nicht unerhebliche **Systematisierungsprobleme.**

In Anlehnung an *Kosiol* soll dabei zwischen *zwei* grundlegenden Modelltypen unterschieden werden, nämlich:

- den sog. *Ermittlungs*modellen einerseits und
- den sog. *Entscheidungs*modellen andererseits.

Während Ermittlungsmodelle darauf abzielen, bestimmte rechnerische Größen (Daten) für Entscheidungssituationen zu ermitteln, beziehen Entscheidungsmodelle eine bestimmte Entscheidungssituation mit ihren alternativen Möglichkeiten in das Kalkül mit ein und versuchen eine optimale Lösung des Kalkülsystems zu finden (*Kosiol*, 1961, S.322f.; zur Abgrenzungsfrage von Modellen siehe auch *Köhler*, 1975, Sp.2709ff.).

Im folgenden sollen zunächst grundlegende Ermittlungsmodelle für Marketingmix-Entscheidungen dargestellt und problematisiert werden.

1. Ermittlungsmodelle

Der Marketingmix stellt – wie bereits im Zusammenhang mit der Diskussion der sachökonomischen Fragestellungen betont – ein Komplexproblem dar. Der Kalkülisierung dieser Mix- oder Kombinationsaufgabe sind daher nicht unerhebliche Grenzen gesetzt. Gleichwohl ist die zielgerichtete, strategieadäquate Kombination der Marketinginstrumente zunächst einmal an adäquate Informationen gebunden.

Es geht mit anderen Worten also erst einmal um die Bereitstellung *zweckorientierten* Wissens für die Analyse bzw. Bewertung von Handlungsalternativen. Gerade im Marketing aber ist der Informationsstand stets *un*vollkommen, weil auf den Markt gerichtete Maßnahmen und ihre Auswirkungen nicht eine Abfolge mechanistischer Prozesse darstellen, sondern Marktleistungen (Markterfolge) stets auch Ausdruck von **Verhaltensweisen** der Abnehmer – und zwar sowohl der Endverbraucher als auch der Absatzmittler – sowie der Wettbewerber sind. Entscheidender Angelpunkt sind hierbei die Motivationen bzw. Handlungsweisen der Endverbraucher. Gerade sie lassen sich jedoch nicht in gesetzmäßigen Ablaufmustern einfangen, sondern sind in hohem Maße *individuell-situativer* Natur.

Aussagen über Marketinginstrumenten-Wirkungen haben demnach nur *stochastischen* Charakter, d.h. diese Wirkungen können nicht mit Sicherheit vorausbestimmt werden. Dennoch sind solche Informationen über wahrscheinliche Instrumentenwirkungen für den Prozeß der Marketingmixgestaltung unverzichtbar.

Für die Bestimmung des kombinierten Marketinginstrumenten-Einsatzes (Marketingmix) kommen primär *zwei* zentrale Analyse- bzw. Ermittlungsverfahren in Betracht:

(1) zunächst **Wirkungsanalysen und -prognosen** und
(2) darauf aufbauende **Planungs- und Kontrollrechnungen**.

Auf diese Verfahren soll im folgenden näher eingegangen werden.

a) Wirkungsanalysen und Wirkungsprognosen

Ein rationaler, zielorientierter Mitteleinsatz ist – trotz aller methodischer Probleme – an entsprechende Informationen über die Wirkungen marketingpolitischer Instrumente gebunden. Die Verteilung der Mittel sowohl auf die einzelnen Marketinginstrumente als auch (bei Mehrproduktunternehmen) auf die einzelnen Produkte ist nur *dann* ökonomisch sinnvoll gestaltbar, wenn versucht wird, **Instrumentalwirkungen** sichtbar zu machen.

Ausgangspunkt des marketingpolitischen Mitteleinsatzes bilden daher Wirkungsanalysen bzw. Wirkungsprognosen, die den Wirkungsbeitrag von Marketinginstrumenten transparent machen sollen. Unter Wirkungs*analysen* werden hier *zeitpunkt*bezogene Untersuchungen verstanden, welche die Wirkung geplanter Marketinginstrumente abzuschätzen versuchen. Darunter fallen vor allem spezielle Marktuntersuchungen (Tests) und Experimente, wie sie im Rahmen der Marktforschung üblich sind. Wirkungs*prognosen* versuchen demgegenüber – u.a. auf der Basis von Zeitreihenanalysen – die *mehrperiodigen* Wirkungen von Marketinginstrumenten modellhaft abzuleiten.

Wirkungsanalysen via typischer Marktforschungsmethoden

Im Rahmen der Markt- bzw. Marketingforschung sind eine ganze Reihe von Untersuchungsmethoden entwickelt worden, um Informationen über die Wirkung von Marketinginstrumenten zu gewinnen. Typisch hierfür sind sog. Tests, die vor allem in Verbindung mit der Produktentwicklung Einsatz finden. Bei der Produktentwicklung bestehen vielfach relativ große **Gestaltungsspielräume** hinsichtlich des Produktinneren (Produktqualität bzw. Funktionsleistung), des Produktäußeren (Form bzw. Design, Material, Farbe) sowie anderer wichtiger Gestaltungselemente wie Verpackung, Preis, Marke, aber auch der Werbung. Insbesondere mit Methoden der (mündlichen) Befragung – ggf. ergänzt um experimentelle und/oder beobachtende Untersuchungsansätze – werden in der Marketingpraxis zur Absicherung von Marketingentscheidungen folgende *typischen* Tests eingesetzt (*Berekoven/Eckert/Ellenrieder*, 1986, S. 312 ff.; *Rehorn*, 1977, S. 18 ff. oder auch *Green/Tull*, 1982, S. 528 ff.):

- **Produkttest,**
- **Verpackungstest,**
- **Preistest,**
- **Marken- bzw. Namenstest,**
- **Werbetest.**

Diese Tests werden sowohl *isoliert* als auch – je nach Ausgangslage – in bestimmter *kombinierter* Form durchgeführt. Während der Produkttest vor allem auf die *grundsätzliche* Akzeptanz bzw. Absatzfähigkeit (Messung der Kaufintention) verschiedener eigener Produktalternativen – meistens im Vergleich zu wichtigen Konkurrenzangeboten – abstellt, sind die anderen genannten Tests darauf gerichtet, *wirkungsstarke* Varianten bzw. entsprechende Verbesserungen der jeweils angesprochenen Marketinginstrumente zu identifizieren. Diese Tests werden heute meist auf der Basis relativ kleiner Stichproben (etwa 150–300 Versuchspersonen) durchgeführt. Formal-statistische Repräsentanz wird hier primär durch (tiefen-)psychologische Ausleuchtung der jeweiligen Fragestellungen „ersetzt". Dieser Ansatz entspricht der sog. qualitativen oder **psychologischen Marktforschung,** bei der methodisch u. a. das Tiefeninterview und projektive bzw. assoziative Verfahren im Vordergrund stehen sowie je nach Aufgabenstellung auch apparative Verfahren (wie z. B. Tachistoskop oder Schnellgreifbühne) herangezogen werden (*Salcher*, 1978, S. 35 ff.; zu den apparativen Verfahren siehe auch *Rehorn*, 1977, S. 62 ff.).

Die instrumenten-orientierte Markt- bzw. Wirkungsforschung ist insgesamt *nicht* als „Einmalforschung" (etwa vor Einführung eines neuen Produkts) zu verstehen, sondern sie ist im Prinzip eine *permanente,* den gesamten Produktlebenszyklus begleitende Aufgabe. *Abb. 356* verdeutlicht das anhand **typischer Untersuchungsansätze** in einzelnen Lebenszyklusphasen.

Die Aufgabe besteht demnach darin, die Marktforschung *phasen-gerecht* einzusetzen, denn nur auf der Basis solcher phasen-orientierter Daten kann konsequent der **phasen-adäquate Marketingmix** gestaltet werden.

Abb. 356: Marketinginstrumenten-orientierte Marktforschung und Produktlebenszyklus

	Vormarktphase	Einführung	Wachstum	Reife
Produkt- und Programmpolitik	Bedarfsanalyse/ Potentialschätzung/Zielgruppendefinition/ Test alternativer Produktkonzepte/Schwachstellenanalyse	Positionierung im Markt/Überprüfung der Zielgruppendefinition und Potentialschätzung/ Zufriedenheit und Kritik	Profilierung im Markt/Kontinuierliche Strukturbeobachtung/ Loyalität	Kontinuierliche Strukturbeobachtung/Überprüfung der Rahmenbedingungen/Ansätze zur Produktdifferenzierung
Preis- und Konditionenpolitik	Ermittlung von Preisschwellen	Messung von Preiselastizitäten/Überprüfung der Preisschwellen	Konkurrenzbeobachtung/ Möglichkeiten zur Preisanpassung	Chancen und Notwendigkeit für Preisdifferenzierung/Treueprämien/ Rabatte
Distributionspolitik	Ermittlung adäquater Vertriebswege (Image)/Standorte	Test alternativer Vertriebswege/ Erfahrungen der Absatzmittler und Überprüfung ihrer Aktivitäten/Optimale Warenplazierung	Kontinuierliche Beobachtung der Vertriebsstrukturen/Kapazitätsüberprüfung	Erschließung weiterer Vertriebswege
Kommunikationspolitik	Produktanmutung/Ermittlung der Kauf- und Verwendungsmotive/Nutzenerwartung/ Werbe-Pretest/ Mediaplanung	Werberesonanzuntersuchungen/Werbe-Post-Test/Werbeerfolgskontrolle/ Mediaoptimierung/Mitarbeiterschulung	Kontinuierliche Werbebeobachtung/Überprüfung des Schulungserfolgs	Entwicklung und Überprüfung von Folgekampagnen

Quelle: *Infratest* Wirtschaftsforschung.

Rolle und Varianten von Produktgestaltungstests

Je nach marketingpolitischer Aufgabenstellung werden ganz unterschiedliche Test-*formen* gewählt. Das kann vor allem an Produktgestaltungstests verdeutlicht werden. „Besonders wichtig ist dabei der Unterschied zwischen Konsum- (Verbrauchs-, Ergänzung J.B.) und Gebrauchsgütern, da erstere immer einen Degustationstest und letztere häufig einen Handhabungstest erforderlich machen" (*Salcher*, 1978, S. 215). Bei solchen Produktgestaltungstests ist darüber hinaus relevant, ob es sich um einfachere *oder* komplexere Produkte handelt. Während einfachere Produkte in der Regel in **sog. Studiotests** untersucht werden können, ist bei komplexeren Produkten die Durchführung **sog. Home-use-Tests** sinnvoll, wenn nicht sogar notwendig. *Abb. 357* verdeutlicht die Untersuchungsalternativen (*Salcher*, 1978, S. 217).

Unter einem *Studiotest* versteht man Untersuchungen in speziell dafür vorgesehenen Testräumen („Studios"). Bei *Home-use-Tests* wird dagegen das Testprodukt nach Anweisungen zu

III. Modelle und Kalküle zur Marketingmixfestlegung

Abb. 357: Produktgestaltungstests (Tests von Prototypen)

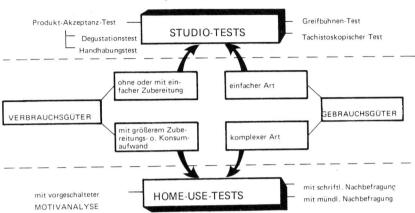

Hause getestet. Beide Testformen haben spezifische Vor- und Nachteile (siehe hierzu *Rehorn*, 1977, S. 24–26). Die mit Studio-Tests vielfach verknüpften Greifbühnen- bzw. tachistoskopischen Untersuchungen haben jeweils spezifische Aufgaben. Der *Greifbühnentest* dient in erster Linie zur Ermittlung spontaner Anmutungsqualitäten, der Durchsetzungskraft des oder der eigenen Varianten gegenüber anderen Produkten sowie der persönlichen Kaufneigung, während das *Tachistoskop* ermitteln soll, wie schnell ein neues Produkt identifiziert wird bzw. welche Gestaltungsdetails ggf. die Identifizierung erschweren (*Salcher*, 1978, S. 216).

Die insgesamt genannten Testarten vermögen wesentliche Anhaltspunkte für die zu *erwartende* Wirkung eingesetzter Marketinginstrumente zu geben, was hier speziell am Fall des Produkttests skizziert worden ist. Der Nachteil dieser Tests besteht jedoch darin, daß die Versuchspersonen wissen, daß sie „getestet" werden. Während beim Studio-Test der sog. Labor-Effekt die Untersuchungsergebnisse atypisch beeinflussen kann, vollzieht sich der Home-use-Test wenigstens im natürlichen, gewohnten Umfeld der Versuchsperson (allerdings ohne Kontrollmöglichkeiten etwa des Einflusses von Familienmitgliedern). Beide Verfahren haben also jeweils auch spezifische Nachteile, welche die Untersuchungsergebnisse beeinträchtigen können. Es gibt jedoch verschiedene *methodische* Möglichkeiten, bestimmte Störeffekte in Grenzen zu halten, ohne daß hierauf im einzelnen eingegangen werden kann (siehe hierzu u. a. auch *Bauer*, 1981).

Die Bedeutung von Markttestverfahren

In dem Maße, in dem es aufgrund der Marktbesetzung wie auch des Verdrängungswettbewerbes immer *schwieriger* geworden ist, neue Produkte erfolgreich im Markt zu plazieren, ist es mehr und mehr üblich geworden, vor der nationalen (endgültigen) Einführung eines Produktes einen *zeitlich begrenzten* regionalen Testmarkt durchzuführen. Ziel solcher Testmärkte ist es, die **Erfolgsträchtigkeit neuer Produkte** unter realen Bedingungen (= sog. vollbiotische Situation) zu prüfen (*Kollat/Blackwell/Robeson*, 1972, S. 417ff.). Während die angesprochenen instrumentalen Tests (u. a. der skizzierte Produkttest) lediglich *Einzel*tests darstellen und nur Einzelwirkungen identifizieren können und damit letztlich nur relativ begrenzt aussagefähig für den tatsächlichen Markterfolg der gesamten Marktleistung sind, ist dagegen bei einem Testmarkt die Prüfung des *kombinierten* Einsatzes aller Marketinginstrumente und damit die Einsicht in ihre **gesamtheitliche Wirkung** möglich. Wesentliche Anforderungen, die an einen Testmarkt (inklusive Kontrollmarkt) dabei zu stellen sind, sind *folgende* (*Rehorn,* 1977, S.93f.; *Rogge,* 1981, S.131ff.):

- **Repräsentativität der Zielgruppe(n),**
- **keine atypische Wirtschaftsstruktur,**
- **normale Wettbewerbssituation,**
- **normale Handelsstruktur,**
- **durchschnittliche Vertriebsstruktur,**
- **keine atypische Mediasituation,**
- **räumliche Abgegrenztheit,**
- **angemessene Testmarktgröße,**
- **ausreichende Testmarktdauer.**

Testmärkte (= Feldexperimente) dienen – wie bereits betont – der Bestimmung der realen Marktchancen eines neuen Produktes sowie der Ermittlung des zu erwartenden Absatzvolumens und nicht zuletzt auch der Erarbeitung eines **optimalen Vermarktungskonzepts,** und zwar sowohl im Hinblick auf den Verbraucher als auch im Hinblick auf den Handel. Im folgenden sind einige grundlegende Fragen angeführt, auf die der Testmarkt Aufschluß geben soll, um prüfen zu können, ob die gesetzten Marketingziele *realisiert* werden können (vgl. nachstehende Übersicht bei *Rehorn,* 1977, S.96f.):

(1) Verbraucher:
- Kennt er das Produkt? (Spontaner und gestützter Bekanntheitsgrad)
- Kennt er die in der Werbung ausgelobten Produktvorteile? (Überprüfen der Kommunikationsleistung)
- Wie denkt er über das Produkt? (Image)
- Wie sieht der Käufer aus? (Käuferstruktur)
- Wie sieht der Verbraucher aus? (Verbraucherstruktur)
- Wie empfindet der Käufer/Verbraucher das Produkt? (Produktbeurteilung)
- Wie viele kaufen das Produkt? (Penetration/Marktdurchdringung)
- Wie viele kaufen das Produkt wieder? (Wiederkäufer)
- Wie viele bleiben bei dem Produkt? (Markentreue)
- Von wem gewinnt das Produkt, an wen verliert es? (Gain/Loss-Analyse)
- Was wurde vorher gekauft, was danach? (Markenwanderung)
- Wer ist Intensivkäufer, wer Extensivkäufer? (heavy/medium/light buyer)
- Wo wird das Produkt gekauft? (Geschäftsarten-Analyse)
- Zu welchem Preis wird das Produkt gekauft? (Preisakzeptanz, Preissegmentanalyse)

(2) Handel:
- Wie viele Geschäfte führen das Produkt? (Numerische Distribution)
- Welche Umsatzbedeutung haben diese Geschäfte? (Gewichtete Distribution)
- Wer führt das Produkt, läßt es aber ausgehen? (Bevorratungslücken)
- Welche Fläche und wieviel Platz stellt der Handel dem Produkt zur Verfügung? (Placierung, Kontaktstrecke)
- Wieviel kauft der Handel in einer Periode ein? (Einkaufsvolumen)
- Wieviel verkauft er? (Verkaufsvolumen)
- Wie hoch sind seine Bestände? (Lagerbestand)
- Wie lange ist er bevorratet? (Bevorratungszeit in Monaten)
- Wieviel Einheiten verkauft ein Geschäft in einer Periode im Durchschnitt? (Durchschnittsabsatz pro Geschäft)
- Zu welchem Preis wird das Produkt verkauft? (Durchschnittspreis pro Einheit)

III. Modelle und Kalküle zur Marketingmixfestlegung

- In welchen Geschäften geht das Produkt am besten/am schlechtesten? (Geschäftsarten-Analyse)

Von den jeweils schwerpunktmäßig zu analysierenden Fragestellungen hängen dann *die* Basisinstrumente der Marktforschung ab, die beim Testmarkt *vorrangig* eingesetzt werden wie Umfrage, Verbraucherpanel, Handelspanel.

Relativ *hohe* Kosten bei groß angelegten Testmärkten (z. B. ein Bundesland) haben dazu geführt, Testmärkte ggf. auf einige wenige Städte zu beschränken. Hierfür bieten die Panel-Institute jeweils eine Reihe von großen Absatzmittlern (Super-SB-Geschäfte mit über einer Mio. DM Umsatz) an, mit der Möglichkeit, auch Kontrollgeschäfte ohne Testmaßnahmen (matched samples) einzusetzen (z. B. *Storetest* von *GfK*). Neue Möglichkeiten bieten sog. *elektronische Minimarkttests* (*Stoffels,* 1989), bei denen über Scannerkassen in Verbindung mit Identifikationskarten nicht nur die Abverkäufe, sondern auch das Kaufverhalten erfaßt werden können (z. B. *Telerim* von *Nielsen*) sowie auch sog. *Testmarktsimulationsverfahren* auf der Basis von kombinierten Studio-/Home-use-Tests (z. B. *TESI* von *G & J*).

Aufgrund der relativ hohen Kosten von Testmärkten (speziell in der klassischen Form) und des erheblichen Zeitaufwandes für ihre Durchführung sowie des Problems einer ungewollten Information der Konkurrenz, hat man nach weniger kostenintensiven Verfahren einerseits und mehr *versteckten* Verfahren („more covert techniques") andererseits gesucht (*Kollat/Blackwell/Robeson,* 1972, S.517). Diese Anforderungen erfüllen bestimmte **simulative Verfahren,** die neuerdings verstärkt in der Marketingliteratur diskutiert werden. Diese Fragen werden vornehmlich unter dem Begriff „Wirkungsprognosen" referiert (*Meffert/Steffenhagen,* 1977). Dabei wird zwischen *Makro*modellen auf der einen Seite und *Mikro*modellen auf der anderen Seite unterschieden. Über die grundsätzlichen Einsatzmöglichkeiten beider Modellformen soll im folgenden gesprochen werden. Wir beginnen mit den sog. Makromodellen.

Typische Makromodelle (und ihre wirkungsprognostischen Grenzen)

Bei Makromodellen wird von **aggregierten Kaufhandlungen** einer Käuferschaft ausgegangen. „Zur Erstellung von Wirkungsprognosen ist deshalb die Höhe und Veränderlichkeit des Absatzvolumens einer Unternehmung unter Bezugnahme auf Aktivitätsniveaus in den Marketing-Instrumenten dieser Unternehmung sowie potentieller Konkurrenten zu erklären. Dies ist das Problem der Ermittlung von *Marktreaktionsfunktionen"* (*Meffert/Steffenhagen,* 1977, S.159). In *einfachen* Marktreaktionsmodellen wird dabei unterstellt, daß der Absatz eines Produktes von einem einzigen Marketinginstrument (z.B. dem Preis, vgl. preistheoretische Modelle) oder vom gesamten Marketingbudget abhängig ist (siehe auch *Kotler,* 1982, S.647). Im folgenden soll zunächst auf Marktreaktionsfunktionen eingegangen werden, die Aussagen über die wahrscheinliche Absatzmenge bei alternativen Niveaus der Marketingausgaben machen.

Hinsichtlich des wahrscheinlichen Verlaufs der **Marktreaktionsfunktion** (hier Absatz- bzw. Umsatzreaktionsfunktion) können dabei zunächst *zwei* Annahmen gemacht werden (*Kotler,* 1977, S.385f.):

(1) Eine **Steigerung der Marketingausgaben** des Unternehmens führt zu einer Umsatzsteigerung. Dieser Annahme liegen u.a. folgende weitere Annahmen zugrunde:

Die Marketingaktivitäten werden effizient geplant und realisiert, die Marketingausgaben der Konkurrenz bleiben konstant.

(2) Die **Beziehung zwischen Marketingausgaben und Umsatzvolumen** ist nicht während des gesamten Verlaufs linear. Dieser Annahme liegen bestimmte Vorstellungen bzw. Erfahrungen zugrunde.

Plausible Reaktionsverläufe lassen sich vor allem durch zwei Kurven beschreiben, nämlich durch eine *konkave* Umsatzreaktionsfunktion *(Abb. 358, a)* bzw. eine *S-förmige* (ertragsgesetzliche) Umsatzreaktionsfunktion *(Abb. 358, b)*. In beiden Darstellungen sind jeweils die mathematischen Funktionen aufgeführt, mit denen diese beiden Verläufe beschrieben werden können (*Kotler,* 1977, S. 386).

Abb. 358: *Zwei Konzeptionen der Umsatzreaktionsfunktion*

Umsatz (Q) pro Periode

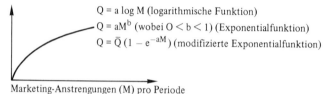

$Q = a \log M$ (logarithmische Funktion)

$Q = aM^b$ (wobei $0 < b < 1$) (Exponentialfunktion)

$Q = \bar{Q} (1 - e^{-aM})$ (modifizierte Exponentialfunktion)

Marketing-Anstrengungen (M) pro Periode

a) Umsatz steigt mit abnehmender Zuwachsrate

Umsatz (Q) pro Periode

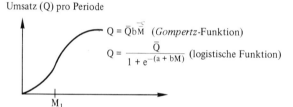

$Q = \bar{Q} b^{M^{-c}}$ (*Gompertz*-Funktion)

$Q = \dfrac{\bar{Q}}{1 + e^{-(a + bM)}}$ (logistische Funktion)

M_1

Marketing-Anstrengungen (M) pro Periode

b) Umsatz steigt zunächst mit zunehmender, dann mit abnehmender Zuwachsrate

Den beiden aufgezeigten Umsatzreaktionsfunktionen liegen dabei *folgende* Einsichten (Erfahrungen) zugrunde:

- Der **konkave Reaktionsverlauf** (vgl. *Abb. 358, a*) berücksichtigt das Phänomen, daß die erste Marketing-DM in der bestmöglichen, die zweite Marketing-DM in der zweitbestmöglichen Weise und die folgenden Marketing-DM in immer weniger ergiebiger Weise ausgegeben werden (können). Auf diese Weise kommt es zu kontinuierlich abnehmenden Umsatzzuwachsraten.
- Die **S-förmige Reaktionskurve** knüpft dagegen (vgl. *Abb. 358, b*) an die zu beobachtenden Tatsache an, daß Marketingaktivitäten auf sehr niedrigen Niveaus vielfach nicht sehr effizient sind; sie schaffen allenfalls bestimmte Wirkungsvoraussetzungen, an denen später angeknüpft werden kann (z. B. an einer bestimmten Bekanntheits- und/oder Image-Basis). Nach Überschreiten eines Schwellenwer-

III. Modelle und Kalküle zur Marketingmixfestlegung

tes können dann zusätzliche Marketingaktivitäten „auf dieser ‚Präkonditionierung' aufbauen und eine substantielle Kaufreaktion hervorrufen" (*Kotler*, 1977, S. 387). Diese Vorstellungen „korrelieren" etwa mit dem Lebenszykluskonzept bzw. dem Diffusionsmodell, deren Allgemeingültigkeit aber (bisher) nicht voll bestätigt werden konnte.

Speziell solche *S-förmige* Wirkungskurven bzw. konvex-konkave Reaktionsverläufe, die in gewisser Weise auch *lernpsychologischen* Erkenntnissen („Lernkurven") entsprechen (*Kroeber-Riel*, 1980, S. 392 ff.; *Rosenstiel*, I, 1979, S. 123 ff. sowie auch *Behrens*, 1976), haben sich immerhin teilweise am Beispiel der **Werbewirkung** – etwa der Beziehung zwischen Werbedosis (= Zahl der Werbekontakte) und Werbewirkung (= aktive Markenbekanntheit) – nachweisen lassen (verschiedene empirische Untersuchungen, u.a. *Hör Zu/Funk Uhr* 1970 bzw. 1977 oder auch *Spiegel-Verlag*, 1974).

Was die bisherige marketing-instrumentale **Wirkungsforschung** insgesamt angeht, so hat sie sich überhaupt sehr stark auf die Analysen von response functions der Werbung konzentriert. Das ist nicht zuletzt Auswirkung der Tatsache, daß die Werbung ein sehr aufwendiges bzw. sehr stark und breit eingesetztes Marketinginstrument ist. Zugleich haben die großen Verlage hier zahlreiche *empirische* Untersuchungen durchführen lassen, um für ihren Anzeigenkunden möglichst gute Planungsgrundlagen zu schaffen. Gerade bei der Erfassung von Werbewirkungen gibt es aber ein breites Spektrum *vor-*ökonomischer (psychologischer) Wirkkriterien (*Beike*, o.J., S. 9 ff.). Das hat dazu geführt, daß die Kommunikationsforschung ihren empirischen Analysen bisher sehr unterschiedliche Untersuchungsansätze (frameworks) zugrundegelegt hat. Generell können *drei* Stufen von psychologischen Reaktionen oder Wirkungen unterschieden werden (*Steffenhagen*, 1984 b, S. 13):

- Momentane Reaktionen
- Dauerhafte Gedächtnisreaktionen
- Finale Verhaltensreaktionen

Eine besondere Bedeutung kommt dabei den **dauerhaften Gedächtnisreaktionen** zu, die quasi als „gespeicherte Bestandsgrößen" in der Psyche eines Menschen aufgefaßt werden können und die offensichtlich stark *prädisponierend* in bezug auf das menschliche Verhalten wirken. Sie beziehen sich u.a. auf Kenntnisse, Interessen, Einstellungen und Handlungsabsichten. Bei empirischen Untersuchungen zur Werbewirkung hat man in hohem Maße auf Lernen bzw. Vergessen im Sinne des Entstehens bzw. der Veränderung von Langzeitgedächtnis-Inhalten abgestellt. Hierbei geht es u.a. *vorrangig* um Namens- und Eigenschaftskenntnisse im Hinblick auf die beworbenen Produkte (Leistungen).

Einschlägige Untersuchungen stellen insoweit auf den **Zusammenhang** zwischen Werbedruck (= Zahl der Kontakte) einerseits und Langzeitgedächtnis-Inhalten andererseits ab. Experimente haben gezeigt, daß der Verlauf der Lernkurve je nach Wirkungskriterien recht *unterschiedliche* Verlaufsformen annehmen kann (vgl. *Abb. 359, Ray/Sawyer*, 1971, S. 24; *Steffenhagen*, 1984 b, S. 60).

Dem Experiment (vgl. *Abb. 359*) lagen 18 Verbrauchs- und Gebrauchsgüter zugrunde; untersucht wurden 168 Personen, denen in einer Diashow in einem Ein-

564   3. Teil: Konzeptionsebene des Marketingmix

Abb. 359: Wiedergabe (Werbeerinnerung), Einstellung, Kaufabsicht und Kuponverwendung bei bis zu sechsmaliger Wiederholung von Anzeigen

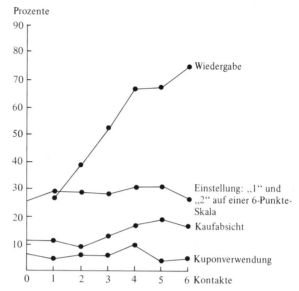

kaufszentrum während einer Darbietungszeit von 10 Sekunden Anzeigen präsentiert wurden. Das Ergebnis verdeutlicht, daß speziell die **Werbeerinnerung** (Wiedergabe) hoch signifikant mit der Kontakthäufigkeit *variiert*. Die schon erwähnte *Hör Zu/Funk Uhr*-Untersuchung (1977) konnte andererseits nachweisen, daß der Lernerfolg im Sinne „aktiver Anzeigenerinnerung" bereits nach 10 Kontakten *erheblich* abnimmt (vgl. *Abb. 360, Hör Zu/Funk Uhr,* 1977, S. 130).

Abb. 360: Ungestützte (aktive) Anzeigenerinnerung bei alternativer Kontakthäufigkeit

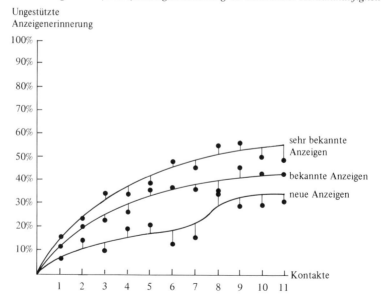

Die Ergebnisse *(Abb. 360)* spiegeln zugleich die Tatsache wider, daß das Lernen von den jeweiligen *Vorkenntnissen* beeinflußt ist („neue", „bekannte", „sehr bekannte" Anzeigen).

Im übrigen ist interessant, in welchem Maße sich der **Werbedruck der Konkurrenz** auf die Gestalt der Lernkurve auswirkt (vgl *Abb. 361*). Es zeigt sich dabei, daß es bei der Werbung von konkurrierenden Unternehmen zu *wechselseitigen* Beeinträchtigungen kommt (*Springer-Verlag*, 1972).

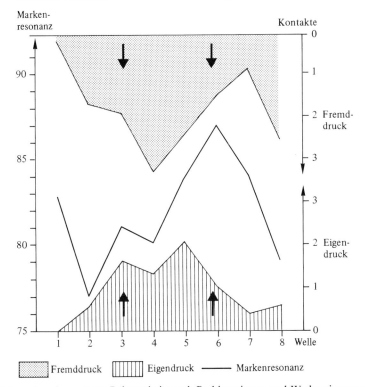

Abb. 361: *Verlauf der Markenresonanz* bei Eigen- und Fremdwerbedruck*

* = *Wirkungskonglomerat* aus Bekanntheitsgrad, Probierneigung und Werbeerinnerung.

Der Verlauf der **Markenresonanz** verdeutlicht die beiden entgegengesetzt wirkenden werblichen „Druckkräfte". Als Maßkriterium für den Werbedruck wurde der Wert der *durchschnittlichen* Kontakthäufigkeit herangezogen, der in mehreren Befragungswellen bei ausgewählten Personen erhoben wurde. Die Ergebnisse besagen: Starker Eigendruck und mangelnder Konkurrenzdruck lassen die Markenresonanz *steigen* (speziell in Welle 5). Umgekehrt läßt wachsender Werbedruck der Konkurrenz und nachlassender Eigendruck (wie in Welle 4) die Markenresonanz entsprechend *absinken* (vgl. auch *Beike*, o.J. S. 39 ff.).

Darüber hinaus gibt es eine Reihe von *Faktoren*, welche die Werbewirkung beeinflussen (siehe u. a. *Freter*, 1974; *Tietz/Zentes*, 1980; *Kroeber-Riel/Meyer-Hentschel*, 1982; *Schweiger*, 1985), nämlich:

- die *qualitative* Dimension der Werbebotschaft
  (Werbeinhalt),
- der *quantitative* Auftritt der Werbebotschaft
  (z. B. Anzeigengröße),
- das *redaktionelle* Umfeld des Mediums
  (z. B. Niveau einer Zeitschrift),
- der *mehrkanalige* Werbeauftritt
  (Mix verschiedener Mediengattungen, z. B. Print- und elektronische Medien),
- die Produkt*gattung*
  (z. B. high- oder low-interest-products).

Von besonderer Bedeutung ist ganz offensichtlich auch der *zeitliche* Einsatz der Werbung. Hier wird seit längerem die Frage der *pro-* oder *antizyklischen* Werbung speziell bei saisonbedingten Nachfrageschwankungen diskutiert (u. a. *Freter,* 1974, S.123 ff.; *Rutschmann,* 1976, S.141 bzw. *Hörschgen,* 1967). In der Praxis *dominiert* dabei die prozyklische Werbung; andererseits gibt es erfolgreiche Beispiele dafür, wie durch antizyklische Formen des Werbeeinsatzes ursprünglich typische Saisonverläufe *geglättet* werden konnten (z. B. Eiskrem zu einem Ganzjahresprodukt zu machen).

Außerdem ist aufgrund verschiedener Werbewirkungsanalysen (u. a. *Hör Zu/Funk Uhr,* 1970; *Time,* 1982) ein generelles zeitliches Phänomen der Werbewirkung sichtbar geworden, nämlich das der *sog. Startwirkung* (vgl. auch *Wenzel,* 1984, S.93 f.). Dieses Phänomen äußert sich in einem sofortigen starken Wirkungsanstieg bei den allerersten Werbekontakten, während das Wirkungsniveau danach häufig abfällt oder stagniert, um dann im weiteren Kampagnenverlauf – Basiskontaktkurven entsprechend – anzusteigen (vgl. Abb. 362, *Wenzel,* 1984, S.94).

Abb. 362: Schematische Darstellung von Start-Wirkung und Kontakt-Wirkung nach der Time- (Seagram-)Studie

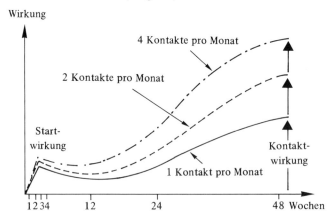

In diesem Sinne können also im Werbewirkungsverlauf *Start-* und *Kontakt*wirkungen unterschieden werden. Daraus lassen sich aber weitergehende Überlegungen bzw. Konsequenzen des optimalen zeitlichen Einsatzes der Werbung ableiten, wie sie neuerdings unter dem Stichwort „Pulsieren" oder „pulsierende Werbung" (*Simon,* 1983 bzw. o. V., 1983) bekannt geworden sind. Hauptansatzpunkt ist dabei, das generelle Phänomen *abnehmender* Werbewirkung (sog. Wear out) bei kontinuierlicher Werbekontakterhöhung (= konkave Abschnitte des Werbewirkungsverlaufs, siehe u. a. *Hör Zu/Funk Uhr,* 1970, S.116) *dadurch* zu umgehen, daß durch geplantes Aussetzen der Werbung (Werbekontakte) und mehrfach induzierter Startwirkung – bei mehrfachem Wiederbeginn der Werbung – spezifische Wirkungs*vorteile* nutzbar gemacht werden. Grundlage dieses Phänomens ist demnach das *asymmetrische* Reagieren des Absatzes auf positive und negative Veränderungen des Werbebudgets (vgl. Abb. 363, *Simon,* 1983 bzw. *o. V.,* 1983).

Abb. 363: Asymmetrische Effekte der Werbung auf den Absatz bei einer dauerhaften Erhöhung (oben) bzw. dauerhaften Senkung (unten) der Werbeausgaben

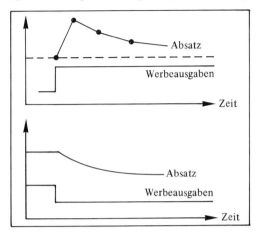

Bei *signifikanten* Erhöhungen des monatlichen Werbedrucks entstehen gleichsam neue Starteffekte (*Simon* spricht hierbei vom Differentialstimulus, Simon, 1983, S.60); behält man das erhöhte Werbebudget mehrere Monate bei, so fällt der Absatz wieder auf ein niedriges Niveau. Bei signifikanter Senkung der Werbeaufwendungen konnte *dagegen* ein nur allmähliches (verzögertes) Absinken des erreichten Absatzniveaus festgestellt werden.

Wenn nun tatsächlich *Niveau*stimulus (= langfristiges Absatzniveau bei gleichmäßiger Höhe des Werbebudgets gemäß „klassischer" Kontaktwirkungskurve) und *Differential*stimulus in der beschriebenen Weise *nebeneinander* existieren, so ist es werbeökonomisch sinnvoll, den Werbeeinsatz zu *pulsieren*. Abb. 364 modelliert den Pulsationsvorteil (*Simon*, 1983, S.61 bzw. *o. V.*, 1983, S.62).

Diese Modelldarstellung *(Abb. 364)* verdeutlicht anschaulich die *Mechanik* des Pulsationsvorteils. Trotzdem sind in bezug auf diese Strategie eines spezifischen zeitlichen Einsatzmusters der Werbung noch einige Fragen *offen*, wie Simon selbst einräumt, und zwar u.a. (*Simon*, 1983, S.63):
- Wie lange sollten Pulsations- und Nicht-Pulsationsphasen dauern?
- Was passiert, wenn die Konkurrenz ebenfalls pulsiert, evtl. sogar systematisch „gegenpulsiert"?
- Ist „Zeitpulsation" (wie in der Anwendung oben) oder „Mediapulsation" (Wechsel der Medien bei insgesamt gleichen Budgets pro Monat) vorteilhaft?
- Gewöhnen sich die Kunden langfristig an die Pulsation, so daß sie ihre Wirkung verliert?

Bei all diesen quantitativen Betrachtungen dürfen freilich **qualitative Aspekte** wie speziell die Art des beworbenen Produkts (z. B. low interest-/high interest-products) wie auch die Art der Werbebotschaft (z. B. still life/motion life) nicht übersehen werden. Ihr Einfluß z.B. auf die Pulsationseffekte aber dürften sich nur schwer generalisieren lassen. Von Seiten der Praxis wird im übrigen eingewandt, daß speziell in hoch-kompetitiven Märkten der Markenbildschwund sich sehr schnell, der Markenbildaufbau sich dagegen sehr langsam vollziehe (so daß **Werbepausen** grundsätzlich eher *problematisch* sind). Andererseits sei wegen der „Überlagerung mehrerer Einflußfaktoren ein eindeutiger Nachweis eines Marktanteilsverlustes durch Markenbildschwund oft nicht möglich" (*Katz*, 1983, S.5). Was die Zeitdosierung bzw. speziell die Pulsierung des Werbeeinsatzes angeht, so ist diese Entscheidung

Abb. 364: Gleichmäßige Werbestrategie und Pulsationsstrategie im Vergleich

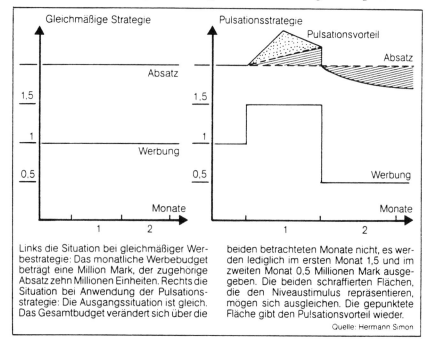

Links die Situation bei gleichmäßiger Werbestrategie: Das monatliche Werbebudget beträgt eine Million Mark, der zugehörige Absatz zehn Millionen Einheiten. Rechts die Situation bei Anwendung der Pulsationsstrategie: Die Ausgangssituation ist gleich. Das Gesamtbudget verändert sich über die beiden betrachteten Monate nicht, es werden lediglich im ersten Monat 1,5 und im zweiten Monat 0,5 Millionen Mark ausgegeben. Die beiden schraffierten Flächen, die den Niveaustimulus repräsentieren, mögen sich ausgleichen. Die gepunktete Fläche gibt den Pulsationsvorteil wieder.

Quelle: Hermann Simon

nicht zuletzt auch von der **Höhe des Werbeetats** und damit den (durchschnittlichen) Kontakthäufigkeiten insgesamt abhängig zu machen (zur Begründung siehe *Wenzel*, 1984, S. 95 f.).

Damit sollen die Betrachtungen zur Frage der Wirkungskurven (response functions) speziell der Werbung abgeschlossen werden. Die etwas ausführlichere Diskussion - gerade auch unter Einbeziehung neuerer Untersuchungsergebnisse - hat gezeigt, daß hinsichtlich der **Werbewirkungskurven** zwar schon recht *differenzierte* Einsichten vorliegen, man andererseits aber von exakten Möglichkeiten einer optimalen (quantitativen) Steuerung des Werbeeinsatzes noch immer *entfernt* ist.

In bezug auf *andere* Instrumente und deren Wirkungsmuster liegt man freilich noch deutlicher zurück. Hier bestehen bisher meist nur bestimmte „Wirkungsvermutungen", so z. B. hinsichtlich der Absatz-/Umsatzwirkung aufgrund des Einsatzes von **Absatzpersonen** (= persönlicher Verkauf bzw. persönliche Kommunikation), und zwar bezogen auf die Zahl der Absatzpersonen bzw. bezogen auf die Anzahl der durch sie erreichten Besuchshäufigkeiten. Hier wird entweder ein eher *konkaver* (*Kotler*, 1977, S. 701 f.) oder eher ein *konvex-konkaver* (S-förmiger) Kurvenverlauf (*Goehrmann*, 1984, S. 67) unterstellt (vgl. hierzu auch *Abb. 358* auf S. 562). Entsprechende Wirkungsanalysen auch für andere Marketinginstrumente wie z. B. **Programm- bzw. Sortimentsentscheidungen** bilden bisher ebenfalls eher die Ausnahme (vgl. in diesem Zusammenhang den Versuch der Ableitung empirischer Reaktionsfunktionen in bezug auf Sortimentstiefe *und* Absatz in Handelsbetrieben, *Müller-Hagedorn/Heidel*, 1986, S. 39-63 bzw. die *Sortimentstiefe*-Absatzfunktionen auf

S. 59f.). Im übrigen entsprechen auch klassische Preisabsatzfunktionen der Preistheorie wie auch empirisch gestützte **Preisreaktionskurven** (vgl. hierzu auch *Simon*, 1982, S. 66 ff.) in etwa dem konkaven bzw. konvex-konkaven Reaktionstyp (das wird dann sichtbar, wenn man die Preisachse *entsprechend* skaliert: hohe Preise = niedriges, niedrige Preise = hohes Aktivitätsniveau).

Die Skizzierung der bisherigen Ergebnisse zur Wirkungsforschung von Instrumenten überhaupt – nicht nur zu Werbewirkungsverläufen – hat insgesamt deutlich gemacht, daß in bezug auf diesen Fragenkomplex offensichtlich noch erheblicher **empirischer Forschungsbedarf** besteht, *ohne* daß allerdings erhofft werden kann, ökonomischen bzw. psycho- und sozio-ökonomischen Gesetzen i.e.S. auf die Spur zu kommen.

Insgesamt kann man aber – nach heutigem Erkenntnisstand – sagen, daß die weiter oben vorgestellten hypothetischen Reaktionsfunktionen (vgl. *Abb. 358 a) und b)* auf S. 562) durchaus eine bestimmte generelle, auch empirisch gestützte **Plausibilität** besitzen. Oder anders ausgedrückt: Sie stellen bestimmte Vereinfachungen empirisch differenzierter Reaktionsmuster dar.[1]

Trotz ihrer Unterschiedlichkeit bilden beide Kurven (vgl. *Abb. 358a bzw. 358b*) das **Phänomen** ab, daß von einem bestimmten Punkt an bei erhöhten Marketingausgaben eine *abnehmende* Umsatzzuwachsrate zu verzeichnen ist. Ursachen für diesen Entwicklungsverlauf sind die in den vorangegangenen Analysen dargestellten, differenzierten **Lern- und Verhaltensprozesse** der Abnehmer. Unterstellt man, daß es dem Unternehmen gelungen ist, den ungefähren Verlauf der Umsatzreaktionskurve zu identifizieren, so interessiert dann die Frage, auf welchem Niveau die Marketingaktivitäten *optimal* sind. Das soll am Beispiel der *S-förmigen* Umsatzfunktion marginal-analytisch formalisiert werden. Hierzu ist die Ableitung weiterer Kurven notwendig (vgl. *Abb. 365*). Zunächst einmal sind alle Nicht-Marketingausgaben (insbesondere Produktions- und Verwaltungskosten) von der Umsatzfunktion oder Erlöskurve abzuziehen. Auf diese Weise gelangt man zur Bruttogewinnkurve. Von dieser Bruttogewinnkurve müssen wiederum alle Marketingausgaben subtrahiert werden. Diese Marketingausgaben werden, wenn die Skalierung der Achsen in gleichen DM-Werten vorgenommen wird, durch eine Gerade mit einem Winkel von 45° repräsentiert. Durch „Verrechnung" von Marketingausgabenkurve und Bruttogewinnkurve entsteht dann die interessierende **Nettogewinnkurve** (*Kotler*, 1977, S. 387 f.).

Zwischen M_L und M_U liegen jeweils Marketingbudgets mit positiven Nettogewinnen, beide Punkte stellen somit die Extrempunkte ökonomischer Budgetierung bzw. Marketingaktivitätsniveaus dar. Der *höchste* Nettogewinn wird im Punkt M_O realisiert.

---

[1] Mit zunehmender Verbreitung der Scanner-Technologie (Scanning = optisch-elektronische Erfassung der Abverkäufe an speziellen Kassenterminals im Handel über entsprechende Strichcodes auf den Verpackungen der Produkte) verbessern sich nicht nur die Möglichkeiten, Absatz-/Marktdaten zeitnah zu erfassen und auszuwerten, sondern es lassen sich auf diese Weise auch Responsemessungen in bezug auf Preis, Werbung, Plazierung usw. durchführen. Zu den Nutzungsmöglichkeiten der *Panelforschung* siehe auch *Sedlmeyer*, 1983.

Abb. 365: Beziehungen zwischen Umsatz, Marketing-Ausgaben und Gewinn

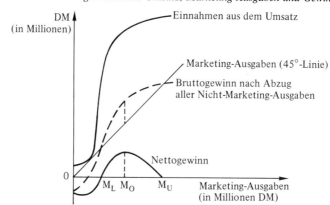

Neben solchen einfachen Marktreaktionsmodellen, die monoinstrumental bzw. budgetorientiert konzipiert sind, versuchen *poly*instrumentale Modelle der Tatsache Rechnung zu tragen, daß in der Regel mehrere Instrumente zugleich zur Marktstimulation eingesetzt werden. Die sachgerechte Abbildung des Wirkungsverbunds von mehreren Marketinginstrumenten schafft hierbei allerdings spezielle Modellierungsprobleme. Hierfür sind *verschiedene* Verknüpfungsformen vorgeschlagen worden, insbesondere linear-additive, multiplikative und gemischtverknüpfte Modellstrukturen (*Meffert/Steffenhagen*, 1977, S. 166 ff.; *Schmidt/Topritzhofer*, 1978, S. 204 ff.).

Erschwerend bei der Modellierung erweisen sich dabei neben sachlichen Interdependenzen der Instrumente vor allem auch zeitliche Interdependenzen sowie das Phänomen sog. Ausstrahlungseffekte (z. B. Beeinflussung paralleler und/oder konkurrierender Produktmärkte).

Allein schon das nach wie vor nicht gelöste Problem *sachlicher* Interdependenzen (wechselseitiger Verbundbeziehungen) zwischen verschiedenen Marketinginstrumenten[2] steht einer realitäts- und damit praxisadäquaten *mathematischen Modellierung* des Marketingmix im Wege. Bei der Diskusssion typischer Werbewirkungskurven wurde bereits die Frage ausführlich diskutiert, wie schwer der empirische Nachweis der Werbewirkungsverläufe (response functions) fällt. Diese Probleme vervielfachen sich, wenn es darum geht, die Marktreaktion für den *kombinierten Einsatz* mehrerer (vieler) Marketinginstrumente zu ermitteln. Bei einem solchen Wirkungs*verbund* aufgrund des kombinierten Einsatzes der Instrumente entspricht nämlich die *Wirkung* „nicht jener, die man bei Addition der Wirkungen unter isolierter Betrachtungsweise (Einsatzweise, J.B.) erhalten würde" (*Meffert*, 1986a, S. 231). Die Verbundwirkungen können dabei sowohl *positiver* als auch *negativer* Art sein. Die Handlungsweisen der Unternehmen sind naturgemäß darauf gerichtet, die positiven Effekte des Instrumentenverbundes zu nutzen. Da es bisher über diese Zusammenhänge *wenig* empirische Untersuchungen gibt, so ist hier vielfach das erfahrungsgestützte *Fingerspitzengefühl* der Entscheidenden gefordert. Wesentlich gestützt und in die richtige Richtung gelenkt werden kann der Instrumenteneinsatz vor allem durch eine klare *Strategie*-Orientierung. Gerade bestimmte Strategien erfordern jeweils den Einsatz bestimmter Instrumente bzw. ihre spezifische Ausprägung. Marketinginstrumente und ihr Einsatz müssen insoweit unter dem Aspekt der „strategischen Sauberkeit" geprüft werden; wenn sich das auch nicht formal-mathematisch modellieren, sondern mehr *nur* heuristisch einbringen läßt. Vor allem erfolgreiche präferenz-strategische Konzepte (Markenartikelkonzepte) liefern den Nachweis der *ganzheitlichen* Orientierung eines niveau-einheitlichen Instrumenteneinsatzes (vgl. hierzu auch die Darlegungen auf S. 172 bzw. zur strategischen Markenführung

---

[2] Vgl. hierzu auch die Darlegungen zu den funktionalen und zeitlichen Beziehungen zwischen Marketinginstrumenten auf S. 450 ff. wie auch die Grundfragen des instrumental-verbundorientierten Ansatzes bei der Gestaltung des Marketingmix auf S. 480 ff.

überhaupt, *Becker,* 1985a, S.404ff.). Damit wird auch an dieser Stelle noch einmal die hohe Relevanz klaren *strategischen Denkens und Handelns* für den taktischen Instrumenteneinsatz deutlich.

Zu unterscheiden vom Instrumentenwirkungsverbund, aber trotzdem mit ihm verknüpft, ist die Frage der *Kaufverbundenheit* vor Produkten (Nachfrageverbund, *Engelhardt,* 1976; *Böcker,* 1978). Empirisch untersucht wurde bisher die Kaufverbundenheit vor allem am Beispiel des Einzelhandels (u. a. bei Warenhäusern). Inzwischen gibt es aber auch interessante Beispiele für *Marken-(verbund-)systeme,* d. h. also strategische Ansatzpunkte, die Kaufverbundenheit durch systematisch profilierte Markenklammern zu schaffen bzw. zu stützen (vgl. hierzu auch die Beispiele von *Nivea, Aigner* oder auch *Oetker* im Rahmen der markenpolitischen Analysen auf S.177ff.). Dadurch werden einzel-instrumentale Maßnahmen wesentlich beeinflußt im Sinne einer *synergetischen* Potentialausschöpfung. Gemessen werden können solche Verbundeffekte durch Käuferreichweiten und Markentreueverhalten bei den einzelnen System-(produkt-)gliedern.[3] Zielrichtung von „Verbundstrategien" ist letztlich die Ausschöpfung von Kosteneffekten (Rationalisierungsansatz) wie auch die von *Nutzeffekten* (Abschöpfung hoher Preise aufgrund höherer „Verbundwertschätzung des Nachfragers", *Engelhardt,* 1976, S.89).

Zu den wissenschaftlichen Grundfragen und Grundproblemen der Validierung von Marktreaktionsfunktionen sowie der Formalisierung von Verhaltensannahmen in bezug auf den eigenen Instrumenteneinsatz wie den der Konkurrenz wird im einzelnen auf *Meffert/Steffenhagen* verwiesen (*Meffert/Steffenhagen,* 1977, S.176ff. bzw. S.182ff. bzw. auch *Steffenhagen,* 1978). Insgesamt kann gesagt werden, daß derartige Marktreaktionsstudien bisher weniger für prognostische, sondern in erster Linie für *wissenschaftliche* Zwecke durchgeführt worden sind. Ihre Bewährungsprobe für praxisrelevante Aufgaben steht insofern noch aus (vgl. hierzu auch die Ansätze zu Werbewirkungsanalysen für neue Produkte, differenziert nach Gebrauchs- und Verbrauchsgütern, bei *Sebastian,* 1985).

Nach diesen Darlegungen zu den sog. Makromodellen – unter besonderer Berücksichtigung empirisch-pragmatischer Wirkungsanalysen, speziell der großen Verlage zu Wirkungsverläufen der Werbung – soll nun noch über sog. *Mikro*modelle überblickhaft informiert werden.

Grundlegende Mikromodelle und ihre Würdigung

Was Wirkungsprognosen im Marketing angeht, so soll zur Abrundung dieser Thematik speziell auf die *prinzipiellen* Anwendungsmöglichkeiten der sog. Mikromodelle etwas eingegangen werden. Mikromodelle versuchen, den **differenzierten Instrumenteneinsatz** und dessen Bedeutung für bestimmte verhaltenspsychologisch definierte *Teil*entscheidungen des Konsumenten (z. B. Produktartenwahl, Kaufeintritt, Geschäftswahl, Markenwahl, Kaufmenge) zu berücksichtigen (siehe auch *Kotler,* 1982, S.647f.). Was die Modellierung von Mikromodellen betrifft, so gibt es sowohl global- als auch detailanalytische Ansätze. Zu den bisher geläufigsten globalanalytischen Modellen können u. a. das *DEMON-* und das *SPRINTER*-Modell (*Charnes* u.a., 1966 bzw. *Urban,* 1967) gezählt werden. Das *DEMON*-Modell – im Prinzip ein anspruchsvolles kausal- und wirkungsprognostisch konzipiertes Modell – beruht auf zwei *Sub*modellen: zum einen werden empirisch gewonnene Marktreaktionsfunktionen zur Absatzprognose verwendet und zum anderen werden die wichtigsten Marketinginstrumente (wie Werbung, Verkaufsförderung, Distribution, Preis, Produktqualität) und ihr Einfluß auf den Absatz berücksichtigt (vgl. auch

---

[3] Die methodischen Möglichkeiten der Messung solcher Verbundeffekte werden sich auch hier mit der voranschreitenden Scanner-Technologie verbessern.

Schmitt-Grohé, 1972, S. 107 ff.; *Kotler,* 1982, S. 647 f.). Gesucht wird im Sinne eines „Decision Mapping via Optimum Go-No-Networks" (Abkürzung = *DEMON*) der Marketingmix, der zum **angestrebten Gewinn** führt. Das *SPRINTER*-Modell stellt eine Erweiterung bzw. Spezifizierung des *DEMON*-Modells dar (*Schmitt-Grohé,* 1972, S. 117 ff.). Typischer Einsatzbereich beider Modelle ist das Frühstadium neu eingeführter Produkte, in dem man mit Hilfe von ermittelten Paneldaten modellgestützte Aussagen über die *künftigen* Erfolgspotentiale dieser neuen Produkte gewinnen will.

*Global*analytische Markenwahl- bzw. Kaufeintrittsmodelle, bei denen die Wirkungen von Marketingaktivitäten explizit erfaßt werden, „befinden sich gegenwärtig allerdings noch im Forschungsstadium" (*Meffert/Steffenhagen,* 1977, S. 191). Hierzu zählen u.a. spezielle Markoffketten-Modelle sowie Erweiterungen des sog. STEAM-Modells (vgl. zu STEAM vor allem *Massy/Montgomery/Morrison,* 1970).

Eine weit stärkere Bedeutung (bzw. Beachtung) als der globalanalytische Ansatz hat bisher jedoch der *detail*analytische Ansatz erlangt. Die größere Attraktivität der detailanalytischen Modellierung ist vor allem darauf zurückzuführen, daß hier die **Black-Box-Betrachtung** des Individuums aufgegeben wird und *kognitive* Strukturen bzw. Prozesse des Individuums (z. B. Markenbewußtheit, Gedächtnisinhalte bezüglich Produkteigenschaften bzw. Werbeargumenten, Vergessenheitsrate u. ä.) in die Modellbildung unmittelbar einzubringen versucht werden. Die bisher entwickelten Modellansätze unterscheiden sich dabei insbesondere durch *drei* Modellkennzeichen (*Meffert/Steffenhagen,* 1977, S. 192):

1. Anzahl und Art detailliert modellierter **Teilentscheidungen** (Dimensionen des Kaufverhaltens) des Konsumenten;
2. Art der einbezogenen **kognitiven Elemente** des Individuums, der Variabilität dieser Elemente und deren Beziehung zu Teilentscheidungen des Konsumenten;
3. Anzahl und Art explizit einbezogener **exogener Stimuli,** die von aktiven Elementen im Marketing-System (Hersteller, Händler, Agenturen usw.) ausgehen, und deren Verknüpfung mit kognitiven Elementen bzw. Teilentscheidungen des Konsumenten.

Für den hohen **Grad der Komplexität** solcher *detail*analytischer Modelle sind vor allem die Charakteristika 1. und 3. verantwortlich. Aufgrund der dadurch bedingten Komplexität solcher Mikromodelle sind allerdings entsprechende Wirkungsprognosen praktisch nur noch auf der Basis von Computersimulationen ableitbar (*Meffert/Steffenhagen,* 1977, S. 191 f., zur Simulation siehe auch S. 593).

Einen *vielversprechenden,* richtungsweisenden Ansatz detailanalytischer Modellierung bildet insbesondere die **markenwahlbezogene Wirkungsprognose** im Modell komplexer Kaufentscheidungen nach *Amstutz* (1967). Diesem Modell liegt der Versuch zugrunde, „auf einer interdisziplinären, dynamischen Individualbetrachtung des Käuferverhaltens aufbauend ein konkret-rechnerisches Prognosemodell zu entwickeln" (*Meffert/Steffenhagen,* 1977, S. 229). Eine Berücksichtigung wichtiger Konkurrenzstrategien wie auch Aktionen des Handels kann dabei außerdem vorgenommen werden. So faszinierend der Ansatz von *Amstutz* – er kann als Entscheidungsspiel mit einem künstlichen Käufer aufgefaßt werden – im einzelnen auch ist, so ist dennoch die Anwendbarkeit dieses Modells (wie auch anderer Mikromodelle) in realen Märkten äußerst *zurückhaltend* zu beurteilen. Allein schon das kaum lösbar erscheinende **Datenproblem** setzt der Validierbarkeit des *Amstutz*-Modells ziemlich enge Grenzen (was auch *Amstutz* selbst einräumt, *Amstutz,* 1967, S. 383 ff.).

Die Frage effizienter und benutzerfreundlicher Marktreaktionsmodelle ist insoweit heute noch stark offen. Ob und inwieweit *detail*analytische *Makro*modelle (als Modelle „mittlerer Komplexität") in dieser Hinsicht einen methodischen Ausweg darstellen können, ist noch nicht abschließend zu beurteilen.

Die Leistungsfähigkeit von Wirkungsprognose-Modellen im Marketing – und zwar im praktischen Einsatz – wird darüber hinaus in entscheidendem Maße davon abhängen, inwieweit „die Antizipation nicht-kontrollierter Marketing-Aktivitäten" (d. h. also von **Konkurrenzmaßnahmen**) gelingt, denn „mit dem Problem der Prognose von Konkurrenzaktivitäten hat sich die bisherige Forschung noch kaum befaßt" (*Meffert/Steffenhagen,* 1977, S. 275). Insbesondere in *oligopolistisch* strukturierten Märkten müßte der Analyse des Konkurrenzverhaltens ebensoviel Interesse gewidmet werden wie der Kaufverhaltensanalyse. Insoweit stellen Konkurrenz-Verhaltensmodelle einen weiteren wichtigen Baustein für die Weiterentwicklung quantitativer Modelle der Marketingplanung bzw. -prognose dar. Wahrscheinlich ist es hierfür sinnvoll, wenn nicht notwendig, die Brücke zur mehr *qualitativen* wettbewerbsstrategischen Forschung zu schlagen (u. a. *Porter,* 1980 bzw. 1984; siehe hierzu auch die Würdigung des wettbewerbsstrategischen Ansatzes überhaupt auf S. 307 ff.). Damit sind erneut wichtige Bezüge bzw. Abhängigkeiten zwischen inhaltlichen *und* modell-/rechentechnischen Fragen deutlich geworden.

b) *Planungs- und Kontrollrechnungen*

Neben den dargelegten Wirkungsanalysen bzw. Wirkungsprognosen, die sich primär auf Umsatzgrößen bzw. sie beeinflussende *vor*-ökonomische Größen (Kriterien) wie Akzeptanzgrade, Einstellungen, Kaufintentionen, Markenkenntnis usw. beziehen, sind für planerische Aufgaben im Rahmen der taktischen Marketinggestaltung (Marketingmix) auch betriebswirtschaftliche „Ergebnisrechnungen" sowohl *planender* als auch *kontrollierender* Art notwendig. Diese Ergebnisrechnungen sind betriebswirtschaftliche Kalküle, die – im Hinblick auf *typische* Oberziele des Unternehmens – Umsatz-, Gewinn- bzw. Deckungsbeitragsrechnungen darstellen.

Einen zentralen Bezugspunkt solcher Rechnungen bilden die **Programme** (Sortimente) von Unternehmen. Sie stellen sowohl unter *marktfeld*-strategischen Aspekten (Produkt- bzw. Programmentwicklung) als auch unter *produkt*-analytischen Aspekten (Marketingmix) **Schlüsselfaktoren** dar, deren detaillierte Analyse eine wesentliche Voraussetzung für ein *ziel*orientiertes Marketing-Management ist.

Solche umsatz- und/oder ertragsspezifischen Programmanalysen sind „darauf gerichtet, komprimierte Informationen über das gesamte Programm zu verschaffen"; ihnen fällt insbesondere „die Aufgabe zu, jene Teile des Sortiments zu kennzeichnen, die zu eliminieren oder zu erweitern sind" (*Meffert,* 1980, S. 344). Dabei steht die Bereitstellung solcher Informationen im Vordergrund, die Aufschluß geben über die mittel- und langfristige **Sicherheit** wie auch über das mittel- und langfristige **Wachstum** des Programms bzw. des dahinter stehenden Unternehmens. Dazu zählen vor allem (*Grosche,* 1967, S.149ff. bzw. 170ff.; *Diller,* 1975, S.152ff.; *Hahn,* 1974, S.232ff.):

- Analysen der **Alters-, Umsatz- und Kundenstruktur** sowie
- Analysen der **Erfolgs- bzw. Deckungsbeitragsstruktur.**

Analysen dieser Art bilden vor allem auch wichtige Grundlagen für die Justierung eines *ertrags*orientierten **Produkt-Mix** (z.B. Optimierung des Verhältnisses von niedrigpreisigen Massenprodukten mit geringer *und* hochpreisigen Spezialprodukten mit hoher Gewinnspanne bzw. entsprechende Ausrichtung der Innovationspolitik des Unternehmens). In diesem Zusammenhang sind im übrigen auch adäquate Lebenszyklus-Analysen sinnvoll und notwendig, um diese genannten Steuerungsaufgaben auch im Zeitablauf hinreichend wahrnehmen zu können (u.a. über die Bildung von **Gesamtlebenszykluskurven** auf der Basis von Umsätzen und/oder Deckungsbeiträgen für jedes Produkt; vgl. hierzu auch die Modelldarstellung in *Abb.365a, Nieschlag/Dichtl/Hörschgen,* 1976, S.210f.).

Diese Prinzipdarstellung *(Abb.365a)* zeigt *gravierende* Deckungsbeitrags- und damit starke Sicherheits*probleme* für das Unternehmen in der 9. bis 15. Periode. Aufgrund dynamischer Märkte sind solche produktlebenszyklus-orientierten Analysen heute *nur* noch mittelfristig und zudem vielfach nur in „Bandbreiten" möglich.

Im folgenden soll nun noch konkreter auf spezielle Kalküle Bezug genommen werden, die für marketingpolitische Dispositionen von *besonderer* Relevanz sind, nämlich:

- **die Break-even-Analyse** einerseits und
- **die Absatzsegmentrechnung** andererseits.

Die Break-even-Analyse kann in dieser Hinsicht mehr als eine Planungs-, die Absatzsegmentrechnung dagegen mehr als eine Kontrollrechnung aufgefaßt werden (zur Problematik der Abgrenzung von Planungs- und Kontrollrechnungen siehe auch *Böcker/Dichtl,* 1975, S.7). Zunächst soll hier auf die Break-even-Analyse näher eingegangen werden, und zwar unter besonderer Berücksichtigung marketing-orientierter Erweiterungen.

Die Planungsrelevanz von Break-even-Analysen

Die Break-even-Analyse (auch unter dem Begriff Gewinnschwellen-Analyse bekannt) „soll Erkenntnisse über das Verhältnis von Erlös, Preis, Kosten und Gewinn vermitteln, d.h. Beziehungen zwischen dem Leistungsvolumen einerseits und den Kosten, Erlösen und Gewinnen andererseits sichtbar machen" (*Wild,* 1973, S.173). Oder anders ausgedrückt: sie dient der Ermittlung der **Profitabilität** vorgesehener Maßnahmen („Prüfstand für Alternativen", *Deyhle/Bösch,* 1979, S.39). Diese Ermittlung erfolgt durch die Berechnung bzw. grafische Ermittlung (=sog. Break-even-Diagramm) kritischer Absatzmengen, Stückzahlen oder Stundenkapazitätsnutzung.

III. Modelle und Kalküle zur Marketingmixfestlegung

Abb. 365a: Aggregation von Produktlebenszyklen auf der Basis von Deckungsbeiträgen

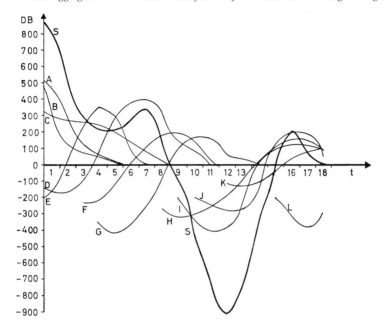

t	A	B	C	D	E	F	G	H	I	J	K	L	S*
1	+ 480	+ 350	+ 290	− 150	− 160								+ 810
2	+ 300	+ 120	+ 270	− 170	0								+ 520
3	+ 125	+ 80	+ 260	− 100	+ 200	− 230							+ 335
4	+ 75	+ 50	+ 250	+ 80	+ 350	− 230	− 350						+ 225
5		+ 25	+ 200	+ 260	+ 290	− 150	− 400						+ 225
6			+ 130	+ 380	+ 85	0	− 330						+ 265
7			+ 80	+ 400		+ 100	− 240						+ 340
8			+ 25	+ 310		+ 160	− 110	− 270					+ 115
9				+ 130		+ 190	+ 100	− 320	− 200				− 100
10				+ 70		+ 140	+ 180	− 300	− 320	− 200			− 430
11						+ 45	+ 170	− 260	− 400	− 250			− 695
12							+ 70	− 200	− 400	− 270	− 120		− 920
13							+ 10	− 100	− 250	− 250	− 130		− 720
14								0	− 60	− 170	− 110		− 340
15								+ 90	+ 50	+ 110	− 50	− 200	0
16								+ 150	+ 120	+ 200	+ 30	− 300	+ 200
17								+ 150	+ 100	+ 190	+ 70	− 370	+ 140
18								+ 90	+ 80	+ 60	+ 80	− 300	+ 10

* Ohne Abzinsungsfaktor

Die Modellierungsleistung des Break-even-Modells liegt dabei einmal im Vergleich *negativer* und *positiver* Gewinnkomponenten, und zwar in funktionaler Abhängigkeit von einer gemeinsamen unabhängigen Variablen wie dem Beschäftigungsgrad oder der Zeit und zum anderen darin, den Einfluß *fixer* und *variabler* Kostenbestandteile auf die Ergebnisgröße Gewinn transparent zu machen (*Diller*, 1980, S. 70). Die Bedeutung der Ermittlung des Break-even-Points bzw. der Gewinnschwelle ist vor allem deshalb von besonderer Relevanz, weil viele der unternehmerischen Entscheidungen (gerade auch im *Marketing*bereich) darauf hinauslaufen, Kapazitäten zu erweitern, Preise zu ändern, den Personaleinsatz zu erhöhen usw. Die mit zusätzlichen Inputs verbundenen Kostenerhöhungen zwingen die Entscheidungsträger, auch danach zu fragen, *ob* diese zusätzlichen Kosten durch den zu erwartenden Erfolg dieser Maßnahmen auch *gedeckt* sind. Es geht hier also um die Frage, ob sich das **Einsatz-Ergebnis-Verhältnis** auch tatsächlich verbessert (oder zumindest gleichbleibt). Mit der Break-even-Analyse läßt sich in dieser Hinsicht bestimmen, welche Steigerung des Outputs eine Input-Erhöhung mindestens bewirken muß, um ökonomisch im Sinne der Oberzielrealisierung vertretbar zu sein (*Wild*, 1973, S.173f.; *Deyhle/Bösch*, 1979, S.39f.; *Schmitz*, 1978, S.305f.; zu den methodischen Varianten und Erweiterungen der Break-even-Analyse siehe im einzelnen auch *Schweitzer/Troßmann*, 1986, S.43ff. bzw. 99ff.).

Die Break-even-Analyse geht in ihrer einfachsten Form von einem Einproduktunternehmen aus. Der Gewinn ist definiert als Differenz zwischen Erlösen und Kosten, wobei beide Größen in ihrer Abhängigkeit vom Beschäftigungsgrad (=Produktions- bzw. Absatzmenge) betrachtet werden. Diese Zusammenhänge lassen sich mit *folgenden* Gleichungen (1) bis (5) ausdrücken (*Diller*, 1980b, S.71):

(1) $G = E - K$ $\quad G = $ Gewinn; $E = $ Erlös
(2) $K = K_F + K_V$ $\quad K = $ Gesamtkosten; $K_F = $ Fixkosten; $K_V = $ variable Kosten
(3) $K_V = k_v \cdot x$ $\quad k_v = $ variable Stückkosten; $x = $ Ausbringungsmenge
(4) $E = p \cdot x$ $\quad p = $ Preis
(5) $K_F = c$ $\quad c = $ Konstante

Die Break-even-Analyse geht gewöhnlich von beschäftigungsabhängigen linearen Gesamtkosten- und Umsatzerlöskurven aus. Ein erstes Ziel der Analyse besteht zunächst einmal darin, jene **kritische Ausbringungsmenge** x_B zu identifizieren, bei der die Gesamtkosten durch die Umsatzerlöse gerade gedeckt werden. Bei dieser Ausbringungsmenge entsteht also weder ein Verlust noch ein Gewinn. Dieser sog. Break-even-Point (Gewinnschwelle) kann durch Gleichsetzung der Gleichungen (2) und (4) wie folgt ermittelt werden:

(6) $K_F + k_v \cdot x_B = p \cdot x_B$ $\quad x_B = $ Break-even-Menge
(7) $x_B = \dfrac{K_F}{p - k_v}$

Es müssen demnach so viele Einheiten des Produktes verkauft werden, daß die Summe ihrer Bruttostückgewinne ($[p - k_v] \cdot x$) die gesamten Fixkosten deckt. *Grafisch* können die Zusammenhänge wie in *Abb.366* verdeutlicht werden.

Der Break-even-Point stellt sich in diesem Break-even-Diagramm mathematisch als **Schnittpunkt** der Umsatzerlös- und Gesamtkostenkurve dar. Im Abzissen-Abschnitt $o < x < x_B$ entstehen demnach Verluste und im Abschnitt $x_B < x < x_K$ dagegen Gewinne (siehe hierzu auch die schraffierte Fläche in *Abb.366*).

Die Break-even-Analyse kann auch dazu herangezogen werden, das **Gewinnrisiko** in der Planperiode transparent zu machen. Hierfür wird einfach die als realisierbar erachtete Absatzmenge zur Break-even-Menge in Beziehung gesetzt. Wenn x_R die realisierbare Absatzmenge und u die Zielabweichungsrate bezeichnet, so gilt dann (*Diller*, 1980b, S.72):

III. Modelle und Kalküle zur Marketingmixfestlegung

Abb. 366: Break-Even-Diagramm

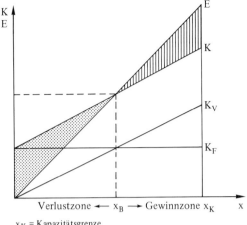

(8) $u = \dfrac{x_B - x_R}{x_R} \cdot 100$

Der Vorteil der Break-even-Analyse liegt insgesamt in ihrer *vielfältigen* Variierbarkeit je nach der zugrundeliegenden Fragestellung. So ist es möglich, Änderungen im Instrumenteneinsatz auf ihre Auswirkungen auf den Gewinn hin zu untersuchen. Diese Änderungen können zu Erlössteigerungen bzw. -senkungen und/oder Kostensenkungen bzw. -erhöhungen führen. Folgende Break-even-Diagramme *(Abb. 367)* machen die Wirkungen solcher *instrumentalen* Änderungen sichtbar *(Diller, 1980b, S. 74)*.

Abb. 367: Break-Even-Diagramm zur Beurteilung von Preisänderungen (a) und stückkostensteigernden Aktivitäten (b)

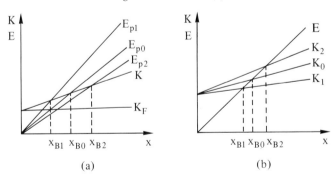

Die Variante (a) in *Abb. 367* verdeutlicht die Verschiebungen des Break-even-Points, die durch *Preis-* und dadurch ausgelöste *Umsatzerlösveränderungen* bewirkt werden. Dieser Ansatz ist z. B. bei der Prüfung von vorgesehenen Aktionspreisen relevant, bei der man die zur Beibehaltung des Gewinns notwendigen Mengenzuwächse zu ermitteln sucht. Bei im Markt durchsetzbaren Preiserhöhungen (etwa aufgrund aufgebauter Präferenzstellung) interessieren umgekehrt die Mengenrückgänge, die bei Aufrechterhaltung des Gewinnziels zulässig sind.

Die Variante (b) in *Abb. 367* zeigt umgekehrt die Wirkungen auf den Break-even-Point aufgrund von Veränderungen des *variablen Kostensatzes*. Wenn z.B. die variablen Kosten eines Produktes durch Wahl einer aufwendigeren Verpackung erhöht werden, so kann auch hier die Break-even-Analyse die Absatzmengenkonsequenzen aufgrund der Verschiebung des Break-even-Points nach rechts sichtbar machen. Analoges gilt für Senkungen der variablen Kosten (z.B. Verringerung des Anteils eines Rohstoffes aufgrund von Wertanalysen, bei grundsätzlicher Beibehaltung der Produktqualität), d.h. hier ergibt sich eine entsprechende Verschiebung des Break-even-Points nach links.

In der Break-even-Analyse können selbstverständlich auch Veränderungen (also Erhöhungen oder Senkungen) der *Fix*kosten berücksichtigt werden, z.B. Errichtung eines zusätzlichen Auslieferungslagers oder Aufgabe eines unternehmenseigenen Testgeschäfts. Auch diese Änderungen in der Marketinggestaltung führen zu entsprechenden Auswirkungen in bezug auf die Lage des Break-even-Points.

Bei den bisherigen Modellbetrachtungen (vgl. *Abb. 367*) ist – das darf nicht übersehen werden – jeweils davon ausgegangen worden, daß Änderungen im Instrumenteneinsatz keine positiven bzw. negativen Auswirkungen auf die Absatzmenge (bei Variante (a): aufgrund von Preisveränderungen und bei Variante (b): aufgrund von Kostenänderungen) haben. Derartige Break-even-Analysen geben demnach nur Aufschluß über die jeweils notwendige **Mindestabsatzmenge,** die in jedem Falle realisiert werden muß, um den Break-even-Point zu erreichen.

Marketing-orientierte Erweiterungen der Break-even-Analyse

Realistischer sind Break-even-Analysen dann, wenn sie marketingspezifisch in der Weise erweitert werden, daß einerseits *mehrere* Marketinginstrumente zugleich berücksichtigt werden und andererseits Umsatzreaktionsfunktionen, d.h. also *Änderungen* der Absatzmenge aufgrund von instrumentalen Variationen, im Modell einbezogen werden. Auf diese Weise kann transparent gemacht werden, wie sich bestimmte **Marktingmix-Alternativen** auf den Break-even-Point (Gewinnschwelle) wie auch auf den Gewinn selbst auswirken. Derartig erweiterte Break-even-Analysen stellen somit ein *relevantes* Kalkül für die Beurteilung bzw. Bestimmung des Marketingmix dar. Das soll an einem Beispiel näher konkretisiert werden.

Anwendungsbeispiel einer erweiterten Break-even-Analyse (vgl. hierzu *Meffert,* 1980 S.498f. bzw. 1986a, S.530f. sowie auch *Scheuing,* 1972, S.126f.):
Ausgangspunkt ist ein Einproduktunternehmen, das ein Marketingkonzept verfolgen will, das auf dem gezielten Einsatz der *drei* Marketinginstrumente Preis (P), Werbung (W) und persönlichen Verkauf bzw. Absatz (A) beruht. Es wird angenommen, daß das Unternehmen die Wahl zwischen *zwei* Preisen (DM 64 oder DM 96) hat und für die Werbe- wie die Verkaufsaktivitäten *zwei* verschiedene Budgets wählen kann (jeweils DM 40000 oder DM 200000). Darüber hinaus wird unterstellt, daß die Produktqualität gegeben ist und insgesamt Fixkosten der Produktion (K_F) von DM 150000 sowie variable Stückkosten (k_v) von DM 40 entstehen.

Unter der Annahme, daß sowohl die Werbeausgaben (W) als auch die Ausgaben für den Verkauf (A) zu den Fixkosten zu rechnen sind, kann der *Break-even-Point* (Gewinnschwelle) wie folgt abgeleitet werden:

(9) $W + A + K_F + k_v \cdot x_B = p \cdot x_B$.

W = Werbeausgaben
A = Ausgaben für den persönlichen Verkauf
K_F = Fixkosten der Produktion
k_v = Variable Stückkosten
x_B = Break-Even-Absatzmenge
$p \cdot x_B$ = Umsatzerlöse (p = Preis)

III. Modelle und Kalküle zur Marketingmixfestlegung

Wird die oben entwickelte Gleichung nach x_B aufgelöst, so errechnet sich die *Break-even-Absatzmenge* wie folgt:

$$(10) \quad x_B = \frac{W + A + K_F}{p - k_v}.$$

Wird angenommen, daß die tatsächlich am Markt realisierbare Absatzmenge (x_R) vom Einsatz der drei Marketinginstrumente abhängt, so kann folgende allgemeine *Marktreaktionsfunktion* geschrieben werden:

$$(11) \quad x_R = f(p, W, A).$$

Im folgenden *Rechenbeispiel (Abb. 368)* sind für alle *acht* Mixalternativen - jeweils zwei Ausprägungen der drei Marketinginstrumente: $2^3 = 8$ Marketingmixe - auf der Grundlage angenommener Marktreaktionsfunktionen die jeweils zu erwartenden Absatzmengen ermittelt worden (vgl. *Abb. 368, Spalte 5*).

Unter Heranziehung der jeweiligen Marktreaktionsfunktion ist es jetzt auch möglich, den Bruttogewinn (G_B) für *jede* der acht Kombinationen der Marketinginstrumente, ausgedrückt in der erwarteten Absatzmenge x_R, zu bestimmen:

$$(12) \quad G_B = (p - k_v) \cdot (x_R - x_B).$$

Abb. 368: Erwarteter Absatz, Break-Even-Absatz und Bruttogewinn für alternative Marketingmixe

Mix-Nr.	Marketingmix			x_B Break-Even-Absatz in Stück	x_R erwarteter Absatz in Stück	$x_R - x_B$ in Stück	G_B Bruttogewinn $(p-k_v) \cdot (x_R-x_B)$ in DM	$p-k_v$ in DM
	Preis (p) in DM	Werbung (W) in DM	Vertrieb (A) in DM					
0	1	2	3	4	5	6	7	8
①	64	40 000	40 000	9 583	12 000	+ 2 417	+ 58 008	24
2	64	40 000	200 000	16 250	18 000	+ 1 750	+ 42 000	24
3	64	200 000	40 000	16 250	15 000	− 1 250	./. 30 000	24
4	64	200 000	200 000	22 917	22 000	− 917	./. 22 008	24
⑤	96	40 000	40 000	4 107	5 500	+ 1 393	+78 008	56
6	96	40 000	200 000	6 964	8 000	+ 1 036	+ 58 016	56
7	96	200 000	40 000	6 964	7 000	+ 36	+ 2 016	56
8	96	200 000	200 000	9 821	10 000	+ 179	+ 10 024	56

Die *größte* Mengendifferenz zwischen x_R und x_B, d.h. zwischen erwarteter Absatzmenge und notwendiger Break-even-Absatzmenge, ist bei der Mixalternative *Nr. 1* mit 2417 Stück gegeben. Bei keiner der anderen Alternativen ist die Überschußmenge ähnlich groß. Bei *gewinnorientierter* Zielsetzung des Unternehmens interessiert jedoch primär die Alternative, bei der der absolut höchste Bruttogewinn entsteht. Das ist im Beispiel die Mixalternative *Nr. 5* (erwarteter Bruttogewinn = DM 78 008). Sie ist demnach die *vorziehungswürdige Alternative* in diesem Beispiel. Bei dieser Alternative wird das Produkt zu einem relativ hohen Preis (DM 96) und zugleich mit relativ geringen Aufwendungen für Werbung und Verkauf vermarktet. Ein solches Vermarktungskonzept geht - jedenfalls unter Realbedingungen - in der Regel nur dann auf, wenn das Produkt stark *innovative* Züge trägt und sich in hohem Maße „selbst" verkauft.

Die Break-even-Analyse wird in der Unternehmenspraxis in großem Umfange als (zusätzliches) Hilfsmittel bei der **Alternativen-Evaluation** eingesetzt. Sie stellt eines der am *meisten* eingesetzten Planungsverfahren dar (*Kordina-Hildebrandt/Hildebrandt*, 1979, S. 159 bzw. S. 155). Trotzdem werden vielfältige Kritikpunkte gegen die Break-even-Analyse vorgebracht, so etwa gegenüber dem gewöhnlich unterstellten

Fall sowohl linearer Kosten- und Erlösverläufe als auch dem Modellfall einer Einproduktunternehmung. Was die Kosten- bzw. Erlösverläufe betrifft, so ist es jedoch möglich, prinzipiell auch *nicht-lineare* Kosten- und Erlösfunktionen, *sprungfixe* Kosten oder auch *fixe* Erlöse (z. B. Grundtarife beim Absatz von Strom und Gas) abzubilden. Sogar gewinnabhängige Steuern können mit in das Kalkül einbezogen werden (*Diller*, 1980b, S.73). Größere Probleme ergeben sich dagegen bei dem realistischeren Fall der *Mehr*produktunternehmung; aber auch sie sind grundsätzlich *lösbar*. Zur Berücksichtigung unterschiedlicher Kapazitätsauslastungen bzw. Absatzmengen kann hier etwa auf ein mit Hilfe von Äquivalenzziffern gebildetes „Normprodukt" (als unabhängige Variable) zurückgegriffen werden oder es sind separate Analysen für bestimmte Produktmengenkombinationen durchzuführen (*Diller*, 1980b, S.72). Dort, wo das nicht möglich ist bzw. den realen Verhältnissen nicht angemessen erscheint, empfiehlt sich allerdings, „mit einer Standardgrenzkosten- oder Grenzplankostenrechnung bzw. (bei knappen Kapazitäten) mit der Standard-Grenzpreisrechnung zu arbeiten" (*Wild*, 1973, S.178).

Gegenüber der klassischen Break-Even-Analyse können (müssen) insgesamt *bestimmte* Vorbehalte, vor allem aufgrund folgender dem Modell zugrundegelegter Annahmen, gemacht werden (*Kotler*, 1977, S.394f.; *Wild*, 1973, S.176f.; *Diller*, 1980b, S.76f.):

(1) Die Kosten und Erlöse werden als allein abhängig von dem Beschäftigungsgrad betrachtet.
(2) Die Kosten- und Erlösfunktionen sind gegeben.
(3) Zwischen Kosten und Erlösen bestehen keine Abhängigkeiten.

Die Betrachtung der Kosten und Erlöse in Abhängigkeit allein vom Beschäftigungsgrad stellt in der Tat eine starke Einseitigkeit dar. Was die Ermittlung der Kostenfunktion angeht, so besteht vor allem das Problem der Kostentrennung in fixe und proportionale Kosten. Was die Erlösfunktion betrifft, so sei hier auf die vorhergehenden Darlegungen bezüglich der Erarbeitung von Wirkungsprognosen verwiesen. Was schließlich den dritten Einwand angeht, so ist *immerhin* anhand der marketingpolitisch erweiterten Break-even-Analyse (vgl. auch *Abb. 368*) gezeigt worden, daß sehr wohl Abhängigkeiten zwischen Kosten und Erlösen berücksichtigt werden können. Auf der Basis dieser Berücksichtigung wie auch speziell durch die Berücksichtigung relevanter Marketingmix-Konstellationen ist es grundsätzlich möglich, wenigstens eine grobe *Annäherung an Optimallösungen* zu erreichen. Die Chancen hierfür steigen vor allem dann, „wenn es gelingt, eine Vielzahl von Kombinationsmöglichkeiten rechnerisch ‚durchzuspielen'" (*Meffert*, 1980, S.500).

Break-even-Analysen stellen damit aber noch keine Optimierungsrechnungen dar, auf die wir im nächsten Kapitel näher eingehen wollen. Zuvor sollen jedoch noch spezifische, marketingrelevante Kontrollanalysen diskutiert werden.

Überblick über grundlegende Kontrolluntersuchungen bzw. -rechnungen

Nachdem zunächst auf die Break-even-Analyse und ihre möglichen Erweiterungen im Sinne eines Planungskalküls eingegangen worden ist, soll nun noch auf Kontrollkalküle bzw. Kontrolluntersuchungen Bezug genommen werden. Kontrollen im Marketing (und dazu gehören auch Kontrollkalküle) dienen der Aufgabe, Marketingmaßnahmen auf ihren Beitrag zur **Zielerreichung** hin zu prüfen, um ggf. entsprechende Anpassungen im Instrumenteneinsatz vornehmen zu können (zu den verschiedenen Dimensionen der Marketingkontrolle siehe *Kotler*, 1977, S.742ff. sowie auch *Köhler*, 1982, S.197ff.). Zentraler Ansatzpunkt sind hierbei grundlegende **Ergebnisgrößen**; dabei können sowohl ökonomische als auch *vor*-ökonomische

III. Modelle und Kalküle zur Marketingmixfestlegung

Ergebnis- bzw. Erfolgsgrößen identifiziert und untersucht werden. Folgende Übersicht *(Abb. 369)* verdeutlicht das anhand jeweils zentraler Erfolgsmaßstäbe.

Abb. 369: Wichtige Erfolgsmaßstäbe und typische Meßinstrumente***

Ökonomische Maßstäbe →	Meß-instrumente	Vor-ökonomische Maßstäbe →	Meß-instrumente
Umsätze	Diff. Absatzstatistik	Bekanntheitsgrad	Spezielle Marktanalysen (= Periodische Befragungen)
Erträge bzw. Deckungsbeiträge*	Marketing (Vertriebs-)kostenrechnung	Einstellungen/Image	
Marktanteile Distribution	Paneluntersuchungen (Standardberichte) bzw. unternehmenseigene Ermittlungen	Markentreue Markenwanderungen	Verbraucherpanels (= Sonderauswertungen)
Durchschnittl. Preise**		Aufmerksamkeits-/Wiedererkennungs-/Erinnerungswerte	Spezielle Werbetests (= Ad-hoc-Befragungen/Experimente)

* Differenziert nach Marketingbezugsgrößen wie Artikel, Packungsgröße, Absatzgebiet
** Endverbraucherpreise
*** Vgl. hierzu auch das *neue* System der sog. *Markenbilanz* (Schulz/Brandmeyer, 1989)

Der Aufgabe der Kontrolle werden diese grundsätzlich einsetzbaren Instrumente (vgl. *Abb. 369*) vor allem *dann* gerecht, wenn sie genügend *differenziert* sind. Speziell bei ökonomischen Kontrollgrößen sucht man heute – insbesondere unter den Zwängen einer möglichst wirtschaftlichen Marktausschöpfung – die **einzelnen Absatzsegmente** hinsichtlich ihres Umsatzanteils, vor allem aber hinsichtlich ihres Deckungsbeitrags zu kontrollieren, um damit nicht zuletzt auch *eliminierungs*verdächtige Absatzsegmente zu identifizieren.

Dieser Aufgabe versuchen vor allem differenzierte **Absatzsegmentrechnungen** (*Geist*, 1974) zu entsprechen. Unter Absatzsegment werden dabei alle *relevanten* Tätigkeitsbereiche bzw. Bereichsebenen im Marketing verstanden (*Nieschlag/Dichtl/Hörschgen*, 1976, S. 503; *Geist*, 1974, S. 10), wie:

- **Produkte bzw. Produktgruppen,**
- **Abnehmer bzw. bestimmte Abnehmergruppen,**
- **Absatzkanäle,**
- **Absatzgebiete,**
- **Auftragsgrößen.**

Eine solche nach verschiedenen absatzwirtschaftlichen Tätigkeitsbereichen differenzierte Absatzsegmentrechnung entspricht dem Konzept (Prinzip) der „selektiven Absatzpolitik". Ihr Ziel ist es, die absatzwirtschaftlichen Bemühungen des Unternehmens auf *die* Tätigkeitsfelder zu lenken, die dem Unternehmen „auf Dauer ...

einen gesicherten Gewinn im weitesten Sinne erbringen und ... im Absatzmarkt eine wettbewerbliche Vorzugsstellung" begründen (*Geist,* 1974, S. 10). Was den methodischen Ansatz der Absatzsegmentrechnung angeht, so sind hier vor allem *zwei* Grundformen der Ergebnisermittlung zu unterscheiden (*Nieschlag/Dichtl/ Hörschgen,* 1976, S. 504; *Geist,* 1974, S. 97 ff. sowie *Köhler,* 1988, S. 271 ff.):

(1) Ermittlung des **Nettoerfolgs** eines Absatzsegments,
(2) Ermittlung verschiedener **Deckungsbeiträge** eines Absatzsegments.

Die Ermittlung des Nettoerfolgs ist typisch für die Vollkostenrechnung, während Deckungsbeiträge zentrale Erfolgsgrößen einer Teilkostenrechnung sind (beide Ermittlungsformen sind dabei nicht nur alternativ, sondern durchaus auch komplementär zu sehen).

In der Unternehmens- und Marketingpraxis hat die Absatzsegmentrechnung *vor allem* in der Form der Produkt-, Kunden- und Absatzgebieteerfolgsrechnung Bedeutung erlangt. Für diese Erfolgsrechnungen sind heute auch einschlägige **Standard-Programme** (Software) verfügbar (z.B. die drei Berichtssysteme *MESORT, MEGROS* und *MEREG* von *DbO,* Düsseldorf; zum Aufbau dieser Systeme siehe auch *Bartsch,* 1978, S. 114 ff.).

Das Wesen der Absatzsegmentrechnung soll im folgenden *beispielhaft* anhand der Deckungsbeitragsrechnung verdeutlicht werden, und zwar am Fall der Absatzkanal-(Absatzmethoden-)Analyse. Folgendes Beispiel *(Abb. 370)* demonstriert das Vorgehen bzw. die möglichen Schlußfolgerungen (*Geist,* 1974, S. 157):

Das Beispiel *(Abb. 370)* zeigt eine vereinfachte Absatzsegmentrechnung für ein Unternehmen, das mehrere Produkte herstellt und sowohl den *Groß*handel (GH) als auch den *Einzel*handel (EH) beliefert. Das Unternehmen hat für die Belieferung des *Einzel*handels (I: Großabnehmer, II: Kleinere Abnehmer) *zwei* spezielle Vertriebsorganisationen aufgebaut. Nach einiger Zeit zeigt sich, daß nur *die* Vertriebsorganisation gewinnbringend operiert, welche die *Groß*abnehmer auf der Einzelhandelsstufe bedient. Die andere Organisation, welche die kleineren Einzelhandelsgeschäfte besucht, erweist sich als zu kostspielig, weil diese Abnehmer hauptsächlich niedrig kalkulierte Produkte in kleinen Mengen ordern. In der Abrechnungsperiode entsteht in diesem Segment ein negativer DB II von DM 21 900. Es ergeben sich dann – unterstellt, daß die Entwicklung anhält – *drei* mögliche Konsequenzen:

(1) *Auflösung* der Vertriebsorganisation EH II,
(2) *Festlegung* von Mindestauftragsgrößen,
(3) *Eliminierung* von verlustbringenden Produkten.

Die Absatzsegmentrechnung vermag demnach vielfältige Anhaltspunkte für die Produktivitätssteigerung im Marketingbereich zu liefern.

Wenn auch die Vorteile einer Vertriebserfolgsrechnung im allgemeinen und einer Absatzsegmentrechnung im besonderen nicht zu übersehen sind, so gibt es dennoch einige *ungelöste* – zum Teil wohl auch nicht lösbare – Probleme, welche den Aussagewert solcher Rechnungen zumindest relativieren. Hierzu gehören insbesondere Problembereiche (vgl. auch *Nieschlag/Dichtl/Hörschgen,* 1976, S. 511 f.) wie:

- das **Zurechnungsproblem** (= das mangelnde Kausal- oder Finalverhältnis zwischen Vertriebskosten und Vertriebsleistungen);
- das **Operationalisierungsproblem** (= nicht alle Elemente des Vertriebserfolges lassen sich quantifizieren);

Abb. 370: Beispiel zur Absatzsegmentrechnung nach Absatzmethoden

Monatsabrechnung eines Unternehmens (in DM 1 000,–)	Absatzmethoden			
	GH DM	EH (I) DM	EH (II) DM	Gesamt DM
Geschätzte individuelle Kapazität (max. Marktanteil) der Absatzmethode im *Umsatzwert zu Endverkaufspreisen*	700	1 000	150	1 850
Brutto-Umsatz zu Endverbrauchspreisen ./. Erlösschmälerung durch Funktionsrabatt (oder Wettbewerbsrabatt) vom Brutto-Umsatz 40% für GH 33⅓% für EH I 33⅓% für EH II	600 240	800 269	100 33,3	1 500 542,3
Netto-Umsatz ./. Herstellungskosten vom Brutto-Umsatz 30%	360 180	531 240	66,7 30	957,7 450
Bruttoerfolg ./. Sonderkosten des Vertriebs (Wegfallende VK) Skonto 2% Umsatzsteuer 3,5%* Provision 4,5% 10% v. Netto-Umsatz	180 36	291 53	36,7 6,6	507,7 95,6
Deckungsbeitrag I ./. Direkt zurechenbare VK der Absatzmethoden (Wegfallende VK) (Akquisitionskosten, Fuhrparkkosten d. Verkaufsniederlassungen, Auftragsabwicklungskosten, Versandkosten, Werbung)	144 74	238 85	30,1 52	412,1 211,0
Deckungsbeitrag II ./. Der einzelnen Absatzmethode nicht direkt zurechenbare VK (7% v. Brutto-Umsatz)	70 42	153 56	−21,9 7	201,1 105
Netto-Erfolg	(28)	(97)	(−28,9)	96,1

GH   = Großhandel
EH I = Einzelhandelskunden der Gruppe I
EH II = Einzelhandelskunden der Gruppe II
* Beispiel aus 1. Aufl. (1962)!

- das **Dynamisierungsproblem** (= die klassische Vertriebserfolgsrechnung bietet nur Momentaufnahmen, die künftigen Erfolgsaussichten von Absatzsegmenten bleiben damit aber unberücksichtigt);
- das **Problem der Vieldimensionalität** (= bei der Würdigung aller relevanten Absatzsegmente kommt es vielfach zu Beurteilungsdiskrepanzen).

Diese Probleme machen zugleich deutlich, wie *notwendig* die Zusammenarbeit zwischen Rechnungswesen (speziell Controller) und Marketing- und Vertriebsbereich

584   3. Teil: Konzeptionsebene des Marketingmix

ist, um zu oberziel-adäquaten Entscheidungen hinsichtlich des Marketinginstrumenten-Einsatzes bzw. der Allokation der Marketingmittel(-budget) zu gelangen. Was den Controller angeht, so ist hier vor allem seine „Reporting and Consulting Function" angesprochen (*Baumgartner,* 1980, S. 32 f.).

Nachdem bisher speziell die Kontrolle ökonomischer Größen via Absatzsegmentrechnung diskutiert worden ist, soll nun noch abschließend das Instrumentarium zur Kontrolle *vor*-ökonomischer Größen gewürdigt werden.

Würdigung von Instrumenten zur Kontrolle vor-ökonomischer Größen

Was die bereits erwähnten Meßinstrumente zur Erfassung und Beurteilung vor-ökonomischer Größen (Ergebnisse) betrifft (vgl. auch *Abb. 369*), so kann generell gesagt werden, daß sie vor allem bei *präferenz*-strategischen Konzepten eine entscheidende Rolle spielen. Typisch für solche Konzepte ist, daß das Marketingmix-Problem dann auch stark **qualitative Dimensionen** hat. Diese Frage wird auch unter dem Begriff „qualitativer Marketingmix" thematisiert (u. a. *Tietz,* 1978, S. 304 ff.).

Dahinter verbirgt sich die Einsicht, daß die Wirkung von Marketinginstrumenten entscheidend von ihrer sozial-psychologisch orientierten Komposition beeinflußt wird. Sie hängt mit anderen Worten davon ab, ob und inwieweit alle Instrumente *erlebnismäßig* zusammenpassen und zu einem attraktiven Gesamteindruck bei der anvisierten Zielgruppe konvergieren. Solche Gesamteindrücke führen zu **prägnanten Images** und entsprechend positiven Absatzwirkungen. Diese Zusammenhänge lassen sich auch mit Hilfe einer Vektoren-Darstellung verdeutlichen *(Abb. 371).* Jeder Vektor repräsentiert dabei jeweils *ein* Marketinginstrument: die Länge des Vektors wird als Einsatzintensität des Marketinginstruments interpretiert und seine Richtung ist als Wirkung aufzufassen, die das jeweilige Instrument auf die Vorstellung der Marktteilnehmer ausübt (*Topritzhofer,* 1974, Sp. 1260, vgl. eine ähnliche Darstellung auch bei *Wiswede* 1973, S. 143).

Abb. 371: Vektoranalytische Darstellung von Marketingmix-Wirkungen

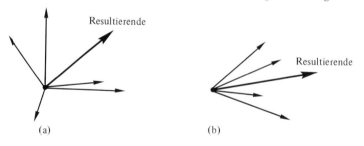

Fall (a) repräsentiert (vgl. *Abb. 371*) einen in sich *schlecht* abgestimmten Marketingmix. Die Wirkungen der einzelnen Instrumente stehen zum Teil im Gegensatz zueinander. Die Gesamtwirkung des Marketingmix – repräsentiert durch die Resultante (= dick gezogener Vektor) – geht in eine andere Richtung als die Wirkungen der einzelnen Instrumente. Das Ergebnis ist ein diffuses Vorstellungsbild (Image). *Fall (b)* ist dagegen typisch für einen *konsistenten,* d. h. widerspruchsfreien Marketingmix. Sämtliche Marketinginstrumente wirken in die gleiche Richtung; alle Vektoren weisen also in dieselbe Richtung *wie* die Resultante. Das Ergebnis ist hier ein klares, prägnantes Image mit entsprechend positiven Wirkungen bei der Zielgruppe (vgl. hierzu auch die Darlegungen bei *Beyeler,* der hierbei am Marktmodell von *Spiegel* anknüpft, *Beyeler,* 1964, S. 83 ff.).

Was die Erfassung von Einstellungen bzw. Images betrifft, so wird hier auch auf die entsprechenden Darlegungen zur Präferenzstrategie (S. 157 ff.) verwiesen. Die Imageanalyse dient speziell unter Kontrollaspekten vor allem der Identifizierung von bisherigen **Erfolgsursachen** einerseits und der Offenlegung von latenten **Profilierungschancen** andererseits (insbesondere *durch* Gegenüberstellung von Ist- bzw. Soll- sowie Konkurrenz- und Idealimage). Sie ist andererseits aber auch auf die Erfassung von imagemäßigen Negativpunkten („Schwächezeichen") gerichtet.

Gerade angesichts sich immer mehr **beschleunigender Veralterungsprozesse** im Markt – und zwar sowohl von Produkten als auch von Betriebsformen im Handel – sind Unternehmen in immer stärkerem Maße zur Suche nach *vorauseilenden* Indikatoren gezwungen. Neben der Erfolgsanalyse in Form der kurzfristigen Erfolgsrechnung (KER) sieht *Gümbel* deshalb immer mehr die Notwendigkeit, die Imageanalyse speziell als *kurzfristige* Imagekontrollanalyse (KIMA) einzusetzen (*Gümbel,* 1980, S. 7). Wenn *Gümbel* hier auch *mehr* den Handel, und zwar speziell die sich verstärkende Betriebsformen-Erosion, im Blickfeld hat, so lassen sich dennoch seine Überlegungen durchaus *auch* auf das Herstellermarketing bezogen auf Produkte bzw. Marken übertragen (siehe hierzu auch *Nieschlag/Dichtl/Hörschgen,* 1976, S. 212).

2. Entscheidungsmodelle

Nachdem bisher Analyseverfahren (sog. Ermittlungsmodelle) im Mittelpunkt der Diskussion standen, die dadurch charakterisiert sind, daß sie den Entscheidungsträgern im Marketing Informationen bzw. Daten für den gezielten Einsatz von Marketinginstrumenten sowie für ihre evtl. Korrektur liefern, soll nunmehr noch überblickhaft auf Entscheidungsmethoden (sog. Entscheidungsmodelle) eingegangen werden. Entscheidungsmethoden sind dadurch gekennzeichnet, daß sie Entscheidungssituationen mit alternativen Möglichkeiten in der Weise zu modellieren suchen, daß **optimale Lösungen** identifiziert werden (*Kosiol,* 1961, S. 322; *Müller-Merbach,* 1973, S. 1 f.). Diese Thematik ist auch unter dem Begriff Operations Research oder Unternehmensforschung geläufig. Die Frage der Anwendbarkeit derartiger Entscheidungsmodelle im Rahmen der Unternehmensführung im allgemeinen und innerhalb des Marketingbereichs im speziellen wird seit mehr als *zwei* Jahrzehnten intensiv und auch kontrovers diskutiert. Gerade die Komplexität vieler Entscheidungssituationen im Marketing hat – verstärkt seit Anfang der 70er Jahre – immer wieder den Anstoß gegeben, solche Situationen als **Optimierungskalküle** zu modellieren (vgl. u. a. *Simon/Freimer,* 1970; *Krautter,* 1973; *Hansen/Thabor,* 1973; *Hammann,* 1975; *Köhler/Zimmermann,* 1977; *Lilien/Kotler,* 1983). Der Phase allgemeiner „Modelleuphorie" ist allerdings inzwischen die Phase einer *gewissen* Ernüchterung oder zumindest Besinnung gefolgt, insbesondere was *totale* Marketingmodelle (sog. Marketingmix-Modelle) angeht. Dafür stehen heute (wieder) stärker Fragen sog. **Marketing-Informationssysteme** im Vordergrund (*Topritzhofer,* 1978, S. 431; *Szyperski,* 1978, S. 74 ff.; *Heinzelbecker,* 1985). Man hat nämlich erkannt, daß Fortschritte bei der Entwicklung und Implementierung von Marketing-Entscheidungsmodellen letztlich an einen *entsprechenden* Auf- bzw. Ausbau von umfassenden, integrierten Datenbanksystemen gebunden sind (*Sihler/Krautter,* 1978, S. 435 ff.). Es soll daher im folgenden sowohl auf Fragen der Entscheidungsmodelle (Optimierungskalküle) als auch auf Grundlagen von Marketing-Informationssystemen eingegangen werden.

a) Optimierungskalküle

Die grundsätzliche Bedeutung von Optimierungsrechnungen für Marketingmix-Entscheidungen wird dann ersichtlich, wenn man sich die **Komplexität** dieser Aufgabe noch einmal vergegenwärtigt. Eine Vielzahl von Marketinginstrumenten in den unterschiedlichsten Ausprägungsformen steht grundsätzlich für Marktgestaltungsaufgaben zur Verfügung. Intuitives, auf Erfahrung gestütztes Vorgehen bei der Instrumentalkombination *allein* führt daher vielfach zu vagen, rational *nicht* (voll) begründbaren Lösungen. Diese Vorgehensweisen lassen sich auch als „Trial and Error" (Versuch und Irrtum) bzw. „Muddling Through" (Durchwursteln) charakterisieren – Vorgehensweisen, die allerdings in der Wirtschaftspraxis nicht völlig verzichtbar sind. Angesichts der erheblichen Mittel – je nach Aktivitätsniveau –, die für Marktgestaltungszwecke investiert werden, ist es andererseits nur *schlüssig,* wenn man sich um eine **stärkere Formalisierung** dieses Entscheidungsfeldes bemüht. Das hat zu immer wieder neuen Anläufen geführt, mathematische Entscheidungsmethoden auch im Marketingbereich für das Finden optimaler (oder zumindest „guter") Lösungen einzusetzen. Eingabegrößen bei der Anwendung von Entscheidungsmodellen im Marketing sind dann jeweils Ausprägungen eines oder mehrerer Marketinginstrumente, während **Modellresultate** meist als Gewinn-, Umsatz- oder Marktanteilsgrößen des planenden Unternehmens erscheinen.

Zur generellen Eignung von Optimierungskalkülen

Die Eignung von solchen Optimierungsmodellen als Entscheidungshilfe hängt dabei zunächst einmal von *vier* Bedingungen oder Kriterien ab (*Köhler,* 1977, S. 2 f.):

(1) der **Realitätsentsprechung** (d. h. die Formalstruktur muß mit den wesentlichen Merkmalen des Realproblems übereinstimmen);
(2) der **Datenbereitstellbarkeit** (d. h. es müssen erfüllbare Voraussetzungen hinsichtlich Menge, Genauigkeit und Sicherheit der bereitstellbaren Daten gegeben sein);
(3) der **numerischen Lösbarkeit** (d. h. es müssen Verfahren zu konkret-rechnerischen Lösungen des Modellansatzes verfügbar sein);
(4) der **Benutzeradäquanz** (d. h. es muß den betroffenen Entscheidungsträgern möglich sein, die Problembeschreibung und -lösung mit ihrer eigenen Denkweise zu identifizieren).

Was die Anwendbarkeit von Entscheidungsmodellen im Marketing allerdings insgesamt so *kompliziert,* ist die Tatsache, daß Entscheidungskomplexe im Marketing durchweg (*Kotler,* 1971, S. 1):

- **nicht-lineare Zusammenhänge,**
- **Wirkungsverzögerungen,**

III. Modelle und Kalküle zur Marketingmixfestlegung 587

- **stochastische Größen** und
- **interaktive Variable**

aufweisen.

Daß im ökonomischen Bereich *nicht* ohne weiteres lineare Zusammenhänge (Wirkungsfunktionen) unterstellt werden können, darauf ist bereits im Rahmen der Diskussion von Wirkungsprognosen bzw. Marktreaktionsfunktionen hingewiesen worden. Ein gravierendes Modellierungsproblem besteht darüber hinaus darin, daß speziell im Marketing - insbesondere bei präferenz-strategischen Konzepten - mit *zeitlichen* Interdependenzen gerechnet werden muß, und zwar im einzelnen mit (*Nieschlag/Dichtl/Hörschgen,* 1976, S. 460f.; *Ahlert,* 1980, S. 53; *Meffert/Steffenhagen,* 1977, S. 166ff.):

- **Verzögerungseffekten** („time lag"),
- **Nachhalleffekten** („carry over"),
- **Verfalleffekten** („decay").

Das Problem des Instrumenteneinsatzes im Marketing ist also dadurch gekennzeichnet, daß Instrumentalwirkungen vielfach erst verzögert eintreten, andererseits aber Wirkungen auch dann noch auftreten, wenn das Instrument gar nicht mehr eingesetzt wird und schließlich Wirkungen während des Instrumenteneinsatzes im Zeitablauf bestimmte Verfallserscheinungen aufweisen können. Am deutlichsten sichtbar werden diese Zusammenhänge, wenn man sich den **Imageaufbau** für Produkte und/oder Unternehmen vergegenwärtigt (vgl. hierzu auch die Problematisierung der „Zielgröße" Image auf S. 60ff.).

Als ein Effekt besonderer Art kann außerdem der *sog. Türschwellen-Effekt* aufgefaßt werden, der das Phänomen charakterisiert, daß akquisitorische Wirkungen sich - zumindest bei einigen Instrumenten (wie z. B. der Werbung) - erst dann entfalten, wenn diese in einem bestimmten Mindestumfang eingesetzt werden (*Ahlert,* 1980, S. 53). In Analogie zu produktionstheoretischen Überlegungen wird neuerdings auch das Phänomen der *sog. Limitationalität* auf den Marketingbereich übertragen, d. h. Wirkungen von Instrumenten (Marktreaktionen) können danach z. T. nur dann eintreten, wenn mehrere Instrumente in einem bestimmten Einsatzverhältnis zueinander stehen (*Steffenhagen,* 1978, S. 189).

Außerdem gibt es einen Effekt, den wir mit *Signaleffekt* kennzeichnen wollen. Er besteht darin, daß neuartige Instrumente (bzw. neuartige Ausprägungen von klassischen Instrumenten) zu atypischen Reaktionsmustern führen und Märkte- bzw. Konkurrenzstrukturen nachhaltig verändern können (*Beispiele:* Ein bedeutender Eiskremhersteller entschließt sich entgegen des bisherigen Branchenverhaltens zur Herstellung „Weißer Ware" oder ein großer Zigarettenhersteller bricht mit einem „Branchentabu" und bietet direkt oder indirekt die erste Billigzigarette an. Daraus resultieren vielfach grundlegende Marktstrukturänderungen irreversibler Art, wofür gerade der Zigarettenmarkt ein anschauliches Beispiel ist).

Instrumentenwirkungen sind schließlich - gerade auch im Marketing - durch **Ausstrahlungseffekte** („spill over") gekennzeichnet, d. h. mit eingesetzten Instrumenten werden Wirkungen über den anvisierten Zielbereich hinaus ausgelöst (*Diller,* 1979a, S. 95ff.; *Nieschlag/Dichtl/Hörschgen,* 1988, S. 851ff.). Es werden mit anderen Worten also parallele oder konkurrierende Produktfelder beeinflußt bzw. vor- und/oder nachgelagerte Unternehmensbereiche tangiert.

Entscheidungen im Marketing müssen also überhaupt vielfach auf Basis **unvollkommener Informationen** getroffen werden, d. h. es müssen Entscheidungen dann unter

Risikobedingungen gefällt werden, und zwar auf der Basis objektiver *oder* subjektiver Wahrscheinlichkeiten für die einzelnen Umweltkonstellationen (=stochastischer Fall).

Besondere Einsatzbedingungen für Entscheidungsmodelle im Marketing

Nach diesen Darlegungen wird deutlich, daß sich im Prinzip nur ganz *spezifische* Entscheidungsmodelle (besser: Modellmuster) aus dem „Baukasten" des **Operations Research (OR)** für Marketingzwecke eignen. Nach Art der benutzten **Lösungstechnik** kann zunächst einmal zwischen analytischen (algorithmischen) und heuristischen (simulativen) Modellen unterschieden werden. Analytische Modelle bestimmen das absolute Optimum in einem Entscheidungsfeld, während heuristische Verfahren auf der Basis vereinfachter Suchregeln durchweg nur das Finden einer „guten" Lösung ermöglichen. Aufgrund von Datenbeschaffungsproblemen im Marketing bieten sich in diesem Bereich *insbesondere* heuristische Modelle an.

Je nach Berücksichtigung des **Zeitfaktors** kann außerdem zwischen statischen und dynamischen Modellen, je nach Berücksichtigung von **Risiko** bzw. **Ungewißheit** zwischen deterministischen und stochastischen Modellen unterschieden werden. Den Gegebenheiten im Marketing werden – das geht aus dem bisher Gesagten ohne weiteres hervor – dynamische *und* stochastische Modelle *am ehesten* gerecht (*Meffert*, 1974b, (3); *Köhler*, 1977, S.12). Dynamische Modelle stellen zugleich eine Möglichkeit dar, *nicht*-lineare Beziehungen, die für Marketingverhältnisse typisch sind, stufenweise zu berücksichtigen. Damit ist zugleich auch gesagt, daß für die Bestimmung des Marketingmix bzw. entsprechender Submixe grundsätzlich die nicht-lineare Programmierung adäquat ist. Die Schwierigkeit besteht allerdings darin, daß dafür *noch keine* befriedigenden Lösungsalgorithmen zur Verfügung stehen (*Dichtl*, 1971, S.137; *Meffert*, 1974b, [5]; *Dürr/Kleibohm*, 1983, S.260ff.). Die Effizienz quantitativer Optimierungsverfahren nimmt darüber hinaus dann rapide ab, wenn noch andere Komplikationen (z.B. die Forderung nach Ganzzahligkeit der Entscheidungsvariablen) berücksichtigt werden müssen. Genau diese Situation ist aber bei der überwiegenden Zahl der Entscheidungen im Marketing gegeben, wie z.B. bei Routenproblemen, Vertretereinsatzproblemen, Mediaselektionsproblemen etc. (*Zimmermann*, 1977, S.40; *Dürr/Kleibohm*, 1983, S.130 bzw. 144ff.).

Was die Modellstruktur von Entscheidungsmodellen betrifft, so sind hierbei verschiedene Formen (Grade) der **Komplexitätsbewältigung** denkbar. Im Zusammenhang mit der angestrebten Anwendung von OR-Verfahren in der Marketingpraxis wird immer wieder die Grundfrage diskutiert, ob hierbei angesichts der Komplexität des Marketingentscheidungsfeldes möglichst viele Systembestandteile (wie Produkte, Abnehmergruppen, Gebiete, Instrumente, andere Unternehmensbereiche) einbezogen werden sollen oder ob sich Entscheidungsmodelle mehr auf Teilausschnitte konzentrieren sollen (können). Für die Modellentwicklung wie für die quantitative Analyse wäre es insgesamt als sehr *entmutigend* anzusehen, wenn *nur* ein umfassendes Marketingmodell (**sog. Total-Modell** im Sinne von Marketingmix-Modellen) als angemessenes Abbild der Marketingrealität bzw. -komplexität anzusehen wäre. Es gibt jedoch die Möglichkeit, zunächst über eine entsprechende *De*komposition Teilentscheidungen anhand von **sog. Partial-Modellen** vorzubereiten,

III. Modelle und Kalküle zur Marketingmixfestlegung 589

um dann in einem *zweiten Schritt* die im einzelnen ermittelten Input- und Ergebnisgrößen entsprechend zu verknüpfen. Das Prinzip besteht dann darin, über eine u. U. mehrstufige Wechselabstimmung „möglichst zielgünstige Gesamtprogramme zusammenzustellen" (*Köhler,* 1977, S. 4).

Der **menschliche Problemlöser** neigt – wie wir bereits bei der Diskussion der Marketingsubmixe aufgezeigt haben – immer dann, wenn er eine ihm gestellte Aufgabe als zu komplex empfindet, dazu, diese Aufgabe in *Teil*schritte zu zerlegen. Diese Zerlegungstendenz ist bei komplexen Fragestellungen im Marketing häufig auch *verfahrens*bedingt, weil dann oft selbst die größten Rechnerkapazitäten nicht mehr ausreichen und deshalb in Teilprobleme aufgegliedert werden muß. „Der Unterschied zwischen der menschlichen Problemzerlegung und der mithilfe von ‚Dekompositionsalgorithmen' ist im wesentlichen, daß beim menschlichen Entscheidungsfäller die Interdependenzen der Teilprobleme und oft damit ihr Bezug zum Gesamtsystem vernachlässigt wird (und damit suboptimale Lösungen erreicht werden), während bei den genannten formalen Verfahren die Berücksichtigung dieser Zusammenhänge sichergestellt werden kann" (*Zimmermann,* 1977, S. 40 f.). Ansätze für derartige Dekompositionen enthält u. a. das praktische Reifenmarkt-Modell bei *Hansen/Thabor* (*Hansen/Thabor,* 1973, S. 172 ff.).

Bei *Partial*-Modellen für bestimmte Marketing- bzw. Instrumentalbereiche ist andererseits eine *größere* Detaillierung typisch. Sie drückt sich vor allem in einer relativ starken Berücksichtigung verhaltenswissenschaftlicher Grundlagen aus. Insofern ergeben sich hier Beziehungen zu den bereits diskutierten Wirkungsprognosen (siehe hierzu insbesondere S. 561 ff.). Sie stellen für Entscheidungsmodelle Bestätigungen hypothetisch zugrundegelegter Funktionstypen dar bzw. dienen als einzubeziehende Marktreaktionsfunktionen. Soweit Bewertungskriterien in Form von Zielfunktionen und Zielnebenbedingungen – im Gegensatz zu klassischen Optimierungsansätzen – *nicht mehr* als unabdingbares Modellierungsmerkmal angesehen werden (z. B. *Lambin,* 1977, S. 430 ff.), *verwischen* sich andererseits überhaupt die Grenzen zwischen (Wirkungs-)Prognose- und Entscheidungsmodellen (*Köhler,* 1977, S. 11; zu den Anwendungsmöglichkeiten von Marktreaktionsfunktionen überhaupt siehe auch *Schmidt/Topritzhofer,* 1978, S. 195 ff. bzw. S. 228 f.).

Das klassische Simplex-Verfahren als Anwendungsbeispiel analytischer Verfahren

Was die grundsätzlich zur Verfügung stehenden mathematischen Lösungsverfahren betrifft, so ergibt sich in der Literatur *kein* einheitliches Bild, und zwar sowohl was die Art der einzubeziehenden Verfahren als auch die Systematik dieser Verfahren selbst angeht (siehe u. a. *Müller-Merbach,* 1973; *Kern,* 1974 a; *Runzheimer,* 1978; *Gal,* 1987 sowie *Zimmermann,* 1989). Auf diese Fragen kann hier nicht im einzelnen eingegangen werden. Es soll nur auf spezifische Konstellationen im Marketingbereich und ihre verfahrensmäßigen Konsequenzen hingewiesen werden. Ausgangspunkt des Einsatzes mathematischer Verfahren bei Entscheidungsproblemen im Marketing (wie in der Unternehmung überhaupt) ist die Tatsache, daß der Mensch ein „schlechter Datenverarbeiter" ist. Gravierende Informationsverarbeitungsprobleme bei der Entscheidungsvorbereitung tauchen immer dann auf, wenn entweder große Datenmengen verarbeitet werden müssen oder die Daten in komplexer Weise untereinander verknüpft sind. Für das Marketing typisch ist, daß hier *beide* Fälle auftreten, vielfach sogar bei der gleichen Problemstellung (*Zimmermann*, 1977, S.40). Als Optimierungsverfahren kommt dabei vordergründig vor allem **Lineares Programmieren** in Betracht – das bisher am meisten verbreitete Verfahren überhaupt.

Für die *lineare* Programmierung stehen eine Reihe ausgereifter Lösungsalgorithmen (u.a. die Simplex-Methode) zur Verfügung, mit deren Hilfe unter Einsatz von EDV-Anlagen eine *schnelle* Optimumbestimmung möglich ist. Das ist letztlich der Grund dafür, daß dieser Programmierungsansatz eine so vielseitige Anwendung gefunden hat. Er läßt sich – unter *vereinfachenden* Annahmen – auch für Marketingmix-Probleme heranziehen. Das soll im folgenden näher skizziert werden, um an diesem Modellansatz die Optimierungs*mechanik* von OR-Modellen überhaupt etwas transparent zu machen (allerdings weniger, um hier einen besonders praxisrelevanten Fall zu referieren).

Für den Einsatz der linearen Programmierung müssen grundsätzlich folgende Bedingungen gegeben sein (*Meffert*, 1980, S.502 bzw. 1986a, S.534):

(1) Den Variablen bzw. Ausprägungen der Marketinginstrumente müssen Wirkungsbeiträge *zugerechnet* werden können.
(2) Die Wirkungsbeiträge der einzelnen Variablen müssen *additiv* (also voneinander unabhängig) sein.
(3) Die zugrundeliegenden Funktionen (Marktreaktionsfunktionen) müssen *linearer* Art sein.

Das im folgenden geschilderte **Beispiel** (siehe hierzu *Kotler*, 1971, S.64ff. bzw. *Meffert*, 1980, S.502ff. bzw. 1986a, S.534ff.) verdeutlicht modellhaft, wie sich optimale Absatzmengen und der Instrumenteneinsatz auf zwei Teilmärkten auf der Basis **linearer Programmierungsansätze** simultan ermitteln lassen.

Die *Oxite Company* produziert Sauerstoff-Flaschen, die auf zwei Märkten vermarktet werden (*Markt 1:* Sanitätshäuser und *Markt 2:* Hersteller von Feuerbekämpfungsgeräten). Beide Märkte sind durch unterschiedliche Gewinnspannen charakterisiert, die auf einer jeweils unterschiedlichen Vertriebspolitik beruhen: in Markt 1 werden DM 15 und in Markt 2 DM 10 als Stückgewinn erzielt. Als Marketinginstrumente werden persönlicher Verkauf und Werbung eingesetzt; es stehen vier ausgebildete Verkäufer (mit 4000 Stunden in den nächsten sechs Monaten) sowie DM 14000 für Werbung zur Verfügung. Aufgrund von Erfahrungen ist bekannt, daß für den Verkauf einer Sauerstoff-Flasche auf Markt 1 ein Verkäufereinsatz von 15 Minuten und Werbeaufwendungen von DM 2, auf dem Markt 2 dagegen ein Verkäufereinsatz von 30 Minuten und Werbeaufwendungen von DM 1 notwendig sind.

Das Ziel des Unternehmens ist es, den Gewinn zu *maximieren,* und zwar unter der Bedingung, daß mindestens je 3000 Sauerstoff-Flaschen auf jedem Teilmarkt abgesetzt werden sollen. Die gestellte Aufgabe besteht nun darin, festzustellen, wieviel Sauerstoff-Flaschen in den beiden Teilmärkten bei bestimmtem Verkäufereinsatz und Werbeaufwendungen verkauft werden können.

Wenn x_1 das Sollverkaufsvolumen für den Markt 1 und x_2 das für den Markt 2 sein soll, so ergibt sich unter Berücksichtigung der Gewinnspanne folgende Zielfunktion:

(1) $G = 15x_1 + 10x_2 \rightarrow \max!$

Als Nebenbedingung für den Verkäufereinsatz auf beiden Teilmärkten kann folgende Funktion abgeleitet werden:

(2) $\frac{1}{4}x_1 + \frac{1}{2}x_2 \leq 4000$

Angesichts der Tatsache, daß auf dem Markt 1 pro Stück DM 2 für Werbung ausgegeben werden und auf dem Markt 2 DM 1 und das Werbebudget insgesamt DM 14000 nicht übersteigen soll, ergibt sich für den Werbeeinsatz folgende Nebenbedingung:

(3) $2x_1 + 1x_2 \leqslant 14000$

Außerdem besteht das Ziel darin, auf den beiden Teilmärkten jeweils mindestens 3000 Sauerstoff-Flaschen zu verkaufen. Es gilt also:

(4) $x_1 \cdot x_2 = \geqslant 3000$

Die *sog. Simplex-Methode* kann nun dafür eingesetzt werden, um jeweils die Werte von x_1 und x_2 zu bestimmen, bei denen der Gewinn maximal ist.

Da es sich im angenommenen Beispiel lediglich um zwei Variablen handelt, soll aus Gründen der Anschaulichkeit die Problemstellung *grafisch* gelöst werden. Dafür wird in ein x_1/x_2-Koordinatensystem zunächst die Zielfunktion eingetragen, die eine Steigung von $-3/2$ aufweist. Daran anschließend werden die gegebenen Nebenbedingungen (2) bis (4) in das Koordinatensystem eingeführt. Der im Beispiel (siehe *Abb. 372*) zulässige Lösungsbereich ist schraffiert worden (*Meffert*, 1980, S. 504 bzw. analog *Kotler*, 1971 S. 67 f.).

Abb. 372: Linearer Programmierungsansatz zum Problem des optimalen Marketingmix

Teil-markt	ME	ZE	WE
1	4 000	1 000	8 000
2	6 000	3 000	6 000
Σ	10 000	4 000	14 000

ME = Mengeneinheiten
(Stück Sauerstofflaschen)
ZE = Zeiteinheiten
(Verkäuferstunden)
WE = Werteinheiten
(Werbeaufwendungen)

Die **optimale Lösung** liegt dort, wo die Zielfunktion den zulässigen Lösungsbereich tangiert. Das ist hier bei $x_1 = 4000$ Stück und $x_2 = 6000$ Stück der Fall. Der Gewinn beträgt insgesamt also DM 120000 ($= 4000 \times$ DM 15 und $6000 \times$ DM 10). Für den Markt 1 werden dabei 1000 Verkäuferstunden und DM 8000 an Werbeausgaben, für den Markt 2 dagegen 3000 Verkäuferstunden und DM 6000 für Werbung ermittelt.

Trotz dieses instruktiven Beispiels (vgl. auch *Abb. 372*), muß allerdings gesagt werden, daß die Effizienz des Linearen Programmierens bzw. seines Einsatzes immer dann *stark* abnimmt, sobald nicht-lineare Zusammenhänge bzw. andere Komplikationen (z. B. die Notwendigkeit der Ganzzahligkeit der Entscheidungsvariablen) berücksichtigt werden müssen. Das aber ist bei der *überwiegenden* Zahl der Entscheidungen im Marketing der Fall, und zwar deshalb, weil – wie schon erwähnt – Konsumentenverhalten durch lineare Funktionstypen eben meist nicht adäquat abbildbar ist bzw. die Problemstruktur eine diskrete Formulierung erfordert.

Spezielle, marketingadäquate Optimierungskalküle

Alternative, den Marketingverhältnissen *eher* angemessene Verfahren wie die „der nichtlinearen und ganzzahligen Programmierung, einschließlich der Entscheidungsbaumverfahren (Dynamisches Programmieren und Branch- and Boundverfahren) sind leider heute im allgemeinen noch nicht effizient genug, um damit große Probleme wirtschaftlich lösen zu können" (*Zimmermann*, 1977, S. 40; vgl. auch *Müller-Merbach*, 1973, S. 325 bzw. siehe ein instruktives Modellbeispiel zum Entscheidungsbaumverfahren bei *Kotler*, 1977, S. 399–401). Es ist daher kein Zufall, daß neuerdings mehr und mehr Verfahren in den Vordergrund getreten sind, die auch dann noch zu brauchbaren Lösungen führen, wenn exakte Optimierungskalküle versagen. Angesprochen sind hier **sog. heuristische Verfahren** (siehe hierzu auch die empirischen Befunde zum Einsatz dieser Verfahren in der Praxis bei *Kordina-Hildebrandt/Hildebrandt*, 1979, S. 159 ff.). Diese Verfahren weisen im einzelnen folgende spezifische Eigenschaften auf (*Zimmermann*, 1977, S. 32):

- Sie garantieren keine optimale, sondern nur eine **„gute" Lösung** (diese Lösung kann ggf. sogar die optimale Lösung sein, allerdings ohne Gewähr. Mitunter können relativ einfach untere und obere Grenzen für optimale Werte identifiziert werden. Auf diese Weise kann wenigstens die relative Güte der gefundenen Lösung beurteilt werden).
- Sie erfordern im Gegensatz zu exakten Optimierungsverfahren in der Regel einen wesentlich **geringeren Lösungsaufwand.**
- Sie stellen **eine Kombination** von mathematischen Verfahren einerseits und „plausiblen" Entscheidungsregeln (Faustregeln) andererseits dar. Diese Entscheidungsregeln dienen vor allem dazu, die Zahl der Lösungen bzw. die Größe des Lösungsraums „sinnvoll" zu verkleinern (dadurch verringert sich grundsätzlich der Lösungsaufwand; gleichzeitig entsteht jedoch die Gefahr, die optimale Lösung des Problems auszuschließen).

Kennzeichnend für die Anwendung **heuristischer Prinzipien** (Faustregeln) ist dabei insgesamt die Tatsache, „daß durch eine ‚Politik der kleinen Schritte' – Zug um Zug gewissermaßen – eine Menge erfolgversprechender Lösungen generiert und ein Pfad guter Lösungen beschritten wird, der auf lange Sicht in das gewünschte Zielgebiet führt" (*Meffert*, 1980, S. 487; vgl. hierzu auch *Kotler*, 1982, S. 649 f.).

Jeder Entscheidungsträger im Unternehmen verfügt im allgemeinen über einen bestimmten *Erfahrungsschatz* allgemeiner oder spezieller Heuristiken, die er bei Planungsaufgaben einsetzt. Heuristische Verfahren für die Gestaltung des Marketingmix sind – wie sich denken läßt – äußerst vielfältig. Sie erstrecken sich von mehr *allgemeinen* Heuristiken wie z. B. „Versuche, analoge Problemlösungen zu finden!" oder „Formuliere Prioritäten!" bis hin zu mehr *speziellen* Heuristiken wie z. B. „Orientiere den Marketinginstrumenteneinsatz an den Verhaltensmerkmalen der Zielgruppe!" oder „Berücksichtige die spezifischen Einflußfaktoren des Produkts!". Im Hinblick auf die Gestaltung des Marketingmix sind die Produktmerkmale besonders relevant. Es erscheint von daher besonders naheliegend, den Marketingmix vom

Produkt bzw. vom auf den Markt projizierten Produktkonzept her zu entwickeln (siehe hierzu auch die Darlegungen zum produkt-analytischen Ansatz des Marketingmix auf S. 473 ff.). Diesen mehr qualitativen Analysen können sich dann entsprechende *quantitative* Analysen auf der Basis von Optimierungsalgorithmen anschließen (*Meffert*, 1980, S. 487 und S. 493).

Heuristische Verfahren können insgesamt auch als **systematische Suchverfahren** interpretiert werden. In dieser Hinsicht kann im übrigen auch die Simulation – soweit sie als Entscheidungsmethode eingesetzt wird – als heuristisches Verfahren aufgefaßt werden, denn auch bei ihr wird gewöhnlich nur ein (kleiner) Teil aller möglichen Parameterkombinationen exploriert (*Zimmermann*, 1977, S. 32 f.). Die **Simulation** ist vor allem dann von praktischer Relevanz, wenn die Struktur von Marketingproblemen so komplex ist, daß sie *nicht* mehr durch exakte, analytische Modelle repräsentiert werden können. Dann bleibt im Prinzip nur noch die Möglichkeit, diese Probleme *approximativ* in einem sog. Ablaufmodell abzubilden und dieses Modell mit verschiedenen Werten für bestimmte Parameter durchzuspielen (quasi als **Laborexperiment** und damit ohne die Irritationsmöglichkeiten, die von Feldexperimenten auf Abnehmer wie Konkurrenten ausgehen können). Diese Vorgehensweise (Technik der „experimentellen Mathematik") gestattet vielfach, Rückschlüsse in bezug auf das Verhalten des *realen* Systems zu ziehen. Dazu werden Modelle formuliert, die ein in der Realität vorhandenes System (z. B. Lagerhaltung) abbilden. Mit Hilfe dieser Modelle werden dann Reaktionen dieses Systems auf Änderungen von Daten (z. B. Nachfrageänderung) oder von Parametern (z. B. Änderung des angestrebten Lieferservice-Niveaus) untersucht.

Die Bedeutung von derartigen Simulationsmodellen für Planungsprobleme im Marketing liegt vor allem darin, daß sie erlauben, mit realistischen Systemen zu *experimentieren*, ohne daß diese Veränderungen in der Praxis auch tatsächlich realisiert werden müssen. Da die zeitliche Bindung an die Realität nicht gegeben ist, können Abläufe, die unter realen Bedingungen Monate oder gar Jahre in Anspruch nehmen, über EDV-Anlagen in Stunden oder sogar Minuten durchgespielt werden. Auf diese Weise können somit – quasi im Labor – Aussagen über signifikante Eigenschaften bestimmter Systeme gewonnen werden (*Müller-Merbach*, 1973, S. 451 f. sowie ein Beispiel zur Lösung eines Produktions- und Lagerhaltungsproblems mit Hilfe der Simulation, *ebenda*, S. 452 ff.).

Nach *Müller-Merbach* liegt das Schwergewicht der Anwendungen mathematischer Entscheidungsmethoden im Marketingbereich vor allem auf dem Gebiet der Distribution bzw. der Vertriebsabwicklung (*Müller-Merbach*, 1973, S. 505). Daß verstärkt an der Erschließung *auch* anderer Marketingbereiche für die Anwendung von Optimierungsverfahren gearbeitet wird, zeigen andererseits die Veröffentlichungen etwa von *Hammann* und *Köhler/Zimmermann* (*Hammann*, 1975; *Köhler/Zimmermann*, 1977). Abb. 373 gibt einen Überblick über die in beiden genannten Veröffentlichungen behandelten Partial- und Totalmodelle.

Nach diesem Überblick zu Entscheidungskalkülen im Marketing sollen nun noch Grundsatzfragen ihrer Anwendung diskutiert werden.

Abschließende Würdigung der Entscheidungsmodellierung im Marketing überhaupt

Die praktische Relevanz von quantitativen Lösungsmethoden ist letztlich nicht nur davon abhängig, ob bzw. inwieweit es gelingt, Entscheidungsprobleme adäquat zu

Abb. 373: Übersicht über behandelte Partial- und Totalmodelle (mit jeweiligen Seitenangaben)

Modelle / Autoren	Hammann (1975)	Köhler/Zimmermann*(1977)
Partialmodelle:		
• Produktpolitische Modelle	S. 521–527 u. S. 571–675	S. 46–119
• Preispolitische Modelle	S. 527–570	S. 234–318
• Distributionspolitische Modelle	S. 203–431	S. 320–366**)
• Kommunikationspolitische Modelle	S. 432–520	S. 122–232
Totalmodelle:		
• Marketingmix-Modelle	S. 676–702	S. 368–469
• Unternehmens- bzw. Mehrbereichs-Modelle	–	S. 472–514

* Die von *Köhler/Zimmermann* herausgegebene Darstellung ist ein sog. Reader (= Zusammenfassung selbständiger Beiträge einer ganzen Reihe von Autoren, die zum Teil bereits in Fachzeitschriften u. ä. veröffentlicht worden sind und hier nochmals thematisch zusammengefaßt wurden).

** Je nach Abgrenzung der Distributionspolitik sind hierzu auch die Modelle zur persönlichen Kommunikation („Außendienst-Modelle") zu zählen, die im Rahmen der Kommunikationspolitik mit aufgeführt sind (siehe S. 162–232).

modellieren, sondern in entscheidendem Maße auch von der sog. **Benutzeradäquanz.** Damit wird zum Ausdruck gebracht, daß die Eigenschaften eines Modells auch den Neigungen bzw. der Denkweise des Benutzers entsprechen müssen (*Köhler,* 1977, S. 13 f.; *Zimmermann,* 1977, S. 41 f.). Diese Anforderungen sind überzeugend mit dem Konzept des **sog. Decision Calculus** von *Little* formuliert worden. Ein Decision Calculus wird dabei definiert als eine Reihe modellgestützter Verfahren zur Verarbeitung von Daten und subjektiven Urteilen, um Entscheidungsträger bei ihren Entscheidungen zu unterstützen. Nach bisherigen Erfahrungen – so legt *Little* dar – sollte ein Decision Calculus *folgenden* Anforderungen genügen (*Little,* 1977, S. 127 f.):

(1) **Einfachheit** (d.h. Modelle sollten so konstruiert sein, daß das Verständnis erleichtert wird);

(2) **Robustheit** (d.h. die Modellstruktur sollte so gewählt werden, daß die möglichen Ergebnisse auf einen sinnvollen Wertebereich beschränkt sind);

(3) **Einfache Steuerungsmöglichkeit** (d.h. der Benutzer sollte das Modellverhalten nach seinen Vorstellungen steuern können);

(4) **Anpassungsfähigkeit** (d.h. das Modell sollte revidiert werden können, wenn neue Informationen zugänglich werden);

(5) **Vollständigkeit** (d.h. die Modellstruktur sollte möglichst viele Faktoren[4] berücksichtigen und zur Vervollständigung auch subjektive Schätzungen einbeziehen);

---

[4] Rivalisiert in gewisser Weise mit Punkt 1 (Einfachheit).

(6) **Kommunikation** (d.h. der Entscheidungsträger sollte die Eingaben leicht verändern können und die Ergebnisse schnell erhalten[5]).

Trotz einer bestimmten Ernüchterung, die in jüngster Zeit bezüglich der Implementierung von Entscheidungsmodellen aufgrund des bisherigen Vorrangs der OR-*Technologie* (= „Baukasten an Mathematik") *vor* der OR-*Methodologie* (= Verstehen von Entscheidungsprozessen und adäquates Erweitern des Instrumentariums) eingetreten ist, kann auf derartige Planungsansätze im Prinzip *nicht* (voll) verzichtet werden, weil sie die Verarbeitung der jeweils verfügbaren Informationen in systematischer Form ermöglichen (*Müller-Merbach,* 1978, S.14ff.). Dabei darf allerdings nicht übersehen werden, daß für Zwecke der **Marketingplanung** in hohem Maße nur **unvollkommene Informationen** zur Verfügung stehen. Im Marketing sind dafür vor allem *drei* grundlegende Tatbestände verantwortlich:

(1) die starke Abhängigkeit von **menschlichen** Verhaltensreaktionen, welche die Bestimmung der Marktreaktionsfunktionen und der im Anwendungsfall geltenden Parameter erschweren;
(2) die nur schwer abschätzbaren **zeitlichen** Interdependenzen, die zu den schon erwähnten Verzögerungs-, Nachhall- bzw. Verfalleffekten führen können;
(3) die besondere Bedeutung **qualitativer** Gestaltungsunterschiede (kreative Komponente) im Mitteleinsatz, die sowohl die Vollständigkeit als auch die Genauigkeit der Informationen bzw. Daten berühren.

Aufgrund dieser Gegebenheiten erscheint es zumindest notwendig, „die Ungewißheit der vorauszuschätzenden Entscheidungsergebnisse unmittelbar in der Modellanalyse zu berücksichtigen" (*Köhler,* 1977, S.7), und zwar entweder unmittelbar über entsprechende wahrscheinlichkeitsrechnerische Ansätze (im Marketing meist auf der Basis subjektiver Wahrscheinlichkeitsschätzungen) oder indirekt über **sog. Sensitivitätsanalysen,** die nach Ermittlung „deterministischer Lösungen" deren Empfindlichkeit gegenüber Parameteränderungen überprüfen sollen. Sensitivitätsanalysen (Sensibilitätsanalysen, *Müller-Merbach*) befassen sich mit anderen Worten mit der Stabilität von Optimallösungen (*Müller-Merbach,* 1973, S.150; *Dürr/Kleibohm,* 1983, S.81ff.).

Die Entwicklung handhabbarer quantitativer Entscheidungsmodelle speziell für den Marketingbereich wird insgesamt aber auch davon abhängen, *ob* es gelingt, die Effizienz **marketing-adäquater Algorithmen** zu erhöhen (insbesondere nicht-lineare und ganzzahlige Programmierung). Ihre Anwendung ist schließlich aber auch entscheidend *abhängig* von der Entwicklung bzw. Implementierung entsprechender Marketing-Informationssysteme. Damit aber leiten wir bereits über zu einer abschließend noch zu behandelnden Thematik.

b) Marketing-Informations-(Entscheidungs-)systeme

Wenn man davon ausgeht, daß es sinnvoll ist, sich bei jeder datengestützten Entscheidung im Marketing grundsätzlich quantitativer Methoden und Modelle zu bedienen, weil *nur* so sichergestellt ist, daß die Fülle der Informationen, über die

---

[5] Diese Möglichkeit bietet der Einsatz eines On-line-Computerdialogs im Time-Sharing.

Unternehmen in der Regel verfügen, zu fundierten Entscheidungen verarbeitet werden können, so liegt gerade auch im Marketing - trotz der genannten Methodologieprobleme - die Implementierung quantitativer OR-Modelle grundsätzlich nahe. Wenn das bisher relativ begrenzt und vor allem nicht regelmäßig geschehen ist, so hat das vor allem *zwei* Gründe:

- die **eingeschränkte Eignung** von vorhandenen Standardmodellen (Diskrepanz zwischen theoretischen OR-Modellen und realen Problemstellungen des Marketings),
- die **erheblichen Validierungsprobleme** (Diskrepanz zwischen vorhandener Datenflut im Unternehmen und dem spezifischen Bedarf an Wirkungsprognosen für Marketingentscheidungen).

Aus diesem Grunde haben speziell Unternehmen, die an quantitativer Entscheidungsvorbereitung nach wie vor stark interessiert sind, begonnen, „durch Einrichtung einer integrierten Datenbank die Voraussetzungen für den schrittweisen Aufbau einer eigenen Modellentwicklung zu schaffen" (*Topritzhofer,* 1978, S.422 bzw. 424). Sehr anschaulich belegen in diesem Zusammenhang etwa die Erfahrungen der Firma *Henkel* die Möglichkeiten - vor allem aber *auch* die Grenzen - des Einsatzes von OR-Modellen im Marketing insgesamt (*Sihler/Krautter,* 1978, S.435ff.). Sie stützen andererseits aber die Einsicht, daß vor einer erfolgreichen Implementierung von Marketingentscheidungsmodellen überhaupt die Schaffung eines adäquaten **Marketing-Informationssystems** stehen muß, um damit den Grundstock wenigstens für realistische Partialmodelle (sog. Bereichsmodelle) zu legen. Bisherige Erfahrungen scheinen zugleich ziemlich auszuschließen, daß es jemals gelingen könnte, vollständige Totalmodelle, d. h. also komplette Marketingmix-Modelle, zu entwickeln.

Die Notwendigkeit, im Unternehmen ein sog. Marketing-Informationssystem[6] zu schaffen, ist dabei weniger das Problem von zu wenig Informationen im Unternehmen, sondern primär das Problem des bestehenden Informations*überflusses.* Die Erfahrung aber zeigt, daß eine Informationsflut im Unternehmen häufig nicht zu besseren, *sondern* im Gegenteil zu schlechteren Marketingentscheidungen führt, weil die Fülle unternehmensinterner Informationen (u.a. folgender Quellen: Rechnungswesen, Marktforschung, Außendienst, Absatzmittler, Konkurrenten, Presse, Verbände, Forschungsinstitute) es stark erschwert, Wichtiges von Unwichtigem zu unterscheiden, den Gültigkeitsbereich oder auch die Verläßlichkeit von Informationen hinreichend zu beurteilen sowie den der jeweiligen Entscheidungssituation

---

[6] Den Anspruch, das gesamte Unternehmen umfassende Management-Informationssysteme aufzubauen, hat man heute aufgrund nicht zu bewältigender Strukturierungsprobleme weitgehend aufgegeben. Man sieht realisierbare Ansätze jedenfalls primär im Aufbau von *Teil*systemen für den Finanz-, Personal- oder eben auch den Marketingbereich. Innerhalb dieser Teilsysteme - so auch beim Marketing-Informationssystem - ist in der Regel nur ein *stufenweiser* Aufbau möglich bzw. sinnvoll, und zwar etwa mit folgenden *modularen* Aufbaustufen (*Heinzelbecker,* 1985, S.99ff.; im einzelnen auch *Zentes,* 1987):
1. Verkaufsstatistik und -analyse,
2. Marketing-Erfolgsrechnung,
3. Außendienst-Berichtssystem,
4. Absatzplanungs- und Absatzprognoserechnung,
5. Marketingforschung.

angemessenen Detaillierungsgrad von Informationen verfügbar zu haben, „so daß es dann zu der paradoxen Situation einer *Informationsarmut im Informationsüberfluß* kommt" (*Nieschlag/Dichtl/Hörschgen,* 1976, S.403, vgl. auch *Kollat/Blackwell/ Robeson,* 1972, S.462f.).

Das Spektrum möglicher Informationssystem-Typen

An der Lösung dieses skizzierten (Über-)Informationsproblems setzen nun speziell computergestützte Informationssysteme an. Dabei ist ein *breites* Spektrum von verschiedenen Informationssystem-Varianten grundsätzlich denkbar. Am anspruchsvollsten und im Hinblick auf eine quantitative Entscheidungsvorbereitung am meisten geeignet Systeme sind solche, die *entscheidungs*orientiert konzipiert sind, d.h. auch eine **mathematische Verarbeitung** der Informationen mit Hilfe statistischer Verfahren sowie speziell mit Hilfe von Entscheidungsmodellen erlauben. Übersicht *(Abb.374)* zeigt **Benutzeroperatoren** (Bo) zur Informationsverarbeitung (Bo = EDV-Programme zur Erzeugung vom Benutzer erwünschter Informationen).

Es kann demnach deutlich getrennt werden zwischen **reinen Informationsversorgungssystemen,** die lediglich deskriptive Aussagen im weitesten Sinne produzieren und **echten Entscheidungssystemen,** die einen „präskriptiven Output" liefern (*Szyperski,* 1978, S.68). In der Praxis konzipierte bzw. bisher realisierte Konzepte stellen in dieser Hinsicht häufig bestimmte Kompromißlösungen dar (siehe *Mertens/Griese,* 1988; *Scheer,* 1988; *Brombacher,* 1988).

Für Informationssysteme i.w.S. zeichnen sich vielversprechende Entwicklungen im Bereich der **„Künstlichen Intelligenz"** (AI: Artificial Intelligence) ab. Insbesondere für sog. Expertensysteme bzw. wissensbasierte Systeme sind breite Anwendungsmöglichkeiten in der Unternehmenspraxis zu erwarten. Darunter sind *computergestützte* Konzeptionen zu verstehen, „die auch höhere Stufen intelligenter Informationsverknüpfung ermöglichen. Diese Systeme können von sich aus lernen, sich eine laufend wachsende Wissensbasis aufbauen und in sehr flexibler und weich strukturierter Form mit Menschen kommunizieren und ihnen gelerntes Wissen aus vorausliegender Kommunikation mit anderen Fachleuten bereitstellen" (*Nastansky,* 1984, S.374; im einzelnen u.a. *Frank,* 1988).

Realisierte *Anwendungen* gibt es bereits im medizinischen (Diagnosesysteme) oder im technischen Bereich (Fehlerdiagnose bei komplexen Systemen). Auch für das Marketing hat man Systeme entwickelt (u.a. für die Analyse von Marktanteilsverschiebungen *SHANEX,* für die Auswahl von Strategien *MSA;* siehe den Überblick bei *Esch/Muffler,* 1989).

Hauptkomponenten computergestützter Marketing-Informationssysteme

Für Informations/Entscheidungssysteme der oben diskutierten Art sind bestimmte Komponenten charakteristisch. Ein computergestütztes Marketing-Informationssystem ist im wesentlichen durch drei **Hauptkomponenten** gekennzeichnet (*Meffert,* 1975a, S.28-37; *Boyd/Massy,* 1972, S.571-577; *Montgomery/Urban,* 1969, S.19-26; *Heinzelbecker,* 1985, S.40ff.; *Scheer,* 1988, S.432f.):

- **Datenbank**
  (Sie dient der Speicherung von Informationen über Produkte und Märkte; hinzu kommen die Möglichkeiten, *externe* Informationsbanken zu nutzen);

598 3. Teil: Konzeptionsebene des Marketingmix

Abb. 374: Problemorientiertes hierarchisches Menüsystem zur Auswahl gewünschter Benutzeroperatoren (Ausschnitt)

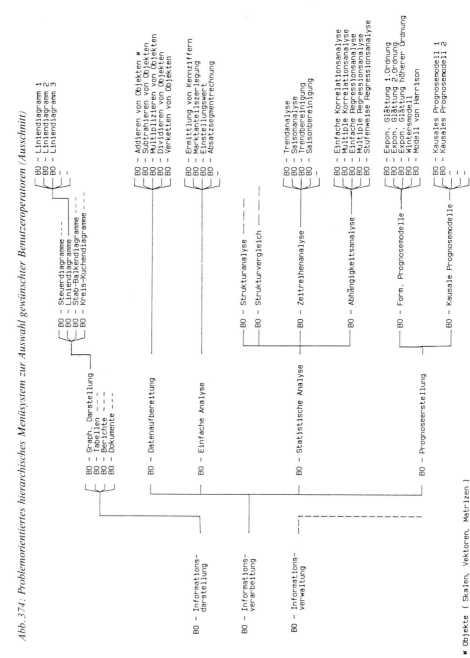

* Objekte (Skalen, Vektoren, Matrizen)

- **Methoden- und Modellbank**
  (Sie enthält alle EDV-Programme zur Steuerung und Regelung des Systems, nämlich a) *Methodenbank:* wichtige statistische Methoden, und zwar Trivialmethoden wie arithmetische Grundrechenarten, Rangreihenbildung sowie anspruchsvolle Verfahren wie multiple Regressionsanalyse, Clusteranalyse usw. und b) *Modell*bank: verschiedene Modelltypen, und zwar deskriptive Modelle (z.B. Konsumentenverhaltensmodelle), präskriptive Modelle (z.B. stochastische Prognosemodelle) und/oder normative Modelle (z.B. Werbebudgetierungsmodelle, Neuproduktmodelle wie *DEMON* oder *SPRINTER*[7]));
- **Kommunikationseinrichtungen**
  (Das sind Einrichtungen zur Kommunikation zwischen Benutzer und System).

Abb. 375 verdeutlicht diese Komponenten eines entscheidungsorientierten Marketing-Informationssystems grafisch (*Sihler/Schulz,* 1974, S.517; *Montgomery/Urban,* 1969, S.18; ähnlich auch *Scheer,* 1988, S.432ff.).

Zwischen den einzelnen Komponenten eines Marketing-Informationssystems (vgl. auch **Marketing-Entscheidungsunterstützungssystem,** *Little,* 1979, S.982ff.) bestehen vielfältige Interdependenzen (siehe *Abb. 375*). Eine zentrale Aufgabe des System Designs ist deshalb, die Teilsysteme aufeinander abzustimmen, und zwar in der Weise, daß sich *alle* Systemkomponenten auf einem vergleichbaren „qualitativen Niveau" befinden (*Meffert,* 1975a; *Brombacher,* 1988).

Was das System Design insgesamt angeht, so hängt die Nutzung derartiger Entscheidungsunterstützungssysteme - wie schon bei der Behandlung der Entscheidungsmodelle selbst hervorgehoben - in hohem Maße von der Benutzeradäquanz des Systems ab (auch Frage geeigneter Basis-Software). Darüber hinaus müssen aber auch gezielt *psychologische* Barrieren der Systemnutzung abgebaut werden (*Little,* 1979, S.1002ff.; *Szyperski,* 1978, S.83ff.).

Der Systemaufbau ist - mit anderen Worten - nicht zuletzt auch an den Management-*Bedürfnissen* zu orientieren und nicht nur an den technischen Möglichkeiten. Dabei müssen zugleich marketing-*konzeptionelle* Abhängigkeiten erkannt und entsprechend berücksichtigt werden. So hängt das objektive (wie auch subjektive) Informations- und Entscheidungsunterstützungsbedürfnis vor allem von den verfolgten *Marketingstrategien* ab. In dieser Hinsicht bedingen Strategien „höheren Niveaus" wie z.B. Präferenz- und/oder Segmentierungsstrategien grundsätzlich einen (wesentlich) *höheren* Stand des marktorientierten Informations- und Entscheidungs(unterstützungs)systems als etwa „einfache" Preis-Mengen-Strategien.

Was die Realisierung solcher Systeme insgesamt betrifft, so sind hierbei auch die Beziehungen bzw. **Verknüpfungen** zwischen Informationssystem einerseits und Kommunikationssystem andererseits zu beachten. Gerade die ständige (Weiter-)-Entwicklung neuer **Kommunikationstechnologien** (siehe etwa den Überblick bei *Hermanns,* 1986) zur (interaktiven) Übertragung von Ton, Text, Daten, Fest- und Bewegtbildern schafft die technischen Voraussetzungen für eine *wesentliche* Verbesserung des Informationsaustausches bzw. der Informationsnutzung. Besondere Bedeutung hat in diesem Zusammenhang die kommunikationstechnisch orientierte, *multifunktionale* Arbeitsplatzgestaltung erlangt (hinsichtlich der vielfältigen Möglichkeiten der Gestaltung der Mikrostrukturen via Microcomputer und Telekommunikationstechniken siehe auch *Karcher,* 1985 sowie *Gernet,* 1987, insbesondere

---

[7] Vgl. hierzu auch die Darlegungen auf S.571f.

Abb. 375: Struktur eines Marketing-Informations-Systems

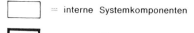

S. 80 ff.). Zu den generellen **Entwicklungstendenzen** in bezug auf Informations- und Kommunikationssysteme wird außerdem auf die Überblicke von *Nastansky*, 1984; *Reichwald*, 1984 sowie *Brombacher*, 1988, verwiesen.

Nachdem die Möglichkeiten bzw. Entwicklungsstufen von Marketing-Informations-Systemen grundsätzlich herausgearbeitet worden sind, sollen abschließend die Perspektiven von Marketingentscheidungsmodellen skizziert werden.

Zu den Entwicklungsmöglichkeiten von Marketing-Entscheidungsmodellen

Im Zusammenhang mit der Konzipierung und Implementierung von computergestützten Marketing-Informationssystemen verlagert sich das Forschungsinteresse – das verdient hervorgehoben zu werden – immer mehr von der operativen Marketingebene zur „administrativen" Ebene. Während auf der operativen Ebene Entscheidungen darüber zu treffen sind, *wie* Marketingstrategien realisiert werden sollen, besteht die Aufgabe der administrativen (oder marketingpolitischen) Ebene darin, zu entscheiden, *welche* Marketingstrategie(n) überhaupt konzipiert werden soll(en). „Wenn auch gerade bei der Entwicklung von Marketingstrategien die Kalkülstruktur in vielen Fällen innovativ und nicht programmierbar ist und die zu fällenden Entscheidungen oft auf Schätzungen und Urteilsdaten basieren, erweisen sich insbesondere die im Rahmen der Methodenbank ... vorhandenen Verfahren zur Auswertung von Urteilsdaten als geeignet, den Informationsbedarf der administrativen Ebene stärker zu befriedigen" (*Meffert*, 1975a, S.142).

Trotzdem ist nicht zu übersehen, daß computergestützte Marketing-(Entscheidungs-)Informationssysteme *vor allem* zu einer stärkeren Kalkülisierung von **sog. Routineentscheidungen** beitragen werden, und zwar vor allem auf der Basis extern beschafften Datenmaterials (speziell Paneldaten). Wesentliches Kennzeichen der „Kalkülkomponente" des Marketings ist dabei eine entsprechende Entscheidungs-*programmierung,* die voraussetzt, daß die zur Entscheidung anstehenden Aufgaben sich wiederholen. Darüber hinaus bedingt die Programmierung eine relative Umweltstabilität sowie die Prognostizierbarkeit der Informationsstrukturen. Prüft man unter diesen Gesichtspunkten die *instrumentalen* Bereiche im Marketing, so zeigt sich (siehe *Abb. 376*), daß „ausgehend von der Marketing-Logistik, der Preis- und Rabattpolitik, über die Werbepolitik und Verkaufsförderung bis hin zum Marketing-Mix ... eine abnehmende Programmierbarkeit und damit Kalkülisierbarkeit ... gegeben" ist (*Meffert*, 1975a, S.143; vgl. andererseits *Stähly*, 1988).

Damit aber sind noch einmal deutliche **Grenzen** des Einsatzes von Entscheidungsmodellen im Marketing überhaupt markiert. Ihr Einsatz ist damit primär bei bestimmten Routineentscheidungen gegeben. Das gilt grundsätzlich auch für die Anwendung von Entscheidungsmodellen in anderen Unternehmensbereichen (wenn auch dort zum Teil wesentlich bessere Voraussetzungen der Quantifizierbarkeit gegeben sind).

In dieser Hinsicht gliedert *Simon* das in der Unternehmensrealität anzutreffende Kontinuum von Entscheidungen **unterschiedlichen Programmiertheitsgrades** insgesamt in *zwei* große Gruppen (*Simon*, 1966, S.74ff.). Diese Unterscheidung hat er dabei speziell unter dem Aspekt der „Entscheidungstechniken-Zuordnung" vorgenommen. Die Kennzeichnung der beiden Entscheidungsarten sowie die jeweilige Zuordnung adäquater Entscheidungstechniken enthält eine Übersicht *(Abb. 377),* die im folgenden wiedergegeben ist (*Pfohl*, 1977, S.263 bzw. *Simon*, 1966, S.77).

Die Entscheidungstechniken sind dabei (vgl. *Abb. 377*) jeweils nach Techniken traditioneller und moderner Art differenziert. Die Möglichkeiten *und* die Grenzen der **Kalkülisierbarkeit** von Entscheidungen sind auf diese Weise noch einmal zusammenfassend transparent geworden.

Abb. 376: Zukünftige Entwicklungsmöglichkeiten von Marketingmodellen

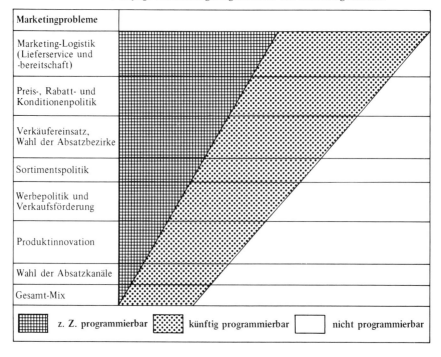

Abb. 377: Zuordnung von Entscheidungstechniken zu programmierten und nichtprogrammierten Entscheidungen

ENTSCHEIDUNGS-ARTEN	ENTSCHEIDUNGSTECHNIKEN	
	traditionelle	moderne
Programmiert: Routinemäßige, repetitive Entscheidungen. Die Organisation entwickelt spezielle Verfahren zu ihrer Bearbeitung.	1. Gewohnheit 2. Büroroutine: standardisierte Arbeitsverfahren 3. Organisationsstruktur: Allgemeine Erwartungen Ein System von Unterzielen Klar definierte Informationskanäle	1. Operations Research: Mathematische Analyse-Modelle Simulation durch Computer 2. Elektronische Datenverarbeitung
Nichtprogrammiert: Einmalige, komplizierte, neuartige, politische Entscheidungen. Mit Hilfe allgemeiner Problemlösungsverfahren gehandhabt.	1. Urteil, Intuition und Kreativität 2. Faustregeln 3. Auswahl und Ausbildung von Führungskräften	Heuristische Problemlösungstechniken angewandt auf: a) Ausbildung von Menschen im Treffen von Entscheidungen b) Entwicklung heuristischer Computerprogramme

Schluß
Zusammenfassung und Zusammenhänge

Die Zielsetzung dieses Buches bestand darin, deutlich zu machen, daß die Marketing-Konzeption eines Unternehmens eine komplexe, *qualitative* Problemstellung darstellt, die sich nicht allein als Summe einer Vielzahl einzusetzender Marketinginstrumente verstehen läßt, sondern die als **Ganzheit** im Sinne eines analytisch-kreativen Aktes gesehen und entwickelt werden muß. Als tragende Säulen dieser Ganzheit wurden *drei* grundlegende Konzeptionsebenen herausgearbeitet, nämlich die Ebene

- der **Marketingziele,**
- der **Marketingstrategien** und
- des **Marketingmix.**

Marketing-Konzeptionen sind nur dann vollständig und damit nahtlos realisierbar, wenn sie auf konkreten, untereinander abgestimmten, konsistenten Festlegungen auf *allen* drei Konzeptionsebenen beruhen. Sie erfüllen dann zunächst einmal bestimmte *Formal*bedingungen wie Schlüssigkeit, Geschlossenheit und Harmonie.

Für alle drei Konzeptionsebenen wurden insbesondere die sachinhaltlichen *sowie* überblickhaft die rechen- und verfahrenstechnischen Grundlagen erarbeitet. Bereits einleitend wurde darauf hingewiesen, daß alle drei Konzeptionsebenen *nicht* zwingend in einer festen Reihen- und Rangfolge zu sehen sind (nicht zuletzt auch angesichts vielfältiger Interdependenzen zwischen den drei Ebenen), sondern daß die konzeptionelle **Leitidee** im Prinzip an jeder der drei Ebenen anknüpfen kann. Entscheidend ist jedoch, daß eine geschlossene Marketing-Konzeption nur dann entsteht, wenn sie auf untereinander harmonisierten Entscheidungen *aller* drei Konzeptionsebenen fußt. Marketing-Konzeptionen stellen in diesem Sinne Handlungsanweisungen dar, die nicht nur das „Tun" festlegen, sondern ggf. auch das „Unterlassen" bestimmter nicht konzeptionsverträglicher Aktivitäten. Als Handlungsanweisungen können Konzeptionen – das haben wir bereits eingangs besonders herausgestellt – nur dann dienen, wenn sie *schriftlich* niedergelegt und von der Unternehmensleitung als *verbindlich* erklärt worden sind, und ihre Anerkennung somit letztlich auch Mitgliedschaftsbedingung im Unternehmen ist. Im Anhang (S. 625 ff.) ist ein **Raster** für die Strukturierung einer solchen schriftlich zu fixierenden Marketing-Konzeption dargestellt (= Design einer Marketing-Konzeption).

Beurteilungskriterien und Erfolgsbedingungen für Marketing-Konzeptionen

Zunächst einmal entsteht die grundsätzliche Frage, was denn die Charakteristika einer optimalen bzw. „guten" Marketing-Konzeption sind. Es ist zumindest *einseitig,* wenn man Konzeptionen in dieser Hinsicht allein nach ihrem Erfüllungsgrad von Oberzielen (in der Regel also Gewinnzielen) beurteilt. Jedenfalls taugen *kurz*fristige Gewinnerzielungen relativ wenig als Maß- und Beurteilungsgrundlage. Das gilt zumindest für Strategien „höheren Niveaus" wie z. B. Präferenz- und/oder Segmentierungsstrategien. Für sie kommen als adäquate Maßstäbe allenfalls *mittel-* und *lang*fristige Zielerfüllungsgrade in Betracht.

Angesichts der sich verstärkenden Umweltdynamik („Zeit des Übergangs") und der Zunahme abrupter Konstellationsänderungen (Diskontinuitäten, *Ansoff,* 1976) haben sich auch die Beurteilungskriterien bzw. die Erfolgsbedingungen von Marketing-Konzeptionen grundsätzlich geändert. Neben der Geschlossenheitsbedingung von Marketing-Konzeptionen (die auch die Harmoniebedingung bezogen auf ihre Teile einschließt) ist heute vor allem die sog. **Robustheit** (Robustness, *Rosenhead/ Elton/Gupta,* 1972) von Marketing-Konzeptionen entscheidend. Eine Marketing-Konzeption ist dann als „robust" anzusehen, wenn sie relativ *un*empfindlich gegenüber Änderungen in den Umweltkonstellationen ist. Damit ist letztlich ihre Anpassungs- und Modifizierungsfähigkeit angesprochen, d.h. es kommt heute entscheidend darauf an, daß Marketing-Konzeptionen in der Weise strukturiert bzw. gerastert sind, daß *ausreichende* Entscheidungsspielräume in der Zukunft gegeben sind. Solche eingebauten Spielräume verhindern bei ihrer durch Konstellationsänderungen notwendigen Inanspruchnahme, daß die Gültigkeit einer Konzeption und das bis dahin durch sie aufgebaute Potential nicht gefährdet wird bzw. nicht verlorengeht. Insoweit ist hier – wie wir es spezifischer nennen wollen – das generelle Problem der **Resistenz von Konzeptionen** angesprochen. Neben der bereits charakterisierten *externen* Resistenz (Robustness) gegenüber Konstellationsänderungen des Marktes bzw. der Umwelt müssen stabile Konzeptionen auch noch eine ganz andere Resistenz aufweisen, die wir als *interne* Resistenz bezeichnen wollen. Damit ist die Notwendigkeit angesprochen, daß Konzeptionen so strukturiert sein müssen, daß sie gegenüber internen Versäumnissen bzw. taktischen Fehlern (z.B. bestimmte instrumentale Ausfälle bzw. Fehleinsätze, wie etwa zeitlich begrenzte Service- oder auch vorübergehende Produktschwächen) so resistent sind, daß der Grundcharakter wie die Wirksamkeit von Konzeptionen in diesem Falle *nicht* gleich aufgehoben wird. Diese Resistenz oder Widerstandsfähigkeit ist in der Regel abhängig von bestimmten Potential- bzw. Image*reserven,* die partielle instrumentale Ausfälle und/ oder Lücken zeitweise zu kompensieren vermögen.

Diese Bedingungen externer und interner Resistenz können Marketing-Konzeptionen dann am besten erfüllen, wenn ihrer Ableitung vor allem auch **unternehmensindividuelle Adäquanzprüfungen** zugrundelagen, und zwar jeweils unter Berücksichtigung sowohl von Vergangenheits- und Istanalysen als auch entsprechenden Zukunftsprojektionen (im Idealfall sogar unter Berücksichtigung alternativer Szenarien). Solche Adäquanzprüfungen der vorgesehenen bzw. vorformulierten Marketing-Konzeption müssen sich dabei auf ganz verschiedene Ebenen bzw. Faktoren beziehen. Man kann dabei *zehn* spezifische Adäquanz-Checks unterscheiden, die im Sinne eines mehrstufigen Entscheidungsprozesses durchzuführen sind. Sie beziehen sich auf:

(1) die **Zieladäquanz** (d.h. Übereinstimmung mit den wichtigsten Markt- und Unternehmenszielen),

(2) die **Mitteladäquanz** (d.h. Berücksichtigung der gegebenen finanziellen und sachlichen Mittel des Unternehmens sowie des entsprechenden Know-how),

(3) die **Unternehmensadäquanz** (d. h. Vereinbarkeit mit den Stärken und Schwächen des Unternehmens, insbesondere Ausschöpfung der spezifischen Stärken),
(4) die **Marktadäquanz** (d. h. Vereinbarkeit mit den spezifischen Marktbedingungen und -besonderheiten),
(5) die **Produkt- bzw. Programmadäquanz** (d. h. Berücksichtigung der spezifischen Produkt- bzw. Programmeigenschaften),
(6) die **Endabnehmeradäquanz** (d. h. Übereinstimmung mit den Wünschen und Erwartungen der anvisierten Zielgruppe(n)),
(7) die **Absatzmittleradäquanz** (d. h. Berücksichtigung der jeweiligen Vorstellungen und Konzepte der relevanten Absatzorgane),
(8) die **Konkurrenzadäquanz** (d. h. die Eignung im Hinblick auf die Durchsetzungsmöglichkeiten gegenüber den wichtigsten Wettbewerbern),
(9) die **Raumadäquanz** (d. h. Verträglichkeit mit dem bzw. den vorgesehenen Absatzgebieten und ihren besonderen Gegebenheiten),
(10) die **Zeitadäquanz** (d. h. Berücksichtigung der zeitlichen Entsprechung zum Einsatzzeitpunkt und zeitliches Weiterentwicklungspotential).

Die zuletzt genannte Zeitadäquanz bedeutet vor allem, daß Marketing-Konzeptionen nicht nur *zeitpunkt*-optimale Bedingungen erfüllen müssen, sondern daß sie gerade im Hinblick auf die allgemeine Umweltdynamik auch *zeitablauf*-optimale Komponenten bzw. Prinzipien in sich tragen müssen. Dreh- und Angelpunkt der Konzeptionsaufgabe sind in dieser Hinsicht insbesondere die einzuschlagenden **Marketingstrategien,** denn sie besitzen vielfach die notwendige Überzeitlichkeit (das gilt insbesondere für Strategien „höheren Niveaus" wie z. B. präferenz-orientierte Strategien, während bei Preis-Mengen-Strategien der stark wechselnde Aktionismus häufig eigentliche Prinzipien überlagert oder sogar außer Kraft setzt). Zumindest die Strategien höheren Niveaus bilden so gesehen nicht nur die grundlegende Nahtstelle zwischen den Marketingzielen einerseits und dem Marketingmix andererseits, sondern sie repräsentieren zugleich das bewahrende Element (**überzeitliche Prinzip**), auch wenn sich im Zeitablauf Ziele in bestimmtem Umfange ändern und/oder bestimmte Maßnahmen im Rahmen des Marketingmix nicht mehr opportun sind. Das ist auch der Grund, warum wir Strategiefragen so *stark* in den Mittelpunkt unserer Betrachtungen und Analysen gerückt haben.

Marketing-Konzeption und Unternehmenslebenszyklus

Nicht nur Produkte unterliegen Lebenszyklen (= Produktlebenszyklus), sondern auch bei **Unternehmen als Ganzes** sind Lebenszyklusverläufe erkennbar (= Unternehmenslebenszyklus). Bisher ist es allerdings vor allem üblich, das Lebenszyklusmodell mehr auf Produkte und weniger auf ganze Unternehmen zu beziehen. Jedenfalls wird es - soweit wir sehen - allenfalls in der Handelsbetriebslehre praktiziert, Lebenszyklusentwicklungen bei den Betriebsformen des Handels (und damit von Institutionen) zu berücksichtigen (vgl. Dynamik bzw. Lebenszyklus der Betriebsformen, *Nieschlag/Kuhn,* 1980, S. 80 ff. bzw. das Phänomen der „Store Erosion", *Berger,* 1977; zur Modelldiskussion siehe auch *Köhler,* 1990). Wir wollen im folgenden diese Überlegungen auch auf Herstellerunternehmen ganz allgemein übertragen und die daraus abgeleiteten **konzeptionellen Konsequenzen** skizzieren.

Der Unternehmenslebenszyklus und die Marketing-Konzeption eines Unternehmens sind, was nicht sonderlich überrascht, aufs *engste* miteinander verbunden. Am deutlichsten wird das, wenn man vom Idealfall eines zu gründenden bzw. neu aufzubauenden (Pionier-)Unternehmens ausgeht. *Abb. 378* versucht, diese Zusammenhänge zu verdeutlichen:

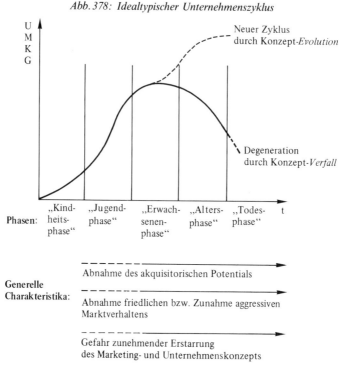

Abb. 378: Idealtypischer Unternehmenszyklus

Als Indikatoren für die zyklische Unternehmensentwicklung lassen sich je nach Unternehmen, Branche, Konkurrenzverhältnissen usw. verschiedene Größen heranziehen.

Die **„Kindheitsphase"** vieler (Pionier-)Unternehmen ist dadurch gekennzeichnet, daß ihr vielfach keine im einzelnen ausgefeilte, schriftlich fixierte Konzeption zugrundeliegt, sondern daß sie vor allem im *Kopf* des Pioniers und Machers (Unternehmers) vorhanden ist und im Laufe dieser Phase manche bewußte und unbewußte Wandlung durchmacht. Eine entscheidende Nahtstelle besteht dann zur **„Jugendphase";** an dieser Stelle oder etwas danach führt die Expansion des Unternehmens vielfach zu neuen Strukturen, und zwar extern wie intern. Alte Organisations- und Führungsformen reichen dann in der Regel nicht mehr aus. Aus Gründen der Kontrollspanne ist vor allem eine Vertiefung der Organisation mit entsprechenden angestellten Managern notwendig. Spätestens in dieser Phase bedarf es einer *schriftlich* fixierten Marketing-Konzeption, die als verbindlich erklärt wird und die in hohem Maße steuernd-koordinierende Funktionen hat. Diese Konzeption ist meist schon nicht mehr identisch mit der ursprünglichen „Unternehmer-Konzeption" (zumindest im Randsystem).

Spätestens dann, wenn die Unternehmensentwicklung – also Wachstum, Umsatz und/oder Ertrag – gegen Ende der „Jugendphase" bzw. Anfang der **„Erwachsenenphase"** sich verlangsamt, nämlich aufgrund von Verschleißerscheinungen, die sowohl unternehmens*interne* Ursachen (z.B. erlahmendes Innovationspotential, Führungsfehler, Bürokratismus) als auch unternehmens*externe* Ursachen (z.B. Umwelt generell, Marktauslese, Konkurrenz) oder sogar beide haben können, ist eine grundlegende Überprüfung der bislang gültigen bzw. praktizierten Marketing-Konzeption notwendig. In dieser Phase – in der auch Frühwarnsystemen eine besondere Rolle zufällt – gilt es, vor allem die grundlegenden Potentialfaktoren des Unternehmens zu erkennen und Formen ihrer *systematischen* Nutzung zu finden. Insgesamt kommt es – wenn man einen biologischen Vergleich anstellen will – außerdem in dieser Phase darauf an, nicht nur konzeptionell zu ernten, sondern auch für ein konzeptions-orientiertes Jäten bzw. Säen zu sorgen. Das führt in der Regel zu einer erfolgssichernden **Modifikation,** nicht selten sogar zu einer **Evolution** der Marketing-Konzeption – auch im Sinne einer systematischen *Vorweg*nahme sich abzeichnender Entwicklungen (z.B. über geeignete prophylaktische Maßnahmen, wie wir sie im Rahmen des Rezessionsmarketings skizziert haben). Das Ergebnis solcher Veränderungen führt, je nachdem in welcher Art bzw. welchem Umfang Basisstrategien (strategische Prinzipien) verlassen werden, ggf. auch zu einem gezielten **Konzeptionswechsel** (mit allen Chancen, aber auch mit allen Risiken unternehmensinterner und -externer Art).

Am Übergang von der „Erwachsenenphase" zur **„Altersphase"** machen sich durch Umsatz- und Gewinnrückgänge (verbunden vielfach mit entsprechenden Marktanteilsrückgängen) bestimmte Erosionserscheinungen der Marketing-Konzeption bemerkbar. Spätestens hier muß ein detaillierter Marketing-Audit vor allem alle Schwachstellen des Unternehmens bzw. des Marketings aufdecken. Eine reine Fortschreibung bislang bewährter Konzeptionen reicht dann meist nicht mehr aus, *sondern* es bedarf dann meist gezielter **Revitalisierungsprogramme,** um Einbußen im akquisitorischen Potential wieder wettzumachen – unter Umständen auch über den Weg von Kooperationen, Joint Ventures oder gar Beteiligungen bzw. Fusionen. Marketing-Konzeptionen entwickeln darüber hinaus in dieser Phase meist eine bestimmte Eigendynamik in Richtung eines *aggressiveren* Marktverhaltens, was sich unter anderem in einer Kampfpreis-Politik niederschlagen kann. Nicht selten wird dadurch aber – insbesondere, wenn die Preispolitik die einzige Antwort ohne entsprechende Abstimmung mit dem übrigen Instrumentarium ist – die Erosion des Unternehmens (bzw. seines Konzepts, wenn es nicht bewußt von Anfang an preis-mengen-orientiert war) nur noch beschleunigt. Die **„Todes- oder Liquidationsphase"** eines Unternehmens kann dann bei fortschreitender Erosion vielfach nur durch *radikale* Einschnitte in Unternehmen und Konzept vermieden bzw. ggf. nur noch hinausgezögert werden. Typisch für diese Situationen sind gezielte **Schrumpfungskonzepte,** die einen Neuanfang des Unternehmens auf veränderter, meist verkleinerter Basis einleiten können, oder aber das „Aufgehen" in Konzerngesellschaften mit neuer Rollenverteilung. Die Marketing-Konzeption für ein Unternehmen ist demnach - das haben diese Darlegungen gezeigt - nicht eine einmalige, sondern im Grunde eine *permanente* Aufgabe.

Was die Modifikation bzw. Evolution von Marketing-Konzeptionen angeht, so ist hierfür stets eine saubere Analyse der **Erfolgsfaktoren** des Unternehmens bzw. der tragenden Elemente des bislang verfolgten Konzepts notwendig. Nur auf diese Weise ist die Systemstruktur einer Konzeption erkennbar. Konzeptionen weisen in der Regel *drei* Systemteile (Systemschichten) auf:

- das **Kernsystem**,
- das **Zwischensystem**,
- das **Randsystem**.

Das *Kern*system ist identisch mit der tragenden Idee, dem eigentlichen Prinzip einer Konzeption; es bildet gleichsam das Rückgrat einer Konzeption. Das *Zwischen*system umhüllt gewissermaßen das Kernsystem bzw. schirmt es zusätzlich ab. Kern- und ggf. auch Zwischensystem beinhalten in dieser Hinsicht vor allem die grundsatzpolitischen Komponenten einer Konzeption. Das *Rand*system demgegenüber beschreibt Instrumente bzw. Ausprägungen von ihnen, die innerhalb bestimmter Freiheitsgrade wechselweise, d.h. also taktisch, eingesetzt werden können. Die **Proportionen** zwischen allen drei Systemteilen sind dabei in hohem Maße vom Charakter der jeweiligen Konzeption abhängig. Folgendes Schema *(Abb. 379)* soll das etwas transparenter machen.

Abb. 379: Proportionen der konzeptionellen Systemteile bei zwei alternativen Marketing-Konzeptionen

*Präferenz*orientierte Marketing-Konzeption

Preis-Mengen-orientierte Marketing-Konzeption

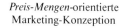

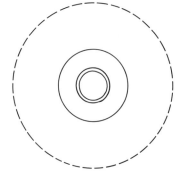

= **Kernsystem**: z.B. überdurchschnittliche Produktqualität (spez. Wirkstoff), Marke und ihre Positionierung, typische Verpackung
— **Zwischensystem**: z.B. Preissystem, Fachhandelstreue, Servicesystem
--- **Randsystem**: z.B. Verkaufsförderung (außer reinen Preisaktionen), Gliederung der Absatzorganisation

= **Kernsystem**: aggressiver Preis, bestimmte Mindestqualität
— **Zwischensystem**: z.B. primär Telefonverkauf, kein Service, keine Werbung
--- **Randsystem**: alles andere wird jeweils taktisch bestimmt

Der **Bindungsgrad** von Konzeptionen ist somit sehr unterschiedlich, je nach verfolgtem strategischem Prinzip. Diese unterschiedlichen Bindungsgrade (Systemstrukturen) sind bei Modifikationen von Konzeptionen entsprechend zu berücksichtigen, um den positiven **Wirkungstransfer** zwischen Vergangenheits-, Gegenwarts- und Zukunftskonzept nicht zu gefährden. Hierfür ist eine ausreichende strategische Sensibilität der Konzeptionsplaner bzw. Konzeptionsmodifizierer wie auch der Konzeptionsrealisierer unerläßlich. Damit aber sind nicht zuletzt auch organisatorische bzw. personale Grundfragen der Marketing-Konzeption angesprochen.

Organisatorische und personale Implikationen der Marketing-Konzeption

Die Erarbeitung von Marketing-Konzeptionen wie auch ihre Realisierung sind jeweils mit organisatorischen wie auch personalen Fragestellungen sehr stark verknüpft. Sie berühren so entscheidende Fragen wie Organisationsstruktur und Organisationsentwicklung, Managementsystem, Entscheidungsprozeß, Mitarbeiterselektion und -entwicklung, Mitarbeiterführung und -motivation sowie Betriebsklima bzw. Unternehmenskultur, und zwar speziell im Marketing wie auch im Unternehmen insgesamt (*Chandler*, 1962; *Miles/Snow*, 1978 bzw. 1986). Eine detaillierte Auseinandersetzung mit diesen Fragen unter dem spezifischen Aspekt geeigneter Maßnahmen bzw. Strukturen sowohl für die Ableitung als auch die Realisierung von Marketing-Konzeptionen würde den Rahmen des Buches sprengen. Deshalb sollen lediglich einige *konzeptionsrelevante* Basisfragen angesprochen werden, um den organisatorisch-personalen Zusammenhang überblickhaft herzustellen.

Marktstrukturveränderungen (tendenzielles Überangebot am Markt) haben – wie eingangs ausgeführt – zu Zwängen unternehmerischen Handelns geführt, die in einer **konsequenten Marktorientierung** (Outside-in-Orientierung) ihren Ausdruck finden. Als Grundlage (Leitplan) eines systematischen, marktorientierten Handelns ist dabei die Marketing-Konzeption eines Unternehmens anzusehen. In einem marktwirtschaftlichen System stellt die Gestaltung der Außen- oder Marktbeziehungen des Unternehmens die zentrale Aufgabe dar. Märkte sind die eigentliche „Front" des Unternehmens, an der sie sich durchsetzen müssen. Die Marketing-Konzeption hat insofern – wie schon einführend dargelegt und begründet – die Funktion eines **Leitplans** des gesamten Unternehmens, d.h. ihm kommt eine stark koordinierende Funktion im Hinblick auf alle marktrelevanten Maßnahmen des Unternehmens zu. Diese Koordinationsfunktion setzt zunächst einmal entsprechende organisationsstrukturelle Maßnahmen voraus (=Schaffung der formalen Organisationsstruktur).

Für die Gestaltung der formalen **Organisationsstruktur** gibt es verschiedene Organisationskonzepte, die in der Realität unterschiedliche Ausprägungen gefunden haben. Als die *bekanntesten* sind anzusehen (*Grochla*, 1982; *Frese*, 1984; *Bleicher*, 1981; *Staehle*, 1985; *Bühner*, 1989):

- **Funktionale Organisation,**
- **Divisionale Organisation,**
- **Matrixorganisation.**

Diese drei Grundformen organisationaler Konzepte stellen zugleich auch sinnvolle bzw. mögliche *Entwicklungs*stufen der Aufbauorganisation von Unternehmen dar (Größen- bzw. Lebenszyklusphasen-Abhängigkeit).

Die **funktionale Organisation** ist die *klassische,* bis in die 60er Jahre hinein überwiegende Organisationsform. Typisch für sie ist die Gliederung der zweiten, der Unternehmensführung unmittelbar nachgelagerten Hierarchieebene nach Verrichtungen (Funktionen). Bei ihr besteht die Tendenz zur Entscheidungszentralisation; außerdem ist sie geprägt durch das Prinzip der Einheitlichkeit der Auftragserteilung (= Einliniensystem). Die **Stab-Linien-Organisation** stellt eine Variante der funktionalen Organisation dar, und zwar ohne Aufgabe der Einheitlichkeit der Auftragserteilung (d.h. die Stäbe als sog. Leitungshilfsstellen haben interne Beratungsfunktionen, aber keine Anordnungskompetenzen). Die klassische funktionale Organisation ist dann adäquat, wenn das Unternehmen sich auf wenige Produkte und überschaubare Märkte konzentriert und die Unternehmensumwelt relativ stabil ist (*Grochla,* 1982, S.131 ff.). Für viele Unternehmen – gerade auch unter den Bedingungen stagnierender, wettbewerbsintensiver Märkte – ist diese Ausgangssituation heute nicht mehr gegeben. Die Stab-Linien-Organisation als Weiterentwicklung der traditionellen funktionalen Organisation steht quasi an der Schnittstelle zu *komplexeren* Programm- und Märktestrukturen des Unternehmens. Sie ist vielfach nur eine organisatorische Form des Übergangs. Heutige Märkte – speziell im Konsumgüter-Marketing – verlangen immer stärker Organisationskonzepte, die durch *Objekt*orientierung im Marketing eine gezielte Betreuung von Produkten, Kunden und/oder Absatzgebieten erlauben (= Installation von Produkt-, Kunden- und/oder Gebiets-Managern). Die größte praktische Bedeutung hat bisher das **sog. Produkt-Management** gefunden. Der Produkt-Manager soll – im Gegensatz zu den ressortgebundenen Funktions-Managern – die für sein Produkt bzw. Produktgruppe notwendigen *Koordinations*aufgaben im Beschaffungs-, ggf. Forschungs-/Entwicklungs-, Produktions- und Absatzbereich wahrnehmen, und zwar von der Einführung des bzw. der Produkte bis hin zur laufenden Betreuung (Steuerung und Kontrolle) im Markt. Folgende Darstellung skizziert die Grundkonstruktion des Produkt-Manager-Systems[1] *(Abb. 380).*

Speziell Strategien *höherer* Ordnung wie Präferenz- und Segmentierungsstrategie erfordern prinzipiell dieses Produkt-Manager-System. Die **Effizienz** des Produkt-Manager-Systems „läßt sich aus der formalen Stellung in der Organisation nur unvollständig erklären. Produktmanager besitzen in den seltensten Fällen formale Autorität, d.h. offizielle Weisungsbefugnis. Neuere Untersuchungen zeigen, daß Produktmanager als ‚Influence Agents' sich vorwiegend informeller Machtgrundlagen bedienen" (müssen, Erg. J.B., *Meffert,* 1986a, S.550).

Die *gezielte* Ausschöpfung der marktfeldstrategischen Optionen (speziell Produktentwicklung und Diversifikation), wie sie im Verlauf des Lebenszyklus von Unternehmen (Jugend- bzw. Erwachsenenphase) typisch ist bzw. generell durch erschwerte Markt- und Umweltbedingungen zunehmend erzwungen wird, hat etwa

---

[1] Zur Konstruktion und Arbeitsweise des Produkt-Manager-Systems siehe auch *Wild,* 1973; *Kreuz,* 1975 bzw. 1981; *Köhler,* 1988, S.128ff.

Schluß: Zusammenfassung und Zusammenhänge 611

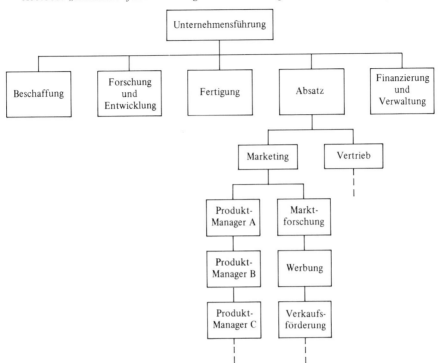

Abb. 380: „Klassische" funktionale Organisation mit integriertem Produkt-Management

seit den 70er Jahren – und zwar beeinflußt durch amerikanische Erfahrungen wie auch amerikanische Beratungsgesellschaften (speziell *McKinsey*) – eine ausgeprägte „Divisionalisierungswelle" ausgelöst. Die **divisionale Organisation** ist dadurch gekennzeichnet, daß bei der Gliederung der Aufgabenbereiche auf der zweiten, der Unternehmensführung nachgelagerten Hierarchieebene konsequent das Prinzip der *Objekt*gliederung realisiert wird. Die so entstehenden, nach Produktgruppen, Kundengruppen und/oder Marktregionen gegliederten Bereiche werden als Sparten oder Divisionen bezeichnet. Nachstehende Darstellung verdeutlicht das Grundmodell einer divisionalen Organisation (*Abb. 381, Grochla* 1982, S.138; zu realen Varianten divisionaler Organisationsstrukturen siehe auch *Frese*, 1984, S.500ff.).

Für die Erfüllung spartenübergreifender Aufgaben sowie zur Wahrnehmung von Koordinations- und Kontrollaufgaben werden sog. Zentralbereiche und ggf. auch Stäbe geschaffen. Die intern häufig funktional gegliederten Spartenbereiche werden als quasi-autonome Teileinheiten (*Grochla*, 1982, S.137) geführt, die bei Konzernen sogar eine eigene Rechtsperson aufweisen können (Cost-, Investment- oder Profit-Center). Die Profit- bzw. Investment-Center sind dabei für ihren **Erfolg** (=Gewinn vor Steuern oder Return-on-Investment) weitgehend *selbst* verantwortlich.

Für die Ausschöpfung der diversifikationsstrategischen Optionen sind heute – wie im Rahmen der 1. Strategieebene (Marktfeldstrategien) ausführlich diskutiert – auch gezielte Aufkaufstrategien typisch. Sie sind in zunehmendem Maße, wie etwa

Abb. 381: *Grundmodell einer divisionalen Organisation*

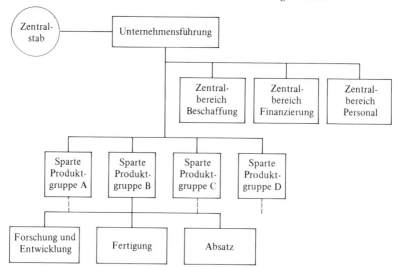

am Beispiel von *Daimler-Benz* (Aufkauf von *AEG, MTU* und *Dornier*) gezeigt, stark technologie-orientiert. Bei solchen technologie-orientierten Diversifikationsstrategien wird im Prinzip eine **strategische Neuorientierung** (Redefining) des Unternehmens vollzogen, die dann auch zu entsprechenden organisatorischen Anpassungen zwingt (vgl. in diesem Zusammenhang die Diskussion der Organisationsform „Management-Holding", *Bühner,* 1987, S. 40 ff. bzw. die Besprechungsbeiträge S. 223 ff.).

Zunehmende Aufgabenkomplexität sowie hoher Innovationsgrad aufgrund stagnierender Märkte und verschärften Wettbewerbs haben insgesamt dazu geführt, daß die klassischen Organisationsformen grundsätzlich in Frage gestellt und neue, *problemadäquate* Organisationskonzepte gesucht werden. Hierbei wird u.a. auf die Projekt-Matrix-Organisation zurückgegriffen, wie sie für Großprojekte der Luft- und Raumfahrt in den 60er Jahren in den USA entwickelt wurde. Die **Matrix-Organisation** ist dadurch gekennzeichnet, daß sich bei ihr zwei Kompetenzsysteme überlagern, nämlich ein *vertikales,* verrichtungs- bzw. funktionsorientiertes und ein *horizontales,* objektorientiertes Leitungssystem. Die Elemente der Matrix sind insoweit jeweils *zwei* Instanzen direkt unterstellt (= System dualer Führung, *Schneider,* 1974). Dadurch entsteht ein strukturbedingtes **Konfliktpotential** im Unternehmen, so daß dieses Organisationskonzept nur mit einem überdurchschnittlich qualifizierten Führungspersonal funktioniert, welches über eine entsprechend hohe Konfliktaustragungsfähigkeit verfügt. Diese grundsätzliche Problematik der Matrix-Organisation wird aber häufig *bewußt* in Kauf genommen, um das Denken und Handeln in Produkt- und Marktgrößen in den **Mittelpunkt** gesamtunternehmerischer Entscheidungsprozesse zu rücken. Die konsequente Umsetzung dieses Ansatzes funktions- bzw. bereichsüberschreitender Kompetenzen unter dem Aspekt *homogener* Produkt/Marktkombinationen (im Sinne Strategischer Geschäftseinheiten, SGE) läßt sich als Grundmodell wie folgt umsetzen (*Abb.382,* vgl. auch *Schertler,* 1985, S. 195, zu möglichen komplexeren Varianten siehe auch *Grochla,* 1982, S. 149 ff.).

Abb. 382: Grundmodell einer Matrix-Organisation nach Strategischen Geschäftseinheiten

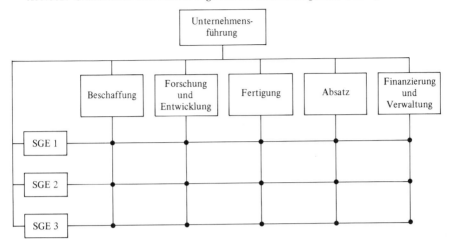

Hauptansatzpunkt einer solchen SGE-orientierten Matrix-Organisation ist zunächst die möglichst klare Trennung von strategischen und taktischen Entscheidungen im gesamten Unternehmen. Aus Steuerungsgründen, so wird heute insbesondere von Vertretern der stark an der Portfolio-Analyse orientierten Strategischen Planung gefordert, bedarf es außerdem einer Aufteilung strategischer Aufgaben in relativ autonome (autarke) **Strategische Geschäftseinheiten.** In der Tat ist die klassische Unternehmensorganisation (Liniensystem) primär auf die Erfüllung der *operativen* Aufgaben zugeschnitten. Die Schaffung Strategischer Geschäftseinheiten in der Unternehmensorganisation – was auch als eine Verfeinerung des divisionalen Organisationskonzeptes angesehen werden kann – soll dabei nicht etwa die bestehende operative (=primäre) Organisation ersetzen, sondern diese soll vielmehr – so die organisations-konzeptionelle Vorstellung – durch eine **strategische (=sekundäre)** Organisation ergänzt bzw. gleichsam überlagert werden (= Prinzip der sog. dualen Organisation, *Szyperski/Winand,* 1979). Sie stellt zugleich eine Art Kompromißform(el) dar zwischen der *Chandler*-These „structure follows strategy" (*Chandler,* 1962) und der neuerdings verstärkt vorgetragenen These, daß umgekehrt die Strategie eines Unternehmens in hohem Maße Ergebnis seiner Organisationsform ist („strategy follows structure", vgl. hierzu etwa *Roventa,* 1979, S. 21 f.; *Schreyögg,* 1984, S. 128 und die dort angegebene Literatur).

Daraus wird das Postulat abgeleitet, daß für eine *strategie*-orientierte Unternehmensführung auch die **adäquate Organisationsform** gefunden bzw. gewählt werden muß (*Hinterhuber,* 1977). Die als strategisch (sekundär) bezeichnete Organisation basiert auf den Strategischen Geschäftseinheiten, die durch Geschäftsbereiche bzw. entsprechende Produkt/Markt-Kombinationen definiert sind. Diese sind der Unternehmensleitung direkt unterstellt; auf diese Weise entstehen im Prinzip zwei Leitungslinien, nämlich die der operativen und die der strategischen Stellen. Dadurch soll die Transparenz im Hinblick auf strategische Aufgaben und Notwendigkeiten insgesamt verbessert und die Unternehmensleitung durch Delegation strategischer

Aufgaben entsprechend entlastet werden. Widersprüche bzw. Konflikte liegen allerdings u. a. darin begründet, daß die Strategischen Geschäftseinheiten zwar im Cash-Management selbständig, in der Entscheidung über Investitionen jedoch unselbständig sind (vgl. hierzu auch die verschiedenen Beiträge im Rahmen des *ZfB-Diskussionsforums* „Strategische Geschäftseinheiten", 1979).

Insgesamt muß man erkennen, daß die Schaffung Strategischer Geschäftseinheiten nicht unproblematisch ist. Jedenfalls liegen nicht zu übersehende Gefahren in einer zu starken „Atomisierung" des Unternehmens, denn die Summe der strategischen Pläne einer Vielzahl von Strategischen Geschäftseinheiten muß aufgrund des allgemeinen „Planoptimismus", der aus dem Kampf um die Verteilung der verfügbaren Finanzmittel im Unternehmen resultiert, *nicht* unbedingt zur optimalen strategischen Konzeption für das **Gesamtunternehmen** führen. Es wird daher bereits auch vor den Gefahren einer solchen dualen Organisation gewarnt (u. a. *Stalp, 1978,* siehe hierzu auch die grundsätzlichen Vorbehalte bei *Grochla, 1982,* S. 144 f. bzw. S. 147 ff.).

Insgesamt kann gesagt werden, daß strategie-(konzeptions-)orientierte Unternehmensführung nicht zwangsläufig die Schaffung Strategischer Geschäftseinheiten voraussetzt, sondern daß auch die *klassische* funktionale Organisation durchaus **Spielräume** für notwendige strategische Öffnungen aufweist, und zwar ohne gravierende, stark risikobehaftete organisatorische Eingriffe. Diese Spielräume erstrecken sich von der Schaffung strategischer Stäbe über die strategische Projektorganisation bis hin zur Schaffung eines Vorstandsressorts „Strategische Planung", und zwar insbesondere was die Organisierung der Konzeptionsfindung betrifft.

Marketing-Konzeption und Schnittstellen-Management

Die gesamte Diskussion einer speziellen **Strategieorganisation** – die, soweit wir sehen, sehr formal geführt wird –, lenkt u. E. zugleich vom konkreten, auch im Rahmen klassischer Organisationsformen notwendigen *und* auch möglichen marketingkonzeptions-orientierten Management ab. Seine zentrale Aufgabe ist vor allem darin zu sehen, neben der Konzeptionserarbeitung auch die konzeptionsgetreue Realisierung im Unternehmen sicherzustellen, und zwar im Hinblick auf

- die marketing*bezogene* Koordination und
- die marketing*übergreifende* Koordination.

Zunächst einmal ist die Aufmerksamkeit der Konzeptionsrealisierung auf den Marketingbereich eines Unternehmens selbst zu lenken. Hier lauern erhebliche Gefahren aufgrund der inzwischen klassischen Funktions*trennung* von Marketing und Vertrieb. Marketing als Institution oder Stelle(n) repräsentiert(en) im Prinzip die *strategische* Seite und der Vertrieb entsprechend die *taktische* Seite im Unternehmen. Gerade bei Strategien höheren Niveaus, wie z. B. der Präferenz-Strategie, können Konzeptionsgefährdungen dadurch entstehen, daß aus taktischen Gründen (etwa aus Gründen der Jahresumsatzplan-Erfüllung) Prinzipien der strategischen Markenführung via Preisaktionen, Aufweichung der Abnehmerselektion usw. verletzt werden. Wesentliche koordinierende Aufgaben müssen hier von einem *übergeordneten* Absatz-Management auf Geschäftsleitungsebene erbracht werden.

Was marketing-*übergreifende* Koordinationsaufgaben angeht, so treten im Rahmen der Marketing-Konzeptionserstellung wie auch ihrer Realisierung wichtige Schnittstellen etwa zur Produktion oder auch zur Forschung und Entwicklung auf. Gerade was diese marketing-übergreifenden Schnittstellen betrifft, so muß die Unternehmensleitung hierfür ein geeignetes **Schnittstellen-Management** entwickeln, das zu einer konstruktiven Zusammenarbeit der einzelnen Funktionsbereiche in der Weise führt, „daß die Schnittpunktentscheidungen für das Unternehmen als Ganzes richtig sind ..." (*Groeben, 1978, S. 120*). Auf dem Wege dahin sind *drei* wesentliche Schritte notwendig:

(1) Erfassung der unternehmensspezifischen, konzeptionsrelevanten **Hauptabhängigkeiten** zwischen den funktionalen Bereichen (Schnittstellen-Audit);
(2) Schaffung notwendiger **Managementinstrumente** wie einheitliche Datenbasis, Formalisierung des Entscheidungsprozesses, Identifizierung schlüssiger Kontrollgrößen (Indikatoren);
(3) Durchsetzung der konstruktiven **Zusammenarbeit** an den Schnittstellen (u.a. via Führungs- und Arbeitsstil, Job-Rotation, Jour-fix-Sitzungen).

Wie notwendig Schnittstellen-Management für die schlüssige Umsetzung von Marketing-Konzeptionen letztlich ist, verdeutlicht auch folgende Übersicht *(Abb. 383)*, die typische Fragenkreise an wichtigen Schnittpunkten der Unternehmensorganisation *beispielhaft* illustriert (*Groeben, 1978, S. 121*):

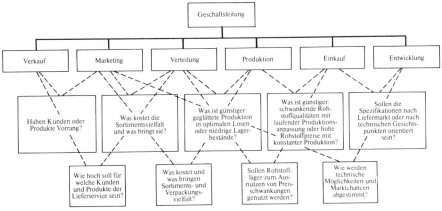

Abb. 383: Typische Fragen an wichtigen koordinativen Schnittpunkten*

* *Eigene Anmerkung:* Je nach Unternehmensgröße, Markt, Wettbewerb usw. ist ggf. eine Koordination der „Hauptabteilungen" Verkauf, Marketing und Verteilung durch einen Bereichsleiter bzw. ein Geschäftsleitungsmitglied „Absatz" zweckmäßig. Das Schnittstellen-Management wird dadurch grundsätzlich vereinfacht.

Oberster Orientierungspol bzw. genereller Bezugsrahmen der marketingübergreifenden Koordination ist dabei die **Marketing-Konzeption** des Unternehmens. Marketing im Sinne einer umfassenden Führungsphilosophie heißt nichts anderes als die bewußte Führung des gesamten Unternehmens vom Markt her. Der Markt stellt –

wie bereits betont – die eigentliche „Front" des Unternehmens dar, auf die letztlich alle Unternehmensaktivitäten gerichtet sind, um die gesetzten Ziele zu realisieren. Die Marketing-Konzeption bestimmt daher zwangsläufig den **generellen Unternehmenskurs**. Bei der Erarbeitung wie bei der Realisierung dieses marktorientierten Generalkurses, der gleichsam den *Außen*-Kurs (Markt-Kurs) des Unternehmens festlegt, müssen Markt- und Unternehmens(Betriebs-)möglichkeiten ständig verglichen und permanent auf einen *gemeinsamen*, unternehmensindividuellen Nenner gebracht werden (siehe auch die Darlegungen auf S. 37 ff., 408 ff. bzw. 470 ff.).

Das konzeptionelle Agieren – sowohl was die Planerstellung als auch die Planrealisierung angeht – ist jedoch nur dann vollständig und für die mittel- und langfristige Steuerung von Unternehmen tauglich, wenn auch der *Innen*-Kurs (Betriebs-Kurs) des Unternehmens entsprechend fixiert wird (*Becker*, 1987b). Dabei sind vielfältige **Nahtstellen und Abhängigkeiten** zwischen Innen- und Außen-Kurs zu berücksichtigen, und zwar nicht zuletzt auch unter dem Aspekt der **Fristengerechtigkeit** der Maßnahmen (= Ausgleich strategischer Pläne und taktischer Notwendigkeiten).

Im Unternehmen gibt es im Prinzip *zwei* verschiedene Probleme konzeptionsbeeinträchtigender „Autonomien", wie folgende Darstellung zu skizzieren versucht (*Abb. 384, Becker, 1986c*).

Abb. 384: Außen- und Innen-Komponenten des Unternehmenskurses und Problemstruktur sachlicher und zeitlicher Autonomien

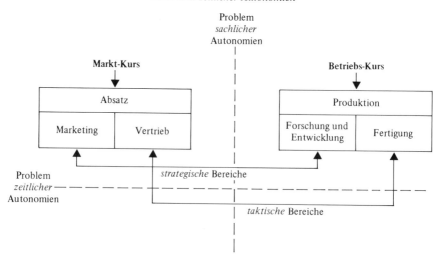

Bei Unternehmen bestehen insoweit *zwei* verschiedene Ebenen koordinativer Probleme, nämlich:

- die *sachliche* Ebene,
- die *zeitliche* Ebene.

Kennzeichnend dabei ist, daß es auf der sachlichen Ebene leicht zu gefährlichen **Bereichsabschottungen** und auf der zeitlichen Ebene zu einseitigen **Bereichsverknüpfungen** kommt. Das heißt mit anderen Worten, daß auf der *sachlichen* Ebene immer wieder Probleme einer echten Harmonisierung von Markt- und Betriebskurs gegeben sind (z.B. Forschungskonzept entspricht nicht dem Marktkonzept oder Vertriebs- und Fertigungskonzept divergieren qualitativ und/oder quantitativ). In bezug auf die *zeitliche* Ebene kommt es andererseits häufig zu Disharmonien zwischen strategischen Möglichkeiten und taktischen „Notwendigkeiten". Typisch für divergierendes Fristendenken und -handeln ist dabei der bereichsübergreifende Fall (während z.B. Marketing- und Forschungs- und Entwicklungskonzept langfristig ausgerichtet sind, ist *dagegen* das Vertriebs- und Fertigungskonzept zu stark kurzfristig orientiert, und zwar unter Vernachlässigung mittel- und langfristiger Potentiale). Die **Koordination** markt- und betriebsbezogener Aktivitäten muß insoweit nicht nur die sachliche, sondern vor allem *auch* die zeitliche Komponente berücksichtigen.

Diese Skizzierung wichtiger unternehmerischer Schnittstellen in sachlicher *und* zeitlicher Hinsicht hat deutlich gemacht, daß die sinnvolle Klärung und Abstimmung jener *gesamt*unternehmerischen Zusammenhänge in hohem Maße die Oberziel-Realisierung beeinflußt (*Becker, 1986c*). Ihre schlüssige Koordination wird damit zu einem wichtigen **Erfolgsfaktor** jeder Marketing-Konzeption. Insofern kann man auch sagen, daß Marketing-Konzeptionen in diesem – notwendigerweise – umfassenden Sinne gleichsam den Charakter von ganzen **Unternehmenskonzeptionen** annehmen (siehe hierzu auch den *Wertketten-*Ansatz von *Porter,* 1985). Im übrigen verstärkt sich diese Tendenz um so mehr, je schwieriger die Markt- und Wettbewerbsverhältnisse werden; das gilt in ganz besonderem Maße für die Beziehungen zwischen Marketing- und Produktionsbereich (u.a. wegen des sog. Erfahrungskurven-Effektes). Während bei (stark) wachsenden Märkten durchweg genügend marktgestalterische Freiräume vorhanden sind, um oberziel-adäquate Erlöse am Markt zu realisieren, sind stagnierende oder gar rückläufige Märkte – wie es für viele Wirtschaftsbereiche heute bereits typisch ist – durch zum Teil erhebliche Erlöseinbußen aufgrund eines vom Verdrängungswettbewerb induzierten Preisverfalls gekennzeichnet. Gerade angesichts derartiger Rahmenbedingungen für marketing-politisches Handeln sind Unternehmen mehr denn je gezwungen, alle Rationalisierungsreserven nicht nur im Marketingbereich, sondern im *gesamten* Unternehmen zu mobilisieren. Marketing- und Unternehmenskonzeptionen sind deshalb heute generell dadurch charakterisiert, daß sie konsequent an *zwei* unternehmerischen Seiten der Oberziel-Realisierung *zugleich* anknüpfen müssen, nämlich an

(1) der **Ertragsseite** (speziell über Produktinnovationsprogramme zur Realisierung von „monopolistischen" Preisspielräumen am Markt) und
(2) der **Kostenseite** (speziell über Rationalisierungsprogramme zur Ausschöpfung von Kostensenkungspotentialen im gesamten Unternehmen).

Der Marketingverantwortliche ist demnach heute nicht mehr nur als kreativer, ertragsorientierter „Marktwirt", sondern vor allem auch als nüchterner, kostenorientierter Betriebswirt gefordert. Insoweit hat sich inzwischen auch das **Anforderungsprofil** des Marketing-Managers wesentlich geändert.

Marketing-/Unternehmenskonzeption und Führung

Marketing-Konzeptionen – das geht bereits indirekt aus dem bisher Gesagten hervor – gilt es nicht nur zu entwickeln, zu verabschieden bzw. zu koordinieren, sondern sie müssen auch entsprechend „gelebt" werden. Auf diese Weise rückt noch mehr die **menschliche Komponente** von Konzeptionen in das Blickfeld. Konzeptionen, und zwar ihre Erstellung wie auch ihre Realisierung, setzen den jeweils richtigen Menschen an der richtigen Stelle voraus. Der konzeptionelle Erfolg eines Unternehmens ist somit auch von den jeweiligen Positionsinhabern und ihrer Motivation abhängig. „Biß" bzw. Begeisterungsfähigkeit von Menschen ist jedenfalls - das kann immer wieder empirisch beobachtet werden - ein ganz *zentraler* Erfolgsfaktor des Unternehmens. Wo diese Faktoren fehlen, versanden vielfach noch so schlüssige Konzeptionen.

Damit aber sind grundlegende Fragen der **Führung** angesprochen. Führung soll dabei in einem *engeren* Sinne verstanden werden, nämlich als Verhaltensbeeinflussung von Personen durch Personen. Führen in diesem Sinne bedeutet im Prinzip nichts anderes, als die Mitglieder einer Organisation von einer zentralen **Idee** bzw. ihrer konzeptionellen Ausformung zu überzeugen und diese Überzeugung in aktives, ideen- bzw. konzeptionsgerechtes **Handeln** der Organisationsmitglieder umzusetzen.

In den letzten Jahrzehnten hat sich insgesamt das Führungsverständnis deutlich gewandelt. Während ursprünglich die *sach*bezogenen Komponenten des Managements (Planung, Organisation und Kontrolle) deutlich im Vordergrund standen, ist mehr und mehr die *personen*bezogene Komponente in den Mittelpunkt gerückt (*Rühli,* I, 1973, S.16ff.; *Bleicher/Meyer,* 1976, S.28ff. bzw. S.37ff.; *Staehle,* 1985, S.534ff.). Das hat verstärkt auch dazu geführt, daß diese Fragen heute nicht nur bei der Festlegung der Unternehmensphilosophie berücksichtigt werden, sondern auch im „laufenden" Management einen hohen Stellenwert besitzen. Dem liegt insgesamt ein neues, emanzipatorisches **Menschenbild** zugrunde, das Rücksicht nimmt auf Normen, Werte, Motive, Einstellungen und Erwartungen der Mitarbeiter im Hinblick auf ihre Tätigkeit im Unternehmen (=derivative Führungsfragen).

Dieses neue Menschenbild geht insoweit nicht mehr (allein) vom Konstrukt des rein „rational-ökonomischen Menschen" aus, sondern *mehr* vom Bild des „sozialen Menschen", d.h. die Berücksichtigung der Bedürfnisse der Mitarbeiter nach Anerkennung, Gruppenzusammenhalt und Selbstverwirklichung hat heute einen besonderen Stellenwert bekommen. Jedenfalls ist immer mehr die Einsicht gewachsen, daß nur auf diese Weise Mitarbeiter im Unternehmen entsprechend motiviert und ihr **Leistungspotential** mobilisiert werden kann (*Grochla,* 1982, S.123f.; zu den Grundlagen der Motivationstheorie siehe auch *Maslow,* 1954 und *Herzberg* 1966 sowie den Überblick von *Neuberger,* 1980).

Art und Umfang der Berücksichtigung dieser Einsichten bei der konkreten Führung von Unternehmen sind naturgemäß auch von den jeweiligen **Managementeinstellungen** in bezug auf Organisation und Führungsstil bzw. Führungstechnik abhängig. Die Einstellungen werden nicht nur geprägt von der Ausbildung und den Erfahrungen des Managements, sondern auch von der Phase des Unternehmenszyklus (siehe hierzu auch folgende Darstellung, *Abb.385, Greiner,* 1972).

An dieser Abbildung wird deutlich, daß sich Führung im Unternehmen phasenspezifisch konkretisiert, das heißt mit anderen Worten: es gibt nicht *die* Führung oder

Abb. 385: Revolutionäre und evolutionäre Perioden im Leben einer Organisation

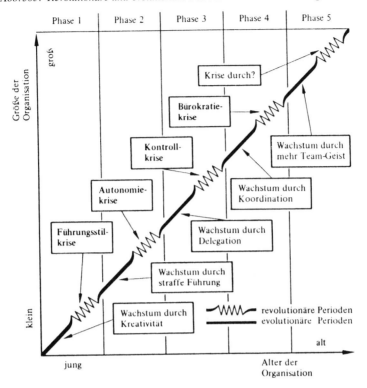

das Führungsmodell schlechthin, sondern es ist bzw. muß in hohem Maße *situativ* geprägt sein.

Die jeweils wahrgenommenen Phasenzwänge wie die Managementeinstellungen und das im Management verfestigte Menschenbild prägen den praktizierten **Führungsstil**. Der Führungsstil kennzeichnet jenes spezifische Verhalten des Vorgesetzten gegenüber seinen Mitarbeitern, das darauf gerichtet ist, sie so zu beeinflussen, daß die **Ziele des Unternehmens** durch gemeinsames Handeln realisiert werden. „Führungsstile stellen somit Verhaltensvarianten von Vorgesetzten bei der Durchsetzung von Zielen dar" (*Grochla*, 1982, S.124). In der Literatur werden unterschiedliche Abgrenzungen der Führungsstile vorgenommen (vgl. u.a. *Grochla*, 1969; *Lattmann*, 1975; *Baumgarten*, 1977; *Wunderer/Grunwald*, 1980).

Das Spektrum möglicher Führungsstile stellt sich grundsätzlich als eine Abstufung zwischen *zwei* extremen „Führungstypen" dar, nämlich:

1. **Autoritärem Führungsstil,**
2. **Kooperativem Führungsstil.**

Besondere Verbreitung hat unter diesem Aspekt die **sog. Kontinuum-Theorie** gefunden (*Tannenbaum/Schmidt*, 1958 bzw. 1973). Beobachtbares Führungsverhalten kann in dieser Hinsicht nach dem Umfang des Entscheidungsspielraumes des Vorgesetzten und dem Umfang des Entscheidungsspielraumes der Gruppe auf einem

Kontinuum von extrem vorgesetzten-bestimmten bis hin zu einem extrem mitarbeiter-bestimmten Verhalten eingeordnet werden. Folgende Darstellung versucht das zu konkretisieren (*Abb. 386, Tannenbaum/Schmidt,* 1958, S. 56 in Anlehnung an eine Darstellung von *Zepf,* 1972, S. 28 bzw. Modifikation von *Staehle,* 1985, S. 546).

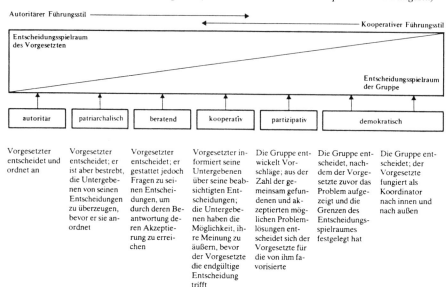

Abb. 386: *Kontinuum der Führungsstile (vom autoritären bis zum kooperativen Führungsstil)*

Die beiden Führungsextreme sind quasi **Idealtypen,** die in ihrer reinen Form in der Unternehmenspraxis im Prinzip so nicht vorkommen. Zwischen beiden Polen der Führung gibt es jedoch eine Vielzahl von Ausprägungen, die jeweils *modifizierte* Führungsbeziehungen darstellen.

In empirischen Untersuchungen hat man immer wieder versucht, die **Überlegenheit** des partizipativen oder kooperativen Führungsstils nachzuweisen. Ein eindeutiger Nachweis ist bisher jedoch nicht gelungen, weil die Effizienz einer Organisation (z. B. gemessen an der Produktivität) von *zu vielen,* auch situativen, Faktoren abhängt. Interessant sind unter diesem Aspekt etwa die Untersuchungen von *Fiedler,* welcher den Zusammenhang zwischen Führungsstil und Führungssituation zu analysieren versuchte (Kontingenz-Theorie, *Fiedler,* 1976), ohne daß hierauf näher eingegangen werden kann. Auch in der Unternehmenspraxis wird übrigens immer mehr erkannt, daß sich eine effiziente Führung vor allem auch durch situationsgerechtes Handeln auszeichnet. Die Fähigkeit, situationsgerecht zu führen, wird neuerdings auch mit dem Begriff der **sozialen Intelligenz** belegt.

Trotz erheblichen Forschungsaufwands – insbesondere in den USA – ist die Diskussion um das „richtige" Führungsverhalten noch nicht abgeschlossen (vgl. hierzu auch den Überblick bei *Staehle,* 1985, S. 549 ff.). Die *Group Dynamic Studies* haben z. B. in dieser Hinsicht ergeben, daß Führung vor allem auf *zwei* zentralen Funktionen beruht, nämlich *(Cartwright/Zander,* 1953 bzw. 1968):

- **Zielerreichungsfunktion,**
- **Gruppenerhaltungsfunktion.**

Dabei geht es einmal um die Erreichung der Gruppenziele und zum anderen um Aufrechterhaltung bzw. Stärkung der Gruppe selbst. Beide Gruppenfunktionen erfordern **unterschiedliche Verhaltensweisen** (siehe *Abb. 387, Staehle*, 1985, S. 555):

Abb. 387: Zentrale Funktionen der Führung

Zielerreichungsfunktionen* (Goal Achievement)	Gruppenerhaltungsfunktionen** (Group Maintenance)
• Handlungsanweisungen • operative Planung • Aufgabenstrukturierung • Beachtung der Zielerreichung	• Förderung guter zwischenmenschlicher Beziehungen • Konfliktlösung • Unterstützung • Schutz von Minoritäten • Förderung von Selbständigkeit und Kooperationsverhalten

* = *sach-rationale* Dimension der Führung ** = *sozio-emotionale* Dimension der Führung

Erfolgreiche Führung ist somit also das Ergebnis zweier grundlegender Funktionen (besser: Funktionsbündel). Entscheidend dabei ist jedoch – und hier schließt sich der Kreis unserer Betrachtungen und Analysen –, daß die Zielerreichung an entsprechende **Handlungsanweisungen** gebunden ist. Sie tragen umso besser zur Führung von Unternehmen bei (zumal bei kooperativen Formen der Führung), je vollständiger und schlüssiger sie sind. Das heißt mit anderen Worten, ihre **Steuerungsleistung** hängt entscheidend davon ab, inwieweit neben den (gemeinsam von Vorgesetzten und Untergebenen) erarbeiteten Zielsetzungen für alle Führungsbereiche und Führungsebenen (= Zielhierarchie) *auch* die Methoden bzw. grundsätzliche Wege (= Strategiekanäle) *und* die operativen Maßnahmen in einem Grundraster (= Instrumentenmix) festgelegt sind.

Gerade bei *kooperativen* Formen der Führung, die dem modernen, emanzipatorischen Menschenbild mehr entsprechen als autoritäre Führung, vermögen geschlossene **Marketing-Konzeptionen** wesentlich mehr im Sinne optimaler Unternehmenssteuerung zu leisten als reine Zielvereinbarungen, wie sie dem Management-by-objectives-Konzept (MBO, siehe etwa *Fuchs-Wegner*, 1974, S. 232 ff.; *Baumgarten*, 1977, S. 206 ff.) zugrundeliegen.

Die Marketing-Konzeption in der von uns entwickelten Form stellt gegenüber MBO einen *umfassenderen* Leitplan für das gesamte Unternehmen dar (= Management-by-conception[2]). Diese **Leitplanfunktion** kann die Marketing-Konzeption – im Sinne strategieorientierter Unternehmensführung – dabei umso besser erfüllen, je *ausgewogener* sie gestaltet ist *(Abb. 388).*

Bei der Macher-Konzeption stellen Ziele und Strategien im Grunde nur ein „Feigenblatt" operativ-taktischer Maßnahmen dar, während die Denker-Konzeption zu

---

[2] In Anlehnung an die typischen Management-by-Techniken formuliert.

Abb. 388: *Ausgewogene und unausgewogene Konzeptionsstrukturen*

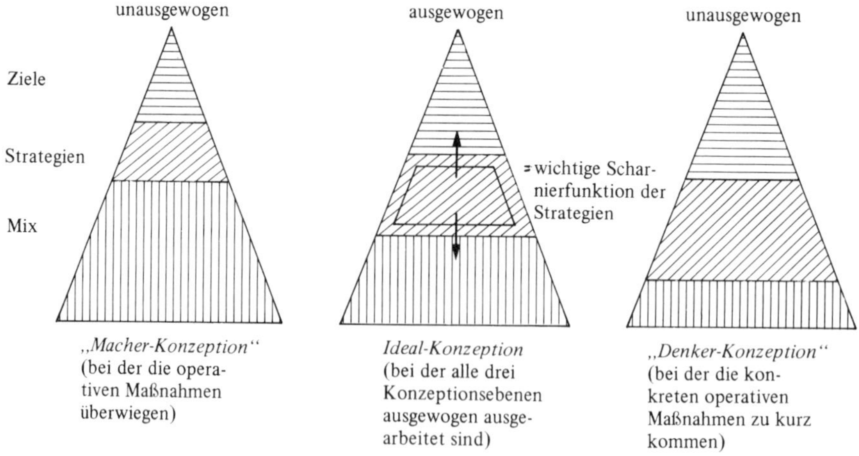

unausgewogen	ausgewogen	unausgewogen

Ziele

Strategien

Mix

„Macher-Konzeption"
(bei der die operativen Maßnahmen überwiegen)

Ideal-Konzeption
(bei der alle drei Konzeptionsebenen ausgewogen ausgearbeitet sind)

= wichtige Scharnierfunktion der Strategien

„Denker-Konzeption"
(bei der die konkreten operativen Maßnahmen zu kurz kommen)

„sophisticated" angelegt ist, ohne ausreichende Konkretisierung operativer Handlungen. Die **Ideal-Konzeption** stellt demgegenüber ein *ausgewogenes* System von Zielen („Wunschorten"), Strategien („Routen") und Maßnahmenmix („Beförderungsmittel") im Sinne eines ausgewogenen Fahrplans dar (vgl. hierzu auch die Darlegungen auf S. 119 f.).

Management-by-conception geht insoweit über das ausschließlich an der Zielebene orientierte MBO-System hinaus, weil es in den Führungs- und Kontrollprozeß dezidiert *auch* die Strategie- und die Maßnahmen(mix-)ebene mit einbezieht. Konzeptionsorientierte Führung geht aber auch auf der Zielebene selbst noch über das klassische MBO-Konzept hinaus. Während beim klassischen Management-by-objectives sich die Steuerung und Kontrolle auf quantitative Ziele stützt, berücksichtigt die (marketing-)konzeptionsorientierte Führung gerade auch *qualitative* Ziele, wie sie speziell für Strategien höherer Ordnung (z. B. Imageziele bei präferenzstrategischen Konzepten) typisch sind.

Der konzeptionsorientierte Führungsansatz knüpft außerdem an zentralen **Meta-Entscheidungen** des Unternehmens an, die ihren Niederschlag in der übergeordneten Unternehmensphilosophie (= allgemeine Wertvorstellungen oder basic beliefs bzw. Unternehmenszweck oder mission) eines Unternehmens finden (müssen). Die **Philosophie** eines Unternehmens stellt gleichsam den eigentlichen Anker jeglicher zielorientierter Unternehmensführung dar. Sie definiert zugleich den generellen Anspruch wie auch die **Vision** eines Unternehmens. Insoweit erweitert das konzeptionsorientierte Führungskonzept die klassisch-formale, primär quantitativ geprägte Zielorientierung (= „Anbau" oben, d. h. auf der ersten bzw. Zielebene selbst).

Darüber hinaus ist für die konzeptionsorientierte Steuerung und Kontrolle der „Anbau unten" charakteristisch, und zwar zunächst auf der zweiten bzw. strategischen Ebene. Gerade angesichts einer dynamischen, durch Diskontinuitäten geprägten Unternehmensumwelt werden Unternehmen nur dann auf Dauer *überlebensfähig* sein, wenn sie sich in einer instabilen Umwelt ein stabiles strategisches

Konzept geben, das den **Kurs** oder die Route des Unternehmens fixiert wie auch kontrollierte **Kursabweichungen** zuläßt und damit konsequente Maßnahmensteuerung (auf der dritten bzw. Mixebene) überhaupt erst möglich macht. Strategische Führung des Unternehmens heißt in dieser Hinsicht – das ist entscheidend für das Verständnis strategischen Handelns – *nicht* einfach Fortschreibung bisheriger Ziele und bisherigen unternehmerischen Tuns, sondern bedeutet die *potential*-orientierte (Neu-)**Positionierung** des gesamten Unternehmens auf der Basis einer *mehrdimensionalen* Wegebeschreibung, und zwar aufgrund schlüssiger, stufenadäquater **Strategiekombinationen** (vgl. hierzu speziell die Ausführungen zu den Grundfragen der Strategiekombination bzw. Strategieevolution).

Marketing-Konzeptionen im generellen und Marketing-Strategien im speziellen stellen – im Sinne einer umfassenden, das ganze Unternehmen prägenden Führungskonzeption – sogesehen ein differenziertes System definierter **Optionen bzw. Mechanismen** dar, um das künftige unternehmerische Verhalten im Hinblick auf eine im voraus *nicht voll* zu übersehenden Quantität und Qualität von Unternehmens-, Markt- und Umweltsituationen konsequent zu steuern. Insbesondere das routenbestimmende strategische Marketing-Management schafft – wie im Strategieteil des Buches im einzelnen dargelegt – die notwendigen Voraussetzungen, dem Unternehmen sowohl geplante innovative „Durchbrüche" zu ermöglichen als auch erreichte Positionen konsequent zu sichern bzw. im Sinne eines wettbewerbs-orientierten „Abstandsmarketings" systematisch auszubauen.

Eine ausgewogene, klare Marketing-Konzeption ist demnach sowohl **Positionsbestimmung** als auch **Visionsbeschreibung** eines Unternehmens. Insoweit kommt ihr – gerade was die visionäre Komponente betrifft – auch eine erhebliche mobilisierend-motivierende Aufgabe (und damit zugleich eine gruppenerhaltende bzw. -fördernde Funktion, vgl. auch *Abb. 387*, S. 621) zu. Diese aktivierende Wirkung ist dabei umso höher, *je stärker* sich die Organisationsmitglieder mit der Konzeption insgesamt identifizieren können. Nur dann hat die Konzeption die Chance, gelernt, ja verinnerlicht zu werden, um so **Denk- und Verhaltensmuster** der Organisationsmitglieder konzeptionsgerecht zu prägen. Und nur so kann letztlich jenes persönliche Engagement („Besessenheit") entstehen, das jede Konzeption braucht, wenn sie dem Unternehmen zu *überdurchschnittlichem* Erfolg verhelfen soll.

Anhang
Raster für den Aufbau einer Marketing-Konzeption

Vorbemerkungen: Wir haben dargelegt, daß Marketing-Konzeptionen nur dann *echte* Handlungsanweisungen darstellen, wenn sie ganzheitlich konzipiert und vor allem schriftlich niedergelegt sowie als verbindlich erklärt worden sind. Was die Schriftlichkeit angeht, so muß eine Konzeption sinnfällig und vollständig strukturiert sein. Nur so kann sie als Entscheidungsgrundlage und – ggf. nach Modifikationen – dann als Handlungsanweisung dienen.

Nachfolgend wird ein allgemeines Raster für die Erstellung einer Marketing-Konzeption entwickelt, das *je* nach unternehmensindividuellen bzw. märktespezifischen Gegebenheiten entsprechend zu verändern bzw. zu ergänzen ist. Marketing-Konzeptionen in dieser differenzierten Form werden in der Regel von unternehmens*internen* Beratern (speziellen Stabsstellen, ggf. Projektgruppen) und/oder unternehmens*externen* Beratern (speziell strategie-orientierten Marketing- und Unternehmensberatern) erarbeitet.

Beispielhafte Gliederung (Design) einer Marketing-Konzeption

Präambel (Vorbemerkungen, Anliegen, Absichten)

I. Grundlagen der Unternehmens- und Marketingpolitik

1. Geschäftsgrundsätze (Wertvorstellungen, Verhaltensweisen)
2. Unternehmenszweck (Betätigung, Rolle, Potentiale)
3. Grundlegende Stadien der Unternehmensentwicklung (Unternehmensgeschichte)

II. Struktur und Entwicklung des relevanten Marktes

1. Der Gesamtmarkt und seine Teilmärkte (Entwicklung der letzten fünf bis zehn Jahre; Basis: Paneldaten oder Ermittlung der sog. Inlandsverfügbarkeit (Produktion ./. Export + Import))
   a) Marktvolumen (Menge/Wert) insgesamt
   b) Marktvolumen (Menge/Wert) wichtiger Teilmärkte, u.a.
      - Produktarten/-gruppen
      - Preisklassen
      - Packungsarten/-größen
      - Regionen (national, international)
   c) Entwicklung benachbarter Märkte (potentielle Substitutionsbereiche)

2. Die Abnehmer (Verbraucher/Verwender)
   a) Art und Zahl der Abnehmer insgesamt
   b) Differenzierte Abnehmerstruktur, u. a.
      - Private/gewerbliche Abnehmer
      - Segmentierungen der Abnehmerschaft, u. a.
        – Soziodemographisch segmentierte Märkte
        – Psychographisch segmentierte Märkte
      - Typische Verhaltensweisen (bzw. -grundlagen)
        – Einkaufs-, Verbrauchs- bzw. Verwendungsgewohnheiten
        – Markenorientierung, Markentreue, Markenwanderungen
        – Kaufintensitäten/-frequenzen
        – Motivation, Einstellungen, Erwartungen
   c) Nicht-Verwender und potentielle Verwender
3. Die Konkurrenten (Wettbewerber)
   a) Art und Zahl der Konkurrenten
   b) Differenzierte Konkurrenzstruktur, u. a.
      - Größen-(klassen-)struktur
      - Programmstruktur/technologische Besonderheiten
      - Marktanteilsstruktur
      - Distributionsverhältnisse
      - Verfolgte Marketingstrategien/Konkurrenzstile
      - Marketing-/Werbeaufwendungen
      - Aufwand für Forschung und Entwicklung
4. Der Handel (Absatzmittler)
   a) Art und Zahl der Absatzmittler
   b) Differenzierte Handelsstruktur, u. a.
      - Großhandel/Einzelhandel
      - Fachhandel/allgemeiner Handel
      - Organisationsformen
      - Sortimentsschwerpunkte
      - Bedienungsformen/Beratungs- und Serviceniveaus
      - Marktanteile
      - Schwerpunkte der Handelspolitik (inkl. Eigenmarkenkonzepte)
      - Bevorzugte Belieferungssysteme (Direkt-, Strecken-, Überweisungsgeschäft)
      - Typisches Dispositionsverhalten (Einkaufszeiten, -mengen, Aktionsbereitschaft usw.)
5. Prognosen und Projektionen
   a) Entwicklung des künftigen Marktvolumens (insgesamt/differenziert)
   b) Wichtige Abnehmertrends (inkl. neue Zielgruppen)
   c) Erkennbare Wettbewerbsentwicklungen (inkl. neue direkte/indirekte Anbieter)
   d) Grundlegende Trends im Handel (inkl. neue Absatzwege)

III. Spezifische Umweltkonstellationen/-entwicklungen

1. Entwicklung der Ressourcen
2. Technologische Entwicklungen
3. Gesellschaftliche Entwicklungen

4. Ökonomische Bedingungslagen/Trends
5. Ggf. Abbildung bestimmter erwarteter Entwicklungsstrukturen auf der Basis von sog. Szenarien

IV. Situation und Position des eigenen Unternehmens

1. Entwicklung des Absatzes/Umsatzes insgesamt
2. Entwicklung des Absatzes/Umsatzes differenziert, u.a.
   a) Produktarten/-gruppen
   b) Preisklassen
   c) Packungsarten/-größen
   d) Regionen (national/international)
   e) Abnehmergruppen
   f) Jeweilige Marktanteile im Vergleich zu den wichtigsten Konkurrenten
3. Differenzierte Entwicklung von Kosten und Deckungsbeiträgen (bzw. Gewinnsituation, wenn möglich im Vergleich zur Konkurrenz)
4. Imagevoraussetzungen im Vergleich zur Konkurrenz (Produktimage(s), Unternehmensimage, Corporate Identity)
   a) auf Verbraucherebene
   b) auf Handelsebene
5. Portfolio-analytische Diagnose (Ist-Portfolios)
   a) Eigene(s) Portfolio(s)
   b) Wichtige Konkurrenz-Portfolios
   c) Erfahrenskurven-Positionen (eigene/wichtiger Konkurrenten)

V. Unternehmens- und Marketingziele

1. Unternehmensphilosophie
   a) Allgemeine Wertvorstellungen (basic beliefs)
   b) Unternehmenszweck (mission)
2. Unternehmensziele, u.a.
   a) Gewinn-/Rentabilitätsziele (ROI)
   b) Liquiditätsziele
   c) Soziale Ziele
   d) Ggf. Restriktionen (z.B. Erhaltung der Selbständigkeit des Unternehmens)
3. Marketing-Ziele (Unternehmen insgesamt bzw. differenziert nach Produktgruppen oder Strategischen Geschäftsfeldern), u.a.
   a) Umsätze (Menge/Wert)
   b) Deckungsbeiträge (stufen-differenziert)
   c) Marktanteile (Menge/Wert)
   d) Distribution (numerisch/gewichtet)
   e) Image(s) (konkrete Positionierung(en))
   f) Bekanntheitsgrad(e) (gestützt/ungestützt)
   g) Ggf. Formulierung eines sog. Marketing-Leitbildes
   h) Ableitung instrumentaler Basisziele (zur Angebots-/Distributions- und/oder Kommunikationspolitik)

VI. Marketingstrategische Selektionen und Bestimmung des Strategieprofils

1. Strategische Analysen
   a) Ermittlung bestehender Ziellücken (Gap-Analysen)
   b) Ergebnisse einer strategischen Stärken-/Schwächenanalyse
   c) Identifizierung des (noch nicht ausgeschöpften) Unternehmenspotentials (z. B. Produktcharakteristika, Forschung und Entwicklung, Patente, Vertriebsorganisation, Marketing-Know-how)
   d) Fixierung des bzw. der Ziel-Portfolios
   e) Bestimmung des Aktivitätsniveaus (Marketingetat insgesamt und Bereichs- bzw. Instrumentaletats)
2. Strategische Basisfixierungen
   a) Festlegung der Marktfeldstrategie (Wahl der Produkt-/Markt-Kombination(en))
   b) Festlegung der Marktstimulierungsstrategie (Basiswahl zwischen Präferenz- und Preis-Mengen-Strategie, ggf. Kombination)
   c) Festlegung der Marktparzellierungsstrategie (Basiswahl bezüglich Massenmarkt- und/oder Marktsegmentierungsstrategie)
   d) Festlegung der Marktarealstrategie (Fixierung des geo-strategischen Konzepts)
3. Kombinatives strategisches Konzept insgesamt und Entwicklung des unternehmensspezifischen Strategieprofils (ggf. stufenmäßiges Realisierungskonzept)
4. Fixierung der adäquaten Wettbewerbsstrategie (Strategiestil)
5. Anhang: Modellrechnungen zur Strategiefestlegung (z. B. Aufwand-/Ertragsvergleiche zur Bestimmung des optimalen Marktsegmentierungsgrades, der optimalen Internationalisierung; ggf. entsprechende Investitionsrechnungen)

VII. Einsatz des marketingpolitischen Instrumentariums

1. Markt- bzw. wettbewerbsspezifische Dominanzen im Instrumenteneinsatz generell
2. Unternehmensspezifische, strategie- bzw. produktspezifische Dominanzen im Instrumenteneinsatz speziell
3. Strategieorientierter Instrumenteneinsatz im einzelnen
   a) Angebotspolitisches Instrumentarium
      - Produkt (Produktinneres und -äußeres, inkl. Verpackung und Markenwahl)
      - Programm („hardware"/„software")
      - Preis(e) und Konditionen
   b) Distributionspolitisches Instrumentarium
      - Absatzwege (inkl. Abnehmerselektion)
      - Absatzorganisation (spez. Vertriebsaußenorganisation sowie ggf. Serviceorganisation)
      - Warenverteilung (physische Distribution)
   c) Kommunikationspolitik
      - Werbung

- Verkaufsförderung (inkl. Merchandising)
- Public Relations
4. Instrumentale Sonderfragen, z. B.
   a) Systeme/Verfahren der Produktentwicklung
   b) Methoden des vertikalen Marketings
   c) Grundsätze (Konzept) der Corporate Identity
5. Phasenspezifische Marketingprogramme (Ergänzungsprogramme)
   a) Lebenszyklusspezifische Konzepte (z. B. Relaunch-Konzept bei Produktgruppe x)
   b) Konjunkturphasenspezifische Konzepte (z. B. Entwicklung eines Sparmodells und seine Vermarktung im Markt y)
6. Anhang: Modellrechnungen zur Optimierung des Instrumenteneinsatzes (z. B. Optimierungsrechnungen bezüglich der Mediaselektion, der Warenverteilung usw.) sowie Grundlagenuntersuchungen und Tests („Wirkungsprognosen") im Rahmen der Marketingforschung

VIII. Marketingplanung (Planung wichtiger Erfolgsgrößen)

1. Kurzfristplanung (ein Jahr)
   a) Absatz- und Umsatzpläne (differenziert nach Produkten/Marken, Produktgruppen, -linien, Strategischen Geschäftsfeldern bzw. Geschäftsbereichen)
   b) Kostenpläne (differenziert wie a))
   c) Ergebnispläne (differenziert wie a))
2. Mittelfristplanung (drei bis fünf Jahre) wie 1. (aber auf globalerer Basis)
3. Langfristplanung (über fünf Jahre) wie 1. (etwa auf der Basis von globalen Bandbreiten-Projektionen)

IX. Marketingorganisation

1. Bisherige Marketingorganisation generell
2. Künftige Marketingorganisation generell
3. Zwischenstufen der Marketingorganisationsänderung
4. Spezielle Marketingorganisation, z. B. Produkt-Manager- und/oder Kunden-Manager-System
5. Neue, noch zu besetzende Marketingpositionen (inkl. Anforderungsprofile für neue Mitarbeiter)
6. Stellenbeschreibungen der wichtigsten Marketingpositionen
7. Marketing-Gremien (ihre Zusammensetzung, Aufgaben und Rhythmen ihrer Zusammenkünfte)
8. Ggf. zu bildende (Marketing-)Projektgruppe(n)
9. Ausgestaltung des Marketing-Informationssystems

X. Aktivitätenplanung

1. Zeitpläne
2. Maßnahmenpläne
3. Zuständigkeitspläne
4. Etat-(Mittel-)Verteilungspläne
5. Sonstige Realisierungspläne

Literaturverzeichnis

Aaker, D.A. (1984), Strategic Market Management, New York u.a. 1984
Abbott, L. (1958), Qualität und Wettbewerb, München 1958
Abell, D.F. (1980), Defining the Business. The Starting Point of Strategic Planning, Englewood Cliffs, N.J. 1980
Abell, D.F.; Hammond, J.S. (1979), Strategic Marketing Planning. Problems and Analytical Approaches, Englewood Cliffs, N.J. 1979
Adam, D. (1976), Produktionspolitik, Wiesbaden 1976
Adams, H.W. (Hrsg.) (1989), Europa 1992. Strategie, Struktur, Ressourcen, Frankfurt 1989
Afheldt, H. (Hrsg.) (1985), Bilder einer Welt von morgen. Modelle bis 2009, Stuttgart 1985
Afheldt, H.; Rogge, P.G. (Hrsg.) (1984), Marktsättigung oder Ideenlosigkeit?, Stuttgart 1984
Agthe, K. (1972), Strategie und Wachstum der Unternehmung, Baden-Baden 1972
Ahlert, D. (1972), Absatzförderung durch Absatzkredite an Abnehmer, Wiesbaden 1972
Ahlert, D. (1980), Grundzüge des Marketing, Düsseldorf 1980
Ahlert, D. (Hrsg.) (1981), Vertragliche Vertriebssysteme zwischen Industrie und Handel. Grundzüge einer betriebswirtschaftlichen, rechtlichen und volkswirtschaftlichen Beurteilung, Wiesbaden 1981
Ahlert, D. (1982), Vertikale Kooperationsstrategien im Vertrieb, in: ZfB 1/1982, S.63-93
Ahlert, D. (1985a), Distributionspolitik, Stuttgart-New York 1985
Ahlert, D. (1985b), Das Sondergutachten der Monopolkommission zur Konzentration im Lebensmittelhandel, in: Markenartikel 11/1985, S.536-554
Ahlert, D. (1988), Marketing-Rechts-Management, Köln u.a. 1988
Albach, H. (1976), Welche Aussagen lassen Führungsgrundsätze von Unternehmen über die Auswirkungen gesellschaftlicher Veränderungen auf die Willensbildung im Unternehmen zu?, in: *Albach, H.; Sadowski, D.* (Hrsg.), Die Bedeutung gesellschaftlicher Veränderungen für die Willensbildung im Unternehmen, Berlin 1976, S.739-764
Albach, H. (1978), Strategische Unternehmensplanung bei erhöhter Unsicherheit, in: ZfB 1978, S.702-715
Albach, H. (1984a), Imitationswettbewerb und Innovationswettbewerb, in: ZfB 11/1984, S.1065-1076
Albach, H. (1984b), Interner und externer Strukturwandel als Unternehmensstrategien, in: ZfB 12/1984, S.1169-1190
Albert, K.J. (ed.) (1983), The Strategic Management Handbook, New York u.a. 1983
Alberts, W.W. (1989), The Experience Curve Doctrine Reconsidered, in: Journal of Marketing 3/1989, S.36-49
Albrecht, K; Zemke, R. (1987), Service-Strategien, Hamburg 1987
Amstutz, A.E. (1967), Computer Simulation of Competitive Market Response, Cambridge, Mass. 1967
Andrews, K.R. (1971), The Concept of Corporate Strategy, New York 1971
Angehrn, O. (1969), Handelsmarken und Herstellermarken im Wettbewerb, Stuttgart 1969
Ansoff, H.J. (1965), Corporate Strategy. An Analytical Approach to Business Policy for Growth and Expansion, New York 1965
Ansoff, H.J. (1966), Management-Strategie, München 1966
Ansoff, H.J. (1976), Managing surprise and discontinuity - Strategic response to weak signals, in: ZfbF 2/1976, S.129-152
Ansoff, H.J. (1981), Zum Entwicklungsstand betriebswirtschaftlicher Planungssysteme, in: *Steinmann, H.* (Hrsg.), Planung und Kontrolle, München 1981, S.59-83
Ansoff, H.J. (1984), Implanting Strategic Management, Englewood Cliffs, N.J. 1984
Ansoff, H.J.; Declerck, R.P.; Hayes, R.L. (Hrsg.) (1976), From strategic planning to strategic management, London u.a. 1976

Ansoff, H.J.; Kirsch, W.; Roventa, D. (1981), Unschärfenpositionierung in der strategischen Portfolio-Analyse, in: ZfB 10/1981, S. 963–988

Ansoff, H.J.; Stewart, J.M. (1967), Strategies for a Technology-Based Business, in: Harvard Business Review 1967, S. 71–83

Antil, J. (1984), Conceptualization and Operationalization of Involvement, in: Kinnear, T. (Hrsg.), Advances in Consumer Research, Vol. 11, 1984, S. 203–209

Arbeitskreis „Langfristige Unternehmensplanung" der Schmalenbach-Gesellschaft (1977), Strategische Planung, in: ZfbF 1/1977, S. 1–20

Arndt, H. (1985), Irrwege der Monopolkommission, in: Markenartikel, 11/1985, S. 556–558

Aspinwall, L.V. (1962), The Characteristics of Good Theory, in: *Lazer, W.; Kelley, E.J.,* Managerial Marketing: Perspectives and Viewpoints, Homewood, Ill. 1962, S. 633–643

Assael, H. (1985), Marketing Management, Boston 1985

Aurich, W.; Schröder, H.U. (1977), Unternehmensplanung im Konjunkturverlauf, München 1977

Backhaus, K. (1974), Direktvertrieb in der Investitionsgüterindustrie, Wiesbaden 1974

Backhaus, K. (1979), Die Abgrenzung des relevanten Marktes vor dem Hintergrund kartellrechtlicher Mißbrauchsaufsicht, Arbeitsbericht des Instituts für Unternehmensführung und Unternehmensforschung, Nr. 18, Bochum 1979

Backhaus, K. (1982), Investitionsgüter-Marketing, München 1982 (2. Aufl., 1990)

Backhaus, K. (1987), Die Macht der Allianz, in: Absatzwirtschaft 11/1987, S. 122–130

Backhaus, K; Erichson, B.; Plinke, W. et al. (1987), Multivariate Analysemethoden, 4. Aufl., Berlin u.a. 1987

Backhaus, K.; Meyer, M. (1987), Länderrisiken im internationalen Marketing, in: Harvard Manager 3/1987, S. 103–112

Backhaus, K.; Weiber, R. (1989), Entwicklung einer Marketing-Konzeption mit SPSS/PC, Berlin u.a. 1989

Baetge, J. (Hrsg.) (1983), Der Jahresabschluß im Widerstreit der Interessen, Düsseldorf 1983

Bänsch, A. (1982), Einführung in die Marketing-Lehre, 2. Aufl., München 1982

Bänsch, A. (1985), Käuferverhalten, 2. Aufl., München-Wien 1985

Bänsch, A. (1988) Verkaufspsychologie und Verkaufstechnik, 3. Aufl., Stuttgart u.a. 1988

Bahlsen, W.M. (1987), In Bahlsen steckt viel Liebe drin, in: Forum 1/1987, S. 22–27

Bain, J.S. (1956), Barriers to New Competition, Cambridge 1956

Bamberg, G.; Coenenberg, A.G. (1981), Betriebswirtschaftliche Entscheidungslehre, 3. Aufl., München 1981

Bamberger, J. (1981), Theoretische Grundlagen strategischer Entscheidungen, in: WiSt 1981, S. 97–104

Banse, K. (1962), Vertriebs-(Absatz-)politik, in: Handwörterbuch der Betriebswirtschaft, Bd. IV, 3. Aufl., Stuttgart 1962, Sp. 5983–5994

Bantleon, W.; Wendler, E.; Wolff, J. (1976), Absatzwirtschaft. Praxisorientierte Einführung in das Marketing, Opladen 1976

Bartenstein, R. (1978), Aktuelle unternehmungspolitische Leitvorstellungen. Eine Dokumentenanalyse, Winterthur 1978

Bartling, H. (1980), Leitbilder der Wettbewerbspolitik, München 1980

Bartsch, J. (1978), Marketinginformationssysteme, in: *Dornieden, U.; Scheibler, A.; Weihrauch, J.,* Operatives Marketing, Heft 4, Wiesbaden 1978, S. 41–132

Batelle-Institut (Hrsg.) (1968), Probleme und Methoden des Marketing in der Produktions- und Investitionsgüterindustrie, Bd. VI, Frankfurt 1968

Batzer, E. (1978), Markenartikel und Handelsmarketing – Eine Funktions- und Strukturbetrachtung, in: Markenartikel heute. Marke, Markt und Marketing, Wiesbaden 1978, S. 183–206

Bauer, E. (1976), Markt-Segmentierung als Marketing-Strategie, Berlin 1976

Bauer, E. (1977), Markt-Segmentierung, Stuttgart 1977

Bauer, E. (1981), Produkttests in der Marketingforschung, Göttingen 1981

Bauer, H.H. (1980), Die Entscheidung des Handels über die Aufnahme neuer Produkte. Eine verhaltenstheoretische Analyse, Berlin 1980

Bauer, H.H. (1988), Marktstagnation als Herausforderung für das Marketing, in: ZfB 10/1988, S. 1052–1071

Bauer, H. H. (1989), Marktabgrenzung, Berlin 1989
Baumgarten, R. (1977), Führungsstile und Führungstechniken, Berlin-New York 1977
Baumgartner, B. (1980), Die Controller-Konzeption. Theoretische Darstellung und praktische Anwendung, Bern-Stuttgart 1980
Baumol, W. J. (1959), Business Behavior, Value and Growth, New York 1959
Beane, T.; Ennis, D. (1987), Market Segmentation. A Review, in: European Journal of Marketing 5/1987, S. 20-42
Becker, J. (1972), Heutige und zukünftige Marketing-Strategien von Brauereien, in: Brauwelt 1972, Nr. 14, S. 247-252, Nr. 17, S. 319-324, Nr. 24/25, S. 507-510, Nr. 34, S. 693-696
Becker, J. (1978), Adaptionsmöglichkeiten des Marketing-Konzepts auf Bankbetriebe (unter besonderer Berücksichtigung der Geschäftsbanken), in: FH-Texte, FH Aachen, Bd. 14, Aachen 1978, S. 100-159
Becker, J. (1981), Instrumentale und konzeptionelle Grundfragen rezessionsorientierter Marketingpolitik – Ein Beitrag zum phasenbezogenen Marketing, in: *Münch, D.* (Hrsg.), Unternehmen im wirtschaftlichen Wandel, Festschrift zum 10jährigen Bestehen des FB Wirtschaft der FH Aachen, Aachen 1981, S. 29-83
Becker, J. (1982a), Konkurrenzforschung, in: *Falk, B. R.; Wolf, J.* (Hrsg.), Handlexikon für Handel und Absatz, 2. Aufl., München 1982, S. 409-413
Becker, J. (1982b), Verkäuferschulung, in: *Falk, B. R.; Wolf, J.* (Hrsg.), Handlexikon für Handel und Absatz, 2. Aufl., München 1982, S. 783-786.
Becker, J. (1984), Phänomen Marken-Streß. Analysen und Konzeptionen aus der Marketing-Forschung, in: Absatzwirtschaft S 10/1984, S. 14-22
Becker, J. (1985a), Strategische Markenführung, in: Markenartikel 8/1985, S. 404-411
Becker, J. (1985b), Strategisches Marketing aus der Sicht der Wissenschaft, in: *Meffert, H.; Wagner, H.* (Hrsg.), Vom operativen zum strategischen Marketing, Arbeitspapier der Wissenschaftlichen Gesellschaft für Marketing und Unternehmensführung, Münster 1985, S. 5-32
Becker, J. (1986a), Die strategische (Neu-)Verteilung von Märkten. Marktschichtenveränderungen und positionsstrategische Konsequenzen, in: Absatzwirtschaft S 10/1986, S. 78-88
Becker, J. (1986b), Steuerungsleistungen und Einsatzbedingungen von Marketingstrategien, in: Marketing ZFP 3/1986, S. 189-198
Becker, J. (1986c), Strategisches Controlling, Aachener Betriebswirtschaftstag (FH Aachen), Theorie und Praxis des Controlling, Tagungsreport Nr. 1, Aachen 1986, S. 72-98
Becker, J. (1987a), Polarisierung von Märkten, in: Frankfurter Allgemeine Zeitung, Sonderbeilage: Der Markenartikel, 26.5. 1987, S. 6
Becker, J. (1987b), Strategische Planung, in: *Dichtl, E; Issing, D.* (Hrsg.), Vahlens Großes Wirtschaftslexikon, Bd. 2, München 1987, S. 556-557
Becker, R. (1982), Die Beurteilung von Handelsvertretern und Reisenden durch Hersteller und Kunden, Frankfurt-Bern 1982
Bednar, L.; Hasenauer, R. (1978), Selektiv-absatzpolitische Entscheidungen bei Zielkonflikten – Ein Goal-Programming Modell, in: *Topritzhofer, E.* (Hrsg.), Marketing. Neue Ergebnisse aus Forschung und Praxis, Wiesbaden 1975, S. 351-371
Behrens, G. (1976), Werbewirkungsanalyse, Opladen 1976
Behrens, G.; Schneider, R.; Weinberg, P. (1978), Messung der Qualität von Produkten, in: *Topritzhofer, E.* (Hrsg.), Marketing. Neue Ergebnisse aus Forschung und Praxis, Wiesbaden 1978, S. 131-143
Beike, P. (o.J.), Werbewirkung – Mediawirkung, Gruner&Jahr Schriftenreihe, Hamburg, o.J.
Bell, M. L. (1972), Marketing. Concepts and Strategy, 2. Aufl., Boston u. a. 1972
Belz, Ch. (1989), Konstruktives Marketing, Savosa und St. Gallen 1989
Benci, M.; Seibert, K. (1979), Joint Ventures als Marketingproblem, Opladen 1979
Benkenstein, M. (1986), Forschung, Entwicklung und Marketing, Wiesbaden 1986
Berekoven, L. (1978a), Internationales Marketing, Wiesbaden 1978
Berekoven, L. (1978b), Zum Verständnis und Selbstverständnis des Markenwesens, in: Markenartikel heute. Marke, Markt und Marketing, Wiesbaden 1978, S. 35-48
Berekoven, L. (1990), Erfolgreiches Einzelhandelsmarketing. Grundlagen und Entscheidungshilfen, München 1990
Berekoven, L.; Bernkopf, G. (1981), Die Handelsmarken in der BRD, München 1981

Berekoven, L.; Eckert, W.; Ellenrieder, P. (1986), Marktforschung. Methodische Grundlagen und praktische Anwendung, 2. Aufl., Wiesbaden 1986
Berekoven, L.; Graumann, J.; Weissmann, A. (1984), No Names. Kaufverhalten, Einstellungen, Potentiale, Nürnberg 1984
Berg, C. C. (1981), Beschaffungsmarketing, Würzburg-Wien 1981
Berger, R. (1971), Marketing – erst recht in der Rezession, in: Marketing-Journal 1971, S. 426-427
Berger, R. (1974), Marketing-Mix, in: Marketing-Enzyklopädie, Bd. I, München 1974, S. 595-614
Berger, S. (1977), Ladenverschleiß (Store Erosion). Ein Beitrag zur Theorie des Lebenszyklus von Einzelhandelsgeschäften, Göttingen 1977
Bergler, R. (1963), Psychologie des Marken- und Firmenbildes, Göttingen 1963
Bergler, R. (1972), Konsumententypologie, in: *Bergler, R.* (Hrsg.), Marktpsychologie, Bern u. a. 1972, S. 11-142
Bergler, R. (1974), Marktsegmentierung, in: Marketing-Enzyklopädie, Bd. II, München 1974, S. 807-823
Bernhardt, P. (1985), Strategisches Marketing bei Banken, in: *Wieselhuber, N.; Töpfer, A.* (Hrsg.), Handbuch Strategisches Marketing, Landsberg 1985, S. 552-568
Berschin, H. H. (1982), Wie entwickle ich eine Unternehmensstrategie. Portfolio-Analyse und Portfolio-Planung, Wiesbaden 1982
Berthel, J. (1973), Zielorientierte Unternehmungssteuerung. Die Formulierung operationaler Zielsysteme, Stuttgart 1973
Beyeler, L. (1964), Grundlagen des kombinierten Einsatzes der Absatzmittel, Bern 1964
Bidlingmaier, J. (1964), Unternehmerziele und Unternehmerstrategien, Wiesbaden 1964
Bidlingmaier, J. (1968), Zielkonflikte und Zielkompromisse im unternehmerischen Entscheidungsprozeß, Wiesbaden 1968
Bidlingmaier, J. (1973), Marketing, Bd. I und II, Reinbek 1973
Bidlingmaier, J. (1982), Marketing, Bd. II, 9. Aufl., Opladen 1982
Bidlingmaier, J. (1983), Marketing, Bd. I, 10. Aufl., Opladen 1983
Biergans, B. (1986), Zur Entwicklung eines marketing-adäquaten Ansatzes und Instrumentariums für die Beschaffung, 2. Aufl., Köln 1986
Bircher, B. (1976), Langfristige Unternehmensplanung. Konzepte, Erkenntnisse und Modelle auf systemtheoretischer Grundlage, Bern-Stuttgart 1976
Birkigt, K.; Stadler, M. M. (1988), Corporate Identity. Grundlagen, Funktionen, Fallbeispiele, 4. Aufl., München 1988
Bischof, P. (1976), Produktlebenszyklen im Investitionsgüterbereich, Göttingen 1976
Bitz, M. (1981), Entscheidungstheorie, München 1981
Blake, R. R.; Mouton, J. S. (1972), Besser verkaufen durch GRID, Düsseldorf-Wien 1972
Bleicher, K. (1981), Organisation. Formen und Modelle, Wiesbaden 1981
Bleicher, K. (1982), Japanisches Management im Wettstreit mit westlichen Organisationskulturen, in: Zeitschrift für Organisation 8/1982, S. 444-450
Bleicher, K.; Meyer, E. (1976), Führung in der Unternehmung. Formen und Modelle, Reinbek 1976
Blohm, H.; Lüder, K. (1983), Investition. Schwachstellen im Investitionsbereich des Industriebetriebes und Wege ihrer Beseitigung, 5. Aufl., München 1983
Bodenstein, G. (1972), Annahme- und Verteilungsprozeß neuer Produkte, Frankfurt 1972
Bodenstein, G. (1988), Diffusionsforschung, in: Poth, L. G. (Hrsg.), Marketing, Neuwied 1988, S. 1-72
Böbel, I. (1978), Industrial organisation, Tübingen 1978
Böcker, F. (1972), Der Distributionsweg einer Unternehmung, Berlin 1972
Böcker, F. (1978), Die Bestimmung der Kaufverbundenheit von Produkten, Berlin u. a. 1978
Böcker, F. (Hrsg.) (1982), Preistheorie und Preisverhalten, München 1982
Böcker, F.; Dichtl, E. (1975), Erfolgskontrolle im Marketing, Berlin 1975
Böcker, F.; Thomas, L. (1981), Marketing, Stuttgart-New York 1981
Böhler, H. (1977a), Der Beitrag von Konsumententypologien zur Marktsegmentierung, in: DBW 3/1977, S. 447-463
Böhler, H. (1977b), Methoden und Modelle der Marktsegmentierung, Stuttgart 1977

Böhler, H. (1985), Marktforschung, Stuttgart u. a. 1985
Böhnke, R. (1976), Diversifizierte Unternehmen. Eine Untersuchung über wettbewerbliche Wirkungen, Ursachen und Ausmaß der Diversifizierung, Berlin 1976
Bolte, K. M., Soziale Ungleichheit in der BRD, Opladen 1984
Bonoma, Th. V. (1986), Der Marketing-Vorsprung, Landsberg 1986
Borden, N. H. (1964), The Concept of the Marketing Mix, in: Journal of Advertising Research 1964, S. 2–7
Borden, N. H. (1966), Der Begriff Marketing Mix, in: ZV+ZW 1966, S. 45–52
Borschberg, E. (1969), Die Diversifikation als Wachstumsform der industriellen Unternehmung, Bern-Stuttgart 1969
Borschberg, E. (1974), Diversifikation, in: *Tietz, B.* (Hrsg.), Handwörterbuch der Absatzwirtschaft, Stuttgart 1974, Sp. 480–487
Bowman, E. H. (1974), Some Research on Corporate Social Responsibility Accounting, European Institute for Advanced Studies in Management, Working Paper 74/29, 1974
Boyd, H. W.; Massy, W. F. (1972), Marketing Management. An Analytical Problem-Solving Approach to Marketing, New-York u. a. 1972
Brandmeyer, K.; Schulz, R. (1990), Die Markenbilanz im Kreuzverhör, in: Markenartikel 5/1990, S. 236–238
Brigitte (Hrsg.) (1977), Frauen-Typologie 3, Hamburg 1977
Brigitte (Hrsg.) (1984), Kommunikations-Analyse 1, Hamburg 1984
Brockhoff, K. (1977), Prognoseverfahren für die Unternehmensplanung, Wiesbaden 1977
Brockhoff, K. (1981), Produktpolitik, Stuttgart-New York 1981
Brockhoff, K. (1984), Technologischer Wandel und Unternehmensstrategie, in: ZfbF 8/9/1984, S. 619–635
Brockhoff, K. (1985), Beiträge der Marketing-Wissenschaft zur Strategiediskussion, in: Marketing ZFP 3/1985, S. 212–213
Brockhoff, K.; Rehder, H. (1978), Analytische Planung von Produkten im Raum der Produkteigenschaften, in: *Topritzhofer, E.* (Hrsg.), Marketing. Neue Ergebnisse aus Forschung und Praxis, Wiesbaden 1978, S. 327–349
Brombacher, R. (1988), Entscheidungsunterstützungssysteme für das Marketing-Management, Berlin u. a. 1988
Brose, P.; Corsten, H. (1983), Technologie-Portfolio als Grundlage von Innovations- und Wettbewerbsstrategien, in: Jahrbuch für Absatz- und Verbrauchsforschung 1983, S. 344–369
Bruhn, M. (1986), Beschwerdemanagement. Vom Nutzen des direkten Kundendialogs, in: Harvard Manager 3/1986, S. 104–108
Bruhn, M. (1987), Sponsoring. Unternehmen als Mäzene und Sponsoren, Frankfurt-Wiesbaden 1987
Buchinger, G. (Hrsg.) (1983), Umfeldanalysen für das strategische Management, Wien 1983
Buchmann, K. H. (1973), Quantitative Planung des Marketing-Mix auf der Grundlage empirisch verfügbarer Informationen, Berlin-New York 1973
Bühner, R. (1987), Management-Holding, in: DBW 1/1987, S. 40–49
Bühner, R. (1989), Betriebswirtschaftliche Organisationslehre, 4. Aufl., München-Wien 1989
Bürger, H. (1987), Merchandising, Landsberg 1987
Bunte, H.-J. (1980), Wettbewerbs- und Kartellrecht, München-Wien 1980
Burda-Verlag (Hrsg.) (1978), Typologie der Wünsche, Offenburg 1978
Burmann, G. (1985), Strategische Marketingplanung in einem Automobilkonzern, in: *Meffert, H.; Wagner, H.* (Hrsg.), Vom operativen zum strategischen Marketing, Arbeitspapier der Wissenschaftlichen Gesellschaft für Marketing und Unternehmensführung, Münster 1985, S. 91–106
Buzzell, R. D.; Gale, B. T. (1987), The PIMS Principles. Linking Strategy to Performance, Boston 1987
Buzzell, R. D.; Gale, B. T. (1989), Das PIMS-Programm. Strategien und Unternehmenserfolg, Wiesbaden 1989
Buzzell, R. D.; Quelch, J. A. (1988), Multinational Marketing Management, Reading/Mass. u. a. 1988
Cairns, J. P. (1962), Suppliers, Retailers and Shelf Space, in: Journal of Marketing 1962, S. 34–36

Cartwright, D.; Zander, A. (Hrsg.) (1953), Group Dynamics. Research and Theory, Evanston, Ill. 1953
Cartwright, D.; Zander, A. (Hrsg.) (1968), Group Dynamics. Research and Theory, 3. Aufl., New York 1968
Cateora, Ph. R. (1983), International Marketing, 5. Aufl., Homewood, Ill. 1983
Cateora, Ph. R.; Hess, J. M. (1975), International Marketing, 3. Aufl., Homewood, Ill. 1975
Cecchini, P. (1988), Europa '92. Der Vorteil des Binnenmarkts, Baden-Baden 1988
Chandler, A. D. (1962), Strategy and Structure: Chapters in the History of the Industrial Enterprise, Cambridge, Mass. 1962
Charnes, A.; Cooper, W. W.; De Voe, J. K.; Learner, D. B. (1966), DEMON: Decision Mapping via Optimum GO-NO-Networks. A Model for Marketing New Products, in: Management Science 1966, S. 865–887
Chatterjee, S.; Price, B. (1977), Regression Analysis by Example, New York 1977
Christensen, C. R.; Andrews, K. R.; Bower, J. L. (1973), Business and Policy. Text and Cases, 3. Aufl., Homewood, Ill. 1973
Copeland, T. (1924), Principles of Merchandising, Chicago-New York 1924
Cox, W. E. (1967), Product Life Cycles as Marketing Models, in: Journal of Business 1967, S. 375–384
Cravens, D. W. (1987), Strategic Marketing, 2. Aufl., Homewood, Ill. 1987
Crawford, C. M. (1966), Trajectory Theory of Goal Setting for New Products, in: Journal of Marketing 1966, S. 117–125
Crawford, C. M. (1972), Das Zeitlinienkonzept in der Absatzplanung, in: *Kroeber-Riel, W.* (Hrsg.), Marketingtheorie. Verhaltensorientierte Erklärungen von Marktreaktionen, Köln 1972, S. 254–269
Cundiff, E. W. (Hrsg.) (1985), Fundamentals of Modern Marketing, 4. Aufl., Hemel Hempstead 1985
Cundiff, E. W.; Still, R. R. (1971), Basic Marketing. Concepts, Decisions and Strategies, 2. Aufl., Englewood Cliffs, N.J. 1971
Cyert, R. M.; March, J. G. (1963), A Behavioral Theory of the Firm, Englewood Cliffs, N.J. 1963
Czeranowski, G.; Strutz, H. (1970), Ergebnisse einer empirischen Untersuchung über Unternehmensziele, in: *Jacob, H.* (Hrsg.), Zielprogramm und Entscheidungsprozeß in der Unternehmung, Wiesbaden 1970, S. 121–134
Dallmer, H.; Thedens, R.(1981), Handbuch des Direct-Marketing, 5. Aufl., Wiesbaden 1981
Davis, K.; Blomstrom, R. L. (1971), Business, Society and Environment. Social Power and Social Response, 2. Aufl., New York 1971
Dawson, H. (1969), The human concept: New philosophy for business, in: Business Horizons, 12/1969, S. 29–38
Day, G. S. (1984), Strategic Market Planning, St. Paul 1984
Day, G. S. (1986), Analysis for Strategic Market Decisions, St. Paul 1986
Deal, T. E.; Kennedy, A. A. (1982), Corporate Cultures. The Rites and Rituals of Corporate Life, Reading/Mass. 1982
Dean, J. (1987), Phasenorientierte Preispolitik für Neuprodukte, in: Harvard Manager (Hrsg.), Marketing, Bd. 1, Hamburg o. J. (1987)
Deyhle, A.; Bösch, M. (1979), Arbeitshandbuch Gewinn-Management, München 1979
Dichtl, E. (1970), Die Beurteilung der Erfolgsträchtigkeit eines Produktes als Grundlage der Gestaltung des Produktionsprogramms, Berlin 1970
Dichtl, E. (1971), Zur Problematik der Ableitung exakter Lösungen im Absatzbereich, in: BFuP 1971, S. 129–138
Dichtl, E. (1978), Grundidee, Entwicklungsepochen und heutige wirtschaftliche Bedeutung des Markenartikels, in: Markenartikel heute. Marke, Markt und Marketing, Wiesbaden 1978, S. 17–33
Diller, H. (1975), Produkt-Management und Marketinginformationssysteme, Berlin 1975
Diller, H. (1979a), Ausstrahlungseffekte, in: *Schanz, G.* (Hrsg.) Betriebswirtschaftliche Gesetze, Effekte und Prinzipien, München 1979, S. 95–106
Diller, H. (1979b), Verkäufe unter Einstandspreisen, in: Marketing ZFP 1/1979, S. 7–12
Diller, H. (Hrsg.) (1980a), Marketingplanung, München 1980

Diller, H. (1980b), Risiko- und Break-Even-Analysen, in: *Diller, H.* (Hrsg.), Marketingplanung, München 1980, S. 60–79
Diller, H. (1985), Preispolitik, Stuttgart u. a. 1985
Diller, H. (1989), Key-Account-Management als vertikales Marketingkonzept, in: Marketing ZFP 4/1989, S. 213–223
Dingeldey, K. (1975), Herstellermarketing im Wettbewerb um den Handel, Berlin 1975
Döppner, H. W. (1977), Verkaufsförderung - eine Marketingfunktion, Berlin 1977
Dornieden, U.; Scheibler, A.; Weihrauch, J. (Hrsg.) (1978), Operatives Marketing, Heft 4: Marketingdispositionen, Wiesbaden 1978
Dunst, K. H. (1979), Portfolio Management, Konzeption für die strategische Unternehmensplanung, Berlin-New York 1979
Durö, R.; Sandström, B. (1986), Marketing-Kampfstrategien, Landsberg 1986
Dürr, W.; Kleibohm, K. (1983), Operations Research. Lineare Modelle und ihre Anwendungen, München-Wien 1983
Ebert, H. J.; Lauer, H. (1988), Key-Account-Management, Bamberg 1988
Eidenmüller, B. (1986), Neue Planungs- und Steuerungskonzepte bei flexibler Serienfertigung, in: ZfbF 7/8/1986, S. 618–634
Eitel, K. (1966), Schichtung des Konsumgüter-Marktes, Diss. Erlangen-Nürnberg 1966
Ellinger, Th. (1961), Die Marktperiode in ihrer Bedeutung für die Produktions- und Absatzplanung der Unternehmung, in: ZfhF 1961, S. 580–597
Emans, H. (1987), Lektion für die Strategen, in: Manager Magazin 9/1987, S. 262–272
Emmerich, V. (1976), Wettbewerbsrecht, 2. Aufl., München 1976
Emmerich, V. (1982), Kartellrecht, 4. Aufl., München 1982
Emnid-Institut (1980), Mit Marketing durch die Auftragskrise, in: Absatzwirtschaft 12/1980, S. 118–119
Engel, J.; Blackwell, R. (1982), Consumer Behavior, 4. Aufl. Chicago 1982
Engelhardt, W. H. (1974), Qualitätspolitik, in: *Tietz, B.* (Hrsg.), Handwörterbuch der Absatzwirtschaft, Stuttgart 1974, Sp. 1799–1816
Engelhardt, W. H. (1976), Erscheinungsformen und absatzpolitische Probleme von Angebots- und Nachfrageverbunden, in: ZfbF 2/1976, S. 77–90
Engelhardt, W. H. (1985), Versäumnisse der Marketing-Wissenschaft in der Strategiediskussion, in: Marketing ZFP 3/1985, S. 211–212
Engelhardt, W. H.; Günter, B. (1981), Investitionsgüter-Marketing, Stuttgart u. a. 1981
Engelhardt, W. H.; Laßmann, G. (1977), Anlagen-Marketing, in: ZfbF 1977, S. 5–208
Engelhardt, W. H.; Kleinaltenkamp, M.; Rieger, S. (1984), Der Direktvertrieb im Konsumgüterbereich, Stuttgart u. a. 1984
Esch, F. R.; Muffler, T. (1989), Expertensysteme im Marketing, in: Marketing ZFP 3/1989, S. 145–152
Falk, B. R. (Hrsg.) (1978), Dienstleistungsmarketing, München 1978
Falk, B. R.; Wolf, J. (1986), Handelsbetriebslehre, 7. Aufl., München 1986
Fandel, G. (1972), Optimale Entscheidung bei mehrfacher Zielsetzung, Berlin u. a. 1972
Fayerweather, J. (1975), Internationale Unternehmensführung, Berlin 1975
Feldbausch, E. K. (1974), Bankmarketing, München 1974
Ferstl, Ch. (1977), Bankbetriebliche Diversifikationsstrategien, Berlin 1977
Festinger, L. (1957), A Theory of Cognitive Dissonance, Stanford 1957
Fiedler, F. E. (1976), Validation and extension of the contingency model of leadership effectiveness, in: *Endler, N. S.; Magnusson; D.* (Hrsg.), Interactional psychology and personality, New York 1976, S. 308–337
Foster, R. N. (1986), Innovation. Die technologische Offensive, Wiesbaden 1986
Frank, U. (1988), Expertensysteme: Neue Automatisierungspotentiale im Büro- und Verwaltungsbereich?, Wiesbaden 1988
Frank, R. E.; Massy, W. F.; Wind, Y. (1972), Market Segmentation, Englewood Cliffs, N.J. 1972
Franko, L. G. (1976), The European Multinationals, London u. a. 1976
Franko, L. G. (1984), The threat of Japanese multinationals, Chichester u. a. 1984
Freitag, D. E. (1974), Multivariable Verfahren, in: Marketing-Enzyklopädie, Bd. II, München 1974, S. 943–955

Frese, E. (1984), Grundlagen der Organisation, 2. Aufl., Wiesbaden 1984
Frese, E. (1987), Unternehmensführung, Landsberg 1987
Freter, H. (1974), Mediaselektion, Wiesbaden 1974
Freter, H. (1980a), Erfolge aus bescheidenen Budgets, in: Absatzwirtschaft S 10/1980, S. 30-44
Freter, H. (1980b), Strategien, Methoden und Modelle der Marktsegmentierung bei der Markterfassung und Marktbearbeitung, in: DBW 3/1980, S. 453-463
Freter, H. (1983), Marktsegmentierung, Stuttgart u. a. 1983
Freudenmann, H. (1965), Planung neuer Produkte, Stuttgart 1965
Frey, A. W. (1961), Advertising, 3. Aufl., New York 1961
Fritz, W.; Förster, F.; Raffée, H.; Silberer, G. (1985), Unternehmensziele in Industrie und Handel. Eine empirische Untersuchung zu Inhalten, Bedingungen und Wirkungen von Unternehmenszielen, in: DBW 4/1985, S. 375-394
Fuchs, R. (1974), Marktanteils- und Feldanteilsberechnungen, in: *Behrens, K. Chr.* (Hrsg.), Handbuch der Marktforschung, Bd. I, Wiesbaden 1974, S. 643-659
Fuchs-Wegener, G. (1974), Management by ... in: *Grochla, E.,* Management. Aufgaben und Instrumente, Düsseldorf-Wien 1974, S. 224-237
Gabele, E.; Kretschmer, H. (1985), Unternehmensgrundsätze, Frankfurt u. a. 1985
Gal, Th. (Hrsg.) (1987), Grundlagen des Operations Research, Bd. I, II und III, Berlin u. a. 1987
Galbraith, J. K. (1959), Gesellschaft im Überfluß, München-Zürich 1959
Gälweiler, A. (1974), Unternehmensplanung. Grundlagen und Praxis, Frankfurt-New York 1974
Gälweiler, A. (1976), Unternehmenspolitik, in: Industrielle Organisation, 5/1976, S. 464-470
Gälweiler, A. (1981), Portfolio-Analyse, in: DBW 1/1981, S. 132-133
Gälweiler, A. (1987), Strategische Unternehmensführung, Frankfurt 1987
Geigant, F. (1984), Banken, in: *Oberender, P.* (Hrsg.), Marktstruktur und Wettbewerb in der BRD, München 1984, S. 537-576
Geiger, Th., Die soziale Schichtung des deutschen Volkes, Stuttgart 1967
Geisbüsch, H.-G.; Weeser-Krell, L. M.; Geml, R. (Hrsg.) (1987), Marketing, Landsberg 1987
Geist, M. (1974), Selektive Absatzpolitik auf der Grundlage der Absatzsegmentrechnung, 2. Aufl., Stuttgart 1974
Gerl, K.; Roventa, P. (1981), Strategische Geschäftseinheiten - Perspektiven aus der Sicht des Strategischen Managements, in: ZfbF 9/1981, S. 843-858
Gernet, E. (1987), Das Informationswesen in der Unternehmung, München-Wien 1987
Geschka, H.; Reibnitz, U. v. (1983), Die Szenario-Technik - ein Instrument der Zukunftsanalyse und der strategischen Planung, in: *Töpfer, A.; Afheldt, H.* (Hrsg.), Praxis der strategischen Unternehmensplanung, Frankfurt 1983
Gilbert, X.; Strebel, P. J. (1985), Outpacing Strategies, in: IMEDE - Perspective for Managers, No. 2, 9/1985 (zit. nach *Kleinaltenkamp, M.* (1987), Die Dynamisierung strategischer Marketing-Konzepte, in: ZfbF 1/1987, S. 31-52)
Gill, L. E.; Stern, L. W. (1969), Roles and Role Theory in Distribution Channels, in: *Stern, L. W.* (Hrsg.), Distribution Channel-Behavioral Dimensions, Boston u. a. 1969, S. 22-47
Gisholt, O. (1976), Marketing-Prognosen unter besonderer Berücksichtigung der Delphi-Methode, Bern-Stuttgart 1976
Glauz, D. (1973), Die Planung antizyklischer Konsumgüterwerbung in der Rezession, Berlin 1973
Glueck, W. F. (Hrsg.) (1980), Business Policy and Strategic Management, 3. Aufl., New York u. a. 1980
Goehrmann, K. E. (1984), Verkaufsmanagement, Stuttgart u. a. 1984
Gomez, P. (1983), Frühwarnung in der Unternehmung, Bern-Stuttgart 1983
Green, P. E.; Tull, D. S. (1982), Methoden und Techniken der Marketingforschung, 4. Aufl., Stuttgart 1982
Green, P.; Tull, D. S.; Albaum, G. (1988), Research for Marketing Decisions, 5. Aufl., Englewood Cliffs 1988
Green, P. E.; Wind, Y. (1973), Multiattribute Decisions in Marketing, Hindsdale, Ill. 1973
Greiner, L. E. (1972), Evolution and revolution as organizations grow, in: Harvard Business Review 1972, S. 37-46

Grey, J. (1984), Global Vision with Local Touch, New York 1984 (zit. nach *Kreutzer, R.* (1985), Global Marketing - Ansatzpunkte und Erfolgsbedingungen, in: *Raffée, H.; Wiedmann, K.-P.* (Hrsg.), Strategisches Marketing, Stuttgart 1985, S. 519)
Gries, G. (1987), Markenpolitik, in: *Geisbüsch, H.-G.; Weeser-Krell, L. M.; Geml, R.* (Hrsg.), Marketing, Landsberg 1987, S. 411-418
Griesel, H. (1978), Qualitätspolitik im Wettbewerb der Kreditinstitute, Berlin 1978
Grimm, U. (1983), Analyse strategischer Faktoren, Wiesbaden 1983
Grochla, E. (1969), Organisationstheorie, in: Handwörterbuch der Organisation, hrsg. von E. Grochla, Stuttgart 1969, Sp. 1236-1255
Grochla, E. (1972), Unternehmungsorganisation. Neue Ansätze und Konzeptionen, Reinbek 1972
Grochla, E. (1982), Grundlagen der organisatorischen Gestaltung, Stuttgart 1982
Groeben, F. (1978), Schnittstellen-Management mobilisiert Reserven, in: Absatzwirtschaft 10/1978, S. 118-121
Gröne, A. (1977), Marktsegmentierung bei Investitionsgütern, Wiesbaden 1977
Grosche, K. (1967), Das Produktionsprogramm, seine Änderungen und Ergänzungen, Berlin 1967
Grüneberg, N. (1973), Das Produkt-Management. Seine Funktionen im Marketing, Wiesbaden 1973
Gümbel, R. (1980), Marketing im nächsten Jahrzehnt, Teil I, in: Marketing ZFP 1/1980, S. 5-11
Guiltinan, J. P.; Paul, G. W. (1985), Marketing Management. Strategies and Programms, 2. Aufl., New York u. a. 1985
Gussek, F.; Tomczak, T. (1988), Decision Support-Systeme für Marketing-Entscheidungen, in: Thexis 5/1988, S. 38-43
Gutenberg, E. (1975), Grundlagen der Betriebswirtschaftslehre, Bd. I, Die Produktion, 21. Aufl., Berlin-Heidelberg-New York 1975
Gutenberg, E. (1976), Grundlagen der Betriebswirtschaftslehre, Bd. II, Der Absatz, 15. Aufl., Berlin-Heidelberg-New York 1976
Gutjahr, G. (1972), Markt- und Werbepsychologie, Teil I: Verbraucher und Produkt, Heidelberg 1972
Gutjahr, G. (1974), Markt- und Werbepsychologie, Teil II: Verbraucher und Werbung, Heidelberg 1974
Gutjahr, G. (1981), Preispsychologie: Strategien an der Schwelle, in: Absatzwirtschaft, 3/1981, S. 82-89
Haarland, H. P. (1985), Konjunktur und Kaufentscheidungen, Frankfurt-Bern-New York 1985
Haberlandt, K. (1970), Das Wachstum der industriellen Unternehmung, Neuwied-Berlin 1970
Hänel, G. (1974), Verbraucher-Promotions. Taktisches Instrument der Marketing-Kommunikation, Wiesbaden 1974
Hätty, H. (1989), Der Markentransfer, Heidelberg 1989
Haedrich, G. (1976), Werbung als Marketinginstrument, Berlin-New York 1976
Haedrich, G. (Hrsg.) (1977), Operationale Entscheidungshilfen für die Marketingplanung, Berlin-New York 1977
Haedrich, G. (Hrsg.) (1983), Tourismus-Management, Berlin-New York 1983
Haedrich, G.; Barthenheier, G.; Kleinert, H., (Hrsg.) (1982), Öffentlichkeitsarbeit, Berlin-New York 1982
Haedirch, G.; Tomczak, T. (1990), Strategische Markenführung, Bern-Stuttgart 1990
Hahn, D. (1974), Planungs- und Kontrollrechnung als Führungsinstrument (PuK), Wiesbaden 1974
Hahn, D. (1979), Frühwarnsysteme, Krisenmanagement und Unternehmensplanung, in: ZfB Ergänzungsheft 2/1979, S. 25-46
Hahn, D. (1980), Zweck und Standort des Portfolio-Konzepts in der strategischen Unternehmungsplanung, in: *Hahn, D.; Taylor, B.* (Hrsg.), Strategische Unternehmungsplanung, Würzburg-Wien 1980, S. 114-134
Hahn, D. (1981), Führungsaufgaben bei schrumpfendem Absatz, in: ZfbF 1981, S. 1079-1089
Hahn, D.; Krystek, U. (1979), Betriebliche und überbetriebliche Frühwarnsysteme für die Industrie, in: ZfbF 1979, S. 76-88
Hahn, D.; Krystek, U. (1984), Frühwarnsysteme als Instrument der Früherkennung, in: *Staeh-*

le, W.H.; Stoll, E. (Hrsg.), Betriebswirtschaftslehre und ökonomische Krise, Wiesbaden 1984, S.3-24
Haley, R.J. (1968), Benefit Segmentation: A Decision-Oriented Research Tool, in: Journal of Marketing 1968, S.30-35
Haller, M. (1983), Theorie der Klassenbildung und sozialen Schichtung, Frankfurt-New York 1983
Haller, P. (1980), Spielregeln für erfolgreiche Produkte. Erfahrungen aus Marketing und Werbung, Wiesbaden 1980
Hamel, W. (1974), Zieländerungen im Entscheidungsprozeß, Tübingen 1974
Hamermesh, R. (1986), Making Planning Strategic, in: Harvard Business Review, 4/1986, S.115-120
Hamermesh, R.G.; Silk, S.B. (1979), How to compete in stagnant industries, in: Harvard Business Review 1979, S.161-168
Hamermesh, R.G.; Silk, S.B. (1980), In der Stagnation erfolgreich konkurrieren, in: Harvard Manager 3/1980, S.74-82
Hammann, P. (1968), Gewinnmaximierung - dominantes Ziel oder Zieldominante?, in: ZfB 1968, S.257-268
Hammann, P. (1975), Entscheidungsanalyse im Marketing, Berlin 1975
Hammann, P.; Erichson, B. (1978), Marktforschung, Stuttgart-New York 1978
Hanf, C.-H. (1986), Entscheidungslehre, München-Wien 1986
Hansen, H.R.; Thabor, A. (1973), Marketing-Modelle. Anwendungsmöglichkeiten und Entwicklung computergestützter Modelle im Marketing, Berlin-New York 1973
Hansen, P. (1972), Die handelsgerichtete Absatzpolitik der Hersteller im Wettbewerb um den Regalplatz. Eine aktionsanalytische Untersuchung, Berlin 1972
Hansen, U. (1976), Absatz- und Beschaffungsmarketing des Einzelhandels, Bd. I und II, Göttingen 1976
Hansen, U.; Leitherer, E. (1984), Produktpolitik, 2. Aufl., Stuttgart 1984
Hansen, U.; Schoenheit, J. (Hrsg.) (1985), Verbraucherabteilungen in privaten und öffentlichen Unternehmen, Frankfurt-New York 1985
Hanusch, H. (1987), Kosten-Nutzen-Analyse, München 1987
Harlander, N.; Platz, G. (1978), Beschaffungsmarketing und Materialwirtschaft, Grafenau-Stuttgart 1978
Harrigan, K.R. (1988), Managing Maturing Businesses, Lexington 1988
Harrigan, K.R. (1989), Unternehmensstrategien für reife und rückläufige Märkte, Frankkfurt-New-York 1989
Harrigan, K.R.; Porter, M.E. (1983), End-game Strategies for Declining Industries, in: Harvard Business Review, 7/8 1983, S.111-121
Harrigan, K.R.; Porter, M.E. (1987), Der Endkampf in schrumpfenden Branchen, in: Harvard Manager (Hrsg.), Strategie und Planung, Bd.1, Hamburg o.J. (1987)
Hasenauer, R.; Scheuch, F. (1974), Entscheidungen im Marketing, Opladen 1974
Hauschildt, J. (1977), Entscheidungsziele. Zielbildung in innovativen Entscheidungsprozessen: Theoretische Ansätze und empirische Prüfung, Tübingen 1977
Hax, H. (1963), Rentabilitätsmaximierung als unternehmerische Zielsetzung, in: ZfhF 1963, S.337-344
Hax, A.C.; Majluf, N.S. (1988), Strategisches Management, Frankfurt-New York 1988
Hayes, R.H.; Abernathy, W.J. (1980), Managing our way to economic decline, in: Harvard Business Review 1980, S.67-77
Hebestreit, D. (1975), Touristik-Marketing, Berlin 1975
Heinen, E. (1966), Das Zielsystem der Unternehmung, Wiesbaden 1966
Heinen, E. (1970), Einige Bemerkungen zur betriebswirtschaftlichen Kostenlehre und zu den Kosteneinflußgrößen, in: BFuP 1970, S.257-268
Heinen, E. (1974), Einführung in die Betriebswirtschaftslehre, 5.Aufl., Wiesbaden 1974
Heinen, E. (1976), Grundlagen betriebswirtschaftlicher Entscheidungen. Das Zielsystem der Unternehmung, 3.Aufl., Wiesbaden 1976
Heinen, E. (1987), Unternehmenskultur. Perspektiven für Wissenschaft und Praxis, München 1987
Heinen, H. (1982), Ziele multinationaler Unternehmen, Wiesbaden 1982

Heinzelbecker, K. (1985), Marketing-Informationssysteme, Stuttgart u. a. 1985
Henderson, B. D. (1974), Die Erfahrungskurve in der Unternehmensstrategie, Frankfurt-New York 1974
Henderson, B. D. (1984), Die Erfahrungskurve in der Unternehmensstrategie, 2. Aufl., Frankfurt 1984
Henschel, H. (1979), Wirtschaftsprognosen, München 1979
Hentze, J.; Brose, P. (1985), Unternehmungsplanung, Bern-Stuttgart 1985
Henzler, H. (1979), Neue Strategie ersetzt den Zufall, in: Manager Magazin 4/1979, S. 122-129
Henzler, H. (1988), Handbuch Strategische Führung, Wiesbaden 1988
Henzler, H.; Rall, W. (1985), Aufbruch in den Weltmarkt, in: Manager Magazin 10/1985, S. 254-262
Hermann, Th. (1969), Konsumententypologie und soziale Schichtung. Verbraucher „transparent" gemacht?, in: Absatzwirtschaft 1/1969, S. 31-38
Hermanns, A. (1986), Neue Kommunikationstechniken. Grundlagen und betriebswirtschaftliche Perspektiven, München 1986
Hermanns, A. (1989), Sport- und Kultursponsoring, München 1989
Hermanns, A.; Prieß, S. (1987), Computer Aided Selling (CAS), München 1987
Herzberg, F. (1966), Work and the Nature of Man, Cleveland, Ohio 1966
Hesse, J. (1973), Marktsegmentierung - eine Marketingstrategie, in: Markt/Kommunikation 1973, S. 8-12
Hesse, J. (1976), Marketingziel- und Marketingstrategieentscheidungsprozeß, in: *Meyer, P. W.; Hermanns, A.* (Hrsg.), Praxisorientiertes Marketing, Stuttgart u. a. 1976, S. 104-123
Heuß, E. (1965), Allgemeine Markttheorie, Tübingen-Zürich 1965
Hildmann/Simon/Rempen/Schmitz (Hrsg.) (1985), Wie sieht der Handel die Hersteller?, Düsseldorf 1985
Hilke, W. (1989), Dienstleistungs-Marketing, Stuttgart u. a. 1989
Hill, R. M.; Alexander, R. S.; Cross, J. S. (1975), Industrial Marketing, 4. Aufl., Homewood, Ill. 1975
Hill, W. (1972), Marketing, Bd. I und II, 2. Aufl., Bern-Stuttgart 1972
Hill, W. (1982), Marketing, Bd. I und II, 5. Aufl., Bern-Stuttgart 1982
Hill, W.; Rieser, J. (1990), Marketing-Management, Bern-Stuttgart 1990
Hinterhuber, H. H. (1977) Strategische Unternehmungsführung, Berlin-New York 1977
Hinterhuber, H. H. (1982), Wettbewerbsstrategie, Berlin-New York 1982
Hinterhuber, H. H. (1984), Strategische Unternehmensführung, 3. Aufl., Berlin-New York 1984
Hofer, C. W. (1980a), Toward a Contingency Theory of Business Strategy, in: *Hahn, D.; Taylor, B.* (Hrsg.) (1980), Strategische Unternehmensplanung, Würzburg-Wien 1980, S. 60-84
Hofer, C. W. (1980b), Turnaround Strategies, in: *Glueck, W. F.* (Hrsg.), Business Policy and Strategic Management, 3. Aufl., New York u. a. 1980, S. 271-278
Hofer, C.; Schendel, D. (1978), Strategy Formulation: Analytical Concepts, St. Paul u. a. 1978
Höfner, K.; Winterling, K. (1982), Strategisch planen mit Portfolios, Teil I und II, in: Marketing Journal 1982, S. 45-48 und S. 248-255
Hörschgen, H. (1967), Der zeitliche Einsatz der Werbung, Stuttgart 1967
Hör Zu/Funk Uhr (Hrsg.) (1970), Werbedosis - Werbewirkung. Untersuchung der Response-Funktionen von Anzeigen-Kampagnen, Hamburg 1970
Hör Zu/Funk Uhr (Hrsg.) (1977), Experimente zum Lernen von Anzeigen. Die Messung von Wirkungsverläufen im Labortest, Hamburg 1977
Hoffmann, H. J. (1972), Werbepsychologie, Berlin-New York 1972
Hoffmann, K. (1972), Der Produktlebenszyklus. Eine kritische Analyse, Freiburg 1972
Hoffmann, K. (1979), Die Konkurrenzuntersuchung als Determinante der langfristigen Absatzplanung, Göttingen 1979
Hoffmann, K.; Wolff, V. (1977), Zur Systematik von Absatzstrategien als Grundlage langfristig wirkender Entscheidungen im Absatzbereich, in: Jahrbuch für Absatz- und Verbrauchsforschung 1977, S. 161-175
Holloway, R. J.; Hancock, R. S. (1973), Marketing in a Changing Environment, New York u. a. 1973
Hoppmann, E. (1974), Die Abgrenzung des relevanten Marktes im Rahmen der Mißbrauchsaufsicht über marktbeherrschende Unternehmen, Baden-Baden 1974

Horvath, P. (1986), Controlling, 2. Aufl., München 1986
Howard, J. A.; Sheth, J. N. (1969), The Theory of Buyer Behavior, New York 1969
Hruschka, H. (1989), Erfolgsfaktoren der strategischen Marketing-Planung, in: DBW 6/1989, S. 743–750
Huber, W. (1969), Die Handelsmarken. Eine international vergleichende Studie zum Problem der Markenbildung in größeren Handelsorganisationen, Winterthur 1969
Hüttel, K. (1988), Produktpolitik, Ludwigshafen 1988
Hüttner, M. (1979), Informationen für Marketing-Entscheidungen, München 1979
Hüttner, M. (1982), Markt- und Absatzprognosen, Stuttgart u. a. 1982
Ihde, G. B. (1978), Distributionslogistik, Stuttgart-New York 1978
Institut für Selbstbedienung (Hrsg.) (1985), Sortimentsbreitenerhebung, Köln 1985
Irrgang, W. (1989), Strategien im vertikalen Marketing, München 1989
Jacob, H. (1971), Preispolitik, 2. Aufl., Wiesbaden 1971
Jacob, H. (o. J.), Preis- und Produktionsprogramm als Mittel betrieblicher Konjunkturpolitik, in: *Jacob, H.* (Hrsg.), Aktive Konjunkturpolitik der Unternehmung, Wiesbaden o. J., S. 37–63
Jacob, H. (1985), Preisbildung und Preiswettbewerb in der Industriewirtschaft, Köln u. a. 1985
Jacobson, R.; Aaker, D. A. (1985), Is Market Share all that it's cracked up to be?, in: Journal of Marketing 1985, S. 11–22
Jain, S. C. (1985), Marketing Planning and Strategy, 2. Aufl., Cincinnati u. a. 1985
James, B. G. (1984), Business Wargames, Turnbridge Wells 1984
James, B. G. (1986), Kampfstrategien für Unternehmen, Landsberg 1986
Jehle, E.; Müller, K.; Michael, H. (1983), Produktionswirtschaft, Heidelberg 1983
Johannsen, U. (1971), Das Marken- und Firmen-Image. Theorie, Methodik, Praxis, Berlin 1971
Johannsen, U. (1974), Image, in: *Tietz, B.* (Hrsg.), Handwörterbuch der Absatzwirtschaft, Stuttgart 1974, Sp. 809–825
Johnson, S. C.; Jones, C. (1957), How to organize for new Products, in: Harvard Business Review 1957, S. 49–62
Jones, M. H. (1957), Executive Decision Making, Homewood, Ill. 1957
Kaas, K. P. (1973), Diffusion und Marketing. Das Konsumentenverhalten bei der Einführung neuer Produkte, Stuttgart 1973
Kaas, K. P. (1974), Diffusion, in: *Tietz, B.* (Hrsg.), Handwörterbuch der Absatzwirtschaft, Stuttgart 1974, Sp. 464–468
Kaas, K. P. (1977), Empirische Preisabsatzfunktionen bei Konsumgütern, Berlin u. a. 1977
Kaas, K. P. (1978), Ein Verfahren zur Messung von Produktpräferenzen durch Geldäquivalente, in: *Topritzhofer, E.* (Hrsg.), Marketing. Neue Ergebnisse aus Forschung und Praxis, Wiesbaden 1978, S. 115–130
Kahmann, J. (1972), Absatzpolitik multinationaler Unternehmungen, Berlin 1972
Kahn, P. (1975), Sparkassen-Marketing, Essen 1975
Kaiser, A. (1978), Die Identifikation von Marktsegmenten, Berlin 1978
Kalmar, R. E. J. (1971), Ein Stufenprogramm für Marktsegmente, in: Marketing Journal 1971, S. 105–107
Kaplan, A. D. H.; Dirlan, J. B.; Lanzilotti, R. F. (1958), Pricing in Big Business, Washington 1958
Karcher, H. B. (1984), Büro der Zukunft: Mikrocomputer und Telekommunikation, 7. Aufl., Baden-Baden 1985
Katona, G. (1960), Das Verhalten der Verbraucher und Unternehmer, Tübingen 1960
Kaufer, E. (1980), Industrieökonomik. Eine Einführung in die Wettbewerbstheorie, München 1980
Kawlath, A. (1969), Theoretische Grundlagen der Qualitätspolitik, Wiesbaden 1969
Keegan, W. J. (1980), Multinational Marketing Management, 2. Aufl., Englewood Cliffs, M. J. 1980
Kellner, J. (1982), Promotions. Zielsetzungen, Techniken und Fallbeispiele, Landsberg 1982
Kemna, H. (1979), Key Account Management. Verkaufserfolg der Zukunft durch Kundenorientierung, München 1979

Kendall, M. G. (1957), A Course in Multivariate Analysis, London 1957
Kern, W. (1974a), Operations Research. Eine Einführung in die Optimierungsrechnung, 5. Aufl., Stuttgart 1974
Kern, W. (1974b), Investitionsrechnung, Stuttgart 1974
King, W. R.; Cleland, D. J. (1978), Strategic planning and policy, New York 1978
Kirchner, J. D.; Zentes, J. (1984), Führen mit Warenwirtschaftssystemen. Neue Wege zum Informationsmanagement in Handel und Industrie, Düsseldorf 1984
Kirsch, W. (1977), Einführung in die Theorie der Entscheidungsprozesse, 2. Aufl., Bd. I, Wiesbaden 1977
Kirsch, W.; Trux, W. (1982), Vom Marketing zum strategischen Management, in: *Schöttle, K. M.* (Hrsg,), Jahrbuch des Marketing, Essen 1982, S. 58-77
Klages, H. (1984), Wertorientierungen im Wandel. Rückblick, Gegenwartsanalyse, Prognosen, Frankfurt-New York 1984
Kleinaltenkamp, M. (1987), Die Dynamisierung strategischer Marketing-Konzepte, in: ZfbF 1/1987, S. 31-52
Kneschaureck, F. (1983), Szenarienanalysen, in: *Buchinger, G.* (Hrsg.), Umfeldanalysen für das strategische Management, Wien 1983, S. 311-326
Knoblich, H. (1969), Betriebswirtschaftliche Warentypologie. Grundlagen und Anwendungen, Köln und Opladen 1969
Knoblich, H. (1974), Absatztheorie, warenorientierte, in: *Tietz, B.* (Hrsg.), Handwörterbuch der Absatzwirtschaft, Stuttgart 1974, Sp. 167-179
Knoblich, H.; Schubert, B. (1989), Marketing mit Duftstoffen, München-Wien 1989
Koch, H. (1962), Über eine allgemeine Theorie des Handelns, in: *Koch, H.* (Hrsg.), Zur Theorie der Unternehmung, Festschrift für E. Gutenberg, Wiesbaden 1962, S. 367-423
Koch, H. (1977), Aufbau der Unternehmensplanung, Wiesbaden 1977
Köhler, F. W. (1990), Die „Dynamik der Betriebsformen des Handels". Bestandsaufnahme und Modellerweiterung, in: Marketing ZFP 1/1990, S. 59-64
Köhler, R. (1975), Modelle, in: *Grochla, E.; Wittmann, E.* (Hrsg.), Handwörterbuch der Betriebswirtschaft, Bd. 2, 4. Aufl., Stuttgart 1975, Sp. 2701-2716
Köhler, R. (1977), Marketing-Entscheidungen als Anwendungsgebiet der quantitativen Planung, in: *Köhler, R.; Zimmermann, H. J.* (Hrsg.), Entscheidungshilfen im Marketing, Stuttgart 1977, S. 2-28
Köhler, R. (1981), Grundprobleme der strategischen Marketingplanung, in: *Geist, M. N.; Köhler, R.* (Hrsg.), Die Führung des Betriebes, Festschrift für C. Sandig, Stuttgart 1981, S. 261-291
Köhler, R. (1982), Marketing-Controlling. Funktionale und instrumentale Gesichtspunkte der marktorientierten Unternehmenssteuerung, in: DBW 2/1982, S. 197-215
Köhler, R. (1985), Strategisches Marketing: Auf die Entwicklung eines umfassenden Informations-, Planungs- und Organisationssystems kommt es an, in: Marketing ZFP 3/1985, S. 213-217
Köhler, R. (1988), Beiträge zum Marketing-Management, Stuttgart 1988
Köhler, R.; Zimmermann, H. J. (Hrsg.) (1977), Entscheidungshilfen im Marketing, Stuttgart 1977
Köhler, R.; Übele, H. (1977), Planung und Entscheidung im Absatzbereich industrieller Großunternehmen, Aachen 1977
Kollat, D. T.; Blackwell, R. D.; Robeson, J. F. (1972), Strategic Marketing, New York u. a. 1972
Konert, F.-J. (1986), Vermittlung emotionaler Erlebniswerte, Heidelberg 1986
Konrad, E. (1974), Kundendienstpolitik als Marketinginstrument von Konsumgüterherstellern, Frankfurt-Zürich 1974
Koontz, H.; O'Donell, C. (1959), Principles of Management, 2. Aufl., New York u. a. 1959
Koontz, H.; O'Donell, C. (1976), Management. A systems and contingency analysis of managerial functions, New York u. a. 1976
Koppelmann, U. (Hrsg.) (1969), Die Ware in Wirtschaft und Technik, Festschrift für A. Kutzelnigg, Herne/Berlin 1969
Koppelmann, U. (1974), Marketing. Einführung in Entscheidungsprobleme des Absatzes, Düsseldorf 1974

Koppelmann, U. (1978), Grundlagen des Produktmarketing, Stuttgart u. a. 1978
Kordina-Hildebrandt, I.; Hildebrandt, L. (1979), Planung bei steigender Unsicherheit des Managements, Bern-Stuttgart 1979
Korndörfer, W. (1966), Die Aufstellung und Aufteilung von Werbebudgets, Stuttgart 1966
Korndörfer, W. (1976), Unternehmensführungslehre. Lehrbuch der Unternehmensführung, Wiesbaden 1976
Kosiol, E. (1961), Modellanalyse als Grundlage unternehmerischer Entscheidungen, in: ZfhF 1961, S. 318-334
Kotler, Ph. (1967), Marketing Management. Analysis, Planning and Control. Englewood Cliffs, N.J. 1967
Kotler, Ph. (1971), Marketing Decision Making. A Model Building Approach, New York u. a. 1971
Kotler, Ph. (1977), Marketing-Management. Analyse, Planung und Kontrolle, Stuttgart 1977
Kotler, Ph. (1982), Marketing-Management, Analyse, Planung und Kontrolle, 4. Aufl., Stuttgart 1982
Kotler, Ph. (1988), Marketing Management. Analysis, Planning, Implementation and Control, 6. Aufl., Englewood Cliffs, NJ. 1988
Kotler, Ph.; Armstrong, G. (1988), Marketing, Wien 1988
Kotler, Ph.; Levy, S.J. (1969), Broadening the Concept of Marketing, in: Journal of Marketing 1969, S. 10-15
Kotrba, R. W. (1966), The Strategy Selection Chart, in: Journal of Marketing 1966, S. 22-25
Kratz, H. (1983), Werbung ist Investition. Beispiele zum Nachweis ihrer Wirkung, in: Blickpunkte, Marketing-Media-Forum, ZDF-Werbefernsehen 2/1983, S. 1-5
Krautter, J. (1973), Marketing-Entscheidungsmodelle, Wiesbaden 1973
Kreikebaum, H. (1973), Die Lückenanalyse als Voraussetzung der Unternehmensplanung, in: Zeitschrift für Interne Revision 1973, S. 17-26
Kreikebaum, H. (1981), Strategische Unternehmensplanung, Stuttgart u. a. 1981
Kreikebaum, H.; Grimm, U. (1983), Die Analyse strategischer Faktoren und ihre Bedeutung für die strategische Planung, in: WiSt 1/1983, S. 6-12
Kreilkamp, E. (1987), Strategisches Management und Marketing, Berlin-New York 1987
Kreutzer, R. (1985), Global Marketing - Ansatzpunkte und Erfolgsbedingungen, in: *Raffée, H.; Wiedmann, K.-P.* (Hrsg.), Strategisches Marketing, Stuttgart 1985, S. 518-551
Kreutzer, R. (1989), Global Marketing-Konzeption eines länderübergreifenden Marketing, Wiesbaden 1989
Kreuz, A. (1975), Der Produkt-Manager. Seine Rolle im Marketing-Prozeß, Essen 1975
Kreuz, A. (1981), Marketing-Organisation, Bielefeld-Köln 1981
Kroeber-Riel, W. (1975), Konsumentenverhalten, München 1975
Kroeber-Riel, W. (1980), Konsumentenverhalten, 2. Aufl., München 1980
Kroeber-Riel, W. (1984), Konsumentenverhalten, 3. Aufl., München 1984
Kroeber-Riel, W. (1985), Weniger Information, mehr Erlebnis, mehr Bild, in: Absatzwirtschaft 3/1985, S. 84-97
Kroeber-Riel, W. (1988), Strategie und Technik der Werbung, Stuttgart u. a. 1988
Kroeber-Riel, W.; Meyer-Hentschel, G. (1982), Werbung. Steuerung des Konsumentenverhaltens, Würzburg-Wien 1982
Krulis-Randa, J.S. (1977), Marketing-Logistik, Bern-Stuttgart 1977
Kuhn, A. (1982), Unternehmensführung, München 1982
Kunkel, R. (1977), Vertikales Marketing im Herstellerbereich, München 1977
Kupsch, P. (1979), Unternehmungsziele, Stuttgart-New York 1979
Lambin, J.J. (1977), Ein On-line-Modell zur computergestützten Planung des Marketing-Mix, in: *Köhler, R.; Zimmermann, H.J.* (Hrsg.), Entscheidungshilfen im Marketing, Stuttgart 1977, S. 430-447
Lambin, J.-J. (1987), Grundlagen und Methoden Strategischen Marketings, Hamburg u. a. 1987
Lancaster, K.J. (1971), Consumer Demand. A New Approach, New York 1971
Lattmann, Ch. (1975), Führungsstil und Führungsrichtlinien, Bern-Stuttgart 1975
Lazer, W. (1964), Life Style Concepts and Marketing, in: *Greyser, S.* (Hrsg.), Toward Scientific Marketing, Chicago 1964, S. 130-139

Lazer, W. (1971), Marketing Management. A Systems Perspective, New York u. a. 1971
Leitherer, E. (1978), Betriebliche Marktlehre, 2. Teil, Die Aktionsbereiche, Stuttgart 1978
Leitherer, E. (1985), Betriebliche Marktlehre, 2. Aufl., Stuttgart 1985
Leitherer, E. (1988), Betriebliche Marktlehre, 3. Aufl., Stuttgart 1988
Leontiades, M. (1983), The Importance of Integrating Market Planning with Corporate Planning, in: Journal of Business Research 1983, S. 457–473
Lessing, R.; Welke, W. (1976), Marketing, Bd. II der Reihe: Strategische Unternehmensführung, hrsg. von *G. Kienbaum,* München 1976
Levitt, Th. (1965), Exploit the Product Life Cycle, in: Harvard Business Review 1965, S. 81–94
Levitt, Th. (1983), The Globalization of Markets, in: Harvard Business Review 3/1983, S. 92–102
Levitt, Th. (1984), Die unbegrenzte Macht des kreativen Marketing, Landsberg 1984
Liertz, R. (1974), Diversifikation, in: Marketing-Enzyklopädie, Bd. I, München 1974, S. 441–452
Lilien, G. L.; Kotler, Ph. (1983), Marketing Decision Making. A Model Building Approach, New York 1983
Lindblom, C. E. (1959), The Science of „Muddling Trough", in: Public Administration Review 1959, S. 79–88
Lindblom, C. E. (1968), The Policy-Making Process, Englewood Cliffs, N. J. 1968
Linssen, H. (1975), Interdependenzen im absatzpolitischen Instrumentarium der Unternehmung, Berlin 1975
Lippegans, A. (1984), Geplanter Transfer von Markenimages, in: Markenartikel 9/1984, S. 436–440
Lipson, H. A.; Darling, J. R. (1981), Introduction to Marketing. An Administration Approach, Berlin-New York 1981
Lipson, H. A.; Darling, J. R.; Reynolds, F. D. (1970), A Two-Phase Interaction Process for Marketing Model Construction, in: MSU Business Topics 1970, S. 34–44 (zit. nach *Meffert, H.,* Marketing heute und morgen, Wiesbaden 1975, S. 267–275)
Little, A. D. (Hrsg.) (1986), Management im Zeitalter der Strategischen Führung, 2. Aufl., Wiesbaden 1986
Little, A. D. (1988), Innovation als Führungsaufgabe, Frankfurt-New York 1988
Little, J. D. C. (1977), Modelle und Manager: Das Konzept des Decision Calculus, in: *Köhler, R.; Zimmermann, H. J.* (Hrsg.), Entscheidungshilfen im Marketing, Stuttgart 1977, S. 122–147
Little, J. D. C. (1979), Entscheidungsunterstützung für Marketingmanager, in: ZfB 11/1979, S. 982–1007
Luck, D. J. (1972), Product Policy and Strategy, Englewood Cliffs, N. J. 1972
Macharzina, K. (Hrsg.) (1984), Diskontinuitätenmanagement. Strategische Bewältigung von Strukturbrüchen bei internationaler Unternehmenstätigkeit, Hohenheim 1984
Magyar, K. M. (1969), Marktziele einer neuzeitlichen Unternehmungspolitik, Rorschach 1969
Magyar, K. M. (1985), Das Marketing-Puzzle, Zollikon 1985
Maidique, M. A. (1980), Entrepreneurs, Champions and Technological Innovation, in: Sloan Management Review 2/1980, S. 59–76
Majer, W. (1969), Programmbereinigung als unternehmenspolitisches Problem, Wiesbaden 1969
Malik, F. (1986), Strategie des Managements komplexer Systeme, 2. Aufl., Bern-Stuttgart 1986
Mandel, M. I. (1985), Marketing, 3. Aufl., Hemel Hempstead 1985
March, J. G.; Simon, H. A. (1958), Organizations, New York u. a. 1958
Markowitz, H. M. (1959), Portfolio selection. Efficient diversification of investment, New York u. a. 1959
Marr, R.; Picot, A. (1976), Absatzwirtschaft, in: *Heinen, E.* (Hrsg.), Industriebetriebslehre. Entscheidungen im Industriebetrieb, 5. Aufl., Wiesbaden 1976, S. 423–523
Maslow, A. H. (1954), Motivation and Personality, New York-London 1954
Massy, W. F.; Montgomery, D. B.; Morrison, D. G. (1970), Stochastic Models of Buying Behavior, Cambridge/Mass. 1970

Matenaar, D. (1983), Organisationskultur und organisatorische Gestaltung, Berlin 1983

Maucher, H. (1985), Zukunftssicherung mit flexiblen Strategien, in: Ernährungswirtschaft 5/1985, S. 6-7

Mazanec, J.; Schweiger, G. (1981), Improved Market Efficiency through Multi-Productnames?, in: European Research 1/1981

Mazanec, J.; Wiegele, O.J. (1977), Zum praktischen Einsatz von Positionierungsmodellen in der Produktpolitik, in: *Köhler, R.; Zimmermann, H.J.* (Hrsg.) (1977), Entscheidungshilfen im Marketing, Stuttgart 1977, S. 45-60

Mc Carthy, J.E. (1960), Basic Marketing. A Managerial Approach, 6. Aufl., Homewood, Ill. 1960

Mc Millan, Ch.J. (1984), The Japanese Industrial System, Berlin-New York 1984

Meffert, H. (1974a), Interpretation und Aussagewert des Produktlebenszyklus-Konzeptes, in: *Hammann, P.; Kroeber-Riel, W.; Meyer, C.W.* (Hrsg.), Neuere Ansätze der Marketingtheorie, Festschrift für O.R. Schnutenhaus, Berlin 1974, S. 85-134

Meffert, H. (1974b), Marketing-Mix, Marketing-Modelle, Kommunikations-Strategien, in: w&v, Nr. 19-24, 1974, Folgen (1)-(6)

Meffert, H. (1975a), Computergestützte Marketing-Informationssysteme. Konzeptionen, Modellentwicklungen, Entwicklungsstrategien, Wiesbaden 1975

Meffert, H. (1975b), Zum Problem des Marketing-Mix. Eine heuristische Methode zur Vorauswahl absatzpolitischer Instrumente, in: *Meffert, H.* (Hrsg.), Marketing heute und morgen. Entwicklungstendenzen in Theorie und Praxis, Wiesbaden 1975, S. 257-275

Meffert, H. (1977), Marketing. Einführung in die Absatzpolitik, 2. Aufl., Wiesbaden 1977

Meffert, H. (1980), Marketing. Einführung in die Absatzpolitik, 5. Aufl., Wiesbaden 1980

Meffert, H. (1980a), Marktführer in gesättigten Märkten, in: Absatzwirtschaft 6/1980, S. 89-97 und 7/1980, S. 54-59

Meffert, H. (1980b), Perspektiven des Marketing in den 80er Jahren, in: DBW 1/1980, S. 59-80

Meffert, H. (1982) (Hrsg.), Kundendienst-Management, Frankfurt-Bern 1982

Meffert, H. (1983a), Arbeitsbuch zum Marketing, Wiesbaden 1983

Meffert, H. (1983b), Marktorientierte Führung in stagnierenden und gesättigten Märkten, Arbeitspapier der Wissenschaftlichen Gesellschaft für Marketing und Unternehmensführung, Nr. 9, Münster 1983

Meffert, H. (1984a), Marketingstrategien in stagnierenden und schrumpfenden Märkten, in: *Pack, L.; Börner, D.* (Hrsg.), Betriebswirtschaftliche Entscheidungen bei Stagnation, Festschrift für E. Heinen, Wiesbaden 1984, S. 37-72

Meffert, H. (1984b), Thesen zur marktorientierten Führung in stagnierenden und gesättigten Märkten, in: Marketing ZFP 3/1984, S. 215-220

Meffert, H. (1985), Auswirkungen neuer Kommunikationstechnologien auf das Marketing, in: Markenartikel 1/1985, S. 10-16

Meffert, H. (1986a), Marketing. Einführung in die Absatzpolitik, 7. Aufl., Wiesbaden 1986

Meffert, H. (1986b), Marketing im Spannungsfeld von weltweitem Wettbewerb und nationalen Bedürfnissen, in: ZfB 8/1986, S. 689-712

Meffert, H. (1987a), Besprechungsbeitrag zu *Jacob, H.*, Preisbildung und Preiswettbewerb in der Industriewirtschaft, in: ZfB 4/1987, S. 436-438

Meffert, H. (1987b), Fassadenputz oder Fortschritt? Marketingtendenzen in Europa und USA, in: Absatzwirtschaft 3/1987, S. 16

Meffert, H. (1988), Strategische Unternehmensführung und Marketing, Wiesbaden 1988

Meffert, H.; Althans, J. (1982), Internationales Marketing, Stuttgart u.a. 1982

Meffert, H.; Bolz, J. (1989), Europa 1992 und Unternehmensführung, Münster 1989

Meffert, H.; Bruhn, M. (1984), Markenstrategien im Wettbewerb, Wiesbaden 1984

Meffert, H.; Patt, P.-J. (1987), Erfolgsfaktoren im Einzelhandelsmarketing, in: *Schöttle, K.M.* (Hrsg.), Jahrbuch Marketing, 4. Ausgabe, Essen 1987, S. 40-61

Meffert, H.; Pfeiffer, S. (1980), Die Akzeptanz von Produktinnovationen im Handel. Ergebnisse einer empirischen Studie, in: Marketing ZFP 1980, S. 229-238

Meffert, H.; Steffenhagen, H. (1977), Marketing-Prognosemodelle. Quantitative Grundlagen des Marketing, Stuttgart 1977

Meffert, H.; Walters, M. (1984), Anpassung des absatzpolitischen Instrumentariums in stagnie-

renden und schrumpfenden Märkten, in: *Staehle, W.H.; Stoll, E.* (Hrsg.), Betriebswirtschaftslehre und ökonomische Krise, Wiesbaden 1984, S. 141-160
Meissner, H.G. (1987), Strategisches internationales Marketing, Heidelberg u.a. 1987
Meissner, H.G.; Gerber, S. (1980), Die Auslandsinvestition als Entscheidungsproblem, in: BFuP 3/1980, S. 217-228
Mellerowicz, K. (1963), Markenartikel - Die ökonomischen Gesetze ihrer Preisbildung und Preisbindung, 2. Aufl., München-Berlin 1963
Mertens, P.; Griese, J. (1988), Industrielle Datenverarbeitung 2-Informations- und Planungssysteme, 5. Aufl., Wiesbaden 1988
Meyer, A. (1983), Dienstleistungsmarketing, Augsburg 1983
Meyer, A. (1989), Mikrogeographische Marktsegmentierung, in: Jahrbuch für Absatz- und Verbrauchsforschung 4/1989, S. 342-365
Meyer, M. (1987), Die Beurteilung von Länderrisiken der internationalen Unternehmung, Berlin-München 1987
Meyer, P.W.; Hermanns, A. (1981), Theorie der Wirtschaftswerbung, Stuttgart 1981
Michalski, M. (1986), Marken an der Schnittstelle von zwei Märkten positionieren, in: Marketing Journal 2/1986, S. 112-114
Mickwitz, G. (1959), Marketing and Competition. The Various Forms of Competition at the Successive Stages of Production and Distribution, Helsingfors 1959
Mielenhausen, E. (1976), Marktfelder des Einzelhandels in urbanen Räumen, Berlin 1976
Miles, R.E.; Snow, Ch.C. (1978), Organizational Strategy. Structure and Process, New York u.a. 1978
Miles, R.E.; Snow, Ch.C. (1986), Unternehmensstrategien, Hamburg u.a. 1986
Miracle, G.E. (1965), Product Characteristics and Marketing Strategy, in: Journal of Marketing 1965, S. 18-24
Miracle, G.E.; Albaum, G.S. (1970), International Marketing Management, Homewood, Ill. 1970
Möller, H. (1941), Kalkulation, Absatzpolitik und Preisbildung, Wien 1941
Montgomery, D.B.; Urban, G.L. (1969), Management Science in Marketing, Englewood Cliffs, N.J. 1969
Morishima, M. (1985), Warum Japan so erfolgreich ist, München 1985
Moxter, A. (1964), Präferenzstruktur und Aktivitätsfunktion des Unternehmers, in: ZfhF 1964, S. 6-35
MTP (Hrsg.) (1987), Marketing 2000, Perspektiven zwischen Theorie und Praxis, Wiesbaden 1987 (2. Aufl. 1989)
Muchna, C. (1988), Strategische Marketing-Früherkennung auf Investitionsgütermärkten, Wiesbaden 1988
Müller, G. (1971), Das Image des Markenartikels, Opladen 1971
Müller, G. (1986), Strategische Frühaufklärung. Stand der Forschung und Typologie der Ansätze, in: Marketing ZFP 4/1986, S. 248-255
Müller, W. (1986), Planung von Marketingstrategien, Frankfurt u.a. 1986
Müller-Hagedorn, L. (1978), Das Problem des Nachfrage-Verbundes in erweiterter Sicht, in: ZfbF 2/1978, S. 181-193
Müller-Hagedorn, L. (1983), Wahrnehmung und Verarbeitung von Preisen durch Verbraucher - ein theoretischer Rahmen, in: ZfbF 9/1983, S. 939-951
Müller-Hagedorn, L. (1984), Handelsmarketing, Stuttgart u.a. 1984
Müller-Hagedorn, L. (1986), Das Konsumentenverhalten. Grundlagen für die Marktforschung, Wiesbaden 1986
Müller-Hagedorn, L.; Heidel, B., (1986), Die Sortimentstiefe als absatzpolitisches Instrument, in: ZfbF 1/1986, S. 39-63
Müller-Merbach, H. (1973), Operations Research. Methoden und Modelle der Optimalplanung, 3. Aufl., München 1973
Müller-Merbach, H. (1978), Tendenzen der Verwendung quantitativer Ansätze in der betriebswirtschaftlichen Forschung und Praxis, in: *Müller-Merbach, H.* (Hrsg.), Quantitative Ansätze in der Betriebswirtschaftslehre, München 1978, S. 11-27
Muncy, J.; Hunt, S. (1984), Consumer Involvement: Definitional Issues and Research Directions, in: *Kinnear, T.* (Hrsg.), Advances in Consumer Research Vol. 11/1984, S. 193-196

Nagel, K. (1986), Die sechs Erfolgsfaktoren des Unternehmens, Landsberg 1986
Nagtegaal, H. (1977), Experience Curve & Produktportfolio. Wie überlebt mein Unternehmen?, Wiesbaden 1977
Naisbitt, J. (1984), Megatrends, Bayreuth 1984
Naisbitt, J.; Aburdene, D. (1990), Megatrends, 2. Aufl., Düsseldorf 1990
Nastansky, L. (1984), Betriebsinformatik, in: Vahlens Kompendium der BWL, Bd. 2, München 1984, S. 333-375
Neske, F. (1977), PR-Management, Gernsbach 1977
Neubauer, F. F. (1980), Das PIMS-Programm und Portfolio-Management in: *Hahn, D.; Taylor, B.* (Hrsg.), Strategische Unternehmungsplanung, Würzburg-Wien 1980, S. 135-162
Neuberger, O. (1980), Motivation, in: Handwörterbuch der Organisation, hrsg. von *E. Grochla,* Stuttgart 1980, Sp. 1356-1365
Neumann, J.; Morgenstern, O. (1961), Spieltheorie und wirtschaftliches Verhalten, Würzburg 1961
Neumann, M. (1979), Industrial Organization. Ein Überblick über die quantitative Forschung, in: ZfB 7/1979, S. 645-660
Nieschlag, R.; Dichtl, E.; Hörschgen, H. (1972), Marketing. Ein entscheidungstheoretischer Ansatz, 5. Aufl., Berlin 1972
Nieschlag, R.; Dichtl, E.; Hörschgen, H. (1976), Marketing, 9. Aufl., Berlin 1976
Nieschlag, R.; Dichtl, E.; Hörschgen, H. (1983), Marketing, 13. Aufl., Berlin 1983
Nieschlag, R.; Dichtl, E.; Hörschgen, H. (1985), Marketing, 14. Aufl., Berlin 1985
Nieschlag, R.; Dichtl, E.; Hörschgen, H. (1988), Marketing, 15. Aufl., Berlin 1988
Nieschlag, R.; Kuhn, G. (1980), Binnenhandel und Binnenhandelspolitik, 3. Aufl., Berlin 1980
Nolte, H. (1976), Die Markentreue im Konsumgüterbereich, Bochum 1976
Numrich, K. J. (1979), Marketingmanagement, Marketing-Instrumente und Marketing-Mix, Berlin 1979
Oberender, P. (1975), Zur Problematik der Marktabgrenzung unter besonderer Berücksichtigung des Konzepts des „relevanten Marktes", in: WiSt 12/1975, S. 575-579
Oberender, P. (Hrsg.) (1984); Marktstruktur und Wettbewerb in der BRD, München 1984
Oeckl, A. (1976), PR-Praxis. Schlüssel zur Öffentlichkeitsarbeit, Düsseldorf 1976
Ohlsen, G. (1985), Marketingstrategien in stagnierenden Märkten, Münster 1985
Ohmae, K. (1985), Macht der Triade, Wiesbaden 1985
Ohmae, K. (1986), Japanische Strategien, Hamburg u. a. 1986
Olins, W., Corporate Identity. Strategie und Gestaltung, Frankfurt-New York 1990
Oppenländer, K.; Poser, G. (1989), Handbuch der Ifo-Umfragen, Berlin-München 1989
Ott, A. E. (1968), Grundzüge der Preistheorie, Göttingen 1968
o. V. (1977) Kotler heute, asw-Interview, in: Absatzwirtschaft, 9/1977, S. 34-38
o. V. (1979), Planungstechniken: Daumen oder EDV, in: Absatzwirtschaft 1/1979, S. 62-71
o. V. (1980), Von Kotler verarztet..., in: Absatzwirtschaft 4/1980, S. 20-22
o. V. (1983), Pulsieren bringt Gewinn, in: Wirtschaftswoche 15/1983, S. 62-63
o. V. (1985), „Wir brauchten eine neue Unternehmenskultur", in: Management Wissen 5/1985, S. 28-33
o. V. (1990), Positionierungsziel bald erreicht? Interview mit R. C. Jäggi, Adidas, in: Absatzwirtschaft 1/1990, S. 15-19
Pack, L. (1961), Rationalprinzip und Gewinnmaximierungsprinzip, in: ZfB 1961, S. 207-220 und S. 283-290
Peckham, J. O. (1976), Marketing-Rad, Speiche 6: Werbung, in: Nielsen-Beobachter, 2/1976, S. 3-39
Penrose, E. T. (1952), Biological Analogies in the Theory of the Firm, in: The American Economic Review 1952, S. 804-819
Perlmutter, H. V. (1972), The International Enterprise. Three Conceptions. Sonderdruck der Wharton School of Finance and Commerce, Philadelphia o. J. (zitiert nach *Kahmann, J.,* Absatzpolitik multinationaler Unternehmungen, Berlin 1972, S. 18f.)
Perridon, L.; Rössler, M. (1980), Die Wandlung betrieblicher Organisationsstrukturen im Verlauf des Internationalisierungsprozesses, in: WiSt 1980, S. 257-262
Perridon, L.; Steiner, M. (1977), Finanzwirtschaft der Unternehmung, München 1977

Peschen, D. (1981), Unternehmenswachstum durch Diversifikation. Arten, Realisierungsformen, Trends, unveröffentlichte Diplomarbeit an der FH Aachen, SS 1981
Peter, L. J.; Hull, R. (1970), Das Peter-Prinzip oder Die Hierarchie der Unfähigen, Reinbek 1970
Peters, T. J.; Waterman, R. H. (1984), Auf der Suche nach Spitzenleistungen, 10. Aufl., Landsberg 1984
Pfeiffer, S. (1981), Die Akzeptanz von Neuprodukten im Handel. Eine empirische Untersuchung zum Innovationsverhalten des Lebensmittelhandels, Wiesbaden 1981
Pfeiffer, W.; Metze, G.; Schneider, W.; Amler, R. (1982), Technologie-Portfolios zum Management strategischer Zukunftsgeschäftsfelder, Göttingen-Zürich 1982
Pfeiffer, W.; Schneider, W. (1985), Technologie-Portfolio. Strategien für den Mittelstand, in: Management Wissen 5/1985, S. 59-65
Pfohl, H. C. (1972), Marketing-Logistik. Gestaltung, Steuerung und Kontrolle des Warenflusses im modernen Markt, Mainz 1972
Pfohl, H. C. (1977) Problemorientierte Entscheidungsfindung in Organisationen, Berlin-New York 1977
Phillips, L. W.; Chang, D. R.; Buzzel, R. D. (1983), Product Quality, Cost Position and Business Performance, in: Journal of Marketing 1983, S. 26-43
Picot, A. (1977), Betriebswirtschaftliche Umweltbeziehungen und Umweltinformationen, Berlin 1977
Picot, A. (1981), Strukturwandel und Unternehmensstrategie, Teil I und II, in: WiSt 11 u. 12/1981, S. 527-532 und S. 563-571
Picot, A.; Lange, B. (1979), Synoptische versus inkrementale Gestaltung des strategischen Planungsprozesses: Theoretische Grundlagen und Ergebnisse einer Laborstudie, in: ZfbF 1979, S. 569-596
Picot, A.; Michaelis, E. (1984), Verteilung von Verfügungsrechten in Großunternehmungen und Unternehmungsverfassung, in: ZfB 3/1984, S. 252-272
Polli, E.; Cook, V. (1969), Validity of the Product Life Cycle, in: Journal of Business 1969, S. 385-400
Porter, M. E. (1980), Competitive Strategy, New York 1980
Porter, M. E. (1984), Wettbewerbsstrategie, 2. Aufl., Frankfurt-New York 1984
Porter, M. E. (1985), Competitive Advantage, New York 1985
Porter, M. E. (1986), Wettbewerbsvorteile, Frankfurt-New York 1986
Porter, M. E. (Hrsg.) (1989), Globaler Wettbewerb. Strategien der neuen Internationalisierung, Wiesbaden 1989
Porzelt, U. (1982), Universalmethoden der Entscheidungsfindung und die praxisorientierte Analyse ihrer Anwendbarkeit in absatzwirtschaftlichen Aufgabenstellungen, Berlin 1982
Post, J. E. (1978), Corporate Behavior and Social Change, Reston, Va. 1978
Poth, L. G. (1986), Marketing. Grundlagen und Fallstudien, München 1986
Poth, L. G.; Poth, G. S. (Hrsg.) (1986), Marktfaktor Design, Landsberg 1986
Priemer, W. (1970), Produktvariation als Instrument des Marketing, Berlin 1970
Pümpin, C. (1970), Langfristige Marketingplanung. Konzeption und Formalisierung, 2. Aufl., Bern und Stuttgart 1970
Pümpin, C. (1982), Management strategischer Erfolgspositionen, Bern-Stuttgart 1982
Raffée, H. (1974), Grundprobleme der Betriebswirtschaftslehre, Göttingen 1974
Raffée, H. (1979), Marketing und Umwelt, Stuttgart 1979
Raffée, H.; Wiedmann, K.-P. (1985), Strategisches Marketing, Stuttgart 1985
Raithel, H. (1979), Innovation ohne Namen, in: Manager Magazin 1979, S. 56-61
Rapp, S.; Collins, T. (1987), Maxi Marketing. The New Direction in Promotion, Advertising and Marketing Strategy, New York 1987
Rau, K.-H. (1985), Gestaltung der Unternehmensplanung, Berlin 1985
Ray, M. L.; Sawyer, A. G. (1971), Repetition in Media Models. A Laboratory Technique, in: Journal of Marketing Research 1971, S. 20-29
Reeves, R. (1961), Reality in advertising, New York 1961
Regli, J. (1985), Bankmarketing, Bern-Stuttgart 1985
Rehder, H. K. (1975), Multidimensionale Produktmarktstrukturierung. Theorie und Anwendung auf einen Produktmarkt, Meisenheim/Glan 1975

Rehorn, J. (1976), Positionierung zwischen flop und flight, in: Absatzwirtschaft 9/1976, S.73-76
Rehorn, J. (1977), Markttests, Neuwied 1977
Reichwald, R. (1984), Kommunikation, in: Vahlens Kompendium der BWL, Bd.2, München 1984, S.377-406
Reibnitz, U.v. (1987), Szenarien-Optionen für die Zukunft, Hamburg u.a. 1987
Reichardt, W., Gegengeschäfte im Osthandel. Praxis und Bedeutung der Kompensationsgeschäfte für die mittelständische Wirtschaft, Landsberg 1990
Reinöhl, E. (1981), Probleme der Produkteliminierung, Bonn 1981
Rich, S. U.; Jain, S.C. (1976), Soziale Schicht und Einkaufsverhalten, in: *Specht, K.G.; Wiswede, G.* (Hrsg.), Marketing-Soziologie, Berlin 1976, S.133-149
Riebel, P. (1972), Einzelkosten- und Deckungsbeitragsrechnung, Opladen 1972
Ries, A.; Trout, J. (1985), Marketing Warfare, New York 1985
Ries, A.; Trout, J. (1986), Marketing generalstabsmäßig, Hamburg u.a. 1986
Ries, A.; Trout, J. (1986), Positioning, Hamburg u.a. 1986
Robens, H. (1986), Modell- und methodengestützte Entscheidungshilfen zur Planung von Produkt-Portfoliostrategien, Frankfurt u.a. 1986
Robertson, T.S. (1971), Innovative Behavior and Communication, New York u.a. 1971
Robertson, Th.; Wind, Y. (1983), Marketing strategy: New directions for theory and research, in: Journal of Marketing 1983, S.12-15
Rodgers, B.; Shook, R.L. (1986), IBM. Einblicke in die erfolgreichste Marketingorganisation der Welt, Landsberg 1986
Rogers, E.M. (1962), Diffusion of Innovations, New York-London 1962
Rogge, H.J. (1972), Methoden und Modelle der Prognose aus absatzwirtschaftlicher Sicht, Berlin 1972
Rogge, H.J. (1981), Marktforschung, München-Wien 1981
Rogge, H.J. (1988), Werbung, Ludwigshaften 1988
Rogge, H.J.; Goeke, K.; Heisig, L. (1984), Gattungsmarke und Markenartikel im Wettbewerb, Arbeitsbericht der FH Osnabrück, Osnabrück 1984
Rohlmann, P. (1977), Marketing in der Rezession, Wiesbaden 1977
Rosenbaum. H.-W. (1982), Marketingstrategien amerikanischer, japanischer und deutscher Unternehmen der Unterhaltungselektronik, dargestellt an drei repräsentativen Beispielen, in: ZfbF 1/1982, S.67-69
Rosenberg, L.J. (1977), Marketing, Englewood Cliffs, N.J. 1977
Rosenhead, J.; Elton, M.; Gupta, S.K. (1972), Robustness and Optimality as Criteria for Strategic Decisions, in: Operations Research Quarterly 1972, S.413-431
Rosenstiel, L.v.; Ewald, G. (1979), Marktpsychologie, Bd.I: Konsumentenverhalten und Kaufentscheidung und Bd.II: Psychologie der absatzpolitischen Instrumente, Stuttgart u.a. 1979
Roventa, P. (1979), Portfolio-Analyse und Strategisches Management, München 1979
Rühli, E. (1973), Unternehmungsführung und Unternehmungspolitik, Bd.I, Bern-Stuttgart 1973
Rühli, E. (1978), Unternehmungsführung und Unternehmungspolitik, Bd.II, Bern-Stuttgart 1978
Rühli, E.; Wehrli, H.P. (Hrsg.) (1986), Strategisches Marketing und Management. Konzeption in Theorie und Praxis, Bern-Stuttgart 1986
Rumelt, R. (1974), Strategy, structure and economic performance, Cambridge/Mass. 1974
Rummel, R.J.; Heeman, D.A. (1978), How multinationals analyze political risks, in: Harvard Business Review 1/1978, S.67-82
Runzheimer, B. (1978), Operations Research, Bd.I und II, Wiesbaden 1978
Rupp, M. (1983), Produkt/Markt-Strategien, 2.Aufl, Zürich 1983
Rutschmann, M. (1976), Werbeplanung. Ein entscheidungsorientierter Ansatz, Bern-Stuttgart 1976
Rütschi, K.A. (1978), Entscheidungsregeln für Werbebudgets, in: Die Unternehmung 1978, S.101-114
Rüttinger, R. (1986), Unternehmenskultur. Erfolge durch Vision und Wandel, Düsseldorf-Wien 1986
Saaty, T.L. (1980), Analytic Hierarchy Process, New York 1980

Sabel, H. (1974), Absatzpolitik, in: *Tietz, B.* (Hrsg.), Handwörterbuch der Absatzwirtschaft, Stuttgart 1974, Sp. 78-87

Salcher, E. F. (1978), Psychologische Marktforschung, Berlin-New York 1978

Sanderson, S.; Luffman, G. (1988), Strategic Planning and Environmental Analysis, in: European Journal of Marketing 2/1988, S. 14-30

Sandig, C. (1966), Betriebswirtschaftspolitik, 2. Aufl., Stuttgart 1966

Sandler, G. (1980), Account-Management in der Praxis, in: Marketing ZFP 1980, S. 225-228

Sasieni, M.; Yaspan, A.; Friedmann, L. (1962), Methoden und Probleme der Unternehmensforschung - Operations Research, Würzburg 1962

Sauermann, H. (1964), Einführung in die Volkswirtschaftslehre, Bd. II, Wiesbaden 1964

Sauermann, H.; Selten, R. (1962), Anspruchsanpassungstheorie der Unternehmung, in: ZfgSt 1962, S. 577-597

Schäfer, E. (1950), Aufgabe der Absatzwirtschaft, Köln und Opladen 1950

Schäfer, E. (1954), Wandlungen im Binnenabsatz und in der Exportorganisation, in: Gestaltwandel der Unternehmung (Nürnberger Hochschulwoche), Berlin 1954, S. 250-266

Schäfer, E. (1966), Grundlagen der Marktforschung, 4. Aufl., Köln und Opladen 1966

Schäfer, E. (1969), Der Industriebetrieb. Industriebetriebslehre auf typologischer Grundlage, Bd. I, Köln und Opladen 1969

Schäfer, E. (1971), Der Industriebetrieb. Betriebswirtschaftslehre der Industrie auf typologischer Grundlage, Bd. II, Opladen 1971

Schäfer, E. (1974), Die Unternehmung. Einführung in die Betriebswirtschaftslehre, 8. Aufl., Opladen 1974

Schäfer, E.; Knoblich, H. (1978), Grundlagen der Marktforschung, 5. Aufl., Stuttgart 1978

Scheer, A. W. (1988), Wirtschaftsinformatik, 2. Aufl., Berlin u. a. 1988

Schendel, D. E.; Hofer, C. W. (Hrsg.) (1979), Strategic Management, Boston-Toronto 1979

Schenk, H. O.; Terbrink, H.; Zündorf, H. (1984), Die Konzentration im Handel. Ursachen, Messung, Stand, Entwicklung und Auswirkungen der Konzentration im Handel und konzentrationspolitische Konsequenzen, Berlin 1984

Schertler, W. (1985), Unternehmensorganisation, 2. Aufl., München-Wien 1985

Scheuch, F. (1975), Investitionsgüter-Marketing. Grundlagen, Entscheidungen, Maßnahmen, Opladen 1975

Scheuch, F. (1982), Dienstleistungsmarketing, München 1982

Scheuch, F. (1986), Marketing, München 1986

Scheuch, F. (1989), Marketing, 3. Aufl., München 1989

Scheuing, E. E. (1972), Das Marketing neuer Produkte, Wiesbaden 1972

Schiefer, F. (1982), Faktoren der internationalen Wettbewerbsfähigkeit - aufgezeigt am Vergleich USA, Japan, Deutschland, in: ZfbF 1/1982, S. 34-51

Schlegel, F. (1979), Fallstudie: Produktvariation bei Automobilen, in: Marketing ZFP 3/1979, S. 194-198

Schmalen, H. (1979), Marketing-Mix für neuartige Gebrauchsgüter, Wiesbaden 1979

Schmeißer, F. (1984), Marketingstrategien in kurz-/schnellebigen Märkten (modische Bekleidungsindustrie), in: *Wieselhuber, N.; Töpfer, A.* (Hrsg.), Handbuch Strategisches Marketing, Landsberg 1984, S. 345-358

Schmidt, B.; Topritzhofer, E. (1978), Reaktionsfunktionen im Marketing: Zum Problem der Quantifizierung von Nachfrage- und Konkurrenzreaktionen, in: *Topritzhofer, E.* (Hrsg.), Marketing. Neue Ergebnisse aus Forschung und Praxis, Wiesbaden 1978, S. 195-238

Schmidt, R. B. (1969), Wirtschaftslehre der Unternehmung. Grundlagen, Bd. I, Stuttgart 1969

Schmidt-Sudhoff, U. (1967), Unternehmerziele und unternehmerisches Zielsystem, Wiesbaden 1967

Schmitt-Grohé, J. (1972), Produktinnovation. Verfahren und Organisation der Neuproduktplanung, Wiesbaden 1972

Schmitz, G. (1978), Marketing und Rechnungswesen, in: *Dornieden, U.; Scheibler, A.; Weihrauch, J.*, Operatives Marketing, Heft 4, Wiesbaden 1978, S. 265-339

Schmitz, G. (1982), Preispolitik, in: *Falk, B. R.; Wolf, J.* (Hrsg.), Das große Lexikon für Handel und Absatz, 2. Aufl., Landsberg 1982, S. 628-631

Schmölders, G. (1972), Konjunkturen und Krisen, Reinbek 1972

Schneider, D. (1971), Investition und Finanzierung, 2. Aufl., Opladen 1971
Schneider, D.J.G. (1978), Ziele und Mittel in der Betriebswirtschaftslehre, Wiesbaden 1978
Schneider, S. (1974), Matrixorganisation. Gestaltungsmöglichkeiten und Gestaltungsprobleme einer mehrdimensionalen teamorientierten Organisation, Frankfurt 1974
Schobert, R. (1980), Zeitreihenanalysen und Entwicklungsprognosen, in: *Diller, H.* (Hrsg.), Marketingplanung, München 1980, S. 80-102
Schoch, R. (1969), Der Verkaufsvorgang als sozialer Interaktionsprozeß, Winterthur 1969
Schoeffler, S.; Buzzell, R.D.; Heany, D.F. (1974), Impact of strategic planning on profit performance, in: Harvard Business Review 1974, S. 137-145
Scholz, Ch. (1984), Strategisches Rezessionsmanagement, in: Harvard Manager 1/1984, S. 16-28
Scholz, Ch. (1987), Unternehmensstrategie, Berlin-New York 1987
Schott, B. (1987), Banken/Versicherungen, in: *Geisbüsch, H.-G.; Weeser-Krell, L.M.; Geml, R.* (Hrsg.), Marketing, Landsberg 1987, S. 585-603
Schöttle, K. (1975), Produktinnovation und Diversifikation aus der Sicht des Investitionsgüterherstellers, in: *Meffert, H.* (Hrsg.), Marketing heute und morgen. Entwicklungstendenzen in Theorie und Praxis, Wiesbaden 1975, S. 371-390
Schreyögg, G. (1984), Unternehmensstrategie. Grundfragen einer Theorie strategischer Unternehmensführung, Berlin-New York 1984
Schulz, R.; Brandmeyer, K. (1989), Die Markenbilanz. Ein Instrument zur Bestimmung und Steuerung von Markenwerten, in Markenartikel 7/1989, S. 364-370
Schwartz, D.J. (1977), Marketing today. A basic approach, 2. Aufl., New York u.a. 1977
Schwarz, H. (1967), Optimale Investitionsentscheidungen, München 1967
Schwarz, Ch.; Sturm, F.; Klose, W. (Hrsg. MTP) (1987), Marketing 2000, Perspektiven zwischen Theorie und Praxis, Wiesbaden 1987 (2. Aufl. 1989)
Schweiger, G. (1975), Mediaselektion - Daten und Modelle, Wiesbaden 1975
Schweiger, G.; Schrattenecker, G. (1986), Werbung, Stuttgart 1986
Schweikl, H. (1985), Computergestützte Präferenzanalyse mit individuell wichtigen Produktmerkmalen, Berlin 1985
Schweitzer, M.; Troßmann, E. (1986), Break-even Analysen. Grundmodelle, Varianten, Erweiterungen, Stuttgart 1986
Sebastian, K.-H. (1985), Werbewirkungsanalyse für neue Produkte, Wiesbaden 1985
Sebastian, K.-H. (1988), Marketingbudgets im Härtetest, in: Absatzwirtschaft 5/1988, S. 74-78
Sedlmeyer, K.J. (1983), Panelinformation und Marketingentscheidung, München 1983
Segler, K. (1986), Basisstrategien im internationalen Marketing, Frankfurt-New York 1986
Seibert, K. (1981), Joint Ventures als strategisches Instrument im internationalen Marketing, Berlin 1981
Sever, M. (1985), Der Marktanteil als Kriterium für die Produkteliminierung, Frankfurt-Bern-New York 1985
Shell, Deutsche (Hrsg.) (1985), Jugendliche und Erwachsene 85. Generationen im Vergleich, Bd. 1-5, Opladen 1985
Sieber, E.H. (1970), Die multinationale Unternehmung - der Unternehmenstyp der Zukunft, in: ZfbF 1970, S. 414-438
Siegwart, H. (1974), Produktentwicklung in der industriellen Unternehmung, Bern-Stuttgart 1974
Sihler, H.; Krautter, J. (1978), Marketing-Modelle aus der Sicht der Praxis, in: *Topritzhofer, E.* (Hrsg.), Marketing. Neue Ergebnisse aus Forschung und Praxis, Wiesbaden 1978, S. 435-445
Sihler, H.; Schulz, R. (1974), Marketing-Informations-Systeme, in: Marketing-Enzyklopädie, Bd. II, München 1974, S. 513-527
Simon, H.A. (1957), Administrative Behavior, New York 1957
Simon, H.A. (1966), Perspektiven der Automation für Entscheider, Quickborn 1966
Simon, H. (1980), Marketingausgaben sind Investitionen, in: Absatzwirtschaft 10/80, S. 6-18 und S. 219
Simon, H. (1982), Preismanagement, Wiesbaden 1982
Simon, H. (1983), Pulsierende Werbung, in: Absatzwirtschaft 5/1983, S. 60-63
Simon, H. (1985), Goodwill und Marketingstrategie, Wiesbaden 1985

Simon, H. (1986), Herausforderungen an die Marketingwissenschaft, in: Marketing ZFP 3/1986, S. 205-213
Simon, H. (1988), Wettbewerbsvorteile und Wettbewerbsfähigkeit, Stuttgart 1988
Simon, H. (1989), Die Zeit als strategischer Erfolgsfaktor, in: ZfB 1/1989, S. 70-93
Smith, W. R. (1956), Product Differentiation and Market Segmentation as Alternative Marketing Strategies, in: Journal of Marketing 1956, S. 3-8
Sölter, A. (o.J.), Kooperation in der Rezession, in: *Jacob, H.* (Hrsg.), Aktive Konjunkturpolitik der Unternehmung, Wiesbaden o.J., S. 81-102
Specht, G. (1988), Distributionsmanagement, Stuttgart u.a. 1988
Specht, G.; Zörgiebel, W. W. (1985), Technologieorientierte Wettbewerbsstrategien, in: Marketing ZFP 3/1985, S. 161-172
Specht, K. G.; Wiswede, G. (1976), Marketing-Soziologie, Berlin 1976
Spiegel, B. (1961), Die Struktur der Meinungsverteilung im sozialen Feld. Das psychologische Marktmodell, Bern-Stuttgart 1961
Spiegel, B.; Nowak, H. (1974), Image und Image-Analyse, in: Marketing-Enzyklopädie, Bd. I, München 1974, S. 965-977
Spiegel-Verlag (Hrsg.) (1974), Kommunikationsprozesse und Werbewirkung, gemessen an 32 Kampagnen, Hamburg 1974
Spiegel-Verlag (Hrsg.) (1986), Outfit. Einstellungen, Stilpräferenzen, Markenorientierung, Kaufverhalten, soziale Milieus, Hamburg 1986
Springer-Verlag (Hrsg.) (1972), Bild am Sonntag - Kommunikation. Untersuchung über den Werbeerfolg, Hamburg 1972
Springer-Verlag (Hrsg.) (1978/79), Entscheidung, Verbrauch, Anschaffung, Hamburg 1978 und 1979
Stähly, P. (1988), Marketing-Mix-Modellierung, gestern und heute, in: Thexis 3/1988, S. 12-19
Staehle, W. H. (1969), Kennzahlen und Kennzahlensysteme als Mittel der Organisation und Führung von Unternehmen, Wiesbaden 1969
Staehle, W. H. (1973), Kennzahlensysteme als Instrument der Unternehmensführung, in: WiSt 5/1973, S. 222-228
Staehle, W. H. (1980), Management. Eine verhaltenswissenschaftliche Einführung, München 1980
Staehle, W. H. (1985), Management. Eine verhaltenswissenschaftliche Einführung, 2. Aufl., München 1985
Stahr, G. (1979), Auslandsmarketing, Bd. I: Marktanalyse und Bd. II: Marketingstrategie, Stuttgart u.a. 1979
Stalp, H. G. (1978), Strategische Geschäftseinheiten, ZfB-Diskussions-Forum. Thema: Strategische Geschäftseinheiten (SGE), in: ZfB 1978, S. 919-924
Staudt, T. A.; Taylor, D. A. (1970), A Managerial Introduction to Marketing, Englewood Cliffs, N.J. 1970
Steffenhagen, H. (1975), Konflikt und Kooperation in Absatzkanälen. Ein Beitrag zur verhaltensorientierten Marketingtheorie, Wiesbaden 1975
Steffenhagen, H. (1978), Wirkungen absatzpolitischer Instrumente. Theorie und Messung der Marktreaktion, Stuttgart 1978
Steffenhagen, H. (1982), Der Strategiebegriff in der Marketingplanung, Arbeitsbericht des Instituts für Wirtschaftswissenschaften Nr. 82/03, RWTH Aachen 1982
Steffenhagen, H. (1984a), Ansätze der Werbewirkungsforschung, in: Marketing ZFP 2/1984, S. 77-88
Steffenhagen, H. (1984b), Kommunikationswirkung. Kriterien und Zusammenhänge, Hamburg 1984
Steger, U. (1988), Umweltmanagement. Erfahrungen und Fundamente einer umweltorientierten Unternehmensstrategie, Frankfurt-Wiesbaden 1988
Steiner, G. A. (1971), Top Management Planung, München 1971
Steinmann, H. (1973), Zur Lehre von der gesellschaftlichen Verantwortung der Unternehmensführung, in: WiSt 10/1973, S. 467-472
Steinmann, H. (1981), Der Managementprozeß und seine Problemschwerpunkte, in: *Steinmann, H.* (Hrsg.), Planung und Kontrolle. Probleme der strategischen Unternehmensführung, München 1981, S. 1-19

Steinmann, H. (Hrsg.) (1981), Planung und Kontrolle. Probleme der strategischen Unternehmensführung, München 1981
Steinmann, H.; Löhr, A. (1989), Unternehmensethik, Stuttgart 1989
Stern, H. W. (1974), Einzelhandelspanel, in: Marketing-Enzyklopädie, Bd. I, München 1974, S. 525-539
Stern, H. W. (1980), Marke oder Preis, in: Absatzwirtschaft 12/1980, S. 83-92
Stern, M. E. (1975), Marketing Planung. Eine System-Analyse, 3. Aufl., Berlin 1975
Stevenson, H. H. (1980), Analyzing Corporate Strengths and Weaknesses, in: *Glueck, W. F.* (Hrsg.), Business Policy and Strategic Management, New York u. a. 1980, S. 186-194
Stoffels, J. (1989), Der elektronische Minimarkttest, Wiesbaden 1989
Strebel, H. (1980), Umwelt und Betriebswirtschaft, Berlin 1980
Strecker, O.; Reichert, J.; Pottebaum, P. (1990), Marketing für Lebensmittel, 2. Aufl., Frankfurt 1990
Stritzky, v., O. (1974), Lebenszyklen von Produkten, in: Marketing-Enzyklopädie Bd. II., München 1974, S. 281-291
Stümke, W. (1981), Strategische Planung bei der Deutschen Shell AG, in: *Steinmann, H.* (Hrsg.), Planung und Kontrolle. Probleme der strategischen Unternehmensführung, München 1981, S. 331-347
Süchting, J. (1978), Finanzmanagement. Theorie und Politik der Unternehmensfinanzierung, 2. Aufl., Wiesbaden 1978
Süchting, J.; Hooven, E. v. (1987), Handbuch des Bankenmarketing, Wiesbaden 1987
Szyperski, N. (1971), Das Setzen von Zielen - Primäre Aufgabe der Unternehmungsleitung, in: ZfB 1971, S. 639-670
Szyperski, N. (1978), Realisierung von Informationssystemen in deutschen Unternehmungen, in: *Müller-Merbach, H.* (Hrsg.), Quantitative Ansätze in der Betriebswirtschaftslehre, München 1978, S. 67-86
Szyperski, N.; Winand, U. (1979), Duale Organisation. Ein Konzept zur organisatorischen Integration der strategischen Geschäftsplanung, in: ZfB KS 1979, S. 195-205
Tajima, Y. (1974), Internationales Marketing, in: *Tietz, B.* (Hrsg.), Handwörterbuch der Absatzwirtschaft, Stuttgart 1974, Sp. 896-909
Tannenbaum, R.; Schmidt, W. H. (1958), How to choose a leadership pattern, in: Harvard Business Review 1958, S. 95-101
Thies, G. (1976), Vertikales Marketing, Berlin-New York 1976
Thiriez, H.; Zionts, S. (1976), Multiple Criteria Decision Making, Berlin u. a. 1976
Thom, N. (1980), Grundlagen des betrieblichen Innovationsmanagements, 2. Aufl., Königstein 1980
Tietz, B. (1978), Marketing, Tübingen-Düsseldorf 1978
Tietz, B. (1985a), Der Handelsbetrieb, München 1985
Tietz, B. (1985b), Struktur und Dynamik des Direktvertriebs, Landsberg 1985
Tietz, B. (1986), Optionen bis 2030, Stuttgart 1986
Tietz, B. (1989), Euro-Marketing. Unternehmensstrategien für den Binnenmarkt, Landsberg 1989
Tietz, B.; Zentes, J. (1980), Die Werbung der Unternehmung, Reinbek 1980
Time Inc. (Hrsg.) (1982), A Study of the Effectiveness of Advertising Frequency in Magazines, New York 1982
Töpfer, A.; Afheldt, H. (Hrsg.) (1983), Praxis der strategischen Unternehmensplanung, Frankfurt 1983
Tomczak, T. (1989), Situative Marketingstrategien, Berlin-New York 1989
Topritzhofer, E. (1974), Marketing-Mix, in: *Tietz, B.* (Hrsg.), Handwörterbuch der Absatzwirtschaft, Stuttgart 1974, Sp. 1247-1264
Topritzhofer, E. (Hrsg.) (1978), Marketing. Neue Ergebnisse aus Forschung und Praxis, Wiesbaden 1978
Treis, B. (1974), Marketing in Frage und Antwort, Berlin 1974
Trommsdorff, V. (1975), Die Messung von Produktimages für das Marketing, Grundlagen und Operationalisierung, Köln u. a. 1975
Trommsdorff, V. (1979), Das empirische Gutachten als Beweismittel im Wettbewerbsprozeß, in: Marketing ZFP 2/1979, S. 91-101

Trommsdorff, V. (Hrsg.) (1990), Innovationsmanagement in kleinen und mittleren Unternehmen, München 1990
Trommsdorff, V.; Schuster, H. (1981), Die Einstellungsforschung für die Werbung, in: *Tietz, B.* (Hrsg.), Die Werbung, Bd. 1, Landsberg 1981, S. 717-765
Trux, W.; Kirsch, W. (1979), Strategisches Management oder die Möglichkeit einer „wissenschaftlichen" Unternehmensführung, in: DBW 1/1979, S. 215-235
Trux, W.; Müller, G.; Kirsch, W. (1984), Das Management strategischer Programme, 1. und 2. Halbband, Herrsching 1984
Tucker, W.T.; Painter, J.J. (1961), Personality and product use, in: Journal of Psychology 1961, S. 335-359
Übele, H. (1982), Methodenhilfe für Marketing-Entscheidungen, in: Absatzwirtschaft 5/1982, S. 87-96
Überla, K. (1977), Faktorenanalyse, Berlin u. a. 1977
Übleis, H.P. (o.J.), Das absatzpolitische Instrumentarium der multinationalen Unternehmung, Gernsbach o.J.
Ulrich, H. (1978), Unternehmungspolitik, Bern-Stuttgart 1978
Ulrich, P.; Fluri, E. (1975), Management. Eine konzentrierte Einführung, Bern-Stuttgart 1975
Ulrich, P.; Fluri, E. (1984), Management. Eine konzentrierte Einführung, Bern-Stuttgart 1984
Unger, F. (1985), Marktgerechte Außendienststeuerung, Heidelberg 1985
Uphues, P. (1979), Unternehmerische Anpassung in der Rezession, Wiesbaden 1979
Urban, G.L. (1967), SPRINTER: A Tool for New Product Decision Makers, in: Industrial Management Review 1967, S. 43-54
Venohr, B. (1988), „Marktgesetze" und strategische Unternehmensführung. Eine kritische Analyse des PIMS-Programms, Wiesbaden 1988
Vershofen, W. (1940), Handbuch der Verbrauchsforschung, Bd. I, Berlin 1940
Vershofen, W. (1959), Die Marktentnahme als Kernstück der Wirtschaftsforschung, Köln 1959
Vesper, V.D. (1987), Martialische Masche. Bücher zur Strategie, in: Absatzwirtschaft 3/1987, S. 92-94
Vidale, M.L.; Wolfe, H.B. (1957), An Operations-Research Study of Sales Response to Advertising, in: Operations Research 1957, S. 370-381
Walldorf, E.G., Auslands-Marketing, Wiesbaden 1987
Walters, M. (1984), Marktwiderstände und Marketingplanung, Wiesbaden 1984
Walton, C. (1967), Corporate social responsibilities, Belmont, Calif. 1967
Wanner, E. (1984), Marketing, in: *Bestmann, U.* (Hrsg.), Kompendium der Betriebswirtschaftslehre, 2. Aufl., München-Wien 1984, S. 275-365
Weber, H.K. (1969), Der Absatzmarkt der industriellen Unternehmung. Formen und Typen, Köln und Opladen 1969
Weber, M. (1986), Der Marktwert von Produkteigenschaften, Berlin u. a. 1986
Webster, F.E.; Wind, Y. (1972), Organizational Buying Behavior, Englewood Cliffs, N.J. 1972
Weinberg, P. (1977), Die Produkttreue der Konsumenten, Wiesbaden 1977
Weinhold-Stünzi, H. (1972), Marketing. Ein Lehrgang in 12 Lektionen, 7. Aufl., Heerbrugg-St. Gallen 1972
Weinhold-Stünzi, H. (1974), Grundlagen wirtschaftlicher Absatzführung, Bern-Stuttgart 1974
Weis, H.Chr. (1987), Marketing, 6. Aufl., Ludwigshafen 1987
Weis, H.Chr. (1988), Verkauf, Ludwigshafen 1988
Wells, W.D.; Gubar, G. (1966), Life cycle concept in Marketing Research, in: Journal of Marketing Research 1966, S. 355-363
Wells, W.D.; Tigert, D. (1971), Activities, Interests and Opinions, in: Journal of Marketing Research 1971, S. 27-35
Welters, K. (1977), Cross Impact Analyse als Instrument der Unternehmensplanung, in: BFuP 1977, S. 557-568
Wenner, W.; Köster, J. (1989), Das europäische Unternehmen, Bonn 1989
Wenzel, W. (1984), Werbewirkungsforschung für die Mediaplanung, in: Marketing ZFP 2/1984, S. 89-97
Wheelwright, S.C.; Makridakis, S. (1980), Forecasting. Methods for Management, 3. Aufl., New York 1980

White, C.M. (1960), Multiple Goals in the Theory of the Firm, in: *Boulding, K.E.; Spivey, A.W.* (Hrsg.), Linear Programming and Theory of the Firm, New York 1960
Wicke, L. (1989), Umweltökonomie, 2. Aufl., München 1989
Wiedmann, K.-P. (1984), Frühwarnung, Früherkennung, Frühaufklärung. Arbeitspapier Nr. 25, Institut für Marketing, Universität Mannheim 1984
Wiedmann, K.-P. (1985), Entwicklungsperspektiven der strategischen Unternehmensführung und des strategischen Marketing, in: Marketing ZFP 3/1985, S. 149–160
Wieselhuber, N. (1983), Phasen und Prozeß der strategischen Planung, in: *Töpfer, A.; Afheldt, H.* (Hrsg.), Praxis der strategischen Unternehmensplanung, Frankfurt 1983, S. 55–82
Wieselhuber, N.; Töpfer, A. (Hrsg.) (1984), Handbuch Strategisches Marketing, Landsberg 1984
Wild, J. (1973), Product Management. Ziele, Kompetenzen und Arbeitstechniken des Produktmanagers, 2. Aufl., München 1973
Wild, J. (1974), Grundlagen der Unternehmungsplanung, Reinbek 1974
Wild, J. (1982), Grundlagen der Unternehmensplanung, 4. Aufl., Opladen 1982
Wilde, K.D. (1986), Differenziertes Marketing auf der Basis von Regionaltypologien, in: Marketing ZFP 3/1986, S. 153–162
Wilde, K.D. (1989), Bewertung von Produkt-Markt-Strategien. Theorie und Methoden, Berlin 1989
Winand, U. (1988), Externe Informationsbanken für betriebliches Informationsmanagement, in: ZfbF 12/1988, S. 1130–1149
Wind, Y. (1972), Life Style Analysis. A New Approach, in: *Allvine, F.C.* (Hrsg.), Relevance in Marketing, Marketing in Motion, Chicago 1972, S. 302–305
Windhorst, K.G. (1985), Wertewandel und Konsumentenverhalten, 2. Aufl., Münster 1985
Winterling, K. (1984), Marketingstrategien in stagnierenden Märkten, in: *Wieselhuber, N.; Töpfer, A.* (Hrsg.), Handbuch Strategisches Marketing, Landsberg 1984, S. 319–330
Wiswede, G. (1973), Motivation und Verbraucherverhalten, 2. Aufl., München-Basel 1973
Wiswede, G. (1974), Unternehmerverhalten zwischen rationalem Anspruch und psycho-sozialer Wirklichkeit, in: Jahrbuch der Absatz- und Verbrauchsforschung 1974, S. 144–153
Wiswede, G. (1978), Psychologie der Markenbildung, in: Markenartikel heute. Marke, Markt und Marketing, Wiesbaden 1978, S. 135–258
Wiswede, G. (1983), Marktsoziologie, in: *Irle, M.* (Hrsg.), Marktpsychologie als Sozialwissenschaft, Göttingen 1983, S. 151–224
Witt, F.-J. (1985), Konzeptionelle Marktbearbeitungsstrategien, in: Markenartikel 5/1985, S. 210–213
Witte, E. (1968), Phasen-Theorem und Organisation komplexer Entscheidungsverläufe, in: ZfbF 1968, S. 625–647
Wittek, B.F. (1980), Strategische Unternehmensführung bei Diversifikation, Berlin-New York 1980
Wittek, B.F. (1988), Strategien auf Kundennutzen aufbauen, in: *Simon, H.* (Hrsg.), Wettbewerbsvorteile und Wettbewerbsfähigkeit, Stuttgart 1988, S. 66–72
Wittmann, W. (1959), Unternehmung und unvollkommene Information, Köln und Opladen 1959
Wolff, V. (1978), Marktbearbeitungsstrategien des Versicherungsunternehmens, Berlin-München 1978
Woll, A. (1978), Allgemeine Volkswirtschaftslehre, 6. Aufl., München 1978
Woll, A. (1984), Wirtschaftspolitik, München 1984
Woo, C.Y. (1984), Market-Share-Leadership – Not always so good, in: Harvard Business Review 1/1984, S. 50–54
Wunderer, R.; Grunwald, W. (1980), Führungslehre, Bd. 1: Grundlagen der Führung, Bd. 2: Kooperative Führung, Berlin-New York 1980
Yankelovich, D. (1964), New Criteria for Market Segmentation, in: Harvard Business Review 1964, S. 83–90
Zahn, E. (1971), Das Wachstum industrieller Unternehmen. Versuch einer Erklärung mit Hilfe eines komplexen, dynamischen Modells, Wiesbaden 1971
Zangemeister, C. (1976), Nutzwertanalyse in der Systemtechnik, 4. Aufl., München 1976
Zentes, J. (1986), Verkaufsmanagement in der Konsumgüterindustrie, in: DBW 1/1986, S. 21–28

Zentes, J. (1980), Außendienststeuerung, Stuttgart 1980
Zentes, J. (1989), Trade Marketing. Eine neue Dimension in den Hersteller-Händler-Beziehungen, in: Marketing ZFP 4/1989, S. 225-229
Zepf, G. (1972), Kooperativer Führungsstil und Organisation, Wiesbaden 1972
Zimmermann, H. J. (1977), Verfahren quantitativer Analyse als Entscheidungshilfen im Marketing, in: *Köhler, R.; Zimmermann, H. J.* (Hrsg.), Entscheidungshilfen im Marketing, Stuttgart 1977, S. 29-43
Zimmermann, W. (1989), Operations Research. Quantitative Methoden der Entscheidungsvorbereitung, 4. Aufl., München-Wien 1989
Zörgiebel, W. W. (1983), Technologie in der Wettbewerbsstrategie, Berlin 1983

Verzeichnis der Beispiele

Aachener und Münchener 366
Accessoires 181, 185, 543
Adidas 168, 301 ff.
AEG 129, 143
Agfa 480
Aigner 168, 181 f., 571
Aldi 31, 44, 189, 194 ff., 406 f., 496, 500, 506
Allgäuer Alpenmilch 128, 219
Allianz 366
Allkauf 500
Altenkost 230, 390, 414
Anheuser-Busch 283
AOK 134, 217
Apollinaris 134, 221
Apparatebau 471
Appel & Frenzel 262
Arena 302
Arzneimittel 130, 148, 167, 185, 187, 199, 231, 252, 288, 301, 353, 356, 449, 475, 481
Asbach 199, 522
Asko 500
Auto-Elektronik 314
Autohansa 203
Automobile 29, 31 f., 33, 36, 41, 77, 118, 135 f., 138, 140, 142 f., 169, 180 f., 185, 187, 192, 211, 230, 282 ff., 287 f., 309, 317 f., 356, 390, 416 ff., 449, 475, 523, 532, 539
Autovermietung 36, 203, 306
AVA 500
Avis 33, 203
Avon 169, 543

Babor 217
Babyartikel 128, 230, 322, 400, 414, 536
Backwaren(-mittel) 164 f., 175, 258, 261, 265, 399, 480, 483, 489, 492, 542
Bahlsen 378, 501
Banken 143 f., 145, 253 f., 267 f., 277, 288, 356
BASF 39 f., 277
Bassermann 318
Batig 142 f.
BAT 142 f.
Bauer (Molkerei) 160
Bauer (Verlag) 199
Bau-/Landmaschinen 137, 288, 475
Bayer 274, 277
Beiersdorf (BDF) 36, 175, 178 ff., 252 f., 301, 321 f., 449, 481
Betrix 141, 182, 211
Bier 44, 54, 58 f., 85 f., 141, 161, 164 f., 166, 169, 193, 200 f., 211, 212 ff., 250, 258, 260 f., 281 f., 283, 284 f., 322 f., 324, 353, 356, 360, 363, 377, 399, 404, 414, 472, 492, 510
Bitburger 193, 360
Black & Decker 129
Blaue Quellen 221
Blendax 169
BMW 31 f., 180, 317 f., 539
Bofrost 160, 169, 261, 266, 543
Bosch 129, 175, 314
Boss 141, 168, 182, 286
Braun 169, 175, 252 f.
Buderus 201
Bücher 145, 185, 288, 390, 400, 542
Bürobedarf 130, 142, 185, 187, 475
Bürokommunikation 39, 142, 185, 325, 475
Buitoni 148

Carnation 147
Carrefour 195
Cartier 168
Case International 137
Cerealien 148, 160, 175, 391 f., 399, 506
Chemische Produkte 29, 39 f., 142, 143, 185, 274, 325, 384, 471, 475 f.
Chrysler 282
Coca-Cola 174, 288, 501
Colgate-Palmolive 237
Computer 33, 39, 87, 130, 137, 142
Continental 212, 318 f., 323 f., 366
Co op 500
Corning 279

Daimler-Benz 33, 36, 135 f., 143, 180, 317 f., 366
Dallmayer 147
Dampfturbinen 475
Davidoff 182
Deckel 286
Deoprodukte 130, 164 f., 166, 198, 236, 250, 400, 411 f., 415, 477 f., 481
Deutsche Bank 144
Develey 262
Diätkost 177, 353, 390, 492
Diebels 54, 169, 187, 261, 285, 322 f., 360
Dienstleistungen 144, 169, 265 f., 277, 466, 543
Dornier 143
Douglas 145, 366
Duftwässer/Parfüms 64 f., 164 ff., 168, 218, 236, 239 f., 353, 400

660 Verzeichnis der Beispiele

Dunhill 182
Dupont 42 ff.

Ebauches 41
Eckes 199, 501
Eder 44
Eduscho 56
Effem 175, 211 f., 501
Eismann 160, 261
Elektrische Generatoren 475
Elektrogroßgeräte 163, 175, 185, 187, 211, 314, 390, 475 f., 522, 532, 536, 543
Elektrokleingeräte 130, 163, 169, 175, 185, 187, 253, 390
Elektronik 37 ff., 143, 314, 325, 348
Elektrowerkzeuge 128 f., 175, 314, 390
Elida-Gibbs 169
EMI 242 f.
Erfrischungsgetränke 62, 125, 128, 130, 134, 164 ff., 174 f., 192, 211, 255, 258, 265, 353, 399, 475 f., 492, 518, 541, 544
Escada 286
Europcar 203

Fahrräder (Zweiräder) 130, 185, 187, 199, 288
Falke 141, 182
Fast-food 33, 266, 279
Fein 129
Feinkost 390, 399, 489, 492
Ferrero 175, 501
Fertighäuser 478 f.
Fertignahrung(-gerichte) 167, 175, 211, 318, 492
Fertigungssysteme 286
Finanzdienstleistungen 143 f., 145, 277
Fleisch-/Wurstwaren 195, 356, 390, 399, 404, 489, 492
Fliegenklappen 420 f.
Ford 77, 180 f., 211, 283
Formartikel 323
Foto(bedarf) 37, 130, 169, 185, 187, 210, 288, 390, 475, 479, 480

Gartenbedarf 137, 390, 492
Gastronomie 33, 36
General Electric (GB) 279
General Electric (US) 242 f.
General Foods 147
General Mills 148
General Motors 28, 283
General Tire 324
Glasfasern 279
Goodyear 318
Granini 128
Grundig 324, 511

Haarpflege 125, 136 f., 164, 166, 192, 198, 219 f., 236, 400, 411 f., 477 f.
Handel 29 f., 31, 44, 86 f., 135 f., 143, 145, 175, 190 f., 194 ff., 200 f., 210, 265, 356, 466, 485 ff., 497 ff., 506 ff., 512, 543, 585, 605 f.
Hannen 187, 261, 322 f.
Haushaltsartikel 128, 175, 185, 187, 390, 475, 480, 481, 489, 492, 518, 542
Heimausstattung(-textilien) 143, 201, 431
Heimdienste 160, 261, 266, 543
Heineken 283
Heizkessel(-technik) 201, 306
Henkel 31, 170, 175, 178, 217, 317, 321 f.
Henkell 209 f., 483
Henninger 211
Herta 147
Hertie 500
Hertz 203
Hitachi 39
Hobbyartikel 87, 129, 135 f.
Horten 143, 200, 500
Hotels 148, 220
Hüppe 143
Hussel 145 (s. *Douglas*)
Hygienepapiere 128, 161, 353, 400, 403

IBM 33, 137
Ikea 33, 71 f., 208
Interlübke 208
Inter-Rent 203
Investitionsgüter (sonstige) 187, 240, 270 f., 273, 466, 473, 518, 590
Imhoff 202, 210
ITS 54
Iveco 137

Jacobs/Suchard 56, 175, 199, 203, 211, 501
Jägermeister 193, 219
Jewel food 195
Jil Sander 182

Kaffee 56 f., 147 f., 164 f., 166, 175, 195, 198, 211, 353, 356, 390, 399, 403 f., 407, 413, 480
Karstadt 200, 366, 500
Kartoffel(fertig)produkte 126, 140, 175, 399
Käse 285, 353, 357, 399, 492
Kaufhof 197, 200
Kellogg's 148, 160, 175, 500, 506
KHD 137
Kimberley-Clark 128
Knorr-Mai-Zena 501
Kondensmilch 128, 164, 166, 195, 399
Kontaktlinsen 518
König 193, 285, 360
Körperpflege (sonstige) 130, 136 f., 141, 145, 148, 164, 166 f., 169 f., 175, 178, 185, 195,

Verzeichnis der Beispiele 661

198, 216f., 218, 233ff., 236f., 318, 353, 372, 400, 411f., 414, 449, 477f., 489, 492, 522, 541
Kosmetik (pflegende/dekorative) 130, 134, 164, 166, 167, 168, 169, 172, 176, 178, 181f., 211, 216ff., 236, 252, 301, 321f., 353, 356, 372, 400, 404, 407, 414, 481, 489, 541, 543
Kraft 501
Krombacher 360
Kynast 199

Lacoste 168
Lambertz 262
Langnese-Iglo 160, 211, 266
Lauder 216f.
Le Coq 302
Lederwaren 181, 185
Lego 136
Lidl & Schwarz 500
Lindt 255f.
Ludwig 199
Luft- und Raumfahrt 143, 288
Lünebest 285

Mackintosh-Rowntree 506
Maho 286
Mars 160, 219
Massa 500
Matsushita 39
MBB 143
McDonald's 33, 279, 286
Medizinische Geräte 148, 185, 242f., 279
Melitta 56, 480, 501
Mercedes (s. *Daimler-Benz*) 36
Metabo 129
Metro 142, 145, 500
Michelin 318, 323
Miele 175
Migros 29f.
Milch(frisch)produkte 130, 148, 160, 264f., 285, 356f., 362f., 464, 480, 489, 492
Mineralöl(industrie) 185, 383f.
Möbel 33, 71f., 181, 185, 208, 288, 356, 390, 475, 532, 542
Monheim 199
Motorola 39
Mövenpick 36, 178
MTU 143
Mühlens 64f., 239
Musikinstrumente 185

Nabisco 202
Nahrungsfette 130, 164, 166, 169, 175, 195, 198, 353, 375f., 399, 479, 492, 506
Nahrungsmittel (sonstige) 29, 130, 140, 147f., 164, 166, 177, 185, 187, 192, 195, 198, 208, 218, 257f., 262, 272, 288, 353, 378, 399, 414, 462ff., 469, 475f., 480, 483, 489, 532, 536
Nähmaschinen 185
Nanz 500
Neckermann 366
Nestlé 44, 147f., 251, 272f., 285, 366, 392, 501
Nike 303
Nivea 179, 216, 321f.
Nixdorf 137
Norma-Roth 500
NUR 54

Oberbekleidung 125, 140f., 167, 181, 226, 286, 353, 356, 376, 469, 475
Obst und Gemüse 5, 186, 399, 489
Oetker 44, 160, 175, 177, 209, 480, 483, 501, 542, 571
Ohio Nuclear 242f.
Olivetti 142
Opel 180f.
Optische Geräte 187

Papst & Richartz 199
Pegulan 143
Pelikan 142
Pepsi-Cola 174
Pfanni 126, 175
Pfizer 242f.
Pharmazeutika (s.Arzneimittel)
Philip Morris 147
Philips 279
Phoenix 323f.
Pirelli 483
Playmobil 136
Plus 44
Polaroid 169f.
Procter & Gamble 77, 317, 501

Quelle 500

Reebok 303
Reemtsma 141
Reifen 187, 212, 318, 323f., 403, 475, 483, 589
Rewe 500
Rewe-Leibbrand 197, 500
Ritter 203
Rohstoffe 220
Rolex 168
Rosenthal 175
Rowntree 148

Salamander 279
Sarotti 203
Schaper 500
Schaukelstühle 420f.
Schlecker 197, 500

Schmuck 145, 181, 185, 288, 390
Schöller 160, 178, 211, 501
Schokoladen/Pralinen 44, 95, 127, 134f., 147f., 164, 166, 175, 177, 195, 198, 202f., 208, 210, 255f., 353, 356, 363, 378, 399, 480, 482
Schokoriegel 135, 160, 164, 166, 195, 198, 219, 475f., 480, 536f.
Schuhe 145, 185, 187, 279
Schwarzkopf 220
Sears, Roebuck & Co. 145
Seife 95, 164, 166, 185, 192, 195, 198, 233ff., 236f., 475f., 477f.
Sekt 85, 164, 166, 208ff., 353, 360, 399, 404, 483, 492
Semperit 212, 323
Senf 262, 399
Sharp 39
Shell, Deutsche 384, 392
Siemens 211, 273f., 277, 279
Sixt 203
Söhnlein 209f.
Sony 37ff.
Spar 500
Spezialwerkzeuge 475
Spielwaren 87, 135f., 142, 185, 542
Spirituosen 164, 166f., 193, 199, 218f., 353, 356, 399, 492, 507, 522
Sport(Freizeit-)artikel 87, 135f., 145, 185, 302f., 390, 475
Sprengel 202, 210
Springer 199
Stollwerck 202f., 210
Storck 378, 500, 506
Süßwaren (sonstige) 95, 130, 135, 145, 148, 164, 166, 177, 192, 199, 202, 210f., 255f., 363, 399, 492, 506f., 536f., 541

Telefunken 324, 501f.
Tengelmann 197, 366, 500
Textilien 62, 141, 169, 182, 185, 187, 288, 469
Thomy 262
Thyssen 545f.
Tiefkühl-Institut, Deutsches 160
Tiefkühlkost (incl. Eiskrem) 147f., 160, 169, 177, 211, 261, 266, 399, 404, 480, 483, 489, 492, 518, 543, 587

Tiernahrung 147f., 175, 211, 399, 414, 489, 492
Touristik 53f., 127, 144
Triumph-Adler 142f., 366
Trumpf 44, 199, 480
Tschibo 56
TUI 54

Uhren 41f., 130, 145, 185, 187, 192, 288, 437, 541
Unilever 285, 501
Union Deutsche Lebensmittelwerke 479
Uniroyal 212, 323
Unterhaltungselektronik 37ff., 87, 185, 192, 252f., 288, 324f., 356, 390, 400, 475f.

van Laack 169
Veltins 360
Versicherungen 143f., 145, 277, 288
Versorgungsunternehmen, öffentliche 220, 288
Vichy 216f.
Viessmann 201
Volkswagen (VW) 41, 142f., 169, 277, 287, 366, 449
Vorwerk 543

Warsteiner 360
Wasch-/Reinigungsmittel 31, 130, 163, 164f., 166, 175, 177f., 185, 189, 193f., 195, 198, 218f., 220f., 224, 317, 353, 356, 400, 414, 489, 492, 506, 518, 522, 537
Wein 29, 143, 219, 353, 399, 492
Werkzeugmaschinen 286, 309, 325, 348
Wertkauf 500
WMF 175
Wolf 137

Zahnpflege 161, 164, 166, 169, 170f., 175, 195, 236, 356, 400, 518
Zeitschriften 145, 199, 208, 288, 356, 390
Zigaretten 5, 95, 141, 161, 163, 164, 166, 169, 176, 185, 224, 230f., 288, 356, 399, 407, 413, 475f., 587
Zigarettenmaschinen 518
ZVEI 44

Sachverzeichnis

ABC-Analyse 447
Abhebung, strategische 160, 310, 411 ff.
Abnehmer-Selektion 448, 537, 543
Absatzkennziffern 426 f.
Absatzleiter 459 f., 615
Absatzlogistik 445, 448, 451, 456
Absatzorganisation (s. auch Marketing-Organisation) 445, 448, 512 f.
Absatzprofil 55 f.
Absatzsegmentrechnung 224, 581 ff.
Absatzwege 445, 448, 463, 537 f., 542 f.
Adäquanzprüfungen 604 f.
Added value (s. auch Zusatznutzen) 159
Adoptergruppen 517
Affluent Society 1
AIO-Approach 238 f.
AIOV-Approach 238
Akquisition 146 ff., 340 f., 365 f., 401
Akquisitorisches Potential 133 f.
Aktivitätsniveau 110, 350 ff., 365 f., 452, 533 f.
Allgemeine Wertvorstellungen 27 ff., 70
Allokationsproblem 440 f.
Analogiemethode, waren-spezifische 473 ff., 476 ff.
Analyseverfahren, multivariate 244 f., 416 ff.
Angebotspolitik 442 ff., 446 ff., 462 ff., 536 f., 540 f.
Anpassung, strategische 160, 310, 411 ff.
Anspruchsanpassung/-niveau 23, 101 ff., 354, 533 f.
Arbeitsplatzgestaltung, multifunktionale 600
Assimilationseffekt 194
Attraktivierung 169 f., 538
Auch-Marken 156, 189, 192, 199, 210, 402, 545
Aufnahmeverhalten (Handel) 133, 485, 488 f., 512 f.
Ausstrahlungseffekt 587
Autonomien (sachliche, zeitliche) 616

Basic beliefs 27 ff., 320
Basispfad, strategischer 385
Bedarf (Neu-/Ersatz-) 522
Befragung 414 f., 557 ff.
Benefit-Segmentation 227 f., 233 ff.
Bereitschaftsstadien (Käufer) 66
Betriebsformen (Handel) 494 ff.
Bevölkerungsentwicklung 389 f., 425 ff., 430
Branchen-Marketing 465

Break-even-Analyse 574 ff., 578 ff.
Break-even-Point 90, 518, 521, 576 ff.
Breitband-Marketing 403

Carry over 587
Cash cows 339 f.
Cash flow 333, 340
Commodity approach 473 ff.
Computer Aided Selling (CAS) 448
Conglomerates 142, 146, 545 f.
Conjoint Measurement 160 f.
Controller 583 f.
Corporate Design 449, 462
Corporate Identity 28, 449, 462, 481, 545
Corporate Planning Concept 326
Countertrade 279

Decay 587
Decision Calculus 594 f.
Deckungsbeitragsrechnung 49 f., 580 ff.
Defining the business 242 f., 622 f.
Dekomposition (OR) 588 f.
Delphi-Methode 382 ff.
DEMON-Modell 571 f.
Design 133, 253, 446
Differenzierung des Marketingprogramms 214 ff., 470
Diffusionstheorie 516 f., 563
Direct-Marketing 449
Direkte Preispolitik 447
Diskontinuitäten 1, 77, 347, 384, 604, 622 f.
Diskriminanzanalyse 244 f., 417
Dissonanz, kognitive 538
Distributionspolitik 442 ff., 448 f., 462 ff., 537 f., 542 f.
Diversifikation
-, conglomerative 146, 545 f.
-, horizontale 140 ff., 303
-, laterale 140 ff.
-, systemorientierte 143 ff.
-, vertikale 140 ff.
Dogs 339 f.
Domestic Marketing 258 ff.
Dominanzcharakter des Marketing 4, 116
Dominanzen, strategische 302
Drei-Komponenten-Theorie 231
Dupont-System 42 ff., 71 ff.
Dynamik der Betriebsformen 200, 605 ff.

Economies of scale 91, 140, 268, 335
Einstellungen 51, 160ff., 231ff., 238f., 392, 403f.
Entscheidungsarten 601 f.
Entscheidungsinstanzen (im Handel) 490 f.
Entscheidungsmodelle 19, 585 ff.
Entscheidungstechniken 601 f.
Entwicklungsprognosen 378 ff.
Erfahrungskurve 92 f., 205 f., 335 ff., 519
Erfolgsfaktoren 36, 171, 448, 608, 617
 (s. auch PIMS-Projekt)
Erfolgsmaßstäbe 580 ff.
Erlebnishandel 502 f.
Ermittlungsmodelle 556 ff.
Ertragspotential 336 f., 617
E-V-Hypothese 161
Export(unternehmung) 270 f., 275

Facelifting 523
Firmenimage (s. Image)
Firmenmärkte 60, 237 f.
Firmenpreis 363 f.
Flexible response 555
Floprate (neuer Produkte) 491 f.
Forschung und Entwicklung 38, 146 f., 340 f.
Franchising 270, 278, 512
Fristengerechtigkeit, strategische 616
Frühaufklärung 385
Frühreife, strategische 315 f.
Frühwarnsysteme (s. Frühaufklärung)
Führung (Funktionen) 620 f.
Führungskonzeption, marktorientierte 1 f., 116, 603 ff.
Führungsstil
-, autoritärer 620
-, kooperativer 620

Gap-Analyse 327 ff.
Gate-keeper 484
Gattungsmarken (s. Generics)
Gebietsausdehnung
-, inselförmige 265 ff.
-, konzentrische 260 ff.
-, selektive 262 ff.
Gebietsschrumpfung 280 f., 424
Gegengeschäfte 279
Generics 188 f., 191, 195 f., 298, 406, 409, 521
Geschäftsloyalität 504, 537
Gesellschaftsbezogene Aufgaben 30 ff.
Gewinnmaximierung 10 f., 24
Gewinnschwelle (s. Break-even-Point)
Global Marketing 287 ff., 433 f.
Grundnutzen 133 f., 156, 189, 237, 239, 393, 538, 543 f.

Handel, Entwicklungen des 426, 494 ff.
Handelsmarken 184, 188 f., 191, 196 ff., 298, 406 f., 504, 521
Handelsware 138, 146
Herausverkaufsmaßnahmen 507
Heterogenisierung(sfaktoren) 158, 247 f.
Hineinverkaufsmaßnahmen 507
Heuristische Regeln/Verfahren 330, 333, 352 ff., 474 ff., 479, 592 ff., 601 f.
Hochpreispolitik 526
Home-Use-Test 558 f.
Homogenisierung(sfaktoren) 247 f.
Homo oeconomicus 10

Ideales Produkt 85 f., 232
Identität des Unternehmens (s. Corporate Identity)
Image 51, 60 ff., 70, 73, 85 f., 93 ff., 159 ff., 168 f., 183, 584, 587
Imagetransfer 140 f., 179 f., 211 f., 252 f.
Imageverfall 93 ff., 96 f., 172 f., 201 ff., 410 ff.
Impulskäufe 507, 538
Inadäquanzen, strategische 503
Indikatormodelle 379 ff., 385, 527 f.
Indirekte Preispolitik 447
Industrial Economics 308
Industrial Organization 308
Informationssysteme 595 ff.
Innovationen 130, 488, 492 f., 525 ff.
Innovationsportfolio 314
Innovationsprozeß 131 ff., 395 ff., 488, 512
Innovatoren 517, 525 f.
Intelligenz, soziale 620
International Marketing 268 ff., 545 f.
Internationale Strategien 268 ff.
Internationalisierungsstufen 270 ff., 278 f., 289 f.
Involvement 161

Joint venture 146 ff., 149, 278 f., 324

Kamel-Höcker-Kurve 522 f.
Kannibalismus-Effekt 213
Käuferreichweite 70, 391
Käufertypologien 232 f., 234 f.
Käuferwanderung 537
Kapazitätsbedingungen, strategische 410 ff.
Kaufeintrittsmodelle 379 ff., 572
Kaufintensität 70, 391
Kaufkraftkennziffern 427 f.
Kennlinie, strategische 193 f.
Key-Account-Management 512
Kommunikationspolitik 442 ff., 449, 462 ff., 538 f., 543 ff.
Kommunikationstechnologien 600
Kompetenz 36, 86 f., 134 f., 177 f., 302, 319
Konjunktur(ablauf) 527 ff.
Konjunkturindikatoren 527 ff., 547

Konjunkturzyklen 527, 530
Konkurrenzforschung 325f., 369f.
Konkurrenzorientierung 76f., 307ff.
Kontakt-Wirkung 566
Kontinuum-Theorie 619f.
Kontrollrechnungen 573ff., 580ff.
Konzentration im Handel 2, 266, 484ff., 494ff., 498f., 500
Konzeptioneller Blick 76f.
Kooperationskonzept, vertikales 507f.
Kosten-Leistungsverhältnis 408f.
Kostenführerschaft 308f.
Kostensenkungspotential 335ff., 409f., 617
Kreativitätstechniken 395f.
Kriegskassen 365f.
Kumulationseffekte 178f.
Kundenorientierung 36, 77, 308f., 325
Künstliche Intelligenz 597
Kuppelprodukte 471

Länder-Portfolio 432f.
Lebenszyklus (s. Produkt- bzw. Unternehmenslebenszyklus)
Leitlinien 39f.
Leitlinien-Konzept 106f.
Lernkurven 335, 562ff.
Life extension 522f.
Life-style-Konzept 238ff.
Lineare Programmierung 590ff.
Lizenz 138, 146f., 264f., 278
Lorenzkurve 447
Lückenanalyse 327ff.

Märkte
- Arrondierungs- 127f.
- Begriff (Wesen) 1f., 153f.
- Firmen- 60, 204, 237f.
-, gesättigte 60, 222, 374, 514, 521
- Glockenform 188f., 297f., 403f., 497ff., 502, 540f.
- Grundstruktur (Beispiel) 236
- Käufer 154, 484
-, rezessive 320, 530ff.
- Rumpf- 524
-, schrumpfende 124
-, segmentierte 233ff.
-, stagnierende 1, 320, 513f., 546ff.
- Strukturveränderung von 128f., 403ff., 540f.
- Teil- 55f., 127
- Verkäufer- 154, 485
-, wachsende 374
- Zusatz- 127
- Zwiebelform 59, 188f., 297f., 403f., 497ff., 502, 540f.
Make-or-buy 137f.
Makromodelle (Prognose-) 379, 561ff.
Management by conception 622f.

Management by objectives 622
Markenartikel-Konzept 163, 182ff., 203f., 218, 246f., 252, 467f.
Markenbereitschaft 165ff., 192
Markenbilanz 107, 581
Markenbindung(sgrad) 168
Markenfunktionen 183f.
Markenimage (s. Image)
Marken-Käufer 154, 163f., 199, 204, 208, 521, 542
Markenloyalität(-treue) 164f., 194
Markenpersönlichkeit 172ff.
Markenpolitik 169ff., 172f., 188ff., 191, 208ff., 259f., 541f.
Marken-Positionierung (s. Positionierung)
Markenschädigungen 534
Markenspektrum 188ff., 191
Markenstatus 63ff.
Markensympathie 63ff.
Markensysteme 180ff., 211f., 571
Markentransfer (s. Imagetransfer)
Marken-Triade 65
Markentypen 177
Markenverwendung 63ff., 163ff.
Markenwahlmodelle 379, 571f.
Marketing (Philosophie) 1, 116
Marketingbudget (s. Marketingetat)
Marketingerfahrungskurve 359f.
Marketingetat 350ff., 362ff., 534
Marketing-Feindbild 378
Marketingforschung 371ff., 556ff., 581
Marketinginformationssysteme 595ff.
- Systemtypen 598
Marketinginstrumente
-, funktionale Beziehungen 450ff.
- Hauptinhalte der 445ff.
-, hierarchische Beziehungen 454ff.
- Mußinstrumente 457
- Nachfrageelastizitäten der 524ff.
- Schichtung der 456
-, strategische Komponenten der 455f., 460f.
- Systematik der 441ff.
-, taktische Komponenten der 456f., 460f.
-, zeitliche Beziehungen 452ff.
Marketing-Konzeption
- Adäquanzprüfungen 604f.
- Begriff 2, 107f., 119f., 603
- Beurteilungskriterien 603f.
- Ebenen der 4f., 119f., 603
- Erfolgsbedingungen der 116ff., 604ff., 621ff.
- Fahrplanfunktion der 119f.
- Interdependenzen 107ff., 119ff.
-, organisatorische Aspekte der 609ff.
-, personale Aspekte 617ff.
- Raster (Design) einer 625ff.
- Resistenz 604

- Robustness 604
- Systemstruktur der 608, 621 f.
- und Unternehmenskonzeption 615 ff.
- und Unternehmenslebenszyklus 605 ff.
Marketing-Leitbilder 52 ff., 66 f., 70, 107
Marketingleiter 459 f., 615, 616 ff.
Marketing-Logistik (s. Absatzlogistik)
Marketing-Management 3, 25, 204, 215 f., 248, 326, 422, 452, 459, 609 ff., 617 ff.
Marketing-Management-Matrix 420
Marketingmix
- Allokationsproblem 440 f.
- Begriff 439 f.
- , betriebstypologische Differenzierung des 466 f., 470 ff.
- , branchenspezifische Differenzierung des 465 f.
- Fehler (aus Sicht Handel) 493 f.
- Handelsmix 509 ff.
- , handelsorientierter 505 f., 507 f.
- Herstellermix 509 ff.
- , instrumentalverbund-orientierter Ansatz 480 ff.
- , inter-instrumentaler Submix 460 f.
- , intra-instrumentaler Submix 458 ff.
- Konjunkturphasen-Orientierung 527 ff.
- Lebenszyklus-Orientierung 514 ff.
- , marktebenen-spezifischer Ansatz 484 ff.
- Minimal(Minimum-)mix 204, 454 f., 469
- Norm(Standard-)mix 466, 477 f., 524 ff.
- , personale Aspekte des 459
- , produkt-analytischer Ansatz 473 ff.
- , qualitativer 584 f.
- , quantitativer 578 ff.
- Reihenfolgefragen des 461 ff.
- Spielräume des 479, 481 ff., 552 ff.
- , strategiebedingte Differenzierung des 466 f., 479
- Submix 457 ff.
- Totalmix 459
- Wesen des 119 f., 439 ff., 457
- , verbraucherorientierter 504 f., 508
- Verfahren (Modelle) zur Festlegung des 555 ff.
- Zwänge des 479 f., 481 f., 549 f., 551 f.
Marketing-Organisation (s. Organisation bzw. Organisationsstruktur)
Marketingstrategien (s. auch Strategie und Stoßrichtungen, strategische)
- Begriff 107 ff., 111 f., 114 ff.
- Diversifikationsstrategie 139 ff., 400 f., 545 f.
- Internationale Strategien 268 ff., 429 f., 546
- Marktarealstrategien 256 ff., 279 ff., 423 ff.
- Marktdurchdringungsstrategie 125 ff., 388 ff.
- Marktentwicklungsstrategie 126 ff., 391 f.

- Marktfeldstrategien 123 ff., 149 ff., 329 ff., 387 ff.
- Marktparzellierungsstrategien 214 ff., 246 ff., 413 ff.
- Marktsegmentierungsstrategien 222 ff., 247 ff., 413 ff., 420 ff.
- Marktstimulierungsstrategien 153 ff., 203 ff., 207 ff., 403 ff.
- Massenmarktstrategien 218 ff., 246 ff., 251 ff.
- Nationale Strategien 258 ff., 279 ff., 284 ff., 423 ff., 426 ff.
- Normstrategien 339 f., 344 f., 349
- Präferenzstrategie 157 ff., 203 ff., 207 ff., 210 ff., 403 ff., 408 ff., 467 f.
- Preis-Mengen-Strategie 190 ff., 203 ff., 207 ff., 212 ff., 406 ff., 468 f.
- Produktentwicklungsstrategie 130 ff., 393 ff.
- Strategiearten (-typen) 121 ff., 290 f.
- Verfahren (Modelle) zur Wahl von 326 ff.
- Wesen (Rolle) von 5, 107 ff., 112 ff., 119 ff.
Marketing-Umwelt 1 f., 74 f., 78 ff., 367 ff.
Marketingziele (s. auch Unternehmensziele und Ziele)
- Absatzmenge 49, 50
- Aktionsfelder 27, 45 f., 69 f.
- Aktualitätsgrad 22
- Arten von 13 ff., 48 ff., 51 ff.
- Begriff 10 f., 47 f.
- Bekanntheitsgrad 22, 51, 60 ff., 70, 73, 96
- Bereiche 27, 45, 68 ff.
- Deckungsbeitrag 49 f., 82 f.
- Distribution 53 ff., 67, 70, 73
- Feldanteil 53
- Gruppenziele 68 f.
- Hierarchie 67 ff.
- Image 51, 60 ff., 70, 73, 84 ff., 93 ff., 159 f., 168 f., 183, 202, 584 f.
- , instrumentale 27, 68 f., 70
- Käuferstruktur 70, 163 ff.
- Konflikte und Konfliktbewältigung 19 f., 87 ff., 99 ff.
- Markentreue 70, 164 ff., 194
- Marketing-Leitbild 52 ff.
- Marktanteil 53 ff., 67, 70, 73, 91, 333 ff., 337 ff., 371 ff.
- , marktökonomische 48 ff.
- Marktposition 52 ff.
- , marktpsychologische 51 f.
- Operationalisierung von 80 ff., 87 ff.
- Preisposition(ierung) 58 ff., 67, 70, 170 f., 189, 194, 312 f., 406 f.
- Umsatz 22 f., 43, 48 ff., 70, 73, 84, 89
- und Anspruchsanpassung 102 ff., 534
- und Leitlinien-Konzept 106 ff.
- Wesen von 9 f., 48 ff., 107 ff., 119 ff.

Market stretching 128f.
Marktabdeckung 214ff.
Marktanalysen (s. Marktforschung)
Marktattraktivität-Wettbewerbsvorteil-Portfolio 341ff.
Marktaustritt(sbarrieren) 306, 387, 547f.
Markteintritt(sbarrieren) 283f., 306, 548
Marktdifferenzierung 214ff.
Marktforschung 55f., 371ff., 399f., 414f., 557ff., 581
Marktführer 321ff.
Marktglocke 188f., 297f., 403f., 497ff., 502, 540f.
Marktherausforderer 321ff.
Marktinformationssysteme (s. Informationssysteme)
Marktleistung 444f., 454ff.
Marktmodell
-, dreidimensionales 243
-, zweidimensionales 236f.
Marktphasen, kritische 410ff.
Marktpotential 371ff.
Marktprofil 55f.
Marktprognosen 378ff., 561ff.
Marktreaktionsfunktionen 51f., 359f., 561ff.
Marktschichten 58f., 154f., 210ff., 254ff., 403ff., 540f.
Marktschichtung, soziale 224f., 229
Marktsegmentierung
- Ansatz der 222ff.
-, demographische 228ff.
- Lokalisierung von Segmenten 243ff.
-, psychografische 230ff.
- Segmentierungsgrad, optimaler 422f.
- Spezialansätze der 233ff.
Marktspaltungen 201
Markttendenzen, allgemeine 1f., 222f., 403ff.
Markttest(verfahren) 559ff.
Marktvolumen 371ff.
Marktwachstum-Marktanteil-Portfolio 338ff.
Marktwiderstand 77, 262, 518, 521, 548
Marktzwiebel 188f., 297f., 403ff., 497ff., 502, 540f.
Mathematische Modelle 100, 441, 585ff.
Maximizer 101
Mehrmarken-Konzept 208ff., 295ff., 298, 304, 405, 514f., 544f.
Mehrschichten-Marketing 297f.
Mehrzonen-Marketing 297f.
Merchandising 449
Mergers and Acquisitions (s. Akquisition)
Me-too-Produkte 130, 526
Mikromodelle (Prognose) 379, 571f.
Milieu, soziales 393f.
Mission 34ff.
Mittlerer Markt (s. Marktschichten)
Modelle (Verfahren)
- zur Zielfestlegung 80ff., 87ff., 101ff.
- zur Strategiefestlegung 326ff., 349ff.
- zur Mixfestlegung 555ff., 585ff.
Monopolistischer Bereich 94, 204, 206, 363f.
Motion-Life 98
Motivenge 222
Muddling through 5, 114, 586
Multi-branding (s. Mehrmarkenkonzept)
Multinationale Unternehmung 271f., 273ff.
Mußmarken 173f., 175, 497f., 507

Nachahmung(smechanik) 519f.
Nachfrageelastizität (und Marketingmix) 524f.
Nachhalleffekt 587
Nachkaufwerbung 538
Nicht-kommerzielles Marketing 2
Neue Produkte (Arten) 130
New users 128
New uses 128
Niedrigpreispolitik 526
No-names 195
Nutzen-Segmentierung 225ff., 233ff.
Nutzenstruktur (von Produkten) 133f., 543f.
Nutzwertanalyse 397f.

Oberer Markt (s. Marktschichten)
Öffentlichkeitsarbeit (s. Public Relations)
Offenes strategisches Fenster 437
Öko-Leitbild 29f.
Operations Research (OR) 441, 585ff.
Optimizer 101
Organisation
-, primäre 613
-, sekundäre 613f.
Organisationsphasen
-, evolutionäre 34, 618f.
-, revolutionäre 34, 618f.
Organisationsstruktur
-, divisionale 611f.
-, funktionale 610
-, Matrix - 612f.
OR-Methodologie 549f., 595
OR-Technologie 595
Outpacing strategy 306
Oversegmentation 250
Overconcentration 250

Panel(daten) 107, 372ff., 399f., 561
Partialmodelle (OR) 588f., 594, 601f.
Patt-Situation 306
Paul-Phänomen 407
Penetration price (policy) 526
Persönlicher Verkauf 448
Peter-Phänomen 407
Phasentheoreme 4f., 107ff., 119ff.
Physische Distribution 448

PIMS-Projekt 92f., 171, 317, 333ff., 516
Planungsrechnungen 573ff.
Polarisierung (von Märkten) 188f., 297f., 403ff., 497ff., 502, 540f.
Polaritätenprofil 85f., 159
Portfolio-Analyse
- Aufgabe 331ff., 340f., 345ff., 484
- Ausgangspunkte 333ff.
- Basismodell (4-Felder-Matrix) 338ff.
- erweitertes Modell (9-Felder-Matrix) 341ff.
Positionierung 156, 189f., 225f., 233ff., 242f., 377f.
Prädispositionen 22, 159
Präferenzen 93f., 157f., 159ff., 163ff., 204ff.
Präsenzleistung 444f.
Preis (Konditionen) 445, 447
Preisbild 194
Preisentwicklung 170f., 202
Preishäufigkeitsverteilungen 59f.
Preis-Käufer 154, 191f., 199, 204, 208, 521
Preis-Leistungs-Verhältnis 312f., 406f., 443, 519f., 536f.
Preisschichten (s. Marktschichten)
Preisspielraum, monopolistischer 94, 204, 206, 364
Preistheoretischer Ansatz 154, 205ff.
Preisverfall 172f., 190ff., 201ff., 410ff., 497f., 519
Preiswettbewerb 153f., 158, 190ff., 468f., 471
Premiummarken(systeme) 178, 211ff., 377, 403ff.
Privater Verbrauch (Entwicklung) 531
Produktdifferenzierung 223f., 285ff., 419f.
Produkteliminierung 446f., 537
Produktentwicklungsprozeß 131ff., 395ff., 488, 512
Produkt(gestaltung) 131ff., 258, 445f.
Produktimage (s. Image)
Produktinnovation 130, 340, 446f.
Produktinteresse 407f., 414
Produktionsfunktionen 88f.
Produktklassen 474ff.
Produktlebenszyklus
- Problemstellung 131f., 513ff.
- Einführungsphase 517f.
- Reifephase 521
- Rückgangsphase 523f.
- Sättigungsphase 521ff.
- und Marketingmix 524ff.
- Wachstumsphase 519ff.
Produktleistung 444
Produktlinien 134ff.
Produkt-Management 459, 610
Produkt/Markt-Generation 118
Produkt/Markt-Kombination 123ff.

Produktmodifikation 134
Produktpersönlichkeit 163, 172ff.
Produktpositionierung (s. Positionierung)
Produktsysteme 136f.
Produktvariation 134
Profilleistung 444f.
Prognosen (s. Marktprognosen)
Programmbreite 134
Programm(gestaltung) 134ff., 285, 445f.
Programmhierarchie 135f.
Programmierbarkeit (von Entscheidungen) 601f.
Programmsysteme 137
Programmtiefe 134
Prozeßmodell, werbepsychologisches 162
Public Relations 445, 449
Pull-Konzept 506
Pulsation 567f.
Punktwertverfahren 342ff., 396f., 420f., 431
Push-Konzept 507

Qualitätswettbewerb 93ff., 153, 158, 467f., 471
Question marks 339

Rabattkämpfe 173, 447
Reaktionsfunktionen (s. Marktreaktionsfunktionen)
Redefining the business 242f., 376, 547, 612
Regalplatz(wettbewerb) 485ff.
Relaunch 95, 202, 523
Relevanter Markt 374ff.
Resistenz 173, 604
Response functions (s. Marktreaktionsfunktionen)
Return-on-Investment 42ff., 71ff.
Revival 523
Revitalisierung(sprogramm) 607
Rezessionsmarketing
- Problemstellung 513f., 527ff.
- Rezessionsprophylaxe 539ff.
- Rezessionstherapie 535ff.
- Spar- und Durchhaltepolitik 533f.
Risiko-Analyse 432f., 436f.
ROI (s. Return-on-Investment)
Rollenveränderung (Industrie/Handel) 503ff., 508ff.
Rollenverteilungen (strategische) 212f., 339, 541f.
Rückkoppelungen 74, 102, 109, 546

Sales Promotions 449
Satisfizer 101
Scanning 512f., 569
Scharfschützen-Konzept 223, 249
Schlüsselfaktoren, strategische 33, 36, 76, 78f., 286, 311ff., 333ff., 342f.

Sachverzeichnis

Schneeball-Effekt 258
Schnittstellen-Management 614 ff.
Schrotflinten-Konzept 219, 249
Schrumpfende Märkte (s. stagnierende Märkte)
Schwache Signale 347
Schwellen, strategische 305, 355, 357
Scoring-Verfahren (s. Punktwertverfahren)
Segmentähnliche Konzepte 223 ff.
Segmentierung (s. Marktsegmentierung)
Selektionsverfahren, strategische 434 ff.
Selektive Absatzpolitik 224, 580 ff.
Sensitivitätsanalysen 595
Service 271, 361, 446
Signaleffekt 587
Simplexverfahren 589 ff.
Simulation 593
Skimming price (policy) 526
Soziales Profil 30
Soziale Verantwortung 30 ff.
Spätreife, strategische 315 f.
Spätschäden 534
Spielräume
-, strategische 138, 300 ff.
-, taktische 552 ff.
Spill over 587
Sponsoring 449
SPRINTER-Modell 571 f.
Stärken-/Schwächenanalyse 78, 367 ff.
Stagnierende Märkte 399 f., 546 ff.
Stars 339
Start-Wirkung 566
STEAM-Modell 572
Still-Life 98
Store erosion 605 f.
Stoßrichtungen, strategische (s. auch Marketingstrategien und Strategie)
- Abschöfungsstrategie 345, 386
- Abschottstrategie 209
- Absicherungsstrategie 150
- Aktionsstrategien 155 f.
- Alphabetische Strategien 151 f., 388 f.
- Analphabetische Strategien 152, 388 f.
- Aufkaufstrategie 146 ff., 210, 340 f., 365 f., 401
- Ausgleich, strategischer 299 f., 406
- Desinvestitionsstrategie 340, 345
- Direktangriffsstrategie 320 f.
- Dominanzen, strategische 302
- Doppelstrategie 207 ff., 284 ff.
- Durchgangsstrategie 199 ff.
- Elitarisierungsstrategie 256
- Flankenangriffsstrategie 320 f.
- Fluchtbewegungen 407
- Gewinnstrategie 337, 340, 346
- Guerillastrategie 320 f.
- Immunisierungsstrategie 204, 535, 539 ff.
- Innovationsstrategie 131 ff., 150, 340 f., 393 ff.
- Investitionsstrategie 345
- Konglomerative Strategie 142 ff., 146, 545 f.
- Konjunkturausgleichsstrategie 541 f., 546
- Konsolidierungsstrategie 346, 386
- Kontraststrategie 466, 479
- Marktdehnungsstrategie 128 f.
- Melkstrategie 127
- Minimumstrategie 150
- Mischstrategie 199 ff., 284 ff.
- Offensivstrategie 340, 386
- Packagestrategie 209
- Popularisierungsstrategie 255
- Raubbau-Strategien 155 f.
- Rückzugsstrategie 323 f., 346, 386
- Schrumpfungsstrategie 280 f., 323 f., 607
- Selektive Strategie 224, 345, 581 f.
- Umzingelungsstrategie 320 f.
- Verdrängungsstrategie 92, 321 ff., 386
- Verlängerungsstrategie 521 ff.
- Wachstumsstrategie 340, 345, 386
- Wesen von 112 ff., 121
Strategie (s. auch Marketingstrategien und Stoßrichtungen, strategische)
- Bestimmung der optimalen 326 ff., 349 ff., 386, 434 ff.
- Bündelungen 290 ff.
- Chip 290 f., 301 ff.
- Diagnostik 326 ff.
- Entscheidungstafel 420 f.
- Entwicklung 295 ff., 304, 549
- Erosion 553, 606 f.
- Evolution 98, 251 f., 254 ff., 295 f., 300 ff., 607 f.
- Fit-Analyse 385
- Horizont 116 f.
- Ketten, vertikale 292 ff.
- Klumpen 294 f.
- Knoten 299 f.
- Kombinationen, horizontale 150 ff., 207 ff., 249 ff., 284 ff., 295 ff., 420, 554
- Kombinationen, vertikale 292 ff.
- Komponenten, japanische 324 f.
- Level 109 f., 350 f.
- Pfade 151 ff., 385 ff., 401 f.
- Prinzipien 319 ff.
- Profile 290 ff., 303 ff.
- Rolle von 107 ff., 112 ff., 119 ff.
- Selektion(sverfahren) 349 ff.
- Stile 320 f.
- Systemstrategien 143 f.
- und Flexibilität 118
- und Kreativität 118 f.
- und Taktik 115 f.
- Wechsel 281, 306, 482, 607

- Z-Strategie 151 f., 302 f., 388 f., 401 f.
Strategieorganisation 612 ff.
Strategische Allianz 148, 290, 320
Strategisches Fenster 437
Strategische Geschäftsfelder 332 f., 613 f.
Strategische Grundausstattung 292 ff., 304
Strategische Konflikte (Industrie/Handel) 502 ff., 505, 506, 508 ff.
Strategische Planung 3 f., 326
Strategischer Blick 76 f.
Strategisches Management 3 f., 117 f.
Strategy follows structure 613
Structure follows strategy 613
Studio-Test 559 f.
Suchfelder, strategische 399 f.
Synergismus 141, 295, 329 f.
System Design 600
Szenario-Technik 382 ff.

Take-off-Stage 519
Takten, strategisches 401 f.
Taktik 115 f.
Technologie-Philosophie 37 ff., 117
Technologie-Portfolio 347 ff.
Time lag 519, 587
Timing 104 f., 107 f., 131 f., 179, 201, 261, 305, 313 ff., 347 f., 366, 401 f., 424, 437, 452 ff., 479, 534, 539, 605
Totalmodelle (OR) 588, 594, 601 f.
Trading down 200 ff.
Trading up 200 ff.
Trajektorie-Konzept 106 ff.
Trendmodelle 379 f.
Trial and error 464, 586
Türschwelleneffekte 94, 587
Turnaround 306

Umsatzreaktionsfunktion
-, konkave 561 f.
-, konvex-konkave (s-förmige) 561 ff.
Umweltanalysen 75 ff., 369 ff.
Umweltkonzept 29 f.
Unschärfepositionierung 347
Unterer Markt (s. Marktschichten)
Unternehmensanalysen 78 ff., 367 f.
Unternehmensforschung (s. Operations Research)
Unternehmensführung, strategieorientierte 3 f., 111 ff.
Unternehmensgrundsätze 27 f., 69 f.
Unternehmensidentität 28
Unternehmensimage (s. Image)
Unternehmenskonzeption 3, 68, 71, 472, 614 ff.
Unternehmenskultur 33 f.
Unternehmenslebenszyklus
- Altersphase 607

- Erwachsenenphase 607
- Jugendphase 606 f.
- Kindheitsphase 606
- Problemstellung 605 f.
- Todesphase 607 f.
Unternehmensphilosophie 35 ff., 316
Unternehmensprozeß 45 f.
Unternehmensverantwortung 28 ff.
Unternehmensziele (s. auch Marketingziele und Ziele)
- Allgemeine Wertvorstellungen 27 ff.
- Arten von 12 ff., 15
- Deckungsbeitrag 49 f., 70, 82 f., 412, 574 ff.
-, finanzielle 13
- Gewinn 10, 12 f., 19, 21 f., 24, 25, 42 ff., 89, 363 f., 574 ff.
- Gewinnmaximierung 10 f., 24
- Kapitalumschlag 43 f., 73 f.
- Macht- und Prestige 13, 139
- Marktstellung 13
- Rentabilität 13, 22, 91, 93
- Return on Investment (ROI) 42 ff., 70, 73 f., 333 ff.
-, soziale 13
- Umsatzgewinnrate 43 f., 73 f.
- Unternehmensgrundsätze 27 ff.
- Unternehmenszweck 34 f.
Urzelle, strategische 124, 388
USP (unique selling proposition) 204, 225

Verbraucherschutz 2
Verbrauchertypologien (s. Käufertypologien)
Verdrängungswettbewerb 1 f., 92, 157, 223, 248, 320 f., 504, 514, 521, 524
Verfahren (s. Modelle)
Verfalleffekt 587
Verkäuferschulung 448
Verkaufsförderung 445, 449
Verkaufsleiter 459, 615
Verlust der Mitte 200, 208, 503 ff., 540 ff.
Versorgungshandel 502 f.
Vertikales Marketing 484 ff.
Vertriebsleiter 459, 615
Vertriebsorganisation (s. Absatzorganisation)
Vertriebssysteme, vertragliche 270 f., 511 f.
Verzögerungseffekt 518, 587
Vier P's 442, 476 f.
Vision 34 f., 623

Warenverteilung (s. Absatzlogistik)
Warenwirtschaftssysteme (integrierte) 513
Weiße Ware (s. Generics)
Weltunternehmung 270 ff.
Werbeerfahrungskurve 359 f.
Werbeetat 352 ff.
Werbeleiter 459
Werbung 445, 449

Wertewandel 392f., 404
Wertkette(n-Ansatz) 617
Wertvorstellungen, allgemeine 27ff.
Wertvorstellungen, betriebliche 32f.
Wettbewerbsstrategien 76, 307ff., 319ff.
Wettbewerbsvorteile 169, 307, 310ff. (s. auch Erfolgsfaktoren)
Wirkungsanalysen 556ff.
Wirkungseffekte, diverse 587
Wirkungsforschung 563ff.
Wirkungsprognosen 378, 556, 561ff.
Wirkungstransfer 113f., 116f., 178ff., 609
Wirtschaftswachstum (Entwicklung) 530

Zeit (s. Timing)
Zeit-Raum-Verhältnis 312f.
Ziel(e) (s. auch Marketingziele und Unternehmensziele)
- Arten von 12ff., 15
- Ausmaß 22f., 80ff.
- Beziehungen 16ff., 88ff.
- Dominanz 99
- Haupt- 19f., 68
- Handels- 505
- Hersteller- 505
- Hierarchie 24ff.
- Hof 121
- Inhalt 20ff., 80ff.
- Komplementarität 16f., 89, 91, 93, 96
- Konkurrenz (s. -Rivalität)
- Korrekturen 26, 102f.
- Neben- 19f., 68
- Neutralität 16f.
- Ober- 18f.
- Operationalisierung von 20ff., 80ff.
- Periode 23f., 80ff.
- -, personale Aspekte 22f., 25
- Planung der 25f., 74ff.
- Programmierung von 100
- Pyramide 27ff.
- -, qualitative 84ff.
- -, quantitative 82ff.
- Rangordnung der 14, 534
- Raum 24, 84
- Restriktion 99f.
- Rivalität 16f., 89, 91, 93
- Segment 24, 84
- Schisma 100
- System 11, 24ff., 69, 70
- und Zeitablauf 101ff.
- Unter- 18f.
- Vermischungen 48, 51f., 68
- Verselbständigung von 85, 95, 101
Zielgruppen(kriterien) 228ff.
Zusatznutzen 133f., 156, 176, 189, 237, 353, 407, 538, 543f.
Zwischendrin-Lage(-Konzept) 156, 200, 296f., 469

Marketing-Literatur aus dem Verlag Vahlen

Backhaus · Investitionsgüter-Marketing
Von Prof. Dr. Klaus Backhaus. 1982. XVII, 414 Seiten.
Gebunden DM 68.-

Backhaus · Fallstudien zum Investitionsgüter-Marketing
Herausgegeben von Prof. Dr. Klaus Backhaus.
1977. VII, 134 Seiten. Kartoniert DM 15.80

Bänsch · Einführung in die Marketing-Lehre
Von Privatdozent Dr. Axel Bänsch. 2., völlig neubearbeitete und stark erweiterte Auflage. 1982. XIV, 302 Seiten. Kartoniert DM 42.-

Becker · Marketing-Konzeption
Grundlagen des strategischen Marketing-Managements.
Von Prof. Dr. Jochen Becker. 3., überarbeitete und ergänzte
Auflage. 1990. XII, 671 Seiten. Gebunden DM 85.-

Berndt · Marketing für öffentliche Aufträge
Von Prof. Dr. Ralph Berndt. 1988. XVIII, 250 Seiten. Kartoniert DM 64.-

Dichtl · Der Weg zum Käufer
Das strategische Labyrinth.
Von Prof. Dr. Erwin Dichtl. 1987.
XI, 218 Seiten. Gebunden DM 29.50

Diller · Marketingplanung
Herausgegeben und bearbeitet von Prof. Dr. Hermann Diller.
1980. XII, 235 Seiten. Kartoniert DM 32.-

Hasitschka/Hruschka · Nonprofit-Marketing
Von Univ.-Dozent Dr. Werner Hasitschka und Univ.-Dozent Dr. Harald Hruschka. 1982. VIII, 163 Seiten. Kartoniert DM 34.-

Hermanns/Prieß · Computer Aided Selling (CAS)

Computereinsatz im Außendienst von Unternehmen.
Von Prof. Dr. Dr. Arnold Hermanns und Dipl.-Kfm. Stefan Prieß. 1987.
111 Seiten. Kartoniert DM 45.–

Hüttner · Informationen für Marketing-Entscheidungen

Ein Lehr- und Arbeitsbuch der Marktforschung.
Von Prof. Dr. Manfred Hüttner. 1979. XIV, 446 Seiten.
Kartoniert DM 64.–

Kaiser · Werbung

Theorie und Praxis werblicher Beeinflussung.
Herausgegeben und bearbeitet von Dr. Andreas Kaiser.
1980. XVI, 197 Seiten. Kartoniert DM 16.80

Kroeber-Riel · Konsumentenverhalten

Von Prof. Dr. Werner Kroeber-Riel. 3., wesentlich erneuerte und erweiterte
Auflage. 1984. XIV, 756 Seiten. Gebunden DM 84.–

Oehme · Handels-Marketing

Entstehung, Aufgabe, Instrumente.
Von Dr. Wolfgang Oehme. 1983. XIII, 415 Seiten. Kartoniert DM 64.–

Poth · Marketing

Grundlagen und Fallstudien.
Von Prof. Dr. Ludwig G. Poth und Gudrun S. Poth.
1986. IX, 586 Seiten. Gebunden DM 68.–

Scheuch · Marketing

Von Prof. Dr. Fritz Scheuch. 2., verbesserte und erweiterte Auflage. 1987.
XVIII, 586 Seiten. Gebunden DM 68.–

Scheuch · Dienstleistungsmarketing

Von Prof. Dr. Fritz Scheuch. 1982. XII, 300 Seiten. Gebunden DM 54.–

Verlag Vahlen München